| 管理教材译丛 |

An Introduction to Management Science

Quantitative Approaches to Decision Making

数据、模型与决策

（原书第16版）

[美]
杰弗里 · D. 坎姆（Jeffrey D. Camm）
维克森林大学
詹姆斯 · J. 科克伦（James J. Cochran）
阿拉巴马大学
迈克尔 · J. 弗拉伊（Michael J. Fry）
辛辛那提大学
杰弗里 · W. 奥尔曼（Jeffrey W. Ohlmann）
艾奥瓦大学
戴维 · R. 安德森（David R. Anderson）
辛辛那提大学
丹尼斯 · J. 斯威尼（Dennis J. Sweeney）
辛辛那提大学
托马斯 · A. 威廉斯（Thomas A. Williams）
罗切斯特理工学院
◎著

杨静蕾 侯文华 ◎译

机械工业出版社
CHINA MACHINE PRESS

本书采用“实践中的管理科学”“习题”和开放式“案例问题”等多种形式，帮助读者理解和掌握管理科学理论和方法，提升其找出问题根源并解决问题的能力。本书首先阐述了与科学决策有关的概念与内涵、分析框架与方法；其次，以线性规划技术开篇，简要介绍了线性规划模型的基本概念、特征和求解方法，描述了如何使用 Excel Solver 软件包求解线性规划模型，并讲解了线性规划模型的灵敏度分析及其经济学内涵；再次，本书重点讲述线性规划模型在经济管理实践中的应用；最后，以供应链管理为背景，介绍了运输问题、指派问题、最短路径和最大流等典型网络优化模型及其应用。

Jeffrey D. Camm, James J. Cochran, Michael J. Fry, Jeffrey W. Ohlmann, David R. Anderson, Dennis J. Sweeney, Thomas A. Williams. An Introduction to Management Science：Quantitative Approaches to Decision Making, 16th Edition.

图书在版编目（CIP）数据

数据、模型与决策 : 原书第 16 版 / (美) 杰弗里 · D. 坎姆 (Jeffrey D. Camm) 等著 ; 杨静蕾 , 侯文华译 . 北京 : 机械工业出版社 , 2024. 7. -- (管理教材译丛).

ISBN 978-7-111-76044-3

Ⅰ. C934

中国国家版本馆 CIP 数据核字第 2024UT2473 号

机械工业出版社（北京市百万庄大街 22 号　邮政编码 100037）

策划编辑：张有利　　　　责任编辑：张有利

责任校对：张爱妮　李小宝　　责任印制：任维东

天津嘉恒印务有限公司印刷

2024 年 9 月第 1 版第 1 次印刷

214mm × 275mm · 38.25 印张 · 1032 千字

标准书号：ISBN 978-7-111-76044-3

定价：119.00 元

电话服务	网络服务
客服电话：010-88361066	机　工　官　网：www.cmpbook.com
010-88379833	机　工　官　博：weibo.com/cmp1952
010-68326294	金　　书　　网：www.golden-book.com
封底无防伪标均为盗版	机工教育服务网：www.cmpedu.com

The Translators' Words 译者序

本书是美国高校定量管理决策教科书的领导者，30多年来被美国各大高校列为重要参考书。作者从建模着笔，用数学之美诠释了管理实践中的问题，凝练出了定量分析管理实践问题的基础模型，向读者提供了定量分析实践问题的一套逻辑思维框架。在连续多版的翻译过程中，在产业变迁、技术进步和管理模式变革的时代洪流中，在经历了实践不断洗礼之后，我们作为管理科学理论和应用的一线授课教师，见证了书中淬炼出的基础模型对管理实践者的战略架构和逻辑能力的培养，以及对本科生和研究生深入、系统地分析和解决问题能力培养的重要性。

本书的7位作者是管理科学领域的资深专家与教育家。他们凭借对专业知识的全面把握和管理科学应用实践的多年经验，在注重阐释模型方法基本原理和管理学内涵的基础上，通过大量生动有趣的案例，将枯燥、刻板的数学模型融入管理实践场景，赋予管理科学理论以“灵魂”，把看似深奥的定量分析方法和理论变得生动、有趣并富有启发性。本书通过形象化思维和逻辑化思维的有机结合，使技术性较强的管理科学理论的教学变成了艺术与科学的有机结合体。

此外，本书作者凭借多年的研究与教学经验，准确地捕捉到了读者接受定量分析方法的切入点，将技巧性和经验性的建模规律模块化，由浅入深、娓娓道来，不知不觉将读者带入模型方法的理论核心。本书采用“实践中的管理科学”“习题”和开放式的“案例问题”等多种专栏形式，帮助读者理解和掌握管理科学理论和方法，提升找出问题根源并解决问题的能力。丰富的实践案例使本书不仅可以作为优秀的管理科学教科书，还可以作为管理者必备的科学管理工具书。

首先，本书阐述了与科学决策有关的概念、分析框架与方法，简要介绍了线性规划模型的基本概念、特征和求解方法，描述了如何使用Excel Solver软件包求解线性规划模型，并讲解了线性规划模型的灵敏度分析及其在经济管理实践中的应用；其次，本书以供应链管理为背景，介绍了运输问题、指派问题、最短路径和最大流等典型网络优化模型及其应用，进而讨论了整数线性规划和含有0-1变量的整数线性规划模型的建模求解和管理应用，介绍了非线性最优化模型的建模求解和管理应用以及计划评审技术 / 关键路径法的建模求解和实践应用。再次，本书介绍了如何根据支付矩阵和决策者风险偏好进行决策，讨论了相关的灵敏度分析，并进一步介绍了目标规划和AHP等多准则决策模型，为各种难以定量的多准则、多属性的决策问题提供解决方案。最后，本书介绍了包括时间序列分析在内的各种预测模型以及用于描述系统稳定状态的马尔可夫过程模型。

本书的翻译与校对工作由南开大学商学院管理科学与工程系的教师、研究生以及南开大学经济与社会发展研究院的研究生共同完成，他们是杨静蕾副教授、侯文华教授、何凯、张洋、李鹏程、李晗、佟延武和许晓帆等，最后由杨静蕾副教授统稿。译者不敢掠其美，首先，感谢原书作者多年的辛勤工作，为我们奉献出了经典著作；其次，感谢机械工业出版社的编辑团队，他们在本书翻译和出版过程中给予了大力支持及耐心细致的帮助。由于译者学识水平有限，“嫁衣”未必配得上原著，译文中的错误之处在所难免，敬请广大读者朋友批评指正、不吝赐教。

杨静蕾、侯文华

南开园

2023 年 12 月

Preface 前言

我们很高兴看到本书的第 16 版出版，30 多年来，本书一直处于该领域的领先地位。第 16 版与其他几版一样，主要目的是使本科生和研究生能更好地理解管理科学在决策制定过程中的作用。本书包括了很多成功应用管理科学的案例。前几版的读者向我们反映，这些应用案例为他们将管理科学应用于自己的公司提供了很多启发和借鉴。

与每一版的写作风格一样，第 16 版继续采用问题情境写作方式。在开始介绍每一种管理科学模型之前，本书采用问题的方式描述该模型适用的相关背景和假设前提。随后，重点讲解该模型的建模过程，并阐述如何根据求解结果提炼管理建议。我们发现这种方法可以帮助学生了解管理科学的应用过程和管理科学在辅助决策中的作用。

从第 1 版开始，我们就面对这样一个挑战：如何帮助工商管理和经济类专业的学生更好地理解与应用管理科学中的数学与技术方面的概念。从我们的同事以及数千名学生反映的情况来看，我们探索的道路是成功的，而很多忠实读者的评论和建议也是本书如此成功的一个主要原因。

本书采用被广泛认可的学术术语，为感兴趣的读者进一步阅读更专业的资料提供了基础。本书还给出了相关参考资料，方便读者更深入地学习。

第 16 版的变化

内容变化

为了回应读者的反馈，我们在书中对几个概念进行了更详细的讨论。例如，本书引入了非线性优化灵敏度分析的新内容。当在书中介绍概念时，我们保持了软件不可知论的方法，删除了涵盖 LINGO 和 Analytic Solver 的附录，并通过增加 Excel Solver 的内容替代了这两个需要付费许可的软件包。

“实践中的管理科学”的更新

“实践中的管理科学”专栏主要描述了相应的管理科学技术在实践中的应用。此部分内容一些来自实践者的亲身经历，一些来自 *INFORMS* 杂志（以前叫作 *Interfaces* 杂志）。第 16 版增加了 6 个这样的新专栏。

“案例问题”和“习题”的更新

本书的重要写作目的之一是保证案例问题和习题的高质量。我们在第 16 版里增加了超过 15 个新习题，并对不少原有习题进行了更新。

学习目标

在每一章的开头，我们都添加了学习目标清单（依据 Bloom 分类法）。在各章节末尾的习题部分，为每道习题添加了描述性的小标题，并列出了该习题要实现的学习目标。

计算机软件整合

本书使用的是 Microsoft Excel 2010 和 2013，Excel 文件可以使用标准的 Excel Solver 求解；当前版本的 Excel 已经更新，但 Excel 2010 及更高版本允许使用标准版本的 Excel Solver 解决所有问题。

特色

我们继承了老版本的许多特色，其中比较重要的有“标注”和“注释与点评”。

标注

突出重点并提供额外标注是本书的持续特色，这些出现在页边空白处的标注旨在强调并加强学生对书中术语和概念的理解。

注释与点评

在大部分章节的结尾，我们都给出了注释与点评，补充和解释相关的方法论及其应用。主要内容包括：方法的局限性说明、模型应用中的注意事项和其他相关技术概要等。

杰弗里 · D. 坎姆
詹姆斯 · J. 科克伦
迈克尔 · J. 弗拉伊
杰弗里 · W. 奥尔曼
戴维 · R. 安德森
丹尼斯 · J. 斯威尼
托马斯 · A. 威廉斯

Contents 目录

第1章 导论

学习目标

LO1 定义“管理科学”和“运筹学”这两个术语。

LO2 列出决策过程中的步骤，并解释定性和定量方法在管理决策中的作用。

LO3 解释建模过程，以及建模对分析真实情况的好处。

LO4 建立成本、收益和利润的基本数学模型，计算盈亏平衡点。

作为一种基于科学方法的决策工具，管理科学大量使用定量的分析方法。在涉及定量决策方法的知识体系中，有若干不同的称谓，除了管理科学外，还有两个被广泛接受的名称是运筹学与决策科学。而如今，许多人在用管理科学、运筹学及决策科学这三个术语时已不再区分。

20世纪早期由泰勒（Frederic W. Taylor）倡导的科学管理革命给管理中定量方法的应用奠定了基础。然而现代管理科学研究一般被认为发端于第二次世界大战期间，那时为了处理一些军事中的战略与战术问题，还成立了一些专门的团队。而这些团队也往往由不同专业的人员（如数学家、工程师及行为科学家）组成。他们一起合作，运用科学方法来解决一般的问题。战后，许多团队的成员仍在管理科学领域继续着他们的研究。

第二次世界大战后有两方面的发展推进了管理科学在非军事领域的应用。一是持续的研究促进了方法论的大发展。这其中最重要的也许当属1947年由乔治·丹齐格（George Dantzig）发现的解决线性规划问题的单纯形法。在方法论方面发展的同时，数字计算机的计算能力也有了飞跃。计算机使得人们可以借助方法论上的最新成果来解决大量不同的问题。计算机技术不断发展，如今智能手机、平板电脑以及其他移动计算设备也能解决一些比在20世纪90年代大型机所能解决的规模更大的问题。

近来，智能手机和其他个人电子设备可提供的数据迅速增长，为我们提供了前所未有的获取海量数据的方式。此外，网络使得数据的分享和存储更为便捷，为管理科学模型提供了获取多样性用户数据的广阔平台。

正如前言里所述，本书的目的是让学生对管理科学在决策过程中所起的作用有一个完整的概念性理解。应用研究是本书的特色之一，为了帮助学生更好地掌握管理科学模型的应用，我们设计了“实践中的管理科学”专栏，这类专栏贯穿本书的始终。在本章中，专栏1-1介绍的是美国AT&T球场的收益管理，这是管理科学在运动和娱乐行业中最重要的应用之一。

|专栏 1-1| 实践中的管理科学

AT&T 球场的收益管理

在2010年棒球赛季后期，旧金山巨人队的票务副总裁鲁斯·斯坦利（Russ Stanley）左右为难，焦灼不定。在之前的赛季，他的团队采用了一种动态门票定价方法，该方法与托马斯·M. 库克（Thomas M. Cook）和他的研究小组在美国航空公司实施的定价方法一样成功。斯坦利迫切希望巨人队赢得季后赛，但他不希望球队过快胜出。

商品或服务实行动态定价时，要定期地评估供给能力和需求量，并以此为基础采用量化方法来决定是否要根据新情况改变现有价格。当航班的起飞日期临近时，如果航班座位相对稀缺，那么机票的定价就会提高。反之，如果航班上乘客相对较少，航空公司则实行优惠机票策略。通过优化方法动态制定票价可以为美国航空公司带来每年近10亿美元的额外收入。

旧金山巨人队的管理团队发现他们的产品（主场比赛的门票）和航空公司的产品（飞机票）非常相似，因此决定采用与之相同的收益管理系统。如果某场巨人队的比赛非常吸引球迷，当比赛临近时，门票就会销售得很快，并且出现供不应求的情况。在这种情况下，球迷将会愿意出高价购买门票，因此就可以提高门票价格。类似地，对于没有吸引力的比赛，购买门票的球迷数量少，则会实施降价策略。这就是为什么斯坦利会在2010年棒球赛季后期左右为难。那时，旧金山巨人与圣迭戈教士正在争夺西部联盟赛冠军，巨人队比赛的门票需求量大幅上升，且巨人队与教士队的最后三场比赛是在巨人队的主场举行的。一方面，斯坦利当然希望他的俱乐部能赢得美国职业棒球西部联盟赛冠军，但他也意识到如果巨人队能够在本赛季最后时刻胜出的话，激烈的赛事将为俱乐部带来更多的收入。在季后赛的一次采访中斯坦利说："从财务上讲，赛事持续到最后才是有利的，但每场比赛我们都提心吊胆，边看比赛边焦灼地在球场上走来走去。"

收益管理和运营管理真的起作用了吗？如今，几乎所有的航班均使用了某种收益管理系统，甚至邮轮公司、酒店和汽车租赁行业也都采用了收益管理的方法。对于巨人队，斯坦利说在2010年赛季，动态定价方法使得主场每场次的收益增加了7%～8%。巧的是，巨人队确实是在最后一天才赢得了职业棒球西部联盟赛冠军，并最终赢得了世界大赛冠军。几个职业体育专营机构开始向巨人队学习，并考虑使用相似的动态定价系统。

资料来源：Peter Horner, "The Sabre Story," *OR/MS Today* (June 2000); Ken Belson, "Baseball Tickets Too Much? Check Back Tomorrow," *NewYork Times.com* (May 18, 2009); and Rob Gloster, "Giants Quadruple Price of Cheap Seats as Playoffs Drive Demand," *Bloomberg Business-week* (September 30, 2010).

1.1 解决问题与制定决策

我们可以把**解决问题**定义成：一个识别实际问题与期望状态之间的差异，然后采取行动解决这种差异的过程。对于需要投入一定时间和精力来认真对待的重要问题，解决问题的过程包含如下七个步骤。

（1）识别与定义问题。

（2）识别备选方案。

（3）确定一个或一组用于评估备选方案的标准，即确定标准。

（4）评估备选方案。

（5）选择一个方案。

（6）实施选定的方案。

（7）对实施结果进行评估以确定问题是否得到满意解决。

制定决策包含了解决问题的前五步。因而，制定决策的第一步是识别与定义问题。决策以选择方案作为结束，也就是做出决定。

下面让我们看一个决策过程的例子。现在我们假设你失业在家，希望找到一份很有前途的工作。经过努力后，已经有一些公司愿意录用你，这些公司分别在纽约州的罗切斯特、得克萨斯州的达拉斯、北卡罗来纳州的格林斯伯勒以及宾夕法尼亚州的匹兹堡。因此，你面临的决策问题有以下四个备选方案。

（1）接受位于罗切斯特的工作。

（2）接受位于达拉斯的工作。

（3）接受位于格林斯伯勒的工作。

（4）接受位于匹兹堡的工作。

解决问题的下一步是确定评估这四个备选方案所用的标准。很明显，起薪是一项颇为重要的因素。如果对你来说，工资是唯一重要的因素，那么你选择的“最好的”方案一定是起薪最高的公司。这种只根据一个标准来选择最优方案的问题通常被称为**单准则决策问题**。

倘若你觉得工作的发展潜力和地点也是非常重要的，那么你的决策问题就有了三个标准：起薪、发展潜力和工作地点。这种多于一个标准的决策问题通常被称为**多准则决策问题**。

决策的下一步是按照各标准对备选方案进行评估分析。比如，按照起薪标准来评估备选方案，只要将每份工作提供的起薪进行比较就可以了。而如果根据发展潜力和报酬来评估就要困难一些，因为这些主观的因素往往难以量化。假设你决定使用差、较差、一般、好、非常好这五个等级来衡量发展潜力和工作地点，那么可以得到针对这三个指标的评估结果，如表 1-1 所示。

表 1-1 职位评估决策数据表

备选方案	起薪（美元）	发展潜力	工作地点
1. 罗切斯特	58 500	一般	一般
2. 达拉斯	56 000	非常好	好
3. 格林斯伯勒	56 000	好	非常好
4. 匹兹堡	57 000	一般	好

现在你可以从这些备选方案中做一下选择。这对于你来说或许很难，因为这些评估因素并非同等重要，也没有哪种方案在各个标准上都是最优的。有关处理这种情况的方法，我们将在以后的学习中介绍。这里我们不妨假设，经过认真的分析以后，你选择了第三个备选方案，那么第三个备选方案便成为你的决定。

到这里，决策过程便全部完成，整个过程可以概括成以下五步。

（1）定义问题。

（2）识别备选方案。

（3）确定标准。

（4）评估备选方案。

（5）选择一个方案。

相对于整个解决问题的过程来说，制定决策过程缺少了两项：实施选定的方案和对实施结果进行评估以确定问题是否得到满意解决。不提这两项不是说它们不重要，只是制定决策和解决问题所覆盖的范围不同而已。图 1-1 总结了这两种概念的关系。

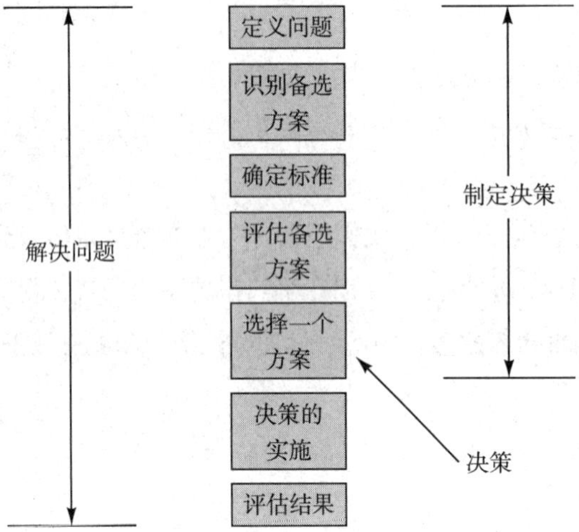

图 1-1　解决问题与制定决策的关系

1.2　定量分析与决策

我们来看看图 1-2 所示的流程图。注意，在“将问题结构化”栏下结合了决策过程的前三步，而后两步则归入“分析问题”栏下。下面我们详细介绍一下决策过程的各项活动。

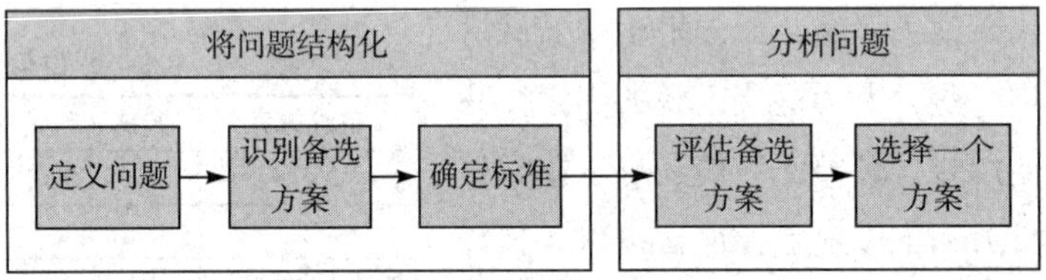

图 1-2　决策过程的分类

决策过程的分析阶段可能包括两种形式：定性的和定量的，如图 1-3 所示。定性分析基本上是基于管理者的判断和经验而进行的，它包含了管理者对问题的直觉，因而更像一门艺术而非科学。如果管理者已有类似问题的经验或该问题相对更简单，则会重点采用定性分析方法。但是如果管理者并没有类似问题的经验或该问题相当复杂，那么问题的定量分析在管理者的最终决策中就显得尤为重要。

在使用定量方法时，分析人员将首先收集问题相关的量化资料和数据，并建立可以描述问题的目标、约束条件和其他关系的数学表达式。然后通过使用一种或多种定量方法，分析人员就可以根据问题的这些定量因素来做决策建议。

定性分析技能与决策者自身有关，且随着经验增长而增加，但定量分析技能可以通过管理科学的系统训练而学到。通过学习更多定量方法和更好地理解定量方法在决策过程中的作用，管理者能提高决策的有效性。掌握定量分析的管理者往往能做出更有效的判断，因为他们能将相关问题的可量化和不可量化的要素结合起来，优势互补，从而更有可能找到解决问题的最佳方式。

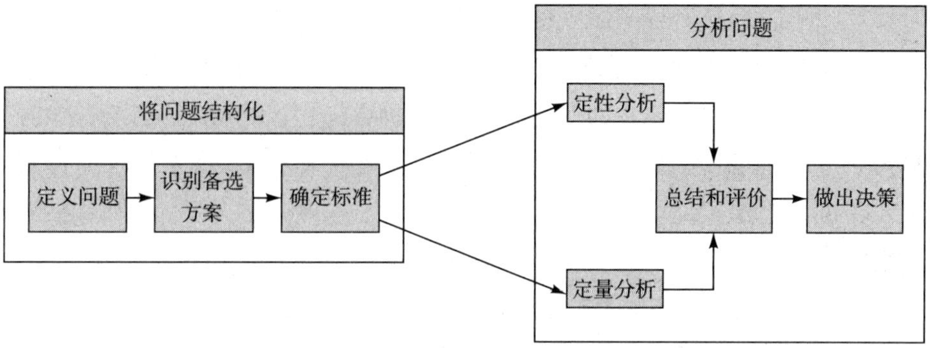

图 1-3 定性分析和定量分析所扮演的角色

图 1-3 中的“定量分析”是本书将要介绍的重点。我们将先提出一个管理问题，然后介绍合适的定量方法，并给出相关对策。

在本节结束时，让我们简要说明一下为何定量方法可以用于决策过程。

（1）问题很复杂，管理者在没有定量分析的帮助下不能给出一个好的解决方案。

（2）问题特别重要（如涉及大量的金钱），且管理者在尝试做决策前希望有一个全面的分析。

（3）新遇到的问题，管理者事先并没有任何相关的经验。

（4）重复性问题，管理者依靠定量分析来处理日常重复性决策以节约时间和精力。

1.3 定量分析

从图 1-3 中我们可以看出定量分析从问题结构化后就开始了。将实践中的问题结构化为定量分析模型需要想象力、大量的精力和团队合作。分析人员对实践问题结构化过程参与越多，量化分析技术对决策过程的贡献就可能越大。

为了成功将定量分析应用到决策中，管理学家必须同管理者或用户密切合作。当管理学家和管理者都认为问题已经被恰当地结构化时，才可以建立数学化分析模型，并应用数学算法对相应模型进行求解，然后将求解结果转化为该方案的决策建议。因此，建模与求解是定量分析过程的核心环节。

1.3.1 建模

模型是实际对象或情境的一个反映，它可以以各种形式表达出来。例如，飞机的比例模型是真实飞机的反映。类似地，孩子们的玩具卡车是真实卡车的模型。模型飞机和玩具卡车是实际对象的物理仿制模型的例子。在建模的术语中，物理复制被称为**形象模型**，这是一种模型。

第二种模型，它们也是物理模型，但是在外形上同被建模的对象并不一样。这种模型被称为**模拟模型**。汽车上的速度表是一种模拟模型，表盘上指针的位置代表了汽车的速度。温度计则是指示温度的另一种模拟模型。

第三种模型用系统化的符号和数学表达式或关系式来反映实际问题，这类模型被称为**数学模型**，本书将主要介绍此类模型。它是决策中所有决策定量方法的核心部分。例如，销售某种产品的总利润可以通过每单位利润乘以售出数量得到。如果 x 表示售出的单位数，P 表示总利润，那么在每单位利润是 10 美元的情况下，下面的数学模型定义了销售 x 单位产品而获得的总利润：

$$P = 10x \tag{1-1}$$

我们可以通过研究和分析模型来对现实状态做一个推理。比如飞机设计人员可以通过将仿真飞机放入风洞进行测试分析以获得一些真实飞机潜在的飞行特征数据。同样，一个数学模型可以测算出在卖出一定数量的产品时，能够获得的利润有多少。从式（1-1）表示的数学模型来看，当卖出 3（x=3）件产品时，可获得的总利润是 $P = 10 \times 3 = 30$（美元）。

一般来说，用模型做试验比用实物或真实场景做试验所花费的时间和资金要少。用飞机模型做试验当然比用真实飞机要更快，也更便宜。同样，我们通过式（1-1）就可以很快地得到我们的期望利润，而不需要管理者真正去生产 x 个产品并卖出 x 个单位。此外，运用模型还可以减少用实物或真实场景做试验会遇到的风险。特别地，如果在试验中因设计不好或决策不当造成飞机模型坠毁或是数学公式告诉我们将会有 10 000 美元的损失，那么在实际情况下，我们会避免这样的设计或决策。

诺贝尔经济学奖得主、决策大咖赫伯特·A. 西蒙（Herbert A.Simon）说，数学模型不必精确，只要足够接近，就能提供比常识更好的结果。

基于模型分析所得到的结论或决策有多少价值，这同模型描述实际情况的程度有很大关系。模型对实际决策问题的贡献，取决于模型对刻画真实问题的精准度。飞机模型越接近真实飞机，那么由它预测出的结论也就越真实。同样，数学模型中所描绘出的利润数量关系越接近实际，那么由此推导出的利润获取也就越准确。

因为本书主要涉及基于数学建模的定量分析方法，所以让我们仔细分析一下数学建模的过程。当开始思考管理问题时我们通常会发现，问题的定义阶段直接决定了具体的目标以及可能的一系列**约束条件**，比如利润最大化或成本最小化的目标、企业的生产能力约束等。定量分析方法和数学模型是否成功，很大程度上依赖于建立起来的数学关系式能否准确地描述这个问题的目标以及它的约束条件。

我们称用来描述一个问题的目标的数学表达式为**目标函数**。比如，一个公司的目标是使其利润最大化，那么利润方程 P =10x 就是它的目标函数。企业生产能力的限制也是必须考虑进去的，比如，制造每件产品需要 5 小时，而每周工作总时间只有 40 小时。用 x 代表每周生产的产品数，那么生产能力（时间）约束可以用下式表达：

$$5x \leqslant 40 \tag{1-2}$$

这里，$5x$ 就是生产 x 件产品需要的总时间，符号“≤”表示生产的总时间必须小于或等于每周可以使用的 40 小时。

那么我们的决策问题便成了：为实现利润最大化这个目标，需要每周安排生产多少单位产品？这个简单生产问题的完整的数学模型可表示如下：

max　P=10x 目标函数

s.t.

$$\left.\begin{aligned} 5x &\leqslant 40 \\ x &\geqslant 0 \end{aligned}\right\}\text{约束条件}$$

$x \geqslant 0$ 表示产量必须大于或等于零，简单地说，你不可能生产负值的产品数量。这个模型的最优解很容易算出，即 $x=8$，由此所得的利润是 80 美元。这是一个线性规划模型的例子。在接下来的章节中我们将研究更复杂的数学模型，并学习如何对其进行求解。

在前面的数学模型中，单位产品利润（10 美元）、单位产品生产时间（5 小时）以及生产能力（40 小时）是一些环境因素，这些因素并不受管理者和决策者的控制。这种能够影响目标函数和约束条件的环境因素被称为模型的**非可控输入（参数）**，而那些可以被管理者和决策者控制的因素被称为**可控输入（参数）**。上面的例子中，产品的生产数量 x 就是可控输入（参数），它是管理者可以指定的决策备选方案，因此也被称为模型的**决策变量**。

一旦所有可控和非可控参数都已经确定，目标函数和约束条件随之也能确定，之后就可以进行模型求解了。而模型报告就是在那些实际环境因素和决策下会产生的结果。图 1-4 表示的是数学模型如何将可控输入（参数）和非可控输入（参数）转化为结果输出。图 1-5 表示的是这个生产模型的具体细节。

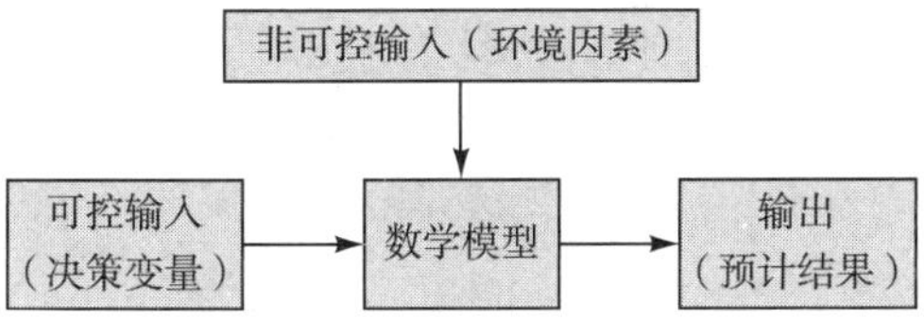

图 1-4 输入输出转换流程图

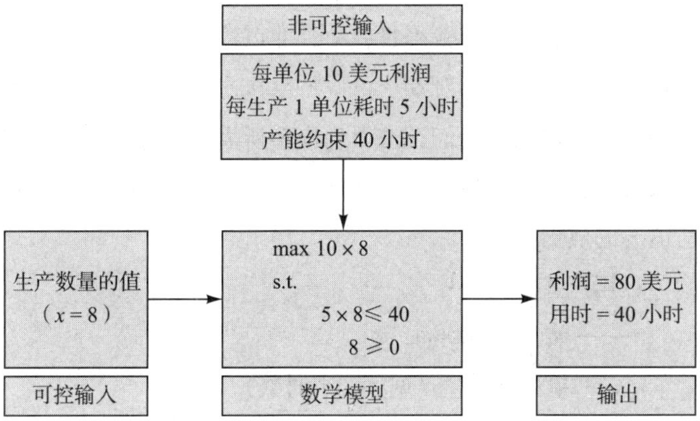

图 1-5 生产模型流程图

如前面我们所述，决策者无法影响非可控输入（参数）。一个模型中具体的可控和非可控输入（参数）取决于具体的问题。在上面的生产模型中，每周可用的工作时间（40 小时）就是一个非可控输入（参数）。但是，如果可以增加人手或允许加班，那么生产时间就变成了一个可控输入（参数），于是它就变成了一个决策变量。

非可控输入（参数）可以分为确定型和不确定型两类。如果一个模型的非可控输入（参数）都是已知的、不可变的，这样的模型就被称为**确定模型**。例如，公司的所得税税率是管理者无法影响的，因此在很多的模型里，所得税税率就是一个非可控输入。因为这些税率是已知、固定的（至少在短期内），所以如果一个模型中只有所得税税率这一个非可控输入（参数），那么该模型就是一个确定模型。一个确定模型的显著特点是，它的非可控输入（参数）的值事先就已经知道了。

如果模型含有一个或者多个不确定的非可控参数，这样的模型就被称为**随机模型**或**概率模型**。对于大多数的生产计划模型来说，产品的需求量都是一个非可控输入（参数）。一个计算未来不确定需求（可以是范围内的任意值）的数学模型带有不确定性，通常称其为随机模型（在数学模型中，如果将未来需求量视为可以取任何数值的不确定性非可控参数，则这个模型是随机模型）。在生产模型中，生产每件产品所需的小时数、可用的总小时数、单位产品利润都是非可控输入（参数），因为它们都是已知的固定值，所以这个模型是确定模型。但是，如果因原材料质量不同导致单位产品生产时间在 3 ～ 6 小时之间变化，那么这个模型就变成了随机模型。随机模型的显著特点是：即使可控输入（参数）都是已知的，因为无法得到非可控输入的具体值，输出结果也仍然不能确定。从这点来看，随机模型往往更难分析。

1.3.2 数据准备

对一个问题实行定量分析的另一个步骤是准备模型所需要的数据。这里所说的数据是指模型的非可控参数。在对模型进行分析并对问题提供一个决策或方案的建议之前，所有的非可控输入（参数）必须确定下来。

在生产模型中，非可控输入（参数）或数据是单位产品利润 10 美元、单位产品生产时间 5 小时、可用的生产时间 40 小时。在建模过程中，这些数据是已知的，是为适应模型而从实际运作数据中提取出来的。如果模型规模相对较小，并且非可控参数比较少，定量分析员可能会把数学建模阶段和数据准备阶段合并成一步。在这种情况下，在数学模型的方程建立起来的同时，模型需要的数值就被代入进去了。

但是在很多数学建模过程中，非可控参数并不太容易得到。比如在上面的例子中，管理学家可能知道这个模型需要单位产品利润、单位产品生产时间以及生产能力这些数据，可是在对会计、生产、工程这几个部门进行咨询以前，我们无法得到模型所需的这些数据。所以在建模阶段，分析员一般都会先用一些通用的符号来代替它们，然后进行数据准备，以获得模型所需非可控参数的具体数据，而不是在建模阶段就开始收集所需要的数据。

运用这些通用符号：

c ——单位产品利润；

a ——单位产品生产时间（小时数）；

b ——生产能力（总小时数）。

生产模型的建模结果如下：

$$\max cx$$
$$\text{s.t.}$$
$$ax \leqslant b$$
$$x \geqslant 0$$

我们还需要一个单独的数据准备阶段，将 c、a 和 b 值加以明确。这样的话，模型就完整了。

很多缺乏经验的定量分析员认为，一旦问题被定义出来，而且大体的模型也已建立起来，问题就基本上解决了。他们认为数据准备是一个很微不足道的环节，公司一般的办事员便能很轻松地完成。事实上，这样的想法与事实大相径庭，特别是对于那些需要输入大量数据的大规模的模型来说尤为如此。比如，一个有 50 个决策变量、25 个约束条件的小型线性规划模型就需要 1 300 多个数据元素，这些数据元素必须在数据准备阶段加以明确。收集这些数据需要大量的时间，而且在收集过程中很可能产生错误，这使得数据准备阶段在定量分析过程中显得至关重要。通常情况下，在这个阶段需要建立一个比较大的数据库来支持数学模型，并使信息系统分析员参与到数据准备阶段中来。

1.3.3 模型求解

一旦建模和数据准备已经完成，就可以进入模型求解阶段。在此阶段分析人员将确定决策变量的具体值，以获得模型的最优输出结果。能够使模型达到最佳状态的决策变量的具体值通常被称为模型的**最优解**。对于前面的生产问题来说，模型的求解阶段是找到能实现利润最大化，同时又不会违反生产能力约束条件的决策变量 x（生产数量）的值。

模型求解的过程中可能用到一种试错的方法，对每个决策的备选方案进行测试、评估。在生产模型中，运用这种方法意味着将每个产量值也就是 x 值都代入模型之中，以确定一个最优值。从图 1-5 来看，我们可以代入试验值 x，看看相应的利润输出是多少，并判断它是否满足约束条件。如果某个方案不能满足其中一个或多个约束条件，那么无论目标函数的值是多少，这个方案都将被拒绝，因为它是**不可行解**。如果所有的约束条件都满足了，那么它便是**可行解**，可称为最优解或决策建议的候选方案。通过试错的方法来评估备选方案，决策者可以找到一项比较好的，甚至可能是最好的解。这个解将被推荐给决策者，作为解决问题的一个方案。

表 1-2 显示了运用试错的方法求解图 1-5 中生产问题的结果。推荐的决策是每周生产 8 件产品，因为当 x=8 时，它既是可行的，又能使利润最大化。

表 1-2 生产模型的试错求解

决策备选方案（生产数量）x	预计利润	生产总小时数	是否为可行解（用时≤ 40）
0	0	0	是
2	20	10	是
4	40	20	是
6	60	30	是
8	80	40	是
10	100	50	否
12	120	60	否

尽管试错的办法经常被采用且能为管理者提供一些有价值的信息，但它也有明显的缺点：并非总能得到最优解，而且如果备选方案过多，会因大量计算而变得效率低下。因此，定量分析学家又开发了大量比试错法更加有效的求解算法。本书将系统地介绍适合于特定数学模型的求解方法。相对较小的模型或问题可以依靠笔算解决，但是大多数实际应用问题求解是需要借助计算机的。

事实上，建模和模型求解这两步并不能截然分开。分析人员总是希望既能建立起一个可以准确描述实际问题的模型，又能找到模型求解的有效算法。如果我们在建模时一味地追求模型的准确性和真实性，那么模型有可能变得非常庞大和繁杂，以至于无法对其进行求解。在这种情况下，我们更偏向于那些简单的、易懂的，而且可以对其求解的数学模型，即使这种模型只能得到一个近似的最优解。随着学习的深入，你会对可建立并且可求解的数学模型有更深的了解。

在得到模型的解之后，管理学家和管理者都想知道这个解对解决实际问题的功效有多大。毫无疑问，分析员为使模型更加准确已经做了很多工作，但是模型的优度和精度在求解结果产生以前是无法准确评价的。我们经常用一些已有明确的或至少有期望答案的小规模问题来对模型进行测试和验证。如果该模型能够得到期望的答案，而且其他的输出信息也没什么错误的话，下一步就可以将模型应用到大规模实际问题了。但是如果在模型测试和验证时发现存在一些潜在的问题或模型本身有缺陷，就要采取一些纠正措施，对模型进行修改或（和）收集更加准确的数据。当然，不管采取什么纠正措施，在模型通过测试和验证前，模型的解是不可以运用到实际工作中的。

1.3.4 报告编写

定量分析过程中一个很重要的部分就是根据模型结果撰写方案管理报告。如图 1-3 所示，定量分析所得出的解是管理者进行决策的依据之一。因此，管理报告中须以简单易懂的形式呈现出模型的求解结果。报告包括推荐的方案和一些对决策者有帮助的相关信息。

1.3.5 实施中需要注意的问题

在1.2节中我们曾提到，为了获得一个最优的决策方案，管理者必须将定量分析的结果和定性判断结合起来。在决策制定后，管理者须监控决策的实施，并评估后续结果。在实施及后续评估的过程中，管理者应该继续对模型进行跟踪。有时这个过程甚至会要求对模型进行扩展或进一步精细化，这都会使管理学家返回到定量分析的早期阶段。

方案是否能成功实施对于管理学家和管理者来说都是极为重要的一环。如果定量分析所得到的方案不能正确地实施，那么之前的努力都会付之东流。

制订出的方案如果总是不能成功地实施，管理学家便要失业了。因为在实施方案阶段，通常会要求人们改变工作方法，所以一般都会遭到抵制。人们会问"以前的方法有什么错"这样的问题。确保成功实施的一个最有效的方法是，让用户直接参与到建模的过程中来。如果用户感到自己是建模和求解的参与者，就更有可能会积极地关心方案的实施。这样建立起来的模型，实施的成功率会大大提高。

专栏1-2讨论的是Heracles General Cement公司应用管理科学技术成功优化供应链运营的案例。

|专栏1-2| 实践中的管理科学

Heracles General Cement公司的定量分析与供应链管理

Heracles General Cement公司（以下简称"Heracles公司"）成立于1911年，是希腊最大的水泥生产商。公司在Evoia有3个水泥工厂，分别在Volos、Halkis和Milaki。Heracles公司每年水泥的生产量为960万吨，公司管理着10个采石场，为水泥工厂提供石灰石、黏土和岩片。其中7个采石场在水泥厂附近，另外3个由Heracles的子公司LAVA管理。公司在希腊还有6个配送中心，每年向希腊国内销售250万吨水泥，占希腊国内销量的40%以上。

支撑Heracles公司配销系统的物流体系面临着很大的挑战。为此，2005年，公司决定通过数学规划建立供应链优化和设计平台（supply chain optimization and planning，SCOP）以提高供应链的效率。

Heracles公司创建SCOP的目标是：①通过生产计划、库存控制和运输政策的协同，提高供应链整体运行效率；②集成供应链的计划和预算等核心业务流程；③通过全局优化降低整个系统的成本。

SCOP的实施很成功，除了达到上述三个目标，SCOP还为Heracles公司提供了面对需求和成本波动时，最优的修补政策和应对策略。SCOP的成功实施改善了内部协调，降低了成本，提高了运营效率，提高了客户满意度。

资料来源：G. Dikos and S. Spyropoulou, "SCOP in Heracles General Cement Company," *Interfaces* 43, no. 4 (July/August 2013): 297–312.

注释与点评

1. 计算机技术的发展加大了管理科学在决策中的应用。现在有大量的适合在个人计算机上运行的管理科学软件包，如微软（Microsoft）的Excel在课堂教学和企业实践中得到了广泛应用。

2. 很多章的附录中都提供了 Excel 的详细求解步骤。微软的 Excel 成为在工商业领域使用最广的建模分析软件。建议阅读本书附录 A“构建电子表格模型”。

1.4　成本、收益与利润模型

在商业和经济应用中的一类基本定量分析模型是关于产品产量、销量与成本、收益和利润之间的关系的。通过使用这类模型，管理者可以根据定好的产量或预测的销量来确定预计的成本、收益以及利润。财务计划、生产计划、销售配额及其他领域的决策问题都可以用这样的成本—收益—利润模型来帮助解决。

1.4.1　成本—数量模型

生产或制造产品的成本是生产数量的一个函数。成本可分成两种：固定成本和可变成本。**固定成本**是总成本中不随产量变化的那部分成本。也就是说，无论生产多少产品，固定成本总是一个定值。**可变成本**则不然，它依赖于产量，随产量的变化而变化。下面我们将以 Nowlin 塑料制品公司面临的生产问题为例来说明成本—数量模型的建模过程。

Nowlin 塑料制品公司生产各种样式的手机保护壳，其中卖得最好的一款名为 Viper，它是一种薄且耐用的塑料保护壳，颜色有灰、黑两种。多种产品可以在同一个生产线上生产，每次有新产品，就需要对生产线进行改造，这时会产生一个启动成本。假设 Viper 的启动成本是 3 000 美元，这个成本是固定成本，不随实际产量的变化而变化。我们还假设每件产品的劳动力和原材料的可变成本是 2 美元。那么，制造 x 件 Viper 的产品成本—数量模型为：

$$C(x) = 3\,000 + 2x \tag{1-3}$$

式中　x——生产数量；

$C(x)$——生产 x 件产品的总成本。

产量一旦确定下来，就可以根据式（1-3）求出总成本。比如，现在决定生产 x=1 200 件产品，那么总成本就是：$C(1\,200)=3\,000+2\times 1\,200=5\,400$（美元）。

边际成本是指总成本相对于产量的变化率，即多生产 1 单位产品，总成本的增加值。在式（1-3）的成本模型中，我们发现每多生产 1 件产品，总成本 $C(x)$ 就会增加 2 美元，所以边际成本就是 2 美元。对于更复杂的总成本模型，边际成本可能会随产量的变化而变化。在这些情况下，我们需要构建关于产量 x 的递增或递减的边际成本函数。

1.4.2　收益—数量模型

Nowlin 塑料制品公司的管理层还想知道当卖出一定数量的产品时，公司会得到多大的预期收益。因此还需建立一个收益—数量模型。假设 Viper 的单位售价是 5 美元，那么总收益可以表述为：

$$R(x) = 5x \tag{1-4}$$

式中　x——销量；

$R(x)$——销售 x 件产品的总收入。

边际收益是指总收益相对于销量的变化率，即多卖出 1 件产品，总收益的增加值。从式（1-4）可知，边际收益是 5 美元。在这个例子中，边际收益是个常量，不随总销量变化而变化。但在更复杂的模型中，边际收益会随着销量的变化而增加或者减少。

1.4.3 利润—数量模型

管理决策中一个最重要的标准就是利润。管理者需要知道他们的决策会带来什么样的利润结果。假设生产的产品全都卖出去了，那么产量就等于销量。将式（1-3）和式（1-4）结合起来，我们就得到了利润—数量模型，即在给定的产量下，公司将得到多大的利润。总利润用 $P(x)$ 来表示，它等于总收益减去总成本。因此，下面这个模型表示了生产并销售 x 件产品，公司获得的总利润：

$$P(x)=R(x)-C(x)=5x-(3\,000+2x)=-3\,000+3x \tag{1-5}$$

由此可以知，利润—数量模型可以由收益—数量模型和成本—数量模型得出。

1.4.4 盈亏平衡分析

利用公式（1-5），我们可以计算出在生产任意数量 x 的产品时，公司的利润。例如，假设需求预测显示可以卖出 500 件产品，那么生产和销售 500 件产品时，公司的预计利润为：

$$P(500)=-3\,000+3\times500=-1\,500\text{（美元）}$$

换言之，预计会有 1 500 美元的损失。如果真的只能卖出 500 件产品的话，管理者便不会制造这种产品。但是，如果预计需求是 1 800 件产品，那么所得的利润就是：

$$P(1\,800)=-3\,000+3\times1\,800=2\,400\text{（美元）}$$

这个利润足以说服公司投入生产该产品了。

我们可以看到，当产量为 500 时公司会亏损，而产量是 1 800 时公司会赢利。总有一个产量，使得收益恰好等于成本（利润为 0），我们称这时的产量为**盈亏平衡点**。如果盈亏平衡点已知，管理者就会快速地推断出，按该点之上的产量去生产，公司会赢利，反之则会亏损。所以，当管理者必须做出是否生产的决策时，盈亏平衡点给管理者提供了非常有价值的信息。

在 Nowlin 塑料制品公司的例子中，我们使用式（1-5）计算盈亏平衡点。当利润为 0 时，我们可以解出盈亏平衡点对应的产量：

$$P(x)=-3\,000+3x=0$$

$$3x=3\,000$$

$$x=1\,000$$

至此我们可知只有当产量大于 1 000 件时，企业才会获得利润。图 1-6 将总成本、总收益和盈亏平衡点清楚地表示出来了。在附录 1.1 中，我们用 Excel 求解 Nowlin 塑料制品公司的盈亏平衡点。

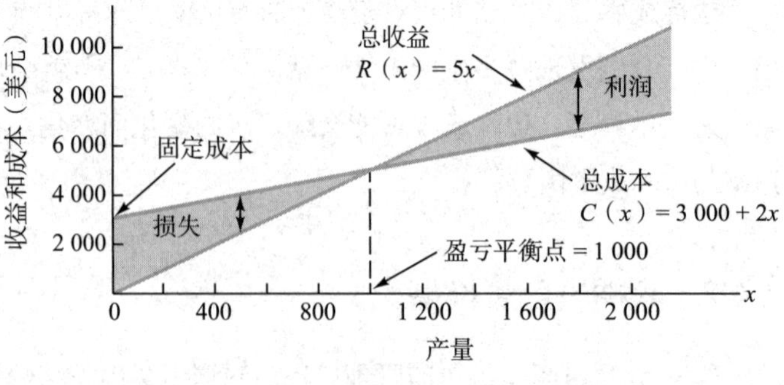

图 1-6 Nowlin 塑料制品公司盈亏平衡分析

1.5 管理科学技术

在这一节中，我们将简要介绍一下本书中涉及的管理科学技术。经过多年的发展，这些方法已经大量地应用于实践中了。

线性规划（linear programming） 线性规划是解决线性约束条件下线性目标函数的极值问题。1.3 节图 1-5 中的生产模型就是一个简单的线性规划的例子。

整数线性规划（integer linear programming） 如果一个线性规划模型同时要求一些或全部决策变量取值为整数，则此类模型被称为整数线性规划模型。

配送网络模型（distribution and network model） 网络是问题的一种图形描述，这些图形由一些圆圈（称为节点）以及它们相互之间的连线（称为弧）表示。有一些专门的方法用于解决这类问题。这种模型可以帮助我们很快地解决诸如供应链设计、信息系统设计以及项目计划的问题。

非线性规划（nonlinear programming） 许多商业过程是非线性的。例如，债券的价格就是利率的非线性函数，产品的需求量往往是价格的非线性函数。非线性规划是在非线性约束下，最大化或最小化非线性函数的目标函数。

项目计划（project scheduling: PERT/CPM） 很多情况下，管理者都需要对一些项目进行计划、列出时间表，并加以控制，而这些项目包括的活动或者任务往往涉及不同的部门和人员。PERT（计划评审技术，program evaluation and review technique）和 CPM（关键路径法，critical path method）可以帮助项目管理者更好地掌握项目进程。

库存模型（inventory model） 管理者运用库存模型来解决库存中的两难问题——一方面，必须维持足够的库存量以保证满足产品的需求；另一方面，库存成本要尽可能维持在最低水平。

等候线或排队模型（waiting line or queueing model） 排队模型可用于帮助管理者理解排队系统，并做出更优的决策。

仿真（simulation） 仿真是一项用来对系统运作进行模拟的技术。该技术使用计算机程序模拟运作过程，并进行模拟运算。

决策分析（decision analysis） 当遇到有多种备选方案以及不确定或充满风险的情况时，可以用这种方法来选择出最优策略。

目标规划（goal programming） 这种方法用来解决多准则决策的问题，通常使用线性规划的框架。

层次分析法（analytic hierarchy process） 这个多准则的决策技术允许在决策方案中加入一些主观的因素。

预测（forecasting） 预测法是一项用来预测商业未来运作情况的技术。

马尔可夫过程模型（Markov process model） 马尔可夫过程模型用来研究特定系统重复工作情况下的演进。例如，用马尔可夫过程描述某一时间段内正常工作的机器，在下一时间段内正常工作或发生故障的概率。

最常用的方法

从实践和教学经验来看，我们发现最常用的管理科学方法是线性规划、整数规划、网络模型（包括供应链模型）和仿真。除此之外，在不同的行业中，多多少少会使用到其他一些模型。

本书的重点就是将管理者和管理科学联系起来。我们相信通过加强管理者对管理科学如何应用的理解，管理科学应用的障碍就一定会消除。本书还将帮你理解哪些管理科学方法是最有用的，如何使用它们，还有最重要的，它们是如何帮助管理者做出更优的决策的。

专栏 1-3 描述了定量分析如何影响我们的日常生活。

|专栏 1-3| 实践中的管理科学

运筹学对日常生活的影响

康奈尔大学运筹学与工业工程学院的副院长 Mark Eisner 在接受《波士顿环球时报》记者 Virginia Postrel 采访时曾说运筹学“可能是从没有人听说过的最重要的领域”。Mark Eisner 延伸了对运筹学的定义：在动态和不确定性情况下有效利用稀缺资源。Mark Eisner 教授的定义暗示着运筹学对日常生活的影响是巨大的。

假设你安排了一次前往佛罗里达的假期，并使用 Orbitz 预订机票。运筹学研究者开发的一个算法可以帮助你在数百万个可选项中选择出最低的费用。使用一种算法优化航空公司的飞机及机组人员配置，然后使用另一种算法计算出你的最优票价。如果你在佛罗里达租了一辆汽车，你的租车价格是由租车公司利润最大化的数学模型决定的。如果你在旅行中买了一些东西，并决定用 UPS 把你的物品运回家，运筹学模型会告诉 UPS 应该把货物放在哪一辆卡车上，卡车应该走哪条路线以避开拥堵路段，以及为了最小化装载与卸车的时间应该把货物放在卡车的哪个地方。你订阅了 NetFlix 吗？NetFlix 使用算法对你的电影评价和观影记录进行评估，并向你推荐你喜欢的电影。政党在大选中还用运筹学方法研究最佳选票区、最佳宣传区，以及如何有效利用大选资金最大化获选概率。

运筹学广泛地用于医疗领域。约翰·霍普金斯大学布隆伯格公共卫生学院、匹兹堡超级计算中心（PSC）、匹兹堡大学和加利福尼亚大学欧文分校的研究人员们在区域健康生态系统（RHEA）中应用了运筹学技术。

RHEA 用于评估当一个医院内耐万古霉素肠球菌（VRE）增加或减少时，其相邻的医院内 VRE 的变化情况。由于 VRE 是引起医院内感染的最常见的病菌，RHEA 可以通过减少 VRE，来减少病人在医院看病的时间和医疗费用。

约翰·霍普金斯大学布隆伯格公共卫生学院国际疫苗接种中心运筹中心主任、国际健康副教授、工商管理硕士、医学博士 Bruce Y. Lee 说：“我们的研究表明同一地区不同医院之间的病例共享有助于减少医院内的 VRE 量。也就是说，降低医院之间合作和协作的门槛，例如建立地区控制系统，实现 VRE 联控和加强区内研究合作，将有助于降低 VRE 感染和传播。”

资料来源：Virginia Postrel, “Operations Everything,” *The Boston Globe*, June 27, 2004; “How Superbug Spreads Among Regional Hospitals: A Domino Effect”, *Science News*, July 30, 2013; and Bruce Y. Lee, S. Levent Yilmaz, Kim F. Wong, Sarah M. Bartsch, Stephen Eubank, Yeohan Song, et al., “Modeling the Regional Spread and Control of Vancomycin-Resistant Enterococci,” *American Journal of Infection Control*, 41, no. 8 (2013):668–673.

注释与点评

运筹学和管理科学研究所（INFORMS）和决策科学研究所（DSI）是两个专业机构，它们定期出版期刊和时事通讯，其内容包括运筹学以及管理科学方法的最新研究和应用。

本章小结

本章讨论的内容是管理科学如何帮助管理者更好地进行决策。决策制定过程和管理科学在此过程中扮演的角色是本章的重点。我们探讨了决策制定过程中问题的定位，并且大致了解了数学模型在这些分析中的应用方式。

还有一点需要注意的是，数学模型和它所表示的实际情况或管理问题之间是有差异的。数学模型是对现实世界的抽象描述，因此无法展现现实情况的所有方面。但是，只要能够抓住问题的关键并提出改进方案，该模型对决策就是有帮助的。

管理科学日益显著的一个特点就是努力寻找问题的最优解决方案。在运用定量分析方法时，我们实际上是在寻找最佳或者最优的解决方案。

专业术语

模拟模型（analog model） 也是物理模型，但是在外形上同所反映的真实对象或情况并不一样。

盈亏平衡点（breakeven point） 总收益与总成本相等时的产量。

约束（constraint） 问题中的限制和制约因素。

可控输入（参数）（controllable input） 可以由决策的制定者控制的因素。

决策（decision） 选择出的备选方案。

制定决策（decision making） 定义问题、识别备选方案、确定标准、评估备选方案和选择一种备选方案的过程。

决策变量（decision variable） 即可控输入（参数）。

确定模型（deterministic model） 模型中所有的非可控输入（参数）都已知，且不变。

可行解（feasible solution） 满足全部约束条件的备选方案。

固定成本（fixed cost） 不随产量变化的那部分成本。无论生产多少产品，固定成本总是一个定值。

形象模型（iconic model） 物理实体的仿制品，或真实对象的反映。

不可行解（infeasible solution） 不满足一个或多个约束条件的备选方案。

边际成本（marginal cost） 在产量变化时，总成本的变化率。

边际收益（marginal revenue） 在销量变化时，总收益的变化率。

数学模型（mathematical model） 用数学符号和表达式来表示实际情况。

模型（model） 对真实对象或情况的反映。

多准则决策问题（multi-criteria decision problem） 有多个标准，通过考虑所有的准则，以找到最优解的问题。

目标函数（objective function） 用来描述问题目标的数学方程。

最优解（optimal solution） 特定的决策变量的值或使模型提供最优输出的解。

解决问题（problem solving） 在明确实际情况和期望情况之间的差异后，为解决这种差异而采取措施的过程。

单准则决策问题（single-criterion decision problem） 只依赖一个标准来寻找最优解的问题。

随机/概率模型（stochastic/probabilistic model） 至少包含一个不明确或可变的非可控输入（参数）。随机模型又被称为概率模型。

非可控输入（参数）（uncontrollable input） 无法由决策制定者控制的环境因素。

可变成本（variable cost） 随产量变化而变化的成本。

习题

1. **名词解释。**什么是管理科学，什么是运筹学？LO1
2. **决策过程。**列出决策过程的步骤，并讨论。LO2
3. **定性和定量方法在决策中的作用。**讨论定量方法与定性方法在决策过程中所扮演的不同角色。为什么管理者或决策者较好地了解这两种方法对制定决策

很重要？LO2

4. **生产调度**。某企业新建了一个厂房，可以生产500多种产品，有50多条不同的生产线和各类机器。合理制定生产时间表非常关键，倘若无法按时满足顾客需求，销售额可能受到影响。鉴于公司中没有一个人有过这种生产运作方面的经验，而且每周都要制定生产时间表，为什么企业应该考虑采用定量分析的方式来完成工作时间表的制定？LO2
5. **建模的势点**。相比于实物或真实场景，使用模型进行分析和试验的势点是什么？LO3
6. **模型选择**。假设管理者可以从以下两种数学模型中选择一种来描述实际情况：(a) 相对简单的模型，可以对实际情况有个合理的接近；(b) 完整但十分复杂的模型，可以非常准确地描述实际情况。为什么管理者很可能会选择 (a)？LO3
7. **燃油费用模型**。假设你要去 d 千米以外的城市度过周末，建立一个可以确定你往返汽油成本的数学模型。若使模型成为确定模型，还需要做什么假设和近似处理？你可以接受这些假设和近似处理吗？LO3
8. **多产品生产模型**。回忆一下1.3节中的生产模型：

$$\max \quad 10x$$

s.t.

$$5x \leqslant 40$$
$$x \geqslant 0$$

假设现在公司考虑生产第二种产品，它的单位利润是5美元，单位制造用时为2小时。用 y 表示产品2的产量。

a. 考虑同时生产两种产品，请写出数学模型。

b. 确定该模型中的可控输入和非可控输入。

c. 画出该模型的输入输出流程图（参见图1-5）。

d. x 和 y 的最优解是多少？

e. 在a中所求的这个模型是确定模型还是随机模型？请解释。LO4

9. **随机生产模型**。我们将1.3节的模型做如下修改：

$$\max \quad 10x$$

s.t.

$$ax \leqslant 40$$
$$x \geqslant 0$$

这里 a 代表生产单位产品所需要的小时数。如果 $a=5$，最优解 $x=8$。假设我们的模型是随机模型，其中 a 的取值为3、4、5和6，则模型的最优解是多少？这个随机模型产生了什么问题？LO4

10. **发货模型**。艾奥瓦州的零售商店Des Moines收到了从堪萨斯和明尼阿波利斯运来的货物。假设 x 是从堪萨斯发来的货，y 是从明尼阿波利斯发来的货。

a. 写出Des Moines零售店所收到的产品总数的表达式。

b. 从堪萨斯出发的运费是每单位0.2美元，而从明尼阿波利斯出发的运费是每单位0.25美元。写出到Des Moines的总运费的目标函数。

c. 假设零售店每月的需求是5 000单位的产品，写出要把5 000单位的产品运送到Des Moines的约束条件。

d. 在一个月内，从堪萨斯运出的货物不超过4 000单位，从明尼阿波利斯运出的不超过3 000单位。写出这个运货量的约束条件。

e. 显然，货物量不能为负数。请结合目标函数以及限制条件，写出满足Des Moines零售店需求的成本最低的数学模型。LO4

11. **需求与价格有关的模型**。对大多数产品而言，更高的价格会导致需求的减少，而更低的价格会导致需求的升高。现在让 d = 某产品年需求量，p = 每单位产品的价格，假设某公司产品的价格—需求关系可用方程 $d=800-10p$ 表示，p 的取值为20～70美元。

a. 如果这家公司单位产品售价是20美元，则该公司卖出多少单位的产品？当售价是70美元呢？

b. 当公司将单位价格由26美元提高到27美元，产品单位需求如何变化？从42美元到43美元呢？从68美元到69美元呢？单位价格与单位需求间的关系说明了什么？

c. 请用年销量 × 单价的方程式构建该公司年总收入模型。

d. 基于其他的一些考虑，公司管理层只能从30、40、50美元中选择产品的单价。用你在b中的模型判断一下哪个单价会给公司带来最大化的总收益。

e. 根据你建议的单价，期望年需求和总收益是多少？LO4

12. **为特殊订单决策建模。**如果订单规模大到可以带来合理的利润，O'Neill制鞋厂将会生产一种特殊型号的鞋子。对于每一个特殊型号的订单，在生产设备上公司都会花费2 000美元的固定成本。每双鞋的可变成本是60美元，售价是80美元。

a. 用x表示生产了多少双鞋，写出生产x双鞋的总成本的数学模型。

b. 用p表示总利润，写出一个销售x双鞋的订单所能带来的总利润的数学模型。

c. 在O'Neill制鞋厂达到收支平衡前，鞋的订单应该达到多少？LO4

13. **研讨培训会的盈亏平衡点。**Micromedia提供多种主题的计算机培训研讨会。研讨会上的每一个学员都要使用个人计算机，按照指导员的演示做一些特殊活动的练习。Micromedia目前正计划开设为期2天的研讨会，主题是使用Microsoft Excel进行统计分析。该项目费用是每个学员600美元。会议室租金、指导员和试验助手工资以及宣传的总成本是9 600美元。Micromedia使用的个人计算机是租用的，租金每天每台120美元。

a. 写出开设此研讨会的总成本模型。用x表示参加这个研讨会的学员数量。

b. 如果有x个学员参加，请写出总利润的模型。

c. Micromedia预测有30名学员参加该研讨会，如果预测是准确的，利润是多少？

d. 计算盈亏平衡点。LO4

14. **教科书的盈亏平衡点。**Eastman出版公司正在考虑出版一本关于电子数据表在商业上的应用的平装版教科书。估计原稿准备、教科书设计以及出版印刷的固定成本是160 000美元，每本书的生产和原料可变成本估计是6美元。出版商想以每本书46美元的价格卖给大学和学院的书店。

a. 盈亏平衡点是什么？

b. 需求是3 800册时，期望的收益或损失是多少？

c. 需求是3 800册时，为了达到收支平衡，出版商的最低单价是多少？

d. 如果出版商认为单价可以增长到50.95美元，且不会影响3 800册的预期需求，你觉得采取什么样的行动最好？期望的收益或损失又是多少？LO4

15. **球场豪华包厢的盈亏平衡点。**为主要的联盟棒球队建造一个新体育馆的初步计划正在准备中。市政官员考虑在体育馆的上层建造企业豪华包厢的数量和收益。企业和精英人士可以以单价300 000美元买一个包厢。上层的固定建造成本估计是4 500 000美元，建造每个包厢的可变成本是150 000美元。

a. 要收支平衡的话，体育馆中的豪华包厢销量应是多少？

b. 体育馆的初步设计草图表明建造50个豪华包厢是可行的。市场营销人员表示潜在购买者足够多，这50个包厢只要建造出来，就能卖得出去。对于建造豪华包厢，你的建议是什么？期望收益是多少？LO4

16. **投资策略模型。**Financial Analysts有限公司是为许多客户管理股票资产组合的投资公司。一名新客户有800 000美元要投资，该顾客希望限制他的资产组合在下面两个股票中。

股票	每股价格	每股最大期望年收益	可能的投资
Oil Alaska	50美元	6美元	500 000美元
Southwest Petroleum	30美元	4美元	450 000美元

令：

x = Oil Alaska的股份数

y = Southwest Petroleum 的股份数

a. 假设客户希望最大化总的年收益，则目标函数是什么？

b. 写出在下面三个约束条件下的数学表达式。

（1）投资总额是 800 000 美元。

（2）对 Oil Alaska 的最大投资额是 500 000 美元。

（3）对 Southwest Petroleum 的最大投资额度是 450 000 美元。

注意：增加 $x \geqslant 0$ 和 $y \geqslant 0$ 的约束条件会得到一个投资问题的线性规划模型。这个模型的求解方法将在第 2 章中讨论。LO4

17. **库存系统模型**。库存系统模型经常考虑到期初库存、产品产量、需求或销量、期末库存之间的关系。在生产周期 j 内，令：

s_{j-1} = 上一期期末库存（第 j 期的期初库存）

x_j = 第 j 期的产品产量

d_j = 第 j 期的需求量

s_j = 第 j 期的期末库存

a. 写出描述四个变量相互关系的式子，即产品产量平衡关系模型。

b. 如果在第 j 期，产品的生产能力是 C_j，还需加上什么样的约束条件？

c. 如果第 j 期的期末库存水平要求是不低于 I_j，还需加上什么样的约束条件？ LO4

18. **混合燃油模型**。Esiason 公司石油销售两种燃料油，它们是由来自 Texas、Oklahoma 和 California 三个油井的油按不同比例混合而成的。每个油井的成本和每天产油量如下表所示。

油井	每加仑[⊖]成本（美元）	每天产油量（加仑）
Texas	0.30	12 000
Oklahoma	0.40	20 000
California	0.48	24 000

每个油井的油品不同，Esiason 的两种燃料油 A 型和 B 型的技术参数也不同。A 型油组成为：至少 35% 的 Texas 油、最多 50% 的 Oklahoma 油以及至少 15% 的 California 油。B 型油的组成为：至少 20% 的 Texas 油、至少 30% 的 Oklahoma 油以及最多 40% 的 California 油。

每加仑 A 型燃料油售价为 3.10 美元，每加仑 B 型燃料油售价为 3.20 美元。长期销售合同要求每种型号的燃料油均必须至少生产 20 000 加仑。令：

x_i= A 型燃料油中由油井 i 提供的石油量（加仑）

y_i=B 型燃料油中由油井 i 提供的石油量（加仑）

i=1 表示 Texas 油井，i = 2 表示 Oklahoma 油井，i = 3 表示 California 油井

a. 在最大化每天总收益的情况下，构建目标函数。

b. 构建下面三个约束的约束方程。

（1）每天 Texas 油井总产量为 12 000 加仑。

（2）每天 Oklahoma 油井总产量为 20 000 加仑。

（3）每天 California 油井总产量为 24 000 加仑。

c. 这个问题里还可以加入其他约束条件吗？如果可以，请写出含有决策变量的数学表达式。LO4

19. **橱柜生产模型**。Brooklyn Cabinets 是厨房橱柜的生产商，它生产现代居家型和农用型两个类型的橱柜。现代居家型售价为 90 美元，农用型售价为 85 美元。每种类型的橱柜均需要经过木器加工、喷漆和涂饰。下表列出了生产两种类型橱柜在每个过程所使用的时间。

类型	木器加工（小时）	喷漆（小时）	涂饰（小时）
现代居家型	2.0	1.5	1.3
农用型	2.5	1.0	1.2

木器加工单位时间的成本为 15 美元，喷漆为 12 美元，涂饰为 18 美元，每周木器加工工艺可用时间为 3 000 小时，喷漆为 1 500 小时，涂饰为 1 500 小时。Brooklyn 按照合同需要每周向其客户提

⊖ 1 美制加仑 =3.785 升。
1 英制加仑 =4.546 升。

供500套现代居家型橱柜和650套农用型橱柜。令：

x = 每周生产现代居家型橱柜的数量

y = 每周生产农用型橱柜的数量

a. 写出Brooklyn最大化每周收益情况下的目标函数。

b. 写出上述三个过程的约束方程。

c. 写出Brooklyn满足客户需求的约束方程。LO4

20. **电影宣传模型。** 当地一家广告公司PromoTime被聘请为Angie Harrison和Joe Lee Ford主演的冒险电影《古墓丽影》(*Tomb Raiders*)做宣传。PromoTime可以使用100 000美元在电影上映前一周进行电影广告宣传，且电影制作方要求只能在当地电视台和当地网络上进行宣传。每个电视广告的费用是500美元，可达人数约为7 000人；每个网络广告的费用是250美元，可达人数约为4 000人。电影制作方还要求，为了避免过度广告，不允许投放超过20个电视广告；制作方进一步要求，为了达到一定的宣传效果，要至少投放50个网络广告。最后，电影制作方要求至少1/3的广告预算用于电视宣传。令：

x = 投放电视广告的数量

y = 投放网络广告的数量

a. 电影制作方要求最大化可达人数量时，写出目标方程。

b. 写出预算约束条件。

c. 写出最多投入20个电视广告的约束。

d. 写出投放网络广告的最少数量约束的方程。

e. 写出电影制作方对电视广告预算的约束。

f. 观察b、c和d，每一个约束条件你都很关心吗？为什么？LO4

案例问题 1-1

青少年足球联赛的赛事安排

Caridad Suárez是Boone County俱乐部的文体部负责人，她须制定青少年足球联赛的比赛日程，本赛季将于次日下午4点开始。将有18支球队参加比赛，每支球队必须在17周的赛季中每周与其他每一支球队完成比赛。Caridad Suárez以为写出这样一个日程安排是非常容易的事，但几个小时后，她仍没能完成这份日程安排。因为在次日下午之前Caridad Suárez必须做好这份日程安排，所以她请你帮忙。还有一点复杂的是，一支球队告诉Caridad Suárez他们也许会取消这个赛季的比赛。他们告诉Caridad Suárez，他们会在次日下午1点以前告知她是否参赛。

管理报告

为Caridad Suárez准备一份报告。你的报告至少应该包括以下两部分内容。

1. 在17周的赛季中，使18支球队都能够和其他每支球队进行比赛的日程安排。

2. 一个备用日程安排，以防那支球队最后不能参加比赛。

附录 1.1

用Excel做盈亏平衡点分析

在1.4节中我们介绍了在确定的产量或预测量情况下，Nowlin塑料制品公司如何采用数据模型构建项目成本、收入和利润函数。在这个附录里，我们将展示如何利用微软Excel工作表来完成Nowlin塑料制品公司生产实例的定量分析。

请看图1-7中的工作表。我们开始在这个工作表的上部输入已知数据。单元格B3中的数值3 000是固定成本，单元格B5中的数值2是包含劳动力和原料的单位可变成本，单元格B7中的数值5是单位售价。通常在使用Excel做定量分析时，工作表的上部用于输入已知数据，其余部分用来构建模型。单元格A10的“模型”将已知数据和模型构建区分开。

模型区域的单元格B12是计划的产量。由于总成本、总收入和总利润的值都取决于这个决策变量的取值，我们将B12的边框改为粗线边框，并突出显示。基于B12中的数值，用单元格B14、B16和B18分别计算总成本、总收入和总利润（亏损）的值。首先，总成本是固定成本（单元格B3）与总可变成本之和。总可变成本是产品单位可变成本（单元格B5）和产量（单元格B12）的乘积，用B5*B12给出。这样，我们在单元格B14中输入公式=B3+B5*B12来计算总成本。接下来，总收入是产品的单位售价（单元格B7）和产量（单元格B12）的乘积，在单元格B16中输入公式=B7*B12。最后，总利润（亏损）是总收入（单元格B16）和总成本（单元格B14）的差。这样，在单元格B18中我们输入公式 = B16−B14。图1-7的工作表显示了用来计算的公式，我们称它为含有公式的工作表。

	A	B
1	Nowlin 塑料制品公司	
2		
3	固定成本	3 000
4		
5	单位可变成本	2
6		
7	单位售价	5
8		
9		
10	模型	
11		
12	产量	800
13		
14	总成本	= B3+B5*B12
15		
16	总收入	= B7*B12
17		
18	总利润（亏损）	= B16−B14

图1-7 Nowlin塑料制品公司生产例子工作表

为验证模型，我们选取产量值800，并输入到单元格B12中。图1-8中的工作表显示了由公式得到的数值，800单位的产量导致4 600美元的总成本、4 000美元的总收入和600美元的亏损。检验不同产量的结果，我们只需要在单元格B12中输入不同的数值。检验不同的成本和售价的结果，我们仅需要在工作表的数据部分输入合适的数值。结果会在工作表的模型部分显示出来。

	A	B
1	Nowlin 塑料制品公司	
2		
3	固定成本	\$3 000
4		
5	单位可变成本	\$2
6		
7	单位售价	\$5
8		
9		
10	模型	
11		
12	产量	800
13		
14	总成本	\$4 600
15		
16	总收入	\$4 000
17		
18	总利润（亏损）	−\$600

图1-8 Nowlin塑料制品公司生产例子中生产800单位的解

在1.4节中我们讨论了盈亏平衡点。下面将使用Excel中的单变量求解来计算Nowlin塑料制品公司的盈亏平衡点。

使用Excel的单变量求解工具确定盈亏平衡点

盈亏平衡点是总收入等于总成本而使利润为零的产量。确定盈亏平衡点的一种方法是试错法。例如，图1-8显示了800单位的产量导致600美元的亏损。因为该产量对应的利润为负值，所以800单位的产量不可能是盈亏平衡点。我们可以很容易地通过在单元格B12中输入不同的数值，在单元格B18中观察不同产量下的利润（亏损）。一个更好的方法是使用Excel的单变量求解工具来确定盈亏平衡点。

Excel的单变量求解工具可以求解在满足相关单元格特殊数值（目标值）下的决策变量的值。在盈亏平衡点分析中，这个目标值被设定为使总利润为零，然后Excel通过计算机帮助用户找到使利润值为零的产量。单变量求解能帮助我们找到Nowlin塑料制品公司总利润为零的产量。以下步骤说明了怎样使用单变量求解工具求解 Nowlin 塑料制品公司的盈亏平衡点。

步骤 1：选择功能区顶部的数据（Data）选项卡。

步骤 2：选择数据工具组（Data Tools）的假设分析（What-if Analysis）菜单。

步骤 3：选择单变量求解（Goal Seek）操作。

步骤 4：在出现的单变量求解（Goal Seek）对话框中，

在“目标单元格”(Set cell）中输入 B18。

在“目标值”(To value）中输入 0。

在“可变单元格”(By changing cell）中输入 B12。

单击 OK。

图 1-9 是单变量求解对话框，图 1-10 是单击 OK 后得到的工作表。单元格 B18 中的总利润为零，单元格 B12 中的产量即盈亏平衡点为 1 000。

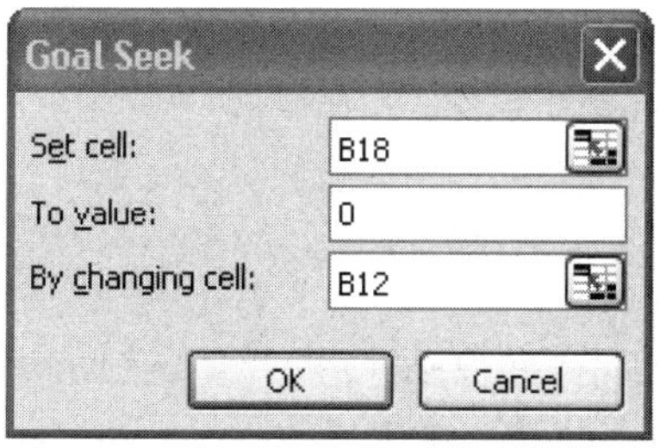

图 1-9　Nowlin 塑料制品公司问题的单变量求解对话框

	A	B
1	Nowlin 塑料制品公司	
2		
3	固定成本	$3 000
4		
5	单位可变成本	$2
6		
7	单位售价	$5
8		
9		
10	模型	
11		
12	产量	1 000
13		
14	总成本	$5 000
15		
16	总收入	$5 000
17		
18	总利润（亏损）	$0

图 1-10　用 Excel 的单变量求解工具求解 Nowlin 塑料制品公司的盈亏平衡点

第2章 线性规划引论

学习目标

LO1 确定可以在线性规划中用作目标函数或约束条件的线性数学关系。

LO2 为线性规划问题做出一张含目标函数和约束条件的图，并找出满足约束条件的解。

LO3 从线性规划的图形表示中确定可行域和极值点。

LO4 使用图解法求解线性规划问题并解释结果。

LO5 从问题的文字描述中，公式化并解释线性规划模型的目标函数和约束条件。

LO6 在线性规划的解中识别紧的、非紧的和冗余约束，并找到与约束条件相关的松弛/剩余变量。

LO7 写出线性规划模型的标准形式。

LO8 在 Excel 中建立线性规划模型，并使用 Excel Solver 求解。

LO9 确定并解释线性规划的最优解的情况：唯一最优解，多重最优解，不可行解，无界解。

线性规划是一种帮助管理者制定决策的解决问题的方法。在当前竞争激烈的商业环境中，线性规划有广泛的应用实例。比如，IBM 使用线性规划进行产能规划并为其半导体制造业务做出产能投资决策，GE 投资公司应用线性规划帮助他们确定最优的租借结构，Marathon 石油公司应用线性规划决定汽油产品线组合以及评估新建码头和管道的经济性。专栏 2-1 中 MeadWestvaco 公司的木材采伐模型也给出了应用线性规划的一个例子。本章后面还将介绍 IBM 使用线性规划和其他管理科学工具对其半导体供应链进行计划和运营管理的问题。

为了说明线性规划问题所共有的特性，考虑以下几个典型的应用。

（1）制造商希望开发一个生产时间表和库存计划，以满足未来一段时间的市场需求。最理想的情况是，既满足市场需求，又使生产和库存的成本最低。

（2）金融分析员选择若干股票和债券进行投资组合，以使自己的投资回报最大。

（3）营销经理希望将固定的广告预算在广播、电视、报纸、杂志等广告媒体中进行最好的分配，使自己的广告效果最好。

（4）一家公司的仓库分布于全美各地，针对一系列客户需求，公司希望确定每个仓库给每个客户的发货量，使总的运输成本最低。

这些只是成功应用线性规划的一小部分，但足以看出线性规划应用的广泛。经过仔细观察，我们可以发现这些例子有个共同的特点，在每个例子当中都要求使某个量最大化或最小化。在第一个例子中，制造商希望最小化成本；在第二个例子中，金融分析员希望最大化投资收益；在第三个例子中，营销经理希望最大化广告效益；在第四个例子中，公司希望最小化运输成本。在所有线性规划问题中，某个量的最大化或最小化被称为目标。

线性规划问题还有第二个特点，也就是存在某些限制或约束，这些**约束条件**限制了目标函数的取值。在上面的例子中，制造商要满足市场的产品需求，还要受制于生产能力。金融分析员的投资组合问题既受投资总额的限制，又受每只股票或债券最大投资额的限制。营销经理广告媒体选择决策既受广告预算的定额约束，也要满足广告媒体的要求。在运输问题中，费用最小的调度安排必须受到各个仓库存储量的限制。因此，有约束条件是每个线性规划问题所共有的另一个特点。

| 专栏 2-1 | 实践中的管理科学

MeadWestvaco 公司的木材采伐模型

MeadWestvaco 公司是期刊、书籍、商业印刷以及企业文件等用纸的主要生产商。该公司还生产纸浆和木料，并为饮料及其他快消品设计制造包装品，同时也是一家生产涂层板及货运集装箱的世界领先企业。MeadWestvaco 公司的定量分析都是由公司的决策分析部门开发、实施的。该部门除了为决策者提供定量方法的分析工具外，还为员工提供一些帮助与建议。

MeadWestvaco 应用数量模型帮助公司进行木材基地的长期管理。通过使用大规模线性规划模型，公司制订了长期的木材采伐计划。这些模型考虑了木材的市场条件、纸浆生产的要求、采伐能力以及一般的森林管理原则。在这些约束条件下，模型给出了基于现金流折现的最优的采伐和采购计划，并考虑了森林的生长、木材的可得性和外部经济环境等各种假设的变化。

定量方法还用在线性规划模型的输入方面。木材价格、供应以及加工厂需求等的预测随时间变化而变化，地产评价和森林生长计划等方面也采用了先进的抽样技术。因而整个采伐计划都是由定量方法完成的。

2015 年，MeadWestvaco 公司与 Rock Tenn 公司合并成立 WestRock 公司，成为世界上最大的纸业和包装公司之一。

资料来源：由 Edward P. Winkofsky 博士提供。

2.1 一个简单的最大化问题

Par 公司是一个生产高尔夫器材的小型制造商，公司决定进入中高价位的高尔夫球袋市场。分销商对新产品十分感兴趣，且同意买进 Par 公司未来 3 个月内生产的全部产品。

在对整个高尔夫球袋生产步骤进行了详细的调查以后，管理层明确了高尔夫球袋的生产过程。

（1）切割和印染。

（2）缝制。

（3）成型（插入雨伞和球杆支架）。

（4）检查和包装。

生产主管详细分析生产过程的每一步，得出的结论是，生产一个中价位标准高尔夫球袋（标准球袋）需要用 7/10 小时切割和印染，1/2 小时缝制，1 小时成型，1/10 小时检查和包装。生产一个高级球袋则需要 1 小时切割和印染，5/6 小时缝制，2/3 小时成型，1/4 小时检查和包装。生产信息列于表 2-1 中。

表 2-1 生产每个高尔夫球袋所需要的时间

部门	生产时间（小时）	
	标准球袋	高级球袋
切割和印染	7/10	1
缝制	1/2	5/6
成型	1	2/3
检查和包装	1/10	1/4

Par 公司的生产还受各个部门生产时间的限制。经过对各个生产部门工作量的研究，生产主管估计未来 3 个月内每个部门可用的最大生产时间分别是：切割和印染 630 小时，缝制 600 小时，成型 708 小时，检查和包装 135 小时。

> 重要的是要明白我们是在最大化利润贡献，而不是利润。在得出利润数字之前，必须扣除管理费用和其他分摊成本。

会计部门考虑了生产数据、相关变动成本[⊖]以及产品价格之后得出了标准球袋和高级球袋的单位产品利润分别为 10 美元和 9 美元。我们现在可以为 Par 公司建立一个数学模型，来决定标准球袋和高级球袋各生产多少，以最大化公司的利润贡献。

2.1.1 问题模型化

问题模型化或称**建模**，是将语言文字描述转化为数学描述的过程。可以说，这是一项艺术创造，只有通过不断的练习才能熟练掌握。虽然实际生活中的每个问题都有其独特之处，但其中大部分还是有共性的。所以，我们可以学习一些具有普遍适用性的方法来帮助我们建立数学模型，这些方法对初学者尤其有效。下面我们以 Par 公司为例讲解一下建立数学模型的基本原则。

1. 全面地了解问题

我们选择 Par 公司作为线性规划的案例是因为它容易理解。对于一个比较复杂的例子，模型需要详细考虑的因素可能比较多。处理复杂的例子，我们可以先快速地浏览一下整个问题以了解问题所包含的内容，做一些记录对抓住关键问题和重点事实会有很大帮助。

2. 描述目标

本题的目标就是使产品的利润贡献最大。

3. 描述约束条件

对于生产时间来说，一共有 4 个约束条件，它们制约着两种高尔夫球袋的生产。

约束条件 1： 切割和印染所用的时间必须小于等于切割和印染部可提供的工作时间。

约束条件 2： 缝制所用的时间必须小于等于缝制部可提供的工作时间。

约束条件 3： 成型所用的时间必须小于等于成型部可提供的工作时间。

约束条件 4： 检查和包装所用的时间必须小于等于检查和包装部可提供的工作时间。

⊖ 从财务视角看，单位产品利润并不包含管理成本和分摊成本。

4. 定义决策变量

Par 公司可以控制的输入有两个：①标准球袋的产量；②高级球袋的产量。

设：

S = 标准球袋的产量

D = 高级球袋的产量

用线性规划的术语，S 和 D 叫作决策变量。

5. 用决策变量写出目标

Par 公司的利润来源于两方面：①生产 S 个标准球袋所获得的利润；②生产 D 个高级球袋所获得的利润。如果公司生产一个标准球袋获利 10 美元，那么生产 S 个标准球袋获利 $10S$ 美元。同样，如果生产一个高级球袋获利 9 美元，那么生产 D 个高级球袋获利 $9D$ 美元。因此：

$$\text{总利润贡献} = 10S + 9D$$

因为公司的目标是使总利润贡献最大，总利润贡献又是决策变量 S 和 D 的函数，所以我们称 $10S+9D$ 为目标函数。使用 max 来表示使函数最大化，则 Par 公司的目标如下：

$$\max \quad 10S + 9D$$

6. 用决策变量写出约束条件

约束条件 1：

切割和印染所用的时间≤切割和印染部可提供的工作时间

每个标准球袋都需要 7/10 个小时切割和印染，因此制造 S 个标准球袋所用的切割和印染时间是 $7/10\ S$。同理，制造一个高级球袋需要 1 小时切割和印染，制造 D 个高级球袋所用的切割和印染时间是 $1D$。因此，生产 S 个标准球袋和 D 个高级球袋共需要切割和印染的时间是：

$$\text{总切割和印染时间} = 7/10S + 1D$$

生产主管估计的总切割和印染的可用时间为 630 小时，所以以上的生产组合需要满足：

$$7/10S + 1D \leqslant 630 \qquad (2\text{-}1)$$

约束左侧的度量单位必须与右侧的度量单位一致。

约束条件 2：

缝制所用的时间≤缝制部可提供的工作时间

从表 2-1 我们知道，每个标准球袋的缝制时间是 1/2 小时，每个高级球袋的缝制时间是 5/6 小时，而总缝制的可用时间是 600 小时，所以：

$$1/2S + 5/6D \leqslant 600 \qquad (2\text{-}2)$$

约束条件 3：

成型所用的时间≤成型部可提供的工作时间

每个标准球袋需要 1 小时成型，每个高级球袋需要 2/3 小时成型。成型部最大的工作时间是 708 小时，所以：

$$1S + 2/3\ D \leqslant 708 \qquad (2\text{-}3)$$

约束条件 4：

检查和包装所用的时间≤检查和包装部可提供的工作时间

检查和包装一个标准球袋需要 1/10 小时，检查和包装一个高级球袋需要 1/4 小时，而检查和包装部最大的工作时间是 135 小时，所以：

$$1/10S + 1/4D \leqslant 135 \tag{2-4}$$

我们已经列出了与 4 个部门有关的约束条件的数学关系。还有其他约束条件吗？ Par 生产高尔夫球袋的产量能是负值吗？当然不能！所以，为了防止决策变量 S 和 D 取负值，令：

$$S \geqslant 0, \ D \geqslant 0 \tag{2-5}$$

这两个条件必须加上。这样的约束可以确保模型的解是非负值，因此它被称为**非负约束**。非负约束是针对线性规划问题中所有决策变量的，因此，可缩写成：

$$S, \ D \geqslant 0$$

2.1.2 Par 公司问题的数学描述

Par 公司问题的数学描述或公式化已经完成。我们已经成功地将问题的目标和约束条件的数量关系用数学模型表述出来。Par 公司问题的完整的数学模型如下：

$$\begin{aligned}
\max \quad & 10S + 9D \\
\text{s.t.} \quad & \\
& 7/10\,S + 1D \leqslant 630 \quad \text{切割和印染} \\
& 1/2\,S + 5/6\,D \leqslant 600 \quad \text{缝制} \\
& 1S + 2/3\,D \leqslant 708 \quad \text{成型} \\
& 1/10\,S + 1/4\,D \leqslant 135 \quad \text{检查和包装} \\
& S, \ D \geqslant 0
\end{aligned} \tag{2-6}$$

我们接下来的工作就是找到合适的组合（即 S 和 D 的组合），既满足约束条件，同时其对应的目标函数值又大于或等于其他所有的可行解对应的目标值。一旦这样的组合计算出来了，我们也就找到了问题的最优解。

我们称 Par 公司问题为**线性规划**问题，其数学表述为**线性规划模型**。正如我们上面所言，该问题有目标和约束条件，这是所有线性规划问题共有的特点。那么，它还有什么特点使其成为线性规划问题呢？我们发现它的目标函数和所有的约束条件都是决策变量的线性函数。

线性函数的特点是方程中的变量都是一次的，且不含有变量之间的交叉项。目标函数（$10S+9D$）就是线性函数，因为它的两个变量是一次的，并且不含有两个变量的乘积项。同理，切割和印染的生产时间函数（$7/10\,S+1D$）也是决策变量的线性函数。所有约束不等式的左侧（约束函数）都是线性函数。因此，我们称这个问题的数学模型为线性规划。

线性规划（linear programming）与计算机程序（computer programming）没有直接关系。规划（programming）这个词是指选择一系列的活动。当数学模型中只有线性函数时，线性规划就进行与之相应的一系列的线性计算。

注释与点评

1. 线性规划问题的三个基本假设是：比例性、可加性、可分性。比例性是指由目标函数值和约束条件所对应的资源值与决策变量值成比例。可加性是指目标函数的值和使用资源总量分别可以通过汇总所有的决策变量对目标函数的贡献和各个决策变量使用资源数量而得到。可分性是指决策变量是连续性的。可分性假设与非负条件意味着决策变量可以取大于或等于零的一切数值。

2. 管理科学家构造并解决包含一个目标函数与若干约束条件的各种各样的数学模型，这类模型被称为数学规划模型。线性规划模型是数学规划模型的一种，它要求所有的目标函数和约束条件都是线性的。

2.2　图解法

如果线性问题只包含两个变量，就可以使用图形求解。解决 Par 公司问题的第一步是通过画图表示可能的解（S 和 D 的值）。如图 2-1 所示，我们用横轴代表 S，纵轴代表 D。于是图形上的任意一点都对应一个确定的 S 和 D 的值，此点可以通过做垂直线和水平线来求得。因为每个点（S，D）都是一个可能的解，所以图形上的点被称为解点。S=0、D=0 的解点就是原点。因为 S 和 D 都应该是非负的，所以图中只画出了 $S \geqslant 0$ 且 $D \geqslant 0$ 的部分。

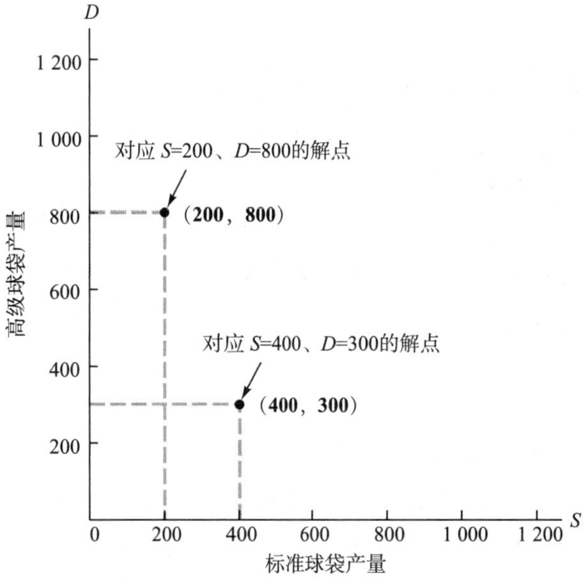

图 2-1　Par 公司两个变量的解点

前面我们已经得出了用来表示切割和印染时间的不等式：

$$7/10S+1D \leqslant 630$$

为了找到所有满足此关系的解点，我们先将不等式改写为等式，即画出满足 $7/10\,S + 1D = 630$ 的点。因为对应该方程的图形是一条直线，所以我们只需确定两点就可以画出整条直线。假设 S=0，解方程求 D，可以得到解点（S=0，D=630）。为了找到另一个满足方程的点，我们假设 D=0，解出 S，得到 $7/10\,S+1\times0=630$，即 S=900。因此，第二个满足方程的点就是（S=900，D=0）。给了以上两点，我们可以画出满足等式：

$$7/10\,S+1D=630$$

的直线。此线被称为切割和印染的约束线，如图 2-2 所示，我们用“切割和印染”来表示这条直线。

切割和印染约束不等式是：

$$7/10\,S+1D \leqslant 630$$

你能求出所有满足约束条件的解吗？直线 $7/10\,S + 1D = 630$ 上的任意点一定满足约束条件。但如何找到满足 $7/10\,S + 1D < 630$ 的解点呢？观察一下这两个解：（S=200，D=200）和（S=600，D=500）。从图 2-2 中，我们可以看到，第一个解点在约束直线的下面，而第二个解点在约束直线的上面。哪个解满足切割和印染的约束条件呢？将

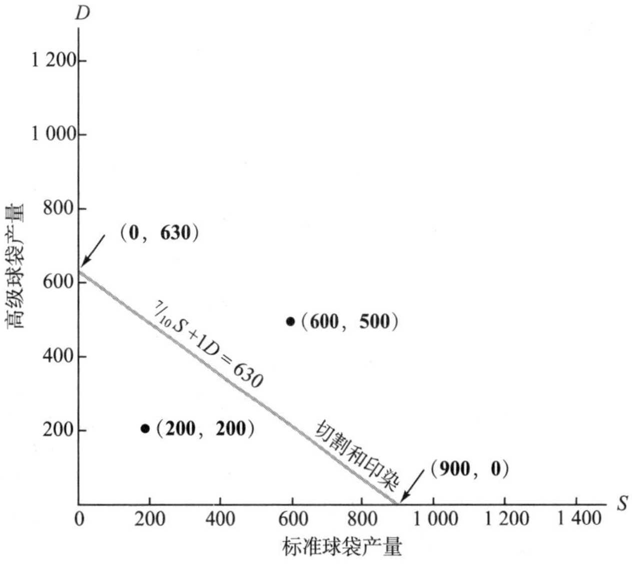

图 2-2　切割和印染约束线

（S=200，D=200）代入方程，得到：

$$7/10\ S+1D=7/10\ \times 200+1\times 200=340$$

因为 340 小时小于部门的最大工作时间 630 小时，所以生产组合或解点（S=200，D=200）满足该约束。将（S=600，D=500）代入，我们得到：

$$7/10\ S+1D=7/10\ \times 600+1\times 500=920$$

因为 920 小时大于 630 小时，所以解点（S=600，D=500）不满足此约束条件，因此它就不是可行解。

> 在原点（0,0）不位于约束直线上的情况下，确定约束直线上哪边可行的快速方法是使用原点判断。如果原点（0,0）是可行的，那么约束直线同一侧的所有解点都是可行的。

如果一个解点不满足某一约束条件，那么它所在直线同侧的所有解也都不满足该约束条件。如果一个解点满足某一约束条件，那么它所在直线同侧的所有解同样满足该约束条件。所以我们只需要验算一个解，便可以确定出约束直线的哪一边是可行解。如图 2-3 所示，我们用阴影区域表示满足切割和印染约束条件的解。

按照上述方法，我们可以在图上做出满足其他三个约束条件的解的范围，如图 2-4 所示。

现在我们在图上分别做出了满足四个约束条件的解的图形。然而线性规划的可行解需要同时满足所有的约束条件。为了找到这些可行解，我们把四个约束条件画在一张图里面，就可以找出同时满足所有约束条件的区域。

图 2-3 和图 2-4 重叠起来就可以在一张图里画出四条约束线，如图 2-5 所示。阴影区域包含了每一个同时满足所有约束条件的解点。满足所有约束条件的解被称为**可行解**，图中的阴影区域被称为可行解的集合，简称**可行域**。任何在可行域边界上或在可行域内的解点都是可行解点。

确定出可行域后，我们可以运用图解法求 Par 公司的最优解。一个线性规划问题的最优解就是使得目标函数得到最优值的可行解。我们使用只含有可行域的图 2-6 开始我们的图解法寻优步骤。

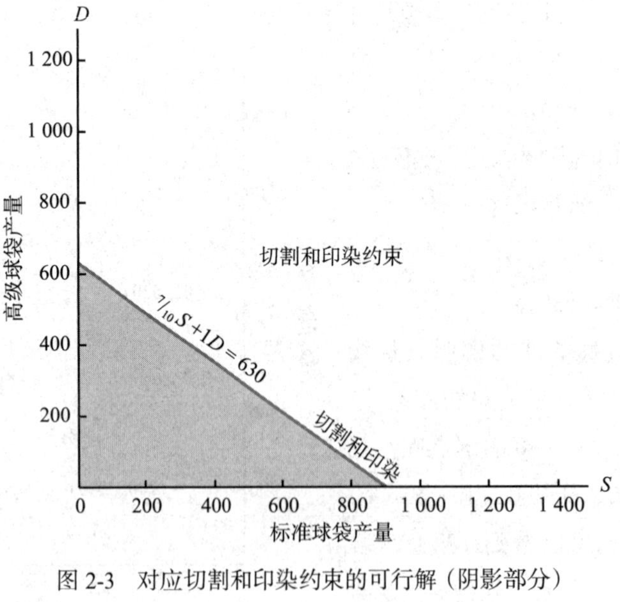

图 2-3　对应切割和印染约束的可行解（阴影部分）

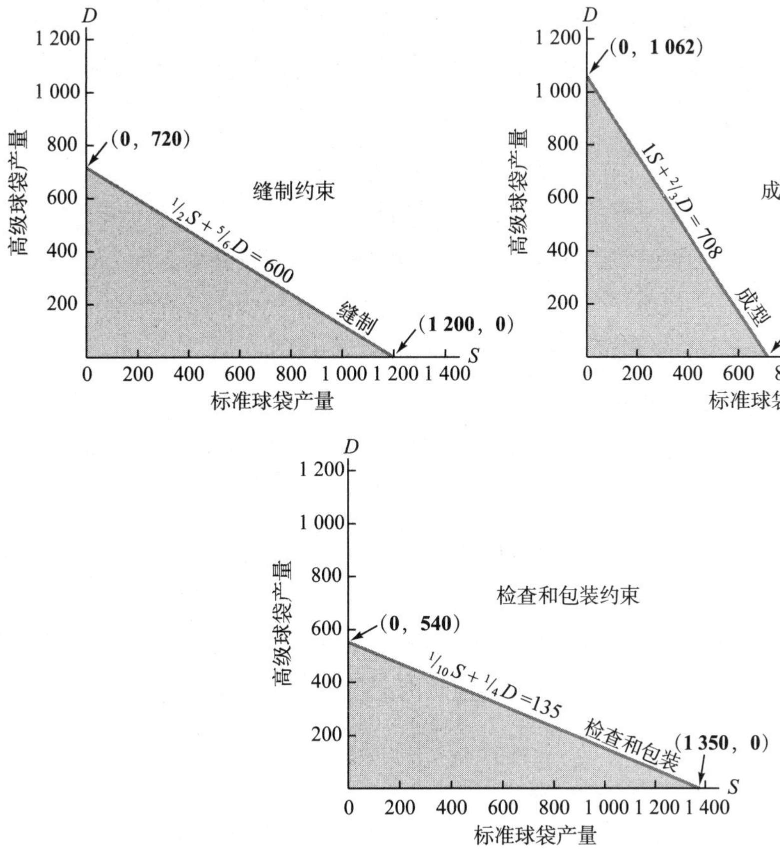

图 2-4　对应缝制、定型、检查和包装约束的可行解

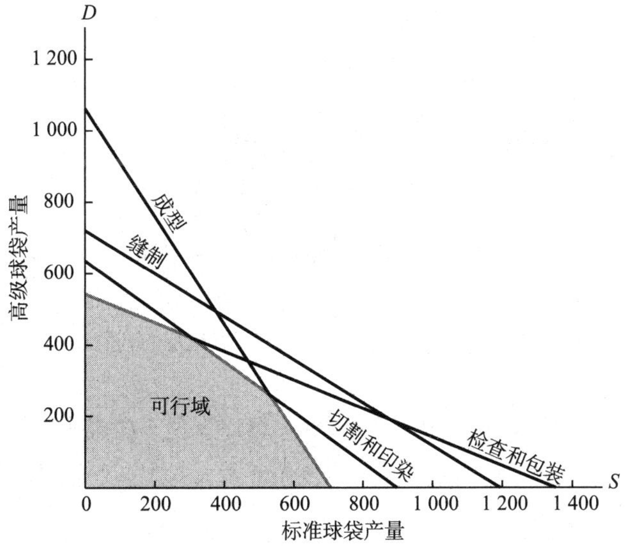

图 2-5　Par 公司满足所有约束条件的可行域

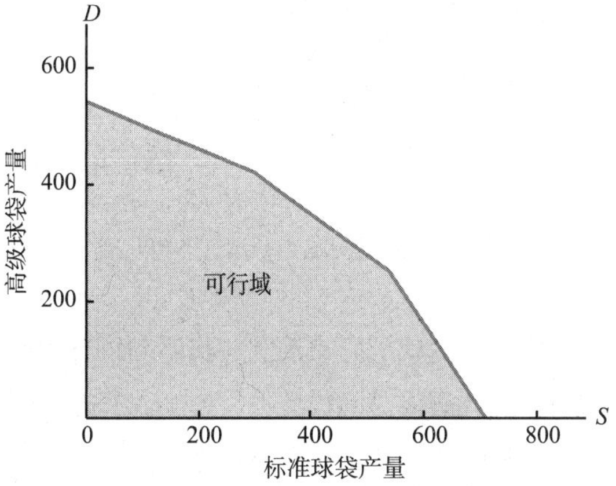

图 2-6　Par 公司问题解的可行域

求最优解的一个方法就是计算每个可行解的目标函数值，取最大值的可行解就是最优解。这种方法的困难在于可行解有无穷多，你不可能计算无穷多个可行解，所以这种试错法无法找到最优解。

与其计算每一个可行解的利润贡献，不如对任意给定的利润贡献值，找出所有的能产生相同目标值的可行解（S，D）。比如，哪些可行解可以产生 1 800 美元的利润贡献呢？也就是在约束区域内找出满足以下目标方程的 S 和 D：

$$10S+9D=1\,800$$

这是一个简单的直线方程。所以，所有产生 1 800 美元利润贡献的可行解点（S，D）的集合一定是一条直线。前面我们已经学习了如何画约束直线，同样可以画出利润或目标函数直线。令 S=0，那么 D=200，解点（S=0，D=200）在这条直线上。类似地，令 D=0，解点（S=180，D=0）也在这条直线上。由两个点构成的直线上所有的解点都能产生 1 800 美元的利润贡献，如图 2-7 所示。

因为我们的目的是要找到产生最大利润贡献的可行解，所以我们选择大一些的利润贡献值，然后找出相应的可行解。比如，对利润贡献值 3 600 美元和 5 400 美元，要得到相应的可行解，就需要画出满足如下直线方程的 S 和 D：

$$10S+9D=3\,600$$

$$10S+9D=5\,400$$

同样的办法，我们将 3 600 美元和 5 400 美元的利润线画在图 2-8 上。尽管不是所有 5 400 美元的利润线上的点都是可行解，但至少该直线的一部分在可行域里面，因此找到产生 5 400 美元利润贡献的可行解是可能的。

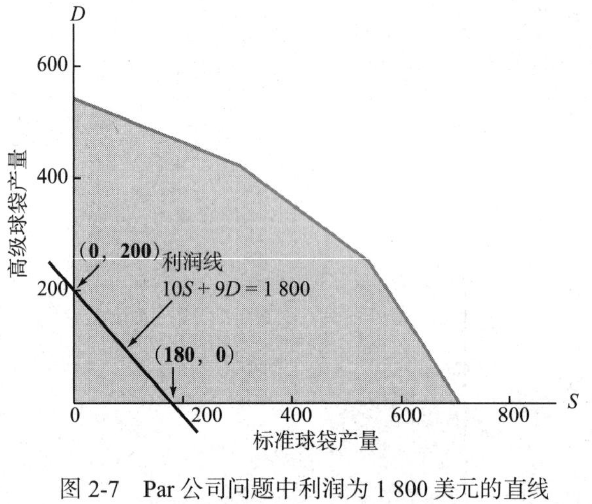

图 2-7　Par 公司问题中利润为 1 800 美元的直线

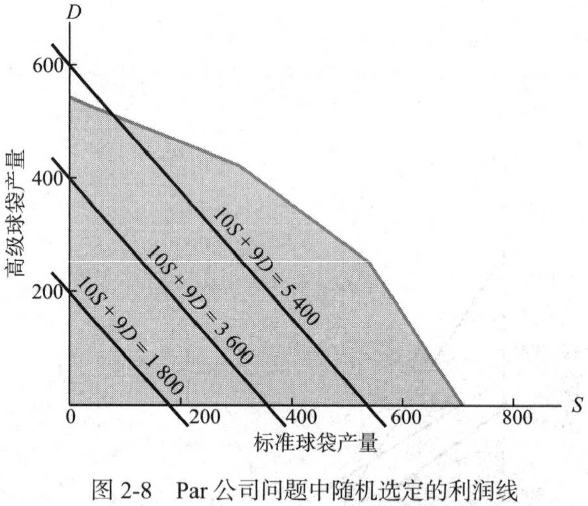

图 2-8　Par 公司问题中随机选定的利润线

我们可以找到有更高利润贡献的可行解吗？从图 2-8 上已经画出来的利润线我们可以发现一些规律性的东西：①利润线之间彼此平行；②利润越高的直线离原点越远。这两个发现也可以用代数方式表达。令 P 表示总的利润贡献值，目标函数为：

$$P=10S+9D$$

解出 D，用 S 和 P 表示：

$$9D=-10S+P$$

$$D=-10/9\,S+1/9\,P \tag{2-7}$$

式（2-7）是关于 S 和 D 的斜截式直线方程，S 的系数 $-10/9$ 是直线的斜率，P 的系数 1/9 是 D 的截距［即式（2-7）这条直线与 D 轴相交时的 D 值］。将 P=1 800、P=3 600、P=5 400 分别代入方程，就可以得到图 2-8 已经画出来的直线的斜截式方程。

P=1 800 时：

$$D = -10/9\,S + 200$$

P=3 600 时：

$$D = -10/9\,S + 400$$

P=5 400 时：

$$D = -10/9\,S + 600$$

每条利润线的斜率都一样（$-10/9$），因为它们互相平行。另外，随着利润贡献的增加，D 的截距也增加，所以，利润越高的直线离原点越远。

因为利润线之间彼此平行而且利润越高的直线离原点越远，所以，我们从原点平行外移利润线就可以得到更大的目标函数值，但是当移到某一个点时再外移利润线就完全地移出了可行域。因为可行域以外的解是不被接受的，所以，可行域上落在离原点最远的利润线上的点就是线性规划的最优解。

现在你应该可以得出 Par 公司问题的最优解。用一把尺子或用一张纸的边作为尺子代表利润线，从原点尽可能地外移，最后达到的可行域的点是哪个点？这个点就是最优解，如图 2-9 所示。

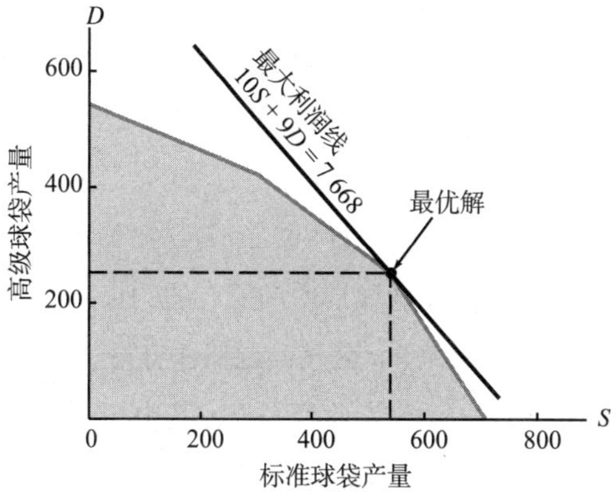

图 2-9　Par 公司问题的最优解

最优解处 S 和 D 的值即决策变量的最优解。能否得到准确的 S 和 D 的值取决于图是否画得准确。图 2-9 中最优的生产组合是大约生产标准球袋 550 个（S），高级球袋 250 个（D）。对图 2-5 和图 2-9 进行仔细观察发现，最优解在切割和印染约束线与成型约束线的交点处。即最优解点使得切割和印染约束线

$$7/10\,S + 1D = 630 \tag{2-8}$$

和成型约束线

$$1S + 2/3\,D = 708 \tag{2-9}$$

同时取得等号。

所以，决策变量 S 和 D 的最优值必须同时满足式（2-8）和式（2-9）。由式（2-8）解出 S：

$$7/10\,S = 630 - D$$

即

$$S = 900 - 10/7\,D \tag{2-10}$$

将式（2-10）代入式（2-9），得：

$$1 \times (900 - 10/7\,D) + 2/3\,D = 708$$

$$900 - 10/7\,D + 2/3\,D = 708$$

$$900 - 30/21\ D + 14/21\ D = 708$$
$$-16/21\ D = -192$$
$$D = 192 \times 21/16 = 252$$

将 D=252 代入式（2-10），得：

$$S = 540$$

尽管Par公司问题的最优解在本例中是有关变量的整数值，但线性规划的结果并不总是如此。

最优解的精确位置：S=540，D=252。所以，Par 公司最优的生产量为 540 个标准球袋和 252 个高级球袋，利润贡献为 $10 \times 540 + 9 \times 252 =$ 7 668（美元）。

对只有两个决策变量的线性规划问题，决策变量的精确解可以先由图解法确定最优解点，然后解相应的两个约束方程得到。

2.2.1 画图时的注意事项

图解法的一个关键就是画线性规划的约束条件和目标函数的直线。画直线方程的过程：先找出满足方程的任何两个点，然后过这两个点画一条直线。Par 公司的约束里，两点很容易通过令 S=0 解出 D 值，然后令 D=0 解出 S 来得到。对于切割和印染约束线：

$$7/10S + 1D = 630$$

这个过程得到两个点（S=0，D=630）和（S=900，D=0）。通过这两个点画一条线就得到切割和印染约束线。

双变量线性规划中的所有的约束条件和目标函数的直线都可以在确定两点后画出。但是，找出线上的两个点并不都像 Par 公司问题那样容易。例如，假定一个公司制造两种型号的小型平板电脑：助手型（A）和专业型（P）。对于专业型平板，其中 50 台留给销售部门自用，预计专业型平板市场销售量最多会是助手型平板的一半。由此产生的需求约束是：

$$P - 50 \leqslant 1/2A$$

或

$$2P - 100 \leqslant A$$

或

$$2P - A \leqslant 100$$

解等式方程，令 P=0，我们得到点（P=0，A=−100）是在约束线上。令 A=0，我们得到约束线上的第二个点（P=50，A=0）。如果我们只要画图形的非负部分（$P \geqslant 0$，$A \geqslant 0$），那么第一个点（P=0，A=−100）就没法描出来，因为 A=−100 并不在图形上。遇到一个或两个点不能画在非负区的情况，最简单的方法是扩展作图区域。在这个例子中，点（P=0，A=−100）可以描在包括负 A 轴的扩展的图形上。一旦满足约束等式的两个点都定位好了，也就可以画出线来了。约束线和满足约束条件 $2P - A \leqslant 100$ 的可行解显示在图 2-10 中。

我们看看另一个例子，考虑一个包括两个决策变量（R 和 T）的问题。假设生产 R 的单位数至少等于生产 T 的单位数，满足该条件的约束条件就是：

$$R \geqslant T$$

或

$$R - T \geqslant 0$$

为了找到满足上面约束条件取等时的所有解点，我们首先设 $R=0$ 并解出 T。这个解表明原点（$T=0$，$R=0$）在约束线上。令 $T=0$ 并解出 R 得到的点是同一点。为了得到另外一个不同的点，我们也可以将 T 值设为非零值并解出 R。例如，令 $T=100$ 并解出 R，我们得到线上的点（$T=100$，$R=100$）。用这两个点（$T=0$，$R=0$）和（$T=100$，$R=100$）以及约束条件 $R-T=0$ 和 $R-T\geqslant 0$，我们可以绘制出图 2-11。

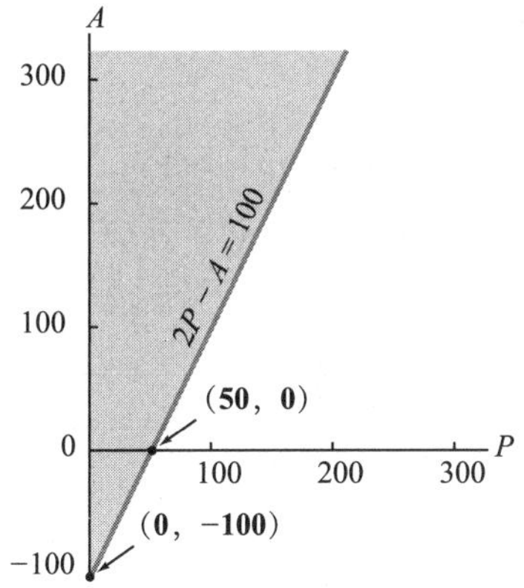

图 2-10　约束条件 $2P-A\leqslant 100$ 的可行解

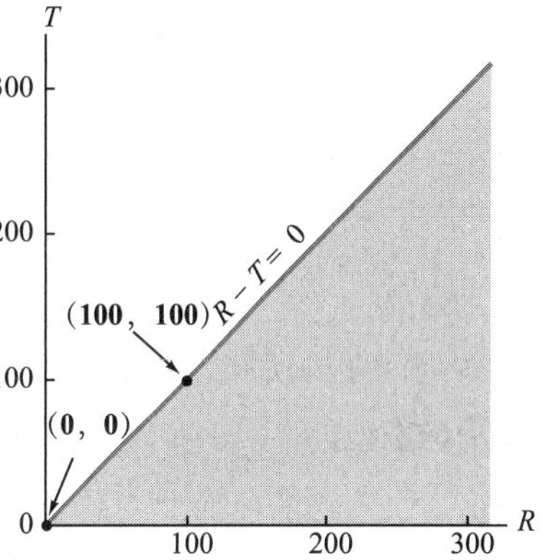

图 2-11　约束条件 $R-T\geqslant 0$ 的可行解

2.2.2　图解法求解最大化问题的步骤小结

正如我们所看到的那样，图解法是用于解决双变量线性规划问题（如 Par 公司问题）的一种方法。用图解法求解最大化问题的过程概括如下。

（1）为每个约束条件画出可行解图形。

（2）确定出同时满足所有约束条件的解的可行域。

（3）画出目标函数线，表示在特定目标函数值下的决策变量值。

（4）沿目标函数值增长方向平移目标函数线，直到移动到可行域的边界。

（5）取得最大值的目标函数线上的可行解都是最优解。

2.2.3　松弛变量

除了最优解和最优的利润贡献，Par 公司管理层还想了解在最优计划下，每个工序所需要的生产时间。我们可以通过将最优解（$S=540$，$D=252$）代入线性规划的约束方程中获得该信息。

约束条件	当 $S=540$ 及 $D=252$ 时所需的小时数	可用小时数	未用小时数
切割和印染	$7/10\times 540+1\times 252=630$	630	0
缝制	$1/2\times 540+5/6\times 252=480$	600	120
成型	$1\times 540+2/3\times 252=708$	708	0
检查和包装	$1/10\times 540+1/4\times 252=117$	135	18

因此，Par 公司问题的最终解为：生产 540 个标准球袋和 252 个高级球袋。此时，切割和印染工艺（630 小时）以及成型工艺（708 小时）的可使用时间全部用完，但是缝制工艺与检查和包装工艺还分别剩余 600−480=120（小时）和 135−117=18（小时）。如果小于等于的约束条件还存在剩余能力，用线性规划术语表示该剩余能力就是松弛。

因此，在线性规划模型中，我们引入**松弛变量**来表示未被利用或闲置的产能。未被使用的产能对利润并无贡献，因此在目标函数里，松弛变量的系数是零。将 4 个松弛变量 S_1、S_2、S_3 和 S_4 引入线性规划方程中，Par 公司问题的数学模型就是：

$$
\begin{aligned}
\max \quad & 10S + 9D + 0S_1 + 0S_2 + 0S_3 + 0S_4 \\
\text{s.t.} \quad & \\
& 7/10\,S + 1D + 1S_1 = 630 \\
& 1/2S + 5/6\,D + 1S_2 = 600 \\
& 1S + 2/3\,D + 1S_3 = 708 \\
& 1/10\,S + 1/4\,D + 1S_4 = 135 \\
& S, D, S_1, S_2, S_3, S_4 \geqslant 0
\end{aligned}
$$

当线性规划问题的所有约束条件都用等式来表达时，这种模型被称为**标准型**。

对于 Par 公司问题的标准型问题来说，我们发现在最优解（S=540 及 D=252）时，松弛变量的值如右所示。

约束条件	松弛变量
切割和印染	$S_1 = 0$
缝制	$S_2 = 120$
成型	$S_3 = 0$
检查和包装	$S_4 = 18$

我们可以利用图解法来得到这方面的信息。在对图 2-5 求解的过程中，我们发现，最优解位于切割和印染及成型工艺的时间约束条件的交点上。所以，这个解需用上这两个部门所有的工作时间。换言之，图形告诉我们，切割和印染部门及成型部门将没有松弛变量。另外，因为缝制及检查和包装没有对最优解形成约束，所以我们就知道这两个部门是有松弛或闲置时间的。

作为对图解法的最后说明，我们提醒大家注意一下图 2-5 里显示的缝制时间约束。注意，这项约束并不影响可行域。也就是说，不管有没有缝制约束，可行域的大小都是一样的。这也告诉我们，缝制部门的工作时间是绰绰有余的，能保证其他 3 个部门在任何水平的生产量。这是因为缝制工序并不影响最优解，它被称为**冗余约束**。

注释与点评

1. 在线性规划问题的标准型表示方式中，松弛变量的系数为零，它表示的是松弛变量也就是未使用的资源并不对目标函数产生任何影响。但是在实际的问题中，公司也可以出售未使用的资源，从而获利。倘若这样，松弛变量就成为决策变量，表示公司可以出售多少未用资源。这些变量前面的非零系数代表每出售 1 个单位的相应资源，公司利润的变化量。

2. 冗余约束并不影响可行域的大小，即使将它们删去也不会影响最优解的值。然而，在改变了该模型的某些参数后，再利用该线性规划模型进行求解时，由于参数的变化可能使冗余约束转化为紧的约束。因此，我们建议保留所有的约束条件，即使有一个或多个冗余约束条件。

2.3 极点和最优解

假设 Par 公司生产的标准球袋利润从 10 美元降到 5 美元，而高级球袋的利润和所有的约束条件都不变。这个新问题的数学模型同 2.1 节里的模型基本相同，唯一的区别在于目标函数变成了：

$$\max 5S + 9D$$

目标函数的改变会对最优解产生什么影响呢？如图 2-12 所示，我们使用图解法对目标函数改变后的问题进行求解。注意一下，这里只要约束条件不变，可行域就不变。目标函数变化了，利润线也就跟着变化了。

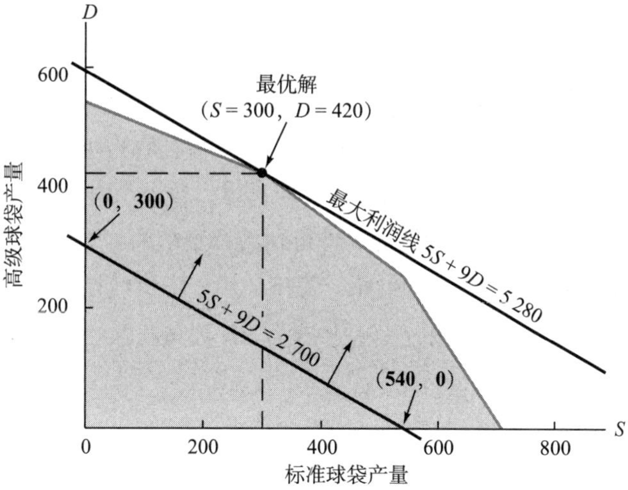

图 2-12　目标函数为 $5S + 9D$ 时 Par 公司问题的最优解

通过向利润增加方向平移利润线，我们找到了如图 2-12 所示的模型的最优解。图形在这点所对应的决策变量的值是 $S = 300$ 且 $D = 420$。因标准球袋利润产生的变化导致了最优解的变化。而事实上，正如大家可能想到的那样，我们削减了标准球袋的产量，增加了高级球袋的产量。

到目前为止，在这两个问题中，对于最优解的位置，你有什么发现呢？仔细观察图 2-9 和图 2-12，我们注意到所有最优解的点都在可行域的顶点或“角点”上。在线性规划术语中，这样的顶点被称为可行域的**极点**。Par 公司问题的可行域一共有 5 个顶点，或者说 5 个极点（见图 2-13）。最优解与可行域的顶点的关系是：

线性规划问题的目标函数一定可以在其可行域的顶点上达到最优。[⊖]

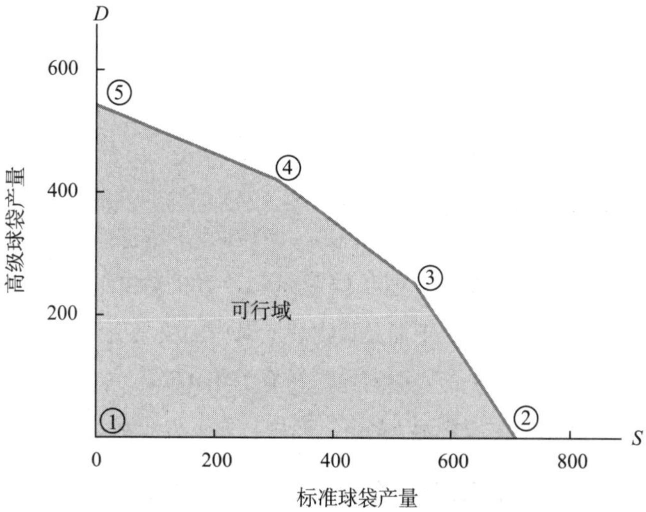

图 2-13　Par 公司问题可行域上的 5 个极点

这个特点意味着我们在寻找最优解时，不必对每一个可行解进行计算。而事实上，我们只要计算可行域的极点就可以了。对 Par 公司这个例子来说，我们也不需要计算所有的可行解，只需要对 5 个极点进行计算，找到其中使得利润值最大的点即可，而这个点就是最优解的点。实际上，对于双变量问题而言，最简单的方法还是图解法。

⊖ 我们会在本章 2.6 节中讨论线性规划问题不存在可行解的两种特殊情况，一种是没有可行域，另一种是无界解，这两种情况下，此表述不适用。

2.4 Par 公司问题的计算机求解

> R 和 Python 是管理科学和统计领域流行的开源编程语言。

计算机软件包求解线性规划问题已经得到了广泛的应用。在简单熟悉了软件包的功能特点后，用户就可以几乎毫无困难地求解线性规划问题。现在对于有成千上万个变量和约束条件的问题，用计算机求解就成了常规、可行的方法。一些主流的商业软件包包括 CPLEX、Gurobi、LINGO、MOSEK 和 Excel Solver。不少软件包是可以免费下载的，例如，COIN-OR 组织开源的 Clp（COIN-OR 线性规划），基于 R 语言的 lpSolve 软件包和基于 Python 的 PuLP library 软件包。

Par 公司问题的解如图 2-14 所示。作者希望本书更加灵活，所以没有依赖特定的线性规划软件。因此，图 2-14 中的结果是通用的，而不是一个使用特定软件得到的特定结果。图 2-14 提供的结果对很多线性规划软件都有代表性。本书将一直使用这种形式的结果。常用的用于求解线性规划的软件包为 Excel Solver，其使用详见本章附录。附录 2.1 展示了如何在电子表格中建立 Par 公司问题的模型以及如何用 Excel 来求解这个模型。

```
最优值 =                          7668.00000

          变量                  值
      --------------    ---------------
            S               540.00000
            D               252.00000

        约束条件            松弛/剩余
      --------------    ---------------
            1                 0.00000
            2               120.00000
            3                 0.00000
            4                18.00000
```

图 2-14　对 Par 公司问题的求解

计算机输出结果的解释

下面我们将解释图 2-14 显示的计算机输出结果。在图的最上方显示的是 Par 公司问题的最优值 7 668 美元，目标函数值的下面是最优解所对应的决策变量的值，即标准球袋数量 $S = 540$，高级球袋数量 $D = 252$。

回想一下 Par 公司问题，它有关于 4 个不同工序工作时间的小于等于的约束条件。每一个约束条件对应的松弛表示在“松弛 / 剩余”列中，如下表所示。

约束条件序号	约束条件名称	松弛/剩余变量
1	切割和印染	0
2	缝制	120
3	成型	0
4	检查和包装	18

从这些信息里我们发现，紧的约束（切割和印染及成型约束）在最优解时的松弛是零。缝制部门有 120 小时的松弛，或被称为未使用工作能力，检查和包装部门有 18 小时的松弛。图 2-14 对该问题进行了建模，并使用 Excel Solver 进行了求解。

2.5 一个简单的最小化问题

M&D 化学公司生产两种用于生产肥皂和清洗剂的原材料。基于对当前库存水平和下月市场购买潜力的分析，M&D 化学公司的管理层确定 A 和 B 的总产量至少要达到 350 加仑。特别地，公司的一个主要客户订购的 125 加仑 A 产品必须首先得到满足。A 产品的制造时间是每加仑 2 小时，而 B 产品则是每加仑 1 小时。下个月总工作时间是 600 小时。M&D 化学公司的目标是在满足客户需求的前提之下实现成本最小化。每加仑 A 产品的制造成本是 2 美元，而每加仑 B 产品的制造成本是 3 美元。

为了制订出使成本最小化的生产计划，我们列出 M&D 化学公司的线性规划模型。与 Par 公司的例子相似，我们首先定义出该问题的决策变量和目标函数。令：

A = A 产品的产量

B = B 产品的产量

因为 A 产品的成本是每加仑 2 美元，B 产品的成本是每加仑 3 美元，所以使成本最小化的目标函数就可写成：

$$\min \quad 2A+3B$$

接下来我们看看 M&D 化学公司的约束条件。因为公司必须首先满足主要客户的 125 加仑产品，所以 A 的产量必须至少是 125 加仑。因此，我们可以将约束条件写成：

$$1A \geqslant 125$$

又因为两种产品的总产量必须至少是 350 加仑，我们得到：

$$1A+1B \geqslant 350$$

最后，我们还知道公司最大可用工作时间是 600 小时，再增加一个约束条件：

$$2A+1B \leqslant 600$$

增加非负约束（A，$B \geqslant 0$）之后，我们就得到 M&D 化学公司问题的线性规划模型：

$$
\begin{aligned}
\min \quad & 2A+3B \\
\text{s.t.} \quad & \\
& 1A \geqslant 125 \quad \text{A 产品的需求量} \\
& 1A+1B \geqslant 350 \quad \text{总产量} \\
& 2A+1B \leqslant 600 \quad \text{生产时间} \\
& A, B \geqslant 0
\end{aligned}
$$

这个线性规划模型只有两个决策变量，所以我们可以用图解法来求解最优产量。求解该题的方法同 Par 公司的相同。首先画出约束线，找到可行域。分别画出各约束直线，检查一下约束直线两边的点，则每个约束的可行解就确定下来了。再把每个约束条件的可行域都结合起来，就得到了整个问题的可行域，如图 2-15 所示。

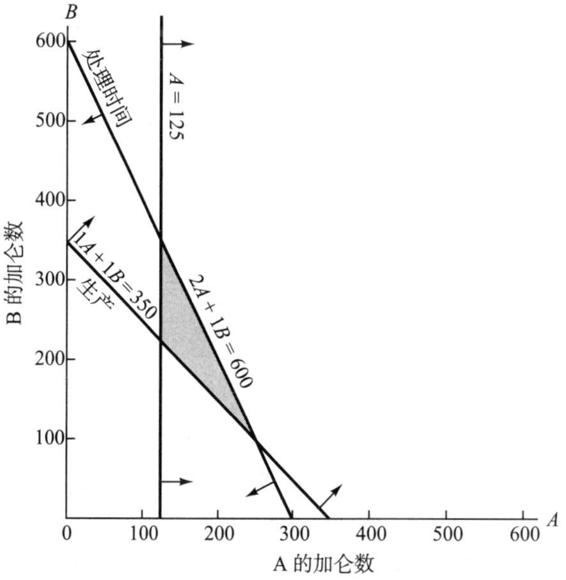

图 2-15 M&D 化学公司问题的可行域

为了找到使成本最小化的解，我们现在画出基于某一特定的总成本值的目标函数线。比如，我们可以先画出 $2A+3B=1\ 200$ 这条线，见图 2-16。很明显，可行域里有某些点落在了 1 200 美元的总成本线上。为了找到能使总成本更小的 A 和 B 的值，我们将直线一直平行向左下方移动到某一特殊位置，如果继续向下平移，整条线将超出可行域。注意，通过极点 A=250 和 B=100 的目标函数线是 $2A+3B=800$。这个极点就是成本最小化问题的最优解，其对应的最优值是 800。通过图 2-15 和图 2-16 我们可以看出，总生产能力约束和总生产时间约束是紧的约束。同其他每个线性规划问题一样，该问题的最优解也在可行域的极点处。

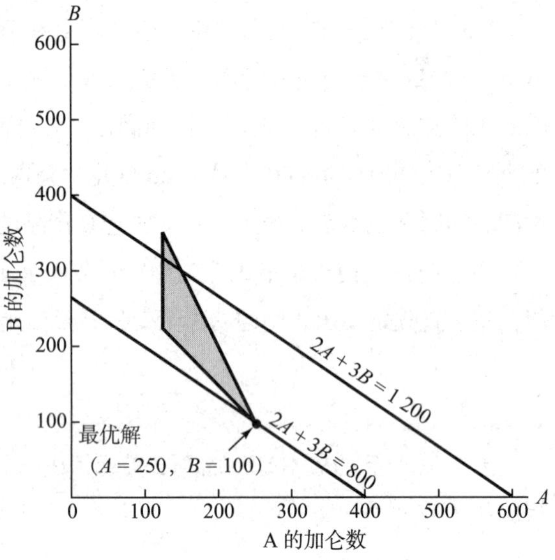

图 2-16 求解 M&D 化学公司的图解方法

2.5.1 图解法求解最小化问题的步骤小结

图解法求解最小化问题的主要过程总结如下。

（1）画出每个约束条件的可行解。

（2）确定满足所有约束条件的可行域。

（3）画出目标函数线，表示在特定目标函数值下的决策变量值。

（4）沿目标函数值减小方向平移目标函数线，直至移动到可行域的边界。

（5）目标函数线上具有最小值的可行解即为问题的最优解。

2.5.2 剩余变量

M&D 化学公司问题的最优解说明了通过使用所有可用的 $2A+1B=2\times250+1\times100=600$（小时），我们可以达到 $A+B=350$ 的生产量。另外，注意，A 的产量已经满足需求约束，A=250 加仑。实际上，A 的产量已经超过了需求量的最低要求 250−125=125（加仑）。多生产出来的这部分产品就被称为剩余。对应于大于等于约束条件的超出部分用线性规划术语表示就是剩余。

回忆一下，对于一个 $a\leqslant$约束条件的问题，我们可以将松弛变量加到不等式的左边，使其变成一个等式。同样，对于一个 $a\geqslant$约束条件的问题，我们可以在不等式的左边减去一个**剩余变量**而使不等式变成等式。同松弛变量一样，在目标函数中剩余变量的系数也是零，它们对目标函数的值并没有影响。加上两个$\geqslant$约束条件的剩余变量 S_1 和 S_2，以及一个$\leqslant$约束条件的松弛变量 S_3 后，M&D 化学公司问题的线性规划模型为：

$$
\begin{aligned}
\min\quad & 2A + 3B + 0S_1 + 0S_2 + 0S_3 \\
\text{s.t.}\quad & \\
& 1A - 1S_1 = 125 \\
& 1A + 1B - 1S_2 = 350 \\
& 2A + 1B + 1S_3 = 600 \\
& A,\ B,\ S_1,\ S_2,\ S_3 \geqslant 0
\end{aligned}
$$

现在所有的约束条件都是等式了。以上形式就被称为 M&D 化学公司问题的标准形式。该问题的最优解是 A=250，B=100，松弛 / 剩余变量的值如右所示。

约束条件	松弛 / 剩余变量
A 产品的需求	$S_1 = 125$
总产量	$S_2 = 0$
生产时间	$S_3 = 0$

观察图 2-15 和图 2-16，我们发现与最优解相关的两个约束条件对应的松弛 / 剩余变量为零，即总产量和生产时间的约束条件对应的松弛 / 剩余变量为零。A 产品的需求约束是非紧的约束，其对应的剩余为 125 单位。

在 Par 公司问题里，所有的约束条件都是小于等于类型的，而 M&D 化学公司的问题中，约束条件既有大于等于型，也有小于等于型。线性规划问题所面临的约束条件的类型和数量取决于具体问题的具体要求。很可能出现的情况是一个问题中既有大于等于型，也有小于等于型，还有等于型的约束条件。对于等式约束条件来说，可行解必在约束条件直线上。

下面这个例子也是个双决策变量问题，决策变量是 G 和 H，包含 3 种形式的约束条件：

$$
\begin{aligned}
\min \quad & 2G + 2H \\
\text{s.t.} \quad & \\
& 1G + 3H \leqslant 12 \\
& 3G + 1H \geqslant 13 \\
& 1G - 1H = 3 \\
& G,\ H \geqslant 0
\end{aligned}
$$

其标准形式为：

$$
\begin{aligned}
\min \quad & 2G + 2H + 0S_1 + 0S_2 \\
\text{s.t.} \quad & \\
& 1G + 3H + 1S_1 = 12 \\
& 3G + 1H - 1S_2 = 13 \\
& 1G - 1H = 3 \\
& G,\ H,\ S_1,\ S_2 \geqslant 0
\end{aligned}
$$

在标准形式中，小于等于型的约束条件需加入松弛变量，大于等于型的约束条件需减去剩余变量。而等于型的约束条件则不需要松弛 / 剩余变量，因为它本身就是等式。

如果用图解法求解线性规划问题，则没有必要写出问题的标准形式。然而，我们要能计算松弛 / 剩余变量的值，并且理解它们的含义，因为这些值的计算也包括在计算机求解过程中。

最后一点是，线性规划问题的标准形式其实是与原始形式等价的。也就是说，一个线性规划问题的最优解与其标准形式的最优解的值是一样的。一个问题的标准形式并不改变问题的本质，它只是改变我们对问题中约束条件的表示方法。

2.5.3　M&D 化学公司问题的计算机求解

M&D 化学公司问题的计算机求解结果如图 2-17 所示。通过计算机结果我们可以看到，目标函数的值，即使成本最小化的值是 800 美元。生产成本最低时，决策变量的最优解是：A 生产 250 加仑，B 生产 100 加仑。

```
最优值 =                                    800.00000
           变量                      值
      --------------          ----------------
            A                        250.00000
            B                        100.00000
         约束条件                  松弛 / 剩余
      --------------          ----------------
            1                        125.00000
            2                          0.00000
            3                          0.00000
```

图 2-17　求解 M&D 化学公司问题

松弛 / 剩余变量栏显示，对应产品 A 的需求的大于等于型的约束条件（第一个约束条件）有 125 加仑的剩余。这一栏说明，当函数的解是最优解时，A 的产量比它的需求多 125 加仑。总生产需求（第 2 个约束条件）和处理时间约束（第 3 个约束条件）的松弛 / 剩余的值是零，表明这两个约束条件在最优解中是有约束力的。图 2-17 对该问题进行了建模，并使用 Excel Solver 进行了求解。

2.6 特例

本节讨论求解线性规划问题时可能出现的三种特殊情况。

2.6.1 多重最优解

从对图解法的讨论中，我们知道最优解可以从可行域的极点中找到。现在考虑一下特殊的情况：目标函数线与某条可行域边界的约束线重合。我们会看到这时会有**多重最优解**。在此情况下，函数的最优解将有多个。

为了解释多重最优解，我们再来看 Par 公司的例子。我们假设生产每个标准球袋的利润减为 6.3 美元，因而目标函数就变成了 $6.3S+9D$。这时再用图解法求解该问题，如图 2-18 所示。可以看到，最优解虽然还在极点上，但实际上两个极点都是最优解点：极点④（S=300，D=420）和极点③（S=540，D=252）。

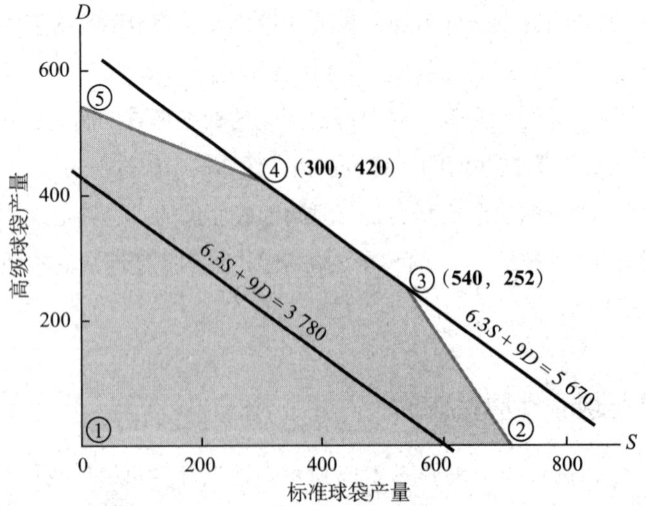

图 2-18　目标函数为 $6.3S+9D$ 的 Par 公司问题（多重最优解的情况）

这两个极点对应的目标函数值是一样的，即

$$6.3S + 9D = 6.3 \times 300 + 9 \times 420 = 5\ 670$$

以及

$$6.3S + 9D = 6.3 \times 540 + 9 \times 252 = 5\ 670$$

此外，这两个最优解的点之间的任何点也都是最优解。例如，点（S=420，D=336）在两个极点中间，它也能使目标函数的值最大。

$$6.3S + 9D = 6.3 \times 420 + 9 \times 336 = 5\ 670$$

具有多重最优解的线性规划问题对经理人或是决策者来说一般是好事。这意味着可以有很多决策变量组合供选择，决策者可以选择一个最理想的方案。不幸的是，使一个问题有多重最优解并不是件容易的事。

2.6.2　无可行解

实践中的确出现了没有可行解决方案的问题，最常见的原因是管理层的期望太高，或者在这个问题上施加了太多的限制。

无可行解是指线性规划问题不存在满足全部约束条件（包括非负约束）的解。在图形中，无可行解是指可行域并不存在。也就是说，没有任何一个点可以同时满足所有的约束条件以及非负约束。为了进一步解释，我们再回到 Par 公司的例子上来。

假设管理层确定公司必须至少生产 500 个标准球袋和 360 个高级球袋，在图形中就必须重新画出问题的解的区域来反映两个新增的要求（见图 2-19）。左下方的阴影表示满足各工序生产能力的解，右上方的阴影表示标准球袋的最低生产量是 500 个，高级球袋的最低生产量是 360 个。但是没有任何一个点能够同时满足这两个约束集合。因此，如果管理层增加这两个最小产量约束，该问题就没有可行域了。

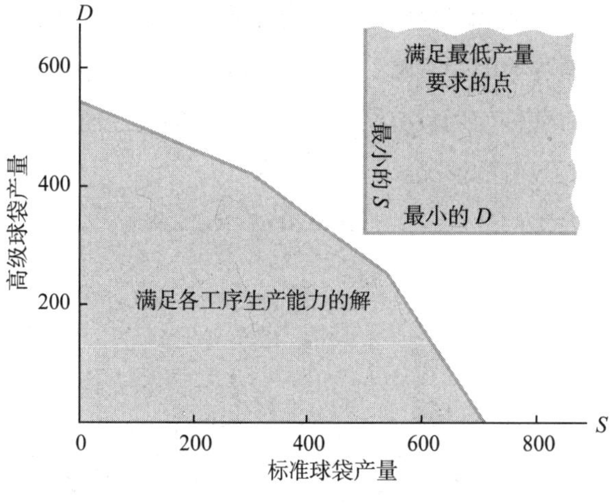

图 2-19　最低生产需求为 500 个标准球袋和 360 个高级球袋的 Par 公司问题（无可行域的情况）

如何对这个问题的不可行性进行解释呢？首先，使用已有的资源（如切割和印染、缝制、成型以及检查和包装的时间），无法生产出 500 个标准球袋和 360 个高级球袋。此外，我们也可以准确地告诉管理层要生产 500 个标准球袋和 360 个高级球袋还需要多少资源。表 2-2 列出了完成任务所需要的最少资源、现有资源和还需要增加的资源。现在我们知道要想完成管理层的任务，至少还要增加 80 小时的切割和印染时间、32 小时的成型时间以及 5 小时的检查和包装时间。

表 2-2　生产出 500 个标准球袋和 360 个高级球袋所需的资源

工序	最少资源要求（小时）	可用资源（小时）	还需增加的资源（小时）
切割和印染	$7/10 \times 500 + 1 \times 360 = 710$	630	80
缝制	$1/2 \times 500 + 5/6 \times 360 = 550$	600	无
成型	$1 \times 500 + 2/3 \times 360 = 740$	708	32
检查和包装	$1/10 \times 500 + 1/4 \times 360 = 140$	135	5

如果看完表 2-2 后，管理者还是希望生产 500 个标准球袋和 360 个高级球袋，那就得增加资源了。可以雇用其他人到切割和印染部门工作，抽调厂里其他部门的人来成型部做兼职，或让缝制部的人定期到检查和包装部工作。这样的话，所需的资源就可满足。正如你所看到的那样，一旦我们发现问题缺少可行解，便可以采取很多方法来改正管理层的行为。重要的是我们要知道，运用线性规划分析可以分析出管理层的计划是否可行，并帮助我们识别出不可行的情况，以采取相应的改进措施。

当试图解决一个不可行的问题时，Excel Solver 将显示错误消息："规划求解找不到可行解"。

无论何时你用 Excel Solver 来解无可行解的问题，你都会得到一个错误信息，提示问题没有可行解，也就是不存在同时满足所有规定的约束条件以及非负约束的解。这时你需要仔细检查一下所列的方程式，找出问题无可行解的原因。一般来说，在这种情况下，最好的办法是去掉一个或多个约束条件，然后再求解该问题。如果修改后问题存在最优解，那么说明删除的约束条件相互冲突，导致了问题没有可行域。

2.6.3 无界解

如果一个最大化线性规划问题的解可以无限地变大，却不违反任何约束条件，我们就称这个解是**无界解**。对于一个最小化问题，如果它的解可以无限地变小，那么它的解也是无界的，这种状况被称为管理乌托邦。例如，如果是利润最大化问题遇到这种条件，那么管理者可能获得无尽的利润。

但是，如果一个实际的线性规划模型中出现了无界解的情况，那就说明针对问题而构建的模型是有错误的。我们知道对于一个现实问题来说，不可能会出现利润无限大的情况。所以我们得出以下结论：如果对于一个求利润最大的问题具有无界解，那么这个数学模型就一定没有充分地真实反映实际问题。产生这种情况的常见原因是遗漏了一些约束条件。

我们使用只有两个变量 X 和 Y 的线性规划问题来说明无界解的情况：

$$\max \quad 20X + 10Y$$

s.t.

$$1X \geq 2$$

$$1Y \leq 5$$

$$X, Y \geq 0$$

在图 2-20 中我们画出了这个问题的可行域。注意，我们只是画出了部分的可行域，因为可行域是向 X 轴正方向无限延伸的。看一下图 2-20 中的目标函数线，我们发现这个问题的解可以是无限大的。也就是说，无论将解定为多大，总是能找到一个可行解，该解对应的目标函数值大于我们找到的最大值。因而，该线性规划的解是无界的。

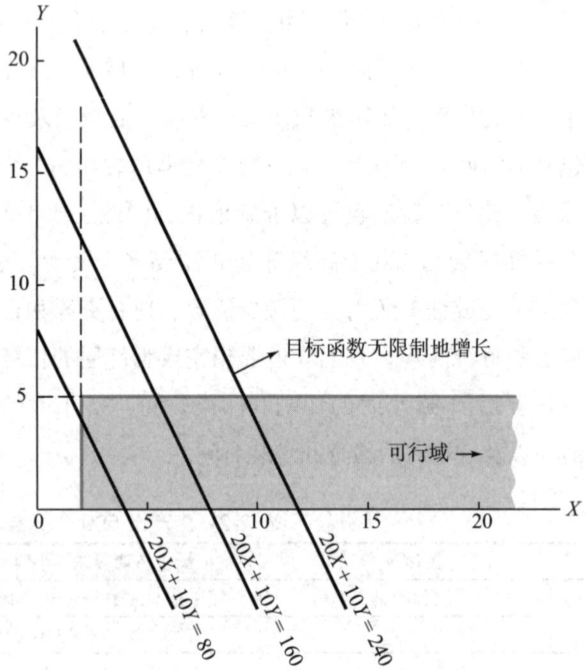

图 2-20 无界问题实例

无论何时你用 Excel Solver 解无界问题时，都会得到一条信息：问题无界。因为现实世界里问题是不可能出现无界的情况的，所以如果发生这种情况，一定要先检查一下所列模型中的约束条件是否正确。很多情况下，出现这种情况很可能是建模时遗漏了约束条件。

当试图解决无界问题时，Excel Solver 将显示错误消息："目标单元格的值未收敛"。

注释与点评

1. 无可行解同目标函数本身无关。它的出现是因为约束条件太苛刻，无法得到线性规划问题的可行域。因而在遇到不可行问题时，改变目标函数的系数是没有意义的。就算改了，问题依然无可行解。

2. 产生无界解的原因通常是遗漏了约束条件。但是改变目标函数可能会使一个无界问题变成一个有界问题。例如在图 2-20 中，对目标函数最大化 $20X+10Y$ 来说具有无界解，而对最大化 $-20X-10Y$ 来说，该问题就有最优解（$X=2$，$Y=0$）了，而我们并未改变约束条件。

2.7　线性规划的通用符号

本章已经介绍了如何对 Par 公司和 M&D 化学公司问题进行线性规划建模。对 Par 公司问题进行线性规划建模，我们先定义了两个决策变量：S= 标准球袋的数量，D= 高级球袋的数量。在 M&D 化学公司问题中，我们也定义了两个决策变量：A=A 产品的产量，B=B 产品的产量。我们选择 S、D 作为 Par 公司问题的决策变量，并选择 A、B 作为 M&D 化学公司问题的决策变量，目的是使我们能够通过决策变量的名字联想起它所代表的含义。这种方法对于规模较小的问题来说比较方便。但是问题中如果包含大量的决策变量，采用这种方法就会遇到困难了。

在线性规划问题中更加通用的符号是带有下标的 x。例如，在 Par 公司例子中，我们可以将决策变量定义为：

$$x_1 = \text{标准球袋的数量}$$

$$x_2 = \text{高级球袋的数量}$$

而在 M&D 化学公司的问题里，我们也可以使用相同的变量名，当然它们被定义为不同的内容。

$$x_1 = \text{A 产品的产量}$$

$$x_2 = \text{B 产品的产量}$$

在使用这种变量命名方法时，一个缺点是我们不能够轻松地识别出变量在数学模型中所代表的含义。如果模型中包含大量的决策变量，使用这种方法命名会相对比较容易。例如，对于一个包含 3 个变量的线性规划问题，我们可以将变量命名为 x_1、x_2 和 x_3，而对于一个有 4 个变量的问题来说，我们可将变量命名为 x_1、x_2、x_3 和 x_4（这种决策变量的命名方式可以拓展到具有任意一个决策变量的模型中）。明显地，如果包括 1 000 个决策变量，命名 1 000 个不同的决策变量名相当困难。但是，使用下标法可以将决策变量定义为 x_1，x_2，x_3，…，$x_{1\,000}$。

为了使用通用符号表述线性规划问题的图解法，我们构建了如下双变量的最大化问题：

$$\begin{aligned} \max \quad & 3x_1 + 2x_2 \\ \text{s.t.} \quad & \\ & 2x_1 + 2x_2 \leqslant 8 \end{aligned}$$

$$1x_1 + 0.5x_2 \leqslant 3$$

$$x_1, x_2, \geqslant 0$$

首先，我们将可行解（x_1 和 x_2 的值）图示出来，按照习惯，一般是将 x_1 作为横坐标，将 x_2 作为纵坐标。图 2-21 显示了这个双变量问题的图解结果，最优解是 $x_1 = 2$，$x_2 = 2$，对应的目标函数值是 10。

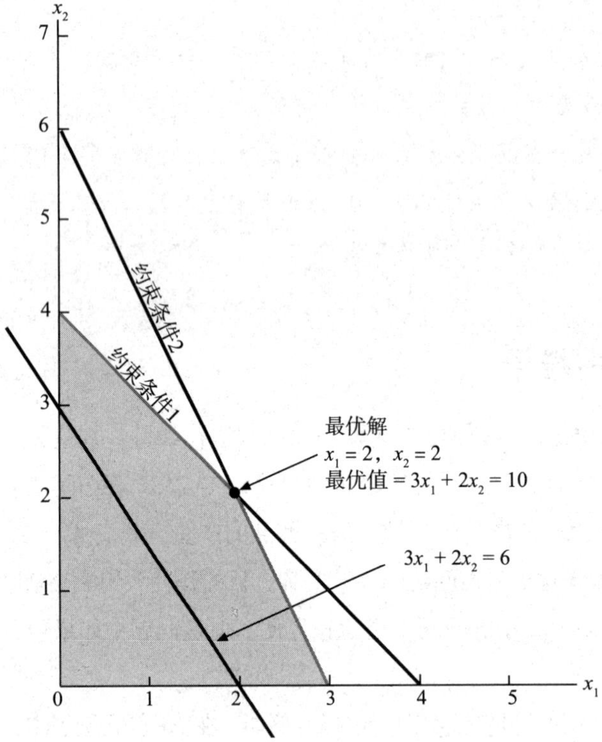

图 2-21 图解法求解一般符号的双变量线性规划问题

用一般线性规划符号写出该线性规划问题的标准形式。

$$\max \quad 3x_1 + 2x_2 + 0s_1 + 0s_2$$

s.t.

$$2x_1 + 2x_2 + 1s_1 = 8$$

$$1x_1 + 0.5x_2 + 1s_2 = 3$$

$$x_1, x_2, s_1, s_2 \geqslant 0$$

因而最优解是 $x_1 = 2$，$x_2 = 2$，松弛变量是 $s_1 = s_2 = 0$。

本章小结

我们对如下两个线性规划问题进行了建模：Par 公司最大化问题和 M&D 化学公司的最小化问题。对这两个问题，我们给出了图解法的求解过程，并将不同软件包的求解结果展示在表格中。在对这些问题进行数学建模的过程中，我们给出了线性规划模型的一般定义。

线性规划模型是具有如下特点的数学模型。

（1）求解最大化或是最小化的线性目标函数。

（2）存在线性约束集合。

（3）满足非负约束的决策变量。

松弛变量被用来将小于等于形式的约束条件转变为等于形式的约束条件。剩余变量被用来将大于等于形式的约束条件转变为等于形式的约束条件。松弛变量就是未使用的资源，而剩余变量则是超过某一最低需求的量。当所有的约束条件都写成了等式形式时，就被称为线性规划问题的标准形式。

如果一个线性规划问题的解是不可行的或是无界的，那这个问题就没有最优解。对于无可行解的情况，可行域为空；而对于模型的解是无界的情况，若问题为最大化问题，则目标函数可以无限地扩大；若是最小化问题，则目标函数可以无限缩小。对多重最优解的情况，存在两个或多个最优极点，且连线上所有的点也是最优解。

本章还介绍了如何使用通用的线性规划符号。专栏 2-2 介绍了“IBM 使用线性规划技术帮助供应链运行制订计划和进行管理”，这是线性规划在实际中被广泛应用的又一个例子。在随后的两章里，我们还会看到更多的线性规划应用的例子。

|专栏 2-2| 实践中的管理科学

IBM 使用线性规划技术帮助供应链运行制订计划和进行管理

半导体技术指的是将材料，通常是硅，制成集成电路，它是电子设备的主要构成组件。但一般情况下，半导体制造是指设计和生产实际的集成电路，这些电路常用于计算机、智能手机、平板以及所有你熟悉的电子设备。

半导体供应链是非常复杂的，因为它通常延伸至全球，包括许多不同的供应商、制造商、分销商和客户。生产半导体需要上百道工序和很长的提前期。制造一个半导体芯片要通过沉积、光刻、刻蚀和离子注入等工艺将三维电路刻在半导体材料的基极层中。电路经过完备测试和包装后才能给客户发货。在制造过程中很小的偏差，就会产生设备质量（速度）的波动。这些不同的设备有时在短缺时期可以作为一种替代品，例如，某些制造工序的中等速度的装置，可以用高速装置代替，但一个中等速度的设备不能代替高速设备。这就产生了多种不同的供应链流程，因此必须不间断地进行管理优化。

IBM 生产半导体芯片已超过 50 年。IBM 在亚洲和北美洲制造半导体芯片，其产品销往世界各地。IBM 在其供应链战略管理的计划和实施中，使用了许多管理科学技术。IBM 开发的中央计划引擎（Central Planning Engine，CPE）是该公司用于管理半导体供应链活动的工具箱。CPE 是一个管理科学工具集合，包括线性规划。模型中的约束条件包括生产能力限制、原料的可用性、时间延迟和需求等，也有某些设备的替换要求约束条件。CPE 中有许多模型求解的工具，线性规划用于不同的生产环节中，例如在考虑生产能力和原材料约束条件下，优化配置生产设备。

在半导体供应链的运营过程中，IBM 使用 CPE 制定长期战略规划和短期运营。巧妙地使用特定管理科学工具，因此这些复杂的计算可以在几个小时内完成。IBM 借助这些快速求解的模型可以在一天的时间内测评几种不同的运行情况，从而实现了灵敏度分析，了解其供应链中可能的风险。IBM 应用 CPE 将按时交付率提高了 15%，库存减少了 25% ～ 30%。

资料来源：Alfred Degbotse, Brian T. Denton, Kenneth Fordyce, R. John Milne, Robert Orzell, Chi-Tai Wang, “IBM Blends Heuristics and Optimization to Plan Its Semiconductor Supply Chain,” *Interfaces* (2012): 1–12.

专业术语

多重最优解（alternative optimal solution） 至少有两个解使得目标函数的值达到最优的情况。

约束条件（constraint） 用来将某些决策变量的组合排除到可行解之外的一组等式或不等式。

决策变量（decision variable） 线性规划模型中的可控性输入。

极点（extreme point） 从图上来说极点是可行域的顶点或“角点”，对于双变量问题，极点可由约束线的交点来确定。

可行域（feasible region） 所有可行解的集合。

可行解（feasible solution） 满足所有约束条件的解。

无可行解（infeasibility） 没有满足全部约束条件的解。

线性函数（linear functions） 变量都是一次，且不含有变量之间交叉项的数学表达式。

线性规划（linear program） 线性规划模型的另一种说法。

线性规划模型（linear programming model） 具有线性目标函数、线性约束集合以及非负变量的数学模型。

数学模型（mathematical model） 将目标和所有的约束条件都用数学语言描述的一种问题的表达形式。

非负约束（nonnegativity constraint） 要求所有变量都为非负数的约束条件。

问题建模 [problem formulation (modeling)] 将语言上的问题转换为数学形式问题（称为数学模型）的过程。

冗余约束（redundant constraint） 不影响可行域大小的约束条件。删除冗余约束不会影响问题的可行域。

松弛变量（slack variable） 加到小于等于形式的约束条件的左边，使其成为等式的变量。这个变量的值可看成是未使用资源的数量。

标准型（standard form） 所有约束都写成等式的形式的线性规划问题。标准型的最优解同原问题的最优解是一样的。

剩余变量（surplus variable） 在左边减去这种变量，使得大于等于型的不等式变成等式形式。这种变量被解释为多于某一最低要求的量。

无界（unbounded） 在最大化问题中，解的值可以无限增大；在最小化问题中，解的值可以无限减小，同时还满足所有约束条件，这种问题就称为是无界的。

习题

1. **识别线性关系**。下面哪些数学关系可以包含在线性规划模型之中？哪些不能？说明理由。LO1
   a. $-1A+2B\leqslant 70$
   b. $2A-2B=50$
   c. $1A-2B^2\leqslant 10$
   d. $3\sqrt{A}+2B\geqslant 15$
   e. $1A+1B=6$
   f. $2A+5B+1AB\leqslant 25$
2. **满足约束条件的解**。找到满足下列所有条件的可行解点。LO2
   a. $4A+2B\leqslant 16$
   b. $4A+2B\geqslant 16$
   c. $4A+2B=16$
3. **满足约束条件的图解法**。分别画出下列约束的约束线和可行解。LO2
   a. $3A+2B\leqslant 18$
   b. $12A+8B\geqslant 480$
   c. $5A+10B=200$

4. **满足约束条件的图解法。**分别画出下列约束条件的约束线和可行解。LO2

a. $3A - 4B \geqslant 60$

b. $-6A + 5B \leqslant 60$

c. $5A - 2B \leqslant 0$

5. **满足约束条件的图解法。**分别画出下列约束条件的约束线和可行解。LO2

a. $A \geqslant 0.25(A + B)$

b. $B \leqslant 0.10(A + B)$

c. $A \leqslant 0.50(A + B)$

6. **画出目标函数线。**三个线性规划问题的目标函数分别为：$7A + 10B$，$6A + 4B$，$-4A + 7B$。画出目标函数值为 420 时的目标函数线。LO2

7. **确定约束集合的可行域。**确定下面约束集合的可行域。LO2,3

$$\begin{aligned} 0.5A + 0.25B &\geqslant 30 \\ 1A + 5B &\geqslant 250 \\ 0.25A + 0.5B &\leqslant 50 \\ A,\ B &\geqslant 0 \end{aligned}$$

8. **确定约束集合的可行域。**确定下面约束集合的可行域。LO2,3

$$\begin{aligned} 2A - 1B &\leqslant 0 \\ -1A + 1.5B &\leqslant 200 \\ A,\ B &\geqslant 0 \end{aligned}$$

9. **确定约束集合的可行域。**确定下面约束集合的可行域。LO2,3

$$\begin{aligned} 3A - 2B &\geqslant 0 \\ 2A - 1B &\leqslant 200 \\ 1A \quad &\leqslant 150 \\ A,\ B &\geqslant 0 \end{aligned}$$

10. **用图解法求解线性规划问题。**如下线性规划问题：

$$\begin{aligned} \max \quad & 2A + 3B \\ \text{s.t.} \quad & \\ & 1A + 2B \leqslant 6 \\ & 5A + 3B \leqslant 15 \\ & A,\ B \geqslant 0 \end{aligned}$$

运用图解法求出模型的最优解，并确定最优解处的目标函数值。LO2,4

11. **用图解法求解线性规划问题。**运用图解法求解如下线性规划问题。LO2,4

$$\begin{aligned} \max \quad & 5A + 5B \\ \text{s.t.} \quad & \\ & 1A \leqslant 100 \\ & 1B \leqslant 80 \\ & 2A + 4B \leqslant 400 \\ & A,\ B \geqslant 0 \end{aligned}$$

12. **用图解法求解线性规划问题并确定极点。**考虑如下线性规划模型。LO2,3,4

$$\begin{aligned} \max \quad & 3A + 3B \\ \text{s.t.} \quad & \\ & 2A + 4B \leqslant 12 \\ & 6A + 4B \leqslant 24 \\ & A,\ B \geqslant 0 \end{aligned}$$

a. 用图解法求出最优解。

b. 如果目标函数变为 $2A+6B$，求此时的最优解。

c. 本题有多少个极点？在每个极点里 A、B 的值是多少？

13. **用图解法求解线性规划问题并确定可行域和极点。**考虑如下线性规划模型。LO2,3,4

$$\begin{aligned} \max \quad & 1A + 2B \\ \text{s.t.} \quad & \\ & 1A \leqslant 5 \\ & 1B \leqslant 4 \\ & 2A + 2B = 12 \\ & A,\ B \geqslant 0 \end{aligned}$$

a. 画出可行域。

b. 可行域的极点是什么？

c. 用图解法求最优解。

14. **利润最大化的混合问题。**RMC 公司是一家小型化学品制造公司，该公司用三种不同的原材料混合生产两种产品添加剂和溶剂。每生产 1 吨添加剂需要 2/5 吨的原料 1 和 3/5 吨的原料 3；每生产 1 吨溶剂需要 1/2 吨的原料 1、1/5 吨的原料 2 和 3/10 吨的原料 3。扣除相关成本后，每吨添加剂的利润为 40 美元，每吨溶剂的利润为 30 美元。RMC 的产品产量受原材料的供应量限制，计划期内，RMC 公司可用的原材料吨数如下所示。

原材料	可用生产量
原材料 1	20 吨
原材料 2	5 吨
原材料 3	21 吨

假设 RMC 公司追求利润最大化。LO2,4,5,6

a. 构建该问题的线性规划模型。

b. 使用图解法求解该问题的最优解，即最优的生产量是多少，最优的生产量下最大的利润是多少。

c. 求解此时是否有原材料剩余。

d. 模型中是否存在冗余约束？如果有，是哪一个？

15. **Par 公司的问题（再讨论）**。参见 2.1 节中提到过的 Par 公司的问题。假设公司的管理层遇到如下情况。LO2,4,5,6

a. 会计部门修改高级球袋对利润的贡献预测为每个 18 美元。

b. 生产标准球袋可以用一种低成本的材料，使得标准球袋的利润可以增加到 20 美元（设高级球袋利润仍为 9 美元）。

c. 缝制部门的新设备将该工艺可使用时间增加到 750 小时（假设目标函数为 $10A+9B$）。

假设该公司分别遇到上述情况，则每种情况的利润和最优解各是多少？

16. **Par 公司的问题（再讨论）**。关于 Par 公司在图 2-13 中的可行域。LO3,4,6

a. 建立一个目标函数使得极点⑤是最优解。

b. a 中确定的目标函数对应的最优解是多少？

c. 这个解所对应的松弛变量的值是多少？

17. **写出线性规划模型的标准形式**。写出以下线性规划模型的标准形式。LO7

$$\begin{aligned}\max\quad & 5A+2B\\ \text{s.t.}\quad & \\ & 1A-2B\leqslant 420\\ & 2A+3B\leqslant 610\\ & 6A-1B\leqslant 125\\ & A,\ B\geqslant 0\end{aligned}$$

18. **写出线性规划模型的标准形式并求解**。考虑下面的线性规划，并回答以下问题。LO2,4,6,7

$$\begin{aligned}\max\quad & 4A+1B\\ \text{s.t.}\quad & \\ & 10A+2B\leqslant 30\\ & 3A+2B\leqslant 12\\ & 2A+2B\leqslant 10\\ & A,\ B\geqslant 0\end{aligned}$$

a. 写出线性规划问题的标准形式。

b. 用图解法求最优解。

c. 取得最优解时，3 个松弛变量的值是多少？

19. **写出线性规划模型的标准形式并求解**。考虑下面的线性规划，并回答以下问题。LO2,4,6,7

$$\begin{aligned}\max\quad & 3A+4B\\ \text{s.t.}\quad & \\ & -1A+2B\leqslant 8\\ & 1A+2B\leqslant 12\\ & 2A+1B\leqslant 16\\ & A,\ B\geqslant 0\end{aligned}$$

a. 写出线性规划问题的标准形式。

b. 用图解法求最优解。

c. 取得最优解时，3 个松弛变量的值是多少？

20. **写出线性规划模型的标准形式并求解**。考虑下面的线性规划，并回答以下问题。LO2,4,6,7

$$\begin{aligned}\max\quad & 3A+2B\\ \text{s.t.}\quad & \\ & A+B\geqslant 4\\ & 3A+4B\leqslant 24\\ & A\geqslant 2\\ & A-B\leqslant 0\\ & A,\ B\geqslant 0\end{aligned}$$

a. 写出线性规划问题的标准形式。

b. 求解该问题。

c. 取得最优解时，松弛变量和剩余变量的值是多少？

21. **写出线性规划模型的图解**。考虑下面的线性规划，并回答以下问题。

$$\begin{aligned}\max\quad & 2A+3B\\ \text{s.t.}\quad & \\ & 5A+5B\leqslant 400 \quad \text{约束条件 1}\\ & -1A+1B\leqslant 10 \quad \text{约束条件 2}\end{aligned}$$

$$1A + 3B \geqslant 90 \quad 约束条件 3$$
$$A, B \geqslant 0$$

图 2-22 给出了相应的约束条件。LO3,4,6

a. 将约束条件的序号标在图中相应的直线上。

b. 在图上用阴影标出可行域。

c. 确定最优的极点。最优解是什么？

d. 哪个约束条件是紧的？给出解释。

e. 与非紧的约束条件相关的松弛或剩余是多少？

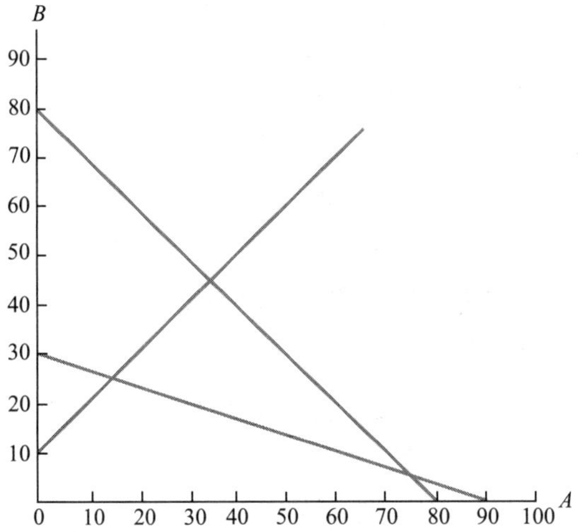

图 2-22 习题 21 的约束直线图

22. 生产足球的数量。Reiser 运动生产厂商想要决定生产 All-Pro（A）与 College（C）足球的数量，以使接下来四周计划期的利润最大。影响生产数量的约束条件是以下三个部门的生产能力：切割和印染部门、缝制部门，以及检查和包装部门。在这四周的计划期内，可用的切割和印染时间是 340 个小时，缝制时间是 420 个小时，检查和包装时间是 200 个小时。每个 All-Pro 足球的利润是 5 美元，每个 College 足球的利润是 4 美元。以分钟来表达生产时间，得出如下线性规划模型。

$$\max \quad 5A + 4C$$

s.t.

$$12A + 6C \leqslant 20\,400 \quad 切割和印染$$
$$9A + 15C \leqslant 25\,200 \quad 缝制$$
$$6A + 6C \leqslant 12\,000 \quad 检查和包装$$
$$A, C \geqslant 0$$

Reiser 问题的部分图解如图 2-23 所示。LO3,4,6

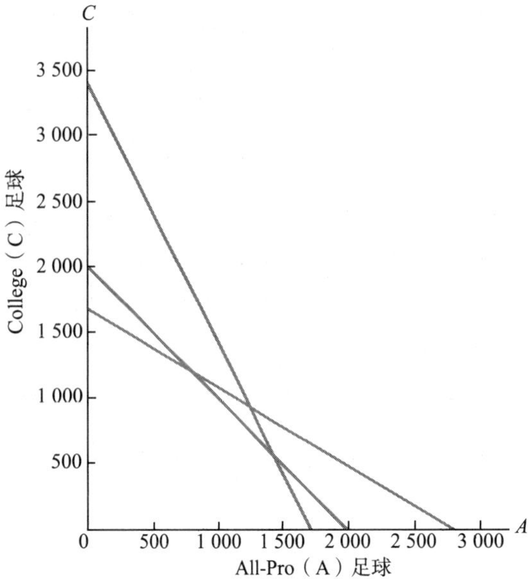

图 2-23 习题 22 的部分图解

a. 用阴影标出该问题的可行域。

b. 求解每一个极点并计算各极点对应的目标函数，找出使目标函数最大的极点。

c. 画出对应于 4 000 美元利润的利润线。移动利润线，使其尽可能远离原点，以确定哪一个极点将提供最优解。将你的答案与 b 部分所用的方法进行对比。

d. 哪一个约束条件是紧的？给出解释。

e. 假定目标函数系数的值发生了改变，生产的每个 All-Pro 足球利润是 4 美元，每个 College 足球利润是 5 美元。用图解法确定新的最优解和最优值。

23. 生产摩托车的数量。Embassy 摩托车公司为了满足客户安全和便捷等方面的需要，准备生产两种轻型摩托车。EZ 骑士型配制了新引擎，底盘较低，易掌握平衡。而运动型稍微大一点，使用了传统的引擎。Embassy 摩托车公司在艾奥瓦州的 Des Moines 工厂生产这两种型号的摩托车引擎。生产每个 EZ 骑士引擎需要 6 小时，而生产每个运动型引擎需要 3 小时。Des Moines 工厂在下一个生产时间段的生产总时间是2 100小时，Embassy摩托车公司的摩托外壳供应商可以保证EZ骑士型摩托车的任何数量的需要。而对于较复杂的运动型外壳，供应商在下一个生产时间段内只能提供280件。最后组装和检测，EZ骑士型需要2小时，运动型需要2.5小时。在下一个生产时间段内总共有1 000小时可用于组装和检测。公司的会计部门预测，每个EZ骑士型所带来的利润是2 400美元，而每个运动型所带来的利润是1 800美元。LO2,4,5,6

a. 构建一个线性规划模型，以确定每种型号应该生产多少才能使公司的总利润最大。

b. 用图解法找到最优解。

c. 哪些约束条件是紧的约束条件？

24. **生产棒球手套的数量。**Kelson运动器材公司生产两种棒球手套：普通型和捕手型。公司的切割缝制部门有900小时的可用工作时间，成型部门有300小时的可用工作时间，包装发货部门有100小时的可用工作时间。单副手套的生产时间和利润如下。

型号	生产时间（小时）			每副手套的利润（美元）
	切割缝制	成型	包装发货	
普通	1	1/2	1/8	5
捕手	3/2	1/3	1/4	8

假设公司希望利润最大，回答以下问题。LO2,4,5,6

a. 这道题的线性规划模型是什么？

b. 用图解法找到最优解。此时每种手套各应该生产多少？

c. 在最优解时公司获得的总利润是多少？

d. 每个部门应该安排多少小时的生产时间？

e. 每个部门的松弛时间是多少？

25. **大学储蓄基金投资。**茱莉娅·约翰逊一直在为她的孩子们未来上大学的教育经费做筹划。她想为她的两个孩子设立一个大学储蓄基金。大学储蓄基金有两种投资选择：①证券基金；②股票基金。两种基金在投资期内的回报率分别是：证券6%，股票10%。无论茱莉娅最终决定拿出多少储蓄到大学储蓄基金，她都希望在投资组合中至少有30%是证券基金。此外，她希望找到一种组合使其资金回报率至少是7.5%。LO2,4,5

a. 构建一个线性规划模型，求出每种可行的投资应该占多大比例。

b. 用图解法求出最优解。

26. **广告预算分配。**海港饭店每月的广告预算是1 000美元，现在饭店希望确定在报纸上和广播上各应该花多少广告费以取得最佳的广告效果。管理层已经确定，两种媒体的广告费用都至少要占总预算的25%，而且花在报纸上的钱至少是广播的两倍。市场咨询人员已经建立起一个用来衡量单位美元广告的影响力指数，从0到100，值越高，影响力就越大。假设本地报纸的影响力是50，而广播的影响力是80。LO2,4,5

a. 列出线性规划模型，确定饭店应该如何分配预算才能使总影响力的数值最大。

b. 用图解法找到模型的最优解。

27. **投资组合。**布莱尔罗森公司（B&R）是一家投资代理公司，这家公司以不超过客户风险承受力为前提，为客户设计投资计划。一个客户上周与B&R公司联系，希望投资不超过50 000美元。公司的投资咨询人员建议将投资分成两部分：一部分投资互联网，另一部分投资蓝筹股。互联网投资的年资金回报率预计是12%，而蓝筹股的年资金回报率预计是9%。咨询人员要求投资在互联网上的资金最多是35 000美元。B&R公司的服务还包括投资组合的风险评级。互联网的风险比蓝筹股要高，互联网的风险率是6‰，蓝筹股的风险率是4‰。如果在互联网和蓝筹股上各投资10 000美元，根据B&R公司的风险率来计算，总风险就是6‰×10 000+4‰×10 000=100。B&R公司还设计了一些问卷用来调查一个客户是保守型、稳健型还是激进型。假设调查的结果是，第一个客户是稳健型投资者。对于稳健型客户，

B&R 公司建议其投资组合的风险指数最大不要超过 240。LO2,4,5,6

a. 该客户的投资计划应该是什么？这些资金一年回报多少？

b. 假设第二个客户是一个激进型投资者，希望投资 50 000 美元。对于激进型客户，公司建议其投资组合风险指数最大不要超过 320。这位客户的投资计划应该是什么？讨论对于一个激进型投资者来说，他的投资可能会出现什么结果。

c. 假设第三个客户是一个保守型投资者，希望投资 50 000 美元。对于保守型客户，公司建议其投资组合风险指数最大不要超过 160。为这位保守型客户制订投资计划，并解释总投资约束条件的松弛变量的含义。

28. **Salsa 产品的配方。**汤姆公司生产各种类型的墨西哥食品，并卖给西部食品公司。西部食品公司在得克萨斯州和新墨西哥州拥有众多的食品连锁店。汤姆公司生产两种 Salsa——西部食品 Salsa 和墨西哥城 Salsa。这两种产品在配方上有所不同：西部食品 Salsa 中含 50% 的生番茄，30% 的番茄酱，20% 的番茄膏；而墨西哥城 Salsa 的口味更重，含 70% 的生番茄，10% 的番茄酱，20% 的番茄膏。每瓶 Salsa 重 10 盎司[⊖]。现阶段，汤姆公司可以买到 280 磅[⊜]生番茄、130 磅番茄酱和 100 磅番茄膏。它们的价格分别是 0.96 美元 / 磅、0.64 美元 / 磅和 0.56 美元 / 磅。其他香料和配料的价格大约每瓶 0.1 美元。汤姆公司所购空瓶的价格是每瓶 0.02 美元。贴标签和装瓶的成本是每瓶 0.03 美元。汤姆公司每提供 1 瓶西部食品 Salsa，西部食品就付给汤姆公司 1.64 美元，每提供 1 瓶墨西哥城 Salsa，西部食品就付给汤姆公司 1.93 美元。LO2,4,5

a. 构建一个线性规划模型，确定每种产品最优的产量以获得最大总利润。

b. 求出模型最优解。

29. **每天的点火装置生产计划。**自动点火公司为汽车生产电子点火系统，生产线设在俄亥俄州的克利夫兰。每个点火装置由该公司在纽约州布法罗市和在俄亥俄州代顿市生产的两个零件组装而成。布法罗市的生产线每天可以生产 2 000 单位的零件 1，1 000 单位的零件 2，或者任意这两种零件的组合。例如，可以用 60% 的生产时间生产零件 1，40% 的时间生产零件 2。这样的话，这条生产线每天可以生产 0.6×2 000 = 1 200（单位）的零件 1，0.4×1 000 = 400（单位）的零件 2。代顿市的生产线可以生产 600 单位的零件 1，1 400 单位的零件 2，或者这两种零件的任意组合。每天结束的时候，这两个生产线生产的零件就会被运到克利夫兰，第二天将它们组装成点火装置。LO2,4,5

a. 建立一个线性规划模型为布法罗市和代顿市的两个生产线制订每日的生产计划，要求使克利夫兰每日生产的点火装置的数量最大化。

b. 求出最优解。

30. **股票收益最大化。**戴海（Diehl）投资公司的金融分析员得知有两家公司很可能在近期有并购计划。西部电缆公司是制造建筑光缆方面的优秀公司，而康木交换（ComSwitch）是一家数字交换系统方面的新公司。西部电缆公司现在每股交易价是 40 美元，而康木交换公司的每股交易价是 25 美元。如果并购发生了，分析员预测西部电缆公司每股价格将上涨到 55 美元，康木交换公司每股价格将上涨到 43 美元。分析员认为目前康木交换公司的股票风险比较高。假设有潜在投资顾客愿意在这两只股票上投资，最大值是 50 000 美元。顾客希望至少在西部电缆公司上投资 15 000 美元，至少在康木交换公司上投资 10 000 美元。又因为康木交换公司的股票风险比较高，所以金融分析人员建议康木交换公司的最大投资不能超过 25 000 美

⊖ 1 盎司 = 28.35 克。

⊜ 1 磅 = 0.454 千克。

元。LO2,3,4,5

a. 建立线性规划模型，用来决定西部电缆公司和康木交换公司各应该投资多少才能在满足投资约束条件下取得最大的投资回报率。

b. 画出可行域。

c. 确定每个极点的坐标。

d. 找出最优解。

31. **图解法与解释**。考虑如下线性规划问题。LO2,3,4,6

$$\begin{aligned}\min\quad & 3A+4B\\ \text{s.t.}\quad & \\ & 1A+3B\geqslant 6\\ & 1A+1B\geqslant 4\\ & A,\ B\geqslant 0\end{aligned}$$

确定可行域，使用图解法找到最优解和目标函数最优值。

32. **M&D 化学公司问题（再讨论）**。找出 M&D 化学公司问题（见 2.5 节）的三个极点解，并计算每个极点对应的目标函数以及松弛变量和剩余变量。LO3,4,6

33. **图解法与解释**。考虑如下线性规划模型：LO2,4,6

$$\begin{aligned}\min\quad & A+2B\\ \text{s.t.}\quad & \\ & A+4B\leqslant 21\\ & 2A+B\geqslant 7\\ & 3A+1.5B\leqslant 21\\ & -2A+6B\geqslant 0\\ & A,\ B\geqslant 0\end{aligned}$$

a. 用图解法找到最优解和目标函数最优值。

b. 确定每个约束条件的松弛量或剩余量。

c. 假设目标函数变为：$\max 5A+2B$。确定最优解和最优值。

34. **图解法与解释**。考虑如下线性规划问题。LO2,3,4

$$\begin{aligned}\min\quad & 2A+2B\\ \text{s.t.}\quad & \\ & 1A+3B\leqslant 12\\ & 3A+1B\geqslant 13\\ & 1A-1B=3\\ & A,\ B\geqslant 0\end{aligned}$$

a. 画出可行域。

b. 可行域的极点是什么？

c. 用图解法求最优解。

35. **图解法与解释**。对于线性规划问题。LO2,4,6,7

$$\begin{aligned}\min\quad & 6A+4B\\ \text{s.t.}\quad & \\ & 2A+1B\geqslant 12\\ & 1A+1B\geqslant 10\\ & 1B\leqslant 4\\ & A,\ B\geqslant 0\end{aligned}$$

a. 写出线性规划问题的标准形式。

b. 用图解法找出模型的最优解。

c. 松弛变量和剩余变量的值各是多少？

36. **培训项目数量**。为了提高产品的质量，巩固电子公司（Consolidated Electronics）准备对质量管理人员进行两项培训，一项是为期 3 天的基于团队方面的培训，另一项是为期 2 天的基于问题解决方面的培训。质量提升部经理要求，在未来 6 个月内参加培训的人员至少参加 8 个团队方面的培训项目和 10 个问题解决方面的培训项目。除此之外，公司高管要求，培训的总项目数至少为 25 项。巩固电子公司聘请了咨询人员进行培训。在下一个季度里，咨询人员的可用时间为 84 个工作日。每项基于团队方面的培训计划的成本是 10 000 美元，每项基于问题解决方面的培训计划的成本是 8 000 美元。LO2,3,4,5

a. 建立线性规划模型，确定两项培训计划各应该安排多少才能使成本最低。

b. 画出可行域。

c. 确定每个极点的函数坐标。

d. 求出最小成本的解。

37. **奶酪生产**。新英格兰奶酪公司生产两种奶酪片，这两种奶酪片由极干奶酪和中性干奶酪混合制成。奶酪片装在一个 12 盎司[⊖]的盒内，在整个东北市场上都可以见到。普通型的奶酪片是由 80% 的中

⊖ 1 美制液体盎司 = 0.029 57 升。

性干奶酪和 20% 的极干奶酪混合而成的，浓烈型是由 60% 的中性奶酪和 40% 的极干奶酪混合而成的。今年本地的奶制品供应商可以以每磅 1.20 美元的价格最多提供 8 100 吨中性干奶酪，以每磅 1.40 美元的价格最多提供 3 000 磅极干奶酪。每盒奶酪的包装和混合成本是 0.20 美元，不包括奶酪本身的成本。如果普通型奶酪每盒售价是 1.95 美元，浓烈型奶酪每盒售价是 2.20 美元，那么普通型和浓烈型奶酪各应该生产多少盒？ LO2,4

38. **自行车架生产。**应用技术公司（ATI）生产自行车架。为了改进车架的抗压率，公司需要使用两种玻璃纤维材料。标准级的材料成本是每码[1] 7.5 美元，而专业级的材料成本是每码 9 美元。标准级和专业级有不同的玻璃纤维、碳纤维以及凯夫拉尔纤维含量，见下表。

材料	标准级	专业级
玻璃纤维	84%	58%
碳纤维	10%	30%
凯夫拉尔纤维	6%	12%

ATI 收到了一家自行车生产商的新框架采购合同，这种新框架要求碳纤维含量至少达到 20%，而凯夫拉尔纤维的含量不得超过 10%。为了满足特定重量的要求，每个框架一共必须用到 30 码的材料。LO2,3,4,5

a. 为 ATI 公司建立线性规划模型，计算为了使成本最小化，ATI 用在每个框架上的各种类型的材料数量是多少码。定义决策变量并指明每个约束条件的目的。
b. 用图解法找出可行域。各极点的坐标是什么？
c. 计算每个极点上的总成本，并给出最优解。
d. 玻璃纤维材料的分销商存有过量的专业级材料。为了降低成本，分销商答应 ATI 可以按每码 8 美元的价格购买专业级材料。这种情况下，最优解是否有变化？
e. 假设分销商进一步降低专业级材料的价格至每码 7.4 美元。最优解会变化吗？一个更低的专业材料价格会对最优解有什么影响？解释原因。

39. **满足客户需求的投资策略。**爱尼斯（Innis）投资公司为很多公司和个人管理资金。公司的投资战略是定制化的客户服务。有一位新客户委任爱尼斯公司对 120 万美元进行两方面投资：股票和货币市场。每单位股票市场投资成本是 50 美元，年资金收益率是 10%；每单位货币市场投资成本是 100 美元，年资金收益率是 4%。

客户希望在满足年投资收入至少是 60 000 美元的前提下，尽量降低风险。通过爱尼斯风险测量系统可以知道，投资在股票市场的单位资金风险指数是 8，投资在货币市场的单位资金风险指数是 3；股票市场的风险指数高，意味着对股票的投资更危险。爱尼斯公司的客户要求在货币市场上的投资至少是 300 000 美元。LO2,4,5

a. 请帮助爱尼斯公司确定风险指数最小的情况下，股票和货币市场的投资额。
b. 在这种投资战略下，客户每年的收入是多少？
c. 假设客户希望年收益最大，那么又该如何投资呢？

40. **润滑剂生产。**东部化学制品公司生产两种工业用润滑剂。这两种产品的生产成本都是每加仑 1 美元。在基于现有的存货水平以及下个月未交货订单的基础上，管理层认为，接下来的两周必须生产出 30 加仑产品 1 和 20 加仑产品 2。管理层同时指出，因为化学制剂很容易坏，所以现存的用来生产产品 1 和产品 2 的原材料必须在接下来的两周内用完。现存的原材料是 80 磅。如果生产时还需要更多的原材料，可以随时订，但如果现存的用不完就会变质。因此，管理层要求这 80 磅的原材料在接下来的两周内必须用光。还有，我们知道制造 1 加仑产品 1 需要这种易坏的原材料 1 磅，而产品 2 需要 2 磅。现在东部化学制品公司的目标是尽可能地降低生产成本，所以管理层希望制订一项计划，在满足用光全部的 80 磅易坏的

[1] 1 码 = 91.44 厘米。

原材料以及至少生产出 30 加仑产品 1 和 20 加仑产品 2 的前提下，使生产成本最小。这个最小的生产成本是多少？ LO2,4,5

41. **汽油生产**。南方炼油公司生产两种规格的汽油：普通型和高级型。每加仑普通型汽油的利润是 0.3 美元，每加仑高级型汽油的利润是 0.5 美元。每加仑普通型汽油含有 0.3 加仑 A 级原油，每加仑高级型汽油含有 0.6 加仑 A 级原油。在下一个生产周期里，南方原油公司可以提供 A 级原油 18 000 加仑。炼油厂在下一个生产周期内的生产能力是 50 000 加仑。南方炼油公司的分销商表示，在下个生产周期生产出的高级汽油最多只需要 20 000 加仑。LO2,4,5,6
   a. 建立线性规划模型，由此来确定高级型汽油和普通型汽油各应该生产多少才能使公司的总利润最大。
   b. 最优解是多少？
   c. 松弛变量的值是多少？它的意义是什么？
   d. 哪些是紧的约束条件？

42. **线性规划求解结果**。以下线性规划问题有无可行解、有无界解或多重解的情况吗？请解释。LO2,3,9

$$
\begin{aligned}
\max \quad & 4A + 8B \\
\text{s.t.} \quad & \\
& 2A + 2B \leqslant 10 \\
& -1A + 1B \geqslant 8 \\
& A,\ B \geqslant 0
\end{aligned}
$$

43. **线性规划求解结果**。以下线性规划问题有无可行解、有无界解或多重解的情况吗？请解释。LO2,3,9

$$
\begin{aligned}
\max \quad & 1A + 1B \\
\text{s.t.} \quad & \\
& 8A + 6B \geqslant 24 \\
& 2B \geqslant 4 \\
& A,\ B \geqslant 0
\end{aligned}
$$

44. **求解线性规划模型并改变目标函数**。考虑以下线性规划问题：LO2,4

$$
\begin{aligned}
\max \quad & 1A + 1B \\
\text{s.t.} \quad & \\
& 5A + 3B \leqslant 15 \\
& 3A + 5B \leqslant 15 \\
& A,\ B \geqslant 0
\end{aligned}
$$

   a. 找出最优解。
   b. 找出当目标方程为 $1A + 2B$ 时的最优解。

45. **求解线性规划模型并解释结果**。考虑以下线性规划问题。LO2,3,4,9

$$
\begin{aligned}
\max \quad & 1A - 2B \\
\text{s.t.} \quad & \\
& -4A + 3B \leqslant 3 \\
& 1A - 1B \leqslant 3 \\
& A,\ B \geqslant 0
\end{aligned}
$$

   a. 画出问题可行域。
   b. 可行域是无界的吗？请解释。
   c. 找出最优解。
   d. 无界的可行域是否表示线性规划问题的最优解是无界的？

46. **货架分配**。一家小型商店的老板希望找到最好的安排饮料货架的方法，商店卖两种类型的饮料，一种是全国型，另一种是普通型。现在货架共有 200 英尺^{2}㊀的可用面积。老板决定货架中至少 60% 用于存放全国型饮料，而不论赢利与否都至少拿出 10% 用于存放普通型饮料。考虑到以下前提，老板应该如何分配货架空间？ LO2,3,5,9
   a. 全国型饮料比普通型饮料利润大。
   b. 两种饮料利润相同。
   c. 普通型饮料利润比全国型饮料利润大。

47. **M&D 化学公司的问题（再讨论）**。对于 M&D 化学公司的问题（见 2.5 节），如果每加仑产品 A 的成本增加到 3 美元，你会建议公司如何生产？请解释为什么。LO2,3,4,9

48. **M&D 化学公司的问题（再讨论）**。对于 M&D 化学公司的问题（见 2.5 节），如果管理层要求两种产品

㊀ 1 英尺^2=0.092 9 米^2。

的总产量最小是 500 加仑，会产生什么影响？列出 2 种或 3 种你认为 M&D 化学公司应该采取的行动。LO2,3,4

49. **药店员工配备计划**。Pharmaplus 有 30 家连锁药店。员工都是有资格证的药剂师和药房技师。公司现聘用 85 名全职等效的药剂师（包括全职的和兼职的）、175 名全职等效的技师。每个春季，管理部门都要对现在的员工水平进行评价，并制订一整年的招聘计划。最近的一份关于下一年工作量计划的预测显示至少需要 250 名全职等效的员工（药剂师和技师）才能满足药房的需求。人力部门预测下一年会有 10 名药剂师和 30 名技师离开。为了适应预期的人员流失并为未来的人员需求增长做好准备，管理部门表明至少要雇用 15 名新的药剂师。Pharmaplus 新的服务质量手册规定药剂师和技师的比例不能多于 2∶1。药剂师的平均工资水平是 40 美元 / 小时，技师是 10 美元 / 小时。LO5,8
   a. 为 Pharmaplus 制订最低成本的员工计划，需要多少药剂师和技师？
   b. 已知现有员工水平以及预期的流失的员工数，需要多少新的雇员（如果需要）才能达到 a 中所要求的水平？对工资总支出会有什么影响？

50. **风雪衣生产**。远征服装（Expedition Outfitters）为远足、滑冰和登山活动制作了很多种类的运动服。他们现在要为极冷的环境设计两种风雪衣，分别叫珠穆朗玛峰风雪衣和石山风雪衣。制造厂可以用来制作两种风雪衣的切割时间和缝制时间都是 120 小时。每件珠穆朗玛峰风雪衣需要 30 分钟切割，45 分钟缝制。每件石山风雪衣需要 20 分钟切割，15 分钟缝制。劳动力和原材料成本方面，每件珠穆朗玛峰风雪衣需要 150 美元，每件石山风雪衣需要 50 美元，通过公司的邮购目录，我们知道每件珠穆朗玛峰风雪衣卖 250 美元，每件石山风雪衣卖 200 美元。因为管理层认为，珠穆朗玛峰风雪衣代表了公司的形象，所以至少要占总产品的 20%。假设公司可以将他们所生产的全部产品都卖出去，那每种产品各应生产多少才能使公司总利润最大？LO2,4,5,8

51. **新运动型多功能车的促销活动**。英国汽车有限公司（EML）开发了一种四轮驱动的运动型汽车。为了开发市场，EML 向所有拥有四轮驱动车的客户赠送关于新车的录像带，而且无论车主的车是不是 EML 公司生产的，都会收到此项服务。EML 公司这么做的目的是维持现有市场并开发新的市场。收到录像带的人同时会收到一封邀请函，可以在周末试一试 EML 的新款车。这次促销成功的关键是客户回复率。公司估计老客户的试车回复率是 25%，新客户的试车回复率是 20%；前来试车的老客户的购车率是 12%，前来试车的新客户的购车率是 20%。除去试车的成本，每个老客户的促销成本是 4 美元，新客户的促销成本是 6 美元。管理层要求，至少要有 30 000 名老客户、10 000 名新客户来试车。此外，老客户的试车人数必须至少是新客户的 2 倍。如果扣除试车成本以外，总预算是 1 200 000 美元，那么每组客户各应发多少促销品才能使总销售量最大？LO2,4,5,8

52. **网球拍生产**。开创运动设计公司制造一种标准型网球拍和一种加长型网球拍。由于使用了该公司创始人开发的镁碳合金材料，该公司的球拍极轻。每个标准型球拍使用 0.125 千克这种合金，每个加长型球拍使用 0.4 千克这种合金。在接下来的两周，该公司只有 80 千克这种合金可用。每个标准拍的制造时间是 10 分钟，加长拍的制造时间是 12 分钟。每个标准拍的利润是 10 美元，加长拍的利润是 15 美元，每周的生产时间是 40 小时。管理层要求至少总产量的 20% 是标准型。那么，该公司在未来两周内每种球拍应该生产多少才能保证总利润最大？假设该公司的产品是独特的，所有生产出来的产品都能卖出去。LO2,4,5,8

53. **技术人员工作时间分配**。高科技服务（HTS）公司的管理层希望建立一个模型，用来分配为老客户和新客户进行电话服务的该公司技术人员的工作时间。在接下来的两周，公司技术人员的最大服务时间是 80 小时。为了满足资金流动的需要，在接下来的两周，每个技术人员必须创造出 800 美元的收益。老客户的技术咨询费是每小时 25 美元，新客户的技术咨询费平均每小时只有 8 美元，因为很多时候客户并不使用付费服务。为了维持新客户，花在新客户上的时间至少是老客户的 60%。现在公司希望确定新老客户的服务时间应该各是多少，才能使接下来的两周公司总收益最大。公司要求对老客户的服务时间平均是 50 分钟，对新客户的服务时间平均是 1 小时。LO5,8

a. 建立数学模型，使公司能够合理分配服务时间。

b. 找到最优解。

54. **打印机制造公司**。杰克逊制造公司是一家小型制造公司，为汽车和计算机产品生产塑料制品。它的一项主要业务是为一家大型计算机公司的便携式打印机提供打印机盒。这种打印机盒是在两种成型机上生产出来的。M-100 型机每小时能够生产出 25 个盒子，M-200 型机每小时能够生产出 40 个盒子。两种机器生产每种盒子所需的化学原料相同。M-100 型机每小时使用 40 磅原料，而 M-200 型机每小时使用 50 磅原料。计算机公司要求杰克逊公司在接下来的一周尽可能生产出更多的盒子，它们为每个盒子支付 18 美元。但是下一周杰克逊公司生产部的员工都休息，在此期间，公司将对厂里的设备进行维修和保养。因此，M-100 型机只能工作 15 小时，而 M-200 型机只能工作 10 小时。又因为设备启动的费用很高，所以管理层建议一旦机器启动，就必须至少运行 5 小时。化学原料供应商通知杰克逊公司下一周原料的最大供应量是 1 000 磅，这种原料的价格是每磅 6 美元。此外，操作 M-100 型机和 M-200 型机的劳动力费用分别是 50 美元和 75 美元。LO5,8

a. 建立数学规划模型，使公司可以获得最大利润。

b. 找到模型的最优解。

55. **评估一个解决方案是否最优**。Kartick 公司正要确定下一个计划期内两种产品将各生产多少。公司有三个部门——A、B 和 C，各部门的人力时间都是有限制的。每种产品都必须经过每一个部门，每个部门生产一单位产品需要的时间、部门可用人力时间，以及各单位产品的利润如下表所示。

部门	各部门劳力要求 产品（小时 / 单位） 产品 1	产品 2	可用人力时间
A	1.00	0.30	100
B	0.30	0.12	36
C	0.15	0.56	50
单位利润 / 美元	33.00	24.00	

该问题的线性规划如下：

令 x_1= 产品 1 的产量

x_2= 产品 2 的产量

$$\max \quad 33x_1 + 24x_2$$

s.t.

$$1.0x_1 + 0.30x_2 \leqslant 100 \quad \text{A 部门}$$
$$0.30x_1 + 0.12x_2 \leqslant 36 \quad \text{B 部门}$$
$$0.15x_1 + 0.56x_2 \leqslant 50 \quad \text{C 部门}$$
$$x_1,\ x_2 \geqslant 0$$

公司的所有者 Kartick 先生采用试算表模型通过试算法得到了一个方案。他的方案是：x_1=75，x_2=60，如图 2-24 所示。他认为他得到的方案是最优的。

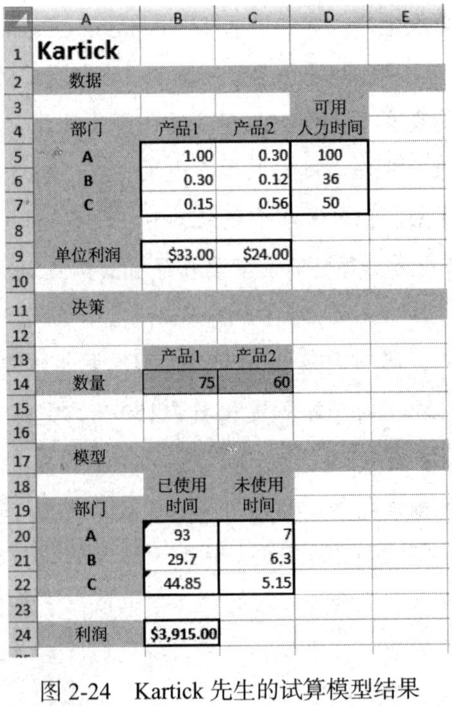

图 2-24　Kartick 先生的试算模型结果

他的方案是最优的吗？求解该问题，你能进行判断吗？为什么？ LO6

56. **评估一个问题是否可行**。假设给你一个有最优解的最小化线性规划问题，现将其中的一个等式约束条件改成一个小于等于约束条件。修改后的问题有可能不可行吗？给出答案并解释。LO6,9

57. **评估一个问题是否可行**。假设给你一个有最优解的最小化线性规划问题，现将其中的一个大于等于约束条件改成小于等于约束条件。修改后的问题有可能不可行吗？给出答案并解释。LO6,9

58. **市场调研**。一个顾问为一家大型营销研究公司建立一个优化模型。这个模型建立在一个消费者调查上，每个消费者被要求将 30 件新产品按照其购买可能性从大到小排序。这位顾问的任务是：在备选的新产品中，建立一个最小化新产品生产种类的选择模型（接下来将要推向市场），每一个备选新产品都基于调查给出了被顾客首选、次选和第三位选择的概率。正在建模时，这位顾问的老板建议说："如果模型告诉我们需要向市场推广 15 种以上的产品，就给它加一个约束条件，将数量限制在 15 种及以下。推广 15 种以上新产品太贵了。"就你所学过的约束优化模型知识来对这种情况进行评估。LO6,9

案例问题 2-1

工作负载平衡

数字映像（DI）公司生产一种彩色打印机，供应专业市场和普通消费市场。DI 公司的客户部最近推出两款新型彩色打印机：DI-910 型可以在大约 37 秒钟里打印一张 4"×6" 的无边框彩色照片，而更加专业且更快速的 DI-950 型甚至可以打印一张 13"×19" 的无边框彩色照片。财务预测显示，每台 DI-910 型可以获利 42 美元，每台 DI-950 型可以获利 87 美元。

这些打印机在位于北卡罗来纳州的新伯尔尼的 DI 工厂里组装、测试及包装。这个工厂的生产高度自动化，共有两条生产线。第一条生产线用于产品组装，每组装一台 DI-910 型需要 3 分钟，每组装一台 DI-950 型需要 6 分钟。第二条生产线用来测试和包装，DI-910 型需要 4 分钟，DI-950 型需要 2 分钟。因为 DI-950 型打印机的打印速度更快，所以这个阶段用时更少。两条生产线的工作都只有一个班次，即 8 小时。LO5,8

管理报告

为了确定每种型号各生产多少，我们需要对 DI 公司的问题进行分析。为 DI 的总裁准备一份报告，介绍你的结论和建议。你需要考虑的问题包括如下方面（不仅限于此）。

1. 在 8 小时班的约束条件下，要使总利润最大，建议各型号打印机分别生产多少？管理层不执行你的建议的理由是什么？

2. 管理层表示，DI-910 型的生产数量至少和 DI-950 型一样多，目标也是在 8 小时班约束条件下，使总利润最大。这时，各型号打印机的生产数量是多少？

3. 你对问题 2 的求解平衡了第一条生产线和第二条生产线的生产时间吗？为什么有没有平衡约束也是管理层所考虑的？

4. 管理层需要对问题 2 进行扩展，要求更好地平衡两条生产线的生产时间。管理层希望将两条生产线的生产时间差额限制在 30 分钟或更少。如果目标仍是总利润最大，那么各应该生产多少？这个工作负载平衡的要求对问题 2 有什么影响？

5. 假设在问题 1 中，管理层的目标是使每一班生产的打印机总数最多，而不是总利润最大。在这种条件下，每班各应生产每种型号的打印机多少台？这个目标对总利润和工作负载平衡有什么影响？

请在你报告的附录部分列出线性规划模型细节和相关计算机求解结果。

案例问题 2-2

生产战略

好身体公司（BFI）在长岛自由港工厂生产练习器械。最近他们设计了两种针对家庭锻炼所广泛使用的举重机。两种机器都使用 BFI 专利技术为使用者提供各种各样的相关运动功能。但是目前市场上，只有很昂贵的理疗举重机才提供这种功能。

在最近的交易展销会上，机器的现场演示引起了交易者浓厚的兴趣。实际上，BFI 在展销会上收到的订单数量已经超过了当前生产周期的生产能力。所以，管理部门决定开始这两种机器的生产。这两种机器被 BFI 公司一个命名为 BodyPlus 100，一个命名为 BodyPlus 200，分别由不同的原材料生产而成。

BodyPlus 100 由一个框架、一个压力装置，以及一个提升 – 下拉装置构成。生产一个框架需要 4 小时机器和焊接时间、2 小时喷涂和完工时间。每个压力装置需要 2 小时机器和焊接时间、1 小时喷涂和完工时间。每个提升 – 下拉装置需要 2 小时机器和焊接时间、2 小时喷涂和完工时间。另外，每个 BodyPlus 100 的生产还需要 2 小时用来组装、测试和包装。每个框架的原材料成本是 450 美元，每个压力装置是 300 美元，每个提升 – 下拉装置是 250 美元。包装成本大约是每单位 50 美元。

BodyPlus 200 包括一个框架、一个压力装置，以及一个提升 – 下拉装置和一个腿部拉伸装置。生产一个框架需要 5 小时机器和焊接时间、4 小时喷涂和完工时间。每个压力装置需要 3 小时机器和焊接时间、2 小时喷涂和完工时间。每个提升 – 下拉装置需要 2 小时机器和焊接时间、2 小时喷涂和完工时间。另外，每个 BodyPlus 200 的生产还需要 2 小时用来组装、测试和包装。每个框架的原材料成本是 650 美元，每个压力装置是 400 美元，每个提升 – 下拉装置是 250 美元，每个腿部拉伸装置是 200 美元。包装成本大约是每单位 75 美元。

在下一个生产周期，管理部门估计有 600 小时的机器和焊接时间，450 小时的喷涂和完工时间，140 小时组装、测试和包装时间。机器和焊接工序的劳动力成本为 20 美元 / 小时，喷涂和完工工序的劳动力成本为 15 美元 / 小时，组装、测试和包装的成本是 12 美元 / 小时。虽然对于 BFI 来说，由于新机器的独特功能可能还有提高售价的空间，但是由于市场的竞争，BodyPlus 100 的零售价是每台 2 400 美元，BodyPlus 200 是 3 500 美元。授权的 BFI 销售商可以以零售价的 7 成来购买产品。

BFI 的总裁相信 BodyPlus 200 的独特功能可以帮助 BFI 成为高端健身器械的领导者。所以，他决定，BodyPlus 200 的生产数量要至少占到总产量的 25%。

LO2,4,5,6,8

管理报告

分析 BFI 的生产问题，为公司的总裁准备一份报告，告诉他们你的发现和建议，应包括以下几个方面（不仅限于此）。

1. BodyPlus 100 和 BodyPlus 200 的建议生产数量是多少？

2. BodyPlus 200 的数量至少占总产量 25% 的要求会怎样影响利润？

3. 为了提高利润，应增加哪方面的能力？

请在你报告的附录部分列出线性规划模型和图解法求解过程。

案例问题 2-3

哈特风险基金

哈特风险基金（HVC）为计算机软件和互联网的应用发展提供风险投资。目前 HVC 有两个投资机会：①安全系统，一家公司的互联网安全软件包开发需要更多的投资；②市场分析系统，一家市场调查公司需要更多的投资用于开发客户满意度调查的软件包。为了使安全系统项目在股票市场上市，HVC 必须在接下来的三年里，第一年提供 600 000 美元，第二年提供 600 000 美元，第三年提供 250 000 美元。为了使市场分析系统项目在股票市场上市，要求 HVC 在三年内，第一年提供 500 000 美元，第二年提供 350 000 美元，第三年提供 400 000 美元。HVC 认为这两项投资都是值得尝试的。但是，由于公司还有其他的投资项目，所以只能在第一年投资 800 000 美元，第二年投资 700 000 美元，第三年投资 500 000 美元。

HVC 的财务分析小组对这两项计划进行了调查，建议公司的目标应该是追求总投资利润净现值最大化。净现值应该考虑到三年后两家公司的股票价值和三年内的资金流出量，按 8% 的回报率计算，HVC 的财务分析小组统计，如果对安全系统项目进行 100% 的投资，净现值应该是 1 800 000 美元；对市场分析项目进行 100% 的投资，净现值应该是 1 600 000 美元。

HVC 有权决定安全系统项目和市场分析项目的投资比例。比如，如果 HVC 对安全系统项目投入 40% 的资金，那么第一年就需要 0.40×600 000=240 000（美元），第二年就需要 0.4×600 000=240 000（美元），第三年需要 0.40×250 000=100 000（美元）。在这种情况下，净利润的值就是 0.40 × 1 800 000=720 000（美元）。对市场分析项目的投资计算方法相同。LO5,6,8

管理报告

对 HVC 的投资问题进行分析，准备一个报告展示你的建议和结论，包括如下内容（不仅限于此）。

1. 对这两种项目各应投入的最优比例是多少？总投资的净现值是多少？

2. 两种项目投资在接下来三年内的资金分配计划是什么？HVC 每年投资的总额是多少？

3. 如果 HVC 愿意在第一年追加 100 000 美元投资，会对投资计划产生什么影响？

4. 制订追加 100 000 美元投资后的最优投资计划。

5. 你是否建议公司第一年追加投资 100 000 美元？

请在你报告的附录部分列出线性规划模型和图解法求解过程。

附录 2.1

用 Excel Solver 求解线性规划问题

这里我们将使用 Excel Solver 来求解 Par 公司问题的线性规划模型。我们在工作表的最上面输入 Par 公司问题的数据，在工作表的底部写数学规划模型。

建模

用工作表来建立线性规划模型，主要包括以下几步：

第一步，在工作表的顶部输入问题的数据。

第二步，确定决策变量的单元格。

第三步，选择一个单元格，输入用来计算目标函数值的公式。

第四步，选择一个单元格，输入公式计算每个约束条件的左端值（left-hand-side value，LHS 值）。

第五步，选择一个单元格，输入公式计算每个约束条件的右端值（right-hand-side value，RHS 值）。

我们按照这五步为 Par 公司建立含有函数的工作表，如图 2-25 所示。注意，工作表包括两部分：数据部分和模型部分。模型的四个组成部分如图中加底色突出显示部分，决策变量的单元格边框是加黑的，位于单元格 B16 和 C16。图 2-25 所示的就是含有公式的工作表，因为它展示了所有输入的公式，而不是由公式得到的值。过一会儿我们将讲解如何使用 Excel Solver 计算 Par 公司问题的最优解。现在我们先具体说明一下解决 Par 公司问题的 5 个步骤。

	A	B	C	D
1	Par 公司			
2				
3		生产时间		
4	部门	标准球袋	高级球袋	可用时间
5	切割和印染	0.7	1	630
6	缝制	0.5	0.833 33	600
7	成型	1	0.666 67	708
8	检查和包装	0.1	0.25	135
9	单位产品利润	10	9	
10				
11				
12	模型			
13				
14		决策变量		
15		标准球袋	高级球袋	
16	产量			
17				
18	最大化总利润	=B9*B16+C9*C16		
19				
20	约束条件	已用时间（LHS值）		可用时间（RHS值）
21	切割和印染	=B5*B16+C5*C16	<=	=D5
22	缝制	=B6*B16+C6*C16	<=	=D6
23	成型	=B7*B16+C7*C16	<=	=D7
24	检查和包装	=B8*B16+C8*C16	<=	=D8

图 2-25 Par 公司问题的工作表建模

第一步，在工作表的顶部输入问题的数据。

单元格 B5：C8 显示每件商品的工作时间要求。注意单元格 C6 和 C7，我们输入的是确切的分数，也就是，在单元格 C6 中，我们只要输入 = 5/6，而单元格 C7 中只要输入 = 2/3。

单元格 B9：C9 显示这两种产品的单位利润。

单元格 D5：D8 显示每个部门的可工作时间。

第二步，确定决策变量的单元格。

单元格 B16 是标准球袋的产量，单元格 C16 是高级球袋的产量。

第三步，选择一个单元格，输入用来计算目标函数值的公式。

单元格 B18：=B9*B16+C9*C16

第四步，选择一个单元格，输入公式计算每个约束条件的左端值。对于四个约束条件，有：

单元格 B21：=B5*B16+C5*C16

单元格 B22：=B6*B16+C6*C16

单元格 B23：=B7*B16+C7*C16

单元格 B24：=B8*B16+C8*C16

第五步，选择一个单元格，输入公式计算每个约束条件的右端值。对于四个约束条件，有：

单元格 D21：=D5

单元格 D22：=D6

单元格 D23：=D7

单元格 D24：=D8

注意，工作表的上面有标签，这使得我们很容易理解每一部分的意思。比如，我们在第 15 行和第 16 行写上“标准球袋”“高级球袋”和“产量”，这样，我们就很容易理解 B16、C16 单元格的含义。此外，我们在单元格 A18 中写入“最大化总利润”，用来说明目标函数 B18 单元格的值是最大利润。在工作表的约束条件部分，我们增加约束条件的名称和

附录 A 详细描述了如何构建一个好的电子表格模型。

“<=”符号，用来表示约束条件左右两边的关系。虽然这些标签对 Excel Solver 来说不是必要的，但它们可以帮助使用者理解模型，并对最优解进行说明。

用 Excel 求解

由 Frontline 系统公司开发的标准 Excel Solver，可以用来解决本书中所有的线性规划问题。

以下是使用 Excel Solver 对 Par 公司问题求解的过程。

第一步，选择在功能区顶部的数据（Data）选项卡。

第二步，从分析选项组（Analysis Group）中选择 Solver 选项。

第三步，当出现规划求解参数（Solver Parameters）对话框（如图 2-26 所示）时：

在设置目标单元格（Set Objective）中输入 B18。

设置等于（To）选择项：最大值（max）。

在可变单元格（By Changing Variable Cells）对话框中输入 B16：C16。

第四步，选择添加（Add）。

当添加约束条件（Add Constraint）对话框出现时：

在单元格引用位置（Cell Reference）框中输入 B21：B24。

选择小于等于（<=）。

在约束条件（Constraint）框里输入 D21：D24。

单击确定（Ok）。

第五步，在规划求解参数（Solver Parameters）对话框中选择：使无约束变量为非负数（Make Unconstrained Variables Non-Negative）。

第六步，在选择求解方法（Select a Solving Method）的下拉菜单中：

选择单纯线性规划（Simplex LP）。

第七步，单击求解（Solve）。

第八步，当规划求解结果（Solver Results）对话框出现时：

选择保存规划求解结果（Keep Solver Solution）。

单击确定（OK）。

图 2-26 表示的是规划求解参数对话框，图 2-27 表示的是规划求解的结果。注意，最优解是标准球袋 540 个，高级球袋 252 个，与我们用图解法得到的解相同。系统除了得到图 2-27 所示的输出外，还有一个提供灵敏度分析的选项。我们将在第 3 章中讨论。

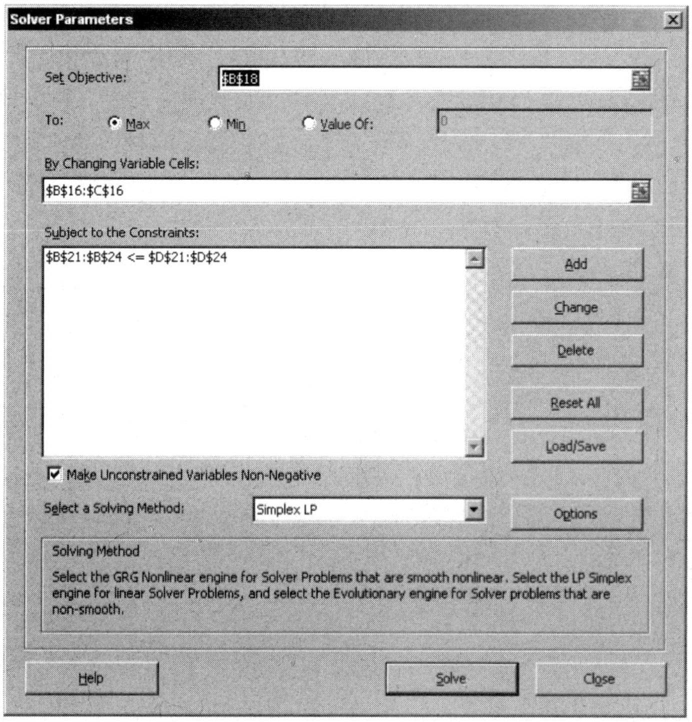

图 2-26　Par 公司问题的规划求解参数对话框

	A	B	C	D
4	部门	标准球袋	高级球袋	可用时间
5	切割和印染	0.7	1	630
6	缝制	0.5	0.833 333 333	600
7	成型	1	0.666 666 667	708
8	检查和包装	0.1	0.25	135
9	单位产品利润	10	9	
10				
11				
12	模型			
13				
14		决策变量		
15		标准球袋	高级球袋	
16	产量	540.000 00	252.000 00	
17				
18	最大化总利润	7 668		
19				
20	约束条件	已用时间（LHS值）		可用时间（RHS值）
21	切割和印染	630	<=	630
22	缝制	480.000 00	<=	600
23	成型	708	<=	708
24	检查和包装	117.000 00	<=	135

图 2-27 Par 公司问题的 Excel 求解结果

在第五步中，我们选择了使无约束变量为非负数项。我们这样做就不必输入非负约束了。一般说来，所有的线性规划问题的决策变量都是非负的，都应该选择该条件。此外，在第四步中，我们在左边的单元格引用位置区域中输入 B21：B24，然后选择 <=。在右边的框里输入 D21：D24，这样将全部四个小于等于的约束条件一次性地输入到计算机中了。不过，我们也可以一次只输入一个约束条件。

当向 Excel 输入一个分数时，不需要转换成等价或取整的十进制数字。例如，若在 Excel 中输入 2/3，不必要转换成十进制数字，也不需要考虑使用多少位十进制数字，直接输入 = 2/3 即可。想要输入 7/10，可以输入 = 7/10 或者 = 0.7。当输入一个分数时，“=”是必不可少的，不然，Excel 会将这个分数看作一个文字而不是数字。

第3章

线性规划的灵敏度分析和最优解的解释

学习目标

LO1 使用图解法对线性规划问题的解进行灵敏度分析。

LO2 使用计算机程序包如 Excel Solver 对线性规划问题的解进行灵敏度分析，并解释输出结果。

LO3 解释线性规划问题中约束条件的对偶值（影子价格）。

LO4 详述并解释线性规划问题中目标函数系数的最优范围。

LO5 详述并解释线性规划问题中约束条件的可行范围。

LO6 解释传统灵敏度分析做出的假设，并能在假设不满足时更新和求解新问题。

LO7 解释线性规划问题中变量的递减成本值。

LO8 解释沉没成本和相关成本之间的差异，并能够将适当的成本纳入线性规划模型。

灵敏度分析是研究当一个线性规划问题中的系数发生变化时，它对函数最优解的影响程度。运用灵敏度分析可以回答以下问题。

（1）如果目标函数的系数发生了变化，对最优解会产生什么影响？

（2）如果改变约束条件的右端值，对最优解会产生什么影响？

因为灵敏度分析研究的是系数的变化对最优解的影响，所以在进行灵敏度分析之前首先要计算出原线性规划问题的最优解。因此，灵敏度分析有时也被称为后优化分析（postoptimality analysis）。

研究灵敏度分析的方法与第 2 章中研究线性规划问题的方法相同。首先，我们将介绍如何使用图解法进行双变量线性规划问题的灵敏度分析。其次，我们将介绍如何使用优化软件得到灵敏度分析报告。最后，我们将通过建模和求解 3 个更大的线性规划问题来扩展对第 2 章中建模相关内容的讨论。在分析这些可行解时，我们着重于对最优解及其灵敏度分析报告进行管理解释。

灵敏度分析以及对最优方案的理解是线性规划应用的重要方面。专栏 3-1 描述了金普顿酒店如何利用线性规划和灵敏度分析，在 Priceline 网站上设定售卖房间的价格。其后，其他的一些专栏分别阐明了绩效分析公司如何将灵敏度分析作为连锁快餐店评估模型的一部分，英特尔公司如何用一个包含几千个变量和约束条件的线性规划模型来决定最优产量和供应链运营，以及 Duncan 工业有限公司如何用茶叶分配的线性规划模型说服管理层用定量分析技术来支持决策制定。

|专栏 3-1| 实践中的管理科学

金普顿酒店在 Priceline 网站的定价优化

如何给房间定价以使收入最大化是所有酒店面对的问题。如果设定的价格太低，需求将会变高，但总收入可能比消费者愿意支付的价格（假设此意愿价格已知）带来的总收入低。如果价格过高，需求可能会降低，导致房间空置，收入减少。收入管理，有时又被称作收益管理，通过决定交易价格和对应价格的房间数量，以实现收入最大化。

金普顿酒店在美国和加拿大拥有超过 50 家精装四星级酒店。金普顿的大多数顾客是商务旅行者，他们通常预定较晚，并愿意比休闲旅游者支付更多房费。商务旅行者的提前期更短，对金普顿酒店来说是一个挑战，因为这意味着当需求还没有实质化时，调整价格的反应时间更短。

Priceline 网站允许使用者明确他想要去的区域、时间和酒店等级（三星、四星等），并为房间设定一个愿意支付的价格。Priceline 搜索合作酒店的列表，寻找一家与使用者所明确的条件匹配的酒店。这是一个缺乏透明度的市场，因为用户只有在匹配成功后才能知道这家酒店的名字，然后确认。这种不透明对于酒店来说很重要，因为这样能划分市场，并提供不同的价格，而又不会与它的常规标价相冲突。

金普顿酒店参与了 Priceline 的竞标过程，并提交了在特定时间段内，不同价格水平下可提供房间的数量。金普顿利用历史数据预测未来需求，并使用动态规划技术设定价格。线性规划可以用来决定每个价位水平的房间数量。实际上，可用房间约束条件的影子价格可以被用来评估在特定的时间段内，以特定的价格提供一间额外房间的可行性。自从实施了这种以优化为基础的新方法，由 Priceline 销售的房间增长了 11%，每个房间的平均价格增长了近 4%。

资料来源：C. Anderson, "Setting Prices on Priceline," *Interfaces* 39, no. 4 (July/August 2009): 307–315.

3.1 灵敏度分析的作用

灵敏度分析对于决策者的重要性不言而喻，在真实世界里，周围的环境、条件是在不断变化的。原材料的成本变化，产品的需求变化，公司购买新设备、股票价格波动、员工流动等这些都在不断发生。如果我们要用线性规划模型去解决实际问题，那模型中的系数就不可能是一成不变的。那这些系数的变化会对模型的最优解产生什么样的影响呢？运用灵敏度分析，我们只需改变相应的系数就可以得到答案，而不需建立新的模型。

回忆第 2 章中 Par 公司的问题：

$$\max \quad 10S + 9D$$

s.t.

$$7/10\,S + 1D \leqslant 630 \quad \text{切割和印染}$$
$$1/2\,S + 5/6\,D \leqslant 600 \quad \text{缝制}$$

$$1S + 2/3D \leqslant 708 \quad \text{成型}$$
$$1/10\,S + 1/4\,D \leqslant 135 \quad \text{检查和包装}$$
$$S, D \geqslant 0$$

我们已经知道这个问题的最优解是标准球袋生产 540 个，高级球袋生产 252 个，这个最优解的前提是每个标准球袋的利润是 10 美元，每个高级球袋的利润是 9 美元。假设我们得知由于价格的下降，标准球袋的利润由 10 美元降到 8.5 美元。这时我们可以用灵敏度分析来确定标准球袋生产 540 个、高级球袋生产 252 个是否还是最优解。如果还是，则不必建立新的模型求解了。

灵敏度分析还可以用来分析模型的系数哪个更能左右最优解。比如，管理层认为高级球袋的利润 9 美元只是一个估计量。如果通过灵敏度分析得到，当高级球袋的利润在 6.67 美元与 14.29 美元之间变化时，模型的最优解都是 540 个标准球袋和 252 个高级球袋，那么管理层就对 9 美元这个估计量和模型所得出的最优产量比较满意。但是，如果灵敏度分析告诉我们，只有当高级球袋的利润在 8.90 美元与 9.25 美元之间变化时，模型的最优解才是 540 个标准球袋和 252 个高级球袋，那么管理层就必须思考每个高级球袋获利 9 美元这个估计量的可信度有多大了。管理层希望知道如果高级球袋的利润下降，最优产量会怎样变化。

灵敏度分析的另一个用途是分析约束条件的右端值变化对最优解的影响。还是 Par 公司的例子，在最优产量的情况下，切割和印染及成型部的工作时间已经全被占用了。如果现在 Par 公司增加了这两个部门的生产能力，那么最优解以及总利润的值会发生什么样的变化呢？灵敏度分析可以帮助确定每一个工时的边际价值，以及在收益递减之前部门工时的最大增加量。

3.2　图解法灵敏度分析

对于双变量的线性规划问题，当目标函数的系数或约束条件的右端值变化时，用图解法可以对它进行灵敏度分析。

3.2.1　目标函数系数

让我们思考一下目标函数的系数变化会对 Par 公司的最优产量产生什么样的影响。每个标准球袋的利润是 10 美元，每个高级球袋的利润是 9 美元。很明显，如果其中一种球袋的利润下降，公司就会削减其产量；如果利润上升，公司就会增加其产量。但问题是，究竟利润变化多少时，管理者才应该改变产量呢？

现在模型的最优解是 540 个标准球袋和 252 个高级球袋。每个目标函数系数都有一个**最优范围**，即目标函数系数在什么范围内变化时，模型的最优解保持不变。我们应该注意哪些系数的最优范围比较小，或者系数刚好靠近最优范围边界的情况。在这种情况下，这些系数的一个微小变动就有可能使最优解发生改变。下面，我们用图解法来求解 Par 公司的最优范围。

图 3-1 展示了图解的方法。认真观察这幅图会发现，只要目标函数直线的斜率处于直线 A（与切割和印染约束线重合）的斜率与直线 B（与成型约束线重合）的斜率之间，极点③（S=540，D=252）就是最优解的点。改变目标函数中标准球袋生产量 S 和高级球袋生产量 D 的系数，将引起目标函数直线斜率的变化。在图 3-1 中，我们可以看到这种变化导致目标函数直线绕着极点③旋转。然而，只要目标函数直线仍然在阴影区域内，极点③就仍然是最优解点。

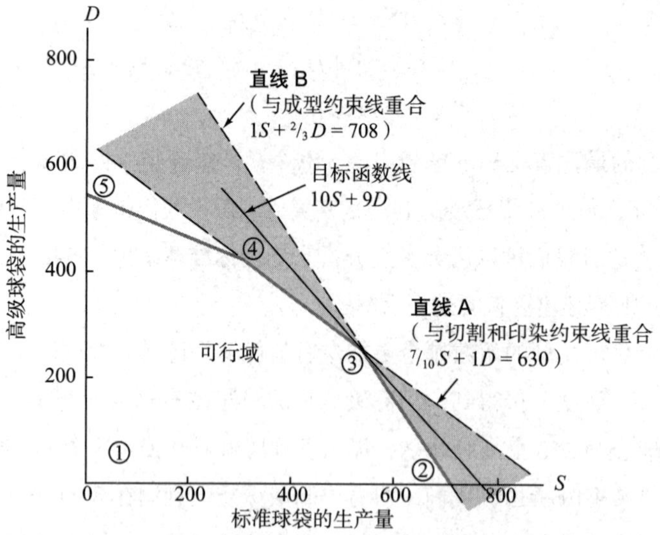

图 3-1　图解法求解 Par 公司问题，如果目标函数的斜率在直线 A 与直线 B 之间，极点③是最优解点

逆时针转动目标函数直线，使其斜率变成一个绝对值更小的负数，斜率变大。当目标函数直线逆时针旋转到足够的角度，与直线 A 重合时，我们就获得了多重最优解——在极点③和极点④之间的点都是最优解点。任何对目标函数直线的进一步逆时针转动，都会使得极点③不再是最优解点。因此，直线 A 的斜率就是目标函数直线斜率的上限。

> 目标函数线的斜率通常为负，因此，顺时针旋转目标函数线会使线更陡峭，即使斜率变小（更负）。

顺时针转动目标函数直线，使其斜率变成一个绝对值更大的负数，斜率变小。当目标函数直线顺时针转动到足够的角度，与直线 B 重合时，我们就又获得了多重最优解——在极点③与极点②之间的点都是最优解点。任何对目标函数直线的进一步顺时针转动，也都会使得极点③不再是最优解点。因此，直线 B 的斜率就是目标函数直线斜率的下限。

因此，极点③总是最优解点，只要：

直线 B 的斜率≤目标函数直线的斜率≤直线 A 的斜率

在图 3-1 中，我们可以看到直线 A 的方程，切割和印染约束线如下：

$$7/10\,S + 1D = 630$$

通过解出 D 的值，我们能够写出直线 A 的斜截式方程，如下：

$$D = -7/10\,S + 630$$

因此，直线 A 的斜率就是 −7/10，并且它在 D 轴上的截距是 630。

在图 3-1 中，直线 B 的方程是：

$$1S + 2/3\,D = 708$$

解出 D 的值，就可以得到直线 B 的斜截式方程，如下：

$$2/3\,D = -1S + 708$$

$$D = -3/2\,S + 1\,062$$

因此，直线 B 的斜率是 −3/2，并且它在 D 轴上的截距是 1 062。

既然直线 A 和直线 B 的斜率都已经计算出来了，我们来看一看若想保持极点③仍然为最优解点，应满足的条件：

$$-3/2 \leqslant \text{目标函数的斜率} \leqslant -7/10 \tag{3-1}$$

现在让我们考虑目标函数直线斜率的一般形式。用 C_S 表示标准球袋的利润，C_D 表示高级球袋的利润，P 表示目标函数值。使用这些标识，目标函数直线可以写成：

$$P = C_S S + C_D D$$

把上面的方程写成斜截式，得到：

$$C_D D = -C_S S + P$$

以及

$$D = -\frac{C_S}{C_D} S + \frac{P}{C_D}$$

因此，我们得到目标函数的斜率为 $-C_S/C_D$。把 $-C_S/C_D$ 代入式（3-1），我们看到只要满足下列条件，极点③就仍然是最优解点：

$$-\frac{3}{2} \leqslant -\frac{C_S}{C_D} \leqslant -\frac{7}{10} \tag{3-2}$$

为了计算标准球袋利润最优的范围，我们假设高级球袋的利润 $C_D = 9$，代入式（3-2），我们得到：

$$-\frac{3}{2} \leqslant -\frac{C_S}{9} \leqslant -\frac{7}{10}$$

从左边的不等式，我们得到：

$$-\frac{3}{2} \leqslant -\frac{C_S}{9} \text{ 或 } \frac{3}{2} \geqslant \frac{C_S}{9}$$

因此：

$$\frac{27}{2} \geqslant C_S \text{ 或 } C_S \leqslant \frac{27}{2} = 13.5$$

从右边的不等式，我们得到：

$$-\frac{C_S}{9} \leqslant -\frac{7}{10} \text{ 或 } \frac{C_S}{9} \geqslant \frac{7}{10}$$

因此：

$$C_S \geqslant \frac{63}{10} \text{ 或 } C_S \geqslant 6.3$$

综合标准球袋利润 C_S 的极限，标准球袋利润最优范围为：

$$6.3 \leqslant C_S \leqslant 13.5$$

在最初 Par 公司的问题中，标准球袋的利润是 10 美元。最优解是 540 个标准球袋和 252 个高级球袋。标准球袋利润 C_S 的最优范围告诉 Par 公司的管理者：在其他系数不变的情况下，只要标准球袋的利润在 6.3 美元与 13.5 美元之间，540 个标准球袋和 252 个高级球袋就总是最优产量。然而值得注意的是，即使产量不变，总的利润也可能由于每一个标准球袋利润的变化而变化。

这些计算可以重复进行，假设标准球袋的利润为常数 $C_S = 10$。如此一来，高级球袋利润的最优范围就能够被确定出来。验证可得，这个范围为 $6.67 \leqslant C_D \leqslant 14.29$。

当目标函数绕最优解点旋转，使之与坐标轴垂直时，像式（3-2）中出现的那种斜率的上限或下限就不再存在了。为了说明这种特殊的情况，我们设 Par 公司的目标函数为 $18C_S + 9C_D$；这样，在图 3-2 中，极点②就是最优解点。绕着极点②逆时针旋转目标函数，当目标函数与直线 B 重合时，就得到了斜率的上限。我们前面已经计算出，直线 B 的斜率为 −3/2，所以目标函数斜率的上限就一定是 −3/2。然而，顺时针旋转目标函数会使其斜率变为绝对值越来越大的一个负数，最后当目标函数垂直于坐标轴时，其斜率接近负无穷大。在这种情况下，目标函数的斜率没有下限，只有上限 −3/2，如下所示：

$$-\frac{C_S}{C_D} \leqslant -\frac{3}{2}$$

目标函数的斜率

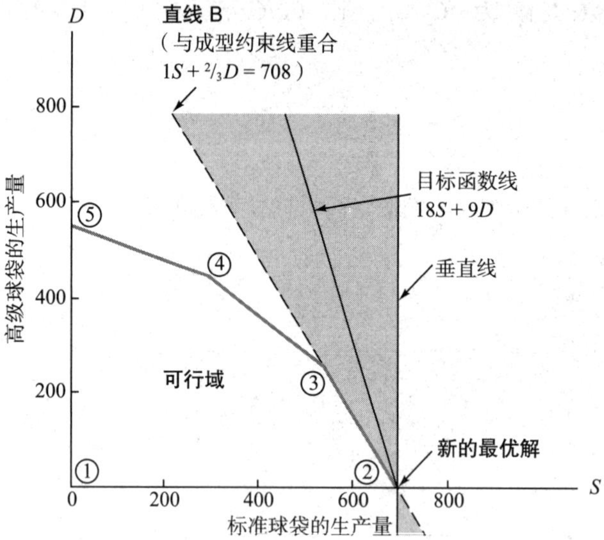

图 3-2 图解 Par 公司问题，目标函数为 18S+9D，最优解在极点②

按照前面假定的 C_D 的值，仍为常数 9，我们得到：

$$-\frac{C_S}{9} \leqslant -\frac{3}{2} \text{ 或 } \frac{C_S}{9} \geqslant \frac{3}{2}$$

解出 C_S 得：

$$C_S \geqslant \frac{27}{2} = 13.5$$

观察图 3-2，我们注意到，只要 C_S 的值大于等于 13.5，极点②仍然是最优解点。因此，我们得到以极点②为最优解点的 C_S 的范围，如下：

$$13.5 \leqslant C_S < \infty$$

多系数同时改变 目标函数系数的最优范围只能够应用于一次只有一个系数发生改变的情况，其他系数都假定保持初值而不发生改变。如果两个或两个以上目标函数的系数被同时改变，就有必要进一步判断最优解会不会也发生变化。对于解决只有两个变量的问题，式（3-2）给出了一个简单的方法，以判断两个目标函数系数同时发生改变时，最优解是否也发生了改变。简单地计算出在新的系数值下目标函数的斜率（$-C_S/C_D$），如果这个比值大于等于目标函数斜率的下限，同时小于等于目标函数斜率的上限，那么系数值的变化不会使最优解发生变化。

考虑 Par 公司问题中目标函数的两个系数的变化。假设每个标准球袋利润增加到 13 美元，同时每个高级球袋利润减少到 8 美元。回忆标准球袋利润 C_S 与高级球袋利润 C_D 的最优范围为：

$$6.3 \leqslant C_S \leqslant 13.5 \quad (3\text{-}3)$$

$$6.67 \leqslant C_D \leqslant 14.29 \quad (3\text{-}4)$$

对于上述最优范围，我们可以推断，无论是使 C_S 升高到 13 美元还是使 C_D 降低到 8 美元（不是同时改变），都不会使最优解（$S=540$，$D=252$）发生变化。但是我们无法从上述最优范围中推断出如果两个系数同时发生改变，最优解是否会发生改变。

在式（3-2）中，我们计算出只要满足下列条件，极点③仍然是最优解点：

$$-\frac{3}{2} \leqslant -\frac{C_S}{C_D} \leqslant -\frac{7}{10}$$

如果 C_S 升高到 13 美元，同时使 C_D 降低到 8 美元，新的目标函数斜率将变成：

$$-\frac{C_S}{C_D} = -\frac{13}{8} = -1.625$$

由于这个值要小于下限 −3/2，因此当前的解（S=540，D=252）不再是最优的。把 C_S=13、C_D=8 代入，可得出极点②是新的最优解点。

观察最优范围，我们得出结论，无论是使 C_S 升高到 13 美元还是使 C_D 降低到 8 美元（不是同时改变），都不会带来最优解的变化。但当 C_S 与 C_D 同时改变时，目标函数斜率的变化导致了最优解的变化。这个结论强调了这样一个事实：仅通过最优范围，只能用于判断在一次改变一个目标函数系数的情况下，最优解的变化。

3.2.2　约束条件的右端值

现在让我们来考虑约束条件的右端值的变化对可行域带来的影响，及它可能对最优解带来的变化。为了阐明灵敏度分析的这方面内容，我们假设 Par 公司的切割和印染部门增加了 10 个小时的生产时间，然后来考虑将会有什么发生。切割和印染约束条件的右端值由 630 变为 640，约束条件可写作：

$$7/10S + 1D \leqslant 640$$

通过获得 10 个小时的额外切割和印染时间，我们扩展了问题的可行域，如图 3-3 所示。可行域变大了，现在我们考虑是否有新的解会使目标函数值更大。运用图解法可以看出，极点（S=527.5，D=270.75）是最优解点。新的目标函数值为 10 × 527.5 + 9 × 270.75 = 7 711.75（美元），比原利润增加了 7 711.75−7 668.00=43.75（美元）。因此，利润的增加率为 43.75/10=4.375（美元 / 小时）。

> Excel Solver 输出使用了“影子价格”这个术语而不是对偶值，但解释是相同的。

约束条件的右端值每增加一个单位引起的最优值的增加量被称为**对偶值**。在这个例子里，切割和印染约束条件的对偶值为 4.375 美元——换言之，如果我们使得右端切割和印染约束条件增加 1 小时，目标函数的值会增加 4.375 美元。相反，如果我们使得右端切割和印染约束条件减少 1 小时，目标函数的值会相应地减少 4.375 美元。对偶值可以用来求出当某个约束条件的右端值改变 1 个单位时，目标函数值将会有什么变化。

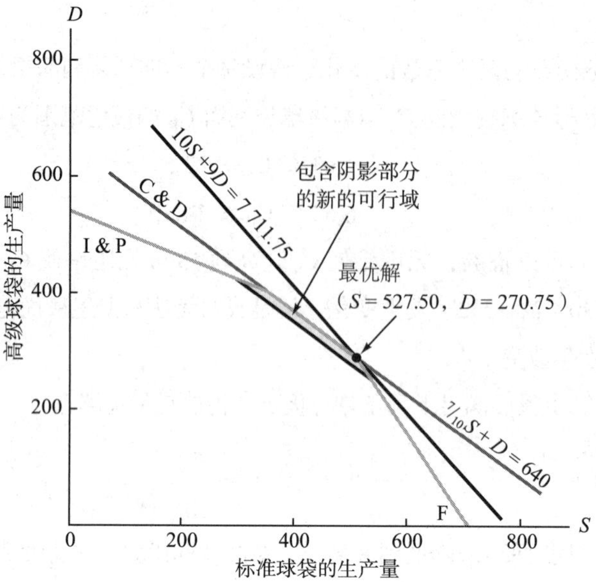

图 3-3　切割和印染约束条件的右端值增加 10 时的影响

在这里，我们要注意的是，对偶值可能只适用在右端值仅发生了很小的变动时的情况。随着所获得的资源越来越多，从而右端值越来越大，其他的约束条件也可能会约束和限制目标函数值的变化。拿 Par 公司的例子来说，我们最终会找到某一点，从那一点之后，再增加切割和印染的时间也不会使利润增加——在切割和印染约束条件不再是束缚性约束条件时，这就有可能发生。在这一点，对偶值等于 0。下一节会讨论如何确定右端值变动的有效范围，在这个范围内，通过对偶值可以精确地预测出目标函数值的变动。最后要指出的是，任何紧的约束条件的对偶值都是 0，因为增加这样的约束条件的右端值，只会得到约束条件的多余或松弛变量。

对偶值是约束条件的右端值增加一个单位带来的目标函数值的改变。假设我们现在要解决一个最小化总成本的问题，并且这个最优值是 100 美元。另外，假设第一个限制条件是一个小于或等于约束条件，而且这个约束条件限制着最优解。增加这个约束条件的右端使问题更容易求解。因此，如果这个约束条件的右端增加一个单位，我们期望最优目标函数的值能变得更好。对于这个最小化的问题，这意味着最优目标函数值将变得更小。如果增加右端能使目标函数值变小，那么这个对偶值就是负的。

专栏 3-2 将对偶值作为快餐店连锁评估模型的一部分。这类模型将会在第 5 章中讨论数据包络分析的应用时详细学习。

|专栏 3-2|　实践中的管理科学

绩效分析公司的评估效率

绩效分析公司（Performance Analysis Corporation）擅长运用管理科学来为各种各样的连锁店设计出更加高效和有效的方案。有一项应用是使用线性规划的方法来为一系列快餐店提供评估模型。

根据帕累托最优法则，在给定的一系列餐厅中，对于其中的某一家而言，如果其他餐厅表现出如下特征，那么这家餐厅是相对低效的。

（1）在相同或者更糟的环境中运营。

（2）创造出至少相同水平的产量。

（3）没有使用任何更多的资源并且至少少使用了一种资源。

为了确定哪一家餐厅是帕累托无效的，绩效分析公司开发并求解了一个线性规划模型。模型的约束条件包括最小可接受的产出水平以及环境中不可控因素带来的条件。目标函数要求生产所需的资源最少化。解这个模型可得到如下各家餐厅的输出结果。

（1）一个用以评估特定餐馆在某段考查时期相对技术性效率的分数。

（2）可控资源的减少量或在特定考查时期内产出的增加量。

（3）一组同等的其他餐厅，将来每一家待评估餐厅都可以与它们进行比较。

灵敏度分析给出了重要的边际信息。例如，对于每一个关于最小可接受产出水平的约束条件，对偶值告诉管理者每增加一单位的产出将使效率提高多少。

根据前面提到的那些条件，涉及有效的输入和产成品，评估分析把 40% ～ 50% 的餐厅界定为经营不佳。绩效分析公司发现，如果消除这些相对低效的因素，公司利润会上升 5% ～ 10%。对于运营规模较大的公司而言，这样的改进是相当可观的。

资料来源：绩效分析公司的 Richard C.Morey。

注释与点评

1. 有时目标函数的两个系数同时变化，虽然这两个系数变化都超出了最优范围，但不对最优解产生影响。比如，对于双变量问题，如果目标函数的系数是成比例变化的，函数的斜率就不会改变。

2. 在两个以上的线性规划问题中，为了评估同时改变两个或多个目标函数系数的效果，我们建议修改线性规划并重新求解。

3.3　优化软件输出的灵敏度分析解释

在 2.4 节中，我们说明了如何解释线性规划求解程序的结果。在这一节中，我们将继续这一部分的讨论，并说明如何理解灵敏度分析的结果。我们还是用 Par 公司的问题作为例子，重申如下：

$$\max \quad 10S + 9D$$

$$\text{s.t.}$$

$$\begin{aligned} 7/10\,S + 1D &\leqslant 630 & \text{切割和印染} \\ 1/2S + 5/6\,D &\leqslant 600 & \text{缝制} \\ 1S + 2/3\,D &\leqslant 708 & \text{成型} \\ 1/10\,S + 1/4\,D &\leqslant 135 & \text{检查和包装} \\ S, D &\geqslant 0 \end{aligned}$$

我们现在将演示如何通过 Par 公司的线性规划案例来理解灵敏度分析，如图 3-4 所示。

```
最优值 =                    7668.00000

      变量                  值                  递减成本
  --------------     ---------------     -----------------
        S               540.00000              0.00000
        D               252.00000              0.00000

    约束条件              松弛/剩余               对偶值
  --------------     ---------------     -----------------
        1                 0.00000              4.37500
        2               120.00000              0.00000
        3                 0.00000              6.93750
        4                18.00000              0.00000

     变量        目标系数        允许增加值        允许减少值
  ----------  ------------   -----------      ----------
     S          10.00000        3.50000          3.70000
     D           9.00000        5.28571          2.33333

   约束条件       RHS值          允许增加值        允许减少值
  ----------  ------------   -----------      ----------
     1        630.00000        52.36364        134.40000
     2        600.00000            无穷         120.00000
     3        708.00000       192.00000        128.00000
     4        135.00000            无穷          18.00000
```

图 3-4 Par 公司问题的解决方案

3.3.1 计算机输出结果的解释

在 2.4 节中，我们对图 3-4 顶部的输出结果进行了讨论。在取近似值以后，我们得到最优解是 S=540 个标准球袋和 D=252 个高级球袋，目标函数最优值是 7 668 美元。我们将解释对最优解的灵敏度分析的输出结果，特别是每个决策变量的递减成本和约束条件的对偶值，这些值如图 3-4 所示。

在最优解 S、D 以及递减成本信息下面，计算机输出了有关约束条件的信息。回忆 Par 公司的例子，其中有 4 个小于或等于约束条件，都是关于各个生产部门的生产时间的。在松弛 / 剩余变量一栏中，可以看到每个部门的松弛变量值。上述信息归总如右所示。

约束条件序号	约束条件	松弛 / 剩余变量
1	切割和印染	0
2	缝制	120
3	成型	0
4	检查和包装	18

从上述数据中，我们可以看到紧的约束条件（切割和印染及成型）在目标函数最优时，松弛为 0。缝制部门有 120 小时的松弛或未使用的缝制能力，检查和包装部门有 18 小时的松弛。

对偶值栏的信息是关于在目标函数取最优值时，这四种资源的边际价值。在 3.2 节中，我们对对偶值进行了如下定义：

对偶值就是约束条件的右端值增加一个单位时，最优值改进的量。

这里，约束条件 1（切割和印染）和约束条件 3（成型）的非零对偶值分别为 4.375 00 和 6.937 50。这告诉我们，每额外增加 1 小时的切割和印染会使最优值增加 4.37 美元，每增加 1 小时成型会使最优值增加 6.94 美元。因此，在其他系数不变的情况下，如果切割和印染时间从 630 小时增加到 631 小时，Par 公司的利润会增加 4.37 美元，即由 7 668 美元增加到 7 668 + 4.37 = 7 672.37（美元）。成型约束条件与之类似——在其他系数保持不变的情况下，如果有效成型时间从 708 小时增加到 709 小时，Par 公司的利润将增加到 7 668 + 6.94 = 7 674.94（美元）。缝制与检查和包装约束条件有松弛或未使用的工作能力，它们的零对偶值表明，对这两个部门增加额外的工作时间也不会对目标函数的值产生影响。

已经解释了对偶值的概念，我们将定义每个变量的递减成本。一个变量的**递减成本**等于这个变量非负约束的对偶值。从图 3-4 中我们看到变量 S 的递减成本是 0，变量 D 的递减成本是 0。这意思是，考虑变量 S 的非负约束 $S \geqslant 0$，S 当前的值是 540，因此改变非负约束使 $S \geqslant 1$ 对最优值没有影响。因为增加一个单位的右端值对最优目标函数值没有影响，因此这个非负约束的对偶值（即递减成本）是 0。同样，这也可以应用到 D。通常来说，如果一个变量在最优解中有一个非 0 值，那么它的递减成本将是 0。在这一章的后面，我们会给出一个变量的递减成本不是 0 的例子，这个例子会帮助我们更好地理解为什么递减成本会被用来表示非负约束的对偶值。

再次回到图 3-4 的结果，我们看到软件输出结果除了提供松弛 / 剩余变量和对偶值的约束信息之外，还给出了目标函数系数和约束条件的右端值的变化范围。

考虑目标函数系数的范围，我们看到变量 S 当前的利润系数是 10，允许增加的量是 3.5，允许减少的量是 3.7。因此，只要标准球袋的利润贡献在 6.3（=10−3.7）美元和 13.5（=10 + 3.5）美元之间，生产 540 个标准球袋和 252 个高级球袋就是最优解。因此，保持目标函数系数最优的变量 S 的变化范围是 6.3 ～ 13.5。这个范围和 3.2 节中 C_S 图解法灵敏度分析得到的结果是一样的。

用目标函数系数范围来确定高级球袋，我们得到如下最优范围（四舍五入到两位小数）：

$$9 - 2.33 = 6.67 \leqslant C_D \leqslant 9 + 5.29 = 14.29$$

这个结果告诉我们，只要高级球袋的利润在 6.67 美元到 14.29 美元之间，生产 540 个标准球袋和 252 个高级球袋就是最优的。

图 3-4 最后一部分给出了对偶值适用时的约束条件的右端值。只要约束条件的右端值处于所给出的下限和上限之间，相应的对偶值将会是右端值增加 1 个单位带来的最优解的变化。举例来说，我们考虑切割和印染约束条件当前的右端值 630。由于其对偶值为 4.37 美元，我们说每额外增加 1 小时工作量，目标函数会增加 4.37 美元。每减少 1 小时工作量，当然也同样会使目标函数值减少 4.37 美元。在范围栏的信息中，我们可以看到对偶值 4.37 美元允许增加 52.363 64，因此右端值增加到 630+52.363 64=682.363 64，对偶值都是有效的；允许减少 134.4，因此右端值减小到 630−134.4=495.6，对偶值都是有效的。同理，最终约束条件的右端值（约束条件 3）显示出对偶值 6.94 美元对增加到 900 和减少到 580 都是可行的。

如前所述，约束条件的右端值范围给出了一个限制，在这个限制范围里对偶值正好给出了最优目标函数值的变化值。如果右端值的变化超出了这个范围，就需要重新求解并找出新的对偶值。我们把这个对偶值适用的范围称作**可行域**。Par 公司问题的可行域归总如右所示。

约束条件	最小右端值	最大右端值
切割和印染	495.6	682.4
缝制	480.0	无上限
成型	580.0	900.0
检查和包装	117.0	无上限

只要右端值在这些范围之内，系统分析结果中的那些对偶值就不会改变。右端值如果超出了这些范围，对偶值就会随之改变。

3.3.2　对偶值的深入理解

如前所述，对偶值是右端值每增加一个单位对最优值的变化。当约束条件的右端值表示某种资源的可利用量时，对偶值通常可以解释为公司对额外支付一单位这种资源所愿意提供的最大金额。然而，这种解释也并非总是正确的。要理解这个问题，我们先要理解沉没成本和相关成本的区别。**沉没成本**是不会受决策影响的，无论决策变量为何值，这种成本都会发生。**相关成本**则取决于决策的制定，这种成本依赖于决策变量值的变化而变化。

让我们再回到 Par 公司的例子。切割和印染的总时间是 630 小时。如果说无论生产标准球袋还是高级球袋，都是按照时间来付出工资的，那么时间成本就是一种沉没成本。如果 Par 公司只需要为那些切割和印染高尔夫球袋的时间偿付工资，那么时间成本就是一种相关成本。所有的相关成本都要在线性规划的目标函数中有所反映。对 Par 公司而言，我们一直假设公司必须按照工作时间来向工人发工资，不管他们的工作时间是否被有效地利用。因此，Par 公司的劳动时间资源的成本就属于沉没成本而不在目标函数中反映出来。

只有相关成本应该被纳入目标函数中。

当某种资源的成本属于沉没成本时，对偶值就可以被解释为公司愿意为得到额外一个单位这种资源而付出的金额。当某种资源的成本属于相关成本时，对偶值则可以被解释为这种资源的价值超过其成本的数额，也就是增加一个单位这种资源时，公司能付出的最大成本量。

3.3.3 Par 公司问题修改后的模型

图解法求解过程只对包含两个决策变量的线性规划可行。实际上，使用线性规划求解的问题通常包含许多变量和约束条件。例如，专栏 3-3 描述了英特尔使用能在 6 分钟内求解的包含 1 300 万个决策变量和 410 万个约束条件的线性规划，帮助优化公司的生产和供应链计划。本节将讨论具有三个决策变量的两个线性规划的模型和计算机的解，并将展示如何解释计算机输出的递减成本部分。

Par 公司原问题如下：

$$
\begin{aligned}
\max \quad & 10S + 9D \\
\text{s.t.} \quad & \\
& 7/10\,S + 1D \leqslant 630 \quad \text{切割和印染} \\
& 1/2\,S + 5/6\,D \leqslant 600 \quad \text{缝制} \\
& 1S + 2/3\,D \leqslant 708 \quad \text{成型} \\
& 1/10\,S + 1/4\,D \leqslant 135 \quad \text{检查和包装} \\
& S, D \geqslant 0
\end{aligned}
$$

回忆一下，S 是标准球袋的产量，D 是高级球袋的产量。假设管理者希望生产一种轻便的、可以被球手随身携带的球袋（轻便球袋）。设计部门估计每个新型球袋将需要 0.8 小时的切割和印染时间、1 小时的缝制时间、1 小时的成型时间和 0.25 小时的检查和包装时间。由于这种设计是独一无二的，管理者认为在当前销售期内每个轻便球袋可以获利 12.85 美元。

我们来考虑对原来线性规划模型进行修改，修改后的模型需要加入新的决策变量的影响。令 L 为轻便球袋的产量，将其加入目标函数以及 4 个约束条件，可以得到如下修改后的模型：

$$
\begin{aligned}
\max \quad & 10S + 9D + 12.85L \\
\text{s.t.} \quad & \\
& 7/10\,S + 1D + 0.8L \leqslant 630 \quad \text{切割和印染} \\
& 1/2\,S + 5/6\,D + 1L \leqslant 600 \quad \text{缝制}
\end{aligned}
$$

$$1S+2/3\,D+\quad 1L\leqslant 708\quad \text{成型}$$
$$1/10\,S+1/4\,D+\quad 1/4\,L\leqslant 135\quad \text{检查和包装}$$
$$S,D,L\geqslant 0$$

图 3-5 给出了修改后的问题的方案。我们可以看到，最优方案里包含 280 个标准球袋、0 个高级球袋和 428 个轻便球袋，最优方案的值是 8 299.80 美元。

最优值 = 8299.80000

变量	值	递减成本
S	280.00000	0.00000
D	0.00000	-1.15000
L	428.00000	0.00000

约束条件	松弛 / 剩余	对偶值
1	91.60000	0.00000
2	32.00000	0.00000
3	0.00000	8.10000
4	0.00000	19.00000

变量	目标系数	允许增加值	允许减少值
S	10.00000	2.07000	4.86000
D	9.00000	1.15000	无穷
L	12.85000	12.15000	0.94091

约束条件	RHS值	允许增加值	允许减少值
1	630.00000	无穷	91.60000
2	600.00000	无穷	32.00000
3	708.00000	144.63158	168.00000
4	135.00000	9.60000	64.20000

图 3-5　修改后的 Par 公司问题的方案

现在来看递减成本栏的信息。回忆前面的内容，递减成本表示相应的非负约束的对偶值。计算机输出结果表明，S 和 L 的递减成本都为 0，这是因为相应的决策变量值在最优解处已经是正值。然而，变量 D 的递减成本为 −1.15 美元，表明如果高级球袋的产量从 0 增加到 1，那么最优目标函数值将减少 1.15 美元。另外一种解释是，如果我们将高级球袋的成本降低 1.15 美元（也就是将边际收益增加 1.15 美元），那么将会出现一个生产非零个高级球袋的最优方案。

假设我们将 D 的系数增加 1.15 美元，这样新的值就是 9+1.15=10.15（美元），然后重解。图 3-6 给出了新的方案。注意到尽管 D 的值已经是正数，但最优解的值仍然没有变。换言之，当 D 利润的增量正好等于其递减成本时，能得到多重最优解。如果换一个软件来解决这个问题，将 D 的目标函数系数正好设为 10.15，那么你会发现 D 不再是正值。也就是说，软件给出了一个不同的最优解。但是，如果 D 的利润增加量超过 1.15 美元，它在最优解处就不再是 0。

注意图 3-6 中，约束条件 3 和 4 的对偶值分别为 8.1 和 19，表明这两个约束条件是紧的约束条件。因此，成型部门每增加 1 小时工作时间就会使最优值增加 8.10 美元，检查和包装部门每增加 1 小时工作时间就会使最优值增加 19 美元。Par 公司原问题取得最优时，切割和印染部门有 91.6 小时的松弛时间，而缝制部门有 32 小时的松弛时间（见图 3-5），管理者可能打算利用这两个部门未使用的劳动时间。例如，可以让切割和印染部门的一些工人到成型部门或是检查和包装部门去从事一些特定的工作。将来，Par 公司可能会尝试对工人进行交叉训练，使得某部门未使用到的生产能力可以转而分配到其他部门中去。下一章我们将考虑类似的情形。

最优值 = 8299.80000

变量	值	递减成本
S	403.78378	0.00000
D	222.81081	0.00000
L	155.67568	0.00000

约束条件	松弛 / 剩余	对偶值
1	0.00000	0.00000
2	56.75676	0.00000
3	0.00000	8.10000
4	0.00000	19.00000

变量	目标系数	允许增加值	允许减少值
S	10.00000	2.51071	0.00000
D	10.15000	5.25790	0.00000
L	12.85000	0.00000	2.19688

约束条件	RHS值	允许增加值	允许减少值
1	630.00000	52.36364	91.60000
2	600.00000	无穷	56.75676
3	708.00000	144.63158	128.00000
4	135.00000	16.15385	18.00000

图 3-6　*D* 的系数增加 1.15 美元后改动的 Par 公司问题的解

注释与点评

1. 有很多软件包可以用来解决线性规划的问题，其中大多数都可以提供最优解、对偶值（影子价格）、目标函数系数的最优范围、右端值的可行域等信息。这些范围的名称可能不同，但是含义都和我们所描述的一样。

2. 无论何时，当右端值处于其可行域的边界时，其对偶值和影子价格只能提供单边的信息，即只能预测出右端值向可行域以内变化所引起的目标函数值的变化。

3. 有一种称为退化的情形，可能使我们对最优范围以外的目标函数系数变化的解释产生一些微小的差异。退化现象出现在当某个紧的约束条件的对偶值等于 0 的时候，它不会影响对最优范围之内的右端值变化进行的解释。然而当退化发生的时候，右端值变化到最优范围之外也并不一定意味着最优解会发生变化。但即使如此，从实际经验来看，一旦右端值变化到最优范围之外，就有必要对原问题进行重解。

4. 管理者经常会遇到是否有必要引进新技术的问题，而一般新技术的开发或者购买都是为了节约资源。在这种情况下，对偶值可能对问题的解决有所帮助，它可以帮助我们了解节约这些资源会为我们带来多大的利益，进而决定这项新技术的价值。

| 专栏 3-3 |　实践中的管理科学

英特尔使用供应链优化模型节约 250 亿美元

英特尔公司是世界上最大的半导体芯片和集成电路制造商，用于计算机和其他设备的处理器。随着组成半导体芯片的晶体管尺寸减小、处理速度加快，半导体制造的复杂性和难度继续增加。英特尔的许多芯片由100亿个晶体管组成。这些极其复杂的芯片容易出现质量缺陷和产量损失，这使供应链计划工作变得更加复杂。因为客户需要各种不同的产品，所以预测芯片需求非常复杂。一些大客户需要具有许多不同内核的产品来满足大型超级计算机的需求，而其他客户需要具有更少内核的产品以满足较小的业务需求。

制造复杂性和需求复杂性使产品生产计划和供应链计划问题具有挑战性。英特尔生产4 600种不同的产品，在13个不同国家的200多家工厂加工，这导致每个产品有数千种不同的供应路线以供选择。

英特尔必须确定产品和供应链计划，以满足不同产品的预期需求预测，同时满足所有不同的制造复杂性限制，比如产能限制和某些工厂只生产特定产品品类的限制。目标是最小化制造和运输成本。

为了满足一年计划期的要求，英特尔构建了一个具有1 300万个决策变量和410万个约束条件的线性优化模型，该模型可以在大约6分钟内求解完成。这种快速的求解速度使英特尔能够求解出数十种不同情况下的计划方案，分析输出，并进行敏感度分析，从而提高了公司的决策效率。

英特尔现在已将这些模型应用于其大多数半导体产品。据估计，这些模型平均每年增加了19亿美元的收入，并减少了15亿美元的成本。这些增加的收入和降低的成本相当于自2009年以来超过250亿美元的总收益。

资料来源：John Heiney, Ryan Lovrien, Nicholas Mason, Irfan Ovacik, Evan Rash, Nandini Sarkar, Harry Travis, Zhenying Zhao, Kalani Ching, Shamin Shirodkar, and Karl Kempf, " Intel Realizes $25 Billion by Applying Advanced Analytics from Product Architecture Design through Supply Chain Planning, " *INFORMS Journal on Applied Analytics*, vol 51, no. 1 (January/February 2021): 1–89.

3.4 传统灵敏度分析的不足

正如我们看到的那样，从计算机输出中获得的传统的灵敏度分析可以为求解方案对输入数据变化的灵敏性提供有用的信息。然而，计算机软件提供的传统的灵敏度分析还存在一些不足。本节讨论三个不足：多系数同时变化、约束系数的变化以及特殊约束条件的对偶值。我们对这三种情况分别给出了例子，同时讨论了当模型发生变化时怎样通过重解模型来高效地处理这些问题。事实上，从我们的经验来看，只求解一次模型然后给出建议的情况很少。通常的情况是，在采用最终方案之前要经过一系列的模型求解。通过改进算法并使用更先进的计算机，多次运行同一模型求解是很经济和省时的。

3.4.1 多系数同时变化

系统输出的灵敏度的结果是基于单函数系数变化的。它假设所有其他的系数都保持不变。因此，目标函数系数和约束条件的右端值的变化范围只能适用于单个系数发生变化的情况。然而，在很多情况下，我们可能更加关注当两个或两个以上系数同时变化时，目标函数将怎样变化。

这里，我们再次讨论修改后的Par公司的问题，方案显示在图3-5中。假设在解决了这个问题后，我们找到了一个新的供应商，并且可以以更低的价格购买那些球袋所要求的皮革。皮革是三种球袋重要的构成成分，只是每种球袋所含的量不同。在用这种新的皮革生产以后，每个标准球袋的边际利润是10.30美元，每个高级球袋的边际利润是11.40美元，每个轻便球袋的边际利润是12.97美元。那么，当前图3-5给出的方案仍是最优的吗？我们可以用新的边际利润作为目标函数系数来简单地重解这个模型从而回答这个问题。也就是说，我们使用目标函数：max 10.3S+11.4D+12.97L，以及和原模型相同的约束条件。图 3-7 给出了对这个问题的解，新的最优利润是 8 718.13 美元。三种球袋都要生产。

最优值 = 8718.12973

变量	值	递减成本
S	403.78378	0.00000
D	222.81081	0.00000
L	155.67568	0.00000

约束条件	松弛 / 剩余	对偶值
1	0.00000	3.08919
2	56.75676	0.00000
3	0.00000	6.56351
4	0.00000	15.74054

变量	目标系数	允许增加值	允许减少值
S	10.30000	2.08000	2.28600
D	11.40000	4.26053	1.27000
L	12.97000	1.03909	1.82000

约束条件	RHS值	允许增加值	允许减少值
1	630.00000	52.36364	91.60000
2	600.00000	无穷	56.75676
3	708.00000	144.63158	128.00000
4	135.00000	16.15385	18.00000

图 3-7 修改目标函数系数后 Par 公司问题的方案

假设我们还没有用新的目标函数系数重解这个模型。我们还是使用原模型的方案，该方案可以在图 3-5 中看到。因此，我们的利润将为 10.3 × 280+11.40 × 0+12.97 × 428=8 435.16（美元）。通过新的信息和图 3-7 中修改过的计划重解这个模型，可以看到，总利润增长了 8 718.13−8 435.16 = 282.97（美元）。

3.4.2 约束系数的变化

传统的灵敏度分析没有对约束条件中变量系数的变化带来的变化提供信息。为了说明这种情况，我们在这里将重新思考 3.3 节里讨论过的修改后的 Par 公司的问题。

假设我们采用了一种新的技术，这种技术能保证我们更高效地生产标准球袋。这种技术只能提高标准球袋的生产，且能将其整个加工时间从当前的 1 小时减少到半小时。这种技术不会影响高级球袋和轻便球袋的加工时间。那么这种情况下的约束为：

$$1/2\,S + 2/3D + 1L \leqslant 708 \quad \text{使用新技术}$$

尽管模型中有一个系数发生了变化，但是从传统的灵敏度分析中我们无法看到 S 的系数变化对这个方案有什么影响。相反，我们必须改变这个系数，然后重新求解这个模型，结果如图 3-8 所示。注意到标准球袋的最优数量从 280 增长到了 521.1，轻便球袋的最优数量从 428 降低到了 331.6，仍旧不生产高级球袋。最重要的是，通过利用新技术，最优利润从 8 299.80 美元增长到了 9 471.32 美元，增长了 1 171.52 美元。结合新技术的成本信息，管理者将会基于当前的利润增长估算出收回新技术投资的时间。

最优值 = 9471.31579

变量	值	递减成本
S	521.05263	0.00000
D	0.00000	-6.40789
L	331.57895	0.00000

约束条件	松弛 / 剩余	对偶值
1	0.00000	12.78947
2	7.89474	0.00000
3	115.89474	0.00000
4	0.00000	10.47368

变量	目标系数	允许增加值	允许减少值
S	10.00000	1.24375	4.86000
D	9.00000	6.40789	无穷
L	12.85000	12.15000	1.42143

约束条件	RHS值	允许增加值	允许减少值
1	630.00000	30.00000	198.00000
2	600.00000	无穷	7.89474
3	708.00000	无穷	115.89474
4	135.00000	2.50000	45.00000

图 3-8　应用生产标准球袋新技术后 Par 公司问题的方案

3.4.3　特殊约束条件的对偶值

两边都有变量的特殊约束条件往往会使对偶值产生非直觉的解释。为了说明这种情况，我们在这里将重新思考 3.3 节里讨论过的修改后的 Par 公司的问题。

假设对图 3-5 给出的方案，管理者说他们不会考虑任何不生产高级球袋的方案。于是，管理者决定增加约束条件，高级球袋的生产数量至少是标准球袋生产数量的 30%，用变量 S 和 D 表达如下：

$$D \geqslant 0.3S$$

这个新的约束条件在修改后的模型中设为约束 5。重解这个模型得到了图 3-9 给出的最优解。

现在我们来看对新的约束条件 5 的对偶值的理解，要求高级球袋的生产数量至少是标准球袋生产数量的 30%。对偶值 −1.38 表明右端值增加 1 个单位就会使利润额降低 1.38 美元。因此，对偶值 −1.38 真正告诉我们的是当约束条件变为 $D \geqslant 0.3S+1$ 时，最优方案值的变化。对对偶值 −1.38 的完整理解如下：如果我们强制生产多于 30% 要求的高级球袋，那么总的利润将会减少 1.38 美元。相反，如果我们放松这个约束条件，即 $D \geqslant 0.3S-1$，那么总利润将会增加 1.38 美元。

你也许会对当这个比例从 30% 升到 31% 带来的变化更感兴趣，而对偶值并没有说明这种情况下会发生什么，而且 0.3 是约束条件中变量的系数，而非目标函数系数或者是右端值，因此范围分析也没有给出此类情况。这种情况在之前的章节中讨论过。没有办法直接从传统的灵敏度分析中获得信息，因此，为了回答这个问题，需要加入约束条件 $D \geqslant 0.3S$ 重解这个模型。为了验证方案对比例变化的敏感性，可以用任何我们感兴趣的数字代替 0.3 来重解这个模型。

最优值 = 8183.88000

变量	值	递减成本
S	336.00000	0.00000
D	100.80000	0.00000
L	304.80000	0.00000

约束条件	松弛 / 剩余	对偶值
1	50.16000	0.00000
2	43.20000	0.00000
3	0.00000	7.41000
4	0.00000	21.76000
5	0.00000	-1.38000

变量	目标系数	允许增加值	允许减少值
S	10.00000	2.07000	3.70500
D	9.00000	1.15000	12.35000
L	12.85000	5.29286	0.94091

约束条件	RHS值	允许增加值	允许减少值
1	630.00000	无穷	50.16000
2	600.00000	无穷	43.20000
3	708.00000	57.00000	168.00000
4	135.00000	12.00000	31.75000
5	0.00000	101.67568	84.00000

图 3-9　约束高级球袋产量后的 Par 公司问题的方案

为了更直观地感受这个比例变化对总利润的影响，我们以 5% 为间隔，分别试验这个比例从 5% 增长到 100% 的情况下利润的变化。这要求我们重解 20 个不同的模型。图 3-10 给出了改变这个比例对利润的影响，表 3-1 给出了最后的结果。

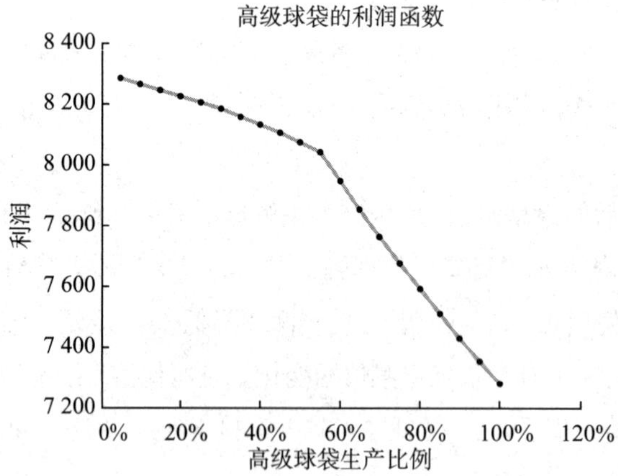

图 3-10　不同高级球袋生产比例下的总利润

那么，我们从这个分析中学到了什么呢？从图 3-10 中可以看到，当比例值大于 55% 时曲线变得更陡了，这说明从 55% 开始利润下降的速度发生了改变。因此，我们可以看到，当这个比例小于或等于 55% 时，损失的利润较小，而当大于 55% 时，就会带来较大的利润损失。因此，管理层从利润的角度考虑，30% 是一个合理的要求，如果将这个比例增加到超过 55%，那么将会带来重大的利润损失。另外，从表 3-1 中看出，当增加生产高级球袋的比例时，生产轻便球袋的数量会减少。

表 3-1　不同高级球袋产量占标准球袋产量比例下的方案

比例（%）	利润（美元）	标准球袋	高级球袋	轻便球袋	比例（%）	利润（美元）	标准球袋	高级球袋	轻便球袋
5	8 283.24	287.999 9	14.400 0	410.400 0	55	8 044.77	403.198 2	221.759 0	156.961 7
10	8 265.71	296.470 4	29.647 0	391.764 8	60	7 948.80	396.000 0	237.600 0	144.000 0
15	8 247.11	305.454 3	45.818 1	372.000 2	65	7 854.27	388.235 3	252.352 9	132.352 9
20	8 227.35	314.999 6	62.999 9	351.000 2	70	7 763.37	380.769 2	266.538 5	121.153 8
25	8 206.31	325.160 8	81.290 2	328.645 5	75	7 675.90	373.584 9	280.188 7	110.377 4
30	8 183.88	335.999 3	100.799 8	304.800 5	80	7 591.67	366.666 7	293.333 3	100.000 0
35	8 159.89	347.585 4	121.654 9	279.311 0	85	7 510.50	360.000 0	306.000 0	90.000 0
40	8 134.20	359.999 0	143.999 6	252.000 8	90	7 432.23	353.571 4	318.214 3	80.357 1
45	8 106.60	373.332 1	167.999 4	222.667 7	95	7 356.71	347.368 4	330.000 0	71.052 6
50	8 076.87	387.690 8	193.845 4	191.078 3	100	7 283.79	341.379 3	341.379 3	62.069 0

3.5　电子通信公司问题

电子通信公司问题是一个最大化问题，这个问题包括四个决策变量、两个小于等于形式的约束条件、一个等于形式的约束条件和一个大于等于形式的约束条件。我们的目标是建立一个简单的数学模型，使用软件求出模型的最优解，对求出的解进行解释，并进行灵敏度分析。下一章会向读者介绍线性规划在营销、金融、生产制造管理等方面的应用。一旦你能够对像电子通信公司这样的问题进行建模、求解和分析，你就会明白线性规划能够解决多么复杂的问题。

让我们来看这个例子，电子通信公司主要生产双向便携式无线电报话机，该机的通信信号不依赖发射塔。该公司最近开发了一种新产品，这种产品的通信范围可以覆盖 25 英里[⊖]，适合企业和个人使用。该新产品的分销渠道如下。

（1）航海器材经销店。

（2）商用器材经销店。

（3）全美连锁零售店。

（4）直接邮购。

由于分销和促销成本的差异，产品的利润也因销售渠道的不同而不同。此外，广告费用和人力成本也与销售渠道有关。表 3-2 简要地列出了电子通信公司不同销售渠道的销售利润、广告费用、人力成本。公司的广告费用预算是 5 000 美元，3 个店面销售渠道的最大的销售时间是 1 800 小时。公司现阶段决定制造的产品数为 600 件，此外，全美连锁零售店要求最少销售 150 件产品。

表 3-2　电子通信公司的利润、广告费用和个人销售时间

分销渠道	单位销售利润（美元）	单位广告费用（美元）	单位销售时间（小时）
航海器材经销店	90	10	2
商用器材经销店	84	8	3
全美连锁零售店	70	9	3
直接邮购	60	15	无

⊖　1 英里 = 1.609 千米。

电子通信公司面临的问题是如何制定一个分销策略使其总的销售利润最大。公司必须决定如何分配各渠道的销售量、销售力度以及广告预算。

3.5.1 建立数学模型

我们首先写出电子通信公司的目标函数和约束条件。

目标函数：利润最大化。

这个模型有 4 个约束条件，分别是：①广告预算约束；②销售时间约束；③生产数量约束；④销售合同约束。

约束条件 1：广告支出≤广告预算。

约束条件 2：销售时间≤最大可用时间。

约束条件 3：产品生产数量 = 公司要求的产量。

约束条件 4：零售分销量≥合同要求的最低分销量。

以上是对目标函数和约束条件的描述，下面我们来定义决策变量。

对于这个模型，我们定义如下 4 个决策变量：

M = 航海器材经销店销售的产品数量

B = 商用器材经销店销售的产品数量

R = 全美连锁零售店销售的产品数量

D = 直接邮购销售的产品数量

参照表 3-2 所示数据，目标函数可以写为：

$$\max \quad 90M + 84B + 70R + 60D$$

现在设立约束条件，因为广告的预算为 5 000 美元，所以广告预算的约束条件是：

$$10M + 8B + 9R + 15D \leqslant 5\,000$$

同样，销售时间限制是 1 800 小时，约束方程如下：

$$2M + 3B + 3R \leqslant 1\,800$$

现阶段公司要求生产 600 件产品，所以：

$$M + B + R + D = 600$$

最后，因为全美连锁零售店要求至少有 150 件产品在此渠道销售，于是有：

$$R \geqslant 150$$

综合所有的约束条件以及非负约束，电子通信公司问题的完整线性规划模型如下：

$$
\begin{aligned}
\max \quad & 90M + 84B + 70R + 60D \\
\text{s.t.} \quad & \\
& 10M + 8B + 9R + 15D \leqslant 5\,000 && \text{广告预算} \\
& 2M + 3B + 3R \leqslant 1\,800 && \text{可用销售时间} \\
& M + B + R + D = 600 && \text{产量} \\
& R \geqslant 150 && \text{全美连锁零售店合同约束} \\
& M, B, R, D \geqslant 0
\end{aligned}
$$

3.5.2 计算机求解及其含义解释

这个问题可以使用 Excel Solver 或其他用于求解线性规划的计算机程序包来求解。电子通信问题标准解的部分输出结果如图 3-11 所示。图中的目标函数值告诉我们模型的最大利润为 48 450 美元。最优解为 M=25，B=425，R=150，D=0，即电子通信公司的最优策略是将 25 件产品通过航海器材经销店销售出去，将 425 件产品通过商用器材经销店销售出去，将 150 件产品通过全美连锁零售店销售出去，不通过直接邮购进行销售。

最优值 = 48450.00000

变量	值	递减成本
M	25.00000	0.00000
B	425.00000	0.00000
R	150.00000	0.00000
D	0.00000	-45.00000

约束条件	松弛 / 剩余	对偶值
1	0.00000	3.00000
2	25.00000	0.00000
3	0.00000	60.00000
4	0.00000	-17.00000

图 3-11　电子通信问题求解的部分结果

再来看一下递减成本。回忆一下，递减成本是当相应的约束非负时的对偶值。前 3 个递减成本为零，这是因为它们对应的决策变量已经是正值了。然而，决策变量 D 的递减成本是 −45，这告诉我们每生产一个通过直接邮购渠道销售的产品，利润就会减少 45 美元。换种说法，也就是说通过直接邮购渠道销售的产品利润必须由现在的 60 美元增加 45 美元，达到 105 美元，这样才可以使用这种渠道来销售产品。

松弛 / 剩余变量和对偶值的计算机输出信息显示在图 3-12 中。

最优值 = 48450.00000

变量	值	递减成本
M	25.00000	0.00000
B	425.00000	0.00000
R	150.00000	0.00000
D	0.00000	-45.00000

约束条件	松弛 / 剩余	对偶值
1	0.00000	3.00000
2	25.00000	0.00000
3	0.00000	60.00000
4	0.00000	-17.00000

变量	目标系数	允许增加值	允许减少值
M	90.00000	无穷	6.00000
B	84.00000	6.00000	34.00000
R	70.00000	17.00000	无穷
D	60.00000	45.00000	无穷

约束条件	RHS值	允许增加值	允许减少值
1	5000.00000	850.00000	50.00000
2	1800.00000	无穷	25.00000
3	600.00000	3.57143	85.00000
4	150.00000	50.00000	150.00000

图 3-12　电子通信问题的目标系数和右端值范围

广告预算约束条件的松弛为零，表明所有广告预算即 5 000 美元都被使用了。广告预算约束条件的对偶值为 3，表明每增加 1 美元广告预算，目标函数的值（利润）可以增加 3 美元。因此，公司应该认真考虑是否增加广告预算。可用销售时间约束条件的松弛是 25 小时，表明 1 800 小时的最大销售时间足够卖出产品，而且还有 25 小时没有使用。因为产量约束条件是一个等式约束条件，所以其松弛 / 剩余是零，表明这一约束条件可以满足。其对偶值为 60，表明如果公司的产量增加 1 个单位，利润就可以增加 60 美元。全美连锁零售店约束条件的松弛为零，表明它是一个紧的约束条件。其对偶值为负值，表明连锁零售店每多销售 1 单位产品，利润减少 17 美元。所以，公司可能会减少通过全美连锁零售店的销售数量，因为销售数量每减少 1 个单位，利润就增加 17 美元。

我们现在对有关灵敏度方面的信息加以分析，如图 3-12 所示。目标函数系数的最优范围见右表。

目标系数	允许增加值	允许减少
90.000 00	无穷	6.000 00
84.000 00	6.000 00	34.000 00
70.000 00	17.000 00	无穷
60.000 00	45.000 00	无穷

只要系数的变化在这个范围之内，当前的解或者策略仍然是最优的。注意到直接邮购渠道系数允许变化的范围，这和之前讨论过的递减成本是一致的。在这两个例子中，我们看到若想让直接邮购渠道成为最优解，必须先将单位成本从 45 美元增加到 105 美元。

最后，关于约束条件的右端值的灵敏度分析如图 3-12 所示，它表明了约束条件的右端值的变化范围，见右表。

右端值	允许增加值	允许减少值
5 000.000 00	850.000 00	50.000 00
1 800.000 00	无穷	25.000 00
600.000 00	3.571 43	85.000 00
150.000 00	50.000 00	150.000 00

关于对偶值的范围其实还有其他一些解释方法。回忆一下广告预算约束的对偶值，我们得知增加 1 美元的广告投入可以使利润增加 3 美元。当前的广告预算是 5 000 美元。广告预算允许增加值是 850，表明广告预算最多投入 5 850 美元。如果预算超过这个数值，公司就不一定能获利了。同时，我们注意到连锁零售店合同约束的对偶值是 −17，这表明公司应该尽量降低这种承诺。

这个约束条件允许减少的量是 150，表明这种承诺可以减少到 0，每减少 1 单位损失值是 17 美元。

这里由软件提供的灵敏度分析和最优化分析只适用于单一参数变化，其他参数保持不变的情况。正如前面提到的遇到参数同时改变的情况，最好的方法就是对问题进行重解。

最后，我们来完整地看一下电子通信公司问题的求解。这道问题不仅要求求出各个分销渠道的销售数量，而且需要知道不同销售渠道的广告费用以及产品的销售时间。我们已经知道最优解为 M=25，B=425，R=150，D=0，通过它们我们可以很容易地了解资源的分配情况。比如广告预算的约束条件是：

$$10M + 8B + 9R + 15D \leqslant 5\,000$$

从上式我们可以计算出各个渠道的广告费用分别是 $10M=10\times 25=250$（美元），$8B=8\times 425=3\,400$（美元），$9R=9\times 150=1\,350$（美元），$15D=15\times 0=0$（美元）。用同样的方法，我们可以计算出销售时间的分配，如表 3-3 所示。

表 3-3　电子通信公司的最大利润策略

分销渠道	产量	广告预算分配（美元）	销售时间分配（小时）
航海器材经销店	25	250	50
商用器材经销店	425	3 400	1 275
全美连锁零售店	150	1 350	450
直接邮购	0	0	0
总计	600	5 000	1 775
总利润 =48 450 美元			

专栏 3-4 中，印度的茶叶生产和分销表明了线性规划可以用于各种各样的问题以及灵敏度分析的重要性。在下一章中，我们将学习线性规划更多的应用。

|专栏 3-4| 实践中的管理科学

印度的茶叶生产和分销

印度是世界第一茶叶生产国，每年销售价值 10 亿美元的茶叶。Duncan 工业有限公司（DIL）是印度第三大茶叶生产商，每年销售 3 750 万美元的茶叶，其中绝大部分是袋装茶。

DIL 有 16 个茶叶种植园、3 个混合站、6 个包装站和 22 个仓库。茶叶首先从种植园发往混合站，在这里不同的茶叶混合起来生产出各种成品茶叶，比如 Sargam、Double Diamond 和 Runglee Rungliot。成品茶叶再发往包装站，按照不同大小、形状包装成 120 种不同种类的袋装茶叶。这些袋装茶叶然后被发往各个仓库，这些仓库为 11 500 名批发商提供茶叶，再通过这些批发商给印度 325 000 家零售商供货。

销售经理每个月都会预测接下来的一个月每个仓库对每种袋装茶叶的需求。根据这些预测来决定各种袋装茶叶的产量、包装的大小以及发往各个仓库茶叶的数量。整个过程需要 2～3 天，这种延时经常会导致某些仓库断货。

公司为解决这个难题建立了一个包含约 7 000 个决策变量、1 500 个约束条件的线性规划模型。建立模型的目的是制定出使公司运输成本最小，且满足供给、需求以及运作等多方面约束条件的公司总经营策略。公司使用过去的数据来检验这个线性规划模型，发现只需增加很少或者根本不用增加成本就可以防止断货发生。同时，通过模型来模拟公司的生产，管理者发现了用管理科学技术辅助战略决策的众多潜在好处。

资料来源：Nilotpal Chakravarti, "Tea Company Steeped in OR," *OR/MS Today* (April 2000).

本章小结

本章的开头对灵敏度分析问题进行了讨论：详细研究了线性规划问题系数的变化对最优解所产生的影响。首先，我们介绍了如何使用图解法分析目标函数系数和约束条件的右端值的变化对最优解的影响。由于图解法只限于分析双决策变量的情况，我们又向读者介绍了如何使用软件对类似问题进行分析。

接着，我们通过增加一个决策变量和增加一定百分比（比率）的约束条件对 Par 公司问题进行了修改。针对修改后的问题，我们讨论了如何建模、如何进行灵敏度分析、灵敏度分析的不足以及模型软件输出结果的解释。然后，为了加强对多于两个变量的线性规划问题的掌握，我们又举了一个电子通信的例子，这是一个四决策变量的最大化问题，包含两个小于等于约束条件、一个等于约束条件和一个大于等于约束条件。

专业术语

对偶值（dual value） 约束条件的右端值每增加一个单位，目标函数值的变化量。对偶值在一些包括 Excel Solver 在内的求解软件包中也被称为影子价格。

目标函数允许的增加值 / 减小值（objective function allowable increase/decrease） 不引起最优解中决策变量的值发生改变的系数增加或减少的

量。这个范围可以被用来计算最优解的范围。

可行域（range of feasibility） 使对偶值成立的约束条件的右端值的变化范围。

最优范围（range of optimality） 在最优解的值不变的前提条件下目标函数系数的变化范围。

递减成本（reduced cost） 一个变量的递减成本等于这个变量的非负约束的对偶值。

相关成本（relevant cost） 受决策影响的成本。它的值随决策变量的变化而变化。

右端值允许的增加值 / 减小值（right-hand-side allowable increase /decrease） 不引起该约束条件的对偶值发生改变的情况下，右端值允许增加或减少的量。这个范围可以被用来计算该约束条件的可行域。

灵敏度分析（sensitivity analysis） 研究一个线性规划问题中系数的变化对最优解的影响。

沉没成本（sunk cost） 不受决策影响的成本。无论决策变量如何变化，该成本都会产生。

习题

1. **图解法和目标函数系数最优范围。**考虑下面的线性规划。LO1,4

$$\max \quad 3A+2B$$

s.t.

$$1A+1B\leqslant 10$$
$$3A+1B\leqslant 24$$
$$1A+2B\leqslant 16$$
$$A,B\geqslant 0$$

a. 用图解法找到最优解。

b. 假定变量 A 的目标函数系数从 3 变化到 5。最优解变化了吗？用图解法找到新的最优解。

c. 假定变量 A 的目标函数系数保持为 3，但是，变量 B 的目标函数系数从 2 变化到 4。最优解变化了吗？用图解法找到新的最优解。

d. a 部分线性规划的计算机求解给出了如下目标系数范围信息。

变量	目标系数	允许增加值	允许减少值
A	3.000 00	3.000 00	1.000 00
B	2.000 00	1.000 00	1.000 00

利用目标系数范围信息，回答 b 和 c 部分的问题。

2. **图解法和约束可行范围。**考虑第 1 题中的线性规划。最优解的值是 27，假定约束条件 1 的右端值从 10 增加到 11。LO1,5

a. 用图解法找到新的最优解。

b. 用 a 部分的解，确定约束条件 1 的对偶值。

c. 第 1 题线性规划的计算机求解显示了下面的右端值范围信息。

约束条件	右端值	允许增加值	允许减少值
1	10.000 00	1.200 00	2.000 00
2	24.000 00	6.000 00	6.000 00
3	16.000 00	无穷	3.000 00

约束条件 1 的右端值范围信息告诉你关于其对偶值的什么信息？

d. 约束条件 2 的对偶值是 0.5。利用该对偶值以及 c 部分的右端值范围信息，对于约束条件 2 的右端值变化产生的影响，你能得出什么结论？

3. **图解法和目标函数系数最优范围。**考虑下面的线性规划。LO1,4

$$\min \quad 8X+12Y$$

s.t.

$$1X+\ 3Y\geqslant 9$$
$$2X+\ 2Y\geqslant 10$$
$$6X+\ 2Y\geqslant 18$$
$$A,B\geqslant 0$$

a. 用图解法找到新的最优解。

b. 假定 X 的目标函数系数从 8 变化到 6，最优解变化了吗？用图解法找到新的最优解。

c. 假定 X 的目标函数系数保持为 8，但是，Y 的目标函数系数从 12 变化到 6。最优解变化了吗？用图解法找到新的最优解。

d. a 部分线性规划的计算机求解显示了下面的目标系数范围信息。

变量	目标系数	允许增加值	允许减少值
X	8.000 00	4.000 00	4.000 00
Y	12.000 00	12.000 00	4.000 00

在重解问题之前该目标系数范围信息怎样帮助你回答 b 和 c 部分的问题？

4. **图解法和约束可行范围**。考虑第 3 题中的线性规划。最优解的值是 48，假定约束条件 1 的右端值从 9 增加到 10。LO1,5

a. 用图解法找到新的最优解。

b. 用 a 部分的解，确定约束条件 1 的对偶值。

c. 第 3 题线性规划的计算机求解显示了下面的右端值范围信息。

约束条件	右端值	允许增加值	允许减少值
1	9.000 00	2.000 00	4.000 00
2	10.000 00	8.000 00	1.000 00
3	18.000 00	4.000 00	无穷

约束条件 1 的右端值范围信息告诉你关于其对偶值的什么信息？

d. 约束条件 2 的对偶值是 3。利用该对偶值以及 c 部分的右端值范围信息，对于约束条件 2 的右端值变化产生的影响，你能得出什么结论？

5. **生产棒球手套的数量（再讨论）**。回忆 Kelson 运动器材公司的例子（第 2 章，习题 24）。设：

R = 普通型手套的数量

C = 捕手型手套的数量

问题的模型如下。

$$
\begin{aligned}
\max \quad & 5R + 8C \\
\text{s.t.} \quad & \\
& R + 3/2\,C \leqslant 900 \quad \text{切割缝制} \\
& 1/2\,R + 1/3\,C \leqslant 300 \quad \text{成型} \\
& 1/8\,R + 1/4\,C \leqslant 100 \quad \text{包装发货} \\
& R,\ C \geqslant 0
\end{aligned}
$$

图 3-13 给出了计算机求解的结果。LO2,3

```
最优值 =                        3700.00000

      变量                 值                   递减成本
 --------------     ---------------     -----------------
        R              500.00000                0.00000
        C              150.00000                0.00000

    约束条件            松弛/剩余                 对偶值
 --------------     ---------------     -----------------
        1              175.00000                0.00000
        2                0.00000                3.00000
        3                0.00000               28.00000

    变量         目标系数        允许增加值        允许减少值
 ----------   ------------    ----------       ----------
    R          5.00000         7.00000          1.00000
    C          8.00000         2.00000          4.66667

  约束条件        RHS值          允许增加值        允许减少值
 ----------   ------------    ----------       ----------
    1         900.00000         无穷            175.00000
    2         300.00000       100.00000         166.66667
    3         100.00000        35.00000          25.00000
```

图 3-13　Kelson 运动器材公司问题的求解结果

a. 最优解是什么？总利润的值是多少？

b. 哪些约束条件是紧的？

c. 每个约束条件的对偶值是多少？

d. 如果只有一个部门可以加班，你建议哪个部门加班？

6. **生产棒球手套的数量（再讨论）**。Kelson 运动器材

公司问题的求解结果如图 3-13 所示（参见习题 5）。LO2,4,5

a. 计算目标函数系数的最优范围。

b. 对这些范围进行解释。

c. 解释约束条件的右端值部分的可行域信息。

d. 如果增加 20 个小时用于包装发货，最优解的值会提高多少？

7. **实现回报最大化的投资组合。** 投资建议者公司是一个为客户管理股票的投资公司。现在公司接手管理一个投资项目，其中投资美国石油 U 股、哈泊钢铁 H 股。美国石油的年资金回报率是每股 3 美元，哈泊钢铁的年资金回报率是每股 5 美元。美国石油每股价格是 25 美元，哈泊钢铁每股价格是 50 美元。总投资额是 80 000 美元。公司能承受的最大风险系数（美国钢铁每股 0.5，哈泊钢铁每股 0.25）是 700。此外，投资的股票中美国石油的最大量是 1 000 股。以下是这个问题的线性规划模型，目标是使公司年总收益最大。LO2,3

$$\max \quad 3U + 5H \qquad \text{最大年总收益}$$

s.t.

$$25U + 50H \leqslant 80\,000 \qquad \text{总投资额}$$

$$0.5U + 0.25H \leqslant 700 \qquad \text{最大风险}$$

$$1U \leqslant 1\,000 \qquad \text{美国石油的最大买入量}$$

$$U, H \geqslant 0$$

图 3-14 给出了计算机求解的结果。

最优值 = 8400.00000

变量	值	递减成本
U	800.00000	0.00000
H	1200.00000	0.00000

约束条件	松弛 / 剩余	对偶值
1	0.00000	0.09333
2	0.00000	1.33333
3	200.00000	0.00000

变量	目标系数	允许增加值	允许减少值
U	3.00000	7.00000	0.50000
H	5.00000	1.00000	3.50000

约束条件	RHS值	允许增加值	允许减少值
1	80000.00000	60000.00000	15000.00000
2	700.00000	75.00000	300.00000
3	1000.00000	无穷	200.00000

图 3-14　投资建议者公司问题的求解结果

a. 最优解是什么？总的年收益为多少？

b. 哪些约束条件是紧的？你如何解释这些约束条件？

c. 每个约束条件的对偶值是多少？分别对其进行解释。

d. 如果增加美国石油的最大投资量，会增加总利润吗？为什么？

8. **实现回报最大化的投资组合（再讨论）。** 计算机对习题 7 求解的结果如图 3-14 所示。LO2,4,5

a. 你认为美国石油的每股收益至少要增加多少，才能保证增加对它的投资会使总收益增加？

b. 你认为哈泊钢铁的每股收益要减少多少，才能保证减少对它的投资会使总收益增加？

c. 如果美国石油的最大投资量减少到 900 股，总收益将减少多少？

9. **Salsa 产品的配方（再讨论）。** 回忆汤姆公司的问题（第 2 章，习题 28）。设：

W = 西部食品 Salsa 的产量

M = 墨西哥城 Salsa 的产量

问题的模型如下。

$$\max \quad 1W + 1.25M$$

s.t.

$$5W + 7M \leqslant 4\,480 \quad \text{生番茄}$$
$$3W + 1M \leqslant 2\,080 \quad \text{番茄酱}$$
$$2W + 2M \leqslant 1\,600 \quad \text{番茄膏}$$
$$W,\ M \geqslant 0$$

用计算机对其求解的结果如图 3-15 所示。LO2,3,4,5

最优值 = 860.00000

变量	值	递减成本
W	560.00000	0.00000
M	240.00000	0.00000

约束条件	松弛 / 剩余	对偶值
1	0.00000	0.12500
2	160.00000	0.00000
3	0.00000	0.18750

变量	目标系数	允许增加值	允许减少值
W	1.00000	0.25000	0.10714
M	1.25000	0.15000	0.25000

约束条件	RHS值	允许增加值	允许减少值
1	4480.00000	1120.00000	160.00000
2	2080.00000	无穷	160.00000
3	1600.00000	40.00000	320.00000

图 3-15　汤姆公司问题的求解结果

a. 最优解是什么？总的年收益为多少？

b. 指出目标函数系数的最优范围。

c. 每个约束条件的对偶值是多少？分别对其进行解释。

d. 明确每个约束条件的右端值的可行域。

10. 满足客户需求的投资策略（再讨论）。回忆爱尼斯投资公司的问题（第 2 章，习题 39）。设：

S = 股票市场的买入量

M = 货币市场的买入量

问题的模型如下。

$$\min \quad 8S + 3M$$

s.t.

$$50S + 100M \leqslant 1\,200\,000 \quad \text{可投入资金}$$
$$5S + 4M \geqslant 60\,000 \quad \text{年收入}$$
$$M \geqslant 3\,000 \quad \text{货币市场的买入量}$$
$$S,\ M \geqslant 0$$

用计算机对其求解的结果如图 3-16 所示。LO2,3,4

a. 最优解是什么？最小风险为多少？

b. 指出目标函数系数的最优范围。

c. 投资的年收益是多少？

d. 投资的年收益率是多少？

e. 每个约束条件的对偶值是多少？

f. 增加可投入资金的边际收益率是多少？

11. 满足客户需求的投资策略（再讨论）。本题参考习题 10，如图 3-16 所示。LO4

a. 假设投资股票的风险率（C_S 的值）由现在的 8 增加到 12，最优解会发生变化吗？如何变化？

b. 假设投资股票的风险率（C_M 的值）由现在的 3 增加到 3.5，最优解会发生变化吗？如何变化？

c. 假设 C_S 增加到 12，C_M 增加到 3.5，最优解会发生变化吗？如何变化？

12. 空调生产。Quality 空调制造公司生产 3 种空调类型：经济型、标准型和高档型。每种空调的利润分别是 63 美元、95 美元和 135 美元。空调的生产要求如下。

最优值 = 62000.00000

变量	值	递减成本
S	4000.00000	0.00000
M	10000.00000	0.00000

约束条件	松弛 / 剩余	对偶值
1	0.00000	-0.05667
2	0.00000	2.16667
3	7000.00000	0.00000

变量	目标系数	允许增加值	允许减少值
S	8.00000	无穷	4.25000
M	3.00000	3.40000	无穷

约束条件	RHS值	允许增加值	允许减少值
1	1200000.00000	300000.00000	420000.00000
2	60000.00000	42000.00000	12000.00000
3	3000.00000	7000.00000	无穷

图 3-16 爱尼斯投资问题的求解结果

	风扇马达数	制冷盘数	生产时间（小时）
经济型	1	1	8
标准型	1	2	12
高档型	1	4	14

对于即将来到的生产期，公司拥有的资源是风扇马达 200 个、制冷盘 320 个和生产时间 2 400 小时。那么经济型（E）、标准型（S）和高档型（D）产品各生产多少才能使总利润最大？

问题的模型如下。

$$\max \quad 63E + 95S + 135D$$

s.t.

$$
\begin{aligned}
1E + 1S + 1D &\leqslant 200 && \text{风扇马达}\\
1E + 2S + 4D &\leqslant 320 && \text{制冷盘}\\
8E + 12S + 14D &\leqslant 2\,400 && \text{生产时间}\\
E, S, D &\geqslant 0
\end{aligned}
$$

用计算机对其求解的结果如图 3-17 所示。LO2,4

最优值 = 16440.00000

变量	值	递减成本
E	80.00000	0.00000
S	120.00000	0.00000
D	0.00000	-24.00000

约束条件	松弛 / 剩余	对偶值
1	0.00000	31.00000
2	0.00000	32.00000
3	320.00000	0.00000

变量	目标系数	允许增加值	允许减少值
E	63.00000	12.00000	15.50000
S	95.00000	31.00000	8.00000
D	135.00000	24.00000	无穷

约束条件	RHS值	允许增加值	允许减少值
1	200.00000	80.00000	40.00000
2	320.00000	80.00000	120.00000
3	2400.00000	无穷	320.00000

图 3-17 Quality 空调制造公司问题的求解结果

a. 最优解是什么？此时总利润为多少？

b. 哪些约束条件是紧的？

c. 哪些约束条件有剩余？是多少？

d. 如果高档型产品的利润增加到每个 150 美元，最优解将如何变化（用图 3-17 所示的信息完成这些问题）？

13. **空调生产（再讨论）**。本题参考习题 12，如图 3-17 所示。LO2,3,4,5

a. 确定每个目标函数系数的最优范围。

b. 假设每个经济型空调的利润增加 6 美元，标准型减少 2 美元，高档型增加 4 美元，新的最优解是多少？

c. 确定每个约束条件的右端值的最优范围。

d. 如果可用风扇马达的数量增加 100 个，是否会影响约束条件的对偶值？请解释。

14. **生产注塑件**。数字控制公司（DCI）生产两种型号的注塑件，供汽车制造商在某些汽车仪表板的最终装配中使用。A 型注塑件是用于高端汽车的略微复杂的配件，B 型注塑件则是更为简单的、用于更加经济的汽车的配件。公司已经接到了 100 个 A 型和 150 个 B 型的订单，要求在下周完成生产。A 型和 B 型配件都是在新泽西州纽瓦克的 DCI 工厂生产的。A 型需要 4 分钟注型，6 分钟成型；B 型需要 3 分钟注型，8 分钟成型。下周纽瓦克的工厂有 600 分钟的注型时间，1 080 分钟的成型时间。A 型的生产成本是 10 美元，B 型的生产成本是 6 美元。根据需求和纽瓦克工厂的可用生产时间，公司还可以选择从外部供应商购买一种或两种型号的注塑件。购买的费用是 A 型 14 美元，B 型 9 美元。公司希望建立一个生产模型以决定每种注塑件生产多少、外购多少。LO2,3,5

用于建立模型的决策变量是：

AM = A 型注塑件的生产量

BM = B 型注塑件的生产量

AP = A 型注塑件的购买量

BP = B 型注塑件的购买量

问题的模型如下。

min 10AM + 6BM + 14AP + 9BP

s.t.

1AM + + 1AP +	=	100	A 型注塑件的需求
1BM + 1BP	=	150	B 型注塑件的需求
4AM + 3BM	≤	600	注型时间
6AM + 8BM	≤	1 080	成型时间

AM, BM, AP, BP ≥ 0

用计算机对其求解的结果如图 3-18 所示。

a. 最优解是什么？目标函数的最优值为多少？哪些约束条件是紧的？

b. 每个约束条件的对偶值是多少？请解释。

c. 如果只有一个约束条件的右端值可以改变一个单位，你会选择哪一个，为什么？

15. **生产注塑件（再讨论）**。本题参考习题 14，如图 3-18 所示。LO2,4,6

a. 解释目标函数系数的最优范围的意义。

b. 假设 A 型注塑件的生产成本增加到 11.20 美元，新的最优解是什么？

c. 假设 A 型注塑件的生产成本增加到 11.20 美元，B 型注塑件的生产成本减少到 5 美元，最优解将如何变化？

16. **生产西装和运动外套**。Tucker 公司生产高质量的男士西装和运动外套。每套西装需要 1.2 小时剪裁时间、0.7 小时缝纫时间、6 码布料，每套西装的利润是 190 美元。每套运动外套需要 0.8 小时剪裁时间、0.6 小时缝纫时间、4 码布料，每套运动外套的利润是 150 美元。在将来的几周共有 200 小时剪裁时间、180 小时缝纫时间，有 1 200 码可用布料。通过安排加班可以使剪裁和缝纫时间增加。每增加 1 小时剪裁的加班时间就会使每小时的成本增加 15 美元，每增加 1 小时缝纫的加班时间就会使每小时的成本增加 10 美元。最多只可以增加 100 小时的加班时间。市场对西装和运动外套的最少需求分别是 100 套和 50 套。假设：

最优值 = 2170.00000

变量	值	递减成本
AB	100.00000	0.00000
BM	60.00000	0.00000
AP	0.00000	1.75000
BP	90.00000	0.00000

约束条件	松弛 / 剩余	对偶值
1	0.00000	12.25000
2	0.00000	9.00000
3	20.00000	0.00000
4	0.00000	-0.37500

变量	目标系数	允许增加值	允许减少值
AB	10.00000	1.75000	无穷
BM	6.00000	3.00000	2.33333
AP	14.00000	无穷	1.75000
BP	9.00000	2.33333	3.00000

约束条件	RHS值	允许增加值	允许减少值
1	100.00000	11.42857	100.00000
2	150.00000	无穷	90.00000
3	600.00000	无穷	20.00000
4	1080.00000	53.33333	480.00000

图 3-18 数字控制公司问题的求解结果

S = 西装的生产量

SC = 运动外套的生产量

D_1 = 用于剪裁的加班时间

D_2 = 用于缝纫的加班时间

使用计算机求解的结果如图 3-19 所示。LO2,3,4

最优值 = 40900.00000

变量	值	递减成本
S	100.00000	0.00000
SC	150.00000	0.00000
D1	40.00000	0.00000
D2	0.00000	-10.00000

约束条件	松弛 / 剩余	对偶值
1	0.00000	15.00000
2	20.00000	0.00000
3	0.00000	34.50000
4	60.00000	0.00000
5	0.00000	-35.00000
6	75.00000	0.00000

变量	目标系数	允许增加值	允许减少值
S	190.00000	35.00000	无穷
SC	150.00000	无穷	23.33333
D1	-15.00000	15.00000	172.50000
D2	-10.00000	10.00000	无穷

约束条件	RHS值	允许增加值	允许减少值
1	200.00000	40.00000	60.00000
2	180.00000	无穷	20.00000
3	1200.00000	133.33333	200.00000
4	100.00000	无穷	60.00000
5	100.00000	50.00000	100.00000
6	75.00000	75.00000	无穷

图 3-19 Tucker 公司问题的求解结果

a. 最优解是什么？总利润是多少？怎样安排加班时间？

b. 西装由于涨价，利润达到每件 210 美元，此时最优解将会如何变动？

c. 讨论在以后几周额外布料需求的问题。如果临时订单订购布料的价格比平时的订货价格每码要高 8 美元，你是否建议该公司使用临时订单补充原料？Tucker 公司补充原料时所能承担的最高单价是多少？要补充多少码原料？

d. 假设运动外套的需求不足 75 套，这种变化对利润会造成什么影响？是好的还是坏的？请解释一下。

17. **生产汽车翻车保护杆。**美国 Porsche 俱乐部投资了驾驶员培训项目，它提供在真正跑道上的高指标驾驶指导。因为在这样的项目中，安全是首要考虑因素，所以许多车主选择在他们的汽车上安装翻车保护杆。Deegan 制造业为跑车制造两种类型的翻车保护杆。DRB 模型可直接安装在汽车车架上。DRW 模型是更重一些的翻车保护杆，必须焊接在汽车车架上。DRB 模型需要一种 20 磅的特别优质合金钢，40 分钟的制造时间，60 分钟的装配时间。DRW 模型需要 25 磅的特别优质合金钢，100 分钟的制造时间，40 分钟的装配时间。Deegan 的钢铁供应商指出在下一季度它最多能提供 40 000 磅的优质合金钢。另外，Deegan 估计在下一季度，可用的制造时间是 2 000 个小时，可用的装配时间是 1 600 个小时。每单位 DRB 模型的利润是 200 美元，每单位 DRW 模型的利润是 280 美元。该问题的线性规划模型如下所示。

$$\max \quad 200DRB + 280DRW$$

s.t.

$$20DRB + 25DRW \leqslant 40\,000 \quad \text{可用钢铁量}$$

$$40DRB + 100DRW \leqslant 120\,000 \quad \text{制造时间（分钟）}$$

$$60DRB + 40DRW \leqslant 96\,000 \quad \text{装配时间（分钟）}$$

$$DRB, DRW \geqslant 0$$

用计算机对其求解的结果如图 3-20 所示。LO2,3,4

最优值 =　424000.00000

变量	值	递减成本
DRB	1000.00000	0.00000
DRW	800.00000	0.00000

约束条件	松弛 / 剩余	对偶值
1	0.00000	8.80000
2	0.00000	0.60000
3	4000.00000	0.00000

变量	目标系数	允许增加值	允许减少值
DRB	200.00000	24.00000	88.00000
DRW	280.00000	220.00000	30.00000

约束条件	RHS值	允许增加值	允许减少值
1	40000.00000	909.09091	10000.00000
2	120000.00000	40000.00000	5714.28571
3	96000.00000	无穷	4000.00000

图 3-20　Deegan 公司问题的求解结果

a. 最优解和总利润是多少？

b. 另一家供应商可以以每磅 2 美元的价格，提供给 Deegan 制造业额外 500 磅合金钢。Deegan 应该购买额外的这些合金钢吗？试解释。

c. Deegan 正在考虑用加班时间来增加可用的装配时间。对于这一选择，你想给 Deegan 什么建议？试解释。

d. 因为竞争加剧，Deegan 正在考虑降低 DRB 模型的价格，使其利润为每单位 175 美元。这种在价格上的改变将怎样影响最优解？试解释。

e. 如果可用的制造时间增加了 500 小时，制造时间约束条件的对偶值会改变吗？试解释。

18. 生产电视。 Davison 电子公司制造两种 LCD 电视模型，用模型 A 和模型 B 表示。当在 Davison 的新生产线上进行生产时，每一种模型都有它的最低可能生产成本。然而，这个新生产线并没有能力来应对两种模型的总生产量。于是，生产量的一部分必须由更高成本的旧生产线来完成。下面的表显示了下个月的最低生产需求、每个月的生产线能力，以及每条生产线每单位的生产成本。

模型	每单位的生产成本		最低生产需求
	新生产线	旧生产线	
A	30 美元	50 美元	50 000
B	25 美元	40 美元	70 000
生产线能力	80 000	60 000	

令：

AN = 在新生产线上生产模型 A 的单位数

AO = 在旧生产线上生产模型 A 的单位数

BN = 在新生产线上生产模型 B 的单位数

BO = 在旧生产线上生产模型 B 的单位数

Davison 的目标是确定一个最低成本生产计划。用计算机对其求解的结果如图 3-21 所示。LO2,3,5,7

最优值 = 3850000.00000

变量	值	递减成本
AN	50000.00000	0.00000
AO	0.00000	5.00000
BN	30000.00000	0.00000
BO	40000.00000	0.00000

约束条件	松弛/剩余	对偶值
1	0.00000	45.00000
2	0.00000	40.00000
3	0.00000	-15.00000
4	20000.00000	0.00000

变量	目标系数	允许增加值	允许减少值
AN	30.00000	5.00000	无穷
AO	50.00000	无穷	5.00000
BN	25.00000	15.00000	5.00000
BO	40.00000	5.00000	15.00000

约束条件	RHS值	允许增加值	允许减少值
1	50000.00000	20000.00000	40000.00000
2	70000.00000	20000.00000	40000.00000
3	80000.00000	40000.00000	20000.00000
4	60000.00000	无穷	20000.00000

图 3-21 Davison 电力公司问题的求解结果

a. 利用下面 4 个约束条件，为这个问题建立一个线性规划模型。

约束 1：模型 A 的最小生产量。

约束 2：模型 B 的最小生产量。

约束 3：新生产线的生产能力。

约束 4：旧生产线的生产能力。

b. 根据图 3-21 的计算机方案，最优解是什么？与该解对应的总生产成本是多少？

c. 哪个约束条件是紧的？试解释。

d. 生产管理者注意到对偶值为正的仅有约束条件

是关于新生产线生产能力的约束条件。管理者对对偶值的解释是，该约束条件的右端值每增加 1 单位，将引起总生产成本实际增加 15 美元。你同意该解释吗？增加新生产线的生产能力是可取的吗？试解释。

e. 你会建议增加旧生产线的生产能力吗？试解释。

f. 在旧生产线上生产每单位模型 A 的成本是 50 美元。为了使得在旧生产线上生产模型 A 有利可图，这个成本必须变化多少？试解释。

g. 假设模型 B 的最低生产需求从 70 000 个单位降至 60 000 个单位。这种改变对总生产成本会产生什么影响？试解释。

19. **生产太阳能电池。** Better 制造公司在 2 台机器上生产 3 种太阳能电池板所需的产品。每周 1 台机器可以工作 40 个小时。产品的利润和生产时间如下所示。

类别	产品 1	产品 2	产品 3
单位利润（美元）	30	50	20
机器 1 的单位产品耗时	0.5	2.0	0.75
机器 2 的单位产品耗时	1.0	1.0	0.5

由于机器 1 需要 2 名工作人员，所以每当它工作 1 个小时，需要计入 2 个小时的劳动力时间，而机器 2 只需要 1 名工作人员。下一周的最大劳动力时间是 100 小时。还有一个约束条件是产品 1 的生产数量不可以超过总数量的 50%，而产品 3 的生产数量不可以少于总数量的 20%。LO2,3

a. 每种产品应该生产多少才能使总产品的利润最大？由此获得的利润是多少？

b. 每台机器应该工作多少小时？

c. 增加 1 个小时的工作时间后，最优解的值是多少？

d. 假设劳动力时间增加到 120 小时，你认为增加的 20 小时是否有意义？在这种条件下建立一个新的最优生产组合。

20. **银行贷款资金分配。** Adirondack 储蓄银行（ASB）有 100 万美元的新资金可用于家庭贷款、个人信贷和汽车贷款。这三种贷款的年收益率分别是 7%、12% 和 9%。该银行规划委员会决定至少将这笔新贷款的 40% 用于家庭贷款。除此之外，规划委员会还强调分配在个人信贷的款额不能超过汽车贷款的 60%。LO2,3,4

a. 为了使年收益最大化，请构建一个线性规划模型用于决定 ASB 怎样将这笔新款项分配在不同类型的贷款中。

b. 每种贷款类型应分配多少款额？总的年收益是多少？平均年收益率是多少？

c. 如果家庭贷款的利息率增加到 9%，那么每种贷款类型的款额将会变化多少？加以解释。

d. 如果这笔可用的资金额又增加了 10 000 美元，那么这个变化将会对总的年收益有什么影响？加以解释。

e. 仍假设 ASB 有 100 万美元的可用资金，但规划委员会同意将分配到家庭贷款的款额比例由至少 40% 放松到至少 39%，那么总的年收益将会变化多少？平均年收益率又将会怎样变化？

21. **酒店预订。** Round Tree Manor 是一家拥有两种类型（类型 1 和类型 2）房间和三种租金等级（超经济型、豪华型、商务型）的旅店。不同类型和等级的房间每晚的利润如下。

		租金级别		
		超经济型	豪华型	商务型
房间	类型 1	30	35	—
	类型 2	20	30	40

Round Tree Manor 的管理层对未来不同租金等级房间每晚的需求做了一个预测。通过运用一个线性规划模型来求解最大利润，从而决定每种租金等级每晚的预订量。需求预测分别如下：超经济型是每晚 130 间，豪华型是每晚 60 间，商务型是每晚 50 间。Round Tree Manor 两种类型可用的房间数分别是 100 间和 120 间。LO2,3

a. 用线性规划模型来求解从而决定每种租金等级的预订量以及这些预订量在不同类型房间中的分配。是否有哪种类型的需求都没有得到满足？加以解释。

b. 对于 a 中的解，每种租金等级的房间能提供多少预订量？

c. 只需费一点小工夫，一间没有用过的办公室也能改造为旅店的一间房。如果两种类型房间的改造成本都一样，那么你是推荐将办公室改造为类型 1 还是类型 2？为什么？

d. 为了下一晚上房间需求的分配计划，我们可以修改线性规划的模型吗？我们需要哪些信息以及模型应该怎样修改？

22. **葡萄酒商标设计**。工业设计公司最近签了一份新合同，为湖光酿酒（Lake View Winery）公司生产的新葡萄酒设计一个商标。公司估计完成这项工作需要 150 小时。现在公司可以调用 3 位图形设计人员：Lisa，高级设计师，设计组组长；David，高级设计师；Sarah，中级设计师。因为 Lisa 与湖光酿酒公司有过几次工作接触，所以公司要求分给 Lisa 的工作时间至少是其他两个设计师总工作时间的 40%。为了提高 Sarah 的设计经验，公司要求她至少要承担总设计时间的 15%，但是她的工作时间又不能超过其他两个高级设计师总工作时间的 25%。由于还有其他的工作任务，Lisa 最多可以工作 50 个小时。Lisa、David、Sarah 的报酬分别是每小时 30 美元、25 美元和 18 美元。LO2,3,5

a. 建立一个数学模型用来决定每个设计人员各应该分配多少时间才能使工作总成本最低。

b. 对模型求解，给出最优解和最小工作总成本。

c. 假设 Lisa 可工作时间多于 50 小时，那么对最优解会产生什么影响？为什么？

d. 假设 Sarah 没有最低工作时间限制，对最优解会产生什么影响？为什么？

23. **制冷部件**。Vollmer 制造公司为电冰箱厂家生产 3 种部件。这 3 种部件需要在 2 种机器上加工：成型机和打磨机。每种机器的工作时间如下所示。

部件	机器	
	成型机	打磨机
1	6	4
2	4	5
3	4	2

成型机的可工作时间是 120 小时，打磨机的可工作时间是 110 小时。部件 3 最多只能卖出 200 件，但其他两个部件都可以卖出 1 000 件。公司签了一份 600 件部件 1 的订单，这个订单必须满足。部件 1、2 和 3 的利润分别是 8 美元、6 美元和 9 美元。LO2,3,4,5

a. 建立一个线性规划模型来确定生产量。

b. 三个部件的利润的最优范围是什么？对其进行解释。

c. 每个约束条件的右端值的可行域是多少？

d. 如果打磨机有更多的可工作时间，你认为有意义吗？

e. 如果降低部件 3 的价格会使其销售量增加，你认为公司应该降低价格吗？

24. **股票投资风险最小化**。美国国家保险联合会对股票、证券等领域进行投资。现在有一笔 200 000 美元的资金需要将其投资于股票市场。可选的股票以及相应的数据如下。

	股票			
	A	B	C	D
每股价格（美元）	100	50	80	40
年收益率	0.12	0.08	0.06	0.10
单位美元投资风险指数	0.10	0.07	0.05	0.08

风险指数是衡量股票年资金收益不确定性的，数值越高，风险越大。风险指数是由公司的高级咨询员制定的。

美国国家保险联合会的高层管理者制定了以下投资方针：年资金收益率至少为 9%，任何一种股票投入资金量都不可以超过总资金量的 50%。LO2,3,4

a. 建立一个线性规划模型来确定风险最小的投资组合。

b. 如果公司忽略风险，以最大年资金收益率作为投资目标，那么应该如何投资？

c. a 和 b 这两种投资方式在投资资金上有什么不同？为什么公司可能会更偏好方式 a？

25. **生产橱柜**。Georgia 橱柜厂为遍布东南地区的小商贩生产厨房橱柜。公司现在有大量的橡木和樱木橱柜订单。公司希望联合 3 家小的制造商以完成最后的成型工序。这 3 家小制造商加工橡木、樱木橱柜的时间和单位时间成本如下。

	制造商 1	制造商 2	制造商 3
完成全部橡木橱柜的时间	50	42	30
完成全部樱木橱柜的时间	60	48	35
可工作时间	40	30	35
每小时的成本（美元）	36	42	55

例如，制造商 1 估计需要 50 个小时完成全部的橡木橱柜，60 个小时完成全部的樱木橱柜。但是，制造商 1 的总生产时间是 40 小时。因此，如果制造商 1 只生产橡木橱柜，它能完成 80%。同样，制造商如果只生产樱木橱柜，能完成 67%。LO2,3,4,5

a. 写出线性规划模型以求出橡木和樱木橱柜的生产分配方案，使总生产成本最低。

b. 对 a 中的模型求解，求出橡木橱柜和樱木橱柜分配给各个制造商的百分率，以及完成这项工作的总成本。

c. 如果增加制造商 1 的可工作时间，最优解会改变吗？为什么？

d. 如果增加制造商 2 的可工作时间，最优解会改变吗？为什么？

e. 假设制造商 2 的工作成本减少到每小时 38 美元，对最优解会有影响吗？为什么？

26. **可穿戴健身设备**。Benson 电子制造公司生产 3 种可穿戴健身设备的部件。在最近的一段生产时间中，对这 3 种部件的需求可能会大于生产能力。在这种情况下，公司就必须以相对较高的价格购买其他公司的产品以满足需求。以下是公司买入单位产品的价格和制造单位产品的成本。

来源	部件 1	部件 2	部件 3
制造（美元）	4.50	5.00	2.75
购买（美元）	6.50	8.80	7.00

Benson 公司 3 个部门的生产时间如下。

部门	部件 1	部件 2	部件 3
生产	2	3	4
装配	1	1.5	3
检验包装	1.5	2	3

例如，公司生产每个部件 1 需要 2 分钟，装配每个部件 1 需要 1 分钟，检验包装每个部件 1 需要 1.5 分钟。在下一个生产时段里，生产部有 360 小时的工作时间、250 小时的装配时间和 300 小时的检验包装时间。LO2,3

a. 建立一个线性规划模型以决定每个部件应该生产多少，应该买入多少，以使总生产成本最低。假设公司必须生产 6 000 件部件 1、14 000 件部件 2 和 3 500 件部件 3。

b. 模型的最优解是什么？每种部件应该生产多少，买入多少？

c. 哪个部门限制了公司的产量？使用对偶值分析每个部门增加 1 小时的工作时间会对最优解产生什么影响。

d. 假设公司不得不多生产一个部件 2，根据其对偶值讨论增加的这个部件会使成本增加多少。

27. **收获蔓越莓**。收获蔓越莓的方法有两种：一种为“水收”法，另一种为“干收”法。通过干收法收获的蔓越莓可以高价售完，而通过水收法收获的蔓越莓大多用来制造蔓越莓果汁，带来的收入也较少。新鲜制造蔓越莓合作社必须决定多少蔓越莓以干收法获得，多少蔓越莓以水收法获得，并保证最终可通过这两种方式共收获 5 000 桶蔓越莓。干收的蔓越莓每桶售价为 32.5 美元，水收的蔓越莓每桶售价为 17.5 美元。一旦丰收，无论干收还是水收，蔓越莓在被售之前都要经过除茎叶和清理的操作处理。而除茎叶和清理这两个操作每天都可分别进行 24 小时，并持续 6 个星期（总共有 1 008 个小时）。每桶干收的蔓越莓除茎叶需要 0.18 小时，清理需要 0.32 小时。每桶水收的蔓越莓除茎叶需要 0.04 小时，清理需要 0.10 小时。水收的蔓越莓还需要干燥处理，而且干燥处理同

样可以每天进行24小时，并持续6个星期，每桶水收的蔓越莓干燥需要0.22小时。LO2,3,5

a. 建立线性规划模型，使新鲜制造蔓越莓合作社确定蔓越莓干收和水收的最优数量。

b. 求解a中的模型。多少蔓越莓应该以干收方式获得？多少蔓越莓应该以水收方式获得？

c. 假设新鲜制造蔓越莓合作社可以通过外包提高除茎叶操作的能力。此时，新鲜制造蔓越莓合作社仍需要尽可能自己进行除茎叶操作，但能以每小时500美元的代价向外包公司购买额外的能力。新鲜制造蔓越莓合作社应该购买额外的除茎叶操作能力吗？为什么？

d. 解释与清理操作约束条件相关的对偶值在管理中的意义。

28. **匹配风险承受能力的投资。**Pfeiffer公司为其客户管理大约1 500万美元的资金。对于每一位客户，公司都将其资金分三个方面投资：股票成长基金、收入基金和货币市场基金。不同客户有不同的投资目标和风险承受能力。为了应对这种情况，公司对风险承受指数不同的人规定了相应的投资限制。

我们现在来看一下公司的服务过程。丹尼尔·哈特曼是Pfeiffer公司的一个客户，公司首先计算出他的风险承受指数是0.05。为了使投资多元化，哈特曼的投资计划中至少包括10%的股票成长基金、10%的收入基金和20%的货币市场基金。这三种基金的风险指数分别是0.10、0.05和0.01，而投资的风险指数是各项投资所占总投资的百分比与其风险指数乘积的代数和。哈特曼现在将300 000美元交给Pfeiffer公司管理。公司预测，股票基金的收益率是20%，收入基金的收益率是10%，货币市场基金的收益率是6%。LO2,3,4,5,6

a. 建立线性规划模型，为哈特曼找出最佳的投资计划。

b. 对a中的模型求解，求出最优解。

c. 这三种基金的收益率至少得变化多少才能使哈特曼修改投资计划？

d. 如果哈特曼的风险承受能力更强，收益会增加多少？比如哈特曼的风险承受指数为0.06。

e. 如果Pfeiffer公司将股票基金的收益率降为0.1，你认为哈特曼应该改变他的投资计划吗？为什么？

f. Pfeiffer公司在理财过程中必须知道的客户信息是什么？

g. Pfeiffer公司每周都对基金的收益率进行重新评估，设想一下，假设Pfeiffer公司有50位客户，那么公司是如何定期修改客户的投资，重新分配投资基金的？

29. **新品饮料生产。**La Jolla饮料公司想要生产一种新型酒精饮料，它是由白酒、玫瑰酒和果汁混合而成的。为了保持酒的口感，这种酒必须包含至少50%的白酒、20%～30%的玫瑰酒和正好20%的果汁。La Jolla公司可以从本地的酒厂购买酒，但果汁就得从旧金山的厂家购买了。在即将到来的生产周期里，公司可以买到10 000加仑的白酒、8 000加仑的玫瑰酒，果汁的订货量不限。每加仑白酒的价格是1美元，每加仑玫瑰酒的价格是1.50美元，每加仑果汁的价格是0.5美元。La Jolla公司以每加仑2.5美元的价格将酒饮料卖出去。LO2,3,8

a. 本题中酒和果汁的沉没成本和相关成本各应该是多少？

b. 建立线性规划模型，求出这3种原料各应该买入多少才能使产品的利润最大。

c. 如果La Jolla公司可以多获得一定量的白酒，它应该这么做吗？如果应该，那么对于增加的这部分白酒，公司希望以什么价格购入，购入多少呢？

d. 如果La Jolla公司可以多获得一定量的玫瑰酒，它应该这么做吗？如果应该，那么对于增加的这部分玫瑰酒，公司希望以什么价格购入，购入多少呢？

e. 对饮料中必须至少包含有50%白酒的约束条件

的对偶值做出解释。知道了这个对偶值后，你会向管理者提出什么样的建议呢？

f. 对饮料中必须含有 20% 果汁的约束条件的对偶值做出解释。知道了这个对偶值后，你会向管理者提出什么样的建议呢？

30. **新闻节目时间分配。**10 频道的节目管理员希望确定出 11：00—11：30 晚间新闻节目的最佳安排。具体地说，他希望确定出本地新闻、国内新闻、天气预报和体育节目的时间分配。这 30 分钟的节目中，广告占 10 分钟。电台要求，本地新闻的时间必须至少占 15%，本地新闻和国内新闻结合起来的时间必须至少占总时间的 50%，天气预报的时间不应该大于体育节目的时间，天气预报的时间至少应该占 20%。节目的制作成本是：本地新闻每分钟 300 美元，国内新闻每分钟 200 美元，天气预报每分钟 100 美元，体育节目每分钟 100 美元。LO2,3,5

a. 建立线性规划模型，以决定出最小制作成本。

b. 解释总时间约束条件的对偶值，并向台长提出你的建议。

c. 解释本地新闻时间必须至少占 15% 这一约束条件的对偶值，并向台长提出你的建议。

d. 解释本地新闻和国内新闻的总时间必须至少占 50% 这一约束条件的对偶值，并向台长提出你的建议。

e. 解释天气预报的时间不应该大于体育节目的时间这一约束条件的对偶值，并向台长提出你的建议。

31. **订购存储电容器。**海湾电子公司准备签一份合同，找供应商来提供他们电子设备的存储电容器。在最近几年，海湾电子公司的存储电容器是由 Able Controls 和 Lyshenko Industies 两家供应商提供的。现在一家新公司 Boston Components 也希望获得一部分订单。Lyshenko Industies 公司的产品质量极高，废品率只有 0.5%。Able Controls 公司的产品质量也比较高，废品率只有 1%。由于以前没有和 Boston Components 公司合作过，公司认为 Boston Components 的次品率是 10%。海湾电子公司需要有 75 000 个可用的存储电容器。为了确保 Boston Components 公司可以拿到一定的订单，公司要求 Boston Components 拿到的订单数至少要占 Able Controls 拿到的 10%。此外，Boston Components、Able Controls 和 Lyshenko Industies 的订单数分别不能超过 30 000、50 000 和 50 000。由于公司与 Lyshenko Industies 有着长期的合作关系，Lyshenko Industies 的订单数最少为 30 000。Boston Components 公司的价格是每个电容器 2.45 美元，Able Controls 公司的价格是每个电容器 2.50 美元，Lyshenko Industries 公司的价格是每个电容器 2.75 美元。LO2,3,5

a. 建立线性规划模型，决定从每个供应商处订购存储电容器的数量，使购买 75 000 个质量过关的存储电容器的成本最低。

b. 假设 Boston Components 公司提供的存储电容器质量水平远远高于预期的水平，那么它会对最优解产生什么影响？

c. 假设公司重新考虑 Lyshenko Industies 公司最低 30 000 个电容器的约束条件，那么你会给出什么建议？

32. **锂电池生产。**Photon Technologies 公司是一家移动电话电池生产商，它与一家电子公司签订了一项合同，为一种新型智能手机生产线生产三种不同的锂电池组。合同要求如下。

电池组	生产量
PT-100	200 000
PT-200	100 000
PT-300	150 000

Photon Technologies 能够在坐落于菲律宾和墨西哥的工厂生产电池组。由于生产设备和工资率的不同，两个工厂生产的电池组的单位成本是不同的。每个制造工厂生产的每个电池组的单位成本（单位：美元）如下所示。

产品	工厂	
	菲律宾	墨西哥
PT-100	0.95	0.98
PT-200	0.98	1.06
PT-300	1.34	1.15

在两家工厂里，PT-100 和 PT-200 电池组是用相似的生产设备生产的。然而，每家工厂都对生产的 PT-100 和 PT-200 电池组有一个能力限制。PT-100 和 PT-200 电池组的联合生产能力在菲律宾工厂是 175 000，在墨西哥工厂是 160 000。PT-300 电池组的生产能力在菲律宾工厂是 7 5000，在墨西哥工厂是 100 000。菲律宾工厂的装货成本是每单位 0.18 美元，墨西哥工厂的装货成本是每单位 0.10 美元。LO2,3,4

a. 建立一个线性规划模型，Photon Technologies 能用此确定在每个工厂生产电池组的数量，来最小化与这个新签合同相关的总的生产和装货成本。

b. 求解 a 部分建立的线性规划，确定最优生产计划。

c. 为了在菲律宾工厂生产额外的 PT-100 电池组，运用灵敏度分析来确定每单位生产和 / 或装货成本必须改变多少。

d. 为了在墨西哥工厂生产额外的 PT-200 电池组，运用灵敏度分析来确定每单位生产和 / 或装货成本必须改变多少。

案例问题 3–1

产品混合问题

TJ 公司生产 3 种坚果什锦产品，分销给遍布东南地区的食品连锁店。产品有三个品种，分别是普通型、高级型和假日型，不同品种的区别就是各种坚果的比例不同。

为了秋季的生产准备，TJ 公司购入了一批坚果，价格和类别如下。

坚果类别	运量（磅）	运输费用（美元）
杏仁	6 000	7 500
巴西果	7 500	7 125
榛子	7 500	6 750
核桃	6 000	7 200
胡桃	7 500	7 875

普通型的产品含有 15% 的杏仁、25% 的巴西果、25% 的榛子、10% 的核桃、25% 的胡桃。高级型的产品，各种坚果均含 20%。假日型的产品含 25% 的杏仁、15% 的巴西果、15% 的榛子、25% 的核桃、20% 的胡桃。

TJ 公司的一位会计对包装材料费用、每磅产品售价等数值进行分析预测，得到每磅普通型产品的利润是 1.65 美元，每磅高级型产品的利润是 2 美元，每磅假日型产品的利润是 2.25 美元。这些数值没有包括坚果的价格，因为它们的价格变化非常大。

客户的订单如下。

产品类型	订货量（磅）
普通型	10 000
高级型	3 000
假日型	5 000

因为对产品的需求在不断增加，预计 TJ 公司将会获得大于其生产能力的订单。

TJ 公司的目的在于合理安排坚果产品的类型，使公司的利润最大；公司不用的坚果都捐献给当地的慈善机构。还有，无论赢利与否，公司都将满足已经签署的订单。LO2,3,5,8

管理报告

分析 TJ 公司的产品组合问题，并准备一个报告向 TJ 公司总经理简要介绍一下你的观点。报告的内容必须包括以下几个方面。

1. 普通型、高级型和假日型坚果产品的成本。

2. 最优的生产组合和总利润是多少？

3. 如果还可以购买一些坚果，分析如何才能使产品的利润增加。

4. 思考 TJ 公司是否应该从一个供应商那里再以 1 000 美元的价格购入 1 000 磅的杏仁。

5. 如果 TJ 不必满足全部的已签订单，公司的利润会增加多少？

案例问题 3-2

投资战略

J. D. 威廉姆斯公司是一个投资咨询公司，为大量的客户管理高达 1.2 亿美元的资金。公司运用一个很有价值的模型，为每个客户安排投资量，分别投资在股票增长基金、收入基金和货币市场基金。为了保证客户投资的多元化，公司对这三种投资的数额加以限制。一般来说，投资在股票方面的资金应该占总投资的 20% ～ 40%，同样，投资在收入基金上的资金应该确保在 20% ～ 50%，货币市场方面的投资至少应该占 30%。

此外，公司还尝试着引入了风险承受能力指数，以迎合不同投资者的需求。比如，威廉姆斯的一位新客户希望投资 800 000 美元。对其风险承受能力进行评估得出其风险指数为 0.05。公司的风险分析人员计算出，股票市场的风险指数是 0.10，收入基金的风险指数是 0.07，货币市场的风险指数是 0.01。整个投资的风险指数是各项投资所占总投资的百分比与其风险指数乘积的代数和。

此外，公司预测股票基金的年收益率是 18%，收入基金的年收益率是 12.5%，货币市场基金的年收益率是 7.5%。现在，基于以上信息，公司应该如何安排这位客户的投资呢？建立线性规划模型，求出使总收益最大的解，并根据模型写出管理报告。LO2,3,4,5,6

管理报告

1. 如何将 800 000 美元投资于这三种基金？按照你的计划，投资的年收益是多少？

2. 假设客户的风险承受指数提高到 0.055，那么在投资计划更改后，收益将增加多少？

3. 假设客户的风险承受指数不变，仍然是 0.05，而股票成长基金的年收益率从 16% 下降到 14%，那么新的最佳投资方案是什么？

4. 假设现在客户认为投资在股票方面的资金太多了，如果增加一个约束条件即投资于股票增长基金的资金不可以超过投资于收入基金的资金，那么新的最佳方案是什么？

5. 当遇到预期收益率变化时，你所建立的线性规划模型应该可以对客户的投资方案做出修改，那么这个模型的适用范围是什么？

附录 3.1

使用 Excel 进行灵敏度分析

在附录 2.1 中，我们介绍了如何使用 Excel Solver 求解线性规划问题从而求解 Par 公司的问题。现在我们再来看一下如何使用 Excel Solver 进行灵敏度分析。

当 Excel Solver 已经找出了线性规划问题的最优解时，屏幕上就会出现一个 Solver Results 的对话框（如图 3-22 所示）。如果这个解就是你所要的，单击 OK，有关灵敏度分析的报告在同一个 Excel 工作簿的另一个工作表中。对于 Par 公司的问题，我们得到最优解所在的工作表（如图 3-23 所示）和灵敏度分析所在的工作表（如图 3-24 所示）。

Excel Solver 灵敏度分析报告的说明

在灵敏度分析报告的可变单元格（Adjustable Cells）部分，终值（Final Value）栏的值就是决策变量的最优值。对于 Par 公司的问题来说，最优解就是 540 个标准球袋，252 个高级球袋。接下来我们再分析一下递减成本（Reduced Cost）栏中的数值。在

Excel 中，对递减成本的解释是，函数变量增加一个单位，目标函数值的变化量。[1]对于 Par 公司的问题来说，两个递减成本都是零，它们目前的值就是最优解。

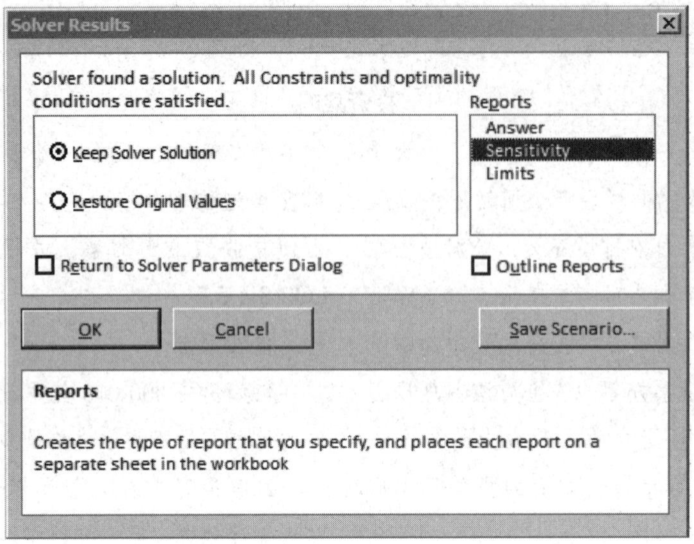

图 3-22 Excel 求解结果对话框

	A	B	C	D
1	**Par 公司**			
2				
3		**生产时间**		
4	**部门**	**标准球袋**	**高级球袋**	**可用时间**
5	切割和印染	0.7	1	630
6	缝制	0.5	0.833 33	600
7	成型	1	0.666 67	708
8	检查和包装	0.1	0.25	135
9	**单位产品利润**	10	9	
10				
11				
12	**模型**			
13				
14		**决策变量**		
15		**标准球袋**	**高级球袋**	
16	**产量**	539.998 42	252.001 10	
17				
18	**最大化总利润**	7 668		
19				
20	**约束条件**	**已用时间（LHS值）**		**可用时间（RHS值）**
21	切割和印染	630	<=	630
22	缝制	479.999 29	<=	600
23	成型	708	<=	708
24	检查和包装	117.000 12	<=	135

图 3-23 Par 公司问题的 Excel 求解

[1] 在 Excel 中，如果最优解中变量的值等于这个变量的上限，那么递减成本将是这个上限约束的对偶值。

可变单元格

单元格	名称	终值	递减成本	目标函数系数	允许增加值	允许减少值
$B$16	标准球袋	540	0	10	3.5	3.7
$C$16	高级球袋	252	0	9	5.285 714 286	2.333 3

约束条件

单元格	名称	终值	影子价格	约束限制值	允许增加值	允许减少值
$B$21	切割和印染使用的时间	630	4.375	630	52.363 636 36	134.4
$B$22	缝制使用的时间	480	0	600	1E+30	120
$B$23	成型使用的时间	708	6.937 5	708	192	128
$B$24	检查和包装使用的时间	117	0.000 00	135	1E+30	18

图 3-24　Par 公司问题的 Excel 灵敏度分析报告

在图 3-24 的递减成本栏的右侧还有 3 个标签，分别是目标函数系数（Objective Coefficient）、允许增加值（Allowable Increase）和允许减少值（Allowable Decrease）。注意标准球袋决策变量行，相应的目标函数系数是 10，允许增加值的值是 3.5，允许减少值的值是 3.7。将 10 分别加上 3.5、减去 3.7 就得到 C_S 的最优范围是：

$$6.3 \leqslant C_S \leqslant 13.5$$

同样，C_D 的最优范围是：

$$6.67 \leqslant C_D \leqslant 14.29$$

本附录中提供的灵敏度分析解释基于一次只发生一个目标函数系数或一个右端值变化的假设。

我们再来分析一下约束条件部分的信息。终值栏中的信息是当生产 540 个标准球袋、252 个高级球袋时各部门的工作量。也就是说，最优解需要 630 小时的切割和印染工作时间、480 小时的缝制时间、708 小时的成型时间和 117 小时的检查和包装时间。约束限制值（Constraint R.H.Side）中的值减去相应的终值中的值就可以求出松弛变量的值。

影子价格（Shadow Price）中的值就是每个约束条件的影子价格。影子价格是对偶值的另外一种常用术语。灵敏度分析报告部分最后两栏的内容是约束条件的右端值的可行变化范围。比如，切割和印染约束条件的允许增加值是 52.4，允许减少值是 134.4。允许增加值栏和允许减少值栏的信息说明，将 630 小时增加 52.4 小时（630+52.4=682.4）或者减少 134.4 小时（630−134.4=495.6），影子价格 4.375 美元都是适用的。

概括地说，可行域限制了影子价格的运用。如果模型的变化超过了可行域，就必须对其重解了。

第 4 章

线性规划在营销、财务和运营管理领域的应用

学习目标

LO1 对营销领域的线性规划问题进行建模并求解。

LO2 对财务领域的线性规划问题进行建模并求解。

LO3 对生产计划和配送领域的线性规划问题进行建模并求解。

LO4 对人员配置和排班领域的线性规划问题进行建模并求解。

LO5 对混合问题的线性规划问题进行建模并求解。

线性规划被证明是在制定决策时最成功的定量化方法之一，几乎应用于各行各业。这些应用包括：生产日程安排、媒体选择、市场调研、财务规划、资本预算、运输问题、分销系统设计、混合制造、人力资源管理以及混合问题等。

第 2 章和第 3 章的专栏介绍了线性规划作为一种灵活的解决问题的工具而得到广泛应用。专栏 4-1 介绍了线性规划的又一应用，讲述的是马拉松石油公司的营销计划模型，展示了该公司如何利用一个大型的线性规划模型来解决一系列关于计划的问题。本章后面的专栏还会陆续介绍通用电气如何运用线性规划制定太阳能投资决策、Jeppesen Sanderson 如何利用线性规划来优化飞行手册的生产，以及 Vestel Electronics 公司如何运用线性规划来制订生产计划。

本章将介绍线性规划在传统商业领域的一系列应用，包括营销、财务和运营管理等领域。本章重点是建模、计算机求解以及计算结果的解读。我们依据所研究的问题建立数学模型，并给出模型求解结果。本章附录还将阐明如何利用 Excel Solver 来求解财务规划的问题。

|专栏 4-1| 实践中的管理科学

马拉松石油公司的一个营销计划模型

马拉松石油公司在美国国内有 13 家炼油厂，运营着 112 家轻油产品的销售终端，产品覆盖至少 95 个产品需求点。公司的供给和运输部门要决定，如何以最小的成本，采用何种运输方式

（管道、船和油轮），将产品从炼油厂配送到销售终端，在满足需求点的需求的同时，不能超过每个精炼厂的供给能力。为了帮助解决这个复杂的问题，公司构建了一个营销计划模型。

营销计划模型是一个不仅考虑马拉松石油公司产品销售终端的销售量，而且考虑所有交易区域销售量的大型线性规划模型。一份交易合同是公司与其他石油产品经销商之间的一个约定，它包括各自在不同的区域交换或是买卖马拉松石油公司的产品。马拉松石油公司拥有的管道、驳船、油轮也包括在这个线性规划模型中。该模型的目标是在满足给定需求结构下使成本最小化，包括销售价格、管道费用、交换协议成本、产品需求量、销售端运营成本、炼油成本以及产品购买成本等。

这个营销计划模型可以用于解决一系列的计划问题，从评估混合汽油的经济性到分析一个新的销售端或管道的经济效益。对于一个每天销售大约 1 000 万加仑轻油品的炼油厂而言，即使每加仑只能节约千分之一美分，从长远看也能带来可观的成本节约。另外，如果仅考虑某一环节的成本节约，如精炼或运输，则可能会导致系统总成本增加。而该营销计划模型则综合考虑了系统的总成本，从而避免了上述问题的发生。

资料来源：马拉松石油公司的 Robert W. Wernert。

4.1　市场营销中的应用

线性规划在市场营销中有着广泛的应用，本节将讨论它在媒体选择和市场调查中的应用。

4.1.1　媒体选择

在媒体选择中应用线性规划的目的在于帮助营销经理将固定的广告预算分配到不同的媒体中去。潜在的媒体有报纸、杂志、电台、电视、直邮和网络等。在这些应用中，我们的目的是借用媒体使宣传范围、频率和质量最大化。预算分配方案的约束条件通常源于公司的政策、合同的要求以及媒体的可用数量等。在接下来的应用中，我们将介绍如何利用线性规划建立模型进而求解关于媒体选择的问题。

在线广告包括搜索引擎营销、网站横幅广告、移动设备广告和电子邮件营销等。

REL 发展公司在开发一个环私人湖社区，湖边住宅的主要客户是距社区 100 英里以内的所有中高等收入家庭。该公司聘请 BP&J 公司来做广告宣传。

考虑可用的广告媒体和要覆盖的市场，BP&J 建议将第一个月的广告限于 5 种媒体。在第一个月月末，BP&J 将根据本月的结果再次评估它的广告策略。BP&J 已经搜集了单位媒体的潜在受众人数和成本、每个媒体可提供的最多的广告数量，以及 5 种媒体的单位影响力。媒体的单位影响力是通过单位宣传质量来衡量的，所谓单位宣传质量即各个媒体一次广告带来的相对价值，是通过考虑众多因素，如观众的人口统计数据（年龄、收入和受教育程度）、呈现的形象和广告的品质，结合 BP&J 在广告行业中的经验获得。表 4-1 列出了搜集的信息。

表 4-1　REL 发展公司的广告媒体选择

广告媒体	潜在受众人数	广告成本（美元）	每月最多可用次数①	单位影响力
日间电视（1 分钟，WKLA 台）	1 000	1 500	15	65
晚间电视（30 秒，WKLA 台）	2 000	3 000	10	90

（续）

广告媒体	潜在受众人数	广告成本（美元）	每月最多可用次数①	单位影响力
网站（在线横幅广告）	1 500	400	25	40
周日报纸杂志（1/2 版，彩色，《周日出版》）	2 500	1 000	4	60
电台早 8 点或晚 5 点新闻（30 秒，KNOP 台）	300	100	30	20

①最多可用次数是一定时间内能够使用的最大次数，例如每月 4 个周日，或是 BP&J 建议该媒体使用的最大次数。

REL 发展公司提供给 BP&J 第一个月的广告预算是 30 000 美元。REL 发展公司对如何分配这些资金有如下要求：至少要用 10 次电视广告，潜在受众人数至少要达到 50 000 人，并且电视广告的费用不得超过 18 000 美元。广告媒体的最优选择应该是什么呢？

要做出的决策是：每个媒体的使用次数是多少。我们首先定义如下决策变量：

DTV = 日间电视使用次数

ETV = 晚间电视使用次数

W = 网站使用次数

SN = 周日报纸杂志使用次数

R = 电台使用次数

一定要确保你的线性规划模型能正确反映实际问题。求解模型之前，很有必要再重新检查一下已构建的方程、等式或不等式

表 4-1 中单位影响力的数据表明：日间电视（DTV）的单位影响力是 65，晚间电视（ETV）的单位影响力是 90，网站（W）的单位影响力是 40，周日报纸杂志（SN）的单位影响力是 60，电台（R）的单位影响力是 20。因此，如果建模的目标是使媒体选择计划的总影响力最大，那么目标函数是：

$$\max \quad 65\text{DTV} + 90\text{ETV} + 40W + 60\text{SN} + 20R \qquad \text{宣传质量}$$

根据已知信息，可知模型的约束条件为：

$$\left.\begin{aligned}
\text{DTV} &\leqslant 15\\
\text{ETV} &\leqslant 10\\
W &\leqslant 25\\
\text{SN} &\leqslant 4\\
R &\leqslant 30
\end{aligned}\right\} \text{可用媒体}$$

$$1\,500\text{DTV} + 3\,000\text{ETV} + 400W + 1\,000\text{SN} + 100R \leqslant 30\,000 \qquad \text{预算}$$

$$\left.\begin{aligned}
\text{DTV} + \text{ETV} &\geqslant 10\\
1\,500\text{DTV} + 3\,000\text{ETV} &\leqslant 18\,000
\end{aligned}\right\} \text{电视约束}$$

$$1\,000\text{DTV} + 2\,000\text{ETV} + 1\,500W + 2\,500\text{SN} + 300R \geqslant 50\,000 \qquad \text{受众人数}$$

$$\text{DTV}, \text{ETV}, W, \text{SN}, R \geqslant 0$$

图 4-1 是对上述线性模型的求解，表 4-2 为其总结。

最优解决方案要求社区的广告在日间电视、网站、周日报纸杂志和电台上投放，此时达到的最优影响力是 2 370，而受众总数为 61 500。图 4-1 中递减成本一列表明：若要晚间电视出现在最优解决方案中，其单位影响力至少要增加 65。注意，预算限制（约束条件 6）的对偶值为 0.06，即预算费每增加 1 美元，广告总影响力会增加 0.06。约束条件 7 的对偶值为 −25.000，这表明可用电视广告数量每增加 1 个单位，投放的广告影响力会减少 25。或者说，可用电视广告数量每减少 1 个单位，宣传质量单位则会增加 25。因此，REL 发展

公司应该考虑是否降低至少要用 10 次电视广告的限制。

```
最优值 =                    2370.00000
      变量              值                  递减成本
--------------   ---------------   -----------------
      DTV             10.00000             0.00000
      ETV              0.00000           -65.00000
      W               25.00000             0.00000
      SN               2.00000             0.00000
      R               30.00000             0.00000
    约束条件          松弛/剩余              对偶值
--------------   ---------------   -----------------
       1               5.00000             0.00000
       2              10.00000             0.00000
       3               0.00000            16.00000
       4               2.00000             0.00000
       5               0.00000            14.00000
       6               0.00000             0.06000
       7               0.00000           -25.00000
       8            3000.00000             0.00000
       9           11500.00000             0.00000
```

可用媒体（约束 1～4）
预算（约束 5）
电视约束（约束 6～8）
受众人数（约束 9）

图 4-1　对 REL 发展公司问题的求解

表 4-2　REL 发展公司的广告计划

广告媒体	使用数量	预算（美元）
日间电视	10	15 000
网站	25	10 000
周日报纸杂志	2	2 000
电台	30	3 000
		30 000
影响力= 2 370		
受众总数 = 61 500		

该模型的不足之处是：即使影响力的评定没有错误，也不能保证总影响力最大化会使利润或销售最大化。然而，这并不是线性规划模型本身的缺陷，而是以影响力为目标函数的缺陷。如果我们能直接测算出广告对利润的影响，就可用总利润最大化作为目标了。

注释与点评

1. 媒体选择模型需要对可选媒体的影响力做出客观的评价。营销经理可能拥有大量影响力的相关数据，但是在目标函数中的最终系数，也可以将基于管理层的主观判断包含进来。主观判断也是获取线性规划模型的模型系数的方法之一。

2. 本节中展示的媒体选择模型是将影响力作为目标函数，并对潜在受众人数设置了约束条件。该问题的另一种解决方法是将受众数量作为目标函数，并设置最小影响力的约束条件。

4.1.2　市场调查

开展市场营销调查以了解消费者的特点、态度以及偏好，专门为客户公司提供此类信息调查服务的公司被称为市场调查公司。这类公司提供的典型服务包括：调查设计，开展市场调查，分析收集数据，提供市场调查报告，为顾客公司的营销提供对策建议。在调查设计阶段，应对调查对象的数量和类型设定目标或限额。市场调查公司的目标是以最小的成本满足客户需求。

市场调查公司 MSI 专门评定消费者对新产品、服务和广告活动的市场反应。一个客户公司要求 MSI 帮助了解消费者对一种近期推出的家居产品的市场反应。在与客户会面的过程中，MSI 同意开展入户调查，调查的家庭包括有儿童家庭和无儿童家庭。同时 MSI 还同意采用日间和夜间两种调查方式。具体地说，客户的合同要求 MSI 依照以下限制条款进行 1 000 次访问。

（1）至少访问 400 个有儿童家庭。

（2）至少访问 400 个无儿童家庭。

（3）夜间访问的家庭数量不得少于日间访问的数量。

（4）至少 40% 的有儿童家庭必须在夜间访问。

（5）至少 60% 的无儿童家庭必须在夜间访问。

因为访问有儿童家庭需要额外的时间，而且夜间访问员的报酬要比日间访问员的报酬高，所以调查成本因访问类型的不同而不同。基于以往的调查经验，预计的单次访问费用如右表所示。

家庭类型	单次访问费用	
	日间（美元）	夜间（美元）
有儿童	20	25
无儿童	18	20

那么，以最小的总访问成本来满足合同要求的家庭—时间的访问计划是什么样的呢？

在为 MSI 问题建立线性规划模型时，我们首先定义如下决策变量：

DC = 日间访问有儿童家庭的数量

EC = 夜间访问有儿童家庭的数量

DNC = 日间访问无儿童家庭的数量

ENC = 夜间访问无儿童家庭的数量

我们根据单次访问的成本得到如下目标函数：

$$\min \quad 20\text{DC} + 25\text{EC} + 18\text{DNC} + 20\text{ENC}$$

约束条件要求总访问量达到 1 000，即

$$\text{DC} + \text{EC} + \text{DNC} + \text{ENC} = 1\ 000$$

5 个有关访问类型的特别约束条件如下。

有儿童家庭：

$$\text{DC} + \text{EC} \geqslant 400$$

无儿童家庭：

$$\text{DNC} + \text{ENC} \geqslant 400$$

夜间访问的家庭数量不得少于日间访问的数量：

$$\text{EC} + \text{ENC} \geqslant \text{DC} + \text{DNC}$$

至少 40% 的有儿童家庭必须在夜间访问：

$$\text{EC} \geqslant 0.4(\text{DC}+\text{EC})$$

至少 60% 的无儿童家庭必须在夜间访问：

$$\text{ENC} \geqslant 0.6(\text{DNC}+\text{ENC})$$

加上非负约束后，这个有 4 个变量、6 个约束条件的线性规划模型可以写为：

$$\min \quad 20DC + 25EC + 18DNC + 20ENC$$

s.t.

$$\begin{aligned}
DC + EC + DNC + ENC &= 1\,000 &\text{访问总次数}\\
DC + EC &\geqslant 400 &\text{有儿童家庭}\\
DNC + ENC &\geqslant 400 &\text{无儿童家庭}\\
EC + ENC &\geqslant DC+DNC &\text{夜间访问}\\
EC &\geqslant 0.4(DC + EC) &\text{夜间访问有儿童家庭}\\
ENC &\geqslant 0.6(DNC+ENC) &\text{夜间访问无儿童家庭}\\
DC, EC, DNC, ENC &\geqslant 0
\end{aligned}$$

图 4-2 是此模型的求解结果。计算结果表明按以下的访问计划将会使总成本达到最小，即 20 320 美元。

家庭类型	访问次数		
	日间	夜间	总计
有儿童	240	160	400
无儿童	240	360	600
总　计	480	520	1 000

因此，日间将安排 480 次访问，夜间将安排 520 次访问。访问有儿童家庭的家庭数量为 400 个，访问无儿童家庭的家庭数量为 600 个。

图 4-2 中的灵敏度分析表明约束条件 1 的对偶值为 19.2。换句话说，如果访问总数量的约束条件从 1 000 增加到 1 001，则总成本将增加 19.2 美元。因此，19.2 美元就是增加 1 个访问时所增加的成本，也是将访问数量从 1 000 减少到 999 时能够节省的成本。

最优值 = 20320.00000

变量	值	递减成本
DC	240.00000	0.00000
EC	160.00000	0.00000
DNC	240.00000	0.00000
ENC	360.00000	0.00000

约束条件	松弛 / 剩余	对偶值
1	0.00000	19.20000
2	0.00000	2.80000
3	200.00000	0.00000
4	40.00000	0.00000
5	0.00000	5.00000
6	0.00000	2.00000

图 4-2　解决市场调查问题求解

约束条件 3 的剩余变量的值为 200，这表明访问的无儿童家庭的家庭数量比要求的多 200 个。类似地，约束条件 4 的剩余变量的值为 40，这表明夜间访问的家庭数量比日间多 40 个。约束条件 5 和 6 中剩余变量的零值表明成本更高的夜间访问的家庭数量刚好达到最低限要求。事实上，约束条件 5 的对偶值 5 表明，如果必须在夜间比要求的最小数量再多访问一个家庭（有儿童），那么总访问成本会增加 5 美元。类似地，约束条件 6 的对偶值 2 表明，如果必须在夜间比要求的最小数量再多访问一个家庭（无儿童），那么总访问成本会增加 2 美元。

4.2 财务中的应用

在财务管理中，线性规划常被用于资本预算、资产分配、有价证券选择、财务规划和许多与此相关的问题。在本节中，我们将描述一个有价证券选择问题和一个有关提前退休的项目融资问题。

4.2.1 投资组合

投资组合选择问题所涉及的情况是财务经理从多种投资（如股票和债券）中选择一些具体的投资方案。共同基金、信用合作社、保险公司以及银行的经理经常遇到这样的问题。投资组合选择问题的目标函数通常是使预期收益最大化或风险最小化。约束条件通常表现为对允许的投资类型、国家法律、公司政策、最大可接受风险等方面的限制。我们可以通过使用各种数学规划方法建立模型进而求解。本书中，我们将用线性规划来求解投资组合选择问题。

假设现在有一家坐落于纽约的威尔特（Welte）共同基金公司。公司最近通过发行工业债券而获得了 100 000 美元的现金，并正在为这笔资金寻找其他的投资机会。根据公司目前的投资情况，公司首席金融分析师建议新的投资全用于石油、钢铁行业或政府债券上。分析师们已经确定了 5 个投资机会，并预计了其年收益率。表 4-3 展示了各种投资及相应的年收益率。

表 4-3 威尔特共同基金公司的投资机会

投资	预期年收益率（%）
大西洋石油	7.3
太平洋石油	10.3
中西部钢铁	6.4
Huber 钢铁	7.5
政府债券	4.5

威尔特公司的管理层提出以下投资要求。

（1）对任何行业（石油或钢铁）的投资额不得多于 50 000 美元。

（2）对政府债券的投资额至少是对钢铁行业投资额的 25%。

（3）对太平洋石油这样高收益但高风险的投资项目，投资额不得多于对整个石油行业投资的 60%。

怎样设计投资方案（投资项目及金额）呢？以预期收益率最大化为目标，并根据预算和管理层设置的约束条件，我们可以通过建立的线性规划模型来求解此问题。求解的结果将为威尔特共同基金公司的管理层提供建议。

设：

A = 投资于大西洋石油的资金

P = 投资于太平洋石油的资金

M = 投资于中西部钢铁的资金

H = 投资于 Huber 钢铁的资金

G = 投资于政府债券的资金

利用表 4-3 提供的预期年收益率，我们得出投资效益最大化的目标函数：

$$\max \quad 0.073A + 0.103P + 0.064M + 0.075H + 0.045G$$

设定可用的 100 000 美元资金的约束条件为：

$$A + P + M + H + G = 100\ 000$$

在任何行业（石油或钢铁）的投资不得多于 50 000 美元的约束条件为：

$$A + P \leqslant 50\ 000$$

$$M+H\leqslant 50\ 000$$

对政府债券的投资至少相当于对钢铁行业投资的 25% 的约束条件为：

$$G\geqslant 0.25(M+H)$$

最后，对太平洋石油的投资不得多于对整个石油行业投资的 60% 的约束条件为：

$$P\leqslant 0.60(A+P)$$

加入非负约束后，我们得到了如下所示的关于威尔特共同基金公司投资问题的线性规划模型：

$$\max \quad 0.073A+0.103P+0.064M+0.075H+0.045G$$

s.t.

$$\begin{aligned}
A+P+M+H+G &= 100\ 000 && \text{可用资金}\\
A+P &\leqslant 50\ 000 && \text{石油行业最大投资额}\\
M+H &\leqslant 50\ 000 && \text{钢铁行业最大投资额}\\
G &\geqslant 0.25(M+H) && \text{政府债券最小投资额}\\
P &\leqslant 0.6(A+P) && \text{太平洋石油}\\
A,P,M,H,G &\geqslant 0 && \text{非负约束}
\end{aligned}$$

这个线性规划问题的最优解决方案见图 4-3。表 4-4 展示了资金在各种证券中的分配情况。注意，最优解决方案显示投资结构应包含除中西部钢铁以外的所有投资机会。此投资组合的预期年收益为 8 000 美元，即 8% 的年收益率。

```
最优值 =                          8000.00000

      变量                 值                  递减成本
 --------------    ---------------    -----------------
       A             20000.00000              0.00000
       P             30000.00000              0.00000
       M                 0.00000             -0.01100
       H             40000.00000              0.00000
       G             10000.00000              0.00000

    约束条件           松弛 / 剩余               对偶值
 --------------    ---------------    -----------------
       1                 0.00000              0.06900
       2                 0.00000              0.02200
       3             10000.00000              0.00000
       4                 0.00000             -0.02400
       5                 0.00000              0.03000
```

图 4-3　威尔特共同基金公司的问题求解

最优方案显示，约束条件 3 的对偶值为零。这是因为对钢铁行业的最大投资额不是一个紧的约束：增加其 50 000 美元的投资限制额，并不能提高目标函数值。事实上，此约束条件的松弛变量表明，目前钢铁行业的投资额是 40 000 美元，它低于投资限额的 50 000 美元。其他约束条件的对偶值都不是零，表明它们都是紧的约束。

表 4-4　威尔特共同基金公司的最佳投资组合

投资	数量（美元）	预期年收益（美元）
大西洋石油	20 000	1 460
太平洋石油	30 000	3 090
Huber 钢铁	40 000	3 000
政府债券	10 000	450
总计	100 000	8 000
预期年收益 8 000 美元		
总年收益率 = 8%		

可用资金约束的对偶值反映了关于额外投资资金回报率的信息

约束条件 1 的对偶值 0.069 表明，为投资组合每多提供 1 美元，目标函数值将增加 0.069 美元。如果能以低于 6.9% 的成本获得更多资金，管理者应考虑取得这些资金。但是，如果可以通过在别处的投资（并非这 5 种证券）获得高于 6.9% 的收益，那么管理者们应质疑将全部 100 000 美元的资金投于这个投资组合中是否明智。

其他对偶值的解释类似。注意约束条件 4 的对偶值，−0.024 是负数。这表明约束条件的右端值每增加 1 个单位，将给目标函数带来 0.024 美元的损失。对于最佳投资组合而言，如果威尔特共同基金公司每多投资 1 美元于政府债券（大于最小需求量），那么总收益将减少 0.024 美元。为了弄清楚这个减少值发生的原因，再次注意约束条件 1 的对偶值，可以得出，投资于该组合的资金的边际收益率是 6.9%（平均收益率是 8%），投资于政府债券的边际收益率是 4.5%。因此，每投资 1 美元于政府债券的成本等于投资组合的边际收益率与政府债券的边际收益率的差值：6.9% − 4.5% = 2.4%。

要注意的是，最佳解决方案中显示中西部钢铁不应该被包含在此投资组合中（$M = 0$）。M 的递减成本下降 0.011 告诉我们，目标函数的中西部钢铁的系数应先增加 0.011，考虑中西部钢铁的投资才是明智的。这样的话，中西部钢铁的年收益率应该是 0.064+0.011=0.075。这使得这种投资与现在所用的 Huber 钢铁投资选择一样令人满意。

最后，通过对威尔特线性规划模型做简单的修改，我们就可以求出投资组合中不同项目的最优百分比。将右端值除以 100 000，就可以得到这个最优百分比，从而就可以计算任意总投资额的最优投资了。

注释与点评

1. 威尔特共同基金公司问题的最佳解决方案说明应将 20 000 美元投资于大西洋石油。如果大西洋石油每股卖 75 美元，那么我们就必须购买 266.67 股。如果股票只能整股购买，当最优解是 266.67 股时，我们只能用分配的资金去购买最大的整数值的股票（即 266 股大西洋石油）。这种方法不会违背预算约束条件，但它会使解决方案不再是最佳的。但如果证券数量很大，这种变动就是很微小的。在有些案例中，分析家认为决策变量必须为整数，问题必须被构造成一个整数线性规划模型。整数规划是第 7 章所讨论的问题。

2. 财务投资组合理论强调在风险和收益之间获得平衡。 在威尔特问题中，我们明确考虑了目标函数的收益，而风险则由所选的约束条件来控制。这确保了石油业与钢铁业之间的多样性， 以及政府债券与钢铁业间投资的平衡。

4.2.2 财务计划

线性规划已经用于各种财务计划的实施中。专栏 4-2 描述了如何利用线性规划评估各种方案以指导长期资本投资战略。

|专栏 4-2| 实践中的管理科学

通用电气使用线性规划进行太阳能投资决策

随着对环境以及不可再生能源的持续利用能力的日益关注，企业已经开始重视可再生能源。水、风和太阳能这些可再生能源成为企业重大投资的焦点。

通用电气（GE）在能源领域

的产品涉及多个方面，其中就包括太阳能。伴随着迅速更迭的技术，太阳能成为一个相对较新的概念。例如，太阳能电池和太阳能发电系统。太阳能电池可以直接把阳光转化成电。太阳能发电系统侧重于把大片阳光转化成可用于常规发电热源的小光束。太阳能电池可以被置于屋顶，因此兼具商用和家用两种用途，而太阳能发电则大多用于商业用途。近年来，通用电气已投资了一些太阳能电池技术。

由于技术发展、成本和太阳能需求的不确定性，决定合适的生产规模成为一个难题。通用电气使用决策支持工具来解决这一问题。首先，采用一个详细的描述性分析模型估计新投入研发或尚在计划中的太阳能电池的成本。其次，采用为新投入市场开发的统计模型估计未来 10 ～ 15 年的太阳能电池年需求量。最后，成本和需求分析被用于多周期的线性规划并以此决定最佳的生产能力和相应的投资计划。

线性规划通过纳入存货、生产能力、生产和预算约束等因素找到最佳扩展计划。由于高度的不确定性，线性规划模型被用于多种未来的不同情景。首先，找到每种情景下的最优解，然后通过评估不同情况下的解，以评估计划的相关风险。通用电气计划分析师已经使用了这些工具来支持管理层在太阳能领域的战略投资决策。

资料来源：B. G. Thomas and S. Bollapragada, "General Electric Uses an Integrated Framework for Product Costing, Demand Forecasting and Capacity Planning for New Photovoltaic Technology Products," *Interfaces* 40, no. 5 (September/October 2010): 353–367.

在本节的后续部分，我们将描述线性规划如何在满足公司必须承担的义务的条件下，最小化公司提前退休项目的成本。Hewlitt 公司建立了一项提前退休项目，作为公司重组的一部分。在自愿签约期临近时，68 位雇员办理了提前退休手续。因为这些人的提前退休，在接下来的 8 年里，公司将承担以下责任，每年年初支付的现金需求（千美元）如下所示。

年份	1	2	3	4	5	6	7	8
现金需求	430	210	222	231	240	195	225	255

公司的财务人员必须决定现在应准备多少钱，以便应对为期 8 年的支出计划。该退休项目的财务计划包括政府债券的投资及储蓄。对于政府债券的投资限于如右表所示的 3 种选择。

债券	价格（美元）	回报率（%）	到期年数
1	1 150	8.875	5
2	1 000	5.500	6
3	1 350	11.750	7

政府债券的面值是 1 000 美元，这意味着尽管价格不同，但到期时，都要支付 1 000 美元。表中所示的回报率是基于面值的。在制订这个计划时，财务人员假定没用于投资债券的资金都用于储蓄，且每年都可以获得 4% 的利息。

我们定义如下决策变量：

F = 为 8 年期退休计划准备的总金额

B_1 = 在第 1 年年初买入的债券 1 的数量

B_2 = 在第 1 年年初买入的债券 2 的数量

B_3 = 在第 1 年年初买入的债券 3 的数量

S_i = 在第 i 年年初投资于储蓄的金额（$i = 1, 2, \cdots, 8$）

目标函数是求出满足 8 年期退休计划的债务所需资金的最小值，即 min F。

这类财务计划的重要特点是每年资金流入流出的平衡约束，即每个约束条件都采用下面的形式：

年初可使用资金 − 投资于债券与储蓄的资金 = 该年的现金需求

F 是第 1 年年初可使用的资金数量。已知债券 1 当前价格为 1 150 美元，且投资以千美元来计算，则购买 B_1 单位债券 1 的总投资金额为 $1.15B_1$。同理，债券 2 和 3 的总投资金额为 $1B_2$ 和 $1.35B_3$。相应地，第 1 年用于储蓄的金额为 S_1。利用这些结果和已知的第 1 年现金需求 430，我们可以写出第 1 年的约束条件：

$$F - 1.15B_1 - 1B_2 - 1.35B_3 - S_1 = 430 \quad 第 1 年$$

我们不考虑未来的债券投资，因为未来债券的价格取决于市场利率，我们无法预知。

对债券的投资只能在第 1 年进行，而且债券将持至有效期满。第 2 年年初可利用资金包括债券 1 面值的 8.875% 的收益、债券 2 面值的 5.5% 的收益、债券 3 面值的 11.75% 的收益和 4% 的储蓄的本利和。第 2 年用于储蓄的金额为 S_2，已知第 2 年现金需求为 210，可得第 2 年的约束条件如下：

$$0.088\,75B_1 + 0.055B_2 + 0.117\,5B_3 + 1.04S_1 - S_2 = 210 \quad 第 2 年$$

同理，第 3 年到第 8 年的约束条件分别如下：

$$0.088\,75B_1 + 0.055B_2 + 0.117\,5B_3 + 1.04S_2 - S_3 = 222 \quad 第 3 年$$

$$0.088\,75B_1 + 0.055B_2 + 0.117\,5B_3 + 1.04S_3 - S_4 = 231 \quad 第 4 年$$

$$0.088\,75B_1 + 0.055B_2 + 0.117\,5B_3 + 1.04S_4 - S_5 = 240 \quad 第 5 年$$

$$1.088\,75B_1 + 0.055B_2 + 0.117\,5B_3 + 1.04S_5 - S_6 = 195 \quad 第 6 年$$

$$1.055B_2 + 0.117\,5B_3 + 1.04S_6 - S_7 = 225 \quad 第 7 年$$

$$1.117\,5B_3 + 1.04S_7 - S_8 = 255 \quad 第 8 年$$

要注意的是，第 6 年的约束条件显示出债券 1 提供的可用资金是 $1.088\,75B_1$，系数 1.088 75 反映了债券 1 在第 5 年年末到期，因而对第 6 年年初可使用资金的贡献是面值加上第 5 年的回报金额。同时，因为债券在第 5 年年末到期，在第 6 年年初就可以使用，所以变量 B_1 不会出现在第 7 年和第 8 年的约束条件中。债券 2 的解释类似，它在第 6 年年末到期，则其面值和利息之和在第 7 年年初可以使用。另外，债券 3 将会在第 7 年年末到期，其面值和利息之和在第 8 年年初可以使用。

最后，注意第 8 年约束条件中的变量 S_8。退休基金的负债在第 8 年年初结束，因此我们期望 S_8 为零，并且没有资金用于储蓄。但是如果第 7 年的债券收入加上储蓄利息超过了第 8 年的现金需求 255，公式中将会有 S_8。所以，S_8 是一个剩余变量，它反映了在 8 年的现金需求被满足后所余下的资金数量。

这个包含 12 个变量、8 个约束条件的线性规划问题的解见图 4-4。得到的目标函数值为 1 728.793 85，即总的满足 8 年期退休计划所需要的最小资金总额为 1 728.793 85 美元。分别用 1 150 美元、1 000 美元和 1 350 美元作为每种债券的现价，我们可以将这三种债券的最初投资额列入下表。

债券	所购的单位量	投资额（美元）
1	$B_1 = 144.988$	1 150 × 144.988 = 166 736
2	$B_2 = 187.856$	1 000 × 187.856 = 187 856
3	$B_3 = 228.188$	1 350 × 228.188 = 308 054

该方案表明了 636 148 美元（见 S_1）将在第 1 年年初用于储蓄，公司在第 1 年年初可用 1 728 794 美元选

择具体的债券和储蓄投资，而且可以用余下的钱来满足退休计划第 1 年的现金需求 430 000 美元。

最优值 = 1728.79385

变量	值	递减成本
F	1728.79385	0.00000
B1	144.98815	0.00000
B2	187.85585	0.00000
B3	228.18792	0.00000
S1	636.14794	0.00000
S2	501.60571	0.00000
S3	349.68179	0.00000
S4	182.68091	0.00000
S5	0.00000	0.06403
S6	0.00000	0.01261
S7	0.00000	0.02132
S8	0.00000	0.67084

约束条件	松弛 / 剩余	对偶值
1	0.00000	1.00000
2	0.00000	0.96154
3	0.00000	0.92456
4	0.00000	0.88900
5	0.00000	0.85480
6	0.00000	0.76036
7	0.00000	0.71899
8	0.00000	0.67084

图 4-4　Hewlitt 公司现金需求的问题求解

图 4-4 中的最佳方案显示了决策变量 S_1、S_2、S_3、S_4 都大于零，这说明在前 4 年每年都需要投资于储蓄。而从第 5 年到第 8 年由债券所得的利息加上到期债券的面值就能满足对应的现金需求。

对偶值在这一应用中得到了有趣的阐释。每个式子的右端值对应着该年应支付的金额。注意，对偶值为正值，表明每一年需要支付的费用每增加 1 000 美元，则会使得总费用以对偶值的 1 000 倍增加。同时注意，对偶值逐年减少表示在早期几年内的现金需求对 F 的最优值影响较大。这主要是因为与后几年相比，前几年筹集所需资金的准备时间较少。这也建议如果 Hewlitt 公司为 8 年期退休计划准备的总金额增加的话，公司应尽可能地将现金需求延迟至后几年。

在这个应用中，对偶值可以被认为是现金需求中每一美元的现值。例如，第 8 年必须支付的每一美元的现值是 0.670 84 美元。

注释与点评

1. Hewlitt 公司问题的最佳解决方案中出现了 144.988、187.856、228.188 等分数单位的政府债券。如果政府债券只能整手购买，我们慎重地将它们四舍五入为 145、188 和 229 单位，那么退休计划带来的 8 年期负债所需的总资金额比四舍五入之前所需的总资金额大约多出了 1 254 美元。而由于大量资金的参与，四舍五入法将提供一个可行的方案。如果需要的最优解为整数的话，那么将用到第 7 章的整数规划模型。

2. 我们暗含的假设是政府债券的利息是每年支付的。类似于国债的投资实际上是每 6 个月就支付一次利息。在这样的情况下，该模型可以被修改为 6 个月一期，且每期支付一次利息或现金的形式。

4.3 运营管理中的应用

在许多生产和运营管理中，都用到了线性规划的方法，包括生产计划、人员分配、库存控制和生产能力计划等。在这一节中，我们将介绍自制 / 外购决策、生产计划和人力资源管理。

4.3.1 自制 / 外购决策

在用线性规划来决定生产一些零件时，一个公司每种应分别生产多少，又应该从外部购买多少，像这样的决策我们称之为“自制 / 外购决策”。

Janders 公司销售各种泵，比如可用于医院输血的输血泵、工程应用水泵等。最近，Janders 公司准备推出两款新的泵，其中一款用于医疗输血市场，名为“输血泵”；另一款用于工程市场，名为“功能泵”。每种泵都由三种零部件构成：一个基座、一个泵芯和一个泵顶。两种泵使用相同的基座，但泵芯和泵顶不同。所有的零件都可以由公司自己生产或从外部购买。零部件的生产成本和外部购买价格见表 4-5。

表 4-5 Janders 公司泵零部件的生产成本和采购价格

单位成本（美元）		
组件	制造（常规时间）	采购
基座	0.50	0.60
功能泵泵芯	3.75	4.00
输血泵泵芯	3.30	3.90
功能泵泵顶	0.60	0.65
输血泵泵顶	0.75	0.78

Janders 公司的预测师们指出市场将需要 3 000 台功能泵和 2 000 台输血泵。但是，由于生产能力有限，这家公司仅能够安排 200 个小时的日常生产时间和 50 个小时的加班时间来生产泵。加班时间要每小时支付给员工 9 美元的津贴，即额外的成本。表 4-6 显示了单位零部件所需要的生产时间（以分钟计算）。

表 4-6 Janders 公司泵单位零部件所需要的生产时间

组件	生产时间
基座	1.0
功能泵泵芯	3.0
输血泵泵芯	2.5
功能泵泵顶	1.0
输血泵泵顶	1.5

Janders 公司的问题是决定每种零部件多少由自己生产，多少从外部购买。

我们定义决策变量如下：

BM = 生产的基座数量

BP = 购买的基座数量

FCM = 生产的功能泵泵芯数量

FCP = 购买的功能泵泵芯数量

TCM = 生产的输血泵泵芯数量

TCP = 购买的输血泵泵芯数量

FTM = 生产的功能泵泵顶数量

FTP = 购买的功能泵泵顶数量

TTM = 生产的输血泵泵顶数量

TTP = 购买的输血泵泵顶数量

另外需要增添一个决策变量，用于决定安排多少小时的加班时间：

OT = 加班时间

目标函数是将总成本最小化。成本包括生产费用、采购费用和加班费用。使用表 4-5 中的单位成本和每小时 9 美元的加班费，我们可以写出目标函数：

$$\min \quad 0.5BM + 0.6BP + 3.75FCM + 4FCP + 3.3TCM + 3.9TCP + 0.6FTM + 0.65FTP + 0.75TTM + 0.78TTP + 9OT$$

前 5 个约束条件确定了为满足生产 3 000 台功能泵泵芯和 2 000 台输血泵泵芯所需的各种零部件的数量。总共需要 5 000 个基座，而其他零部件的数量依赖于具体的泵的需求。这 5 个约束条件是：

$$\begin{aligned} BM + BP &= 5\,000 && \text{基座} \\ FCM + FCP &= 3\,000 && \text{功能泵泵芯} \\ TCM + TCP &= 2\,000 && \text{输血泵泵芯} \\ FTM + FTP &= 3\,000 && \text{功能泵泵顶} \\ TTM + TTP &= 2\,000 && \text{输血泵泵顶} \end{aligned}$$

> 约束条件的左右两端必须使用相同的计量单位。
> 本例中使用的是分钟。

需要两个约束条件用于保证不会超出日常工作时间和加班时间。第一个约束条件限定了 50 个小时的加班时间，即 $OT \leqslant 50$。

第二个约束条件阐明了所有零部件所需的总的生产时间必须小于或等于总的生产时间，包括日常工作时间和加班时间。由于生产时间是按分钟计算的，所以 200 个小时的正常时间的生产能力为：$60 \times 200=12\,000$（分钟）。实际所需的加班时间是未知的，所以我们将加班时间写作 60OT 分钟。利用表 4-6 的生产时间，我们可以得到：

$$BM + 3FCM + 2.5TCM + FTM + 1.5TTM \leqslant 12\,000+60OT$$

对于 Janders 公司的自制 / 外购问题，加上非负约束之后的完整模型是：

$$\min \quad 0.5BM + 0.6BP + 3.75FCM + 4FCP + 3.3TCM + 3.9TCP + 0.6FTM + 0.65FTP + 0.75TTM + 0.78TTP + 9OT$$

$$\begin{aligned} \text{s.t.} \quad & \\ BM + BP &= 5\,000 && \text{基座} \\ FCM + FCP &= 3\,000 && \text{功能泵泵芯} \\ TCM + TCP &= 2\,000 && \text{输血泵泵芯} \\ FTM + FTP &= 3\,000 && \text{功能泵泵顶} \\ TTM + TTP &= 2\,000 && \text{输血泵泵顶} \\ OT &\leqslant 50 && \text{加班时间} \\ BM + 3FCM + 2.5TCM + FTM + 1.5TTM &\leqslant 12\,000 + 60OT && \text{生产能力} \end{aligned}$$

这个包含 11 个变量、7 个约束条件的线性规划问题的最优解如图 4-5 所示。使用 Excel Solver 得到的最优解如图 4-5 所示。它说明了该公司所需要的全部 5 000 个基座、667 个功能泵泵芯和 2 000 个输血泵泵芯应由其自行生产。而余下的 2 333 个功能泵泵芯、所有的功能泵泵顶和所有的输血泵泵顶应从外部购买。加班生产是不必要的，与这个最佳自制或外购相应的最小总成本是 24 443.33 美元。

灵敏度分析提供了关于未使用的加班时间的额外信息。递减成本一列显示了如果要使用加班时间，加班津贴必须每小时减少 4 美元。也就是说，如果加班津贴是每小时 9−4=5（美元）或更少，Janders 公司会考虑用加班时间生产的零部件代替采购的零部件。

约束条件 7 关于生产能力的对偶值是 −0.083，这表明每增加 1 小时的生产能力所带来的价值是：

0.083 × 60=5（美元）。约束条件 7 的右端范围表示这个结论在日常生产时间不超过 19 000 分钟或 316.7 小时的情况下是不变的。

最优值 = 24443.33333

变量	值	递减成本
BM	5000.00000	0.00000
BP	0.00000	0.01667
FCM	666.66667	0.00000
FCP	2333.33333	0.00000
TCM	2000.00000	0.00000
TCP	0.00000	0.39167
FTM	0.00000	0.03333
FTP	3000.00000	0.00000
TTM	0.00000	0.09500
TTP	2000.00000	0.00000
OT	0.00000	4.00000

约束条件	松弛 / 剩余	对偶值
1	0.00000	0.58333
2	0.00000	4.00000
3	0.00000	3.50833
4	0.00000	0.65000
5	0.00000	0.78000
6	50.00000	0.00000
7	0.00000	-0.08333

变量	目标系数	允许增加值	允许减少值
BM	0.50000	0.01667	无限
BP	0.60000	无限	0.01667
FCM	3.75000	0.10000	0.05000
FCP	4.00000	0.05000	0.10000
TCM	3.30000	0.39167	无限
TCP	3.90000	无限	0.39167
FTM	0.60000	无限	0.03333
FTP	0.65000	0.03333	无限
TTM	0.75000	无限	0.09500
TTP	0.78000	0.09500	无限
OT	9.00000	无限	4.00000

约束条件	RHS 值	允许增加值	允许减少值
1	5000.00000	2000.00000	5000.00000
2	3000.00000	无限	2333.33333
3	2000.00000	800.00000	2000.00000
4	3000.00000	无限	3000.00000
5	2000.00000	无限	2000.00000
6	50.00000	无限	50.00000
7	12000.00000	7000.00000	2000.00000

图 4-5 Janders 公司的自制 / 外购问题求解

灵敏度分析也表明了外部供货者的价格变化会影响最佳解决方案。例如，目标函数 BP 的系数的变化范围是从 0.583（= 0.600−0.017）到无穷大。如果基座的采购价格为每个 0.583 美元或更多，那么基座的购买数量仍然为零。但是当采购价格低于 0.583 美元时，Janders 公司将开始购买而非生产基座配件。类似地，通过灵敏度分析也能得到其他零部件购买的价格范围。

注释与点评

对于生产能力的对偶值（约束条件 7）在 Janders 公司问题中的准确解释是每增加 1 小时生产时间可以为公司带来的价值为 0.083×60=5（美元）。这就是说，公司愿意在日常生产时间的成本上，额外支付 5 美元 /

小时的加班津贴。日常工作时间的成本已包含在产品的生产成本中。如果日常工作时间的成本为每小时 18 美元，那么 Janders 公司将愿意为加班时间支付的总成本则为 18+5=23（美元 / 小时）。

4.3.2 生产计划

线性规划另一个最常见的应用是安排多个时期的计划，比如生产计划。根据生产计划的最优求解方案，经理人员能够为一种或多种产品制定一个跨多周期（周或月）的高效率、低成本的生产计划。其实生产计划问题也可以看作未来每个周期内的产品组合问题。经理必须决定如何制订产品的生产计划，在满足需求的条件下使生产成本最小，同时还要满足产能、劳动力和库存空间等约束条件。

利用线性规划解决生产计划问题的好处之一是可以反复使用。生产计划周而复始，每月都要制订。在每个月制订计划的时候，生产经理就可以发现，虽然生产需求会发生变化，但生产次数、产品生产能力、库存空间等限制大致相同。因而，每个周期的生产计划实际上是按照相同的模式制订的。所以，依据一般模式抽象出来的生产计划的线性规划模型可以被反复使用。模型一旦确定，在特定的生产时期，经理只需输入需求量、生产能力等有关参数，就可以重复运用线性规划模型制订生产计划。专栏 4-3 讲述了 Vestel Electronics 公司如何应用线性规划在满足销售目标的前提下实现生产和采购成本最小化。

| 专栏 4-3 | 实践中的管理科学

Vestel Electronics 公司运用线性规划制定销售和运营计划

Vestel Electronics 公司生产各种电子产品，包括液晶显示器和 LED 电视。该公司在土耳其的马尼萨有一个大型制造工厂，年生产能力为 1 500 万件。Vestel Electronics 公司的主要市场在欧洲，其中近 90% 的产品销往欧洲。为实现以客户为中心，Vestel Electronics 公司采用的生产方式是大规模定制。电视是一种高度可定制产品，屏幕大小、扬声器类型、遥控器类型等的组合将产生成千上万种不同版本的产品。此外，Vestel Electronics 公司还接受小订单，且允许订单在生产之前变更。这种灵活性对客户来说是极好的，但也会带来极具挑战性的生产计划难题。

Vestel Electronics 公司采用多周期线性规划模型进行生产规划，其决策变量是：规划周期内每种产品生产 / 采购的数量，以及每个周期结束时的库存量。目标函数是使生产和采购的总成本最小化。约束条件包括：需求得到满足（所有的销售目标都被满足）、资源不被超额使用，并用库存平衡方程计算每个周期的库存量。除了提高生产计划的效率和成本效益外，此优化还带来了其他好处，如减少计划时间、提高计划准确性、降低库存水平、更清晰的数据可见性、提高数据标准化和准确性。

资料来源：Z. Taskin et al., "Mathematical Programming-Based Sales and Operations Planning at Vestel Electronics," *Interfaces* 45, no.4 (July/August,2015):325–340.

让我们来看看 Bollinger 电子公司的案例，该公司为一家大型飞机引擎制造商生产两种不同的电子组件。Bollinger 电子公司的销售部每星期都会接到飞机引擎制造商未来 3 个月对两种组件的需求量。每个月对组件需求量的变化可能很大，这要视飞机引擎制造商所生产的引擎类型而定。表 4-7 是接下来 3 个月的最新订单。

接到订单后，需求报告被呈送到生产控制部门。生产控制部门必须制订出 3 个月的组件生产计划。为了制订出生产计划，生产经理必须弄清以下几点。

（1）总生产成本。

（2）库存成本。

（3）生产水平波动引发的成本。

表 4-7 Bollinger 电子公司接下来 3 个月的需求计划

组件	4 月	5 月	6 月
322A	1 000	3 000	5 000
802B	1 000	500	3 000

接下来，我们将介绍 Bollinger 电子公司如何建立公司的生产和库存线性规划模型，以使公司总成本最小。

在建立模型过程中，我们用 x_{im} 表示第 m 月生产的产品 i 的单位量。在这里，i=1 或 2，m=1，2 或 3；i=1 指的是 322A 组件，i=2 指的是 802B 组件，m=1 是 4 月，m=2 是 5 月，m=3 是 6 月。用双重下脚标的目的是使决策变量的含义更加清晰。我们可以简单地用 x_6 代表第 3 个月生产的产品 2 的单位量，但是 x_{23} 的含义更清晰，它可以直接表述变量代表的月份和产品种类。

如果生产一个 322A 组件的成本为 20 美元，生产一个 802B 组件的成本为 10 美元，那么目标函数中的总生产成本部分为：

$$\text{总生产成本} = 20x_{11} + 20x_{12} + 20x_{13} + 10x_{21} + 10x_{22} + 10x_{23}$$

单位产品每个月的生产成本是一样的，所以我们不需要在目标函数里包括成本；也就是说，不管选择的生产计划是怎样的，总生产成本都会保持不变。换句话说，生产成本不是相关成本，在制订生产计划时无须考虑。但是如果单位产品每个月的生产成本是变化的，那么单位产品成本就必须包含在目标函数里。对于 Bollinger 电子公司的问题来说，不管这些成本是否包含在里面，它的解决方案都是一样的。我们把它们包括在里面，这样产品的所有相关成本都会出现在目标函数中。

考虑到模型中的库存成本，我们用 s_{im} 来代表产品 i 在第 m 月月末的库存量。Bollinger 电子公司认为，零部件的月库存成本是生产成本的 1.5%，也就是说，322A 组件的单位库存成本为 $0.015 \times 20 = 0.3$（美元 / 月），802B 组件的单位库存成本为 $0.015 \times 10=0.15$（美元 / 月）。在利用线性规划制订生产计划时使用的一个普遍假设是，每月末的存货近似等于整个月的平均库存水平。按照这种假设，我们将目标成本中的库存函数写为：

$$\text{库存成本} = 0.30s_{11} + 0.30s_{12} + 0.30s_{13} + 0.15s_{21} + 0.15s_{22} + 0.15s_{23}$$

为了把月生产水平的变化融入模型的生产成本，我们需要再定义两个变量：

$$I_m = m \text{ 月中必要的总生产水平的增加量}$$

$$D_m = m \text{ 月中必要的总生产水平的减少量}$$

在评估完解雇、流动和转岗培训的费用以及其他与生产水平波动相关的费用后，Bollinger 电子公司估计出每个月生产水平增加 1 个单位时，新增的成本是 0.5 美元，生产水平下降 1 个单位时，新增的成本是 0.2 美元。因此，我们可以写出目标函数的第 3 部分：

$$\text{生产水平波动引发的成本} = 0.50I_1 + 0.50I_2 + 0.50I_3 + 0.20D_1 + 0.20D_2 + 0.20D_3$$

注意，生产水平波动引发的成本是通过 m 月的产量和 $m-1$ 月的产量计算出来的。在其他的生产计划中，生产水平的波动或许不是采用生产量的变化，而是采用机器工时或人工工时的变化来衡量的。

把所有的成本加起来，就可得到完整的目标函数：

$$\begin{aligned}\min\quad & 20x_{11} + 20x_{12} + 20x_{13} + 10x_{21} + 10x_{22} + 10x_{23}+\\ & 0.30s_{11}+0.30s_{12}+0.30s_{13}+0.15s_{21}+0.15s_{22} + 0.15s_{23}+\\ & 0.50I_1 + 0.50I_2 + 0.50I_3 + 0.20D_1 + 0.20D_2 + 0.20D_3\end{aligned}$$

现在我们再考虑约束条件。首先我们必须保证生产计划满足顾客的需要。由于销售的产品可能来自当月的生产，也可能来自前几个月的库存，所以需求约束条件可以写成：

上月的期末库存 + 当月生产量 − 本月期末库存 = 本月需求

假定此 3 个月生产计划的期初库存量是 500 个单位的 322A 组件和 200 个单位的 802B 组件。这两种产品在第 1 个月（4 月）的需求都是 1 000 个，那么满足第 1 个月需求的约束条件是：

$$500 + x_{11} - s_{11} = 1\ 000$$

$$200 + x_{21} - s_{21} = 1\ 000$$

将常数移到等式右边，得：

$$x_{11} - s_{11} = 500$$

$$x_{21} - s_{21} = 800$$

类似地，在第 2 个月和第 3 个月的产品需求必须满足以下约束条件。

第 2 个月：

$$s_{11} + x_{12} - s_{12} = 3\ 000$$

$$s_{21} + x_{22} - s_{22} = 500$$

第 3 个月：

$$s_{12} + x_{13} - s_{13} = 5\ 000$$

$$s_{22} + x_{23} - s_{23} = 3\ 000$$

如果公司还规定，第 3 个月月末的 322A 和 802B 组件最小期末库存量为 400 和 200，则相应的约束条件为：

$$s_{13} \geqslant 400$$

$$s_{23} \geqslant 200$$

假设关于机器生产能力、人工能力和库存能力的信息如表 4-8 所示。生产单位 322A 组件和 802B 组件的机器和人工成本，以及它们占有的单位库存空间如表 4-9 所示，为了反映这些限制，以下约束条件是必需的。

表 4-8 Bollinger 电子公司的机器生产能力、人工能力和库存能力

月份	机器生产能力（小时）	人工能力（小时）	库存能力（英尺²）
4月	400	300	10 000
5月	500	300	10 000
6月	600	300	10 000

表 4-9 单位组件 322A 和 802B 对机器、人工和库存的需求

组件	机器（小时/单位）	人工（小时/单位）	库存（英尺²/单位）
322A	0.10	0.05	2
802B	0.08	0.07	3

机器生产能力约束条件：

$$0.10x_{11} + 0.08x_{21} \leqslant 400 \quad \text{第 1 个月}$$

$$0.10x_{12} + 0.08x_{22} \leqslant 500 \quad \text{第 2 个月}$$

$$0.10x_{13} + 0.08x_{23} \leqslant 600 \quad \text{第 3 个月}$$

人工能力约束条件：

$$0.05\ x_{11} + 0.07x_{21} \leqslant 300 \quad \text{第 1 个月}$$

$$0.05x_{12}+0.07x_{22}\leqslant 300 \quad 第2个月$$
$$0.05x_{13}+0.07x_{23}\leqslant 300 \quad 第3个月$$

库存能力约束条件：

$$2s_{11}+3s_{21}\leqslant 10\,000 \quad 第1个月$$
$$2s_{12}+3s_{22}\leqslant 10\,000 \quad 第2个月$$
$$2s_{13}+3s_{23}\leqslant 10\,000 \quad 第3个月$$

我们必须加上一组约束条件用于保证 I_m 和 D_m 能反映出 m 月生产水平的变化。假定 3 月是新生产周期开始前的一个月，3 月 322A 组件和 802B 组件的产量分别是 1 500 和 1 000，总产量是 1 500+1 000=2 500。那么通过以下关系，我们可以得到 4 月的产量变化：

$$4月产量-3月产量=变化量$$

利用 4 月产量变量 x_{11} 和 x_{21}，以及 3 月的产量 2 500，可得：

$$(x_{11}+x_{21})-2\,500=变化量$$

注意，这个变化量可以是正数，也可以是负数。变化量是正数，反映总体生产水平是增加的；反之，则表示总体生产水平是下降的。我们可以用 4 月生产增长量 I_1 和生产减少量 D_1 来确定 4 月的总产量变化的约束条件。

$$(x_{11}+x_{21})-2\,500=I_1-D_1$$

当然，在一个月里生产量不可能同时出现下降和上升，因此，I_1 与 D_1 将有一个为 0。如果 4 月需要 3 000 个单位产量，则 I_1 为 500，D_1 为 0。如果 4 月需要 2 200 个单位产量，则 I_1 为 0，D_1 为 300。因为总生产量的变化值可正可负，所以用两个非负变量 I_1 和 D_1 之间的差值来表示生产量水平的总变化。但如果只用一个变量来表示生产量水平的变化，由于非负约束，变化值只能为正数。

在 5 月和 6 月我们用同样的方法（始终用当月总产量减去上月总产量），可以得到生产计划期的第 2 个月和第 3 个月的约束条件：

$$(x_{12}+x_{22})-(x_{11}+x_{21})=I_2-D_2$$
$$(x_{13}+x_{23})-(x_{12}+x_{22})=I_3-D_3$$

> 生产计划问题的线性规划模型的规模通常较大。当涉及较多产品、机器和计划周期时，可能会有成千上万，甚至数百万的决策变量和约束条件。

初看起来只有 2 种产品，3 个月的生产计划的简单问题现在演变成有 18 个变量、20 个约束条件的线性规划问题了。注意，在这个问题上，我们只考虑一种机器工序、一种人工要求、一种库存区域。实际上，生产计划问题通常是包含若干机器种类、若干劳动力级别、若干库存区域的问题，这要求大规模的模型。比如说，一个包括 12 个月的生产时间、100 个生产量的生产计划问题将会有 1 000 多个变量和约束条件。

图 4-6 显示了 Bollinger 电子公司的最优生产计划。表 4-10 是最优方案管理报告的一部分。

考虑表 4-10 显示的每月生产量和库存的变化，再加上组件 802B 库存费用是组件 322A 库存费用的一半。因此，组件 802B 在第 1 个月（4 月）的时候会大量生产，继而有库存以备未来几个月的需要。组件 322A 则只在需要的时候生产，只有很少的一部分会被纳入库存。

由于总产量的变化会引起成本的增加，所以模型会尽量减少月份间产量的变化。实际上，成本最小的生产计划要求 4 月有 500 个单位的总产量增量，5 月有 2 200 个单位的总产量增量。5 月 5 200 个单位的产量水平一直持续到 6 月。

```
最优值 =                    225295.00000

      变量                    值                  递减成本
 --------------      ---------------      -----------------
      X11                  500.00000              0.00000
      X12                 3200.00000              0.00000
      X13                 5200.00000              0.00000
      S11                    0.00000              0.17222
      S12                  200.00000              0.00000
      S12                  400.00000              0.00000
      X21                 2500.00000              0.00000
      X22                 2000.00000              0.00000
      X23                    0.00000              0.12778
      S21                 1700.00000              0.00000
      S22                 3200.00000              0.00000
      S23                  200.00000              0.00000
      I1                   500.00000              0.00000
      I2                  2200.00000              0.00000
      I3                     0.00000              0.07222
      D1                     0.00000              0.70000
      D2                     0.00000              0.70000
      D3                     0.00000              0.62778

    约束条件               松弛 / 剩余               对偶值
 --------------      ---------------      -----------------
      1                      0.00000             20.00000
      2                      0.00000             10.00000
      3                      0.00000             20.12778
      4                      0.00000             10.15000
      5                      0.00000             20.42778
      6                      0.00000             10.30000
      7                      0.00000             20.72778
      8                      0.00000             10.45000
      9                    150.00000              0.00000
      10                    20.00000              0.00000
      11                    80.00000              0.00000
      12                   100.00000              0.00000
      13                     0.00000             -1.11111
      14                    40.00000              0.00000
      15                  4900.00000              0.00000
      16                     0.00000              0.00000
      17                  8600.00000              0.00000
      18                     0.00000             -0.50000
      19                     0.00000             -0.50000
      20                     0.00000             -0.42778
```

图 4-6　Bollinger 电子公司问题的求解

表 4-10　Bollinger 电子公司的最优生产计划和最小费用

项目	4 月	5 月	6 月
产品			
组件 322A	500	3 200	5 200
组件 802B	2 500	2 000	0
总计	3 000	5 200	5 200
月末库存			
组件 322A	0	200	400
组件 802B	1 700	3 200	200

（续）

项目	4 月	5 月	6 月
可用机器工时			
计划 / 小时	250	480	520
松弛 / 小时	150	20	80
可用人工工时			
计划 / 小时	200	300	260
松弛 / 小时	100	0	40
可用库存区域			
计划 / 英尺 ^{2}	5 100	10 000	1 400
松弛 / 英尺 ^{2}	4 900	0	8 600
总生产、库存以及生产水平波动引发的成本 = 225 295 美元			

该报告中关于可用机器工时这一部分的数据显示，在 3 个月内机器的生产能力是充足的。但是，人工工时在 5 月则被完全利用（在图 4-6 中，约束条件 13 中的松弛变量为 0）。其对偶值显示，在 5 月每增加 1 单位人工工时，总成本大约会减少 1.11 美元。

这个包括 2 种产品、3 个月生产时间的线性规划模型对于我们制订成本最小的计划提供了非常有用的信息。在更大的生产系统里，变量和约束条件更多，以至于难以手工计算，这时线性规划模型则有相当大的优势。

4.3.3 人力资源管理

当生产经理必须就一个特定的规划时期做出包括员工需求在内的种种决策时，人力资源管理问题时有发生。人力资源管理通常有一定的弹性，并且某些员工会被分配到不止一个部门或中心去工作。例如，通过交叉培训，一些员工被安排在两个或更多的岗位上；再比如，销售人员可以在商店之间相互调职。在下面的应用中，我们将说明如何运用线性规划同时决定最优生产组合和劳动力的最佳分配。

McCormick 公司生产两种产品，每单位产品的利润分别为 10 美元和 9 美元。表 4-11 显示了生产每单位产品的人工需求和 4 个部门的员工总可用时间。假设每个部门的可用时间是固定的，那么我们可以用以下决策变量把 McCormick 公司的问题归结为一个标准的生产组合线性规划问题：

$$P_1 = \text{产品 1 的产量}$$

$$P_2 = \text{产品 2 的产量}$$

则线性规划问题为：

$$\begin{aligned} \max \quad & 10P_1 + 9P_2 \\ \text{s.t.} \quad & \\ & 0.65P_1 + 0.95P_2 \leqslant 6\,500 \\ & 0.45P_1 + 0.85P_2 \leqslant 6\,000 \\ & 1.00P_1 + 0.70P_2 \leqslant 7\,000 \\ & 0.15P_1 + 0.30P_2 \leqslant 1\,400 \\ & P_1,\ P_2 \geqslant 0 \end{aligned}$$

表 4-11　McCormick 公司每单位产品的人工小时数和总可用时间

	单位人工小时数		
部门	产品 1	产品 2	总可用时间
1	0.65	0.95	6 500
2	0.45	0.85	6 000
3	1.00	0.70	7 000
4	0.15	0.30	1 400

图 4-7 显示了该问题的最优解。四舍五入之后，产品 1 和产品 2 的最优产量分别为 5 744 和 1 795，总的利润为 73 590 美元。采用该方案，部门 3 和部门 4 的能力得到了充分利用，相应地，部门 1 和部门 2 分别有

1 062 和 1 890 小时的松弛时间未得到充分利用。我们可以预期，如果部门 1 和部门 2 中的松弛时间可以调整到部门 3 和部门 4 的话，最优生产组合将发生变化，总的利润也会增长。但是，生产经理对如何在 4 个部门间重新分配人工工时并不是很有把握。下面我们将在原有线性规划模型的基础上，以总利润最大化为目标，增加人工工时重新分配的决策变量，以求解新的最优人力资源分配计划。

```
最优值 =                    73589.74359

     变量                  值                    递减成本
 --------------      ---------------      -----------------
       1                5743.58974                0.00000
       2                1794.87179                0.00000

    约束条件             松弛/剩余                 对偶值
 --------------      ---------------      -----------------
       1                1061.53846                0.00000
       2                1889.74359                0.00000
       3                   0.00000                8.46154
       4                   0.00000               10.25641
```

图 4-7　在不允许转移人力资源的情况下对 McCormick 公司问题的求解

假定 McCormick 公司有一个交叉培训计划，允许一些员工在部门间调职。经过交叉培训，一部分员工（即工时）可以从一个部门转移到另一个部门。比如，交叉培训允许的转移方案见表 4-12。表的第 1 行显示，部门 1 的某些员工可以通过交叉培训被调任到部门 2 或部门 3。右边的一列显示了在当前生产计划期内，部门 1 最多可以转移出 400 个小时的工作时间。部门 2、部门 3、部门 4 的转移方案类似。

表 4-12　交叉培训能力和生产能力信息

原部门	交叉培训后允许转到的部门				最大可转移时间（小时）
	1	2	3	4	
1	—	是	是	—	400
2	—	—	是	是	800
3	—	—	—	是	100
4	是	是	—	—	200

当人力资源分配有弹性时，我们并不知道每个部门应该分配多少工时，或是转移多少工时。为了计算这些变化，我们需要在模型中增加决策变量。

$$b_i = \text{分配给第 } i \text{ 个部门的工时}，i = 1, 2, 3, 4$$

$$t_{ij} = \text{部门 } i \text{ 转给部门 } j \text{ 的工时}$$

增加了决策变量 b_1、b_2、b_3、b_4 后，我们写出 4 个部门的生产能力约束条件：

现在方程的右边被视为决策变量。

$$0.65P_1 + 0.95P_2 \leqslant b_1$$

$$0.45P_1 + 0.85P_2 \leqslant b_2$$

$$1.00P_1 + 0.70P_2 \leqslant b_3$$

$$0.15P_1 + 0.30P_2 \leqslant b_4$$

最终被分配到各部门的工时是由劳动力平衡等式决定的，也就是说某个部门的工时等于最初分配到该部门的时间加上由其他部门转移到该部门的工时，再减去从该部门转移到其他部门的工时。以部门 1 为例，该部门的劳动力平衡等式为：

$$b_1 = \text{部门 1 最初的工时} + \text{转移到部门 1 的工时} - \text{从部门 1 转出的工时}$$

表 4-11 表明，最初分配到部门 1 的工时是 6 500 小时。我们用转移的决策变量 t_{i1} 来表示转移到部门 1 的工

时，t_{1j} 表示从部门 1 转出的工时。表 4-12 显示，涉及部门 1 的交叉培训被限定在只能从部门 4 转移过来（变量 t_{41}）并且只能转移到部门 2、3 中去（变量 t_{12} 或 t_{13}）。这样，我们就能够表示出部门 1 的总的人力资源分配了：

$$b_1 = 6\,500 + t_{41} - t_{12} - t_{13}$$

把劳动力决策变量放到等式左边，我们可以得到劳动力平衡等式或者约束条件：

$$b_1 - t_{41} + t_{12} + t_{13} = 6\,500$$

我们必须把对 4 个部门的约束条件都写成这种形式。因此，部门 2、部门 3 和部门 4 的劳动力平衡约束条件为：

$$b_2 - t_{12} - t_{42} + t_{23} + t_{24} = 6\,000$$

$$b_3 - t_{13} - t_{23} + t_{34} = 7\,000$$

$$b_4 - t_{24} - t_{34} + t_{41} + t_{42} = 1\,400$$

最后要注意的是，由于表 4-12 所示每个部门可转移的时间是有限的，所以模型中必须加上 4 个部门的转移量的约束条件，分别是：

$$t_{12} + t_{13} \leqslant 400$$

$$t_{23} + t_{24} \leqslant 800$$

$$t_{34} \leqslant 100$$

$$t_{41} + t_{42} \leqslant 200$$

完整的线性规划模型有两个生产决策变量（P_1 和 P_2）、4 个部门的人力资源分配变量（b_1，b_2，b_3，b_4）、7 个转移变量（t_{12}，t_{13}，t_{23}，t_{24}，t_{34}，t_{41}，t_{42}）和 12 个约束条件。图 4-8 显示了该问题的最优解。

最优值 = 84011.29945

变量	值	递减成本
P1	6824.85900	0.00000
P2	1751.41200	0.00000
B1	6100.00000	0.00000
B2	5200.00000	0.00000
B3	8050.84700	0.00000
B4	1549.15300	0.00000
T41	0.00000	7.45763
T12	0.00000	8.24859
T13	400.00000	0.00000
T42	0.00000	8.24859
T23	650.84750	0.00000
T24	149.15250	0.00000
T34	0.00000	0.00000

约束条件	松弛 / 剩余	对偶值
1	0.00000	0.79096
2	640.11300	0.00000
3	0.00000	8.24859
4	0.00000	8.24859
5	0.00000	0.79096
6	0.00000	0.00000
7	0.00000	8.24859
8	0.00000	8.24859
9	0.00000	7.45763
10	0.00000	8.24859
11	100.00000	0.00000
12	200.00000	0.00000

图 4-8 McCormick 公司问题的求解

通过交叉培训和劳动力重新分配，McCormick 公司的利润从 73 590 美元增加到 84 011 美元，增加了 10 421 美元。如果部门 1 有 400 个小时转移到部门 3，部门 2 有 651 个小时转移到部门 3、149 个小时转移到部门 4，这时的最优产品组合是 6 825 单位的产品 1 和 1 751 单位的产品 2。此时，4 个部门的可用人工工时分别为 6 100、5 200、8 051 和 1 549。

人力资源分配模型也可以应用到诸如原材料分配、机器工时分配以及销售部门或者门店的人力资源分配等方面。

如果经理可以在不同部门重新分配人力资源，以减少劳动力空闲时间，提高劳动力利用率，那么增加企业的利润是可以实现的。本章的线性规划模型是按利润最大化的原则安排各部门的员工人数和工时。

4.3.4　混合问题

混合问题是指混合两种或两种以上的原材料生产一种或多种产品的生产与采购计划问题。混合生产是将含一种或多种核心成分的原材料混合加工成最终产品，且最终产品中的核心成分含量要满足一定比例的要求。在实际应用中，管理层必须决定每种资源的购买量，以在成本最低的情况下满足产品的规格以及市场的需求。

混合问题经常发生在石油行业（如混合原油以生产辛烷汽油）、化工行业（如用混合化学品制造化肥和除草剂）以及食品行业（如混合各种原料生产软饮料和汤剂）。在这一节中，我们将介绍线性规划在石油行业应用的一个混合问题。

Grand Strand 石油公司为美国东南部独立的加油站，生产一般规格和特殊规格的汽油。Grand Strand 石油公司精炼厂通过合成 3 种石油成分来生产汽油产品。这些汽油以不同的价格出售，而且这 3 种石油成分的成本也不同。公司想知道在生产这两种汽油产品的过程中，如何混合这 3 种石油成分才能获利最大。

现存的资料显示，一般规格汽油的售价是 2.90 美元 / 加仑，而特殊规格汽油是 3.00 美元 / 加仑。在当前的生产计划期内，Grand Strand 石油公司可以得到的 3 种石油成分每加仑的成本和供应量见表 4-13。

一般规格和特殊规格汽油的产品规格限制了 3 种石油成分的占比，如表 4-14 所示。分销商的合同要求 Grand Strand 石油公司生产至少 10 000 加仑的一般规格汽油。

表 4-13　Grand Strand 石油公司混合问题的成本和供应量

石油成分	单位成本（美元）	最大供应量（加仑）
1	2.50	5 000
2	2.60	10 000
3	2.84	10 000

表 4-14　Grand Strand 石油公司混合问题的产品规格

产品	规格
一般规格汽油	最多30%成分1
	最少40%成分2
	最多20%成分3
特殊规格汽油	最少25%成分1
	最多45%成分2
	最少30%成分3

Grand Strand 石油公司的混合问题就是要决定一般规格汽油和特殊规格汽油的每种石油成分的用量分别为多少。总利润最大化的混合生产方案需要满足表 4-13 中的 3 种石油成分可提供量的约束条件。产品规格见表 4-14，而且最少要生产 10 000 加仑的一般规格汽油。

我们定义决策变量如下：

x_{ij} = 汽油 j 中石油成分 i 的含量，i=1，2 或 3（分别对应三种石油成分），

j = r 或 p（分别代表一般规格汽油和特殊规格汽油）

则 6 个决策变量为：

$x_{1\mathrm{r}}$ = 一般规格汽油中石油成分 1 的用量

$$x_{2r}=\text{一般规格汽油中石油成分 2 的用量}$$

$$x_{3r}=\text{一般规格汽油中石油成分 3 的用量}$$

$$x_{1p}=\text{特殊规格汽油中石油成分 1 的用量}$$

$$x_{2p}=\text{特殊规格汽油中石油成分 2 的用量}$$

$$x_{3p}=\text{特殊规格汽油中石油成分 3 的用量}$$

每种汽油的总产量是 3 种原油成分在相应汽油中的含量之和。

每种汽油的产量：

$$\text{一般规格汽油}=x_{1r}+x_{2r}+x_{3r}$$

$$\text{特殊规格汽油}=x_{1p}+x_{2p}+x_{3p}$$

每种石油成分使用的加仑数也可用类似的公式计算出。

每种石油成分的使用量：

$$\text{石油成分 1}=x_{1r}+x_{1p}$$

$$\text{石油成分 2}=x_{2r}+x_{2p}$$

$$\text{石油成分 3}=x_{3r}+x_{3p}$$

我们通过计算这两种汽油的总收入和 3 种石油成分的购买成本之差来建立利润的目标函数。用一般规格汽油和特殊规格汽油的单价（2.90 美元 / 加仑，3.00 美元 / 加仑）乘以两种汽油产品的产量得总收入。用表 4-13 中 3 种石油成分的单位购买成本乘以每种石油成分的使用量得总成本，则目标函数为：

$$\max \quad 2.90(x_{1r}+x_{2r}+x_{3r})+3.00(x_{1p}+x_{2p}+x_{3p})-2.50(x_{1r}+x_{1p})-2.60(x_{2r}+x_{2p})-2.84(x_{3r}+x_{3p})$$

合并同类项，目标函数变为：

$$\max \quad 0.40x_{1r}+0.30x_{2r}+0.06x_{3r}+0.50x_{1p}+0.40x_{2p}+0.16x_{3p}$$

3 种石油成分可使用量的约束条件是：

$$x_{1r}+x_{1p}\leqslant 5\,000 \quad \text{石油成分 1}$$

$$x_{2r}+x_{2p}\leqslant 10\,000 \quad \text{石油成分 2}$$

$$x_{3r}+x_{3p}\leqslant 10\,000 \quad \text{石油成分 3}$$

对于表 4-14 中的产品规格有 6 个约束条件。第一条产品规格表明了石油成分 1 不能超过一般规格汽油总加仑数的 30%，即 $x_{1r}\leqslant 0.30(x_{1r}+x_{2r}+x_{3r})$。

表 4-14 中第二条产品规格有以下约束条件：

$$x_{2r}\geqslant 0.40\ (x_{1r}+x_{2r}+x_{3r})$$

类似地，我们根据表 4-14 写出剩下的 4 个混合规格的约束条件：

$$x_{3r}\leqslant 0.20(x_{1r}+x_{2r}+x_{3r})$$

$$x_{1p}\geqslant 0.25(x_{1p}+x_{2p}+x_{3p})$$

$$x_{2p}\leqslant 0.45(x_{1p}+x_{2p}+x_{3p})$$

$$x_{3p}\geqslant 0.30(x_{1p}+x_{2p}+x_{3p})$$

至少生产 10 000 加仑一般规格汽油的约束条件如下：

$$x_{1r}+x_{2r}+x_{3r}\geqslant 10\,000$$

于是，包括 6 个决策变量和 10 个约束条件的完整线性规划模型如下：

$$\max \quad 0.40x_{1r}+0.30x_{2r}+0.06x_{3r}+0.50x_{1p}+0.40x_{2p}+0.16x_{3p}$$

s.t.

$$
\begin{aligned}
x_{1r} + x_{1p} &\leqslant 5\,000 \\
x_{2r} + x_{2p} &\leqslant 10\,000 \\
x_{3r} + x_{3p} &\leqslant 10\,000 \\
x_{1r} &\leqslant 0.30\ (x_{1r}+x_{2r}+x_{3r}) \\
x_{2r} &\geqslant 0.40\ (x_{1r}+x_{2r}+x_{3r}) \\
x_{3r} &\leqslant 0.20\ (x_{1r}+x_{2r}+x_{3r}) \\
x_{1p} &\geqslant 0.25\ (x_{1p}+x_{2p}+x_{3p}) \\
x_{2p} &\leqslant 0.45\ (x_{1p}+x_{2p}+x_{3p}) \\
x_{3p} &\geqslant 0.30\ (x_{1p}+x_{2p}+x_{3p}) \\
x_{1r}+x_{2r}+x_{3r} &\geqslant 10\,000 \\
x_{1r},\ x_{2r},\ x_{3r},\ x_{1p},\ x_{2p},\ x_{3p} &\geqslant 0
\end{aligned}
$$

Grand Strand 石油公司混合问题的最优解决方案见图 4-9。最优的方案获得了 7 100 美元的利润（见表 4-15）。最优的混合生产策略显示，应生产 10 000 加仑的一般规格汽油。一般规格汽油由 1 250 加仑的成分 1、6 750 加仑的成分 2 和 2 000 加仑的成分 3 混合制成。而 15 000 加仑的特殊规格汽油由 3 750 加仑的成分 1、3 250 加仑的成分 2 和 8 000 加仑的成分 3 混合制成。

最优值 = 7100.00000

变量	值	递减成本
X1R	1250.00000	0.00000
X2R	6750.00000	0.00000
X3R	2000.00000	0.00000
X1P	3750.00000	0.00000
X2P	3250.00000	0.00000
X3P	8000.00000	0.00000

约束条件	松弛 / 剩余	对偶值
1	0.00000	0.50000
2	0.00000	0.40000
3	0.00000	0.16000
4	1750.00000	0.00000
5	2750.00000	0.00000
6	0.00000	0.00000
7	0.00000	0.00000
8	3500.00000	0.00000
9	3500.00000	0.00000
10	0.00000	-0.10000

图 4-9　对 Grand Strand 石油公司的混合问题求解

表 4-15　Grand Strand 石油公司混合问题的最优解决方案

汽油	每种成分的加仑数（所占比例）			合计
	成分1	成分2	成分3	
一般规格	1 250（12.5%）	6 750（67.5%）	2 000（20%）	10 000
特殊规格	3 750（25%）	3 250（21.67%）	8 000（53.34%）	15 000

我们对图 4-9 中的松弛变量和剩余变量（约束条件 4 ～ 9）做一下解释。如果约束条件是小于等于形式，松弛变量可以被解释为石油成分的最高使用量与该石油成分的实际使用量的差值。例如，约束条件 4 的松弛变量是 1 750，它反映了在生产过程中，石油成分 1 的实际使用量比该石油成分在一般规格汽油的含量上限（3 000 加仑）低 1 750 加仑。如果约束条件是大于等于形式，一个剩余变量显示了某石油成分实际使用的加仑数高于其最低使用量的数值。例如，约束条件 5 中的剩余变量 2 750，它反映了使用石油成分 2 生产 10 000 加仑一般规格汽油时，成分 2 的使用量高于其最小使用量 2 750 加仑。

注释与点评

在混合问题里，一种定义决策变量的简便方法是使用行表示原材料，而用列表示产品的矩阵。例如，在 Grand Strand 石油公司的混合问题中，我们可以定义决策变量如下。

		最终产品	
		一般规格汽油	特殊规格汽油
原材料	成分 1	x_{1r}	x_{1p}
	成分 2	x_{2r}	x_{2p}
	成分 3	x_{3r}	x_{3p}

这种做法有两个优点：①对于任何混合问题，它提供了一种定义决策变量的系统方法。②根据决策变量与原材料、产成品及其他部分之间的关系定义的决策变量简单易懂。

本章小结

本章列举了大量的应用实践，解释了怎样利用线性规划来辅助决策。我们构造并求解了销售、财务以及运营管理等问题的模型，并解释了计算机软件输出的结果。

本章的许多案例都是线性规划应用的真实情况的微缩。在实际应用中，问题不一定能如此简单地描述出来，与问题相关的数据也不可能轻松获取，同时，问题很可能涉及更多的决策变量和约束条件。但是，本章中对应用情况的详细分析是将线性规划应用于真实问题的一个良好开端。

习题

1. **营销预算。**威斯彻斯特公司定期赞助关于公众服务的专题研讨会和项目。公司今年的项目制定的推广计划正在实施中，广告的途径有电视、电台广播以及报纸。每条广告的受众、每条广告的成本和媒体使用的最高限额如下表所示。

约束条件	电视	电台广播	报纸
每条广告的受众	100 000	18 000	40 000
每条广告的成本（美元）	2 000	300	600
媒体使用的最高限额	10	20	10

为了保证用于广告的媒体之间的平衡，电台广告不得超过广告总量的 50%。除此以外，电视广告至少要占广告总额的 10%。LO1

a. 如果推广预算限制在 18 200 美元之内，则每种媒体应使用多少次才能使受众数最大？

b. 预算在这三种媒体间该怎么分配？受众的总数是多少？

c. 如果在预算中追加 100 美元，则新的最优推广计划中媒体将有多少受众？

2. **生产计划。**哈特曼公司的管理层正准备决定接下来的计划期内两种产品的产量。下面给出的表包括了

可用工时、劳动力效率和单位产品利润。LO3

部门	产品（小时 / 单位）		可用工时（小时）
	1	2	
A	1.00	0.35	100
B	0.30	0.20	36
C	0.20	0.50	50
单位产品利润 / 美元	30.00	15.00	

a. 为该公司的问题建立线性规划模型，求解该模型以决定两种产品的最佳产量。

b. 因为问题假设接下来的计划期内人工成本是固定成本，所以在计算单位产品利润时，人工费用并没有算在内。然而，我们可以假设某些部门可以加班生产。此时，你建议哪些部门加班？公司愿意为每个部门每小时支付多少加班费？

c. 假设 A、B、C 部门各可安排 10、6、8 小时的加班时间，费用分别为 18、22.5、12 美元。建立一个线性规划模型，求解如果允许加班的话，两种产品的最优生产数量是多少。此时的最优利润是多少？你建议每个部门加班多少时间？采用加班政策后，总利润如何变化？

3. **信用互助基金分配。**州立大学的雇员信用社正在计划来年的基金分配。信用社为其成员提供 4 种贷款。除此以外，信用社还对无风险公债进行投资，以确保稳定收入。各种投资产生的收益以及年回报率如下表所示。

贷款/投资类型	年回报率（%）
汽车贷款	8
家具贷款	10
其他担保贷款	11
个人信用贷款	12
无风险公债	9

信用社来年有 200 万美元可用于投资。州法律及信用社政策对贷款和投资的组合有以下限制。

（1）无风险公债不能超过基金总投资额的 30%。

（2）个人信用贷款不能超过贷款（汽车、家具、其他担保、个人信用）总额的 10%。

（3）家具贷款与其他担保贷款之和不得超过汽车贷款。

（4）其他担保贷款与个人信用贷款之和不得超过无风险公债的投资额。LO2

a. 这 200 万美元应如何分配给各项贷款 / 投资项目以使预计年总收益最大？

b. 最优的预计年总收益是多少？

4. **咖啡生产。**Hilltop 咖啡制造公司利用 3 种咖啡豆制造一种混合咖啡产品。每种咖啡豆单位购买成本及可购买量如下表所示。

咖啡豆	单位购买成本（美元 / 磅）	可购买量（磅）
1	0.50	500
2	0.70	600
3	0.45	400

公司通过消费者测试为咖啡定等级，级别范围是 0 ～ 100，级别越高，品质越高。该混合咖啡要达到的质量标准是：香味的消费者等级至少是 75，味道的消费者等级至少是 80。每一种咖啡豆（100%）的香味和味道等级如下。

咖啡豆	香味等级	味道等级
1	75	86
2	80	88
3	60	75

假设混合咖啡的香味和味道等级是 3 种咖啡豆香味和味道等级的加权平均值。LO5

a. 制造 1 000 磅达到质量标准的混合咖啡的最低费用是多少？

b. 每磅混合咖啡的成本是多少？

c. 确定该咖啡的香味和味道等级。

d. 如果要多生产 1 磅咖啡，则总成本会增加多少？

5. **熟食店生产计划。**Kilgore 熟食店位于某重点高校附近。熟食店提供两种午餐：W 套餐和 D 套餐。Kilgore 每天需要决定两种套餐各制作多少（套餐需求量没有限制）。W 套餐每份利润为 0.45 美元，D 套餐每份利润为 0.58 美元。制作一份 W 套餐需要 0.25 磅牛肉、0.25 份洋葱和 5 盎司的 Kilgore 特制调味汁。制作一份 D 套餐需要 0.25 磅牛肉、0.4 份洋葱、2 盎司的 Kilgore 特制调味汁和 5 盎司的辣椒酱。今天，Kilgore 准备了 20 磅牛肉、15 份

洋葱、88盎司的Kilgore特制调味汁和60盎司的辣椒酱。LO3

a. 建立线性规划模型，计算Kilgore应制作多少W套餐和D套餐，以使利润最大。

b. 求解该模型。

c. 特制调味汁的对偶值为多少？解释其对偶值的含义。

d. 特制调味汁的可用量增加1盎司后重新求解。结果是否证明了c的答案？给出新的解。

6. **重型机械**。库兹公司制造两种用于重型机械设备的产品。两种产品需经过两个部门的制造过程。以下是两种产品的单位生产时间和利润。LO3

产品	单位利润（美元）	人工工时（小时）	
		A部门	B部门
1	25	6	12
2	20	8	10

下一个生产周期内，公司有900小时的可用人工工时分配到两个部门。建立一个生产计划以及劳动分配方案（分给各部门的人工小时数），使该公司利润最大。

7. **赔款基金**。霍克斯瓦斯公司需要为某集体诉讼案件提供赔偿，需要准备足够的现金以支付未来6年的赔款（单位：千美元）。

年份	1	2	3	4	5	6
赔款	190	215	240	285	315	460

每年支付的款项必须在年初缴纳。准备的现金和现金的投资方案需要经过法官认定。现金投资将被限定在存款（每年4%的利息）以及政府公债上，其价格和现阶段信息参见《华尔街日报》。

霍克斯瓦斯公司希望制订一个计划，决定两种公债的购买数量和每年用于储蓄的金额。下表是每千美元公债的购买价格（现价）、回报率和到期年限。

公债	现价（美元）	回报率（%）	到期年限
1	1 055	6.750	3
2	1 000	5.125	4

假设利息按年支付。该计划将递给法院，获批后，霍克斯瓦斯公司向担保人支付相应的担保金。LO2

a. 用线性规划求解赔偿额最小的投资规划方案。

b. 用对偶值确定霍克斯瓦斯公司愿意支付多少钱，以使其在第6年支付的赔款从460 000美元减少至400 000美元。

c. 用对偶值确定霍克斯瓦斯公司愿意支付多少钱，以使其在第1年支付的赔偿从190 000美元减少至150 000美元。

d. 若赔偿支付方式从每年年初支付改为每年年底支付，请根据新变化重新构建一个线性规划模型。如果年底支付方式可以实施的话，那么霍克斯瓦斯公司可节省多少美元？

8. **警察排班**。克拉克镇警察部门安排警察8小时轮班。换班时间是上午8:00、中午12:00、下午4:00、晚上8:00、午夜12:00以及凌晨4:00。一个警察可以从以上任意时间点开始上班，工作8个小时。不同时段警察所需人数不同，依照平时的管理经验，不同时段的最少警察人数需求如下。LO4

时间段	值班的最少人数
上午8:00—中午12:00	5
中午12:00—下午4:00	6
下午4:00—晚上8:00	10
晚上8:00—午夜12:00	7
午夜12:00—凌晨4:00	4
凌晨4:00—上午8:00	6

确定在以上各时间点上班的警察人数，以使需要的人数最少（提示：x_1 = 上午8:00上班的警察人数，x_2 = 中午12点上班的警察人数，依此类推）。

9. **呼叫中心计划**。Epsilon航空公司主要在美国的东部和东南部提供服务。Epsilon的大部分顾客通过官网预订机票，一小部分通过电话预订。Epsilon想为客服中心招聘人员，以处理网络预订系统中遇到的问题以及航班改签问题。而对于Epsilon管理团队来讲，如何决定客服人员的最佳数量是一个挑战。员工过多导致成本上升，过少则会影响服务质量，导致客户流失。

针对 6 月、7 月和 8 月的前两个星期的出行高峰（假日季），Epsilon 分析人员得出一周内每天所需的最少客服人员数量如下。

星期	最少客服人员数量
星期一	75
星期二	50
星期三	45
星期四	60
星期五	90
星期六	75
星期日	45

客服人员在任意一天开始工作，连续工作 5 天后，休息 2 天。每名员工工资相同。假设工作时间表是循环的，不考虑开始和结束。建立模型，在满足最小需求的情况下，使客服人员数量最少。求最优解，并计算超过最少需求的客服人员数量。LO4

10. **投资组合**。海滨财务服务公司的一名投资顾问想要开发一个用于分配投资资金的模型，公司有以下 4 种投资选择：股票、债券、共同基金和现金。该公司预估出在下一个投资期里以上 4 种投资的年收益率和相应的风险。风险是用 0 和 1 之间的一个指数来衡量的，更高的风险值意味着更大的波动性和不确定性。现金是一种货币市场资金，它的年收益率较低，但同时它是无风险的。我们的目标是在满足客户所能忍受的风险水平的约束条件下，确定投资组合中每种投资的比例，以使年总收益最大。

投资	年收益率（%）	风险
股票	10	0.8
债券	3	0.2
共同基金	4	0.3
现金	1	0.0

总风险是所有投资选择的风险之和。比如，一个客户将 40% 的资金投资于股票，30% 投资于债券，20% 投资于共同基金，10% 投资于现金，那么他的总风险是：$0.4\times0.8+0.3\times0.2+0.2\times0.3+0.1\times0=0.44$。有一名投资顾问将与每名投资者商讨其投资目标，并决定一个最大风险值。对于一个谨慎的投资者，最大风险值小于 0.3；对于一个中度冒险的投资者，最大风险值介于 0.3 和 0.5 之间；对于一个偏爱冒险的投资者，最大风险值在 0.5 以上。

对于所有的投资客户，海滨财务服务公司还制定了特别的方针，如下。

- 对股票的投资不超过总资金的 75%。
- 对共同基金的投资不少于对债券的投资。
- 对现金的投资介于总资金的 10% 和 30% 之间。

LO2

a. 假定一个客户的最大风险值是 0.4，那么其最优投资组合是什么？它的年收益率和总风险分别是多少？

b. 假定一个比较谨慎的客户的最大风险值是 0.18，那么其最优投资组合是什么？它的年收益率和总风险分别是多少？

c. 假定另一个更偏好于冒险的客户的最大风险值是 0.7，那么其最优投资组合是什么？它的年收益和总风险分别是多少？

d. 参照 c 问题的结果，该客户是否有兴趣让投资顾问增加对股票允许投资的最大比例或是减少对现金数量至少有 10% 比例的约束条件？请加以解释。

e. 相对于直接用投资资金的数量（即金额）来表示决策变量，我们前面用投资比例来表示决策变量有什么优势？

11. **零部件采购计划**。爱德华公司从 3 家供应商购买 2 种零部件。供应商的能力是有限的，并且没有单个供应商能满足公司的所有需求。除此以外，供应商零件的价格不尽相同，零件单位价格如下。

零件	供应商		
	1（美元 / 单位）	2（美元 / 单位）	3（美元 / 单位）
1	12	13	14
2	10	11	10

虽然每家供应商的能力有限，但是只要爱德华公司给定足够的提前期，每个供应商就可提供其能

力范围内任意数量的零件 1 或 2，或是这两种零件的任意组合。供应商的能力如下。LO3

供应商	1	2	3
能力	600	1 000	800

如果下个计划期爱德华公司需要 1 000 单位的零件 1 和 800 单位的零件 2，你建议公司如何购买这些零件？即公司应向各个供应商订购哪一种零件？订购多少？购买零件的总费用是多少？

12. **海鲜买卖计划**。亚特兰大海洋食品公司（ASC）是一家海洋食品的分销商，它将食品卖给整个东北海岸的饭店和海洋食品专卖店。ASC 在纽约市有一个冷藏仓库，它是公司所有产品的分销中心。ASC 经销一种冷冻的大型黑色虎皮虾，每 16 ～ 20 只就有 1 磅重。每个周六，ASC 可以按纽约当地市场价格购买或是出售虎皮虾。ASC 的目标是以尽可能低的价格购进虎皮虾，然后以尽可能高的价格卖出去。ASC 目前有 20 000 磅虎皮虾的库存，它每周可用的最大存储空间可容纳的量是 100 000 磅。除此之外，ASC 对接下来 4 周虎皮虾的价格估计如下。

星期	每磅价格（美元）
1	6.00
2	6.20
3	6.65
4	5.55

ASC 希望建立一个关于接下来 4 周的最优“购买—储存—销售”策略。每周储存 1 磅虾的费用是 0.15 美元，同时为了应对供给和需求不可预见的问题，管理层希望在第 4 周周末有 25 000 磅虎皮虾的库存。为 ASC 制定一个最优的“购买—储存—销售”策略并计算未来 4 周的最大利润。LO3

13. **咖啡豆混合计划**。位于纽约萨拉托加的罗马食品市场，销售世界各地的特色食品。市场的两种主打食品是罗马常规咖啡和罗马低卡咖啡。这两种咖啡由巴西天然咖啡豆和哥伦比亚淡味咖啡豆混合制成，两种咖啡豆是从位于纽约的一家分销商处购买的。因为罗马市场需要及时供应大批量的咖啡豆，所以其购买咖啡豆的价格可能要比市场上分销商购买的价格高 10%。目前巴西天然豆的市场价格是 0.47 美元 / 磅，哥伦比亚淡味豆的价格是 0.62 美元 / 磅。每种咖啡的混合成分如下。

豆类	混合品	
	罗马常规咖啡	罗马低卡咖啡
巴西天然豆	75%	40%
哥伦比亚淡味豆	25%	60%

罗马市场里常规咖啡和低卡咖啡的售价分别是 3.6 美元 / 磅和 4.4 美元 / 磅。罗马市场想制定一个巴西天然豆和哥伦比亚淡味豆的订购方案，确保能够生产 1 000 磅的罗马常规咖啡和 500 磅的罗马低卡咖啡。罗马常规咖啡的生产成本是每磅 0.8 美元，由于生产罗马低卡咖啡需要额外的工序，所以它的生产成本是每磅 1.05 美元。这两种产品的包装费都是每磅 0.25 美元。建立一个线性规划模型确定巴西天然豆和哥伦比亚淡味豆的订购数量，以使总利润最大化。最优的解决方案和利润分别是什么？LO5

14. **造船计划**。经典造船公司的生产经理必须确定接下来的 4 个季度生产多少艘“经典 21”型号的船。该公司原有 100 艘经典 21 的存货，且 4 个季度的需求是：第一季度 2 000 艘，第二季度 4 000 艘，第三季度 3 000 艘，第四季度 1 500 艘。公司每个季度的最大生产能力分别为 4 000、3 000、2 000 和 4 000 艘。第一、二季度的存货成本为每艘 250 美元，第三、四季度为每艘 300 美元。第一季度的生产费用是每艘 10 000 美元；由于劳务和材料费的增加，生产费用以每季度 10% 的比率递增。管理层强调第四季度结束时必须至少有 500 艘的存货。LO3

a. 构建一个线性规划模型，制订出使总费用最少的生产计划，满足每季度的需求，同时符合每季度生产能力和第四季度结束时的存货要求。

b. 求解 a 中的模型，采用表格形式给出每个季度的生产量、季度末的存货以及相关的费用。

c. 解释每季度需求约束条件的对偶值。利用对偶值的信息，你能给生产经理什么建议？

d. 解释每季度生产能力约束条件的对偶值。利用对偶值的信息，你能给生产经理什么建议？

15. **汽油混合**。西斯庄德石油公司生产两种等级的汽油：常规汽油和高辛烷汽油。两种汽油都是由两种原油混合制得。虽然两种原油中含两种对生产汽油非常重要的成分，但成分的百分比在两种原油中有所差别，因此每加仑的价格也不同。两种原油中成分 A 和 B 的百分比以及每加仑的价格如下表所示。

原油	价格（美元）	成分 A	成分 B
1	0.10	20%	60%
2	0.15	50%	30%

每加仑常规汽油必须至少含有 40% 的成分 A，而每加仑高辛烷汽油最多能有 50% 的成分 B。每天常规汽油和高辛烷汽油的需求分别是 800 000 加仑和 500 000 加仑。为了满足汽油的每日需求，应如何制定购买和生产决策，使总费用最少？LO5

16. **卷纸生产**。芬古森造纸公司生产用于加法器、台式计算器和收银机的卷纸。这些卷纸每卷长度为 200 英尺，宽度可为 1.5、2.5 和 3.5 英寸[㊀]。生产过程只能提供 200 英尺[㊁]长和 10 英寸宽的卷纸。所以，公司必须剪切卷纸以满足所需的宽度。7 种剪切方案以及每种方案造成的浪费如下表所示。

剪切方案	卷纸宽度			浪费（英寸）
	1.5 英寸	2.5 英寸	3.5 英寸	
1	6	0	0	1
2	0	4	0	0
3	2	0	2	0
4	0	1	2	0.5
5	1	3	0	1
6	1	2	1	0
7	4	0	1	0.5

3 种产品的最少产量如下表所示。LO3

卷纸宽度	1.5 英寸	2.5 英寸	3.5 英寸
单位	1 000	2 000	4 000

a. 若公司希望使用的 10 英寸卷纸最少，则每一种方案应剪切多少个 10 英寸卷纸？总共需要多少个？最后浪费了多少（英寸）？

b. 若公司希望造成的浪费最少，每一种方案应剪切多少个 10 英寸卷纸？总共需要多少？最后浪费了多少（英寸）？

c. a 问题和 b 问题有什么不同？在这个案例里，你偏好哪一种目标？请加以解释。什么样的情况下，另一种目标更有吸引力？

17. **装卸设备制造**。弗朗德克公司制造、组装和改造仓库与分销中心使用的装卸设备。一种被称为“举重管理器”的设备由 4 种零件组成：框架、马达、2 个支撑柱和 1 条金属带。弗朗德克的生产计划要求下个月生产 5 000 个举重管理器。生产举重管理器用的马达是外购的，而框架、支撑柱以及金属带可以自制或外购。制造成本与购买成本如下表所示。

零件	制造成本（美元/件）	购买成本（美元/件）
框架	38.00	51.00
支撑柱	11.50	15.00
金属带	6.50	7.50

这 3 种零件需要经过 3 个部门的加工。3 部门的生产能力（按小时计算）和单位零件加工时间（件 / 分钟）如下表所示。LO3

零件	部门		
	切割部门	轧磨部门	成型部门
框架	3.5	2.2	3.1
支撑柱	1.3	1.7	2.6
金属带	0.8	—	1.7
生产能力（小时）	350	420	680

a. 构建并求解此自制 / 外购决策的线性规划模型。每种零件自制多少？购买多少？

㊀ 1 英寸 = 0.025 4 米。

㊁ 1 英尺 = 0.304 8 米。

b. 自制和外购计划的总费用是多少?

c. 每个部门的生产时间是多少?

d. 若成型部门额外加班 1 小时，公司愿意支付多少费用?

e. 有一家机械制造公司以每件 45 美元的价格向弗朗德克公司销售框架。弗朗德克公司可以借此获利吗? 为什么?

18. **车队扩张。**匹兹堡附近的两河石油公司用货车向其经销商运输汽油。公司最近与位于俄亥俄州南部的经销商签订了提供汽油的合同。公司有 600 000 美元资金可用于扩充其运油货车队。运油货车有以下几种型号。

货车型号	容量（加仑）	购买价（美元）	每日运营费，包括折旧（美元）
超级油车	5 000	67 000	550
常规油车	2 500	55 000	425
经济型油车	1 000	46 000	350

公司估计该地区每月的需求是 550 000 加仑汽油。由于货车型号和速度不同，各种型号货车的运送次数或者说每月往返次数也不同。估计超级油车每月可往返 15 次，常规油车是 20 次，经济型油车是 25 次。在考虑到保养和可用司机的基础上，公司希望为其车队增加的新车不超过 15 辆。除此以外，公司决定至少为短途、低需求的路线购买 3 辆经济型油车。最后，公司不希望购买的超级油车的数量多于所有新车的一半。LO3

a. 若公司希望在月运营费用最少的情况下满足运送汽油需要，每种型号的货车各应该购进多少辆?

b. 若公司没有要求至少购买 3 辆经济型油车，也没有限定超级油车的数量不得超过新车数的一半，则每种型号的货车应购进多少?

19. **在线横幅分配。**假设你在 CNN.com 工作，负责销售下周五的在线横幅广告。来做广告的公司会与你签订合同，约定将有多少访问 CNN 网站的人会看到他们公司的广告。一个访问者看到该公司的广告被称为“一次浏览”，你的报酬基于访客点击进入公司网站的浏览量。在考虑点击率和每次点击的收入之后，你计算了三家客户公司（耐克、甲骨文和宝洁）在三个栏目（商业、科学和体育）的预期单位浏览收入。

部分	预期单位浏览收入（美元）		
	耐克	甲骨文	宝洁
商业	0.002	0.006	0.007
科学	0.003	0.007	0.005
体育	0.005	0.002	0.003

每个栏目的最大浏览量	
商业	2 500 000
科学	1 000 000
体育	1 900 000

你的合同规定了分配给每家客户公司的总浏览量的上限和下限（包含三个栏目），每家公司必须分配至少 1 000 000 浏览量，但不能超过 2 000 000 浏览量。LO1

a. 构建线性规划模型，要求使横幅广告的收益最大化。

b. 求解 a 中线性规划模型，给出每个栏目为每个公司分配的浏览量。

c. 最优收益是多少?

20. **控制生产波动计划。**福德龙公司生产在污水处理系统中使用的过滤箱。虽然公司的业务在增长，但每个月的需求变化仍很大。所以公司采用了兼职和全职员工的政策。虽然这种方法有很大的灵活性，但是它增加了公司的费用，且对员工的士气有所影响。例如，若公司某个月需要增加生产，就必须雇用并训练更多的兼职员工，于是费用增加了。若公司减少生产，劳动力必然变少，因而公司需要承担因解雇增加的费用和面对低沉的士气。公司估计出，若某个月比上个月增加生产，则每件产品的费用将增加 1.25 美元，减少生产则会使每件产品的费用增加 1.00 美元。2 月，公司生产了 10 000 个过滤箱，却只卖出了 7 500 个。现有存货 2 500 个。3 月、4 月和 5 月的销售量预测值分别是 12 000、8 000、15 000 个。除此之外，公司需要在每个月月底有 3 000 个过滤箱的存货。管理层希望确定 3 月、4 月和 5 月的生产数量，以使

每月因生产增加或减少而发生的总费用最小。LO3

21. 箱体生产。格林维尔木柜公司接到了一份合同，为大型扬声器制造商生产扬声器箱体。合同要求下两个月生产 3 300 个小扬声器箱体和 4 100 个大扬声器箱体。每月的需求如下。

型号	第一个月	第二个月
小扬声器箱体	2 100	1 200
大扬声器箱体	1 500	2 600

格林维尔估计生产每个小扬声器箱体的时间是 0.7 小时，生产每个大扬声器箱体的时间是 1 小时。原材料的价格如下：小扬声器箱体每个 10 美元，大扬声器箱体每个 12 美元。劳务费用是日常工作时间每小时 22 美元，加班则是每小时 33 美元。格林维尔每月共有 2 400 小时的日常工作时间和不超过 1 000 小时的加班时间。如果第一个月中任何一种型号的箱体数量超过需求，则多余的箱体可以以每件 5 美元的价格存储起来。对于每种产品，试确定每月在日常工作时间和加班时间生产的产品件数，以使总的生产和存储成本最小。LO3

22. 塑料包装生产。三城制造公司（TCM）生产可回收塑料杯和盘子、三明治包装盒和餐盒。下个星期公司要生产 80 000 个小三明治盒、80 000 个大三明治盒，以及 65 000 个餐盒。在制造这三种盒子时，塑料薄片将被融化并通过三种机器塑形为最终产品：M1、M2、M3。M1 能将塑料薄片处理成宽度最大为 12 英寸的产品，M2 能处理成宽度最大为 16 英寸的产品，M3 则能处理成宽度最大为 20 英寸的产品。小三明治盒需要宽度为 10 英寸的塑料薄片，所以，三种机器都可以生产这种盒子。大三明治盒需要宽度为 12 英寸的塑料薄片，所以，三种机器也都可以生产这种盒子。但是，餐盒需要宽度为 16 英寸的塑料薄片，因此 M1 不能用于生产这种盒子。三种盒子在生产过程中都会产生废料。这是由于塑料在加热和塑形过程中会有损失。浪费数量的大小是由所生产的产品以及所用机器的类型决定的。下表显示了每种机器上加工不同类型的包装盒时产生的废料（单位：英寸^2）。废料可以循环利用。LO3

机器	小三明治盒	大三明治盒	餐盒
M1	20	15	—
M2	24	28	18
M3	32	35	36

生产率也是由所生产的盒子和使用机器的类型决定的。下表显示了每一种机器加工不同产品时的生产率（单位：件 / 分钟）。下周的机器生产能力约束条件为：M1 最多 35 小时，M2 最多 35 小时，M3 最多 40 小时。

机器	小三明治盒	大三明治盒	餐盒
M1	30	25	—
M2	45	40	30
M3	60	52	44

a. 与再加工废料相关的费用一直在增加，所以 TCM 公司希望在满足下周生产计划要求的同时，使废料最少。构建一个线性规划模型，用于确定最优的生产计划。

b. 求解 a 中的模型以确定生产计划。将会产生多少废料？哪些机器（若有的话）会有剩余的生产能力？

23. 窗户生产。EZ- 窗户公司为房屋的修缮提供更替的窗户。1 月，该公司生产了 15 000 扇窗户。到月底时，公司还有 9 000 扇的存货。EZ- 窗户公司的管理层希望为接下来的 3 个月制定一个生产计划表。若能保持生产平稳运作，并为每月生产提供相似的运营环境，则该生产计划就是理想的。但是，根据下表所示的销售预测、生产能力和库存能力，管理团队认为保持平稳运作的生产计划不可行。

（单位：扇）

	2 月	3 月	4 月
销售预测	15 000	16 500	20 000
生产能力	14 000	14 000	18 000
库存能力	6 000	6 000	6 000

公司的成本会计部门估计每个月若比上个月多生产 1 扇窗户，则每扇窗户的总成本要增加 1 美元。除此之外，若比上个月少生产 1 扇窗户，每扇窗户的总成本要增加 0.65 美元。忽略生产以及库存成本，构建并求解线性规划模型，在满足每月销售预测的条件下，使因生产波动而产生的费用最小。LO3

24. **投资组合。**默顿金融公司必须确定在未来 4 期内，现有资金对 A、B 两个项目的投资百分比。下表显示了每期可用的资金，以及每项投资必要的现金支出（负值）或现金收入（正值）。表中数据表示如果将任一期内可用的资金全部投资在 A 项目或 B 项目上，发生的支出或收入。比如，如果默顿公司决定将任一期内的可用资金全部投资在 A 项目上，在第 1 期公司会支出 1 000 美元，第 2 期支出 800 美元，第 3 期要支出 200 美元，第 4 期则有 200 美元的收入。但是，要注意的是，如果默顿公司决定将总资金的 80% 投资给 A 项目，现金支出或收入将是表中对应值的 80%。

（单位：美元）

期数	可用的资金	投资项目	
		A	B
1	1 500	−1 000	−800
2	400	−800	−500
3	500	−200	−300
4	100	200	300

任一期内可用的资金，包括该期新的投资基金、新的贷款基金、上一期的存款，以及 A、B 两项目投资收入。任一期内的可用资金都能用于偿还上一期的贷款和利息，用于存款，或用于支付 A 项目或 B 项目的投资支出。

假设每期的存款利率是 10%，贷款利率是 18%。令：

$$S(t)= \text{第 } t \text{ 期的存款}$$

$$L(t)= \text{第 } t \text{ 期的贷款资金}$$

这样，在任一期内，上一期的存款带来的收入是 $1.1S(t-1)$，同时还必须偿还上一期贷款的本利和 $1.18L(t-1)$。

在第 4 期结束时，A 项目的预期现金值为 3 200 美元（假设资金全投资在 A 项目上），而 B 项目的预期现金值为 2 500 美元（假设资金全投资在 B 项目上）。第 4 期期末的收入是第 4 期的当期存款本利和，支出是当期贷款本利和。

我们定义决策变量如下：

$$x_1 = \text{A 项目的投资比例}$$

$$x_2 = \text{B 项目的投资比例}$$

例如，若 $x_1 = 0.5$，第 1 期向 A 项目投资 500 美元，后面 3 期和第 4 期末 A 项目的现金流都要乘以 0.5。向 B 项目投资时也是如此。该模型中必须包括约束条件（$x_1 \leqslant 1$ 和 $x_2 \leqslant 1$），以确保投资百分比不超过 100%。

如果在任一期内的贷款不超过 200 美元，确定 A 项目和 B 项目的投资比例，以及各期的存款和贷款额，以使公司在第 4 期末的现金值最大。LO2

25. **餐厅雇员计划。**西方之家牛排餐厅提供各式各样经济餐点和快餐服务。除了管理层，该餐厅的运营还需要 2 名每天工作 8 小时的全职员工，其余则是在用餐高峰期 4 小时轮班的兼职员工。牛排餐厅星期六的营业时间为早上 11 点到晚上 10 点。管理层要为兼职员工制定一个时间计划表，将劳工成本降至最低，同时为客人提供最好的服务。兼职员工的平均工资是每小时 7.6 美元。一天的不同时段内，所需全职和兼职员工总数不同，如下表所示。

时间	所需员工总数
上午 11 点—中午 12 点	9
中午 12 点—下午 1 点	9
下午 1 点—下午 2 点	9
下午 2 点—下午 3 点	3
下午 3 点—下午 4 点	3
下午 4 点—下午 5 点	3
下午 5 点—晚上 6 点	6
晚上 6 点—晚上 7 点	12
晚上 7 点—晚上 8 点	12
晚上 8 点—晚上 9 点	7
晚上 9 点—晚上 10 点	7

一个全职员工早上 11 点上班，工作 4 小时，休息 1 小时，再工作 4 小时。另一全职员工下午 1 点上班，遵循同样的“工作—休息—工作”模式。LO4

a. 给兼职员工制定一个工作时间表使总成本最低。

b. 兼职员工的总薪水是多少？兼职员工每天需要换几次班？利用剩余变量评价实施一部分兼职员工 3 小时轮班的合理性。

c. 假定兼职员工既可以轮班 3 小时，也可以轮班 4 小时，为兼职员工制定一个工作时间表，使总成本最低。兼职员工每天需要换几次班？与上一个时间表相比，节省了多少钱？

案例问题 4-1

广告战

火烈鸟烤肉饭店是一家位于佛罗里达的高端饭店。为了计划下一季度的广告宣传，该饭店聘请了 HJ 广告公司为其制订在电视、广播和线上方面的广告推广计划，该计划的预算费用是 279 000 美元。

在一次与火烈鸟烤肉饭店管理层的会议上，HJ 顾问提供了以下信息：单位广告的宣传率、单位广告覆盖的潜在客户数以及单位广告的成本，具体如下表所示。

媒体	单位广告的宣传率	单位广告覆盖的潜在客户数	单位广告的成本（美元）
电视	90	4 000	10 000
广播	25	2 000	3 000
线上	10	1 000	1 000

宣传率被视作衡量广告对现有客户和潜在客户的影响力的指标。它是形象宣传、消息反馈、可视和可闻形象等的综合体现。正如预料的那样，最贵的电视广告有最大的宣传率，同时可覆盖最多的潜在客户。

在这点上，HJ 顾问指出，关于每种媒体的宣传率和覆盖率的数据只在最初的几次广告应用中有效。例如电视，90 的宣传率和 4 000 个可覆盖的潜在客户数只在头 10 次广告中有效，10 次以后，电视广告的效用值会下降。对于 10 次以后播出的广告，HJ 顾问评估得出，其宣传率降到 55，同时潜在客户数也降到 1 500。对于广播，上表的数据在头 15 次广告中是有效的，超出 15 次后，宣传率降为 20，能达到的潜在客户数降为 1 200。类似地，对于线上，上表中的数据在头 20 次广告中是有效的，超出 20 次后，宣传率降为 5，能覆盖的潜在客户数降为 800。

火烈鸟烤肉饭店管理层以最大化各媒体的总宣传率作为这次广告活动的目标。由于管理层很在意吸引潜在客户，因此希望这次广告活动至少能覆盖 100 000 个潜在客户。为了平衡广告宣传活动以及充分利用广告媒体，火烈鸟烤肉饭店的管理团队还采纳了以下方针。

- 广播广告至少是电视广告的 2 倍。
- 电视广告不能超过 20 次。
- 电视广告的预算至少为 140 000 美元。
- 广播广告的预算不能超过 99 000 美元。
- 线上广告的预算至少为 30 000 美元。

HJ 在考虑以上政策之后，提出了怎样在电视、广播和线上广告中分配 279 000 美元的预算。LO1

管理报告

构建一个用于决定火烈鸟烤肉饭店的广告预算分配方案的模型，包括如下内容。

1. 电视、广播和线上的广告次数以及相应的预算分配。列出广告宣传率和覆盖的潜在客户数。

2. 如果广告预算增加 10 000 美元，那么总的覆盖数会怎么变化？

3. 讨论目标函数系数的变化范围。根据变化范围解释 HJ 估计的宣传率是如何影响最优方案的。

4. 在审阅了 HJ 的推荐方案后，火烈鸟烤肉饭店的管理层想要知道若广告活动的目标变为最大化覆盖的潜在客户数，则推荐方案会有什么变化。请构建新目标下的媒体计划模型。

5. 比较一下问题 1 和 4 中的推荐方案。你对于火烈鸟烤肉饭店的广告活动有何建议？

案例问题 4-2

Schneider 糖果店

Schneidert 糖果店经营自制糖果和冰淇淋。Schneidert 每批生产 50 磅冰淇淋。制作冰淇淋的第一步是混合原料使其组成符合下述要求。

1. 脂肪	16.00%
2. 乳清粉	8.00%
3. 糖	16.00%
4. 蛋类物质	0.35%
5. 稳定剂	0.25%
6. 乳化剂	0.15%
7. 水	59.25%

可选原料成本如下。

原料	成本（美元 / 磅）
1. 40% 奶油	1.19
2. 23% 奶油	0.70
3. 黄油	2.32
4. 塑性乳油	2.30

（续）

原料	成本（美元 / 磅）
5. 乳脂肪	2.87
6. 4% 牛奶	0.25
7. 脱脂炼乳	0.35
8. 脱脂奶粉	0.65
9. 液态糖	0.25
10. 糖速冻蛋黄	1.75
11. 蛋黄粉	4.45
12. 稳定剂	2.45
13. 乳化剂	1.68
14. 水	0.00

每磅原料中混合物成分的含量如下表所示。从表中可知，部分原料只能为混合物提供单一成分，如 1 磅的稳定剂只能为混合物提供 1 磅的稳定剂，乳化剂和水也是如此。

（单位：磅）

原料成分	原料													
	1	2	3	4	5	6	7	8	9	10	11	12	13	14
1	0.4	0.2	0.8	0.8	0.9	0.1				0.5	0.6			
2	0.1			0.1		0.1	0.3	0.1						
3									0.7	0.1				
4										0.4	0.4			
5												1		
6													1	
7	0.5	0.8	0.2	0.1	0.1	0.8	0.7		0.3					1

Jack 近期从父亲那里接手这家店，Jack 父亲以前的制作方法是：将 9.73 磅塑性乳油、3.03 磅脱脂奶粉、11.37 磅液态糖、0.44 磅糖速冻蛋黄、0.12 磅稳定剂、0.07 磅乳化剂和 25.24 磅水混合（只精确到 0.01 磅）。Jack 认为可能有一种更节约成本的冰淇淋制作方法，他希望在满足上述成分要求的前提下，使用成本最低的方法制作每批冰淇淋。

Jack 想知道，当上述成分的要求可以变动时，将会对最小制作成本产生怎样的影响。其中成分的变动范围如下所示。LO5

1. 脂肪	15.00% ~ 17.00%
2. 乳清粉	7.00% ~ 9.00%
3. 糖	15.50% ~ 16.50%
4. 蛋类物质	0.30% ~ 0.40%
5. 稳定剂	0.20% ~ 0.30%
6. 乳化剂	0.10% ~ 0.20%
7. 水	58.00% ~ 59.50%

管理报告

准备一份管理报告，对比：① Jack 父亲的混合配方与符合成分要求的最优混合配方的成本；② Jack 父亲的混合配方与成分要求可变时最优混合配方的成本。报告中应包括以下内容。

1. 三种方法下各生产 50 磅冰淇淋的成本。

2. 三种方法下的混合物中每种原料的使用数量。

3. 应推荐使用哪种方式？

案例问题 4-3

纺织厂生产计划

斯考兹维拉纺织厂生产 5 种不同的织物。每种织物可由纺织厂里 38 台纺织机中的任何一台或多台织成。销售部门对下个月的需求做出了预测。需求数据如表 4-16 所示。工厂 24 小时运营，下个月运营 30 天。

表 4-16　斯考兹维拉纺织厂的月需求、销售价格、可变成本和采购价格

织物	需求（码）	销售价格（美元 / 码）	可变成本（美元 / 码）	采购价格（美元 / 码）
1	16 500	0.99	0.66	0.80
2	22 000	0.86	0.55	0.70
3	62 000	1.10	0.49	0.60
4	7 500	1.24	0.51	0.70
5	62 000	0.70	0.50	0.70

工厂有两种纺织机：帝备纺织机和常规纺织机。帝备纺织机更加多样化，可用于生产 5 种织物。常规纺织机只能生产 3 种织物。工厂共有 38 台纺织机，包括 8 台帝备纺织机和 30 台常规纺织机。各种纺织机生产各种织物的生产率如表 4-17 所示。从生产一种织物转而生产另一种织物的时间可以忽略。

表 4-17　斯考兹维拉纺织厂的纺织机生产率

织物	纺织机生产率（码 / 小时）	
	帝备纺织机	常规纺织机
1	4.63	—
2	4.63	—
3	5.23	5.23
4	5.23	5.23
5	4.17	4.17

注：织物 1、2 只能由帝备纺织机生产。

斯考兹维拉纺织厂用本厂生产或向另一纺织厂购买的织物满足所有的需求。因纺织机性能有限，该纺织厂无法生产的织物会从另一家纺织厂购买。每种织物的采购价格如表 4-16 所示。LO3

管理报告

构造一个模型，为斯考兹维拉纺织厂制订一份生产计划，同时确定需要向另一纺织厂购买各种织物的数量。报告中应包括以下内容。

1. 每种织物最终的生产计划和纺织机的安排。
2. 预计总利润。
3. 讨论再增加 1 台纺织机的价值。（工厂考虑购进第 9 台帝备纺织机，你估计新添加的这台纺织机每月能创造多少利润？）
4. 讨论目标函数系数的取值范围。
5. 讨论使总费用最小化和总利润最大化的两种目标对应的模型有何不同。（目标函数系数的取值范围在这两种模型中的含义有什么不一样？）

案例问题 4-4

人力资源管理

戴维斯公司在佐治亚州的亚特兰大有两家制造厂。每月的产品需求变化很大，使戴维斯公司很难制订劳动力计划表。最近，戴维斯公司开始雇用由劳工无限公司提供的临时工。劳工无限公司专门为亚特兰大地区的公司提供临时工，该公司提供签署 3 种合同的临时工，合同规定的雇用时间长短及费用各不相同。3 种合同汇总如下。

选择	雇用时间	费用（美元）
1	1个月	2 000
2	2个月	4 800
3	3个月	7 500

合同期越长，费用越高。这是因为找到愿意长时间工作的临时工对劳工无限公司更为困难。

在未来的6个月，戴维斯公司计划需要的额外员工数如下。

月份	1月	2月	3月	4月	5月	6月
所需员工数	10	23	19	26	20	14

每个月戴维斯公司可以根据需要，雇用能签署每种合同的员工。例如，若戴维斯公司1月雇用了5名临时工，这5名临时工签署的合同都为两个月（即采用选择2）的话，则戴维斯公司将支付5×4 800 = 24 000（美元）工资。由于进行中的某些合并谈判，戴维斯公司不希望任何临时工的合同签到6月以后。

戴维斯公司有一个质量控制项目，并需要每名临时工在受雇的同时接受培训。即使以前曾在戴维斯公司工作过，该临时工也要接受培训。戴维斯公司估计每雇用一名临时工，培训费为875美元。因此，若1名临时工被雇用1个月，戴维斯公司将支付875美元的培训费，但若该员工签了2个月或3个月，则不需要支付更多的培训费。LO4

管理报告

构造一个模型，确定戴维斯公司每月应雇用的签署各种合同的临时工数，在满足员工需求的条件下，使总费用最少。报告中应包括以下内容。

1. 一份计划表，其中描述了戴维斯公司每月应雇签各种合同的临时工总数。

2. 一份总结表，其中描述了戴维斯公司应雇签各种合同的临时工数，以及每种合同的合同费用和培训费。计算所雇用的临时工总数、合同总费用以及培训总费用。

3. 若每个临时工的月培训费降至700美元，雇用计划将受何影响？请加以解释。讨论减少培训费的方法。要改变875美元培训费对应的最优雇用计划，单位培训费至少应减少多少？

4. 假设戴维斯公司1月雇用了10名全职员工，以满足未来6个月的部分劳动力需求。如果该公司可支付全职员工每人每小时16.5美元，其中包括附加福利，与只雇用临时工相比，新方案对劳动力总成本和培训费有何影响？估计全职员工和临时工大约每月工作160小时，那么你对雇用1名额外的全职员工有何建议？

案例问题 4-5

Duke Energy 公司的煤分配

Duke Energy 公司是美国和拉丁美洲地区的电力生产和供应商。Duke Energy 公司最近收购了 Cinergy 公司，该公司在印第安纳州、肯塔基州、俄亥俄州有发电设备和能源客户。为了这些客户，该公司每年为燃煤及燃气发电厂的燃料花费7.25亿～7.5亿美元。发电厂所需的燃料中，92%～95%为煤炭。在这个地区，Duke Energy 公司有10家燃煤发电厂，5家坐落在内陆，另外5家坐落在俄亥俄河上。有的工厂不止一套发电装备。Duke Energy 公司在这个地区每年使用2 800万～2 900万吨煤，平均每天花费约200万美元。

该公司通过固定吨位和可变吨位合同从印第安纳州（49%）、西弗吉尼亚州（20%）、俄亥俄州（12%）、肯塔基州（11%）、伊利诺伊州（5%）及宾夕法尼亚州（3%）的矿场购入煤炭。对于固定吨位合同，公司必须购买合同中指明的所有煤炭；但对于可变吨位合同，公司可购买不超过合同最高限额的煤炭。煤炭从矿场运至 Cinergy 公司在印第安纳州、肯塔基州及俄亥俄州的发电厂设备处。每吨煤炭的价格为19～35美元不等，运输费用为每吨1.50～5.00美元不等。

公司构造了一个模型，以确定每个发电厂所需生产的电量（以兆瓦时即 mWh 为单位）并衡量发电厂的效率（以发热率为标准）。发热率是指生产 1 千瓦时（kWh）的电力所需的英热（BTU）总量。

煤炭分配模型

Duke Energy 公司利用了一个称为煤炭分配模型的线性规划模型来将其煤炭配送至各发电厂。该模型的目标是使购买和配送煤炭的总费用最小。可提供的煤炭数量由公司与各个矿场所签订的合同决定，各发电厂需要的煤炭数量由各场的发电量间接决定。加工煤炭的费用，又称附加费用，因煤炭的特性（湿度、含灰度、BTU、硫黄含量和可碾磨性）以及发电厂效率的不同而有所差异。附加费用与运输费用包含在煤炭的采购价里，决定了购买和使用煤炭的总费用。

现存问题

Duke Energy 公司刚签了 3 份固定吨位合同和 4 份可变吨位合同。公司希望根据这些合同确定向 5 家发电厂配送煤炭的最小成本方案。3 份固定吨位合同数据如下。

供应商	合同规定吨数	价格（美元 / 吨）	BTU/ 磅
RAG	350 000	22	13 000
皮伯蒂煤炭销售公司	300 000	26	13 300
美国煤炭销售公司	275 000	22	12 600

例如，与 RAG 签订的合同要求 Duke Energy 公司以每吨 22 美元的价格购买 350 000 吨煤炭，这种煤炭每磅可提供 13 000 BTU。4 份可变吨位合同相关数据如下。

供应商	合同规定吨数	价格（美元 / 吨）	BTU/ 磅
康社公司	200 000	32	12 250
赛普罗斯 · 阿马斯克公司	175 000	35	12 000
阿丁顿采矿公司	200 000	31	12 000
滑铁卢公司	180 000	33	11 300

例如，与康社公司签订的合同要求：只要不超过 200 000 吨，Duke Energy 公司就能以每吨 32 美元的价格购买任意数量的煤炭。这种煤炭每磅可提供 12 250 BTU。

每家发电厂必须生产的电量总数及生产的发热率如下。

发电厂	生产电量 / 兆瓦时	发热率（BTU/千瓦时）
迈阿密福特 5 号	550 000	10 500
迈阿密福特 7 号	500 000	10 200
别克杰德 1 号	650 000	10 100
东班德 2 号	750 000	10 000
兹蒙 1 号	1 100 000	10 000

例如，迈阿密福特 5 号工厂必须生产 550 000 千瓦时的电量，生产每千瓦时需要 10 500BTU。

每吨煤炭的运输费用和附加费用如下。LO3

供应商	运输费用（美元 / 吨）				
	迈阿密福特 5 号	迈阿密福特 7 号	别克杰德 1 号	东班德 2 号	兹蒙 1 号
RAG	5.00	5.00	4.75	5.00	4.75
皮伯蒂煤炭销售公司	3.75	3.75	3.50	3.75	3.50
美国煤炭销售公司	3.00	3.00	2.75	3.00	2.75
康社公司	3.25	3.25	2.85	3.25	2.85
赛普罗斯 · 阿马斯克公司	5.00	5.00	4.75	5.00	4.75
阿丁顿采矿公司	2.25	2.25	2.00	2.25	2.00
滑铁卢公司	2.00	2.00	1.60	2.00	1.60

供应商	附加费用（美元 / 吨）				
	迈阿密福特 5 号	迈阿密福特 7 号	别克杰德 1 号	东班德 2 号	兹蒙 1 号
RAG	10.00	10.00	10.00	5.00	6.00
皮伯蒂煤炭销售公司	10.00	10.00	11.00	6.00	7.00
美国煤炭销售公司	13.00	13.00	15.00	9.00	9.00
康社公司	10.00	10.00	11.00	7.00	7.00
赛普罗斯 · 阿马斯克公司	10.00	10.00	10.00	5.00	6.00
阿丁顿采矿公司	5.00	5.00	6.00	4.00	4.00
滑铁卢公司	11.00	11.00	11.00	7.00	9.00

管理报告

准备一份报告，阐明你对 Duke Energy 公司分配煤的对策和建议。报告包括以下内容。

1. 最优的煤炭购买和配送计划。煤炭的购买、运输和加工费用各是多少？

2. 计算每个发电厂生产每百万 BTU 的平均成本（该指标是每个电厂的成本指标）。

3. 计算每个发电厂平均每一磅煤转化为 BTU 的数量（该指标是每个电厂煤的转化效率指标）。

4. 假设 Duke Energy 公司能以每吨 30 美元的价格向美国煤炭销售公司购买 80 000 吨煤炭，那么煤炭销售公司是否要购买这 80 000 吨煤炭？（该购买合同的形式是，要么不购买，要购买的话，必须购买 80 000 吨。）

5. 假设 Duke Energy 公司得知，从赛普罗斯·阿马斯克公司购买的煤炭实际上每磅能提供 13 000BTU，那么它会更改购买计划吗？

6. Duke Energy 公司通过它的贸易公司得知，可以通过电网以 30 美元 / 兆瓦时的价格将 50 000 兆瓦时的电销售给其他电力供应商。那么 Duke Energy 公司应该出售这些电吗？如果应该，新增的电应由哪些发电厂发出呢？

附录 4.1

Hewlitt 公司财务计划的 Excel 求解

在附录 2.1 中，我们演示了如何用 Excel 解决 Par 公司的线性规划问题。为了详细说明 Excel 如何解决更为复杂的线性规划问题，我们演示如何解决 4.2 节中 Hewlitt 公司的财务计划问题。

图 4-10 显示了 Hewlitt 公司的工作表模型和求解过程。正如附录 2.1 所示，模型的已知参数布置在工作表的上方，线性规划模型建在工作表的下方。模型是由决策变量的单元格、目标函数的单元格以及约束条件的左端值和右端值的单元格组成的。模型的四个组成部分已经展示在图上了，且决策变量的单元格是用边框框起来的。描述性的标签使工作表更有可读性。

	A	B	C	D	E	F	G	H	I	J	K	L
1	Hewlitt 公司现金需求											
2												
3		现金										
4	年份	需求				债券						
5	1	430			1	2	3					
6	2	210		价格 ($1000)	1.15	1	1.35					
7	3	222		回报率	0.088 75	0.055	0.117 5					
8	4	231		到期年数	5	6	7					
9	5	240										
10	6	195		年储蓄倍数		1.04						
11	7	225										
12	8	255										
13												
14	模型											
15												
16	F	B1	B2	B3	S1	S2	S3	S4	S5	S6	S7	S8
17	1 728.794	144.988	187.856	228.188	636.148	501.606	349.682	182.681	0	0	0	0
18												
19					现金流		净现		现金			
20	最少资金	1 728.793 9		约束条件	进	出	金流		需求			
21				第 1 年	1 728.794	1 298.794	430	=	430			
22				第 2 年	711.605 7	501.605 7	210	=	210			
23				第 3 年	571.681 8	349.681 8	222	=	222			
24				第 4 年	413.680 9	182.680 9	231	=	231			
25				第 5 年	240	0	240	=	240			
26				第 6 年	195	0	195	=	195			
27				第 7 年	225	0	225	=	225			
28				第 8 年	255	0	255	=	255			

图 4-10 Hewlitt 公司的 Excel 解答

建模

数据与描述性标签填入单元格 A1 : G12，图中工作表下方包含 Excel Solver 所需的主要元素。

决策变量　决策变量的单元格是 A17 : L17，最优值（四舍五入到千分位）如下所示：$F = 1\ 728.794$，$B_1 = 144.988$，$B_2 = 187.856$，$B_3 = 228.188$，$S_1 = 636.148$，$S_2 = 501.606$，$S_3 = 349.682$，$S_4 = 182.681$，$S_5 = S_6 = S_7 = S_8 = 0$。

目标函数　公式 =A17 的值已填入单元格 B20，目标函数很简单，就是反映所需的总现金数的 F。最佳解决方案要求总现金数为 1 728 794 美元。

左端值　8 个约束条件的左端值代表净现金流量。它们在 G21 : G28 中显示。单元格 G21 = E21−F21（复制到 G22 : G28）。

对于这个问题来说，左端值单元格引用了其他包含了公式的单元格。引用的单元格是 8 年中 Hewlitt 公司各年现金流入与现金流出量。这些单元格的公式如下：

单元格 E21 = A17

单元格 E22 = SUMPRODUCT($E$7：$G$7, $B$17：$D$17) + $F$10*E17

单元格 E23 = SUMPRODUCT($E$7：$G$7, $B$17：$D$17) + $F$10*F17

单元格 E24 = SUMPRODUCT($E$7：$G$7, $B$17：$D$17) + $F$10*G17

单元格 E25 = SUMPRODUCT($E$7：$G$7, $B$17：$D$17) + $F$10*H17

单元格 E26 = (1 + E7)*B17 + F7*C17 + G7*D17 + F10*I17

单元格 E27 = (1 + F7)*C17 + G7*D17 + F10*J17

单元格 E28 = (1 + G7)*D17 + F10*K17

单元格 F21 = SUMPRODUCT(E6：G6, B17：D17) + E17

单元格 F22 = F17

单元格 F23 = G17

单元格 F24 = H17

单元格 F25 = I17

单元格 F26 = J17

单元格 F27 = K17

单元格 F28 = L17

右端值　8 个约束条件的右端值代表年现金需求。它们在单元格 I21：I28 中显示。

单元格 I21 = B5（复制到 I21：I28）

Excel 求解

现在，我们可以用表中的信息来决定 Hewlitt 公司问题的最优解决方案了。以下步骤描述了如何用 Excel 求解最优方案。

第 1 步：选择功能区的数据（Data）选项卡。

第 2 步：从分析（Analysis）选项组中选择规划求解（Solver）选项。

第 3 步：当规划求解参数（Solver Parameters）对话框出现时，

在目标单元格（Set Target Cell）中填入 B20。

选择等于（Equal to）：最小化（Min）选项。

在可变单元格（By Changing Cells）中填入 A17：L17。

第 4 步：选择添加（Add）。

当添加约束条件（Add Constraint）对话框出现时，

在单元格引用位置（Cell Reference）中填入 G21：G28。

从下拉菜单中选择 =。

在约束值（Constraint）中填入 I21：I28。

单击完成（OK）。

第 5 步：在规划求解参数（Solver Parameters）对话框选择：

使无约束变量为非负数（Make Unconstrained Variables Non-negative）。

第 6 步：在选择求解方法（Select a Solving Method）的下拉菜单中：

选择单纯线性规划（Simplex LP）。

第 7 步：当规划求解参数（Solver Parameters）对

话框出现时，

选择求解（Solve）按钮。

第 8 步：当求解结果（Solver Results）对话框出现时，

选择保存求解方案（Keep Solver Solution）。

在报告（Reports）框中选择灵敏度分析（Sensitivity）。

单击完成（OK）。

规划求解参数（Solver Parameters）对话框如图 4-11 所示，最优方案如图 4-10 所示，灵敏度分析报告如图 4-12 所示。

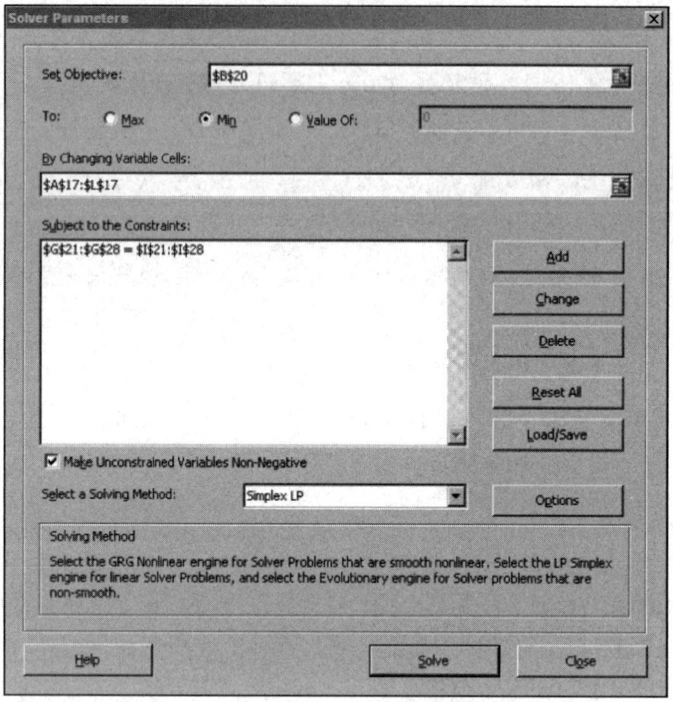

图 4-11 Hewlitt 公司求解参数对话框

可变单元格

单元格	名称	终值	递减成本	目标函数系数	允许增加值	允许减少值
$A$17	F	1 728.793 855	0	1	1E + 30	1
$B$17	B1	144.988 149 6	0	0	0.067 026 339	0.013 026 775
$C$17	B2	187.855 847 8	0	0	0.012 795 531	0.020 273 774
$D$17	B3	228.187 919 5	0	0	0.022 906 851	0.749 663 022
$E$17	S1	636.147 943 8	0	0	0.109 559 907	0.055 073 86
$F$17	S2	501.605 712	0	0	0.143 307 365	0.056 948 823
$G$17	S3	349.681 791	0	0	0.210 854 199	0.059 039 182
$H$17	S4	182.680 913	0	0	0.413 598 622	0.061 382 404
$I$17	S5	0	0.064 025 159	0	1E + 30	0.064 025 159
$J$17	S6	0	0.012 613 604	0	1E + 30	0.012 613 604
$K$17	S7	0	0.021 318 233	0	1E + 30	0.021 318 233
$L$17	S8	0	0.670 839 393	0	1E + 30	0.670 839 393

图 4-12 Hewlitt 公司灵敏度分析报告的内容

约束条件

单元格	名称	终值	影子价格	约束限制值	允许增加值	允许减少值
$G$21	Year 1 Flow	430	1	430	1E + 30	1 728.793 855
$G$22	Year 2 Flow	210	0.961 538 462	210	1E + 30	661.593 861 6
$G$23	Year 3 Flow	222	0.924 556 213	222	1E + 30	521.669 940 5
$G$24	Year 4 Flow	231	0.888 996 359	231	1E + 30	363.669 062 6
$G$25	Year 5 Flow	240	0.854 804 191	240	1E + 30	189.988 149 6
$G$26	Year 6 Flow	195	0.760 364 454	195	2 149.927 647	157.855 847 8
$G$27	Year 7 Flow	225	0.718 991 202	225	3 027.962 172	198.187 919 5
$G$28	Year 8 Flow	255	0.670 839 393	255	1 583.881 915	255

图 4-12　Hewlitt 公司灵敏度分析报告的内容（续）

图 4-10 与图 4-12 中的信息与图 4-4 中给出的解决方案基本相同。回想一下，Excel 的灵敏度分析报告用影子价格来描述一个约束条件的右端值增加一个单位时最优方案值的变化。这与图 4-4 中的对偶价格是一样的。

第5章 线性规划高级应用

学习目标

LO1 运用数据包络分析，建立衡量效率的线性规划模型并求解。

LO2 建立收益管理的线性规划模型并求解。

LO3 建立投资组合的线性规划模型并求解。

LO4 建立博弈论的线性规划模型并求解。

LO5 能够从线性规划解决方案中识别两人零和博弈的纯策略。

LO6 利用线性规划确定混合策略并计算混合策略博弈的最优概率。

本章将继续线性规划的应用研究，并介绍四种线性规划的新应用。5.1 节介绍数据包络分析（DEA），它采用线性规划方法来衡量有相同目标的运营单元的相对效率，我们将以医院绩效测评来讲述该方法的应用。5.2 节将介绍收益管理，收益管理是对不能保存或者不易保存的一类产品，在已知固定库存容量条件下，管理短期需求，以最大化可能取得的收益。收益管理在航空行业尤其重要，我们将通过确定五个城市间航班的全价票与折扣票价的最优分配来阐明这个概念。

管理科学对金融有比较大的影响。5.3 节将说明线性规划如何用于优化与客户的风险偏好相一致的投资组合。5.4 节将介绍博弈论，这是对两个或更多的决策制定者（参与者）如何能以最优方式参与竞争的研究。这里，我们用两家公司互相竞争市场份额的一个线性规划模型来说明。

5.1 数据包络分析

数据包络分析（DEA）是用线性规划技术衡量具有相同目标和目的的运营单元的相对效率的方法。例如，用 DEA 衡量连锁快餐店中每个店面的效率，找出低效率店面，并为低效率店面的效率提升提供初步的对策建议。DEA 还用于衡量医院、银行、法院、学校等组织的相对效率。在这些应用中，每个机构或组织的绩效是相对于同系统中所有工作单元的绩效来衡量的。专栏 5-1 描述了世界上最大的手机网络运营商如何使用 DEA

来帮助它管理供应商。

|专栏 5-1|　实践中的管理科学

威瑞森通信公司管理尾部供应商

威瑞森通信公司（Verizon）拥有超过 15 万名员工，是世界上最大的手机网络运营商。网络可靠性在电信中是至关重要的，威瑞森通信公司必须为最大限度地降低其客户服务中断的风险而制订详细计划和执行策略。对众多供应商的管理是威瑞森通信公司降低客户风险的一个组成部分。这些供应商为公司的可靠服务提供所需的产品和服务。

系统冗余，即系统关键组件的重复，是一种被普遍接受的可靠性方法，威瑞森通信公司在与供应商合作时采用了这一原则。单一采购是指选择单一供应商提供所需零部件的做法。虽然单一采购有利于形成长期的供应商关系，且有数量折扣使成本降低的优势，但它也有风险：如果单个供应商在生产数量或生产质量方面存在问题，就可能导致最终产品的生产中断。为了避免单一采购的风险，威瑞森通信公司为它所需的所有商品和服务选择了多个供应商。21 世纪初，该公司的供应商多元化计划不仅有效地降低了公司面临的风险，也促进了其供应商的竞争性定价。然而，随着时间的推移，这个项目发展到大约 47 000 个供应商。管理大量供应商的沉重负担开始超过收益。因此，威瑞森通信公司决定开启一个合理化计划，打造一个更高效、更合理的供应商群体。合理化计划的目标是：减少尾部供应商（指威瑞森通信公司对其商品和服务采购相对较少的供应商）的数量，确定一个供应商子集，使威瑞森通信公司的质量指标最大化的同时成本最小化，并从更积极参与的供应商中选择替代供应商，以承担尾部供应商提供的商品和服务的数量。

威瑞森通信公司采用了多种管理科学和数据科学技术，通过确保供应商合理化计划是数据驱动的、客观的和有效的，从而实现计划的目标。合理化计划的一个重要组成部分是使用数据包络分析（DEA）来衡量供应商的效率。DEA 模型的指标包括交付和提前期准确性、完成订单准确率（未准确完成订单的百分比）、缺陷数量、退货率（需要返回给供应商的项目数量）、价格合理性和数量准确性以及总花费，这些指标都是战略采购团队认为重要的关键性能指标。指标确定之后，便可在一个类别内使用效率得分、利润和成本对供应商进行排名。这不仅为减少供应商的总数提供了依据，还为被淘汰的供应商选择替代供应商提供了帮助。

供应商合理化计划是相当有影响力的。它为威瑞森节省了数千万美元的开支，同时提高了劳动生产率，缩短了与供应商谈判和执行合同所需的时间。

资料来源：Abdollahnejad-barough, H., et al. "Verizon Uses Advanced Analytics to Rationalize Its Tail Spend Suppliers," *INFORMS Journal on Applied Analytics*, 50, No. 3 (May–June 2020): 197–211.

大部分组织的运营单元有多个输入，如员工规模、薪水、运营时间、广告预算，也有多个输出，如利润、市场份额和增长率。在这些情形下，管理者常常很难确定哪个运营单元在转化它们的多个输入为多个输出时是低效的。[⊖]在这一特殊领域，数据包络分析被证明是非常有帮助的管理工具。我们通过衡量四家医院的绩效来说明数据包络分析的应用。

⊖ 在 DEA 的语境下，不少学者也将“输入”称为“投入”，“输出”称为“产出”。

5.1.1 医院绩效衡量

总医院、大学医院、县医院和州医院的管理者聚在一起讨论如何帮助彼此共同改进医院绩效。一个顾问建议他们考虑使用DEA评估这四家医院各自的相对效率。在讨论如何完成这种衡量时，我们首先确定出下面三种输入指标和四种输出指标。

输入指标

（1）全日制（FTE）非医务人员数目。

（2）物资花费。

（3）可使用病床总天数。

输出指标

（1）医疗保险患者服务天数。

（2）无医疗保险患者服务天数。

（3）培训过的护士人数。

（4）培训过的实习医生人数。

这四家医院输入和输出指标的年衡量结果如表5-1和表5-2所示。我们接下来说明DEA如何利用这些数据来找出相对低效的医院。

表5-1 四家医院年消耗的资源（输入）

输入指标	医院			
	总医院	大学医院	县医院	州医院
全日制非医务人员数目	285.20	162.30	275.70	210.40
物资花费（千美元）	123.80	128.70	348.50	154.10
可使用病床总天数（千天）	106.72	64.21	104.10	104.04

表5-2 四家医院提供的年服务（输出）

输出指标	医院			
	总医院	大学医院	县医院	州医院
医疗保险患者服务天数（千天）	48.14	34.62	36.72	33.16
无医疗保险患者服务天数（千天）	43.10	27.11	45.98	56.46
培训过的护士人数	253	148	175	160
培训过的实习医生人数	41	27	23	84

5.1.2 DEA方法概述

DEA评价方法通过为每所医院建立一个线性规划模型来衡量其相对效率。下面我们将以县医院相对效率衡量为例来说明线性规划模型是怎样构建的。

首先，基于有相同目标的所有运营单元的输入和输出，构建一个**虚拟合成单元**，在这个例子中是一家虚拟医院。对这四家医院的每个输出指标，虚拟医院的输出由全部四家医院的相应输出加权平均计算而得。对每个输入指标，虚拟医院的输入由全部四家医院的相应输入采用相同的权重加权平均计算而得。线性规划模型中的约束条件要求虚拟医院的所有输出大于等于要评价的县医院的输出。如果虚拟单元的输入能显示出少于县医院的输入，那么就说明虚拟医院能利用较少的输入产出一样或更多的输出。在这种情况下，模型就说明虚拟医院比县医院更有效率。或者可以说，被评价的医院比虚拟医院的效率低。因为虚拟医院是基于全部四家医院的，所以县医院的评价结果是相对效率，因为该效率值是与同组内其他医院相比较的。

5.1.3　DEA 线性规划模型

为了确定在计算虚拟医院的输出和输入时每家医院所占的权重，我们采用下面的决策变量：

wg = 总医院输入和输出采用的权重

wu = 大学医院输入和输出采用的权重

wc = 县医院输入和输出采用的权重

ws = 州医院输入和输出采用的权重

DEA 方法要求这些权重的总和等于 1。因此，第一个约束条件就是：

$$wg + wu + wc + ws = 1$$

一般来说，每个 DEA 线性规划模型都包含一个要求运营单元权重之和等于 1 的约束条件。

正如我们前面所说，对每个输出测量，虚拟医院的输出由全部四家医院对应输出的加权平均计算而得。例如，对输出指标 1——医疗保险患者服务天数，虚拟医院的输出为：

虚拟医院的医疗保险患者服务天数 =

总医院的医疗保险患者服务天数 · wg + 大学医院的医疗保险患者服务天数 · wu+

县医院的医疗保险患者服务天数 · wc + 州医院的医疗保险患者服务天数 · ws

用表 5-2 所示的数据代替每所医院医疗保险患者服务天数，得到下面的表达式：

虚拟医院的医疗保险患者服务天数 = 48.14wg + 34.62wu + 36.72wc + 33.16ws

用相同的方法可以计算虚拟医院的其他输出指标。图 5-1 给出了计算结果。

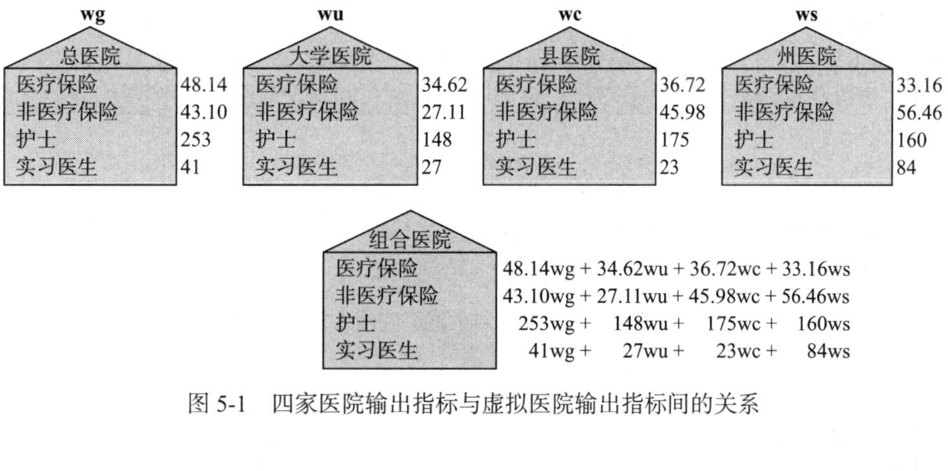

图 5-1　四家医院输出指标与虚拟医院输出指标间的关系

对这每一个输出指标，我们需要构建限制虚拟医院的输出大于等于县医院输出的四个约束条件，这四个约束条件的一般形式为：

虚拟医院的输出 ≥ 县医院的输出

因为县医院医疗保险患者服务天数是 36.72，所以医疗保险患者服务天数对应的输出约束条件为：

$$48.14wg + 34.62wu + 36.72wc + 33.16ws \geq 36.72$$

同样，我们给出其他三个输出指标的约束条件，结果如下：

$$43.10wg + 27.11wu + 45.98wc + 56.46ws \geqslant 45.98 \quad \text{非医疗保险}$$

$$253wg + 148wu + 175wc + 160ws \geqslant 175 \quad \text{护士}$$

$$41wg + 27wu + 23wc + 84ws \geqslant 23 \quad \text{实习医生}$$

这四个输出的约束条件要求线性规划的解能得到一组权重，使得虚拟医院的每个输出指标都大于等于县医院对应的输出指标。因此，如果能找到一个满足输出约束条件的解，虚拟医院每个输出将产生与县医院至少一样多的输出。

接下来，我们需要考虑能够构建出虚拟医院输入与虚拟医院可用资源之间关系的约束条件。三个输入指标对应三个约束条件。输入的约束条件的一般形式如下所示：

虚拟医院的输入≤虚拟医院可用的资源

对于每个输入指标，虚拟医院的输入是四家医院每个对应输入的加权平均。因此，对于输入指标 1——全日制（FTE）非医务人员数目，虚拟医院的输入为：

虚拟医院 FTE 非医务人员数目 =
总医院 FTE 非医务人员数目 · wg + 大学医院 FTE 非医务人员数目 · wu +
县医院 FTE 非医务人员数目 · wc + 州医院 FTE 非医务人员数目 · ws

用表 5-1 中所示的数据代替每个医院 FTE 非医务人员数目，我们得到虚拟医院 FTE 非医务人员数目的表达式如下：

$$285.20wg + 162.30wu + 275.70wc + 210.40ws$$

以相同的方式，我们可以写出其余两个输入指标的表达式，如图 5-2 所示。

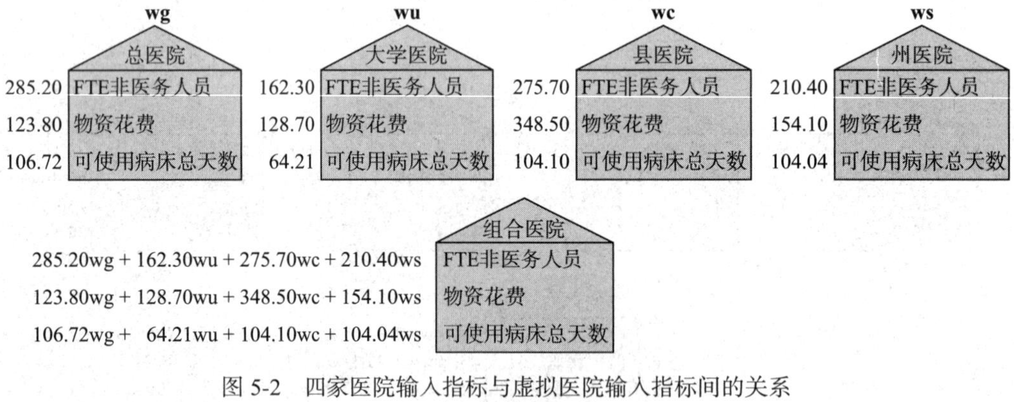

图 5-2 四家医院输入指标与虚拟医院输入指标间的关系

> DEA 模型的逻辑是确定虚拟合成单元能否在使用较少投入的情况下实现与待衡量单元相同或更多的产出。如果虚拟合成单元能够以较少的投入实现更多的产出，则待衡量单元被判定为相对低效。

为了完成输入的约束条件方程，我们必须写出每个约束条件的右端值的表达式。首先，要注意到右端值是虚拟医院的可用资源。在 DEA 方法中，这些右端值是县医院输入值的一个百分比。因此，我们必须引入下面的决策变量：

E = 县医院输入可用于虚拟医院的百分比

为了说明 E 在 DEA 方法中所起的重要作用，我们将展示如何写出虚拟医院可用的 FTE 非医务人员数目的表达式。表 5-1 显示县医院拥有的 FTE 非医务人员数目为 275.70，因此，275.70E 是虚拟医院可用的 FTE 非医务人员数目。如果 E=1，虚拟医院可用的 FTE 非医务人员数目就为 275.70，与县医院使用的 FTE 非医务人员数目相同。然而，如果 E 大于 1，则虚拟医院就按比例使用了更多的非医务人员，而当 E 小于 1 时，虚拟医院就按比例使用了更少的 FTE 非医务人员。由于 E 在决定虚拟医院可用资源时所起的作用，E 被称为**效率指数**。

我们现在可以写出与虚拟医院可用的 FTE 非医务人员数目相对应的输入约束条件：

$$285.20wg + 162.30wu + 275.70wc + 210.40ws \leqslant 275.70E$$

以相同的方法，我们可以写出虚拟医院可用的物资和可使用病床总天数的输入约束条件。首先，利用表 5-1 中的数据，我们注意到对于这两种资源，虚拟医院可用的总量分别为 348.50E 和 104.10E。因此，物资和可使用病床天数的输入约束条件可写为：

$$123.80wg + 128.70wu + 348.50wc + 154.10ws \leqslant 348.50E \quad \text{物资}$$

$$106.72wg + 64.21wu + 104.10wc + 104.04ws \leqslant 104.10E \quad \text{可使用病床总天数}$$

如果在 E 小于 1 时能找到一个解，则意味着虚拟医院要生产相同水平的输出，不需要用与县医院一样多的资源。

DEA 模型的目标函数是最小化 E 的值，其等价于最小化虚拟医院可用的输入资源。因此，目标函数可以写为：

$$\min E$$

DEA 模型中的目标函数是最小化 E。如果最优解提供的 E 小于 1，则可以判断待衡量单元（本例中为县医院）相对低效，这表明虚拟合成单元的产出不少于待衡量单元，但投入资源少。

DEA 效率的结论基于 E 的最佳目标函数值。决策规则如下：

如果 E = 1，表示虚拟医院需要与县医院一样多的输入。没有证据表明县医院是低效的。

如果 E < 1，表示虚拟医院需要较少的输入就能得到县医院达到的产出。虚拟医院是更有效的，因此，县医院可以被认为是相对低效的。

县医院效率评价的 DEA 线性规划模型有 5 个决策变量和 8 个约束条件。完整的模型如下所示。

$$
\begin{aligned}
&\min \ E\\
&\text{s.t.}\\
&\quad wg + wu + wc + ws = 1\\
&48.14wg + 34.62wu + 36.72wc + 33.16ws \geqslant 36.72\\
&43.10wg + 27.11wu + 45.98wc + 56.46ws \geqslant 45.98\\
&253wg + 148wu + 175wc + 160ws \geqslant 175\\
&41wg + 27wu + 23wc + 84ws \geqslant 23\\
&285.20wg + 162.30wu + 275.70wc + 210.40ws \leqslant 275.70E\\
&123.80wg + 128.70wu + 348.50wc + 154.10ws \leqslant 348.50E\\
&106.72wg + 64.21wu + 104.10wc + 104.04ws \leqslant 104.10E\\
&E,\ wg,\ wu,\ wc,\ ws \geqslant 0
\end{aligned}
$$

最优解如图 5-3 中所示。目标函数值表示县医院的效率得分为 0.905。这个分数告诉我们虚拟医院通过使用不超过县医院需要输入资源的 90.5%，可以达到至少县医院能达到的每个输出的水平。因此，虚拟医院是更有效的，并且 DEA 分析指出县医院是相对低效的。

从图 5-3 的解中，我们看出虚拟医院是由总医院（wg = 0.212）、大学医院（wu = 0.260）、和州医院（ws = 0.527）加权平均形成的。虚拟医院的每一个输入和输出都是由这三家医院的输入和输出用相同的权重加权平均得来的。

松弛 / 剩余列给出了县医院效率与虚拟医院相比的一些其他信息。具体来说，虚拟医院的每个输出至少与县医院一样多（约束条件 2 ～ 5），相比县医院，它多出 1.6 个培训过的护士（约束条件 4 的剩余）和 37 个培训过的实习医生（约束条件 5 的剩余）。约束条件 8 的松弛为 0，说明虚拟医院病床可使用总天数约为县医院的 90.5%。约束条件 6 和 7 的松弛值说明虚拟医院使用的 FTE 非医务人员和物资花费资源比县医院使用资源的 90.5% 还少。

很明显，虚拟医院比县医院更有效率。由此，我们得出结论，县医院与同组其他医院相比是相对低效率的。鉴于 DEA 分析的结果，医院管理者应该检查县医院的运营作业以确定应该如何更有效地利用相关资源。

```
最优值 =                          0.90524

      变量                           值
 ---------------          ---------------
      wg                          0.21227
      wu                          0.26045
      wc                          0.00000
      ws                          0.52729
      E                           0.90524

    约束条件                       松弛 / 剩余
 ---------------          ---------------
      1                           0.00000
      2                           0.00000
      3                           0.00000
      4                           1.61539
      5                          37.02707
      6                          35.82408
      7                         174.42242
      8                           0.00000
```

图 5-3　县医院数据包络分析问题的解

5.1.4　DEA 方法总结

为了使用数据包络分析方法来衡量县医院的相对效率，我们基于问题中四家医院的输入和输出，利用一个线性规划模型构建了一所假定的虚拟医院。使用 DEA 求解其他类型问题的方法是相似的。对每个我们想要衡量其效率的运营单元，都必须建立并求解一个与评价县医院相对效率相似的线性规划模型。下面的分步步骤能帮助你为其他类型的 DEA 应用构建线性规划模型。注意，我们要衡量其相对效率的运营单元被记作第 j 个运营单元。

步骤 1：定义决策变量，也就是权重（每个运营单元都有一个），用于确定虚拟运营单元的输入和输出。

步骤 2：写出要求权重总和等于 1 的一个约束条件。

步骤 3：对每个输出指标，写出一个要求虚拟运营单元的输出大于或等于第 j 个运营单元对应输出的约束条件。

步骤 4：定义一个决策变量 E，它用于确定第 j 个运营单元的输入可用于虚拟运营单元的比例。

步骤 5：对每个输入指标，写出一个要求虚拟运营单元的输入小于或等于虚拟运营单元可用资源的约束条件。

步骤 6：写出目标函数，即 min E。

注释与点评

1. 记住，数据包络分析的目标是识别相对低效的运营单元。这个方法未必能识别出相对高效的运营单元。仅仅因为效率指数 E =1，我们还不能断定被分析单元是相对高效的。事实上，任何一个运营单元在任一输出指标上有最大输出，就不能断定它为相对低效。

2. DEA 也可能得到除了一个单元外，其他所有单元都是相对低效的结果。一个单元生产每个输出的最大值，却消耗每个输入的最小值，这种情形在实践中是极少见的。

3. 当数据包络分析应用于包含一大批运营单元的问题时，实践者发现大约 50% 的运营单元能被认为是低效的。将每个相对低效的单元与为虚拟单元做出积极贡献的单元做比较，对理解如何改进每个相对低效单元的运营是有帮助的。

5.2　收益管理

收益管理是在库存水平一定的情况下，通过对不易保存产品的短期需求管理，以取得潜在收益的最大化。这个方法最早由美国航空公司提出，最初是用于确定航班中折扣价座位和全价座位的数量。通过每班飞机折扣价座位数目和全价座位数目的最佳决策，航空公司能增加每架飞机的平均顾客数，以及最大化由折扣价座位和全价座位混合销售产生的总收益。如今，所有较大的航空公司都使用某个形式的收益管理。

收益管理在航空行业获得成功后不久，其他行业也开始采用这种方法。收益管理系统通常包含定价策略、超量预订策略、短期供应决策，以及易腐资产的管理。现在的应用领域包括旅馆、公寓出租、汽车出租、邮轮以及高尔夫球场。专栏 5-2 讨论了卡尔森瑞德酒店集团如何实施收益管理以提高其绩效。

| 专栏 5-2 |　实践中的管理科学

卡尔森瑞德酒店集团的收益管理

卡尔森瑞德酒店集团（CRHG）在 115 个国家和地区拥有 1 400 多家酒店，是世界上最大的酒店公司之一。CRHG 旗下拥有丽笙、公园广场、乡村酒店等众多知名酒店品牌。CRHG 现在被称为丽笙酒店集团，长期以来一直被公认为使用收益管理的领导者。CRHG 开发了一套收益管理系统，称为“留宿自动定价”（SNAP）。SNAP 依靠需求预测和定价优化模型来管理客房库存和定价。需求是根据酒店、价格分类（例如，购买的价格类型和不可退款等）、住宿长短、入住日期和预定提前期等条件进行预测的。基于这些需求预测、预估的需求价格弹性、竞争对手价格、剩余客房库存和其他业务要求，使用一个大规模优化模型动态优化每天的住宿收费。据估计，SNAP 系统实施为 CRHG 北美酒店一年增加了 1 600 万美元的收入。随着酒店在更大范围实施推荐价格，酒店也获得了额外的收入增长。SNAP 系统最初在欧洲、中东、非洲和亚洲实施，后来由 CRHG 在全球范围内广泛使用，它每年为 CRHG 带来的收入增长估计将超过 3 000 万美元。

资料来源：P. Pckgun Menich et al., “Carlson Rezidor Hotel Group Maximizes Revenue Through Improved Demand Management and Price Optimization,” *Interfaces* 43, no. 1 (January–February 2013): 21–36.

建立一个收益管理系统是昂贵且费时的，但其潜在回报是相当大的。例如，美国航空公司采用的收益管理系统使其年收益增加近 10 亿美元。为了说明收益管理的基本原理，我们将用一个线性规划模型为休闲航空公司（Leisure Air）建立一个收益管理计划，这是一家为匹兹堡、纽瓦克、夏洛特、默特尔比奇和奥兰多提供航空服务的地区航空公司。

休闲航空公司有两架波音 737-400 飞机，一架的驻场在匹兹堡，另一架的驻场在纽瓦克。两架飞机都有一个容量为 132 个座位的经济舱。每天早上驻场在匹兹堡的飞机在夏洛特中途停留后飞往奥兰多，驻场在纽瓦克的飞机在夏洛特中途停留后飞往默特尔比奇。每天结束前，两架飞机再回到其出发地。为了把问题的规模控制在一个合理的范围内，我们只考虑早上匹兹堡到夏洛特、夏洛特到奥兰多、纽瓦克到夏洛特，以及夏洛特到默特尔比奇的航程。图 5-4 显示了休闲航空公司的航路状况。

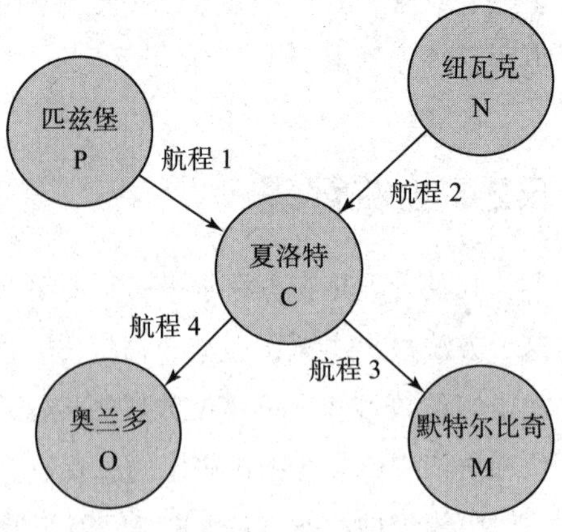

图 5-4　休闲航空公司的航路状况

休闲航空公司的机票有两个价位等级：折扣票 Q 等级以及全价票 Y 等级。预订折扣票 Q 等级必须提前 14 天并且要在目的地城市停留一晚（周六）。使用全价票 Y 等级可以在任何时间预订，而且日后改签也没有任何损失。为了确定休闲航空能为其顾客提供航线和费用选择，我们不仅须考虑每个航班的起飞地和目的地，还得考虑费用等级。例如，可能的客户选择有 Q 等级的匹兹堡到夏洛特、Q 等级的纽瓦克到奥兰多、Y 等级的夏洛特到默特尔比奇等。把每个客户选择记作起飞地—目的地—旅程费（ODIF）。5 月 5 日，休闲航空为其 16 个 ODIF 确定费用并对顾客需求进行预测。这些数据如表 5-3 所示。

表 5-3　休闲航空 16 个起飞地—目的地—旅程费（ODIF）

ODIF	起飞地	目的地	费用等级	ODIF 码	票价（美元）	预测需求量
1	匹兹堡	夏洛特	Q	PCQ	178	33
2	匹兹堡	默特尔比奇	Q	PMQ	268	44
3	匹兹堡	奥兰多	Q	POQ	228	45
4	匹兹堡	夏洛特	Y	PCY	380	16
5	匹兹堡	默特尔比奇	Y	PMY	456	6
6	匹兹堡	奥兰多	Y	POY	560	11
7	纽瓦克	夏洛特	Q	NCQ	199	26
8	纽瓦克	默特尔比奇	Q	NMQ	249	56
9	纽瓦克	奥兰多	Q	NOQ	349	39
10	纽瓦克	夏洛特	Y	NCY	385	15
11	纽瓦克	默特尔比奇	Y	NMY	444	7
12	纽瓦克	奥兰多	Y	NOY	580	9
13	夏洛特	默特尔比奇	Q	CMQ	179	64
14	夏洛特	默特尔比奇	Y	CMY	380	8
15	夏洛特	奥兰多	Q	COQ	224	46
16	夏洛特	奥兰多	Y	COY	582	10

假定在 4 月 4 日一位顾客打电话到休闲航空的预订处，要求预订 5 月 5 日从匹兹堡到默特尔比奇的 Q 等级座位的航班。休闲航空应该接受这个预订吗？制定这个决策的困难之处在于即使休闲航空可能有剩余的座位，但休闲航空可能不愿意接受此只有 268 美元的 Q 等级费用的预订，尤其是考虑到未来有可能会以 456 美元的 Y 等级费用被销售。因此，为了保证预订系统运行，确定有多少个 Q 等级座位和 Y 等级座位是休闲航空需要做出的重要决策。

为了建立一个线性规划模型来确定休闲航空应为每种费用等级分配多少个座位，我们需要定义 16 个决策变量，即为每个起飞地—目的地—旅程费定义一个变量。我们用 P 代表匹兹堡，N 代表纽瓦克，C 代表夏洛特，M 代表默特尔比奇，O 代表奥兰多，决策变量采用下面的形式：

PCQ = 分配给匹兹堡—夏洛特 Q 等级的座位数

PMQ = 分配给匹兹堡—默特尔比奇 Q 等级的座位数

POQ = 分配给匹兹堡—奥兰多 Q 等级的座位数

PCY = 分配给匹兹堡—夏洛特 Y 等级的座位数

⋮

NCQ = 分配给纽瓦克—夏洛特 Q 等级的座位数

⋮

COY = 分配给夏洛特—奥兰多 Y 等级的座位数

目标是最大化总收益。使用表 5-3 所示的票价，我们可以写出线性规划模型的目标函数，如下所示：

$$\max\ 178PCQ + 268PMQ + 228POQ + 380PCY + 456PMY + 560POY +$$
$$199NCQ + 249NMQ + 349NOQ + 385NCY + 444NMY +$$
$$580NOY + 179CMQ + 380CMY + 224COQ + 582COY$$

接下来，我们需要写出约束条件，需要两种类型的约束条件：容量和需求，首先写出容量的约束条件。

考虑图 5-4 中匹兹堡—夏洛特的航班。波音 737-400 飞机有 132 个座位的容量。在这架飞机上的顾客有 3 个可能的目的地（夏洛特、默特尔比奇、奥兰多）和两种费用等级（Q 和 Y），提供了 6 种可能的 ODIF 选择：①匹兹堡—夏洛特 Q 等级；②匹兹堡—默特尔比奇 Q 等级；③匹兹堡—奥兰多 Q 等级；④匹兹堡—夏洛特 Y 等级；⑤匹兹堡—默特尔比奇 Y 等级；⑥匹兹堡—奥兰多 Y 等级。因此，分配给匹兹堡—夏洛特航程的座位数为 PCQ + PMQ + POQ + PCY + PMY + POY。由于有 132 个座位的容量，容量的约束条件如下：

$$PCQ + PMQ + POQ + PCY + PMY + POY \leqslant 132 \quad \text{匹兹堡—夏洛特}$$

纽瓦克—夏洛特、夏洛特—默特尔比奇以及夏洛特—奥兰多航程的容量约束条件也用同样的方法给出。这 3 个约束条件如下所示：

$$NCQ + NMQ + NOQ + NCY + NMY + NOY \leqslant 132 \quad \text{纽瓦克—夏洛特}$$
$$PMQ + PMY + NMQ + NMY + CMQ + CMY \leqslant 132 \quad \text{夏洛特—默特尔比奇}$$
$$POQ + POY + NOQ + NOY + COQ + COY \leqslant 132 \quad \text{夏洛特—奥兰多}$$

需求的约束条件是基于预测需求量限制每个 ODIF 的售出座位数目。使用表 5-3 中的需求量预测，16 个需求的约束条件能够添加到模型中。前 4 个需求的约束条件如下所示：

$$PCQ \leqslant 33 \quad \text{匹兹堡—夏洛特 Q 等级}$$
$$PMQ \leqslant 44 \quad \text{匹兹堡—默特尔比奇 Q 等级}$$
$$POQ \leqslant 45 \quad \text{匹兹堡—奥兰多 Q 等级}$$
$$PCY \leqslant 16 \quad \text{匹兹堡—夏洛特 Y 等级}$$

完整的线性规划模型有 16 个决策变量、4 个容量约束条件以及 16 个需求的约束条件，如下所示：

$$\max\ 178PCQ + 268PMQ + 228POQ + 380PCY + 456PMY + 560POY +$$
$$199NCQ + 249NMQ + 349NOQ + 385NCY + 444NMY +$$
$$580NOY + 179CMQ + 380CMY + 224COQ + 582COY$$

s.t.

$$PCQ + PMQ + POQ + PCY + PMY + POY \leqslant 132 \quad \text{匹兹堡—夏洛特}$$

$$NCQ + NMQ + NOQ + NCY + NMY + NOY \leqslant 132 \quad \text{纽瓦克—夏洛特}$$
$$PMQ + PMY + NMQ + NMY + CMQ + CMY \leqslant 132 \quad \text{夏洛特—默特尔比奇}$$
$$POQ + POY + NOQ + NOY + COQ + COY \leqslant 132 \quad \text{夏洛特—奥兰多}$$

$$\left.\begin{aligned} PCQ &\leqslant 33 \\ PMQ &\leqslant 44 \\ POQ &\leqslant 45 \\ PCY &\leqslant 16 \\ PMY &\leqslant 6 \\ POY &\leqslant 11 \\ NCQ &\leqslant 26 \\ NMQ &\leqslant 56 \\ NOQ &\leqslant 39 \\ NCY &\leqslant 15 \\ NMY &\leqslant 7 \\ NOY &\leqslant 9 \\ CMQ &\leqslant 64 \\ CMY &\leqslant 8 \\ COQ &\leqslant 46 \\ COY &\leqslant 10 \end{aligned}\right\} \text{需求的约束条件}$$

$$PCQ，PMQ，POQ，PCY，\cdots，COY \geqslant 0$$

休闲航空收益管理问题的最优解如图 5-5 所示。最优解的值是 103 103 美元。最优解显示 PCQ = 33，PMQ = 44，POQ = 22，PCY = 16，等等。因此，为了最大化收益，休闲航空应该分配 33 个 Q 等级座位给匹兹堡—夏洛特、44 个 Q 等级座位给匹兹堡—默特尔比奇、22 个 Q 等级座位给匹兹堡—奥兰多、16 个 Y 等级座位给匹兹堡—夏洛特等。

随着时间过去，不断有预订产生，每个 ODIF 余下的可用座位数目也不断减少。例如，最优解分配 44 个 Q 等级座位给匹兹堡—默特尔比奇。假定在 5 月 5 日出发日前两周，所有座位已售空。现在，假定一个新的顾客打电话到休闲航空预订处，要求预订匹兹堡—默特尔比奇的 Q 等级座位。已经超过了初始分配的 44 个座位，休闲航空应该接受这个新的预订吗？匹兹堡—默特尔比奇 Q 等级座位的需求的约束条件的对偶值，能提供有用的信息来帮助休闲航空预订代理制定这个决策。

> 对偶值表示代理人的每一个 ODIF 如果比预期值多订出一个座位带来的收入。

约束条件 6，PMQ ≤ 44，限制了可以分配给匹兹堡—默特尔比奇的 Q 等级座位数目为 44。在图 5-5 中，我们看到约束条件 6 的对偶值为 85 美元。对偶值告诉我们如果再多增加一个 Q 等级座位给匹兹堡—默特尔比奇，收益将增加 85 美元。收益的这个增量被称作这个起飞地—目的地—旅程费的出价。一般来说，一个 ODIF 的出价会告诉休闲航空预订代理，当这个 ODIF 售空后再增加一个额外预订的价值。

通过观察图 5-5 中需求的约束条件的对偶值，我们看到最高的对偶值（出价）为约束条件 8（PCY ≤ 16）

的 376 美元。这个约束条件对应匹兹堡—夏洛特 Y 等级座位的航班。因而，如果分配给这个航班的所有 16 个座位售空，接受额外的预订将增加额外收益 376 美元。给定这个收益贡献，预订代理将最可能接受此额外预订，尽管这样会导致航班的超量预订。其他需求的约束条件的对偶价格显示约束条件 20（COY）有 358 美元的出价，以及约束条件 10（POY）有 332 美元的出价。因此，接受夏洛特—奥兰多 Y 等级座位的额外预订和匹兹堡—奥兰多 Y 等级座位的额外预订是增加收益的正确选择。

最优值 =	103103.00000

变量	值	递减成本
PCQ	33.00000	0.00000
PMQ	44.00000	0.00000
POQ	22.00000	0.00000
PCY	16.00000	0.00000
PMY	6.00000	0.00000
POY	11.00000	0.00000
NCQ	26.00000	0.00000
NMQ	36.00000	0.00000
NOQ	39.00000	0.00000
NCY	15.00000	0.00000
NMY	7.00000	0.00000
NOY	9.00000	0.00000
CMQ	31.00000	0.00000
CMY	8.00000	0.00000
COQ	41.00000	0.00000
COY	10.00000	0.00000

约束条件	松弛 / 剩余	对偶值
1	0.00000	4.00000
2	0.00000	70.00000
3	0.00000	179.00000
4	0.00000	224.00000
5	0.00000	174.00000
6	0.00000	85.00000
7	23.00000	0.00000
8	0.00000	376.00000
9	0.00000	273.00000
10	0.00000	332.00000
11	0.00000	129.00000
12	20.00000	0.00000
13	0.00000	55.00000
14	0.00000	315.00000
15	0.00000	195.00000
16	0.00000	286.00000
17	33.00000	0.00000
18	0.00000	201.00000
19	5.00000	0.00000
20	0.00000	358.00000

图 5-5　休闲航空收益管理问题的求解

休闲航空使用的收益管理系统必须是灵活的，而且要能够适应不断变化的预订情形。理论上，每次在一个起飞地—目的地—旅程费的容量内接受一个预订，线性规划模型就应该被更新，进行重新求解以得到新的座位分配和出价信息。在实践中，因为涉及大量航班，所以实时更新分配是不实际的。然而，当前解中的出价信息和一些简单的决策规则也能使预订代理做出改进公司收益的决策。然后，在一个周期的基础上，如一天一次或一周一次，更新整个线性规划模型，并重新求解以产生新的座位分配和出价信息。

5.3 投资组合模型和资产分配

1952 年，哈里·马科维茨（Harry Markowitz）开发了一个权衡风险和回报的投资组合优化模型，也正是这项成就使他获得了 1990 年诺贝尔经济学奖。

资产分配是关于决定如何分配投资资金到多种资产种类的过程，如股票、债券、共同基金、房地产和现金等。投资组合模型用于确定应该在每种资产种类上分配的投资资金的比例。它的目标是建立一个投资组合，使风险和回报达到最佳平衡。这一节将说明如何建立线性规划模型来确定一个包含共同基金的最佳投资组合。第一个模型是为极力避开风险的保守投资者设计的，第二个模型是为有着不同风险偏好的投资者设计的。本节末尾的专栏 5-3 讨论了如何使用线性规划优化财务系统来帮助客户制订退休计划。

5.3.1 共同基金的投资组合

Hauck 投资服务公司为有着不同风险偏好的投资者设计年金、IRA、401（k）计划以及其他投资手段。Hauck 投资服务公司希望建立一个投资组合模型，用于确定一个由 6 种共同基金构成的最佳投资组合。我们可以用多种方法评估风险，但是对金融资产的投资组合来说，所有方法的风险都与回报的变化率相关。表 5-4 显示了 6 种共同基金的 5 年回报率。第 1 年所有共同基金的年回报都是好的，第 2 年大部分共同基金的回报也是好的，但是第 3 年小市值价值基金的回报不好，第 4 年中期债券基金的回报不好，第 5 年 6 种共同基金中有 4 种的回报都不好。

表 5-4 共同基金的年回报率（用于做接下来 12 个月的计划）

共同基金	年回报率（%）				
	第 1 年	第 2 年	第 3 年	第 4 年	第 5 年
外国股票	10.06	13.12	13.47	45.42	−21.93
中期债券	17.64	3.25	7.51	−1.33	7.36
大市值成长	32.41	18.71	33.28	41.46	−23.26
大市值价值	32.36	20.61	12.93	7.06	−5.37
小市值成长	33.44	19.40	3.85	58.68	−9.02
小市值价值	24.56	25.32	−6.70	5.43	17.31

精确预测任一基金在接下来 12 个月的回报是不可能的，但 Hauck 投资服务公司的投资组合管理者认为表 5-4 可以代表这 6 种共同基金下一年回报的所有可能性。出于为其客户建立投资组合的目的，Hauck 投资服务公司的投资组合管理者将选择这 6 种共同基金的一个混合组合，并假定这 5 个可能情况中有一个能描述接下来 12 个月的回报。

5.3.2 保守的投资组合

Hauck 投资服务公司的一个投资组合管理者被要求为公司的保守客户建立一个投资组合，这类客户对风险有很强烈的规避倾向。经理的任务是决定投资在这 6 种共同基金上的各个比例，以使投资组合能以最小的风险提供最大可能的回报。让我们来看一下如何用线性规划为这类客户建立投资组合。

在投资组合模型中，风险是通过多样化降低的。为了说明多样化的价值，首先，我们假定把所有投资都放在这 6 种共同基金中的一种上。假定表 5-4 中的数据代表了未来 12 个月的可能结果，如果所有投资都投在外国股票基金上，在未来 12 个月客户有损失 21.93% 的风险。同样，如果所有投资都投在其他 5 种共同基金的任意一种上，客户也将有损失的可能。具体来说，投资中期债券基金的可能损失是 1.33%，投资大市值成长基金的可能损失是 23.26%，投资大市值价值基金的可能损失是 5.37%，投资小市值成长基金的可能损失是 9.02%，投资小市值价值基金的可能损失是 6.70%。现在让我们看一下如何构建一个包含这些共同基金的多样化投资组合，以最小化损失的风险。

为了确定每种共同基金的投资比例，我们使用下面的决策变量：

FS = 外国股票基金的投资比例

IB = 中期债券基金的投资比例

LG = 大市值成长基金的投资比例

LV = 大市值价值基金的投资比例

SG = 小市值成长基金的投资比例

SV = 小市值价值基金的投资比例

因为这些比例的总和必须等于 1，所以我们得到下面的约束条件：

$$\mathrm{FS} + \mathrm{IB} + \mathrm{LG} + \mathrm{LV} + \mathrm{SG} + \mathrm{SV} = 1$$

其他约束条件关系到表 5-4 所示的每种可能情况下投资组合的回报。

投资组合在未来 12 个月的回报依赖于表 5-4 所示的可能情况（第 1 年到第 5 年）的发生概率。用 $R1$ 表示第 1 年代表的情况发生时投资组合的回报，用 $R2$ 表示第 2 年代表的情况发生时投资组合的回报，依此类推。5 个计划情况的投资组合回报如下所示。

情况 1 的回报：

$$R1 = 10.06\mathrm{FS} + 17.64\mathrm{IB} + 32.41\mathrm{LG} + 32.36\mathrm{LV} + 33.44\mathrm{SG} + 24.56\mathrm{SV}$$

情况 2 的回报：

$$R2 = 13.12\mathrm{FS} + 3.25\mathrm{IB} + 18.71\mathrm{LG} + 20.61\mathrm{LV} + 19.40\mathrm{SG} + 25.32\mathrm{SV}$$

情况 3 的回报：

$$R3 = 13.47\mathrm{FS} + 7.51\mathrm{IB} + 33.28\mathrm{LG} + 12.93\mathrm{LV} + 3.85\mathrm{SG} - 6.70\mathrm{SV}$$

情况 4 的回报：

$$R4 = 45.42\mathrm{FS} - 1.33\mathrm{IB} + 41.46\mathrm{LG} + 7.06\mathrm{LV} + 58.68\mathrm{SG} + 5.43\mathrm{SV}$$

情况 5 的回报：

$$R5 = -21.93\mathrm{FS} + 7.36\mathrm{IB} - 23.26\mathrm{LG} - 5.37\mathrm{LV} - 9.02\mathrm{SG} + 17.31\mathrm{SV}$$

现在让我们引入变量 M，M 代表投资组合的最低回报。如我们前面所说，表 5-4 中 5 种情况代表了投资组合未来一年可能的 5 种回报。因此，投资组合最低的可能回报将由投资回报最差的那种情况决定，但是我们不知道哪个情况最终会代表未来 12 个月发生的情形。为了保证每个情况下的回报都至少与最低回报 M 一样大，我们添加下面的最低回报约束条件：

$R1 \geqslant M$ 情况 1 最低回报

$R2 \geqslant M$ 情况 2 最低回报

$R3 \geqslant M$ 情况 3 最低回报

$$R4 \geqslant M \quad \text{情况 4 最低回报}$$

$$R5 \geqslant M \quad \text{情况 5 最低回报}$$

代入前面所示的 $R1$、$R2$ 等的值，有下面 5 个最低回报的约束条件：

$$10.06FS + 17.64IB + 32.41LG + 32.36LV + 33.44SG + 24.56SV \geqslant M \quad \text{情况 1}$$

$$13.12FS + 3.25IB + 18.71LG + 20.61LV + 19.40SG + 25.32SV \geqslant M \quad \text{情况 2}$$

$$13.47FS + 7.51IB + 33.28LG + 12.93LV + 3.85SG - 6.70SV \geqslant M \quad \text{情况 3}$$

$$45.42FS - 1.33IB + 41.46LG + 7.06LV + 58.68SG + 5.43SV \geqslant M \quad \text{情况 4}$$

$$-21.93FS + 7.36IB - 23.26LG - 5.37LV - 9.02SG + 17.31SV \geqslant M \quad \text{情况 5}$$

为了建立一个能以最小风险提供最大可能回报的投资组合，我们需要最大化投资组合的最低回报。因此，目标函数很简单，如下：

$$\max \quad M$$

在这 5 个最低回报的约束条件下，M 的最佳值将等于有最差情况下的回报。因此，目标是最差情况下的回报。

因为该线性规划模型被设计为最大化所有考虑情况的最低回报，所以我们称之为最大最小模型。为一个保守的、风险规避的投资者选择共同基金的投资组合，其完整的最大最小模型包括 7 个变量和 6 个约束条件，形式如下：

$$
\begin{aligned}
&\max \quad M \\
&\text{s.t.} \\
&\qquad 10.06FS + 17.64IB + 32.41LG + 32.36LV + 33.44SG + 24.56SV \geqslant M \\
&\qquad 13.12FS + 3.25IB + 18.71LG + 20.61LV + 19.40SG + 25.32SV \geqslant M \\
&\qquad 13.47FS + 7.51IB + 33.28LG + 12.93LV + 3.85SG - 6.70SV \geqslant M \\
&\qquad 45.42FS - 1.33IB + 41.46LG + 7.06LV + 58.68SG + 5.43SV \geqslant M \\
&\qquad -21.93FS + 7.36IB - 23.26LG - 5.37LV - 9.02SG + 17.31SV \geqslant M \\
&\qquad FS + IB + LG + LV + SG + SV = 1 \\
&\qquad M, FS, IB, LG, LV, SG, SV \geqslant 0
\end{aligned}
$$

注意，我们写出的要求所有共同基金的投资比例之和等于 1 的约束条件，是模型的最后一个约束条件。这样，当我们解释这个模型的计算机解时，约束条件 1 将对应情况 1，约束条件 2 将对应情况 2，依此类推。

Hauck 投资服务公司最大最小模型的最优解如图 5-6 所示。目标函数的最优值是 6.445，因此，最优投资组合在情形最差的情况下能得到 6.445% 的回报率。最优解要求 55.4% 的资金投资于中期债券基金，13.2% 的资金投资于大市值成长基金，以及 31.4% 的资金投资于小市值价值基金。

由于我们在求解模型的时候不知道这 5 个可能情况中哪一个会发生，因此我们不能肯定地说投资组合的回报率将是 6.445%。但是，利用剩余变量，我们可以了解到在每个情况下投资组合的回报率将是多少。约束条件 3、4 和 5 对应情况 3、4 和 5（表 5-4 中的第 3 年、第 4 年和第 5 年）。这些约束条件的剩余变量为 0 表示：如果这 3 个情况中任意一个发生，投资组合的回报率将是 M=6.445%。约束条件 1 的剩余变量为 15.321，表示如果情况 1 发生，投资组合的回报率将比 M=6.445% 多 15.321%。因此，如果情况 1 发生，投资组合回报率将是 6.445% + 15.321% = 21.766%。至于约束条件 2 的剩余变量，我们看到如果情况 2 发生，投资组合回报率将是 6.445% +5.785% = 12.230%。

```
最优值 =                                   6.44516

        变量                         值
   --------------            ---------------
          FS                         0.00000
          IB                         0.55357
          LG                         0.13204
          LV                         0.00000
          SG                         0.00000
          SV                         0.31439
          M                          6.44516

      约束条件                     松弛 / 剩余
   --------------            ---------------
          1                         15.32060
          2                          5.78469
          3                          0.00000
          4                          0.00000
          5                          0.00000
          6                          0.00000
```

图 5-6 Hauck 投资服务公司最大最小投资组合模型的求解

我们还必须记住，为了建立投资组合模型，Hauck 投资服务公司假设在未来 12 个月表 5-4 中的 5 个可能情况中有一个将发生。但是我们也认识到，未来 12 个月发生的实际情形可能与 Hauck 投资服务公司考虑的情况不同。因此，Hauck 投资服务公司选择代表性情况时的经验和判断对模型的求解结果起到关键作用。

5.3.3 中等风险的投资组合

Hauck 投资服务公司的投资组合经理愿意为这样一类客户建立一个投资组合，这类客户为了获得更好的回报而愿意接受中等程度的风险。假定这类客户愿意接受一些风险，但是不愿意投资组合的年回报率低于 2%。通过设定最大最小模型中的最低回报约束条件 $M=2$，我们能使模型提供一个年回报率至少为 2% 的解。提供年回报率至少 2% 的最低回报约束条件，如下所示：

$$R1 \geqslant 2 \quad \text{情况 1 最低回报}$$

$$R2 \geqslant 2 \quad \text{情况 2 最低回报}$$

$$R3 \geqslant 2 \quad \text{情况 3 最低回报}$$

$$R4 \geqslant 2 \quad \text{情况 4 最低回报}$$

$$R5 \geqslant 2 \quad \text{情况 5 最低回报}$$

除了这 5 个最低回报约束条件，我们还需要一个要求共同基金的比例之和为 1 的约束条件：

$$\mathrm{FS} + \mathrm{IB} + \mathrm{LG} + \mathrm{LV} + \mathrm{SG} + \mathrm{SV} = 1$$

这个投资组合最优化问题需要一个不同的目标。一个普遍方法是最大化投资组合的回报预期值。例如，如果假定情况等概率发生，我们为每个情况分配一个 0.20 的概率。在这种情形下使目标函数最大：

$$\text{回报率的预期值} = 0.2R1 + 0.2R2 + 0.2R3 + 0.2R4 + 0.2R5$$

由于目标是最大化回报率的预期值，我们写出 Hauck 投资服务公司的目标如下：

$$\max \quad 0.2R1 + 0.2R2 + 0.2R3 + 0.2R4 + 0.2R5$$

这个投资组合最优化问题完整的线性规划表达式包含 11 个变量和 11 个约束条件。

$$\max \quad 0.2R1 + 0.2R2 + 0.2R3 + 0.2R4 + 0.2R5 \tag{5-1}$$

s.t.

$$10.06FS + 17.64IB + 32.41LG + 32.36LV + 33.44SG + 24.56SV = R1 \tag{5-2}$$

$$13.12FS + 3.25IB + 18.71LG + 20.61LV + 19.40SG + 25.32SV = R2 \tag{5-3}$$

$$13.47FS + 7.51IB + 33.28LG + 12.93LV + 3.85SG - 6.70SV = R3 \tag{5-4}$$

$$45.42FS - 1.33IB + 41.46LG + 7.06LV + 58.68SG + 5.43SV = R4 \tag{5-5}$$

$$-21.93FS + 7.36IB - 23.26LG - 5.37LV - 9.02SG + 17.31SV = R5 \tag{5-6}$$

$$R1 \geqslant 2 \tag{5-7}$$

$$R2 \geqslant 2 \tag{5-8}$$

$$R3 \geqslant 2 \tag{5-9}$$

$$R4 \geqslant 2 \tag{5-10}$$

$$R5 \geqslant 2 \tag{5-11}$$

$$FS + IB + LG + LV + SG + SV = 1 \tag{5-12}$$

$$FS,\ IB,\ LG,\ LV,\ SG,\ SV \geqslant 0 \tag{5-13}$$

最优解如图 5-7 所示。最优分配是投资 10.8% 在大市值成长基金、41.5% 在小市值成长基金、47.7% 在小市值价值基金。目标函数值表明这样分配提供了 17.33% 的最大预期回报率。从剩余变量中，我们看到如果情况 3 或 5 发生（约束条件 8 和 10 是有效的），投资组合的回报率将只是 2%。如果情况 1、2 或 4 发生，回报率将非常好：如果情况 1 发生，投资组合回报率将是 29.093%；如果情况 2 发生，则为 22.149%；如果情况 4 发生，则为 31.417%。

最优值 = 17.33172

变量	值
R1	29.09269
R2	22.14934
R3	2.00000
R4	31.41658
R5	2.00000
FS	0.00000
IB	0.00000
LG	0.10814
LV	0.00000
SG	0.41484
SV	0.47702

约束条件	松弛 / 剩余
1	0.00000
2	0.00000
3	0.00000
4	0.00000
5	0.00000
6	27.09269
7	20.14934
8	0.00000
9	29.41658
10	0.00000
11	0.00000

图 5-7 中等风险投资组合模型的求解

与保守投资者的最大最小投资组合相比，中等风险的投资组合使得 Hauck 投资服务公司的客户承受了更多的风险。在最大最小投资组合中，最差情形提供 6.44% 的回报率。而中等风险的投资组合，最差情形只提供 2% 的回报率，但是它也提供了有更高回报的可能性。

我们为中等风险的投资组合建立的表达式可以被修改来描述其他程度的风险偏好。如果一个投资者能容忍没有回报的风险，最低回报约束条件的右端值将被设为 0。如果一个投资者能够容忍 3% 的损失，最低回报约束条件的右端值将被设为 −3。

实际中，我们希望 Hauck 投资服务公司为客户提供一个灵敏度分析，使给出的预期收益是一个最小的风险偏好函数。线性规划模型能够快速求解，所以通过一系列线性规划来求解不同最小风险偏好下的最优预期收益是可行的。例如，从 −5% 每次增加 1%，直到增到 15%，计算出每个值的最优预期回报率，客户就能从中选择期望值和符合其风险偏好的最低回报组合。

注释与点评

1. 不同于之前的最大最小模型，我们在 Hauck 投资服务公司中等风险的投资组合模型中保留了变量 *R*1、*R*2、*R*3、*R*4、*R*5。这个定义在条件式（5-2）～式（5-6）中的变量 *R*1、*R*2、*R*3、*R*4、*R*5 通常被称为定义变量（以其他变量的形式定义的变量）。这些变量可以被替代，从而得到一个更简单的模型。然而，我们认为当表达一个模型时，简洁不是最重要的，而定义变量通常使得模型更易读和更易理解。

2. 很多最优化的软件包有预处理的程序，这将消除并且替代约束条件式（5-2）～式（5-6）中的定义变量。实际上，通过求解工具得到的最优模型可能与实际模型差别很大。这就是为什么我们提醒读者在建模时将注意力放在模型的简洁上。

3. 当在 Excel 中建模如式（5-1）～式（5-13）时，我们建议只为投资变量定义可变单元格，也就是 FS、IB、LG、LV、SG 和 SV。建模时还要包含给定的回报率公式的单元格，但是它们不需要在可变单元格中。Excel 求解工具建模只要包含 6 个可变单元格。

|专栏 5-3|　实践中的管理科学

通过优化技术实现个人财务目标

为了过上舒适的退休生活，每个人都要努力积攒足够的钱。自律、专注、有明确的财务目标和实现这些目标的具体实施方案有助于退休后过上理想的生活。在为退休生活投资时有很多选择，包括每年或每月储蓄的金额、储蓄账户的类型，以及如何在不同的投资选择中分配资金，投资者可以做不同的选择以实现投资回报和风险目标。

许多美国人都有个人退休账户（IRA）。IRA 于 1974 年被引入美国，是一种允许账户所有者在一定的税收优惠下进行各种投资选择的账户。IRA 有许多不同类型，其中包括传统 IRA 和罗斯 IRA。

传统 IRA 是一个税收递延储蓄账户，该账户用税前资金进行投资，投资者只在提取资金时才对投资的资金和所有应计利息、股息和资本利得支付税金。通过延迟纳税，传统 IRA 方便追加更多的资金，可以更快积累退休后的资本。对许多个人来说，因为退休时的税率会更低，所以退休时交的税会更少。与传统 IRA 不同，罗斯IRA用于投资者支付税款之后的资金的投资，所以该账户中投入的资本和取出的资本是免税的。此外，传统IRA的投资人满70.5岁之后，就只能从账户中取钱而不能存钱；而罗斯IRA对存取钱没有限制，对投资人的年龄也没有限制。另外，传统IRA可以转换为罗斯IRA。

传统IRA和罗斯IRA的正确组合是什么？什么时候应该转变传统IRA为罗斯IRA？如何将资金分配到各类个人退休账户？

位于得克萨斯州奥斯汀市的最优化金融系统公司使用线性优化模型来帮助客户回答上述的退休财务规划问题。在给定投资者目标后，线性规划模型用于求解在一定的约束条件下，每年每种类型IRA应该投入多少钱、退休后应该将多少传统IRA转换为罗斯IRA，以及每年应该支出多少钱。线性规划为实现两个不同的目标提出了解决方案。第一个目标是尽量减少差额，差额的定义是税后预算支出与某一年度支出的差额。第二个目标是最大化客户财产的税后净现值。限制条件包括在考虑税额和差额后的各时间段内的现金流平衡。

资料来源：J.Woodrufr et al, "Optimized Financial Systems Helps Customers Meet Their Personal Finance Goal s with Optimization," *Interfaces* 46, no. 4 (July–August 2016), 345–359.

5.4 博弈论

在博弈论中，互相竞争的两个或更多的决策制定者被称作参与者。每个参与者在预先不知道其他参与者所选策略的情况下，选择多个策略中的一个，而竞争策略组合为参与者提供了博弈的价值。博弈论已被应用于多种情景，如球队比赛、公司间竞争、政界候选人竞争以及合同出标人竞标等。专栏5-4描述了在联邦通信委员会组织的拍卖中，参与者如何利用博弈论制定竞价策略。

|专栏5-4| 实践中的管理科学

700-MHz 拍卖中的博弈

2008年1月24日，联邦通信委员会（FCC）在美国拍卖700-MHz频段经营权。由于电视广播由模拟传输变为数字传输，该带宽变为可用带宽。700-MHZ频段由于频率高、能够穿透墙和其他障碍物而被企业所青睐。很多企业，包括Google、AT&A、Verizon Wireless等，都参与了竞价。

博弈论是这场拍卖的中心，FCC运用博弈论制定了整个拍卖的规则和程序。为了促进竞争，FCC采用秘密竞价的形式，匿名投标。秘密竞价保证了投标者不知道与它竞价的对手，从而防止大企业使用其市场主导地位和雄厚的财力胁迫小企业放弃竞价。这样，直到没有新的出价后，竞标才结束，这阻止了最后时刻赢标（被称为拍卖阻击）现象的发生。

大多数参与者聘请博弈论专家制定竞价策略。经济学家、数学家、工程师等帮助企业制订最佳竞价方案。拍卖历经38天，持续了261轮，产生了101名中标者。FCC通过拍卖获得了190亿美元。

资料来源：E. Woyke, "Peeking into the Spectrum Auction," *Forbes*, 2007.

这一节描述两人零和博弈。“两人”意味着有两个参与者参与博弈，“零和”意味着一个参与者的获益（损失）等于另一个参与者的损失（获益）。因此，博弈的获益和损失是平衡的（导致零和）。一个参与者赢得的，是另一个参与者失去的。让我们通过分析两家公司竞争市场份额的例子来说明两人零和博弈及其求解。

5.4.1　市场份额的竞争

假定两家公司是一种特殊产品仅有的制造商，它们互相竞争市场份额。在设计来年营销策略时，每家公司将选择设计好的三个策略之一来从对方公司中争夺市场份额。假定这三个策略对两家公司都是一样的，如下所示。

策略 1：增加广告。

策略 2：提供数量折扣。

策略 3：延长保修。

表 5-5 显示了在每个策略组合下，公司 A 市场份额的百分比收益。因为这是一个零和博弈，所以公司 A 在市场份额的任意收益是公司 B 市场份额的损失。

表 5-5　显示公司 A 市场份额百分比收益的效益表

		公司 B		
		增加广告 b_1	提供数量折扣 b_2	延长保修 b_3
公司 A	增加广告 a_1	4	3	2
	提供数量折扣 a_2	−1	4	1
	延长保修 a_3	5	−2	0

根据表内各项，我们看到如果公司 A 增加广告（a_1），公司 B 增加广告（b_1），公司 A 最终的市场份额将增加 4%，而公司 B 的市场份额将减少 4%。如果公司 A 提供数量折扣（a_2），公司 B 增加广告（b_1），公司 A 将损失 1% 的市场份额，而公司 B 将得到 1% 的市场份额。因此，公司 A 想要最大化其收益，即增加市场份额；公司 B 想要最小化收益，因为公司 A 市场份额的增加是公司 B 市场份额的减少。

这个市场份额博弈满足两人零和博弈的条件。这两家公司是两个参与者，并且因为公司 A 市场份额的获得（损失）等于公司 B 市场份额的损失（获得），故而满足零和条件。每家公司将选择三个备选策略之一。由于计划范围约束，每家公司必须在知道另一家公司策略前选择其策略。两家公司的最佳策略分别是什么呢？

博弈论的逻辑假定每个参与者都有相同的信息，并且从自身出发选择能提供最佳可能收益的策略。假定公司 A 选择策略 a_1。依赖于公司 B 的策略，公司 A 的市场份额可能增加 4%、3% 或 2%。在这一点，公司 A 假定公司 B 会选择对它自身最好的策略。因此，如果公司 A 选择策略 a_1，公司 A 认为公司 B 将选择其最优策略（b_3），这将限制公司 A 增加的市场份额为 2%。继续按照这样的逻辑，公司 A 通过应对公司 B 可能选择的策略来分析博弈。通过这样做，公司 A 确定了每个策略的最低收益，也就是效益表每一行的最小值。表 5-6 显示了这些行最小值。

表 5-6　有行最小值的效益表

		公司 B			
		增加广告 b_1	提供数量折扣 b_2	延长保修 b_3	行最小值
公司 A	增加广告 a_1	4	3	2	② ← maximum
	提供数量折扣 a_2	−1	4	1	−1
	延长保修 a_3	5	−2	0	−2

寻求博弈收益最大化的参与者选择最大化策略。

考虑行最小值列的各项，我们看到通过选择策略 a_1，公司 A 可以保证市场份额最少增加 2%。策略 a_2 可能导致其市场份额减少 1%，并且策略 a_3 可能导致其市场份额减少 2%。在比较行最小值后，公司 A 选择提供最大的行最小值的策略。这被称作**最大最小**策略。因此，公司 A 选择策略 a_1 为它的最优策略，保证了市场份额至少增加 2%。

现在让我们从另一个参与者公司 B 出发考虑效益表。效益表中的各项代表了公司 A 的市场份额的收获，对应的也就是公司 B 的市场份额的损失。考虑如果公司 B 选择策略 b_1 将产生的结果。公司 B 的市场份额可能减少 4%、−1% 和 5%。假定公司 A 将选择对它自身最好的策略，公司 B 认为公司 A 将选择策略 a_3，这会使公司 A 的市场份额增加 5%，使公司 B 的市场份额损失 5%。在这一点上，公司 B 通过应对公司 A 采取的策略来分析博弈。通过这样做，公司 B 确定了分别在其策略 b_1、b_2 和 b_3 下，公司 A 的最大收益。这个收益值是效益表每一列的最大值。表 5-7 显示了这些列最大值。

表 5-7 有列最大值的效益表

		公司 B				
		增加广告 b_1	提供数量折扣 b_2	延长保修 b_3	行最小值	
公司 A	增加广告 a_1	4	3	2	②	← maximum
	提供数量折扣 a_2	−1	4	1	−1	
	延长保修 a_3	5	−2	0	−2	
	列最大值	5	4	② ←		minimum

寻求博弈损失最小化的参与者选择最小化策略。

考虑列最大值这一行的各项，公司 B 选择策略 b_3 能保证市场份额的减少不超过 2%。策略 b_1 可能导致其市场份额减少 5%，并且策略 b_2 可能导致其市场份额减少 4%。在比较列最大值之后，公司 B 选择了能提供最小的列最大值的策略。这被称作**最小最大策略**。因此，公司 B 选择 b_3 为其最优策略。这样，公司 B 保证了公司 A 不能获得多于 2% 的市场份额。

5.4.2 纯策略解的确定

如果选择一个策略对两个参与者都是最优的，并且无论对方做什么都会坚持这个策略，这种博弈就有**纯策略解**。只要行最小值的最大值等于列最大值的最小值，参与者就不能通过采取不同的策略而提高其收益。这种博弈被称作有一个**鞍点**或一个均衡点。因此，纯策略是参与者的最优策略。纯策略解的条件如下所示：

如果 maximum（行最小值）= minimum（列最大值），则一个博弈有纯策略解。

因为在我们的例子中这个等式成立，所以博弈的解就是公司 A 增加广告（策略 a_1）和公司 B 延长保修（策略 b_3）。公司 A 的市场份额将增加 2%，公司 B 的市场份额将减少 2%。

在公司 A 选择其纯策略 a_1 的情况下，让我们观察一下如果公司 B 试图不选其纯策略 b_3 会发生什么情形。如果选择 b_1，公司 A 的市场份额将增加 4%；如果选择 b_2，公司 A 的市场份额将增加 3%。公司 B 必须保持其纯策略 b_3，来限制公司 A 的市场份额只增加 2%。同样，在公司 B 选择其纯策略 b_3 的情况下，让我们看一下如果公司 A 试图不选其纯策略 a_1 会发生什么。如果选择 a_2，公司 A 的市场份额将只增加 1%；如果选择 a_3 公司 B 的市场份额将没有增加。公司 A 必须保持其纯策略 a_1，来保持其市场份额增加 2%。因此，即使一家公司提前发现其对手的纯策略，公司也不能从改变它自身纯策略中获得任何优势。

如果纯策略解存在，它就是博弈的最优解。下面的步骤可以用来确定一个博弈在什么时候有纯策略解，以及确定每个参与者的最优纯策略。

步骤 1：计算每行的最小收益（参与者 A）。

步骤 2：对参与者 A，选择提供最大的行最小值的策略。

步骤 3：计算每列的最大收益（参与者 B）。

步骤 4：对参与者 B，选择提供最小的列最大值的策略。

步骤 5：如果行最小值的最大值等于列最大值的最小值，这个值就是博弈的值，并且纯策略解存在。参与者 A 的最优纯策略在步骤 2 中确定，参与者 B 的最优纯策略在步骤 4 中确定。

分析两人零和博弈，需要首先检查是否存在纯策略。

如果行最小值的最大值不等于列最大值的最小值，纯策略解不存在。在这种情形下，混合策略解变成最优解。在后面的讨论中，我们定义混合策略解，并说明如何用线性规划来确定每个参与者的最优混合策略。

5.4.3 混合策略解的确定

让我们继续两家公司市场份额的博弈，并考虑稍微修改后的效益表，如表 5-8 所示，只有一个收益改变了。如果公司 A 和公司 B 都选择延长保修策略，公司 A 现在的收益是市场份额增加 5% 而不是之前的 0。行最小值没有改变，但列最大值改变了。注意，策略 b_3 的列最大值是 5% 而不是之前的 2%。

表 5-8 修改后的公司 A 市场份额百分比收益的效益表

		公司 B			
		增加广告 b_1	提供数量折扣 b_2	延长保修 b_3	行最小值
公司 A	增加广告 a_1	4	3	2	② ← maximum
	提供数量折扣 a_2	−1	4	1	−1
	延长保修 a_3	5	−2	5	−2
	列最大值	5	④ ↑ minimum	5	

在确定纯策略解是否存在的博弈分析中，我们发现行最小值的最大值是 2%，而列最大值的最小值是 4%。因为这两个值不相等，所以纯策略解不存在。在这种情形下，每家公司可预见，无论另一家公司做什么选择，纯策略都不是最优的。这两个参与者的最优解采用了一个混合策略。

在**混合策略**中，每个参与者根据概率分布来选择它的策略。在市场份额的例子中，每家公司将首先为是否增加广告、提供数量折扣或延长保修确定一个最优概率分布。然后，当进行博弈时，每家公司将使用其概率分布来随机选择三个策略中的一个。

首先从公司 A 的立场来考虑博弈。公司 A 将基于以下概率选择其三个策略中的一个：

PA1 = 公司 A 选择策略 a_1 的概率

PA2 = 公司 A 选择策略 a_2 的概率

PA3 = 公司 A 选择策略 a_3 的概率

通过将每个收益用概率加权求和计算出的预期值可以被解释为混合策略的长期平均收益。

使用公司 A 的混合策略的概率，如果公司 B 选择策略 b_1 将发生什么？使用表 5-8 中 b_1 列的收益，我们看到公司 A 将以概率 PA1 获得市场份额增加 4%、以概率 PA2 获得市场份额减少 1% 和以概率

PA3 获得市场份额增加 5%。把每个收益用其概率加权求和得出了公司 A 的市场份额增加的**预期值**。如果公司 B 选择策略 b_1，这个预期值就被称作策略 b_1 下的预期收益，写法如下：

$$EG(b_1) = 4PA1 - 1PA2 + 5PA3$$

对公司 B 的每个策略，公司 A 的市场份额预期收益的表达式见表 5-9。

例如，如果公司 A 以相等的概率 $\left(PA1 = \frac{1}{3},\ PA2 = \frac{1}{3},\ PA3 = \frac{1}{3}\right)$ 采用混合策略，对公司 B 的每个策略，公司 A 的市场份额预期收益如下：

$$EG(b_1) = 4PA1 - 1PA2 + 5PA3 = 4\times\frac{1}{3} - 1\times\frac{1}{3} + 5\times\frac{1}{3} = \frac{8}{3} = 2.67$$

$$EG(b_2) = 3PA1 + 4PA2 - 2PA3 = 3\times\frac{1}{3} + 4\times\frac{1}{3} - 2\times\frac{1}{3} = \frac{5}{3} = 1.67$$

$$EG(b_3) = 2PA1 + 1PA2 + 5PA3 = 2\times\frac{1}{3} + 1\times\frac{1}{3} + 5\times\frac{1}{3} = \frac{8}{3} = 2.67$$

博弈论的逻辑假定，如果公司 A 采用一个混合策略，公司 B 将选择能最小化公司 A 预期收益的策略。根据这些结论，公司 A 认为公司 B 将选择策略 b_2，限制公司 A 的市场份额的预期收益率为 1.67%。因为公司 A 的纯策略 a_1 能提供 2% 的市场份额增长，所以有相等概率 $PA1 = \frac{1}{3}$、$PA2 = \frac{1}{3}$ 和 $PA3 = \frac{1}{3}$ 的混合策略不是公司 A 的最优策略。

表 5-9　公司 B 每种策略下公司 A 市场份额的预期收益

公司 B 策略	公司 A 的预期收益
b_1	$EG(b_1) = 4PA1 - 1PA2 + 5PA3$
b_2	$EG(b_2) = 3PA1 + 4PA2 - 2PA3$
b_3	$EG(b_3) = 2PA1 + 1PA2 + 5PA3$

让我们来说明公司 A 如何用线性规划来找到它的最优混合策略。我们的目标是无论公司 B 选择哪个策略，找到能够最大化公司 A 的市场份额预期收益的概率 PA1、PA2 和 PA3。事实上，公司 A 通过保证其市场份额预期收益尽可能大，来应对公司 B 选择的任意策略，即使公司 B 会选择它自己的最优策略也没关系。

给定概率 PA1、PA2 和 PA3，以及表 5-9 中的预期收益表达式，博弈论假定公司 B 选择使公司 A 的预期收益最小的策略。因此，公司 B 基于下面的公式来选择 b_1、b_2 或 b_3，公式为：

$$\min\{EG(b_1),\ EG(b_2),\ EG(b_3)\}$$

> 寻求博弈收益最大化的参与者通过最大化最小预期收益来选择最大化策略。

当公司 B 选择它的策略时，博弈的值将是最小预期收益。这个策略将最小化公司 A 的市场份额的预期收益。

公司 A 将用最大最小策略来选择其最优混合策略，就是最大化最小预期收益。目标如下：

$$\max\left[\underbrace{\min\{EG(b_1),\ EG(b_2),\ EG(b_3)\}}\right]$$

公司 A 寻求最大化公司 B 能得到的最小 EG　　公司 B 选择能最小化公司 A 的 EG 的策略

定义 GAINA 为公司 A 市场份额的最优预期收益。因为公司 B 将选择最小化这个预期收益的策略，所以我们知道 GAINA 等于 $\min\{EG(b_1),\ EG(b_2),\ EG(b_3)\}$。因此，单个的预期收益 $EG(b_1)$、$EG(b_2)$ 和 $EG(b_3)$ 必须全部大于或等于 GAINA。如果公司 B 选择策略 b_1，我们知道：

$$EG(b_1) \geqslant GAINA$$

使用概率 PA1、PA2 和 PA3 以及表 5-9 中的预期收益表达式，这个条件可以写为：

$$4PA1-1PA2+5PA3 \geqslant GAINA$$

同样，如果公司 B 选择策略 b_2 和 b_3，EG（b_2）≥ GAINA 和 EG（b_3）≥ GAINA 的条件可以提供下面两个表达式：

$$3PA1+4PA2-2PA3 \geqslant GAINA$$

$$2PA1+1PA2+5PA3 \geqslant GAINA$$

另外，我们知道公司 A 混合策略的概率和必须等于 1：

$$PA1+PA2+PA3=1$$

最后，认识到公司 A 的目标是最大化它的预期收益 GAINA，我们有下面的线性规划模型。求解这个线性规划，将得到公司 A 的最优混合策略。

变量 GAINA 不被限制为非负。这是因为最小的预期增益可能是负的。

$$\begin{aligned}
&\max \quad GAINA \\
&\text{s.t.} && \text{公司 B 策略} \\
&4PA1-1PA2+5PA3 \geqslant GAINA && (\text{策略 } b_1) \\
&3PA1+4PA2-2PA3 \geqslant GAINA && (\text{策略 } b_2) \\
&2PA1+1PA2+5PA3 \geqslant GAINA && (\text{策略 } b_3) \\
&PA1+PA2+PA3 = 1 \\
&PA1, PA2, PA3 \geqslant 0
\end{aligned}$$

公司 A 线性规划的求解如图 5-8 所示。

最优值 = 2.37500

变量	值	递减成本
PA1	0.87500	0.00000
PA2	0.00000	-0.25000
PA3	0.12500	0.00000
GAINA	2.37500	0.00000

约束条件	松弛 / 剩余	对偶值
1	1.75000	0.00000
2	0.00000	-0.37500
3	0.00000	-0.62500
4	0.00000	2.37500

图 5-8 公司 A 最优混合策略的解

从图 5-8 中我们看到，公司 A 的最优混合策略是以 0.875 的概率增加广告（a_1）和以 0.125 的概率延长保修（a_3）。公司 A 不应该提供数量折扣（a_2），因为 PA2 = 0。这个混合策略的期望值是公司 A 的市场份额增加 2.375%。

让我们看一下如果公司 A 使用这个最优混合策略，其预期收益将发生什么变化。对公司 B 的每个策略，公司 A 的预期收益如下：

$$EG(b_1)=4PA1-1PA2+5PA3=4\times0.875-1\times0+5\times0.125=4.125$$

$$EG(b_2) = 3PA1 + 4PA2 - 2PA3 = 3 \times 0.875 + 4 \times 0 - 2 \times 0.125 = 2.375$$

$$EG(b_3) = 2PA1 + 1PA2 + 5PA3 = 2 \times 0.875 + 1 \times 0 + 5 \times 0.125 = 2.375$$

公司 B 将通过选择策略 b_2 或 b_3 来最小化公司 A 的预期收益。然而，公司 A 通过最大化这个最小预期收益已经选择了它的最优混合策略。因此，无论公司 B 选择哪个策略，公司 A 都将得到 2.375% 的市场份额预期收益。PA1=0.875、PA2=0 和 PA3=0.125 的混合策略是公司 A 的最优混合策略。2.375% 的预期收益优于公司 A 最好的纯策略（a_1），a_1 只能使市场份额实现 2% 的增加。

现在从公司 B 立场出发考虑博弈。公司 B 将基于以下概率选择其策略之一。

PB1 = 公司 B 选择策略 b_1 的概率

PB2 = 公司 B 选择策略 b_2 的概率

PB3 = 公司 B 选择策略 b_3 的概率

基于公司 B 混合策略的这些概率，如果公司 A 选择策略 a_1 将发生什么情况？根据表 5-8 中 a_1 行的收益，公司 B 将以概率 PB1 减少市场份额 4%，以概率 PB2 减少市场份额 3%，以概率 PB3 减少市场份额 2%。如果公司 A 选择策略 a_1，这个预期值，即策略 a_1 下公司 B 的预期损失，写法如下：

$$EG(a_1) = 4PB1 + 3PB2 + 2PB3$$

对公司 A 的每个策略，公司 B 市场份额预期损失的表达式见表 5-10。

表 5-10 公司 A 每种策略下公司 B 市场份额的预期损失

公司 A 策略	公司 B 的预期损失
a_1	4PB1 + 3PB2 + 2PB3
a_2	–1PB1 + 4PB2 + 1PB3
a_3	5PB1 – 2PB2 + 5PB3

让我们来说明公司 B 如何用线性规划来找到它的最优混合策略。我们的目标是无论公司 A 选择哪个策略，找到能够最小化公司 B 市场份额预期损失的概率 PB1、PB2 和 PB3。而事实上，公司 B 通过保证其市场份额预期损失尽可能小，来应对公司 A 选择的任意策略，即使公司 A 选择它自己的最优策略也没关系。

给定概率 PB1、PB2 和 PB3，以及表 5-10 中的预期损失表达式，博弈论假定公司 A 选择提供公司 B 最大预期损失的策略。因此，公司 A 基于下面的公式选择 a_1、a_2 或 a_3，公式为：

$$\max \{EL(a_1), EL(a_2), EL(a_3)\}$$

此时，博弈的值是预期损失，所以公司 A 将选择使得公司 B 的市场份额预期损失最大的方案。

寻求博弈损失最小化的参与者通过最小化最大预期损失来选择最小化策略。

公司 B 将用最小最大策略选择其最优混合策略，以最小化最大预期损失。目标如下：

$$\min [\max \{EL(a_1), EL(a_2), EL(a_3)\}]$$

公司 B 寻求最小化公司 A 能得到的最大 EL（指向 min）

公司 A 选择最大化公司 B 的 EL 的策略（指向 max {…}）

定义 LOSSB 为公司 B 的市场份额的最优预期损失。因为公司 A 将选择最大化这个预期损失的策略，所以我们知道 LOSSB 等于 $\max \{EL(a_1), EL(a_2), EL(a_3)\}$。因此，单个的预期损失 $EL(a_1)$、$EL(a_2)$ 和 $EL(a_3)$ 必须全部小于或等于 LOSSB。如果公司 A 选择策略 a_1，我们知道：

$$EL(a_1) \leqslant LOSSB$$

使用概率 PB1、PB2 和 PB3 以及表 5-10 中 EL(a_1) 的预期损失表达式，这个条件可以写为：

$$4PB1 + 3PB2 + 2PB3 \leqslant LOSSB$$

同样，如果公司 A 选择策略 a_2 和 a_3，EL(a_2) ≤ LOSSB 和 EL(a_3) ≤ LOSSB 的条件可以提供以下两个表达式：

$$-1PB1 + 4PB2 + 1PB3 \leqslant LOSSB$$

$$5PB1 - 2PB2 + 5PB3 \leqslant LOSSB$$

另外，我们知道公司 B 混合策略的概率和必须等于 1。

$$PB1 + PB2 + PB3 = 1$$

最后，认识到公司 B 的目标是最小化它的预期损失 LOSSB，我们有下面的线性规划模型。求解这个线性规划，将得到公司 B 的最优混合策略。

变量 LOSSB 不被限制为非负。这是因为最大的预期损失可能是负的。

$$\begin{aligned} &\min \quad LOSSB \\ &\text{s.t.} && \text{公司 A 策略} \\ &\quad 4PB1 + 3PB2 + 2PB3 \leqslant LOSSB && (\text{策略 } a_1) \\ &\quad -1PB1 + 4PB2 + 1PB3 \leqslant LOSSB && (\text{策略 } a_2) \\ &\quad 5PB1 - 2PB2 + 5PB3 \leqslant LOSSB && (\text{策略 } a_3) \\ &\quad PB1 + PB2 + PB3 = 1 \\ &\quad PB1,\ PB2,\ PB3 \geqslant 0 \end{aligned}$$

公司 B 线性规划的求解如图 5-9 所示。

最优值 =	2.37500	
变量	值	递减成本
PB1	0.00000	1.75000
PB2	0.37500	0.00000
PB3	0.62500	0.00000
LOSSB	2.37500	0.00000
约束条件	松弛 / 剩余	对偶值
1	0.00000	2.37500
2	0.00000	-0.87500
3	0.25000	0.00000
4	0.00000	-0.12500

图 5-9　公司 B 最优混合策略的解

从图 5-9 中我们看到公司 B 的最优混合策略是以 0.375 的概率提供数量折扣（b_2）和以 0.625 的概率延长保修（b_3）。公司 B 不应该增加广告（b_1），因为 PB1 = 0。这个混合策略的期望值或预期损失是 2.375%。注意，公司 B 市场份额 2.375% 的期望损失与公司 A 市场份额的预期收益相同。混合策略解显示出预期结果是零和的。

让我们说明如果公司 B 使用这个最优混合策略，其预期损失将发生什么变化。对公司 A 的每个策略，公司 B 的预期损失如下：

$$EL(a_1) = 4PB1 + 3PB2 + 2PB3 = 4 \times 0 + 3 \times 0.375 + 2 \times 0.625 = 2.375$$

$$\mathrm{EL}(a_2) = -1\mathrm{PB1} + 4\mathrm{PB2} + 1\mathrm{PB3} = -1\times 0 + 4\times 0.375 + 1\times 0.625 = 2.125$$
$$\mathrm{EL}(a_3) = 5\mathrm{PB1} - 2\mathrm{PB2} + 5\mathrm{PB3} = 5\times 0 - 2\times 0.375 + 5\times 0.625 = 2.375$$

公司 A 将通过选择策略 a_1 或 a_3 来最大化公司 B 的预期损失。然而，公司 B 通过最小化这个最大预期损失已选择了它的最优混合策略。因此，无论公司 A 选择哪个策略，公司 B 都有 2.375% 的市场份额的预期损失。PB1 = 0.0、PB2 = 0.375 和 PB3 = 0.625 的混合策略是公司 B 的最优策略。2.375% 的预期损失优于公司 B 最好的纯策略（b_2），后者提供了市场份额 4% 的损失。

值为 2.375% 的最优混合策略解是一个均衡解。给定公司 A 的混合策略概率，公司 B 不能通过改变 PB1、PB2 或 PB3 来改进博弈的值。同样，给定公司 B 的混合策略概率，公司 A 不能通过改变 PA1、PA2 或 PA3 来改进博弈的值。总的来说，线性规划的解将为博弈提供一个均衡的最优混合策略解。

对于混合策略博弈，只需求解一个参与者的线性规划模型即可。如果博弈收益大于零，则对偶值的绝对值即为另一个参与者的最佳混合策略。

让我们来总结一下这类线性规划的应用，提出一些关于利用线性规划求解混合策略两人零和博弈的意见和建议。首先，考虑图 5-8 公司 A 的线性规划解中约束条件 2 的对偶值。这个对偶值是 −0.375。约束条件 2 提供了当公司 B 选择策略 b_2 时公司 A 的预期收益。对偶值的绝对值是公司 B 这个策略的最优概率。因此，不用求解公司 B 的线性规划，我们就知道 PB2 = 0.375。利用图 5-8 中公司 A 的线性规划的对偶值的绝对值，我们知道公司 B 的最优混合策略解是 PB1 = 0.0、PB2 = 0.375 和 PB3 = 0.625。因此，当一个两人零和博弈有一个混合策略时，我们只需要求解其中一个参与者的线性规划模型。另一个参与者的最优混合策略可以通过对偶值的绝对值找到。

注释与点评

两人零和博弈的分析以检查纯策略解是否存在开始。如果参与者 A 的行最小值的最大值 V_A 不等于参与者 B 的列最大值的最小值 V_B，纯策略解就不存在。在这时，我们也能推出混合策略解是最优的，并且博弈的值介于 V_A 和 V_B 之间。例如，在我们的混合策略市场份额博弈中，行最小值的最大值是 2%，而列最大值的最小值是 4%。因此，我们能推论出混合策略解存在，并且博弈的值介于 2% 和 4% 之间。我们在求解混合策略线性规划之前就能推出这个结论。

如果行最小值的最大值 V_A 是正的，且列最大值的最小值 V_B 是正的，我们知道混合策略博弈的值将是正的。

本章小结

这一章我们介绍了精选的高级线性规划应用。特别是，我们应用线性规划来衡量医院的绩效、最大化航空公司的收益、建立共同基金投资组合以及竞争市场份额。实践中，这些类型的线性规划应用中建模的大部分工作包括彻底理解问题、用数学语言描述问题，然后以模型要求的形式收集可信数据。

专业术语

数据包络分析（data envelopment analysis，DEA） 用来衡量有相同目标和目的的运营单元相对效率的线性规划应用。

效率指数（efficiency index） 单个运营单元的资

源能用于虚拟运营单元的比例。

预期值（expected value） 在混合策略博弈中，每个效益值乘以其概率并求和计算而得的值。它可以解释为混合策略的长期平均收益。

博弈论（game theory） 两个或更多个决策者分别通过从多个策略中选择策略来竞争的一种决策环境。竞争策略的组合为参与者提供了博弈价值。

虚拟合成单元（hypothetical comprise） 将所有评价单元的每一项输入和输出加权平均后得到的输入项和输出项的值。

最大最小策略（maximin strategy） 寻求最大化博弈值的参与者，选择能最大化另一参与者可得到的最小损失的策略。

最小最大策略（minimax strategy） 寻求最小化博弈值的参与者，选择能最小化另一参与者可得到的最大收益的策略。

混合策略（mixed strategy） 一个参与者基于概率分布随机选取他的策略。每次进行博弈时，选择的策略会发生变化。

纯策略（pure strategy） 可选策略中有一个是最优的，并且不管另一个参与者选择何种策略，参与者总是选择这个策略。

鞍点（saddle point） 纯策略对两个参与者都是最优的。两个参与者都不能通过不选最优纯策略而改进博弈的值。

两人零和博弈（two-person, zero-sum game） 有两个参与者的博弈，其中一个参与者的所得等于另一个参与者的损失。

习题

1. **总医院绩效**。在 5.1 节中，数据包络分析用于评价 4 家医院的相对效率。3 个输入指标和 4 个输出指标的数据如表 5-1 和表 5-2 所示。LO1

   a. 用这些数据建立一个用来评价总医院绩效的线性规划模型。

   b. 最优解如下所示。这个解是否表明总医院是相对低效率的？

目标函数值= 1.000		
变量	**值**	**递减成本**
E	1.000	0.000
WG	1.000	0.000
WU	0.000	0.000
WC	0.000	0.331
WS	0.000	0.215

   c. 解释哪所或哪些医院组成了用于评价总医院的虚拟医院。为什么？

2. **医院效率**。数据包络分析能衡量一组医院的相对效率。下面的数据来自一项涉及 7 家教学医院的特别研究，有 3 个输入指标和 4 个输出指标。LO1

输入指标			
医院	**全日制非医务人员**	**物资花费（千美元）**	**病床可使用总天数（千日）**
A	310.0	134.60	116.00
B	278.5	114.30	106.80
C	165.6	131.30	65.52
D	250.0	316.00	94.40
E	206.4	151.20	102.10
F	384.0	217.00	153.70
G	530.1	770.80	215.00

输出指标				
医院	**患者服务天数（65 岁或以上）（千日）**	**患者服务天数（65 岁以下）（千日）**	**培训过的护士**	**培训过的实习医生**
A	55.31	49.52	291	47
B	37.64	55.63	156	3
C	32.91	25.77	141	26
D	33.53	41.99	160	21
E	32.48	55.30	157	82
F	48.78	81.92	285	92
G	58.41	119.70	111	89

   a. 建立一个线性规划模型，用数据包络分析评价

医院 D 的绩效。

b. 求解这个模型。

c. 医院 D 是否相对低效？目标函数的值代表什么意思？

d. 虚拟医院的每类患者服务天数有多少？

e. 你将建议医院 D 考虑仿效哪几所医院以改进它的运行效率？

3. 医院效率（再讨论）。重新回到习题 2 中给出的数据。LO1

a. 建立一个用来为医院 E 进行数据包络分析的线性规划模型。

b. 求解这个模型。

c. 医院 E 是相对低效的吗？目标函数值代表什么意思？

d. 虚拟医院由哪些医院构成？你能大体描述一下构成虚拟医院的那些医院与一个高效的医院间的关系吗？

4. 快餐店效率。Ranch House 公司运营 5 个快餐店。快餐店的输入指标包括周运营小时、全职人员以及周供应物资花费。绩效的输出指标包括周利润、市场份额以及年增长率。输入和输出的数据如下表所示。LO1

输入指标			
餐馆	周运营小时	全职人员	周供应物资花费（美元）
Bardstown	96	16	850
Clarksville	110	22	1 400
Jeffersonville	100	18	1 200
New Albany	125	25	1 500
St. Matthews	120	24	1 600

输出指标			
餐馆	周利润（美元）	市场份额（%）	年增长率（%）
Bardstown	3 800	25	8.0
Clarksville	4 600	32	8.5
Jeffersonville	4 400	35	8.0
New Albany	6 500	30	10.0
St. Matthews	6 000	28	9.0

a. 建立一个能用于评价 Clarksville 快餐店绩效的线性规划模型。

b. 求解该模型。

c. Clarksville 快餐店是不是相对低效的？讨论一下。

d. 虚拟快餐店的哪个输出指标比 Clarksville 快餐店有更多的输出？当与 Clarksville 快餐店比较时，虚拟快餐店所使用的每种输入资源少多少？

e. 要提高 Clarksville 快餐店的效率，应该向哪几家快餐店学习以找到改进的方法？

5. 航空公司收益管理。考虑 5.2 节的休闲航空公司问题。表 5-3 中显示的需求预测是休闲航空公司可得的最好估计。但是由于不能准确地预测需求，所以每个起飞地—目的地—旅程费（ODIF）实际销售的座位数可能少于或多于预测。假定休闲航空公司认为经济环境改善了，它们的初始预测可能太低了。为了应对这种可能性，休闲航空公司正在考虑用在其他市场使用的波音 757-200 飞机换掉驻场在匹兹堡和纽瓦克的波音 737-400 飞机。波音 757-200 飞机的经济舱有 158 个座位容量。LO2

a. 由于在其他市场的时间安排冲突，假定休闲航空公司只能得到一架波音 757-200 飞机。更大容量的飞机应该在匹兹堡，还是在纽瓦克飞行？请解释。

b. 基于 a 中的答案，给出一个新的 ODIF 的分配方案。请简要总结使用波音 757-200 飞机新的分配方案和原来的分配方案（见图 5-5）之间的主要差异。

c. 假定有两架波音 757-200 飞机可用。为使用两架大容量飞机的 ODIF 确定一个新分配方案。请简要总结使用两架波音 757-200 飞机的新的分配方案和原来的分配方案（见图 5-5）之间的主要差异。

d. 考虑在 b 中得到的新解。哪个 ODIF 有最高的出价？这个出价代表什么意思？

6. 航空公司座位分配。重新考虑 5.2 节中休闲航空公司的问题。假定在 5 月 1 日销售座位的数目如下所示。LO2

ODIF	1	2	3	4	5	6	7	8	9	10	11	12	13	14	15	16
售出座位	25	44	18	12	5	9	20	33	37	11	5	8	27	6	35	7

a. 确定在每段航程还有多少座位可供销售。

b. 用每个 ODIF 原来的需求预测，确定每个 ODIF 剩下的需求。

c. 将 5.2 节中线性规划模型的需求修正为现在的需求，同时把匹兹堡—默特尔比奇 Q 级的 ODIF 的需求量加 1，重新求解这个线性规划模型来确定 ODIF 的新分配方案。

7. **旅馆收益管理。**汉森旅馆有 96 间客房，位于肯塔基州路易斯维尔市的机厂和会议中心附近。当有会议或特殊事件在镇里举行时，汉森会增加它的正常客房收费，并基于收益管理系统来处理预订。每年 6 月的第一周，传统的护卫艇业主协会在路易斯维尔市举行年会。为了成为会议的推荐旅馆，汉森旅馆同意以优惠的会议收费为会议参与者提供至少 50% 的客房。尽管年会参与者的大部分人一般要求预订星期五和星期六两夜，但一些参与者可能只预订星期五晚上，或只预订星期六晚上。不参加会议的顾客也可能要求星期五和星期六两夜，或者只预订星期五晚上，或只有星期六晚上。因此，可能有六种类型的预订：参会顾客 / 两夜，参会顾客 / 只有星期五，参会顾客 / 只有星期六，一般顾客 / 两夜，一般顾客 / 只有星期五，一般顾客 / 只有星期六。每类预订的成本如下所示。LO2

（单位：美元）

	两夜	只有星期五	只有星期六
参会	225	123	130
一般	295	146	152

每类预订的预测需求如下所示。

	两夜	只有星期五	只有星期六
参会	40	20	15
一般	20	30	25

为了能最大化总收益，汉森旅馆需要确定为每类预订分配的客房数量。

a. 定义决策变量并描述目标函数。

b. 为这个收益管理应用建立线性规划模型。

c. 最优分配以及预期总收益是多少？

d. 假定在会议开始前一周，一般顾客 / 只有星期六这类客房的数目已售完。如果有一个不参加会议的顾客打电话要求预订只有星期六的客房，接受这个额外预订的房价是多少？

8. **冒险型投资。**在 5.3 节后面的部分，我们为 Hauck 投资服务公司建立了一个中等风险的投资组合模型。修改给出的模型，为更爱冒风险的投资者建立投资组合。这里，请特别回答下列问题。LO3

a. 为愿意接受回报低至 0 的投资者建立一个投资组合模型。

b. 给这类投资者的分配建议是什么？

c. 对于要求将其至少 10% 资金投资外国股票共同基金的投资者，你将如何修改你在 b 中的建议？要求将其至少 10% 的资金投资于外国股票基金将如何影响预期回报？

9. **共同基金投资。**表 5-11 显示了 7 个共同基金 5 个 1 年期的回报数据。一个公司的投资组合管理者假定这些情况之一将准确反映未来 12 个月的投资情况。第 1 年到第 5 年，每个情况发生的概率分别是 0.1、0.3、0.1、0.1 和 0.4。LO3

表 5-11 7 个共同基金 5 个 1 年期的回报

共同基金	未来 12 个月的计划方案				
	第 1 年	第 2 年	第 3 年	第 4 年	第 5 年
大市值股票	35.3	20.0	28.3	10.4	−9.3
中市值股票	32.3	23.2	−0.9	49.3	−22.8
小市值股票	20.8	22.5	6.0	33.3	6.1
能源 / 资源板块	25.3	33.9	−20.5	20.9	−2.5
卫生板块	49.1	5.5	29.7	77.7	−24.9
科技板块	46.2	21.7	45.7	93.1	−20.1
房地产板块	20.5	44.0	−21.1	2.6	5.1

a. 为愿意接受不低于 2% 回报的风险投资者建立一个投资组合模型。

b. 求解 a 中的模型，并为容忍这类风险的投资者推荐一个投资组合分配。

c. 修改 a 中的投资组合模型并求解，并为这类风险零容忍的投资者建立一个投资组合。

d. 与 b 中的投资组合回报相比，采纳 c 中投资组合建议的投资者预期回报是否会更高？如果是，你认为要证明这个投资组合是合理的，这个回报是否足够高？

10. **两人零和博弈**。考虑下面的两人零和博弈。表中收益是参与者 A 获得的。找出纯策略解。博弈值是什么？ LO4

		参与者 B		
		b_1	b_2	b_3
参与者 A	a_1	8	5	7
	a_2	2	4	10

11. **纯策略**。假定一个两人零和博弈有纯策略解。如果这个博弈是用线性规划模型求解的，你将如何从线性规划解中知道博弈有纯策略解？ LO5

12. **军事对抗**。两敌对部队——红和蓝，在不知道对方决策的情况下，决定是攻击还是防御。收益矩阵如下，数值为红队的收益或损失。红队的任何收益都对应着蓝队的损失。LO4,6

		蓝队	
		攻击	防御
红队	攻击	30	50
	防御	40	0

a. 求红队的最优混合策略。

b. 求蓝队的最优混合策略。

13. **电视节目**。两家电视台彼此竞争收视观众。工作日下午 5:00 的当地节目选项包括情景喜剧重播、新闻节目或家庭改进秀。每家电视台有相同的节目选项，并且必须在知道另一家电视台做什么前做出电视节目选择。每千名收看观众为电视台 A 带来的获益如下所示。LO4

		电视台 B		
		情景喜剧重播 b_1	新闻节目 b_2	家庭改进秀 b_3
电视台 A	情景喜剧重播 a_1	10	−5	3
	新闻节目 a_2	8	7	6
	家庭改进秀 a_3	4	8	7

确定每家电视台的最优策略。博弈值是什么？

14. **选举策略**。两位印第安纳州参议院候选人必须决定在 11 月选举的前一天去哪座城市。两位候选人可以选择相同的 4 座城市——印第安纳波利斯、埃文斯维尔、韦恩堡和南本德。旅行计划必须提前制订，所以候选人必须在知道另一位候选人去哪座城市之前决定去哪座城市。收益表的值说明了基于两位候选人选择的策略，共和党候选人获得的投票数（千人）。每位候选人应该去哪座城市？博弈的值是什么？ LO4

		民主党候选人			
		印第安纳波利斯 b_1	埃文斯维尔 b_2	韦恩堡 b_3	南本德 b_4
共和党候选人	印第安纳波利斯 a_1	0	−15	−8	20
	埃文斯维尔 a_2	30	−5	5	−10
	韦恩堡 a_3	10	−25	0	20
	南本德 a_4	20	20	10	15

15. **赌博策略**。在一个赌博游戏中，参与者 A 和参与者 B 都各有一张 1 美元和一张 5 美元的钞票。每个参与者选择一张钞票，不知道另一位参与者的选择。同时展示所选钞票，如果面值不相同，则 A 赢得 B 的钞票；如果面值相同，则 B 赢得 A 的钞票。LO4,5,6

a. 建立博弈矩阵，矩阵中的值为参与者 A 的收益（或损失）。

b. 是否存在纯策略？为什么？

c. 求最优策略及博弈值。判断游戏是否对其中某个参与者有绝对优势。

d. 假设参与者 B 决定偏离最优策略，每次随机选择钞票，那么为了增加收益，参与者 A 应该如何做？简述为什么遵循最优博弈策略很重要。

16. **软饮料市场份额**。两家公司竞争一个软饮料市场的份额。为了确定明年备选的广告策略，每家都与一个广告代理合作。多种形式的电视广告、报纸广告、产品促销以及店内展示为每家公司提供了 4 种不同的策略。收益表总结了在公司 A 和公司 B 策略的各种组合下，公司 A 的市场份额的收益。每家公司的最优策略是什么？博弈的值是什么？ LO4,6

		公司 B			
		b_1	b_2	b_3	b_4
公司 A	a_1	3	0	2	4
	a_2	2	−2	1	0
	a_3	4	2	5	6
	a_4	−2	6	−1	0

17. **美式橄榄球**。芝加哥 Bears 职业橄榄球队的进攻教练正为即将到来的与 Green Bay Packers 的比赛准备比赛方案。之前 Bears 与 Packers 比赛的回放录像带提供了持球跑策略和传球策略所得码数的数据。数据说明，当 Bears 持球跑应对 Packers 的持球跑防卫时，Bears 平均获得 2 码。而当 Bears 持球跑应对 Packers 的传球防卫时，Bears 平均获得 6 码。对传球策略的相同分析显示，如果 Bears 传球应对 Packers 的持球跑防卫，Bears 平均获得 11 码。而如果 Bears 传球应对 Packers 的传球防卫，Bears 平均损失 1 码。这个损失，也就是收获为 −1，包括由于四分卫擒抱和断球造成的损失的分数。建立一个收益表，说明在持球跑或传球的 Bears 策略和采用持球跑或传球的 Packers 策略的每种组合下，Bears 所获得的平均码数。芝加哥 Bears 在即将开始的与 Green Bay Packers 的比赛中的最优策略是什么？该策略的预期值是多少？ LO4,6

第6章 分配与网络模型

学习目标

LO1 建立并求解运输问题的网络和线性规划模型。

LO2 建立并求解指派问题的网络和线性规划模型。

LO3 建立并求解转运问题的网络和线性规划模型。

LO4 建立并求解最短路径问题的网络和线性规划模型。

LO5 建立并求解最大流问题的网络和线性规划模型。

本章讨论的模型属于一类特殊的线性规划问题，通常被称为网络流问题。我们从供应链管理中常遇到的问题开始讨论，尤其是运输和转运问题，然后考虑其他三种类型的网络流问题：指派问题、最短路径问题和最大流问题。

在每一个问题中，我们将以网络的形式建立问题的图解模型，然后说明每个问题是怎样被构建成线性规划模型并进行求解的。在本章的最后一节中，我们提出一个生产与库存模型，这是转运问题在生产计划中的一个有趣应用。

6.1 供应链模型

供应链是一个产品从生产到分销涉及的所有相互联系的资源集合。例如，汽车的供应链包括原材料生产商、汽车零件供应商、用来存储汽车零件的分销中心、装配厂和汽车代理商。生产一辆汽车所需的所有材料，都必须在整个供应链中流动。一般来说，供应链的设计目标是以最小的成本满足顾客对某种产品的需求。控制供应链的主体必须做出很多决策，比如在哪里生产产品、生产多少产品、在哪里销售产品。我们将会介绍两种在供应链模型中普遍存在，并且可以使用线性规划解决的问题：运输问题和转运问题。

6.1.1 运输问题

运输问题经常出现在规划货物从某些供应地区到达某些需求地区之间的配送服务中。通常，每个供应地区（起点）可提供的货物量是有限的，并且每个需求地区（终点）的货物需求量是已知的。运输问题中常见的目标是要使货物从起点到终点的运输总成本最低。

现在我们考虑福斯特发电机公司面临的运输问题——将产品从 3 个工厂运输到 4 个配送中心。福斯特发电机公司在俄亥俄州的克利夫兰、印第安纳州的贝德福德和宾夕法尼亚州的约克有 3 个加工厂。某一特殊型号的发电机在今后 3 个月的计划期内的生产能力如下：

起点	加工厂	3 个月的生产能力（单位）
1	克利夫兰	5 000
2	贝德福德	6 000
3	约克	2 500
		总计：13 500

公司通过位于波士顿、芝加哥、圣路易斯和莱克星顿的 4 个配送中心来配送这种发电机，每个配送中心这 3 个月的需求预测如下：

终点	配送中心	3 个月的需求预测（单位）
1	波士顿	6 000
2	芝加哥	4 000
3	圣路易斯	2 000
4	莱克星顿	1 500
		总计：13 500

管理层希望确定应该从每个加工厂运输多少产品量到每个配送中心。图 6-1 显示了福斯特可以用的 12 条配送路线。这种图被称为**网络图**，圆圈表示**节点**，连接节点的线条表示**弧**。每个起点和终点都由节点表示，每个可能的运输路线都由弧表示。供应量写在起始节点的旁边，需求量写在每个目的节点的旁边。从起始节点到目的节点之间运输的货物量表示了这个网络中的流量。注意：(从起点到终点）流向用带箭头的线条表示。

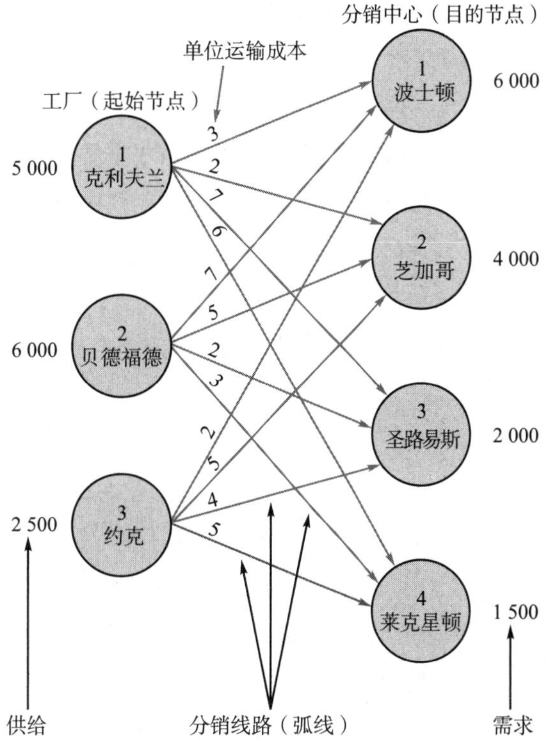

图 6-1　福斯特发电机公司运输问题网络图

福斯特的这个运输问题的目标是决定使用哪些线路以及通过每条线路的流量，使总运输成本最小。每条线路上单位产品的运输成本见表 6-1，并在图 6-1 中每条弧上标明。

表 6-1 福斯特发电机公司运输问题的单位运输成本

起点	终点			
	波士顿	芝加哥	圣路易斯	莱克星顿
克利夫兰	3	2	7	6
贝德福德	7	5	2	3
约克	2	5	4	5

线性规划模型可以用来解决这类运输问题。我们将使用双下标决策变量来描述变量，用 x_{11} 来表示从起始节点 1（克利夫兰）到目的节点 1（波士顿）之间的运输量，用 x_{12} 来表示从起点节点 1（克利夫兰）到目的节点 2（芝加哥）之间的运输量，等等。一般情况下，一个含有 m 个起点和 n 个终点的运输问题的决策变量表示如下：

第一个下标对应弧的起始节点，第二个下标对应弧的目的节点。

$$x_{ij} = 从起点\ i\ 到终点\ j\ 之间的运输量$$

其中，$i=1, 2,\cdots, m$；$j=1, 2,\cdots, n$

由于运输问题的目标是使运输成本最小，我们可以使用表 6-1 中的成本数据或者图 6-1 中弧线上的数据建立下面的成本表达式：

$$从克利夫兰运出产品的运输成本 = 3x_{11} + 2x_{12} + 7x_{13} + 6x_{14}$$

$$从贝德福德运出产品的运输成本 = 7x_{21} + 5x_{22} + 2x_{23} + 3x_{24}$$

$$从约克运出产品的运输成本 = 2x_{31} + 5x_{32} + 4x_{33} + 5x_{34}$$

这些表达式加起来的总和就是福斯特发电机公司运输总成本的目标函数。

由于每个起点的供应能力是有限的，每个终点的需求量是特定的，所以运输问题需要有约束条件。我们先考虑供应约束条件，在克利夫兰工厂的生产能力是 5 000 个单位。从克利夫兰运出的产品总量表示为 $x_{11} + x_{12} + x_{13} + x_{14}$，所以克利夫兰工厂的供应约束条件为：

$$x_{11} + x_{12} + x_{13} + x_{14} \leqslant 5\,000 \qquad 克利夫兰供应$$

福斯特运输问题有 3 个起点（工厂），所以这个运输模型就有 3 个供应约束条件。贝德福德工厂的生产能力为 6 000 个单位，约克工厂的生产能力为 2 500 个单位，另外 2 个供应约束条件如下：

$$x_{21} + x_{22} + x_{23} + x_{24} \leqslant 6\,000 \qquad 贝德福德供应$$

$$x_{31} + x_{32} + x_{33} + x_{34} \leqslant 2\,500 \qquad 约克供应$$

由于有 4 个分销终点，所以要有 4 个需求约束条件来确保终点需求被满足：

$$x_{11} + x_{21} + x_{31} = 6\,000 \qquad 波士顿需求$$

$$x_{12} + x_{22} + x_{32} = 4\,000 \qquad 芝加哥需求$$

$$x_{13} + x_{23} + x_{33} = 2\,000 \qquad 圣路易斯需求$$

$$x_{14} + x_{24} + x_{34} = 1\,500 \qquad 莱克星顿需求$$

为了获得可行的解决方案，总供应量必须大于或等于总需求量。

联合目标函数和这些约束条件构成了一个线性规划模型，这个福斯特发电机公司运输问题是一个含有 12 个变量和 7 个约束的线性规划模型：

$$\min \quad 3x_{11}+2x_{12}+7x_{13}+6x_{14}+7x_{21}+5x_{22}+2x_{23}+3x_{24}+2x_{31}+5x_{32}+4x_{33}+5x_{34}$$

s.t.

$$\begin{aligned}
&x_{11}+x_{12}+x_{13}+x_{14} && \leqslant 5\,000\\
&x_{21}+x_{22}+x_{23}+x_{24} && \leqslant 6\,000\\
&x_{31}+x_{32}+x_{33}+x_{34} && \leqslant 2\,500\\
&x_{11}+x_{21}+x_{31} && = 6\,000\\
&x_{12}+x_{22}+x_{32} && = 4\,000\\
&x_{13}+x_{23}+x_{33} && = 2\,000\\
&x_{14}+x_{24}+x_{34} && = 1\,500
\end{aligned}$$

$$x_{ij} \geqslant 0，其中，i=1, 2, 3; j=1, 2, 3, 4$$

比较此线性规划模型与图 6-1 中的网络会得到几个观察结果。所有线性规划模型所需的信息都能在网络图中找到。每个节点需要一个约束条件，每条弧都需要一个变量。对应于从每个起始节点出发的每条弧的变量值之和必须小于或者等于这个起始节点的供应。对应于进入每个目的节点的弧线上的变量值之和必须等于这个目的节点的需求。

福斯特发电机公司问题的最优目标函数值和最优决策变量值如图 6-2 所示，其中最小的总运输成本为 39 500 美元。决策变量的值显示了每条线路运输的最优运输量。例如，x_{11}=3 500 表示应当将 3 500 个单位的发电机从克利夫兰运输到波士顿，x_{12}=1 500 表示应当将 1 500 个单位的发电机从克利夫兰运送到芝加哥。决策变量的其他值指明了剩余的运输量和线路。表 6-2 显示了运输成本最小的运输计划，图 6-3 总结了网络图的最优解。

```
最优值 = 39500.00000

        变量                    值
   --------------        ---------------
        X11                3500.00000
        X12                1500.00000
        X13                   0.00000
        X14                   0.00000
        X21                   0.00000
        X22                2500.00000
        X23                2000.00000
        X24                1500.00000
        X31                2500.00000
        X32                   0.00000
        X33                   0.00000
        X34                   0.00000
```

图 6-2　福斯特发电机公司问题的解决方案

表 6-2　福斯特发电机公司运输问题的最优解

线路		运输量	单位成本（美元）	总成本（美元）
起点	终点			
克利夫兰	波士顿	3 500	3	10 500
克利夫兰	芝加哥	1 500	2	3 000
贝德福德	芝加哥	2 500	5	12 500
贝德福德	圣路易斯	2 000	2	4 000
贝德福德	莱克星顿	1 500	3	4 500
约克	波士顿	2 500	2	5 000
				39 500

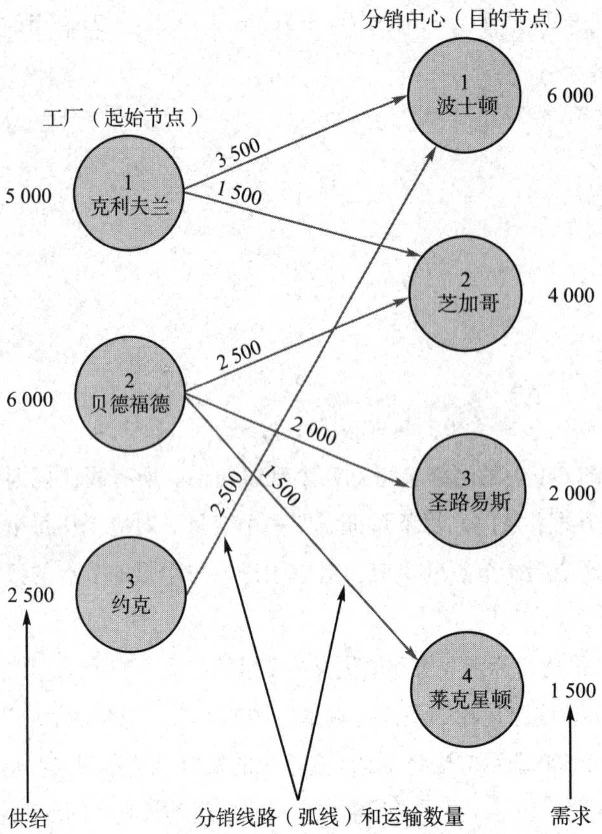

图 6-3　福斯特发电机公司运输问题的最优解的网络图

6.1.2　问题变动

福斯特发电机公司问题阐述了基本运输模型的应用。基本运输模型的变化可能包括以下几种情况。

（1）总供应不等于总需求。

（2）最大化目标函数。

（3）路线容量或者路线最小量。

（4）不可接受的线路。

只要对线性规划模型进行轻微的修改，我们就能很容易地适应这些情况了。

总供应不等于总需求　总供应经常不等于总需求。如果总供应超过总需求，线性规划模型不需要进行修改。多余的供给量在线性规划解决方案中表现为松弛。而任何特定起点的松弛都可以理解为未使用的供给或者未从起点运输的货物量。

> 当总供应量小于总需求量时，该模型不会确定如何处理未满足的需求。经理必须决定如何处理未满足的需求，常见的选择是将其作为延期订单进行跟踪，或将其外包给第三方。

如果总供给小于总需求，运输问题的线性规划模型将没有可行解。在这种情况下，我们可以对网络图做如下修改：增加一个供给恰好等于总需求与总供应之差的**虚拟起点**。通过增加虚拟起点及从这个虚拟起点到每个终点的弧，线性规划模型将会有可行的解。我们规定从虚拟起点出发的每条弧上的单位运输成本为零，这样，经过修改后的问题的最优解将会代表实际运输的货物的运输成本（从虚拟起点出发的线路没有实际的运输发生）。当我们执行这个最优解时，显示有从虚拟起点处接收运输量的目的节点将是经历货物不足或需求不被满足的目的节点。

最大化目标函数　在某些运输问题中，目标是要找到使利润或者收益最大的解决方案。通过将单位产品的利润值或者收益值用作目标函数中的系数，我们可以很容易地解决一个最大化而不是最小化的线性模型。这种变化并没有影响约束条件。

路线容量或者路线最小量　运输问题的线性规划模型也可以包含一条或者更多条线路的容量或者最小数量。例如，假设在福斯特发电机公司问题中，由于约克—波士顿线路（从起始节点 3 到目的节点 1）的常规运输模式可获得的空间有限，因此只有 1 000 个单位的运输容量。x_{31} 表示约克—波士顿线路的运输量，那么这条线路的路线容量约束条件为：

$$x_{31} \leqslant 1\,000$$

类似地，路线的最小量也可以被指定，例如：

$$x_{22} \geqslant 2\,000$$

这个约束条件保证了在最优解中保留先前承诺的为贝德福德—芝加哥线路配送最小 2 000 单位货物。

不可接受的线路　最后，网络图中存在某些从起点到终点的不可行线路。为了处理这种情况，我们只需要简单地去除网络图中相关的弧线和线性规划模型中相关的变量。例如，如果克利夫兰—圣路易斯之间的线路是不可接受的或者是不可用的，那么在图 6-1 中，从克利夫兰到圣路易斯之间的这条弧线就应当被删除。线性规划模型中的变量 x_{13} 也应当被删除。求解所得的含有 11 个变量和 7 个约束条件的线性规划模型将得到最优解，同时也保证了克利夫兰—圣路易斯之间的线路不被使用。

6.1.3　运输问题线性规划的一般化模型

为了表示运输问题线性规划的一般化模型，我们使用下列符号：

i= 起点的下标，i=1，2，…，m

j= 终点的下标，j=1，2，…，n

x_{ij}= 起点 i 到终点 j 之间的运输量

c_{ij}= 起点 i 到终点 j 之间的单位运输成本

s_i= 起点 i 的供应量或者生产能力

d_j= 终点 j 的需求量

m 个起点、n 个终点运输问题线性规划的一般化模型如下：

$$\min \quad \sum_{i=1}^{m}\sum_{j=1}^{n} c_{ij}x_{ij}$$

s.t.

$$\sum_{j=1}^{n} x_{ij} \leqslant s_i \quad i = 1, 2, \cdots, m \text{ 供应}$$

$$\sum_{i=1}^{m} x_{ij} = d_i \quad j = 1, 2, \cdots, n \text{ 需求}$$

$$x_{ij} \geqslant 0\text{，对所有的 } i \text{ 和 } j$$

如先前所提到的，如果从起始点 i 到终点 j 之间的线路容量为 L_{ij}，我们可以增加形式为 $x_{ij} \leqslant L_{ij}$ 的约束条件。包含有这种类型的约束条件的运输问题被称为**有容量约束条件的运输问题**。类似地，如果从起始点 i 到终点 j 之间的线路必须最少处理 M_{ij} 单位的产品，那么我们可以增加形式为 $x_{ij} \geqslant M_{ij}$ 的线路最小约束条件。

专栏 6-1 描述了美国联合包裹运输服务公司（简称 UPS）如何利用 ORION 系统优化模型，为司机确定最佳路线，从而为公司节省了大量成本并减少了碳足迹。

| 专栏 6-1 | 实践中的管理科学

UPS 利用 ORION 系统进行路线优化

UPS 在全球范围内共有 100 000 多辆送货车，每年运送近 50 亿件包裹，其中一名送货司机通常一天会送出 125 ～ 175 件包裹。仅在美国，UPS 就有大约 55 000 条不同的送货路线，组织和管理这些路线的核心是 ORION 系统（道路综合优化和导航）。ORION 系统是 UPS 有史以来实施的最大的管理科学项目之一。

ORION 系统的目标是为 UPS 司机提供优化路线，以最大限度地缩短交货时间并节省燃料成本。每天，UPS 都会检查与取货和送货请求以及驾驶员和车辆可用性相关的数据。然后 ORION 应用高级模型（其中大多模型的基础都是本章讨论的优化模型）确定驾驶员的最佳路线。

ORION 系统的开发是一个庞大的项目，UPS 开发该系统用时十多年，并在技术推进和地图优化上投入了大量资源作为系统的输入。系统的完整算法有 1 000 多页代码，在高性能计算机上用几秒时间就可确定某车辆的最佳路线。ORION 系统通常整夜运行，以确定次日司机的最佳路线。

UPS 估计，通过使用 ORION 系统，包裹运输车辆每年行驶里程将减少 1 亿多英里，相当于绕地球 4 000 多圈，因此每年可节省 1 000 多万加仑的燃油，意味着每年减少约 10 万公吨二氧化碳排放量，此外，系统预计将使公司每年节省 3 亿～ 4 亿美元。为了表彰 ORION 系统的杰出贡献，管理科学领导组织 INFROMS 授予 UPS 公司 2016 年爱德曼奖（爱德曼奖是表彰一个组织实践管理科学成就的最高奖项）。

资料来源：www.ups.com and www.informs.org.

6.1.4 转运问题

转运问题是运输问题的一种扩展，其中中间节点代表转运节点，加入这个节点是为了考虑诸如仓库等的位置。在这种更加普遍的分销问题中，运输可能发生在 3 个一般类型的节点的任意两个之间。这 3 种节点为：起始节点、转运节点和目的节点。例如，转运问题允许货物从起始节点运到转运节点再运到目的节点，从一个起点运到另一个起点，或者是从一个转运节点运到另一个转运节点，或者是从一个目的节点运到另一个目的节点，或者直接从起始节点运到目的节点。

就如在运输问题中一样，每个起始节点的可得供应量是有限的，每个目的节点的需求也是确定的，在转运问题中，目标是在满足目的节点需求的基础上，确定网络图中每条弧线上应该运输多少单位的货物，才能使得总运输成本最低。

让我们看看瑞恩电子所面临的转运问题。瑞恩电子是一家电子公司，其加工厂分别位于丹佛和亚特兰大。从每个工厂生产出来的零件可能被运送到公司在堪萨斯城或路易斯维尔的地区仓库中。公司把这些地区仓库中的商品供应给底特律、迈阿密、达拉斯和新奥尔良的零售商。这个问题的关键特征显示在图 6-4 的网络模型中。注意：每个起始节点的供给量和每个目的节点的需求量都在它们旁边标明。节点 1 和节点 2 是起始节点，节点 3 和节点 4 是转运节点，节点 5、6、7、8 是目的节点。每条配送线路上单位货物的运输成本显示在表 6-3 中及图 6-4 中描述的网络模型的每条弧线上。

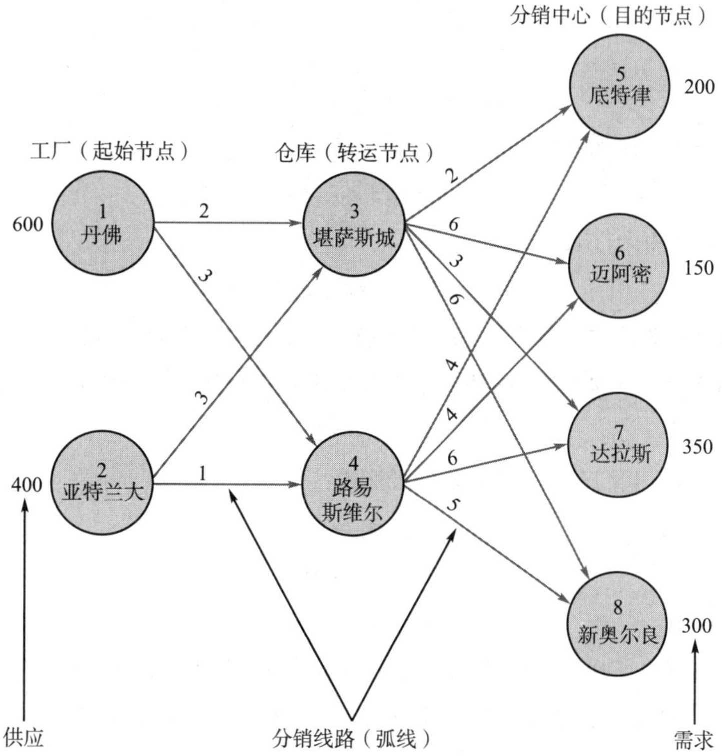

图 6-4　瑞恩电子转运问题的网络

表 6-3　瑞恩电子转运问题的单位运输成本

工厂	仓库			
	堪萨斯城		路易斯维尔	
丹佛	2		3	
亚特兰大	3		1	
仓库	**零售商**			
	底特律	迈阿密	达拉斯	新奥尔良
堪萨斯城	2	6	3	6
路易斯维尔	4	4	6	5

如运输问题一样，我们可以从网络图表的角度构建转运问题的线性规划模型。同样，我们也需要关于每个节点的约束条件和每条弧线的变量。令 x_{ij} 表示从节点 i 运输到节点 j 的运输量。例如，x_{13} 表示从节点丹佛工厂运输 x_{13} 个单位的商品到堪萨斯城的仓库里，x_{14} 表示从节点丹佛工厂运输 x_{14} 个单位的商品到路易斯维尔的仓库里，等等。如果丹佛工厂的供应量是 600 个单位，那么从丹佛工厂运出的商品就必须小于或者等于 600。数学上的供应约束条件表达式可以写成：

$$x_{13}+x_{14} \leqslant 600$$

类似地，对于亚特兰大工厂，我们有供应约束条件如下：

$$x_{23}+x_{24} \leqslant 400$$

现在，我们考虑如何确定 2 个转运节点的约束条件表达式。对节点 3（堪萨斯城仓库）来说，我们必须确保从此仓库运出的货物量等于运入的货物量。因为：

$$\text{节点 3 的运出量} = x_{35} + x_{36} + x_{37} + x_{38}$$

以及

$$\text{节点 3 的运入量} = x_{13} + x_{23}$$

所以我们得到：

$$x_{35} + x_{36} + x_{37} + x_{38} = x_{13} + x_{23}$$

将所有的变量移到左边，得到节点 3 对应的约束条件为：

$$-x_{13} - x_{23} + x_{35} + x_{36} + x_{37} + x_{38} = 0$$

同样，节点 4 对应的约束条件表达式为：

$$-x_{14} - x_{24} + x_{45} + x_{46} + x_{47} + x_{48} = 0$$

为了建立与目的节点相关的约束条件，要满足运输到每个目的节点的商品总量等于该节点的需求。例如，为了满足节点 5 上的 200 个单位的需求（底特律零售商），我们将这个约束条件表示如下：

$$x_{35} + x_{45} = 200$$

同样，对节点 6、7、8，我们有如下约束条件表达式：

$$x_{36} + x_{46} = 150$$

$$x_{37} + x_{47} = 350$$

$$x_{38} + x_{48} = 300$$

如同往常一样，目标函数反映了 12 条运输线路的总运输成本。把目标函数和约束条件组合起来就形成了一个具有 12 个变量、8 个约束条件的线性规划模型（见图 6-5）。图 6-6 呈现了瑞恩电子转运问题的最优解，表 6-4 总结了这个最优解。

正如在本节开始时提到的那样，在转运问题中弧线可以任意连接两个节点。所有的运输方式在转运问题中都是有可能的。此时，对每个节点，我们仍然需要且仅需要一个约束条件，此约束条件必须包含进入或者离开该节点的弧对应的所有变量。对于初始节点，输出的总量减去输入的总量必须小于或者等于该节点的商品供应量。对于目的节点，输入的总量减去输出的总量必须等于该节点的需求。对于转运节点，输出的总量必须等于输入的总量。

为了阐述更一般的转运问题，我们对瑞恩电子问题进行修改，假设可以直接从亚特兰大运输商品到新奥尔良，单位运费为 4 美元，且从达拉斯到新奥尔良的单位运输成本为 1 美元。这个修改后的瑞恩电子问题的网络图如图 6-7 所示，线性规划模型如图 6-8 所示。计算机求解结果如图 6-9 所示。

$$\min \ 2x_{13} + 3x_{14} + 3x_{23} + 1x_{24} + 2x_{35} + 6x_{36} + 3x_{37} + 6x_{38} + 4x_{45} + 4x_{46} + 6x_{47} + 5x_{48}$$

s.t.

$$\left.\begin{array}{l} x_{13} + x_{14} \leqslant 600 \\ x_{23} + x_{24} \leqslant 400 \end{array}\right\} \text{起始节点约束条件}$$

$$\left.\begin{array}{l} -x_{13} - x_{23} + x_{35} + x_{36} + x_{37} + x_{38} = 0 \\ -x_{14} - x_{24} + x_{45} + x_{46} + x_{47} + x_{48} = 0 \end{array}\right\} \text{转运节点约束条件}$$

$$\left.\begin{array}{l} x_{35} + x_{45} = 200 \\ x_{36} + x_{46} = 150 \\ x_{37} + x_{47} = 350 \\ x_{38} + x_{48} = 300 \end{array}\right\} \text{目的节点约束条件}$$

$x_{ij} \geqslant 0$，对所有的 i 和 j

图 6-5 瑞恩电子问题的线性规划模型

```
最优值 = 5200.00000
       变量                       值
   --------------        ---------------
        X13                   550.00000
        X14                    50.00000
        X23                     0.00000
        X24                   400.00000
        X35                   200.00000
        X36                     0.00000
        X37                   350.00000
        X38                     0.00000
        X45                     0.00000
        X46                   150.00000
        X47                     0.00000
        X48                   300.00000
```

图 6-6 瑞恩电子转运问题的最优解

表 6-4 瑞恩电子转运问题的最优解

线路		运输量	单位运输成本（美元）	总运输成本（美元）
起点	终点			
丹佛	堪萨斯城	550	2	1 100
丹佛	路易斯维尔	50	3	450
亚特兰大	路易斯维尔	400	1	400
堪萨斯城	底特律	200	2	400
堪萨斯城	达拉斯	350	3	1 050
路易斯维尔	迈阿密	150	4	600
路易斯维尔	新奥尔良	300	5	1 500
				5 200

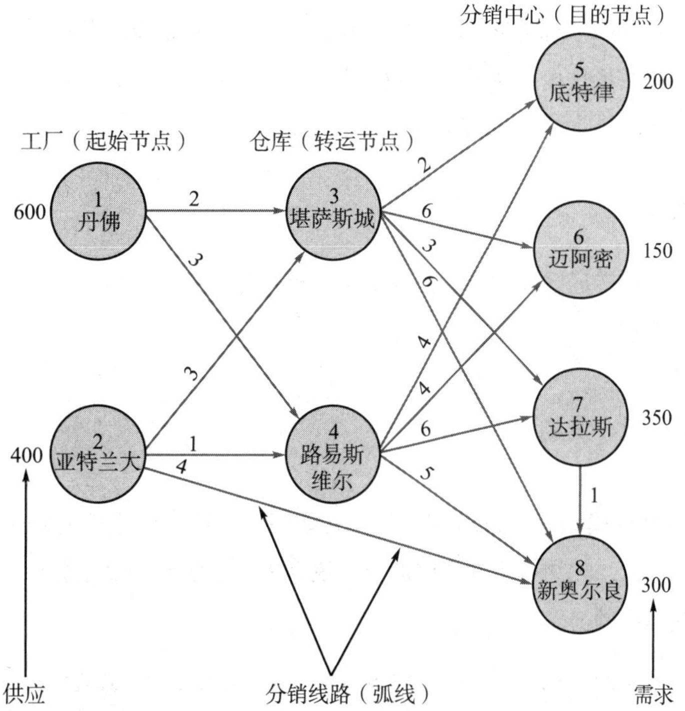

图 6-7 修改后的瑞恩电子转运问题的网络表示图

$$
\begin{array}{ll}
\min & 2x_{13}+3x_{14}+3x_{23}+1x_{24}+2x_{35}+6x_{36}+3x_{37}+6x_{38}+4x_{45}+4x_{46}+6x_{47}+5x_{48}+4x_{28}+1x_{78} \\
\text{s.t.} & \\
& \left.\begin{array}{l} x_{13}+x_{14} \leqslant 600 \\ x_{23}+x_{24}+x_{28} \leqslant 400 \end{array}\right\}\text{起始节点约束条件} \\
& \left.\begin{array}{l} -x_{13}-x_{23}+x_{35}+x_{36}+x_{37}+x_{38} = 0 \\ -x_{14}-x_{24}+x_{45}+x_{46}+x_{47}+x_{48} = 0 \end{array}\right\}\text{转运节点约束条件} \\
& \left.\begin{array}{l} x_{35}+x_{45} = 200 \\ x_{36}+x_{46} = 150 \\ x_{37}+x_{47}-x_{78} = 350 \\ x_{38}+x_{48}+x_{28}+x_{78} = 300 \end{array}\right\}\text{目的节点约束条件} \\
& x_{ij} \geqslant 0\text{，对所有的 } i \text{ 和 } j
\end{array}
$$

图 6-8 修改后的瑞恩电子转运问题的线性规划模型

最优值 = 4600.00000

变量	值
X13	550.000
X14	50.000
X23	0.000
X24	100.000
X35	200.000
X36	0.000
X37	350.000
X38	0.000
X45	0.000
X46	150.000
X47	0.000
X48	0.000
X28	300.000
X78	0.000

图 6-9 瑞恩电子转运问题的最优解

在图 6-7 中，我们给网络模型增加了两条新的弧线，因此，需要在线性规划模型中加入两个新变量。图 6-8 显示有两个新变量 x_{28} 和 x_{78} 出现在目标函数以及连接这两条新弧线的节点对应的约束表达式中。图 6-9 显示通过增加两条运输线路使最优解的值减少了 600 美元。x_{28}=300 表示从亚特兰大直接运输 300 个单位的商品到新奥尔良。x_{78}=0 表示从达拉斯没有商品运输到新奥尔良。[⊖]

6.1.5 转运问题的变化

因为涉及运输问题，建立转运问题时可能出现如下几种变化。

（1）总供应不等于总需求。

（2）最大化目标函数。

（3）路线容量或者路线最小量。

（4）不可接受的线路。

对应这些变化对线性规划模型所需进行的修改，就如同对运输问题进行的修正。我们为了显示从节点 i 到节点 j 的线路运输容量为 L_{ij}，在约束条件中增加一个或者更多个像 $x_{ij} \leqslant L_{ij}$ 这样的表达式。我们称这样的转运问题为**有容量限制的转运问题**。

⊖ 这是线性规划模型有可代替的最优解的一个例子。解集 x_{13}=600，x_{14}=0，x_{23}=0，x_{24}=150，x_{28}=250，x_{35}=200，x_{36}=0，x_{37}=400，x_{38}=0，x_{45}=0，x_{46}=150，x_{47}=0，x_{48}=0，x_{78}=50 也是最优的。确实，在此解中两种新线路均被使用：x_{28}=250 单位的商品从亚特兰大直接运输到新奥尔良，x_{78}=50 单位的商品从达拉斯运输到新奥尔良。

6.1.6 转运问题线性规划的一般化模型

为了表示转运问题线性规划的一般化模型，我们使用以下符号：

x_{ij}= 节点 i 到节点 j 之间的运输量

c_{ij}= 节点 i 到节点 j 之间的单位运输成本

s_i= 起始节点 i 的供应量

d_j= 目的节点的需求量

转运问题线性规划的一般化模型如下：

$$\min \sum_{\text{所有弧线}} c_{ij}x_{ij}$$

s.t.

$$\sum_{\text{运出弧线}} x_{ij} - \sum_{\text{运入弧线}} x_{ij} \leqslant s_i\text{，起始节点 } i$$

$$\sum_{\text{运出弧线}} x_{ij} - \sum_{\text{运入弧线}} x_{ij} = 0\text{，转运节点}$$

$$\sum_{\text{运入弧线}} x_{ij} - \sum_{\text{运出弧线}} x_{ij} = d_j\text{，目的节点 } j$$

$$x_{ij} \geqslant 0\text{，对所有的 } i \text{ 和 } j$$

专栏 6-2 描述了宝洁公司如何使用转运模型帮助公司进行配送和分销的决策。

| 专栏 6-2 | 实践中的管理科学

宝洁公司的产品供应启发式算法

宝洁公司的战略规划举措，即北美产品采购战略，也是管理科学工具成功运用于供应链规划的一个例子。宝洁公司希望合并其产品供应并优化其遍及北美的产品配送系统。用于辅助此项目的决策支持系统被称为产品供应启发式算法（PSH），它基于与本章所描述的转运模型非常相似的一个转运模型。

在预加工阶段，宝洁公司的许多产品被分入不同的小组，每个小组内的产品对应拥有相同的技术且可以在同一个工厂进行生产。产品策略小组使用 PSH 中的转运模型为生产小组的产品供应设计备选方案。生产产品组的各个工厂为供应节点，公司的区域配送中心为转运节点，宝洁公司的顾客区域为目的节点。直接运输到顾客区域或者通过配送中心运送都是可行的。

产品策略团队用启发式互动方法探讨了各种产品供应和配送的相关问题。例如，该团队想知道如果关闭 5 个工厂中的 2 个，把产品集中在剩下的 3 个工厂中生产，会产生怎样的影响。产品供应启发式算法将删除对应于关闭的 2 个工厂的供应节点，还要对其余 3 个工厂的供应节点的生产能力做出必要的修改，然后求解这个转运问题。产品策略小组检查新的求解方案，然后对模型做进一步的修改，再进行求解，如此循环。

所有使用过产品供应启发式算法的人都认为它是一个非常有价值的决策支持系统。当宝洁公司按照研究得出的结果实施时，公司每年节约的费用达 2 亿美元之多。PSH 项目在北美市场获得了如此大的成功，因此宝洁公司也将它应用于世界上的其他市场。

资料来源：由宝洁公司的 Franz Dill 和 Tom Chorman 提供。

注释与点评

1. 实际生活中遇到的供应链模型往往需要大的线性规划模型来处理，有100个起点和100个终点的运输问题并不少见，这样的问题将包含100×100=10 000（个）变量。

2. 为了处理带有不可用线路的情形，我们可以从网络图中删除相应的弧线，并从线性规划模型中删除相对应的变量。另外一种常用的方法就是给这些不可用线路指派非常高的目标函数成本系数。如果问题已经构建好了，另外一种选择就是给模型增加一个约束条件，即把你想删除的变量设置成零。

3. 只要所有的需求和供给都是整数，运输模型决策变量的最优解将由整数值构成。这是由线性规划模型中的特殊数学结构决定的，且每个变量只在一个供给约束条件和一个需求约束条件中出现，所有约束条件方程式中的系数都为1或者0。

4. 在转运问题线性规划的一般化模型里，目的节点的约束条件经常表述为如下公式：

$$\sum_{\text{运出弧线}} x_{ij} - \sum_{\text{运入弧线}} x_{ij} = -d_j$$

这样表述约束条件的好处在于公式左边的每个约束条件都代表了流出节点减去流入节点的量。

6.2 指派问题

指派问题出现在多种决策过程中，典型的指派问题包括：将工作指派给机器，将任务指派给代理商，将销售人员指派到销售区域，将合同指派给投标人等。指派问题的一个显著特征是只能给一个代理商指派一个任务。特别是我们在寻找一组能够最优化设定的目标的指派，例如成本最小、时间最短或者利润最大。

为了阐述指派问题，让我们来考虑福尔市场研究公司的案例。这个公司刚刚从3个新客户那里拿到市场研究项目。公司面临着将项目负责人（代理）指派给每一个客户（任务）的任务。最近，有3个人没有其他任务，可以指派为项目负责人。然而，福尔管理层意识到完成每个市场调研的时间将取决于指派的项目负责人的经验和能力。这3个项目具有相似的优先顺序，公司希望指派过去的项目负责人全部完成这3个项目所需的时间最短。如果每个项目负责人只能指派给一个客户，那么应该怎样进行指派呢？

为了解决这个指派问题，福尔管理层必须首先考虑所有可能的项目负责人—客户的指派方法，然后预测相对应的项目完成时间。3个项目负责人和3个客户可以产生9种可能的指派方案。表6-5总结了各种可能的指派方案和预计项目完成时间。

表6-5 福尔公司指派问题的预计项目完成时间（天）

项目负责人	客户（任务）		
	1	2	3
1. 特瑞	10	15	9
2. 卡尔	9	18	5
3. 迈克孟德	6	14	3

图6-10是福尔公司指派问题的网络图。节点对应着项目负责人和客户，弧线表示项目负责人—客户之间可能的指派。每个起始节点的供应和目的节点的需求都是1，把一个项目负责人指派给一个客户的成本是项目负责人完成客户的任务所需的时间。注意指派问题的网络图（图6-10）和运输问题的网络图之间的相似性（图6-1）。此指派问题是运输问题的一个特殊情形，其中所有的供应和需求量的值都等于1，每条弧线上的运输量不是1就是0。

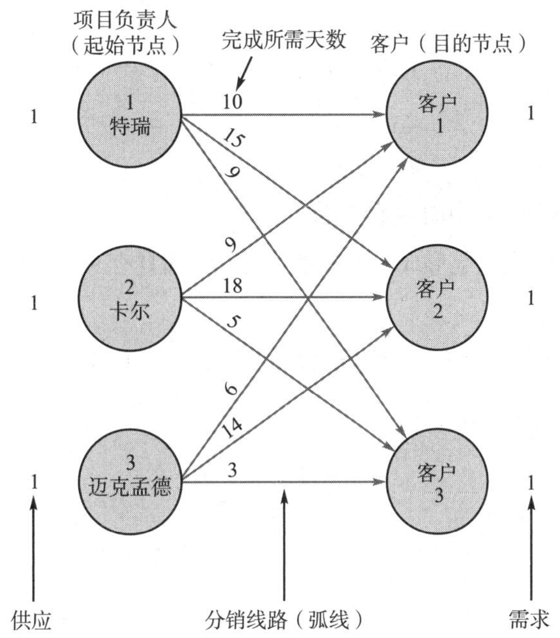

图 6-10　福尔公司指派问题的网络图

由于此指派问题是运输问题的一种特殊情况，我们可以设计出一个运输问题的线性规划模型来求解指派问题。我们仍然需要每个节点的约束条件和每条弧线的变量。回想在运输问题中，我们用双下标决策变量 x_{ij}，表示从节点 i 到节点 j 的运输量。在指派问题中，由于问题结构，每个 x_{ij} 变量值取值不是 0 就是 1。若 $x_{11}=1$，我们认为这表示“将项目负责人 1（特瑞）指派给客户 1”。若 $x_{11}=0$，我们认为这表示“项目负责人 1（特瑞）没有被指派给客户 1”。通常，我们定义福尔指派问题的决策变量如下：

$$x_{ij}=\begin{cases}1，\text{项目负责人 } i \text{ 被指派给客户 } j\\0，\text{其他情况}\end{cases}$$

其中，$i=1,2,3$；$j=1,2,3$

使用上述符号和表 6-5 的完成项目的时间数据，我们建立完成项目时间的表达式：

$$\text{特瑞完成指派任务所需的天数} = 10x_{11}+15x_{12}+9x_{13}$$
$$\text{卡尔完成指派任务所需的天数} = 9x_{21}+18x_{22}+5x_{23}$$
$$\text{迈克孟德完成指派任务所需的天数} = 6x_{31}+14x_{32}+3x_{33}$$

3 个项目负责人完成项目的时间之和就是完成 3 项任务所需的总天数，因此，目标函数是：

$$\min\quad 10x_{11}+15x_{12}+9x_{13}+9x_{21}+18x_{22}+5x_{23}+6x_{31}+14x_{32}+3x_{33}$$

这个指派问题的约束条件反映了为了保证每个项目负责人能够被至多指派给一个客户的约束条件，以及每个客户必须被指派一个项目负责人的约束条件。这些约束条件可以表示如下：

$$x_{11}+x_{12}+x_{13}\leqslant 1\quad \text{特瑞的指派}$$
$$x_{21}+x_{22}+x_{23}\leqslant 1\quad \text{卡尔的指派}$$

> 由于指派问题的特殊结构，x_{ij} 变量将为 0 或 1，而不是介于 0 和 1 之间的任何值，比如 0.6。第 7 章讨论了用 0-1（或二进制）变量表示离散选择的优化问题，这些变量必须在约束条件中加以约束以避免出现分数值。

> 当项目负责人的数量等于客户的数量时，所有约束条件都可以写成等式。但当项目负责人的数量超过客户的数量时，必须用小于或等于来进行项目负责人约束。

$$x_{31}+x_{32}+x_{33}\leqslant 1 \quad \text{迈克孟德的指派}$$

$$x_{11}+x_{21}+x_{31}=1 \quad \text{客户 1}$$

$$x_{12}+x_{22}+x_{32}=1 \quad \text{客户 2}$$

$$x_{13}+x_{23}+x_{33}=1 \quad \text{客户 3}$$

注意，一个约束条件对应图 6-10 中的一个节点。

把目标函数和约束条件组合在一起形成一个模型，就是下面具有 9 个变量和 6 个约束条件的福尔公司指派问题的线性规划模型：

$$\min \quad 10x_{11}+15x_{12}+9x_{13}+9x_{21}+18x_{22}+5x_{23}+6x_{31}+14x_{32}+3x_{33}$$

s.t.

$$\begin{array}{lllllllllr}
x_{11}+ & x_{12}+ & x_{13} & & & & & & & \leqslant 1 \\
 & & & x_{21}+ & x_{22}+ & x_{23} & & & & \leqslant 1 \\
 & & & & & & x_{31}+ & x_{32}+ & x_{33} & \leqslant 1 \\
x_{11} & & & +x_{21} & & & +x_{31} & & & =1 \\
 & x_{12} & & & +x_{22} & & & +x_{32} & & =1 \\
 & & x_{13} & & & +x_{23} & & & +x_{33} & =1
\end{array}$$

$x_{ij}\geqslant 0$，其中，$i=1, 2, 3$；$j=1, 2, 3$

图 6-11 显示了这个模型的最优解。特瑞被指派给了客户 2（$x_{12}=1$），卡尔被指派给了客户 3（$x_{23}=1$），迈克孟德被指派给了客户 1（$x_{31}=1$）。总的项目完成时间为 26 天。表 6-6 总结了这个求解方案。

```
最优值 = 26.00000
      变量              值
  --------------   ---------------
       X11            0.00000
       X12            1.00000
       X13            0.00000
       X21            0.00000
       X22            0.00000
       X23            1.00000
       X31            1.00000
       X32            0.00000
       X33            0.00000
```

图 6-11 福尔公司指派问题的最优解

表 6-6 福尔公司问题的最优项目负责人指派方案

指派		
项目负责人	客户	天
特瑞	2	15
卡尔	3	5
迈克孟德	1	6
总计		26

6.2.1 指派问题的变化

因为指派问题可以被看作运输问题的一个特例，所以指派问题中可能出现的变化就和运输问题中出现的变化相似。明确地说，我们可以处理如下情形。

（1）总的代理（供应）数不等于总的任务（需求）数。

（2）目标函数的最大化。

（3）不可接受的指派。

代理数不等于任务数时的情形和运输问题中总供应不等于总需求时的情形类似。在线性规划模型中，如果代理数多于任务数，多余的代理将不被指派出去。如果任务数多于代理数，那么线性规划模型就没有可行的解决方案了。在这种情况下，一种简单的修正方法就是加入足够多的虚拟代理，使代理数等于任务数。比如说，在福尔问题中，我们有 5 个客户（任务），但只有 3 个项目负责人（代理），通过加入两个虚拟的项目负责人，我们可以建立一个项目负责人与客户数量相等的新的指派问题。将虚拟项目负责人指派的目标函数系数设为 0，这样最优解的值就代表实际指派任务所需的天数（将虚拟项目负责人指派给客户实际上将不会发生）。

如果指派的备选方案是根据收益或者利润而不是时间或者成本进行评价的，那么线性规划模型可以被当作最大化而不是最小化问题来处理。另外，如果一个或者更多的指派是不可接受的，那么相对应的决策变量应当从线性规划模型中删除。例如，如果其中一个代理没有这个任务或者更多任务所需的必要经验，这种情况可能发生。

6.2.2　指派问题线性规划的一般化模型

在有 m 个代理和 n 个任务的指派问题线性规划的一般化模型中，c_{ij} 表示把代理 i 指派给任务 j 所花的成本，x_{ij} 的值不是 1（表示代理 i 被指派给任务 j）就是 0（表示代理 i 没有被指派给任务 j）。该线性规划的一般化模型如下所示：

$$\min \quad \sum_{i=1}^{m}\sum_{j=1}^{n} c_{ij}x_{ij}$$

s.t.

$$\sum_{j=1}^{n} x_{ij} \leqslant 1 \qquad i=1,2,\cdots,m \text{ 代理}$$

$$\sum_{i=1}^{m} x_{ij} = 1 \qquad j=1,2,\cdots,n \text{ 任务}$$

$$x_{ij} \geqslant 0,\ \text{对所有的 } i \text{ 和 } j$$

在本节一开始，我们就指出指派问题的一个显著特征是一个代理只能被指派给一个任务。对于一个代理可以被配给两个或者更多任务的广义指派问题，我们可以对线性规划模型进行简单的修改。例如，假设福尔公司问题中特瑞最多可以被指派给两个客户，在这种情况下，代表特瑞指派的约束条件就为 $x_{11}+x_{12}+x_{13} \leqslant 2$。一般情况下，如果 α_i 表示代理 i 能够被指派的任务的最高上限，我们把代理约束条件写成如下：

$$\sum_{j=1}^{n} x_{ij} \leqslant a_i \qquad i=1,2,\cdots,m$$

如果有些任务需要一个以上的代理，线性规划模型也能够适应该情景。把所需的代理人数放在适当的任务约束条件的右侧。

注释与点评

1. 如前所述，指派模型是一种特殊的运输模型。我们在前一节结尾的注释与点评中提到，如果需求和供应都是整数，运输问题的最优解将由值为整数的决策变量构成。对于这个指派问题，所有的需求和供应都等于 1；因此，这个问题的最优解必须是不为 0 就为 1 的整数值。

2. 将解决多任务指派的方法与虚拟代理的概念结合起来，提供了解决任务数超过代理人数情况的另外一种方法。也就是，我们加入一个虚拟代理，并赋予这个虚拟代理多种指派的能力。此虚拟代理可以处理的任务数等于实际任务数与代理数之差。

3. 专栏 6-3 描述了一家咨询公司把指派问题作为创新模式的一部分，来最小化员工的旅行费用。

| 专栏 6-3 | 实践中的管理科学

能源教育公司顾问指派案例

能源教育公司（EEI）是一家咨询公司，向要实施节能项目的中小学、大学和其他组织提供专家。据估计，在 25 年内，EEI 已经帮助超过 1 100 名客户节约了超过 23 亿美元的能源费用。EEI 的顾问几乎一直在客户所在地工作，这就导致了频繁的出差，并给公司带来了高额的旅行费用。平均每名顾问每周的飞机票成本为 1 000 美元。

由于高额费用与顾问出差息息相关，公司尽量最小化旅行费用。为了最小化费用，公司建立了把顾问指派给客户的模型。模型的目标就是在满足客户需求的情况下，最小化每周的航班总成本。模型中的指派问题类似于本章节中情况更为复杂一点的问题，可以考虑为顾问在众多客户所在地中优化线路。

EEI 建立的模型可通过优化软件输出一个周计划，为每名顾问提供旅行线路。新模型在 12 周内为公司节省了 44% 的航班费用，在满足客户需求情况下，所需的顾问数量也有所减少，直接降低了 15% 的人力费用。总体来说，自施行这个新模型，EEI 一年节约了将近 50 万美元。

资料来源：Junfang Yu and Randy Hoff, " Optimal Routing and Assignment of Consultants for Energy Education, Inc., " *Interfaces* 43, no. 2 (March–April 2013): 142–151.

6.3 最短路径问题

在这一节中，我们将探讨这样一个问题：它的目标是确定一个网络内它的两个节点间的**最短路径**或路线。我们将通过分析 Gorman 建筑公司所面临的情况来讲解最短路径问题。Gorman 建筑公司的建筑工地遍布在 3 个县区内。由于从 Gorman 建筑公司的办事处运送人力、设备和供应物资到这些建筑工地需要好几天的行程，所以与运输活动相关的成本是一笔不小的开支。Gorman 建筑公司的办事处和每一个建筑工地之间的行程选择可以用公路网络来描述，如图 6-12 所示。节点之间的道路距离（单位：英里）显示在相应弧线的上面。Gorman 建筑公司想要确定一条能够最小化 Gorman 建筑公司的办事处（坐落在节点 1）和坐落在节点 6 的建筑工地间的总行程距离的路径。

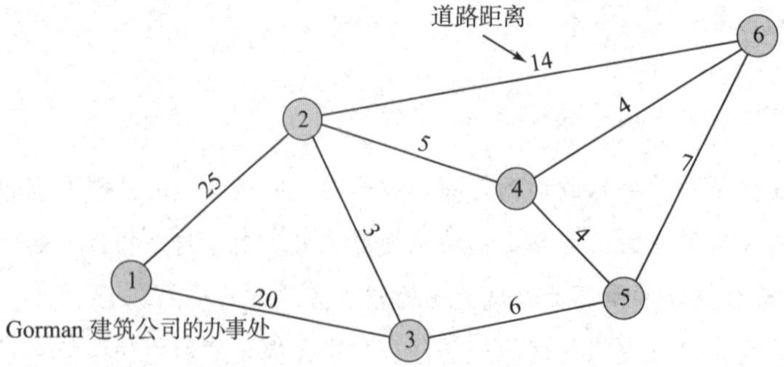

图 6-12 Gorman 建筑公司最短路径问题的公路网络

注：1. 每条弧的长度并不与它实际代表的距离成比例。

2. 所有道路都是双向的，因此流向可以是任一方向。

为最短路径问题建立模型的关键是要理解该问题是转运问题的一个特例。具体地说，Gorman 建筑公司最短路径问题可以被看作是一个带有一个起始节点（节点 1）、一个目的节点（节点 6）以及四个转运节点（节点 2、3、4 和 5）的转运问题。Gorman 建筑公司最短路径问题的转运网络如图 6-13 所示。增加到弧线上的箭头显示了货流的方向，它们总是从起始节点出来，并进入目的节点。注意到在成对转运节点之间也存在两个方向的弧线。例如，从节点 2 出来，进入节点 3 的弧线表明最短路径可能从节点 2 到节点 3。从节点 3 出来，进入节点 2 的弧线表明最短路径也可能从节点 3 到节点 2。在任何一个方向上，两个转运节点间的距离是相同的。

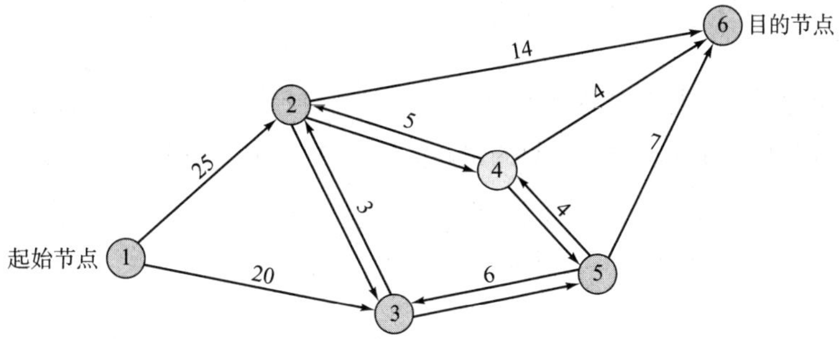

图 6-13　Gorman 建筑公司最短路径问题的转运网络

注：节点 2、3、4 和 5 是转运节点。

为了找到节点 1 到节点 6 的最短路径，我们认为节点 1 有 1 单位的供应量，并且节点 6 有 1 单位的需求。令 x_{ij} 为从节点 i 到节点 j 流动或被传送的单元数。因为只有 1 单位的供应量将从节点 1 被运送到节点 6，所以 x_{ij} 的值是 1，或者是 0。于是有，如果 $x_{ij}=1$，则从节点 i 至节点 j 的弧线在从节点 1 至节点 6 的最短路径上；如果 $x_{ij}=0$，则从节点 i 至节点 j 的弧线不在该最短路径上。由于我们寻找节点 1 至节点 6 的最短路径，得出 Gorman 建筑公司问题的目标函数是：

$$\min \quad 25x_{12}+20x_{13}+3x_{23}+3x_{32}+5x_{24}+5x_{42}+14x_{26}+6x_{35}+6x_{53}+4x_{45}+4x_{54}+4x_{46}+7x_{56}$$

我们从节点 1 开始，建立模型的约束条件。因为在节点 1 处的供应量是 1 单位，所以从节点 1 出来的货流一定等于 1。于是，节点 1 的约束条件可以写成：

$$x_{12}+x_{13}=1$$

对转运节点 2、3、4 和 5，从每个节点流出的量必须等于进入每个节点的量；于是，流出减去流入一定等于 0。四个转运节点的约束条件如下所示：

	流出	流入
节点 2	$x_{23}+x_{24}+x_{26}$	$-x_{12}-x_{32}-x_{42}=0$
节点 3	$x_{32}+x_{35}$	$-x_{13}-x_{23}-x_{53}=0$
节点 4	$x_{42}+x_{45}+x_{46}$	$-x_{24}-x_{54}=0$
节点 5	$x_{53}+x_{54}+x_{56}$	$-x_{35}-x_{45}=0$

因为节点 6 是有 1 单位需求的目的节点，所以进入节点 6 的流量必须等于 1。于是，节点 6 的约束条件可写成：

$$x_{26}+x_{46}+x_{56}=1$$

加上对所有 i 和 j 的非负约束，$x_{ij} \geqslant 0$。Gorman 建筑公司最短路径问题的线性规划模型如图 6-14 所示。

$$
\begin{array}{ll}
\min & 25x_{12}+20x_{13}+3x_{23}+3x_{32}+5x_{24}+5x_{42}+14x_{26}+6x_{35}+6x_{53}+4x_{45}+4x_{54}+4x_{46}+7x_{56} \\
\text{s.t.} & \\
& x_{12}+x_{13}=1 \quad \text{起始节点} \\
& \left.\begin{array}{l}
-x_{12}+x_{23}-x_{32}+x_{24}-x_{42}+x_{26}=0 \\
-x_{13}-x_{23}+x_{32}+x_{35}-x_{53}=0 \\
-x_{24}+x_{42}+x_{45}-x_{54}+x_{46}=0 \\
-x_{35}+x_{53}-x_{45}+x_{54}+x_{56}=0
\end{array}\right\} \text{转运节点} \\
& x_{26}+x_{46}+x_{56}=1 \quad \text{目的节点} \\
& x_{ij}\geqslant 0，\text{对所有的 } i \text{ 和 } j
\end{array}
$$

图 6-14 Gorman 建筑公司最短路径问题的线性规划模型

Gorman 建筑公司最短路径问题的最优解如图 6-15 所示。目标函数值 32 表明坐落在节点 1 的 Gorman 建筑公司的办事处和坐落在节点 6 的建筑地点间的最短路径是 32 英里。根据 $x_{13}=1$，$x_{32}=1$，$x_{24}=1$ 和 $x_{46}=1$，我们知道从节点 1 至节点 6 的最短路径是 1—3—2—4—6。换句话说，该最短路径带我们从节点 1 到节点 3，然后从节点 3 到节点 2，再从节点 2 到节点 4，最后从节点 4 到节点 6。

```
最优值 = 32.00000
      变量                    值
  ------------          ---------------
      X12                   0.00000
      X13                   1.00000
      X23                   0.00000
      X32                   1.00000
      X24                   1.00000
      X42                   0.00000
      X26                   0.00000
      X35                   0.00000
      X53                   0.00000
      X45                   0.00000
      X54                   0.00000
      X46                   1.00000
      X56                   0.00000
```

图 6-15 Gorman 建筑公司最短路径问题的最优解

最短路径问题线性规划的一般化模型

最短路径问题线性规划的一般化模型如下所示：

$$\min \sum_{\text{所有弧线}} c_{ij}x_{ij}$$

s.t.

$$\sum_{\text{运出弧线}} x_{ij}=1，\text{起始节点 } i$$

$$\sum_{\text{运出弧线}} x_{ij}-\sum_{\text{运入弧线}} x_{ij}=0，\text{转运节点}$$

$$\sum_{\text{运入弧线}} x_{ij}=1，\text{目的节点 } j$$

由于最短路径问题的特殊结构，x_{ij} 变量将为 0 和 1，而不是介于 0 和 1 之间的任何值，比如 0.6。第 7 章讨论了用 0-1（或二进制）变量表示离散选择的优化问题，这些变量必须在约束条件中加以约束以避免出现分数值。

在此线性规划模型中，c_{ij} 表示与从节点 i 到节点 j 的弧线相关的距离、时间或费用。x_{ij} 的值（1 或 0）表

示从节点 i 到节点 j 的弧线是否在最短路径上。如果 $x_{ij}=1$，表示从节点 i 到节点 j 的弧线在最短路径上；如果 $x_{ij}=0$，表示从节点 i 到节点 j 的弧线没有在最短路径上。

注释与点评

在 Gorman 建筑公司问题中，我们假定网络中所有的线路是双向的。在这个公路网络中连接节点 2 和节点 3 的线路，导致在转运网络中产生了两条对应的弧线。我们用两个决策变量，x_{23} 和 x_{32}，表示最短路径可能从节点 2 到节点 3，或从节点 3 到节点 2。如果连接节点 2 和节点 3 的线路是一条只允许货流从节点 2 到节点 3 流动的单向线路，决策变量 x_{32} 将不会包含在本模型中。

6.4　最大流问题

最大流问题的目标是确定最大数量的流量（交通工具、信息、液体等），它们能够在一个给定时期内流入和流出一个网络系统。在这个问题中，我们尝试着通过网络的所有弧线尽可能有效地传送流量。由于网络不同弧线上的能力限制，流量的数量也被限制了。例如，在交通系统中，高速公路的类型限制交通工具的流量，而在石油分配系统中，管道的大小限制石油流量。弧线上流量的最大或最高限制被称作弧线的**流通能力**。即使不明确说明各节点的能力，我们也要假定流出一个节点的流量等于流入该节点的流量。

作为最大流问题的一个例子，我们考虑穿过辛辛那提的南北向州际高速公路系统。南北向的交通流量在高峰时期会达到每小时 15 000 辆车的水平。由于夏季高速公路的维护计划，该计划需要暂时封锁道路以及更低的时速限制，交通规划委员会已经提出了穿过辛辛那提的可替代路径的网络图。这些可替代的路径包括其他的高速公路，也包括城市街道。由于时速限制以及交通模式的不同，特定街道和公路上的流通能力是不一样的。标有弧流通能力的拟替代交通网络如图 6-16 所示。

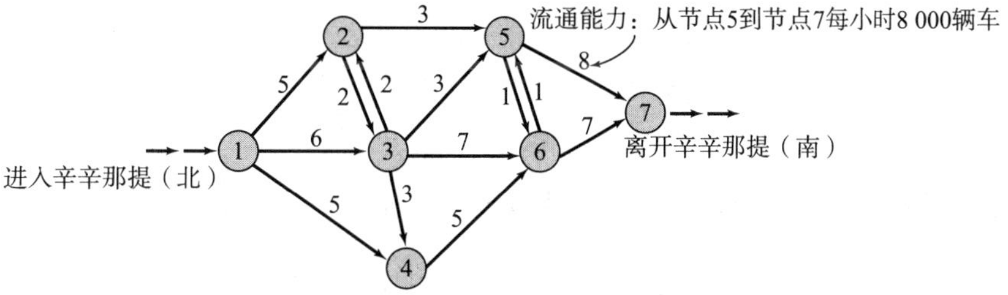

图 6-16　穿过辛辛那提的高速公路系统和流通能力（1 000 辆车 / 小时）的网络

每条弧的流向被指明了，而且弧的通过能力标注在每条弧的旁边。注意，大部分的街道是单向的。然而，在节点 2 和节点 3 之间，以及节点 5 和节点 6 之间存在双向的街道。在这两种情况下，每个方向的通过能力是相同的。

我们将说明怎样为这个最大流问题建立一个限制容量的转运模型。首先，我们添加一条从节点 7 回到节点 1 的弧线，来表示穿过高速公路系统的总流量。图 6-17 展示了修改后的网络。新增加的弧线没有通过能力限制，事实上，我们希望最大化通过那条弧线的流量。最大化从节点 7 至节点 1 弧线的流量等于穿过辛辛那提高速公路系统的汽车数量。

决策变量如下所示：

x_{ij}= 从节点 i 至节点 j 的交通流量数

能最大化高速公路系统流量的目标函数是：

$$\max \quad x_{71}$$

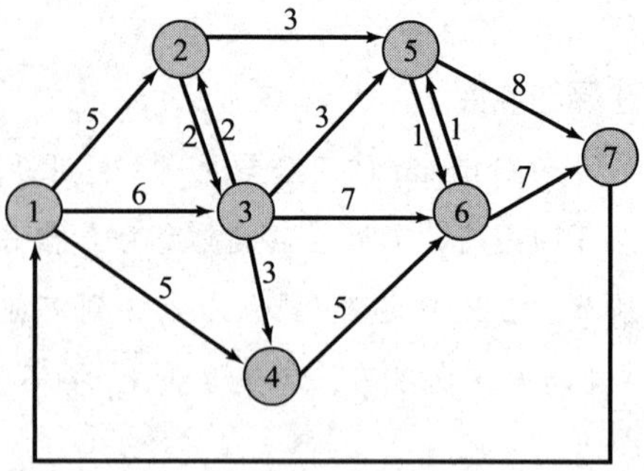

图 6-17　穿过辛辛那提高速公路系统的总流量从节点 7 至节点 1 的弧流向

对于所有的转运问题，每个弧产生一个变量，并且每个节点产生一个约束条件。对于每一个节点，流量守恒约束条件表示需要流出必须等于流入。或者用另一种方式陈述是，流出减去流入必须等于0。对于节点 1，其流出是 $x_{12}+x_{13}+x_{14}$，流入是 x_{71}。故而，节点 1 的约束条件是：

$$x_{12}+x_{13}+x_{14}-x_{71}=0$$

其他 6 个节点的流量守恒约束条件可以用同样的方式建立起来。

	流出	流入
节点 2	$x_{23}+x_{25}$	$-x_{12}-x_{32}=0$
节点 3	$x_{32}+x_{34}+x_{35}+x_{36}$	$-x_{13}-x_{23}=0$
节点 4	x_{46}	$-x_{14}-x_{34}=0$
节点 5	$x_{56}+x_{57}$	$-x_{25}-x_{35}-x_{65}=0$
节点 6	$x_{65}+x_{67}$	$-x_{36}-x_{46}-x_{56}=0$
节点 7	x_{71}	$-x_{57}-x_{67}=0$

对于弧的通过能力，我们需要另外一些约束条件加以限制。下面给出了 14 个简单的上界约束条件。

$$x_{12}\leqslant 5 \quad x_{13}\leqslant 6 \quad x_{14}\leqslant 5$$
$$x_{23}\leqslant 2 \quad x_{25}\leqslant 3$$
$$x_{32}\leqslant 2 \quad x_{34}\leqslant 3 \quad x_{35}\leqslant 3 \quad x_{36}\leqslant 7$$
$$x_{46}\leqslant 5$$
$$x_{56}\leqslant 1 \quad x_{57}\leqslant 8$$
$$x_{65}\leqslant 1 \quad x_{67}\leqslant 7$$

注意，没有能力限制的仅有弧线，就是我们从节点 7 到节点 1 添加的那一条。

这个拥有 15 个变量、21 个约束条件的线性规划问题的最优解，如图 6-18 所示。我们注意到最优解的值是 14。这个结果表明穿过高速公路系统的最大流量是每小时 14 000 辆车。图 6-19 显示了车流量是怎样穿过起始的高速公路网络的。例如，我们注意到每小时有 3 000 辆车在节点 1 和节点 2 之间驶过，以及每小时有 6 000 辆车在节点 1 和节点 3 之间驶过，在节点 2 和节点 3 之间没有车驶过，等等。

最大流分析的结果表明，计划的高速公路网络系统不能够满足每小时 15 000 辆车的峰值流量。交通规划员不得

最优值 = 14.00000

变量	值
X12	3.00000
X13	6.00000
X14	5.00000
X23	0.00000
X25	3.00000
X34	0.00000
X35	3.00000
X36	3.00000
X32	0.00000
X46	5.00000
X56	0.00000
X57	7.00000
X65	1.00000
X67	7.00000
X71	14.00000

图 6-18　辛辛那提高速公路系统最大流问题的最优解

不扩展高速公路网络，增加当前弧的流通能力，否则将可能面临严重的交通问题。如果网络要被扩展或修改，另一个最大流分析会确定扩展哪（几）对节点间的流通能力。专栏 6-4 讲述了科罗拉多州丹佛市如何应用管理科学技术（包括最短路线问题）更有效地接送学生往返学校。

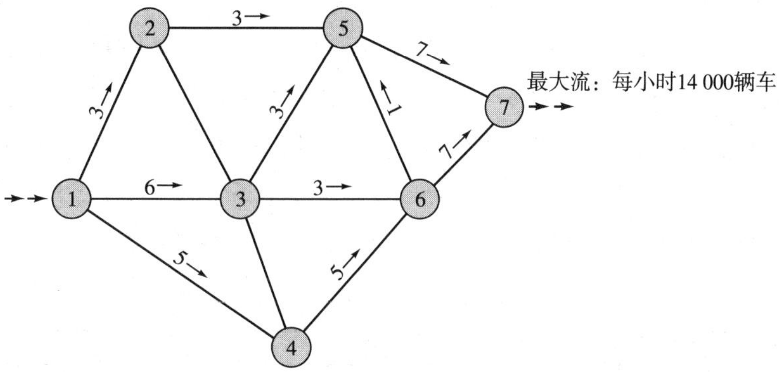

图 6-19 辛辛那提高速公路系统网络的最大流模式

| 专栏 6-4 | 实践中的管理科学

丹佛公立学校的校车路线优化

每一个大型公立学校都要确保其学生每天安全、快速地到达学校并顺利回家。科罗拉多州丹佛市的公立学校系统拥有约 400 辆校车，大约有 40 000 名学生往返于 200 多所学校。如此大规模的校车路线选择是一项艰巨的任务，不仅是因为可能的路线组合数量多，而且路线具有时间依赖性：学生上学既不能太早，又不能迟到。除安全外，成本也是丹佛校车系统运营考虑的重要因素。

制定有效的路线相当复杂，任务包括但不限于选择校车车站的位置、为学生安排最近的车站、为司机指定路线，以及为每辆校车安排路线。考虑到接送学生的地点和路线的时间限制，需要在站点之间找到最短或最快的路线。

丹佛学校系统分析员与佐治亚理工大学的教员合作，开发了一个基于 Excel 的系统，该系统为校车和司机提供高效的分配路线，使所需校车数量减少了 8%，校车路线所需的规划时间也显著减少，从而有更多的时间来处理异常情况以及不可预见的服务中断情况。

资料来源：Chu, A., Keskinocak, P., and M. Villarreal, “ Empowering Denver Public Schools to Optimize School Bus Operations,” *INFORMS Journal on Applied Analytics*, Vol. 50, No. 5, (September–October, 2020): 298–312.

注释与点评

1. 如果不用在节点 7 和节点 1 之间增加的弧，本节中的最大流问题也可以用一种稍微不同的模型求解。可替换的方法是最大化进入节点 7 的流量（$x_{57}+x_{67}$），放弃节点 1 和节点 7 的流量守恒约束条件。然而，本节所用的模型在现实中是最普遍的。

2. 网络模型能用来表示管理科学问题的变化。不幸的是，没有一个网络求解算法能用来解决每一个网络问题。为了选择正确的专用求解算法，认清要建模问题的特定类型是重要的。

6.5 生产和库存应用

6.1 节介绍的运输和转运模型涉及从几个供应地或产地到几个需求地或目的地之间的货物运输的应用。虽然货物的运输是许多供应链问题的主题，但是供应链模型可以被应用于起点和终点之间没有任何实物运输的情况。本节介绍如何运用转运模型求解生产调度和库存问题。

> 网络图中的流入和流出需求节点使得该模型成为转运模型。

康托斯毛毯厂是一家生产家用和办公室毛毯的小型生产商。表 6-7 显示了该厂接下来 4 个季度的生产能力、需求、生产成本以及库存成本。注意，生产能力、需求和生产成本随着季度的不同而变化，然而库存成本从一个季度到下一个季度一直是 0.25 美元 / 码^2[⊖]。康托斯毛毯厂要决定每个季度生产多少平方码的毛毯，才能使这 4 个季度的总生产和库存成本最低。

表 6-7 康托斯毛毯厂的生产、需求和成本预测

季度	生产能力（码^2）	需求（码^2）	生产成本（美元 / 码^2）	库存成本（美元 / 码^2）
1	600	400	2	0.25
2	300	500	5	0.25
3	500	400	3	0.25
4	400	400	3	0.25

我们先建立这个问题的网络图。创建对应于每个季度生产的 4 个节点，和对应于每个季度需求的 4 个节点。每个生产节点由一条流出的弧线连接到同一时期的需求节点，弧线上的流量表示这个季度生产的毛毯的平方码数。对于每个需求节点，流出的弧线代表了库存中持有到下一个季度需求节点的数量（毛毯的平方码数）。图 6-20 显示了此网络图。特别需要注意的是，节点 1 到节点 4 表示每个季度的生产量，节点 5 到节点 8 表示每个季度的需求量。每个季度的生产能力显示在左边缘，每个季度的需求显示在右边缘。

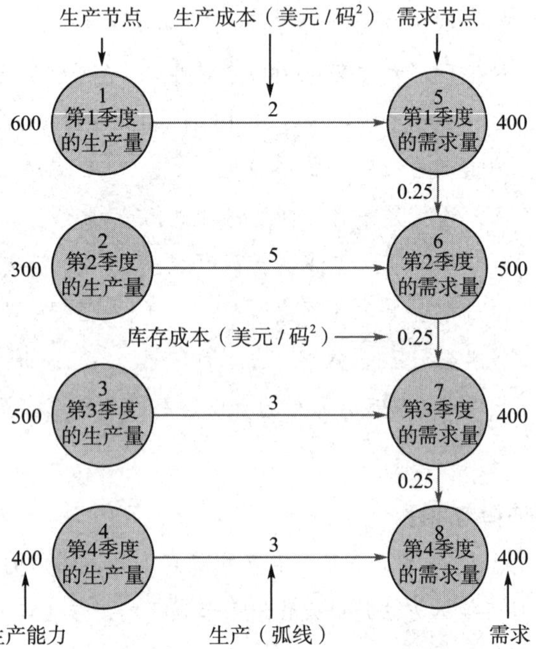

图 6-20 康托斯毛毯厂问题的网络图

决策目标是确定使 4 个季度的生产和库存总成本最小的生产调度和库存策略。约束条件包括每个季度的生产能力和需求。一般来讲，通过建立每个节点的约束条件和每条弧的变量可以将网络图构建成线性规划模型。

让我们定义 x_{15} 为第 1 季度生产毛毯的平方码数。由于第 1 季度的生产能力为 600 码^2，所以生产能力约束条件为：

$$x_{15} \leqslant 600$$

使用类似的决策变量，我们可以得到第 2 季度到第 4 季度的生产能力约束条件：

$$x_{26} \leqslant 300$$
$$x_{37} \leqslant 500$$
$$x_{48} \leqslant 400$$

现在，我们来建立每个需求节点的约束条件。对于节

⊖ 1 码^2=0.836 米^2。

点 5 来说，进入该节点的弧线表示第 1 季度生产毛毯的平方码数，离开该节点的弧线表示第一季度没有卖出去的毛毯的平方码数，它们将会被保存到下一个季度进行出售。一般来讲，每个季度的开始库存量加上生产量再减去季度末的库存剩余量必须等于这个季度的需求量。但是，第一季度没有开始库存，所以，节点 5 的约束条件为：

$$x_{15} - x_{56} = 400$$

与第 2、3、4 季度的需求节点有关的约束条件如下：

$$x_{56} + x_{26} - x_{67} = 500$$
$$x_{67} + x_{37} - x_{78} = 400$$
$$x_{78} + x_{48} = 400$$

注意，节点 8 的约束条件（第 4 季度的需求）只包含 2 个变量，因为没有提供第 5 季度的库存总量。

目标是使 4 个季度的总生产和库存成本最低，所以我们写出目标函数如下：

$$\min \quad 2x_{15} + 5x_{26} + 3x_{37} + 3x_{48} + 0.25x_{56} + 0.25x_{67} + 0.25x_{78}$$

康托斯毛毯厂问题的完整的线性规划模型如下：

$$\begin{aligned}
\min \quad & 2x_{15} + 5x_{26} + 3x_{37} + 3x_{48} + 0.25x_{56} + 0.25x_{67} + 0.25x_{78} \\
\text{s.t.} \quad & \\
& x_{15} \leqslant 600 \\
& x_{26} \leqslant 300 \\
& x_{37} \leqslant 500 \\
& x_{48} \leqslant 400 \\
& x_{15} - x_{56} = 400 \\
& x_{26} + x_{56} - x_{67} = 500 \\
& x_{37} + x_{67} - x_{78} = 400 \\
& x_{48} + x_{78} = 400 \\
& x_{ij} \geqslant 0, \text{对所有的 } i \text{ 和 } j
\end{aligned}$$

图 6-21 显示了康托斯毛毯厂问题的求解结果：康托斯毛毯厂应该在第 1 季度生产 600 码 ^{2} 的毛毯，第 2 季度生产 300 码 ^{2} 的毛毯，第 3 季度生产 400 码 ^{2} 的毛毯，第 4 季度生产 400 码 ^{2} 的毛毯。注意：第一季度应该剩余 200 码 ^{2} 的毛毯给第 2 季度，生产和库存总成本为 5 150 美元。

最优值 = 5150.00000

变量	值
X15	600.00000
X26	300.00000
X37	400.00000
X48	400.00000
X56	200.00000
X67	0.00000
X78	0.00000

图 6-21　康托斯毛毯厂问题的最优解

注释与点评

在本章的网络图模型中，离开起始节点的弧线上的运输量常常等于进入目的节点的弧线上的运输量。此网络模型的一个拓展是当弧线贯穿网络图时，网络图存在损失或者收益的情况。进入目的节点的数量可能大于或者小于从起始节点流出的量。例如，如果现金是流动在弧线上的商品，那么现金从一个时期流到下一个时期就会挣得利息，所以，进入下一个时期的现金量一定大于从上一个时期流出的现金量，这个差额就是挣得的利息额。这种带有损失或者收益的网络图是一种更高级的网络流规划。

本章小结

在这一章中，我们介绍了供应链问题——尤其是运输问题和转运问题、任务指派问题、最短路径问题和最大流问题的相关模型。这些问题都属于一种特殊形式的线性规划，被称为网络流量问题。一般来说，这些问题的网络模型由代表起点、终点的节点组成，如果必要，转运点也在网络系统中。弧线被用于表示不同节点间转运、传播或流动的路径。

运输问题和转运问题一般在供应链中遇到。一般运输问题包括 m 个起点和 n 个终点。给出每个起点的供给、每个终点的需求以及每个起点和每个终点间的单位运送成本，运输模型就能确定从每一个起点到每一个终点运输的最优量。转运问题是含有中转点的运输问题的一个扩展，该中转点也被称作转运节点。在更为通用的模型中，我们允许任意两个节点之间都可能存在弧线。

任务指派模型是运输模式的一个特殊例子，其中所有的需求和供给的值都等于1。我们把每一个代理人都表示为一个起始节点，而每一项任务都表示为一个目的节点。任务指派模型确定为代理人指派任务的最小成本或最大利润。

最短路径问题是要确定一个网络内它的两个节点间的最短路径或路线。距离、时间和成本经常被用作这个模型的决策准则。最短路径问题能被表达为一个有一个起点和一个终点的转运问题。通过从起点运送一个单位到终点，该解将确定网络的最优路径。

最大流问题能用来为网络的弧线分配流量，以使流经网络系统的流量最大化。弧容量决定了每条弧的最大流通量。基于这些流通能力约束条件，最大流问题可以表示为一个有容量限制的转运问题。

在本章的最后一节，我们展示了转运问题的一个变种能用来求解生产库存问题。本章附录中我们讲述如何用 Excel 求解本章提到的三个分配和网络模型问题。

专业术语

弧（arcs） 网络中连接节点的线。

指派问题（assignment problem） 通常涉及把任务指派给代理人的网络流量问题，可以用线性规划建模，是一种特殊的运输问题。

有容量限制的运输问题（capacitated transportation problem） 基本运输问题的一种变化形式，其中一些或者所有的弧线有容量限制。

有容量限制的转运问题（capacitated transshipment problem） 转运问题的一种变化形式，其中一些或者所有的弧线有容量限制。

虚拟起点（dummy origin） 运输问题中的虚拟起点使总供应量等于总需求量。虚拟起点的供应量是总需求量和总供应量之间的差值。

流通能力（flow capacity） 网络中一条弧的最大流量。在一个方向上的流通能力也许不等于在另一个方向上的流通能力。

最大流（maximal flow） 在一个给定时期内，能流入和流出一个网络系统的最大流量。

网络（network） 一个问题的网络图示，它包含由一系列的线（弧线）相连的标有数字的圆圈（节点）；弧线上的箭头表示流量的方向。运输、任务指派和转运问题都是网络流量问题。

节点（node） 网络中的交叉点或者连接点。

最短路径（shortest route） 网络中两个节点间的最短路线。

供应链（supply chain） 一个产品从生产到分销涉及的所有相互联系的资源集合。

运输问题（transportation problem） 一种经常涉及从一系列的起点到一系列的终点以最小成本运输货物的网络流量问题；此问题可以用线性规划来建模和求解，其中每一个变量代表一条弧线，每一个约束条件都对应着一个节点。

转运问题（transsshipment problem） 是运输问题在分销领域中的一种延伸，它包含转运节点和任意两个节点之间可能出现的货物运输。

习题

1. **进口网络优化。**某公司在两个港口进口货物：费城和新奥尔良。其中一种货物要运给亚特兰大、达拉斯、哥伦布以及波士顿的顾客。在下一个计划周期内，每个港口的供应、顾客的需求以及从每个港口到每个需求点的单位运输成本如下。

港口	顾客				
	亚特兰大	达拉斯	哥伦布	波士顿	港口供应量
费城	2	6	6	2	5 000
新奥尔良	1	2	5	7	3 000
需求	1 400	3 200	2 000	1 400	

为这个问题的配送系统构建一个网络模型（运输问题）。LO1

2. **成本最小化的运输问题。**考虑下面这个运输问题的网络图。

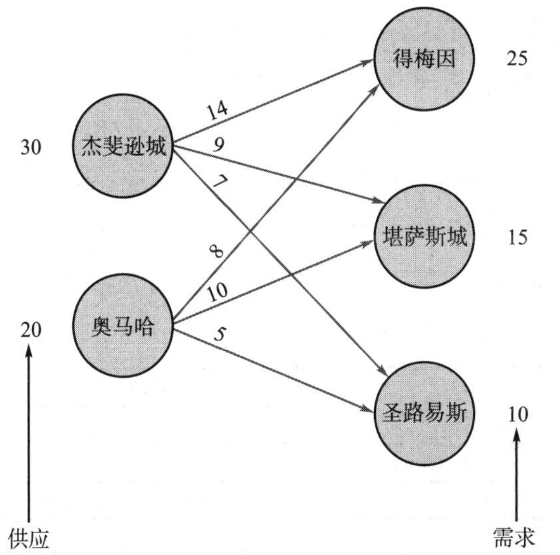

此网络图注明了每个节点的供应和需求量以及单位运输成本。LO1

a. 为这个问题构建一个线性规划模型，并确保在模型中定义所有的变量。

b. 求解这个线性规划模型，找出最优解。

3. **天然气网络计划。**三村事业公司给三村区的顾客提供天然气。该公司从下面两家公司购买天然气：南方天然气公司和西北天然气公司。下个冬天的需求预测为哈密尔顿 400 个单位，布特勒 200 个单位，克勒英特 300 个单位。该公司和两家天然气公司签订了合同，规定南方天然气公司提供 500 个单位的天然气，西北天然气公司提供 400 个单位。为不同村区运送天然气的成本是不同的，这取决于供应商所在地。每单位的运输成本（单位：1 000 美元）如下。LO1

出发地	目的地		
	哈密尔顿	布特勒	克勒英特
南方天然气公司	10	20	15
西北天然气公司	12	15	18

a. 建立此问题的网络图。

b. 设计一个线性规划模型，并求解使总运输成本最低的方案。

c. 描述这个使成本最低的配送方案并指出它的总运输成本。

d. 最近布特勒由于居民数量增加和工业增长，其对天然气需求量有可能增加 100 个单位，如果这样，三村事业公司该与哪个供应商签订合同来满足这个增加的需求量？

4. **宠物鱼运输问题。**荧光鱼公司利用基因工程创造出一个新物种，可以在正常光照条件下发光。公司相信这种鱼种将会非常成功地成为孩子和成年人的宠物。荧光鱼公司已经培养了两种发光鱼：一种发红色光，另一种发蓝色光。公司目前在美国的 2 个不同鱼塘养殖这些鱼，它们分别在密歇根州和得克萨斯州。密歇根州鱼塘每年可以产出 100 万条红光鱼和 100 万条蓝光鱼，得克萨斯州鱼塘只可以培养出 60 万条蓝光鱼。荧光鱼公司利用第三方船运公司，在 2 个鱼塘和 3 个零售店之间运输。起点和终点之间的单位运输费用在下表中显示，下列成本是每条鱼产生的，并且与鱼的颜色无关。

鱼塘所在的州	船运荧光鱼的成本（美元）		
	零售商 1	零售商 2	零售商 3
密歇根州	1.00	2.50	0.50
得克萨斯州	2.00	1.50	2.80

每个零售商对每种鱼的需求预测如下表所示（单位：尾）。LO1

荧光鱼的种类	荧光鱼的需求		
	零售商 1	零售商 2	零售商 3
红色	320 000	300 000	160 000
蓝色	380 000	450 000	290 000

a. 每个鱼塘的最优策略是什么？密歇根州鱼塘养殖红光、蓝光鱼的数量和运送给每个零售商的数量应该是多少？得克萨斯州鱼塘养殖蓝光鱼的数量和运送给每个零售商的数量应该是多少？

b. 在满足零售商 1、2、3 需求的情况下，最小运输成本是多少？

c. 如果得克萨斯州鱼塘养殖鱼的数量最大值是 60 万条不变，荧光鱼公司愿意投资多少，使得得克萨斯州可以产出红光和蓝光两种鱼？

5. **顾问时间分配**。普立尔咨询公司有 2 个顾问：阿富里和贝克。在将来的 4 周，他们可以为客户服务的最长时间都为 160 小时。第 3 位顾问坎贝尔已经被安排了一些管理工作。他在将来的 4 周内可以服务客户的最长时间为 140 小时。该公司有 4 个客户（项目）需要处理。每个项目在接下来的 4 个星期内需要的工作时间如下所示。

客户	小时
A	180
B	75
C	100
D	85

不同顾问—客户组合的每小时花费也不一样，资费受几个因素的影响，包括项目类型和顾问的经验。每一顾问—客户组合的资费如下所示（美元 / 小时）。LO1

顾问	客户 A	客户 B	客户 C	客户 D
阿富里	100	125	115	100
贝克	120	135	115	120
坎贝尔	155	150	140	130

a. 建立该问题的网络图。

b. 构建该问题的一个线性规划模型，并求解为了使咨询公司的营业额最大，每个顾问应该为每位客户服务的小时数。此计划方案是什么？总营业额是多少？

c. 新的信息表明阿富里并没有以前被指派给客户 B 的经验。如果此咨询指派方案不被允许，这将给总营业额产生怎样的影响？修改后的计划方案是什么？

6. **化学品供应网络**。克雷尔化工公司生产一种特殊的基础油原料，最近此原料非常短缺。克雷尔化工公司的 4 个客户已经下了订单，总额超过了克雷尔化工公司旗下 2 个工厂的生产能力。克雷尔化工公司的管理层面临着决定要给每个客户供应多少单位原料的问题。因为这 4 个客户属于不同的行业，所以克雷尔化工公司基于不同的行业定价结构，向他们收取不同的原料价格。然而，2 个工厂的生产成本不同，工厂与客户之间的运输成本也不同，这使得“卖给最高出价者”的决策并不可取。综合考虑价格、生产成本和运输成本之后，克雷尔化工公司计算出下表所示的每个工厂—客户组合每单位原材料的利润（单位：美元）。

工厂	客户			
	D_1	D_2	D_3	D_4
克利夫 · 斯普林	32	34	32	40
丹威尔	34	30	28	38

工厂的生产能力以及客户的订单如下所示。LO1

工厂	生产能力（单位）	客户的订单（单位）
克利夫 · 斯普林	5 000	D_1, 2 000
		D_2, 5 000
丹威尔	3 000	D_3, 3 000
		D_4, 2 000

a. 建立该问题的网络图和线性规划模型。

b. 为了最大化公司利润，每个工厂应该给每个客户提供多少单位的产品？

c. 哪个客户的需求将不被满足？

7. **电力分配**。阿吉发电公司为美国许多城市的住宅顾客提供电力，其主要发电厂在洛杉矶、塔尔萨和西雅图。下表描述了公司的主要市场、每个市场的年度需求量（单位：兆瓦）和每个发电厂供应给每个市场的成本（单位：美元 / 兆瓦）。LO1

城市	分销成本			
	洛杉矶	塔尔萨	西雅图	需求
西雅图	356.25	593.75	59.38	950.00
波特兰	356.25	593.75	178.13	831.25
旧金山	178.13	475.00	296.88	2 375.00
博伊西	356.25	475.00	296.88	593.75
里诺	237.50	475.00	356.25	950.00
博兹曼	415.63	415.63	296.88	593.75
拉勒米	356.25	415.63	356.25	1 187.50
帕克城	356.25	356.25	475.00	712.50
弗拉格斯塔夫	178.13	475.00	593.75	1 187.50
杜兰戈	356.25	296.88	593.75	1 543.75

a. 如果每个发电厂的供电量没有限制，该问题的最优方案是什么？

b. 如果每个发电厂的供电量最大为 4 000 兆瓦，该问题的最优方案是什么？产生的年度总分销成本增加了多少？

8. **冰箱供应网络**。富倍公司与冰世纪公司签署了为冰世纪公司提供冰箱内的电机的为期一年的合同。冰世纪公司在以下 4 个城市生产冰箱：波士顿、达拉斯、洛杉矶和圣保罗。计划在每一地点生产的冰箱数（千台）如下所示。

波士顿	50
达拉斯	70
洛杉矶	60
圣保罗	80

富倍公司有 3 家可以生产电机的加工厂。这 3 家工厂的生产能力如下。

丹佛	100
亚特兰大	100
芝加哥	150

由于生产及运输成本不同，富倍公司每 1 000 件产品的盈利能力取决于生产工厂的位置以及要运往的目的地。下表显示了会计部门预计的每件产品的利润率（以 1 000 件为单位进行运输）。

生产地	目的地			
	波士顿	达拉斯	洛杉矶	圣保罗
丹佛	7	11	8	13
亚特兰大	20	17	12	10
芝加哥	8	18	13	16

以利润最大化为目标，富倍公司需要决定每家工厂生产多少电机，以及每一个工厂应向每一个目的地运送多少电机。LO1

a. 建立该问题的网络图。

b. 找出最优解。

9. **生产设备分配**。幺点制造公司收到 3 种类似的产品的订单。

产品	订单（单位）
A	2 000
B	500
C	1 200

该公司有 3 套设备可以以同样的生产率制造这些产品。然而，由于每套设备生产每种产品的次品率不同，所以产品的单位成本也不同，这取决于所使用的机器。下个星期设备的生产能力以及单位生产成本（美元）如下所示。LO1

设备	生产能力（单位）
1	1 500
2	1 500
3	1 000

设备	产品		
	A	B	C
1	1.00	1.20	0.90
2	1.30	1.40	1.20
3	1.10	1.00	1.20

a. 建立该问题的线性规划模型。

b. 求解模型，得出最低成本下的生产计划。

10. **供应商计划**。海齐公司的 5 个部门在生产过程中使用一种叫 Rbase 的化学物质，这种物质只有 6 个供应商能够满足海齐公司的质量控制标准。所有 6 家供应商都可以生产足够的 Rbase 以满足海齐公司任一部分的需求。下表是海齐公司不同部门对 Rbase 的需求量，以及每个供应商每加仑

Rbase 的定价。

部门	需求量（千加仑）
1	40
2	45
3	50
4	35
5	45

供应商	每加仑单价（美元）
1	12.60
2	14.00
3	10.20
4	14.20
5	12.00
6	13.00

下表显示了从不同供应商到不同部门每加仑 Rbase 的运输成本（美元）。

部门	供应商					
	1	2	3	4	5	6
1	2.75	2.50	3.15	2.80	2.75	2.75
2	0.80	0.20	5.40	1.20	3.40	1.00
3	4.70	2.60	5.30	2.80	6.00	5.60
4	2.60	1.80	4.40	2.40	5.00	2.80
5	3.40	0.40	5.00	1.20	2.60	3.60

海齐公司坚信将其业务分散在不同的供应商之间可以减轻公司受供应商问题的影响（例如，员工罢工或者资源短缺）。公司的这种政策需要每个部门都有一个独立的供应商。LO2

a. 对每一个供应商—部门组合，计算满足部门需求的成本。

b. 决定最优的供应商—部门组合。

11. **配送网络规划**。郝门公司的配送系统由 3 个工厂、2 个仓库和 4 个顾客组成。工厂的生产能力和从每个工厂到仓库的单位运输成本（美元）如下。

工厂	仓库		生产能力
	1	2	
1	4	7	450
2	8	5	600
3	5	6	380

顾客需求和从每个仓库到每个顾客之间的单位运输成本（美元）如下。LO3

仓库	顾客			
	1	2	3	4
1	6	4	8	4
2	3	6	7	7
需求	300	300	300	400

a. 建立该问题的网络图。

b. 构建该问题的线性规划模型。

c. 求解得出最优的运输方案。

12. **配送网络规划（再讨论）**。参考习题 11，假设规定两个仓库之间的运输成本为每单位 2 美元，且直接从工厂 3 运输到顾客 4 的单位成本为 7 美元。LO3

a. 建立该问题的网络图。

b. 构建该问题的线性规划模型。

c. 求解得出最优的运输方案。

13. **滑板分销**。Sports of All Sorts 公司（SAS 公司）生产、分销和售卖高质量的滑板，其供应链包含 3 个工厂（分别在底特律、洛杉矶和奥斯汀）。底特律、洛杉矶的工厂每周可以生产 350 个滑板，奥斯汀工厂的规模更大，每周可以生产 700 个滑板。滑板必须从工厂运送到 4 个分销中心（DC）之一（位于艾奥瓦州、马里兰州、爱达荷州和阿肯色州）。每个分销中心每周最多可以处理（再包装、标记销售和运输）500 个滑板。

滑板随后从分销中心运送到零售商。SAS 公司主要供应 3 家美国零售商：Just Sports、Sports' N Stuff 和 The Sports Dude。Just Sports 的周需求量为 200 个滑板，Sports' N Stuff 的周需求量为 500，The Sports Dude 的周需求量为 650。下表描述了工厂和分销中心之间以及分销中心和零售商之间的运输成本。LO3

工厂 / 分销中心	运输成本（美元 / 个）			
	艾奥瓦州	马里兰州	爱达荷州	阿肯色州
底特律	25.00	25.00	35.00	40.00
洛杉矶	35.00	45.00	35.00	42.50
奥斯汀	40.00	40.00	42.50	32.50

零售商 / 分销中心	运输成本（美元 / 个）			
	艾奥瓦州	马里兰州	爱达荷州	阿肯色州
Just Sports	30.00	20.00	35.00	27.50
Sports' N Stuff	27.50	32.50	40.00	25.00
The Sports Dude	30.00	40.00	32.50	42.50

a. 建立该问题的网络图。

b. 建立一个模型，最小化现有物流系统（从工厂运输到分销中心，再由分销中心运输到零售商）的运输费用。对 SAS 公司来说，最优的生产策略和运输模式是什么？可达到的最低运输费用是多少？

c. SAS 公司考虑扩大艾奥瓦州分销中心，使它每周可生产 800 个滑板。每年分摊的扩张费用为 40 000 美元。公司应该扩张艾奥瓦州分销中心的能力到 800 吗（假设一年有 50 个工作周）？

14. **谷物配送计划。**摩尔·哈曼公司正在从事谷类买卖业务。该业务一个非常重要的方面就是把买来的谷物安排运送到顾客手中。如果公司能够保持低水平的运输费用，那么公司的利润将会提高。目前，公司在印第安纳州的曼西买了 3 车皮的谷物，在印第安纳州的巴西买了 6 车皮的谷物，在俄亥俄州的齐尼亚买了 5 车皮的谷物。公司已经销售出去 12 车皮的谷物，这些地区的名字以及在这些地区销售出去的数量如下所示。

地点	载货车皮数
梅肯，佐治亚州	2
格林伍德，南卡罗来纳州	4
康科德，南卡罗来纳州	3
查塔姆，北卡罗来纳州	3

所有装运的货物都必须取道路易斯维尔或辛辛那提运往目的地。下表所示的是从各个起点到路易斯维尔和辛辛那提的运输费用（蒲式耳 / 美分），以及从路易斯维尔和辛辛那提到各个目的地的运输费用（蒲式耳 / 美分）。一个车皮的载重量为 3 200 蒲式耳。LO3

起点	终点	
	路易斯维尔	辛辛那提
曼西	8	6
巴西	3	8
齐尼亚	9	3

起点	终点			
	梅肯	格林伍德	康科德	查塔姆
路易斯维尔	44	34	34	32
辛辛那提	57	35	28	24

a. 制订一个运输方案，使得总的运输成本在满足所有需求的基础上最小。

b. 哪些车皮的谷物（若有的话）需要留在起始节点等待被卖出？

15. **转运问题的网络表现。**下面是一个转运问题的线性规划模型：

$$\min\ 11x_{13}+12x_{14}+10x_{21}+8x_{34}+10x_{35}+11x_{42}+9x_{45}+12x_{52}$$

s.t.

$$x_{13}+x_{14}-x_{21}\leqslant 5$$
$$x_{21}-x_{42}-x_{52}\leqslant 3$$
$$x_{13}-x_{34}-x_{35}\leqslant 6$$
$$-x_{14}-x_{34}+x_{42}+x_{45}\leqslant 2$$
$$x_{35}+x_{45}-x_{52}\leqslant 4$$
$$x_{ij}\geqslant 0,\ \text{对所有的 } i,\ j$$

画出该问题的网络图。LO3

16. **租用车辆重新分配。**某租车公司的 7 个分店的汽车分布不均匀。下面的网络图显示了分店分布（节点）和分店之间运输一辆汽车所需的成本。节点上的正数表示该节点的过量供应部分，负数表示该节点的过量需求部分。LO3

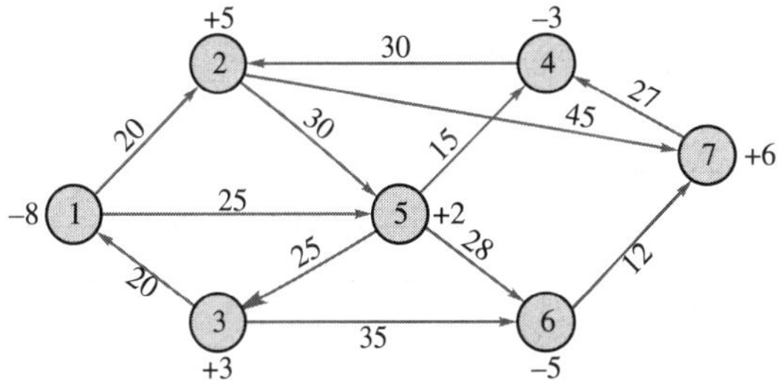

a. 为该问题设计一个线性规划模型。

b. 求解 a 部分建立的模型，并确定应该如何在各个分店重新调运这些汽车。

17. **项目负责人指派。**斯科特事务所是一家会计公司，它有 3 个客户，项目负责人将被指派给这 3 个客户。基于负责人的不同背景和经历，不同的负责人—客户指派将有不同的项目完成时间。所有可能的指派和预计的项目完成时间如下（单位：天）。LO2

项目负责人	客户 1	客户 2	客户 3
杰克逊	10	16	32
爱丽斯	14	22	40
史密斯	22	24	34

a. 建立该问题的网络图。

b. 构建该问题的线性规划模型并求解，求出总的时间需求为多少。

18. **工作人员指派。**地毯安装公司给商业大厦销售和安装地毯。布拉德·斯文尼是这家公司的业务主管，他刚刚获得5个项目的合同，必须给每个项目指派一组地毯安装公司的工作人员。因为布拉德所获得的佣金取决于地毯安装公司的利润，布拉德想制订一个使总安装成本最小的指派方案。目前，有5个安装小组可以被指派，每个小组用颜色来编号，下面这个表格是每个小组完成每个项目的价格（单位：百美元）。LO2

小组	项目				
	1	2	3	4	5
红色	30	44	38	47	31
白色	25	32	45	44	25
蓝色	23	40	37	39	29
绿色	26	38	37	45	28
棕色	26	34	44	43	28

a. 建立该问题的网络图。

b. 构建一个该问题的线性规划模型，并求解得出使得总成本最小的最优解。

19. **节目时间档分配。**一家当地的电视台计划在本季度末删掉4个周五晚间节目。电视台经理Steve Botuchis列出了6个潜在的更换节目。在这4个空出的时间档内，每一个新节目可预期得到的广告收益（美元）估计如下所示。Botuchis让你找到能最大化广告总收益的时间档分配方案。LO2

	下午 5:00—5:30	下午 5:30—6:00	下午 7:00—7:30	下午 8:00—8:30
《喜剧生活》	5 000	3 000	6 000	4 000
《世界新闻》	7 500	8 000	7 000	5 500
《NASCAR 直播》	8 500	5 000	6 500	8 000
《今日华尔街》	7 000	6 000	6 500	5 000
《好莱坞简要》	7 000	8 000	3 000	6 000
《本周冰球》	6 000	4 000	4 500	7 000

20. **分销中心客户区域指派。**美国电缆公司使用一个有5个分配中心和8个客户区域的分配网络。每一个客户区域被分配给一个唯一的资源供应者，并且每一个客户区域仅从一个分配中心接收它所有的电缆产品。为了平衡需求和分配中心的工作量，公司的物流副总裁明确指定不能为分配中心指派超过3个客户区域。下面的表格出示了5个分配中心和每个客户区域的供应成本（单位：千美元）。LO2

分配中心	客户区域							
	洛杉矶	芝加哥	哥伦布	亚特兰大	纽瓦克	堪萨斯城	丹佛	达拉斯
普莱诺	70	47	22	53	98	21	27	13
纳什维尔	75	38	19	58	90	34	40	26
弗拉格斯塔夫	15	78	37	82	111	40	29	32
春田市	60	23	8	39	82	36	32	45
博尔德	45	40	29	75	86	25	11	37

a. 确定客户区域到分配中心的指派方案，使成本最小化。

b. 如果有的话，哪个（些）分配中心不会被用到？

c. 假定限制每一个分配中心最多有2个客户区域。这个约束条件会怎样改变指派方案以及客户区域的供应成本？

21. **供应商指派。**联合快递服务公司（UES）在它的4个分配中心使用大量的包装原料。从它的潜在供应商筛选后，UES确定了6个能提供包装原料的供应商，其包装原料将会满足质量标准。UES要求6个供应商都呈送报价，来满足明年4个分配中心的年需求。下面的表格列出了接收到的报价（单位：千美元）。UES想保证每一个分配中心由不同的供应商来服务。UES应该接受哪些报价？

UES 应该挑选哪些供应商来为每一个分配中心提供供应？LO2

投标者	分配中心			
	1	2	3	4
Martin Products	190	175	125	230
Schmidt Materials	150	235	155	220
Miller Containers	210	225	135	260
D&J Burns	170	185	190	280
Larbes Furnishings	220	190	140	240
Lawler Depot	270	200	130	260

22. **安排讲课教授。**某中西部重点大学的管理科学系主任要计划为下一个秋季的课程指派教学人员。有4门核心课程需要指派教授，分别是本科生（UG）、工商管理硕士（MBA）、科学硕士（MS）和博士（Ph.D.）水平的课程，有4位教授可以被指派，每位教授只接一门课。已知前一个学期学生对教授的评价。评价分五个等级：4（优秀）、3（好）、2（一般）、1（及格）、0（不及格），每个教授的平均得分如下。LO2

教授	课程			
	UG	MBA	MS	Ph.D.
A	2.8	2.2	3.3	3.0
B	3.2	3.0	3.6	3.6
C	3.3	3.2	3.5	3.5
D	3.2	2.8	2.5	—

教授D没有获得博士学位，所以不能教授博士生水平的课程。如果系主任基于最大化这4门课的学生总评价得分来指派教学人员的话，那么该如何指派教学人员？

23. **计算最短路径。**在如下所示的网络图中，找到从节点1到节点7的最短路径。LO4

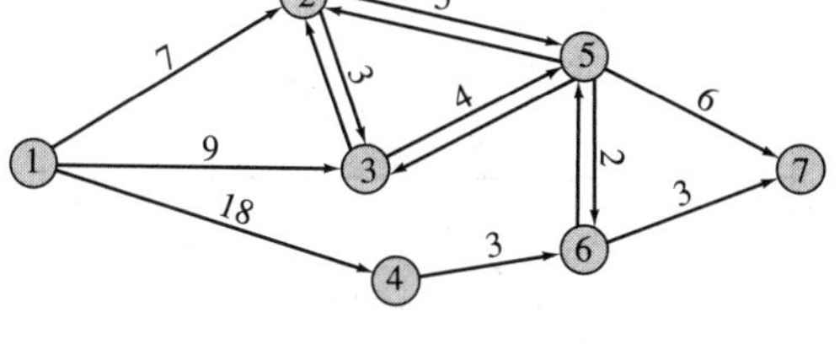

24. **Gorman 建筑公司（再讨论）。**在开始的Gorman建筑公司问题中（6.3节案例），我们找到了从办事处（节点1）到坐落在节点6的建筑地点的最短距离。由于一些道路是高速公路，另外一些是城市街道，所以办事处与建筑地点间最短距离的路径未必能给出最快或最短的路径时间。这里所显示的是Gorman建筑公司的道路网络图，弧上标注的是行程时间。如果目标是最小化行程时间，而不是距离，找到从Gorman建筑公司的办事处到坐落在节点6的建筑地点的最短路径。LO4

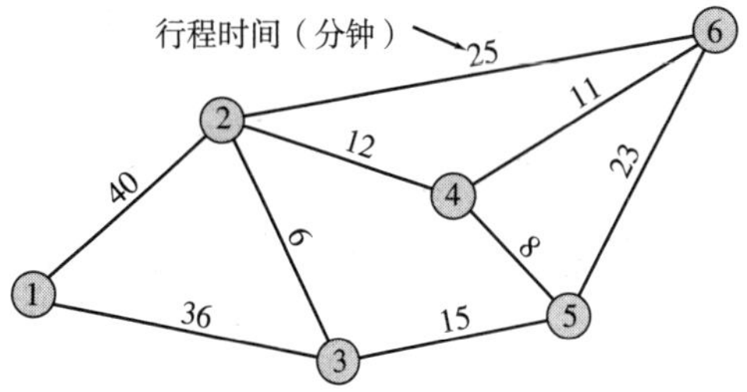

25. **包裹配送。**CARD在克利夫兰地区经营快递服务。CARD在工作日内的大部分业务是经营办公室之间的文件和包裹的快递业务。CARD提升其工作能力使得能在市区范围内任何地方快速准时地送递。当顾客打电话要求寄送快递时，CARD会记录一个保证递交时间。下面这个图是配送网络图，每个弧线上的数字表示的是两个地区之间的路程时间（单位：分钟）。LO4

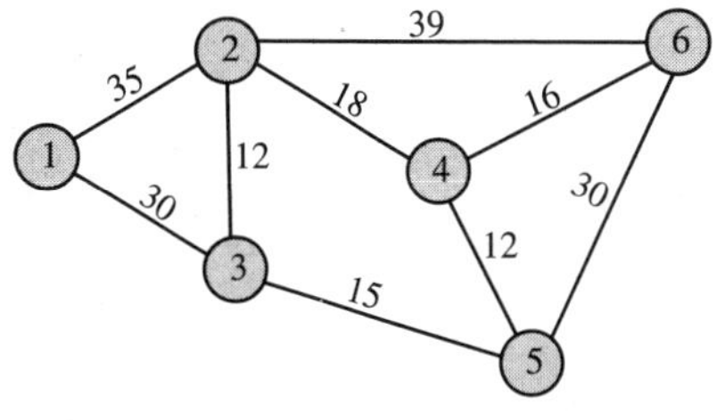

a. 设计该问题的线性规划模型并求解，使得从起点1到终点6之间的快递时间最短。
b. 从起点1到终点6之间的快递需要多长时间？
c. 假定现在是下午1:00，CARD刚接到一个节点1的快递请求，最近的快递员距离节点1有8分钟路程。CARD为了保证准时送到，需要预留20%的安全时间空隙，那么如果节点1的快递要求送到节点6，保证送到的时间为下午几点？

26. **卡车路线**。摩根运输公司在芝加哥和6个其他城市之间（4个州的范围）经营一项特殊的快速投递服务。当摩根收到服务请求时，它会尽可能快地派遣一辆车从芝加哥赶往所需服务的城市。对把快速服务和最低往返成本作为目标的摩根公司来说，所派车辆选择从芝加哥到所需服务的城市的最短路线尤其重要。假定下面标有距离的网络图是表示此问题的公路网络（单位：英里），请找到从芝加哥到城市7的最短路线。LO4

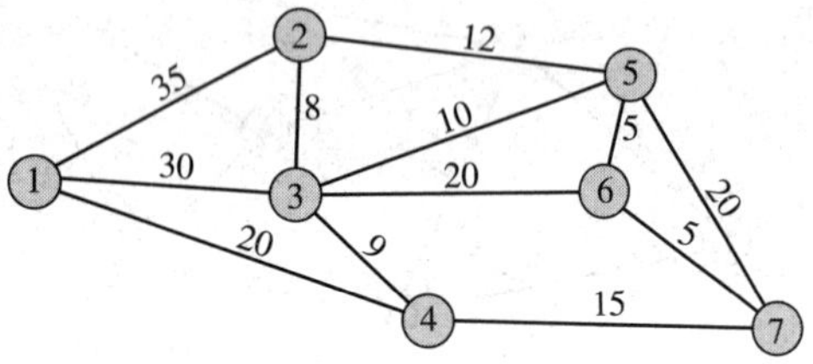

27. **出租车司机路线**。城市出租车公司在纽约市为出租车司机建立了10个搭乘车站。为了减少运行时间、提高服务质量以及最大化利用公司的车队，管理方希望出租车司机尽可能地选择最短路线。使用下面的公路与街道网络图，请说明司机从车站1到车站10应选择什么样的路线。运行时间如下图所示（单位：分钟）。LO4

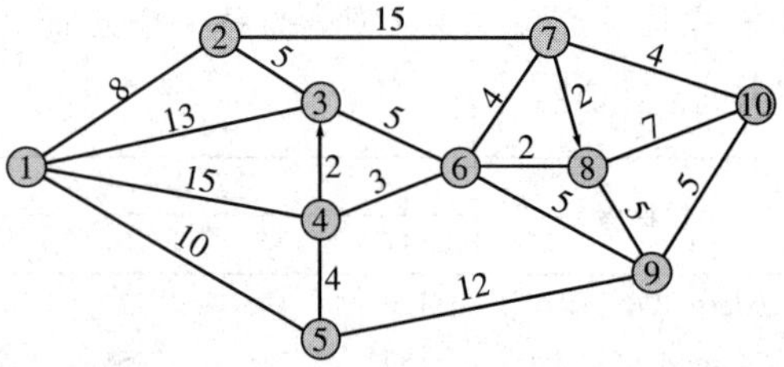

28. **最小成本更新计算机设备计划**。下面网络图中的5个节点表示1～4年的时间段。每个节点表示的是做出保持或更换公司计算机设备决定的时间。如果决定更换计算机设备，那么同时也要决定这些新设备要用多久。从节点0到节点1的弧代表保持现有设备1年并且到年底更换，从节点0到节点2的弧表示保持现有设备2年并且到第2年年末更换。弧上的数字表示与更换设备有关的总成本。这些成本包括打折后的购买价、折合价、运营成本和维修成本。请确定4年内设备更换的最小成本。LO4

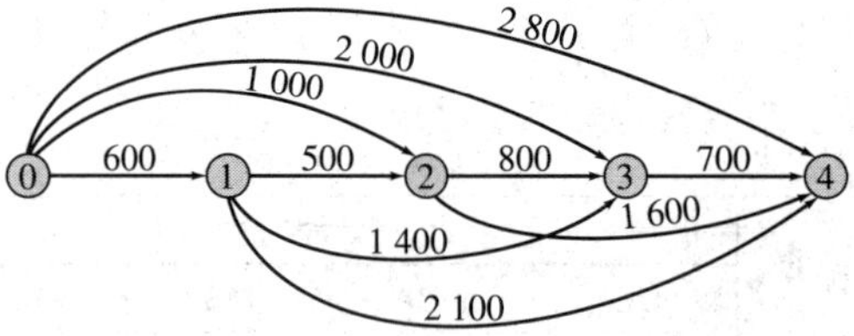

29. **高速公路交通流规划**。穿过奥尔巴尼的南北高速公路系统能提供如下所示的流通能力。

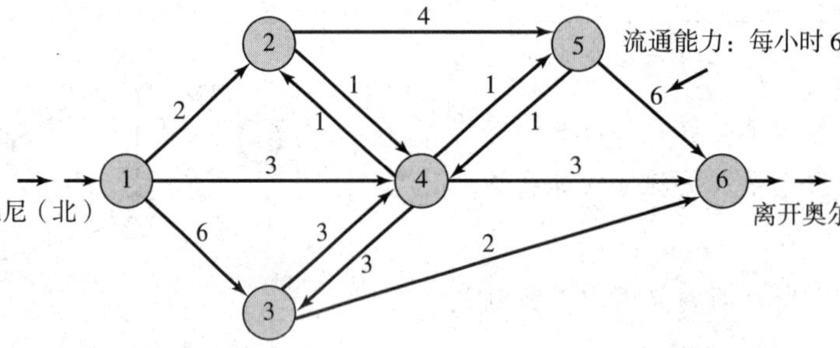

该高速公路系统可以提供每小时10 000辆车的南北流量吗？LO5

30. **高速公路交通流规划（再讨论）**。如果习题29中描述的奥尔巴尼高速公路系统修改了流通能力，如下面的网络图所示，那么每小时通过该系统的最大流量是多少？为了得到该最大流量，每小时需要有多少车辆必须穿过每一条道路（弧）？LO5

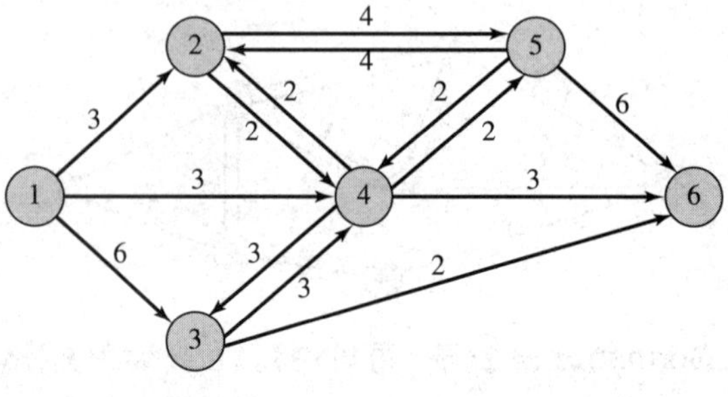

31. **光纤容量规划**。互联网服务提供商使用光纤网络

在不同地点之间传输数据。数据通过光纤电缆和转换点传递。该公司的部分传送网络如下图所示。每条弧上的数字表示的是通过网络传递信息量的能力。为了确保原点与目的地之间的信息传递，使用网络来确定可能从节点 1 到节点 7 之间传递的最大信息量（单位：千兆 / 秒）。LO5

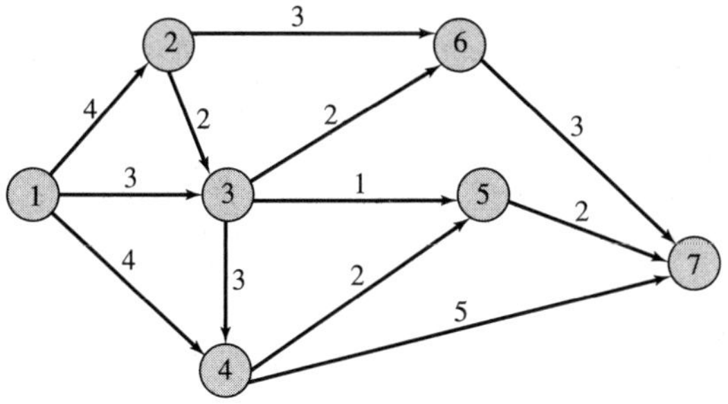

32. **管道容量规划**。高价油公司拥有一个从采集地到几个储存点之间传送石油的管道网络系统。部分网络系统如下图所示。

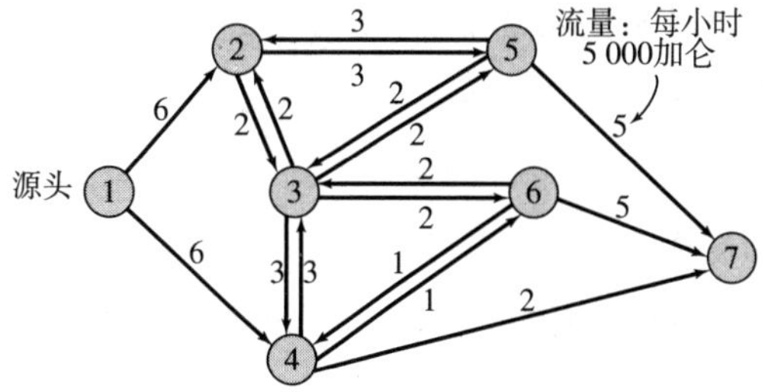

根据不同的管道型号，其流量也不同。通过有选择地开关部分的管道网络，公司可以供给任何储藏地。LO5

a. 如果该公司想充分利用此系统能力，以供给仓储地 7，那么将需要多长时间以满足其 100 000 加仑的需要？此管道系统的最大流量是多少？

b. 如果在管道 2 与管道 3 之间出现断裂并被关闭，那么此系统的最大流量是多少？传送 100 000 加仑到仓储地 7 需要多长时间？

33. **交通流最大化**。对于下面的公路网络系统，确定每小时最大车流量。LO5

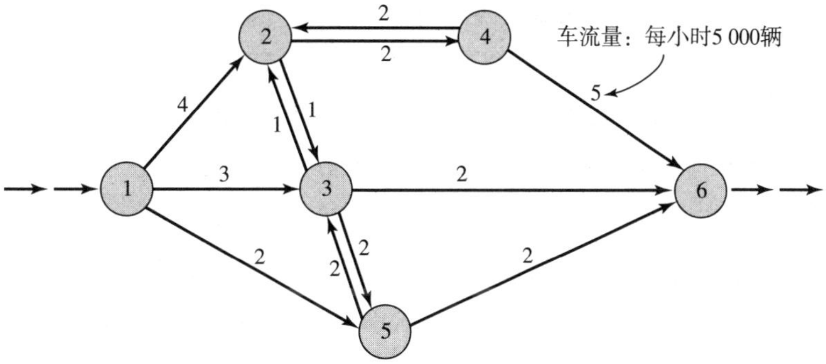

公路委员会正在考虑增设 3 和 4 之间的线路，其流量约为每小时 2 000 辆或增加一些开支达到每小时 3 000 辆。你对网络中 3 和 4 之间的线路有什么建议？

34. **化学产品管道流量最大化**。一个化学工厂拥有一个可从工厂的某部分到其他部分传递液体化学产品的管道网络系统。下面的管道网上标出了其流量（加仑 / 分钟）。如果该公司希望尽可能多地从地点 1 到地点 9 传送液体化学产品，那么此系统的最大流量是多少？从地点 3 到地点 5，这部分管道的流量是多少？LO5

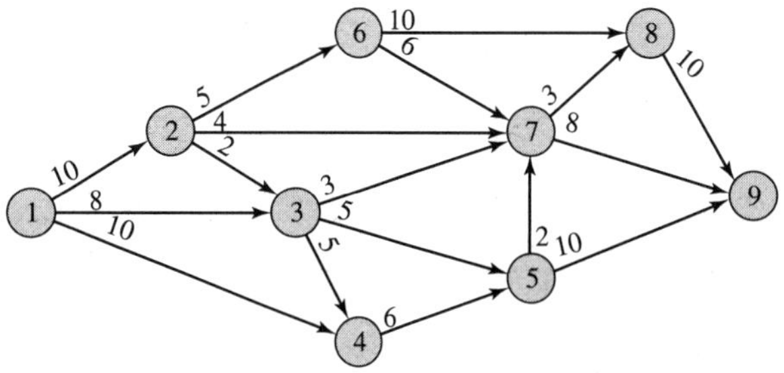

35. **康托斯毛毯厂问题（再讨论）**。参考康托斯毛毯厂的问题，此题的网络图如图 6-20 所示，假设该公司有 50 码 ^{2} 的毛毯初始库存量，要求在第 4 季度末有 100 码 ^{2} 的存货。建立一个线性规划模型，并求出最优解。LO3

36. **生产计划的网络模型。**佛罗里达州那不勒斯市的Sanders渔业公司生产一系列的渔具，这些产品销往整个美国。Sanders渔业公司预计3种特殊产品接下来3个月的需求分别为150、250和300个单位。Sanders渔业公司可以通过正常生产或者加班来满足这些需求。因为还有其他的订货要求，所以预计接下来3个月的生产成本会增加。生产能力（单位）以及单位成本（美元）如下所示。

生产	生产能力	单位成本
1月—正常	275	50
1月—加班	100	80
2月—正常	200	50
2月—加班	50	80
3月—正常	100	60
3月—加班	50	100

库存量可以从这个月留到下个月使用，但是每个月每单位的库存持有成本为20美元。例如，正常状态下1月生产出来满足2月需求的单位产品成本为50+20=70（美元），同样，1月生产出来满足3月需求的单位产品的成本为50+2×20=90（美元）。LO3

a. 把该生产安排问题看成一个运输问题，建立这个问题的网络图（提示：用6个起始节点，起始节点1的供应量是1月正常生产的最大量，等等）。

b. 设计一个可以用来安排接下来3个月正常生产和加班生产计划的线性规划模型。

c. 最后求解出来的生产计划是什么样的？每月的库存持有量为多少？总的成本为多少？

d. 还有空闲的生产能力吗？如果有，在哪里？

案例问题 6-1

Solutions Plus公司的投标定价

Solutions Plus是一家工业化学公司，为多种应用场合生产特别的清洁液和溶剂。Solutions Plus刚刚接受了一份竞标的约请，来为大北美铁路供应机车清洁液。大北美有11个地点（火车站）需要清洁液，它为Solutions Plus提供了每个地点需要的清洁液加仑数（见表6-8）。

表6-8 每个地点需要的清洁液加仑数

地点	需要的加仑数	地点	需要的加仑数
圣安娜	22 418	格伦代尔	33 689
埃尔帕索	6 800	杰克逊维尔	68 486
彭德尔顿	80 290	小石城	148 586
休斯敦	100 447	布里奇波特	111 475
堪萨斯城	24 570	萨克拉门托	112 000
洛杉矶	64 761		

Solutions Plus在辛辛那提工厂生产的清洁液价格是每加仑1.2美元。辛辛那提工厂是它仅有的工厂，Solutions Plus已经与坐落在加利福尼亚州奥克兰的工业化学公司达成了协议，给选定的Solutions Plus客户生产并运输多达50 000加仑的机车清洁液。奥克兰公司为Solutions Plus生产清洁液，向它收取的价格是每加仑1.65美元，但是Solutions Plus认为从奥兰多到一些客户地点的较低的运输成本也许可以抵销生产产品增加的成本。

Solutions Plus的总裁Charlie Weaver联系了几家卡车公司，谈判两个生产设施（辛辛那提和奥兰多）间的运输费率以及铁道机车车辆被清洗的地点。表6-9显示了运费报价，"—"表示由于距离太远而不被考虑的运输路径。这些运输费率被保证会维持一年。

表6-9 运输成本（美元/加仑）

	辛辛那提	奥兰多
圣安娜	—	0.22
埃尔帕索	0.84	0.74
彭德尔顿	0.83	0.49
休斯敦	0.45	—
堪萨斯城	0.36	—
洛杉矶	—	0.22
格伦代尔	—	0.22

（续）

	辛辛那提	奥兰多
杰克逊维尔	0.34	—
小石城	0.34	—
布里奇波特	0.34	—
萨克拉门托	—	0.15

为了向铁路公司提交一份标书，Solutions Plus 必须确定它将收取的每加仑的价格。Solutions Plus 经常以多于生产和运送产品成本 15% 的价格出售它的清洁液。然而，对于这个大合同，营销主管 Fred Roedel 则建议公司也许应该考虑一个较小的利润。另外，为了保证如果 Solutions Plus 竞标成功，他们将会有足够的能力来满足现有订单以及接收的其他新企业的订单，管理层决定限制在辛辛那提工厂生产的机车清洁液的加仑数为最多 500 000 加仑。LO1

管理报告

请提出建议来帮助 Solutions Plus 准备一份标书。你的报告应该包括但不局限于下面的几个问题。

1. 如果 Solutions Plus 竞标成功，哪一个生产设施（辛辛那提和奥兰多）应该为机车车辆被清洗的所在地供应清洁液？从每一个设施到每一个地点应该运输多少清洁液？

2. Solutions Plus 的保本点是什么？也就是，公司在不亏本的情况下，能接受多低的标价？

3. 如果 Solutions Plus 想用它的标准，赚得 15% 的利润，它的标价应该是多少？

4. 运输成本显著地被油价所影响。Solutions Plus 竞标的合同是两年期的。讨论运输成本的波动会怎样影响 Solutions Plus 提交的标价。

案例问题 6-2

供应链设计

达比公司是一家电力消耗测量仪的制造商和销售商。该公司在埃尔帕索以一间小型工厂起家，逐渐建立起了一个遍及得克萨斯州的顾客基地。它的第一个分销中心在得克萨斯的沃斯堡，然后又随业务的扩展到北方，第二个分销中心建立在新墨西哥州的圣菲。

随着公司在亚利桑那州、加利福尼亚州、内华达州和犹他州打开测量仪市场，埃尔帕索工厂也得以扩大。随着西海岸业务的发展，达比公司在拉斯维加斯建立了第三个分销中心。就在两年前，达比公司又在加利福尼亚州的圣伯纳迪诺建立了第二家生产工厂。

不同生产工厂的制造成本是不同的。在埃尔帕索加工厂生产出来的产品的单位成本为 10.50 美元，由于圣伯纳迪诺工厂使用更新的、效率更高的设备，因此生产的测量仪的单位成本比埃尔帕索加工厂低 0.50 美元。

公司的快速增长意味着没有太大的精力去提高分销系统的效率。达比公司的管理层决定现在把这个问题提到日程上来了。表 6-10 显示了从 2 个工厂运输 1 台测量仪到 3 个分销中心的单位成本（单位：美元）。

表 6-10　从加工厂到分销中心的单位运输成本

加工厂	分销中心		
	沃斯堡	圣菲	拉斯维加斯
埃尔帕索	3.20	2.20	4.20
圣伯纳迪诺	—	3.90	1.20

埃尔帕索旧加工厂的季度生产能力为 30 000 台测量仪，圣伯纳迪诺加工厂的季度生产能力为 20 000 台。注意：从圣伯纳迪诺加工厂到沃斯堡分销中心之间的运输是不被允许的。

公司的这 3 个分销中心要负责 9 个顾客区的需求。每个顾客区下个季度的需求预测如表 6-11 所示。

表 6-11　季度需求预测

顾客区	需求（测量仪）
达拉斯	6 300
圣安东尼奥	4 880
威奇托	2 130
堪萨斯城	1 210
丹佛	6 120
盐湖城	4 830
凤凰城	2 750
洛杉矶	8 580
圣迭戈	4 460

从每个分销中心到每个顾客区之间的单位运输成本（单位：美元）在表6-12中给定。注意，有些分销中心是不可以服务某些顾客区的，这里由一条短线“—”表示。

表6-12 分销中心到顾客区之间的单位运输成本

分销中心	顾客区								
	达拉斯	圣安东尼奥	威奇托	堪萨斯城	丹佛	盐湖城	凤凰城	洛杉矶	圣迭戈
沃斯堡	0.30	2.10	3.10	4.40	6.00	—	—	—	—
圣菲	5.20	5.40	4.50	6.00	2.70	4.70	3.40	3.30	2.70
拉斯维加斯	—	—	—	—	5.40	3.30	2.40	2.10	2.50

在目前分销系统中，达拉斯、圣安东尼奥、威奇托和堪萨斯城的顾客区需求是通过沃斯堡分销中心来满足的。同样，圣菲销售中心为丹佛、盐湖城和凤凰城提供服务；拉斯维加斯分销中心满足洛杉矶和圣迭戈顾客区的需求。为了确定从每一个工厂运出的货物量，分销中心合计了季度顾客需求，使用运输模型以使从加工厂到分销中心的运输成本最低。LO3

管理报告

请对达比公司的供应链改进提出建议，你的报告应该包括但不局限于下面的几个问题。

1. 如果公司不改变当前的分销战略，那么下个季度的制造和分销成本为多少？

2. 假设公司愿意考虑放弃当前的分销中心的限制，也就是说，顾客可以从任何一个可明确成本的分销中心拿货，这样分销成本是不是会降低？如果降低，将会降低多少？

3. 该公司希望知道由加工厂直接满足某些顾客的需求的可能性。具体而言，圣伯纳迪诺加工厂到洛杉矶顾客区的运输成本为0.30美元，从圣伯纳迪诺到圣迭戈的单位运输成本为0.70美元。直接从埃尔帕索加工厂到圣安东尼奥顾客区的单位运输成本为3.50美元。在考虑了这些直接运到顾客区的线路之后，分销成本能否减少很多呢？

4. 公司预测未来5年将会以稳健的速度（5 000个测量仪）发展，业务也会扩展到北部和西部。你是否建议公司5年后再考虑扩建工厂呢？

附录6.1

用Excel求解运输、转运和指派问题

在本附录中，我们介绍如何用Excel工作表来求解运输、转运和指派问题。我们以福斯特发电机的问题为例（见6.1节）。

运输问题

第一步，在工作表的顶端部分输入运输成本、起始节点供应量和目的节点的需求量数据。然后，在工作表的底端构建这个问题的线性规划模型。含有所有线性规划模型的工作表模型包含4个要素：决策变量、目标函数、约束条件左端值以及约束条件右端值。对于一个运输问题，决策变量是从每个起始节点到每个目的节点的运输量，目标函数是总运输成本，约束条件左端值为从每个起始节点运出的货物量和运入每个目的节点的货物量，约束条件右端值为每个起始节点的供应量和每个目的节点的需求量。

福斯特发电机问题的模型和解都列在图6-22上。数据在工作表的顶部，模型在工作表的底部。

公式

A1：F8单元格包含了所有数据和描述性标签，运输成本在单元格B5：E7，起始节点的供应量在单元格F5：F7，目的节点的需求量在单元格B8：E8。Excel Solver需要的4个模型关键因素为决策变量、目标函数、约束条件左端值和约束条件右端值。

决策变量 B17：E19单元格是为决策变量保留的。最优值显示为x_{11}=3 500，x_{12}=1 500，x_{22}=2 500，

x_{23}=2 000，x_{24}=1 500，x_{41}=2 500，所有其他决策变量都等于 0，也就是说这些变量对应的弧线上没有流量。

目标函数　在单元格 A13 中输入公式 = SUMPRODUCT（B5：E7, B17：E19），用来计算解的成本。最小运输成本为 39 500 美元。

左端值　单元格 F17：F19 为供应约束条件的左端值，单元格 D20：E20 是需求约束条件的左端值。

单元格 F17=SUM（B17：E17）(复制到 F18：F19)。

单元格 B20=SUM（B17：B19）(复制到 C20：E20)。

右端值　单元格 H17：H19 为供应约束条件的右端值，单元格 B22：E22 为需求约束条件的右端值。

单元格 H17=F5（复制到 H18：H19）。

单元格 B22=B8（复制到 C22：E22）。

Excel 的解决方案

图 6-22 中的解决方案可以通过单击功能区的"数据"(Data) 选项卡，然后从"分析"(Analyze) 组中选择"规划求解"(Solver) 得到如图 6-23 所示的对话框。"数据"选项卡显示在图 6-22 数据表顶部的工具栏中。当规划求解参数（Solver Parameters）对话框出现时，输入资源限制和目标函数的正确值，选择标准单纯线性规划（Simplex LP)，并选择"使无约束变量假定非负"，然后单击求解（Solve)。图 6-23 是在求解参数对话框中输入的信息。

转运问题

我们用来描述转运问题的工作表模型能用在这一章介绍的所有的网络流量问题（运输、转运和指派）上。我们把工作表分成两个部分：弧线部分和节点部分。我们通过列出瑞恩电子公司转运问题的工作表公式和解决方案来介绍 Excel 的求解过程。参考图 6-24，我们已经描述了所需的步骤。

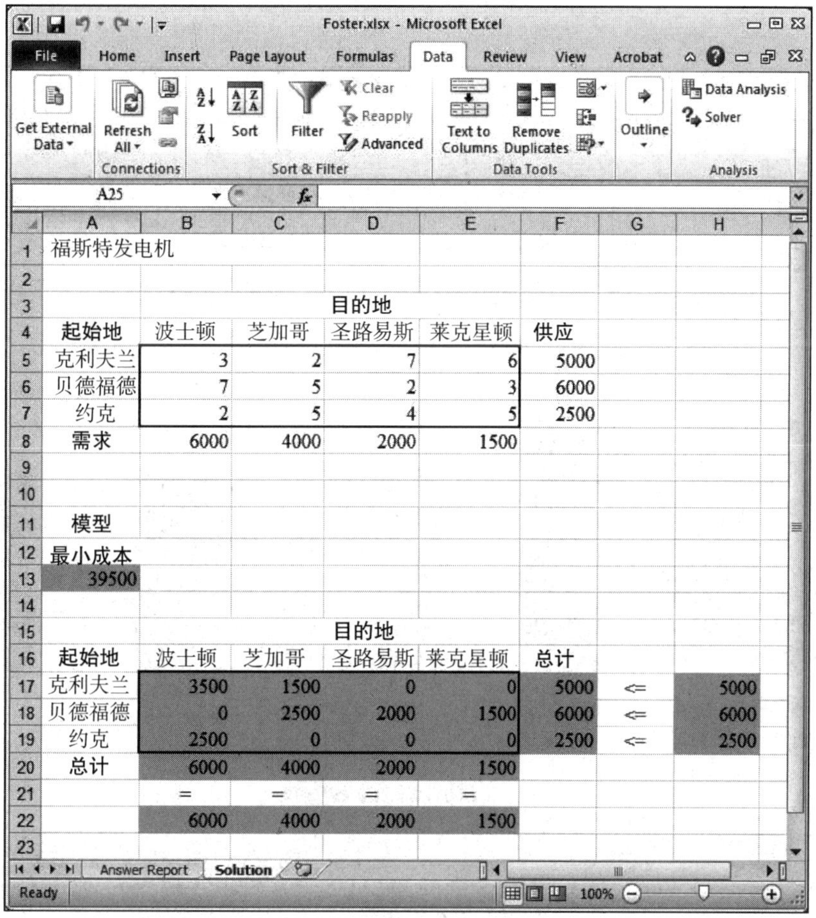

	A	B	C	D	E	F	G	H
1	福斯特发电机							
2								
3				目的地				
4	起始地	波士顿	芝加哥	圣路易斯	莱克星顿	供应		
5	克利夫兰	3	2	7	6	5000		
6	贝德福德	7	5	2	3	6000		
7	约克	2	5	4	5	2500		
8	需求	6000	4000	2000	1500			
9								
10								
11	模型							
12	最小成本							
13	39500							
14								
15				目的地				
16	起始地	波士顿	芝加哥	圣路易斯	莱克星顿	总计		
17	克利夫兰	3500	1500	0	0	5000	<=	5000
18	贝德福德	0	2500	2000	1500	6000	<=	6000
19	约克	2500	0	0	0	2500	<=	2500
20	总计	6000	4000	2000	1500			
21		=	=	=	=			
22		6000	4000	2000	1500			
23								

图 6-22　用 Excel 求解福斯特发电机问题

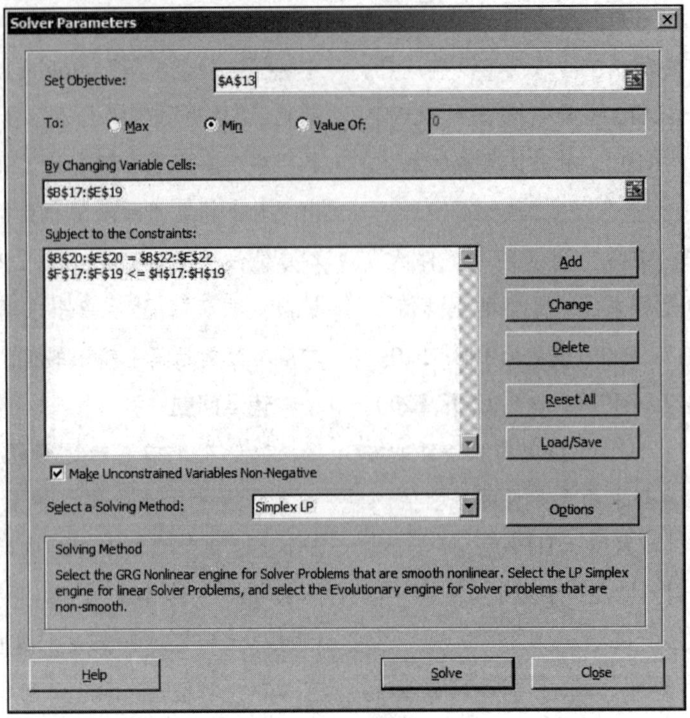

图 6-23 “求解参数”对话框中输入的福斯特发电机问题的信息

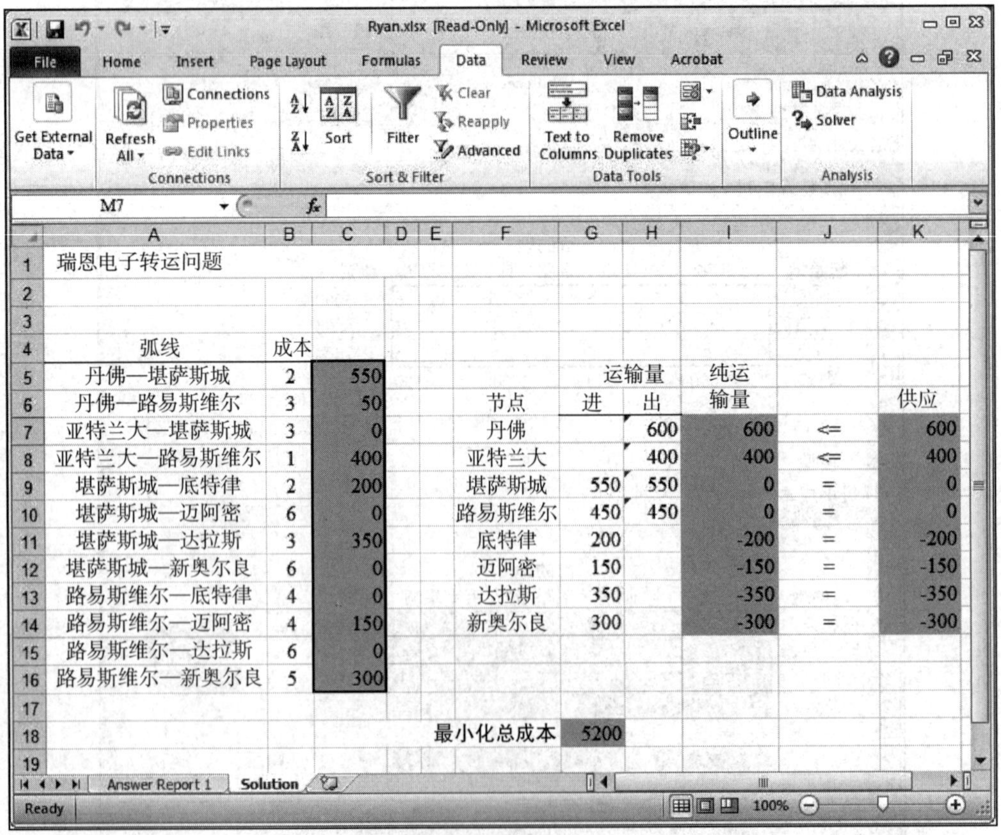

图 6-24 瑞恩电子公司问题的 Excel 解决方案

公式

弧线部分在单元格 A4：C16 中。对于每一条弧线，它的开始节点和结束节点都在单元格 A5：A16 中列出。弧线的成本列在单元格 B5：B16 中，单元格 C5: C16 是给决策变量保留的（弧线上的运输量）。

节点部分的数据放置在单元格 F5：K14 中。各个节点被放到单元格 F7：F14 中。在单元格 G7：H14 中依次输入如下公式来表达每个节点的流入量和流出量。

流入量:

单元格 G9 = C5 +C7

单元格 G10= C6+C8

单元格 G11 = C9+C13

单元格 G12 = C10+C14

单元格 G13 =C11+C15

单元格 G14=C12+C16

流出量:

单元格 H7 = SUM(C5: C6)

单元格 H8= SUM(C7: C8)

单元格 H9 = SUM(C9: C12)

单元格 H10 = SUM(C13: C16)

表格 I7：I14 中的净运输量为每个节点的流出量减去该节点的流入量。对于供应节点，流出量超出流入量，从而产生一个正的净运输量。而对于需求节点，流出量小于流入量，因此产生一个负的净运输量。"净"供应量放在表格 K7：K14 中。需要注意的是：需求节点的净供应量为负。

决策变量　单元格 C5：C16 中的数据为决策变量，用来表示每条弧线上的最优运输量。

目标函数　在单元格 G18 中输入公式 SUMPRODUCT（B5：B16, C5：C16），用来计算与解决方案相关的总成本。从图 6-24 中我们可以看出，最小成本总额为 5 200 美元。

左端值　约束条件的左端值表示每个节点的净运输量。单元格 I7: I14 专门用来存储这些约束条件。

I7=H7−G7（复制到 I8: I14 中）。

右端值　约束条件的右端值表示每个节点的供应量。单元格 K7: K14 专门用来存储这些约束条件（需要注意：4 个需求节点的供应量是负值）。

Excel 解决方案

解决方案可以通过单击功能区的"数据"（Data）选项卡，然后从"分析"（Analyze）组中选择"规划求解"（Solver）得到如图 6-25 所示的对话框。"数据"选项卡显示在图 6-24 数据表顶部的工具栏中。当求解参数（Solver Parameters）对话框出现时，输入资源限制和目标函数的正确值，选择标准单纯线性规划（Simplex LP），并选择"使无约束变量假定非负"，然后单击求解（Solve）。图 6-25 是在求解参数对话框中输入的信息。

指派问题

第一步，在工作表的顶部输入指派成本数据，即使任务指派问题是运输问题的一个特例，也没有必要输入初始节点的供应和目的节点的需求量，因为这些数值经常都等于 1。

该问题的线性规划模型列在工作表的底部。跟所有线性规划模型一样有 4 个关键元素：决策变量、目标函数、约束条件的左端值和约束条件的右端值。对于一个指派问题，决策变量代表着代理人是否被指派给任务（1 代表指派，0 代表不指派），目标函数是所有任务指派的总成本，左端约束值是能够被指派给每个代理人的任务量和指派给每个任务的代理人数，右端约束值为每个代理人能够解决的任务数（1）和每个任务所需要的代理人数（1）。

福尔公司指派问题的工作表公式和解如图 6-26 所示。

公式

数据和描述性标签列在单元格 A3：D7 内。注意，我们没有输入供应量和需求量，因为在指派问题中它们总是为 1。线性规划模型出现在工作表底部。

决策变量　B16：D18 单元格是为决策变量保留的。最优值显示为 $x_{12}=1$，$x_{23}=1$，$x_{32}=1$。所有其他决策变量都等于 0。

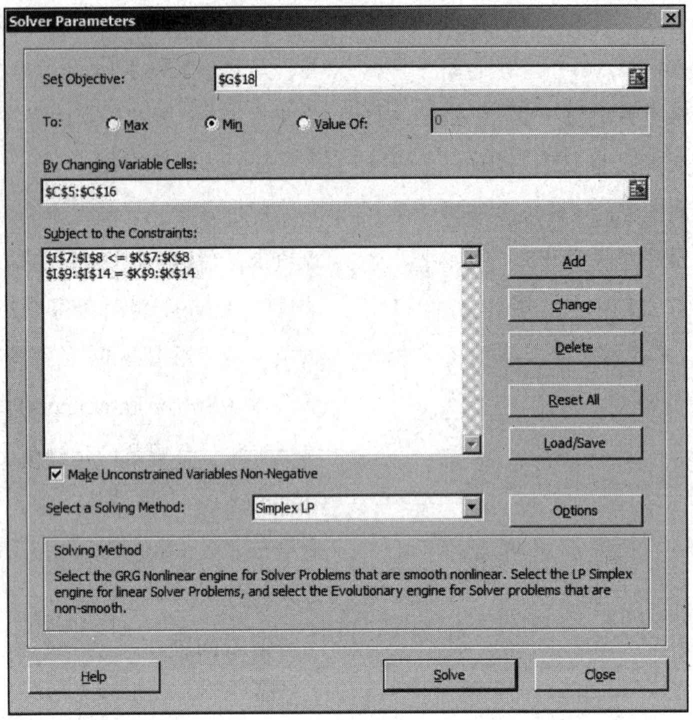

图 6-25 瑞恩电子公司问题的“求解参数”对话框

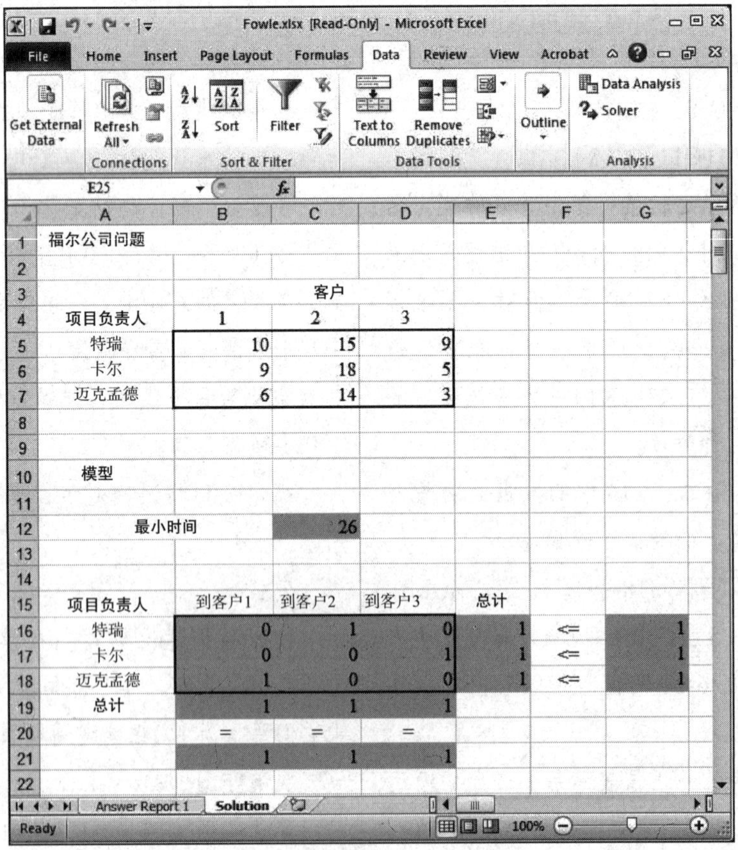

图 6-26 福尔公司指派问题的 Excel 解决方案

目标函数　在单元格 C12 中输入公式 = SUMPRODUCT（B5：D7, B16：D18），用来计算完成所有工作需要的总时间。最短时间解决方案的总工作时间为 26 天。

左端值　单元格 E16：E18 为每个项目负责人处理顾客数的约束条件的左端值，单元格 B19：D19 为每个顾客必须指派给一个项目负责人的约束条件的左端值。

单元格 E16=SUM（B16：D16）（复制到 E17：E18）。

单元格 B19=SUM（B16：B18）（复制到 C19：D19）。

右端值　单元格 G16：G18 为任务量约束条件的右端值，单元格 B21：D21 为顾客约束条件的右端值。所有的右端值单元格值都为 1。

Excel 的解决方案

解决方案可以通过单击功能区的“数据”（Data）选项卡，然后从“分析”（Analyze）组中选择“规划求解”（Solver）得到如图所示的 6-27 对话框。“数据”选项卡显示在图 6-26 数据表顶部的工具栏中。当求解参数（Solver Parameters）对话框出现时，输入资源限制和目标函数的正确值，选择标准单纯线性规划（Simplex LP），并选择“使无约束变量假定非负”，然后单击求解（Solve）。图 6-27 是在求解参数对话框中输入的信息。

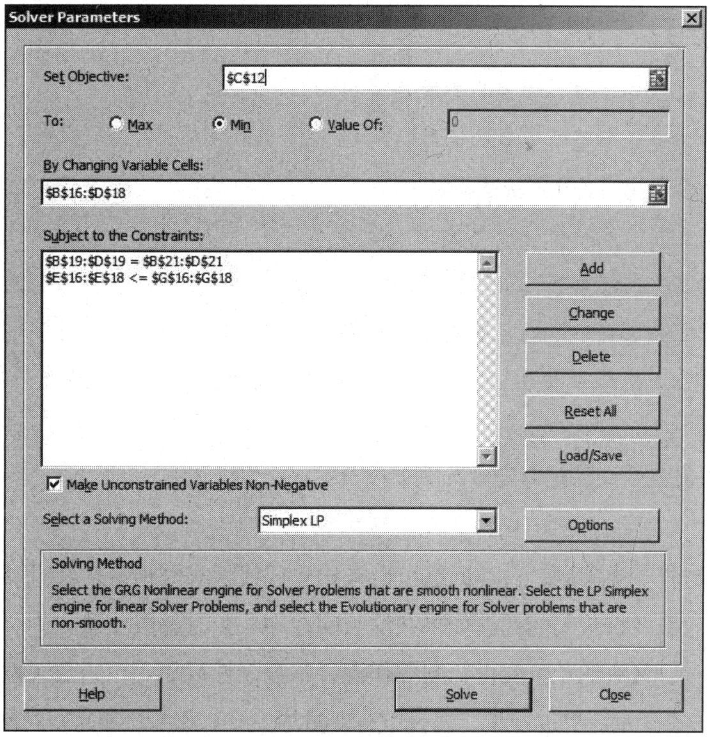

图 6-27　福尔公司问题的“求解参数”对话框

第7章 整数线性规划

学习目标

LO1 识别一般、0-1（二进制）整数和混合整数线性模型。

LO2 用图解法求解一个含 2 个整数变量的问题。

LO3 求解包含整数变量的模型的 LP 松弛问题。

LO4 用计算机软件建立并求解一个一般整数线性规划。

LO5 用计算机软件建立并求解 0-1（二进制）整数线性规划。

LO6 用计算机软件建立并求解一个混合整数线性规划。

LO7 用计算机软件建立并求解涉及 0-1（二进制）整数变量的问题，以处理特殊情况，如多项选择、n 选 k 约束条件和条件约束。

LO8 利用计算机软件对整数线性规划进行灵敏度分析。

本章，我们将讨论这样一类问题：这类问题可以被构建成线性规划模型，并且其中至少有一个变量是整数。这类问题就被称作整数线性规划问题。如果在这类问题中，只有整数变量，则称这种问题为纯整数线性规划；如果既有整数变量，又有非整数变量，则称作混合整数线性规划。在整数线性规划的许多应用中，常要求变量为二进制，即 0-1 变量。更进一步，如果所有变量均为 0-1 变量，则此问题称为 0-1 整数线性规划。

整数变量，特别是 0-1 变量，可以使建模变得十分容易、灵活，从而使得线性规划的应用得到普及。例如，专栏 7-1 介绍了能源公司 Vattenfall 如何使用整数规划优化设计海上风力发电厂。

本章将对整数线性规划的应用做详细介绍。首先，我们将讨论整数线性规划的不同分类。随后，我们将介绍整数线性规划的公式解法、图解法以及计算机求解。在 7.3 节中，我们将讨论 5 个使用 0-1 变量的整数线性规划的应用实例：资金预算问题、固定成本问题、分布系统设计问题、银行选址问题和市场份额最优化问题。在 7.4 节中，我们将再举一个例子来说明使用 0-1 变量给规划带来的巨大灵活性和便利性。本章的附录将举例说明如何使用 Excel 电子表格来求解整数规划问题。

整数规划提供建模灵活性的代价是：这种含有整数变量的问题通常比较难以求解。一个含有上千个连续变量的线性规划问题，可以使用任何一种商业线性规划软件进行求解。但是一个仅含有少于 100 个纯整数变量的线性规划问题却极难解决。经验丰富的管理科学家能够帮助分辨出哪些整数线性规划是容易求解的或者至少是合适去求解的。商用计算机软件包，例如 LINGO、CPLEX、Gurobi 和 FICO Xpress 都有很强的整数规划求解功能。同时，一些开源软件也有整数规划软件包，比如 R 语言的 lpSolve、Python 的 PuLP 库，以及 COIN-OR 基金会提供的软件包。

| 专栏 7-1 | 实践中的管理科学

优化设计海上风力发电厂

欧洲能源公司 Vattenfall 在瑞典、德国、荷兰、丹麦和英国生产电力。Vattenfall 拥有约 2 万名员工，是世界第二大海上风力发电开发商，每年在风力发电厂投资约 15 亿欧元。

Vattenfall 利用管理科学技术优化海上风力发电厂的设计。海上风力发电厂的设计主要涉及两个步骤，一个是放置捕捉风力并将其转化为能源的涡轮机，另一个是布置连接涡轮机和海上变电站的电缆网络，后者负责在涡轮机的能量转移到主能源电网之前收集涡轮机的电量。

涡轮机的布置是一个重要的设计问题，因为涡轮机之间会相互干扰，导致发电量降低，即所谓的“尾流效应”。干扰发生时，一个涡轮机改变了气流，从而吸取了下游其他涡轮机的风力。尾流效应的建模涉及复杂的数学方程，但 Vattenfall 使用混合整数线性优化模型来选择涡轮机的位置。一个典型的问题可能包含 20 000 个 0-1 整数变量（涡轮位置的选择）。商业优化软件用于解决不同场景下的位置优化问题。

涡轮机的位置确定后，电缆布置问题就得到了解决。变电站的位置对风力发电厂的规划是外生的，即由外部组织确定。电缆布局优化问题是确定如何连接涡轮机和变电站，以输送所产生的电量。该问题使用混合整数线性规划模型进行优化，其中 0-1 变量表示涡轮机之间是否需要连接，连续变量表示电流大小。

海上风力发电厂设计利用模型优化的效果很显著，降低了 Vattenfall 的运营成本，增加了收入，使每个风力发电厂每年净赚约 1 000 万欧元。

资料来源：M. Fischetti et al., “Vattenfall Optimizes Offshore Wind Farm Design,” *Informs Journal on Applied Analytics*, Vol. 50, No. 1, January–February 2020, 80–94.

注释与点评

1. 因为整数线性规划比一般线性规划难以求解，所以当利用简单的近似一般线性规划所得出的结果足以解决问题时，不应采取此方法。在许多线性规划问题中，如前面几章中所提到的，舍入对目标函数几乎不产生经济学上的影响，所以是完全可行的。然而，在诸如决定生产多少台喷气发动机的一些问题中，舍入的影响将是比较大的，因而需要应用整数规划方法来解决。

2. 有些线性规划问题有一种特殊的结构，可以保证变量是整数型的。第 6 章中提到的分配问题、运输问题和转运问题就是这种结构。如果运输和转运的供给量与需求量为整数，那么线性规划解法将会得出整数最优解。在指派问题中，最优线性规划解由 0-1 组成。所以，在这些有特殊结构的问题中，应用一般线性规划方法就可以得到最优的整数结果。如果没有必要，尽量避免使用整数线性规划。

7.1 整数线性规划的分类

本章所研究的线性规划问题和前几章研究的问题的唯一区别是：在线性规划问题中，至少有一个变量是整数。如果所有变量均为整数，则被称作纯整数线性规划。下面通过构建一个含有 2 个整数变量的纯整数线性规划模型来说明：

$$\begin{aligned}
\max \quad & 2x_1 + 3x_2 \\
\text{s.t.} \quad & \\
& 3x_1 + 3x_2 \leqslant 12 \\
& 2/3x_1 + 1x_2 \leqslant 4 \\
& 1x_1 + 2x_2 \leqslant 6 \\
& x_1,\ x_2 \geqslant 0 \text{ 且取整数}
\end{aligned}$$

请注意，如果去掉此模型中的“且取整数”一词，我们将得到我们所熟悉的两个变量的线性规划。去掉整数要求后得到的线性规划称作整数线性规划的 LP **松弛**。

如果只有一些变量是整数而非全部，则称作混合整数线性规划。下面是一个有两个变量的混合整数线性规划：

$$\begin{aligned}
\max \quad & 3x_1 + 4x_2 \\
\text{s.t.} \quad & \\
& -1x_1 + 2x_2 \leqslant 8 \\
& 1x_1 + 2x_2 \leqslant 12 \\
& 2x_1 + 1x_2 \leqslant 16 \\
& x_1,\ x_2 \geqslant 0 \text{ 且 } x_2 \text{ 取整数}
\end{aligned}$$

去掉“且 x_2 为整数”这个条件后，我们得到此混合整数线性规划的 LP 松弛。

在某些应用软件中，整数变量只取 0 或 1。这类规划被称作 **0-1 整数线性规划**。读者可以在本章的后面一部分中发现，使用 0-1 变量可以使线性规划很灵活、很容易求解。

7.2 纯整数线性规划的图解法与计算机求解

伊斯特伯恩房地产公司用 200 万美元购买新的租赁财产。经过筛选，公司将投资项目锁定为联排别墅和公寓楼。每套联排别墅售价 282 000 美元，现有 5 套空置。每幢公寓楼售价 400 000 美元，开发商可以根据伊斯特伯恩的需要数量建房。

伊斯特伯恩的财产经理每月有 140 小时用来处理这些新置的财产，其中，每套联排别墅预计每月要花 4 小时，每幢公寓楼预计每月要花 40 小时。扣除抵押偿还和经营成本后，年现金流量预计为：每套联排别墅 10 000 美元，每幢公寓楼 15 000 美元。伊斯特伯恩的股东将需要在保证年现金流最大的要求下，确定购买联排别墅和公寓楼的数量。

我们先定义决策变量如下：

T = 购买的联排别墅数量

A = 购买的公寓楼数量

现金流量（单位：千美元）的目标函数为：

$$\max \quad 10T + 15A$$

必须满足 3 个约束条件：

$$282T + 400A \leqslant 2\,000 \quad \text{可用资金（单位：千美元）}$$
$$4T + 40A \leqslant 140 \quad \text{管理者的时间（单位：小时）}$$
$$T \leqslant 5 \quad \text{可购买的联排别墅}$$

变量 T 和 A 必须是非负的。而且，联排别墅和公寓楼均不可以拆开购买。因此，T 和 A 一定是整数。伊斯特伯恩房地产问题的模型即为如下纯整数线性规划：

$$\max \quad 10T + 15A$$

s.t.

$$282T + 400A \leqslant 2\,000$$
$$4T + 40A \leqslant 140$$
$$T \leqslant 5$$
$$T, A \geqslant 0\text{，且为整数}$$

7.2.1　LP 松弛的图解法

现在我们去掉 T 和 A 为整数的条件，先来求解伊斯特伯恩房地产的 LP 松弛问题。运用第 2 章中的图解步骤，图 7-1 即为最优的线性规划解法，即 T=2.479 套联排别墅，A=3.252 幢公寓楼。目标函数的最优值为 73.574。也就是说，每年的现金流量是 73 574 美元。但是，不幸的是，伊斯特伯恩无法购买零星数量的联排别墅和公寓楼，所以需要进行进一步分析。

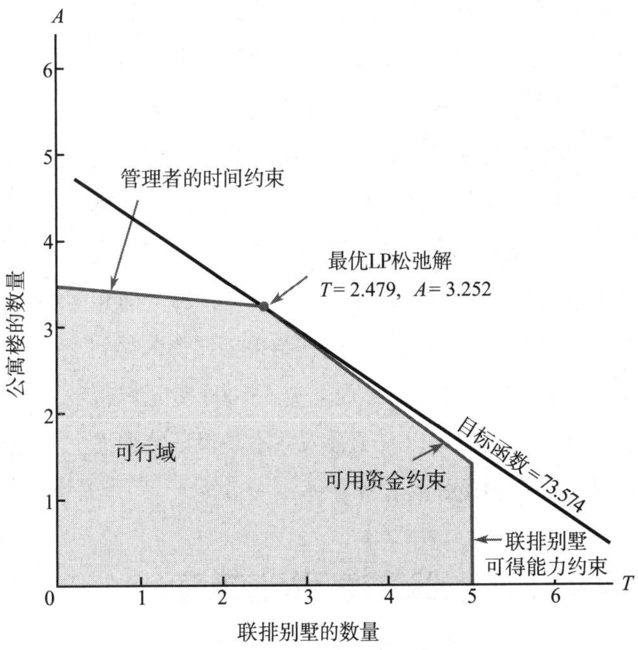

图 7-1　用图解法求解伊斯特伯恩房地产问题

7.2.2　近似整数解的获得

大多数情况下，可以通过使用本节的方法来求得可接受的整数解。例如，某关于生产进度问题求得的线性规划结果可能要求生产 15 132.4 箱谷类食品。舍入得 15 132 箱，而该近似解对目标函数的值及其结果的可行性只产生极小的影响。因此，舍入是一个较好的方法。实际上，只要舍入对目标函数和约束条件只产生极小的影响，大多数管理者都可以接受这种方法。此时，一个最优近似解就够了。

然而，舍入并不是一个万能的方法。当决策变量取很小的数值就对目标函数的值和结果的可行性产生较大影响时，就需要一个最优的整数解。让我们回到伊斯特伯恩房地产的问题中来重新检验一下舍入解的影响。

伊斯特伯恩房地产问题 LP 松弛后的最优结果是 T=2.479 套联排别墅，A=3.252 幢公寓楼。由于每套联排别墅售价 282 000 美元，每幢公寓楼售价 400 000 美元，如果舍入得到一个整数解，将会对这个问题产生重大经济影响。

> 如果一个问题只有小于等于的约束条件，变量的系数为非负，向下舍入将能提供一个可行的整数解。

假设我们把 LP 松弛的解舍入为 T=2、A=3，目标函数值为：$10\times2+15\times3=65$。而 65 000 美元的年现金流比 LP 松弛的结果 73 574 美元少很多。那么有没有其他可能的近似解呢？对其他近似方法的研究表明：整数结果 T=3、A=3 不可行，因为这样资金就超过了伊斯特伯恩房地产拥有的 2 000 000 美元；同理，T=2、A=4 也不可行。在这样的情况下，近似得到此问题的最可行的整数结果：2 套联排别墅、3 幢公寓楼和 65 000 美元的年现金流量。但是，我们并不知道这一结果是否为该问题的最优整数结果。

舍入是一个试错方法。每一个舍入解都必须经过可行性检查和对目标函数值影响的检查。即使当近似解是可行时，我们也无法保证找到了最优的整数解。稍后我们就会发现舍入解（T=2，A=3）不是以上问题的最优解。

7.2.3 纯整数问题的图解法

图 7-2 展示了用图解法求解伊斯特伯恩房地产整数线性规划问题的变化。首先，图中可行区间几乎和 LP 松弛求解的一样。然后，因为最优解一定是整数，我们用点标出可行的整数解。最后，尽量将目标函数朝着使目标函数最优的方向移动（可行整数点之一）。参看图 7-2，我们看到当 T=4 套联排别墅、A=2 幢公寓楼时，取到最优整数值。目标函数值为 $10\times4+15\times2=70$，即年现金流量是 70 000 美元。这一结果要比舍入得到的最优解 T=2、A=3，年现金流 65 000 美元好得多。所以，我们可以看到舍入并不是伊斯特伯恩房地产问题的最好的求解方法。

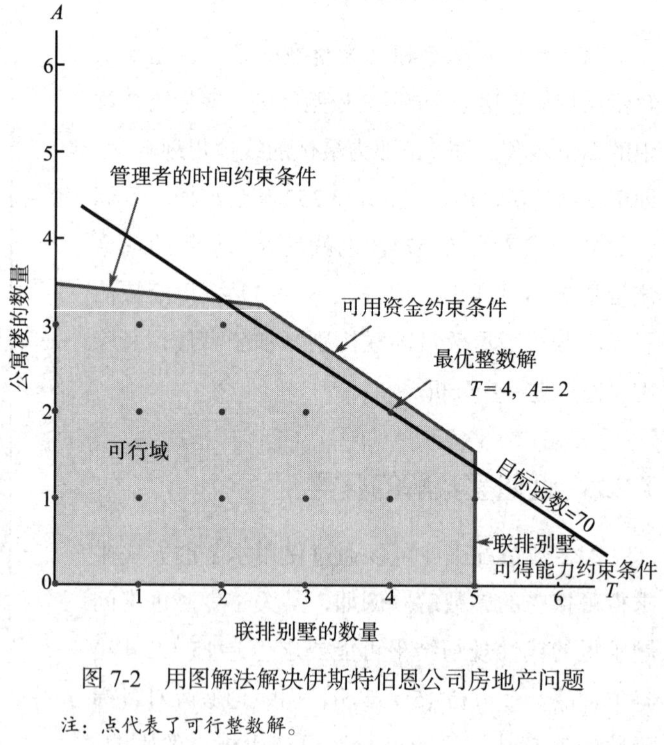

图 7-2 用图解法解决伊斯特伯恩公司房地产问题

注：点代表了可行整数解。

7.2.4 用 LP 松弛求解目标值范围

从伊斯特伯恩房地产问题的研究中，我们观察到很重要的一点：一定要处理好最优整数解的值和 LP 松弛后的最优解的值之间的关系。

在含有最大化问题的整数线性规划中，LP 松弛后的最优解的值就是最优整数解的值的上限。在含有最小化问题的整数线性规划中，LP 松弛后的最优解的值就是最优整数解的值的下限。

这一结论适用于伊斯特伯恩房地产问题。最优整数解的值为 70 000 美元，LP 松弛后的最优解的值为

73 574 美元。于是，我们就知道目标函数值的上限为 73 574 美元。

通过 LP 松弛的上下限特性，我们可以得出结论：如果 LP 松弛的解恰好是整数，那么，它也是该整数线性规划的最优解。这一上下限的特性也可以用来确定舍入解是否“足够好”。如果一个舍入的 LP 松弛解是可行的，并能使得到的目标函数值同 LP 松弛的目标函数值几乎一样好，我们就认为该舍入解是最优近似整数解。对于这种问题，我们可以避免将其作为整数线性规划问题来求解。

7.2.5　计算机求解

将 *T* 和 *A* 设为整数进行求解就可以得到如图 7-3 中的最优整数解。当 *T*=4 套联排别墅、*A*=2 幢公寓楼时，所得到的解的最大年现金流为 70 000 美元。该松弛变量的值表明：还有 72 000 美元的资金闲置，经理仍有 44 小时的空闲时间，还有 1 幢联排别墅未卖出。

```
最优值 = 70.00000

      变量                    值
 --------------       ---------------
        T                     4.00000
        A                     2.00000

      约束条件             松弛 / 剩余
 --------------       ---------------
        1                    72.00000
        2                    44.00000
        3                     1.00000
```

图 7-3　伊斯特伯恩房地产问题的解决方案

注释与点评

在本章我们演示的整数问题中，计算机输出结果并不包含递减成本、对偶值和敏感范围，因为这些值对整数问题来说没有意义。

7.3　含有 0-1 变量的整数线性规划的应用

整数线性规划在构建模型上的灵活性很大程度上是由于使用了 0-1 变量。在很多应用中，如果采取相应行动，则变量值取 1，否则取 0。因此，0-1 变量有选择的含义。本节所讲的资金预算、固定成本、分销系统设计、银行选址、产品设计和市场份额优化都用到了 0-1 变量。

7.3.1　资金预算

爱斯柯德冰箱公司正在考虑随后 4 年内对几个资金要求各不相同的项目的投资方案。面对每年有限的资金，管理者需要选择最好的方案。每个项目的净现值⊖、资金需求和 4 年内的可用资金见表 7-1。

表 7-1　爱斯柯德冰箱公司每个项目的净现值、资金需求和 4 年内的可用资金　　（单位：美元）

	项目				可用资金总额
	工厂扩建	仓库扩建	机器更新	新产品研发	
净现值	90 000	40 000	10 000	37 000	
第 1 年资金需求	15 000	10 000	10 000	15 000	40 000
第 2 年资金需求	20 000	15 000		10 000	50 000
第 3 年资金需求	20 000	20 000		10 000	40 000
第 4 年资金需求	15 000	5 000	4 000	10 000	35 000

⊖ 净现值是项目未来净现金流贴现到第 1 年的净值。

4 个 0-1 决策变量如下：

如果工厂扩建项目通过，P=1；如果否决，P=0。

如果仓库扩建项目通过，W=1；如果否决，W=0。

如果机器更新项目通过，M=1；如果否决，M=0。

如果新产品研发项目通过，R=1；如果否决，R=0。

在资金预算问题中，公司的目标函数是使资金预算方案的净现值最大化。此问题有 4 个约束条件，即 4 年中每年的可用资金。

除此之外，还要求决策变量为 0-1 变量。

该 0-1 整数线性规划模型（单位：千美元）如下。

$$\max \quad 90P + 40W + 10M + 37R$$

s.t.

$$15P + 10W + 10M + 15R \leqslant 40 \text{（第 1 年的可用资金）}$$

$$20P + 15W \qquad + 10R \leqslant 50 \text{（第 2 年的可用资金）}$$

$$20P + 20W \qquad + 10R \leqslant 40 \text{（第 3 年的可用资金）}$$

$$15P + 5W + 4M + 10R \leqslant 35 \text{（第 4 年的可用资金）}$$

$$P, W, M, R = 0, 1$$

整数规划解如图 7-4 所示。最优解是：P=1，W=1，M=1，R=0，此时净现值为 140 000 美元。因此，该公司将投资于工厂扩建、仓库扩建和机器更新。如果没有额外的资金可用，新产品研发项目只能暂缓了。松弛变量的值（见图 7-4）表明该公司在第 1 年有 5 000 美元的剩余，第 2 年有 15 000 美元的剩余，第 4 年有 11 000 美元的剩余。对照新产品研发项目的资金需求，可知在第 2 年和第 4 年有足够的资金可用于此项目。但是，该公司必须在第 1 年和第 3 年各提供 10 000 美元的额外资金投资于新产品研发项目。

```
最优值 = 140.00000

    变量                    值
--------------      --------------
      P                    1.00000
      W                    1.00000
      M                    1.00000
      R                    0.00000

  约束条件               松弛/剩余
--------------      --------------
      1                    5.00000
      2                   15.00000
      3                    0.00000
      4                   11.00000
```

图 7-4 爱斯柯德冰箱公司问题的解决方案

7.3.2 固定成本

在许多应用中，产品的生产成本由两部分构成：其一为生产准备成本，即固定成本；其二为变动成本，直接与产量相关。0-1 变量的应用，使得在生产应用软件包中考虑固定成本成为可能。

我们可以将 RMC 问题视为**固定成本问题**的例子。3 种原料用来生产 3 种产品：一种燃料添加剂，一种溶剂，一种地板清洁剂。使用以下决策变量：

F——生产的燃料添加剂的吨数。

S——生产的溶剂的吨数。

C——生产的地板清洁剂的吨数。

生产每吨燃料添加剂的利润是 40 美元，生产每吨溶剂的利润是 30 美元，生产每吨地板清洁剂的利润是 50 美元。生产每吨燃料添加剂需要 0.4 吨原料 1 和 0.6 吨原料 3；生产每吨溶剂需要 0.5 吨原料 1、0.2 吨原料

2 和 0.3 吨原料 3；生产每吨地板清洁剂需要 0.6 吨原料 1、0.1 吨原料 2 和 0.3 吨原料 3。RMC 共有 20 吨原料 1、5 吨原料 2 和 21 吨原料 3。我们需要决定下一计划期内的最优生产量。

RMC 问题的一个线性规划模型如下：

$$\max \quad 40F + 30S + 50C$$

s.t.

$$0.4F + 0.5S + 0.6C \leqslant 20 \quad \text{原料 1}$$

$$0.2S + 0.1C \leqslant 5 \quad \text{原料 2}$$

$$0.6F + 0.3S + 0.3C \leqslant 21 \quad \text{原料 3}$$

$$F, S, C \geqslant 0$$

我们得到的最优解：生产 27.5 吨燃料添加剂、0 吨溶剂和 15 吨地板清洁剂，总利润为 1 850 美元。具体见图 7-5。

```
最优值 = 1850.00000

     变量                  值                     递减成本
--------------      ---------------      -----------------
       F                  27.50000                  0.00000
       S                   0.00000                -12.50000
       C                  15.00000                  0.00000
```

图 7-5　RMC 问题的解决方案

RMC 问题的这一线性规划问题并不包含这些产品的生产准备成本。假设已知生产准备成本和 3 种产品的最高产量如下。

产品分类	生产准备成本（美元）	最高产量（吨）
燃料添加剂	200	50
溶剂	50	25
地板清洁剂	400	40

我们现在可以利用 0-1 变量带来的建模灵活性，把固定的生产准备成本加入生产模型中。0-1 变量定义如下：

如生产燃料添加剂，则 SF=1；否则，SF=0

如生产溶剂，则 SS=1；否则，SS=0

如生产地板清洁剂，则 SC=1；否则，SC=0

利用这些变量，总准备成本为：

$$200\text{SF} + 50\text{SS} + 400\text{SC}$$

现在我们可以重新写出包括生产准备成本的净利润目标函数：

$$\max \quad 40F + 30S + 50C - 200\text{SF} - 50\text{SS} - 400\text{SC}$$

约束条件为：当生产准备变量等于 0 时，不允许生产相应的产品；当生产准备变量等于 1 时，可以生产最大数量的该产品。对于燃料添加剂，我们加入如下条件：

$$F \leqslant 50\text{SF}$$

在此条件下：SF=0 时，不生产燃料添加剂；SF=1 时，燃料添加剂可最多生产 50 吨。我们可以把生产准备变量看作一个开关。当它关着时（SF=0），就不允许生产；当它开着时（SF=1），才允许生产。

利用 0-1 变量，为溶剂和地板清洁剂增加类似的生产能力约束条件如下：

$$S \leqslant 25\mathrm{SS}$$

$$C \leqslant 40\mathrm{SC}$$

然后我们可以得到 RMC 问题的固定成本模型：

$$\max \quad 40F+30S+50C-200\mathrm{SF}-50\mathrm{SS}-400\mathrm{SC}$$

$$\begin{aligned}
&\text{s.t.}\\
&0.4F+0.5S+0.6C \leqslant 20 \quad \text{原料 1}\\
&0.2S+0.1C \leqslant 5 \quad \text{原料 2}\\
&0.6F+0.3S+0.3C \leqslant 21 \quad \text{原料 3}\\
&F \leqslant 50\mathrm{SF} \quad F \text{ 的最大值}\\
&S \leqslant 25\mathrm{SS} \quad S \text{ 的最大值}\\
&C \leqslant 40\mathrm{SC} \quad C \text{ 的最大值}
\end{aligned}$$

$$F,\ S,\ C \geqslant 0;\ \mathrm{SF},\ \mathrm{SS},\ \mathrm{SC}=0,\ 1$$

图 7-6 展示了含有生产准备成本的 RMC 问题的解决方案。如图 7-6 所示，最优解为 25 吨燃料添加剂和 20 吨溶剂。扣除成本后的目标函数值为 1 350 美元。燃料添加剂和溶剂的生产准备成本为 200+50=250（美元）。最优解的结果中 SC=0，表示应取消昂贵的 400 美元的地板清洁剂生产准备成本，因此不应生产地板清洁剂。

最优值 = 1350.00000

变量	值
F	25.00000
S	20.00000
C	0.00000
SF	1.00000
SS	1.00000
SC	0.00000

图 7-6 使用 Setup Costs 对 RMC 问题的求解

构建一个固定成本模型的关键是各个固定成本 0-1 变量的引入，以及相应的生产变量上下限的设置。对于一个产量为 x 的产品，限制条件 $x \leqslant My$ 的作用为，当生产准备变量 $y=0$ 时不允许生产，而在 $y=1$ 时允许生产。最大生产量 M 的值需要足够大以满足所有正常生产的水平。但是，研究显示，选择过大的变量 M 值会降低求解问题的速度。

7.3.3 分销系统设计

马丁贝克公司在圣路易斯经营一家年产量为 30 000 件产品的工厂。产品被运输到位于波士顿、亚特兰大和休斯敦的地区分销中心。由于预期将有需求的增长，马丁贝克公司计划在底特律、托莱多、丹佛和堪萨斯城中的一个或多个城市建立新工厂以增加生产力。在上述 4 个城市中建立工厂的年固定成本和年生产能力如右表（上）所示。

目标工厂	年固定成本（美元）	年生产能力（件）
底特律	175 000	10 000
托莱多	300 000	20 000
丹佛	375 000	30 000
堪萨斯城	500 000	40 000

该公司的长期计划小组对 3 个地区分销中心的年需求量做了预测，如右表（下）所示。

分销中心	年需求量（件）
波士顿	30 000
亚特兰大	20 000
休斯敦	20 000

每件产品从各工厂到各分销中心的运费见表 7-2。图 7-7 描述了马丁贝克公司分销系统中一个可能的网络。其包含了每一个可能的工厂地点、生产力和需求量，均以 1 000 件为单位。这张网络图是圣路易斯一个

工厂和四个被提议工厂的选址的运输问题。但是，将建立哪一个或哪些工厂还未决定。

表 7-2 马丁贝克分销系统的单位运输成本 （单位：千美元）

生产地	分销中心		
	波士顿	亚特兰大	休斯敦
底特律	5	2	3
托莱多	4	3	4
丹佛	9	7	5
堪萨斯城	10	4	2
圣路易斯	8	4	3

现在说明在该分销系统设计问题中，如何应用 0-1 变量建立模型来选择最优的厂址、确定从各工厂到各分销中心的运输量。我们可以用以下的 0-1 变量来表示建立工厂的决策。

如果在底特律建立工厂，则 $y_1=1$；否则，$y_1=0$

如果在托莱多建立工厂，则 $y_2=1$；否则，$y_2=0$

如果在丹佛建立工厂，则 $y_3=1$；否则，$y_3=0$

如果在堪萨斯城建立工厂，则 $y_4=1$；否则，$y_4=0$

表示各工厂到每个分销中心的运输量的变量和运输问题中的相同。

x_{ij}= 工厂 i 到分销中心 j 的运输量

其中，i=1，2，3，4，5 且 j=1，2，3

利用表 7-2 中的运输数据，年运输成本（单位：千美元）为：

$$5x_{11}+2x_{12}+3x_{13}+4x_{21}+3x_{22}+4x_{23}+9x_{31}+7x_{32}+5x_{33}+$$
$$10x_{41}+4x_{42}+2x_{43}+8x_{51}+4x_{52}+3x_{53}$$

经营新工厂的年固定成本（单位：千美元）为：

$$175y_1+300y_2+375y_3+500y_4$$

注意，根据 0-1 变量的定义，只有当确定建立某个工厂（如 y_i=1）时，才计算经营该新工厂的固定成本；而如果没有建立该工厂（即 y_i=0），则相应的年固定成本为 0。

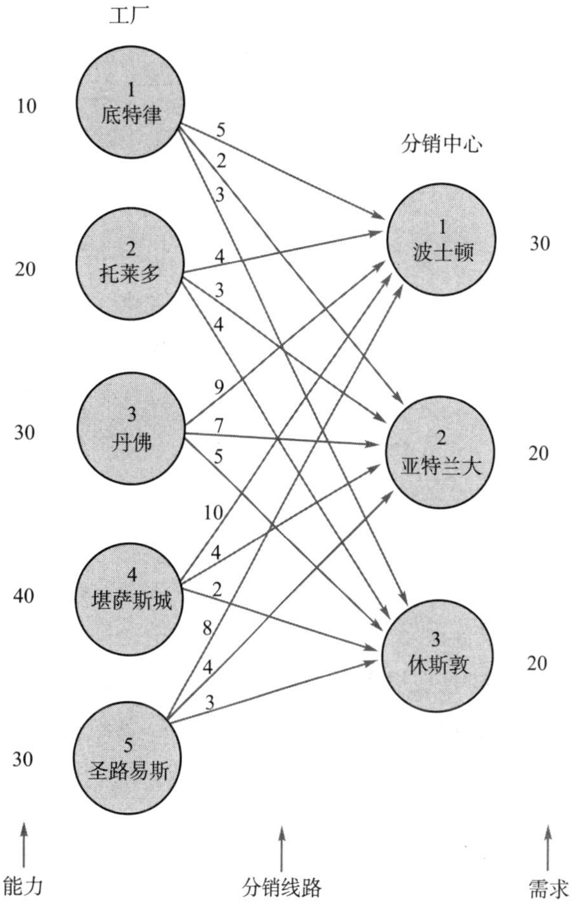

图 7-7 马丁贝克分销系统问题的网络图

马丁贝克公司的目标函数为：年运输成本与经营新建立的工厂的年固定成本之和最小化。

现在我们考虑 4 个被提议工厂的生产力约束条件。以底特律为例，可以得出如下约束条件：

$$x_{11}+x_{12}+x_{13}\leqslant 10y_1 \quad 底特律的生产能力$$

如果建立底特律的工厂，即 y_1=1，那么从底特律运到 3 个分销中心的总量必须小于或等于底特律的生产能力，即 10 000 件。如果不建立底特律的工厂，即 y_1=0，则意味着底特律的生产能力为 0。这样，相应得出自底特律的运输量均等于 0。

以类似的方式，可以得到托莱多工厂的生产能力约束条件如下：

$$x_{21}+x_{22}+x_{23}\leqslant 20y_2 \quad \text{托莱多的生产能力}$$

丹佛和堪萨斯城也类似。考虑到圣路易斯已经存在工厂，我们不需要设置 0-1 变量。其生产能力约束条件可写为：

$$x_{51}+x_{52}+x_{53}\leqslant 30 \quad \text{圣路易斯的生产能力}$$

还需要为 3 个分销中心的需求量各自设定一个约束条件。波士顿分销中心需求量（单位：千件）的约束条件可写为：

$$x_{11}+x_{21}+x_{31}+x_{41}+x_{51}=30 \quad \text{波士顿的需求}$$

亚特兰大和休斯敦也相同。

于是，我们得到了马丁贝克公司的分销系统设计问题的完整模型：

$$\begin{aligned}\max\quad & 5x_{11}+2x_{12}+3x_{13}+4x_{21}+3x_{22}+4x_{23}+9x_{31}+7x_{32}+5x_{33}+10x_{41}+4x_{42}+\\ & 2x_{43}+8x_{51}+4x_{52}+3x_{53}+175y_1+300y_2+375y_3+500y_4\end{aligned}$$

s.t.

$$\begin{aligned}
& x_{11}+x_{12}+x_{13}\leqslant 10y_1 && \text{底特律的生产能力}\\
& x_{21}+x_{22}+x_{23}\leqslant 20y_2 && \text{托莱多的生产能力}\\
& x_{31}+x_{32}+x_{33}\leqslant 30y_3 && \text{丹佛的生产能力}\\
& x_{41}+x_{42}+x_{43}\leqslant 40y_4 && \text{堪萨斯城的生产能力}\\
& x_{51}+x_{52}+x_{53}\leqslant 30 && \text{圣路易斯的生产能力}\\
& x_{11}+x_{21}+x_{31}+x_{41}+x_{51}=30 && \text{波士顿的需求}\\
& x_{12}+x_{22}+x_{32}+x_{42}+x_{52}=20 && \text{亚特兰大的需求}\\
& x_{13}+x_{23}+x_{33}+x_{43}+x_{53}=20 && \text{休斯敦的需求}\\
& x_{ij}\geqslant 0，\text{对于所有的 } i \text{ 和 } j；y_1，y_2，y_3，y_4=0，1
\end{aligned}$$

最优值 = 860.00000

变量	值
X11	0.00000
X12	0.00000
X13	0.00000
X21	0.00000
X22	0.00000
X23	0.00000
X31	0.00000
X32	0.00000
X33	0.00000
X41	0.00000
X42	20.00000
X43	20.00000
X51	30.00000
X52	0.00000
X53	0.00000
Y1	0.00000
Y2	0.00000
Y3	0.00000
Y4	1.00000

约束条件	松弛 / 剩余
1	0.00000
2	0.00000
3	0.00000
4	0.00000
5	0.00000
6	0.00000
7	0.00000
8	0.00000

图 7-8 马丁贝克公司分销系统问题的解决方案

图 7-8 展示了马丁贝克公司分销系统问题的解决方案。最优解说明要在堪萨斯城建立一个工厂（y_4=1），从堪萨斯城到亚特兰大运输 20 000 件产品（x_{42}=20），从堪萨斯城到休斯敦运输 20 000 件产品（x_{43}=20），从圣路易斯到波士顿运输 30 000 件产品（x_{51}=30）。注意，包括堪萨斯城工厂的固定成本 500 000 美元在内，该解所得到的总成本为 860 000 美元。

可以对上述基本模型进行扩展，从而适用于含有工厂与仓库、工厂与零售店面之间的直接运输和多种产品的分销系统。[⊖]利用 0-1 变量的特殊性质，该模型还可以进行扩展以适应多约束条件的厂址配置问题。例如，假设在其他问题中，选址 1 为达拉斯，而选址 2 为沃斯堡，因为这两个城市相距太近，公司也许不希望同时在这两地建厂。为避免此情况发生，模型中可加入以下约束条件：

$$y_1+y_2\leqslant 1$$

⊖ 由于计算的原因，m 厂的生产能力多用运输路径的能力 mn 限制，$x_{ij}\leqslant \min\{s_i, d_j\}\, y_i$，其中 $i=1,2,\cdots,m$, $j=1,2,\cdots,n$，每个约束条件中 y_i 的系数是生产能力（s_i）和最终需求（d_j）中较小的一个。这些附加的约束条件往往使 LP 松弛的解为整数。

上述限制条件使得 y_1 与 y_2 中最多只有一个等于 1。而如果把约束条件写成等式，就使得必须在达拉斯与沃斯堡中选择一个。

7.3.4　银行选址

俄亥俄州信托公司的长期计划部正考虑在俄亥俄州东北部 20 个县的地区开展业务（见图 7-9）。俄亥俄州信托公司目前在这 20 个县没有主营业处。根据该州相关法律，如果一个银行在任一县建立一个主营业处，即可在该县及所有毗邻县建立分行。但是，为了建立一个主营业处，俄亥俄州信托公司必须获得本州银行管理者的批准，或者购买一家当地的银行。

表 7-3 列出了这一地区的 20 个县及其邻县。例如，阿什塔比拉与莱克、吉奥加、杜伦巴尔毗邻，莱克县与阿什塔比拉、凯霍加、吉奥加毗邻，等等。

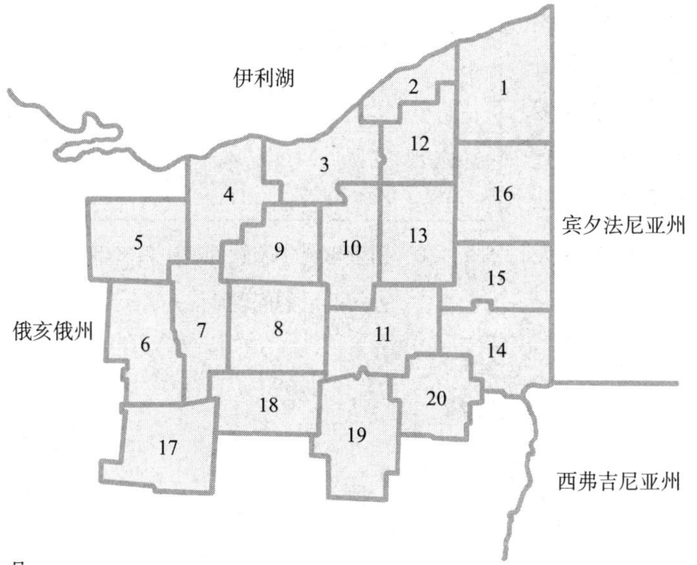

县

1. 阿什塔比拉　6. 里奇兰　11. 斯塔克　16. 杜伦巴尔
2. 莱克　7. 阿什兰　12. 吉奥加　17. 诺克斯
3. 凯霍加　8. 韦恩　13. 波蒂奇　18. 霍姆斯
4. 洛雷恩　9. 梅迪纳　14. 哥伦比亚纳　19. 塔斯卡罗瓦斯
5. 休伦　10. 萨米特　15. 马霍宁　20. 卡罗尔

图 7-9　俄亥俄州东北部的 20 个县

表 7-3　俄亥俄州信托公司的扩展区

考虑的县	临近的县（图 7-9 中用数字表示）
1. 阿什塔比拉	2，12，16
2. 莱克	1，3，12
3. 凯霍加	2，4，9，10，12，13
4. 洛雷恩	3，5，7，9
5. 休伦	4，6，7
6. 里奇兰	5，7，17
7. 阿什兰	4，5，6，8，9，17，18
8. 韦恩	7，9，10，11，18
9. 梅迪纳	3，4，7，8，10
10. 萨米特	3，8，9，11，12，13
11. 斯塔克	8，10，13，14，15，18，19，20
12. 吉奥加	1，2，3，10，13，16
13. 波蒂奇	3，10，11，12，15，16
14. 哥伦比亚纳	11，15，20
15. 马霍宁	11，13，14，16
16. 杜伦巴尔	1，12，13，15
17. 诺克斯	6，7，18
18. 霍姆斯	7，8，11，17，19
19. 塔斯卡罗瓦斯	11，18，20
20. 卡罗尔	11，14，19

计划的第一步，俄亥俄州信托公司需要确定在这 20 个县开展业务所需的最少主营业处数量。此问题可用一个整数规划模型来求解。变量定义如下：

$$\text{如在 } i \text{ 县建立主营业处，} x_i = 1\text{；反之，} x_i = 0$$

为了得到所需主营业处的最小数目，我们将目标函数写为：

$$\min \quad x_1 + x_2 + \cdots + x_{20}$$

如果某县拥有一个主营业处或其毗邻有一个拥有主营业处的县，那么就可以在该县建立分行。于是，每个县都要满足一个条件。例如，阿什塔比拉县所需要满足的条件是：

$$x_1+x_2+x_{12}+x_{16}\geqslant 1\quad 阿什塔比拉县$$

满足这一条件就可以保证阿什塔比拉县及其（一个或多个）毗邻县至少设有一个主营业处。这一条件使俄亥俄州信托公司能够在阿什塔比拉县设立分行。

该银行选址问题的完整表述如下：

$$\min\quad x_1+x_2+\cdots+x_{20}$$

s.t.

$$x_1+x_2+x_{12}+x_{16}\geqslant 1\quad 阿什塔比拉县$$

$$x_1+x_2+x_3+x_{12}\geqslant 1\quad 莱克县$$

$$\vdots$$

$$x_{11}+x_{14}+x_{19}+x_{20}\geqslant 1\quad 卡罗尔县$$

$$x_i=0,1,\ i=1,2,\cdots,20$$

最优值 =	3.00000
变量	值
X1	0.00000
X2	0.00000
X3	0.00000
X4	0.00000
X5	0.00000
X6	0.00000
X7	1.00000
X8	0.00000
X9	0.00000
X10	0.00000
X11	1.00000
X12	1.00000
X13	0.00000
X14	0.00000
X15	0.00000
X16	0.00000
X17	0.00000
X18	0.00000
X19	0.00000
X20	0.00000

图 7-10 用管理科学家软件解决俄亥俄州信托公司选址的问题

在图 7-10 中，我们展示了俄亥俄州信托公司问题的解决方案。通过这一结果，我们得知最优解为：在阿什兰、斯塔克、吉奥加设立主营业处。有了这 3 个主营业处后，俄亥俄州信托公司就可以在这全部 20 个县设立分行（见图 7-11）。其他所有决策变量的最优值都为 0，即不需要在这些县设立主营业处。很明显，该整数规划模型可进行扩展，用于在更大一块地区或整个州开展业务。

图 7-11 俄亥俄州信托公司主营业处的位置

7.3.5　产品设计和市场份额优化

联合分析是一种市场研究方法，可以用来了解某种产品的预期购买者如何评价该产品的属性。本节将说明如何把联合分析的结果应用到**产品设计和市场份额优化问题**的整数规划模型中去。我们通过一家主要的冷冻食品制造商（塞伦食品公司）所面临的问题来介绍该方法。

塞伦食品公司计划进入冷冻比萨饼市场。目前该市场已有两个品牌占据主要市场份额：安东尼奥和国王。塞伦准备开发一种香肠比萨饼以夺取大量市场份额。塞伦已确定顾客在购买冷冻香肠比萨饼时最关心的 4 个属性为：饼皮、奶酪、调味酱和香肠口味。饼皮属性有两种（薄和厚），奶酪属性有两种（马苏里拉奶酪和混合奶酪），调味酱属性也有两种（细滑的和带块的），香肠口味有 3 种（微辣、中辣和辛辣）。

在典型的联合分析中，会以一些客户为样本，让他们针对不同属性级别的比萨饼描述自己的偏好。然后使用回归分析法来确定各种属性级别的成分效用值。也就是说，成分效用值是消费者对某个属性给出的级别的效用。如何利用回归方法来计算成分效用值不在本书讨论的范围之内，但我们会说明如何使用成分效用值，来计算消费者对某种比萨饼的整体效用值。

表 7-4 显示了 8 位目前在购买安东尼奥和国王的比萨饼，但有可能转向塞伦的潜在顾客对每一种属性的成分效用值。对于顾客 1，薄饼皮的成分效用值为 11，而厚饼皮为 2，这就意味着他偏好薄饼皮。在奶酪属性上，马苏里拉奶酪的成分效用值为 6，而混合奶酪为 7，就是说顾客 1 对混合奶酪有轻微的偏好。通过另外的成分效用值分析，我们可知顾客 1 对于带块的调味酱比对细滑的调味酱有更强烈的偏好（17 ∶ 3），且对中辣的香肠有轻微的偏好。可以注意到，顾客 2 对薄饼皮、混合奶酪、带块的调味酱和微辣的香肠有偏好。其他顾客的成分效用值属性也是如此解释。

表 7-4　塞伦食品公司问题的成分效用值

顾客	饼皮		奶酪		调味酱		香肠口味		
	薄	厚	马苏里拉奶酪	混合奶酪	细滑的	带块的	微辣	中辣	辛辣
1	11	2	6	7	3	17	26	27	8
2	11	7	15	17	16	26	14	1	10
3	7	5	8	14	16	7	29	16	19
4	13	20	20	17	17	14	25	29	10
5	2	8	6	11	30	20	15	5	12
6	12	17	11	9	2	30	22	12	20
7	9	19	12	16	16	25	30	23	19
8	5	9	4	14	23	16	16	30	3

成分效用值还可以用来决定每位顾客对某一种比萨饼的整体评价。例如，顾客 1 目前最喜爱的比萨饼是安东尼奥牌的：厚饼皮、马苏里拉奶酪、带块的调味酱、中辣香肠。我们可以利用表 7-4 中的成分效用值来决定某一种比萨饼对顾客 1 的效用。对顾客 1，厚饼皮的成分效用值为 2，马苏里拉奶酪的成分效用值为 6，带块的调味酱的成分效用值为 17，中辣香肠的成分效用值为 27。因此，安东尼奥牌的比萨饼对顾客 1 的效用为 2+6+17+27=52。我们可以用类似的方法计算国王牌比萨饼对顾客 1 的效用。国王牌比萨饼有如下特征：薄饼皮、混合奶酪、细滑的调味酱、微辣香肠。由于对顾客 1，薄饼皮的成分效用值为 11，混合奶酪的成分效用值为 7，细滑的调味酱成分效用值为 3，微辣香肠的成分效用值为 26，所以国王牌比萨饼对顾客 1 的效用为 11+7+3+26=47。一般来说，每位顾客对某种比萨饼的评价就是各偏好成分效用值的简单相加。

为了使品牌获得成功，塞伦食品公司意识到必须诱使市场上的消费者从他们中意的比萨饼品牌转变到塞伦的产品上来。也就是说，塞伦必须设计出一种比萨饼（通过选择饼皮、奶酪、调味酱和香肠口味），这种比萨饼能为足够多的人提供比他们目前中意的比萨饼更高的效用，这样才能保证足够的销售量，从而来支持该种产品的生产。假设目前所抽样调查的 8 位顾客可以代表整个冷冻香肠比萨饼市场，那么，我们就可以构建并求解一个整数规划模型来帮助塞伦得出设计方案。在市场营销领域，这个问题被称作份额选择问题。

定义决策变量如下：

如果塞伦在属性 j 上选择品质 i，$l_{ij}=1$；反之，则取 0

如果顾客 k 选择塞伦品牌，$y_k=1$；反之，则取 0

目标是选择每种属性的品质，以使偏好塞伦牌比萨饼的顾客人数达到最大。由于偏好塞伦比萨饼的顾客人数就是变量 y_k 的总和，所以目标函数就是：

$$\max \quad y_1+y_2+\cdots+y_8$$

每一位抽样顾客都有一个约束条件。为了说明列出的约束条件，我们以顾客 1 为例。对于顾客 1，某种比萨饼的效用可以表示为成分效用值的和：

$$\text{顾客的效用}=11l_{11}+2l_{21}+6l_{12}+7l_{22}+3l_{13}+17l_{23}+26l_{14}+27l_{24}+8l_{34}$$

为了使顾客 1 选择塞伦比萨饼，塞伦比萨饼的效用必须高于顾客 1 目前中意的比萨饼。由于顾客 1 目前中意的比萨饼品牌是安东尼奥，效用为 52，所以若要顾客 1 选择塞伦，塞伦必须在以下条件下选择各属性的品质：

$$11l_{11}+2l_{21}+6l_{12}+7l_{22}+3l_{13}+17l_{23}+26l_{14}+27l_{24}+8l_{34}>52$$

决策变量 y_k 的定义是：当顾客选择塞伦品牌时，设 $y_1=1$；而当顾客不选择塞伦时，设 $y_1=0$。所以，我们这样来描述顾客 1 的选择条件：

$$11l_{11}+2l_{21}+6l_{12}+7l_{22}+3l_{13}+17l_{23}+26l_{14}+27l_{24}+8l_{34}\geqslant 1+52y_1$$

这样，只要当塞伦比萨饼的效用（约束条件的左边）至少比顾客 1 目前中意的比萨饼的效用大 1 时，y_1 才可能等于 1。由于目标函数是要求变量 y_k 的和的最大值，所以最优解就是要找到一种产品设计，能使尽量多的 y_k 等于 1。

每一位抽样顾客的条件都是如此。效用函数中变量 l_{ij} 的系数来自表 7-4，变量 y_k 的系数是通过计算顾客目前中意的比萨饼品牌的总体效用得到的。下面的条件分别对应本研究中 8 位抽样顾客。

> 安东尼奥品牌的比萨是顾客 1、4、6、7 和 8 最喜欢的。国王品牌的比萨目前最受顾客 2、3 和 5 的欢迎。

$$11l_{11}+2l_{21}+6l_{12}+7l_{22}+3l_{13}+17l_{23}+26l_{14}+27l_{24}+8l_{34}\geqslant 1+52y_1$$
$$11l_{11}+7l_{21}+15l_{12}+17l_{22}+16l_{13}+26l_{23}+14l_{14}+1l_{24}+10l_{34}\geqslant 1+58y_2$$
$$7l_{11}+5l_{21}+8l_{12}+14l_{22}+16l_{13}+7l_{23}+29l_{14}+16l_{24}+19l_{34}\geqslant 1+66y_3$$
$$13l_{11}+20l_{21}+20l_{12}+17l_{22}+17l_{13}+14l_{23}+25l_{14}+29l_{24}+10l_{34}\geqslant 1+83y_4$$
$$2l_{11}+8l_{21}+6l_{12}+11l_{22}+30l_{13}+20l_{23}+15l_{14}+5l_{24}+12l_{34}\geqslant 1+58y_5$$
$$12l_{11}+17l_{21}+11l_{12}+9l_{22}+2l_{13}+30l_{23}+22l_{14}+12l_{24}+20l_{34}\geqslant 1+70y_6$$
$$9l_{11}+19l_{21}+12l_{12}+16l_{22}+16l_{13}+25l_{23}+30l_{14}+23l_{24}+19l_{34}\geqslant 1+79y_7$$
$$5l_{11}+9l_{21}+4l_{12}+14l_{22}+23l_{13}+16l_{23}+16l_{14}+30l_{24}+3l_{34}\geqslant 1+59y_8$$

另外还需要 4 个条件，每一种属性对应一个。通过这些条件来保证每一种属性都选择一种并且只选择一种品质。对于属性 1（饼皮），我们加上条件：

$$l_{11}+l_{21}=1$$

由于 l_{11} 和 l_{21} 都是0-1变量，所以这一条件就使得这两个变量中一个等于1，另一个等于0。下面的3个条件保证另外3种属性也必须选择并且只能选择一种品质。

$$l_{12}+l_{22}=1$$

$$l_{13}+l_{23}=1$$

$$l_{14}+l_{24}+l_{34}=1$$

该整数线性规划的最优解为 $l_{11}=l_{22}=l_{23}=l_{14}=1$ 和 $y_1=y_2=y_6=y_7=1$。最优解的值为4，就是说如果塞伦制作这种比萨饼，将会得到这8位顾客中的4位的青睐。由于 $l_{11}=l_{22}=l_{23}=l_{14}=1$，所以塞伦可以占得最大市场份额的比萨饼设计是：薄饼皮、混合奶酪、带块的调味酱、微辣香肠口味。而根据 $y_1=y_2=y_6=y_7=1$，顾客1、2、6、7将偏好于塞伦比萨饼。根据这些信息，塞伦食品可以销售此种比萨饼。

注释与点评

1. 专栏7-2描述了福特汽车公司如何使用0-1整数规划来安排高效、经济的碰撞测试，以确保车辆安全。

2. 一般用途的混合整数线性规划和一些电子表格软件可以用于线性规划问题、纯整数问题和既含有连续变量又含有整数变量的问题。一般用途的规则在解决含有特殊结构的问题（如运输、分配以及转运）上通常不是速度最快的。但是，除非问题非常庞大，求解速度通常不是关键问题。因此，相对于使用许多针对特殊问题的计算机软件而言，多数从业者更倾向于使用一个能适用于大量不同问题的一般用途的计算机软件。

|专栏7-2|　实践中的管理科学

福特汽车公司汽车碰撞测试调度优化

汽车碰撞测试始于20世纪30年代，它极大地提高了汽车行驶的安全性。碰撞测试是用于检测汽车设计和新功能对汽车安全性影响的破坏性试验。各种不同的碰撞测试被用来模拟车辆在道路上可能发生的情况。这些测试包括正面撞击、后部和侧面撞击，以及车辆侧翻。如今，每个汽车制造商都使用碰撞测试来检测新车型的安全性。

汽车制造商福特汽车公司的总部位于密歇根州迪尔伯恩。自1954年以来，福特汽车公司已经进行了超过2万次碰撞测试。为了检测新车的设计和功能，福特汽车公司使用真实车辆进行安全测试，每辆车的成本可能超过20万美元。碰撞测试都是破坏性的，且真实车辆成本高，因此福特汽车公司采取了非常科学的方法来设计和测试新车型，在确保测试过程的全面性和有效性的同时兼顾良好的成本效益。

由于新特性、设计和测试类型的组合数量很多，因此碰撞测试的调度可能相当复杂。同一辆车可以用于多组测试，因此，通过智能调度决定哪些车辆将在什么时间进行哪些测试可以提高效率。

福特汽车公司使用一个整数规划模型来解决碰撞测试调度问题。该模型为测试车辆分配最优的测试顺序和每次测试的开始时间，以使测试成本最小化。模型中使用的约束条件包括测试时间的限制，并确保每辆车的测试可行性。时间限制确保所有的测试都按照碰撞车可用性和制造时间表进行。车辆测试的可行性规定，某些测试对不能同时对同一辆车进行。例如，第一个测试会使车辆结构不适合进行第二个测试。

使用整数规划模型安排碰撞测试估计每年可节省100万美元。该方法后被用于测试各种车型，包括EcoSport、Mustang和Edge车型。

资料来源：D. Reich et al., "Scheduling Crash Tests at Ford Motor Company," *Interfaces* 46, no. 5, (September–October 2016): 409–423.

7.4 0-1整数变量在建模过程中的灵活性分析

在7.3节中，我们已经初步介绍了0-1整数变量的4种应用。本节将结合应用继续讨论0-1整数变量在构建模型中的灵活性。首先，本节讨论0-1整数变量用于构建多项选择和存在互相排斥约束的模型的情况。其次，分析构建从n个方案中挑选k个方案的模型，其中也包括一个方案的采纳作为另一个方案采纳条件的情形。最后，本节尝试讨论整数线性规划中的灵敏度分析，及其在整数线性规划中所起的作用。

7.4.1 多重选择和互斥约束

请回顾一下前一节中讲到的爱斯柯德冰箱公司的资金预算问题。其决策变量的定义如下：

$P=1$，表示执行工厂扩建方案，否则取0

$W=1$，表示执行仓库扩建方案，否则取0

$M=1$，表示执行机器更新方案，否则取0

$R=1$，表示执行新产品研发方案，否则取0

假设爱斯柯德公司不是执行扩建1个仓库的方案，而是需要考虑3个仓库的扩建方案。其中有1个仓库必须被扩建以迎合增长的产品需求，但是新增需求还没有达到必须扩建1个以上的仓库。下面定义变量和**多重选择性约束条件**，实际上可以考虑用0-1整数线性规划模型，从而反映爱斯柯德公司目前所面临的局面。设定：

$W_1=1$，表示执行第1仓库扩建方案，否则取0

$W_2=1$，表示执行第2仓库扩建方案，否则取0

$W_3=1$，表示执行第3仓库扩建方案，否则取0

由于要求这些方案中只能执行其中一个方案，则反映这一要求的多重选择规则如下：

$$W_1+W_2+W_3=1$$

如果W_1，W_2和W_3为0-1变量，则意味着只能从这些方案中选择其一。

如果不要求必须扩建一个仓库，则多重选择性约束条件可以写成：

$$W_1+W_2+W_3\leqslant 1$$

该多重选择性约束条件允许不扩建任何仓库的情况（$W_1=W_2=W_3=0$）出现，但不允许出现扩展一个以上的仓库的情况。这种多重选择性约束条件就被称为**互斥约束条件**。

7.4.2 n选k约束条件

将多重选择性约束条件概念延伸就可以很容易得出n个方案中挑选k个方案的模型，即**n选k约束条件**。设W_1、W_2、W_3、W_4和W_5代表5个潜在的仓库扩建方案，并且在这5个方案中必须至少执行2个，那么这个约束条件可以写成：

$$W_1 + W_2 + W_3 + W_4 + W_5 = 2$$

如果 5 个方案中执行的方案不能超过 2 个，则约束条件可写成：

$$W_1 + W_2 + W_3 + W_4 + W_5 \leqslant 2$$

当然，这里使用的变量都是 0-1 变量。

7.4.3　条件约束和并行约束条件

很多时候，必须执行一个方案才能触发另一个方案执行。例如，爱斯柯德公司的工厂扩建方案是仓库扩建方案的必备条件。显然，只有工厂扩建了，仓库才能扩建。工厂不扩建，则管理层将无从考虑仓库的扩建。用 0-1 变量 P 表示工厂是否扩张（1= 扩张，0= 不扩张），0-1 变量 W 表示仓库是否扩张（1= 扩张，0= 不扩张），若要满足“除非工厂扩张，否则仓库不能扩张”，则需要引入新的约束条件。

在构建对这种类型的条件约束时，可以借助可行性表。**可行性表**是列出相关 0-1 变量所有可能取值的表，并指出这些变量的哪些设置是可行的，哪些是不可行的。在爱斯柯德案例中，我们可以使用以下可行性表。

W	P	关系	可行性	说明
0	0	$W=P$	可行	工厂和仓库都可以选择不扩建，满足约束条件，可行
1	0	$W>P$	不可行	工厂没有扩建、仓库扩建了，与要求不符，不可行
0	1	$W<P$	可行	工厂扩建、仓库没有扩建，满足约束条件，可行
1	1	$W=P$	可行	工厂和仓库可以选择同时扩建，满足约束条件，可行

在可行的情况下 W 小于或等于 P，而在不可行的情况下 W 大于 P。因此，新的**条件约束**为：

$$W \leqslant P$$

现在考虑另外一种情况，只要选择工厂扩建项目，就需选择仓库扩建项目；反之，选择了仓库扩建，也必须选择工厂扩建。这两个项目相互依赖，如果我们选择接受其中一个，另一个也必须接受，我们称这样的约束条件为**并行约束条件**。在这种情况下的可行性表如下。

W	P	关系	可行性	说明
0	0	$W=P$	可行	工厂和仓库都可以选择不扩建，满足约束条件，可行
1	0	$W>P$	不可行	工厂没有扩建、仓库扩建了，与要求不符，不可行
0	1	$W<P$	不可行	工厂扩建、仓库没有扩建，与要求不符，不可行
1	1	$W=P$	可行	工厂和仓库可以选择同时扩建，满足约束条件，可行

在这个可行性表中，我们看到当 W 和 P 取值相同时，结果是可行的，而 W 和 P 取值不同时则不可行。因此，并行约束条件应表示为：

$$W = P$$

约束条件迫使 W 和 P 取相同的值。

专栏 7-3 描述了如何灵活利用 0-1 变量建模帮助 Ketron 为一家体育用品公司建立客户订单分配模型。

|专栏 7-3|　实践中的管理科学

Ketron 的客户订单分配模型

Ketron 的管理科学研究部门为数学规划模型的设计及其具体实施提供咨询服务。其中一个重要的应用案例是：Ketron 为一家大型体育用品公司的客户订单分配应用构建了一个混合整数规划模型。该体育用品公司经营近300种体育产品，生产产品的原材料来源于30个不同的地方（包括工厂和库房）。模型所要解决的问题是将客户订单配置给不同的供应商且保证总制造成本最低。这个问题可用图7-12表示。注意，图中关系表示每个客户只能得到有限几个供应方的供应。例如，客户1能从A和B处得到供应，而客户2只能从A处得到供应。参见图7-12，依此类推。

该体育用品公司把客户的订单分为两类：一类被称作“保证”订单，另一类被称作“二级”订单。保证订单是单源订单，只由一个供应方来供应，并且要保证能够将订单一次性运送给客户。这种单源供应的要求使得在建模中必须使用0-1变量。该公司近80%的订单属于保证订单。二级订单可以加以分割，由多个供应方供应，这些订单是客户为了再补充库存而发出的，所以可以在不同的时间、从不同的供应方接受分批运送。因此，模型用0-1变量来表示保证订单，而用连续变量来表示二级订单。

此问题的约束条件主要有：原材料存货量、生产制造能力以及各个产品的存货量。一个代表性的典型应用（问题）可以包含800多个约束条件、2 000多个表达不同含义的0-1变量（针对第一类订单而言）、500多个连续参变量（针对第二类订单应用而言）。随着客户订单的到达，可以分阶段对客户订单进行分配。通常在一个周期内，大约有20～40个客户要求订货。又因为大多数客户要求订购若干种不同产品，因此通常将600～800个订单分派到不同的供应方。

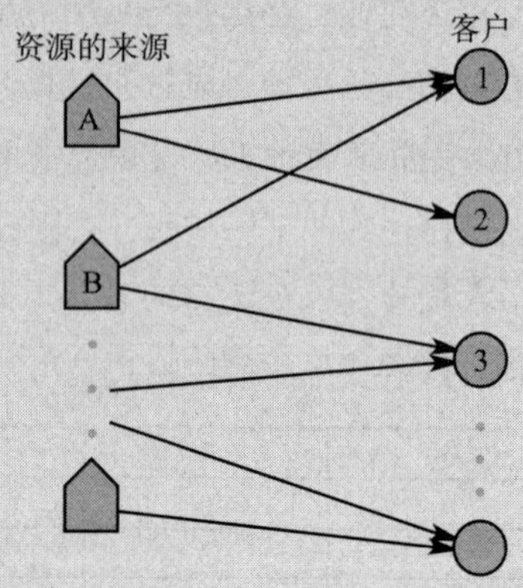

图7-12 客户订单配置问题的示意图

注：带箭头的线段代表每个客户可能的资源供给。

资料来源：由意大利名企Ketron的J.A. Tomlin提供相关信息。

注释与点评

1. 就像在爱斯柯德公司的问题中有条件约束和并行约束条件的例子一样，许多约束条件只涉及2个0-1变量。由于在可行性表中，我们列出了所有可能的情况（0-1变量的设置），当有2个变量时，有$2^2=4$种情况。一些条件约束和并行约束条件可能涉及3个或更多变量。对于3个变量，有$2^3=8$种情况；对于4个变量，有$2^4=16$种情况。一般来说，对于n个变量，有2^n种情况。因此，对于涉及3个以上变量的情况，可行性表可能会变得很麻烦。

2. 在Excel中尝试建模条件约束或并行约束条件的一种比较自然的方法是使用IF函数。由于IF函数是一个不连续函数（即函数值中有断点或跳跃的函数），因此，使用IF语句不能选择Excel Solver中LP Simplex选项。虽然Excel Solver中的非线性选项（在第8章中讨论）有时在使用IF函数的情况下也能找到很好的结果，但不能总是保证最优解。因此，我们建议你像前面章节讨论的那样，以线性方式构建约束条件。

7.4.4 关于灵敏度分析的说明

灵敏度分析对于整数线性规划至关重要。在一些应用中经常可以看到，约束条件中某个参数发生很小的变化，就可能使得最优解的值产生很大的波动。下面我们考虑一个针对简单资金预算问题而构建的整数规划模型。模型涉及4个方案和一段时期内的预算约束条件。

$$
\begin{aligned}
\max \quad & 40x_1 + 60x_2 + 70x_3 + 160x_4 \\
\text{s.t.} \quad & \\
& 16x_1 + 35x_2 + 45x_3 + 85x_4 \leqslant 100 \\
& x_1,\ x_2,\ x_3,\ x_4 \text{ 均为 0-1 变量}
\end{aligned}
$$

我们可以简单地使用枚举法求出最优解，即 $x_1 = 1$，$x_2 = 1$，$x_3 = 1$，$x_4 = 0$，且目标函数的值为 170 美元。但是，如果预算变量增加 1 美元（比如从 100 美元增加到 101 美元），则最优解的值就会变成：$x_1 = 1$，$x_2 = 0$，$x_3 = 0$，$x_4 = 1$，目标函数也会相应变成 200 美元。也就是说，增加 1 美元的预算就会使得收入增加 30 美元。管理层当然很乐意遇到这种情况，也乐意去增加 1 美元的预算。从这个资金预算问题中可以看到：由于最优解的值对预算资金这个条件参数的变化很敏感，因此建议在选择最后实施的最优解之前，先对各个条件参数稍加改变，并针对各种新情况进行多次重新求解。

本章小结

本章介绍了线性规划的一个很重要的扩展，即整数线性规划。本章所研究的整数线性规划和前几章研究的线性规划问题的唯一区别在于其中的一个或者几个变量局限于取整数值。极端情况下，如果所有变量全部取整数，我们就得到纯整数线性规划。而如果变量不全部取整数，则得到混合整数线性规划。当然，多数整数规划软件中都含有 0-1 或二进制规划的求解方案。

研究整数线性规划的两个最重要的原因是：第一，当变量不允许出现小数时，使用整数线性规划求解问题就显得非常重要。而且，大多数情况下，仅仅靠对一般线性规划解的舍入并不能得到最优解。当取近似值能够产生较大的经济影响时，我们就需要寻找更有效的求解方法。第二，使用 0-1 变量构建整数线性规划模型的灵活性是十分明显的。本章我们通过对资金预算、固定成本等问题的求解应用，演示了线性规划中使用 0-1 变量建模的灵活性，以及在使用 0-1 变量建模过程中需要考虑的一些问题。

整数线性规划的应用数量持续快速增长。增长的部分原因是有性能较好的整数线性规划软件包可用，并且计算机的处理能力和速度也在持续进步。

专业术语

0-1 整数线性规划（0-1integer linear program） 纯整数或者混合整数线性规划中的整数变量取 0 或 1 时，这样的线性规划就叫 0-1 整数线性规划，又叫二进制整数规划。

纯整数线性规划（all-integer linear program） 所有变量均为整数的线性规划。

资金预算问题（capital budgeting problem） 用 0-1 整数规划中寻求最优投资回报率方案的问题。

条件约束（conditional constraint） 只有当某些变量为 1 时才允许另一些变量等于 1 的 0-1 变量约束条件。

并行约束条件（corequisite constraint） 要求 2 个 0-1 变量相等的约束条件，即这 2 个变量同时在方案中或者同时不在方案中。

分销系统设计问题（distribution system design problem） 属于混合整数线性规划，在这个规划中，一般用二进制整数变量表示选择仓库或工厂的地点，而用连续变量表示分销网络中各线路上的运输量。

固定成本问题（fixed cost problem） 属于 0-1 混

合整数规划的一种，在该规划问题中，0 或 1 代表一个动作行为的发生与否。比如生产某种产品，用 1 表示；不生产某种产品，则用 0 表示。

整数线性规划（integer linear program） 至少有一个变量为整数的线性规划。

***n* 选 *k* 约束条件**（*k* out of *n* alternatives constraint） 多重选择性约束条件的扩充。要求 *n* 个 0-1 变量的和等于 *k*。

选址问题（location problem） 以选择能满足既定目标的最优地点为目的的 0-1 整数规划问题。此问题的变化即是覆盖问题（参见 7.3 节中的银行选址问题）。

LP 松弛（LP relaxation） 整数线性规划中去掉变量为整数型的约束条件后得到的线性规划。

混合整数线性规划（mixed-integer linear program） 仅有部分变量为整数的线性规划。

多重选择性约束条件（multi-choice constraint） 要求两个或多个 0-1 变量的和等于 1 的约束条件。因此，在任何可行解中，都会将某个变量设为 1。

互斥约束条件（mutually exclusive constraint） 要求两个或多个 0-1 变量的和小于或等于 1 的约束条件。这样，如果一个变量等于 1，则其他变量就必须等于 0。但是，也可以选择所有的变量为 0。

产品设计和市场份额优化问题（product design and market share optimization problem） 这个问题常被称作份额选择问题，设计一种产品（方案）以满足最多客户的需求。

习题

1. **纯整数和混合整数规划。** 指出下列哪个是纯整数线性规划，哪个是混合整数线性规划，并写出其 LP 松弛，不需要求解。LO1

   a. max $30x_1 + 25x_2$

   s.t.

   $$3x_1 + 1.5x_2 \leqslant 400$$
   $$1x_1 + 2x_2 \leqslant 250$$
   $$1x_1 + 1x_2 \leqslant 150$$
   $x_1, x_2 \geqslant 0$，且 x_2 取整数

   b. min $3x_1 + 4x_2$

   s.t.

   $$2x_1 + 4x_2 \geqslant 8$$
   $$2x_1 + 6x_2 \geqslant 12$$
   $x_1, x_2 \geqslant 0$，且取整数

2. **纯整数规划的图解法。** 就下面的纯整数线性规划作答。LO2,3

   max $5x_1 + 8x_2$

   s.t.

   $$6x_1 + 5x_2 \leqslant 30$$
   $$9x_1 + 4x_2 \leqslant 36$$
   $$1x_1 + 2x_2 \leqslant 10$$
   $x_1, x_2 \geqslant 0$，且取整数

   a. 画出本题的约束条件，并用粗点表示可行的整数解。

   b. 求出 LP 松弛的最优解。做进一步舍入，求其可行的整数解。

   c. 直接求解最优整数解。比较 c 和 b，看它们所求得的结果是否一致。

3. **混合整数规划的图解法。** 考虑下面这个纯整数线性规划。LO2,3

   max $1x_1 + 1x_2$

   s.t.

   $$4x_1 + 6x_2 \leqslant 22$$
   $$1x_1 + 5x_2 \leqslant 15$$
   $$2x_1 + 1x_2 \leqslant 9$$
   $x_1, x_2 \geqslant 0$，且取整数

   a. 画出本题的约束条件，并用粗点表示可行的整数解。

   b. 求出 LP 松弛的最优解。

   c. 求出最优整数解。

4. **纯整数规划的图解法**。就下面的纯整数线性规划作答。LO2,3

max　$10x_1 + 3x_2$

s.t.

$6x_1 + 7x_2 \leqslant 40$

$3x_1 + 1x_2 \leqslant 11$

$x_1, x_2 \geqslant 0$，且取整数

a. 列出本题的 LP 松弛模型，并使用图解法求解。将解做舍入以求出它的一个可行解，并指出最优解的上限值。

b. 使用图解法求出本整数线性规划的解。比较图解法求出的解和 a 中求出的结果。

c. 假设目标函数变为 max　$3x_1 + 6x_2$，重新求解 a 和 b。

5. **混合整数规划的图解法**。就下面的混合整数线性规划作答。LO2,3

max　$2x_1 + 3x_2$

s.t.

$4x_1 + 9x_2 \leqslant 36$

$7x_1 + 5x_2 \leqslant 35$

$x_1, x_2 \geqslant 0$，且 x_1 取整数

a. 画出本题的约束条件，并在图上标出所有可行的混合整数结果。

b. 求 LP 松弛的最优解。取 x_1 的近似值从而得到一个可行的混合整数解。这个解是最优的吗？为什么是或者为什么不是呢？

c. 求解问题的最优结果。

6. **混合整数规划的图解法**。考虑下列混合整数线性规划。LO2,3

max　$1x_1 + 1x_2$

s.t.

$7x_1 + 9x_2 \leqslant 63$

$9x_1 + 5x_2 \leqslant 45$

$3x_1 + 1x_2 \leqslant 12$

$x_1, x_2 \geqslant 0$，且 x_2 取整数

a. 画出本题的约束条件，并用粗点表示所有可行的混合整数解。

b. 求 LP 松弛的最优解。取 x_2 的近似值从而得到一个可行的混合整数解。求解本规划问题最优解的上下限。

c. 求混合整数线性规划的最优解。

7. **护士调度**。医院管理人员要在医院患者得到充分照顾的条件下安排护士值班表，同时医院要尽量降低成本。根据历史记录，管理员可以预测一天中不同时间和一周中不同天需要值班的最少护士人数。为此，护士调度问题的目标是找到提供适当护理所需的最少护士总数。

护士从下列 4 小时班次之一开始工作（第 6 班次除外），连续工作 8 小时。因此，可能的开始时间是第 1 班到第 5 班的开始时间。另外，假定预测的护士人数已经考虑了护士的用餐和休息时间。

根据下面所给的数据，将护士调度问题表述为整数规划并求解，整数规划的周期是天。

班次	时间	所需的最少护士人数
1	午夜 12:00—凌晨 4:00	10
2	凌晨 4:00—上午 8:00	24
3	上午 8:00—中午 12:00	18
4	中午 12:00—下午 4:00	10
5	下午 4:00—晚上 8:00	23
6	晚上 8:00—午夜 12:00	17

提示：注意，超过每班所需的最少护士人数是可以接受的，只要所有班次的护士总数最小。LO4

8. **投资净现值**。斯宾塞公司需要从下列一系列投资方案中进行选择。下面列出了所有备选方案，以及未来回报的净现值、需求资金以及 3 年中的可用资金。LO5,7

可能选择	净现值（美元）	需求资金（美元）		
		第 1 年	第 2 年	第 3 年
小规模仓库扩建	4 000	3 000	1 000	4 000
大规模仓库扩建	6 000	2 500	3 500	3 500
测试新产品市场	10 500	6 000	4 000	5 000
广告活动	4 000	2 000	1 500	1 800
基础研究	8 000	5 000	1 000	4 000
买入新设备	3 000	1 000	500	900
可用资金		10 500	7 000	8 750

a. 构建该问题的整数线性规划模型，以最大化净现值。

b. 假设只能有一个仓库扩建方案可行，重新构建整数线性规划模型。

c. 假设如果将新产品投放市场，则需要进行广告活动。此时，请重新构建一个整数线性规划模型。

9. **连杆生产问题。**霍金斯制造公司使用相同的生产线为4缸和6缸汽车发动机生产连杆。4缸连杆的生产线配置成本为2 000美元，6缸连杆的生产线配置成本为3 500美元。制造成本为每个4缸连杆15美元，每个6缸连杆18美元。霍金斯制造公司在每个周末决定下一周生产哪些产品。如果需要从一周到下一周进行生产转换，则利用周末重新配置生产线。该生产线建成后，每周生产能力为6 000个6缸连杆和8 000个4缸连杆。LO6

令：

x_4 表示下周生产的4缸连杆的数量

x_6 表示下周生产的6缸连杆数量

s_4 表示是否生产4缸连杆；1表示生产，0表示不生产

s_6 表示是否生产6缸连杆；1表示生产，0表示不生产

a. 使用决策变量 x_4 和 s_4，写出一个约束条件，将下周4缸连杆的产量限制在0或8 000件。

b. 使用决策变量 x_6 和 s_6，写出一个约束条件，将下周6缸连杆的产量限制在0或6 000件。

c. 写出3个约束条件，综合起来，限制下周连杆的生产。

d. 写一个下周生产成本最小化的目标函数。

10. **警察局选址。**格雷夫市打算迁移其某些警察分局，通过改变警察分局的布局来实现加强管制高犯罪率地区的效果。下面是所考虑的地点以及这些地点所能管制到的区域。LO5

分局可能的分布地址	覆盖区域
A	1，5，7
B	1，2，5，7
C	1，3，5
D	2，4，5
E	3，4，6
F	4，5，6
G	1，5，6，7

a. 构建一个整数线性规划模型，以最少数目的地点覆盖所有区域，即最优选址问题。

b. 求解上面的线性规划模型。

11. **多产品生产计划问题。**哈特制造公司生产三种产品。每个产品都需要在A、B、C三个部门进行生产操作。按部门划分，工时要求如下：

部门	产品1	产品2	产品3
A	1.50	3.00	2.00
B	2.00	1.00	2.50
C	0.25	0.25	0.25

在下一个生产期间，A部门的可用工时为450小时，B部门为350小时，C部门为50小时。每单位的利润贡献：产品1为25美元，产品2为28美元，产品3为30美元。LO6

a. 建立最大化总利润的线性规划模型。

b. 求解a建立的线性规划模型，每一种产品应该生产多少，最优的总利润是多少？

c. 在评估了b得到的解决方案后，一位生产主管指出，生产配置成本没有考虑在内。她指出，产品1的配置成本为400美元，产品2为550美元，产品3为600美元。如采用b得到的解决方案，在考虑配置成本后，总利润贡献为多少？

d. 管理层意识到考虑了配置成本的最优产品组合可能不同于b求解得到的产品组合。管理层还表示，产品1的产量不应该超过175个，产品2不应该超过150个，产品3不应该超过140个。建立一个考虑了配置成本和产量约束条件的混合整数线性规划模型。

e. 求解d中构建的混合整数线性规划，每一种产品应该生产多少，此时最优的总利润是多少？将这一利润贡献与c获得的利润进行比较。

12. 承运公司选择。Offhaus 制造公司生产办公用品，但是运输外包给第三方物流公司。Offhaus 公司需要将产品从戴顿与俄亥俄州的制造工厂运输到 20 个城市，最终招标了 7 个物流公司为自己的商业进行服务。最终的招标金额如下表所示（以美元 / 单位货运量计量）。例如，表中显示了物流公司 1 投标了城市 11 ～ 20 的运输活动。表中右侧显示的是下一季度要运往每个城市的货运量。

投标城市	物流公司 1	物流公司 2	物流公司 3	物流公司 4	物流公司 5	物流公司 6	物流公司 7	目标城市	城市需求（货运量）
城市 1					2 188	1 666	1 790	城市 1	30
城市 2		1 453			2 602	1 767		城市 2	10
城市 3		1 534			2 283	1 857	1 870	城市 3	20
城市 4		1 687			2 617	1 738		城市 4	40
城市 5		1 523			2 239	1 771	1 855	城市 5	10
城市 6		1 521			1 571		1 545	城市 6	10
城市 7		2 100		1 922	1 938		2 050	城市 7	12
城市 8		1 800		1 432	1 416		1 739	城市 8	25
城市 9		1 134		1 233	1 181		1 150	城市 9	25
城市 10		672		610	669		678	城市 10	33
城市 11	724		723	627	657		706	城市 11	11
城市 12	766		766	721	682		733	城市 12	29
城市 13	741		745		682		733	城市 13	12
城市 14	815	800	828		745		832	城市 14	24
城市 15	904		880		891		914	城市 15	10
城市 16	958		933		891		914	城市 16	10
城市 17	925		929		937		984	城市 17	23
城市 18	892		869	822	829		864	城市 18	25
城市 19	927		969		967		1 008	城市 19	12
城市 20	963		938		955		995	城市 20	10
投标总数	10	10	10	7	20	5	18		

由于使用太多物流公司使供应链太过冗长，Offhaus 决定将它所使用的物流公司数量限制为 3 家。并且，考虑到客户关系管理，Offhaus 希望一个城市只由同一个物流公司配送（也就是说，同一城市的需求不会被两个物流公司分担）。LO5,8

a. 建立一个模型，选出 3 个物流供应商并安排好运输任务，使得总运输成本最低。求解这个模型并写出结果。

b. Offhaus 制造公司不确定选取 3 家物流公司是不是最优选择。修改并运行你的模型，尝试 1 家到 7 家物流公司，根据你的结果说明多少家物流公司是最优选择。为什么？

13. 马丁贝克公司。回顾 7.3 节中马丁贝克公司的分销系统问题。LO7

a. 修改 7.3 节中的约束条件，考虑有一家工厂必须位于底特律或托莱多的限制。

b. 修改 7.3 节中的约束条件，考虑丹佛、堪萨斯城和圣路易斯不得超过两家工厂的限制。

14. 云服务容量规划。银河云服务公司在美国各地经营多个数据中心，数据中心有存储和处理互联网数据的服务器。假设银河云服务目前有 5 个老的数据中心，其中密歇根州、俄亥俄州和加利福尼亚州各有一个，纽约有两个。管理层正在考虑增加这些数据中心的容量，以满足不断增长的需求。5 个数据中心都包括了专门用于安全数据和超级安全数据的服务器。每个数据中心扩容的成本和两种类型服务器的扩展量，如下页表所示：

数据中心	成本（千美元）	安全数据服务器	超级安全数据服务器
Michigan	2.5	50	30
New York1	3.5	80	40
New York2	3.5	40	80
Ohio	4.0	90	60
California	2.0	20	30

预期的需求是安全服务器和超级安全服务器的总扩展量分别为 90。管理层希望确定要更新哪几个数据中心，以满足预期的需求，同时将扩容的总成本降至最低。LO6

a. 建立一个 0-1 整数规划模型，用于确定该扩容问题的最优解决方案。

b. 求解 a 中的模型，以为管理层决策提供参考。

15. **银行出纳员调度**。北海岸银行打算为其全职出纳和兼职出纳制定一个有效的工作时间表。时间表须能让银行有效运作，且须考虑到提供足够多的客户服务、员工休息等诸多因素。该银行周五营业时间为上午 9:00 到下午 7:00。下面列出周五各个时间段内为提供足够的客户服务所需要的出纳员的数量。LO3,4

工作时间	出纳员数量
上午 9:00—上午 10:00	6
上午 10:00—上午 11:00	4
上午 11:00—中午 12:00	8
中午 12:00—下午 1:00	10
下午 1:00—下午 2:00	9
下午 2:00—下午 3:00	6
下午 3:00—下午 4:00	4
下午 4:00—下午 5:00	7
下午 5:00—下午 6:00	6
下午 6:00—下午 7:00	6

每个全职员工需要从整点开始工作，连续工作 4 个小时后，有 1 小时的午餐时间，然后继续工作 3 个小时。兼职员工需要从整点开始工作，连续工作 4 个小时。全职员工和兼职员工的工资及附加福利不一样，因此银行使用全职员工和兼职员工的成本也不一样，分别为每小时 15 美元（每天 105 美元）和每小时 8 美元（每天 32 美元）。

a. 构建一个整数线性规划模型，使用最少人力成本并且以满足顾客服务为目标构建一个可行的时间表（提示：令 x_i 表示第 i 点时全职员工开始工作的人数，y_i 表示第 i 点时兼职员工开始工作的人数）。

b. 求解 a 中模型的 LP 松弛。

c. 求解出纳员的最优时间表，并解释结果。

d. 考察 c 中求出的结果后，银行的经理意识到需要给出如下一些要求：每个时间段内至少要有 1 名全职员工，而且在所有员工中至少包括 5 名全职员工。重新构建模型以满足这些要求，并求出最优解。

16. **塞伦公司食品产品设计问题**。参考 7.3 节中塞伦食品公司市场份额选择问题，考虑下面的问题。据说国王牌有意退出冷冻比萨饼业务。此时，塞伦公司的主要竞争对手就是安东尼奥。LO5

a. 为表 7-4 中的每一位消费者计算安东尼奥比萨给他们带来的效用值。

b. 假设塞伦唯一的竞争对手是安东尼奥。怎样选择份额可以使市场份额最大化？最好的产品设计方案是什么？预期相应的市场份额会有多少？

17. **产品设计**。伯恩赛德市场研究公司为巴克食品公司进行了一项关于一种新型干麦片的设计研究。研究发现，决定谷物味道最好的因素有三个：麦片中小麦和玉米的比例、甜味剂的类型（糖、蜂蜜或人工甜味剂），以及滋味。7 名儿童参与了味觉测试，下表提供了上述属性的效用值。LO5

儿童	小麦 / 玉米比例		甜味			滋味	
	低	高	糖	蜂蜜	人工甜味剂	有	没有
1	15	35	30	40	25	15	9
2	30	20	40	35	35	8	11
3	40	25	20	40	10	7	14
4	35	30	25	20	30	15	18
5	25	40	40	20	35	18	14
6	20	25	20	35	30	9	16
7	30	15	25	40	40	20	11

a. 假设当前最受喜欢的麦片的总体效用值（各因

素效用值之和）对每个儿童来说是 75。什么样的产品设计能使 7 个儿童中选择新设计产品的儿童数最多？

b. 假设 7 个儿童中前 4 个儿童当前最喜欢的麦片的总效用为 70，后 3 个儿童当前最喜欢的麦片的总效用为 80。在此情况下，什么样的产品设计能使 7 个儿童中选择新设计产品的儿童数最多？

18. **云服务容量规划**。回顾第 14 题。管理层认为对纽约数据中心的更新成本被低估了，假设每个数据中心的更新成本均为 4 000 万美元，解答如下问题。LO5

a. 结合如上成本的变化，重新构建整数线性规划模型。

b. 根据上面的变化，就此更新计划给管理层提一些建设性建议。

c. 根据变化的成本数据，重新求解。假设管理层认为在同一州关闭两家数据中心是不可能的，如何把这一政策约束条件加入你的 0-1 整数规划模型中？

d. 基于成本的改变和 c 中的政策约束条件，你会给管理层提供什么建议？

19. **安全系统设计**。为减少保险费，贝塞德艺术画廊正在考虑安装一套摄像头安全系统。贝塞德用于展览的 8 个展厅示意图如图 7-13 所示。8 个房间的门牌编号为 1 ～ 13。一家保安公司建议在一些房间的门上安装双向摄像头，这样每个摄像头就能监控摄像头所在的两个房间。例如，如果在 4 号门安装一个双向摄像头，则第 1 个和第 4 个房间将能被监控到；如果在 11 号门安装了摄像头，那么第 7 个和第 8 个房间就能被监控到。管理人员决定不在展览厅的入口处安装摄像头，目标是用最少数量的双向摄像头为所有 8 个房间提供安全监控。LO5

a. 构建一个 0-1 整数线性规划模型，帮助贝塞德的管理层确定摄像头的安装位置。

b. 求解 a 构建的模型，确定双向摄像头的采购数量和位置。

c. 假设管理层想为第 7 个房间提供额外的安全保障。具体来说，管理层希望监控第 7 个房间的摄像头有 2 个。那么你在 a 中构建的模型应如何更改以适应此限制？

d. 根据 c 规定的限制，确定需要购买的双向摄像头的数量和位置。

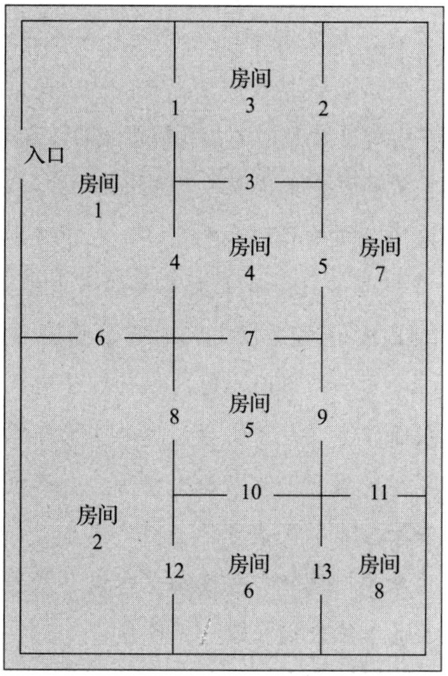

图 7-13　贝塞德艺术画廊展厅布局示意图

20. **顾问团队的构建**。三角洲集团是一家卫生保健行业的管理咨询公司，目前打算组建一个小组以研究可能的新市场，并通过构建线性规划模型来选择组员。主管要求组员只能为 3、5 或 7 人。组员并不知道如何在模型中体现这个要求。构建的模型要求组员从 3 个既定部门抽选，并使用如下变量定义。LO6

x_1= 从部门 1 抽选的人数

x_2= 从部门 2 抽选的人数

x_3= 从部门 3 抽选的人数

试写出约束条件来保证这个组由 3、5 或 7 个人组成。必要时采用下面的整数变量：

如果 3 个人分成一组，则 $y_1=1$，否则 $y_1=0$。

如果 5 个人分成一组，则 $y_2=1$，否则 $y_2=0$。

如果 7 个人分成一组，则 $y_3=1$，否则 $y_3=0$。

21. **组件制造与购买。**罗德电子公司是一家生产平板电脑配件的公司。罗德电子公司主要生产集成键盘平板支架，它可以将键盘连接到平板设备，并将设备保持在一个合适的角度，以便于查看和打字。罗德电子公司生产大、小两种尺寸的集成键盘平板支架。大、小集成键盘平板支架都使用相同的键盘，但支架部分是需要两种不同的组件：大小不同的顶部挡板和垂直支架。因此，一个罗德电子公司 2 种尺寸的集成键盘平板支架由键盘、顶部挡板和垂直支架 3 种组件组装而成。

罗德电子公司的销售预测显示，在即将到来的圣诞旺季，小集成键盘平板支架的需求量为 7 000 个，大集成键盘平板支架的需求量为 5 000 个。目前，公司只有 500 小时的内部制造时间，因而管理层正在考虑从外部供应商购买部分或全部组件。罗德公司自己生产一个组件，会产生固定成本和变动成本。下表显示了固定成本、每种组件的单位制造时间和单位变动成本以及从外部供应商购买的单位采购价格。LO6

组件	固定成本（美元）	单位制造时间（分钟）	单位变动成本（美元）	单位采购价格（美元）
键盘	1 000	0.9	0.40	0.65
顶部挡板（小）	1 200	2.2	2.90	3.45
顶部挡板（大）	1 900	3.0	3.15	3.70
垂直支架（小）	1 500	0.8	0.30	0.50
垂直支架（大）	1 500	1.0	0.55	0.70

a. 确定罗德电子公司 3 种组件的自己生产和外部采购的最佳数量，以使制造和采购总成本最小，最小的总成本是多少？

b. 假设罗德电子公司正在考虑购买新机器用于生产大型顶部挡板。对于新机器，固定成本是 3 000 美元，单位制造时间为 2.5 分钟，单位变动成本为 2.60 美元。假设购买了新机器，确定罗德电子公司 3 种组件的自己生产和外部采购的最佳数量，以使制造和采购总成本最小，最小的总成本是多少？你认为应该购买新机器吗？请解释。

22. **共同基金投资组合规划。**戴维有 100 000 美元来投资 10 个可供选择的共同基金，这些投资有以下一些限制条件。为风险分摊考虑，一个基金不能投资超过 25 000 美元，并且一旦一个基金确定被投资，那么至少要投资 10 000 美元。此外，不能选择超过两个纯增长基金，至少要选择一个纯债券基金，并且在纯增长基金与纯债券基金上的投资总额应当相等。使用下列给出的期望年回报率，建立并解一个模型，使得所获得的总年期望回报最大。在模型中你使用了怎样的假设？你希望所建模型的使用频率是多少？LO6

基金	类型	期望年回报率（%）
1	纯增长	6.70
2	纯增长	7.65
3	纯增长	7.55
4	纯增长	7.45
5	增长与收入	7.50
6	增长与收入	6.45
7	增长与收入	7.05
8	股票与债券	6.90
9	债券	5.20
10	债券	5.90

23. **服务设施的选址。**东海岸卡车运输公司通过位于波士顿、纽约、费城、巴尔的摩、华盛顿、里士满、罗利、佛罗伦萨、萨凡纳、杰克逊维尔和坦帕的区域办事处提供从波士顿到迈阿密的服务。各区域办事处之间的里程数为：

	纽约	费城	巴尔的摩	华盛顿	里士满	罗利	佛罗伦萨	萨凡纳	杰克逊维尔	坦帕	迈阿密
波士顿	211	320	424	459	565	713	884	1 056	1 196	1 399	1 669
纽约		109	213	248	354	502	673	845	985	1 188	1 458
费城			104	139	245	393	564	736	876	1 079	1 349
巴尔的摩				35	141	289	460	632	772	975	1 245

（续）

	纽约	费城	巴尔的摩	华盛顿	里士满	罗利	佛罗伦萨	萨凡纳	杰克逊维尔	坦帕	迈阿密
华盛顿					106	254	425	597	737	940	1 210
里士满						148	319	491	631	834	1 104
罗利							171	343	483	686	956
佛罗伦萨								172	312	515	785
萨凡纳									140	343	613
杰克逊维尔										203	473
坦帕											270

东海岸公司计划通过新建服务设施提升公司服务能，新设施只能选在公司设有区域办事处的城市，且新设施可以覆盖 400 英里以内的区域办事处。例如，如果在里士满新建一个服务设施，它可以为位于纽约、费城、巴尔的摩、华盛顿、里士满、罗利和佛罗伦萨的地区办事处提供服务。管理人员希望确定覆盖所有区域办事处的最少的服务设施数量，以及它们应设在何处。LO5

a. 构建一个整数线性规划，用于确定所需服务设施的最小数量及其位置。

b. 求解 a 建立的线性规划，最小的服务设施数量是多少、它们在哪里设置？

c. 假设每个服务设施只能为 300 英里以内的区域办事处提供服务。最小的服务设施数量是多少、它们在哪里设置？

24. 最小化损耗。STAR 公司向规模较小的公司提供纸张，这些公司的纸张需求数量较小，不足以保证直接向造纸厂订货。STAR 公司从工厂接收 100 英尺宽的纸卷，并将其切割成宽度为 12 英尺、15 英尺和 30 英尺的小卷。三种宽度每周的需求不同。公司有 5 种纸卷切割模式。LO4

切割模式	12 英尺	15 英尺	30 英尺	切割损耗 / 英尺
1	0	6	0	10
2	0	0	3	10
3	8	0	0	4
4	2	1	2	1
5	7	1	0	1

切割损耗是指大纸卷裁剪成小纸卷时剩余的边角料（例如，对于切割模式 4 而言，切割成的小纸卷总宽为 $2\times(12)+(15)+2\times(30)=99$（英尺），裁剪前的大纸卷宽为 100 英尺，则裁剪后剩余纸张为：$100-99=1$（英尺），即切割损耗是 1 英尺）。公司下周的订单是 5 670 个 12 英尺的纸卷、1 680 个 15 英尺的纸卷、3 350 个 30 英尺的纸卷。超过现有订单数量生产的 3 种纸卷都将按售价在公开市场上出售。同时，公司目前没有存货。

a. 构建一个整数规划模型，确定在 5 种模式中每种需要切割多少个 100 英尺的纸卷，以使切割损耗最小化。

b. 求解 a 模型，最小的切割损耗是多少？每种切割模式应该使用多少次？以及在公开市场上出售的每种纸卷的数量是多少？

25. 房地产项目选择。布鲁克斯开发公司（BDC）需要进行下列资本预算决策。可供投资的房地产项目共有 6 个。每个项目净现值和所需的支出（单位：百万美元）如下。LO5,7

项目	1	2	3	4	5	6
净现值	15	5	13	14	20	9
所需支出	90	34	81	70	114	50

有一些限制投资选择的条件。

- 项目 1、3、5、6 必须至少投资两个。
- 如果投资了项目 3 或项目 5 中的任何一个，则必须同时投资。
- 除非同时投资项目 1 和项目 3，否则不能投资项目 4。

公司的投资预算为 2.2 亿美元。

a. 构建一个 0-1 整数规划，使 BDC 能够在不超过预算且同时满足所有项目限制的情况下选择最优的房地产投资项目，使得净现值最大化。

b. 求解 a 建立的模型，最大净现值是多少？BDC 将投资哪些房地产项目？取得净现值最大时，剩余的预算有多少？

26. **组件订购。**摩根公司正计划订购一种组件用于产品生产。下表显示了未来 12 个时期对该组件的预期需求。组件的订购成本（包括人工、运输和文书工作的成本）是 150 美元。组件的库存成本是每个周期每个组件 1 美元。预计该组件的价格在今后 12 个时期内将稳定在每件 12 美元，而且没有数量折扣。每次订购量最多为 1 000 件。LO6

时期	1	2	3	4	5	6	7	8	9	10	11	12
需求	20	20	30	40	140	360	500	540	460	80	0	20

a. 构建一个模型，在满足组件需求的条件下，使得摩根公司的总成本最小化。

b. 求解 a 模型，最小成本是多少？12 期内一共订购多少次？

27. **织品织造与购买。**卡尔霍恩纺织厂要制订下一季度的生产计划。它希望决定下一个季度 15 种织品的最佳生产量。卡尔霍恩纺织厂的销售部门已经确定了 15 种织品下一季度的订单需求量，如下表所示。表中还给出了每种织品的单位织造成本。工厂在一个季度内连续生产 13 周，每周生产 7 天，每天 24 小时进行生产。

织品	需求量（码）	多臂型（码 / 小时）	普通型（码 / 小时）	织造成本（美元 / 码）	单位采购价格（美元 / 码）
1	16 500	4.653	0.00	0.6573	0.80
2	52 000	4.653	0.00	0.5550	0.70
3	45 000	4.653	0.00	0.6550	0.85
4	22 000	4.653	0.00	0.5542	0.70
5	76 500	5.194	5.194	0.6097	0.75
6	110 000	3.809	3.809	0.6153	0.75
7	122 000	4.185	4.185	0.6477	0.80
8	62 000	5.232	5.232	0.4880	0.60
9	7 500	5.232	5.232	0.5029	0.70
10	69 000	5.232	5.232	0.4351	0.60
11	70 000	3.733	3.733	0.6417	0.80
12	82 000	4.185	4.185	0.5675	0.75
13	10 000	4.439	4.439	0.4952	0.65
14	380 000	5.232	5.232	0.3128	0.45
15	62 000	4.185	4.185	0.5029	0.70

工厂有多臂型和普通型两种纺织机。多臂纺织机可用于织造所有的织品，也是唯一能织某些织品的纺织机，如格纹织品。表中还列出了 2 种纺织机每种织品的生产速率。注意，如果生产率为零，则该织品就不能在相应的纺织机上织造。同样，如果一种织品可以在 2 种纺织机上织造，那么相应的生产率是相等的。卡尔霍恩纺织厂有 90 台普通纺织机和 15 台多臂纺织机。进一步假设织布机从一种织品更换到另一种织品所需的时间可以忽略不计。

除了使用多臂和普通纺织机生产织品外，卡尔霍恩纺织厂还可以选择购买市场上的织品。每种织品的单位采购价格在表中最后一列。管理层还要求每种织品一旦选择了在多臂纺织机织造，或普通纺织机织造，或从市场采购，则所有的需求量都要采取相同的方式获得。也就是说，对于每一种织品，必须完全通过且仅通过多臂纺织机织造，或普通纺织机织造，或仅从市场上购买来满足订单需求。

管理层想知道多臂纺织机织造哪几种织品、普通纺织机织造哪几种织品以及在市场上购买哪几种织品，以使在满足订单需求的条件下总成本最低。LO6

28. **电视节目策划。**约翰·怀特是 CCFO 电视频道的节目运营经理。约翰要制定下周三晚上的电视节目。下周三共有 9 个备选节目，约翰必须在下周三晚上 8 点到 10 点半这段时间里从这些备选节目中选出 5 个。

下表列出了备选的 9 个电视节目的预估广告收入（单位：百万美元）和相应节目的类型。一般而言，电视节目归类为“公益类”“动作类”“喜剧类”和“戏剧类”中的一个或多个类别。表中 1 表示该节目在相应的类别中，0 表示不在相应的类别中。LO5,7

节目	收入	公益类	动作类	喜剧类	戏剧类
Sam's Place	6	0	0	1	1
Texas Oil	10	0	1	0	1
Cincinnati Law	9	1	0	0	1
Jarred	4	0	1	0	1
Bob & Mary	5	0	0	1	0
Chainsaw	2	0	1	0	0
Loving Life	6	1	0	0	1
Islanders	7	0	0	1	0
Urban Sprawl	8	1	0	0	0

约翰想为下周三晚上的电视节目安排一个收入最大化的时间表，但是，他必须注意以下几点。

- 被归类为公益的节目数量必须至少与被归类为暴力的节目数量相同。
- 如果约翰安排了“*Loving Life*”节目，那么他必须至少安排“*Jarred*”或“*Cincinnati Law*”两个节目中的一个（或两者都安排）。
- 约翰不能同时安排“*Loving Life*”节目和“*Urban Sprawl*”节目。
- 如果约翰安排了不止一场“动作类”的演出，则面向家庭的赞助商将减少 400 万美元的广告投入。

a. 构建一个 0-1 整数规划，为约翰面临的决策进行建模。

b. 求解 a 建立的模型，约翰最优收益是多少？

案例问题 7-1

教材出版

ASW 出版有限公司是一家小型大学教材出版公司。目前要对下一年需要出版的教材科目做出决策。以下为考虑出版的教材和对应教材 3 年中的预期销售量。

各学科教材	教材类型	预期销售量（千本）
商务微积分	新书	20
有限数学	修订本	30
普通统计学	新书	15
数学统计学	新书	10
商务统计学	修订本	25
金融学	新书	18
财务会计学	新书	25
管理会计学	修订本	50
英语文学	新书	20
德语	新书	30

被列为修订本的教材是已经与 ASW 签了合同的，并将考虑以新版本发行。列为新书的教材只由该公司校对过，还未签订合同。

该公司现有 3 个人可接受这些任务。他们的可用时间不同：约翰有 60 天可用，苏珊与莫尼卡都有 40 天。每个人完成每项任务需要的天数在下表中给予列出。例如，如果要出版商务微积分，就需要 30 天约翰的时间和 40 天苏珊的时间。“×”表示此任务不需要此人。注意，除了金融学，其他每项任务都需要至少两人参加。

各学科教材	约翰	苏珊	莫尼卡
商务微积分	30	40	×
有限数学	16	24	×
普通统计学	24	×	30
数学统计学	20	×	24
商务统计学	10	×	16
金融学	×	×	14
财务会计学	×	24	26
管理会计学	×	28	30
英语文学	40	34	30
德语	×	50	36

ASW在一年中不会出版两本以上统计学教材和一本以上会计学教材。而且，已决定必定在两本数学书（商务微积分和有限数学）中出版一本，但不会都出版。LO5,7

管理报告

为ASW的管理编辑准备一份报告，说明你对下一年最优出版方案的决定和建议。在你的分析中，可以假设所有教材的固定成本和销售利润是相同的。管理人员最关心的是销售总数量的最大化。

管理编辑还要求你的建议考虑到以下可能的变化。

1. 如果必要，苏珊可以从另一任务中抽调出12天的时间。
2. 如果必要，莫尼卡也可再有10天的时间。
3. 如果一些修订本可以推迟一年出版，他们会这样做吗？很明显，这样公司会有丢失市场的危险。

请在你的报告中附上你分析的详细细节。

案例问题 7-2

伊戈国有银行

通过直接大胆的邮件促销方法和低先期利率，伊戈国有银行（YNB）在全美国建立了一个庞大的信用卡客户群体。目前，所有客户都定期把款项寄到该银行在北卡罗来纳夏洛特的法人办事处。这种客户定期付款的日收款量是巨大的，平均近600 000美元。YNB估计它的资金收益约为15%，所以想要尽快使这些客户款项归到银行的账户上。例如，如果从一个客户的款项邮寄、审查，直至归到银行的账户中共需5天，YNB就潜在地损失了5天的利息收入。尽管这一收款过程的时间不可能完全消除，但是，如果款项十分巨大，则缩短这一时间是非常有利的。

为了避免所有信用卡客户都把款项寄到夏洛特，YNB考虑让客户把款项寄到一个或多个地区性收款中心，也就是银行业中所说的银行存款箱。4个备选银行存款箱被提议建在菲尼克斯、盐湖城、亚特兰大和波士顿。为了决定开辟哪些银行存款箱以及客户应该把款项寄到哪里，YNB特意把它的客户分成了5个地区区域：西北、西南、中部、东北和东南。处于同一区域的客户将被告知把他们的款项寄到同一个银行存款箱。下表给出了付款从各个区域寄到各可能的银行存款箱银行账户平均所需要的天数。LO5,8

客户区	银行存款箱所在州				日集资（单位：千美元）
	菲尼克斯	盐湖城	亚特兰大	波士顿	
西北	4	2	4	4	80
西南	2	3	4	6	90
中部	5	3	3	4	150
客户区	银行存款箱所在州				日集资（单位：千美元）
	菲尼克斯	盐湖城	亚特兰大	波士顿	
东北	5	4	3	2	180
东南	4	6	2	3	100

管理报告

现金管理副行长戴维·沃尔夫要求你做一份关于最优银行存款箱的数量和建设地点的报告。沃尔夫最关心的是利息收入损失最小化，但是你也需要考虑每年维持一个银行存款箱的费用。尽管目前我们不知道具体的费用，但可以假设各地的费用都在20 000～30 000美元。一旦选定了合适的地点，沃尔夫会查询其费用。

案例问题 7-3

含有转换成本的生产计划

巴克艾制造厂生产一种卡车制造中所用到的发动机头。该生产线十分复杂，长达900英尺，能够生产两种型号的发动机头：P头和H头。P头用于重型卡车，而H头用于小卡车。由于生产线在一个时间点上只能生产一种型号，所以生产线要么设置成生产P头，要么设置成生产H头，而不能同时生产两种，生产线每周末更换一次。从生产P头设置转换到生产H头设置的成本是500美元，反之亦然。当生产P头时，每周最多可生产100件，而当生产H头时，每周最多可生产80件。

巴克艾刚刚完成生产P头的设置。管理者需要为接下来的8周制订生产和设置更换计划。目前，巴克艾库存中有125件P头和143件H头。库存成本按库存价值的19.5%计算。P头的生产成本是225美元，H头的生产成本是310美元。制订生产计划的目的是使生产成本、库存成本与转换成本之和达到最小。

巴克艾已经收到一家发动机装配厂接下来9周的需求表，如下。

周次	产品需求量	
	P头	H头
1	55	38
2	55	38
3	44	30
4	0	0
5	45	48
6	45	48
7	36	58
8	35	57
9	35	58

安全库存量要求每周末时库存至少达到下周需求量的80%。LO6

管理报告

为巴克艾制造厂的管理层制定一个接下来8周的设置更换与生产的计划时间表。计划时间表中需要说明总成本中有多少是生产成本，有多少是库存成本，有多少是转换成本。

案例问题 7-4

苹果核童装

苹果核童装是一家开设在购物广场的高端童装零售商，其主要目标客户是1～3岁儿童。同时，它也拥有成功的线上销售平台。近日，公司电子商务部副部长戴维·沃克先生接到任务，要求拓展公司线上销售业务。于是，他仔细研究了公司在新闻网上刊登广告的效用，结果令人欣慰：平均来说，相比于那些没有看过广告的顾客，看过广告的顾客会给公司带来更多利润。

在得到这条新的信息之后，沃克继续研究如何才能影响更多的线上顾客。其中一个战略性决策是优先在节假日期间购买新闻网站广告栏位。为了确定哪个新闻网站的广告更具影响力，沃克跟进调研。最终他选择了1 200名近日有过购物行为的顾客进行了问卷调查，以确定顾客最常浏览的30个新闻网站。那些近日有过购物行为的顾客常浏览的网站将会是公司网上商店的潜在顾客源。

沃克想要弄清哪些网站是投放广告的最佳选择，但是这一想法较难实现，因为沃克不想计算同一广告被同一顾客多次浏览的次数。因此，当一个浏览者接触到广告后，最多被记录一次广告浏览行为。换句话说，只要顾客在一个网站上观看了公司的广告（不论次数），这就被认定为一次浏览行为。

调查结果逐渐被回收，沃克希望基于现有的结果建立一个基本模型。公司已收到53份调查结果。为了提高模型的可控性，沃克希望只使用这53条数据和调查问卷中涉及的前10个网站。这10个网站每周的广告费如下表所示，并且每周广告费的预算是10 000美元。下表中提供了所收到的53条反馈的网站浏览情况，有浏览行为的用1表示，没有浏览行为的用0表示。LO5,8

	网站									
	1	2	3	4	5	6	7	8	9	10
每周费用（千美元）	5.0	8.0	3.5	5.5	7.0	4.5	6.0	5.0	3.0	2.2
	网站									
顾客	1	2	3	4	5	6	7	8	9	10
1	0	0	0	0	0	0	0	0	0	1
2	1	0	0	1	0	0	0	0	0	0
3	1	0	0	0	0	0	0	0	0	0
4	0	0	0	0	1	1	0	0	0	0
34	0	0	0	1	1	0	0	0	0	0
35	1	0	0	0	1	1	0	0	0	0
36	1	0	1	0	0	0	0	0	0	0
37	0	0	1	0	1	0	0	1	0	0
38	0	0	1	0	0	0	0	0	0	0
39	0	1	0	0	0	0	1	0	0	0
40	0	1	0	0	0	0	1	0	0	0
41	0	0	0	0	0	0	1	0	0	0
42	0	0	0	1	1	1	0	0	0	0
43	0	0	0	0	0	0	0	0	0	0
44	0	0	0	0	1	0	0	0	0	1
45	1	1	0	0	0	0	0	0	0	0
46	0	0	0	0	0	0	1	0	0	0

（续）

	网站									
顾客	1	2	3	4	5	6	7	8	9	10
47	1	0	0	0	1	0	0	0	0	1
48	0	0	1	0	0	0	0	0	0	0
49	1	0	1	1	0	0	0	0	0	0
50	0	0	0	0	0	0	0	0	0	0
51	0	1	0	0	0	1	0	0	0	0
52	0	0	0	0	0	0	0	0	0	0
53	0	1	0	0	1	0	0	1	1	1

管理报告

1. 建立一个模型，在每周 10 000 美元的预算条件下尽可能地使顾客的数目最大化。
2. 求解这个模型，并写出最优解。
3. 进行灵敏度分析，预算从 5 000 美元开始以 5 000 美元的定量增加到 35 000 美元。在预算逐步增加的情况下，收益增加的百分比是单调递减的吗？为什么是或为什么不是？请解释这个问题。

附录 7.1

整数线性规划的 Excel 解法

利用工作表来求解整数线性规划时的公式和方法类似于求解线性规划问题。事实上，工作表的公式是完全相同的。只是需要在设置 Solver Parameters 和 Integer Options 对话框时增加一些信息。首先需要在 Solver Parameters 对话框中加入条件来定义整数变量。另外，需要调整 Options 对话框里的 Tolerance 的值，从而得出一个最优解。

下面我们将演示如何用 Excel 来求解伊斯特伯恩房地产问题。含有最优解的工作表见图 7-14。我们将逐个讲述工作表中的关键元素，演示如何求解，并对结果做出解释。

公式

图 7-14 工作表中 A1：G7 单元格中存放的是数据和描述性标题。工作表中有阴影的单元格是 Excel Solver（决策变量、目标函数、约束条件的左端值和约束条件的右端值）所需要的信息。

决策变量 单元格 B17：C17 是用来存放决策变量的。最优解为购买 4 套联排别墅和 2 幢公寓楼。

目标函数 公式 =SUMPRODUCT（B7：C7，B17：C17）被放在 B13 单元格中，表示与最优解相对应的年现金流。所得出的最优年现金流是 70 000 美元。

左端 3 个约束条件的左端值放在单元格 F15：F17 范围中。

单元格 F15=SUMPRODUCT(B4：C4,$B$17:$C$17)(拷贝到单元格 F16)。

单元格 F17=B17。

右端 3 个约束条件的右端值放在单元格 H15：H17 范围中。

单元格 H15=G4（拷贝到单元格 H16：H17）。

线性规划的 Excel 解法

从 Analysis 组中选择 Data 选项和 Solver 来进入求解程序，并在打开的 Solver Parameters 对话框中输入适当数值（参见图 7-15）。第一个约束条件是 $B$17：$C$17= 整数，这个限制使得 Solver 单元格 B17 和 C17

中的决策变量必须是整数。这个整数约束条件可以通过执行 Add-Constraint 来创建。对于单元格 $B$17：$C$17 选择 Cell Reference 和“整数”这两个条件，而不是使用 <=、= 或 >= 来表示约束条件。当选择了“整数”之后，约束条件的右端值会自动出现整数字样。图 7-15 显示了 Solver Parameters 对话框所需填写的其他信息。

	A	B	C	D	E	F	G	H
1	伊斯特伯恩房地产问题							
2								
3		联排别墅	公寓					
4	价格（千美元）	282	400		可用资金量（千美元）		2000	
5	管理者的时间	4	40		可用管理者的时间		140	
6					可得联排别墅的数量		5	
7	年现金流量（千美元）	10	15					
8								
9								
10	模型							
11								
12								
13	最大现金流	70						
14					约束条件	左端值		右端值
15		数量			资金	1928	<=	2000
16		联排别墅	公寓楼		时间	96	<=	140
17	购买计划	4	2		联排别墅	4	<=	5
18								

图 7-14 使用 Excel 求解伊斯特伯恩房地产问题

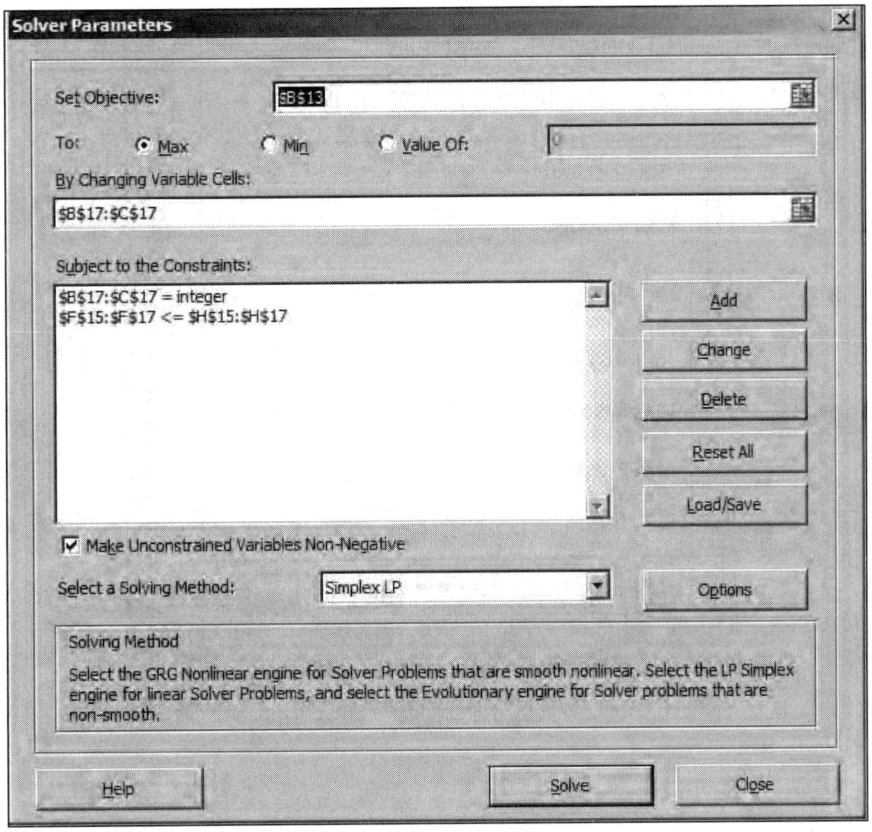

图 7-15 伊斯特伯恩房地产问题的 Solver Parameters 对话框

> 0-1 变量用“Solver Parameters”对话框中的“bin”进行设置。

如果问题是0-1整数线性规划，则需要在 Solver Parameters 对话框中设置选择“bin”，而不是“int”。

接下来点击 Options 按钮。求解器选项如图 7-16 所示。在求解整数线性程序时，请确保没有选中“Ignore Integer Constraints”选项框。此外，对于整数线性规划，获得最优解所需的时间可能差异较大。如图 7-16 所示，“Integer Optimality (%)”设置为 0，则意味着会找到一个最优整数解。对于更大的问题，可能有必要使这个值是一个正数。例如，如果将该选项值设置为 5，那么当 Solver 找到的解在目标函数值方面与最优解的相差 5% 以内时，它将停止搜索。

在 Solver Options 对话框中单击 OK，随后在 Solver Parameters 对话框中单击 Solver 按钮，计算机就会自动计算出最优整数结果。图 7-14 中的工作表显示最优解为购买 4 套联排别墅和 2 幢公寓楼，年现金流为 70 000 美元。

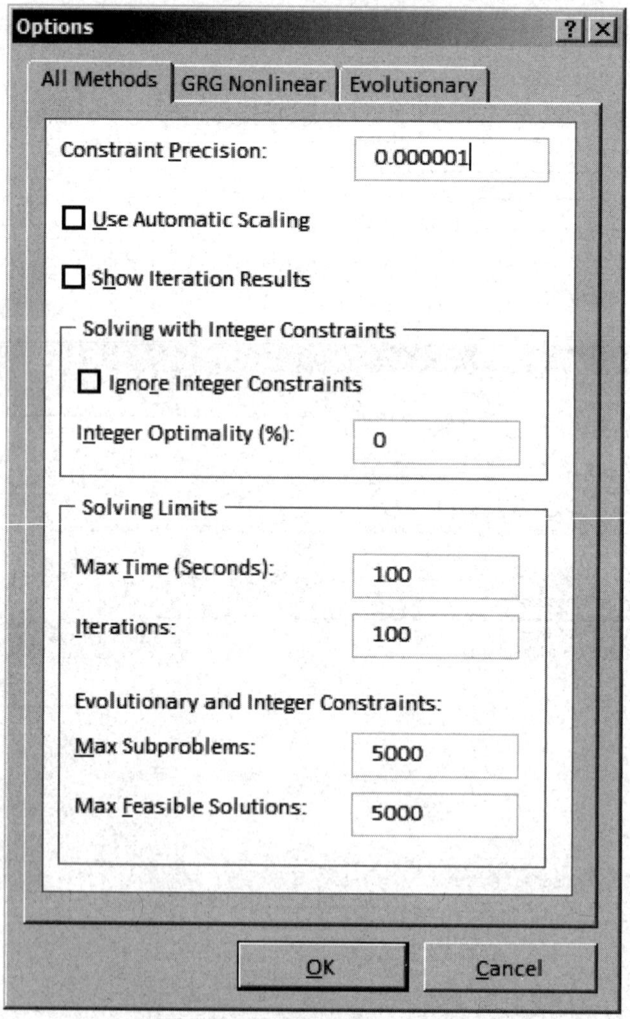

图 7-16　伊斯特伯恩房地产问题的 Solver Options 对话框

第8章 非线性最优化模型

学习目标

LO1 对非线性最优化问题进行建模，并准确写出目标函数和约束条件。

LO2 用 Excel Solver 求解非线性最优化模型。

LO3 利用 Excel Solver 中的设置来增加找到非线性最优化模型全局最优解的机会。

LO4 掌握非线性最优化模型中财务收益和风险的度量，如方差、半方差和风险价值。

LO5 使用非线性最优化模型创建有效边界。

LO6 对非线性问题进行灵敏度分析。

许多商业过程都以非线性方式运行。例如，债券的价格是利率的非线性函数，股票期权的价格是标的股票价格的非线性函数。生产的边际成本常常随着生产数量的增多而减少，产品的需求数量常常是价格的非线性函数。这些和许多其他的非线性关系都在各种商业应用中有所体现。

非线性最优化问题是指在目标函数或约束条件中至少有一项是非线性的最优化问题。我们考虑一个目标函数是决策变量的非线性函数的生产问题，以此来开始非线性应用的研究。8.2 节建立了一个关于设计有价证券的投资组合来跟踪股票市场指数的非线性应用。8.3 节引入了曾获得诺贝尔奖的马科维茨模型用于管理风险和收益间的权衡，并由此扩展对投资组合模型的处理。8.4 节提供了在第 4 章中介绍的线性规划混合问题的一个非线性模型。8.5 节介绍了一个成功用于新产品销售（引入）预测的非线性规划模型。为进一步说明非线性最优化在实践中的应用，专栏 8-1 讨论了连锁酒店如何使用非线性最优化模型来确定 2 000 多家不同酒店的房价，专栏 8-2 讨论了航空安全专家如何使用非线性最优化模型来更好地分配安全资源，以减少西班牙航空事故的数量，降低事故严重程度。

本章附录描述了如何用 Excel Solver 来求解非线性规划。

|专栏 8-1| 实践中的管理科学

洲际酒店零售定价优化

洲际酒店集团（IHG）在全球约 100 个国家和地区拥有、租赁及特许经营共计 4 500 多家酒店。IHG 能提供超过 65 万间客房，比其他任何酒店都多。洲际酒店、皇冠假日酒店、度假村、假日酒店、度假酒店和假日快捷酒店都是 IHG 的品牌产品。

像航空公司和租车公司一样，酒店也是一种易逝服务。酒店客房销售有一个时间窗，窗口期过后，产品的价值就会消失。例如，销售窗口期过后，已经起飞的航班上的空座和空无一人的酒店房间等就没有价值了。在处理易逝品时，如何定价以取得最大收益是一个挑战。酒店房间定价过高，一整晚都会空置，收入为零。酒店房间定价过低，酒店虽然客满，但收入可能还不如较高的定价收入高，即使高定价时预订出去的房间较少。收入管理（revenue management, RM）就是一类用于解决此类问题的分析技术。

IHG 开发了一种解决酒店房间定价问题的新方法，该方法使用非线性最优化模型来确定其房间的价格。IHG 每天都会在互联网上搜索竞争对手的价格，并将这些价格信息纳入 IHG 的定价优化模型，以确定当天的房间价格。该模型每天运行一次。该模型的目标函数是最大化贡献（收益 - 成本），但需求和收入都是价格变量的函数，因此该模型是非线性的。超过 2 000 家 IHG 酒店已经开始使用这种定价模式，新定价模式的实施使 IHG 的收入增加了超过 1.45 亿美元。

资料来源：D. Kosuhik, J. A. Higbie, and C. Eister, " Retail Price Optimization at Inter Continental Hotels Group," *Interfaces* 42, no. 1 (January–February 2012): 45–57.

8.1 一个生产应用：对 Par 公司的再思考

通过考虑第 2 章介绍的 Par 公司线性规划的扩展，我们来介绍有约束和无约束的非线性最优化问题。我们先考虑因价格和销售数量间关系造成目标函数非线性的情形，接着求解该无约束非线性规划，并且我们观察到无约束最优解不能满足生产约束条件。把生产约束条件添加到问题中去，我们可以给出有约束的非线性规划的模型和求解。本节以局部和全局的最优解的讨论收尾。

8.1.1 一个无约束问题

让我们考虑修改后的第 2 章中的 Par 公司问题。前面提到 Par 公司决定制造两种规格的高尔夫球袋——标准球袋和高级球袋。在为 Par 公司问题构建线性规划模型时，我们假定它可以卖出它所生产的所有标准球袋和高级球袋。但从高尔夫球袋的价格来看，这个假设可能不成立。价格和需求间常常存在一个相反的关系，即随着价格升高，需求数量会下降。令 P_S 为 Par 公司每种标准球袋的价格，P_D 为每种高级球袋的价格。假定标准球袋 S 的需求和高级球袋 D 的需求由下式给出：

$$S = 2\,250 - 15P_S \tag{8-1}$$

$$D = 1\,500 - 5P_D \tag{8-2}$$

标准球袋产生的收益是每个标准球袋价格 P_S 乘以售出的标准球袋数目 S。如果生产一个标准球袋的成本是 70 美元，则生产 S 个标准球袋的成本是 $70S$。因此，生产和销售 S 个标准球袋的利润（收益 - 成本）是：

$$P_S S-70S \quad (8\text{-}3)$$

我们求解式（8-1）中的 P_S，可以得到标准球袋的价格是如何用售出的标准球袋数目来表示的。即 $P_S = 150-1/15\ S$。用 $150-1/15\ S$ 代替式（8-3）中的 P_S，标准球袋的利润可表示为：

$$P_S S - 70S = (150 - 1/15\ S)S - 70S = 80S - 1/15\ S^2 \quad (8\text{-}4)$$

假定生产每个高级球袋的成本是 150 美元。用式（8-4）的逻辑，得出高级球袋的利润是：

$$P_D D - 150D = (300 - 1/5\ D)D - 150D = 150D - 1/5\ D^2$$

总利润是标准球袋利润和高级球袋利润之和。因此，总利润可写为：

$$\text{总利润} = 80S-1/15\ S^2 + 150D-1/5\ D^2 \quad (8\text{-}5)$$

注意两个线性需求函数，式（8-1）和式（8-2），给出了一个非线性总利润函数式（8-5）。这个函数是一个二次函数，因为决策变量 S 和 D 都有一个 2 次幂。

用计算机软件，如 Excel Solver 求解后（见附录 8.1），我们发现最大化利润函数的 S 和 D 的值是：$S = 600$，$D = 375$。对应价格是标准球袋 110 美元和高级球袋 225 美元，以及利润 52 125 美元。如果所有的生产约束条件都被满足了，这些值就是 Par 公司的最优解。

8.1.2　一个有约束问题

不幸的是，Par 公司不能达到无约束问题最优解得出的利润，因为该最优解超出了约束条件定义的可行域。例如，切割和印染的约束条件是：

$$7/10\ S+D \leqslant 630$$

600 个标准球袋和 375 个高级球袋的生产数量将要求 $7/10 \times 600+1 \times 375 = 795$（小时），相比 630 小时的限制超出了 165 个小时。

Par 公司原来问题的可行域以及无约束最优解点（600，375）如图 8-1 所示。这个无约束最优解（600，375）明显超出了可行域。

很明显，Par 公司必须解决的问题是最大化总利润：

$$80S - 1/15\ S^2 + 150D - 1/5\ D^2$$

但是要基于第 2 章给出的所有部门劳力小时约束条件的限制。Par 公司有约束的非线性最大化问题的完整数学模型如下：

$$\begin{aligned}
\max \quad & 80S-1/15S^2 + 150D-1/5D^2 \\
\text{s.t.} \quad & \\
& 7/10\ S + D \leqslant 630 \quad \text{切割和印染} \\
& 1/2\ S + 5/6\ D \leqslant 600 \quad \text{缝制} \\
& S + 2/3\ D \leqslant 708 \quad \text{成型} \\
& 1/10\ S + 1/4\ D \leqslant 135 \quad \text{检查和包装} \\
& S, D \geqslant 0
\end{aligned}$$

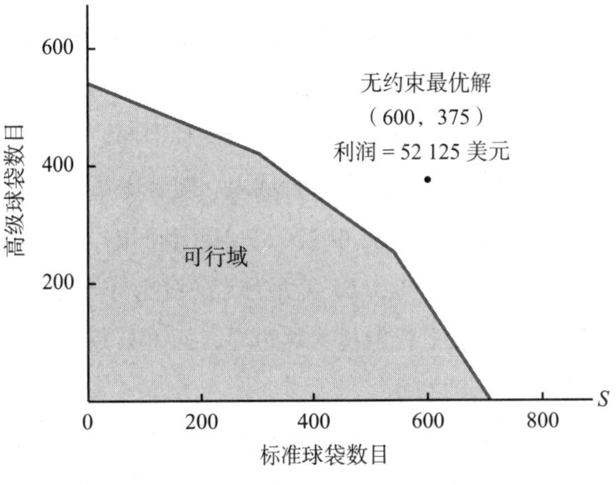

图 8-1　Par 公司的可行域和无约束最优化问题的最优解

除了非线性目标函数，这个最大化问题与第 2 章中的 Par 公司问题完全一样。这个有约束非线性最大化问题的解如图 8-2 所示。

目标函数的最优值是 49 920.55 美元。变量部分显示最优解是生产 459.716 6 个标准球袋和 308.198 4 个高级球袋。在限制条件部分，松弛 / 剩余列的零值意味着最优解使用了切割和印染部门的全部劳力时间，但是第 2 ～ 4 行的非零值表明其他部门存在可用的松弛时间。

459.716 6 个标准球袋和 308.198 4 个高级球袋的最优解的图形如图 8-3 所示。

```
最优值 =    49920.54655

        变量                        值
   --------------         -----------------
          S                       459.71660
          D                       308.19838

       约束条件                   松弛 / 剩余
   --------------         -----------------
          1                         0.00000
          2                       113.31074
          3                        42.81679
          4                        11.97875
```

图 8-2　有约束非线性最大化问题的解

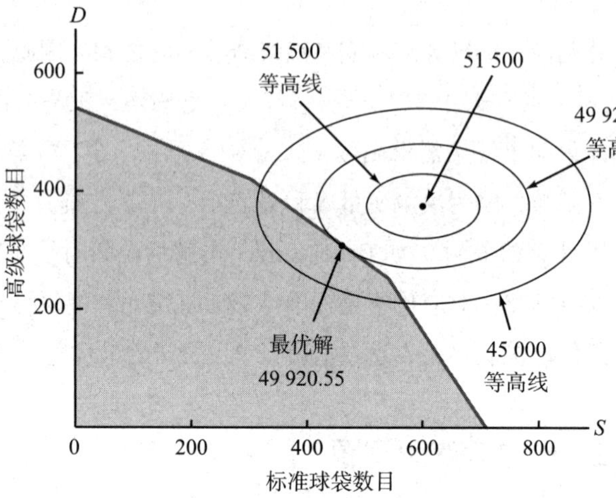

图 8-3　带有目标函数等位线的 Par 公司可行域

图 8-3 显示了 Par 公司非线性模型的目标函数等高线是一簇椭圆。

注意，最优解不再在可行域的顶点上了，而在切割和印染约束条件线上：

$$7/10\,S + D \leqslant 630$$

但是最优解也不是在切割和印染约束条件与成型约束条件的交叉部分形成的顶点上，且不在由切割和印染约束条件与检查和包装约束条件的交叉部分形成的顶点上。我们可以通过图 8-3 来理解其原因。

在图 8-3 中我们看到三个利润等高线。在同一等高线上的每个点有相同的利润。这些等高线分别代表了 45 000 美元、49 920.55 美元和 51 500 美元的利润。在第 2 章描述的 Par 公司问题中，目标函数是线性的，因此利润等高线是直线。但是，对于有二次目标函数的 Par 公司问题，其利润等高线是椭圆形的。

因为 45 000 美元的利润等高线的一部分切入了可行域，我们知道有无限个标准球袋—高级球袋组合能产生 45 000 美元的利润。无限数目的标准球袋—高级球袋组合也提供了 51 500 美元的利润。但是，51 500 美元利润等高线上没有点在可行域内。随着等高线从无约束最优解（600，375）向外移，与每个等高线相关联的利润也减少了。代表 49 920.55 美元利润的等高线和可行域只在一点上相交。这个解提供了最大的可能利润。没有利润大于 49 920.55 美元的等高线能再与可行域相交了。由于等高线是非线性的，表示最高利润的等高线可以在任意点上接触可行域边界，而不只是在顶点上。在 Par 公司例子中，最优解就是在切割和印染约束线上的两个顶点之间。

非线性最优化问题的最优解也可能位于可行域内部。例如，如果在 Par 公司问题中约束条件的右端值全部增加一个足够的量，使可行域扩大，这样图 8-3 中最优无约束解点（600，375）将会在可行域的内部。许多线性规划算法（如单纯形法）只通过检查顶点，并选择能给出最优解的顶点来优化。而 Par 公司有约束非线性问题的解说明，这种方法在非线性情形下将不再适用，因为最优解一般不是顶点解。因此，非线性规划算法比线性规划算法更加复杂，其细节超出了本书的范围。幸运的是，我们不需要知道非线性算法是如何运行的，只需要知道如何使用它们。Excel Solver 等计算机软件可以用来求解非线性规划问题，我们将在本章附录中描述如何使用 Excel Solver。

8.1.3　局部和全局最优

对于某可行解，若其邻域上所有点的目标函数值都不优于该可行解的目标函数值，则称该可行解为**局部最优解**。例如，在有约束 Par 问题中，局部最优就是局部最大。如果某点的邻域内所有的可行解都小于等于该点的目标函数值，则这个点就是**局部最大值点**。类似地，对于一个最小化问题，如果某点邻域内所有的可行解都大于等于该点的目标函数值，则这个点就是**局部最小值点**。

非线性最优化问题可能存在多个局部最优解，这意味着我们需要找到最好的局部最优解。如果对于一个可行解，在可行域中找不到其他可行解能够比该可行解有更好的目标函数值，就称这个可行解是**全局最优解**。对于最大化问题，全局最优对应着在整个可行域上的最大化，即可行域内除了该点之外，没有其他的点能有更大的目标函数值，则这个点就是**全局最大值点**。对于最小化问题，如果可行域内没有其他的点能有更小的目标函数值，则这个点就是**全局最小值点**。很明显，全局最大值也是一个局部最大值，全局最小值也是一个局部最小值。

有多个局部最优解的非线性问题很难求解。但在许多非线性应用中，局部最优解也是全局最优解。对这类问题，我们只需要找到局部最优解。接下来，我们将展示这种非线性问题的一些更普遍的类型。

考虑函数 $f(X,Y)=-X^2-Y^2$。这个函数的形状如图 8-4 所示。一个朝下碗形的函数被称作**凹函数**。这个特殊函数的最大值是 0，点（0，0）给出最优值 0。点（0，0）是一个局部最大值点，但它也是一个全局最大值点，因为没有点能有更大的函数值了。换句话说，再没有一个 X 和 Y 的值能使目标函数值大于 0。像 $f(X,Y)=-X^2-Y^2$ 这种的凹函数有一个唯一的局部最大值点，该点也是一个全局最大值点。这类非线性问题是相对容易最大化的。

Par 公司非线性问题的目标函数是凹函数的另一个例子。

$$80S-1/15\,S^2+150D-1/5\,D^2$$

一般来说，如果在二次方程中的所有二次项都有一个负系数，并且没有交叉乘积项，如 xy，那么该函数是一个凹二次函数。因此，对于 Par 公司问题，我们能肯定在图 8-2 中由 Excel Solver 确定的局部最大值就是全局最大值。

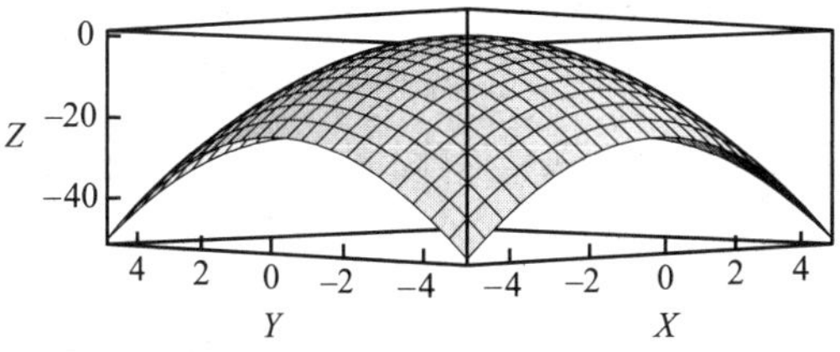

图 8-4　凹函数 $f(X,Y)=-X^2-Y^2$

现在让我们考虑另一类有唯一局部最优值，同时也是全局最优值的函数：$f(X,Y)=X^2+Y^2$。这个函数的形状如图 8-5 所示，呈朝上碗形，被称作**凸函数**。这个特殊函数的最小值是 0，点（0，0）可得出最小值 0。因此，点（0，0）是局部最小值和整体最小值点，因为再没有一个 X 和 Y 的值能使目标函数值小于 0。像 $f(X,Y)=X^2+Y^2$ 这样的凸函数有唯一的局部最小值，相对容易最小化。

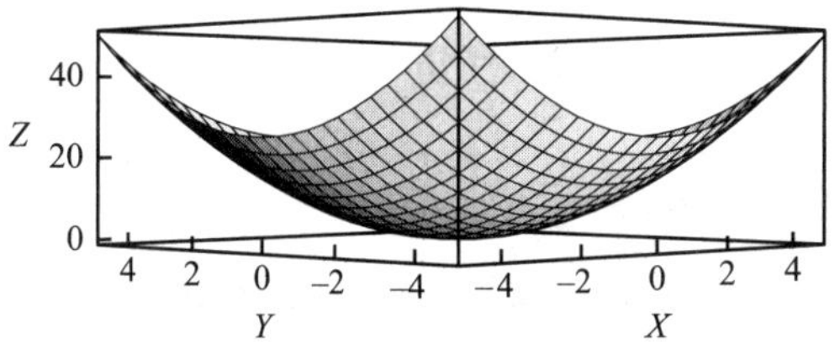

图 8-5　凸函数 $f(X,Y)=X^2+Y^2$

对一个凹函数，如果计算机软件找到一个局部最大值，我们能肯定它就是全局最大值。相似地，对一个凸函数，如果计算机软件找到一个局部最小值，我们知道这就是全局最小值。凹函数和凸函数能很好处理。但是，一些非线性函数有多个局部最优值。例如，图 8-6 显示的下面函数的图像：⊖

$$f(X,Y)=3(1-X)^2 e^{-X^2-(Y+1)^2}-10\left(\frac{X}{5}-X^3-Y^5\right)e^{-X^2-Y^2}-\frac{e^{-(X+1)^2-Y^2}}{3}$$

图 8-6 中的山和谷说明这个函数有多个局部最大值和局部最小值。图 8-7 进一步对这些概念进行了说明，它与图 8-6 中的函数是相同的，只是从一个不同的角度来看。图 8-7 共有两个局部最小值和三个局部最大值。局部最小值中有一个也是全局最小值，局部最大值中有一个也是全局最大值。

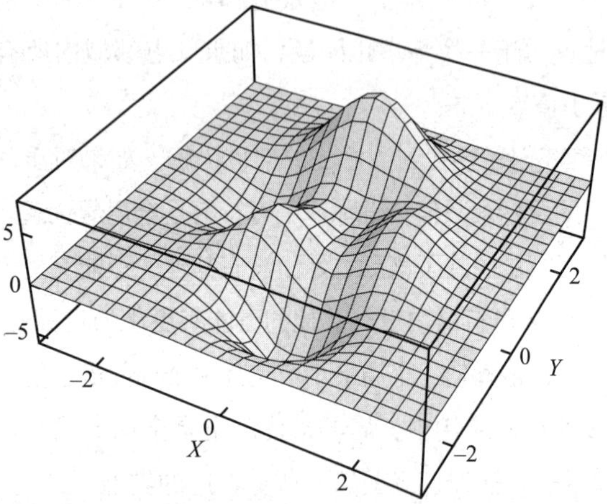

图 8-6 一个有局部最大值和最小值的函数

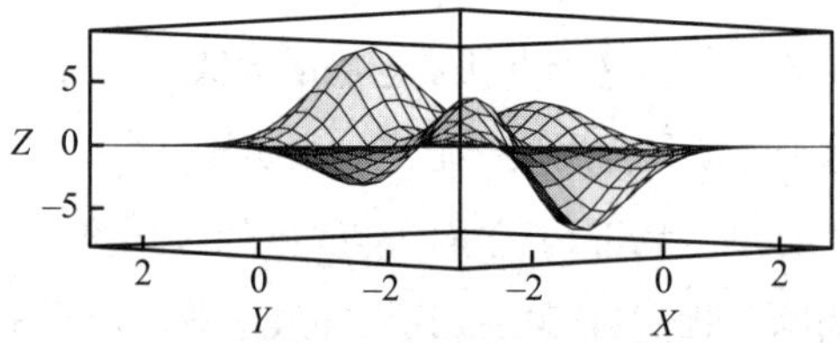

图 8-7 有局部最大值和最小值的函数的另一个观察点

注意，我们在本章中的非线性规划的求解结果的输出使用的是"最优目标值。然而，根据问题的特征，该解可能是局部最优解，也可能是全局最优解。

从技术角度看，有多个局部最优值的函数对最优化软件是一个重大的挑战；大多数非线性最优化软件方法会碰到"卡壳"，并在一个局部最优解上终止。不幸的是，许多应用可能是非线性的，如果得到的仅是一个局部最优值而不是全局最优值，可能会产生严重的损失。因此，构建能找到全局最优值的算法正是当前一个活跃的研究领域。然而在线性约束条件集上最小化凸二次函数的问题是相对容易的，而且对这类问题也没有风险会在不是全局最小值的局部最小值处碰到卡壳。相似地，在线性约束条件集上最大化凹二次函数的问题也是相对容易求解的，不会在一个不是全局最大值的局部最大值上碰到卡壳。

8.1.4 灵敏度分析

第 3 章介绍了对偶值。回想一下，Excel Solver 将对偶值称为影子价格。

最后，我们简要讨论一下非线性模型的灵敏度分析。非线性模型中的简约梯度类似于线性模型中的递减成本。简约梯度本质上是非负约束的对偶值，或者更笼统地说，它是决策变量的一个紧的简

⊖ 这个例子来自 LINDO AP1 手册，见 www.lindo.com。

单下界或上界的对偶值。

回想一下，对于线性模型，对偶价格是约束条件右侧每单位增量引起的最优值的变化。对于非线性模型，与对偶价格类似的是约束条件的拉格朗日乘数。拉格朗日乘数是目标函数相对于约束条件右侧的变化率。然而，对于非线性问题，允许的增量和减量基本上为零。因此，即使约束条件右侧很小的变化，也可能会引起拉格朗日乘数的变化。

|专栏 8-2|　实践中的管理科学

西班牙的航空安全改善

西班牙航空安全局（AESA）是西班牙的国家航空安全和安保机构。AESA 负责改善航空安全，监督大约 50 个机场、44 家航空公司和 40 000 名航空相关人员。AESA 每年必须处理大约 30 000 起安全事故，这些安全事故被分为 88 种类型，包括地面碰撞、跑道侵入和鸟撞飞机等。每年 30 000 起安全事故中约有 40 起是导致飞机毁坏或人员死亡的事故。

AESA 与西班牙皇家科学院合作开发了一个非线性最优化模型，以配置监管资源，目的是减少安全事件的数量、降低事故的严重程度和影响范围。该模型将安全监管资源（执行检查的工人和设备）分配给预测的安全事件。安全事件的预测是基于事件数量和事件损失的预测模型。模型的预测结果将成为非线性最优化模型的输入信息。非线性最优化模型的目标是将预计的安全事件导致的预期成本最小化，许多检查环节中最低的检查要求成了该模型主要的约束条件。非线性最优化模型使用 R 语言（一种开源的统计编程语言）求解。模型的输出信息确定了下一年的最佳安全监管资源分配计划。

据估计，非线性最优化模型的使用使西班牙航空事故死亡人数减少了几十人，安全事件的相关费用每年减少了 9 亿多欧元。此外，标准化管理科学模型的使用为 AESA 的决策提供了更高的透明度和更好的文档记录。

资料来源：Verónica Elvira, Francisco Bernal, Pablo Hernandez-Coronado, Esperanza Herraiz, Cesar Alfaro, Javier Gomez, and David Rios Insua, "Safer Skies over Spain," *INFORMS Journal on Applied Analytics* 50, no. 1 (2020): 21–36.

8.2　构建一个指数型基金

5.4 节研究了 Hauck 公司的投资组合和资产分配模型，建立了多个线性规划来为不同风险偏好的客户提供投资组合优化。这一节研究一个重要的相关应用。

指数型基金是共同基金行业中一个相当流行的投资手段。实际上，先锋 500 指数基金是美国一个最大的共同基金，2005 年，其净资产超过 700 亿美元。指数型基金是被动资产管理的一个例子。指数型基金的核心思想是构建一个股票、共同基金或其他有价证券的投资组合，尽可能接近像标准普尔 500 这样的泛市场指数的绩效。

表 8-1 列出了先锋集团旗下 4 个指数基金[⊖]的 1 年期收益，以及相关市场指数的收益。表 8-1 说明了一些有趣的问题。第一，先锋集团的许多类型的投资都有对应的市场指数。例如，表 8-1 中先锋集团的 4 个指数

⊖ 这些数据来自 www.vanguard.com，是截至 2014 年 8 月的一年期回报。

基金对应的市场指数分别是标准普尔500指数、MSCI广泛市场指数、MSCI REIT房地产指数和巴克莱银行主要投资于美债和企业债的1～5年短期债。第二，可以看到虽然不同指数基金之间的收益差异较大，但是先锋集团的指数基金表现不逊于这些市场指数的表现。

表 8-1 先锋集团4个指数基金的1年期收益及相应市场指数收益

先锋集团指数基金	先锋集团指数基金收益	市场指数	市场指数收益
500指数基金	25.81%	标准普尔500	25.25%
全指数基金	24.71%	MSCI广泛市场	24.93%
REIT指数基金	24.18%	MSCI REIT房地产	24.41%
短期债	1.09%	巴克莱美国1～5年短期债	1.10%

指数基金流行的背后是因为金融领域的大量研究表明“你无法打败市场”。事实上，大部分共同基金管理者的绩效都不如领导性的市场指数，如标准普尔500指数。因此，许多投资者都满足于接近市场收益。

让我们重新看一下第5章中Hauck公司的例子。假定Hauck公司有大量客户想要拥有共同基金投资组合，这些投资组合在整体绩效上能很接近于标准普尔500指数。为了使投资组合的整体绩效更接近于标准普尔500指数，投资组合中每个共同基金应被投资的比例是多少？

表8-2在表5-4（见第5章）的基础上添加了一行，给出了每年标准普尔500指数的收益率。

表 8-2 共同基金的年收益率（用于做接下来12个月的计划）

共同基金	年收益率（%）				
	第1年	第2年	第3年	第4年	第5年
外国股票	10.06	13.12	13.47	45.42	−21.93
中期债券	17.64	3.25	7.51	−1.33	7.36
大市值成长	32.41	18.71	33.28	41.46	−23.26
大市值价值	32.36	20.61	12.93	7.06	−5.37
小市值成长	33.44	19.40	3.85	58.68	−9.02
小市值价值	24.56	25.32	−6.70	5.43	17.31
标准普尔500指数收益	**25.00**	**20.00**	**8.00**	**30.00**	**−10.00**

在5.4节介绍的模型中，使用的变量代表了投资组合投资于每个共同基金的比例。

FS = 外国股票基金的投资比例

IB = 中期债券基金的投资比例

LG = 大市值成长基金的投资比例

LV = 大市值价值基金的投资比例

SG = 小市值成长基金的投资比例

SV = 小市值价值基金的投资比例

5.4节介绍的投资组合模型在投资组合风险的约束下，通过选择投资于每个共同基金的比例来最大化收益。这里我们想要通过选择投资组合中每个共同基金的比例使收益尽可能地接近标准普尔500指数的收益。

为了清晰地说明模型，我们引入变量$R1$、$R2$、$R3$、$R4$和$R5$，分别代表每种情形下投资组合的收益。例如，变量$R1$，如果第1年代表的方案最终反映了未来12个月发生的情形，方案1投资组合的收益是：

$$R1 = 10.06\text{FS} + 17.64\text{IB} + 32.41\text{LG} + 32.36\text{LV} + 33.44\text{SG} + 24.56\text{SV}$$

同样，如果方案2～5反映了在未来12个月得到的收益，方案2～5下投资组合的收益如下所示。

方案 2 的收益：

$$R2 = 13.12\text{FS} + 3.25\text{IB} + 18.71\text{LG} + 20.61\text{LV} + 19.40\text{SG} + 25.32\text{SV}$$

方案 3 的收益：

$$R3 = 13.47\text{FS} + 7.51\text{IB} + 33.28\text{LG} + 12.93\text{LV} + 3.85\text{SG} - 6.70\text{SV}$$

方案 4 的收益：

$$R4 = 45.42\text{FS} - 1.33\text{IB} + 41.46\text{LG} + 7.06\text{LV} + 58.68\text{SG} + 5.43\text{SV}$$

方案 5 的收益：

$$R5 = -21.93\text{FS} + 7.36\text{IB} - 23.26\text{LG} - 5.37\text{LV} - 9.02\text{SG} + 17.31\text{SV}$$

对每个方案，我们计算方案的收益和标准普尔 500 指数的收益间的差值。基于表 8-2 的最后一行，差值为：

$$R1-25,\ R2-20,\ R3-8,\ R4-30,\ R5-(-10) \tag{8-6}$$

为了达到使投资组合的收益尽可能接近标准普尔 500 指数收益这一目标，我们可以尽量最小化式（8-6）给出的差值的和，如下：

$$\min(R1-25)+(R2-20)+(R3-8)+(R4-30)+[R5-(-10)] \tag{8-7}$$

不幸的是，如果我们使用表达式（8-7），正和负的差值将彼此抵消，因此一个投资组合虽然令式（8-7）最小，但可能它的绩效和目标指数相去甚远。同样，因为我们想要尽可能接近目标收益，所以为大差值（而不是为小差值）分配一个更高的边际惩罚成本是合理的。达到这个目标的函数是：

$$\min(R1-25)^2+(R2-20)^2+(R3-8)^2+(R4-30)^2+[R5-(-10)]^2$$

当我们把每一项平方时，正的和负的差值就不会彼此抵消，差值的边际惩罚成本随着差值增大而增大。我们建立的完整的数学模型包含 11 个变量和 6 个约束条件（不包括非负约束）。

$$\begin{aligned}
\min\quad & (R1-25)^2+(R2-20)^2+(R3-8)^2+(R4-30)^2+[R5-(-10)]^2 \\
\text{s.t.}\quad & \\
& R1 = 10.06\text{FS} + 17.64\text{IB} + 32.41\text{LG} + 32.36\text{LV} + 33.44\text{SG} + 24.56\text{SV} \\
& R2 = 13.12\text{FS} + 3.25\text{IB} + 18.71\text{LG} + 20.61\text{LV} + 19.40\text{SG} + 25.32\text{SV} \\
& R3 = 13.47\text{FS} + 7.51\text{IB} + 33.28\text{LG} + 12.93\text{LV} + 3.85\text{SG} - 6.70\text{SV} \\
& R4 = 45.42\text{FS} - 1.33\text{IB} + 41.46\text{LG} + 7.06\text{LV} + 58.68\text{SG} + 5.43\text{SV} \\
& R5 = -21.93\text{FS} + 7.36\text{IB} - 23.26\text{LG} - 5.37\text{LV} - 9.02\text{SG} + 17.31\text{SV} \\
& \text{FS} + \text{IB} + \text{LG} + \text{LV} + \text{SG} + \text{SV} = 1 \\
& \text{FS},\ \text{IB},\ \text{LG},\ \text{LV},\ \text{SG},\ \text{SV} \geqslant 0
\end{aligned}$$

这个最小化问题是非线性的，因为目标函数中出现了二次项。例如，在项 $(R1-25)^2$ 中，变量 $R1$ 上升到一个 2 次方是非线性的。然而，因为每个平方项的系数是正的，并且没有交叉乘积项，所以目标函数是凸函数。因此，我们保证局部最小值也是全局最小值。

图 8-8 给出了 Hauck 公司问题的解决方案。目标函数的最优值是 4.42 689，即收益差值的平方和。投资组合要求约 30% 的基金投资于外国股票基金（FS = 0.303 334），36% 的基金投资于大市值价值基金（LV = 0.36 498），23% 的基金投资于小市值成长基金（SG = 0.22 655），并且 11% 的基金投资于小市值价值基金（SV = 0.105 13）。

表 8-3 显示了对每种方案投资组合的收益（见图 8-8 中的 $R1$、$R2$、$R3$、$R4$、$R5$）与标准普尔 500 指数的收益的比较。注意投资组合的收益对标准普尔 500 指数的收益的接近度。基于历史数据，Hauck 公司混合共

同基金的投资组合的回报确实很接近标准普尔 500 指数的收益。

```
最优值 = 4.42689

        变量                值
   --------------     ---------------

         FS               0.30334
         IB               0.00000
         LG               0.00000
         LV               0.36498
         SG               0.22655
         SV               0.10513
         R1              25.02024
         R2              18.55903
         R3               8.97303
         R4              30.21926
         R5              -8.83586

      约束条件            松弛/剩余
   --------------     -----------------

         1                 0.00000
         2                 0.00000
         3                 0.00000
         4                 0.00000
         5                 0.00000
         6                 0.00000
```

图 8-8 Hauck 公司问题的解

表 8-3 Hauck 公司投资组合的收益与标准普尔 500 指数的收益

方案	投资组合的收益	标准普尔 500 指数的收益
1	25.02	25
2	18.56	20
3	8.97	8
4	30.22	30
5	−8.84	−10

我们刚举例说明了非线性规划在金融领域的一个重要应用。下一节将说明在要求最低水平收益的约束条件下，如何用马科维茨模型构建一个投资组合，来最小化风险。

注释与点评

1. 表 8-2 中计划方案的收益是过去 5 年的实际收益。我们选择它们作为最可能代表明年情况的过去数据。通过使用过去的实际数据，共同基金间的关联被自动合并到模型中去了。

2. Hauck 公司模型中的收益变量（$R1$，$R2$，…，$R5$）并没有限制必须大于等于 0。这是因为有可能最佳的投资策略在给定的一年里导致了负收益。由图 8-8 可以看到：$R5$ 的最优值是 −8.84，即一个 −8.84% 的收益。对于一些变量限制为非负，另一些不加限制的情况，只要在 Excel Solver 中不选择“使无约束条件变量为非负数”，同时在“遵守约束条件”的“添加约束条件”对话框中添加限制为非负的变量的约束条件即可。

3. 在 Hauck 公司模型中，虽然为了模型的清晰我们使用变量 $R1$，$R2$，…，$R5$，但它们不是解决问题所必需的。但这的确使得模型更加简单易读。而且，模型的使用者可能对每一年的投资收益感兴趣，这些变量就可以提供这样的信息。在Excel模型中，收益可以在单元格中简单地计算出来，因为这个单元格就是决策变量的函数。因此，Excel不需要为收益再另外设决策变量。但是，在其他的一些优化软件中，为了方便计算和结果输出，必须将收益定义为决策变量。

4. 对于希望获得与标准普尔500指数相同收益的个人投资者来说，购买所有标准普尔500股票是不现实的。我们构建的指数基金允许投资者接近标准普尔500指数的收益。

5. 在本节中，我们用共同基金构建了一个指数基金。用于构建指数基金的投资选择也可以是标准普尔500指数中的个股。

8.3 马科维茨投资组合模型

马科维茨因他为投资组合最优化做出的贡献而荣获了1990年的诺贝尔经济学奖。马科维茨均方差投资组合模型是非线性规划的一个经典应用。在这一节中，我们介绍马科维茨**均方差投资组合模型**。这个基本模型的大量变种已被全世界的货币管理公司采用。

大部分投资组合最优化模型面对的关键问题是必须在风险与收益之间做出权衡。为了得到更大的收益，投资者也必须面对更大的风险。上一节中的指数基金模型是被动地管理权衡。投资指数基金的投资者对于标准普尔500指数的风险–收益特征是满意的。同时，市场上还有很多其他投资组合通过量化风险–收益来主动进行权衡。在大部分这样的投资组合中，投资组合的收益是相关投资品可能的收益率的期望收益（或均值）。

考虑上一节Hauck公司的例子。5个方案代表了在1年期计划水平上的可能结果。每种方案的收益分别由变量$R1$、$R2$、$R3$、$R4$和$R5$定义。在n个可能方案中，如果P_S是方案S的概率，那么投资组合$\bar{R}$的期望收益是：

$$\bar{R}=\sum_{s=1}^{n}P_S R_S \tag{8-8}$$

如果我们假定在Hauck公司模型中，5个计划方案的概率一样，那么：

$$\bar{R}=\sum_{s=1}^{5}\frac{1}{5}R_S=\frac{1}{5}\sum_{s=1}^{5}R_S$$

测量风险的难度有点大。有很多书籍都讨论这个话题。马科维茨投资组合模型中最常用的风险测量是投资组合的方差。如果期望收益由式（8-8）给出，那么投资组合方差是：

$$\text{Var}=\sum_{s=1}^{n}P_S(R_S-\bar{R})^2 \tag{8-9}$$

在Hauck公司例子中，5个计划方案有一样的概率，因此：

$$\text{Var}=\sum_{s=1}^{5}\frac{1}{5}(R_S-\bar{R})^2=\frac{1}{5}\sum_{s=1}^{5}(R_S-\bar{R})^2$$

投资组合方差是每种方案下对均值的偏差的平方和的平均数。这个值越大，方案收益在平均值周围分散得越广。如果投资组合的方差等于零，那么每个方案的收益R_i将相等。

构建马科维茨模型的两个基本方法是：①在投资组合期望收益约束条件的限制下，最小化投资组合的方差；②在方差约束条件限制下，最大化投资组合的期望收益。考虑第一种情况：假定Hauck公司的客户想要对表8-2列出的6种共同基金构建一个投资组合来最小化由投资组合方差测量的风险，但客户也要求预期的投资组合收益至少为 10%。用符号表示，目标函数为：

$$\min \quad \frac{1}{5}\sum_{s=1}^{5}(R_S-\bar{R})^2$$

期望投资组合收益的约束条件是 $\bar{R} \geqslant 10$。完整的马科维茨模型包含 12 个变量和 8 个约束条件（不包含非负约束）。

$$\min \quad \frac{1}{5}\sum_{s=1}^{5}(R_S-\bar{R})^2 \tag{8-10}$$

s.t.

$$R1=10.06\text{FS}+17.64\text{IB}+32.41\text{LG}+32.36\text{LV}+33.44\text{SG}+24.56\text{SV} \tag{8-11}$$

$$R2=13.12\text{FS}+3.25\text{IB}+18.71\text{LG}+20.61\text{LV}+19.40\text{SG}+25.32\text{SV} \tag{8-12}$$

$$R3=13.47\text{FS}+7.51\text{IB}+33.28\text{LG}+12.93\text{LV}+3.85\text{SG}-6.70\text{SV} \tag{8-13}$$

$$R4=45.42\text{FS}-1.33\text{IB}+41.46\text{LG}+7.06\text{LV}+58.68\text{SG}+5.43\text{SV} \tag{8-14}$$

$$R5=-21.93\text{FS}+7.36\text{IB}-23.26\text{LG}-5.37\text{LV}-9.02\text{SG}+17.31\text{SV} \tag{8-15}$$

$$\text{FS}+\text{IB}+\text{LG}+\text{LV}+\text{SG}+\text{SV}=1 \tag{8-16}$$

$$\frac{1}{5}\sum_{s=1}^{5}R_S=\bar{R} \tag{8-17}$$

$$\bar{R}\geqslant 10 \tag{8-18}$$

$$\text{FS, IB, LG, LV, SG, SV} \geqslant 0 \tag{8-19}$$

马科维茨模型的目标是最小化投资组合方差。注意式（8-11）～式（8-15）出现在 8.2 节介绍的指数基金模型中。这些式子定义了每种方案的收益。式（8-16）也出现在指数基金模型中，要求所有的钱投资于共同基金，这个约束条件常称作整体约束条件。式（8-17）定义了 $\bar{R}$，是投资组合的期望收益。式（8-18）要求投资组合收益至少为 10%。最后，式（8-19）要求对每个 Hauck 公司共同基金都是非负投资。

最优值 = 27.13615

变量	值
FS	0.15841
IB	0.52548
LG	0.04207
LV	0.00000
SG	0.00000
SV	0.27405
R1	18.95698
R2	11.51205
R3	5.64390
R4	9.72807
R5	4.15899
RBAR	10.00000

图 8-9 要求至少 10% 收益的 Hauck 公司最小方差投资组合的解

根据收益至少 10% 这一要求，解的一部分如图 8-9 所示。投资组合方差的最小值是 27.136 15。这个解意味着客户将得到 10% 的期望收益（RBAR = 10.000 00），并且能最小化用投资组合方差测量的风险，这需要投资组合的约 16% 投资于外国股票基金（FS = 0.158 41），53% 投资于中期债券基金（IB = 0.525 48），4% 投资于大市值成长基金（LG = 0.042 07），以及 27% 投资于小市值价值基金（SV = 0.274 05）。

马科维茨投资组合模型为投资者提供了一个方便的方法来权衡风险和收益。在实践中，这个模型对不同收益值进行多次求解。图 8-10 表示随着要求的期望收益以 1% 的步长从 8% 增加到 12%，对应每个收益的投资组合方差的最小值。在金融领域，这个图被称作**有效边界**。有效边界上的每个点是对每个给定收益的最小可能风险（由投资组合方差测量的）。通过查看有效边界的图形，投资者能得到他最满意的均方差平衡的投资方案。

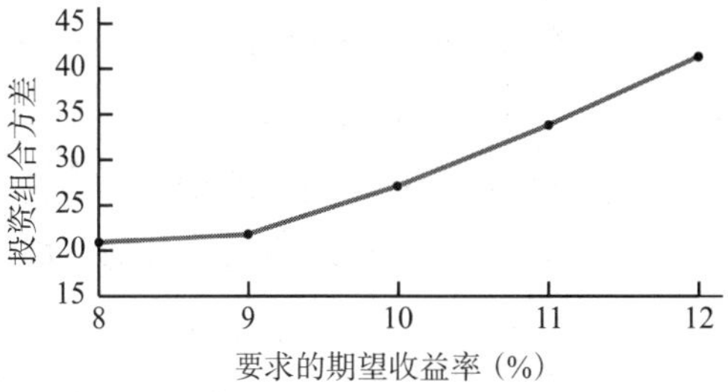

图 8-10　马科维茨投资组合模型的有效边界

注释与点评

1. 投资组合中一种资产类型的总量的上限和下限能容易地被建模出来。注意在图 8-9 中给出的解，投资组合中超过 50% 的资金投资于中期债券基金。让一种资产占投资组合如此大的比重，可能是不明智的。因此，常常给投资于单个资产的投资组合百分比设定一个上限。同样，在投资组合中包含一种极端小量的资产也是不被期望看到的。因此，可能有约束条件来要求资产的非零总量至少为投资组合比例的最小值。

2. 在 Hauck 公司的例子中，可用投资组合的 100% 投资于共同基金。然而，厌恶风险的投资者常常喜欢把一部分钱投在像美国短期国库券这样的无风险资产上。因此，许多投资组合最优化模型允许资金投资于无风险资产。

3. 这一节用投资组合的方差来测量风险。然而，方差正如它定义的那样，用于衡量高于和低于均值的偏差。大部分投资者乐意接受高于均值的收益，而想要避免低于均值的收益。因此，许多投资组合模型会提供更多灵活的风险测量方法。

4. 在实际中，经纪人和共同基金公司都会随着新信息的使用而重新调整投资组合。然而，持续重新调整投资组合可能会导致很大的交易成本。案例问题 8-1 就要求同学们为考虑交易成本而修改马科维茨投资组合选择问题。

8.4　另一个混合问题

第 4 章说明了如何用线性规划来求解 Grand Strand 石油公司的混合问题。Grand Strand 精炼厂为了最大化利润，想要精炼三种石油成分得到一般规格和特殊规格的汽油。在第 4 章介绍的 Grand Strand 石油公司的模型中，我们假定三种石油成分都有独立的存储罐，因此，在生产汽油之前成分是不会混合在一起的。但是，实际中常有的情形是用于储存石油成分的设备数目少于存储成分的数目。在这种情形下，各成分必须共用存储罐或存储设备。同样，当运输这些成分时，它们常常需要共用一个管道或传输容器。共用一个存储设备或管道的成分被称作混合成分。图 8-11 说明了这个混合。

考虑图 8-11。成分 1 和成分 2 混合在一个单独的存储罐，成分 3 有自己的存储罐。一般规格和特殊规格汽油由混合成分和成分 3 混合而成。必须做出两个决策：第一，混合物中成分 1 和成分 2 的比例是多少？第二，需要混合罐中多少成分 1 和成分 2 的混合物与成分 3 混合来生产一般规格和特殊规格汽油？这些决策要求设定下面 6 个决策变量：

y_1 = 混合罐中成分 1 的加仑数

y_2 = 混合罐中成分 2 的加仑数

x_{pr} = 一般规格汽油中混合的成分 1 和成分 2 的加仑数

x_{pp} = 特殊规格汽油中混合的成分 1 和成分 2 的加仑数

x_{3r} = 一般规格汽油中成分 3 的加仑数

x_{3p} = 特殊规格汽油中成分 3 的加仑数

这些决策变量如图 8-11 中的箭头线所示。

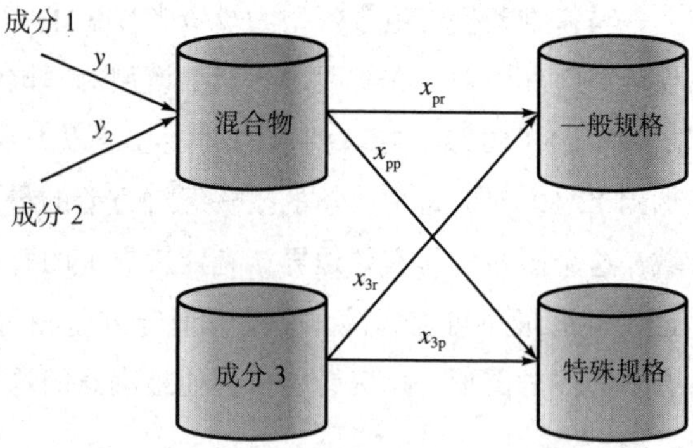

图 8-11 Grand Strand 石油公司混合问题

本章 Grand Strand 石油公司混合问题的约束条件与第 4 章中 Grand Strand 石油公司混合问题的约束条件相似。我们需要一般规格汽油和特殊规格汽油的生产总量的表达式。

生产的总加仑数 因为生产的汽油是输入成分的混合物，所以生产的每类汽油的加仑总数是混合成分和成分 3 的总和。

一般规格汽油 = $x_{pr}+x_{3r}$

特殊规格汽油 = $x_{pp}+x_{3p}$

使用的石油成分总量 消耗的成分 1 和成分 2 的总加仑数是在生产一般规格和特殊规格汽油中使用的混合物的总数。消耗的成分 3 的总加仑数等于一般规格汽油中使用的成分 3 的总量加上特殊规格汽油中使用的总量。

消耗的成分 1 和成分 2：$y_1+y_2= x_{pr}+x_{pp}$

消耗的成分 3：$x_{3r}+x_{3p}$

关于成分 1 和成分 2 的等式被称为守恒方程，这个方程说明成分 1 和成分 2 的消耗总量必须等于生产一般规格和特殊规格汽油使用的混合物的总量。

成分可用量 在当前的生产计划期，三种成分可用的最大加仑数分别是 5 000、10 000 和 10 000。因此，限制三种成分可用量的三个约束条件是：

成分 1：$y_1 \leqslant 5\ 000$

成分 2：$y_2 \leqslant 10\ 000$

成分 3：$x_{3r}+x_{3p} \leqslant 10\ 000$

产品的技术规格 一般规格和特殊规格汽油的产品规格与第 4 章中表 4-14 中的一样。为了方便参考，表 8-4 中重新写出了它们。要满足表 8-4 中的混合规格比较困难，因为成分 1 和成分 2 的总量依赖于这些成分在混合罐中的比例。例如，成分 1 占生产的一般规格汽油总加仑数不能超过 30% 的约束条件。如果混合成分有 x_{pr} 加仑与成分 3 混合来生产一般规格汽油，那么必须知道成分 1 在 x_{pr} 中的比例。混合罐中成分 1 和 2 的总加仑数是 y_1+y_2，因此，成分 1 在混合物中的比率是：

表 8-4 Grand Strand 石油公司混合问题的产品规格

产品	规格
一般规格汽油	最多 30% 成分 1
	最少 40% 成分 2
	最多 20% 成分 3
特殊规格汽油	最少 25% 成分 1
	最多 45% 成分 2
	最少 30% 成分 3

$$\frac{y_1}{y_1+y_2}$$

结果

$$\left(\frac{y_1}{y_1+y_2}\right)x_{pr}$$

是用于混成一般规格汽油所使用的成分 1 的加仑数。一般规格汽油的总加仑数是 $x_{pr}+x_{3r}$。因此，成分 1 占生产的一般规格汽油总加仑数不超过 30% 的约束条件是：

$$\left(\frac{y_1}{y_1+y_2}\right)x_{pr} \leqslant 0.3\ (x_{pr}+x_{3r})$$

这个表达式是非线性的，因为它包含变量乘以另一个变量的比率。其他描述表 8-4 中给出的产品具体要求的约束条件的逻辑与此相同。

与 4.4 节一样，模型目标是最大化总毛利。因此，我们通过对两种汽油的总收益与三种石油成分的总成本间的差值最大化来建立目标函数。每加仑一般规格汽油的价格是 2.90 美元，每加仑特殊规格汽油的价格是 3.00 美元。成分 1、2 和 3 的成本分别是 2.50 美元、2.60 美元和 2.84 美元。最终，必须生产至少 10 000 加仑一般规格汽油。

Grand Strand 石油公司混合问题完整的非线性模型包含 6 个决策变量和 11 个约束条件（不包含非负约束），如下：

$$\max\quad 2.9\ (x_{pr}+x_{3r})+3.00\ (x_{pp}+x_{3p})-2.5y_1-2.6y_2-2.84\ (x_{3r}+x_{3p})$$

s.t.

$$y_1+y_2=x_{pr}+x_{pp}$$

$$\left(\frac{y_1}{y_1+y_2}\right)x_{pr} \leqslant 0.3\ (x_{pr}+x_{3r})$$

$$\left(\frac{y_2}{y_1+y_2}\right)x_{pr} \geqslant 0.4\ (x_{pr}+x_{3r})$$

$$x_{3r} \leqslant 0.2\ (x_{pr}+x_{3r})$$

$$\left(\frac{y_1}{y_1+y_2}\right)x_{pp} \geqslant 0.25\ (x_{pp}+x_{3p})$$

$$\left(\frac{y_2}{y_1+y_2}\right)x_{pp} \leqslant 0.45\ (x_{pp}+x_{3p})$$

$$x_{3p} \geqslant 0.3\ (x_{pp}+x_{3p})$$

$$y_1 \leqslant 5\,000$$

$$y_2 \leqslant 10\,000$$

$$x_{3r}+x_{3p} \leqslant 10\,000$$

$$x_{pr}+x_{3r} \geqslant 10\,000$$

x_{pr}，x_{pp}，x_{3r}，x_{3p}，y_1，y_2，$\geqslant 0$

Grand Strand 石油公司混合问题的最优解显示在图 8-12 中。使用的每种成分的加仑数和在一般规格与特殊规格汽油中的比例显示在表 8-5 中。例如，10 000 加仑一般规格汽油包含 2 857.143 加仑的成分 1。数目 2 857.143 不会直接出现在图 8-12 中的解中，它必须通过计算得出。在解中，$y_1 = 5\ 000$，$y_2 = 9\ 000$，$x_{pr} = 8\ 000$，这意味着在一般规格汽油中成分 1 的加仑数是：

$$\left(\frac{y_1}{y_1+y_2}\right)x_{pr}=\left(\frac{5\ 000}{5\ 000+9\ 000}\right)\times 8\ 000=2\ 857.143$$

```
最优值 =    5831.42857

        变量                      值
   --------------         ---------------
        XPR                   8000.00000
        X3R                   2000.00000
        XPP                   6000.00000
        X3P                   2571.42857
        Y1                    5000.00000
        Y2                    9000.00000

       约束条件                 松弛/剩余
   --------------       ------------------
        1                        0.00000
        2                     1000.00000
        3                     5428.57143
        4                        0.00000
        5                      142.85714
        6                     1142.85714
        7                        0.00000
        8                        0.00000
        9                        0.00000
        10                       0.00000
        11                       0.00000
```

图 8-12　Grand Strand 石油公司混合问题的解

表 8-5　Grand Strand 石油公司混合解

汽油	各成分的加仑数（比例）			
	成分 1	成分 2	成分 3	总和
一般规格	2 857.143（28.57%）	5 142.857（51.43%）	2 000（20%）	10 000
特殊规格	2 142.857（25%）	3 857.143（45%）	2 571.429（30%）	8 571.429

在图 8-12 中，5 831.429 的目标值对应 5 831.43 美元的总毛利。在 4.3 节中，我们知道 Grand Strand 石油公司混合问题的最优解值是 7 100 美元。为什么成分 1 和成分 2 混合模型的总毛利更小？注意，有混合成分问题的任意可行解对无混合问题也是可行的。但是，相反是不成立的。例如，表 8-5 说明在一般规格和特殊规格汽油中成分 1 的加仑数对成分 2 的加仑数的比率是不变的。也就是：

$$\frac{2\ 857.143}{5\ 142.857}=0.555\ 6=\frac{2\ 142.857}{3\ 857.143}$$

这两个比率一定是相等的，因为这两个比率就是 y_1/y_2，也就是混合物中两种石油成分的比例。表 8-6 说明了原来的无混合 Grand Strand 石油公司问题的解（这个表也出现在 4.4 节中）。在一般规格汽油中成分 1 对成分 2 的比率是 1 250/6 750 = 0.185 2，在特殊规格汽油中成分 1 对成分 2 的比率是 3 750/3 250 = 1.153 8，存在很大差异。强迫使用混合模型中成分 1 对成分 2 的相同比率失去了灵活性，并且必须在生产汽油时消耗更多的石油成分。

表 8-6　无混合 Grand Strand 石油公司问题的解

汽油	各成分的加仑数（比例）			
	成分 1	成分 2	成分 3	总和
一般规格	1 250（12.50%）	6 750（67.50%）	2 000（20%）	10 000
特殊规格	3 750（25%）	3 250（21.67%）	8 000（53.33%）	15 000

对存储所有成分所需存储罐的缺乏减少了混合可行解的数目，转而又导致产生较低的利润。事实上，这个模型的一个应用是在存储罐缺乏的情况下，为管理层提供一个关于利润损失的良好估计。此外，管理层能够评估购买更多存储罐的利润率。

8.5　预测一个新产品的使用

在引入新产品后，预测该产品的使用是一个非常重要的营销问题。这一节介绍由 Frank Bass 建立的一个预测模型——Bass 预测模型，这个模型已被证明对预测创新和新技术在市场上的使用特别有效。[⊖]非线性规划用于估计 Bass 预测模型的参数。这个模型有三个参数必须进行估计。

$$m = \text{最终使用新产品的估计总人数}$$

推出新产品的公司明显对参数 m 的值感兴趣。

$$q = \text{模仿系数}$$

参数 q 测量了潜在使用者受到已使用产品的人的影响时使用该产品的相对可能性。它测量了影响购买的口碑效应。

$$p = \text{创新系数}$$

参数 p 测量了在假定没有受到他人已购买（使用）产品的影响时使用该产品的相对可能性。它是由于消费者自己对创新的兴趣而使用新产品的可能性。请注意，这两个参数可正可负。如果参数为负值，则意味着随着时间推移，消费者购买的可能性会降低。

利用这些参数，我们可以建立预测模型。令 C_{t-1} 表示到时刻 $t-1$ 时已使用产品的人数。m 是最终使用产品的估计总人数，$m-C_{t-1}$ 是在时刻 $t-1$ 剩下的潜在使用者的人数。我们称时刻 $t-1$ 到时刻 t 之间的时间间隔为时间周期 t。在时间周期 t，一定比例的剩下的潜在使用者 $m-C_{t-1}$ 将使用该产品。这个值依赖于使用新产品的可能性。

简单地说，使用新产品的可能性是由于模仿而使用的可能性加上由于创新而使用的可能性。由于模仿而使用的可能性是已使用产品的人数的函数。当前使用者的人数越多，口碑的影响力就越大。C_{t-1}/m 是到时刻 $t-1$ 使用产品的人数占估计总人数的比例，由于模仿而使用的可能性通过用模仿系数 q 乘以这个比例来计算。因此，由于模仿而使用的可能性是：

$$q(C_{t-1}/m)$$

由于创新而使用的可能性是创新系数 p。因此，使用新产品的可能性是：

$$p+q(C_{t-1}/m)$$

⊖ Frank M. Bass, "A New Product Growth for Model Consumer Durables," *Management Science* 15 (1969).

使用新产品使用的可能性，我们就可以预测在时间周期 t 内，剩余的新产品使用估计总人数中，购买新产品的人数。因此，在时刻 t 新使用者人数的预测是：

$$F_t=[p+q(C_{t-1}/m)](m-C_{t-1}) \tag{8-20}$$

式（8-20）的 Bass 预测模型是根据统计学原理严密推导出来的。本书并未介绍相关推导，而是详细说明了该模型的实践内涵。

在用 Bass 预测模型建立时刻 t 新产品使用的预测时，C_{t-1} 的值将从过去的销售数据中得知，但是我们也需要知道用于模型的参数值。现在让我们看看如何用非线性规划来估计参数值 m、p 和 q。

考虑图 8-13。这个图显示了一部独立电影和一部暑期大片上映 12 周的票房收益。严格来说，时刻 t 的票房收益与时刻 t 的使用者人数是不一样的。但是由于回头客的人数通常是很少的，所以票房收益可以是电影观众人数的一个倍数。Bass 预测模型在这儿看起来是适合的。

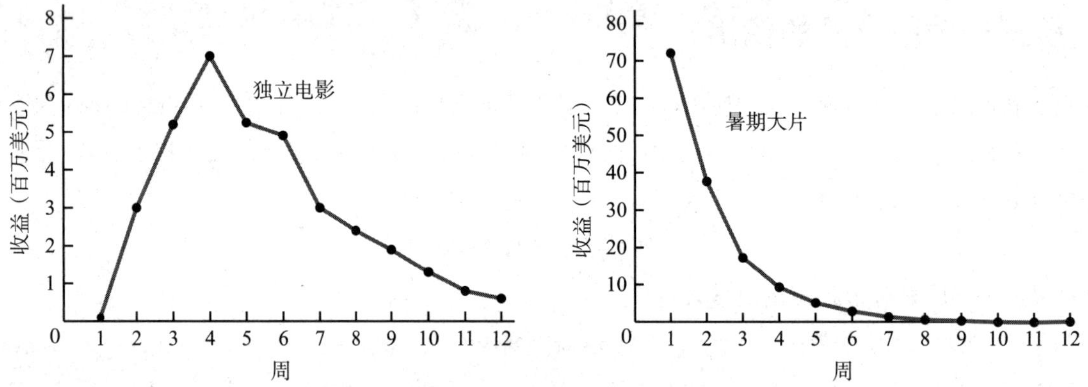

图 8-13　独立电影和暑期大片的周票房收益

这两部电影有力地说明了新产品不同的使用模式。独立电影的收益一直增长，在第 4 周达到峰值，然后开始下降。这部电影的大部分收益明显是由于口碑影响。根据 Bass 预测模型，模仿因素强于创新因素，因此我们预期 $q>p$。然而，对暑期大片，收益峰值在第 1 周，之后急剧下降，创新因素强于模仿因素，因此我们预期 $q<p$。

结合预测模型等式（8-20），我们可以使用非线性规划模型以找到对一系列数据给出最佳预测的 p、q 和 m 的值。假定有 N 期数据可用。令 S_t 表示在时刻 t 使用者的实际数量（或这个数量的一个倍数，如销售量），$t=1, 2, \cdots, N$。然后，每期的预测数和对应的预测误差 E_t 定义为：

$$F_t=[p+q(C_{t-1}/m)](m-C_{t-1})$$

$$E_t=F_t-S_t$$

注意，预测误差是预测值 F_t 与实际值 S_t 之间的差值。用最小化误差平方的和来估计参数是很普遍的统计习惯。

如此处理 Bass 预测模型，可以导出下面的非线性最优化问题。

$$\min \quad \sum_{t=1}^{N} E_t^2 \tag{8-21}$$

s.t.

$$F_t = [p + q(C_{t-1}/m)](m - C_{t-1}),\ t=1, 2, \cdots, N \tag{8-22}$$

$$E_t = F_t - S_t,\ t=1, 2, \cdots, N \tag{8-23}$$

由于式（8-21）和式（8-22）都包含非线性项，因此这个模型是一个非线性最小化问题。

注意，Bass 预测模型的参数是该非线性最优化模型中的决策变量。

表 8-7 中的数据提供了独立电影从第 1 周到第 12 周的收益和累计收益。利用这些数据，为独立电影的 Bass 预测模型估计参数的非线性模型如下：

$$\begin{aligned}
\min\quad & E_1^2 + E_2^2 + \ldots + E_{12}^2 \\
\text{s.t.}\quad & \\
& F_1 = pm \\
& F_2 = [p + q(0.10/m)](m - 0.10) \\
& F_3 = [p + q(3.10/m)](m - 3.10) \\
& \vdots \\
& F_{12} = [p + q(34.85/m)](m - 34.85) \\
& E_1 = F_1 - 0.10 \\
& E_2 = F_2 - 3.00 \\
& \vdots \\
& E_{12} = F_{12} - 0.60
\end{aligned}$$

表 8-7　独立电影的票房收益和累计收益　（单位：百万美元）

周	收益 S_t	累计收益 C_t	周	收益 S_t	累计收益 C_t
1	0.10	0.10	7	3.00	28.45
2	3.00	3.10	8	2.40	30.85
3	5.20	8.30	9	1.90	32.75
4	7.00	15.30	10	1.30	34.05
5	5.25	20.55	11	0.80	34.85
6	4.90	25.45	12	0.60	35.45

这个非线性规划的解和暑期大片非线性规划的解如表 8-8 所示。

表 8-8　独立电影和暑期大片的最优预测参数

参数	独立电影	暑期大片
p	0.074	0.490
q	0.490	−0.018
m	34.850	149.540

表 8-8 中给出的最优预测参数值符合人们的观影直觉，且与图 8-13 一致。对于独立电影，在第 4 周有最大收益，模仿参数 q 的值是 0.49，这个值显著大于创新参数 p=0.074。由于良好的口碑，这部电影经过一段时间后，票房开始快速增加。在第 4 周后，随着越来越多的潜在观影者已看过它，收益开始下降。将这些数据与暑期大片进行对比，后者的模仿参数是负值 −0.018，但创新参数是 0.49。观影者的最大数目是在第 1 周，之后这个数目会降低。很明显，该口碑影响不是有利的。

将利用表 8-8 中的参数做出的预测值与观察值绘制在一张图上，我们得到了图 8-14。从图中可以看出，Bass 预测模型能很好地描述独立电影的收益。事实上，Bass 预测模型对暑期大片的预测更为出色，预测值和观察值几乎重叠在了一起。

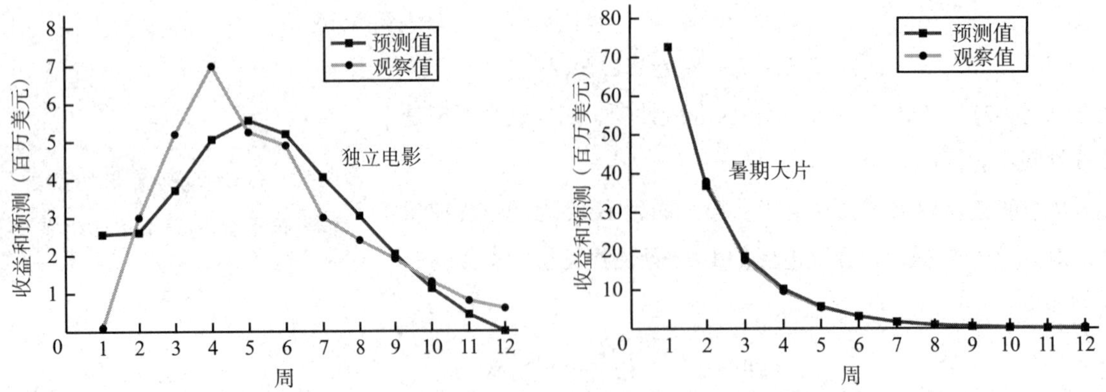

图 8-14 独立电影和暑期大片的预测以及实际的周票房收益

值得思考的是，如果我们必须等到新产品引入结束后才能估计参数，预测模型有什么作用。新产品引入使用 Bass 预测模型的一种方法是，假定新产品的购买模式与之前的某产品相似，且这种产品的 p 和 q 已计算出来，我们只需再主观估计出新产品的潜在市场规模 m。例如，假定下个暑期电影票房相似于上个暑期电影票房收入，那么用于下个暑期票房预测的 p 和 q 将是从上个暑期票房的实际销售中计算出的 p 和 q 的值。

第二种方法是等到有多期新产品数据可用后再预测。例如，如果有 5 期数据可用，这 5 期的销售数据可以用于预测第 6 期的需求。然后，在得到这 6 期的销售数据后，可预测第 7 期的值。这个方法常被称作滚动式预测。专栏 8-3 描述了如何使用 Bass 预测模型预测得克萨斯州某油田的页岩油产量。

|专栏 8-3| 实践中的管理科学

用 Bass 预测模型预测页岩油产量

Bass 预测模型被认为是市场营销领域有史以来最具影响力的公式之一。该模型最初由 Frank Bass 开发，作为一种理论开创，它使用的理念是更愿意冒风险使用未经验证的、未知的产品或服务的客户会首先采用此产品或服务。这些早期采用的客户被称为创新者，然后通过口碑影响其他客户（被称为模仿者）购买产品或服务。

自 20 世纪 60 年代发展以来，经证据表明，Bass 预测模型对描述许多不同的产品和服务都是准确的。Bass 预测模型已被用于预测炉具和冰箱等耐用产品、智能手机和医疗设备等新型电子产品，甚至是智能手机应用程序的市场销量。

Bass 预测模型的另一个用途是预测页岩油产量。页岩油被认为是一种非传统类型的原油，因为从页岩油中提取可用原油通常比从常规油井中提取更难。然而，美国已经发现了大量的页岩油矿床，技术突破使得从页岩油中提取可用油具有成本效益。因此，页岩油产量增长迅速。

Bass 预测模型已成功地用于预测得克萨斯州一个地区的页岩油产量，该地区被称为 Eagle Ford 页岩区，2015 年该地区约有 12 000 口油井。为了构建 Bass 预测模型，2006—2010 年的数据被用来估计 m 值，即最终的市场总规模。由于页岩油产品的历史有限，参数 p（创新系数）和 q（模仿系数）是根据常规油井生产的更广泛历史数据估算的。

对 Eagle Ford 页岩地区页岩油产量的预测已被证明非常准确。

资料来源：Thomas Tunstall, “Iterative Bass Model Forecasts for Unconventional Oil Production in the Eagle Ford Shale,” *Energy* no. 93(December 2015):580–588.

注释与点评

用于确定 Bass 预测模型参数值的最优化模型是难解的非线性最优化问题的一个例子。它既不是凸的，也不是凹的。对这类模型，局部最优可能给出比全局最优差很多的值。我们建议在解决此类问题时使用 Excel Solver 中的 Multistart 选项，以帮助找到全局最优值。

本章小结

在这章中我们介绍了非线性最优化模型。非线性最优化模型是在约束条件或目标函数中至少有一个非线性项的模型。在商业和自然界中很多过程都以非线性的方式表现，通过考虑非线性项，显著增加了能作为最优化问题进行建模的重要应用的数量。投资组合最优化、期权定价、配料、厂址选择、预测以及进度安排中的大量问题均适合于非线性模型。

不幸的是，非线性最优化模型不像线性最优化模型甚至线性整数最优化模型那样容易求解。一个经验法则就是如果一个问题能实际建模为线性或线性整数问题，应尽量这么做，避免非线性的情况。许多非线性模型有不是全局最优的局部最优解。因为大部分非线性最优化代码会以局部最优结束，代码返回的解可能就不是能得到的最好解。然而，正如本章中指出的那样，最优化问题的许多重要分类，如马科维茨投资组合模型，是凸最优化问题。对一个凸最优化问题，局部最优也是全局最优。另外，能找到全局最优解的非线性最优化代码的开发正在快速发展。

专业术语

凹函数（concave function） 朝下碗形的函数。例如，函数 $f(x)=-5x^2-5x$ 和 $f(x, y)=-x^2-11y^2$ 是凹函数。

凸函数（convex function） 朝上碗形的函数。例如，函数 $f(x)=x^2-5x$ 和 $f(x, y)=x^2+5y^2$ 是凸函数。

有效边界（efficient frontier） 一组最优投资组合。要么为确定的风险提供最大收益，要么为确定的收益提供最小的风险。

全局最大值（global maximum） 如果在整个可行域里没有其他有更大目标函数值的可行点，这个可行解就是全局最大值。全局最大值也是一个局部最大值。

全局最小值（global minimum） 如果在整个可行域里没有其他有更小目标函数值的可行点，这个可行解就是全局最小值。整体最小值也是一个局部最小值。

全局最优（global optimum） 如果在整个可行域里没有其他有更好目标函数值的可行点，这个可行解就是全局最优。全局最优要么是全局最大值，要么是全局最小值。

指数型基金（index fund） 股票、共同基金或其他有价证券的一个投资组合，要尽可能接近一个泛市场指数如标准普尔 500 指数的绩效。

局部最大值（local maximum） 如果在邻域里没有其他有更大目标函数值的可行解，这个可行解就是局部最大值。

局部最小值（local minimum） 如果在邻域里没有其他有更小目标函数值的可行解，这个可行解就是局部最小值。

局部最优（local optimum） 如果在邻域里没有其他有更好目标函数值的可行解，这个可行解就是局部最优。局部最优要么是局部最大值，要么是局部最小值。

马科维茨均方差投资组合模型（Markowitz mean-variance portfolio model） 一个投资组合最优化模型，用于构建一个在一定的最低水平收益的约束条件下，能最小化风险的投资组合。

非线性最优化问题（nonlinear optimization problem） 在目标函数或约束条件中至少包含一个非线性项的最优化问题。

简约梯度（reduced gradient） 与非线性模型中的变量相关的值，类似于线性模型中的递减成本，是非线性模型中决策变量的一个紧的简单下界或上界的对偶值。

习题

1. **用 Excel Solver 求解非线性最优化模型。**本题意在练习 Excel Solver 的使用。寻找最小化下述表达式时，X 和 Y 的值。

$$\min \quad X^2-4X+Y^2+8Y+20$$

不考虑 X 和 Y 值的非负性。为了获得 Excel Solver 的负值，我们不要勾选“规划求解参数”对话框中的“使无约束变量为非负数”选项。LO2

2. **非线性最优化的约束限制变动。**考虑下面所述的非线性最优化模型。LO2,6

$$\min \quad 2X^2-20X+2XY+Y^2-14Y+58$$

s.t.

$$X+4Y \leqslant 8$$

a. 找出这个问题的最小值解。

b. 如果约束条件的右端值从 8 增到 9，你预期目标函数将改变多少？

c. 重新求解右端值为 9 时的问题。实际改变与你的估计相差多少？

3. **相机定价。**Jim 的相机店出售 Sky Eagle 和 Horizon 两种高性能相机，两种相机的需求函数分别为：

$$D_S=222-0.60P_S+0.35P_H$$

$$D_H=270+0.10P_S-0.64P_H$$

D_S=Sky Eagle 的需求量，P_S=Sky Eagle 的销售价格，D_H=Horizon 的需求量，P_H= Horizon 的销售价格。商店要在最大化收益的情况下确定两种商品的定价。请构建两个产品的收益方程，并求解最优定价。LO1,2

4. **割草机的定价政策。**Lawn King 制造两种乘骑式割草机。一种是低成本割草机，主要销售给住宅家庭用户；另一种是工业模型，售给景观美化和草坪服务公司。公司为了能最大化生产线的总利润，对建立两种割草机的价格策略很感兴趣。两种割草机的销售价格和售出数量间关系的一个研究确定了下面的价格—数量关系。

$$q_1=950-1.5p_1+0.7p_2$$

$$q_2=2\,500+0.3p_1-0.5p_2$$

其中：

q_1= 售出住宅割草机的数目

q_2= 售出工业割草机的数目

p_1= 住宅割草机的销售价格（美元）

p_2= 工业割草机的销售价格（美元）

会计部门以生产两种割草机的固定和变动成本建立成本信息。住宅割草机生产的固定成本是 10 000 美元，变动成本是每台 1 500 美元。工业割草机生产的固定成本是 30000 美元，变动成本是每台 4000 美元。LO1,2

a. Lawn King 传统上为住宅和工业割草机的定价分别为 2 000 美元和 6 000 美元。总利润是用销售收入减去生产成本计算的。Lawn King 将销售多少台割草机？这种定价策略的总利润是多少？

b. 根据 8.1 节中的方法，建立一个总利润为两种割草机销售价格的函数的表达式。

c. Lawn King 收取的最优价格是多少？在该价格水平上，每种割草机将销售多少台？总利润是多少？

5. **广告推广计划。**Green Lawns 提供草坪肥料和杂草防除服务。该企业还提供曝气处理这一低成本附加服务，以期吸引更多的客户。管理层决定通过广播和电子邮件两种渠道对该服务进行促销。广告促销的预算为 3 000 美元，基于以往推销其他服务的经验，Green Lawns 的销售收入与促销广告之间的关系为：

$$S=-2R^2-10M^2-8RM+18R+34M$$

其中，S= 销售额（千美元），R= 广播的广告费（千美元），M= 电子邮件促销费用（千美元）。

Green Lawns 想在促销费用约束条件下，实施最大化销售收入目标函数的促销策略。LO1,2

a. 如果广播促销费用为 2 000 美元，电子邮件促销费用为 1 000 美元，其销售额是多少？

b. 构建以企业销售收入为目标函数，以促销费用为约束条件的最优化模型。

c. 确定最优的广播促销费用和电子邮件促销费用。此时，企业收入是多少？

6. **经济订货批量。**经济订货批量（EOQ）模型是在满足需求的条件下对库存进行控制的经典模型。该模型考虑的成本包括单位产品成本、订货固定成本、订货变动成本和库存费用。该模型假设只考虑单一产品，企业能够及时补货，产品需求量固定，不允许缺货。

假如我们放松该模型的第一个假设，允许同时考虑多个相互独立的产品，但是对产品的存储空间是有限制的。放松模型的相关参数为：

$D_j = j$ 产品的年需求量

$C_j = j$ 产品的单位成本

$S_j = j$ 产品的订货成本

$w_j =$ 存储单位 j 产品所需的存储空间

$W =$ 企业可用于存储产品的最大可用空间

$i =$ 库存持有费用占产品单位成本的百分比

模型的决策变量为 Q_j，是第 j 个产品的订货量，$j = 1, 2, \cdots, N$。具体模型如下：

$$\text{Min} \quad \sum_{j=1}^{N}\left[C_j D_j + \frac{S_j D_j}{Q_j} + iC_j\frac{Q_j}{2}\right]$$

$$\text{s.t.} \quad \sum_{j=1}^{N} w_j Q_j \leqslant W；\; Q_j \geqslant 0，\; j = 1, 2, \cdots, N$$

在目标函数中，第一项为产品的年均成本，第二项为年均订货成本 $\left(\frac{D_j}{Q_j}\text{是年订货次数}\right)$，最后一项是库存持有成本 $\left(\frac{Q_j}{2}\text{是平均库存持有量}\right)$。

使用如下数据构建该非线性最优化模型，并求解。LO1,2

	产品 1	产品 2	产品 3
年均需求	2 000	2 000	1 000
产品单位成本 / 美元	100	50	80
订货成本 / 美元	150	135	125
单位产品所需空间（英尺 ^{2}）	50	25	40
W=5 000			
i=0.20			

7. **经济产出估算。**柯布道格拉斯生产函数是经济学中用于描述资本和人力投入产出的经典模型，可表述为：

$$f(L,C) = c_0 L_1^{c_1} C_2^{c_2}$$

其中，c_0、c_1 和 c_2 是固定值，变量 L 表示劳动力投入量，C 表示资本投入量。LO1,2,3

a. 在本例中，c_0=5，c_1=0.25，c_2=0.75，设每单位劳动力成本为 25 美元，每单位资本成本为 75 美元。在预算费 75 000 美元的情况下，构建最优模型以确定人力和资本各投入多少才能最大化产出。

b. 在 a 部分，加入边界限制，$L \leqslant 3\,000$，$C \leqslant 1\,000$，按照附录 8.1 使用多个初始值进行计算。

8. **钢铁生产计划。**令 S 代表生产的钢铁数量（吨）。钢铁生产量与使用的劳动量（L）和使用的资本数（C）相关，其间关系如下面的函数所示：

$$S = 20L^{0.30}C^{0.70}$$

其中，L 代表劳动输入的单位数，C 代表资本输入的单位数。每单位劳动成本为 50 美元，每单位资本成本为 100 美元。LO1,2,3

a. 建立一个最优化问题，确定为了以最小的成本生产 50 000 吨钢铁，需要多少劳动和资本。

b. 求解在 a 部分建立的最优化问题。提示：当使用 Excel Solver 求解时，以初始 $L > 0$ 和 $C > 0$ 开始。

9. **两种产品的生产计划。**两种产品的收益方程为：

$$Profit = -3(x_1)^2 + 42x_1 - 3(x_2)^2 + 48x_2 + 700$$

其中，x_1 表示产品 1 的产量，x_2 表示产品 2 的产量。每生产 1 单位产品 1 需要 4 个劳动小时，每生产 1 单位产品 2 需要 6 个劳动小时。现有 24 小时可使用劳动力。劳动力的单位成本已含在等式中，当然如果加班，则需要每小时加 5 美元。LO1,2

a. 构建可以求解产品 1 的最优生产量和最优加班

时间的最优化问题。

b. 求解 a 部分的最优化模型。产品产量是多少？应加班多少小时？

10. **棒球手套生产计划。**Heller 制业有两个生产棒球手套的生产工厂。由于劳动率、当地财产税、设备类型、生产能力等的不同，两个工厂的生产成本是不同的。Dayton 工厂的周成本可以表示为生产手套数量的函数：

$$\mathrm{TCD}(X)=X^2-X+5$$

这里 X 是以千为单位的周生产量，TCD（X）是以千美元为单位的成本。Hamilton 工厂的周生产成本由下式给出：

$$\mathrm{TCH}(Y)=Y^2+2Y+3$$

这里 Y 是以千为单位的周生产量，TCD（Y）是以千美元为单位的成本。Heller 制业想要以尽可能低的成本每周生产 8 000 双手套。LO1,2

a. 建立一个数学模型，用来确定每周每个工厂生产手套的最优数量。

b. 用 Excel Solver 找出该数学模型的解，来确定每个工厂生产手套的最优数量。

11. **用资金量表示马科维茨模型。**在式（8-10）～式（8-19）的马科维茨投资组合模型中，决策变量表示每个基金在投资组合中所占的比例。例如，FS=0.25 表示 25% 的资金用于投资外国债券。这个模型也可以定义投资每个组合具体的资金数量。重新定义上述变量为表示投资不同组合的具体资金。假设投资者有 50 000 美元进行投资，在最小化他的投资组合方差的情况下，其收益至少为 10%。请改写式（8-10）～式（8-19）的表达式，并用 Excel Solver 求解。LO1,2,4

12. **指数平滑。**许多预测模型要使用由非线性最优化估计的参数。一个很好的例子是本章中介绍的 Bass 预测模型，另一个例子是指数平滑预测模型。指数平滑模型在实践中应用非常普遍，第 15 章将进一步对其进行详细描述。例如，预测销售的基本指数平滑模型是：

$$F_{t+1}=\alpha Y_t+(1-\alpha)F_t$$

其中 F_{t+1} 为对 t+1 期销售的预测，Y_t 为 t 期实际的销售量，F_t 为 t 期预测的销售量，α 为平滑常量，$0\leqslant\alpha\leqslant1$。

这个模型是递归使用的，对时期 t+1 的预测基于时期 t 的预测量 F_t、时期 t 观察到的销售值 Y_t 和平滑参数 α。表 8-9 说明了用这个模型预测的 12 个月的销售，平滑常量为 α=0.3。预测误差 Y_t-F_t 在第 4 列。通常通过最小化预测误差平方和，即均方误差（MSE）来选择 α 的值。表 8-9 的最后一列列出了预测误差的平方以及预测误差平方的和。

表 8-9　指数平滑预测模型（α=0.3）

周	观察值	预测	预测误差	预测误差的平方
(t)	(Y_t)	(F_t)	(Y_t-F_t)	$(Y_t-F_t)^2$
1	17	17.00	0.00	0.00
2	21	17.00	4.00	16.00
3	19	18.20	0.80	0.64
4	23	18.44	4.56	20.79
5	18	19.81	−1.81	3.27
6	16	19.27	−3.27	10.66
7	20	18.29	1.71	2.94
8	18	18.80	−0.80	0.64
9	22	18.56	3.44	11.83
10	20	19.59	0.41	0.17
11	15	19.71	−4.71	22.23
12	22	18.30	3.70	13.69
				SUM = 102.86

在使用指数平滑模型时，尽量选择能提供最好预测的 α 值。建立一个非线性最优化模型并用 Excel Solver 求解，来找到最小化预测误差平方和的平滑参数 α。你可能发现把表 8-9 输入 Excel 表格是最容易的，然后使用规划求解就能找到最优的 α 值。LO1,2

13. **计算股票收益。**本练习题意在学习如何使用 AAPL、AMD 和 ORCL 中 10 年的

> 股票价格数据可以从许多网站上下载，如雅虎财经、谷歌财经等。

真实数据，计算在投资组合中的股票收益。使用这些股票数据，计算每只股票第 1 年到第 9 年的收益。收益通常使用复利计算。如果股票价格因为股票分拆和股息进行调整，股票 i 在第 t+1 期的价格 $p_{i,t+1}$ 为：

$$P_{i,t+1} = P_{i,t}\mathrm{e}^{r_{i,t}}$$

其中，$P_{i,t}$ 为股票 i 在第 t 期的价格，$r_{i,t}$ 为股票 i 在第 t 期的收益。该计算方法假设没有股票分红。应用苹果公司、超威半导体公司和甲骨文公司等的数据求解上述方程的收益为：

$$r_{i,t} = \ln\left(\frac{P_{i,t+1}}{P_{i,t}}\right)$$

例如，苹果公司在第 9 年的股票价格为 38.45 美元，在第 10 年的价格为 75.51 美元，因此，苹果公司从第 9 年到第 10 年的持续收益是 ln（75.51/38.45）= 0.674 9。

我们使用该计算结果作为苹果公司第 9 年的年均收益。

根据图 8-15 分别计算 AAPL、AMD 和 ORCL 从第 1 年至第 9 年的年均收益，结果如图 8-15 所示。LO4

年	AAPL 股票价格（美元）	AMD 股票价格（美元）	ORCL 股票价格（美元）	AAPL 收益	AMD 收益	ORCL 收益
1	4.16	17.57	4.32	0.096 2	−0.553 7	−0.107 4
2	4.58	10.1	3.88	0.818 4	0.127 2	0.866 6
3	10.3	11.47	9.23	0.923 6	0.450 6	0.995 6
4	25.94	18	24.98	−0.875 3	0.312 4	0.153 3
5	10.81	24.6	29.12	0.134 0	−0.427 0	−0.523 0
6	12.36	16.05	17.26	−0.543 2	−1.119 4	−0.361 0
7	7.18	5.24	12.03	0.451 7	1.042 4	0.141 6
8	11.28	14.86	13.86	1.226 3	0.061 3	−0.006 5
9	38.45	15.8	13.77	0.674 9	0.972 9	−0.091 2
10	75.51	41.8	12.57			

图 8-15　AAPL、AMD 和 ORCL 股票的年均收益

14. 马科维茨投资组合优化。用习题 13 中的数据，建立并求解我们在式（8-10）～式（8-19）中定义的马科维茨投资组合最优化模型。在这一情况下，包含 9 个方案，分别对应从第 1 年到第 9 年的年收益。令每个方案都有相同的可能性，并使用在习题 13 中计算的方案收益。LO1,2,4

15. 构建股票型指数基金。使用图 8-15 的数据构建尽量接近标准普尔指数的 AAPL、AMD 和 ORCL 投资组合。模型组合的构建尽量与 8.2 节的 Hauck 公司相同。LO1,2,4

年	收益（%）
1	28.54
2	78.14
3	78.74
4	−40.90

（续）

年	收益（%）
5	−25.87
6	−37.41
7	48.40
8	2.56
9	0.99

16. 用半方差测度风险。如 8.3 节所述，马科维茨模型使用投资组合的方差作为风险度量。与方差包括低于和高于平均收益率的偏差不同，半方差仅包括低于平均值的偏差，被许多人认为这是一种更好的风险度量。LO1,2,4

a. 建立一个模型，使用 HauckData 文件中给出的 Hauck 财务数据的半方差数据，求在回报率大于 10% 的条件下，半方差最小的投资组合。（提示：修改模型（8-10）～（8-19）。为每个

场景定义一个变量 d_s，令 $d_S \geq \bar{R} - R_S, d_S \geq 0$。然后构建目标函数：$\text{Min} \frac{1}{5}\sum_{S=1}^{5}(d_S)^2$）

b. 求解 a 中建立的模型，且要求的预期回报率为 10%。

17. **最大化收益的马科维茨模型。**马科维茨投资组合模型的第二个版本是在方差小于等于某一特定值的条件下，求解期望收益最大化的投资组合。重新使用表 8-2（也就是下表）所示的 Hauck 公司的相关金融数据进行计算。LO1,2,4

基金	年均收益（%）				
	第 1 年	第 2 年	第 3 年	第 4 年	第 5 年
外国股票	10.06	13.12	13.47	45.42	−21.93
中期债券	17.64	3.25	7.51	−1.33	7.36
高市值增加	32.41	18.71	33.28	41.46	−23.26
高市值成长	32.36	20.61	12.93	7.06	−5.37
低市值增加	33.44	19.40	3.85	58.68	−9.02
低市值成长	24.56	25.32	−6.70	5.43	17.31

a. 构建方差最大为 30 的马科维茨投资组合模型。

b. 求解 a 部分的方程。

18. **有效边界。**用习题 17 构建的模型求解方差最大值，从 20 到 60，每次递增 5 的最大收益，以此来构建最大化收益的有效边界。画出有效边界并与图 8-10 对比。LO2,5

19. **风险价值模型。**投资者往往想预估收益达不到预期的情况。例如，如果实际收益率比约束条件要求的最低收益还要少 1% 的话，此时的最低收益将是多少？

> 习题 19 要求对正态分布有初步了解。在 Excel 中，函数 NORM.DIST 提供了给定特定概率值的标准正态分布的随机变量值。

考虑图 8-9 展示的马科维茨模型，该模型要求投资组合的最低收益为 10%，模型求解的投资组合收益的标准差为：

$$\delta = \sqrt{27.136\,15} = 5.209\,237$$

假设投资组合的收益服从均值为 10、标准差为 5.209 237 的正态分布。根据正态分布表可知，均值减少 1%，相当于收益减少了 2.33 个标准差，即此时投资组合收益将减至：

$$10 - 2.33 \times 5.209\,237 = -2.137\,5$$

另一种描述是，如果初始投资是 1 美元，投资者将面临 1% 的可能性损失 2.137 5 美分。1% 的风险价值为 2.1375 美分。这是 20 世纪 90 年代初由摩根大通公司开创并得到普及的一种风险测量方法，又称风险价值模型（VaR）。LO1,2,4

a. 根据式（8-10）～式（8-19）的马科维茨模型，删除约束条件式（8-18），以 VaR 在 1% 的风险最小为目标，重新构建一个马科维茨模型。

b. 最小化 VaR 和最小化投资组合方差是不是一样的？说明理由。

c. 对于固定的收益，最小化 VaR 和最小化投资组合方差是不是一样的？说明理由。

20. **看涨期权与布莱克–斯科尔斯模型。**在金融世界里，期权是流行的工具。股票的看涨期权是持有者在到期日前以一个预先确定的价格购买股票的权利。例如，宝洁公司股票的看涨期权正在销售中，它为期权持有者提供在 21 天内以 60 美元购买该股票的权利。收市时显示，这份期权的价格为 1.45 美元。期权是如何定价的？期权的定价公式由费希尔 · 布莱克（Fischer Black）和迈伦 · 斯科尔斯（Myron Scholes）创立，并于 1973 年发表。斯科尔斯后来因此贡献获得了诺贝尔经济学奖（此时布莱克已经去世，而诺贝尔经济学奖只授予在世的获奖者）。布莱克–斯科尔斯定价模型如今在对冲基金和交易人间广泛使用。看涨期权价格的布莱克–斯科尔斯公式为：

$$C = S[\text{PSN}(Z)] - Xe^{-rT}[\text{PSN}(Z - \sigma\sqrt{T})]$$

其中：

C = 看涨期权的市场价格

X = 购买股票的执行价或合约价

S = 股票的当前价格

r = 无风险的年利率

T = 期权到期时间

σ = 年标准差

在布莱克–斯科尔斯公式中，$Z = [(r + \sigma^2/2)T +$

$\ln(S/X)]/(\sigma\sqrt{T})$，并且 PSN (Z) 是对于均值为 0、方差为 1 的正态分布，观察 Z 或者更小的值的概率。这个练习的目的是为今天提供的 21 天后到期的宝洁公司的看涨期权定价。把 3 个月短期国库券的获利作为无风险利率，因此可以假设 r 的值为 0.049 4。该期权今日的执行价 X=60 美元，目前股价 S=60.87 美元。为了使用布莱克–斯科尔斯公式，需要用到年标准差 σ。获得该值的一个方法是估计宝洁公司股票的周方差，再用 52 乘以周方差，然后求平方根得到年标准差。对于这个问题，使用 0.000 479 376 的周方差。依据布莱克–斯科尔斯公式，利用以上数据来计算期权价格。LO1,2,4

21. **泊位分配**。Lajitas 有 3 个码头，装货码头之间的距离（单位：米）如下表所示。

	1	2	3
1	0	100	150
2	100	0	50
3	150	50	0

> 习题 21 的问题属于二次指派问题。二次指派问题模型的用途很广，不仅可用于大量设施选址问题，还可用于乘客总步行距离最小的飞机的登机口分配问题。

目前海上的 3 艘油轮正要进入 Lajitas 港口，需要为每艘油轮分配一个码头，且每个码头只能停一艘油轮。目前，2 号和 3 号油轮是空的，没装载货物，而 1 号油轮的货物要装载到 2、3 号油轮上，必须转移的货物量如下所示（单位：吨）。

从		到		
		1	2	3
	1	0	60	80

请采用 0-1 变量（1 表示泊位分配了某艘油轮，0 表示泊位没有分配给某艘油轮）构建一个二次分配模型，为到港油轮分配泊位，使货物量乘以货运距离最小。求解该模型。（提示：该问题是第 6 章分配问题的拓展。此外，注意目标函数包括非零项，共计 12 项，且 12 个非零项中的每一个都是二次项，或两个变量的乘积。）LO1,2

22. **厨用椅生产计划**。Andalus 家具公司有两个制造工厂，一个在 Aynor，另一个在 Spartanburg。下面是每个工厂生产一把厨用椅子的成本（单位：美元）。

$$\text{Aynor：成本} = 75Q_1 + 5Q_1^2 + 100$$
$$\text{Spartanburg：成本} = 25Q_2 + 2.5Q_2^2 + 150$$

其中：

Q_1= 在 Aynor 生产的椅子数

Q_2= 在 Spartanburg 生产的椅子数

Andalus 需要生产 40 把厨用椅子以满足刚接到的订单。为了最小化总生产成本，在 Aynor 应该生产多少把椅子？在 Spartanburg 应该生产多少把椅子？LO1,2

23. **夏季大片票房的 Bass 预测模型**。夏季大片电影的每周票房收益（单位：百万美元）如下表所示，利用这些数据和 Bass 预测模型［式（8-21）～式（8-23）］，估计参数 p、q 和 m。用 Excel Solver 求解，看看是否与表 8-8 的参数相同。

周	夏季票房
1	72.39
2	37.93
3	17.58
4	9.57
5	5.39
6	3.13
7	1.62
8	0.87
9	0.61
10	0.26
11	0.19
12	0.35

Bass 预测模型是一个非线性预测模型，且仅可能得到局部最优解。如果你发现你估计的参数效果不如表 8-8 中的参数效果好，那么请尝试使用附录 8.1 中提到的多初始点优化方法，并将 p 和 q 的下限调整为 −1，上限调整为 1；将 m 的下限调整为 100，上限调整为 1 000。LO1,2,3

案例问题 8-1

有交易成本的投资组合最优化[⊖]

Hauck 金融服务公司有大量不活跃的、买入并持有的客户。对这些客户，Hauck 公司提供一个投资账户，基于客户的许可把他们的钱投到每年重新结算一次的共同基金投资组合上。当重新结算时，通过求解考虑交易成本的马科维茨投资组合模型的扩展模型，Hauck 公司确定每个投资者投资在共同基金中的比例。投资者需要为他们投资组合的年结算支付小额的交易成本。简单来说，有下面的假设。

- 在该时期（在这个案例中是一年）开始时，通过购买和销售 Hauck 公司共同基金重新结算投资组合。
- 与购买和销售共同基金相联系的交易成本，在投资组合重新结算的周期开始时支付。事实上，这样减少了可用于再投资的资金。
- 直到这一时期结束，不会有进一步的交易，并且在该时期结束时才能观察到投资组合的新值。
- 交易成本是购进或售出共同基金的资金总量的线性函数。

Jean Delgado 是 Hauck 公司的一个购买并持有的客户。我们简要描述 Hauck 公司用于结算 Jean Delgado 的投资组合的模型。被考虑作为她投资组合的共同基金种类包括外国股票基金（FS）、中期债券基金（IB）、大市值成长基金（LG）、大市值价值基金（LV）、小市值成长基金（SG）和小市值价值基金（SV）。在传统的马科维茨模型中，变量常被认为是投资组合中各类被选基金的比例。例如，FS 是投资于外国股票基金的投资组合比例。但是，把 FS 解释成是投资于外国股票基金的资金总量也同样是正确的。那么，FS=25 000 意味着有 25 000 美元投资于外国股票基金。基于这些假设，初始投资组合值一定等于交易成本花费加上重新结算后投资于所有资产的总数，即

初始投资组合值 = 结算后投资于所有资产的总数 + 交易成本

Hauck 公司用来重新结算投资组合的马科维茨扩展模型，对每个共同基金有一个结算约束条件。这个结算约束条件是：

投资于基金 i 的总数 = 基金 i 的初始持有量 + 购买的基金 i 的总数 − 售出的基金 i 的总数

使用这个结算约束条件，对每个基金都要求三个额外的变量：一个是结算前投资的总数，一个是售出总数，一个是购买总数。例如，外国股票基金的结算约束条件是：

$$FS = FS\_START + FS\_BUY - FS\_SELL$$

Jean Delgado 在年结算前，她的账户有 100 000 美元，并且她已指定了 10% 的最低可接受收益。Hauck 公司计划使用下面的模型来计算 Jean Delgado 的投资组合。有交易成本的完整模型是：

$$\min \quad \frac{1}{5}\sum_{s=1}^{5}(R_S - \bar{R})^2$$

s.t.

$$0.1006FS + 0.1764IB + 0.3241LG + 0.3236LV + 0.3344SG + 0.2456SV = R1$$
$$0.1312FS + 3.25IB + 0.1871LG + 0.2061LV + 0.1940SG + 0.2532SV = R2$$
$$0.1347FS + 0.0751IB + 0.3328LG + 0.1293LV + 0.385SG - 0.0670SV = R3$$
$$0.4542FS - 0.0133IB + 0.4146LG + 0.0706LV + 0.5868SG + 0.0543SV = R4$$
$$-0.2193FS + 0.0736IB - 0.2326LG - 0.0537LV - 0.0902SG + 0.1731SV = R5$$

⊖ 感谢 Linus Schrage 帮忙整理本案例。

$$\frac{1}{5}\sum_{s=1}^{5} R_S = \bar{R}$$

$$\bar{R} \geqslant 10\ 000$$

FS+IB+LG+LV+SG+SV+TRANS_COST=100 000

FS_START+ FS_BUY−FS_SELL =FS

IB_START+ IB_BUY−IB_SELL =IB

LG_START+ LG_BUY−LG_SELL =LG

LV_START+ LV_BUY−LV_SELL =LV

SG_START+ SG_BUY−SG_SELL =SG

SV_START+ SV_BUY−SV_SELL =SV

TRANS_FEE*（FS_BUY+FS_SELL +IB_BUY+IB_SELL+
LG_BUY+LG_SELL+LV_BUY+LV_SELL+SG_BUY+SG_SELL+
SV_BUY+SV_SELL）=TRANS_COST

FS_START=10 000

IB_START=10 000

LG_START=10 000

LV_START=40 000

SG_START=10 000

SV_START=20 000

TRANS_FEE=0.01

FS，IB，LG，LV，SG，SV ⩾ 0

注意模型中的交易费被设为1%（最后一个等式约束条件），购买和销售共同基金份额的交易成本是购买和售出总数的线性函数。用这个模型，在结算时从客户账户中扣除交易成本，因此减少了投资的钱数。Jean Delgado结算问题的解如图8-16所示。LO1,2,4

管理报告

假定你是Hauck金融服务公司新雇用的定量分析师。你的首要任务之一是检查投资组合结算模型，以帮助解决与Jean Delgado的争执。在过去五年内，Jean Delgado采用了Hauck公司被动管理的投资组合之一，并一直抱怨她没有得到她指定的10%的收益率。在检查了她近五年的年报告书之后，她感觉到她实际得到的平均少于10%。

1. 根据图8-16中的模型解，IB_BUY = 41 268.51美元。购买额外份额的中期债券基金，Jean Delgado要支付多少交易成本？

2. 基于图8-16给出的模型解，重新结算Jean Delgado投资组合的总交易成本是多少？

3. 在支付交易成本，并且她的投资组合被重新结算之后，Jean Delgado还有多少投资于共同基金的资金？

4. 根据图8-16中的模型解，IB =51 268.51美元。在一年结束时，Jean Delgado的中期债券基金预计能有多少？

5. 根据图8-16中的模型解，投资组合的期望收益是10 000美元。在一年结束时，Jean Delgado的投资组合的资金总数预计是多少？她能赚到在这年开始时她所拥有的100 000美元的10%吗？

6. 为管理层准备一份报告，解释为什么Jean

Delgado 每年在她的投资上没有赚得10%。使用扩展的马科维茨模型，求解使得在下一年结束时 Jean Delgado 能有 110 000 美元的预期投资组合。准备一份包含有修改后最优化模型的报告，该模型能提供在支付交易成本之前的年初可用金钱总数的10%的预期收益。解释为什么当前模型不能提供。

7. 为 Jean Delgado 求解上面建立的模型。投资组合的组成与图 8-16 所示的结果有何不同?

目标值: 27 219 457.356

变量	值
R1	18953.280
RBAR	10000.000
R2	11569.210
R3	5663.961
R4	9693.921
R5	4119.631
FS	15026.860
IB	51268.510
LG	4939.312
LV	0.000
SG	0.000
SV	27675.000
TRANS_COST	1090.311
FS_START	10000.000
FS_BUY	5026.863
FS_SELL	0.000
IB_START	10000.000
IB_BUY	41268.510
IB_SELL	0.000
LG_START	10000.000
LG_BUY	0.000
LG_SELL	5060.688
LV_START	40000.000
LV_BUY	0.000
LV_SELL	40000.000
SG_START	10000.000
SG_BUY	0.000
SG_SELL	10000.000
SV_START	20000.000
SV_BUY	7675.004
SV_SELL	0.000
TRANS_FEE	0.010

图 8-16 有交易成本的 Hauck 公司最小方差投资组合的解

案例问题 8-2

汽车行业 CAFE 合规问题

1975 年，美国国会通过了《公司平均燃油经济性标准（CAFE)》条例，以促进节能汽车和轻型卡车的销售。该法律要求汽车制造商在规定日期前将其车辆每加仑行驶的里程提高到一定的平均值。为达到这一标准，汽车制造商可采取的一种方式是通过降低高效燃油车的价格，鼓励消费者购买更省油的汽车。当然，在降价满足 CAFE 标准要求的同时，也要尽可能保证公司的利润最大化。

通用汽车公司为了在满足 CAFE 约束条件的同时实现利润最大化，使用了数学模型来优化其定价和生产决策。该模型中的目标函数是非线性的，类似于本章中的 Par 公司模型。本案例中，我们构建了一个类似于通用汽车公司构建的模型。CAFE 要求每加仑行驶的英里数（miles per gallon，MPG）取平均值，即使用调和平均数计算 MPG。

为了理解调和平均数，假设有一个客车和一个轻型卡车。对于客车，每加仑汽油可以行驶 30 英里，而轻型卡车的每加仑汽油可以行驶 20 英里。假设每一种交通工具精确地行驶 1 英里。行驶 1 英里，客车耗 1/30 加仑汽油，轻型卡车耗 1/20 加仑汽油。所耗费汽油的数量总计为：

汽油消耗 =1/30 + 1/20 = 1/12（加仑）

用常规的方式计算两辆车的平均 MPG：(30+20) ÷ 2=25MPG。如果两辆车取平均值，每一辆车精确地行驶 1 英里，那么总计耗费汽油的数量为：

汽油消耗 =1/25 + 1/25 = 2/25（加仑）

因为 2/25 并不等于 5/60，所以两辆车行驶 1 英里的总的汽油消耗量并不等于每一辆车行驶 1 英里原始的油耗量之和。这是不幸的。为了使政府更容易地对汽车公司施加 MPG 的限制，最好能有唯一一个整个行业里的公司都必须满足的目标 MPG 值。像刚刚示例过的，要给行业一个平均MPG值存在困难，因为它将错误地估计每英里的油耗数。幸运的是，有一个统计指标叫作调和平均数，这样通过调和平均数计算出来的每英里油耗总数就等于实际每辆车的每英里油耗之和了。

调和平均数通常用于计算比率和速率的平均值。例如，每加仑英里数（MPG）即车辆行驶的公里数与耗油加仑数之比，就是一个比率值。

为了简化，首先假设车队里只有两种类型的车，即客车和轻型卡车。如果一辆客车每加仑汽油行驶了 30 英里，一辆轻型卡车每加仑汽油行驶了 20 英里，那么这两辆车的调和平均值为：

$$\frac{2}{1/30+1/20}=\frac{2}{5/60}=24$$

如果每辆车严格地行驶 1 英里，每辆车将会消耗 1/24 加仑的汽油，总数为 2/24=1/12（加仑）汽油。在这种情况下，每一个“平均”交通工具行驶 1 英里消耗的汽油总数就等于每一辆不同 MPG 比率的车行驶 1 英里所耗汽油之和。

如果有 3 辆客车和 2 辆轻型卡车，可以给出调和平均数：

$$\frac{5}{3/30+2/20}=25$$

总的来说，当计算调和平均数的时候，分子是车辆总数，分母是两项之和，每一项都是特定类型车辆的数量和 MPG 的比率。例如，在这个分母当中第一个比率是 3/30，因为有 3 辆汽车（分子），MPG 是 30（分母）。这些计算在图 8-17 中列出。

基于图 8-17，如果 5 辆车中每一辆的 MPG 都是平均值并且严格行驶 1 英里，则消耗汽油 5/25=1/5（加仑）。如果 3 辆汽车拥有 30MPG 并且行驶 1 英里，2 辆汽车拥有 20MPG 并且行驶 1 英里，则消耗汽油 3/30 + 2/20 = 1/5（加仑）。由此，平均汽车燃油消耗量严格地复制了该车队中拥有不同 MPG 车辆的燃油消耗。

	A	B	C	D
1			车辆	
2		MPG	数量	比率
3	客车	30	3	0.1000
4	轻型卡车	20	3	0.1000
5			5	0.2000
6				
7	CAFE平均值	25		

图 8-17　CAFE 合规问题：Excel 计算的电子表格

现在，假设客车的需求函数为：

$$Demand = 750 - P_C \quad (8\text{-}24)$$

这里 P_C 是客车的单价。同样，轻型卡车的需求函数为：

$$Demand = 830 - P_T \quad (8\text{-}25)$$

这里 P_T 是轻型卡车的单价。LO1,2

管理报告

1. 使用式（8-24）和式（8-25）给出的公式，推出一个总利润贡献的表达式，它是汽车单价和轻型卡车单价的函数。

2. 使用 Excel Solver 找出使得总利润最大化的每辆汽车的单价。

3. 基于第二个问题得出的价格，计算出客车的销售数量和轻型卡车的销售数量。

4. 复制图 8-17 中的表格。表格中 D3：D5 和 B7 单元格应该有公式，能够计算任意 MPG 比率和每个类别里任意数量车辆的调和（CAFE）平均值。

5. 仍然假设客车的 MPG 是 30，轻型卡车的 MPG 是 20，计算习题 3 中所示车队的 CAFE 平均值。

6. 如果你在习题 5 中的计算正确，该车队的 CAFE 平均值应为 23.57。添加一个约束条件使得车队的平均值为 25MPG，然后求解这个模型，使得在满足 CAFE 限制的情况下总利润贡献最大。

附录 8.1

用 Excel Solver 求解非线性问题

Excel 面向教学的 Premium Solver 能用于求解非线性最优化问题。在 8.1 节中建立的 Par 公司问题非线性的 Excel 版本形式如图 8-18 所示。建立的工作表模型正如线性的情形。在单元格 B18 中的表达式是目标函数。在单元格 B21：B24 中的表达式是约束条件不等式的左端值。在单元格 D21：D24 中的表示式提供了约束条件不等式的右端值。

注意如何将非线性导入模型。在目标函数单元格 B18 中的表达式是：

=B27*B16 + B28*C16−B9*B16−C9*C16

这个表达式含有一个可变单元格 B16 乘以单元格 B27 的积，单元格 B16 对应生产的标准球袋数量，单元格 B27 是标准球袋的价格函数。但单元格 B27 在表达式中也包含标准球袋可变单元格 B16。这生成了一个非线性项，并意味着 Excel 不能用标准 LP 单纯型求解器来求解。

参照图 8-19，这是规划求解参数对话框。使用 Excel Solver 求解非线性模型，在 Select a Solving Method 选项中选中 GRG Nonliner 选项。Solver 会使用一种非线性算法技术，这种技术被叫作 GRG（Generalized Reduced Gradient），它使用一个称作梯度的微积分工具。斜率从本质上计算了目标函数基于等高线的改进方向。

8.1 节讨论了寻找局部最优解的问题。Excel Solver 有一个克服局部最优解，寻找全局最优解的选项。在规划求解参数对话框 Option 选项框中选择 Multistart 选项，并选择 GRG Nonliner 以及 Multistart 选项。这种方法在你调整参数的上下限时效果最好。此外，还可以选择 Multistart 选项中的 Require Bounds on Variables（见图 8-20）。

当使用 Excel 时，必须注意负号的使用。当用于如 = A1−B1^2 这样的单元格表达式时，负号是双目运算符，因为它连接了两个项 A1 和 B1^2。按照惯例，幂数比负号有更高的“优先计算权”，因此如果单元格 A1 内的值等于 2，单元格 B1 内的值等于 −1，表达式 = A1−B1^2 的值为：

$$=A1-B1\verb|^|2 = 2-(-1)^2 = 2-1=1$$

但是，在表达式 −B1^2+A1 中，负号是单目运算符，因为它没有连接项。在默认情况下，Excel 规定一元负号比幂数有更高的优先权。因此，如果单元格

A1 内的值等于 2，单元格 B1 内的值等于 −1，表达式 −B1^2+A1 的值为：

$$-\mathrm{B1}\text{^}2+\mathrm{A1}=(-\mathrm{B1})\text{^}2+\mathrm{A1}=1^2+2=3$$

这是一个潜在的易混淆问题。在本书中，我们像许多作者一样，将 $-x^2$ 当作 $-(x^2)$，而不是 $(-x)^2$。

	A	B	C	D
1	Par 公司			
2				
3		生产时间		
4	部门	标准球袋	高级球袋	可用时间
5	切割和印染	0.7	1	630
6	缝制	0.5	0.83333	600
7	成型	1	0.66667	708
8	检查和包装	0.1	0.25	135
9	边际成本	70	150	
10				
11				
12	模型			
13				
14		决策变量		
15		标准球袋	高级球袋	
16	产量	459.716599481299	308.198380121294	
17				
18	最大化总利润	=B27*B16+B28*C16-B9*B16-C9*C16		
19				
20	约束条件	已用时间 (LHS)		可用时间 (RHS)
21	切割和印染	=B5*B16+C5*C16	<=	=D5
22	缝制	=B6*B16+C6*C16	<=	=D6
23	成型	=B7*B16+C7*C16	<=	=D7
24	检查和包装	=B8*B16+C8*C16	<=	=D8
25				
26				
27	标准球袋价格函数	=150-(1/15)*$B$16		
28	高级球袋价格函数	=300-(1/15)*$C$16		

	A	B	C	D
1	Par 公司			
2				
3		生产时间		
4	部门	标准球袋	高级球袋	可用时间
5	切割和印染	0.7	1	630
6	缝制	0.5	0.833	600
7	成型	1	0.667	708
8	检查和包装	0.1	0.25	135
9	边际成本	70	150	
10				
11				
12	模型			
13				
14		决策变量		
15		标准球袋	高级球袋	
16	产量	459.717	308.198	
17				
18	最大化总利润	49921		
19				
20	约束条件	已用时间 (LHS)		可用时间 (RHS)
21	切割和印染	630.000	<=	630
22	缝制	486.689	<=	600
23	成型	665.183	<=	708
24	检查和包装	123.021	<=	135
25				
26				
27	标准球袋价格函数	119.352		
28	高级球袋价格函数	238.360		

图 8-18　Excel 求解器中修改后的 Par 公司问题

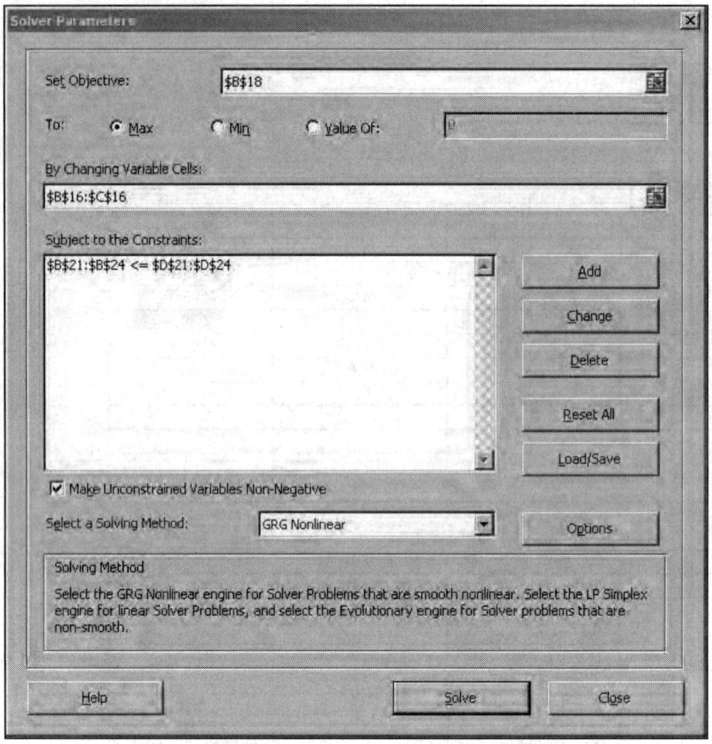

图 8-19　运用求解器选项修正 Par 公司问题

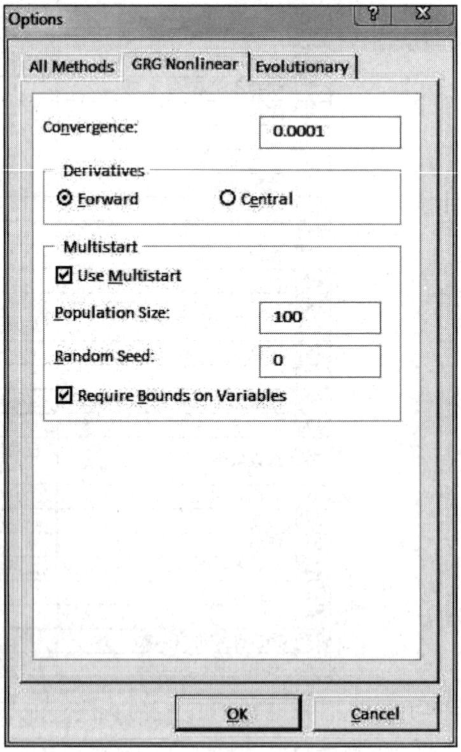

图 8-20　求解 Par 公司最优问题的对话框

第 9 章

项目安排：计划评审技术 / 关键路径法

学习目标

LO1 将项目描述为活动的 PERT/CPM 网络。

LO2 确定项目网络图中的关键路径，并确定项目完成时间。

LO3 将乐观的、最可能的和悲观的活动时间估计转换为预期的活动持续时间估计。

LO4 在处理不确定的活动时间时，评估项目在特定时间内完成的概率。

LO5 确定项目紧缩的需求，并将它表述为线性规划模型。

在很多情况下，项目的计划、安排和控制工作都是由管理人员负责的，这些工作一般都是由多个部门和个人完成的许多独立的工作或任务组成的。通常这些项目都非常庞大、复杂，管理人员不太可能记住所有与项目相关的计划、安排以及进展的信息。这时，**计划评审技术**（PERT）和**关键路径法**（CPM）就显得至关重要了。

计划评审技术和关键路径法可用来对多种项目进行计划、安排和控制，具体包括以下几方面。

（1）新产品及工艺的研究与开发。

（2）工厂、大楼及高速公路的建设。

（3）大型复杂设备的维护。

（4）新系统的设计与安装。

亨利·甘特（Henry L. Gantt）发明了甘特图（Gantt chart）。作为机械作业调度的图形辅助工具，甘特图可被称为首个项目计划技术。

在诸如此类的项目中，为了按时完成整个项目，项目管理者必须对众多的工作和活动进行适当的安排和协调。使项目安排工作变得复杂的一个因素就是构成项目的活动间的相互依赖性。例如，有些活动只有在其他一些活动完成之后才能开始。复杂项目通常包含数千种活动，因此项目管理者需要寻求一些能够帮助他们解决下列问题的方法。

（1）完成该项目所需要的总时间是多少？

（2）为每个特定活动设定的起止时间是什么？

（3）为了保证项目按计划进行，哪些活动是“关键的”，必须严格按计划完成？

（4）“不重要”的活动最多可延长多少时间完成，而不致影响整个项目的完成时间？

计划评审技术和关键路径法可以帮助回答这些问题。

尽管计划评审技术和关键路径法的目的大致相同且运用了很多相似的术语，但两种技术的发展确实是相互独立的。计划评审技术是20世纪50年代后期美国海军特别为北极星导弹项目开发的。这个项目中的很多活动在之前都没有遇到过，所以人们设计了计划评审技术来解决活动时间不确定的项目。而关键路径法由美国杜邦公司和雷明顿兰德公司开发，主要是为活动时间已知的工业项目而设计的。运用关键路径法可以通过增加工人或资源来减少活动时间，但通常会导致成本上升。因此，关键路径法的一个最显著的特点就是可以确定出各种项目活动的时间与成本的平衡关系。

如今，计算机化的计划评审技术和关键路径法已经综合了这两种方法的优点。因此，也就没有必要区分这两种方法的不同了，这也正是我们在本章中将计划评审技术和关键路径法这两种技术看作一个整体来讨论项目安排方法的原因。在开始深入地讨论之前，我们先来考虑一下西山购物中心扩张这个项目。在9.1节末尾（专栏9-1），我们将描述 Seasongood & Mayer 公司是如何运用 PERT/CPM 来安排3 100万美元的医院收益公债项目的。

9.1 活动时间已知的项目安排

西山购物中心的所有者正在进行现代化改革，计划扩张现有的32个商业购物中心。所有者计划新建8～10个购物中心。通过私人投资，建设资金已经到位，接下来需要计划、安排和实施扩建项目。让我们来看看 PERT/CPM 技术能够提供的帮助有哪些。

识别活动、确定活动之间的相互关系和估计活动时间的工作对 PERT/CPM 的成功至关重要。在项目的初始阶段，完成项目计划安排可能需要大量的时间。

为了方便起见，我们按照用字母表示活动的惯例。我们大致按照从左至右的顺序为图中的每项活动分配字母。

使用 PERT/CPM 的第一步是列出组成项目的所有活动，表9-1给出了西山购物中心扩张项目的活动清单。为了便于后面的分析，用A到I来代表各个活动，表9-1对9个活动进行了描述，说明了每个活动的活动持续时间（周）和它们的紧前活动。对于给定的活动，只有其**紧前活动**栏中列出的活动都已完成，该活动才能开始进行。活动A和B没有紧前活动，这两个活动在项目开始时就可以进行，我们在紧前活动栏中以“—”表示它们没有紧前活动。活动C、D和E只有在活动A完成之后才能开始；活动F要在活动E完成后开始；活动G要在活动D和F都完成后开始；活动H要在活动B和C都完成后开始；最后，活动I要在活动G和H都完成后开始。活动I完成之后，这个项目也就完成了。

表9-1 西山购物中心项目活动列表

活动	活动描述	紧前活动	活动时间（周）
A	绘画建筑图	—	5
B	识别潜在客户	—	6
C	为客户撰写计划书	A	4
D	选择承包商	A	3

（续）

活动	活动描述	紧前活动	活动时间（周）
E	准备建筑许可	A	1
F	获得建筑许可	E	4
G	施工	D，F	14
H	招商	B，C	12
I	客户进驻	G，H	2
			总计 51

表 9-1 的最后一列列出了完成每个活动需要花费的时间。例如，活动 A 需要 5 周，活动 B 需要 6 周，等等。这些活动时间的总和为 51 周，你可能会认为完成项目的时间需要 51 周。然而，像我们说明的那样，常常可以安排两个或多个活动同时进行（假设劳动力和设备等资源供应充足），因此可以缩短整个项目的时间。总之，PERT/CPM 将为我们提供一份能在最短的时间内完成项目的详细的活动安排。

紧前活动的信息决定了活动是并行完成的（同时进行）还是串行完成的（一个活动在另一个活动开始之前必须完成）。通常，具有更多串行关系的项目将花费更长时间完成。

根据表 9-1 中给出的紧前活动信息，我们可以将项目的活动用一个图形表示，该图被称为**项目网络图**。图 9-1 就是西山购物中心的项目网络图。网络图中的节点代表每个活动（用长方形表示），弧（用箭线表示）代表各个活动之间的优先顺序。此外，网络图中还添加了两个节点表示项目的开始和完成。项目网络图能够形象地表示各活动之间的关系，并为管理人员执行 PERT/CPM 的计算提供基础。

项目网络图对于活动之间的相互关系的可视化非常有帮助。将一系列活动和紧前活动信息转换为项目网络图是没有硬性规则的。构建项目网络图的过程通常会随着实践和经验而改进。

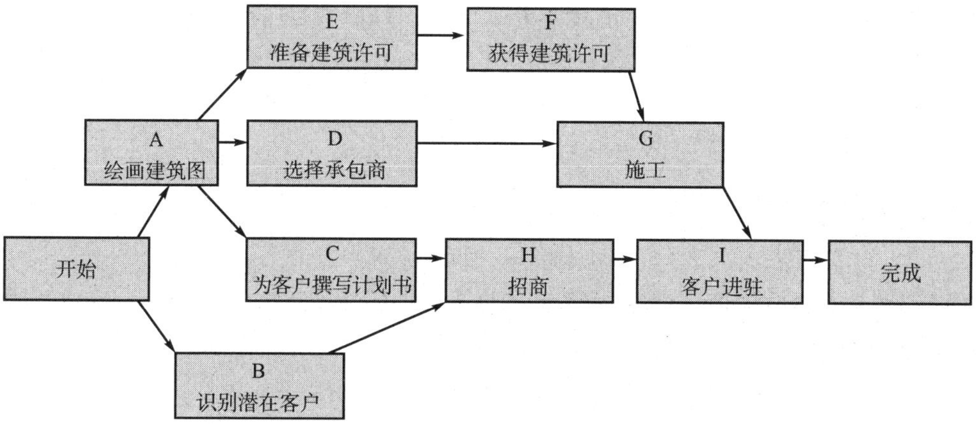

图 9-1 西山购物中心项目网络图

9.1.1 关键路径的概念

为了便于 PERT/CPM 的计算，我们对项目网络图做了一些修改，如图 9-2 所示。每个节点左上方的单元格是该活动的字母代码，这个单元格下方的单元格是完成该活动所需要的时间。

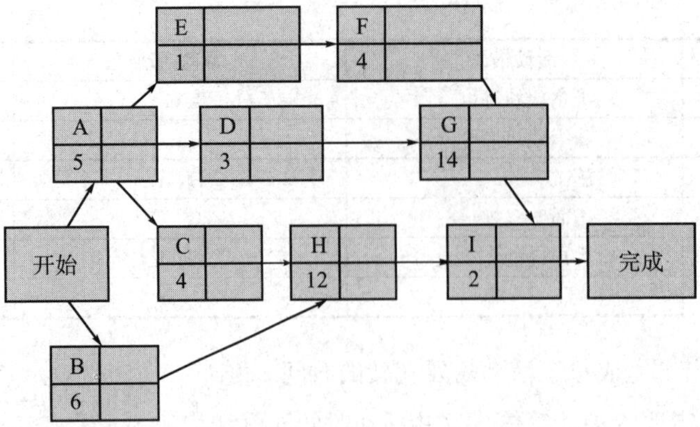

图 9-2 包含活动时间的西山购物中心项目网络图

为了确定完成项目所需要的时间，我们必须对项目网络图进行分析，并找出网络图中的关键路径。然而，在这之前，我们需要对网络图的路径下个定义。**路径**就是能从起点到达终点的相连节点的序列。例如，图 9-2 中的节点序列 A—E—F—G—I 就可以被定义为该网络图中的一条路径。观察一下，我们还可以找出其他一些可行的路径，如 A—D—G—I、A—C—H—I 和 B—H—I。为了完成整个项目，网络图中的所有路径都必须能完成，因此我们需要找出其中持续时间最长的路径。由于其他路径的持续时间都相对较短，因此这条最长路径就决定了完成项目所需的全部时间。如果最长路径上的活动被延误，那么整个活动完成的时间就会被延误，因此这条最长路径就是**关键路径**。在关键路径上的活动被称作项目的**关键活动**。接下来，我们将介绍在项目网络图中找到关键路径的算法。

项目网络图可以有多条关键路径。它发生在网络中有多条长度最长的路径的情况下。

9.1.2 确定关键路径

首先，我们找出项目网络图中所有活动的**最早开始时间**和**最晚开始时间**。设：

ES = 活动的最早开始时间

EF = 活动的最早完成时间

t = 活动时间

任何活动的**最早完成时间**为：

$$\text{EF} = \text{ES} + t \tag{9-1}$$

因为当项目开始时，活动 A 便可开始，所以我们设活动 A 的最早开始时间为 0。而完成活动 A 需要 5 周时间，所以活动 A 的最早完成时间为 EF = ES + t = 0 + 5 = 5。

我们将每个活动的最早开始时间和最早完成时间写到节点右上方的单元格中，以活动 A 为例：

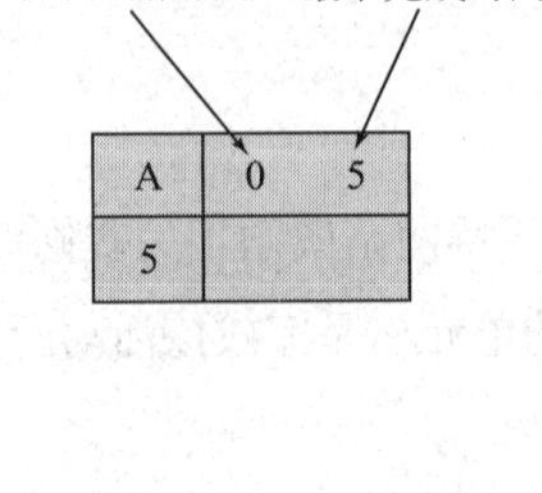

由于每个活动在其紧前活动没有完成的情况下是不能够开始的，所以我们可以利用如下规则来确定每个活动的最早开始时间。

每个活动的最早开始时间等于它的所有紧前活动最早完成时间中的最大值。

我们将最早开始时间的确定规则应用到网络图中的 A、B、C 和 H 节点中，见图 9-3。活动 B 的最早开始时间是 0，活动时间为 6，因此活动 B 在节点中显示为 ES = 0，EF=ES+t=0+6=6。

再看节点 C，活动 A 是活动 C 唯一的紧前活动。活动 A 的最早完成时间是 5，因此活动 C 的最早开始时间一定是 ES = 5。再加上活动 C 的活动时间为 4，那么活动 C 的最早完成时间就应为 EF = ES + t = 5 + 4 = 9。活动 C 的最早开始时间和最早完成时间如图 9-4 所示。

通过关键路径来确定项目的预期完成时间隐含地假设有足够的资源（劳动力、设备、供应品等）执行并行的活动。如果可用的资源不足以支持 PERT/CPM 计算的项目进度，那么可以使用整数线性规划（参见第 7 章）来优化受资源约束的项目安排。

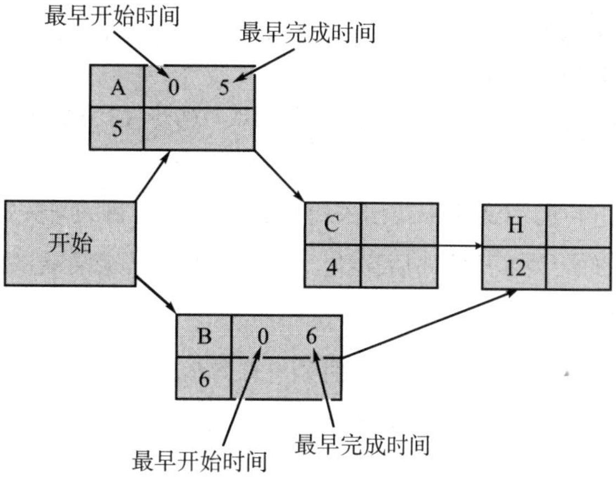

图 9-3　西山购物中心项目网络图的一部分（活动 A、B、C 和 H）

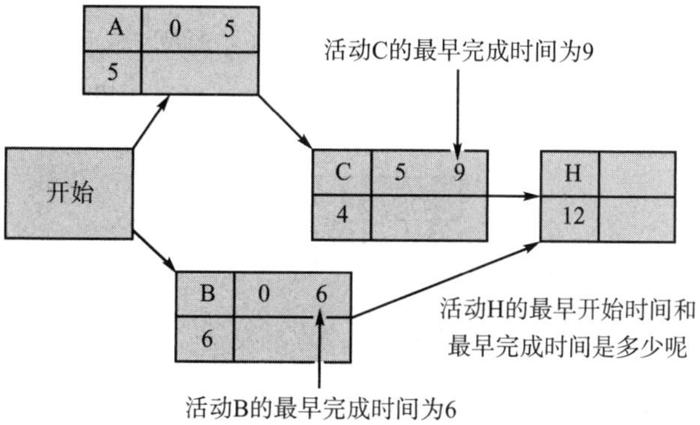

图 9-4　确定活动 H 的最早开始时间

继续看图 9-4，我们来确定活动 H 的最早开始时间。因为活动 B 和 C 都是活动 H 的紧前活动，所以活动 H 的最早开始时间必定等于活动 B 和 C 最早完成时间的最大值。活动 B 的 EF=6，活动 C 的 EF=9，因此我们选择最大值 9 作为活动 H 的最早开始时间（ES=9）。活动 H 的活动时间为 12，则其最早完成时间为

EF=ES+t=9+12=21。现在，我们可以将活动 H 的最早开始时间（ES=9）和最早完成时间（EF=21）填到图 9-4 中的 H 节点处了。

继续在项目网络图中**向前推进**线路，我们计算图中所有活动的最早开始时间和最早完成时间。图 9-5 显示了西山购物中心项目网络图中每个活动的 ES 和 EF 的值。注意，图中最后一个活动 I 的最早完成时间是 26，因此整个项目的完成时间就是 26 周。

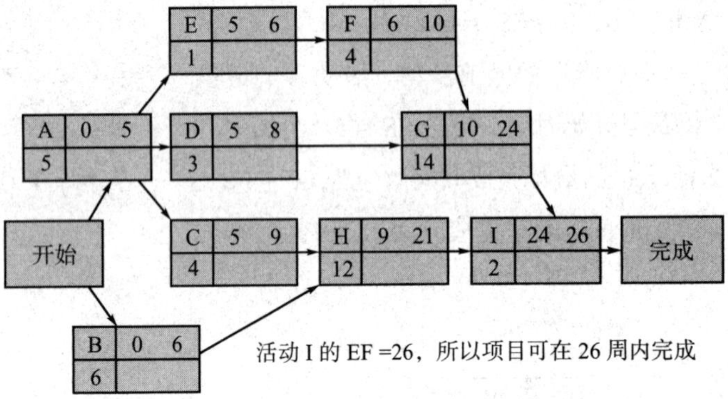

图 9-5 显示所有活动最早开始时间和最早完成时间的西山购物中心项目网络图

现在我们在项目网络图中进行**向后逆推**来找出关键路径。因为项目的总完成时间为 26 周，所以我们应该从具有**最晚完成时间**（26 周）的活动 I 开始向后逆推。一旦知道了某个活动的最晚完成时间，我们就可以通过下述公式计算其最晚开始时间。设：

LS = 活动的最晚开始时间

LF = 活动的最晚完成时间

那么：

$$LS = LF - t \tag{9-2}$$

从活动 I 开始向后逆推，我们知道活动 I 的最晚完成时间是 LF=26，活动时间是 t=2。因此，活动 I 的最晚开始时间就应该为 LS=LF−t=26−2=24。我们将得到的最晚开始时间 LS 和最晚完成时间 LF 直接写在节点 I 的最早开始时间（ES）和最早完成时间（EF）下面的空格中，故对节点 I 我们有：

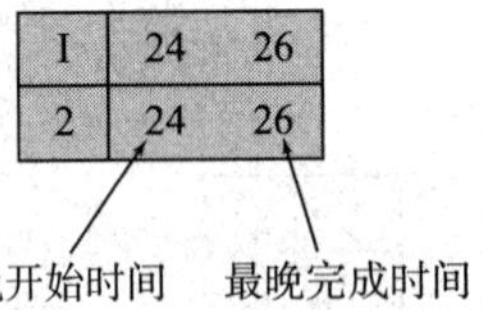

下面的规则可用来确定网络图中每个活动的最晚完成时间。

一个活动的最晚完成时间是其所有紧后活动的最晚开始时间的最小值。

从逻辑上来说，这个规则说明了一个活动的最晚完成时间应该等于所有随后发生活动的最小的最晚完成时间。按照向后逆推的方法计算每个活动的最晚开始时间（LS）和最晚完成时间（LF），可得到如图 9-6 所示的完整的项目网络图。我们可以运用上述最晚完成时间规则对活动 H 的 LS 和 LF 值进行验证。活动 H 的最晚完成时间一定等于活动 I 的最晚开始时间。因此，我们得到活动 H 的最晚完成时间 LF=24。由式（9-2）可知，活动 H 的最晚开始时间 LS=LF−t=24−12=12。这些值都显示在图 9-6 的活动 H 的节点中。

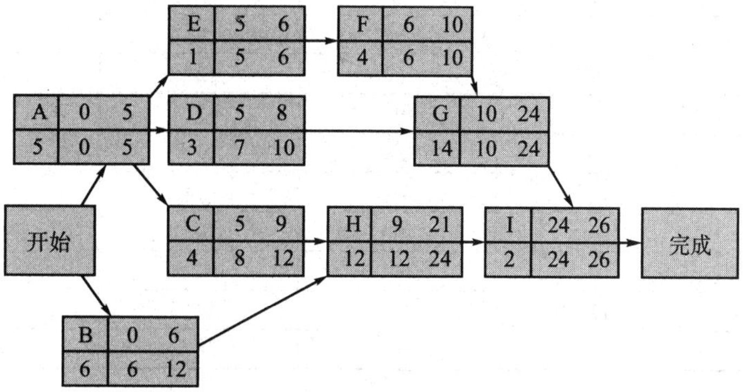

图 9-6 节点中显示最晚开始时间和最晚完成时间的西山购物中心项目网络图

活动 A 对于最晚开始时间规则的应用更为复杂。首先，活动 A 有 3 个紧后活动（C、D 和 E）。由图 9-6 可知，活动 C、D 和 E 的最晚开始时间分别为 LS=8，LS=7，LS=5。根据最晚完成时间规则，我们知道活动 A 的最晚完成时间就应该是活动 C、D 和 E 的最晚开始时间的最小值。因为活动 E 的最晚开始时间 5 的值最小，所以我们得到活动 A 的最晚完成时间为 LF=5。使用相同规则对活动 A 及图 9-6 中其他各节点的最晚开始时间和最晚完成时间进行验证。

在完成向前推进和向后逆推之后，我们就可以确定每个活动的松弛了。**松弛**是指某个活动在不影响整个项目的完工时间的情况下可延误的时间长度。活动的松弛可用如下公式计算：

$$松弛 = LS-ES = LF-EF \tag{9-3}$$

例如，活动 C 的松弛为 LS−ES=8−5=3（周）。因此，活动 C 最多可延误 3 周时间完成，而整个项目依然可以在 26 周内完成。就这个意义来说，活动 C 对整个项目在 26 周内完成并不是关键的。下面，我们来考虑一下活动 E。根据图 9-6 提供的信息，我们可以很容易得到活动 E 的松弛为 LS−ES=5−5=0，活动 E 的松弛为 0，也就是说活动 E 没有松弛。因此，活动 E 不能被延误，否则会增加整个项目的完成时间。换句话说，按计划完成活动 E 对于按预定计划完成整个项目是关键的。因此，活动 E 是一个关键活动。一般而言，关键活动就是指松弛为 0 的活动。

PERT/CPM 的主要贡献之一是识别关键活动。项目经理希望密切监管关键活动，因为这些活动中任何一个的延迟都将使项目延期。

根据图 9-6 提供的每个活动的最早开始、最早完成、最晚开始和最晚完成时间，我们可以制定具体的安排。将有关活动安排的所有信息以表格的形式列出，如表 9-2 所示。可以看到，活动 A、E、F、G 和 I 的松弛为 0。因此这些活动是项目的关键活动，而由这些节点构成的路径 A—E—F—G—I 就是西山购物中心项目网络图的关键路径。表 9-2 中活动的详细安排还表明了在不增加整个项目完成时间的情况下，非关键活动所能延误的时间或松弛。

关键路径法是一种计算最长路径的算法。从开始节点到结束节点关键路径法可以找到所需时间最多的路径。

表 9-2 西山购物中心项目活动安排

活动	最早开始时间（ES）	最晚开始时间（LS）	最早完成时间（EF）	最晚完成时间（LF）	松弛（LS－ES）	是否为关键路径
A	0	0	5	5	0	是
B	0	6	6	12	6	—
C	5	8	9	12	3	—
D	5	7	8	10	2	—
E	5	5	6	6	0	是
F	6	6	10	10	0	是
G	10	10	24	24	0	是
H	9	12	21	24	3	—
I	24	24	26	26	0	是

9.1.3 PERT/CPM 的作用

在前面我们提到，项目管理者在寻找能够帮助他们回答与项目计划、安排及控制有关问题的方法。现在，我们根据在关键路径的计算中获取的信息重新考虑这些问题。

（1）项目需要多长时间完成？

答：如果每个活动都能够按计划完成，那么完成这个项目需要 26 周的时间。

（2）每个活动被安排的开始时间和完成时间是什么？

答：活动安排（见表 9-2）说明了每个活动的最早开始时间、最晚开始时间、最早完成时间和最晚完成时间。

（3）为了按计划完成整个项目，哪些活动是关键的，需要按计划完成？

答：A、E、F、G 和 I 是关键活动。

（4）在不增加项目的完成时间的情况下，非关键活动可以延期多长时间？

答：活动安排（见表 9-2）说明了每个活动的松弛。

这些信息对管理任何项目都是非常有价值的。尽管随着项目规模的扩大，常常需要更多的工作量来找出紧前活动关系和评估活动时间，但 PERT/CPM 对大型项目的管理及影响同对西山购物中心扩张项目的完全一样。专栏 9-1 描述了一项由 23 个活动组成的，关于 3 100 万美元医院收益债券的项目。运用 PERT/CPM 可以确定出所有关键活动、完成项目需要 29 周的时间，以及为使整个项目按时完成，每个活动的开始时间和完成时间。

对于大型项目安排问题，像 Microsoft Project 这样的软件包可以快速、有效地计算关键路径。在软件中输入活动、紧前活动和预期的活动持续时间后，管理者可以快速、高效地计算活动的各种时间和项目预期完成时间，且可以修改相关输入参数，确定参数变化对项目安排和预期完成时间的影响。

|专栏 9-1| 实践中的管理科学

Seasongood & Mayer 的医院收益债券项目

Seasongood & Mayer 是俄亥俄州的头部上市金融公司之一，后被 RBC Capital Markets 收购。作为 RBC Capital Markets 的一部分，Seasongood & Mayer 是现有债券交易的做市商，并负责发行新的市政债券。

Seasongood & Mayer 承担了为俄亥俄州汉密尔顿的普罗维登斯医院发行 3 100 万美元的医疗设施收益债券的项目。这项市政债券项目包括起草法律文件、描述现有医疗设施情况和进行可行性研究等 23 个活动。该项目需要在医院签署建设合同时完成，这样才能保证债券顺利募集到资金。项目管理团队负责设计所有活动的紧前关系和活动时间。

通过对项目网络图的 PERT/CPM 分析，识别出整个项目的关键路径上有 10 个关键活动。此外，通过分析还可以确定完成项目预计需要 29 周（约 7 个月）。在活动安排中列出每个活动的开始时间和完成时间以及控制和保证项目按计划完成的必要信息。PERT/CPM 对于帮助 Seasongood & Mayer 在合同规定时间内为项目筹集资金起到了极其重要的作用。

注释与点评

假如在对 PERT/CPM 网络图进行分析之后，项目管理者发现对项目的完成时间是不能接受的（也就是项目的进行时间太长了），在这种情况下，项目管理者就需要采取以下步骤。首先，检查最初的 PERT/CPM 网络图，看看是否有什么活动的紧前活动可以稍微修改一下，让一些关键路径上的活动能够同时完成。其次，考虑增加关键路径活动所需的资源来缩短关键路径。我们将在 9.3 节分别讨论这两个步骤。

9.1.4 PERT/CPM 路径分析步骤小结

在结束这部分内容之前，我们先来总结一下 PERT/CPM 的关键路径分析步骤。

步骤 1：确定组成项目的活动。

步骤 2：确定每个活动的紧前活动。

步骤 3：估计每个活动的活动时间。

步骤 4：画出项目网络图，描述在步骤 1 和 2 中列出的活动及其紧前活动。

步骤 5：利用项目网络图和估计的活动时间，通过向前推进的方法，确定每个活动的最早开始时间和最早完成时间。最后一个活动的最早完成时间也就是项目的完成时间。

步骤 6：将在步骤 5 中求出的项目完成时间作为最后一个活动的最晚完成时间，利用向后逆推的方法，确定每个活动的最晚开始时间和最晚完成时间。

步骤 7：用每个活动的最晚开始时间和最早开始时间的差值来确定每个活动的松弛。

步骤 8：找出所有松弛为 0 的活动，这些活动就是关键活动。

步骤 9：利用从步骤 5 和 6 中获取的信息为项目设计活动安排。

9.2 活动时间不确定的项目安排

在这节里，我们将详细讨论包括新产品研发等问题的项目安排。因为这类项目中的很多活动以前都没有做过，所以项目管理者需要考虑活动时间的不确定性。现在让我们来看看在活动时间不确定的情况下，如何安排项目时间表。

9.2.1 道特公司的 Porta-Vac 项目

> 在制订活动计划时，准确的活动时间估计是很重要的。如果活动时间不确定，项目经理在确定关键路径和活动计划时可以根据乐观时间、最可能时间和悲观时间估计考虑不确定性。这种方法是由 PERT 的设计者提出的。

多年以来，道特公司一直从事工业真空吸尘器清洁系统的制造。最近，新产品开发小组中的一名组员提交了一份报告，建议公司考虑生产一种无线吸尘器。这种被称为 Porta-Vac 的新产品可以帮助道特公司进入家用市场。公司管理层希望能够以合理的成本生产这种产品，并且希望其可携带性和无线的方便性能够吸引广大消费者。

道特公司管理层希望对这种新产品制造的可行性进行研究，以便决定是否生产该产品。为了完成可行性研究，公司需要从研发部、产品测试部、生产部、成本估计部和市场研究部获取足够的信息。可行性研究需要多长时间呢？在下面的讨论中，我们将说明如何回答这个问题并为该项目提出活动安排。

和前面一样，制定项目安排的第一步仍然是识别组成项目的所有活动，并为每个活动指定紧前活动。Porta-Vac 项目的相关数据见表 9-3。

Porta-Vac 项目网络图如图 9-7 所示。对项目网络图进行检查，我们发现它完全符合表 9-3 中给出的紧前活动关系。

表 9-3 Porta-Vac 项目的活动列表

活动	描述	紧前活动
A	产品设计	—
B	计划市场调查	—
C	安排生产	A
D	制造原型模型	A
E	撰写营销说明书	A
F	成本估算（工业工程）	C
G	初步测试产品	D
H	市场调查	B，E
I	准备定价和预测报告	H
J	写作最终报告	F，G，I

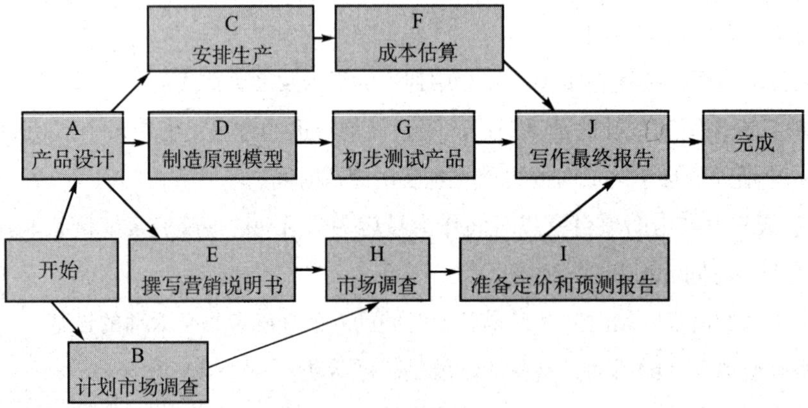

图 9-7 Porta-Vac 项目网络图

9.2.2 不确定的活动时间

在完成项目网络图之后，我们就需要得到有关完成每个活动所需时间的信息。这些信息会帮助我们计算完成项目所需的总时间以及安排具体的活动。对于以前做过的项目，如建筑和维护项目，项目管理者可能拥有这方面的经验和历史数据，可以做出精确的活动时间估计。然而，对于一些新项目或较独特的项目，估计每个活动的完成时间可能就会变得非常困难。事实上，在很多情况下，活动时间都是不确定的，最好能够用一个可能的值域来描述这类项目，而不是一个具体的估计值。这时，不确定的活动时间被看作是有一定概率分布的随机变量。因此，我们需要对项目完成时间进行概率描述。

为了对不确定的活动时间进行分析，我们需要获取每个活动的 3 个估算时间：

乐观时间 a = 一切都能顺利进行时，所用的最少活动时间

最可能时间 m = 在一般状态下最可能的活动时间

悲观时间 b = 发生重大延误时，所用的最长活动时间

为了说明不确定活动时间项目的 PERT/CPM 程序，我们假设的 Porta-Vac 项目中各个活动的乐观时间、最可能时间和悲观时间如表 9-4 所示。以活动 A 为例，我们可以看到其最可能时间为 5 周，还有一个从 4 周（乐观的）到 12 周（悲观的）的时间范围。如果活动 A 可以重复很多次，那么活动的平均时间会是多少呢？活动的平均时间或**期望时间**为：

表 9-4　Porta-Vac 项目的乐观时间、最可能时间和悲观时间（周）

活动	乐观时间（a）	最可能时间（m）	悲观时间（b）
A	4	5	12
B	1	1.5	5
C	2	3	4
D	3	4	11
E	2	3	4
F	1.5	2	2.5
G	1.5	3	4.5
H	2.5	3.5	7.5
I	1.5	2	2.5
J	1	2	3

$$t=\frac{a+4m+b}{6} \tag{9-4}$$

对于活动 A，其平均时间或期望时间为：

$$t_A=\frac{4+4\times5+12}{6}=6\text{（周）}$$

对于时间不确定的活动，我们可以用方差来描述活动时间值的偏离或偏差，活动时间的方差可以用以下公式表示：[㊀]

$$\sigma^2=\left(\frac{b-a}{6}\right)^2 \tag{9-5}$$

悲观时间（b）和乐观时间（a）估计值间的差值大小影响了方差值的大小，两者之间的差值越大，说明活动时间的不确定性越大。利用式（9-5），我们可以得到活动 A 的活动时间不确定性的测量，也就是方差，记作 σ_A^2：

$$\sigma_A^2=\left(\frac{12-4}{6}\right)^2=1.78$$

式（9-4）和式（9-5）是建立在活动时间服从 β **概率分布**[㊁]的基础上的。基于这个假设，完成活动 A 所需时间的概率分布如图 9-8 所示。利用式（9-4）和式（9-5）以及表 9-4 中的数据，我们可以计算 Porta-Vac 项目中所有活动的期望时间和方差，计算结果如表 9-5 所示。图 9-9 描述了含有期望活动时间的 Porta-Vac 项目网络图。

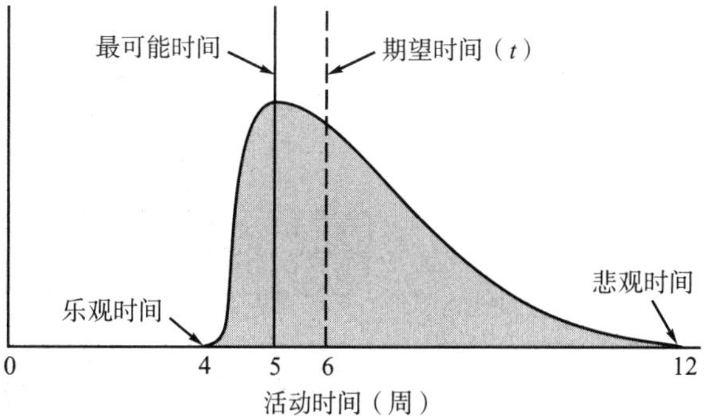

图 9-8　Porta-Vac 项目中产品设计（活动 A）的活动时间分布

㊀ 方差等式基于标准差约等于分布的两端点值差的 1/6 的假设，方差是标准差的平方。

㊁ t 和 σ^2 的等式需要对 β 概率分布进行附加假设。然而即使没有这些附加假设，等式也为 t 和 σ^2 提供了很好的近似值。

表 9-5 Porta-Vac 项目活动的期望时间和方差

活动	期望时间（周）	方差
A	6	1.78
B	2	0.44
C	3	0.11
D	5	1.78
E	3	0.11
F	2	0.03
G	3	0.25
H	4	0.69
I	2	0.03
J	2	0.11
合计	32	

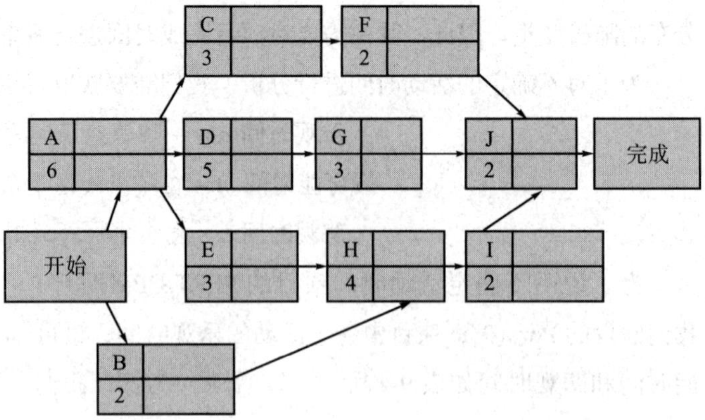

图 9-9 含有期望活动时间的 Porta-Vac 项目网络图

9.2.3 关键路径

> 当考虑到不确定的活动时间时，完成项目所需的实际时间可能与关键路径计算的完成项目的预期时间不同。然而，出于计划的目的，预期时间为项目经理提供了有价值的信息。

当我们知道了项目网络图和每个活动的期望活动时间之后，就可以开始确定项目的关键路径，以便确定完成整个项目的期望时间和活动时间表。我们通过运用 9.1 节介绍的关键路径法得出 Porta-Vac 项目的关键路径以及期望活动时间（见表 9-5）。在确定了关键活动和项目期望时间之后，我们再分析活动时间随机性的影响。

利用向前推进法，我们可以求出每项活动的最早开始时间（ES）和最早完成时间（EF),ES 和 EF 的值如图 9-10 所示。需要注意的是，最后一个活动 J 的最早完成时间是 17 周。因此，项目的期望完成时间就是 17 周。然后，我们利用向后逆推法，求出每个活动的最晚开始时间（LS）和最晚完成时间（LF），结果如图 9-11 所示。

Porta-Vac 项目的活动时间安排如表 9-6 所示。需要注意的是，表 9-6 还列出了每个活动的松弛（LS−ES）。松弛为 0 的活动（A、E、H、I 和 J）构成了 Porta-Vac 项目网络图的关键路径。

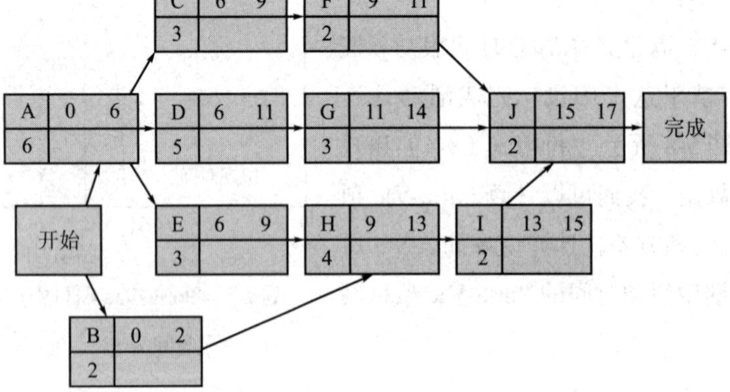

图 9-10 含有最早开始时间和最早完成时间的 Porta-Vac 项目网络图

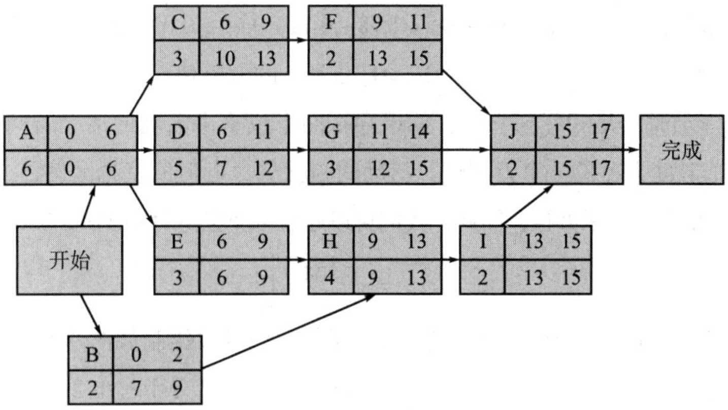

图 9-11　含有最晚开始时间和最晚完成时间的 Porta-Vac 项目网络图

表 9-6　Porta-Vac 项目的活动安排

活动	最早开始时间（ES）	最晚开始时间（LS）	最早完成时间（EF）	最晚完成时间（LF）	松弛（LS－ES）	是否为关键路径
A	0	0	6	6	0	是
B	0	7	2	9	7	—
C	6	10	9	13	4	—
D	6	7	11	12	1	—
E	6	6	9	9	0	是
F	9	13	11	15	4	—
G	11	12	14	15	1	—
H	9	9	13	13	0	是
I	13	13	15	15	0	是
J	15	15	17	17	0	是

9.2.4　项目完成时间的方差

我们知道 Porta-Vac 项目的关键路径 A—E—H—I—J 决定了项目的总体期望完成时间为 17 周。然而，关键路径上活动的方差会导致项目总体完成时间产生波动。非关键路径上的活动即使有方差也不会影响项目的总体完成时间，因为这些活动都具有松弛。然而，当非关键活动被延误的时间过长以致超出它的松弛时间时，这个活动就成为项目新的关键路径上的活动，并可能影响项目的完成时间。如果方差造成关键活动的完成时间超过了期望完成时间，那么就会导致项目的完成时间增加。反之，如果方差造成关键活动的完成时间比期望时间要短，那么就会相应缩短项目的完成时间，除非其他活动成为新的关键活动。

对于涉及不确定活动时间的项目，该项目可以在指定的时间内完成的概率是有用的管理信息。要了解方差对项目管理的影响，我们考虑 Porta-Vac 项目网络图中每个路径的方差。在图 9-11 中，我们注意项目网络图的四条路径：路径 1=A—E—H—I—J，路径 2=A—C—F—J，路径 3=A—D—G—J，路径 4=B—H—I—J。

用 T_i 来表示完成路径 i 需要的总时间，则 T_i 的期望值就是路径 i 所有活动的期望完成时间之和，如路径 1（关键路径）的期望时间为：

$$E(T_1)=t_A+t_E+t_H+t_I+t_J=6+3+4+2+2=17\ （周）$$

项目完成时间的方差就等于所有活动的方差之和。因此，路径 1 完成时间的方差就是：

$$\sigma_1^2=\sigma_A^2+\sigma_E^2+\sigma_H^2+\sigma_I^2+\sigma_J^2=1.78+0.11+0.69+0.03+0.11=2.72$$

其中，σ_A^2、σ_E^2、σ_H^2、σ_I^2和σ_J^2是活动 A、E、H、I 和 J 的方差值。

上述公式假设所有活动时间是相互独立的，如果存在两个或多个活动的活动时间是相互影响的，那么上述公式只能提供项目完成时间方差的一个近似值。活动间越独立，近似值就越准确。

我们都知道，标准差是方差的平方根，因此，我们可以通过如下公式计算 Porta-Vac 项目完成时间的标准差：

$$\sigma_1=\sqrt{\sigma_1^2}=\sqrt{2.72}=1.65$$

假设项目完成时间 T 服从正态分布（钟形分布）[㊀]，那么我们可以绘制如图 9-12 所示的分布图。利用这个分布，我们可以计算一个指定项目完成时间的概率。例如，假定管理层计划在 20 周之内完成 Porta-Vac 项目，那么我们能在 20 周的期限内完成该项目的概率是多少呢？利用图 9-13 所示的正态概率分布图，我们可以很容易地求出 $T \leqslant 20$ 的概率，如图中阴影部分所示。$T=20$ 时，正态概率分布的 z 值为：

$$z_1=\frac{20-17}{1.65}=1.82$$

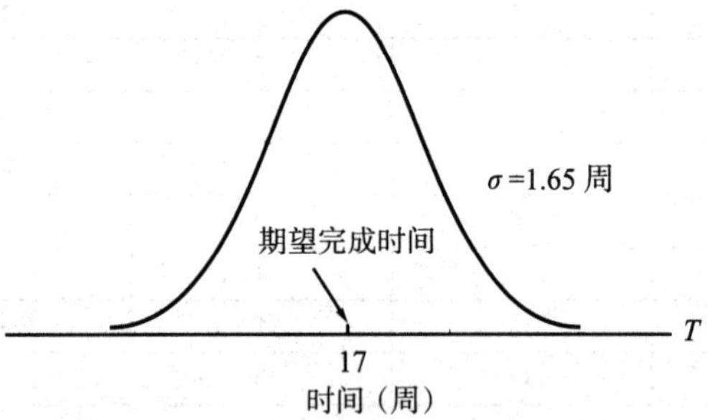

图 9-12 Porta-Vac 项目完成时间的正态分布

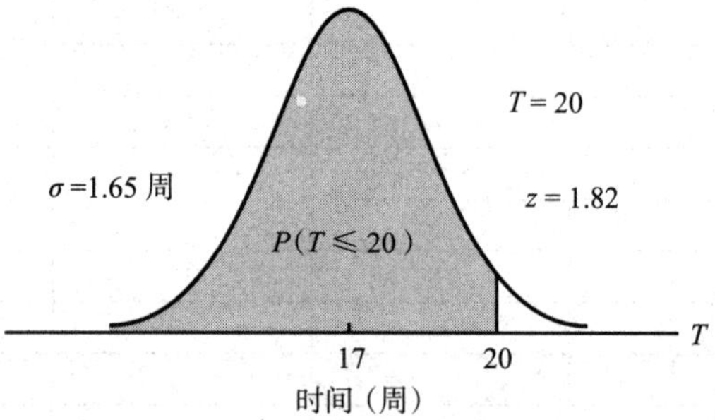

图 9-13 Porta-Vac 项目在 20 周期限内完成的概率

项目规模越大，正态分布越能较好地拟合项目完成时间的分布。

利用 z=1.82 和正态分布表（详见附录 B）可知，项目在 20 周期限内完成的概率为 0.465 6+0.500 0=0.965 6。在表 9-7 中，我们继续计算了项目网络图中其他路径的预期完成时间和方差（为了保证完整性，计算包括路径 1）。如表 9-7 所示，路径 2 和路径 4 几乎保证能在 20 周期限内完成，路径 3 有 0.978 3 的概率在 20 周期限内完成。

表 9-7 各项目路径在 20 周期限内完成的概率

预期路径完成时间	路径完成时间的标准差	z 值	期限内完成的概率
$E(T_1)$=6+3+4+2+2=17	σ_1^2=1.78+0.11+0.69+0.03+0.11=2.72	$z_1=\frac{20-17}{\sqrt{2.72}}=1.82$	0.965 6
$E(T_2)$=6+3+2+2=13	σ_2^2=1.78+0.11+0.03+0.11=2.03	$z_2=\frac{20-13}{\sqrt{2.03}}=4.91$	>0.999 9
$E(T_3)$=6+5+3+2=16	σ_3^2=1.78+1.78+0.25+0.11=3.92	$z_3=\frac{20-16}{\sqrt{3.92}}=2.02$	0.978 3
$E(T_4)$=2+4+2+2=10	σ_4^2=0.44+0.69+0.03+0.11=1.27	$z_4=\frac{20-10}{\sqrt{1.27}}=7.02$	>0.999 9

㊀ 用正态分布取近似值是根据中心极限定理，中心极限定理是指当独立随机变量数目很大时，独立随机变量（活动时间）之和服从一个正态分布。

估计整个 Porta-Vac 项目将在 20 周期限内完成的概率的一种方法是只考虑具有最小完成概率的路径。通常情况下，关键路径（路径 1）具有最小的完成概率，所以将整个 Porta-Vac 项目会在 20 周内完成的概率简单估计为 0.965 6。

附录 9.1 描述了如何在 Excel 中计算正态随机变量的累积概率。

通常，快速计算是基于整个项目在限期内完成的概率，可只对关键路径进行概率估计。然而，只基于关键活动的概率估计可能过于乐观。当存在不确定的活动时间时，一个或多个非关键活动时间多于预期完成时间可能会导致原来的非关键活动成为关键活动，从而增加完成该项目所需的时间。

因为完成整个项目要求所有路径必须都完成，所以另一种计算项目在限期内完成的概率的方法是：

P（路径 1 在期限内完成的概率）$\times P$（路径 2 在期限内完成的概率）$\times$

P（路径 3 在期限内完成的概率）$\times P$（路径 4 在期限内完成的概率）$=$

$0.965\,6 \times 1.0 \times 0.978\,3 \times 1.0 = 0.944\,6$

这一计算假定每个路径是独立的，但是所有这些路径至少共享一个公共活动，所以独立性假设不成立。因此，这个估计是满足项目期限可能性的悲观的估计。

不考虑估计完工概率的方法，项目管理者应经常监测项目的进展情况，特别是项目经理应监测活动时间方差很大的活动。专栏 9-2 介绍了项目管理帮助美国空军减少维护时间的案例。

模拟是项目管理中使用的另一种技术，它对估计一个极其复杂的项目在指定期限内完成的概率特别有用。

|专栏 9-2| 实践中的管理科学

项目管理帮助美国空军减少维护时间

华纳罗宾斯空军后勤中心（WR-ALC）为美国空军的飞机和地面设备提供保养和维修服务，为了支持作战区域，美国空军要求 WR-ALC 减少在 C-5 运输飞机维修服务上花费的时间。

为了确定如何改进其维修和翻修过程的管理，WR-ALC 采用了关键链项目管理的方法（CCPM），将每架飞机的维护视作一个包括一系列任务的项目，这些任务之间存在优先依赖关系和资源需求。监管者在明确分配机制、维护工具和设备的细节上对项目划分出约 450 个活动。

通过明确地考虑每个任务的资源需求（机械、飞机零件、维修工具等），CCPM 确定出活动的“关键链”。为了缩减关键链，只有当完成一项任务所需的所有资源都可用时，才开始此项任务。这种方法被称为“流水线操作”，这种方法通常会推迟活动开始的时间，但是项目一旦开始，该管理方法可以使项目更快地完成，因为 CCPM 在机制上保障了可有效地降低多任务间的衔接损耗。

资料来源：M. M. Srinivasan, W. D. Best, and S. Chandrasekaran, “Warner Robins Air Logistics Center Streamlines Aircraft Repair and Overhaul,” *Interfaces* 37, no. 1 (2007), 7–21.

9.3 项目完成时间与成本抉择

当确定项目活动所需的估计时间时，项目管理者基于对资源（工人、设备等）的估计来给活动分配资源。CPM 的开发者为项目管理者提供了为一定的活动增加资源以减少项目完成时间的选择。增加的资源（如员使用额外的资源来减少活动持续时间从而缩短项目总时间是 CPM 的开发者提出的。活动时间的缩短被称为紧缩。

工、加班等）一般都会增加项目的成本，所以在做出减少活动时间的决策时必须考虑将增加的成本。事实上，项目管理者必须在减少活动时间和增加项目成本之间做出抉择。

表 9-8 描述了一个由 5 个活动组成的两台机器的维修项目。由于管理人员拥有类似项目的大量经验，因此我们可以给出每个活动的估算时间，并假设维修活动的时间已知。该项目的网络图如图 9-14 所示。

表 9-8 两台机器维修项目的活动列表

活动	描述	紧前活动	期望时间（天）
A	详细检查机器Ⅰ	—	7
B	校准机器Ⅰ	A	3
C	详细检查机器Ⅱ	—	6
D	校准机器Ⅱ	C	3
E	测试系统	B、D	2

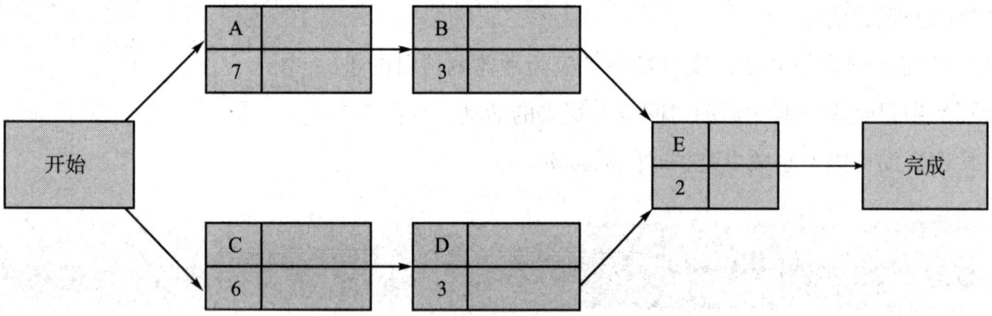

图 9-14 两台机器维修项目网络图

计算该维修项目网络图的关键路径的步骤与我们在西山购物中心扩张项目和 Porta-Vac 项目中应用的方法完全一样。通过对图 9-14 中的项目网络图运用向前推进法和向后逆推法，我们可以得到表 9-9 所示的活动安排表。活动 A、B 和 E 的松弛为 0，因此这 3 个活动就构成了该项目的关键路径。关键路径的长度，也就是完成项目总共需要的时间为 12 天。

表 9-9 两台机器维修项目的活动安排

活动	最早开始时间（ES）	最晚开始时间（LS）	最早完成时间（EF）	最晚完成时间（LF）	松弛（LS − ES）	是否为关键路径
A	0	0	7	7	0	是
B	7	7	10	10	0	是
C	0	1	6	7	1	—
D	6	7	9	10	1	—
E	10	10	12	12	0	是

9.3.1 紧缩活动时间

现在我们假设当前的生产情况要求该维修项目必须在 10 天之内完成。考虑到项目网络图的关键路径长度为 12 天，我们认识到除非能够缩短活动的已知时间，否则要满足要求的项目完成时间是不可能的。这种靠增加资源来缩减活动时间的方法就是所谓的**紧缩**。但是，为了缩短活动时间而增加额外的资源通常会导致项目成本的增加，所以我们希望能够找出增加最少的成本就能紧缩活动时间的活动，然后只对这些活动的活动时间进行必要的紧缩，使我们能够在要求的时间内完成项目。

为了找出要紧缩哪些活动的活动时间以及紧缩多少，我们需要得到每个活动能被紧缩的时间以及紧缩需要的成本等相关信息。因而，我们需要得到以下信息。

（1）正常或期望时间下的活动成本。

（2）最大限度紧缩时间后完成活动需要的时间（也就是缩到最短的活动时间）。

（3）最大限度紧缩时间时的活动成本。

设：

τ_i= 活动 i 的期望时间

τ_i'= 最大限度紧缩时间时，活动 i 的活动时间

M_i= 活动 i 最多可紧缩的时间

给定 τ_i 和 τ_i'，我们可以计算 M_i：

$$M_i=\tau_i-\tau_i' \tag{9-6}$$

接下来，我们用 C_i 表示正常或期望活动时间下活动 i 的成本，用 C_i' 表示最大限度紧缩时间时完成活动 i 的成本。因此，每个活动的单位时间（如每天）的紧缩成本 K_i 就可以表示为：

$$K_i=\frac{C_i'-C_i}{M_i} \tag{9-7}$$

例如，在正常或期望活动时间下，完成活动 A 需要 7 天时间，其成本为 C_A=500 美元；而在最大限度的紧缩状态下，完成活动 A 只需 4 天时间，但成本将上升到 C_A'=800 美元，将上述值代入式（9-6）和式（9-7），我们可以得出活动 A 的最多可缩减时间为：

$$M_A=7-4=3\ (\text{天})$$

紧缩成本为：

> 式（9-7）假设，活动时间的单位缩短成本是保持不变的。然而，实际应用中最初几个单位的时间缩短成本可能比随后缩短该活动的单位成本要小。

$$K_A=\frac{C_A'-C_A}{M_A}=\frac{800-500}{3}=\frac{300}{3}=100\ (\text{美元 / 天})$$

我们假设紧缩活动时间需要付出相应比例的成本。例如，我们要将完成活动 A 的时间减少 1.5 天，那么增加的成本将是 1.5 × 100=150（美元），因此活动 A 的总成本将变为 500+150=650（美元）。图 9-15 描述了活动 A 的时间—成本关系。两台机器维修项目全部活动的正常时间和紧缩时间的数据如表 9-10 所示。

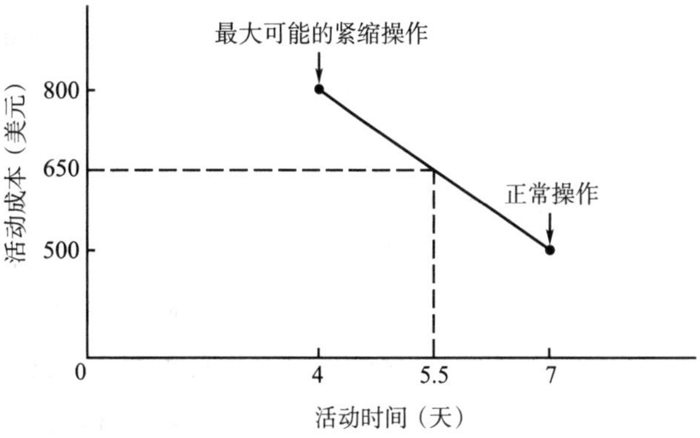

图 9-15　活动 A 的时间—成本关系

为了以最少的成本在 10 天期限内完成整个项目，哪些活动应该被紧缩，紧缩多少时间？你对这个问题的第一反应很可能是考虑关键路径上的活动——A、B 或 E。活动 A 在这 3 个活动中具有最低的单位紧

缩成本，因此将活动 A 紧缩 2 天可以使路径 A—B—E 的完成时间缩减到期望的 10 天。然而一定要记住，当你对现在的关键活动进行紧缩时，有可能使其他的路径成为新的关键路径。因此，你需要检查修改后网络图中的关键路径，你也许会发现其他要紧缩的活动或许会修改你先前的决定。对于一个小型网络图，这种“尝试—修改”的方法可以用来进行紧缩决策；但是对于更大型的网络图，我们就需要运用数学方法来决定最优的紧缩策略。

表 9-10 两台机器维修项目的正常时间和紧缩时间

活动	时间（天）		总成本（美元）		最大可减少时间 (M_i)（天）	每天的紧缩成本 $\left(K_i=\frac{C_i'-C_i}{M_i}\right)$（美元）
	正常	紧缩	正常 (C_i)（美元）	紧缩 (C_i')（美元）		
A	7	4	500	800	3	100
B	3	2	200	350	1	150
C	6	4	500	900	2	200
D	3	1	200	500	2	150
E	2	1	300	550	1	250
总计			1 700	3 100		

9.3.2 紧缩项目总时间后的线性规划模型

让我们来描述一下如何运用线性规划方法求解项目网络的紧缩问题。在 PERT/CPM 中，当一个活动在其最早开始时间开始时，有：

$$\text{实际完成时间}=\text{最早开始时间}+\text{活动时间}$$

但是如果活动具有松弛时间，那么活动就无须在最早开始时间开始。在这种情况下，就会有：

$$\text{实际完成时间}>\text{最早开始时间}+\text{活动时间}$$

由于我们不可能提前知道一个活动是否会于最早开始时间开始，可以用如下不等式来说明各个活动的完成时间、最早开始时间和活动时间的一般关系：

$$\text{实际完成时间}\geqslant\text{最早开始时间}+\text{活动时间}$$

让我们看一下活动 A，完成这个活动的期望时间是 7 天。用 x_A 表示活动 A 的完成时间，y_A 表示活动 A 的紧缩时间。我们假设项目在时间 0 时开始，那么活动 A 的最早开始时间就是 0。由于活动 A 的活动时间因紧缩时间减少了，那么活动 A 的完成时间就必然满足如下关系：

$$x_A \geqslant 0+(7-y_A)$$

将 y_A 移到公式的左边：

$$x_A+y_A \geqslant 7$$

一般来说，我们设：

$$x_i=\text{活动 } i \text{ 的完成时间；} i=\text{A，B，C，D，E}$$

$$y_i=\text{活动 } i \text{ 的紧缩时间；} i=\text{A，B，C，D，E}$$

如果用分析活动 A 同样的方法来分析活动 C（期望完成时间为 6 天），我们可以得到如下约束条件：

$$x_C \geqslant 0+(6-y_C) \text{ 或 } x_C+y_C \geqslant 6$$

继续使用 PERT/CPM 中的向前推进法，我们可以看到活动 B 的最早开始时间是 x_A，即活动 A 的完成时间。因此，活动 B 完成时间的约束条件为：

$$x_B \geqslant x_A+(3-y_B) \text{ 或 } x_B+y_B-x_A \geqslant 3$$

同样，我们还可以求得活动 D 完成时间的约束条件：

$$x_D \geqslant x_C+(3-y_D) \text{ 或 } x_D+y_D-x_C \geqslant 3$$

最后我们看一下活动 E。活动 E 的最早开始时间等于活动 B 和 D 的最大实际完成时间。由于活动 B 和 D 的实际完成时间取决于紧缩方法，我们必须写出活动 E 的两个约束条件：一个建立在活动 B 的完成时间的基础上，另一个建立在活动 D 的完成时间的基础上：

$$x_E+y_E-x_B \geqslant 2 \text{ 且 } x_E+y_E-x_D \geqslant 2$$

我们来回忆一下，当前的生产水平要求维修项目必须在 10 天之内完成，因此活动 E 的完成时间的约束条件为：

$$x_E \leqslant 10$$

此外，对应每个活动的最大可能紧缩时间，我们必须添加如下 5 个约束条件：

$$y_A \leqslant 3,\quad y_B \leqslant 1,\quad y_C \leqslant 2,\quad y_D \leqslant 2,\quad y_E \leqslant 1$$

对于所有的线性规划模型，我们一般都要加上决策变量非负的约束条件。

现在我们要做的就是为模型建立一个目标函数，因为在正常活动完成时间下，项目的总成本永远为 1 700 美元（见表 9-10），我们可以通过最小化总紧缩成本来最小化项目总成本（正常成本加紧缩成本），因此线性规划目标函数就成为：

$$\min \quad 100y_A+150y_B+200y_C+150y_D+250y_E$$

为了决定最佳紧缩策略，我们必须求解一个含 10 个变量和 12 个约束条件的线性规划模型。利用优化软件，如 Excel Solver，得到的最优解如下：

$$\begin{array}{ll} x_A=6 & y_A=1 \\ x_B=9 & y_B=0 \\ x_C=6 & y_C=0 \\ x_D=9 & y_D=0 \\ x_E=10 & y_E=1 \end{array}$$

这个最优解决方案对应活动 A 和 E 的活动时间各紧缩 1 天，紧缩总成本为 100+250=350（美元）。在最小紧缩成本下，活动时间如下所示：

活动	天数
A	6（紧缩 1 天）
B	3
C	6
D	3
E	1（紧缩 1 天）

线性规划解为我们提供了修改后的活动时间，但没有提供修改后的最早开始时间、最晚开始时间和松弛等信息。我们必须用修改后的活动时间和一般的 PERT/CPM 方法来设计紧缩后项目的活动时间安排表。

注释与点评

需要注意的是，为说明紧缩问题而设计的两台机器维修项目网络图只有一个活动（活动 E）直接指向终止节点（见图 9-14）。因此项目的完成时间就是活动 E 的完成时间。因而，在 10 天内完成该项目的线性规划约束条件就可以用 $x_E \leqslant 10$ 来表示。

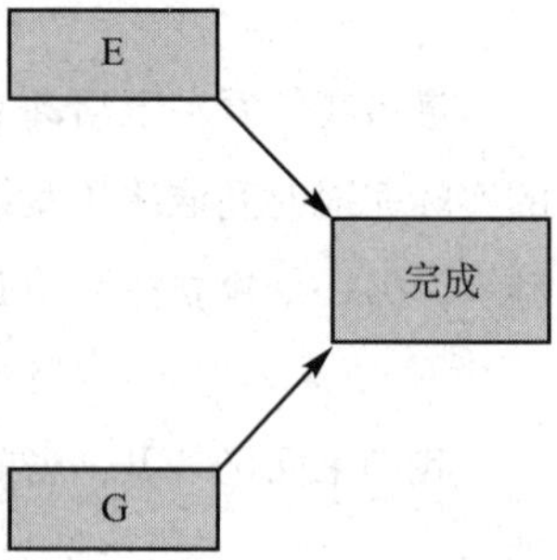

如果有两个或多个活动直接指向项目网络图的终止节点，那么我们就要对紧缩线性规划模型做出一点轻微改动。右图是项目网络图的一部分。在这种情况下，我们建议添加一个变量 x_{FIN} 来表示整个项目的完成时间。由于只有在活动 E 和活动 G 都完成之后才能完成整个项目，我们可以对约束条件进行如下修改：

$$x_{FIN} \geqslant x_E \quad 或 \quad x_{FIN} - x_E \geqslant 0$$

$$x_{FIN} \geqslant x_G \quad 或 \quad x_{FIN} - x_G \geqslant 0$$

项目必须在时间 T 内完成的约束条件可以表示为 $x_{FIN} \leqslant T$。

本章小结

本章我们介绍了如何运用 PERT/CPM 来计划、安排和控制复杂项目。运用这个方法进行项目安排的关键是设计 PERT/CPM 项目网络图，用网络图来描述各个活动及其紧前活动。运用项目网络图和活动时间估计，我们可以识别项目网络图的关键路径和相应的关键活动。在这个过程中，一个活动的时间安排可以显示其最早开始时间和最早完成时间、最晚开始时间和最晚完成时间，同时还可以识别每个活动的松弛。

我们还讨论了如何考虑处理变化或不确定活动时间，并运用这些信息计算特定时间内完成项目的概率。我们还介绍了减少活动时间以按期限完成项目的方法，即紧缩，并说明如何应用线性规划模型来确定紧缩策略使缩短项目完成时间的费用最小化。

专业术语

活动（activity） 组成项目的特定工作或任务。在项目网络图中用节点表示活动。

向后逆推（backward pass） PERT/CPM 步骤中的一部分，在项目网络图中从后向前逆向移动以决定每个活动的最晚开始时间和最晚完成时间。

β 概率分布（beta probability distribution） 一种用来描述活动时间的概率分布。

紧缩（crashing） 通过增加资源来缩短活动时间，通常会增加项目成本。

关键活动（critical activity） 关键路径上的活动。

关键路径（critical path） 项目网络图中的最长路径。

关键路径法（critical path method，CPM） 一种基于项目网络图的项目安排方法。

最早完成时间（earliest finish time） 一个活动可以完成的最早时间。

最早开始时间（earliest start time） 一个活动可以开始的最早时间。

期望时间（expected time） 活动平均时间。

向前推进（forward pass） PERT/CPM 步骤中的一部分，在项目网络图中从前向后顺序移动以决定每个活动的最早开始时间和最早完成时间。

紧前活动（immediate predecessor） 在开始既定活动前必须完成的活动。

最晚完成时间（latest finish time） 在不增加项目总体完成时间的条件下，一个活动可以完成的最晚时间。

最晚开始时间（latest start time） 在不增加项目总体完成时间的条件下，一个活动可以开始的最晚时间。

最可能时间（most probable time） 正常条件下最可能的活动时间。

乐观时间（optimistic time） 每个活动进展顺利的情况下，最少的活动时间。

路径（path） 从开始节点一直连接到终止节点的一系列相连节点。

悲观时间（pessimistic time） 遭遇重大延误时的最长活动时间。

计划评审技术（program evaluation and review technique，PERT） 一种基于网络图的项目安排方法。

项目网络图（project network） 一种项目的图表示，用节点表示活动，用弧线表示各个活动的先后关系。

松弛（slack） 在不影响项目总完成时间的条件下，每个活动可以延误的时间长度。

习题

1. **管理培训。**莫霍克折扣商店正在安排其公司总部人员管理培训项目。该公司希望通过项目安排，以便实习生能够尽快完成培训。各项培训之间必须保持重要的优先级关系。例如，实习生不能作为助理店长，直到他获得信贷部门和至少一个销售部门的工作经验。以下活动是项目中每名实习生必须完成的任务。绘制一个项目网络图，不必进一步分析。LO1

活动	A	B	C	D	E	F	G	H
紧前活动	—	—	A	A，B	A，B	C	D，F	E，G

2. **办公联合体建设。**路桥规划局正在着手建设一个办公联合体。作为规划过程的一部分，公司给出了下面的活动列表。请绘制一个项目网络图，以帮助安排所有项目活动。LO1

活动	A	B	C	D	E	F	G	H	I	J
紧前活动	—	—	—	A，B	A，B	D	E	C	C	F，G，H，I

3. **Pixar动画的网络计划。**为了管理动画电影的制作，Pixar动画工作室列出了动画制作工作的主要活动和紧前活动。利用这些信息，绘制一个项目网络图。当活动F和G均完成时，该项目就完成了。LO1

活动	A	B	C	D	E	F	G
紧前活动	—	—	A	A	C，B	C，B	D，E

4. **Pixar的关键路径。**假设习题3中Pixar工作室制作动画电影的项目有如下活动时间（单位：月）。LO2

活动	A	B	C	D	E	F	G
活动时间	4	6	2	6	3	3	5

a. 找出关键路径。

b. 项目要在一年半之内完成，你能估计要在期限内完成项目的困难吗？请给出解释。

5. **西山项目进展的更新。**在图9-6和表9-2的西山购物中心项目中，假设项目已经进行了7周，活动A和活动E已经完成，活动F已经开始，但时间仅剩3周，活动C和活动D还未开始，活动B还剩1周（B在第2周开始）。更新该项目的活动日程，尤其注意每个活动的松弛如何变化。LO1,2

6. **婚礼计划的关键路径。**为了做好准备工作，一对新人为他们在婚礼日期前必须完成的各项活动绘制了一个项目网络图。此外，他们还估计了每个活动的

持续时间（单位：周）。LO2

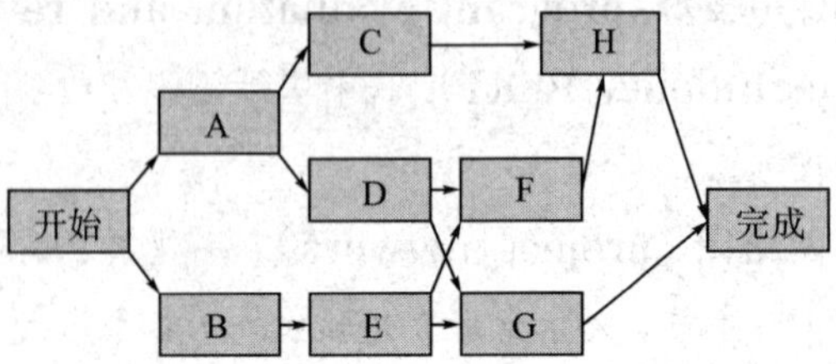

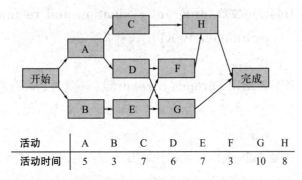

活动	A	B	C	D	E	F	G	H
活动时间	5	3	7	6	7	3	10	8

a. 找出关键路径。

b. 要多长时间完成该项目？

c. 在不延误整个项目完成时间的情况下，活动 D 能被延误吗？如果可以的话，最多能延误多久？

d. 在不延误整个项目完成时间的情况下，活动 C 能被延误吗？如果可以的话，最多能延误多久？

e. 活动 E 的具体安排是什么？

7. **公寓改造。**Jefferson 公园公寓正在对其主要建筑进行夏季改造，项目计划在 5 月 1 日开始，设想经过 17 周，于 9 月 1 日完工。公寓管理者确定以下改造工作和每项工作的估计时间。LO1,2

工作	紧前活动	时间
A	—	3
B	—	1
C	—	2
D	A，B，C	4
E	C，D	5
F	A	3
G	D，F	6
H	E	4

a. 绘制项目网络图。

b. 找出关键路径。

c. 哪项工作的松弛时间最多？

d. 项目能否在 9 月 1 日前完成？

8. **运动综合楼的建设。**Colonial State 大学正考虑在校园内建造一个多功能运动综合楼。这个综合楼将包括一个新的校际篮球比赛体育馆、更大的办公区域、教室及其内部设施。以下活动必须在建造开始前完成。LO1,2

活动	描述	紧前活动	时间（周）
A	考察建筑工地	—	6
B	最初设计	—	8
C	董事会通过	A，B	12
D	选择建筑师	C	4
E	确定预算	C	6
F	最终设计	D，E	15
G	获得经费	E	12
H	雇用承包商	F，G	8

a. 绘制项目网络图。

b. 找出关键路径。

c. 为该项目制定活动安排表。

d. 如果在考察建筑工地和最初设计的决策一年后开始建造运动综合楼，你认为这样做合理吗？项目的预期完成时间是多少？

9. **演唱会相关安排。**在当地一所大学，学生会文艺部准备举办学校第一届演唱会。为了成功举办，他们列出了如下必要活动及相关信息（单位：天）。LO1,2,3,4

活动	紧前活动	乐观时间	最可能时间	悲观时间
A：与选定的音乐家谈判合同	—	8	10	15
B：预定场地	—	7	8	9
C：音乐团队的后勤管理	A	5	6	10
D：屏幕和雇用安保人员	B	3	3	3
E：广告和门票安排	B，C	1	5	9
F：雇用停车场人员	D	4	7	10
G：安排特许销售	E	3	8	10

a. 绘制项目网络图。

b. 计算每个活动的预期时间和方差。

c. 确定项目网络图的关键路径。

d. 计算关键路径的预期时间和方差。

e. 仅基于关键路径，项目在 30 天内完成的可能性是多少？

f. 如果活动 B 比最早开始时间延迟 6 天，将如何影响项目的持续期？

g. 利用项目网络图中的所有路径，估计项目将在 30 天内完成的概率。将你的答案与 e 部分的答案进行比较并解释。

10. 国际仁人家园。国际仁人家园是一个致力于消除全球贫困住房的非营利组织。下表是其在建小区中建造一所房子所需要的活动，以及该活动时间的估计（单位：天）。LO3

活动	乐观时间	最可能时间	悲观时间
A	4	5.0	6
B	8	9.0	10
C	7	7.5	11
D	7	9.0	10
E	6	7.0	9
F	5	6.0	7

a. 计算活动的期望完成时间和每个活动时间的方差。

b. 一个分析家认定关键路径的活动包括 B、D 和 F，请计算项目的期望完成时间及方差。

11. Blue Lagoon 泳池建设项目网络。Blue Lagoon 是一家安装住宅游泳池的承包商。该公司建造的后院游泳池由 9 个主要活动组成。以下是所有活动及其紧前活动，请绘制项目网络图。LO1

活动	A	B	C	D	E	F	G	H	I
紧前活动	—	—	A，B	A，B	B	C	D	D，F	E，G，H

12. Blue Lagoon 泳池建设项目关键路径。假设 11 题中 Blue Lagoon 的游泳池建设项目活动的时间估计如下表所示（单位：天）。LO2,3,4

活动	乐观时间	最可能时间	悲观时间
A	3	5	6
B	2	4	6
C	5	6	7
D	7	9	10
E	2	4	6
F	1	2	3
G	5	8	10
H	6	8	10
I	3	4	5

a. 关键活动有哪些？

b. 项目的期望完成时间是多少？

c. 仅基于关键路径，项目可不可以在 25 天及以内完成？

13. 婚礼计划完成的概率。假设以下提供的婚礼计划活动时间估计的项目网络图与习题 6 所示的项目网络图相同（单位：周）。

活动	乐观时间	最可能时间	悲观时间
A	4.0	5.0	6.0
B	2.5	3.0	3.5
C	6.0	7.0	8.0
D	5.0	5.5	9.0
E	5.0	7.0	9.0
F	2.0	3.0	4.0
G	8.0	10.0	12.0
H	6.0	7.0	14.0

只基于关键路径，项目将在以下时间内完成的可能性是多少？ LO3,4

a. 21 周内。

b. 22 周内。

c. 25 周内。

14. 公园规划。Mueller & Associates 是一家城市规划公司，正在为奥马哈郊区规划一个新公园。为了达到用户要求的 44 周（大约 10 个月）的完工期，需要很大的努力去做建筑师和转包商的协调工作，Mueller 的项目管理者准备了下面的项目网络图。

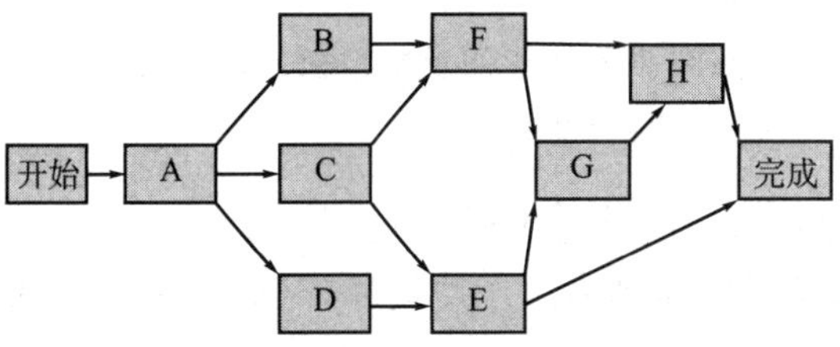

下表是对活动的乐观时间、最可能时间和悲观时

间的估计（单位：周）。LO2,3,4

活动	乐观时间	最可能时间	悲观时间
A	4	8	12
B	6	7	8
C	6	12	18
D	3	5	7
E	6	9	18
F	5	8	17
G	10	15	20
H	5	6	13

a. 找出关键路径。

b. 期望的项目完工时间是多少？

c. 仅基于关键路径，项目能在用户要求的 44 周内完工的概率是多少？

d. 仅基于关键路径，项目被推迟 3 个多月完工的概率是多少？用 57 周计算。

e. Mueller 公司应该怎样与市议会沟通。

15. 管理培训项目计划。 Doug Casey 负责计划与协调公司下一次春季销售管理培训项目，Doug Casey 列出了以下项目活动信息（单位：周）。LO1,2,3,4

活动	描述	紧前活动	乐观时间	最可能时间	悲观时间
A	计划主题	—	1.5	2.0	2.5
B	联系演讲者	A	2.0	2.5	6.0
C	列出活动场地	—	1.0	2.0	3.0
D	选择场地	C	1.5	2.0	2.5
E	确定演讲者活动计划	B，D	0.5	1.0	1.5
F	与演讲者最后确认	E	1.0	2.0	3.0
G	准备与邮寄宣传册	B，D	3.0	3.5	7.0
H	预定场地	G	3.0	4.0	5.0
I	处理最后的细节	F，H	1.5	2.0	2.5

a. 绘制项目网络图。

b. 设计一个该项目的日程安排。

c. 求出关键路径及预期项目完成时间。

d. 如果 Doug Casey 想实现 0.99 的可能性按期完成项目，他需要在会议前多久开始本项目？仅基于关键路径。

16. 数据收集项目。 管理决策系统公司（MDS）是一家咨询公司，专门从事决策支持系统的开发。MDS 有一个四人团队目前正参与一家小公司的项目，项目是建立一个从网络上收集数据，然后自动生成每天的报告用于管理的系统。LO1,2,3,4

活动	活动描述	紧前活动	乐观时间	最可能时间	悲观时间
A	生成报告	—	1	7	11
B	收集网络数据	—	3	8	10
C	测试	A，B	1	1	1

a. 绘制项目网络图。

b. 只基于关键路径，估计项目在 10 周内完成的可能性。

c. 利用项目网络图的所有路径，估计项目在 10 周内完成的可能性。

d. 可以使用 b 或 c 的估计吗？

17. 老式汽车修复。 保时捷店是 Dale Jensen 在 1985 年创建的，它专注于修复老式保时捷汽车。Dale Jensen 的一名常客要求他提供一份关于修复 1964 年的 356SC 保时捷模型的估计，为了估计维修的时间和费用，Dale Jensen 将维修分成了四个活动：拆卸和最初的准备工作 A，车体维修 B，发动机维修 C，最后组装 D。当 A 完成后，活动 B 和 C 可以相互独立地进行，但是活动 D 只能在 B 和 C 都完成后才能开始。基于他对车的检查，他相信以下时间估计是可行的（单位：天）。LO1,2,3,4

活动	乐观时间	最可能时间	悲观时间
A	3	4	8
B	5	8	11
C	2	4	6
D	4	5	12

Dale Jensen 估计维修车体将花费 3 000 美元，维修发动机将花费 5 000 美元，他目前的劳动力成本是 400 美元 / 天。

a. 绘制项目网络图。

b. 求出项目期望完成时间。

c. Dale Jensen 的经营理念基于使用乐观和悲观的情况，基于乐观和悲观分别估计完成修复的总成本，假设修复总成本是劳动力成本和材料成本的总和。

d. 如果 Dale Jensen 获得工作的报价是基于相关的成本与预期完成时间，他会亏钱的概率是多少？仅基于关键路径。

e. 如果 Dale Jensen 提供的报价是 16 800 美元，他会亏钱的概率是多少？仅基于关键路径。

18. 筹建学校田径队。由于人口增长，某地区新建了一所名为“Liberty High School”的高中。该高中的体育部主任正在筹建学校的田径队。第一次的团队练习安排在 4 月 1 日。以下是所有活动、活动的紧前活动及活动时间估计（单位：周）。LO1,2,3,4

活动	描述	紧前活动	时间		
			乐观时间	最可能时间	悲观时间
A	与董事会商议	—	1	1	2
B	雇用教练	A	4	6	8
C	筹集经费	A	2	4	6
D	宣布安排	B，C	1	2	3
E	与教练见面	B	2	3	4
F	订购相关器材	A	1	2	3
G	队员注册	D	1	2	3
H	为赛事预订大巴	G	1	2	3
I	制订第一次训练计划	E，H，F	1	1	1

a. 画出项目网络图。

b. 设计活动时间安排表。

c. 关键活动有哪些？该项目的期望完成时间是多少？

d. 仅基于关键路径，如果体育部主任计划在 1 月 1 日开始该项目，那么田径队计划在预定日期 4 月 1 日（13 周）准备好的可能性有多大？该负责人是否应该在 1 月 1 日前就开始策划田径队训练项目？

19. 兰登公司的软件开发。兰登公司的产品开发小组一直致力于研究具有捕捉大的市场份额潜力的新的计算机软件产品，通过外部资源，兰登公司的管理层了解到，竞争对手正在努力推出类似的产品。因此，兰登公司的管理层对产品开发小组施加了更多的压力，小组领导者转向 PERT/CPM 方法作为援助安排新产品进入市场前的最后措施，项目网络图如下。LO2,3,4

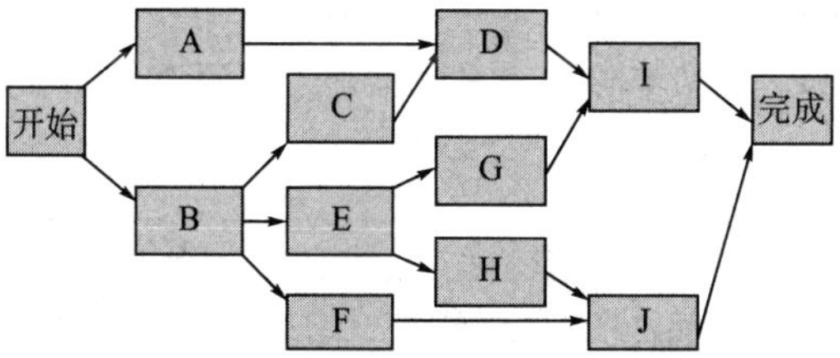

活动时间估计如下（单位：周）。

活动	乐观时间	最可能时间	悲观时间
A	3.0	4.0	5.0
B	3.0	3.5	7.0
C	4.0	5.0	6.0
D	2.0	3.0	4.0
E	6.0	10.0	14.0
F	7.5	8.5	12.5
G	4.5	6.0	7.5
H	5.0	6.0	13.0
I	2.0	2.5	6.0
J	4.0	5.0	6.0

a. 识别关键路径上的活动，并为这个项目安排日程。

b. 仅基于关键路径，项目在25周内完成以便于公司推广新产品的概率是多少？

c. 30周内呢？

20. **杀毒软件升级**。熊猫安全公司是一家软件公司，计划发布最新版本的杀毒软件。下面是活动、活动时间和项目网络图。

活动	时间
A	3
B	6
C	2
D	5
E	4
F	3
G	9
H	3

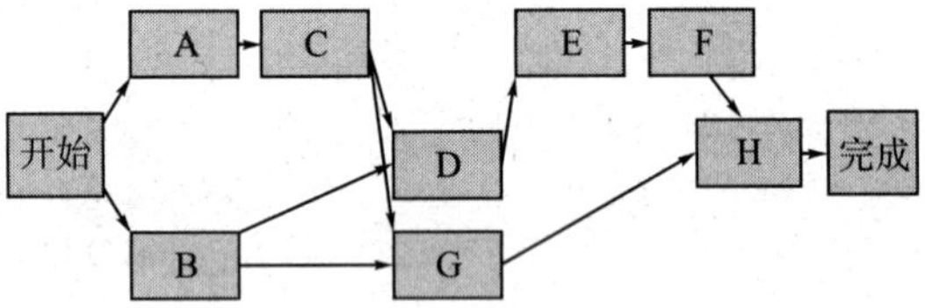

关键路径计算显示B—D—E—F—H是关键路径，预期的项目完工时间是21周。看到这些信息之后，管理层要求加班在16周之内完成项目。那么，紧缩该项目是必需的，下面有一些相关信息。LO5

活动	时间（周）		成本（美元）	
	正常	紧缩	正常	紧缩
A	3	1	900	1 700
B	6	3	2 000	4 000
C	2	1	500	1 000
D	5	3	1 800	2 400
E	4	3	1 500	1 850
F	3	1	3 000	3 900
G	9	4	8 000	9 800
H	3	2	1 000	2 000

a. 构建一个线性规划模型，可以用来为该项目做出紧缩决策。

b. 求解该线性规划模型，并制定出成本最小的紧缩决策。要满足在16周之内完成该项目的附加成本是多少？

c. 基于紧缩活动时间，设计一个完整的活动时间安排表。

21. **星巴克持续改进项目**。星巴克的管理人员和员工发起了一项持续改善门店布局的活动。为了实施这个活动，星巴克员工需要完成的项目网络图与活动时间如下（单位：天）。LO2

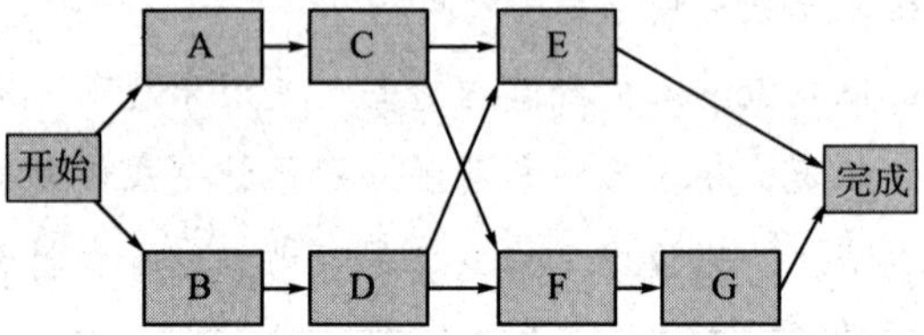

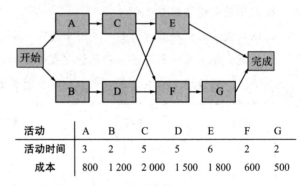

活动	A	B	C	D	E	F	G
活动时间	3	2	5	5	6	2	2
成本	800	1 200	2 000	1 500	1 800	600	500

a. 找出关键路径及项目的期望完成时间。

b. 在正常时间下，完成项目的总成本为多少？

22. **星巴克项目的紧缩计划**。在习题21的星巴克门店布局项目中，假定管理人员要求在12天之内完成该项目。LO5

该项目的紧缩数据如下。

活动	时间（天）		费用（美元）	
	正常	紧缩	正常	紧缩
A	3	2	800	1 400
B	2	1	1 200	1 900
C	5	3	2 000	2 800
D	5	3	1 500	2 300
E	6	4	1 800	2 800
F	2	1	600	1 000
G	2	1	500	1 000

a. 建立一个线性规划模型，以用来帮助做出该项目的紧缩决策。

b. 哪些活动应该实行紧缩？

c. 在12天之内完成该项目的总项目成本是多少？

23. **用线性规划确定关键路径**。考虑下面这个项目网络图，正常的或预期的活动时间用τ_i表示，i=A，B，…，I，用x_i表示活动i的最早完成时间。制定

一个可用于确定关键路径长度的线性规划模型。LO2

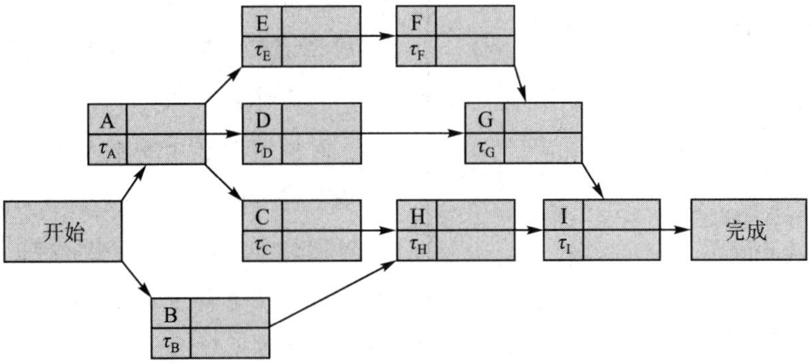

24. **应收账款软件项目。** 办公自动化有限公司打算引进一款软件系统来规范公司的应付账款，该系统会在收到供应商发票时自动发起电子支付。该项目的建议书包含了完成该项目所必需的各项活动。下表是有关活动的相关信息。LO1,2,3,4,5

活动	描述	紧前活动	时间（周）		成本（1 000 美元）	
			正常	紧缩	正常	紧缩
A	计划需求	—	10	8	30	70
B	订购设备	A	8	6	120	150
C	安装设备	B	10	7	100	160
D	建立培训实验室	A	7	6	40	50
E	实行培训课程	D	10	8	50	75
F	系统测试	C，E	3	3	60	—

a. 绘制项目网络图。

b. 设计活动时间安排表。

c. 关键活动有哪些？项目完成的期望时间是多少？

d. 假设公司想在 6 个月或 26 周之内完成该项目，要想用尽可能少的成本来满足要求的完成时间，你将提出什么样的紧缩决策？

e. 为紧缩后的项目设计活动时间安排表。

f. 为了满足 6 个月的完成时间，需要增加的项目成本是多少？

25. **兰登公司的项目紧缩。** 兰登公司（参见习题 19）正被迫尽快完成产品开发项目，项目负责人要求评估项目紧缩的可能性。LO5

a. 制定一个可用于做紧缩决策的线性规划模型。

b. 在线性规划模型可以实现之前必须提供什么信息？

案例问题 9-1

R. C. Coleman 超市仓库管理项目

R. C. Coleman 通过杂货店和超级市场销售它生产的多种食品。该公司直接从个体销售点接受订单，通常都要向不同的地方同时运送 20 ～ 50 种产品。依据公司现有的仓库操作流程，仓库管理员要派遣人员填写每个订单，然后将商品搬运到仓库运输区域。由于较高的人力成本和低效的手工拣选作业，管理人员希望安装一个计算机控制的拣选系统和一个把商品从仓储区传送到运输区域的传输系统，以此来实现仓库管理的自动化。

R. C. Coleman 的材料管理处负责人被任命为项目经理，负责仓库系统自动化项目。在咨询了工程人员和仓库管理人员之后，该负责人列出了一系列与项目相关的活动，以及完成每个活动的乐观时间、最可能时间和悲观时间（单位：周）。LO1,2,3,4,5

活动	描述	紧前活动
A	确定需要的设备	—
B	获取供应商的投标书	—
C	选择供应商	A，B
D	下订单	C
E	设计新的仓库布局	C
F	设计仓库	E
G	设计计算机接口	C
H	连接计算机	D，F，G
I	安装系统	D，F
J	培训系统操作员	H
K	测试系统	I，J

活动	时间		
	乐观时间	最可能时间	悲观时间
A	4	6	8
B	6	8	16
C	2	4	6
D	8	10	24
E	7	10	13
F	4	6	8
G	4	6	20
H	4	6	8
I	4	6	14
J	3	4	5
K	2	4	6

管理报告

设计一份报告，包含项目网络图、活动安排日程表和仓库自动化项目的期望完成时间。

1. R. C. Coleman 的高层管理人员要求在 40 周之内完成该项目。请问这个完成时间能够实现吗？请在你的讨论中给出概率信息。要在 40 周内完成这个项目，你有什么好的建议吗？

2. 假定管理层要求缩短活动时间，以 80% 的概率满足在 40 周之内完成该项目的要求，如果项目完成时间的方差与问题 1 中一样，项目期望完成时间应该缩减多少才能使在 40 周之内完成该项目的可能性达到 80%？

3. 将期望活动时间作为正常时间，利用以下紧缩信息，确定仓库扩张项目的活动紧缩决策和修改后的活动安排日程表。

活动	紧缩后的活动时间（周）	费用（美元）	
		正常	紧缩
A	4	1 000	1 900
B	7	1 000	1 800
C	2	1 500	2 700
D	8	2 000	3 200
E	7	5 000	8 000
F	4	3 000	4 100
G	5	8 000	10 250
H	4	5 000	6 400
I	4	10 000	12 400
J	3	4 000	4 400
K	3	5 000	5 500

附录 9.1

正态分布的随机变量的累计概率

Excel 可以用来寻找具有不确定活动时间的一个项目将在某个给定的完成时间内完成的概率（假设该项目的完成时间是正态分布），我们在 9.2 节的 Porta-Vac 项目中证明了这一点。回想一下，管理者要求 20 天内完成该项目。我们已经发现对应于 $T = 20$ 的 z 值为：

$$z = \frac{20-17}{1.65} = 1.82$$

接下来将利用 Excel 的功能计算：

= NORM.S.DIST(*z*, TRUE)

代入 z 值（第二个参数 “TRUE” 意味着我们希望得到与 z 值相对应的累计概率），在 Excel 工作表的空白格里输入以下函数：

= NORM.S.DIST(1.82, TRUE)

得到结果为 0.965 62，这个结果就是 Porta-Vac 项目在 20 天限期内完成的概率。

第10章 库存模型

学习目标

LO1 识别经济订货批量（EOQ）模型中库存成本的来源，并能应用 EOQ 模型做出订货批量决策和订货时间决策。

LO2 将 EOQ 模型的逻辑应用于生产批量的库存系统。

LO3 将 EOQ 模型的逻辑应用于允许缺货的库存系统。

LO4 将 EOQ 模型的逻辑应用于有数量折扣的库存系统。

LO5 确定单周期库存模型适用的条件，并使用该模型进行库存决策。

LO6 演示当需求由概率分布描述时，如何做出订货批量和再订货点决策。

LO7 解释提前期需求分布及它在建立可接受的服务水平中的作用。

LO8 演示如何为定期盘点库存系统做出订货批量决策。

库存是指一个企业为满足日后所需而储存起来的闲置货物或物料。库存中持有的物料包括原材料、采购的零部件、组件、在制品、成品以及其他供应用品。企业之所以持有库存，主要原因是：①利用固定的订货成本的规模经济效应；②应对需求方或供应方的不确定性。尽管库存起着重要的作用，但与融资和维护库存相关的费用在企业经营成本中也是很大的一部分。在大型企业中，库存开支可能会高达数百万美元。

在涉及库存的应用中，管理者必须回答以下两个问题。

（1）库存补货时订货批量是多少？

（2）何时进行库存补货？

> 药店行业的库存方法在 10.7 节有详细的讨论。

事实上，每个企业都有某种形式的库存管理模型或系统来解决上述问题。惠普与其零售商合作，协助零售商为它生产的打印机及其他惠普产品的库存制定补货策略。IBM 为它所生产的一系列微电子零件制定了库存管理策略，这些微电子零件可能是供应 IBM 本公司所用，也可能是销售给某些外部客户。专栏 10-1 描述了药店行业进行订货批量决策的库存系统。

本章旨在说明定量模型如何帮助制定订货批量和订货时间的库存决策。我们首先研究确定性的库存模型，即假设产品的需求率是不变的或者是近似不变的。然后讨论概率性的库存模型，即产品需求是波动的并且只能用概率分布来描述。

|专栏 10-1| 实践中的管理科学

CVS Health 公司的库存管理

CVS Health 是美国最大的一家药房连锁店，它使用库存管理系统管理着各连锁店的大量的基本药品的进出。对于这些药品，最关键的问题是决定每次订货时的补货数量或订货批量。在大部分的药房连锁店中，基本产品通过一个定期检测库存的系统来进行订货，该库存系统的检测周期为一周。

上述每周检测一次的系统使用一种电子识别设备，这个设备能够扫描在每个产品下方的货架上所贴的订单标签。从标签上能得到该产品的补货水平或订货批量。店员计算货架上产品的数量，然后从补货水平中减去该数量，就得到了每周要订货的数量。计算机程序根据各连锁店的运营状况，为各连锁店决定各种产品的补货批量，而不是按照总公司的运营状况进行决策。为了减少缺货的发生，补货批量定为各连锁店每种产品 3 周内的需求或流动。

资料来源：基于 Bob Carver 提供的信息（文章所描述的库存系统就是 CVS 原先使用的 SupeRx）。

10.1 经济订货批量模型

经济订货批量（EOQ）模型适用于需求率不变或近似不变的产品，并且要求订货批量在一个时间点到达。**不变的需求率**的假设是指每个时期从库存中提取相同数量的货物。例如，每天 5 个单位、每周 25 个单位、每 4 周 100 个单位等。

开发和维护库存的相关成本比许多人想象的要高。本章中介绍的模型可用于制定具有成本效益的库存管理决策。

我们以 R&B 饮料公司为例来解释 EOQ 模型。R&B 饮料公司是一家啤酒、葡萄酒以及软饮料产品的经销商。R&B 饮料公司的一个主要仓库位于俄亥俄州哥伦布市，该仓库向近 1 000 个零售店供应饮料产品。其中，啤酒的平均库存大约为 50 000 箱，占公司总库存的 40%。在每箱啤酒的平均成本大约为 8 美元的情况下，R&B 饮料公司估计其啤酒库存价值达 400 000 美元。

EOQ 模型最受批评的假设之一是不变的需求率。显然，该模型不适用于需求率波动较大且变化较大的产品。然而，如该案例所示，当需求相对稳定且以几乎固定的比率变动时，EOQ 模型可以提供最优订货批量的实际近似值。

仓库经理已决定对该公司销量最大的 Bub 牌啤酒做一项详细的库存费用研究。该研究的目的是为 Bub 牌啤酒制定订货批量和订货时间决策，以便尽可能降低其总成本。作为研究的第一步，仓库经理得到了过去 10 周的需求数据，如右所示。

周	需求量（箱）
1	2 000
2	2 025
3	1 950
4	2 000
5	2 100
6	2 050
7	2 000
8	1 975
9	1 900
10	2 000
总需求量	20 000
每周平均需求量	2 000

严格来讲，这些每周的需求数据并没有体现出其需求率是不变的。然而，由于各周需求的变化很小，因而我们可以假定需求率不变，每周 2 000 箱不变的需求率的库存计划也是可以接受的。在实践中，我们会发现实际情况很少能与模型的假设一致。因此，在所有具体应用中，经理必须检查模型假设是否与实际足够接近，以便合理地使模型发挥作用。在该案例中，由于需求变化的范围是在最低点 1 900 箱与最高点 2 100 箱之间，因此我们认为每周 2 000 箱的固定需求量是一个合理的近似值的。

关于订货批量的决策需要权衡以下两点：①持有少量库存，但订货频率高；②持有大量库存，但订货频率低。第一种选择会导致订货成本高，然而第二种选择会导致库存持有成本高。为了在上述两个相互矛盾的选择中找到一个最优的折中方案，我们引进一个数学模型，该模型将库存持有成本与订货成本综合表示为一个总成本[⊖]。

与其他定量模型一样，准确估计成本参数至关重要。在 EOQ 模型中，需要估计库存持有成本和订货成本。另见页下注，其中涉及相关成本。

持有成本是指维持或持有一定库存水平所需耗费的相关成本，这些成本取决于库存的大小。首先要考虑的持有成本是库存的资金成本。当企业有贷款时，会产生利息费用。如果企业的库存使用的是自有资金，就会有不能用于其他投资的机会成本。无论是哪一种情况，投入到库存的资金需要支付利息。因此，库存的**资金成本**通常用库存价值的一个百分率来表示。R&B 饮料公司估计其每年的库存资金成本为其库存价值的 18%。

很多其他持有成本如保险、税金、损坏、盗窃以及仓库一般管理费用也取决于库存的价值。R&B 饮料公司估计这些成本每年为其库存价值的 7%。因此，R&B 饮料公司啤酒库存的总持有成本为其库存价值的 18%+7%=25%。由于 Bub 牌啤酒每箱的成本为 8 美元，因此在年持有成本率为 25% 的情况下，每箱 Bub 牌啤酒在库存中存储一年的持有成本为 0.25 × 8=2（美元）。

库存分析的下一步是确定**订货成本**。订货成本被认为是与订货批量无关的一个固定成本，它包括订单的准备、订单的处理（包括支付、邮寄、电话费、运输、发票确认、收货等）。对于 R&B 饮料公司来说，订货成本中最大的部分是采购人员的薪水。对采购流程的一次分析显示，一位采购人员需要花费近 45 分钟来准备和处理一份 Bub 牌啤酒的订单。在工资率及额外福利成本为每个员工每小时 20 美元的情况下，订货成本中的劳动力成本为每次订购 15 美元。另外，纸张费、邮费、电话费用、运输费用以及订单的接收成本共为每次订购 17 美元，管理者估计订货成本为每次订购 32 美元。也就是说，不管订单上订货批量为多少，R&B 饮料公司需要为每次订购支付 32 美元。

持有成本、订货成本以及需求量信息是在应用 EOQ 模型之前必须知道的。在 R&B 饮料公司备好了这些数据之后，我们可以看一下如何利用这些数据建立一个总成本模型。首先定义 Q 为订货批量。这样一来，订货批量的决策就变为寻找使持有成本和订货成本之和最小的 Q 的值。

当从供应商处收到规模为 Q 的订单时，Bub 牌啤酒的库存将达到最大值 Q 单位。然后 R&B 饮料公司会从库存中发货以满足顾客需求，直到库存耗尽，而此时将会收到下一个 Q 单位的订单。因此，假设需求率不变，Bub 牌啤酒的库存曲线如图 10-1 所示。从图中可以看出，平均库存为 $1/2Q$ 单位。库存在单周期内从最大存量 Q 向最

大多数库存成本模型使用年度成本。因此，需求大多以年为单位表示，库存持有的成本率也是以年为基础。

⊖ 总成本：虽然分析师在库存系统中经常使用“总成本”这个术语，但是在库存模型中，它主要是指与决策变量相关的全部变动成本或者其他相关成本。不被订货批量决策影响的成本被视为固定成本（常数），且不包含在模型中。

小存量 0 以固定的速率减少，因此，将平均库存设置为 1/2Q 单位的水平是较为合理的。

图 10-1 描述了一个长度为 T 的订单周期内的库存模式。随着时间的推移，该模式会反复循环。完整的库存模式如图 10-2 所示。如果每个周期内的平均库存都为 1/2Q 单位，则所有周期内的总平均库存也为 1/2Q 单位。

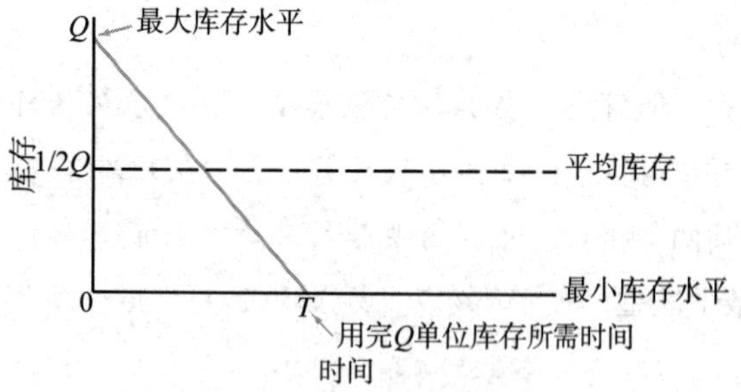

图 10-1　Bub 牌啤酒的库存曲线

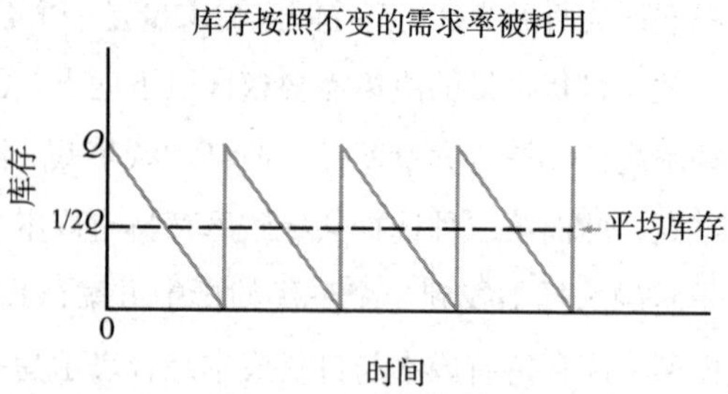

图 10-2　EOQ 库存模型中的库存模式

库存持有成本可以利用平均库存来计算。也就是说，我们可以用平均库存乘以一定时期内持有一单位库存所花费的成本来计算库存持有成本。时期可以任意选定，可以是一周、一个月、一年或更长时间。然而，许多行业和公司的持有成本都用年百分率来表示，因此大部分库存模型都以年度成本为基准。

设：

$$I = \text{年持有成本率}$$

$$C = \text{库存产品的单位成本}$$

$$C_h = \text{单位库存的年持有成本}$$

单位库存的年持有成本为：

$$C_h = IC \tag{10-1}$$

平均库存（1/2Q 单位）的年持有成本的一般计算方式如下：

> C_h 是持有一单位库存一年的成本。较小的订货批量 Q 将导致较低的库存，因此可以通过采用较小的订货批量来降低年度总库存持有成本。

$$\text{年持有成本} = \text{平均库存} \times \text{单位库存的年持有成本}$$

$$= \frac{1}{2}QC_h \tag{10-2}$$

为了完成总成本模型，现在还需要考虑年订货成本。我们的目的就是用订货批量 Q 来表示年订货成本。首先要解答的一个问题是，每年需要订购多少次？假设 D 为产品的年需求量。对于 R&B 饮料公司而言，D=52 × 2 000 =104 000（箱 / 年）。我们知道，如果每次订货批量为 Q 单位，则每年需订购 D/Q 次。假设 C_o 是订购一次所需花费的成本，则年订货成本可用下述公式表示：

$$\text{年订货成本} = \text{每年的订购次数} \times \text{单次订购成本}$$

$$= \left(\frac{D}{Q}\right)C_o \tag{10-3}$$

> C_o 是每次订购的固定成本，与订购的数量无关。对于给定的年需求量 D，可以通过更大的订货批量来降低年总订货成本。

因此，若用 TC 来表示年总成本，则年总成本表示如下：

$$\text{年总成本} = \text{年持有成本} + \text{年订货成本}$$

$$\text{TC} = \frac{1}{2}QC_h + \frac{D}{Q}C_o \tag{10-4}$$

利用 Bub 牌啤酒的数据［ $C_h=IC = 0.25 \times 8 = 2$（美元），$C_o = 32$ 美元，以及 $D= 104\ 000$ ］，我们可以得出年总成本模型为：

$$\text{TC} = \frac{1}{2}Q \times 2 + \frac{104\ 000}{Q} \times 32 = Q + \frac{3\ 328\ 000}{Q}$$

为了说明该库存问题，我们已经花了很多步骤来建立总成本模型。现在我们就可以用订货批量的函数来表示年总成本了。在应用定量模型做库存决策的过程中，最重要的部分是建立一个切合实际的总成本模型。在 EOQ 模型假设有效的条件下，由式（10-4）可以计算总成本。

10.1.1 订货批量决策

下一步就是要找出能使 Bub 牌啤酒的年总成本最小的订货批量 Q 值。可以使用试错法，计算多个可能的订货批量对应的年总成本。我们可以用 $Q = 8\ 000$ 开始试验，此时 Bub 牌啤酒的年总成本为：

$$\begin{aligned}\text{TC} &= Q + \frac{3\ 328\ 000}{Q} \\ &= 8\ 000 + \frac{3\ 328\ 000}{8\ 000} = 8\ 416\text{（美元）}\end{aligned}$$

再计算订货批量为 5 000 时的年总成本：

$$\text{TC} = 5\ 000 + \frac{3\ 328\ 000}{5\ 000} = 5\ 666\text{（美元）}$$

表 10-1 中列出了对其他几种订货批量的试验结果。从表中可以看出，使总成本最小的订货批量为 2 000 箱。图 10-3 中描述了年持有成本、年订货成本以及年总成本。

表 10-1 Bub 牌啤酒多个订货批量的年持有成本、年订货成本及年总成本（单位：美元）

订货批量（箱）	年成本		
	持有成本	订货成本	总成本
5 000	5 000	666	5 666
4 000	4 000	832	4 832
3 000	3 000	1 109	4 109
2 000	2 000	1 664	3 664
1 000	1 000	3 328	4 328

试错法的优点在于相对容易操作，并且可以计算出各种可能的订货批量决策的年总成本。就本案例来说，使年总成本最小的订货批量大约为 2 000 箱。但是这种方法也有缺点，就是它不能精确地计算出使年总成本最小的订货批量。

参见图 10-3，使年总成本最小的订货批量用 Q^* 来表示。用微分进行计算（见附录 10.1），使年总成本最小的 Q^* 的值可由下式计算：

$$Q^* = \sqrt{\frac{2DC_o}{C_h}} \tag{10-5}$$

EOQ 公式通过平衡年库存持有成本和年订货成本来确定最优订货批量。

我们将该式称为经济订货批量（EOQ）公式。

利用式（10-5），我们可以计算出使 Bub 牌啤酒的年总成本最小的订货批量：

$$Q^{*}=\sqrt{\frac{2\times 104\,000\times 32}{2}}=1\,824\text{（箱）}$$

在式（10-4）中，令订货批量等于 1 824 箱（即 Bub 牌啤酒在使用库存成本最小策略）时，年总成本为 3 649 美元。注意，当 Q^{*}=1 824 箱时，持有成本等于订货成本。读者可以自行验证，看两种成本是否相等。[⊖]

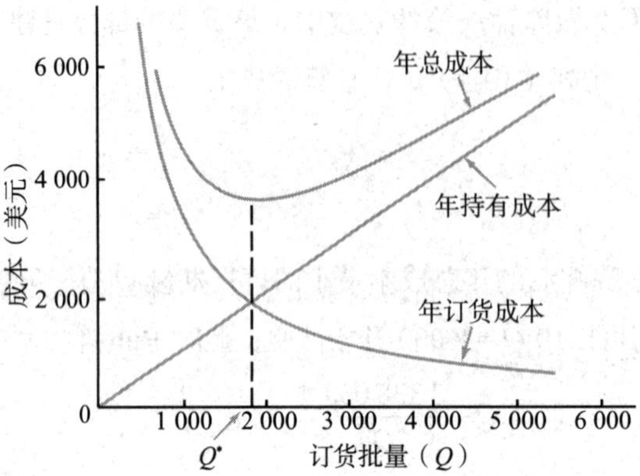

图 10-3 Bub 牌啤酒的年持有成本、年订货成本及年总成本

10.1.2 订货时间决策

> 再订货点用库存位置来表示，即现有库存加上订货数量。当提前期短时，库存位置通常与现有库存相同。然而，当提前期长时，库存位置可能会大于现有库存。

现在我们已经知道了订货批量，还需要知道订货时间。为了回答这个问题，我们需要引进库存位置的概念。**库存位置**定义为现有库存加上已订购但尚未收到的货物量。关于订货时间的决策是通过**再订货点**（需要下达新订单时的库存位置）来描述的。

Bub 牌啤酒的制造商对 R&B 饮料公司的所有订单都承诺两天的交货期。因此，假设 R&B 饮料公司每年运营 250 天，若每年的需求量为 104 000 箱，则每天的需求量为 104 000/250=416（箱）。因此，在 R&B 饮料公司发出新订单到收到货物的两天时间内，我们预计能卖出 2×416=832（箱）啤酒。在库存术语中，两天的交货期被称作新订单的**提前期**。我们将该期间内 832 箱的预计需求量称为**提前期需求**。因此，当库存降到 832 箱时，R&B 饮料公司就应该向 Bub 牌啤酒的制造商发出新的订单。对于假定需求率不变且提前期固定的库存系统，再订货点等于提前期需求。在这类系统中，再订货点的一般表达式如下：

$$r=dm \tag{10-6}$$

其中，

r = 再订货点

d = 每天的需求量

m = 新订单的提前期

我们将两次订货间的时间间隔称为**订货周期**。接下来我们将计算订货次数。在式（10-3）中，我们将 D/Q

⊖ 实际上，式（10-5）中的 Q^{*} 为 1 824.28，但由于啤酒必须成箱订购，因此 Q^{*} 取 1 824。这个 Q^{*} 的值会使两种成本间产生几美分的差值。但如果用 Q^{*} 的准确值进行计算，两种成本就会完全相等。

定义为每年的订货次数，那么 R&B 饮料公司每年订购 Bub 牌啤酒的订货次数为：$D/Q^* = 104\ 000/1\ 824 = 57$。如果 R&B 饮料公司在一年内 250 天的工作日中订购了 57 次，则该公司大概每 250/57=4.39（个）工作日就会订一次货。因此，订货周期就是 4.39 个工作日。订货周期[⊖] T 的一般表达式如下：

$$T = \frac{250}{D/Q^*} = \frac{250Q^*}{D} \tag{10-7}$$

10.1.3 EOQ 模型的灵敏度分析

得到每次订购成本 32 美元和持有成本率为 25% 的参数可能需要花费大量的时间和精力，同时我们应该认识到这些数据是在最佳估计下得到的。因此，我们可能想知道所建议的订货批量将如何随着订货成本和持有成本的变化而变化。为了确定不同成本参数的影响，我们可以计算几种不同成本下的订货批量。表 10-2 显示了在几种可能的成本中，使总成本最小的订货批量。从表中可以看出，即使成本有一些变化，Q^* 的值基本保持不变。根据上述结论，Bub 牌啤酒的最优订货批量为 1 700 ～ 2 000 箱。如果参数变化不是很剧烈，Bub 牌啤酒库存系统的总成本为每年 3 400 ～ 3 800 美元。同时，我们还可以发现，当我们仍然按照变化前的参数计算得到的订货批量（1 824 箱）进行订货时，风险很小。例如，如果 R&B 饮料公司订购数量为 1 824 箱（每次订购成本为 32 美元，库存持有成本率为 25%），但是实际的年库存持有成本率 =24%，C_o=34 美元，那么 R&B 饮料公司的年总成本只增加 5 美元，即 3 690−3 685=5（美元）。

表 10-2　几种可能的成本的最佳订货批量

库存持有成本率（%）	单次订购成本（美元）	最佳订货批量（Q^*）	计划年总成本（美元）	
			Q^*	Q=1 824
24	30	1 803	3 461	3 462
24	34	1 919	3 685	3 690
26	30	1 732	3 603	3 607
26	34	1 844	3 835	3 836

通过上述分析，我们可以认为 EOQ 模型对成本参数估计中的微小偏差和错误是不敏感的。一般而言，这种不敏感性是 EOQ 模型的一种特性。也就是说，如果我们能够合理地估计库存订货成本和持有成本，就很有希望得到一个能使总成本接近实际最小值的订货批量。

10.1.4 EOQ 模型的 Excel 解法

利用工作表，我们可以很轻松地计算诸如 EOQ 这样的库存模型。Bub 牌啤酒的 Excel EOQ 工作表如图 10-4 所示，其中公式在左边表格的阴影部分，数据在右边表格的阴影部分。在 B3 : B8 单元格中分别输入以下数据：年需求量、单次订购成本、年库存持有成本率 /%、库存产品的单位成本、年工作日、提前期 / 天。EOQ 模型的公式列在了 B13 : B21 中，利用这些公式可以计算最佳库存策略。例如，单元格 B13 显示了最佳经济订货批量为 1 824.28，单元格 B16 计算出了年总成本为 3 648.56 美元。当需要进行灵敏度分析时，可以修改其中一个或多个输入数据的值。任何变动对最佳库存策略产生的影响都可以在表格中展现出来。图 10-4 所示的工作表可以作为一种用于 EOQ 模型的模板。

⊖ 这个订货周期的一般表达式是基于每年 250 个工作日来计算的。如果公司每年有 300 个工作日，用工作日来表示订货周期的话，则订货周期为 $T = 300Q^*/D$。

	A	B
1	**经济订货批量**	
2		
3	年需求量	104 000
4	单次订购成本	32
5	年库存持有成本率 /%	25
6	库存产品的单位成本	8
7	年工作日	250
8	提前期（天）	2
9		
10		
11	**最佳库存策略**	
12		
13	最佳经济订货批量	=SQRT(2*B3*B4/(B5/100*B6))
14	年库存持有成本	=(1/2)*B13*(B5/100*B6)
15	年订货成本	=(B3/B13)*B4
16	年总成本	=B14+B15
17	最大库存水平	=B13
18	平均库存	=B17/2
19	再订货点	=(B3/B7)*B8
20	每年订货次数	=B3/B13
21	订货周期（天）	=B7/B20

	A	B
1	**经济订货批量**	
2		
3	年需求量	104 000
4	单次订购成本	$32.00
5	年库存持有成本率 /%	25
6	库存产品的单位成本	$8.00
7	年工作日	250
8	提前期（天）	2
9		
10		
11	**最佳库存策略**	
12		
13	最佳经济订货批量	1 824.28
14	年库存持有成本	$1 824.28
15	年订货成本	$1 824.28
16	年总成本	$3 648.56
17	最大库存水平	1 824.28
18	平均库存	912.14
19	再订货点	832.00
20	每年订货次数	57.01
21	订货周期（天）	4.39

图 10-4 Bub 牌啤酒 EOQ 库存模型的工作表

10.1.5 EOQ 模型假设小结

在将库存模型应用于实际情况之前，应该仔细审查库存模型的假设。后面讨论的几个库存模型改变了 EOQ 模型的一个或多个假设。

在应用本节中所描述的最佳订货批量模型时，分析者需对库存系统的运作做一些假设。EOQ 模型及其经济订货批量公式是基于对 R&B 饮料公司库存系统的某些特定假设而建立的。表 10-3 对该模型的假设做了小结。在使用 EOQ 模型之前，我们必须认真地评估这些假设，以确保它们能适用于所分析的库存系统。如果假设不合理，则需要寻找另一个新的库存模型。

表 10-3 EOQ 模型中的假设

1. 需求量 D 是确定的，并且按固定比率变化
2. 每次订购的订货批量 Q 是相同的。每订购一次，库存水平就上升 Q
3. 单次订购成本 C_o 是固定的，并且与订货批量无关
4. 单位产品的采购成本（库存产品的单位成本）C 是不变的，且与订货批量无关
5. 每个时期单位产品的库存持有成本 C_h 是不变的，总库存持有成本是根据 C_h 和库存规模而定的
6. 不允许出现缺货及延迟订单等现象
7. 订单的提前期是固定的
8. 必须不断进行库存位置的检查。这样，只要库存位置达到再订货点，就会产生新的订单

在实际中，人们使用的库存系统有很多种，而下一节中的库存模型也用到了表 10-3 中的一种或几种 EOQ 模型假设。当假设变动时，需要采用不同的库存模型，以实现最佳运作方式。

注释与点评

在提前期较长的情况下，由式（10-6）得出的提前期需求量及相应的再订货点 r，可能会超过 Q^*。如果发生这种情况，发放新订单时至少会有一份订单未完成。例如，假设 Bub 牌啤酒的提前期 m=6 天。在日需求量 d=432 箱的情况下，根据式（10-6）可以得出再订货点为 $r=dm=6\times432=2\ 592$（箱），此时再订货点超过 Q^*=1 824，这也是图 10-1 中相应的最大库存水平。乍一看，这种现象貌似是不可能的——当最大库存水平为 1 824 箱时，我们怎么能够订购 2 592 箱的产品呢？问题的关键在于要注意到再订货点的定义。再订货点即现有库存和在途库存的总和。因此，2 592 箱 =1 824 箱的在途库存（提前预订但尚未到达的量）+768 箱的现有库存。EOQ 模型显示了当现有库存降为 768 箱的时候即需要重新订货，因为提前期（6 天）是一个比较长的时间，我们必须在 Q 单位的产品到达的时候再订购 Q 单位的产品。

10.2 经济生产批量模型

本节的库存模型替换了 EOQ 模型（见表 10-3）中的假设 2。将一次性到达的 Q 订货批量改为固定供货率。

本节所要讲述的库存模型与 EOQ 模型相似，在 EOQ 模型中，我们通过模型确定订货批量与订货时间。在此，仍然假设需求率不变。然而，与 EOQ 模型中不同的是，我们假设所订货物是在数天或数周内以一个固定速率到达，而不是一次性按照订单数量 Q^* 运输货物。**固定供货率**的假设是指每个时期内供货的数量是一样的（例如，每天 10 单位或每周 50 单位）。这种模型是为以下生产情况而设计的：一旦发出订单，就开始生产，并且仓库中每天都会增加相同数量的货物，直到生产周期结束。

如果生产系统每天生产 50 个单位，并且计划生产 10 天，则生产批量为 50 × 10=500（单位）。**批量**是指一份订单中所订购货物的数量。如果我们用 Q 来表示生产批量，与 EOQ 模型库存建模方法相似，先建立一个包含持有成本和库存成本的总成本模型，该模型是批量大小的函数，然后求解出能使总成本最小的最优批量。

在此，需要提到的另外一个条件是：该模型只适用于生产率大于需求率的情况，生产系统必须能够满足需求。例如，如果固定需求率为每天 400 单位，那么生产率必须至少为每天生产 400 单位以满足需求。

在生产周期内，需求使得库存减少，而生产使得库存增加。由于我们假设生产率大于需求率，因此在生产周期内的每一天，生产量都大于需求量。这样，在生产过程中，多余的产量就会造成库存的不断增加。当生产周期结束时，持续的需求又会使得库存逐渐减少，直到下一个生产周期开始。图 10-5 描述了该系统的库存模式。

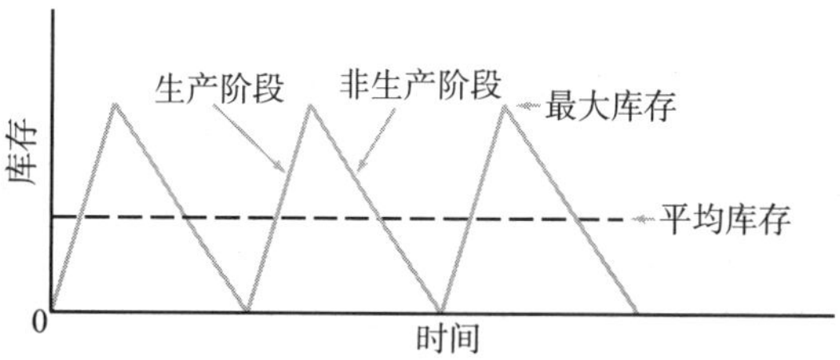

图10-5 批量生产库存模型中的库存模式

如同 EOQ 模型中一样，我们现在要计算两项成本，即持有成本和订货成本。其中，持有成本与 EOQ 模型中的定义一样，而对订货成本的解释稍有不同。事实上，在此所述的订货成本更准确地来讲应该叫作生产**启动成本**。该成本包括为生产系统的生产做准备所需的人工、物料以及损耗的生产成本，它在每个生产周期内都是固定的，且与生产批量无关。

该模型与 EOQ 模型的不同之处在于，生产启动成本取代了订货成本。图 10-5 所示的锯齿形库存模式与图 10-2 所示的库存模式不同。

10.2.1 总成本模型

接下来我们建立生产批量模型，先根据生产批量 Q 写出持有成本的表达式。与 EOQ 模型相似，先建立平均库存的表达式，然后用平均库存来表示持有成本。在该模型中，我们以年为基准，并使用年成本。

在 EOQ 模型中，平均库存为最大库存的一半，即 $1/2Q$。图 10-5 表明，对于生产批量模型，生产阶段内的库存累积率固定不变，非生产阶段内的库存消耗率也是固定不变的。因此，平均库存仍是最大库存的一半。然而，生产批量不是一个时间点一次性进入库存的，因此库存不会达到 Q 单位的水平。

为了解释最大库存的计算，我们令：

d = 日需求率

p = 日生产率

t = 一个生产周期的天数

> 此时，使用日需求率 d 和日生产率 p 更容易理解生产批量模型的逻辑。然而，当最终得到年总成本模型时，我们建议用年需求率 D 和年生产率 P 来表示模型的输入。

由于我们假定 p 大于 d，因此在生产阶段内每天的库存累积率为 $p-d$。假如我们生产 t 天，并且库存每天累加 $p-d$ 单位，则在生产阶段结束时，库存将为 $(p-d)t$。从图 10-5 中我们可以看出，生产阶段结束时的库存就是最大库存，即

$$\text{最大库存} = (p-d)t \tag{10-8}$$

如果我们已知每天的生产率为 p，生产批量为 Q，那么 $Q = pt$，并且生产阶段的生产时间 t 为：

$$t = \frac{Q}{p}\ (\text{天}) \tag{10-9}$$

因此：

$$\begin{aligned}\text{最大库存} &= (p-d)t = (p-d)\left(\frac{Q}{p}\right)\\ &= \left(1-\frac{d}{p}\right)Q\end{aligned} \tag{10-10}$$

平均库存，即最大库存的一半为：

$$\text{平均库存} = \frac{1}{2}\left(1-\frac{d}{p}\right)Q \tag{10-11}$$

在单位库存的年持有成本为 C_h 的情况下，年持有成本的计算式如下：

$$\begin{aligned}\text{年持有成本} &= \text{平均库存} \times \text{单位库存的年持有成本}\\ &= \frac{1}{2}\left(1-\frac{d}{p}\right)QC_h\end{aligned} \tag{10-12}$$

如果产品的年需求量为 D，一个生产周期的启动成本为 C_o，那么年启动成本（相当于 EOQ 模型中的订货成本）计算如下：

$$\begin{aligned}\text{年启动成本} &= \text{年生产启动次数} \times \text{每次生产的启动成本}\\ &= \frac{D}{Q}C_o\end{aligned} \tag{10-13}$$

因此，年总成本（TC）模型为：

$$\mathrm{TC}=\frac{1}{2}\left(1-\frac{d}{p}\right)QC_{\mathrm{h}}+\frac{D}{Q}C_{\mathrm{o}} \tag{10-14}$$

设生产设备每年运行250天，那么，我们可以用年需求量D来表示日需求量d：

$$d=\frac{D}{250}$$

现在用P来表示产品的年生产量，并且假设每天都生产该产品，那么：

$$P=250p \quad 且 \quad p=\frac{P}{250}$$

因此，[⊖]

$$\frac{d}{p}=\frac{D/250}{P/250}=\frac{D}{P}$$

我们可以写出年总成本模型为：

$$\mathrm{TC}=\frac{1}{2}\left(1-\frac{D}{P}\right)QC_{\mathrm{h}}+\frac{D}{Q}C_{\mathrm{o}} \tag{10-15}$$

式（10-14）与式（10-15）是等价的。但式（10-15）被使用的频率更多，因为年成本模型使分析者很容易根据年需求数据（D）和年生产数据（P）进行分析，而不是每天的数据。

10.2.2 经济生产批量

在给定了持有成本（C_{h}）、启动成本（C_{o}）、年需求率（D）以及年生产率（P）的估计值的情况下，我们可以用试错法来计算不同生产批量（Q）的年总成本。然而，我们没有必要用这种试错法，因为通过微积分方法（参见附录10.2），我们可以得到求解最优生产批量Q^*的公式：

> 当生产率P接近无限时，D/P接近0。此时，式（10-16）等同于EOQ模型中的式（10-5）。

$$Q^*=\sqrt{\frac{2DC_{\mathrm{o}}}{(1-D/P)C_{\mathrm{h}}}} \tag{10-16}$$

在用式（10-16）计算得到最优生产批量Q^*之后，可以使用式（10-6）计算再订货点。对于经济生产批量模型，式（10-6）中的提前期m对应着启动生产所需的时间，以便在库存为0时立即生产。

示例 美丽牌肥皂公司拥有年产量为60 000箱的生产线。估计每年的需求量为26 000箱，并且全年的需求量不变。与生产线有关的清洗、准备等启动成本大约为135美元。每箱的制造成本为4.50美元，年持有成本率为24%，则$C_{\mathrm{h}}=IC=0.24\times4.50=1.08$（美元）。那么，建议的生产批量为多少呢？

利用式（10-16），我们可以计算出：

$$Q^*=\sqrt{\frac{2\times26\,000\times135}{(1-26\,000/60\,000)\times1.08}}=3\,387$$

再利用式（10-15）以及Q^*=3 387，我们可以计算出年总成本为2 073美元。

⊖ 不管生产运作的天数为多少，比率$d/p=D/P$都成立，这里使用250天只是为了解释的方便。

如果已知生产启动时间是 5 天，且每年工作 250 天，则提前期内的需求量为（26 000/250）× 5=520（箱），即再订货点为 520 箱。周期是指两个生产阶段之间的时间间隔，利用式（10-7）可以得到周期 $T=250Q^*/D=$（250 × 3 387）/26 000，即 33 个工作日。这样，我们应建立一个每 33 天生产 3 387 单位产品的生产周期。

10.3 允许缺货的库存模型

当需求超过现有库存的时候，就会发生**缺货**或**脱销**。在许多情况下，缺货是人们不想要的，因此人们尽最大可能避免其发生。但是，在有些情况下缺货是被允许的，人们会有计划地对缺货进行管理。在实际中，当单位库存价值很高从而持有成本很高的时候，后述情况会经常发生。例如，一家新开的汽车零售商的库存。通常，顾客想要的车型不一定有库存，但如果顾客愿意等待几个星期，汽车零售商通常都可以履行订单。

现在除了允许缺货（延迟交货）之外，其余假设都与表 10-3 中 EOQ 模型假设一样。

本节中所讨论的模型考虑了一种缺货现象，被称为**延迟交货**。在延迟交货的情况下，我们假设当一位顾客下订单时，如果发现供应商缺货，则等到新货到来时才履行订单的交付。通常延迟交货时，顾客等待的时间相对较短。因此，向顾客保证优先权并且在可以供货时立即发货的前提下，公司也可以说服顾客，让他们等待新货的到来。在这些情况下，延迟交货的假设是有效的。

我们所讨论的延迟交货模型是 10.1 节中 EOQ 模型的一种扩展。在 EOQ 模型中，所有货物的需求率都是不变的，并且在同一时间存入仓库。如果我们用 S 表示在 Q 单位货物运到时所累积的延迟交货的数量，那么，延迟交货的库存系统就有下述特点。

- 如果 Q 单位货物到达时，有 S 单位延迟交货，则将 S 单位延迟交货数先送到相应的顾客手中，剩下的 $Q-S$ 单位货物转为库存。因此，$Q-S$ 是最大库存。
- 库存周期 T 被分成两个不同的阶段：有存货，且一有订单就能交付的 t_1 阶段；缺货，所有新的订单均以延迟交货来处理的 t_2 阶段。

允许存在延迟交货的库存模型如图 10-6 所示，其中负库存代表延迟交货的数量。

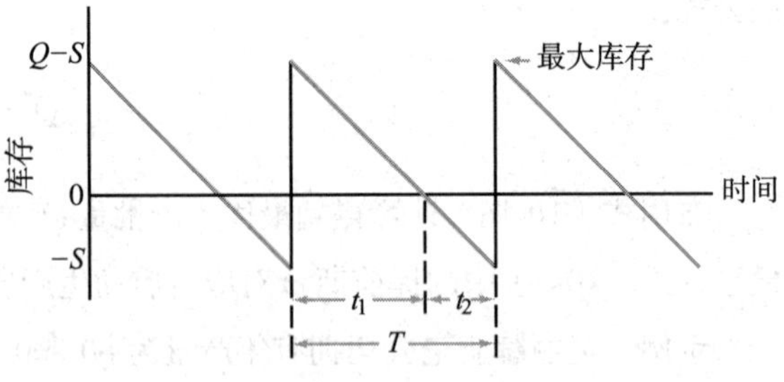

图10-6 延迟交货的库存模型

现在库存模型已经确定，我们可以继续按照前述章节库存模型的基本步骤（即总成本模型的推导过程）进行计算。在推导延迟交货的库存模型时，我们仍然使用持有成本和订货成本。同时，我们还用到了延迟交货成本，也就是与处理延迟交货相关的人力以及特殊发货成本。延迟交货的另外一部分成本是一些顾客不得不等待货物而造成的公司信誉的损失。由于**信誉成本**取决于顾客等待的时间，因此，延迟交货成本按照惯例通常表示为：在固定时期内，持有单位延迟交货产品的成本。这种基于时间来计算延迟交货成本的方法与计算库存持有成本的方法很相似，并且，一旦我们知道了平均延迟交货水平以及每时期每单位延迟交货的成本，我们就可以计算延迟交货的年总成本。

现在我们开始讨论总成本模型。我们先计算平均库存。假设 3 天内的平均库存为 2 单位，第 4 天无库存，那么 4 天内的平均库存为多少？我们可以计算如下：

$$\frac{2\times3+0\times1}{4}=1.5\text{（单位）}$$

参照图 10-6 就会发现，它描述的就是延迟交货模型中的情形。在最大库存为 $Q-S$ 的情况下，在 t_1 期间内有库存，并且平均库存为 $(Q-S)/2$。在 t_2 期间内处于缺货状态，持有延迟订单。因此，在总周期 $T=t_1+t_2$ 天中，我们可以按下式计算平均库存：

$$\text{平均库存}=\frac{\frac{1}{2}(Q-S)t_1+0t_2}{t_1+t_2}=\frac{\frac{1}{2}(Q-S)t_1}{T} \tag{10-17}$$

可否用其他方法来表示 t_1 和 T 呢？由于已知最大库存为 $Q-S$ 以及日固定需求量 d，则有：

$$t_1=\frac{Q-S}{d}\text{（天）} \tag{10-18}$$

也就是说，最大库存 $Q-S$ 单位的产品会在（$Q-S$）/d 天内用完。由于每个周期都会有 Q 单位的订单，因此周期的长度应为：

$$T=\frac{Q}{d}\text{（天）} \tag{10-19}$$

把式（10-18）和式（10-19）代入式（10-17），我们可以计算平均库存如下：

$$\text{平均库存}=\frac{\frac{1}{2}(Q-S)[(Q-S)/d]}{Q/d}=\frac{(Q-S)^2}{2Q} \tag{10-20}$$

这样，平均库存就可以用两个库存决策变量来表达了：订货批量（Q）以及最大延迟交货量（S）。

与 EOQ 模型中计算年订购次数的公式类似，用 D 代表年需求量，我们有：

$$\text{年订购次数}=\frac{D}{Q} \tag{10-21}$$

下一步就是要求出平均延迟交货量的表达式。由于我们已知延迟交货的最大数量为 S，因此，我们可以使用计算平均库存的逻辑来计算平均延迟交货量。在 t_2 时期内，平均延迟交货量为最大延迟交货量的一半，即 $1/2S$。在 t_1 时期内库存有存货，没有延迟交货。因此，我们可以使用与式（10-17）相似的方法来计算平均延迟交货量。我们得出：

$$\text{平均延迟交货量}=\frac{0t_1+(S/2)t_2}{T}=\frac{(S/2)t_2}{T} \tag{10-22}$$

在日需求量为 d 的情况下，我们设最大延迟交货量为 S，则库存周期中延迟交货时期的长度为：

$$t_2=\frac{S}{d}\text{（天）} \tag{10-23}$$

将式（10-23）和式（10-19）代入式（10-22），则我们得出：

$$\text{平均延迟交货量}=\frac{(S/2)(S/d)}{Q/d}=\frac{S^2}{2Q} \tag{10-24}$$

设：

C_h＝单位库存的年持有成本

C_o＝单次订购成本

延迟交货成本是库存模型中最难估计的成本之一。因为当顾客必须等待订单时，该参数试图衡量与商誉损失相关的成本。按年计算这一成本更是增加了难度。

C_b= 延迟交货中单位产品的年缺货成本

因此，延迟交货的库存模型的年总成本为：

$$TC=\frac{(Q-S)^2}{2Q}C_h+\frac{D}{Q}C_o+\frac{S^2}{2Q}C_b \tag{10-25}$$

给定 C_h、C_o 和 C_b 以及年需求量 D，我们可以用微积分方法来计算最小成本时的订货批量（Q^*）和延迟交货量（S^*）的值：

$$Q^*=\sqrt{\frac{2DC_o}{C_h}\left(\frac{C_h+C_b}{C_b}\right)} \tag{10-26}$$

$$S^*=Q^*\left(\frac{C_h}{C_h+C_b}\right) \tag{10-27}$$

在用式（10-26）计算得到延迟交货情况下的最优订货批量 Q^* 之后，通过修改式（10-6）便可以计算再订货点。图 10-6 表示的采用延迟交货的库存模式与图 10-2 表示的 EOQ 库存模式基本相同，只是库存线沿着 y 轴向下移动了 S 个单位。因此，延迟交货情况下再订货点的计算公式为：

$$r=dm-S^* \tag{10-28}$$

示例 假设 Higley 收音机配件公司有一种产品，并且对该产品的延迟交货模型的假设是有效的。从该公司得到的信息如下：

D =2 000 单位 / 年

I =20%

C =50 美元 / 单位

C_h=IC=0.20 × 50=10（美元 / 单位 / 年）

C_o=25 美元 / 订单

m=5 天

公司正在考虑允许该产品适当地出现一些延迟交货。预计每年延迟交货的单位缺货成本为 30 美元。通过式（10-26）和式（10-27），我们有：

$$Q^*=\sqrt{\frac{2\times 2\,000\times 25}{10}\times\frac{10+30}{30}}=115$$

且

$$S^*=115\times\frac{10}{10+30}=29$$

如果系统按照该方案实施，则系统的特征如下：

最大库存 = $Q-S$ = 115−29 = 86

周期时间 =$T=\frac{Q}{D}\times 250=\frac{115}{2\,000}\times 250=14$（工作日）

再订货点 = $dm-S^*$=（2 000 ÷ 250）× 5−29=11

年总成本为：

> 如果允许延迟交货，那么包含延迟交货成本的总成本将会低于 EOQ 模型中的总成本。一些人认为延迟交货模型的成本要高得多，因为该模型除了通常的库存持有成本和订货成本外还有延迟交货成本。该想法的谬误在于延迟交货模型导致更低的库存水平进而实现更低的库存持有成本。

$$持有成本=\frac{86^2}{2\times 115}\times 10=322（美元）$$

$$订货成本=\frac{2\ 000}{115}\times 25=435（美元）$$

$$延迟交货成本=\frac{29^2}{2\times 115}\times 30=110（美元）$$

$$总成本=867（美元）$$

如果公司不允许出现延迟交货，而采用一般的EOQ模型，则建议的库存决策为：

$$Q^*=\sqrt{\frac{2\times 2\ 000\times 25}{10}}=\sqrt{10\ 000}=100$$

采用该订货批量时，持有成本及订货成本将各为500美元，也就是说年总成本为1 000美元。因此，在本例中，采用允许延迟交货的模型，就可以比采用不允许缺货的EOQ模型节省1 000−867=133（美元），或者说节约13.3%。上述比较和结论基于以下假设：延迟交货模型的假设在实际库存中是有效的；其中，延迟交货中单位产品的年缺货成本为30美元。如果企业认为缺货会导致销售额的减少，那么节省的成本将不足以使得企业的库存策略转变为允许缺货的模型。

注释与点评

式（10-27）表明最优的延迟交货量 S^* 与 $C_h/(C_h+C_b)$ 是成比例的，其中 C_h 为单位库存的年持有成本，C_b 为延迟交货中单位产品的年缺货成本。随着 C_h 的增加，该比例会增大，计划延迟交货的数量也会增加。这种关系解释了为什么那些单位成本较高且相应的持有成本也高的产品采取延迟交货模型会更具经济性，另外，随着 C_b 的增加，该比例会减小，计划延迟交货的数量也会减少。因此，该模型就提供了一种直观的结果，即在延迟交货成本高的情况下，很少采用延迟交货。实际上，在延迟交货成本很高的情况下，延迟交货模型和EOQ模型都会得出类似的结论。

10.4 有数量折扣的EOQ模型

数量折扣发生在很多情形中，即当大批量订购产品时，供应商往往会为了促使顾客增加订购数量而提供较低的购买价格。在这一节中，我们将向读者说明当存在数量折扣时，如何应用EOQ模型。

> 数量折扣模型改变了表10-3中EOQ模型的假设4。此时，每单位的成本取决于订货数量。

假设我们有一种可以应用EOQ模型的产品。供应商不采用固定的成本报价，而是按照下述折扣计划进行报价。

当最少订购2 500单位时会有5%的折扣，这看起来是相当诱人的。但是，当订货批量增大时会增加库存持有成本。因此，我们在做出最终的订货批量和库存策略建议之前，需要做一个详细全面的成本分析。

折扣类型	订单大小	折扣（%）	单位成本（美元）
1	0～999	0	5.00
2	1 000～2 499	3	4.85
3	2 500以上	5	4.75

假设数据和成本分析得出：年持有成本率为20%，每个订单的订货成本为49美元，年需求量为5 000单位。我们应该如何选择订货批量呢？下面3个步骤列示了该决策需要进行的计算。我们用 Q_1 表示折扣类型1的订货批量，

用 Q_2 表示折扣类型 2 的订货批量，用 Q_3 表示折扣类型 3 的订货批量。

步骤 1 对于每种折扣类型，分别利用 EOQ 模型来计算 Q^*，其中单位成本按照相应的折扣类型计算。

我们已经知道 EOQ 模型的计算式是 $Q^*=\sqrt{2DC_o/C_h}$，其中 $C_h=IC=0.20C$。根据 3 种不同的折扣类型，可以得到 3 种不同的单位成本 C，于是我们得到：

$$Q_1^*=\sqrt{\frac{2\times 5\,000\times 49}{0.20\times 5.00}}=700$$

$$Q_2^*=\sqrt{\frac{2\times 5\,000\times 49}{0.20\times 4.85}}=711$$

$$Q_3^*=\sqrt{\frac{2\times 5\,000\times 49}{0.20\times 4.75}}=718$$

上述 EOQ 式中仅有的不同之处在于持有成本的细微变动，因此，这一步骤得出的经济订货批量相差不大。然而，计算得出的 3 个经济订货批量，并不能都满足所对应折扣的最低数量要求。在后两种情况下，Q_2^* 和 Q_3^* 相对于它们所对应的价格 4.85 美元和 4.75 美元来讲，都没有满足其折扣所要求的批量大小。因此，对于那些未达到其折扣价格要求的经济订货批量来讲，我们要进行下一个步骤。

步骤 2 当由于 Q^* 太小而未能达到其价格折扣的要求时，需要将订货批量进行调整，调整后的数量要达到其采用的价格折扣所要求的最低数量。

在我们的例子中，做出如下调整：

$$Q_2^*=1\,000$$

且

$$Q_3^*=2\,500$$

如果根据某个价格折扣所计算出来的 Q^* 足够大，以至于能够达到更高的折扣级别，那么该 Q^* 的值也不是一个最优解。尽管理由不太明显，但确实是 EOQ 数量折扣模型的一个特性。

> 在有数量折扣的EOQ模型中，年购买成本必须被包含在内，因为购买成本取决于订货批量。因此年购买成本也是相关成本。

在前面所讨论的库存模型中，没有考虑到年购买成本，因为它是固定不变的，且不受库存决策策略的影响。然而，在数量折扣模型中，年购买成本取决于订货批量及相关的单位成本。因此，如果将年购买成本（年需求量 $D\times$ 单位成本 C）考虑进总成本，则总成本式变为：

$$\mathrm{TC}=\frac{Q}{2}C_h+\frac{D}{Q}C_o+DC \tag{10-29}$$

使用这个总成本式，我们可以在步骤 3 中计算有数量折扣的 EOQ 模型的最优订货批量。

> 在有数量折扣的EOQ模型中，再订货点不受数量折扣的影响，仍然通过式（10-6）计算。

步骤 3 对于由步骤 1 和步骤 2 所得到的订货批量，采用所属折扣类型的单位价格和式（10-29）计算其相应的年总成本。能够使得总成本最小的订货批量就是最优订货批量。

表 10-4 总结了该例子的步骤 3 的计算。我们可以看到，以 3% 的价格折扣订购 1 000 个产品是使总成本最小的解决方案。尽管

2 500 单位的订货批量会得到 5% 的价格折扣，但它导致的过多的持有成本使该方案成为第二最优解。图 10-7 显示了 3 种折扣价格类型的总成本曲线。注意，$Q^* = 1\ 000$ 是使得总成本最小的订货批量。

表 10-4 有数量折扣的 EOQ 模型的年总成本计算

	年成本（美元）					
折扣类型	单位成本	订货批量	持有成本	订货成本	购买成本	总计
1	5.00	700	350	350	25 000	25 700
2	4.85	1 000	485	245	24 250	24 980
3	4.75	2 500	1 188	98	23 750	25 036

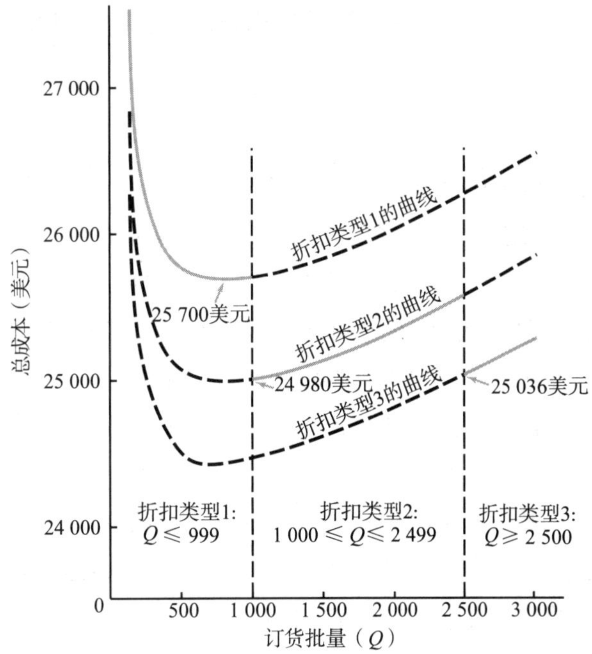

最小总成本24 980美元发生在 $Q^* = 1\ 000$ 时

图 10-7 3 种折扣类型的总成本曲线

10.5 概率需求下的单周期库存模型

目前为止，我们所讨论的库存模型基于如下假设：在全年内需求率是不变的并且是确定的。在此假设基础上，我们得到了使总成本最小的订货批量和再订货点的策略。在需求率不确定的情况下，一些模型将需求视作随机的，并能用一个概率分布进行很好的描述。

> 该库存模型是本章中第一个处理概率需求的模型。与 EOQ 模型不同，它是单周期的，未使用的库存不会结转至未来周期。

单周期库存模型是指以下库存情形：发出订单订购产品，在期末，该产品要么售空，要么将未售出产品按废品价处理。单周期库存模型适用于季节性或易腐烂产品的库存情形，这些产品不能在库存中存放以待将来出售。季节性衣物（如游泳衣和冬季大衣）是典型的以单周期模型方式管理的产品。在这些情形下，顾客对某种产品发出季前订购单，在季末要么售空，要么就对过剩产品进行清仓处理。没有产品存在库存中以备来年销售。报纸是订购一次产品的另一个例子，在单周期内要么卖完要么未卖完。尽管报纸每天都有订货，但不能在仓库存储，也不能在以后的周期内卖出。因此，报纸的订单可以用单周期模型来处理。也就是说，每天或每个周期是独立的，每个周期（每天）都要做出库存决策。由于在一个周期内只订一次货，因此我们所做的唯一的库存决策是决定在期初订购多少数量的产品。

在概率需求的单周期库存模型中，没有决定何时订货的再订货点的计算。只需要提早下达订单以便在单个销售期内及时到货。

显然，如果在单周期库存情形下需求是确定的，那么就很容易做出决策，我们可以简单地按照已知的需求量进行订购。然而，在很多单周期模型中，确切的需求量是未知的。实际上，由预测可知，需求量的变化范围很大。如果想用数量分析的方式来分析该类型的库存问题，那么我们需要知道需求量的概率分布。因此，本节所描述的单周期库存模型是以概率分布的需求为基础的。

10.5.1 内曼 · 马库斯

下面我们考虑一个适用于内曼 · 马库斯公司（一家连锁百货公司）的单周期库存模型，以决定其订货批量。内曼 · 马库斯公司的采购员决定订购一种刚在纽约展示会上展示的莫罗 · 伯拉尼克高跟鞋。这种鞋子将参与该公司春夏两季的促销活动，并且在芝加哥地区的 9 个连锁店中出售。因为这种鞋是为春夏两季设计的，所以不能在秋季出售。内曼 · 马库斯公司计划举办一个 8 月清仓售卖的特别活动，以出售那些在 7 月 31 日之前未售出的产品。这种鞋每双成本为 700 美元，零售价为每双 900 美元。未卖完的鞋在 8 月清仓销售中的预计售价为每双 600 美元。如果你是内曼 · 马库斯公司的采购员，你将会为公司订购多少双这种鞋？

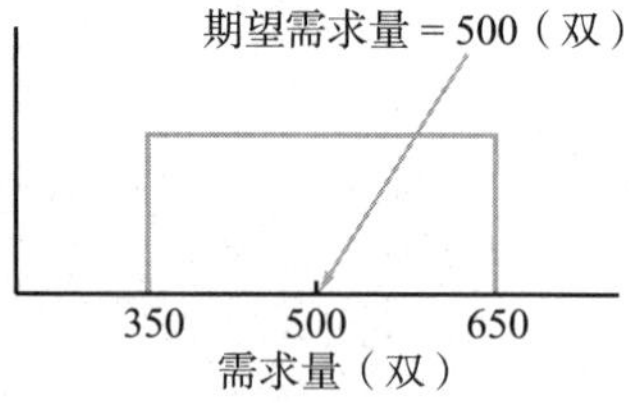

图10-8 内曼 · 马库斯公司需求量的均匀概率分布

为了回答这一订购数量的问题，我们需要获得这种鞋子需求量的信息。尤其是我们需要知道可能的需求值的概率分布。假设莫罗 · 伯拉尼克高跟鞋的需求服从图 10-8 所示的均匀概率分布。假设需求区间为 350 ～ 650 双，其平均需求，即期望需求为 500 双。

低估需求的成本通常比高估需求的成本更难确定。因为低估需求的成本包括利润损失，也包括因为顾客无法在需要时购买商品造成的公司信誉成本。

增量分析是一种可以用于决定单周期库存模型的最佳订货批量的方法。通过比较多订购一单位产品与不多订购产品的成本或损失，增量分析解决了订货批量的问题。相关的成本定义如下。

c_o = 高估需求的单位成本。这个成本表示多订购一单位产品，由于不能售出而带来的损失。

c_u = 低估需求的单位成本。这个成本表示未订购一单位可以卖出的产品而造成的机会成本。

在内曼 · 马库斯公司的例子中，公司一旦订购数量过多，就需要等到 8 月进行清仓处理，会造成高估需求产生的成本。因此，高估需求的单位成本等于单位购买成本减去 8 月的清仓销售价格，即 c_o =700−600=100（美元）。对于超出需求量的那部分鞋，内曼 · 马库斯公司每双损失 100 美元。低估需求的成本是一双鞋可以销售却没有库存所产生的利润损失（即机会成本）。因此，低估需求的单位成本是正常的单位售价与单位购买成本之差，即 c_u =900−700=200（美元）。

由于内曼 · 马库斯公司的确切需求量是不知道的，我们必须考虑需求的概率，以及因它导致的相关成本或损失的概率。例如，我们假设内曼·马库斯公司的管理层希望设定一个与平均或期望需求量相等的订货批量，即500双鞋子的订货批量。在增量分析中，我们考察订货批量为501双（多订购一双鞋）和500双（没有多订购一双鞋）时各自所可能发生的相关成本。订货批量的可选方案及可能发生的成本汇总如下。

增量分析的关键是关注在比较订货批量为 $Q+1$ 和订货批量为 Q 时不同的成本。

订货批量方案	造成损失的原因	可能的损失	发生损失的概率
$Q=501$	高估需求，无法卖出新增产品	$c_o=100$ 美元	P（需求≤500）
$Q=500$	低估需求，新增产品可以卖出	$c_u=200$ 美元	P（需求＞500）

按照图10-8中的需求概率分布，我们可以看到 P（需求≤500）=0.5以及 P（需求＞500）=0.5。把可能损失 c_o=100美元、c_u=200美元与发生损失的概率相乘，我们可以计算出各个订货批量方案的损失期望值，即期望损失（EL）。从而，我们得到：

$$\text{EL}(Q=501)=c_oP(\text{需求}\leqslant 500)=100\times 0.50=50\ (\text{美元})$$

$$\text{EL}(Q=500)=c_uP(\text{需求}> 500)=200\times 0.50=100\ (\text{美元})$$

根据上述期望损失，我们选择订购501双还是订购500双呢？由于 Q=500时的期望损失更大，而我们的目标是尽可能避免产生高的损失，因此我们会采用 Q=501的方案。现在我们考虑再多订购一双鞋，达到 Q=502，并重复计算上述期望损失。

尽管我们可以一单位一单位地一直计算下去，但这样做非常费时费力。我们将必须计算 Q=502、Q=503、Q=504，依此类推，直到我们找到一个 Q 的值，使得我们按照订货批量 Q 进行订货时，增加一单位订购数量的期望损失等于不增加该单位订购数量的期望损失。也就是说，通过增量分析，当下式可知成立时，能得到最佳订货批量 Q^*：

$$\text{EL}(Q^*+1)=\text{EL}(Q^*) \tag{10-30}$$

当上述关系成立时，增加一单位订货批量就不会有经济效益了。利用上面计算订购数量为501双和500双时的期望损失的方法，EL（Q^*+1）和EL（Q^*）的一般表达式可以写为：

$$\text{EL}(Q^*+1)=c_oP(\text{需求}\leqslant Q^*) \tag{10-31}$$

$$\text{EL}(Q^*)=c_uP(\text{需求}> Q^*) \tag{10-32}$$

由于需求≤ Q^* 和需求＞ Q^* 是对立事件，根据基本的概率论可知：

$$P(\text{需求}\leqslant Q^*)+P(\text{需求}> Q^*)=1 \tag{10-33}$$

我们可以写为：

$$P(\text{需求}> Q^*)=1-P(\text{需求}\leqslant Q^*) \tag{10-34}$$

利用上式，式（10-32）可以写成：

$$\text{EL}(Q^*)=c_u[1-P(\text{需求}\leqslant Q^*)] \tag{10-35}$$

将式（10-31）和式（10-35）代入EL(Q^*+1)=EL(Q^*)得到：

$$c_oP(\text{需求}\leqslant Q^*)=c_u[1-P(\text{需求}\leqslant Q^*)] \tag{10-36}$$

为了解出 P(需求≤ Q^*)，我们有：

$$P(\text{需求}\leqslant Q^*)=\frac{c_u}{c_u+c_o} \tag{10-37}$$

该表达式为单周期库存模型中求解最佳订货批量 Q^* 提供了一般公式。

在内曼·马库斯公司的问题中，c_o = 100 美元，c_u = 200 美元。因此按照式（10-37）得出莫罗·伯拉尼克高跟鞋的最佳订购数量必须满足以下条件：

$$P（需求\leqslant Q^*）=\frac{c_u}{c_u+c_o}=\frac{200}{200+100}=\frac{2}{3}$$

参照图 10-8 中所示的概率分布，我们可以求出能够满足 P（需求≤ Q^*）= 2/3 的 Q 值，并将其作为最佳订货批量 Q^*。在求解过程中我们注意到，在均匀概率分布中，需求量的概率在 350 ～ 650 的范围内是均匀分布的。因此为了满足 Q^* 的条件，我们可以从 350 出发向 650 移动 2/3 的距离。该区间为 650−350=300，我们从 350 向 650 移动 200 单位，如此一来，得到了莫罗·伯拉尼克高跟鞋的最佳订货批量为 550 双，如图 10-9 所示。

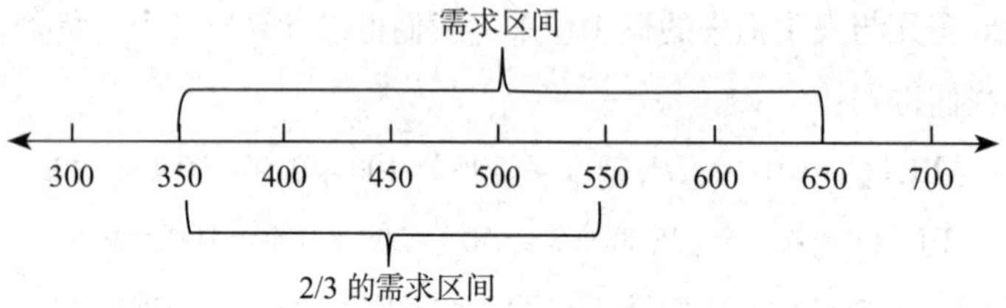

图 10-9 莫罗·伯拉尼克高跟鞋的最佳订货批量

总之，要求出单周期库存模型的最佳订货批量的关键是要确定能够反映产品需求量的概率分布，以及高估需求和低估需求的单位成本。然后将低估需求和高估需求的单位成本代入式（10-37），就可以在概率分布中求出 Q^* 的值。

10.5.2 全国汽车租用公司

下面我们来考虑全国汽车租用公司所面临的问题，这也是一个概率需求下的单周期库存模型的例子。全国汽车租用公司必须为各个汽车租用点在全年某个具体时间供租用的汽车数量做出决策。以南卡罗来纳州默特尔比奇市的租用点为例，管理层想知道应该在劳动节周末提供多少辆全尺寸汽车。根据以往经验，在劳动节周末，顾客对全尺寸汽车的需求量服从均值为 150 辆、标准差为 14 辆的正态分布。

全国汽车租用公司的情况比较适合使用单周期库存模型。公司必须在周末之前对可使用的全尺寸汽车的数量进行决策。周末顾客租车时，有可能会出现缺货，也有可能会有剩余。我们用 Q 来表示可用的全尺寸汽车的数量。如果 Q 比顾客需求大，则全国汽车租用公司就会有剩余汽车。剩余汽车的成本就是高估需求的成本。如果该成本为每辆车 80 美元，这个成本部分地反映了这辆汽车没有在其他地点租出而产生的机会成本。

如果 Q 值小于顾客需求，全国汽车租用公司将会租出所有汽车，并且产生缺货。缺货导致低估需求的成本为每辆车 200 美元。这个数字反映了利润损失和由于顾客没能租到汽车而造成公司信誉的损失。基于以上信息，全国汽车租用公司在劳动节周末应该提供多少辆全尺寸汽车呢？

将低估需求的单位成本 c_u=200 美元和高估需求的单位成本 c_o=80 美元代入式（10-37），可以得出最佳订货批量必须满足下面的条件：

$$P（需求\leqslant Q^*）=\frac{c_u}{c_u+c_o}=\frac{200}{200+80}=0.714\,3$$

我们可以利用图 10-10 中所示的需求的正态概率分布得到满足条件 $P(需求 \leqslant Q^*)=0.7143$ 的订货批量。参照附录 B，当标准正态分布的概率为 0.714 3 时，z 值高于均值 0.57 个标准差。在需求均值为 $\mu=150$ 辆车、标准差为 $\sigma=14$ 辆车的条件下，我们有：

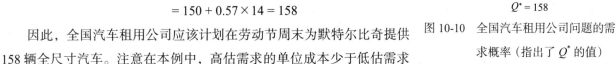

$$Q^* = \mu + 0.57\sigma$$
$$= 150 + 0.57\times 14 = 158$$

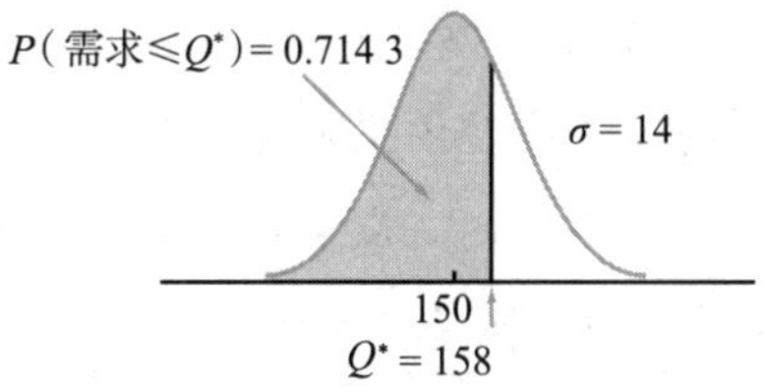

图 10-10　全国汽车租用公司问题的需求概率（指出了 Q^* 的值）

因此，全国汽车租用公司应该计划在劳动节周末为默特尔比奇提供 158 辆全尺寸汽车。注意在本例中，高估需求的单位成本少于低估需求的单位成本。因此，该公司愿意冒较大风险高估需求，相应地会有较大概率产生剩余。实际上，全国汽车租用公司所采用的最佳订货批量产生剩余的概率为 0.714 3，产生缺货的概率为 1−0.714 3= 0.285 7。也就是说，158 辆全尺寸汽车在劳动节周末全部被租赁出去的概率是 0.285 7。

注释与点评

1. 在所有概率需求下的库存模型中，对于需求概率分布的假设是非常关键的，它能影响库存决策的结果。在本节讨论的问题中，我们用到了均匀分布和正态分布来描述需求的概率分布。在一些问题中可能用其他的概率分布更合适。在利用概率需求下的库存模型时，我们必须谨慎地选择最能描述实际需求的概率分布。

2. 在单周期库存模型中，$c_u/(c_u+c_o)$ 的值对于确定订货批量有着重要的作用［参见式（10-37）］。只要 $c_u=c_o$，则 $c_u/(c_u+c_o)=0.50$；此时，我们的订货批量应该等于中间的需求。如果做出这种决策，缺货与过剩的概率几乎是一样的，因为两者的成本相等。然而，当 $c_u < c_o$ 时，我们建议选择较少的订货批量。此时，虽然较少的订货批量会导致缺货的概率增大，但高估需求时的成本很高，我们要更多地避免由剩余所带来的损失。最后，当 $c_u > c_o$ 时，我们建议选择较大的订货批量。此时，较大的订货批量使得缺货概率减小，以避免由于低估需求导致的缺货所带来的昂贵的损失。

10.6　概率需求下的订货批量 – 再订货点模型

上一节讨论了概率需求下的单周期库存模型，本节将把讨论扩展到概率需求下的多周期订货批量 – 再订货点库存模型。在多周期模型中，库存系统重复运行多个周期或循环，库存可以从一个周期转移到下一个周期。只要库存位置达到再订货点，就会发出订货批量为 Q 的订单。由于需求是概率分布的，因此我们不能事先确定库存何时会降至再订货点以及各订单之间的时间间隔，也不能确定所订购的 Q 单位产品何时存入库存。

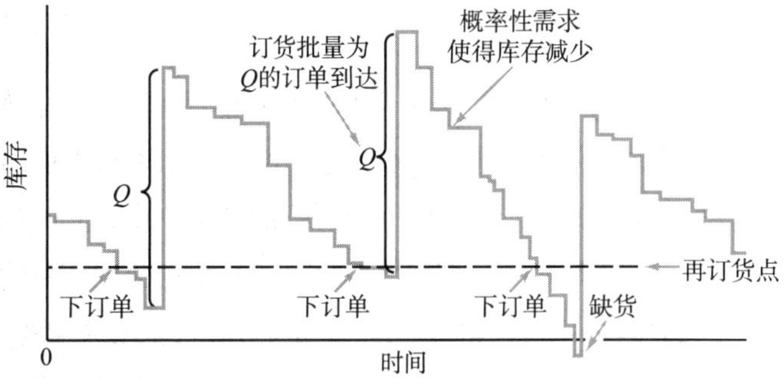

图 10-11　概率需求下的订货批量 – 再订货点库存模型

图 10-11 大致描述了概率需求下的订货批量 – 再订货点库存模型。可以看到，当 Q 单位订单的产品一次

本节的库存模型基于表 10-3 中展示的 EOQ 模型的假设，但是本节的库存模型中需求是概率性的而不是确定的。在概率需求下，偶尔的缺货可能会发生。

性到达时，库存会有一个大幅度的上涨或飞跃。因为需求是波动的，所以库存以一个变动的速率下降。当降至再订货点时，会发出新的订单。通常情况下，所订购的 Q 单位产品将在库存降到零之前到达。然而，有时由于有较高的需求也会导致在新货到达之前发生缺货。同其他的订货批量—再订货点模型一样，管理者需要为库存系统确定订货批量 Q 和再订货点 r。

概率需求下的订货批量 – 再订货点模型的精确的数学式超出了我们所讨论的范围。然而，在此我们提供一套程序，可以求出合理、可行的订货批量及再订货点决策。该程序只能得到一个最优解的近似解，但在很多实际问题中，也能够得到很好的解。

下面我们来看一看德比克照明公司的库存问题。德比克公司从一家知名的灯泡生产厂家那里采购一种特殊的高亮度 LED 灯泡，用于其工业照明系统。德比克公司希望知道使库存成本最低的订货批量及订购时间的库存策略。相关信息如下：每个订单的订货成本为 12 美元，每个灯泡的成本为 6 美元，德比克公司的库存持有成本率为 20%［$C_h=IC=0.20\times6=1.20$（美元）］。德比克公司的客户有 1 000 多家，其需求是概率性的。实际上，无论每天还是每周，产品的需求量变化都非常大。每个灯泡订单的提前期为一周。以往的销售数据表明，在一周的提前期内，其需求可以用均值为 154 个灯泡、标准差为 25 个灯泡的正态分布来描述。图 10-12 描述了提前期内需求的正态分布。由于一周的平均需求为 154 个，德比克公司可以预计其年平均需求或年期望需求为：$154\times52=8\ 008$（个）。

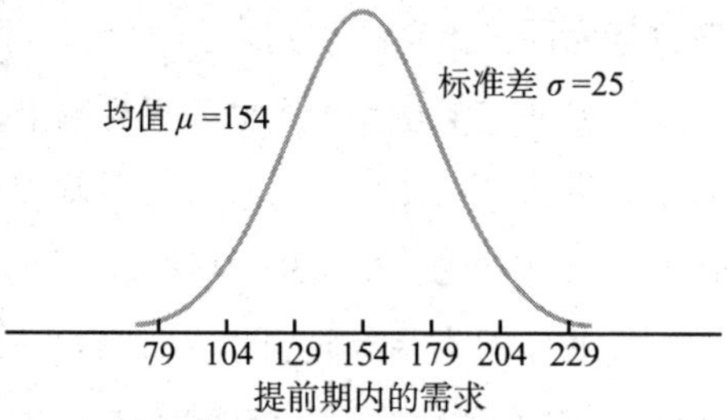

图10-12 德比克公司在提前期内需求的概率分布

10.6.1 订货批量决策

尽管面对的是概率需求，但我们还是能够预计每年的期望需求量为 8 008 个。用 D 表示年期望需求量，则我们可以利用 10.1 节中的 EOQ 模型来近似计算最佳订货批量。在德比克公司的例子中：

$$Q^*=\sqrt{\frac{2DC_o}{C_h}}=\sqrt{\frac{2\times8\ 008\times12}{1.20}}=400\text{（个）}$$

在讨论 EOQ 模型的灵敏度时，我们曾得到这样的结论：当订货批量在 Q^* 左右变化时，库存系统的总运作成本相对来说变化不大。基于这个结论，我们预期 400 单位的订货批量是最佳订货批量的一个很好的近似值。即使年需求量跌至 7 000 个或者高达 9 000 个，400 单位的订货批量应该是一个相对较好的低成本订货批量。因此，在年需求量的最佳估计为 8 008 个时，我们将使用 $Q^*=400$。

我们可以忽略需求的波动性，而将订货批量定为 400 单位。令 $Q^*=400$，德比克公司可以预计每年大概发出订单的次数为 8 008/400=20（次），两次订单之间的平均时间间隔大约为 250/20=12.5（个）工作日。

10.6.2 订货时间决策

下面我们计算该库存系统中另外一个重要的决策变量，订货时间或再订购点。在提前期需求的均值为

154个的条件下，你可能首先会建议154个为再订货点。然而，此时我们要特别考虑到需求的波动性。如果提前期需求的均值为154个，并且需求对称地分布在154的两侧，那么在提前期内，需求超过154个的概率大概为50%。当在一周的提前期内需求超过了154个时，德比克公司就会产生缺货。因此，如果再订货点设为154个，则在新货到达之前，德比克公司将会有大概50%的时候（即每年20次订货中有10次）会产生缺货。如此高的缺货率通常是不可接受的。

通过确定一年中预计的订货次数，任一库存周期内的缺货概率是最容易估计的。库存经理通常表示愿意在一年内允许一次、两次或三次缺货。每年允许的缺货次数除以每年的订货次数就是所需的缺货概率。

参考图10-12所示的**提前期需求分布**。在这种分布下，我们现在可以得出再订货点 r 是如何影响缺货概率的。因为一旦提前期需求超过了再订货点，缺货就会发生。因此我们可以用提前期需求的分布图，得出需求大于再订货点 r 的概率，从而可以得到发生缺货的概率。

这样，我们通过分析每次缺货的缺货成本，并将它考虑到总成本计算式中，就可以解决订货时间的决策问题。或者，我们可以让管理者指定每年平均多少次缺货是可以接受的。在需求为概率性的情况下，管理者连一次缺货都不能忍受也是不现实的。因为要想完全避免缺货，就必须设定很高的再订货点，而这样会导致很高的库存，从而使库存持有成本变得很高。

假设在本例中，德比克公司的管理部门愿意接受每年平均一次的缺货。我们已知每年订货20次，这就意味着，在这20次订货中，该公司允许出现1次（即5%）在提前期内需求超过再订货点的情况。因此我们可以从提前期需求概率分布中，找出在提前期内需求大于再订货点的概率为5%的 r 的值，即再订货点的值。图10-13描述了这种情形。

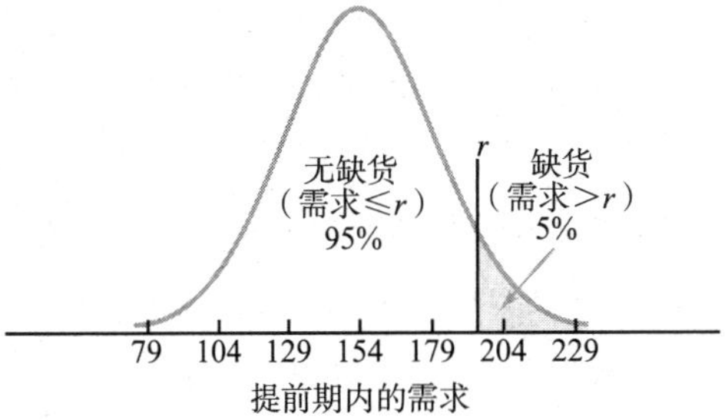

图10-13　德比克公司允许缺货可能性为5%的再订货点r的值

参照附录B中的标准正态概率分布表，正态分布左侧区域在发生概率为1–0.05=0.95时，z 值高于均值1.645个标准差。因此，在提前期需求服从 $\mu=154$、$\sigma=25$ 的正态分布的假设下，再订货点 r 的值为：

$$r=154+1.645\times25=195$$

如果提前期需求服从正态分布，则求 r 值的一般式为：

$$r=\mu+z\sigma \tag{10-38}$$

其中，z 是为了达到可接受的缺货概率所必需的标准差的倍数。

因此我们的库存策略为：每当库存降至195个时，就发出订货批量为400个的订单。因为提前期需求的均值或者说期望值为154个，所以我们将195−154=41（个）称为**安全库存**。这个安全库存用于满足提前期内超过均值的那部分需求。在95%左右的时间里，195个灯泡能够满足提前期内的需求。该库存系统的年度成本预计如下：

正常库存的持有成本 $=(Q/2)\times C_h=(400/2)\times1.20=240$（美元）

安全库存的持有成本 $=41\times C_h=41\times1.20=49$（美元）

订货成本 $=(D/Q)C_o=(8\,008/400)\times12=240$（美元）

总计 $=529$（美元）

假设德比克公司的灯泡年需求量是已知的，且固定为 8 008 个，则最优解为：$Q^* = 400$，r=154，此时年总成本为 240+240=480（美元）。当需求是不确定的，且只能用概率分布来表示时，就会有较大的成本。总成本的增加是由于持有成本的增加，因为库存系统不得不储存更多的产品以限制缺货的次数。对于德比克公司来说，额外的库存或安全库存为 41 单位，这会导致年持有成本增加 49 美元。专栏 10-2 描述了微软公司如何应用库存模型来提高顾客服务水平并降低库存成本。

|专栏 10-2| 实践中的管理科学

微软公司的库存模型

以操作系统闻名的微软公司同时也在稳步进军消费电子产品领域。微软公司生产 Xbox 视频游戏控制板和一系列计算机配件，比如鼠标、键盘等。2008 年，微软公司的软件收益是 520 亿美元，而消费电子产品的收入是 80 亿美元。Xbox 之类的产品全年都有销售，但是大约 40% 的年销售量产生在 10、11、12 三个月，因此，微软公司必须保有足够的库存以满足假日季的需求。

通过与供应链服务公司 Optiant（现在被 Logility 公司收购）合作，微软公司于 2005 年着力完善了其库存管理系统。微软公司开发了新的预测技术来更精确地预测产品未来的需求量，然后根据需求预测和边际收益来设定产品的服务水平。根据服务水平的要求来优化安全库存，从而生成产品的库存水平和相应的生产计划。新安全库存模型应用到了微软公司的 10 000 多类消费电子产品中。

自从采用了新库存策略后，微软公司的库存得到了明显降低。只微软公司单方面就减少了 15 亿美元（60%）的库存。公司在 2008 年首次实现了消费电子产品的盈利。微软公司的成本降低和盈利增加很大程度上都归功于更精确的预测和库存模型。

资料来源：J. J. Neale and S. P. Willems, "Managing Inventory in Supply Chains with Nonstationary Demand," *Interfaces* 39, no. 5 (September 2009): 388–399.

注释与点评

在专栏 10-2 中，安全库存是基于在所有订货周期内不出现缺货的概率而设置的，这个概率水平也是服务水平。例如，微软公司想保证有 95% 的订货周期不缺货，就需要将服务水平设定为 95%。这就是所谓的第一类服务水平或周期服务水平。然而，服务水平的其他定义可能包含库存能够满足的消费者需求比例。因此，当库存经理提到希望实现库存水平时，有必要对"服务水平"概念给出明确的定义。

10.7 概率需求下的定期盘点模型

到目前为止，我们都是假设持续盘点库存位置以便库存位置到达再订货点时马上就能下达订单。本节中的库存模型假设概率需求和库存位置的定期盘点。

前面所讨论的订货批量－再订货点模型都要求有一个**连续盘点库存系统**。在这种系统下，库存位置处于连续的监测之下，这样只要库存降低到再订货点，就会发出订单。信息化的库存系统可以很容易地实现对订货批量－再订货点模型的连续监测。

除了连续盘点系统以外，我们也可以选用**定期盘点库存系统**。在定期盘点系统中，库存状况的盘点以及再订货只在固定时点进行。例如，我们可以按每周、每两周、每月，或者是其他一个特定的周期对库存状况进行检查，并发出订货单。定期盘点系统的优点在于，当一家公司或企业同时经营多种产品时，能使多种产品的订单在相同的预设周期检查时发出。应用这种类型的库存系统，多产品订单的运输和入库就很容易协调了。在前面讨论的订货批量 – 再订货点连续盘点的库存系统中，不同产品的再订货点差异较大，从而使多产品订单的协调非常困难。

为了更好地说明这种系统，我们来看一看 Dollar Discounts 公司的例子。该公司经营着多家日用品零售店，产品品种比较广泛，其库存系统每两周进行一次盘点。在这种系统下，零售店的经理每隔两周可能从 Dollar Discounts 公司的中央仓库订购任意数量和任意品种的货物，并且同一家零售店所订的全部货物将一次性运达该店。当在某个检查期为每种产品做订货批量决策时，商店经理很清楚地知道，直到下一个检查期到来才能再对产品进行订货。

假设提前期比检查周期短，那么某次检查时所订购的货物会在下一次检查之前到达。在本例中，每次检查时订货批量的决策由下式给出：

$$Q = M - H \tag{10-39}$$

其中：

Q= 订货批量

M= 补货水平

H= 盘点时的现有库存

由于需求是概率性的，因此在盘点时的现有库存 H 是变化的。而又由于订货批量必须能够使得现有库存达到最大值或是补货水平 M，因此，每个盘点周期的订货批量也是不同的。例如，假设某种产品的补货水平为 50 单位，盘点时的现有库存位置为 H = 12 单位，则订货批量应为 $Q = M-H$=50−12=38（单位）。因此，在定期盘点的模型中，每个盘点周期的订货批量要使库存位置能够回升到补货水平。

图 10-14 给出了一个典型的概率需求下的定期盘点库存模型。注意，两次检查之间的时间间隔是预先设定的，且固定不变。订货批量 Q 在每次检查时是变化的，可以看到它是补货水平和现有库存之间的差额。最后，同其他的概率需求模型一样，偶然一次非常高的需求可能会产生缺货。

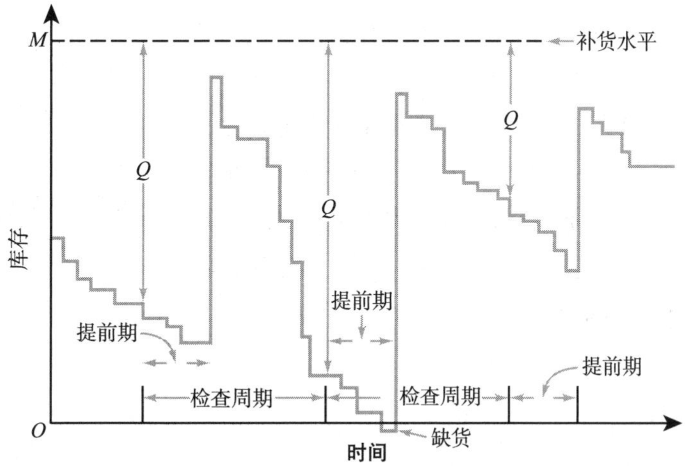

图 10-14 需求概率下的定期盘点库存模型

定期盘点模型中的决策变量是补货水平 M。为了求出 M，我们可以建立一个总成本模型，其中包括持有成本、订货成本以及缺货成本。本节我们将描述实践中常用的另一种方法。在这种方法中，我们的目标是确定一个补货水平，该补货水平能够使系统达到所要求的服务水平，比如使缺货率或者是每年的缺货次数维持在一个较合理的范围内。

在 Dollar Discounts 公司的问题中，我们假设公司管理者的目标是确定一个缺货概率只有 1% 的补货水平。在定期盘点模型中，每期的订货批量必须能够满足检查周期的需求再加上提前期内的需求。假设在时间 t 订购产品。为了确定订货批量，我们必须保证这批在时间 t 订购的货物能一直维持到下一周期的订货到达，即总时间长度为 t+ 盘点周期 + 提前期。因此，在时间 t 订购货物的总持续时间长度等于盘点周期和提前期的时间总和。图 10-15 显示了 Dollar Discounts 公司的某种产品，在一个盘点周期加上一个提前期的时间内需求的正态概率分布。其中，需求的均值为 250 单位，标准差为 45 单位。在这种情况下，求解 M 所用的思路与本书 10.6 节中求解再订货点的思路一样。图 10-16 描述了出现 1% 缺货的补货水平 M。也就是说，图 10-16 描述了允许有 1% 的机会出现缺货的补货水平。参照附录 B 中的标准正态概率分布表，正态分布左侧区域在发生概率为 1–0.01=0.99 时，z 值高于均值 2.3 个标准差。因此，在假设的均值 μ =250、标准差 σ =45 的正态概率分布下，其补货水平的取值如下：

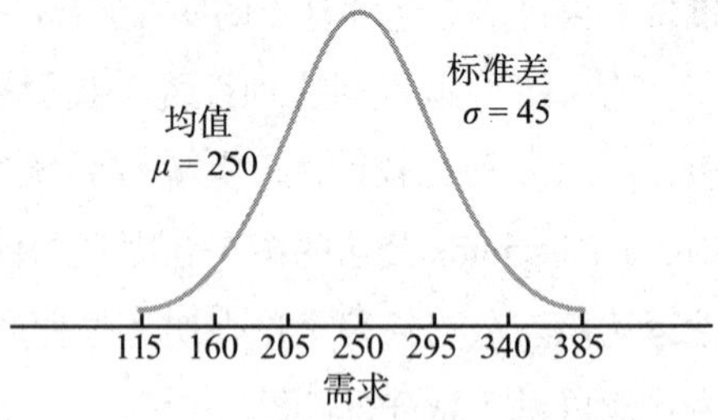

图10-15 Dollar Discounts公司在检查期和提前期内的需求概率分布

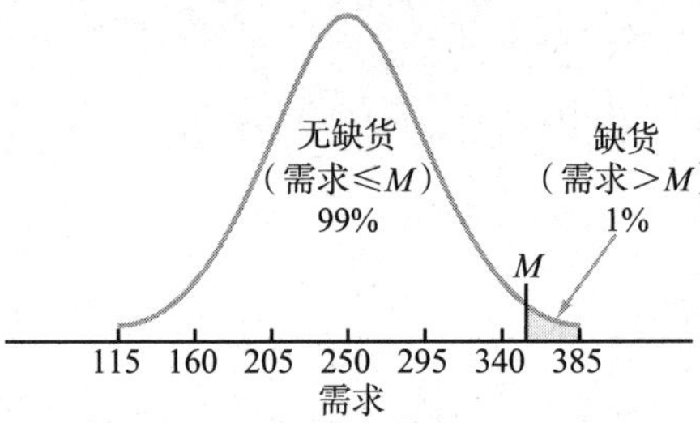

图10-16 使Dollar Discounts公司的缺货率为1%的补货水平

$$M=250+2.3\times45=354$$

虽然也可以用其他概率分布来表现盘点周期加上提前期的需求，但如果用正态分布的话，则 M 的一般表达式如下：

$$M=\mu+z\sigma \tag{10-40}$$

其中，z 是为了达到可接受的缺货概率所必需的标准差的倍数。

如果需求是确定性的，而不是概率性的，那么补货水平就是盘点周期内的需求量加上提前期内的需求量。在本案例中，补货水平将为 250 单位，且不会发生缺货现象。然而，在概率需求下，为了控制缺货率，我们必须保持较高的库存。在 Dollar Discounts 公司的案例中，安全库存为 354−250=104。当盘点期的需求量与提前期的需求量之和高于正常需求量时，由安全库存来满足高出的那部分需求。这个安全库存使得缺货率控制在 1% 之内。

> 定期盘点系统具有为多种产品协调订单的优势。但是，定期盘点系统要求比相应的持续盘点系统更高的安全库存。

更为复杂的定期盘点模型

上面所讨论的定期盘点模型主要是为概率需求下的定期盘点库存模型提供一种求解补货水平的方法。在更为复杂的定期盘点模型中，再订货点也是一个决策变量。也就是说，将设置一个再订货点，而不是每个盘点周期都订货。如果现有库存处于或低于再订货点，就会发出订单使库存回升到补货水平；但是如果在定期检查时现有库存高于再订货点，那么就不订货，直到下一周期再进行盘点。在这种情况下，订货成本也是一个相关成本，需要与持有成本和缺货成本一同考虑进总成本模型中。通过使期望总成本最小可以求出最佳运营策略。如果再考虑到提前期大于盘点周期等情况，模型会更加复杂。解决这些更加复杂的定期盘点模型所要求的数学水平超出了本书的讨论范围。

注释与点评

1. 本节所讨论的定期盘点模型是建立在提前期比盘点周期短的假设上的。大部分定期盘点系统都是在这种情况下运作的。但当提前期长于盘点周期时，可以通过在式（10-39）中定义的一个库存位置 H 来处理。其中，H 是现有库存与在途库存之和。此时，每次检查时的订货批量为补货水平减去现有库存及所有的在途的货物数量。

2. 在本书 10.6 节中所讨论的订货批量－再订货点模型中，必须对库存状况进行连续的盘点，一旦库存降至再订货点就发出订单。该模型中的安全库存是基于提前期内的概率性需求而确定的。本节中所讨论的定期盘点模型也要求有安全库存。然而，由于库存盘点仅仅是定期进行的，因此，安全库存是基于盘点周期加上提前期的时间内的概率性需求来决定的。计算安全库存用的较长时间意味着，定期盘点系统的安全库存要比持续盘点系统的安全库存大。

本章小结

本章我们介绍了几种方法，以协助管理者制定降低库存的策略。我们首先考虑了产品需求率固定不变的情况。在分析这类库存系统时，我们建立了相应的总成本模型，包括订货成本、持有成本，一些情形下还包括延迟交货成本。接着，我们给出了求解最低成本的订货批量 Q 的公式。通过考虑提前期内的需求，还计算了再订货点。

其次，我们讨论了不确定性需求下的库存模型。此时，我们认为需求可以用概率分布来描述。在这种概率需求模型中，最重要的问题是找出最接近实际的需求概率分布。我们先介绍了一种单周期模型。在这种模型中，对某种产品只订一次货，并且在阶段末，要么产品全部售出，要么产品有剩余且剩余的产品以低价售出。接着，我们讨论了多周期模型，给出了基于订货批量－再订货点连续盘点系统的和基于补货水平—定期盘点系统的求解方法。

在本章结束之际，我们想再次着重指出，库存和库存系统在企业运营当中可能是成本很高的一环。因此，对管理者来讲，关注库存系统的成本并为库存系统制定最佳的运作策略是非常重要的。本章介绍的库存模型可以帮助管理者建立好的库存策略。

专业术语

延迟交货（backorder） 在某产品的库存为零时收到的该产品的订货。这些缺货的订单在下一批产品到达时被满足。

不变的需求率（constant demand rate） 这是许多库存模型的假设，即假设每一个时段会从库存中取出相同数量的货物。

固定供应率（constant supply rate） 是指在一定的时期内，库存的累积速率是固定的。

连续盘点库存系统（continuous review inventory system） 一种对库存状况进行连续检查或监测，一旦库存位置降至再订货点就立即发出订单的库存系统。

资金成本（cost of capital） 企业用于融资的费用。可以表示为一个年百分比率，是维持库存所需的持有成本的一部分。

周期（cycle time） 前后相连的两次订货之间的时间间隔。

确定性库存模型（deterministic inventory model） 是一种需求已知且没有不确定性的库存模型。

经济订货批量（economic order quantity，EOQ） 使得年持有成本与年订货成本之和最小的订货批量。

信誉成本（goodwill cost） 当发生延迟订货、丧失销售机会、出现任何一种形式的缺货或未能满足需求时产生的成本。这项成本反映了由于未能满足顾客需求，而将在未来产生的利润损失。

持有成本（holding cost） 为持有一定的库存投资而必须花费的成本，包括存货资金占用的成本、保险、税金、仓库管理费用等。该成本通常表示为库存占用资金或单位成本的一个百分比。

增量分析（incremental analysis） 通过对订货批量增加一个单位前后的成本对比来决定最佳订货批量的方法。

库存位置（inventory position） 现有库存加上已订未交量。

提前期（lead time） 在库存系统中，从发出订单到货物到达所需要的时间。

提前期需求（lead-time demand） 提前期内对货物的需求量。

提前期需求分布（lead-time demand distribution） 在提前期内的需求量的概率分布。

批量（lot size） 生产库存模型中的订货批量。

订货成本（ordering cost） 发出订单订购某种产品时产生的固定成本，如采购员的工资、纸张费、运输费等。

定期盘点库存系统（periodic review inventory system） 一种对库存状况按照一个预定的固定时间间隔进行盘点的库存系统。再订货只发生在定期盘点的时间点。

概率性库存模型（probabilistic inventory model） 是一种需求不确定，且需求的可能值能用概率分布来描述的库存模型。

数量折扣（quantity discount） 当客户购买大量产品时，生产商所提供的折扣或较低的单位产品价格。

再订货点（reorder point） 当需要发出新订单时的库存位置。

安全库存（safety stock） 为了减少低估需求而出现的缺货现象所持有的库存。

启动成本（set up cost） 开动生产线时产生的固定成本，包括人工、物料、生产损失。

缺货或脱销（shortage or stock-out） 即库存不能满足需求。

单周期库存模型（single-period inventory model） 对某种产品只订一次货，并且在阶段末产品已全部售出，或者产品有剩余且剩余的产品以低价售出。

习题

1. **R&B 饮料公司的软饮料。**假设 R&B 饮料公司有一种软饮料，其需求量固定为每年 3 600 箱。这种饮料的成本为每箱 3 美元。订货成本为每个订单 20 美元，库存持有成本率为库存总价值的 25%。R&B 饮料公司每年有 250 个工作日，提前期为 5 天。请指出库存策略中以下各方面的值。LO1

   a. 经济订货批量。

   b. 再订货点。

   c. 周期。

   d. 年总成本。

2. **EOQ 模型成本特点。**EOQ 模型的一个基本特点是，总持有成本和总订货成本在最佳订货点上是相等的。请利用习题 1 中得到的数据证明上述结论。应用式（10-1）、式（10-2）及式（10-3）进行证明，一般来说，只要使用 Q^*，总持有成本与总订货成本就是相等的。LO1
3. **长提前期的 EOQ 模型再订货点。**再订货点［参见式（10-6）］被定义为一项产品的提前期需求。如果提前期比较长，则提前期需求量以及再订货点可能会超过经济订货点 Q^*。在这种情况下，发出订单时，库存水平可能不等于现有库存位置，此时的再订货点可以用库存位置来表示，也可以用现有库存水平来表示。假设在经济订货批量模型下：$D = 5\,000$，$C_o = 32$ 美元，$C_h = 2$ 美元，且年工作日为 250 天。当提前期为下列各值时，请分别求出按照库存位置得出的再订货点以及按照现有库存水平得出的再订货点。LO1

   a. 5 天。

   b. 15 天。

   c. 25 天。

   d. 45 天。
4. **汽车生产商。**威斯特塞德汽车公司从供应商那里直接购进生产汽车发电机所需要的一种零件。该公司的发电机生产运行平稳，每个月的零件需求量为 1 000 个，即每年 12 000 个。假设订货成本为每次 25 美元，每个零件的成本为 2.5 美元，年库存持有成本率为 20%。威斯特塞德汽车公司的年工作日为 250 天，提前期为 5 天。LO1

   a. 该零件的 EOQ 是多少？

   b. 再订货点为多少？

   c. 周期为多长？

   d. 根据你所得到的 EOQ 值，总的年持有成本和订货成本为多少？
5. **柴油采购。**城市公交公司从美国石油公司购买柴油。除了柴油成本费以外，美国石油公司还收取城市公交公司每单 250 美元的运费。美国石油公司需要的提前期是 10 天，城市公交公司储蓄 1 加仑柴油的成本是每月 0.04 美元，或每年 0.48 美元，柴油的年消耗量为 150 000 加仑。城市公交公司每年运营 300 天。LO1

   a. 城市公交公司的最佳订货批量是多少？

   b. 为了满足柴油供应，城市公交公司的订货频率是多少？

   c. 假设城市公交公司的柴油储蓄能力是 15 000 加仑，那么城市公交公司有必要扩大其储蓄能力吗？

   d. 城市公交公司的再订货批量是多少？
6. **书店多样产品的采购。**本地大学书店管理员应用 EOQ 模型来分别决策两种产品的订货批量：圆珠笔和自动铅笔。这两种产品的年需求量分别是 1 500 支和 400 支。产品的订货成本是每单 20 美元，圆珠笔和自动铅笔的批发价分别是 1.5 美元和 4 美元。假设书店的年持有率是 10%，书店每年经营 240 天。LO1

   a. 每种产品的最优订货批量以及订货周期分别是多少？这两种产品的总成本是多少？

   b. 假设书店从同一个批发商那里订购圆珠笔和自动铅笔。如果这两种产品有相同的周期，联合运输的订货成本将会降为 15 美元。书店通过联合订购可以节约多少成本？

   ［提示：如果周期一样，那么就有 $Q_{\text{圆珠笔}}/(1\,500/240) = Q_{\text{自动铅笔}}/(400/240)$ 或 $Q_{\text{圆珠笔}} = 3.75Q_{\text{自动铅笔}}$。将这一条件代入联合成本函数，那么联合成本函数就是只关于单变量 $Q_{\text{自动铅笔}}$ 的函数，结合式（10-5），即可求出 $Q_{\text{自动铅笔}}$（并随即求出 $Q_{\text{圆珠笔}}$）。］
7. **持有率变化后的 EOQ 模型。**一家规模较大的石油钻井机销售商在过去的两年中应用了 EOQ 策略，其年持有成本率为 22%。在 EOQ 模型中，该公司按照 $Q^* = 80$ 单位订购某种产品。最近的一项评估表明，由于银行贷款利率的提高，年持有成本率变为 27%。将新的年持有成本率 27% 直接代入 EOQ 公式无法求出新的订货批量，因为我们没有年需求、固定订货成本和订货价格的数据，但是我们可

以使用 Q^* 的值和EOQ公式来确定更新后的年持有成本率对应的修正经济订货批量。LO1

a. 请写出一个表达式表示当年持有成本率由 I 变为 I' 时，经济订货批量应如何变化。

b. 使用a中得到的公式计算产品新的经济订货批量。

8. **巴士司机培训。**全国巴士公司有一套著名的巴士司机培训计划。该培训计划为期6周，并且面向公司所有的新司机。只要培训班的人数小于或等于35人，则6周内的培训总成本为22 000美元，成本主要包括教师、设备等费用。该培训项目每月至少要为全国巴士公司提供大约5个新司机。培训结束以后，新司机暂时还不能上岗，直到有空缺的全职司机岗位，等待期间的工资为每月1 600美元。全国巴士公司将这1 600美元看作一笔持有成本，用来确保有需求时就能提供新培训的司机。LO1

a. 我们把这些等待中的司机看作一项库存，如要使该公司一年中用于培训和支付暂时不工作的司机的工资的总花费最少，培训班应该招收多少人？

b. 该公司一年中应该开办几次这样的培训班？

c. 根据你的计算结果，年总成本为多少？

9. **汽车生产部件的采购。**克莱司电子产品公司生产一些汽车零件。该公司要从一些不同的供应商那里购买生产所需用到的部件，其中有一个供应商的供货情况可以用EOQ模型来描述。克莱司电子产品公司对该部件的年需求量为5 000单位，订货成本为每次80美元，年持有成本率为25%。LO1

a. 如果该部件的成本为20美元，则经济订货批量为多少？

b. 假设年工作日为250天，且每次订货的提前期为12天，则再订货点为多少？

c. 如果提前期变为7周（即35天），则再订货点应为多少？将c中的再订购点与a中的再订购点相比较，解释两个再订购点的含义。提示：本章给出的再订购点也是库存位置，即现有库存和在途库存之和。

d. 如果用现有库存而不是用库存位置来计算，则在c的条件下，该部件的再订货点为多少？

10. **棒球棒的生产。**全星球棒制造公司为多个球队提供棒球的球棒。在从1月开始的6个月的赛季中，球棒的需求量稳定在每月1 000个左右。假设棒球生产线每月能生产4 000个，该生产线的启动成本为每次150美元，每个球棒的生产成本为10美元，月持有成本率为2%。LO2

a. 为了满足赛季内的需求，该公司的生产批量应为多大？

b. 如果该公司每月运作20天，则球棒生产线多长时间运行一次？

c. 如果该公司每月运作20天，则球棒生产线一次运行多长时间？

11. **威尔逊足球。**威尔逊体育用品在爱达镇（俄亥俄州）的工厂的劳动密集型生产线上生产足球。假设 D=6 400单位/年，C_o=100美元，C_h=2美元/年/单位。LO1,2

a. 当生产率为下列各值时，计算出使成本最小的生产批量。

（1）8 000单位/年。（2）10 000单位/年。

（3）32 000单位/年。（4）100 000单位/年。

b. 应用式（10-5），计算出EOQ模型下的生产批量。通过比较EOQ模型和批量生产模型之间的关系，你能得出哪两个结论？

12. **笔记本电脑。**EL计算机公司在一条年产能16 000台的生产线上生产多媒体笔记本。公司预计对这一型号机器的年需求量是6 000台。配置生产线的成本是2 345美元，每件产品年持有成本是20美元。当前的生产线每月可以生产500台笔记本电脑。LO2

a. 最优生产批量是多少？

b. 每年需要生产多少批次？周期是多少？

c. 你认为当前每月500件的生产批量政策需要改变吗？为什么？如果改变，将会节约多少成本？

13. **书籍出版。**威尔森出版公司是一家为零售市场供书的企业。据预测，有一本书的年需求量稳定在7 200册。该书的成本为每册14.50美元。年持有成本率为18%，生产启动成本为每次150美元。该书的生产设备的年生产能力为25 000册，威尔森出版公司的年工作日为250天，生产线的提前期为15天。应用生产批量模型计算下列各项的值。LO2

a. 使成本最小的生产批量。

b. 年生产批次。

c. 周期。

d. 每个生产批次的时间长度。

e. 最大库存。

f. 年总成本。

g. 再订货点。

14. **特白牙膏。**有一家知名的生产商生产几个牌子的牙膏。该生产商用生产批量模型来决定各种产品的生产量，其中一种叫特白的产品的经济生产批量为5 000支。该产品一个批次的生产时间为10天。由于最近有一种原料短缺，供应商宣布提高售价，而价格的提高势必要转移到特白的生产商身上。据最新估计，新的原料价格将使得每单位牙膏的生产成本增加23%。这样的价格增长将对特白的生产批量有什么样的影响？ LO2

15. **汽车生产部件的延迟交货模型。**假设在习题4中，对于威斯特塞德汽车公司来说，D =12 000单位/年，$C_h = 2.50 \times 0.20 = 0.50$（美元），且$C_o = 25$美元。该公司现决定采用延迟交货的库存策略。延迟交货的成本预计为5美元/单位/年。请计算下列各项的值。LO3

a. 使成本最低的订货批量。

b. 延迟交货的最大数量。

c. 最大库存。

d. 周期。

e. 年总成本。

16. **汽车生产部件的延迟交货EOQ模型的再订货点。**假设习题15中威斯特塞德汽车公司的年工作日为250天，提前期为5天，LO3

a. 再订货点为多少？

b. 总体来说，允许有延迟交货情况下的再订货点与不允许延迟交货情况下相比，是大了还是小了？请给出你的解释。

17. **有无延迟交货的EOQ模型比较。**某库存系统的经理深信库存模型对于决策是非常有帮助的。尽管他经常用EOQ模型，但是他认为延迟交货是不利的，应该尽量避免，因此他从未考虑过延迟交货模型。然而，上级管理部门不断要求降低成本。现在邀请你去做一次分析，即对一些可能实行延迟交货的产品进行延迟交货的经济可行性分析。考虑某种产品，D=800单位/年，C_o=150美元，C_h=3美元，且C_b=20美元。假设每年有250个工作日。LO1,3

a. EOQ模型和延迟交货模型（允许缺货的库存模型）在总成本上有什么差别？

b. 如果该经理还要求延迟交货批量不超过总量的25%，且顾客的等待时间不得超过15天，那么该延迟交货策略还应实行吗？

18. **有无延迟交货的EOQ模型的再订货点。**假设在习题17所讨论的库存系统中，新订单的提前期为20天。LO1,3

a. 计算EOQ模型下的再订货点。

b. 计算延迟交货的EOQ模型的再订货点。

19. **无线电控制模型赛车。**A&M玩具销售公司有一款无线电控制模型赛车。假设该模型赛车的需求量稳定在每月40辆，每辆成本为60美元。不管订货批量的大小，每次订货成本均为15美元。年持有成本率为20%。LO1,3

a. 假设不允许延迟交货，那么经济订货批量和年总成本各为多少？

b. 令每年每单位的缺货成本为45美元，请问最低成本的策略是什么？该模型赛车的年总成本是多少？

c. 如果采取b中的库存策略，则顾客等候一次延迟交货的最长时间为几天？假设公司一年中的工作日为 300 天。

d. 对于该产品，你会建议延迟交货策略还是非延迟交货策略？请做出解释。

e. 如果提前期为 6 天，则在延迟交货策略和非延迟交货策略下各自的再订货点为多少？

20. **瓶装水**。一家位于登山远足小道偏远地区附近的小杂货店销售 Hydro Flask 瓶装水。假设以下数量折扣表适用于该杂货店对 Hydro Flask 瓶装水的订货情况。如果年需求量为 120 单位，订货成本为每次 20 美元，年持有成本率为 25%，那你认为订货批量应为多少？ LO4

订货批量	折扣	单位成本（美元）
0～49	0	30.00
50～99	5	28.50
100以上（含100）	10	27.00

21. **洗手液**。一个园区内的设施经理正在考虑洗手液的库存策略。在下表所示的情况下应用 EOQ 模型。其中，$D = 500$ 单位 / 年，$C_o = 40$ 美元，且年持有成本率为 20%。那你认为订货批量应为多少？ LO4

折扣种类	订货批量	折扣	单位成本（美元）
1	0～99	0	10.00
2	100以上（含100）	3	9.70

22. **幼童运动鞋**。凯斯鞋业公司销售一款幼童运动鞋，其销售量稳定在大约每 3 个月 500 双。公司现在的进货策略是每次订购 500 双，每次订货的成本为 30 美元，年持有成本率为 20%。订货批量为 500 双时，公司能拿到最低价的鞋，每双为 28 美元。生产商提供的其他数量折扣如下表所示。LO4

订货批量	每双价格（美元）
0～99	36
100～199	32
200～299	30
300以上（含300）	28

a. 此鞋的最低成本订货批量是多少？

b. 如果采纳你建议的库存策略，则会比现行的库存策略节省多少？

23. **证明有数量折扣的 EOQ 模型的特点**。在有数量折扣的 EOQ 模型中，我们曾经说过，如果以某价格订货的 Q^* 比该价格所在的折扣区间的上限要大，则认为可以不用考虑该区间的情况。结合习题 21 中的两种折扣类型，证明这种说法是正确的。具体做法是，绘制出两类价格折扣类型下各自的总成本曲线，并观察第 2 种折扣类型中的最低成本订货批量 Q 是不是最优解。我们不需要考虑第 1 种折扣类型的情况。LO4

24. **比赛日足球杂志**。艾奥瓦大学体育信息部（UISI）以每本 9 美元的价格从出版社订购比赛日足球杂志，并在相应的比赛日以每本 10 美元的价格出售杂志。为了出售这些杂志，UISI 以每本 0.5 美元的提成雇用小贩进行售卖。在第一赛季，UISI 确定出足球杂志的需求量服从均值为 9 000 本、标准差为 400 本的正态分布。任何在比赛日没有被卖出的杂志都没有价值了，并被 UISI 回收。LO5

a. UISI 在第一赛季的最优订货批量是多少？

b. 假设出版社以每本 8 美元的价格回收剩余杂志，UISI 的最优订货批量是多少？

25. **便携式空调**。阿尔伯特空调公司正打算进口一批日本产的便携式空调。每台空调的购进成本为 80 美元，而阿尔伯特空调公司可以以 125 美元售出。该公司不想把过剩的空调存到来年，因此会以每台 50 美元的价格卖给批发商。假设该款空调的需求可用均值为 20 台、标准差为 8 台的正态概率分布来描述。LO5

a. 建议的订货批量应为多少？

b. 阿尔伯特空调公司的空调能够全部售出的概率是多大？

26. **额外的警察**。布里奇波特市的市长和警察局局长共同决定为维持日常秩序所需的警察人数。然而，出于受伤、生病、休假及个人离职等原因通常会导致职位空缺，为防止以上空缺的发生，需要额外增加警察的人数。在决定额外警察的数量时，他们需要一些帮助。根据过去 3 年的经验，额外警察的日需求量服从一个均值为 50 人、标准差为

10人的正态分布。每个额外警察的成本按照每天150美元的平均日薪而定。如果额外警察的需求数量超过了额外警察的可用数量，则超过的人数需要用加班来代替，每个加班的警察的日工资为240美元。LO5

a. 如果额外警察的可用数量超过了需求数量，则该市将不得不为超出的警察支付工资。请问高估需求的成本为多少？

b. 如果额外警察的可用数量少于需求数量，则该市不得不用加班来代替不足的警察。请问低估需求的成本为多少？

c. 在警察队伍中最好应该有多少位额外警察？

d. 某天必须加班的概率为多少？

27. **咖啡店日报**。咖啡店备有日报，顾客可以在喝咖啡时购买并阅读。这种报纸的购入价格为每单位1.19美元，售出价格为每单位1.65美元。如果一天内该报纸有剩余，则由供应商以每单位1美元的价格回收。假设该报纸的日需求量近似服从均值为150单位、标准差为30单位的正态分布。LO5

a. 你认为该咖啡店每日订货批量应为多少？

b. 咖啡店能将所购入的报纸全部售出的概率是多大？

c. 在这类问题中，为什么供应商要给出1美元这么高的回收价格？例如，为什么不提供25美分这样的不太高的回收价格呢？如果回收价格降低，会对咖啡店的订货批量有什么样的影响？

28. **假日糖果**。有一家零售店销售一种假日糖果，售价为每单位10美元，该糖果的购入价格为每单位8美元。所有假日内没能卖出的糖果将在假日末的清仓大甩卖中以零售价的一半卖出。假设该糖果的需求在200～800单位均匀分布。LO5

a. 订货批量应为多少？

b. 在所有糖果都售出后顾客还要购买的情况发生的概率有多大？即在问题a的情况下，发生缺货的概率是多大？

c. 为了使顾客满意并能成为回头客，店主认为应该尽量减少缺货的发生。如果店主能够接受的缺货概率为0.15，那你认为订货批量应该为多少？

d. 根据c中得到的数据，缺货的信誉成本是多少？

29. **汽车零部件**。弗洛伊德销售公司向当地几家小型修车厂供应各种各样的零部件。该公司依据EOQ模型进行采购，并将这些零部件从地方上的一个仓库直接运到客户手中。对于其中一种型号的消声器，该公司应用EOQ得出的结果是$Q^*=25$，以此来满足每年200个消声器的需求量。弗洛伊德销售公司的年工作日为250天，提前期平均为15天。LO6,7

a. 如果该公司的需求率是恒定的，那么再订货点为多少？

b. 假设该公司消声器的需求量分析显示，提前期内的需求可以用均值为12个、标准差为2.5个的正态分布来描述，且公司能够接受的缺货为每年一次，则再订货点应变为多少？

c. 在问题b的情况下，安全库存应为多少？如果$C_h=5$美元/单位/年，则该公司由于需求不确定所支出的额外成本是多少？

30. **咖啡杯的订购**。为了满足外带订单，水龟咖啡馆面临每周均值为300个、标准差为75个且服从正态分布的杯子需求量。咖啡馆以箱为单位批量订购杯子。每箱的订购成本是10美元，包含100个杯子。对每一笔订单，水龟咖啡馆都要支付15美元的邮费（与杯子的数量无关），杯子供应商收到水龟咖啡馆的订单后发货，产品于一周后到达水龟咖啡馆。水龟咖啡馆预计每年的持有成本率为15%。由于杯子的重要性，水龟咖啡馆期望在提前期为一周的补货期间缺货率不超过1%。假设一年有52周。LO6,7

a. 最优订货批量是多少（单位：箱）？

b. 最优再订货点是多少（单位：个）？

31. **复合维生素**。一家健康营养品店出售一种复合维生素产品，该产品的年需求量为1 000瓶，且C_o=25.50美元，C_h=8美元，需求量是不确定的，提前期需求服从均值为25瓶、标准差为5瓶的正态分布。LO6,7

a. 建议的订货批量应为多少？

b. 如果一个周期内公司所允许的缺货概率最多为2%，则其再订货点和安全库存各为多少？

c. 如果经理将再订货点设为30，则在订货周期内发生缺货的概率是多大？一年中预计会发生多少次缺货？

32. **手工艺品。**B&S工艺品店位于蒙特州的贝林顿佛市，主要向游客销售各种各样的手工艺品。B&S每年销售300个手工雕刻的科洛尼尔战士小型复制品，但一年内的需求是不确定的。这种复制品以每个20美元的价格售出。B&S工艺品店的年库存持有成本率为15%。每次订货的订货成本为5美元。提前期需求服从均值为15个、标准差为6个的正态分布。LO6,7

a. 订货批量应为多少？

b. 如果B&S工艺品店愿意接受每年约2次的缺货，那么你认为再订货点应为多少？在一次订货周期内发生缺货的概率为多大？

c. 该产品的安全库存以及年安全库存成本为多少？

33. **润喉片。**一个举办公共讲座、读书会、诗歌朗诵会和其他类似活动的活动厅使用一个为期一周的定期盘点库存系统来盘点为顾客储备的润喉片，其提前期为2天。除此之外，该公司所能接受的缺货次数为每年平均1次。LO7,8

a. 按照该公司的补货策略公司缺货的概率为多大？

b. 如果提前期加上检查周期这段时间内的需求服从均值为60盒、标准差为12盒的正态分布，则补货水平应为多少？

c. 如果提前期加上检查周期这段时间内的需求服从35～85盒的均匀分布，则补货水平应为多少？

34. **护发产品。**福斯特药业公司主营各种美容保健类产品。某种护发产品的购入单价为2.95美元，年持有成本率为20%。按照订货批量－再订货点模型，该产品的订货批量为每次300单位。LO6,7,8

a. 提前期为一周，且提前期需求服从均值为150、标准差为40的正态分布。如果该公司能够接受一个周期内存在1%的缺货率，则再订货点应为多少？

b. 根据问题a中的计算结果，安全库存以及年安全库存成本为多少？

c. 订货批量－再订货点模型要求有一个连续盘点系统。为了协调多项产品的订购，该公司的管理部门决定将此系统改建为定期盘点系统。在预定的2周检查周期加上1周的提前期内，需求服从均值为450、标准差为70的正态分布。如果该公司依然能够接受1%的缺货概率，则该定期盘点系统的补货水平应为多少？

d. 在问题c给出的情况下，安全库存以及年安全库存成本为多少？

e. 比较b和d的结果。该公司正在认真考虑定期盘点系统的实施问题，请问你对此有何建议？给出你的理由。

f. 你是否倾向于支持对较昂贵的产品实行连续盘点？比如，假设在上述例子中护发产品的单价变为295美元。请给出你的理由。

35. **画廊。**Wood Watercolors是一家商业美术画廊，采用一套周期为4周的定期盘点系统为展厅重新订购画作。订单的提前期为1周。在为期5周的补货周期内，某一特定风格画作的需求服从均值为18、标准差为6的正态分布。LO7,8

a. 在某次定期盘点时，现有库存为8单位，经理又发出了一张16单位的订单。则在下一个为期4周的检查期到来并再次发出订单之前，画作出现缺货的概率是多大？

b. 假设公司能接受存在2.5%的缺货率的补货决策，则在问题a中，应该订购多少画作？这个为期4周的定期盘点系统的补货水平应为多少？

36. **笔记本商店。**罗斯办公用品公司应用一套周期为2周的定期盘点系统来管理其库存。该公司每周工作6天。每个星期一的早上，仓储部门的经理会填写一张从公司仓库发出的订单来订购各种货物。有一种三环笔记本每周平均能卖出16本，标

准差为每周 5 本。订单的提前期为 3 天。提前期需求平均为 8 本，标准差为 3.5 本。LO7,8

a. 盘点周期加上提前期的时段内，平均需求或期望需求为多少？

b. 假设每周的需求是互相独立的，且需求的方差是可加的。因此，盘点周期加上提前期的需求的方差，就等于第 1 周需求的方差加上第 2 周需求的方差再加上提前期内需求的方差。那么，盘点周期加上提前期的需求的方差为多少？在这段时间内，需求的标准差为多少？

c. 假设需求服从正态分布，则在每年发生 1 次缺货的情况下，补货水平应为多少？

d. 若在 3 月 18 日星期一，库存中有 18 个该笔记本，则经理应该订购多少个笔记本？

案例问题 10-1

万戈制造公司

万戈制造公司的经理正在考虑自行生产一种零件的经济可行性，该零件原来都是从供应商那里购买的，预计该零件的年需求量为 3 200 个，万戈公司一年运作 250 天。

万戈制造公司的财务分析师指出投入公司内部的资金的成本为 14%。另外，在过去的一年中，公司已对库存投入 600 000 美元的资金。统计数据表明，公司库存在税收和保险方面总共花费了 24 000 美元。除此之外，库存还有估计 9 000 美元的损失，主要包括损坏和被盗。还有 15 000 美元用于仓库的日常管理，包括暖气和照明的费用。

对采购程序的一项分析显示，不管订货批量为多少，填写和协调一份订购这种零件的订单大约需要 2 个小时。采购人员薪水（包括员工津贴）为平均每小时 28 美元。另外对 125 次订货进行详细分析的结果显示，有 2 375 美元用于与订货程序直接相关的电话费、纸张费以及邮费。

从供应商那里得到该零件的提前期为 1 周。对提前期内的需求进行分析表明，提前期需求近似服从均值为 64、标准差为 10 的正态分布。根据服务水平的要求，每年允许 1 次缺货的发生。

当前，万戈制造公司与供应商有一份合同。根据该合同，采购该零件的单价为 18 美元。然而，在过去的几个月里，万戈制造公司的生产能力扩大了，由此导致某些部门出现了生产能力过剩的情况。因此，公司正在考虑是否自行生产这种零件。

对设备的使用预测表明，如果生产该零件，生产能力是有保障的。根据现在的生产能力，每月能生产 1 000 个该种零件，总共能生产 5 个月。管理部门相信，给定 2 周的提前期就可以安排好生产日，然后就可以随需要立即生产。在 2 周的提前期内，需求大致服从均值为 128、标准差为 20 的正态分布。生产成本预计为每个 17 美元。

管理者所关心的一个问题是，每次生产的启动成本非常高。劳动力和损失的生产时间的总成本估计为每小时 50 美元。此外，还需要一个完整的 8 小时班次来设置生产用的设备。LO1,2,6,7

管理报告

请就万戈制造公司的问题写一份报告，说明该公司是应该继续向供应商采购该零件还是应该自行生产该零件。报告中还要包括下列要点。

1. 对持有成本的分析，包括年持有成本率。

2. 对订货成本的分析，包括每次从供应商那里订货的成本。

3. 对生产运行的启动成本的分析。

4. 依据下列两种情况，制定库存策略。

a. 向供应商订购数量为 Q 的该零件。

b. 从本公司内生产部门那里订购数量为 Q 的该零件。

5. 在问题 4 的 a、b 两种情况下的库存策略里，要求包括下列各项。

a. 最佳订货批量 Q^*。

b. 每年所需的订货次数或生产批次。

c. 周期。

d. 再订货点。

e. 安全库存。

f. 预计最大库存。

g. 平均库存。

h. 年持有成本。

i. 年订货成本。

j. 购买或生产该零件的年单位成本。

k. 购买策略的年总成本及生产策略的年总成本。

6. 就应该购买还是自行生产该零件提出你的建议。如果采纳你的建议，则相对于另一个选择，能节省多少资金？

案例问题 10-2

河城消防队

河城消防队（RCFD）负责河城市区的消防以及各种急救工作。RCFD 拥有 13 个扶梯队、26 个消防车队，以及若干急救队和救护车。正常情况下，每天需要 186 个消防员执行任务。

RCFD 被组织成 3 个消防小组。每个小组工作一整天（24 小时），然后休息两天（48 小时）。例如，第 1 组负责星期一，第 2 组负责星期二，第 3 组负责星期三，然后第 1 组再负责星期四，如此循环。在一个 3 周（21 天）的安排期内，每个小组都被安排了工作 7 天。在一个轮班的基础上，每个小组的消防员在 7 天的计划工作日内还能够得到一天的休假。这一天的休假被称为“凯莱日”。这样，在 3 周的安排期内，每个小组的消防员工作 6 天，并得到 1 天的休假。

为了决定每个小组分配多少人员，要考虑 186 人的值班人员，再加上本小组中因凯莱日休假的人员。除此之外，每个小组还需要有额外人员来应对由于受伤、生病、休假或个人原因引起的缺席。额外人员可以是每个小组的全职消防人员的增加，也可以是现有人员的加班，在这两者来源中做到一个最佳的搭配。如果某天由于缺席人员过多使得可用消防人员数量小于正常所需的 186 人，则目前正在休假（在凯莱日中）的消防人员会被安排加班。加班的工资为平时一天的 1.55 倍。

根据过去几年对每天缺席人数记录的分析，缺席人数服从正态分布。我们用一个均值为 20 人、标准差为 5 人的正态分布，可以很好地描述每天的缺席人数。LO5

管理报告

请就该问题写一份报告，主要是帮助消防队长 O. E. Smith 决定消防部必需的人员数量。报告中至少包含如下内容。

1. 假设每天都没有缺席，但要考虑到消防员的凯莱日，请决定每个小组消防员的最低数量。

2. 为了填补日常缺席，以成本最小为标准，计算每个小组需要增加多少个额外消防员。这一额外需求由额外消防员来满足，必要时还可以用成本更高的休假人员加班来满足。

3. 在某一天，处于凯莱日中的消防人员被要求加班的概率是多大？

4. 基于 3 个小组的分组情况，每个小组需要分配多少人员？河城消防部门总共需要多少个全职消防员？

附录 10.1

EOQ 模型的最佳经济订货批量（Q^*）的公式推导

式（10-4）是 EOQ 模型年总成本的一般式。

$$\mathrm{TC} = \frac{1}{2}QC_{\mathrm{h}} + \frac{D}{Q}C_{\mathrm{o}} \qquad (10\text{-}4)$$

通过求导，让$\mathrm{d}\mathrm{TC}/\mathrm{d}Q$等于0，再求$Q^*$，可以得到使总成本最小的$Q$的值。

$$\frac{\mathrm{dTC}}{\mathrm{d}Q}=\frac{1}{2}C_{\mathrm{h}}-\frac{D}{Q^2}C_{\mathrm{o}}=0$$

$$\frac{1}{2}C_{\mathrm{h}}=\frac{D}{Q^2}C_{\mathrm{o}}$$

$$C_{\mathrm{h}}Q^2=2DC_{\mathrm{o}}$$

$$Q^2=\frac{2DC_{\mathrm{o}}}{C_{\mathrm{h}}}$$

因此：

$$Q^*=\sqrt{\frac{2DC_{\mathrm{o}}}{C_{\mathrm{h}}}} \qquad (10\text{-}5)$$

下面再求二阶导数：

$$\frac{\mathrm{d}^2\mathrm{TC}}{\mathrm{d}Q^2}=\frac{2D}{Q^3}C_{\mathrm{o}}$$

由于二阶导数大于0，因此式（10-5）得出的Q^*就是最低成本的订货批量。

附录10.2

生产批量模型的最佳批量（Q^*）的公式推导

式（10-15）是生产批量模型的年总成本公式。

$$\mathrm{TC}=\frac{1}{2}\left(1-\frac{D}{P}\right)QC_{\mathrm{h}}+\frac{D}{Q}C_{\mathrm{o}} \qquad (10\text{-}15)$$

通过求导，令 dTC/dQ 等于0，再求 Q^*，可得到使总成本最小的 Q 的值。

$$\frac{\mathrm{dTC}}{\mathrm{d}Q}=\frac{1}{2}\left(1-\frac{D}{P}\right)C_{\mathrm{h}}-\frac{D}{Q^2}C_{\mathrm{o}}=0$$

求解 Q^*，我们有：

$$\frac{1}{2}\left(1-\frac{D}{P}\right)C_{\mathrm{h}}=\frac{D}{Q^2}C_{\mathrm{o}}$$

$$\left(1-\frac{D}{P}\right)C_{\mathrm{h}}Q^2=2DC_{\mathrm{o}}$$

$$Q^2=\frac{2DC_{\mathrm{o}}}{(1-D/P)C_{\mathrm{h}}}$$

因此：

$$Q^*=\sqrt{\frac{2DC_{\mathrm{o}}}{(1-D/P)C_{\mathrm{h}}}} \qquad (10\text{-}16)$$

下面再求二阶导数：

$$\frac{\mathrm{d}^2\mathrm{TC}}{\mathrm{d}Q^2}=\frac{2DC_{\mathrm{o}}}{Q^3}$$

因为二阶导数大于0，因此式（10-16）得出的Q^*就是最低成本的订货批量。

第11章 排队模型

学习目标

LO1 使用泊松分布描述到达时间，使用指数分布描述服务时间。

LO2 计算泊松到达和指数服务时间的单服务台排队的稳态运行参数。

LO3 计算泊松到达和指数服务时间的多服务台排队的稳态运行参数。

LO4 用里特导出方程来描述任何排队系统的运行参数之间的关系。

LO5 使用排队的经济性分析做出排队系统决策。

LO6 计算泊松到达和一般服务时间的单服务台排队的稳态运行参数。

LO7 计算泊松到达、一般服务时间和无等待的多服务台排队的稳态运行参数。

LO8 计算有限客源的泊松到达和指数服务时间的单服务台排队的稳态运行参数。

回想一下上一次你不得不排队的情形，比如在超市的收银台排队、在银行排队、在快餐店排队等。在类似上述需要排队的情况下，把时间用于等待是令人非常不愉快的。然而增加更多的收银员、银行出纳员或服务生并不总是改变服务水平的最经济的策略。因此，各行各业需要采取相应的措施，把排队时间控制在顾客所能容忍的限度内。

人们已经设计建立了一些模型来帮助管理者理解等候线的运作，并帮助管理者做出更好的决策。用管理科学的术语来讲，等候线也称**排队**，与等候线相关的知识体系被称为**排队论**。20 世纪初，丹麦的一个电话工程师 A. K. 埃尔朗开始对打电话时发生的阻塞和排队时间进行研究。之后，排队论的发展日趋复杂，并广泛地运用到排队情形中。

排队模型包括一些数学公式以及可用于确定排队**运行参数**（系统指标）的关系式。相关运行参数如下。

（1）系统中没有顾客的概率。

（2）排队的顾客平均数。

（3）系统中的顾客平均数（排队的顾客数加上接受服务的顾客数）。

（4）每位顾客排队花费的平均时间。

（5）每位顾客在系统中花费的平均时间（排队时间加上服务时间）。

（6）顾客到达以后不得不排队以接受服务的概率。

管理者掌握了以上信息，才能够更好地做出使期望服务水平与所花费的成本相平衡的决策。

专栏 11-1 描述了如何应用排队模型帮助纽约市花旗银行业务中心确定它所需安装的自动取款机的数量。在纽约市切尔西街全食市场应用排队模型时，为了实施先到先服务的排队原则，开发了一种新的排队模型，并雇用了一名排队主管。除此之外，排队模型还协助康涅狄格州纽黑文市的消防局制定了一些策略，改善了对火灾或紧急救助的反应时间。

花旗银行使用的排队模型将在 11.3 节中讨论。

|专栏 11-1| 实践中的管理科学

花旗银行自动取款机的排队时间

美国花旗银行纽约分部负责近 250 家银行业务中心。每个中心提供一台或多台自动取款机（ATM），这些 ATM 可以执行多种银行业务。在每个服务中心，顾客随机到达，然后向某一台 ATM 提出服务请求，并形成等候线。

为了确定在某一特定业务中心区域内 ATM 的数量，管理者需要得到关于每位顾客的平均排队时间以及平均服务时间的信息。排队运作参数（排队的顾客平均数、每位顾客的平均排队时间以及新到达顾客不得不排队的概率等信息）会帮助管理者确定各个业务区域内 ATM 的数量。

例如，位于曼哈顿闹市区的银行业务中心，每天的最高顾客到达率为每小时 172 位。使用拥有 6 台 ATM 的多队列的排队模型可以得出：有 88% 的顾客必须排队，并且顾客的平均排队时间为 6～7 分钟。我们认为这种服务水平是不可接受的。利用排队模型进行预测，我们得出的建议是：在可接受的服务水平的要求下，需要将该地区的 ATM 增加到 7 台。排队模型的使用为各业务中心区域增加 ATM 提供了指导。

资料来源：由花旗银行的 Stacey Karter 提供信息。

11.1 排队系统的结构

为了说明排队系统的基本特征，我们以伯格·度姆快餐店的等候线为例。伯格·度姆快餐店出售火腿汉堡、奶酪汉堡、法式油炸食品、软饮料和奶昔，同时还有一些特色食品和甜点可供选择。虽然伯格·度姆快餐店希望能为每位顾客提供即时的服务，但是很多时候，到达的顾客远远多于快餐店的服务人员所能接待的人数。因此，顾客不得不排队等候点餐和取餐。

伯格·度姆快餐店担心它目前所用的顾客服务方式导致了过长的排队时间。管理层希望通过对等候线进行研究，开发一个能够减少排队时间、提高服务质量的最佳方式。

11.1.1 单服务台等候线

在伯格·度姆快餐店目前所实行的运作方式中，一名服务生为一位顾客点餐，计算总费用，向顾客收取餐费，然后上菜。为第一位顾客上菜之后，这名服务生就可以为下一位排队的顾客服务。这种运作方式就是一个单服务台排队模型的例子。每位进入伯格·度姆快餐店的顾客都必须通过这一条服务台（一个接受点餐和上菜的工作台）进行点餐、付款，然后获取食品。当到达的顾客人数很多、服务生不能及时提供服务时，顾客就会形成一条排队队伍，等待这个点餐和上菜的工作台为他们提供服务。有关伯格·度姆快餐店的单服务台排队如图 11-1 所示。

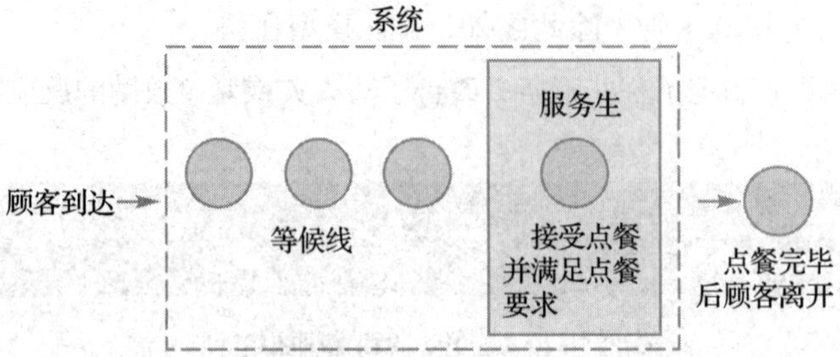

图 11-1　伯格·度姆的单服务台排队

11.1.2　到达间隔分布

为排队确定到达过程主要包括确定在某个给定时间段内顾客到达数目的概率分布。对于有些排队情形来说，顾客的到达具有随机性和独立性，我们不能预测新的顾客会在什么时候到达。在这种情况下，管理科学家发现，顾客的到达规律可以用**泊松概率分布**来很好地进行描述。

泊松概率函数可以计算出在某个时间段内，有 x 位顾客到达的概率。该概率函数如下：[⊖]

$$P(x)=\frac{\lambda^x e^{-\lambda}}{x!}\quad x=0,1,2,\cdots \tag{11-1}$$

其中，

x = 在此时间段内的到达人数

λ = 单位时间段内的平均到达人数

e = 2.718 28

$e^{-\lambda}$ 的值可以利用计算器或查附录 C 得到。

假设伯格·度姆快餐店已经对相关的顾客到达数据进行了分析，并得知平均每小时到达的顾客人数为 45 人。也就是说，平均到达人数为 λ=45 名顾客 /60 分钟 =0.75 名顾客 / 分钟。因此，我们可以利用下面的泊松概率函数计算 1 分钟内有 x 位顾客到达的概率：

$$P(x)=\frac{\lambda^x e^{-\lambda}}{x!}=\frac{0.75^x e^{-0.75}}{x!} \tag{11-2}$$

从而，1 分钟内有 0 位、1 位和 2 位顾客到达的概率分别为：

$$P(0)=\frac{(0.75)^0 e^{-0.75}}{0!}=e^{-0.75}=0.472\,4$$

$$P(1)=\frac{(0.75)^1 e^{-0.75}}{1!}=0.75e^{-0.75}=0.75\times0.472\,4=0.354\,3$$

⊖ 符号 $x!$，即 x 的阶乘，定义为 $x!=x(x-1)(x-2)\cdots(2)(1)$，例如 4!=4×3×2×1=24。当 $x=0$ 时，规定 0!=1。

$$P(2)=\frac{(0.75)^2\mathrm{e}^{-0.75}}{2!}=\frac{0.562\,5\times0.472\,4}{2}=0.132\,9$$

可见，1 分钟内没有顾客到达的概率为 0.472 4，有 1 位顾客到达的概率为 0.354 3，有 2 位顾客到达的概率为 0.132 9。表 11-1 表示了 1 分钟内到达顾客数的概率。

表11-1 1分钟内到达伯格·度姆快餐店的顾客人数概率分布

到达人数	概率
0	0.472 4
1	0.354 3
2	0.132 9
3	0.033 2
4	0.006 2
5名以上（含5名）	0.001 0

11.2 节和 11.3 节将要讨论排队模型，其中伯格·度姆快餐店的顾客到达人数是用泊松分布描述的。在实际应用中，我们要记录几天或几个星期内每个时间段的实际到达人数，并将观察到的到达人数概率分布与泊松概率分布相比较，以确定由泊松概率分布计算得出的值是不是实际到达人数分布的合理的近似值。

参数 λ 不仅可以描述单位时间段的平均到达人数，还可用于描述**平均到达时间间隔**。平均到达时间间隔是指相继到达排队系统的两个顾客到达排队系统的相隔平均时间，用 $1/\lambda$ 计算。如果一段时间内到达顾客数符合到达率为 λ 的泊松分布，则顾客到达间隔时间符合参数为 $1/\lambda$ 的指数分布。

11.1.3 服务时间分布

服务时间是指从服务开始，某位顾客在服务台所花费的时间。对于伯格·度姆快餐店而言，服务时间从顾客向服务生点餐开始，持续到顾客拿到所点的食品为止。服务时间通常不是固定的。在伯格·度姆快餐店，每位顾客所点的食品数目和品种有很大的不同。点餐少的顾客可能在几秒钟内完成，而点餐多的顾客可能要花 2 分钟甚至更长的时间才能完成。

如果服务时间的概率分布可以用指数概率分布来表示，那么可以用公式来计算排队运作所需的有用信息。利用指数概率分布来计算服务时间小于或等于时间长度 t 时的概率如下：

$$P(\text{服务时间}\leqslant t)=1-\mathrm{e}^{-\mu t} \tag{11-3}$$

其中，

μ = 单位时间段内接受服务的平均顾客数

$\mathrm{e}=2.718\,28$

假设伯格·度姆快餐店已经研究了点餐和上菜的过程，并发现每个服务生平均每小时能为 60 位顾客提供点餐服务。在此基础上，可以得出平均服务率为 μ = 60 名顾客 /60 分钟 =1 名顾客 / 分钟。例如，当 $\mu=1$ 时，我们可用式（11-3）来计算在 0.5 分钟内、1 分钟内以及 2 分钟内可以处理一个点餐要求的概率。计算分别如下：

$$P(\text{服务时间}\leqslant 0.5\text{ 分钟})=1-\mathrm{e}^{-1\times0.5}=1-0.606\,5=0.393\,5$$

$$P(\text{服务时间}\leqslant 1.0\text{ 分钟})=1-\mathrm{e}^{-1\times1.0}=1-0.367\,9=0.632\,1$$

$$P(\text{服务时间}\leqslant 2.0\text{ 分钟})=1-\mathrm{e}^{-1\times2.0}=1-0.135\,3=0.864\,7$$

> 参数 μ 不仅可以描述单位时间段内接受服务的平均顾客数，还可用于描述代表服务系统的服务能力的**平均服务时间**。平均服务时间是指服务系统完成对一个顾客的服务所需的平均时间，用 $1/\mu$ 计算。

因此，我们可以得出结论：0.5 分钟内能处理一个点餐要求的概率为 0.393 5，1 分钟内能处理一个点餐要求的概率为 0.632 1，2 分钟内能处理一个点餐要求的概率为 0.864 7。

本章所述的几个排队模型假定服务时间的概率分布服从指数分布。在实践中，我们应该收集相关的实际服务时间的数据，以确定由指数分布得出的值是不是实践中服务时间的合理近似值。

指数概率分布的一个性质是随机变量小于其平均值的概率是 0.632 1。在排队模型中，指数概率分布表明约 63% 的顾客的服务时间小于平均服务时间，约 37% 的顾客的服务时间大于平均服务时间。

11.1.4 排队原则

在描述排队系统时，我们必须规定等待服务的顾客按照什么方式等待服务。就伯格·度姆快餐店的排队（推广到一般来讲，可以是所有面向顾客的排队）来说，我们是以**先到先服务**的原则来安排等候服务的顾客的，这种方式被称作“FCFS 排队原则”。然而，有些情况要求有不同的排队原则。比如在乘坐飞机时，最后登机的顾客往往会最先下飞机，因为有许多航空公司都是让座位在飞机后排的乘客先登机。另外，医院急诊室不会采用前面所述的任何一种排队原则，而是赋予等候个体优先次序，然后为具有最高优先权的顾客最先提供服务。在本章中，我们只讨论采用先到先服务排队原则的排队。

11.1.5 稳态运行

当伯格·度姆快餐店早上开始营业时，店里没有顾客，每位顾客从到达到最终被服务的时间存在明显差别，因而没有一定的排队原则。渐渐地，营业开始正常或呈稳定状态。我们将开始或起始阶段称为**过渡（瞬时）阶段**。当系统正常或**稳态运行**时，过渡（瞬时）阶段结束。排队模型描述了排队的稳态运行特征。

11.2 到达服从泊松分布、服务时间服从指数分布的单服务台排队模型

排队模型通常基于到达服从泊松分布和服务时间服从指数分布等假设。在应用任何排队模型时，都应在实际系统中收集数据，以确保模型的假设是合理的。

在本节中，为了确定单服务台排队的稳态运行参数，我们将介绍一些相关的公式。如果顾客到达服从泊松分布，并且服务时间服从指数分布，则我们就可以应用这些公式。因为上述假设符合 11.1 节中讨论的伯格·度姆快餐店问题，因此，我们将解释如何应用这些公式来确定伯格·度姆快餐店的运行参数，并据此为管理层提供有益的决策信息。

虽然排队运行参数推导的数学方法非常复杂，但在本章中，我们的目的并不在于排队模型的理论发展，而在于说明如何利用已有的公式计算有关排队运行参数。对这些公式的数学推导过程感兴趣的读者可以参阅本书参考文献中所列出的专业书籍。

11.2.1 运行参数

我们可以用下述公式来计算到达服从泊松分布、服务时间服从指数分布的单服务台排队的运行参数，其中：

λ = 单位时间段内平均到达的顾客数（平均到达率）

μ = 单位时间段内平均服务的顾客数（平均服务率）

（1）系统中没有顾客的概率：

$$P_0 = 1 - \frac{\lambda}{\mu} \tag{11-4}$$

（2）排队顾客的平均数：

$$L_q = \frac{\lambda^2}{\mu(\mu-\lambda)} \tag{11-5}$$

式（11-4）～式（11-10）并不代表系统的最优条件，而是系统达到稳定状态时的运行参数信息。

（3）系统中顾客的平均数：

$$L = L_q + \frac{\lambda}{\mu} \tag{11-6}$$

（4）一位顾客排队所花费的平均时间：

$$W_q = \frac{L_q}{\lambda} \tag{11-7}$$

（5）一位顾客在系统中所花费的平均时间：

$$W = W_q + \frac{1}{\mu} \tag{11-8}$$

（6）某位刚到达的顾客必须等待的概率：

$$P_w = \frac{\lambda}{\mu} \tag{11-9}$$

（7）系统中同时有 n 位顾客的概率：

$$P_n = \left(\frac{\lambda}{\mu}\right)^n P_0 \tag{11-10}$$

显然，**平均到达率** λ 和**平均服务率** μ 的值是决定运行参数的重要因素。通过式（11-9）可以看出：平均到达率和平均服务率的比值 λ/μ 表示一个到达的顾客由于服务台处于被使用状态而不得不等候的概率。因此，通常将 λ/μ 看作服务设施的利用系数。

只有当平均服务率 μ 大于平均到达率 λ（即 $\lambda/\mu < 1$）时，式（11-4）～式（11-10）所求的运行参数才适用。如果不存在上述情况，则排队将会无限期增长，因为服务台没有足够的能力接待新到达的个体。因此，只有当 $\mu > \lambda$ 时，我们才能利用式（11-4）～式（11-10）来计算。

11.2.2 伯格·度姆快餐店问题的运行参数

回顾一下，在伯格·度姆快餐店的问题中，我们已经得到平均到达率 λ=0.75 和平均服务率 μ =1。因此，在 $\mu > \lambda$ 的情况下，可以利用式（11-4）～式（11-10）来计算伯格·度姆快餐店的单服务台排队的运行参数。

$$P_0 = 1 - \frac{\lambda}{\mu} = 1 - \frac{0.75}{1} = 0.25$$

$$L_q = \frac{\lambda^2}{\mu(\mu-\lambda)} = \frac{0.75^2}{1\times(1-0.75)} = 2.25 \text{（位顾客）}$$

$$L = L_q + \frac{\lambda}{\mu} = 2.25 + \frac{0.75}{1} = 3 \text{（位顾客）}$$

$$W_q = \frac{L_q}{\lambda} = \frac{2.25}{0.75} = 3 \text{（分钟）}$$

$$W = W_q + \frac{1}{\mu} = 3 + \frac{1}{1} = 4\ (\text{分钟})$$

$$P_w = \frac{\lambda}{\mu} = \frac{0.75}{1} = 0.75$$

我们可以用式（11-10）确定系统中任何数目顾客的概率。表 11-2 提供了应用式（11-10）得出的概率信息。

11.2.3 管理者对排队模型的应用

伯格·度姆快餐店的单服务台排队的计算结果给出了一些关于排队运作的重要信息。特别值得注意的是，顾客在点餐前的平均等待时间为 3 分钟，这对以快速服务为宗旨的行业来说，多少有些长了点。此外，我们还注意到，等待中的顾客平均人数为 2.25 位，且顾客不得不等待的概率为 75%，这也要求我们必须采取措施改善排队运作。通过表 11-2，我们知道，在伯格·度姆快餐店的系统中，同时有 7 个或更多顾客等待的概率为 0.133 5。这一数字表明，如果伯格·度姆快餐店继续使用单服务台排队运作方式，则很可能会出现较长的排队队伍。

表11-2 伯格·度姆快餐店的排队系统中有*n*位顾客的概率

顾客人数	概率
0	0.250 0
1	0.187 5
2	0.140 6
3	0.105 5
4	0.079 1
5	0.059 3
6	0.044 5
7个或更多	0.133 5

相对于公司的服务标准来讲，伯格·度姆快餐店的运行参数并不令人满意。因此，快餐店的管理者应当考虑采取其他设计或计划来改善排队运作。

11.2.4 改善排队运作

排队模型通常会显示出哪些运行参数需要改善。然而，要就怎样改变排队结构来改善运行参数做出决策，必须依靠分析人员的洞察力和创造力。

考察了排队模型所提供的运行参数之后，伯格·度姆快餐店的管理者认为有必要改善排队运作从而减少顾客的等候时间。为了改善排队运作，分析人员常常侧重于采用提高服务率的方法。一般来讲，要提高服务率，需要做出下面一种或两种改变。

方案 1：通过创造性的设计变更或利用新技术来提高平均服务率 μ。

方案 2：增加服务台数量，这样能够使更多的顾客得到即时服务。

假设在考虑改善方案 1 时，伯格·度姆快餐店的管理者决定让顾客在排队的同时将自己的点餐单直接交给厨房，这样等到顾客缴费的时候就可以同时获得自己的餐点。按照这一设计，伯格·度姆快餐店的管理者预测：平均服务率可以从现在的每小时 60 位顾客上升到每小时 75 位顾客。也就是说，改变后的系统的平均服务率为 $\mu = 75/60=1.25$（位顾客 / 分钟）。在 $\lambda = 0.75$ 位顾客 / 分钟，且 $\mu = 1.25$ 位顾客 / 分钟的情况下，我们可以利用式（11-4）～式（11-10）重新计算伯格·度姆快餐店排队的新的运行参数。计算得到的运行参数如表 11-3 所示。

从表 11-3 中我们可以看出，服务率的提高改善了所有的运行参数。尤为重要的是，顾客排队等候所花费的平均时间从 3 分钟下降到了 1.2 分钟；顾客在系统中所花费的平均时间从 4 分钟减少到 2 分钟。然而，还有没有其他的方法可以让伯格·度姆快餐店提高服务率呢？如果有，并且每种方法中的平均服务率 μ 都能确定，则可以利用式（11-4）～式（11-10）来计算改变后的运行参数以及排队系统中的所有改善。我们可以将实施改进方案所增加的成本与提高的服务质量进行比较，从而帮助管理者决定实行改进方案的服务改善策略是否有价值。

正如前面所提到的，改善方案 2 可以提供一个或多个额外的服务台，从而可以在同一时间内为多位顾客服务。下一节讨论的主题就把单服务台排队模型扩展到多服务台排队模型。

表 11-3 平均服务率上升到 μ =1.25 位顾客 / 分钟时，伯格・度姆快餐店系统的运行参数

系统中没有顾客的概率	0.400
排队顾客的平均数	0.900
系统中顾客的平均数	1.500
一位顾客排队所花费的平均时间	1.200 分钟
一位顾客在系统中所花费的平均时间	2.000 分钟
某位刚到达的顾客必须等候的概率	0.600
系统中有 7 位以上（含 7 位）顾客的概率	0.028

11.2.5 排队模型的 Excel 求解

在工作表的帮助下，我们可以很容易地实施排队模型。伯格・度姆快餐店单服务台排队的 Excel 工作表如图 11-2 所示。左边工作表格的阴影区域显示了计算公式，而右边工作表格的阴影区域显示了相应的数值结果。在单元格 B7 和 B8 中分别输入平均到达率和平均服务率。然后将排队相关运行参数的计算式输入单元格 C13 ~ C18 中。通过该工作表得到的结果与我们前面得到的运行参数的值是相同的。排队设计的变更是通过在单元格 B7 和 B8 中输入不同的平均达到率和（或）平均服务率体现出来的。输入新的到达率和服务率之后，就可以立刻得到排队的新的运行参数。图 11-2 所示的工作表是一个模板，可以用于所有到达服从泊松分布、服务时间服从指数分布的单服务台排队模型。

	A	B	C
1	**单服务台排队模型**		
2			
3	**假设**		
4	**到达服从泊松分布**		
5	**服务时间服从指数分布**		
6			
7	平均到达率	0.75	
8	平均服务率	1	
9			
10			
11	**运行参数**		
12			
13	系统中没有顾客的概率，P_0		=1-B7/B8
14	排队顾客的平均数，L_q		=B7^2/(B8*(B8-B7))
15	系统中顾客的平均数，L		=C14+B7/B8
16	一位顾客排队所花费的平均时间，W_q		=C14/B7
17	一位顾客在系统中所花费的平均时间，W		=C16+1/B8
18	某位刚到达的顾客必须等候的概率，P_w		=B7/B8

	A	B	C
1	**单服务台排队模型**		
2			
3	**假设**		
4	**到达服从泊松分布**		
5	**服务时间服从指数分布**		
6			
7	平均到达率	0.75	
8	平均服务率	1	
9			
10			
11	**运行参数**		
12			
13	系统中没有顾客的概率，P_0		0.2500
14	排队顾客的平均数，L_q		2.2500
15	系统中顾客的平均数，L		3.0000
16	一位顾客排队所花费的平均时间，W_q		3.0000
17	一位顾客在系统中所花费的平均时间，W		4.0000
18	某位刚到达的顾客必须等候的概率，P_w		0.7500

图 11-2 伯格・度姆快餐店的单服务台排队系统的工作表

注释与点评

1. 假设顾客到达服从泊松分布，等同于假设顾客到达之间的时间间隔服从指数分布。例如，如果一个排队的顾客到达服从平均每小时到达 20 位的泊松分布，也就是服从到达时间间隔的平均时间为 0.05 小时的指数分布。

2. 很多人认为，只要平均服务率 μ 大于平均到达率 λ，该系统就能够接待所有到达者或者说可以为所有到达者提供服务。然而，正如伯格·度姆快餐店的例子所示，即使平均服务率 μ 大于平均到达率 λ，到达时间和服务时间的不确定性也可能会导致过长的等候时间。排队模型的贡献之一就是，即使满足看似令人满意的条件 $\mu > \lambda$，它们也能够指出排队运行参数中不尽如人意的地方。

11.3 到达服从泊松分布、服务时间服从指数分布的多服务台排队模型

一个**多服务台排队**包括两个或两个以上服务台，假设这些服务台就服务能力而言是相同的。在多服务台服务系统中存在两种典型的情况：①顾客先是排在同一等候线里（也叫一个“集中”或“共享”队列），等到自己接受服务的时候，就转移到一个可以直接被服务的窗口那里去；②每个服务窗口有自己的队列，新来的顾客选择其中一个队列排队等候服务。在本章中，我们重点关注针对所有服务窗口的单个共享队列的系统设计。单个共享队列的情形更能突显多服务系统的运行特征。伯格·度姆快餐店的单服务台营业方式可以通过增开第 2 个服务台扩展成双服务台系统。图 11-3 为伯格·度姆快餐店的一个双服务台排队示意图。本章使用的多服务台排队模型术语，代表的是单服务台排队和多服务台排队系统。

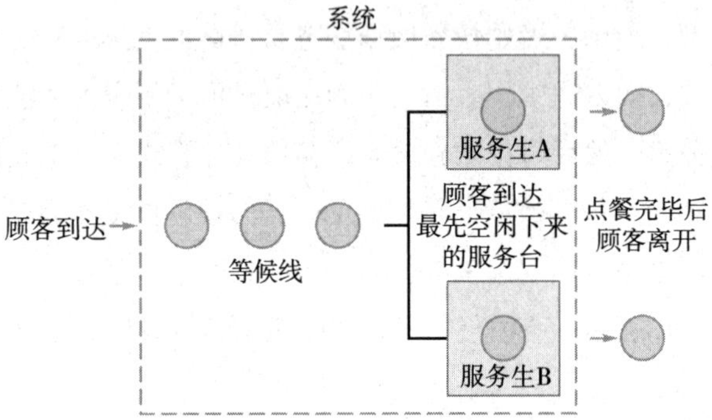

图11-3 伯格·度姆快餐店的双服务台排队

本节中，我们将介绍确定多服务台排队稳态运行参数的公式。这些公式的应用前提为下列条件成立。

（1）到达服从泊松分布。

（2）各个服务台的服务时间服从指数分布。

（3）各个服务台的平均服务率 μ 相同。

（4）到达者在单服务台中排队，然后移动到最先空闲下来的服务台接受服务。

11.3.1 运行参数

我们可以用下列公式来计算多服务台排队的稳态运行参数，其中，

λ = 系统的平均到达率

μ = 每个服务台的平均服务率

k = 服务台数

（1）系统中没有顾客的概率：

$$P_0 = \frac{1}{\sum_{n=0}^{k-1}\frac{(\lambda/\mu)^n}{n!} + \frac{(\lambda/\mu)^k}{k!}\left(\frac{k\mu}{k\mu-\lambda}\right)} \tag{11-11}$$

（2）排队顾客的平均数：

$$L_q = \frac{(\lambda/\mu)^k \lambda\mu}{(k-1)!(k\mu-\lambda)^2} P_0 \tag{11-12}$$

（3）系统中顾客的平均数：

$$L = L_q + \frac{\lambda}{\mu} \tag{11-13}$$

（4）一位顾客排队所花费的平均时间：

$$W_q = \frac{L_q}{\lambda} \tag{11-14}$$

（5）一位顾客在系统中所花费的平均时间：

$$W = W_q + \frac{1}{\mu} \tag{11-15}$$

（6）某位刚到达的顾客必须等待的概率：

$$P_w = \frac{1}{k!}\left(\frac{\lambda}{\mu}\right)^k \left(\frac{k\mu}{k\mu-\lambda}\right) P_0 \tag{11-16}$$

（7）系统中同时有 n 位顾客的概率：

$$P_n = \frac{(\lambda/\mu)^n}{n!} P_0 \quad 对于\ n \leqslant k \tag{11-17}$$

$$P_n = \frac{(\lambda/\mu)^n}{k!k^{(n-k)}} P_0 \quad 对于\ n > k \tag{11-18}$$

因为 μ 为每个服务台的平均服务率，所以 $k\mu$ 就是多服务台系统的平均服务率。我们已知道上述公式适用于单服务台排队模型，但只有当系统的平均服务率大于系统的平均到达率时，这些公式才能适用于多服务台排队模型的运行参数。也就是说，对于多服务台排队模型，只有当 $\lambda/k\mu<1$ 时，才可以应用上述公式。

对于多服务台排队，有些运行参数的计算公式比单服务台排队的复杂。但是，式（11-11）～式（11-18）要计算的参数与单服务台排队模型要计算的参数是相同的。为了帮助简化多服务台排队模型中公式的运用，表 11-4 给出了根据所选定的一些 λ/μ 和 k 的值所计算出的 P_0 的值。表中的数值都对应着 $\lambda/k\mu<1$ 的情况，即服务率足够处理到达的顾客。

表 11-4　到达服从泊松分布、服务时间服从指数分布的多服务台排队中的 P_0 的值

比率（λ/μ）	服务台的数量（k）			
	2	3	4	5
0.15	0.860 5	0.860 7	0.860 7	0.860 7
0.20	0.818 2	0.818 7	0.818 7	0.818 7
0.25	0.777 8	0.778 8	0.778 8	0.778 8
0.30	0.739 1	0.740 7	0.740 8	0.740 8
0.35	0.702 1	0.704 6	0.704 7	0.704 7
0.40	0.666 7	0.670 1	0.670 3	0.670 3
0.45	0.632 7	0.637 3	0.637 6	0.637 6
0.50	0.600 0	0.606 1	0.606 5	0.606 5
0.55	0.568 6	0.576 3	0.576 9	0.576 9

（续）

比率（λ/μ）	服务台的数量（k）			
	2	3	4	5
0.60	0.538 5	0.547 9	0.548 7	0.548 8
0.65	0.509 4	0.520 9	0.521 9	0.522 0
0.70	0.481 5	0.495 2	0.496 5	0.496 6
0.75	0.454 5	0.470 6	0.472 2	0.472 4
0.80	0.428 6	0.447 2	0.449 1	0.449 3
0.85	0.403 5	0.424 8	0.427 1	0.427 4
0.90	0.379 3	0.403 5	0.406 2	0.406 5
0.95	0.355 9	0.383 1	0.386 3	0.386 7
1.00	0.333 3	0.363 6	0.367 3	0.367 8
1.20	0.250 0	0.294 1	0.300 2	0.301 1
1.40	0.176 5	0.236 0	0.244 9	0.246 3
1.60	0.111 1	0.187 2	0.199 3	0.201 4
1.80	0.052 6	0.146 0	0.161 6	0.164 6
2.00		0.111 1	0.130 4	0.134 3
2.20		0.081 5	0.104 6	0.109 4
2.40		0.056 2	0.083 1	0.088 9
2.60		0.034 5	0.065 1	0.072 1
2.80		0.016 0	0.052 1	0.058 1
3.00			0.037 7	0.046 6
3.20			0.027 3	0.037 2
3.40			0.018 6	0.029 3
3.60			0.011 3	0.022 8
3.80			0.005 1	0.017 4
4.00				0.013 0
4.20				0.009 3
4.40				0.006 3
4.60				0.003 8
4.80				0.001 7

11.3.2 伯格・度姆快餐店问题的运行参数

为了说明多服务台排队模型，我们仍然以伯格・度姆快餐店的排队情况为例。如果管理者想对增开第 2 个点餐工作台（以便能同时为两位顾客提供服务）的可行性进行评估，假设在单服务台排队中排在第 1 位的顾客首先到达空闲的服务台处接受服务，接下来我们来计算这个双服务台系统的运行参数。

下面运用式（11-12）～式（11-18）来计算当 $k=2$ 时的双服务台系统的运行参数。当平均到达率为 $\lambda=0.75$ 位顾客 / 分钟，且每个服务台的服务率为 $\mu=1$ 位顾客 / 分钟时，我们得到下面的运行参数：

$$P_0=0.454\,5\text{（见表 11-4，其中 }\lambda/\mu=0.75\text{）}$$

$$L_q=\frac{(0.75/1)^2\times0.75\times1}{(2-1)!\times(2\times1-0.75)^2}\times0.454\,5=0.122\,7\text{（位顾客）}$$

$$L=L_q+\frac{\lambda}{\mu}=0.122\,7+\frac{0.75}{1}=0.872\,7\text{（位顾客）}$$

$$W_q = \frac{L_q}{\lambda} = \frac{0.122\,7}{0.75} = 0.163\,6 \text{（分钟）}$$

$$W = W_q + \frac{1}{\mu} = 0.163\,6 + \frac{1}{1} = 1.163\,6 \text{（分钟）}$$

$$P_w = \frac{1}{2!} \times \left(\frac{0.75}{1}\right)^2 \times \left(\frac{2\times 1}{2\times 1 - 0.75}\right) \times 0.454\,5 = 0.204\,5$$

利用式（11-17）和式（11-18），我们可以计算出系统中有 n 位顾客的概率。计算结果如表 11-5 所示。

表 11-5 伯格・度姆快餐店双服务台系统中有 n 位顾客的概率

顾客人数	概率	顾客人数	概率
0	0.454 5	3	0.047 9
1	0.340 9	4	0.018 0
2	0.127 8	5 名以上（含 5 名）	0.010 9

现在，我们可以将双服务台系统的稳态运行参数与 11.2 节中所讨论过的原始的单服务台系统的运行参数进行对比。

（1）一位顾客在系统中所花费的平均时间（等候时间加上接受服务时间）从 $W = 4$ 分钟减少到 $W = 1.163\,6$ 分钟。

（2）排队顾客的平均数从 $L_q = 2.25$ 位减少到 $L_q = 0.122\,7$ 位。

（3）一位顾客排队所花费的平均时间从 $W_q = 3$ 分钟减少到 $W_q = 0.163\,6$ 分钟。

（4）某位刚到达的顾客必须等待的概率从 $P_w = 0.75$ 下降到 $P_w = 0.204\,5$。

很明显，双服务台系统可以极大地改善排队运行参数。排队研究展示了三种排队结构的运行特征：原始的单服务台系统、直接向厨房提交订单的单服务台系统和由两个服务生处理订单构成的双服务台系统。考察了上述结果之后，你会推荐实施什么措施？在本案例中，伯格・度姆快餐店采用了下面的策略：在预计到达顾客为平均每小时 45 位的时间段内，伯格・度姆快餐店将安排 2 个点餐台，每个点餐台有 1 个服务生。

伯格・度姆快餐店的管理者通过细化管理平均到达率 λ 来反映一天中不同时段的到达率，然后计算出运行参数，这样他们就能够制定出相应的政策，告诉经理什么时候应当安排一个点餐台、什么时候应当安排两个，或者甚至是三个或三个以上的点餐台以适应营业状况。

注释与点评

1. 多服务台排队模型基于单服务台排队模型（即多服务台单队列排队系统）。还有的排队系统可能是 k 个服务台的每一个都有自己的等待队列。在所有其他条件（系统到达率、每个服务台的服务率等）都相同的情况下，多服务台单队列系统的运行特性往往比多服务台多队列排队系统更好。此外，人们往往更喜欢前者，因为在你后面进来的人不会先于你被服务，所以它们会唤起人们的公平感。因此，在可能的情况下，银行、航空公司预订柜台、机场安全系统、食品服务机构和其他企业经常使用多服务台单队列排队系统。

2. 在某些情况下，每个服务台都有自己专用等候线的多服务台排队系统，比多服务台单队列排队系统执行得更有效。如果该过程是知识密集型的，并且服务台具有高度的顾客所有权，那么为每个服务台专门设置一个单独的服务窗口已被证明可以在不降低质量的情况下提高单个服务台的服务率。这类应用可能出现在需要个人接触的医药或技术服务领域，如投资咨询或苹果天才吧（Apple Genius Bar）等。

3. 假设每个服务台具有相同的服务速率，使得式（11-11）～式（11-18）的推导过程变得简单，具体来说，如果假定每个服务台的服务速率相同，那么它们在概率上是相同的，不需要区分它们。这样，到达的顾客可以被随机分配到任何空闲的服务台上。在实践中，除非不同服务台的服务速率有实质性的差异，否则式（11-11）～式（11-18）仍然能为了解多服务台排队系统运行的特征提供很大帮助。

11.4　排队模型中的一般关系

在 11.2 节和 11.3 节中，我们分别讲到了到达服从泊松分布、服务时间服从指数分布的单服务台排队和多服务台排队的运行参数的计算公式。相关的运行参数如下：

L_q = 排队顾客的平均数

L = 系统中顾客的平均数

W_q = 一位顾客排队所花费的平均时间

W = 一位顾客在系统中所花费的平均时间

约翰·里特证明了这 4 个参数之间存在几种关系，并且这些关系适用于各种不同的排队系统，其中如下两种关系被称为里特导出方程：

$$L=\lambda W \tag{11-19}$$

$$L_q=\lambda W_q \tag{11-20}$$

式（11-19）表明：系统中顾客的平均数 L 可以由平均到达率 λ 与每位顾客在系统中所花费的平均时间 W 相乘得到。式（11-20）表明：排队顾客的平均数 L_q 与一位顾客排队所花费的平均时间 W_q 之间也存在着一样的关系。

利用式（11-20）求解 W_q，我们可以得到：

$$W_q=\frac{L_q}{\lambda} \tag{11-21}$$

利用里特的第二个导出方程式可以直接推导出式（11-21）。我们在 11.2 节中的单服务台排队模型和 11.3 节中的多服务台排队模型中都用到了这个公式［参见式（11-7）和式（11-14）］。一旦计算出上述某个模型的 L_q，就可以通过式（11-21）计算 W_q。

另一个适用于排队模型的一般表达式是：顾客在系统中的平均时间 W 等于顾客排队的平均时间 W_q 加上平均服务时间。对于一个平均服务率为 μ 的系统来说，平均服务时间为 $1/\mu$。因此，我们得到一般的关系式：

$$W=W_q+\frac{1}{\mu} \tag{11-22}$$

回顾一下，我们曾用式（11-22）计算单服务台排队模型和多服务台排队模型系统的平均时间［参见式（11-8）和式（11-15）］。

> 里特导出方程的优点在于展示了 L、L_q、W 和 W_q 的运行特性在任意排队系统中是如何相互关联的。使用里特导出方程时，顾客到达和服务时间不必遵循特定的概率分布。

里特导出方程的重要性在于：不论到达是否服从泊松分布，服务时间是否服从指数分布，都能适用于任何排队系统。例如，在一次对墨菲食品连锁店的食品杂货收银台的研究中，有分析家得出：该店的顾客到达服从平均到达率为每小时 24 位顾客（即 λ = 24/60=0.40 位顾客 / 分钟）的泊松分布；但是他还发现，服务时间服从平均服务率为每小时 30 位顾客（即 μ = 30/60 = 0.50 位顾客 / 分钟）的正态分布，而不是指数分布。通过一个对顾客实际等候时间的研究发现，每位顾客在系统中平均花费的时间为 4.5 分钟（等待时间加上付账时间）。也就是说，$W = 4.5$。根据本节中所讨论的排队的相关关系式，我们现在可以计算这个排队的其他运行参数。

首先，利用式（11-22）求解 W_q，我们可以得到：

$$W_q = W - \frac{1}{\mu} = 4.5 - \frac{1}{0.50} = 2.5 \text{（分钟）}$$

此时已知 W 和 W_q，接下来我们可以利用里特导出方程式（11-19）和式（11-20）计算，并得到：

$$L = \lambda W = 0.40 \times 4.5 = 1.8 \text{（位顾客）}$$

$$L_q = \lambda W_q = 0.40 \times 2.5 = 1 \text{（位顾客）}$$

墨非食品的经理现在可以自己检查一下这些运行参数，看看是否应当采取措施来改善服务，以降低等候时间、缩短排队长度。

注释与点评

在排队长度受限的排队系统（如排队空间比较小的系统）中，一些新到达的顾客将会因此而受阻，不能加入排队，因而排队系统将会失去这些顾客。在这种情况下，这些受到阻碍或离开了排队系统的到达者，将会使得进入系统的顾客的平均数在某种程度上少于平均到达率。通过将 λ 定义为进入排队系统的顾客平均数，而不是平均到达率，我们就可以利用本节所讨论的关系式来计算 W、L、W_q 和 L_q 的值。

11.5　排队的经济性分析

通常，排队设计的相关决策是建立在对排队运行参数进行主观评价的基础上的。例如，经理可能会做出决定：将系统中的平均等待时间控制在 1 分钟或 1 分钟以内，并把等待服务的顾客的平均数控制在 2 位或 2 位以内。利用前几节中所讨论的排队模型，可以为实现该经理的目标确定服务台的数量。

此外，经理可能还会希望计算出运行排队系统的成本，然后在每小时或每天的运行成本最小化的条件下，决定如何设计系统。在进行排队的经济性分析之前，必须首先建立一个总成本模型，包括等候成本和服务成本。

为了建立一个排队的总成本模型，我们首先定义下列符号：

c_w = 每位顾客单位时间等候成本

L = 系统中顾客的平均数

c_s = 每个服务台单位时间服务成本

k = 服务台数

TC = 单位时间总成本

> 等待成本是基于顾客在系统中逗留的时间而言的。它包括排队等候的时间加上被服务的时间。

总成本是等候成本与服务成本之和，即

$$TC = c_w L + c_s k \tag{11-23}$$

要对排队进行经济性分析，我们必须对等候成本和服务成本进行合理的预测。在这两种成本中，等候成本通常更难估算。在伯格·度姆快餐店问题中，等候成本是每分钟花在每位等候顾客身上的成本。这一增加服务台数量总是能改善排队的运行特性，降低等待成本。但是，增加服务台会增加服务成本。对排队的经济分析就是通过平衡等待成本和服务成本来找到将总成本最小化的服务台数量。

成本对于伯格·度姆快餐店来说不是一笔直接的花费。但是如果伯格·度姆快餐店忽视这一成本而任由长长的等候线继续存在，最终顾客将会到其他地方购买食品。这样将会造成伯格·度姆快餐店在销售上的损失，从而导致更多的成本。

服务成本通常比较容易确定，因为它是与每个服务台的运作直接相关的成本。在伯格·度姆快餐店的问题中，服务成本包括服务生的薪水、福利以及其他与服务台的运作相关的直接成本。根据估计，伯格·度姆快餐店的服务成本是每个服务生每小时 10 美元。

为了说明如何使用式（11-23），在此假设伯格·度姆快餐店愿意付出的等候成本为每小时 15 美元。我们用 11.2 节和 11.3 节中计算得出的系统中顾客的平均数 L，来分别计算出单服务台系统和双服务台系统的每小时的总成本。

单服务台系统（$L = 3$ 位顾客）：

$$\begin{aligned} TC &= c_w L + c_s k \\ &= 15 \times 3 + 10 \times 1 = 55.00 \text{（美元 / 小时）} \end{aligned}$$

双服务台系统（$L = 0.8727$ 位顾客）：

$$\begin{aligned} TC &= c_w L + c_s k \\ &= 15 \times 0.8727 + 10 \times 2 = 33.09 \text{（美元 / 小时）} \end{aligned}$$

因此，根据伯格·度姆快餐店所提供的成本数据，我们认为双服务台系统提供了最经济的运行方式。注意到，当服务成本 c_s 远远大于顾客等待的时间成本 c_w 时，对伯格·度姆快餐店来说单服务台系统是更加经济的。

图 11-4 描述了在分析排队的经济性时，成本曲线的大体形状。我们可以看出，服务成本随着服务台数的增加而提高；然而，更多的服务台会带来更好的服务，即等候时间及等候成本是随着服务台数量的增加而减少的。因此，我们可以通过对几个设计方案进行评估求得最佳的服务台数量，使得其对应的总成本接近于最低。

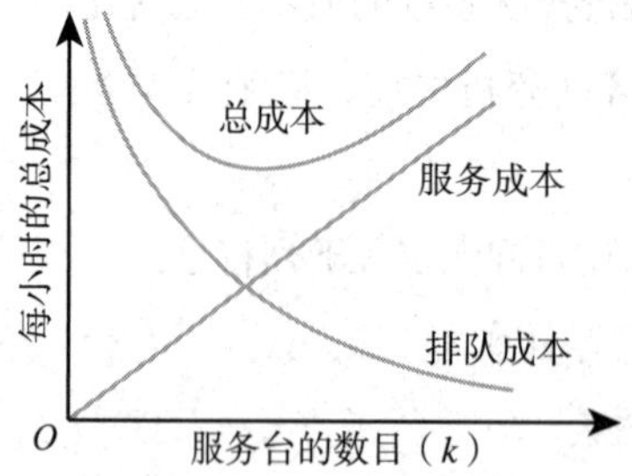

图 11-4 排队模型中的排队成本曲线、服务成本曲线和总成本曲线的大体形状

注释与点评

1. 在与政府机构和公共事业单位打交道时，顾客往往没有其他替代选择。在这些情况下，即使出现冗长的等候队列，这些机构也不会有损失。这是这些机构服务不佳的原因之一，也是顾客在这些情况下会长时间等候的原因之一。

2. 在很多情况下，提供服务的组织同时也拥有这些等候接受服务的个体。例如，某个公司拥有卡车，并利用卡车发货到制造工厂或者是从制造工厂运货出来。公司除了为等候装车或卸载的卡车支付相关费用之外，还要支付提供操作服务的卡车装卸工的薪水。在这个例子中，对公司来说，卡车等候的费用和操作服务费用是直接费用。对于这种情况，我们极力建议企业对排队系统进行经济性分析。

11.6 肯德尔排队模型分类法

D. G. 肯德尔提出了一套符号，这套符号有助于对已有的许多不同的排队模型进行分类。肯德尔符号系统包含 3 个字母，具体形式如下：

$$A/B/k$$

其中，

A = 到达的概率分布

B = 服务时间的概率分布

k = 服务台数

根据在 A 或 B 的位置上出现的不同字母，可以描述出许多排队系统。通常使用的标记字母如下：

M = 到达服从泊松分布或服务时间服从指数分布

D = 到达或服务时间是确定的或持续不变的

G = 到达或服务时间服从某种已知均值和标准差的一般概率分布

利用肯德尔符号法，到达服从泊松分布、服务时间服从指数分布的单服务台排队模型可以划为 $M/M/1$ 模型，11.3 节中讲到的到达服从泊松分布、服务时间服从指数分布的双服务台排队模型可以划为 $M/M/2$ 模型。

注释与点评

在有些例子中，肯德尔符号法扩展为 5 个符号。第 4 个符号表示系统中可能存在的最大个体数量。第 5 个符号表示人群的数量大小。当排队所容纳的个体有最大数量限制或有最大值时，使用第 4 个符号。而当到达的个体或顾客数量有限时，就必须用到第 5 个符号。当省略肯德尔符号法中的第 4 个和第 5 个符号时，则说明我们将排队系统的容量假设为无限的，客源也是无限的。

11.7 到达服从泊松分布、服务时间为任意的单服务台排队模型

让我们再回头看看单服务台排队模型，其中，可以用泊松概率分布来描述到达的顾客。然而，在此我们假设服务时间不是服从指数概率分布的。这样，利用肯德尔符号法，该排队模型符合 $M/G/1$ 模型，其中 G 代表某种一般的或不明确的概率分布。

11.7.1 $M/G/1$ 模型的运行参数

在描述 $M/G/1$ 模型的运行参数时，所用到的符号有：

λ = 平均到达率

μ = 平均服务率

σ = 服务时间的标准差

当向 $M/G/1$ 模型提供输入时要在时间单位上保持一致。例如，如果 λ 和 μ 以每小时表示，则服务时间的标准差也应以每小时表示。本节的示例使用分钟作为到达和服务的时间单位。

$M/G/1$ 排队模型的一些相关运行参数如下。

（1）系统中没有顾客的概率：

$$P_0 = 1 - \frac{\lambda}{\mu} \tag{11-24}$$

（2）排队顾客的平均数：

$$L_q = \frac{\lambda^2\sigma^2 + \left(\frac{\lambda}{\mu}\right)^2}{2\left(1 - \frac{\lambda}{\mu}\right)} \tag{11-25}$$

（3）系统中顾客的平均数：

$$L = L_q + \frac{\lambda}{\mu} \tag{11-26}$$

（4）一位顾客排队所花费的平均时间：

$$W_q = \frac{L_q}{\lambda} \tag{11-27}$$

（5）一位顾客在系统中所花费的平均时间：

$$W = W_q + \frac{1}{\mu} \tag{11-28}$$

（6）某位刚到达的顾客必须等待的概率：

$$P_w = \frac{\lambda}{\mu} \tag{11-29}$$

注意，L、W_q 和 W 在此的关系与 11.2 节和 11.3 节中所讲的排队模型中三者的关系一样，可以用里特的导出方程求出它们的值。

示例 哈氏海货供应公司的零售业务由一名职员处理。顾客的到达是随机的，平均到达率为每小时 21 位顾客［即 $\lambda = 21/60 = 0.35$（位顾客 / 分钟）］。对服务过程的一次研究表明：平均服务时间为每位顾客 2 分钟，标准差 $\sigma = 1.2$ 分钟。每位顾客的平均服务时间为 2 分钟，也就是说一名职员的平均服务率为 $\mu = 1/2 = 0.50$ 位顾客 / 分钟。因此，我们可以计算该 $M/G/1$ 模型的运行参数如下：

$$P_0 = 1 - \frac{\lambda}{\mu} = 1 - \frac{0.35}{0.50} = 0.30$$

$$L_q = \frac{0.35^2 \times 1.2^2 + (0.35/0.50)^2}{2 \times (1 - 0.35/0.50)} = 1.110\,7 \text{（位顾客）}$$

$$L = L_q + \frac{\lambda}{\mu} = 1.110\,7 + \frac{0.35}{0.50} = 1.810\,7 \text{（位顾客）}$$

$$W_q = \frac{L_q}{\lambda} = \frac{1.110\,7}{0.35} = 3.173\,3 \text{（分钟）}$$

$$W = W_q + \frac{1}{\mu} = 3.173\,3 + \frac{1}{0.50} = 5.173\,3 \text{（分钟）}$$

$$P_w = \frac{\lambda}{\mu} = \frac{0.35}{0.50} = 0.70$$

哈氏公司的经理可以参考这些运行参数，以决定再增加一名职员是不是值得的。

11.7.2　定长服务时间 *M/D*/1 模型

对于假设到达具有随机性、服务时间固定不变的单服务台排队模型，我们想简单地做些评论。这种排队模型可能会存在于生产制造环境下，因为其中由机器控制的服务时间是持续不变的。因此。我们可以用 $M/D/1$ 模型来描述这种排队，其中 D 是指确定性的不变的服务时间。在 $M/D/1$ 模型中，排队顾客的平均数 L_q 可以在持续服务时间的标准差 $\sigma = 0$ 的条件下，通过式（11-25）计算得出。如此一来，在 $M/D/1$ 模型中，排队顾客的平均数的表达式变为：

$$L_q = \frac{\left(\frac{\lambda}{\mu}\right)^2}{2\left(1-\frac{\lambda}{\mu}\right)} \tag{11-30}$$

本节前面讲到的其他表达式可以用于确定 $M/D/1$ 系统的其他运行参数。

注释与点评

只要排队的某个运行参数不令人满意，通常管理者就会试图通过提高平均服务率 μ 来改善服务。这个方法虽然不错，但是通过式（11-25）我们可以看出：服务时间的标准差对排队的运行参数也有影响。由于服务时间的标准差 σ 在式（11-25）的分子中，因此，服务时间的变动增大，会使得排队顾客的平均数上升。这样，我们可以得到改善排队服务能力的另一个方案：减少服务时间的变动。因此，即使不能提高服务设施的平均服务率，降低 σ 的值也会减少排队顾客的平均数，而且会提高系统中的其他运行参数。

11.8　到达服从泊松分布、服务时间任意且不排队的多服务台模型

与到目前为止所讨论的排队模型相比，本节要讲的排队系统一个有意思的变化就是没有排队的系统。到达的个体或顾客向众多服务台中的某个服务台寻求服务。如果所有的服务台都处于繁忙状态，那么到达的顾客将无法进入系统。用排队的术语来讲，系统满载时，到达的个体**受阻**，并会离开系统。如此一来，系统有可能会失去受阻的顾客，这些顾客也有可能会在未来的某个时刻重返系统。

本节中所讲到的这个特定模型是建立在下列假设基础上的。

（1）系统中有 k 个服务台。

（2）到达服从平均到达率为 λ 的泊松分布。

（3）每个服务台的服务时间可能服从某种概率分布。

（4）每个服务台的平均服务率 μ 是相同的。

（5）当至少有一个服务台空闲时，到达者才会进入系统。如果某个顾客在所有服务台都繁忙时到达，则他会受到阻碍。也就是说，系统不提供服务，该顾客不能进入系统。

在上述条件下的模型被称为“即时制”M/G/k 模型，其中，G 表示服务时间服从一般或者某种不确定的分布。对于这样的系统，较为重要的一个问题是服务台个数应如何确定。

这种模型主要应用在电话系统和其他通信系统的设计中。其中，到达者是打进的电话，服务台是可用的电话数或通信线路的数目。在这样一个系统中，所有电话拨打的是同一个号码。系统不忙碌时，电话会被自动转到空闲的电话线路。当所有的服务台都忙碌时，再打进来的电话将接收到一个繁忙信号，并且不能进入系统。

即时制 *M/G/k* 模型的运行参数

无论服务台数量多少，在不允许排队的情况下，之前的排队模型中考虑的运行特性 L_q 和 W_q 都自动为零。在这种情况下，更重要的设计考虑因素包括确定服务台数量如何影响受阻顾客的百分比。

为了求解系统的最佳服务台数目，我们假设 k 个服务台中有 j 个处于繁忙状态，然后依次计算稳定状态下的各种概率。这些概率可以由下式得出：

$$P_j = \frac{\dfrac{\left(\dfrac{\lambda}{\mu}\right)^j}{j!}}{\displaystyle\sum_{i=0}^{k}\dfrac{\left(\dfrac{\lambda}{\mu}\right)^i}{i!}} \tag{11-31}$$

其中，

λ = 平均到达率

μ = 每个服务台的平均服务率

k = 服务台数

P_j = k 个服务台中有 j 个处于繁忙的概率（$j = 0, 1, 2, 3, \cdots, k$）

对我们来讲，最重要的概率为 P_k，也就是所有的 k 个服务台都处于繁忙状态的概率。按照百分比来计算，P_k 表示由于受阻而无法进入系统的到达者占总数的百分比。

另外一个值得注意的运行参数是系统中顾客的平均数。这个数值等于处于繁忙状态的服务台的平均数。令 L 表示系统中顾客的平均数，我们可以得到：

$$L = \frac{\lambda}{\mu}(1 - P_k) \tag{11-32}$$

示例 微型资料软件公司利用一套电话订货系统来为其计算机软件产品进行相关服务。来电者可以通过拨打公司的 800 免费电话向公司订货。假设拨打该号码的来电以 λ=12 个电话 / 小时的平均频率到达。处理一个电话订货所需要的时间因订货要求不同而有很大不同。然而，预计微型资料软件公司的每个销售代表平均每小时处理 6 个电话，即 μ=6 个电话 / 小时。目前，该公司的 800 免费电话有 3 条内线，每条内线由一个销售代表来操作。打进的 800 免费电话会自动切换到一条空闲的内线。

当 3 条内线都繁忙时，来电者就会听到一个表示系统繁忙的信号。过去，微型资料软件公司的管理者曾假设，听到忙音的来电者过些时候会再打过来。然而，最近对电话订货的一项研究表明，许多没有打通电话的来电者并不一定会在稍后的时间再打一次。这些未打进的电话说明公司会遭受到利润上的损失。因此公司的管理者提出要求，要对电话订货体系进行分析。公司管理者最想知道的是听到忙音并且受到阻碍无法进入系统的来电者的比率。如果管理者的目的是让此系统的能力达到能够处理 90% 的来电者，那么，公司应该有多少条电话线、多少名销售代表？

我们可以通过计算 P_3 来说明如何应用式（11-31）。P_3 是目前可用的 3 条电话线全部繁忙的概率，也是多出来的来电者会受到阻碍的概率：

$$P_3=\frac{\dfrac{\left(\dfrac{12}{6}\right)^3}{3!}}{\dfrac{\left(\dfrac{12}{6}\right)^0}{0!}+\dfrac{\left(\dfrac{12}{6}\right)^1}{1!}+\dfrac{\left(\dfrac{12}{6}\right)^2}{2!}+\dfrac{\left(\dfrac{12}{6}\right)^3}{3!}}=\frac{1.333\,3}{6.333\,3}=0.210\,5$$

当 $P_3=0.210\,5$ 时，大概有 21%（或 1/5）的来电者会受阻。只有 79% 的电话能得到 3 条内线系统的即时处理。

我们假设微型资料软件公司将系统扩展到 4 条内线，则 4 条内线全部繁忙的概率，即来电受阻的概率为：

$$P_4=\frac{\dfrac{\left(\dfrac{12}{6}\right)^4}{4!}}{\dfrac{\left(\dfrac{12}{6}\right)^0}{0!}+\dfrac{\left(\dfrac{12}{6}\right)^1}{1!}+\dfrac{\left(\dfrac{12}{6}\right)^2}{2!}+\dfrac{\left(\dfrac{12}{6}\right)^3}{3!}+\dfrac{\left(\dfrac{12}{6}\right)^4}{4!}}=\frac{0.667}{7}=0.095\,2$$

当仅有 9.52% 的来电者受阻时，90.48% 的来电者就能联系上微型资料软件公司的销售代表。因此，为了达到管理者的目标（即让系统有足够能力处理 90% 的来电），公司应当将电话订货系统扩展为 4 条内线。在拥有 4 条内线的系统中，来电平均数以及由此得出的繁忙内线和繁忙销售代表的平均数为：

$$L=\frac{\lambda}{\mu}(1-P_4)=\frac{12}{6}\times(1-0.095\,2)=1.809\,5$$

尽管处于繁忙状态的内线平均数不到 2 条，但仍需要 4 条内线的系统来提供足够的能力以处理至少 90% 的来电。我们用式（11-31）计算出了 0、1、2、3 以及 4 条内线时繁忙的概率，如表 11-6 所示。

表11-6 微型资料软件公司的4条内线系统中繁忙线路的概率

繁忙线路数	概率
0	0.142 9
1	0.285 7
2	0.285 7
3	0.190 5
4	0.095 2

正如在 11.5 节中所讨论的那样，对排队的经济性分析可以用来指导有关系统设计的决策。在微型资料软件公司的系统中，我们可以比较容易确定由于增加电话线和销售代表而造成的成本的增加。该成本可以与受阻的电话造成的损失相权衡。当有 9.52% 的电话受阻，且 $\lambda=$ 12 个电话 / 小时时，则一天 8 小时内平均会有 $8\times12\times0.095\,2=9.1$（个）受阻电话。如果微型资料软件公司能够预计可能的销售损失，那么就可以计算受阻电话造成的损失。对服务成本和受阻电话成本的经济性分析，有助于确定系统内线的最佳数量。

注释与点评

在我们前面几节所讲到的运行参数中，有一些与清除了受阻顾客的 $M/G/k$ 模型并无关系。尤其需要注意的是，由于这种系统中不允许存在排队现象，因此不必考虑顾客排队的平均时间 W_q 以及排队顾客的平均数 L_q。

11.9 有限客源的排队模型

到达率在前面的排队模型中是恒定的，与系统中的单位数量无关。对于有限的客源，到达率随着系统中顾客数的增加而降低，因为系统中顾客越多，到达的顾客就越少。

目前为止，我们所介绍的排队系统都认为要接受服务的到达顾客的人数是无限的。用专业术语来讲，当对要求服务的顾客数量不加限制时，我们称该模型为**无限客源模型**。在这种假设下，不管有多少顾客排队，平均到达率 λ 均保持不变。大多数排队模型都假设有无限客源。

然而在有些时候，需要假设服务的个体或顾客的最高人数是限定的。此时，系统的平均到达率是变化的，并且取决于排队顾客的数量，我们称这种模型为**有限客源模型**。为了说明有限客源造成的影响，我们需要对前面讲到的排队模型的运行参数的计算公式进行修改。

本节中所讨论的有限客源模型基于以下假设。

（1）每位顾客的到达服从平均到达率为 λ 的泊松分布。

（2）服务时间服从平均服务率为 μ 的指数分布。

（3）有服务要求的顾客的人数是有限的。

我们将有限客源的 $M/M/1$ 模型的平均到达率定义为每个个体到达或要求服务的频率。该定义与前面的排队模型不同：在前面所讲的排队模型中，λ 是系统的平均到达率。在有限客源的情况下，系统的平均到达率因系统中顾客的数量不同而有所差别。因此，在有限客源模型中，不是要修改系统的到达率，而是用 λ 表示每位顾客到达系统的概率。也就是说，对于有限客源模型，λ 是从个体的角度定义的，而不是从系统的角度。对于每位顾客，我们假设服务完成后需要再服务的时间间隔平均为 $1/\lambda$。

有限客源的 $M/M/1$ 模型的运行参数

我们用下述公式来确定有限客源的 $M/M/1$ 模型的稳态运行参数。其中：

λ = 每位顾客的平均到达率

μ = 平均服务率

N = 客源数量

（1）系统中没有顾客的概率：

$$P_0 = \frac{1}{\sum_{n=0}^{N} \frac{N!}{(N-n)!}\left(\frac{\lambda}{\mu}\right)^n} \tag{11-33}$$

对于有限客源模型，到达率 λ 的定义不同。具体地说，λ 是根据每个顾客来定义的。

（2）排队顾客的平均数：

$$L_q = N - \frac{\lambda+\mu}{\lambda}(1-P_0) \tag{11-34}$$

（3）系统中顾客的平均数：

$$L = L_q + (1-P_0) \tag{11-35}$$

（4）一位顾客排队所花费的平均时间：

$$W_q = \frac{L_q}{(N-L)\lambda} \tag{11-36}$$

（5）一位顾客在系统中所花费的平均时间：

$$W = W_{\text{q}} + \frac{1}{\mu} \quad (11\text{-}37)$$

（6）某位刚到达的顾客必须等待的概率：

$$P_{\text{w}} = 1 - P_0 \quad (11\text{-}38)$$

（7）系统中同时有 n 位顾客的概率：

$$P_n = \frac{N!}{(N-n)!}\left(\frac{\lambda}{\mu}\right)^n P_0 \qquad n = 0, 1, \cdots, N \quad (11\text{-}39)$$

有限客源的 $M/M/1$ 模型的一个主要应用是机器维修问题。在这个例子中，我们将一组机器看作有限客源的“顾客”，它们要求维修服务。当一台机器出现故障时，就会要求一次新的维修，在这里就是指出现了新的到达者。如果第一台机器的维修尚未完成，又有一台机器出现故障，那么从第二台机器开始形成一条排队接受维修服务的“等候线”。如果更多机器出现故障，排队的长度会加长。先到先服务的假设说明，这组机器按照它们出现故障的先后顺序接受维修。$M/M/1$ 表明只有一人或一个服务台可以提供维修服务。也就是说，为了使机器恢复正常运转，必须以单服务台的运作方式来维修出现故障的每台机器。

示例　可可美制造公司有一组 6 台相同的机器。每台机器在维修后到再次遇到故障之前，平均运转 20 个小时。因此，每台机器的平均到达率（或称每台机器的维修服务要求次数）是 λ =1/20 = 0.05/ 小时。在机器随时会发生故障的情况下，我们可以用泊松分布来描述出现的机器故障。维修部门的一名员工为这 6 台机器提供单服务台的维修服务。服务时间服从指数分布，其中平均服务时间为每台机器 2 小时［也就是说，平均服务率为 μ =1/2=0.50（台机器 / 小时）］。

现在已知 λ =0.05，μ =0.50，我们用式（11-33）～式（11-38）来计算该系统的运行参数。注意到使用式（11-33）使得计算稍显复杂。首先，我们利用式（11-33）可以得到 P_0 = 0.484 5。其他参数的计算如下：

$$L_{\text{q}} = 6 - \left(\frac{0.05 + 0.50}{0.05}\right) \times (1 - 0.484\,5) = 0.329\,7 \text{（台）}$$

$$L = 0.329\,5 + (1 - 0.484\,5) = 0.845\,1 \text{（台）}$$

$$W_{\text{q}} = \frac{0.329\,5}{(6 - 0.845) \times 0.50} = 1.279 \text{（小时）}$$

$$W = 1.279 + \frac{1}{0.50} = 3.279 \text{（小时）}$$

$$P_{\text{w}} = 1 - P_0 = 1 - 0.484\,5 = 0.515\,5$$

最后可以利用式（11-39）来计算维修系统中有任意台机器出现故障的概率。

同其他排队模型一样，运行参数为管理者提供了排队运作的相关信息。例如在本案例中，我们可以得到如下信息：一台机器在得到维修之前，必须等候的平均时间为 W_{q} = 1.279 小时；由 P_{w} = 0.515 5 可知，出现故障的机器中有 50% 以上必须等待服务。这些信息表明，或许需要一个双服务台系统来改善机器维修服务。

> 在网站上的 *MODELfiles* 链接中提供的 Excel 工作表模板可用于分析多服务台有限客源模型。

有限客源多服务台排队模型运行参数的计算比单服务台模型要复杂得多。此时，需要借助计算机进行求解。图 11-5 显示了可可美公司的双服务台机器维修系统的 Excel 工作表。当有两个维修人员时，可以使得出现故障的机器的平均等候时间减少到 $W_q = 0.083\ 4$ 小时或 5 分钟，并可以将不得不等待接受维修服务的机器比率降低到 10%（$P_w = 0.103\ 6$）。因此，采用双服务台系统极大地改善了机器维修服务的运作。最后，通过权衡机器故障带来的损失和维修人员的成本，公司的管理者就能确定将服务系统改为双服务台系统是否能进一步优化成本。

	A	B	C
1	**有限客源多服务台排队模型**		
2			
3	**假设**		
4	**到达服从泊松分布**		
5	**服务时间服从指数分布**		
6	**有服务要求的机器数有限**		
7			
8	维修人员数量	**2**	
9	每台机器的平均到达率	**0.05**	
10	平均服务率	**0.5**	
11	机器数量	**6**	
12			
13			
14	**运行参数**		
15			
16	系统中没有机器的概率，P_0		**0.560 2**
17	排队机器的平均数，L_q		**0.022 7**
18	系统中机器的平均数，L		**0.566 1**
19	一台机器排队所花费的平均时间，W_q		**0.083 4**
20	一台机器在系统中所花费的平均时间，W		**2.083 4**
21	某台刚到达的机器必须等待的概率，P_w		**0.103 6**

图 11-5　可可美公司双服务台机器维修问题的工作表

本章小结

本章中，我们讲述了一系列已有的排队模型，这些模型能够帮助管理者更好地做出有关排队运作的决策。就每种模型我们介绍了一些公式，通过这些公式可以对所研究的系统的运行参数的进行计算或运作评估。主要的运行参数包括以下几个方面。

（1）系统中没有顾客的概率。

（2）排队顾客的平均数。

（3）系统中顾客的平均数。

（4）一位顾客排队所花费的平均时间。

（5）一位顾客在系统中所花费的平均时间。

（6）某位刚到达的顾客必须等待的概率。

除此之外，我们还说明了如何通过建立一个总成本模型来对排队进行经济性分析。其中，总成本模型中包括与等候服务的顾客相关的成本以及运行服务设施所需的成本。

从本章列举的许多案例中我们可以看出，排队模型主要应用在有顾客到达并要求服务的情形下，如杂货店的收银台、银行或餐馆等。然而，我们也可以创造性地将排队模型应用于上述情形之外的情况，比如等待接通的电话、等候处理的邮件订货、等候维修的机器、等候处理的制造工作，以及等待用于花费或投资的资金等。专栏 11-2 描述了应用排队模型减少选民排队时间的实践。

在实践中，分析家发现，由于排队系统的复杂性和多样性，很难将已有的排队模型应用到所研究的具体的情况中。第 13 章所讨论的主题——模拟，为确定这种排队模型的运行参数提供了一种方法。

|专栏 11-2| 实践中的管理科学

投票站选举机器的配置

在美国总统选举中，有选民等了 10 多个小时才能投票的情况。投票站前的长队可能导致选民不投票就离开。排队模型恰恰能分析这种排长队的形成原因并提出有效建议。

很多出现在美国选举中的情形都与直接记录选举（DRE）的选举机器（一种触屏系统）有关。这种系统价格昂贵，选举委员会把数量有限的 DRE 投票机分配给投票地点。同时，选民在使用这种机器时不够熟练，可能会增加投票时间。最初的选举委员会在配置选举机器的时候并没有考虑到排队效应。

俄亥俄州富兰克林县的选举委员会从 2008 年起，采用了排队模型来确定选举机器的最优配置。在这种情境下，选举机器可以被看作服务者，而选民可以被看作顾客。排队模型可以用来预测基于预期投票人数、注册投票人数和投票队列长度的投票时间。虽然俄亥俄州 2010 年的投票人数创了有史以来最高纪录，但是排队模型的应用大大减少了选民的排队时间。

资料来源：由俄亥俄州立大学的 Ted Allen、辛辛那提大学的 Mike Fry 和 David Kelton 以及圣托马斯大学的 Muer Yang 提供。

专业术语

到达率（arrival rate） 在一个给定时期内，到达的顾客的平均数。

平均到达间隔时间（average interarrival time） 相继到达排队系统的顾客的平均时间间隔，以到达率的倒数计算。

平均服务时间（average service time） 服务台完成对客户服务的平均时间，以服务速率的倒数计算。

受阻（blocked） 由于系统繁忙而使得个体无法进入排队的情况。个体受阻可能发生在系统不允许存在排队的情况下，或者是排队容量有限的情况下。

指数分布（exponential probability distribution） 用于描述一些排队模型的服务时间的概率分布。

有限客源（finite calling population） 指需要服务的顾客或个体人数上有固定的数量或上限。

先到先服务（first-come, first-served, FCFS） 先到达的顾客先得到服务的排队原则。

无限客源（infinite calling population） 指需要服务的顾客或个体人数上没有任何给定的上限。

多服务台排队（multiple-channel waiting line） 有两个或两个以上相同服务设施的排队情形。

运行参数（operating characteristics） 对排队的运行测度，包括系统中没有任何顾客的概率、排队顾客的平均数、排队的平均时间等。

泊松分布（Poisson probability distribution） 用于描述一些排队的到达方式的概率分布。

队列（queue） 一条等候线。

排队论（queuing theory） 与排队相关的知识体系。

服务率（service rate） 在一个给定时期内，被一个服务设施服务的顾客的平均数。

单服务台排队（single-server waiting line） 仅有一项服务设施的排队情形。

稳态运行（steady-state operation） 排队经过起

始阶段或过渡阶段后的正常运行。排队的运行参数是针对稳态运行计算的。

过渡阶段（transient period） 排队的起始阶段，发生在排队正常或稳态运行之前。

习题

1. **免下车取款到达。**威乐·布鲁克国家银行有一个免下车取款机窗口，使顾客无须下车就能完成银行交易。在工作日的早晨，顾客随机地到达免下车取款机的窗口，且平均到达率为每小时24位顾客或是每分钟0.4位顾客。LO1
   a. 5分钟内将到达的顾客平均数或期望数是多少？
   b. 用a中得出的平均到达率分别计算5分钟内0位、1位、2位、3位顾客到达的概率。
   c. 如果5分钟内有3位以上顾客到达，则预计会造成等候。请问发生等候的概率是多少？
2. **免下车取款服务时间。**在威乐·布鲁克国家银行的排队系统中（参见习题1），假设免下车取款机的服务时间服从指数分布，且平均服务率为每小时36位顾客或每分钟0.6位顾客。利用指数分布回答下述问题。LO1
   a. 服务时间为1分钟或1分钟以下的概率是多少？
   b. 服务时间为2分钟或2分钟以下的概率是多少？
   c. 服务时间为2分钟以上的概率是多少？
3. **免下车取款队列。**利用习题1和习题2所述的免下车银行取款机的单列运作，来确定该系统的下列运行参数。LO2
   a. 系统中没有顾客的概率。
   b. 排队顾客的平均数。
   c. 系统中顾客的平均数。
   d. 一位顾客排队所花费的平均时间。
   e. 一位顾客在系统中所花费的平均时间。
   f. 某位刚到达的顾客不得不等待的概率。
4. **免下车取款有*n*名顾客的概率。**用习题1至习题3所述的免下车银行取款机的单列运作来分别计算系统中有0位、1位、2位、3位顾客的概率，以及在该免下车银行取款机系统中同时有3位以上顾客的概率。LO2
5. **参考书工作台。**某大学图书馆的参考书工作台接收求助请求。假设请求的到达服从平均到达率为每小时10个请求的泊松分布，且服务时间服从平均每小时服务12个请求的指数分布。LO2
   a. 系统没有要求帮助的请求的概率是多少？
   b. 等候接受服务的请求的平均数是多少？
   c. 一个请求在开始接受服务前的平均等待时间是多少（以分钟为单位）？
   d. 一个请求在参考书工作台停留的平均时间是多少（等候时间加上服务时间）？
   e. 新到达的请求不得不等候服务的概率是多少？
6. **餐车服务。**罗伯托·帕尼亚瓜在周末活动期间把餐车停在当地一个青少年体育中心，提供餐饮服务。在这些周末体育比赛期间，顾客到达餐车的到达率为每分钟1.25位顾客。罗伯托的平均服务率是每分钟2位顾客。假设顾客的到达服从泊松分布，罗伯托的服务时间服从指数分布。LO2
   a. 系统中没有顾客的概率是多少？
   b. 排队顾客的平均数是多少？
   c. 一位顾客在接受服务之前需要等待的平均时间是多少？
   d. 一位刚到达的顾客不得不等待的概率是多少？
   e. 为了避免拥挤，罗伯托想要排队的顾客不多于2位，那么现在这个单服务台排队能达到罗伯托要求的服务水平吗？
7. **换油服务。**快速石油公司为汽车换油和加润滑剂提供单队列服务。新到达汽车的平均到达率为每小时2.5辆汽车，且平均服务率为每小时5辆汽车。假设汽车的到达服从泊松分布，且服务时间服从指数分布。LO2
   a. 系统中汽车的平均数是多少？
   b. 一辆汽车为接受加油和加润滑剂服务而等待的

平均时间是多少？

c. 一辆汽车在系统中花费的平均时间是多少？

d. 一辆到达的汽车为得到服务不得不等待的概率是多少？

8. **伯格·度姆快餐店（再讨论）**。对于11.2节中讲到的伯格·度姆快餐店的单服务台排队，假设平均到达率增加到每分钟1位顾客，平均服务率增加到每分钟1.25位顾客。请计算在这个新系统的下列运行参数。LO2

a. P_0。

b. L_q。

c. L。

d. W_q。

e. W。

f. P_w。

g. 与原来的系统相比，这个新系统的服务是改善了还是变差了？讨论一下两者的差异，并指出造成差异的原因。

9. **理发沙龙**。巴斯沙龙有一位理发师。顾客以平均每小时2.2位的到达率到达理发店，且理发师平均每小时可以为5位顾客理发。利用到达服从泊松分布、服务时间服从指数分布的排队模型来回答下述问题。LO2

a. 系统中没有顾客的概率是多少？

b. 有1位顾客在理发且没有顾客在等待的概率是多少？

c. 有1位顾客在理发且有1位顾客在等待的概率是多少？

d. 有1位顾客在理发且有2位顾客在等待的概率是多少？

e. 有2位以上的顾客在等待的概率是多少？

f. 1位顾客等候服务的平均时间是多长？

10. **轮胎更换**。Trosper轮胎公司决定雇用一名机修工人，由他来负责处理那些订购了一套新轮胎的顾客发生的更换轮胎事宜。有两名机修工申请这一工作。其中一名机修工经验有限，公司可以每小时支付14美元的薪水来录用他，但他平均每小时只能为3位顾客提供服务；另一名机修工有几年的工作经验，平均每小时能为4位顾客提供服务，但公司必须支付给他每小时20美元的薪水。假设顾客到达Trosper车库的频率是每小时2位。假设该系统的到达顾客服从泊松分布、服务时间服从指数分布。LO2,5

a. 请问，雇用这两名机修工时排队的运行参数分别是多少？

b. 如果公司规定每位顾客的等候成本为每小时30美元，那么雇用哪位机修工能使运作成本较低？

11. **室内设计咨询**。阿加室内设计公司向顾客提供家庭和办公室的装饰服务。正常情况下，平均每小时有2.5位顾客到达公司。该公司有一名设计顾问负责回答顾客的问题并推荐相关的产品。该顾问为每位顾客提供服务的平均时间为10分钟。假设顾客的到达服从泊松分布、服务时间服从指数分布。LO2

a. 请计算顾客排队的运行参数。

b. 服务目标规定：到达顾客等候服务的时间平均不得超过5分钟。请问是否达到了该目标？若未达到，你建议采取什么措施？

c. 如果该顾问可以将向每位顾客提供服务的平均时间减少到8分钟，此时平均服务率是多少？能否达到既定的服务目标？

12. **杂货店收银**。派特超市是一个小型的地方食品杂货店，仅有一个收银台。假设购物者按照泊松分布到达收银通道，平均到达率为每小时15位顾客；结算收款的服务时间服从指数分布，且平均服务率为每小时20位顾客。LO2

a. 计算此排队的运行参数。

b. 如果该店经理的服务目标是将开始结算收款过程之前的顾客等候时间限定在5分钟内，当前的收银系统是否令人满意？

13. **杂货店收银改进**。在评估了习题12中的排队分析之后，派特超市的经理考虑选择下面几种方案中

的一个来改善服务。你有什么建议方案？请说明你的理由。LO2,3

a. 再雇用一名员工，当收银员扫描商品价格并向顾客收取货款时，新雇用的这名员工给商品装袋。在这种改善了的单服务台系统的运作过程中，平均服务率能够提高到每小时为30位顾客提供服务。

b. 再雇用一名员工进行结算收款。在这个双收银台系统的运作中，每个收银台的平均服务率为每小时20位顾客。

14. **软件咨询中心**。Ocala软件系统公司有一个技术支持中心，该中心为购买其软件的顾客提供服务。如果客户有Ocala软件产品的安装和（或）使用方面的问题，可以打电话到技术中心，就会得到免费的咨询服务。目前，Ocala公司的技术中心只有一名咨询顾问。如果一位客户打进电话时，该顾问正忙，那么客户会听到一个录音信息，该信息告知客户所有顾问目前正忙于为其他客户提供服务，然后要求这位客户等候片刻，顾问将尽快提供服务。客户的来电服从泊松分布，平均到达率为每小时5个电话；一名顾问平均要花费7.5分钟来回答一位客户的问题，且服务时间服从指数分布。LO2

a. 每小时的平均服务率为多少位客户？

b. 系统中没有客户且顾问空闲的概率是多少？

c. 等候咨询服务的客户的平均数是多少？

d. 一位等候服务的客户的平均等待时间是多少？

e. 一位客户不得不等待服务的概率是多少？

f. 最近，Ocala公司收到了几封客户投诉信，抱怨说他们很难得到技术支持方面的服务。如果Ocala公司的客户服务宗旨规定，等候技术支持服务的客户不得超过总人数的35%，且平均等候时间控制在2分钟内，则通过你的分析，你是否认为Ocala公司达到了其服务宗旨？你有什么建议措施？

15. **软件咨询中心改进**。为了改善客户服务，Ocala软件系统公司（参见习题14）想要调查一下如果技术支持中心再雇用一名咨询顾问会有什么效果。这名新雇用的顾问对公司的客户服务有什么影响？两名咨询顾问能使Ocala公司达到其客户服务的要求（即等候技术支持服务的客户不得超过总人数的35%，且平均等候时间控制在2分钟内）吗？请做出讨论。LO3

16. **船坞设施**。在印第安纳州麦迪逊附近的俄亥俄河上将建立一个新船坞。假设船只的到达服从泊松分布，且平均到达率为每小时5条船只；服务时间服从平均服务率为每小时10条船只的指数分布。请回答下列问题。LO2

a. 系统中没有船只的概率是多少？

b. 排队船只的平均数量是多少？

c. 一条船只等候服务所花费的平均时间是多少？

d. 一条船只在码头停留的平均时间是多少？

e. 如果客户希望能在平均10分钟内进出码头，该系统是否提供可接受的服务？

17. **船坞设施扩展**。在习题16中，扩展船坞设施可以使得两条船只同时停靠加油并接受检修。现在，船坞的经理想调查一下扩展设施的可能性。假设平均到达率为每小时5条船只，每个渠道的平均服务率为每小时10条船只。LO3

a. 船坞空闲的概率为多少？

b. 排队船只的平均数量是多少？

c. 一条船只等候服务所花费的平均时间是多少？

d. 一条船只在码头停留的平均时间是多少？

e. 如果客户期望在平均10分钟内进出码头，该系统是否能提供可接受的服务？

18. **机场安检**。莱克城地区航空公司的所有飞机乘客在进入登机区域之前必须穿过安全检查区域。该机场现有三个检查站，设备管理者必须决定在任何一个特定时间打开多少检查站。在每一个检查站，乘客的服务率是每分钟3个乘客。周一上午，到达率是每分钟5.4个乘客。假定每个检查站的检查时间服从指数分布，到达服从泊松分布。LO3

a. 假定三个检查站中的两个在周一上午打开。计算检查设备的系统运行参数。

b. 基于空间考虑，设备管理者的目标是限制队伍中排队顾客平均数为 10 或更少。两个检查站的系统能满足管理者的目标吗？

c. 一个乘客通过安全检查站需要的平均时间是多少？

19. **机场安检要求提升**。参见习题 18 中描述的莱克城地区航空公司的情况。当安检程度提升时，在每一个检查站，前进着的乘客的服务率减少到每分钟 2 个乘客。假定在周一上午安检程度提升了，到达率是每分钟 5.4 个乘客。LO3

a. 设备管理者的目标是限制队伍中排队顾客平均数为 10 或更少，为了满足管理者的目标，必须打开多少检查站？

b. 一个乘客通过安全检查站需要的平均时间是多少？

20. **校园咖啡店**。美国东北部一个大学校园附近有一家咖啡店，其生意由于学生在夏季离校而呈现出季节性的变化。夏季的客流量相对较低，而学期内的客流量相对较高，因此咖啡店的人员配备经常处于变化状态。咖啡师的服务速度是每分钟 0.75 位顾客。咖啡馆的布局允许最多 3 个服务台。顾客在系统中排队的目标最长时间为 5 分钟。假设到达服从泊松分布，服务时间服从指数分布。LO3

a. 在 11 月的某个星期一，期望到达率为每分钟 1.2 位顾客。这个星期一应该安排多少工作人员？请计算该排队的运行参数。

b. 最近当地大学入学人数的上升趋势表明，在未来两年里，学期内到咖啡店的人数预计将达到每分钟 2.1 位顾客。使用排队分析向咖啡店经理提出建议。

21. **室内设计咨询服务选择**。参见习题 11 中阿加室内设计公司的情况。公司的管理者想要评估以下两个方案。LO2,3,5

- 雇用一名平均服务率为每分钟服务 8 位顾客的顾问。
- 增加到两名顾问，每名顾问的平均服务时间为每位顾客 10 分钟。

如果顾问的薪水是每小时 16 美元，顾客接受服务前等待时间的成本为每小时 25 美元，那么公司是否应当扩展到两名顾问？请说明你的理由。

22. **免下车快餐服务**。一个快餐专营店正在考虑开一个路边窗口提供免下车食品外带服务。假设顾客的到达服从泊松分布，且平均到达率为每小时 24 辆汽车；服务时间服从指数分布。到达的顾客在停车场后面的一个内部通信工作台点餐，然后开车到服务窗口并取走所点的食品。目前正在考虑下面 3 个方案。LO2,3

- 单服务台运作，一名员工递给顾客食品并收钱。该方案的平均服务时间为 2 分钟。
- 单服务台运作，一名员工递给顾客食品，另一名员工负责收钱。该方案的平均服务时间为 1.25 分钟。
- 双服务台运作，有两个服务窗口，两名员工。每个窗口的员工都递给顾客食品并收钱。在该方案中，每个服务台的平均服务时间均为 2 分钟。

对于 3 个设计方案中的每一个都要回答以下问题，并推荐一个设计方案。

a. 系统中没有汽车的概率是多少？

b. 排队汽车的平均数是多少？

c. 系统中汽车的平均数是多少？

d. 一辆汽车排队所花费的平均时间为多少？

e. 一辆汽车在系统中所花费的平均时间为多少？

f. 一辆到达的汽车不得不等待服务的概率为多少？

23. **免下车快餐服务经济分析**。习题 22 中快餐专营店的相关成本信息如下。LO5

- 顾客等候时间的成本为每小时 25 美元，这也反映了等候时间对快餐业的意义重大。
- 每位员工的成本为每小时 6.50 美元。
- 每个服务台所用的设备和空间的成本为每小时 20 美元。

请设计一个系统，使快餐店的成本最低。

24. **棒球场餐饮服务**。对红鸟棒球公园的多服务台餐饮服务运作的研究表明，一位顾客从到达餐饮服务台开始点餐到拿到所点的食品离开，平均需要花费 10 分钟。在比赛期间，顾客以每分钟 4 位的平均到达率到达服务台。餐饮服务营业部平均需要花费 2 分钟来满足每位顾客的要求。LO4
   a. 每个服务台的平均服务率为多少（每分钟为几位顾客提供服务）？
   b. 一位顾客点餐之前排队的平均时间是多少？
   c. 在该餐饮服务系统中平均有多少位顾客？
25. **伯格·度姆：共享队列与专用队列**。为了更好地理解共享一个队列的多服务台排队和每个服务台都有自己独立队列的多服务台排队，我们来看看伯格·度姆快餐店的例子。假设伯格·度姆快餐店设立了两个服务台，因此新到达的顾客需要决定去排哪一个队列。假设这一系统等同于将到达的顾客分离开，因此每个服务台就能看到一半数目的顾客。这样的系统与 11.3 节讲的共享一个队列的多服务台排队比较，有什么优缺点？比较平均的顾客等候数量、系统里的平均顾客数量、平均等候时间和在系统中的平均时间。LO2,3
26. **癌症治疗**。一家医院为癌症患者提供静脉注射治疗。为了完成对癌症患者的治疗，护士经常需要从医院的内部药房取药。每小时有 4 名护士到达内部药房。药剂师平均花 6 分钟为每名护士准备和分发药物。LO4,5
   a. 医院目前有一名药剂师。平均来说，每名护士要等 4 分钟，才能与药剂师开始协商所需药品。请计算这个单服务台药剂师服务系统的 L_q、W 和 L。
   b. 在增加一名药剂师后的试运行阶段，平均每名护士只等 1 分钟就会有药剂师服务。计算到该双服务台药剂师服务系统的 L_q、W 和 L。
   c. 如果每名护士的成本是 30 美元 / 小时，每名药剂师的成本是 60 美元 / 小时，那么单服务台系统和双服务台系统哪个更经济？
27. **焊接**。古泊司焊接公司面向建筑和汽车维修提供焊接服务。假设到达该公司办公室的业务服从泊松分布，且平均到达率为每天（8 小时）2 项业务；完成业务需要的时间服从平均服务时间为 3.2 小时、标准差为 2 小时的正态分布。假设古泊司焊接公司只有一名焊接工来完成所有的业务，请回答下列问题。LO6
   a. 业务的平均到达率为多少（每小时几项业务）？
   b. 平均服务率是多少（每小时几项业务）？
   c. 等候服务的业务的平均数是多少？
   d. 一项业务在接受焊接工服务之前，平均需要等候多长时间？
   e. 从开始接到一项新业务到完成该业务平均需要多长时间（按小时计算）？
   f. 古泊司焊接公司的焊接工处于忙碌状态的时间占总时间的百分比为多少？
28. **装配厂**。某装配厂的业务随机地到达，我们假设其平均到达率为每小时 5 项，服务时间（每项业务要花几分钟）也并不服从指数分布。下面是关于该工厂装配运作设计的两个建议。LO6

方案	服务时间	
	均值	标准差
A	6.0	3.0
B	6.25	0.6

   a. 两种方案各自的平均服务率是多少（每小时几项业务）？
   b. 通过 a 的计算结果可以看出，哪种方案能够提供更快捷的服务？
   c. 服务时间的标准差为几个小时？
   d. 用 $M/G/1$ 模型分别计算两种方案的运行参数。
   e. 哪种方案的运行参数较好？为什么？
29. **设备维修**。机器人制造公司提供设备维修服务。紧急任务的到达是随机的，但以每天（8 小时）3 项业务的频率到达。公司的维修设施是由一名维修技师操作的单服务台系统，服务时间是变化的，但平均维修时间为 2 小时，标准差为 1.5 小时。公司用于维修的成本为每小时 28 美元。在对排队

进行经济性分析时，机器人制造公司在维修过程中顾客的等候平均每小时花费 35 美元。LO5,6

a. 平均到达率和平均服务率分别是多少（每小时几项任务）?

b. 求出运行参数，包括每小时的总成本。

c. 公司正在考虑购买一个计算机化的设备维修系统，该系统可以使维修时间稳定在 2 小时。为了满足实际需要，标准差为 0。使用了这个计算机化的维修系统，公司运行新系统的成本将增加到每小时 32 美元，即每小时比原来增加了 4 美元，但平均维修时间不变。因此，公司运作部门的负责人否决了使用该系统的要求。你同意吗? 新系统将对维修服务排队的运行参数有什么样的影响?

d. 通过使用计算机化的系统并为其支付成本，能够减少服务时间上的变动。你认为这是否有意义? 在一个 40 小时的工作周内，新系统可以为公司节约多少钱?

30. **保险公司**。某大型保险公司拥有一个中央计算机系统，该系统包含各种有关客户账户的信息。6 个州范围内的保险业务员通过电话线可以进入客户信息数据库。目前，公司的中央计算机系统只允许 3 名用户同时进入。但系统满载时，要使用数据库的业务员就无法进入系统，且该系统不允许存在等候。公司的管理层意识到，随着公司业务的增多，会有越来越多的业务员要求使用中央信息系统。对业务员来说，被拒绝进入系统，不仅使他们效率低下，而且使他们很烦恼。进入系统的请求服从平均到达率为每小时 42 个电话的泊松分布，每条电话线的平均服务率为每小时 20 个电话。LO7

a. 同时占用 0 条、1 条、2 条和 3 条电话线通道的概率分别是多少?

b. 一名业务员被拒绝进入系统的概率是多大?

c. 平均有多少条电话线通道在占用中?

d. 在为未来做规划时，公司的管理层希望每小时能处理 50 个电话（λ=50 个电话 / 小时）；此外，一名业务员被拒绝进入系统的概率要小于等于 b 中计算得出的值。请问，该系统应该设置多少条电话线?

31. **电话咨询**。一个制造商为客户定制工业组件。由于其产品的定制性质，它设有一个免费电话号码，潜在客户可以通过该电话号码交流订单的规格，并获得报价和交货时间估计。当前，公司拥有两条电话分机线，两名咨询代表来负责电话咨询工作。当两条线都占线时，顾客会听到忙音，系统中不允许存在等候。每个咨询代表平均每小时可以处理 12 个电话咨询。咨询的平均到达率为每小时 20 个。LO7

a. 如果公司希望能够即时处理 90% 的来电咨询，公司应当设置几条电话分机线?

b. 假如采用建议 a，平均有多少条电话分机线处于忙碌状态?

c. 在当前所采用的两条电话内线的系统中，来电者听到忙音的概率是多大?

32. **出租车调度**。城市出租公司有两名调度员，他们主要负责处理处理顾客的出租请求，并调度车辆。所有的顾客都拨打同一个号码到城市出租公司。当两名调度员都忙碌时，来电者会听到忙音，系统不允许存在等候。来电者可能会稍候再打电话，也可能会给另一个出租车服务公司打电话。假设，打进的电话服从平均到达率为每小时 40 个电话的泊松分布，每位调度员平均每小时可以处理 30 个电话。LO7

a. 两位调度员都空闲的概率是多少?

b. 两位调度员都忙碌的概率是多少?

c. 当公司有 2 名、3 名或 4 名调度员时，来电者听到忙音的概率分别为多少?

d. 如果管理者希望听到忙音的来电者不超过总数的 12%，请问系统中应该有几名调度员?

33. **机器维修**。可可美制造公司（参见 11.9 节）正在考虑为其制造部门增添 2 台机器。这将使机器总数增加到 8 台。可可美公司的总经理安德鲁先生想知道是否有必要为维修部门再增加一名员工。故障机器的平均到达率为每小时 0.05 台机器，维修工的平均服务率为每小时 0.50 台机器。LO5,8

a. 如果公司保持一名员工的维修系统，请计算其运行参数。

b. 如果维修部门增加一名员工，请计算其运行参数。

c. 每位员工的薪水为每小时 20 美元。机器停工期间每小时损失 80 美元。从经济性的角度来看，应该由 1 名还是 2 名员工来维修机器比较好？请给出你的理由。

34. **办公室复印机**。5 位行政助理共同使用一台办公室复印机。他们平均每隔 40 分钟就会有一个到达者，也就是说平均到达率为 $\lambda = 1/40 = 0.025$（次到达 / 分钟）；每位助理在复印机旁的平均时间为 5 分钟，也就是说，平均服务率为 $\mu = 1/5=0.20$（位助理 / 分钟）。请用有限客源的 $M/M/1$ 模型来求出下列运行参数。LO8

a. 复印机空闲的概率。

b. 排队行政助理的平均数。

c. 复印机旁行政助理的平均数。

d. 一位助理等候使用复印机所花费的平均时间。

e. 一位助理在复印机旁所花费的平均时间。

f. 一天 8 小时内，一位助理在复印机旁的时间为多少分钟？其中等候时间为多少？

g. 管理者是否应该考虑再购买一台复印机？请做出解释。

35. **运输车队**。斯科利百货公司拥有一个 10 辆卡车的运输车队。一天当中，卡车随时会到达公司的卡车装卸台，然后将需要发送的货物进行装车，或者是将从地方仓库运来的货物卸载。每辆卡车平均每天 2 次返回装卸台接受服务，即卡车的平均到达率为每小时 0.25 辆，平均服务率为每小时 4 辆卡车。请用到达服从泊松分布、服务时间服从指数分布，且有限客源为 10 辆卡车的模型，求解下列运行参数。LO5,8

a. 装卸台上没有卡车的概率。

b. 等待装车或卸载的卡车的平均数。

c. 卡车装卸台内，卡车的平均数。

d. 装车或卸载之前，卡车的平均等待时间。

e. 卡车在系统中的平均等待时间。

f. 如果每辆卡车每小时的成本为 50 美元，装卸台每小时的成本为 30 美元，请问运行该系统每小时的平均成本为多少？

g. 考虑一个双服务台卡车装卸台系统，其中第二个服务台的运行成本为每小时 30 美元，这会使系统每小时增加 30 美元的成本。此时，要使得这个双服务台卡车装卸台系统比较经济地运作，等候装车或卸载的卡车的平均数应降低多少？

h. 该公司是否应该考虑扩展到双服务台卡车装卸台系统？为什么？

案例问题 11-1

支线航空公司

支线航空公司正在改进电话系统来处理航班预订更改。在上午的 10 点到 11 点期间，订票代理人平均每 3.75 分钟接到一个电话。以往的有关服务时间的数据表明，每位订票代理人平均为每位客户花费 3 分钟修改他们的航班预订。在排队模型中，我们曾经假设到达服从泊松分布、服务时间服从指数分布，在此，对于预订修改系统来讲，该假设似乎也是适用的。

支线航空公司的管理者认为：一个高效的预订修改系统，对于树立服务导向的公司形象起着非常重要的作用。如果系统能够很好地实施，就能使公司建立良好的客户关系，从而能够在长期内增加公司的业务。然而，如果预订修改系统频繁超负荷运作，客户就很难与代理人联系，则会产生客户的负面反馈，进而导致业务量的减少。每位订票代理人的薪水是每小时20美元。在这种条件下，管理者希望能够提高服务质量，但又不想由于订票系统雇用了过多的员工而使成本增加。

在一次规划会议上，支线航空公司的管理层人员一致通过了一个合理的服务目标：能够即时回复85%以上的来电。在这次规划会议上，公司的行政副总裁指出，有数据显示：每位代理人的平均服务率高于来电的平均到达率。他由此得出结论：只雇用一名代理人可以使公司运作成本最低；一名代理人就能够处理所有的预订修改业务，并且还有空闲时间。然而营销副总裁则重申了客户服务的重要性，并表示支持雇用两名以上的订票代理人。

为了进一步提升公司预订修改系统，如果客户来电时所有代理人都很忙，系统则会提示客户输入常客号码、预订号码和修改预订原因等信息。如果已知的航班中断导致需要修改，支线航空公司的预订软件将在客户等待期间给出可替代的行程，以便有代理人可用时，就可以快速修改预订。LO2,3

管理报告

请为支线航空公司准备一份管理报告，分析电话订票系统。报告须包括以下内容。

1. 详细分析行政副总裁提出的仅雇用一名代理人的订票系统的操作特性。你对该系统有何建议？

2. 根据你对代理人数量的建议，详细分析订票系统的操作特性。

3. 本报告是对上午10点至11点这段时间的电话订票系统的试点研究，在此期间平均每3.75分钟会收到一个电话；但是，来电的到达率预计会随着时间的推移而变化。请你描述如何使用排队模型来制订一个计划，使公司能够在一天中的不同时间提供不同数量的代理人来为电话订票系统提供服务，并指出制订此代理人配备计划所需的信息。

案例问题11-2

办公设备公司

办公设备公司（简称OEI）为商业健身房维护和维修健身设备。公司的成功在于它能提供及时的维护及维修服务，因而享有很高的声誉。OEI的服务合同中承诺，从客户的设备出现问题通知OEI开始，OEI的维修技师将在平均3小时之内到达客户所在的健身房。

当前，与OEI签订了服务合同的客户有10家。有一名维修技师负责处理所有提出服务要求的来电。对历史服务记录的一次统计分析显示，在运营过程中，提出服务要求的客户以平均50小时1个电话的到达频率来电。当某家客户来电要求服务时，如果技师正好空闲，则技师平均花费1小时的时间到达客户所在的健身房，然后平均花费1.5小时完成维修服务。维修技师的工资为每小时80美元。对于客户来讲，设备故障停工（等候服务与接受服务的时间）造成的损失为每小时100美元。

OEI正在计划扩展其业务量。计划1年内争取到20家客户，2年内争取到30家客户。虽然OEI公司对于一名维修技师能接待10家客户的现状比较满意，但公司仍然担忧OEI的客户群增大时，一名技师是否有能力确保在接到客户电话3小时内为客户提供服务。因此，在最近的一次会议上，营销经理提出了一项建议，即当OEI的客户群增加到20家时，增加一名技师；当客户群增加到30家时，再增加一名技师。在做最终决定之前，OEI的管理者要求对公司的服务能力进行分析。公司的期望目标为，在平均等待时间为3小时的承诺下，尽量使总成本最低。LO5,8

管理报告

准备一份有关OEI服务能力分析的报告。就OEI的客户群达到20家和30家时所需要雇用的维修技师的人数提出你的建议。报告中应讨论如下内容。

1. 客户每小时的平均到达率为多少？

2. 平均服务率为每小时多少家客户？注意，由于维修技师处理一个服务要求电话的时间包括交通时间加上检修所需要的时间，因此，平均1小时的交通时间也是服务时间的一部分。

3. 一般情况下，排队模型假设到达的客户与服务设备在同一地点。在每名维修技师平均花费1小时到达客户所在地的条件下，讨论OEI的情况。为了确定总的客户等待时间，如何将排队的期望交通时间和等候时间结合起来？

4. OEI对一名能处理10家现有客户要求的维修技师感到满意。利用排队模型确定下列信息。

- 系统中没有客户的概率。
- 排队客户的平均数。
- 系统中客户的平均数。
- 在维修技师到达之前，客户的平均等待时间。
- 设备恢复正常运转之前，客户的平均等待时间。
- 一家客户等候维修技师到达的时间超过1小时的概率。
- 一个星期内维修技师不必处理服务请求的小时数。
- 服务系统运行中每小时的总成本。

OEI的管理者认为一名技师就能实现平均3小时内提供服务的承诺，你同意这种说法吗？请说明你的理由。

5. 当OEI的客户群增加到20家时，你建议公司雇用几名技师？利用问题4中得到的信息来证明你的建议。

6. 当OEI的客户群增加到30家时，你建议公司雇用几名技师？利用问题4中得到的信息来证明你的建议。

7. 假设公司每年营业250天，与OEI计划委员会提出的关于30家客户需要雇用3名维修技师的建议相比，你在问题6中提出的建议每年可以为OEI节约多少成本？

第12章 模拟

学习目标

LO1 在不确定性决策问题中区分基本情况、最坏情况和最好情况。

LO2 确定何时适合用连续概率分布对不确定变量进行建模。

LO3 确定何时适合用离散概率分布对不确定变量进行建模。

LO4 利用计算机软件实现静态模拟模型并解释其结果。

LO5 利用计算机软件实现动态模拟模型并解释其结果。

不确定性使决策充斥在商业、政府和我们的个人生活中。本章介绍了使用**模拟**来评估不确定性对决策的影响。模拟模型已成功地应用于多种学科：金融应用包括投资规划、项目选择和期权定价；营销应用包括新产品的开发和产品进入市场的时机；运营应用包括项目管理、库存管理、容量规划和收益管理（这在航空公司、酒店和汽车租赁行业中非常突出）。在每一种应用中，都存在着数量的不确定性使决策过程复杂化的问题。

正如我们将要展示的，电子表格模拟分析需要一个逻辑公式的模型基础，该模型要正确地表达**参数**和决策之间的关系，以生成期望的结果。模拟模型用一系列可能的值来代替参数的单一值。例如，一个简单的电子表格模拟模型可以通过给定从制造商购入的滑雪服数量以及客户需求的滑雪服数量来计算服装零售商的利润。模拟分析扩展了该模型，用滑雪服需求的可能值的**概率分布**替换了滑雪服需求的确定值。滑雪服需求的概率分布不仅表示可能值的范围，还表示不同需求水平的相对可能性。

为了用模拟模型评估一个决策，分析人员需要确定哪些参数具有不确定性，并将这些参数视为随机或不确定变量。**随机变量**或**不确定变量**的值是根据指定的概率分布随机生成的。该模拟模型利用随机变量的随机值以及参数与决策之间的关系来计算结果的相应值。具体来说，模拟实验会产生一个结果值的分布，该分布对应于输入的不确定变量的随机取值。结果值的这个概率分布描述了可能结果的范围以及每个结果的相对可能性。在检查了模拟结果后，分析人员通常能够对**可控输入**提出决策建议，以达到期望的平均结果并将结果波动控制在一定范围。在存在不确定性的情况下做决定时，决策者不仅应该对平均结果或预期结果感兴趣，还应该对有关的可能结果感兴趣。具体来说，决策者对**风险分析**感兴趣，即量化不希望出现的结果的可能性和程度。专栏 12-1 提供了一个使用模拟评估贷款人拖欠贷款或提前还款的财务风险的例子。

专栏 12-1 实践中的管理科学

评估贷款机构的财务风险

2008 年的金融危机导致美国 2008—2009 年有近 900 万人失业，约占劳动力总数的 6%。美国家庭的净资产减少了近 13 万亿美元，股票市场下跌了近 50%。导致这场金融危机的一个主要因素是次级抵押贷款违约的增加。次级抵押贷款是发放给那些因信用评分低而没有资格获得常规贷款的个人的贷款。这类抵押贷款面临着相当大的金融风险，而当时人们并不完全了解这些风险。

虽然美国的金融市场和整体经济已经从 2008 年的金融危机中基本复苏，但许多公司仍然面临着大量贷款带来的财务风险。美国的大银行通常有超过 100 万美元的抵押贷款。美国的贷款服务机构为多达 1 000 万笔抵押贷款提供服务。这类公司面临着严重的财务风险，包括拖欠风险（客户无法及时偿还贷款）和提前还款风险（由于客户选择提前偿还贷款，导致贷款机构的现金流减少）。

对于某些形式的拖欠和大额贷款的提前还款风险，可以使用复杂的封闭方程。然而，这些方程对输入参数很敏感，而且往往依赖于对拖欠付款和提前还款风险分布的严格假设。因此，蒙特卡罗模拟是量化拖欠和提前还款风险的常用工具。

在一项特别的研究中，研究人员使用了来自美国各地 36 000 个不同邮政编码的 1 000 万份次级抵押贷款的历史数据，以及由美国政府资助的机构房地美承保的 1 600 万份抵押贷款的单独数据。数据集包括贷款信息，比如信用评分、贷款人是不是首次购房者、抵押类型、贷款人的债务收入比值和抵押的邮政编码。数据集还包括关于提前还款和违约事件的信息。这些历史信息可以用来创建模拟分析模型，来预测拖欠和提前还款。

然后将预测模型输入到蒙特卡罗模拟模型中，该模型可以根据这些不同的输入参数来估计未来的违约和提前还款风险。输入参数可以改变，来估计拖欠和提前还款风险对输入参数的敏感性，比如贷款池中抵押贷款的所在地、贷款池中首次购房者的数量等。这些模型的目标是帮助企业更好地估计其贷款池中存在的金融风险，从而为未来的事件做好充分的计划。

资料来源：主要来自 J. Sirignano and K. Giesecke, "Risk Analysis for Large Pools of Loans," *Management Science* 65, no. 1 (2019): 107–121.

12.1 假定分析

在本节中，我们将展示如何通过改变输入参数生成一个小的假设场景，从而进行商业风险的基本评估。这种方法为我们在本章后面讨论更复杂的模拟模型提供了基础。

12.1.1 Sanotronics 公司

Sanotronics 是一家为医院和诊所生产医疗设备的初创公司。Sanotronics 的创始人受到与癌症作斗争的家庭成员的启发，开发了一种新设备的原型机，它可以降低医护人员在准备、管理和处理危险药物时化学药品对他们的负面影响。这种新设备的特点是创新的设计，并有潜力获得可观的市场份额。

Sanotronics 想要一份关于该设备第一年利润潜力的分析报告。由于 Sanotronics 紧张的现金流状况，管理层特别担心潜在的亏损。Sanotronics 确定了第一年利润的关键参数：单位销售价格（p）、第一年的行政和广告成本（c_a）、单位直接人工成本（c_l）、单位零部件成本（c_p）和第一年的需求（d）。在进行了市场研究和财务分析后，Sanotronics 非常确定地估计，这款设备的售价将为每台 249 美元，第一年的行政和广告成本总计将为 1 000 000 美元。

Sanotronics 对直接人工成本、零部件成本和第一年的需求并不确定。在计划阶段，Sanotronics 对这些输入量的基本估计是单位直接人工成本为 45 美元，单位零部件成本为 90 美元，第一年的产品需求为 15 000 台。

12.1.2 基本情况

Sanotronics 第一年的利润模型可以写成：

$$\text{利润} = (p - c_l - c_p) \times d - c_a \tag{12-1}$$

回想一下，Sanotronics 确定每台设备售价为 249 美元，行政和广告成本总计为 1 000 000 美元。将这些值代入式（12-1）得到：

$$\text{利润} = (249 - c_l - c_p) \times d - 1\,000\,000 \tag{12-2}$$

Sanotronics 对单位直接人工成本、单位零部件成本和第一年的需求的估计分别为 45 美元、90 美元和 15 000 件。这些数值构成了 Sanotronics 的**基本情况**。将这些值代入式（12-2），得出如下利润预测：

$$\text{利润} = (249 - 45 - 90) \times 15\,000 - 1\,000\,000 = 710\,000 \text{（美元）}$$

因此，基本情况下会有 710 000 美元的预期利润。

尽管基本情况看起来很诱人，但 Sanotronics 意识到单位直接人工成本、单位零部件成本和第一年的需求的值是不确定的，所以基本情况可能不会发生。为了帮助 Sanotronics 衡量不确定性的影响，**What-If 分析**考虑随机变量（直接人工成本、零部件成本和第一年的需求）的其他不同取值，并计算结果值（利润）。

Sanotronics 感兴趣的是如果单位直接人工成本、单位零部件成本和第一年的需求的估计结果不符合基本情况下的预期会发生什么。例如，假设 Sanotronics 认为直接人工成本可能为每台 43 ～ 47 美元，零部件成本可能为每台 80 ～ 100 美元，第一年的需求可能为 0 ～ 30 000 台。使用这些范围，What-If 分析可以用来评估**最坏情况**和**最好情况**。

12.1.3 最坏情况

最坏情况是：单位直接人工成本为 47 美元（最高值），单位零部件成本为 100 美元（最高值），需求为 0 台（最低值）。将这些值代入式（12-2），可得到以下利润预测：

$$\text{利润} = (249 - 47 - 100) \times 0 - 1\,000\,000 = -1\,000\,000 \text{（美元）}$$

因此，最坏情况下会有 1 000 000 美元的预期亏损。

12.1.4 最好情况

最好情况是：单位直接人工成本为 43 美元（最低值），单位零部件成本为 80 美元（最低值），需求为 30 000 台（最高值）。将这些值代入式（12-2），可得到以下利润预测：

$$利润=(249-43-80)\times 30\,000-1\,000\,000=2\,780\,000\ （美元）$$

因此，最好情况下会有 2 780 000 美元的预期收益。

What-If 分析可使我们得出这样的结论：新项目在最坏情况下亏损 1 000 000 美元，在最好情况下赢利 2 780 000 美元，利润在该范围内变化。尽管有可能达到基本情况下的利润 710 000 美元，但 What-If 分析指出，巨额亏损或者巨额赢利都有可能发生。同样，Sanotronics 也可以在其他情形下重复这种 What-If 分析。然而，简单的 What-If 分析无法给出各种赢利或者亏损的概率，特别是亏损的概率。通过了解不良结果的潜在规模和概率，从而进行更彻底的风险评估，我们现在转向开发一个电子表格模拟模型。

12.2 Sanotronics 问题的模拟

在本节中，我们将展示如何使用 Excel 构建模拟模型并进行风险分析。构建电子表格模拟模型的第一步是用适当的公式逻辑表示输入和结果之间的关系。图 12-1 提供了 Sanotronics 电子表格的相关公式和数值。单元格 B4 ～ B8 包含单位设备的售价、行政和广告成本、单位直接人工成本、单位零部件成本和第一年的需求。使用适当的单元格引用和公式，式（12-1）对应的利润计算在单元格 B11 中表示。对于图 12-1 所示的值，电子表格模型计算基本情况下的利润。通过更改输入参数的一个或多个值，电子表格模型可以进行手动的 What-If 分析（例如，最好情况和最坏情况）。

	A	B
1	Sanotronics	
2		
3	参数	
4	单位设备的售价	249
5	行政和广告成本	1000000
6	单位直接人工成本	45
7	单位零部件成本	90
8	第一年的需求	15000
9		
10	模型	
11	利润	=((B4-B6-B7)*B8)-B5
12		

	A	B
1	Sanotronics	
2		
3	参数	
4	单位设备的售价	$249.00
5	行政和广告成本	$1,000,000.00
6	单位直接人工成本	$45.00
7	单位零部件成本	$90.00
8	第一年的需求	15,000.00
9		
10	模型	
11	利润	$710,000.00

图 12-1 Sanotronics 问题的工作表

12.2.1 用概率分布来表示随机变量

使用 What-If 来进行风险分析时，由我们来选择随机变量的取值（单位直接人工成本、单位零部件成本和第一年的需求），然后计算利润。模拟模型不是手动输入随机变量的可能值，而是随机为随机变量生成值，以便使用的值反映我们在实践中可能观察到的情况。概率分布描述了一个随机变量的可能值以及该随机变量取这些值的可能性。分析人员可以使用历史数据和随机变量的知识（如极差、均值、众数和标准差）来指定随机变量的概率分布。如下所述，Sanotronics 对随机变量进行了估计，以确定单位直接人工成本、单位零部件成本和第一年的需求的概率分布。

1. 单位直接人工成本

根据最近的工资率和估计的设备加工需求，Sanotronics 认为单位直接人工成本将为 43 ～ 47 美元，并由图 12-2 所示的离散概率分布来描述。因此，我们看到单位直接人工成本为 43 美元的概率为 0.1，单位直接人工成本为 44 美元的概率为 0.2，依此类推。最高概率 0.4 对应的是单位直接人工成本 45 美元。因为 Sanotronics 用**离散概率分布**建模单位直接人工成本，所以单位直接人工成本只能取 43 美元、44 美元、45 美元、46 美元或 47 美元（不可能有其他值）。

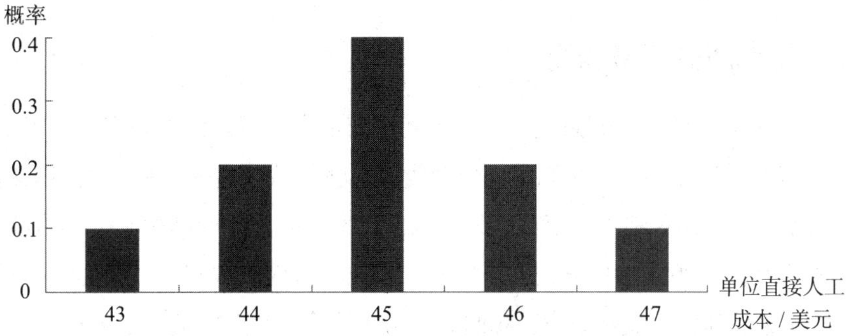

图 12-2　单位直接人工成本的概率分布

2. 单位零部件成本

Sanotronics 不确定零部件成本的值，因为它取决于许多因素，包括总的经济情况、零部件的总需求以及 Sanotronics 零部件供应商的定价策略。Sanotronics 认为单位零部件成本将为 80 ～ 100 美元，但不确定是否在 80 ～ 100 美元的某个特定值比其他值更有可能。因此，Sanotronics 决定用均匀概率分布来描述零部件成本的不确定性，如图 12-3 所示。单位成本在 80 ～ 100 美元的可能性是相等的。均匀概率分布是**连续概率分布**的一个特例，这意味着零部件成本可以在 80 ～ 100 美元以相同的可能性取值。

> 模拟的一个优点是分析人员可以调整随机变量的概率分布，以确定关于不确定性“形状”的假设对结果的影响（并最终确定决策对关于随机变量分布假设的敏感性）。

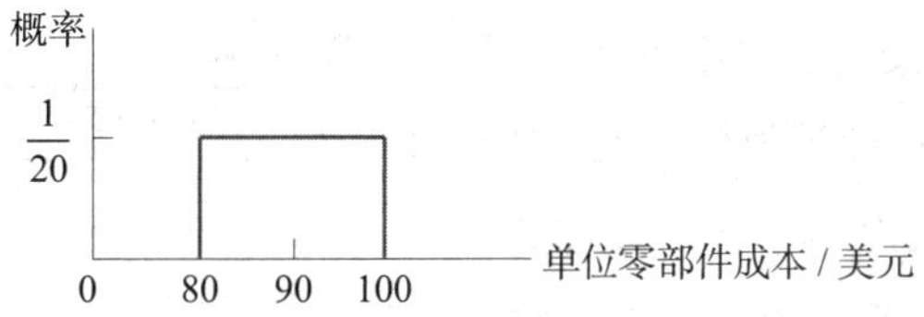

图 12-3　单位零部件成本的概率分布

3. 第一年的需求

基于同类医疗器械的销售情况，Sanotronics 认为第一年的需求可以用图 12-4 所示的正态概率分布来描述。第一年需求的平均值或期望值为 15 000 台，4 500 台的标准差描述了第一年需求的可变性。正态概率分布是一个连续概率分布，其中任何值都是可能的，但远远大于或小于平均值的值越来越不可能。

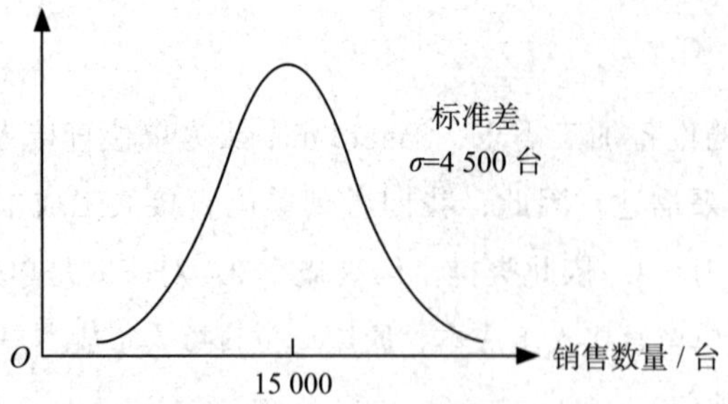

图 12-4　第一年的需求的正态概率分布

12.2.2　用 Excel 生成随机变量的值

为了模拟 Sanotronics 的问题，我们必须为这三个随机变量生成值并计算利润。一组随机变量称为一个试验，然后生成另一个试验，计算第二个利润值，依此类推。我们持续这一过程，直到确信已经进行了足够的试验来描述利润的概率分布。简单地说，模拟就是生成随机变量的值并计算相应结果的过程。

在 Sanotronics 模型中，必须为单位直接人工成本、单位零部件成本和第一年的需求量对应的随机变量生成有代表性的值。为了说明如何生成这些值，我们需要引入计算机生成的随机数的概念。

计算机生成的随机数⊖是从 0 到 1 的数值，但不包括 1，这个区间记为 [0,1)。计算机生成的随机数的所有值都是等可能的，因此在从 0 到 1 的区间内均匀分布。计算机生成的随机数可以通过计算机模拟程序包和电子表格中的内置函数获得。例如，在 Excel 工作表的单元格中输入公式 =RAND ( )，单元格中就会显示从 0 到 1 之间的随机数。

让我们在 Sanotronics 例子中展示如何使用随机数来生成与随机变量的概率分布相对应的值。我们先展示如何为单位直接人工成本生成一个值。所展示的方法适用于从任何离散概率分布生成值。

表 12-1 说明了将区间从 0 到 1 划分为子区间，通过随机数使子区间中产生的概率等于相应直接人工成本的概率。从 0 到 0.1 但不包括 0.1 的随机数区间 [0，0.1) 与 43 美元的直接人工成本相关联，从 0.1 到 0.3 但不包括 0.3 的随机数区间 [0.1，0.3) 与 44 美元的直接人工成本相关联，依此类推。通过给直接人工成本的可能值分配随机数区间，随机数落在任一区间内的概率等于得到相应直接人工成本值的概率。因此，为了给直接人工成本选择一个值，我们使用 Excel 中的 RAND 函数在 0 到 1 之间生成一个随机数。如果随机数大于等于 0 但小于 0.1，我们将直接人工成本设为 43 美元；如果随机数大于等于 0.1 但小于 0.3，我们将直接人工成本设为 44 美元，依此类推。

表 12-1　产生单位直接人工成本值的随机数区间

单位直接人工成本（美元）	概率	随机数区间
43	0.1	[0，0.1）
44	0.2	[0.1，0.3）
45	0.4	[0.3，0.7）
46	0.2	[0.7，0.9）
47	0.1	[0.9，1）

模拟的每次试验都需要一个直接人工成本的值。假设第一次试验的随机数是 0.910 9。根据表 12-1 可知，由于 0.910 9 在区间 [0.9，1) 内，因此相应的直接人工成本模拟值为每

⊖ 计算机生成的随机数在形式上被称为伪随机数，因为它们是通过数学公式生成的，因此在技术上不是随机的。随机数和伪随机数之间的区别主要是哲学上的，不管它们是不是由计算机生成的，我们都使用随机数这一术语来表述。

单位 47 美元。假设第二次试验的随机数是 0.284 1，根据表 12-1 可知，直接人工成本的模拟值为每单位 44 美元。

模拟中的每个试验还需要单位零部件成本和第一年的需求的值。现在让我们转向为零部件成本产生值的问题。单位零部件成本的概率分布为图 12-3 所示，为均匀分布。因为这个随机变量的概率分布与直接人工成本不同，所以我们以稍微不同的方式使用随机数来生成零部件成本的模拟值。为一个具有连续均匀分布特征的随机变量生成一个值，使用以下 Excel 公式：

均匀分布随机变量的值 = 下限 +（上限 – 下限）×RAND（）　　（12-3）

对于 Sanotronics，单位零部件成本是一个均匀分布的随机变量，其下限为 80 美元，上限为 100 美元。应用式（12-3）可得零部件成本的生成公式：

单位零部件成本 =80+20×RAND（）　　（12-4）

通过仔细检查式（12-4），我们可以了解它是如何使用随机数生成均匀分布的零部件成本的值的。式（12-4）的第一项是 80，因为 Sanotronics 假设零部件成本永远不会低于每件 80 美元。由于 RAND 在 0 和 1 之间，第二项 20 × RAND（）对应的是零部件成本模拟值比其下限大多少。由于 RAND 同样可能是 0 和 1 之间的任何值，零部件成本的模拟值同样可能是下限（80+0=80）和上限（80+20=100）之间的值。例如，假设得到一个随机数 0.457 6。如图 12-5 所示，零部件成本的值为：

单位零部件成本 =80+20×0.457 6=80+9.15=89.15（美元）

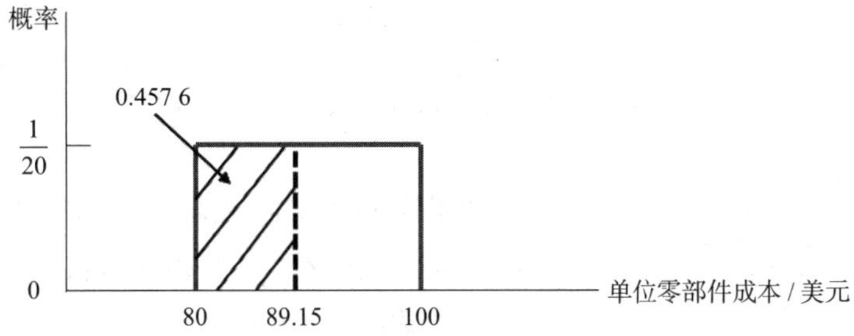

图 12-5　用随机数 0.457 6 生成的单位零部件成本

假设在下一次试验中生成一个随机数 0.584 2，则零部件成本的值为：

单位零部件成本 =80+20×0.584 2=80+11.68=91.68（美元）

只要选择合适的下限和上限，就可以通过式（12-3）得到任意均匀概率分布的值。

最后，我们需要一个公式将计算机生成的随机数转换成第一年的需求。由于第一年的需求是正态分布，其平均值为 15 000，标准差为 4 500（见图 12-4），因此，我们需要使用公式来从这个正态概率分布中生成模拟量的数值。

我们将再次使用 0 到 1 之间的随机数来生成第一年的需求量。要为指定均值和标准差的正态分布的随机变量生成一个值，使用以下 Excel 公式：

正态随机变量值 =NORM.INV（RAND（），均值，标准差）　　（12-5）

对于 Sanotronics，第一年的需求是一个正态分布随机变量，其均值为 15 000，标准差为 4 500。应用式通过适当修改均值和标准差，式（12-5）可用于生成任何正态概率分布的值。

要从电子表格中的RAND（）函数生成0到1之间的不同随机值，在**公式**（formulas）选项下，在**计算**（calculation）中选择**开始计算**（calculate now）。

（12-5）可得到产生第一年的需求的公式：

需求 =NORM.INV（RAND（），15 000，4 500）　　（12-6）

设 RAND 函数产生随机数 0.602 6，应用式（12-6）得到需求 = NORM.INV（0.602 6，15 000，4 500）=16 170。为了理解式（12-6）如何使用随机数生成第一年需求量的正态分布值，我们注意到 Excel 公式 =NORM.INV（0.602 6，15 000，4 500）提供了一个正态分布的值，其平均值为 15 000，标准差为 4 500，因此正态曲线下 60.26% 的面积位于该值的左侧（见图 12-6）。现在假设 RAND 函数产生的随机数为 0.355 1；应用式（12-6）得到需求 =NORM.INV（0.355 1，15 000，4 500）=13 328。因为这个正态分布的一半位于平均值 15 000 以下，一半位于平均值 15 000 以上，RAND 值小于 0.5 导致第一年的需求低于平均值 15 000，RAND 值高于 0.5 对应于第一年的需求高于平均值 15 000。

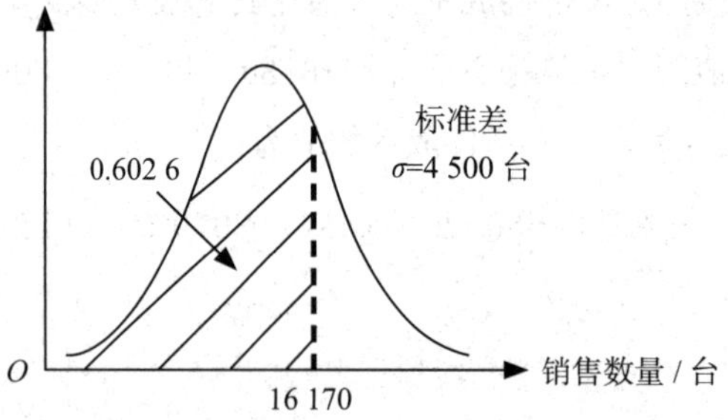

图 12-6　用随机数 0.602 6 生成的第一年的需求

有关 VLOOKUP 函数的进一步描述请参阅附录 12.1。

现在我们知道了如何从随机变量各自的概率分布中产生随机变量的值（直接人工成本、零部件成本和第一年的需求），我们通过添加这些信息来修改电子表格。图 12-1 中单元格 B6、B7 和 B8 中这些参数的静态值被替换为单元格公式，这些公式将在重新计算电子表格时随机生成值（如图 12-7 所示）。与表 12-1 相对应的是，单元格 B6 使用 RAND 函数生成的随机数，并通过使用 VLOOKUP 函数在单元格 A15：C19 中包含的区间表（与表 12-1 相对应）中查找相应的单位成本。单元格 B7 分别引用单元格 F14 和 F15 来规定零部件成本均匀分布的下限和上限，执行式（12-4）[㊀]。单元格 B8 分别引用单元格 F18 和 F19 来规定第一年需求的正态分布的均值和标准差，执行式（12-6）[㊁]。

㊀ 从技术上讲，采用连续概率分布构建的随机变量应适当舍入，以避免建模错误（例如，单位零部件成本的模拟值应四舍五入到最接近的美分）。为了简化说明，我们忽略由此产生的少量建模错误。为了更准确地建模这些随机变量，单元格 B7 中的公式应为 =ROUND（F12+（F13-F12）*RAND（），2）。

㊁ 正态分布是连续分布，当应用于离散现象（如医疗设备需求单位）时，理论上需要舍入。除此之外，正态分布也允许负值。在第一年需求的情况下，负值的概率是相当小的。为简单起见，我们忽略了少量的建模误差。为了更准确地模拟第一年的需求，单元格 B8 中的公式应为 =MAX（ROUND（NORM.INV（RAND（）,F16,F17）,0）,0）。

	A	B	C	D	E	F
1	Sanotronics					
2						
3	参数					
4	单位设备的售价	249				
5	行政和广告成本	1000000				
6	单位直接人工成本	=VLOOKUP(RAND(),A15:C19,3,TRUE)				
7	单位零部件成本	=F14+(F15-F14)*RAND()				
8	第一年的需求	=NORM.INV(RAND(),F18,F19)				
9						
10	模型					
11	利润	=((B4-B6-B7)*B8)-B5				
12						
13	直接人工成本				零部件成本（均匀分布）	
14	区间下限	区间上限	单位成本	概率	下限	80
15	0	=D15+A15	43	0.1	上限	100
16	=B15	=D16+A16	44	0.2		
17	=B16	=D17+A17	45	0.4	第一年的需求（正态分布）	
18	=B17	=D18+A18	46	0.2	均值	15000
19	=B18	=D19+A19	47	0.1	标准差	4500
20						

图 12-7 Sanotronics 问题的 Excel 工作表

有关 Excel 数据表功能的详细描述请参阅附录 12.1。

12.2.3 用 Excel 进行模拟试验

按 F9 键是重新计算电子表格的快捷方式，可以生成一组新的模拟试验。

模拟中的每次试验都涉及生成随机变量的值（直接人工成本、零部件成本和第一年的需求）并计算利润。为了方便进行多个模拟试验，我们以一种非常规但有效的方式使用 Excel 的数据表功能。为了建立执行 1 000 个模拟试验的电子表格，我们构建了一个如图 12-8 所示的表。如图 12-8 所示，A22：A1021 表示 1 000 次模拟试验（隐藏了第 25 ～ 1 018 行）。为了填充数据表的单元格 A23 ～ E1021，我们执行以下步骤。

	A	B	C	D	E	F
1	Sanotronics					
2						
3	参数					
4	单位设备的售价	249				
5	行政和广告成本	1000000				
6	单位直接人工成本	=VLOOKUP(RAND(),A15:C19,3,TRUE)				
7	单位零部件成本	=F14+(F15-F14)*RAND()				
8	第一年的需求	=NORM.INV(RAND(),F18,F19)				
9						
10	模型					
11	利润	=((B4-B6-B7)*B8)-B5				
12						
13	直接人工成本				零部件成本（均匀分布）	
14	区间下限	区间上限	单位成本	概率	下限	80
15	0	=D15+A15	43	0.1	上限	100
16	=B15	=D16+A16	44	0.2		
17	=B16	=D17+A17	45	0.4	第一年的需求（正态分布）	
18	=B17	=D18+A18	46	0.2	均值	15000
19	=B18	=D19+A19	47	0.1	标准差	4500
20						
21	仿真试验	单位直接人工成本	单位零部件成本	第一年的需求	利润	
22	1	=B6	=B7	=B8	=B11	
23	2					
24	3					
1019	998					
1020	999					
1021	1000					

模拟运算表 ? ×
输入引用行的单元格(R)：
输入引用列的单元格(C)：D1
确定 取消

图 12-8 为 Sanotronics 问题设置多次模拟试验

步骤 1：选择单元格范围 A22：E1021。

步骤 2：点击功能区（Ribbon）中的数据（Data）选项卡。

这些步骤迭代地从 A22 到 A1021 范围内选择模拟试验编号，并将其代入步骤 4（D1）中选择的空白单元格。在这 1 000 次试验中，Excel 生成新的随机数，其中 RAND 函数位于单元格 B6、B7 和 B8 中，记录在数据表的 B、C 和 D 列中。

步骤 3：在数据工具“Forecast”组中单击模拟分析（What-If Analysis），并选择模拟运算表（Data Table）。

步骤 4：当“Data Table”对话框出现时，将电子表格中的任何空白单元格（例如 D1）输入到输入引用列的单元格（Column input cell）框中。

步骤 5：点击“OK”。

图 12-8 显示了我们的模拟结果。在使用数据表进行模拟后，该表中的每一行对应于一个不同的模拟试验，该试验由随机变量的不同值组成。在试验 1 中（电子表格中的第 22 行），我们看到单位直接人工成本是 45 美元，单位零部件成本是 86.29 美元，第一年的需求是 19 976 台，利润为 1 351 439 美元。在试验 2（电子表格中的第 23 行）中，我们观察到单位直接人工成本为 45 美元，单位零部件成本为 81.02 美元，第一年的需求为 14 910 台。这些值在第二次模拟试验中提供了 833 700 美元的模拟利润。

12.2.4 分析和评估模拟结果

对模拟试验中观察到的结果进行分析是模拟过程的一个关键部分。对于模拟试验的结果统计，可以使用样本平均值、样本标准差、最小值、最大值和样本占比等描述性统计量。为了计算 Sanotronics 例子中的这些统计量，我们使用以下 Excel 函数：

单元格 H22=AVERAGE（E22：E1021）

单元格 H23=STDEV.S（E22：E1021）

单元格 H24=MIN（E22：E1021）

单元格 H25=MAX（E22：E1021）

单元格 H26=COUNTIF（E22：E1021，“<0”）/COUNT（E22：E1021）

模拟研究能够客观估计损失的概率，这是风险分析的一个重要环节。

单元格 H26 计算利润小于零的试验次数与总试验次数之比。通过改变 COUNTIF 函数中第二个参数的值，可以在单元格 H26 中计算利润小于任何指定值的概率。

如图 12-9 所示，我们观察到平均利润为 717 663 美元，标准差为 521 536 美元，极端值分别是 −996 547 美元和 2 253 674 美元，估计亏损概率为 0.078。

为了可视化这些描述性统计数据的利润分布，我们使用 Excel 的 FREQUENCY 函数和柱状图。在图 12-9 中，单元格 J23：J41 包含单元格 E22：E1021 中列出的 1 000 个模拟利润观测值的分组的上限。

步骤 1：选择单元格 K23：K42。

步骤 2：在公式栏中，键入公式 =FREQUENCY（E22：E1021，J23：J41）。

步骤 3：输入步骤 2 中的公式后，按下 CTRL+SHIFT+ENTER。

在 Excel 中按 CTRL+SHIFT+ENTER 表示函数应该返回一个值数组来填充单元格范围 K23 ：K42。例如，单元格 K23 包含小于 –1 500 000 美元的利润观测值的个数；单元格 K24 包含大于或等于 –1 500 000 美元且小

于 –1 250 000 美元的利润观测值的个数；单元格 K25 包含大于或等于 –1 250 000 美元且小于 –1 000 000 美元的利润观测值的个数，依此类推。

	A	B	C	D	E	F	G	H	J	K
1	Sanotronics									
2										
3	参数									
4	单位设备的售价	$249.00								
5	行政和广告成本	$1,000,000.00								
6	单位直接人工成本	$45.00								
7	单位零部件成本	$86.29								
8	第一年的需求	$19,976								
9										
10	模型									
11	利润	$1,351,439								
12										
13	直接人工成本				零部件成本（均匀分布）					
14	区间下限	区间上限	单位成本	概率	下限	80				
15	0	0.1	43	0.1	上限	100				
16	0.1	0.3	44	0.2						
17	0.3	0.7	45	0.4	第一年的需求（正态分布）					
18	0.7	0.9	46	0.2	均值	15000				
19	0.9	1	47	0.1	标准差	4500				
20										
21	模拟试验	单位直接人工成本	单位零部件成本	第一年的需求	利润		利润结果统计			
22	1	$45	$86.29	19,976	$1,351,439		均值	$717,663	Bin	频率
23	2	$45	$81.02	14,910	$833,700		标准差	$521,536	–$1,500,000	0
24	3	$46	$98.15	18,570	$947,064		最小利润	–$996,547	–$1,250,000	0
25	4	$45	$92.29	12,561	$403,085		最大利润	$2,253,674	–$1,000,000	0
26	5	$47	$88.82	6,844	–$225,345		P(利润<$0)	0.078	–$750,000	3
27	6	$45	$95.98	15,337	$656,778				–$500,000	4
28	7	$44	$88.23	18,723	$1,186,276				–$250,000	22
29	8	$47	$96.20	17,589	$861,005				$0	49
30	9	$44	$85.97	19,967	$1,376,760				$250,000	113
31	10	$45	$89.62	14,056	$607,650				$500,000	151
32	11	$45	$85.96	11,204	$322,448				$750,000	188
33	12	$45	$92.06	11,150	$248,172				$1,000,000	193
34	13	$47	$85.34	11,880	$385,901				$1,250,000	122
35	14	$44	$80.05	24,733	$2,090,469				$1,500,000	79
36	15	$46	$92.47	10,933	$208,447				$1,750,000	47
37	16	$45	$81.61	17,453	$1,136,087				$2,000,000	20
38	17	$45	$84.16	13,205	$582,483				$2,250,000	7
39	18	$45	$93.07	15,809	$753,735				$2,500,000	2
40	19	$47	$85.33	9,422	$99,247				$2,750,000	0
41	20	$43	$83.58	13,599	$664,800				$3,000,000	0
42	21	$47	$92.23	17,168	$884,578				>$3,000,000	0
1021	1,000	$45	$92.87	22,467	$1,496,677					
1022										

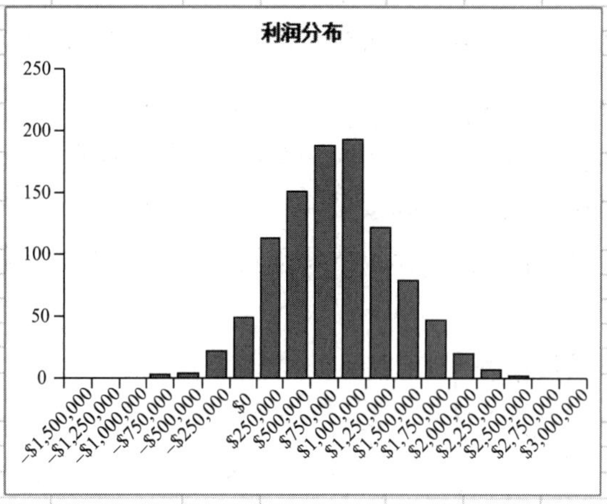

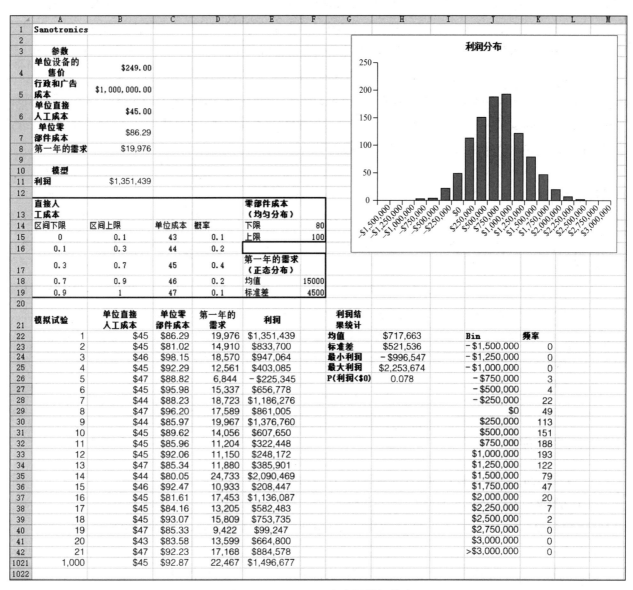

图 12-9　Sanotronics 问题的模拟结果

根据该频数生成柱状图。

步骤 1：选择单元格 J23：K42。

步骤 2：单击功能区（Ribbon）上的插入（Insert）选项卡。

步骤 3：单击图表（Charts）中的插入柱形图（Insert Column Chart）。

步骤 4：当柱形图子类型列表出现时，单击二维柱形图（2–D Column）中的簇状柱形图（Clustered Column）。

图 12-9 显示利润值的分布是比较对称的，许多数值都在 25 万～ 125 万美元的范围内。有较大损失或较大收益的概率很小。在 1 000 次试验中，只有 7 次试验的损失超过 50 万美元，9 次试验的利润超过 200 万美

元。利润在 75 万～ 100 万美元的试验最多。

比较模拟分析和 What-If 分析可以看出，模拟分析能够提供更多的信息。回顾 12.1 节的 What-If 分析，我们了解到，基本情况的预期利润是 710 000 美元，最坏情况的预期亏损是 1 000 000 美元，而最好情况的预期利润是 2 780 000 美元。而从 1 000 次模拟运算结果中，我们发现最坏情况和最好情况虽然理论上存在，但是概率很低，几乎不可能发生。事实上，利用模拟来进行风险分析的优势在于它能提供结果值的频率信息。现在，我们知道了亏损的概率、利润的概率分布以及最有可能的利润值。

模拟结果帮助 Sanotronics 的管理人员更好地了解新医疗设备的潜在利润 / 损失。0.078 的损失概率对管理层来说可能是可以接受的。另外，Sanotronics 在决定是否推出该产品之前，可能需要进行进一步的市场研究。在任何情况下，模拟结果都应该有助于制定适当的决策。

注释与点评

在上一节中，我们展示了如何从自定义离散分布、均匀分布和正态分布中为随机变量生成值。为正态分布随机变量生成值需要使用 NORM.INV 和 RAND 函数。当使用 Excel 公式 =NORM.INV（RAND ( )，m,s）时，RAND 函数生成一个 0 到 1 之间的随机数 r，然后由 NORM.INV 函数确定最小值 k，使 $P(X \leqslant k) \geqslant r$，其中 X 是均值为 m 和标准差为 s 的正态随机变量。类似地，RAND 函数可以与 BETA.INV、BINOM.INV、GAMMA.INV 和 LOGNORM.INV 等 Excel 函数一起使用，分别为具有 β 分布、二项分布、γ 分布或对数正态分布的随机变量生成值。在附录 12.1 中，我们描述了其他几种类型的随机变量，以及如何使用 Excel 函数生成它们。对随机变量使用不同的概率分布只会改变该随机变量取到特定值的相对可能性。选择随机变量的概率分布应该基于历史数据和分析人员的经验。

12.3 库存模拟

本节将描述如何使用模拟来为需求不确定的产品做出库存决策。以巴特尔电气公司生产的无线路由器为例，每个无线路由器的成本为 75 美元，销售价格是 125 美元，因此巴特尔电气公司能够从每台产品中获得毛利润 125−75=50（美元），无线路由器的月需求服从正态分布，均值为 100 台，标准差为 20 台。

在每月月初，巴特尔电气公司的供应商会向巴特尔电气公司发货，巴特尔电气公司将其库存补充至 Q 水平。这个起始库存水平被称为补货水平。如果月需求低于补货水平，则没有卖出去的产品的库存持有成本为每单位 15 美元；相反，如果月需求大于补货水平，就会造成缺货，从而产生缺货费用。巴特尔电气公司要支付给每个需求未被满足的顾客 30 美元的信誉费，为此公司的单位缺货成本为 30 美元。管理人员想通过模拟模型来确定不同补货水平下的平均月净利润。同时，公司管理层也希望知道总需求被满足的百分比，这个百分比被称为服务水平。

巴特尔电气公司模拟模型的可控输入量是补货水平 Q，不确定输入量为月需求 D，两个输出指标为平均月净利润和服务水平。对服务水平的模拟要求我们了解每月售出的无线路由器的数量和每月对无线路由器的总需求。服务水平将在模拟过程的最后，通过计算销售总量与总需求的比率得出。

当需求小于等于补货水平 Q 时（$D \leqslant Q$），D 台被卖出，且 $Q-D$ 台留在库存中的持有成本为每台 15 美元，则净利润如下。

情况 1：$D \leqslant Q$

$$毛利润 = 50D$$
$$持有成本 = 15(Q-D)$$
$$净利润 = 毛利润 - 持有成本 = 50D-15(Q-D) \tag{12-7}$$

当需求大于补货水平 Q 时（$D > Q$），Q 台无线路由器被售出，未被满足的需求为 $D-Q$，每台未被满足的需求的损失为 30 美元。这种情况下的净利润如下。

情况 2：$D > Q$

$$毛利润 = 50Q$$
$$缺货成本 = 30(D-Q)$$
$$净利润 = 毛利润 - 缺货成本 = 50Q - 30(D-Q) \tag{12-8}$$

图 12-10 表示的流程图规定了模拟巴特尔电气公司库存系统所需要的逻辑和数字操作的顺序，模拟中的每次试验代表 1 个月的运作状况。在给定补货水平 Q 的前提下进行 1 000 次试验，然后平均利润和服务水平两项输出测度经计算得出。下面我们通过说明在补货水平 $Q = 100$ 时模拟过程中前 2 个月的结果来描述模拟的步骤。

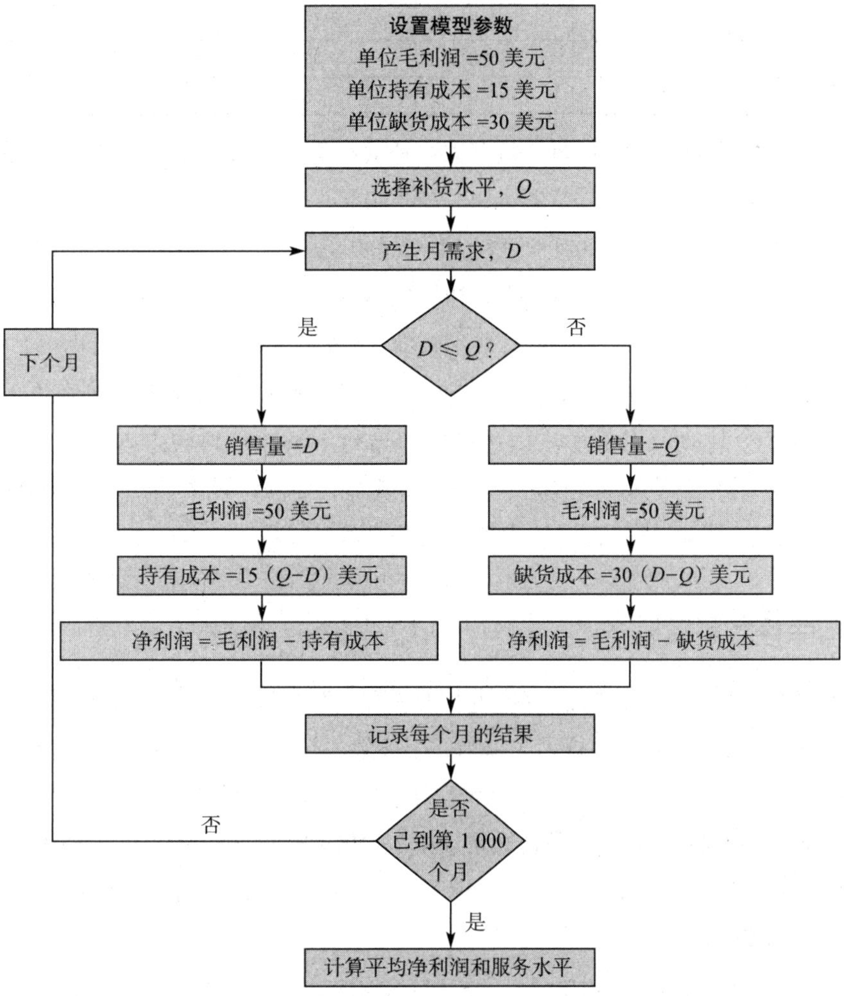

图 12-10 巴特尔电气公司库存模拟的流程图

图 12-10 所示的第一个模块设置了模型参数值，单位毛利 =50 美元，单位持有成本 =15 美元，单位缺货成本 =30 美元。在第二个模块中设定补货水平 Q。我们描述的例子中假定 $Q = 100$，然后生成月需求。月需求服从正态分布，均值为 100 台，标准差为 20 台。这可以在 Excel 中通过 =NORM.INV（RAND（ ），100，20）来完成。假设第一次试验时得到 $D = 79$，然后比较需求和补货水平，当 $Q = 100$ 时，需求小于补货水平，下面的程序按照流程图的左分支进行。此时，销售量等于需求，毛利润、持有成本和净利润为：

$$\text{毛利润} = 50D = 50 \times 79 = 3\,950\text{（美元）}$$

$$\text{持有成本} = 15(Q-D) = 15 \times (100-79) = 315\text{（美元）}$$

$$\text{净利润} = \text{毛利润} - \text{持有成本} = 3\,950-315 = 3\,635\text{（美元）}$$

第 1 个月的需求、销售量、毛利润、持有成本、缺货成本和净利润列在表 12-2 的第一行中。

表 12-2　巴特尔电气公司库存问题的 5 个模拟结果（$Q = 100$）

月份	需求	销售量	毛利润（美元）	持有成本（美元）	缺货成本（美元）	净利润（美元）
1	79	79	3 950	315	0	3 635
2	111	100	5 000	0	330	4 670
3	93	93	4 650	105	0	4 545
4	100	100	5 000	0	0	5 000
5	118	100	5 000	0	540	4 460
总计	501	472	23 600	420	870	22 310
平均值	100	94	4 720	84	174	4 462

对第 2 个月，假设产生的月需求为 111，需求大于补货水平，下面的程序按照流程图的右分支进行。令销售量等于补货水平（100），毛利润、缺货成本和净利润如下：

$$\text{毛利润} = 50Q = 50 \times 100 = 5\,000\text{（美元）}$$

$$\text{缺货成本} = 30(D-Q) = 30 \times (111-100) = 330\text{（美元）}$$

$$\text{净利润} = \text{毛利润} - \text{缺货成本} = 5\,000-330 = 4\,670\text{（美元）}$$

第 2 个月的月需求、销售量、毛利润、持有成本、缺货成本和净利润的模拟值列在表 12-2 的第二行中。

表 12-2 列出了前 5 个月的模拟结果，计算它们的总和，累计总利润为 22 310 美元；月平均利润为 22 310/5=4 462（美元）；总销售量为 472 台，总需求为 501 台；因此，服务水平为 472/501=0.942，即 94.2%，这个数字表明巴特尔电气公司能够满足这 5 个月 94.2% 的需求。

巴特尔电气公司库存问题模拟

我们利用 Excel 模拟巴特尔电气公司 1 000 个月的库存运行情况，图 12-11 显示了工作表模拟得到的数据，注意，22 ～ 999 个月之间的模拟数据因为篇幅原因被隐藏起来了。如果需要，可以完全显示 1 000 个模拟结果。让我们描述一下提供巴特尔电气公司库存模拟的 Excel 工作表的细节。

直接将单位毛利润、单位持有成本和单位缺货成本数据输入到单元格 B4、B5 和 B6。将需求正态概率分布的均值和标准差输入到单元格 E6 和 E7。将补货水平（可控输入）输入到单元格 B10。现在，我们准备插入将在每个模拟或试验中执行的 Excel 公式。

为了生成需求的值，单元格 B7 中的单元格公式为 =NORM.INV（RAND（ ），E6，E7）。接下来计算销售量，如果需求小于或等于补货水平，则等于需求（单元格 B7）；如果需求大于补货水平，则等于补货水平（单元格 B10）。

单元格 B11：计算销售量 =MIN（B7，B10）

单元格 B12：计算毛利润 =B11*B4

单元格 B13：如果需求小于或等于补货水平，计算持有成本 =IF（B10>B7，（B10–B7）*B5，0）

单元格 B14：如果需求大于补充水平，计算缺货成本 =IF（B7>B10，（B7–B10）*B6，0）

单元格 B15：计算净利润 =B12–B13–B14

	A	B	C	D	E	F	G	H	I	J	K	L	M
1	巴特尔电气公司 库存问题												
2													
3	参数												
4	单位毛利润	50											
5	单位持有成本	15		需求（正态分布）									
6	单位缺货成本	30		平均值	100								
7	月需求	106		标准差	20								
8													
9	模型												
10	补货水平	100											
11	销售量	100											
12	毛利润	5000											
13	持有成本	0											
14	缺货成本	191											
15	净利润	4809.39											
16													
17	模拟试验	需求	销售量	毛利润	持有成本	缺货成本	净利润		净利润结果统计				
18	1	106	100	$5,000	$0	$191	$4,809		均值	$4,276		Bin	频率
19	2	90	90	$4,477	$157	$0	$4,320		标准差	$661		$1,000	1
20	3	109	100	$5,000	$0	$265	$4,735		最小值	$883		$1,250	1
21	4	106	100	$5,000	$0	$168	$4,832		最大值	$4,997		$1,500	0
22	5	107	100	$5,000	$0	$225	$4,775		服务水平	0.924		$1,750	3
23	6	121	100	$5,000	$0	$627	$4,373					$2,000	5
24	7	94	94	$4,696	$91	$0	$4,605					$2,250	4
25	8	80	80	$3,999	$300	$0	$3,699					$2,500	12
26	9	76	76	$3,806	$358	$0	$3,447					$2,750	14
27	10	77	77	$3,830	$351	$0	$3,479					$3,000	21
28	11	104	100	$5,000	$0	$120	$4,880					$3,250	24
29	12	58	58	$2,896	$631	$0	$2,264					$3,500	36
30	13	81	81	$4,060	$282	$0	$3,778					$3,750	57
31	14	142	100	$5,000	$0	$1,254	$3,746					$4,000	68
32	15	101	100	$5,000	$0	$18	$4,982					$4,250	117
33	16	108	100	$5,000	$0	$247	$4,753					$4,500	160
34	17	121	100	$5,000	$0	$623	$4,377					$4,750	218
35	18	74	74	$3,715	$386	$0	$3,329					$5,000	259
36	19	115	100	$5,000	$0	$449	$4,551					$5,250	0
37	20	59	59	$2,938	$619	$0	$2,320					$5,500	0
38	21	103	100	$5,000	$0	$103	$4,897					>$5,500	0
1017	1000	102	100	$5,000	$0	$57	$4,943						

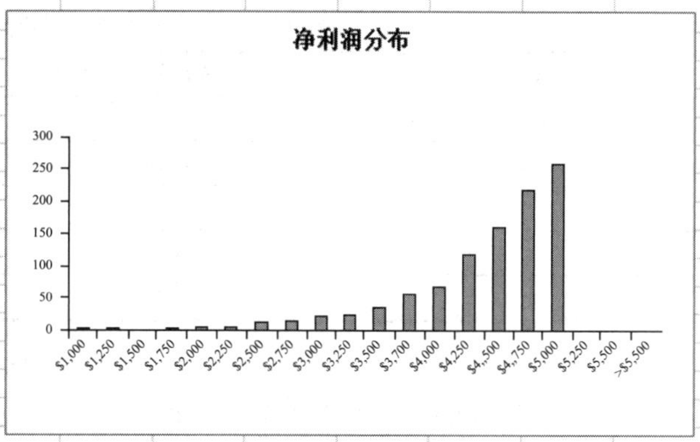

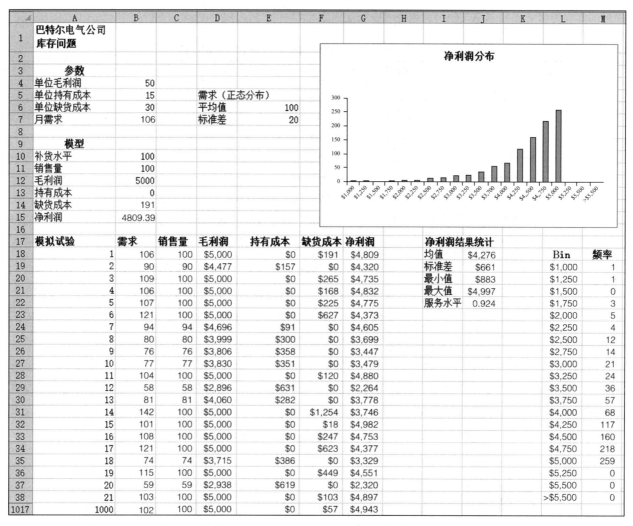

图 12-11 巴特尔电气公司库存问题的模拟结果

使用本章 12.2 节中描述的步骤生成单元格 A18：G1017 中的模拟试验表和汇总统计信息。图 12-11 中的汇总统计数据显示，如果巴特尔电气公司使用 100 的补货水平来运行其库存系统，那么在 1 000 个月内可以得到的预期结果。平均净利润为 4 276 美元 / 月，服务水平为 92.4%。仔细观察净利润的分布可以发现，净利润的最大值从来没有超过 5 000 美元（实际上，当月需求为 100 台路由器，且与补货水平相等时，每月净利润的最大值为 5 000 美元）。最可能的月净利润水平在 4 750 美元到 5 000 美元之间，但也有可能低于 1 000 美元。

通过改变可控输入的值，可以使用模拟模型来识别更好的作业策略。对于巴特尔电气公司而言，可以使用模拟模型来测试不同的补货水平对月净利润的影响。表 12-3 总结了 110 台、120 台、130 台和 140 台不同补货水平下的结果，分别显示了各补货水平下的月平均净利润、月净利润标准差和服务水平。从表 12-3 中我们观察到，当补货水平从 100 台增加到 120 台时，月平均净利润增加，但当补货水平进一步增加到 130 台及以上时，月平均净利润减少。月净利润的标准差随着补货水平的增加而增加，说明巴特尔电气公司的库存越多，月净利润的波动性越大。这是因为，随着巴特尔电气公司补货水平的增加，在需求高的月份，它可以实现更多的销售，但在需求低的月份，其库存成本也会增加。随着补货水平的提高，服务水平也会提高，因为手里的库存越多，巴特尔电气公司就越有可能满足需求。

表 12-3　巴特尔电气公司库存系统的 1 000 次模拟结果

补货水平	平均净利润（美元）	净利润标准差（美元）	服务水平（%）
100	4 276	661	92.4
110	4 498	853	96.2
120	4 573	1 078	98.1
130	4 462	1 201	99.4
140	4 327	1 247	99.9

模拟允许用户考虑不同的操作策略和更换模型参数，然后观察新情况对利润或服务水平等结果指标的影响。

基于这些结果，巴特尔电气公司选择了 $Q=120$ 的补货水平，在 98.1% 的服务水平下，月净利润达到了最高的 4 573 美元。模拟试验能够帮助我们确定好的经营策略，比如模拟不同的补货水平帮助巴特尔电气公司确定了更好的无线路由器的补货水平为 120。利用这个模拟模型还可以进行参数的灵敏度分析。例如，在缺货成本为 30 美元时，选择的补货水平 $Q=120$，服务水平为 98.1%。如果管理层认为缺货成本 10 美元更加恰当，使用这个模拟模型可以很容易计算出新的缺货成本的运行结果。

前面我们曾提到模拟不是最优化技术，甚至当我们用模拟来确定补货水平时，并不能保证这个选择是最优的，所有可能的补货水平并没有都被模拟到，比如管理者想模拟补货水平为 115 和 125 时的情况来寻找更好的库存策略。同时，我们也不能保证重新生成 1 000 个需求量所模拟出来的能够带来最大利润的补货水平与上一次相同。然而，大量的模拟试验后，我们应该能找到一个近似最优的结果。

12.4　排队模拟

迄今为止讨论的模拟模型每次模拟都是相互独立的，前面模拟的结果不会影响下一次模拟，从这点看，被模拟的系统不会随时间而改变。我们称 Sanotronics 问题和巴特尔电气公司库存问题这类模拟模型为**静态模拟模型**。本节我们设计了一个排队的模拟模型，其系统状态包括排队顾客的数量以及服务设备是忙碌还是空闲等，都是随着时间而变化的。我们利用一个模拟时钟来记录顾客到达的时间和每个顾客完成服务的时间，从而把时间因素纳入模拟模型中。这个必须考虑系统是如何随时间变化的模拟模型被称为**动态模拟模型**。这种情形中，顾客到达和离开是发生在离散时间点上的**事件**，这种模拟模型也被称为**离散事件模拟模型**。专栏 12-2 描述了使用离散事件模拟模型来评估医院降低感染率的不同政策的影响。

|专栏 12-2| 实践中的管理科学

降低重症监护室里患者的感染率

在美国，每年大约有200万患者因为去了医院而受到感染，其中有超过10万患者因此死亡。这一问题随着病原体对抗生素耐药性的加强而越来越严重。

两种降低在医院受感染的方法分别是患者隔离和养成严格的洗手习惯。如果能尽早发现受感染的患者，进而对其进行隔离，就可以很好地减少传染病的暴发。而且，适当洗手可以有效地降低皮肤上的病菌的数量，进而可以有效地降低感染率。然而，既有的研究发现，只有不到一半的卫生医疗人员能够严格且正确地履行手部卫生协议。

一组研究人员根据从伊利诺伊州库克县立医院重症监护室获得的数据对患者、医疗工作者、医院来访人员的行为以及导致传染病原体的活动进行模拟。研究人员可以模拟在重症监护室里新建隔离病房和实施更严格的手部卫生习惯的效果。模拟模型估计了每种场景下的感染率及其产生的医疗成本。

模拟显示了隔离患者和良好的洗手习惯可以有效降低感染率。改善手部卫生相对于配置隔离设施来说更加节约成本，但是研究者指出，即使是最精良的模拟方法，也无法考虑到医护人员的心理反应。模拟模型不能检测到为何手部卫生协议的遵守率如此之低，因此在实践中很难成为一项有效的改进措施。

资料来源：R. Hagtvedt, P. Griffin, P. Keskinocak, and R. Roberts, "A Simulation Model to Compare Strategies for the Reduction of Health-Care-Associated Infections," *Interfaces* 39, no. 3 (May–June), 2009.

离散事件模拟的一个常见应用是排队模拟。在排队模拟中，随机变量是顾客的到达时间和服务台的服务时间，它们共同决定了顾客的等待时间和完成时间。第 11 章中，我们提出公式来计算排队稳定状态的运行特征，包括平均等候时间、排队顾客的平均数、等待的概率等。大部分情况下，排队模型的计算公式是基于对顾客到达的概率分布、服务时间的概率分布以及排队规则等的特定假设的。利用模拟来研究排队更加灵活。实际应用中，当这些排队公式所要求的前提假设不符合特定假设时，模拟也许是唯一一种研究排队系统的可行方法。此外，第 11 章的解析公式仅适用于排队的长期稳态特性。排队系统的过渡状态可能与业务决策有关（特别是对于那些操作时间有限、每次轮班开始时都清空的系统）。模拟提供了一种直接的方法来捕捉排队系统的瞬态特征。

12.4.1 黑绵羊围巾公司

本节讨论如何利用模拟来分析黑绵羊围巾公司质检部门排队的稳态特性。黑绵羊围巾公司准备在来年再增加几台生产设备。每台新生产设备都配一个质检员，在羊毛围巾配送给零售商之前对其针织质量进行检测。羊毛围巾到达质检部门处的频率在每个工作日 24 小时内是变化的。在有些繁忙的时间段，等待检测的羊毛围巾需要排很长时间的队，这可能会耽误出货。这一问题迫使黑绵羊围巾公司将围巾流入质检部门的过程看作排队进行研究。黑绵羊围巾公司的副总裁想知道每台设备每个轮班配置一个质检员是否足够。公司的服务准则要求待检样品的等待时间不能超过一分钟。下面我们将展示如何用一个模拟模型研究特定生产设备上的质量检验过程。注意：由于围巾在整个系统中作为基本的流动单元，因此可将其视为“顾客”。

12.4.2 顾客（围巾）到达时间

在这个模拟模型中，使用的到达间隔时间是均匀概率分布。实际上，可假设任何到达间隔时间概率分布，排队模拟模型的基本逻辑不会改变。

黑绵羊围巾公司模拟模型的一个不确定输入量是围巾到达质检部门的时间，在排队模拟中，到达时间由依次抵达的两条围巾之间随机产生的一个时间段（称为到达间隔时间）来决定的。就研究的质检部门来说，假定围巾到达的间隔时间服从 0 ～ 5 分钟的均匀分布，如图 12-12 所示。假定 r 为 0 ～ 1 的随机数，通过利用均匀概率可以使用 Excel 函数 =RAND（ ）*5 生成下界为 0、上界为 5 的均匀分布。

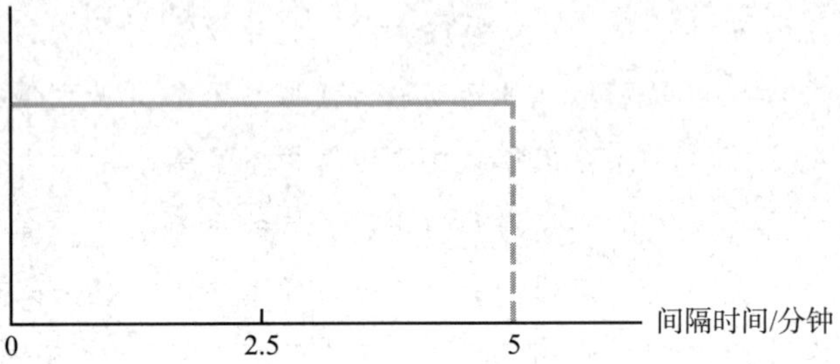

图 12-12　黑绵羊围巾公司问题中间隔时间的均匀分布

假定第一次运行模拟时时间设置为 0，随机数 r = 0.280 4 产生的第一条围巾的间隔时间为 5 × 0.280 4 = 1.4（分钟），因此第一条围巾到达的时间为模拟开始后 1.4 分钟。第二个随机数 r = 0.259 8，由此产生的间隔时间为 5 × 0.259 8 = 1.3（分钟），表示围巾 2 在围巾 1 到达 1.3 分钟后到达。因此，围巾 2 到达的时间为模拟开始后 1.3 + 1.4 = 2.7（分钟）。继续，第三个随机数 r = 0.980 2，则围巾 3 到达的时间为围巾 2 到达后的 4.9 分钟，也就是模拟开始后的 7.6 分钟。

12.4.3 顾客（围巾）服务时间

黑绵羊围巾公司模拟模型中的另一个不确定输入量为服务时间，即质检员花在围巾质量检验上的时间。相似质检部门过往的数据显示，服务（检验）时间服从正态分布，其均值为 2 分钟，标准差为 0.5 分钟，如图 12-13 所示。根据 12.2 节的式（12-5），可以使用 Excel 函数 =NORM.INV（RAND（ ），2，0.5）生成平均值为 2、标准差为 0.5 的正态概率分布的数值。例如，随机数为 0.725 7 时，生成围巾检验时间为 2.3 分钟。

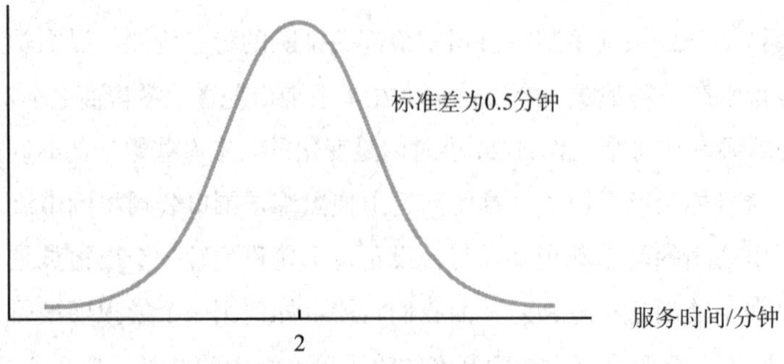

图 12-13　黑绵羊围巾公司问题中服务时间的正态分布

12.4.4　模拟模型

间隔时间和服务时间是黑绵羊围巾公司模拟模型的不确定输入量，质检员的数量是可控输入量，输出量为模型的各种运行指标（特征），如等待的概率、平均等待时间、最大等待时间等。

图 12-14 是一张流程图，定义了模拟黑绵羊围巾公司系统所要求的逻辑和数学操作程序，这个流程图用到了下面的标识符号：

IAT = 系统生成的间隔时间

到达时间（i）= 围巾 i 到达的时间

开始时间（i）= 围巾 i 开始服务的时间

等待时间（i）= 围巾 i 的等待时间

ST = 系统生成的服务时间（质检时间）

完成时间（i）= 围巾 i 完成服务的时间

系统时间（i）= 围巾 i 的系统时间（完成时间 − 到达时间）

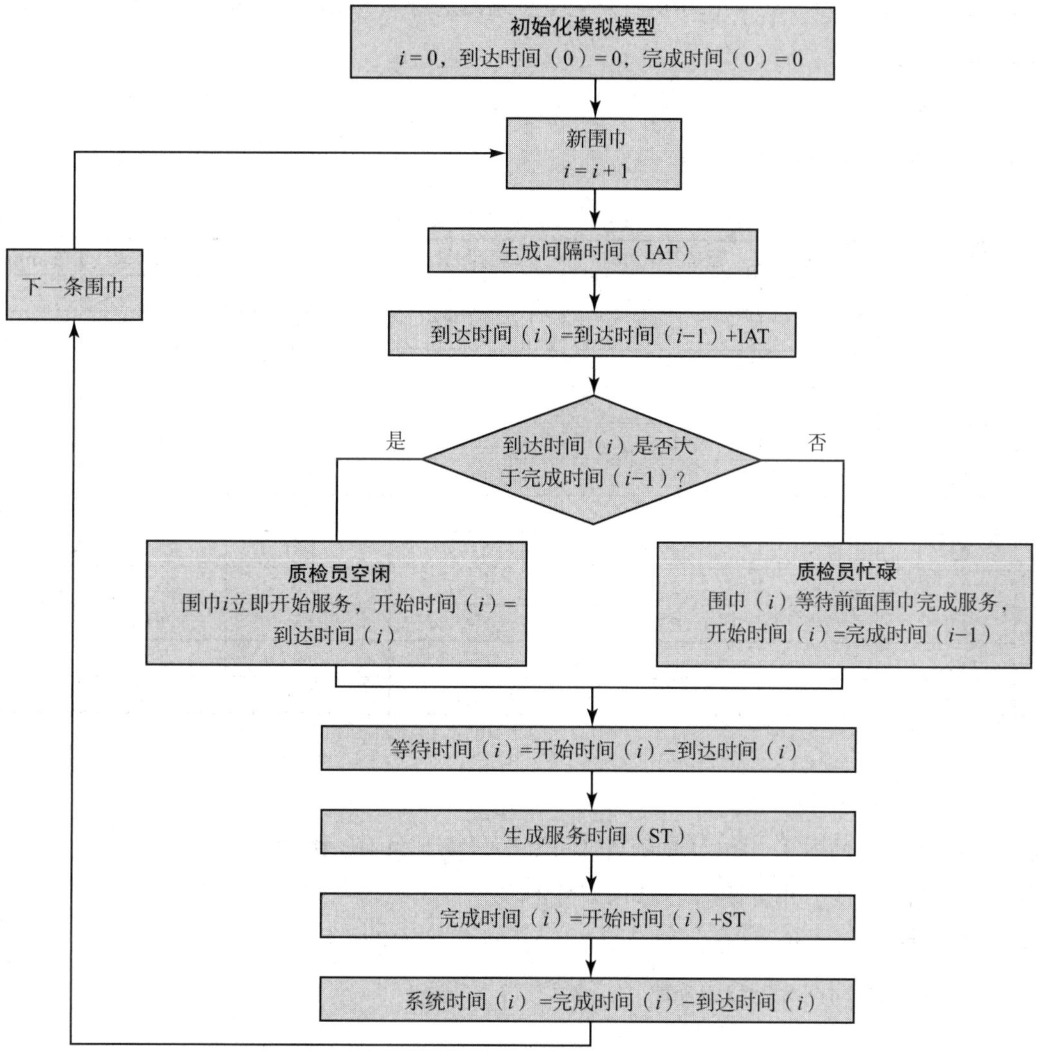

图 12-14　黑绵羊围巾公司等候线模拟的流程

从图 12-14 中我们看到，流程图第一个模块是对模拟进行初始化。新围巾到达，系统生成一个间隔时间，用于确定上一条围巾到达后所经过的时间。[⊖]把间隔时间加上上一条围巾的到达时间，得到新围巾的到达时间。

在排队模拟模型中，判断服务台（黑绵羊围巾公司示例中的质检员）是空闲还是忙碌的逻辑是最难的点。

新围巾的到达时间必须和上一条围巾的服务完成时间做比较，确定质检员是忙碌还是空闲。如果新围巾的到达时间大于上一条围巾的完成时间，那么上一条围巾在新围巾到达之前就完成了检验。这种情况下，质检员是空闲的，新围巾可以立即开始服务。新围巾的服务开始时间就等同于它的到达时间。如果新围巾的到达时间不大于上一条围巾的完成时间，则新围巾到达时上一条围巾还没有完成服务，此时质检员忙碌，新围巾必须等待它完成才能接受检验，这种情况下，新围巾的服务开始时间等同于上一条围巾的服务完成时间。

注意，新围巾等待质检员的时间就是围巾服务开始时间减去围巾到达时间，此时围巾等待质检员，模拟继续进行，生成围巾服务时间。围巾开始服务的时间加上生成的服务时间就确定了围巾的服务完成时间，也就是到达的下一条围巾最早能够接受检验的时间。最后，围巾在系统中所花的所有时间为围巾的服务完成时间减去围巾的到达时间。此时，当前围巾的计算完成，继续进行下一条围巾的模拟，一直到质检员完成某个特定数目的围巾的服务为止。

前 10 条围巾的模拟结果显示在表 12-4 中，我们将通过讨论前三条围巾的运算过程来阐述模拟模型的逻辑并展示表 12-4 中的信息是如何得到的。

表 12-4　10 条围巾的模拟结果　（单位：分钟）

围巾	间隔时间	到达时间	服务开始时间	等待时间	服务时间	完成时间	在系统中的时间
1	1.4	1.4	1.4	0.0	2.3	3.7	2.3
2	1.3	2.7	3.7	1.0	1.5	5.2	2.5
3	4.9	7.6	7.6	0.0	2.2	9.8	2.2
4	3.5	11.1	11.1	0.0	2.5	13.6	2.5
5	0.7	11.8	13.6	1.8	1.8	15.4	3.6
6	2.8	14.6	15.4	0.8	2.4	17.8	3.2
7	2.1	16.7	17.8	1.1	2.1	19.9	3.2
8	0.6	17.3	19.9	2.6	1.8	21.7	4.4
9	2.5	19.8	21.7	1.9	2.0	23.7	3.9
10	1.9	21.7	23.7	2.0	2.3	26.0	4.3
总计	21.7			11.2	20.9		32.1
平均值	2.17			1.12	2.09		3.21

围巾 1：

- 生成一个间隔时间 IAT = 1.4 分钟。
- 模拟运行的开始时间为 0，围巾 1 的到达时间为 0 + 1.4 = 1.4（分钟）。
- 围巾 1 立即接受服务，开始服务时间为 1.4 分钟。
- 围巾 1 的等待时间是开始时间减去到达时间：1.4−1.4 = 0（分钟）。
- 生成围巾 1 的服务时间 ST = 2.3 分钟。

⊖ 模拟中第一条围巾的间隔时间为自模拟开始所经过的时间。因此，第一个间隔时间决定了第一条围巾到达的时间。

- 围巾 1 的服务完成时间是开始时间加上服务时间：1.4 + 2.3 = 3.7（分钟）。
- 围巾 1 在系统中的时间为服务完成时间 − 围巾到达时间：3.7−1.4 = 2.3（分钟）。

围巾 2：

- 生成一个间隔时间 IAT = 1.3 分钟。
- 围巾 1 的到达时间为 1.4 分钟，则围巾 2 的到达时间为 1.4 + 1.3 = 2.7（分钟）。
- 围巾 1 的服务完成时间为 3.7 分钟，则围巾 2 的到达时间小于围巾 1 的完成时间，因此围巾 2 到达时质检员忙碌。
- 围巾 2 必须等待围巾 1 完成服务后才开始服务。围巾 1 在 3.7 分钟时完成服务，也就是说围巾 2 在 3.7 分钟时开始服务。
- 围巾 2 的等待时间为开始时间减去到达时间：3.7−2.7 = 1（分钟）。
- 生成围巾 2 的服务时间 ST = 1.5 分钟。
- 围巾 2 的服务完成时间为开始时间加上服务时间：3.7 + 1.5 = 5.2（分钟）。
- 围巾 2 在系统中的时间为完成时间减去到达时间：5.2−2.7 = 2.5（分钟）。

围巾 3：

- 生成间隔时间 IAT = 4.9 分钟。
- 围巾 2 的到达时间为 2.7 分钟，则围巾 3 的到达时间为 2.7 + 4.9 = 7.6（分钟）。
- 围巾 2 的完成时间为 5.2 分钟，则围巾 3 的到达时间大于围巾 2 的完成时间，因此质检员在围巾 3 到达时是空闲的。
- 围巾 3 在到达时间 7.6 分钟时立即开始服务。
- 围巾 3 的等待时间为开始服务时间减去到达时间：7.6−7.6 = 0（分钟）。
- 生成围巾 3 的服务时间 ST = 2.2 分钟。
- 围巾 3 的完成时间为开始时间加上服务时间：7.6 + 2.2 = 9.8（分钟）。
- 围巾 3 在系统中的时间为完成时间减去到达时间：9.8−7.6 = 2.2（分钟）。

我们利用表 12-4 中的总计一栏算出了 10 条围巾的平均等待时间为 11.2/10 = 1.12（分钟），在系统中的平均时间为 32.1/10 = 3.21（分钟）。表 12-4 显示 10 条围巾中 7 条需要等待，10 条围巾的模拟的总时间为第 10 条围巾的服务完成时间 26.0 分钟。而此时，我们意识到 10 条围巾的模拟时间太短了，不能得出任何关于排队的运行方面的确定结论。

12.4.5 黑绵羊围巾公司质检问题模拟

我们用 Excel 工作表模拟出黑绵羊围巾公司 1 000 条围巾质检的排队系统的运行情况，如图 12-15 所示。注意：围巾 3 ～ 998 之间的模拟结果因为篇幅原因被隐藏了，如果需要可以完全显示出来。

在整理统计概要之前，我们要指出的是，大部分动态系统的模拟研究侧重于研究系统长期运行或以稳定状态运行时的运行状况。为了确保对稳定状态的计算不受初始条件的影响，通常在特定的时间段内运行一个动态模拟模型，而不收集任何与系统运行相关的数据。起始阶段的时间跨度因应用领域不同而不同，但可通过利用模拟模型进行的试验确定。由于黑绵羊围巾公司的生产设备 24 小时工作，我们把前 100 条围巾的结果看作起始阶段，以避免瞬时效应的影响。因此，图 12-15 中的统计概要只考虑稳定运行阶段到达的 900 条围巾的相关信息。

这些统计概要表明黑绵羊围巾公司的 900 条围巾中有 531 条必须等待，这个结果表明围巾必须等待服务的概率为 531/900 = 0.59，换句话说，大约 59% 的围巾必须等待正在忙碌的质检员。每条围巾的平均等待时间为 1.21 分钟，最少有一条围巾必须等待最长的 8.6 分钟。0.7829 的利用率表明质检员在 78% 的时间内是忙碌的，900 条围巾中 379 条等待时间超过 1 分钟（占 42%）。从等候时间分布图中，我们观察到有 17 条围巾（占 2%）必须等待 6 分钟以上。注意：如果我们使用全部 1 000 条围巾的模拟数据，这些估测值会有很大的变化，因为先到的围巾一般等待时间较短。

	A	B	C	D	E	F	G	H
1	黑绵羊围巾公司的一位质检员							
2								
3	参数							
4	间隔时间（均匀分布）							
5	最小值	0.0						
6	最大值	5.0						
7								
8	服务时间（正态分布）							
9	均值	2.0						
10	标准差	0.5						
11								
12	模型							
13	顾客	间隔时间	到达时间	服务开始时间	等待时间	服务时间	完成时间	在系统中的时间
14	1	2.6	2.6	2.6	0.0	1.8	4.4	1.8
15	2	0.6	3.1	4.4	1.3	1.7	6.1	3.0
16	3	4.1	7.3	7.3	0.0	0.9	8.2	0.9
1012	999	2.9	2565.7	2565.9	0.3	1.9	2567.8	2.1
1013	1000	4.5	2570.1	2570.1	0.0	1.9	2572.0	1.9
1014								
1015	统计概要			等待时间范围	Bin	频次		
1016	排队顾客数	531		0 - 1	1	521.0		
1017	顾客总数	900		1 - 2	2	164.0		
1018	等待概率	0.5900		2 - 3	3	89.0		
1019	平均等待时间	1.21		3 - 4	4	65.0		
1020	最长等待时间	8.6		4 - 5	5	29.0		
1021	质检员的利用率	0.7829		5 - 6	6	15.0		
1022	等待时间大于1分钟的顾客数	379		6 - 7	7	12.0		
1023	等待时间大于1分钟的概率	0.4211		7 - 8	8	3.0		
1024				8 - 9	9	2.0		
1025				9 - 10	10	0.0		

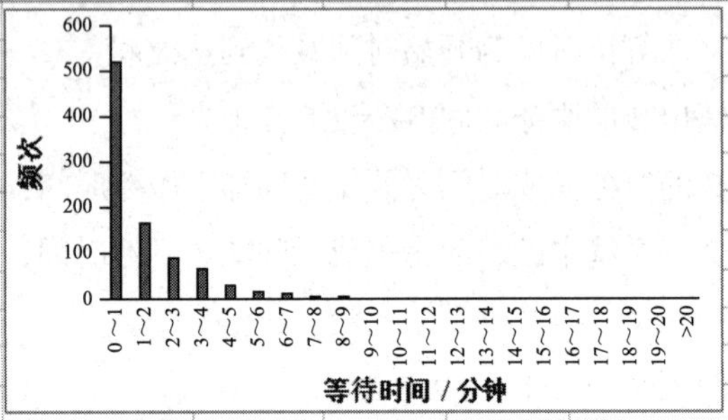

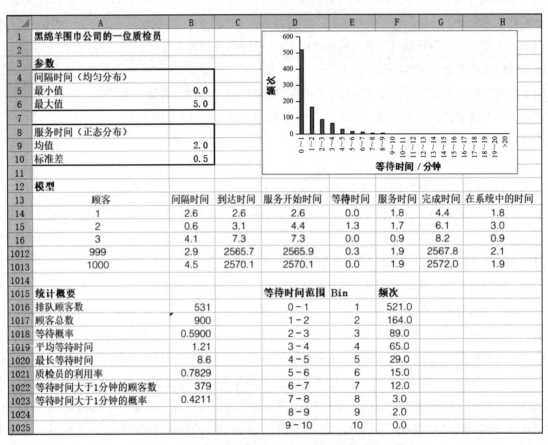

图 12-15　黑绵羊围巾公司一位质检员系统的模拟工作表

模拟结果支持这样的结论：质检部门将是忙碌的。这样的系统下，围巾平均等待时间为 1.21 分钟，无法满足黑绵羊围巾公司服务准则的要求。黑绵羊围巾公司有充分的理由为生产设备配置第二个质检员或者是提高质检效率。

12.4.6　两个质检员情况下的模拟

我们将模型扩展成两个质检员的模拟模型，对第二个质检员，我们仍然假设服务时间服从均值为 2、标准差为 0.5 的正态分布。表 12-5 显示了前 10 条围巾的模拟的结果，比较表 12-5 和表 12-4，我们发现需要另外再加上两列显示每个质检员可以为新围巾服务的时间。我们假设，当新围巾到达时，由最先空闲下来的质检员提供服务给新围巾，当模拟开始时，围巾 1 被分配到质检员 1。

表 12-5 两个质检员系统的前 10 条围巾的模拟结果

围巾	间隔时间	到达时间	服务开始时间	等待时间	服务时间	完成时间	系统中的时间	空闲时间	
								质检员 1	质检员 2
1	1.7	1.7	1.7	0.0	2.1	3.8	2.1	3.8	0.0
2	0.7	2.4	2.4	0.0	2.0	4.4	2.0	3.8	4.4
3	2.0	4.4	4.4	0.0	1.4	5.8	1.4	5.8	4.4
4	0.1	4.5	4.5	0.0	0.9	5.4	0.9	5.8	5.4
5	4.6	9.1	9.1	0.0	2.2	11.3	2.2	5.8	11.3
6	1.3	10.4	10.4	0.0	1.6	12.0	1.6	12.0	11.3
7	0.6	11.0	11.3	0.3	1.7	13.0	2.0	12.0	13.0
8	0.3	11.3	12.0	0.7	2.2	14.2	2.9	14.2	13.0
9	3.4	14.7	14.7	0.0	2.9	17.6	2.9	14.2	17.6
10	0.1	14.8	14.8	0.0	2.8	17.6	2.8	17.6	17.6
总计	14.8			1.0	19.8		20.8		
平均值	1.48			0.1	1.98		2.08		

表 12-5 中围巾 7 为第一条等待检验的围巾，我们用围巾 6、7、8 的处理过程来描述两个质检员的模拟模型的运行逻辑与一个质检员时有何不同。

围巾 6：

- 生成的间隔时间为 1.3 分钟，则围巾 6 的到达时间为 9.1+1.3=10.4（分钟）。
- 从围巾 5 这一行，我们看到质检员 1 在 5.8 分钟时空闲下来，质检员 2 在 11.3 分钟的时候空闲下来。因为质检员 1 是空闲的，所以 10.4 分钟围巾 6 到达时就不需要等待，直接由质检员 1 服务。
- 为围巾 6 产生一个服务时间 1.6 分钟，所以围巾 6 的完成服务时间为 10.4+1.6=12.0（分钟）。
- 质检员 1 再次空闲时间为 12.0 分钟，而质检员 2 的空闲时间仍然为 11.3 分钟。

围巾 7：

- 生成的间隔时间为 0.6 分钟，则围巾 7 的到达时间为 10.4+0.6=11.0（分钟）。
- 从前一行我们发现质检员 1 直到 12.0 分钟时才空闲，质检员 2 直到 11.3 分钟时才空闲。因此围巾 7 必须等待，因为质检员 2 先空闲下来，所以围巾 7 在 11.3 分钟时开始接受质检员 2 的服务。围巾 7 的到达时间为 11.0 分钟，接受服务时间 11.3 分钟，则它的等候时间为 11.3−11.0=0.3（分钟）。
- 生成一个服务时间 1.7 分钟，则围巾 7 的完成时间为 11.3+1.7=13.0（分钟）。
- 质检员 2 的空闲时间更新为 13.0 分钟，而质检员 1 的空闲时间仍然为 12.0 分钟。

围巾 8：

- 生成一个间隔时间为 0.3 分钟，则围巾 8 的到达时间为 11.0+0.3=11.3（分钟）。
- 从前一行，我们可以看到质检员 1 会先空闲下来，则围巾 8 在 12.0 分钟时在质检员 1 处接受服务（检验），从而得到围巾 8 的等候时间为 12.0−11.3=0.7（分钟）。
- 生成一个服务时间为 2.2 分钟，则围巾 8 的完成时间为 12.0+2.2=14.2（分钟），围巾 8 在系统中的时间为 0.7+2.2=2.9（分钟）。
- 质检员 1 的空闲时间更新到 14.2 分钟，质检员 2 的仍然保留在 13.0 分钟。

从表 12-5 中的总计，我们看到 10 条围巾的平均等待时间为 1.0/10=0.1（分钟），当然在下结论之前要进行更多次的模拟。

12.4.7 两个质检员情况下的模拟结果

用 Excel 工作表来进行 1 000 条围巾的两个质检员系统的模拟，结果如图 12-16 所示。将前 100 条围巾的模拟结果看作起始阶段，因而舍弃不用。在两个质检员的情况中，必须等待的围巾的数目从 531 条降到了 87 条。由此可见，两个质检员的系统中围巾可能等待的概率为 87/900=0.0967，这个系统将平均等待时间降到了每条围巾 0.07 分钟（4.2 秒），最长的等待时间从 8.6 分钟减少到 2.8 分钟，每个质检员的利用率为 39.61%。最后，900 条围巾中只有 24 条等待时间超过 1 分钟，因此 2.67% 的围巾的等待时间超过 1 分钟。模拟结果为增加黑绵羊围巾公司质检员的配置决策提供了依据。

	A	B	C	D	E	F	G	H	I	J
1	黑绵羊围巾公司的两位质检员									
2										
3	参数									
4	间隔时间（均匀分布）									
5	最小值	0.0								
6	最大值	5.0								
7										
8	服务时间（正态分布）									
9	均值	2.0								
10	标准差	0.5								
11										
12	模型								空闲时间	
13	顾客	间隔时间	到达时间	服务开始时间	等待时间	服务时间	完成时间	在系统中的时间	质检员 1	质检员 2
14	1	4.4	4.4	4.4	0.0	1.6	6.0	1.6	6.0	0.0
15	2	0.8	5.2	5.2	0.0	2.0	7.2	2.0	6.0	7.2
16	3	2.1	7.3	7.3	0.0	1.8	9.1	1.8	9.1	7.2
1012	999	2.6	2507.0	2507.0	0.0	2.3	2509.3	2.3	2507.3	2509.3
1013	1000	3.0	2510.0	2510.0	0.0	3.0	2513.0	3.0	2513.0	2509.3
1014										
1015	统计概要			等候时间范围	Bin	频次				
1016	排队顾客数	87		0 - 1	1	876.0				
1017	顾客总数	900		1 - 2	2	18.0				
1018	等待概率	0.0967		2 - 3	3	6.0				
1019	平均等待时间	0.07		3 - 4	4	0.0				
1020	最长等待时间	2.8		4 - 5	5	0.0				
1021	质检员的利用率	0.3961		5 - 6	6	0.0				
1022	等待时间大于1分钟的顾客数	24		6 - 7	7	0.0				
1023	等待时间大于1分钟的概率	0.0267		7 - 8	8	0.0				
1024				8 - 9	9	0.0				
1025				9 - 10	10	0.0				
1026				10 - 11	11	0.0				
1027				11 - 12	12	0.0				

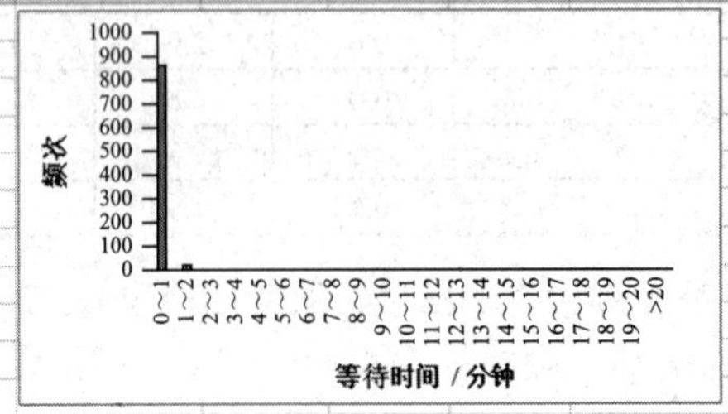

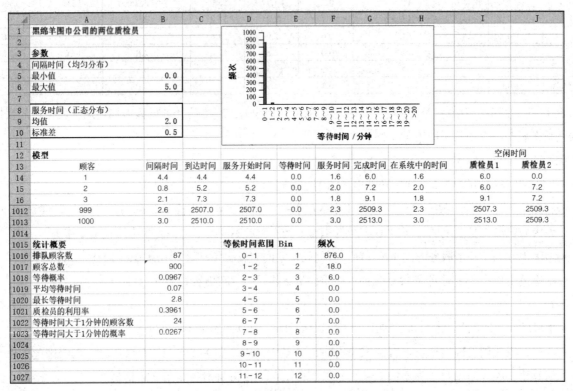

图 12-16 黑绵羊围巾公司两个质检员系统的模拟工作表

我们设计的模拟模型可以被用来研究其他生产设备上产品的质检，任何情况下都需要对到达的间隔时间和服务时间的概率分布做恰当的假设。一旦做好了恰当的假设，就可以用同一个模拟来确定质检员排队系统的运作特征。

注释与点评

1. 黑绵羊围巾公司排队模型以均匀分布的到达间隔时间和正态分布的服务时间为基础。模拟的一个优势就是它适应各种概率分布的灵活性。例如，如果认为指数分布的间隔时间更适合，那么排队模拟调整间隔时间的产生方式即可。

2. 在这一部分的开始，我们定义了离散事件模拟，它是随时间演变的动态系统。模拟计算重点是在离散点上事件发生的顺序。在黑绵羊围巾公司排队的例子中，围巾的到达以及检验服务的完成为离散事件。参照

表 12-4 的到达时间和完成时间，我们看到排队模拟的前 5 个离散事件如右所示。

事件	时间（分钟）
围巾 1 到达	1.4
围巾 2 到达	2.7
围巾 1 完成	3.7
围巾 2 完成	5.2
围巾 3 到达	7.6

3. 当我们以围巾相继到达为基础来执行质检排队模拟计算时，并没有对排队中的围巾数进行跟踪。但是通过模拟输出的其他信息，可以确定排队中的平均围巾数。下列关系式对任何一个排队系统都有效：

$$\text{排队的平均围巾数} = \frac{\text{总的等待时间}}{\text{总的模拟时间}}$$

对于只有一个质检员的系统，第 100 条围巾在模拟开始后的 247.8 分钟完成服务（检验），则接下来的 900 条围巾的总模拟时间为 2 572.0−247.8=2 324.2（分钟），平均等待时间为 1.21 分钟。整个模拟过程，900 条围巾的总的等待时间为 900×1.21=1 089（分钟）。因此，排队的平均围巾数为：

$$\text{排队的平均围巾数} = \frac{1\ 089}{2\ 324.2} = 0.47\text{（条）}$$

4. 虽然可以使用 Excel 自带的功能或蒙特卡罗仿真包进行小型离散事件模拟，但最好使用专用软件（比如 Arena®、ProModel®、AnyLogic® 和 ExtendSim®）进行离散事件模拟建模。这些软件包有内置的模拟时钟、生成随机变量的简化方法以及收集和汇总模拟结果的程序。

12.5 模拟注意事项

12.5.1 检验和验证

模拟研究的一个重要方面是验证模拟模型正确描述了真实系统。我们无法期望不正确的模拟模型能够提供有价值的信息，因此，使用模拟结果得出关于真实系统的结论之前，必须先检验和验证模拟模型。

检验是一个确定模拟计算程序的逻辑正确性的过程，检验很大程度上是一个调试任务——用来确保实现模拟的计算机程序不存在任何错误。在一些情况下，分析人员可能会把一定数目的事件模拟结果和独立手工计算的结果进行比较。在另一些情况下，可能需要检验不确定输入量的产生是否正确以及模拟模型的输出结果看起来是否合理。这个检验一直进行到用户有足够的信心认为计算机程序没有错误时才结束。

验证是一个验证模拟模型能够准确反映真实系统的过程。验证需要分析人员和管理者一致认为，模拟模型设计中用到的逻辑和假设正确反映了真实系统的运行。验证过程的第一个阶段在模拟过程中的计算机程序设计之前进行或者同时进行，并一直持续到计算机程序设计完成后，分析人员检查模拟的输出量，看模拟结果是否近似于真实系统的操作结果。如果可能，比较模拟模型的输出和真实系统的输出以确认模拟模型和真实系统的性能非常接近。如果无法这样验证，分析人员可以让具有真实系统操作经验的个人来检验模拟输出是不是实际系统在类似条件下得到的结果的合理近似值。

检验和验证并不是可以轻率对待的任务，它们是任何模拟研究中的重要步骤，也是确保以模拟结果为基础的决策和结论适用于实际系统的必要步骤。

12.5.2 应用模拟的优缺点

模拟的主要优点在于它易于理解，并且可以用方法论来建模并了解复杂系统的行为——这些复杂系统用数学模型方法来处理可能比较困难甚至难以实现。模拟模型比较灵活，可以用于描述无须假设的系统，而大部分数学模型是需要假设的。总的来说，一个系统中不确定输入量的数目越多，模拟模型就越有可能是最好的研究系统的方法。模拟的另一个优点在于它能为真实系统提供一个方便的实验室。改变模拟模型中的操作策略或者假设，模拟能够帮助预测这些改变将如何影响真实系统的运行，直接在真实系统中试验往往是不行的。模拟模型经常通过预测灾难性的结果（如系统故障、巨额财务损失等）来对糟糕的决策策略做出警告。

模拟也不是没有不足之处，对复杂系统而言，设计过程、检验和验证模拟模型都是很耗时间和费用的（但是模型的开发过程往往会更加有利于理解系统，这是最大的收益）。与所有数学模型一样，分析人员必须注意模型的假设，以便理解其局限性。另外，每次模拟运行只得到真实系统如何运作的一个样本。而且，模拟数据的总结也只是对真实系统的一个估计和近似。模拟不能保证最优的解决方案。尽管如此，只要分析人员在设计模拟模型时判断正确，而且在各种不同条件下，模拟过程足够长，就会有充分的数据来预测真实系统的运行结果，那么获得糟糕解决方案的风险就会大大降低。

本章小结

模拟是通过对代表某真实系统的模型进行试验来了解此系统的一种方法，模拟被频繁使用的一些原因包括以下几点。

（1）它可以应用于许多不同的实际问题。

（2）模拟方法相当容易解释和理解，结果容易被接受，方案容易实施。

（3）电子表格软件包提供了另外一种模型实施的可替代的方法，且第三方供应商设计出了能够扩展软件包能力的插件。

（4）计算机软件开发商已经开发出专业模拟软件包，能够更容易设计和实施复杂系统的模拟模型。

在本章中，我们首先通过考虑基本情况、最好情况和最坏情况来分析不确定性。其次，我们展示了如何使用 Excel 来运行模拟程序，以评估 Sanotronics 新产品设备开发的风险。再次，我们用巴特尔电气公司库存问题来演示另一个模拟建模的例子。最后，我们举例说明了如何用 Excel 为黑绵羊围巾公司的问题创建离散事件模拟。这些例子代表了模拟建模可以解决广泛的问题。

我们采用的方法是设计出一个包含可控输入量和不确定输入量的模拟模型，其中包含产生不确定输入量的随机取值程序和表示逻辑数学操作顺序的流程图，并通过运行合适次数和时间长度的模拟得出模拟结果，从结果中得出关于真实系统运行的结论。

用电子表格进行模拟分析的步骤总结

1. 构建一个电子表格模型，计算给定输入值的结果。一个好的模拟模型的基础是正确关联输入值和结果值的逻辑。检查电子表格，确保单元格公式在所有可能的输入值范围内都能正确地计算结果。

2. 确定输入的随机参数，并为这些单元格（而不仅仅是静态数字）指定概率分布。请注意，并非所有输入都具有足够大的不确定性，需要使用概率分布进行建模。其他输入实际上可能是决策变量，即决策者可以控制的值，因此不是用概率分布建模的随机量。

3. 选择一个或多个结果来记录模拟试验。为结果记录的典型统计方式包括结果值的直方图和汇总统计数据，如平均值、标准差、最大值、最小值、百分位数等。

4. 进行指定次数的模拟试验。对于大多数模拟模型，我们建议进行 1 000 次试验。可以通过观察多次模拟运行中模拟结果值的波动程度来监控采样误差的数量。

5. 分析结果并解释决策过程的含义。除了对平均结果的估计，模拟还允许我们构建可能结果值的分布。

专业术语

基本情况（base-case scenario） 给定不确定输入量一个最可能出现的数值作为输入，计算出模型的输出结果。

最好情况（best-case scenario） 给定不确定输入量一个所有可能出现的数值中最好的一个作为模型的输入来计算出输出结果。

连续概率分布（continuous probability distribution） 一个随机变量的可能值可以取两个指定值之间的任意值的概率分布。指定的值可以包括负无穷和正无穷。

可控输入量（controllable input） 模拟模型中由决策者输入的变量。

离散事件的模拟模型（discrete-event simulation model） 一个描述了在不连续的时间点上发生的事件怎样使一个系统随时间演变发展的模拟模型。

离散概率分布（discrete probability distribution） 一个随机变量的可能值只能取特定离散值的概率分布。

动态模拟模型（dynamic simulation model） 系统的状态随时间而变化并彼此影响，这种系统的模拟要用动态模型。

参数（parameter） 出现在模型的数学关系式中的数值。

随机变量或不确定输入量（random variable or uncertain variable） 决策者无法知晓的模拟模型输入量，其可能取值通过概率分布来描述。

风险分析（risk analysis） 对于不确定性条件下制定的决策结果的预测的过程。

模拟（simulation） 通过对代表某真实系统的模型进行试验来研究此系统的一种方法。

静态模拟模型（static simulation model） 系统在某个时间点上的状态对它的下一个时间点是没有影响的，这种系统的模拟应该用静态模型，每次模拟彼此独立无影响。

验证（validation） 确认模拟模型正确地代表了真实系统的过程。

检验（verification） 确认计算机软件按照原来计划实施模拟的过程。

What-If 分析（What-If analysis） 一种为了了解模型中可能出现的结果的范围而进行的测试错误的方法，选择模型测试的输入值（what-if），然后结算出结果。

最坏情况 (worst-case scenario) 给定不确定输入量所有可能出现的数值中最糟糕的一个作为模型的输入来计算出输出结果。

习题

1. **新产品盈利能力**。Brinkley 公司的管理层想使用模拟来估计新产品的单位利润。这种产品的售价是每件 45 美元。采购成本、人工成本和运输成本的概率分布如下表所示。LO1,2,4

采购		人工		运输	
成本（美元）	可能性	成本（美元）	可能性	成本（美元）	可能性
10	0.25	20	0.10	3	0.75
11	0.45	22	0.25	5	0.25
12	0.30	24	0.35		
		25	0.30		

a. 计算基本情况下的单位利润。

b. 计算最坏情况下的单位利润。

c. 计算最好情况下的单位利润。

d. 构建模拟模型，估算单位平均利润。

e. 为什么风险分析的模拟方法比生成各种假设情景的方法更可取？

f. 管理人员认为如果每单位利润少于 5 美元，那么这个项目就没有利润。解释如何利用模拟估计每单位利润少于 5 美元的概率。

2. **VR 眼镜**。Galaxy 公司销售 VR 眼镜，该公司把喜欢玩电子游戏的客户作为目标客户。Galaxy 公司以每副 150 美元的价格从供应商那里采购 VR 眼镜，并以每副 300 美元的价格出售。VR 眼镜的月需求服从正态分布，均值为 160 副，标准差为 40 副。每月月初，Galaxy 公司会从供应商那里订购足够多的 VR 眼镜，使其库存水平达到 140 副。如果月需求低于 140 副，Galaxy 公司将为多出来的库存支付每副 20 美元的成本。如果月需求超过 140 副，Galaxy 公司也只能销售库存的 140 副眼镜。此外，Galaxy 公司为每一个没有得到满足的需求设定了 40 美元的缺货成本，来表示它在客户中的商誉损失。管理层希望使用模拟模型来分析这种情况。LO2,4

   a. Galaxy 公司的月平均利润是多少？

   b. Galaxy 公司完全满足需求的月份占比是多少？

3. **轮胎保修单分析**。格里尔轮胎公司生产了一种新轮胎，其寿命符合正态分布，平均寿命里程为 36 500 英里，标准差为 5 000 英里。为了推广这款新轮胎，格里尔轮胎公司提出，如果轮胎在需要更换前未能跑完 30 000 英里，格里尔轮胎公司将退还部分购买费用。具体来说，对于使用寿命低于 30 000 英里的轮胎，格里尔轮胎公司将每 100 英里退还客户 1 美元。构建一个模拟模型来回答以下问题。LO2,4

   a. 每卖出一个轮胎，推广的平均成本是多少？

   b. 格里尔轮胎公司为一个轮胎退还超过 25 美元的概率是多少？

4. **掷骰子**。构建一个电子表格模拟模型，模拟 1 000 次掷骰子（每种结果的可能性相等），骰子有 6 个面，编号为 1、2、3、4、5 和 6。LO3,4

   a. 构建 1 000 次掷骰子的观察结果的直方图。

   b. 修改你的电子表格模拟模型，模拟 1 000 次掷两个骰子。每次掷两个骰子时，记录结果的总和。用两个骰子的总和的 1 000 个观察结果构建一个直方图。

   c. 修改你的电子表格模拟模型，模拟 1 000 次掷三个骰子。每次掷三个骰子时，记录结果的总和。用三个骰子的总和的 1 000 个观察结果构建一个直方图。

   d. 修改你的电子表格模拟模型，模拟 1 000 次掷四个骰子。每次掷四个骰子时，记录结果的总和。用四个骰子的总和的 1 000 个观察结果构建一个直方图。

   e. 比较 a、b、c 和 d 的直方图。这一系列图表说明了什么统计现象？

5. **招聘研讨会的收益**。为了给新业务寻找潜在客户，Gustin 投资服务公司在佛罗里达州某酒店提供免费的财务规划研讨会。每一个研讨小组的出席人数限制在 25 个人。每次研讨花费 Gustin 投资服务公司 3 500 美元，每一个新开的账户，首年的平均佣金是 5 000 美元。Gustin 投资服务公司估计，每个参加研讨会的人开设新账户的概率为 0.01。LO3,4

   a. 在给定相关参数值的情况下，确定计算 Gustin 投资服务公司每次研讨会的利润的公式。

   b. 新开账户数量是什么类型的随机变量？提示：关于各种类型的概率分布的描述，请参阅附录 12.1。

   c. 构建电子表格模拟模型，分析 Gustin 投资服务公司研讨会的盈利能力。你会建议 Gustin 投资服务公司继续举办研讨会吗？

   d. 使用模拟来确定最小的出席人数数量（5 的倍数，即 25、30、35 等），以使研讨会的平均利润大于 0。

6. **可穿戴电子产品发布会**。Madeira 公司的管理层正在考虑引进一种具有笔记本电脑和电话功能的可穿戴电子设备。推出这种新产品的固定成本是 300 000 美元。产品的可变成本预计为 160 ～ 240 美元，极有可能为每件 200 美元。这种产品每件售价为 300 美元。对该产品的需求估计差异较大，从 0 到 20 000 件不等，最有可能的是 4 000 件。LO2,4

   a. 计算基本情况下的利润。

   b. 计算最坏情况下的利润。

   c. 计算最好情况下的利润。

d. 将可变成本建模为一个最小值为160美元、最大值为240美元的均匀随机变量。将产品需求建模为参数α为3和参数β为2的γ随机变量值的1 000倍。构建一个模拟模型来估计平均利润，以及项目将导致亏损的概率。

e. 根据d的模拟模型，你对产品的引进有什么建议？

7. **美国职业棒球大联盟世界大赛**。美国职业棒球大联盟世界大赛最多有7场比赛，第一个赢得4场比赛的球队就算胜出，假设亚特兰大勇士队参加了世界大赛，并且前两场比赛准备在亚特兰大举行，接下来的3场在客场进行，如果还没分出胜负，最后两场返回亚特兰大举行。如果考虑到每场比赛预计的开场投手和主场作战的优势，那么亚特兰大勇士队每场比赛的胜率如下。

比赛场次	1	2	3	4	5	6	7
获胜概率	0.60	0.55	0.48	0.45	0.48	0.55	0.50

构建一个模拟模型，其中亚特兰大勇者队每场比赛的输赢是一个随机变量。使用该模型回答以下问题。LO3,4

a. 不管赢家是谁，平均比赛次数是多少？

b. 亚特兰大勇士队赢得世界大赛的概率是多少？

8. **模拟股票价格**。在纽约证券交易所某一股票的现行股价为每股39美元，下面这个概率分布描述了预期股价未来3个月的变化。

股价变化（美元）	概率
–2	0.05
–1	0.10
0	0.25
+1	0.20
+2	0.20
+3	0.10
+4	0.10

构建一个电子表格模拟模型，计算3个月、6个月、9个月、12个月后的股票价格，假设任意3个月期间的股票价格变化与其他任意3个月期间的股票价格变化相互独立。LO1,3,4

a. 当前股价为每股39美元，12个月后每股股票的平均价格是多少？

b. 当前股价为每股39美元，12个月后可能的股价的标准差是多少？

c. 股价越高越好，在基本情况、最坏情况和最好情况下的股价是多少？

d. 根据你对股票市场的了解，你认为这个股票价格模型的有效性如何？提出一种替代方法来模拟股票价格在3个月内的演变过程。

9. **篮球比赛的得分分布**。艾奥瓦州狼队计划在即将到来的G联盟比赛中对阵缅因州红爪队。因为G联盟的球员正处于职业发展期，因此他们在每场比赛中的得分可能会有很大的差异。构建一个模拟各个球队得分的电子表格模型。假设每个球员的得分可以表示为一个整数均匀分布的随机变量，其范围如下表所示。LO3,4

球员编号	艾奥瓦州狼队球员的得分范围	缅因州红爪队球员的得分范围
1	[5，20]	[7，12]
2	[7，20]	[15，20]
3	[5，10]	[10，20]
4	[10，40]	[15，30]
5	[6，20]	[5，10]
6	[3，10]	[1，20]
7	[2，5]	[1，4]
8	[2，4]	[2，4]

a. 艾奥瓦州狼队得分的平均值和标准差是多少？艾奥瓦州狼队的得分分布是怎样的？

b. 缅因州红爪队得分的平均值和标准差是多少？缅因州红爪队的得分分布是怎样的？

c. 设分差＝艾奥瓦州狼队得分－缅因州红爪队得分。艾奥瓦州狼队和缅因州红爪队的平均分差是多少？分差的标准差是多少？分差的分布是怎样的？

d. 艾奥瓦州狼队得分比缅因州红爪队得分高的概率是多少？

e. 艾奥瓦州狼队的教练认为他们处于劣势，因此正在考虑一种“风险更高”的比赛策略。该策略的效果是，每个艾奥瓦州狼队球员的得分范围对称增加，因此新的范围是 [0，原始上限 + 原始下限]。例如，艾奥瓦州狼队球员 1 的风险策略范围是 [0，25]。新策略将如何影响狼队得分的平均值和标准差？艾奥瓦州狼队得分比缅因州红爪队得分高的概率是多少？

10. **项目管理**。一个项目共有 4 项活动（A、B、C 和 D），而且 4 项活动必须按照顺序进行。完成每项活动所需时间的各种可能性如下所示。

活动	活动时间（周）	概率
A	5	0.25
	6	0.35
	7	0.25
	8	0.15
B	3	0.20
	5	0.55
	7	0.25
C	10	0.10
	12	0.25
	14	0.40
	16	0.20
	18	0.05
D	8	0.60
	10	0.40

构建一个电子表格模型来模拟完成项目所需的时间。LO3,4

a. 完成这个项目平均需要多少时间？

b. 完成这个项目所需时间的标准差是多少？

c. 这个项目在 35 周或更短时间内完成的概率是多少？

11. **节日玩具的库存**。为了迎接即将到来的假期，Fresh 玩具公司（FTC）设计了一款名为“道基”的新娃娃，它可以教孩子们如何跳舞。生产这种玩具的固定成本为 100 000 美元，变动成本包括物料、人力和运输成本，每个玩具的变动成本为 34 美元。在假期销售季节，FTC 的这种玩具每个售价 42 美元，如果公司过多生产了，过剩的玩具将在 1 月通过分销商出售，并且每个只能卖到 10 美元。假期销售季节的新玩具需求量很不确定，预测销售量为 60 000 个，标准差为 15 000 个，假设正态概率分布可以很好地描述需求。FTC 虽然暂定生产 60 000 个（与平均需求量相同），但希望在对生产量进行分析后，再做出最终决定。LO2,4

a. 在给定相关参数值（如需求、产量等）的情况下，确定计算 FTC 利润的公式。利用这个公式，计算当实际需求等于 60 000 个时 FTC 的利润。

b. 将需求建模为均值为 60 000、标准差为 15 000 的正态随机变量，在生产数量为 60 000 个的情况下模拟“道基”娃娃的销售情况。那么生产 60 000 个娃娃的平均利润估计是多少？

c. 比较 b 模拟估计的平均利润与 a 计算的利润，解释它们为什么不同。

d. 在对生产数量做出最终决定之前，管理层希望对更激进的 70 000 个的生产数量和更保守的 50 000 个的生产数量进行分析。用这两个生产数量进行模拟，每种情况的平均利润是多少？

e. 在确定生产数量时，除了考虑平均利润，FTC 还应该考虑哪些因素？使用所有这些因素比较三个生产数量（50 000、60 000 和 70 000），会出现什么权衡？你有什么建议吗？

12. **超额预定策略**。南方中心航空公司（SCA）运营一个来往于亚特兰大和夏洛特之间的区间航班，飞机能容下 50 名乘客，目前 SCA 最多只能预订 50 个座位。如果 50 个座位全部预订，经验表明平均会有 2 名乘客不来，使得订票人数达到 50 人的航班经常空座。为了获得额外的利润，SCA 正在考虑一种超额预订的策略，即他们将接受 52 个预订，即使飞机只能容纳 50 名乘客。SCA 相信它的 52 个名额总是能够被预订。当接受 52 个预订时，乘客人数的概率分布估计如下。

登机的乘客数（人）	概率
48	0.25
49	0.25
50	0.50
51	0.15
52	0.05

SCA 从每位预订机票的乘客（无论他们是否到场）身上获得 100 美元的边际利润，如果有一名乘客没能乘坐此架飞机，将造成损失，损失来自重新安排这名乘客的费用和信誉损失，预计每名乘客的花费为 150 美元。设计一个电子表格模型来模拟超额预订策略下航班上出现的乘客数。LO3,4

a. 超额预订策略下每个航班的平均净利润是多少？

b. 超额预订策略下净利润小于未超额预订时净利润 [50×100=5 000（美元）] 的概率是多少？

c. 解释你的模拟模型怎么用于评价其他的超额预订水平，例如 51、53、54，以及如何用于最优超额决策支持。

13. **出席婚礼**。一对夫妇的婚期将至，婚礼策划师必须向婚礼筹办人提供来宾数量，以便为自助餐准备充足的食物。下面的表格显示了 145 个请帖中回复参加的来宾数量。然而，实际的来宾数量并不总是与回复参加的来宾数量一致。

回复参加的来宾数量（人）	请帖数量（个）
0	50
1	25
2	60
无回应	10

根据婚礼策划师的经验，很少有人在已经告知筹办人不参加婚礼的情况下最后又去参加了，因此婚礼策划师假设这 50 个请帖中没人会参加婚礼。策划师还估计单独来的 25 位来宾中，每一位单独参加的概率为 75%，不参加的概率为 20%，带一位同伴的概率为 5%。60 个回复要带同伴参加的来宾中，有 90% 的来宾会带同伴参加，5% 的来宾会独自参加，5% 的来宾不会参加。在 10 个没有回复请帖的人中，婚礼策划师假设每个人不参加的概率为 80%，每个人独自参加的概率为 15%，每个人带同伴参加的概率为 5%。LO3,4

a. 协助婚礼策划人构建一个模拟模型，估计参加婚宴的来宾平均人数。

b. 作为随和的东道主，这对夫妇指示婚礼策划师用模拟模型来确定最少的来宾人数 X，使至少有 90% 的可能性是实际来参加的人数小于等于 X。对 X 值的最佳估计是多少？

14. **不动产竞价**。Strassel 投资公司购买不动产，开发后再卖出获得利润。目前有一个新的不动产，Strassel 投资公司的总裁兼所有者 Bud Strassel 认为，如果他购买并开发这处不动产，它能卖到 160 000 美元。这个不动产的当前业主要求招标，并认为它能最少卖到 100 000 美元。一共有两个竞争者来投标，Strassel 投资公司不知道竞争对手的报价。为了制订计划，他假设每个竞争者的投标金额在 100 000 ～ 150 000 美元，服从均匀分布。LO2,4

a. Strassel 投资公司用 130 000 美元中标的概率是多少？

b. 为了确保中标，Strassel 投资公司需要出价多少？这次出价相应带来的利润为多少？

c. 利用模拟模型来计算每次模拟运行得出的利润（如果没有中标，则利润为 0），将利润最大化作为 Strassel 投资公司的决策目标，用模拟来评价 Strassel 投资公司的三次投标：130 000 美元、140 000 美元和 150 000 美元。根据模拟结果建议出标价格为多少？期望利润为多少？

15. **21 点游戏**。黑杰克，又叫 21 点，是一种流行的扑克牌游戏，它以每一位玩家和庄家得到两张牌开始。每手的值由手中卡片的总点数决定。人头牌和 10 均计为 10 个点，A 计为 1 或 11 个点，其他所有牌按它们的牌面值计数。例如，有一张 J 和一张 8，手中的值就是 18；有一张 A 和一张 2，手中的值就是 3 或者 13，这取决于 A 被计为 1 点还是 11 点。目标是在手中获得 21 点的值，或者在不超过 21 点的情况下尽可能接近它。初始发牌之后，每一位玩家和庄家为了改善他们手中的总点数，可能会抽取额外的牌（被称作进行一次要牌）。如果一位玩家或庄家进行了一次要牌，并且手中的值超过了 21 点，那么这个人就爆牌或输了。庄家的优势是每一位玩家必须在庄家之前决定是否要牌。如果某个玩家要牌后，手中的值超出了21点，该玩家就输了，即使在过后庄家要牌，手中的值也超出了21点。因此，当玩家手中的值是12或者更大的数时，他通常决定不要牌。庄家的手中，有一张牌朝上，一张牌朝下。玩家基于庄家朝上的牌决定是否要牌。LO3,4

a. 一个专家确定了当庄家朝上的牌是6时，庄家手中的最终值的概率如下。

手中值 (N)	17	18	19	20	21	输
概率	0.165 4	0.106 3	0.106 3	0.101 7	0.097 2	0.423 1

建立随机数的区间，模拟当庄家朝上的牌是6时，庄家手中的最终值。

b. 假定你正在玩21点游戏，初始发牌后，你手中两张牌的总点数是16。如果你决定要牌，下面的几张牌将能改善你手中的值：A、2、3、4和5。带有一个大于5的点数的任何一张牌会让你输掉这轮游戏。假定你手中的总点数是16，并且决定要牌。以下的概率描述了你手中的最终值。

手中值	17	18	19	20	21	输
概率	0.076 9	0.076 9	0.076 9	0.076 9	0.076 9	0.615 5

建立随机数的区间，用来模拟当你的手牌总点数是16时，要牌后的最终值。

c. 利用a、b部分的结果，模拟庄家朝上的牌是6并且手中总点数是16的玩家选择要牌时进行的1 000轮游戏的结果。基于模拟模型，庄家获胜、平局和玩家获胜的概率分别是多少？

d. 如果玩家的手中总点数是16，并且不打算要牌，玩家能赢的唯一方法就是庄家输。修改模拟模型，以反映玩家不要牌的策略。庄家获胜、平局和玩家获胜的概率分别是多少？

e. 根据c和d部分的结果，如果玩家手上的牌总点数是16，而庄家朝上的牌是6，那么玩家是应该要牌还是不要牌？

16. 呼叫中心等待时间。电话以平均每小时15个的速度随机进入24小时航空公司呼叫中心（处理全球呼叫）。两次通话之间的时间服从指数分布，平均为4分钟。当两个预约代理忙时，电话留言会告诉来电者请在线路上等待，直到下一个预约代理有空。每个预约代理的服务时间呈正态分布，均值为4分钟，标准差为1分钟。使用一个双服务台排队模拟模型来评估这个排队系统。模拟1 000个客户的呼叫中心的运行。丢弃前100个客户的数据，收集后900个客户的数据。LO2,5

a. 这个系统的客户平均等待时间是多少？

b. 有多少百分比的客户需要等待？

案例问题 12-1

Four Corners公司

10年以后你的个人投资组合的价值为多少？20年以后呢？你何时不再工作？Four Corners公司要求人力资源部门开发出一套理财计划模型，这个模型能帮助员工回答以上问题。汤姆·吉富德被任命负责这个项目，并首先为自己制订一个理财计划。汤姆拥有商学学位，40岁，年收入为85 000美元。加上往年在公司退休计划的投资和继承的一小笔遗产，汤姆的累计投资组合值达到了50 000美元。汤姆计划再工作20年，希望投资额累计达到1 000 000美元，他能做到吗？

汤姆先对他的未来工资、新的投资金额以及投资增长率做出假定，他认为每年5%的工资增长率是合理的，并想拿薪水的6%做新投资。研究了证券市场的历史业绩后，汤姆认为10%的投资组合年增长率是合理的。利用这些假设，汤姆设计出如图12-17所示的Excel工作表，工作表为未来五年提供了一个财务计划。在计算给定年份的投资组合收益时，汤姆假设其新的投资金额会在一年中均匀地陆续投入，这样就可以用新增投资额的一半来计算一年的投资盈利。通过图12-17，我们看到在他45岁时，汤姆计划的投资价值为116 321美元。

	A	B	C	D	E	F	G
1	Four Corners公司						
2							
3	年龄	40					
4	当前工资	$85,000					
5	当前投资组合	$50,000					
6	年均投资率	6%					
7	年均工资增长率	5%					
8	年均投资组合增长率	10%					
9							
10	年	期初结存	工资	新投资	组合收益	期末结存	年龄
11	1	$50,000	$85,000	$5,100	$5,255	$60,355	41
12	2	$60,355	$89,250	$5,355	$6,303	$72,013	42
13	3	$72,013	$93,713	$5,623	$7,482	$85,118	43
14	4	$85,118	$98,398	$5,904	$8,807	$99,829	44
15	5	$99,829	$103,318	$6,199	$10,293	$116,321	45
16							

图 12-17 汤姆·吉富德的财务计划工作表

汤姆计划用这个工作表作为模版来制订公司员工的财务计划。电子表格中的数据对每个员工来说是不同的，并且要加入新的一行来显示员工适当的投资年数。在表中加入另外的 15 行后，汤姆发现在 20 年后他会得到价值为 772 722 美元的投资组合，汤姆于是带着他的结果去见老板凯特·瑞格。

尽管凯特对汤姆的进展感到满意，但是她提出了几点批评，其中之一是年薪的增长率是静态的，她指出大部分员工的年薪增长率都是每年变化的。另外，她还指出静态的年投资组合增长率不现实，实际增长率也是每年变化的。她进一步建议汤姆在投资组合预测的模拟模型中考虑薪水增长率和投资组合增长率的随机变化。

通过一些调查，汤姆和凯特决定假设年薪增长率在 0 和 5% 之间变化，而且大致服从均匀分布，Four Corners 公司的会计部门指出年投资组合增长率大概服从正态概率分布，均值为 10%，标准差为 5%。知道这个信息后，汤姆准备设计一个公司职员能够使用的理财计划的模拟模型。LO2,5

管理报告

替汤姆开发一个理财计划的模拟模型。写一份报告给汤姆的老板，报告至少包含下列内容。

1. 不考虑增长率的随机变化，拓展当前的工作表到 20 年，通过使用静态的年薪增长率和静态的年组合投资增长率，汤姆确认能够得到 20 年后价值为 772 722 美元的投资组合。但如果要获得 20 年后价值为 1 000 000 美元的投资组合，汤姆要增加年投资率到多少？提示：使用单变量求解。

> 关于单变量求解的回顾，请参考附录 A。

2. 重新设计电子表格模型，把年薪的年增长率和投资组合的年增长率的随机变化纳入模拟模型，假设汤姆使用的投资率能使 20 年后投资组合价值达到 1 000 000 美元，阐述如何模拟汤姆的 20 年期的理财计划，利用模拟模型得出的结果来分析汤姆 20 年期的投资组合要达到 1 000 000 美元这个目标的不确定性。

3. 在看到年薪的年增长率和投资组合的年增长率的不确定性后，对那些目前境况与汤姆相似的员工，你有什么建议？

4. 假设汤姆愿意考虑工作 25 年而不是 20 年，如果汤姆的目标是拥有价值为 1 000 000 美元的投资组合，那么你对他这个策略的评价又如何？

5. 讨论如何使汤姆设计的这个财务计划模型作为公司所有职员制订财务计划时的模板使用。

案例问题 12-2

海港沙丘高尔夫球场

海港沙丘高尔夫球场是南卡罗来纳州备受欢迎的顶级高尔夫公共场地之一，它坐落在原来是稻田的土地上，是南卡罗来纳州最好的咸水沼泽景观之一。海港沙丘高尔夫球场剑指顶级高尔夫市场，在春季高峰期，这里还要收取每人 160 美元的绿化费用和每人 20 美元的高尔夫小车费用。

海港沙丘高尔夫球场保留了从早上 7：30 开始的开球时间，专门为 4 人团队服务。从早上 7：30 开始，4 人组在前后 9 洞开球，新的团队每隔 9 分钟就开球一次。中午又有新的 4 人组在前后 9 洞开球，整个过程就这么持续下去。为了使所有玩家在天黑之前打完 18 个球洞，最后两个 4 人组在下午 1：21 开局。这种计划安排使得球场最多能卖出 20 个下午开球时间。

上一年春季时，海港沙丘高尔夫球场能够向顾客售出上午的所有开球时间。海港沙丘高尔夫球场希望来年也能如此，但是下午的开球时间很难销售出去。海港沙丘高尔夫球场对去年下午开球时间的销售数据进行了研究，概率分布如表 12-6 所示。去年一个季度，海港沙丘平均售出可用的 20 个下午开球时间中的 14 个，平均总的下午绿化费用和小车费用收入是 10 240 美元。然而，每天平均 6 个没有使用的开球时间损失了这个时间段的收益。

表 12-6　下午开球时间售出数的概率分布表

售出的下午开球时间数	概率
8	0.01
9	0.04
10	0.06
11	0.08
12	0.10
13	0.11
14	0.12
15	0.15
16	0.10
17	0.09
18	0.07
19	0.05
20	0.02

为了增加下午开球时间的销售量，海湾沙丘高尔夫球场正在考虑其他主意。购买上午开球时间的 4 人组可以以优惠价在下午再打一场。海港沙丘高尔夫球场正在考虑两种“再玩一局”的选择：①每个顾客 25 美元的绿化费用加上 20 美元的小车费用；②每个顾客 50 美元的绿化费用加上 20 美元的小车费用。对于第一项，每个 4 人组能够产生额外的 180 美元的收入；对于第二项，每个 4 人组能够产生额外的 280 美元的收入。选择哪一项关键在于哪个项目对客户的吸引力更大。从事该项研究的是一个在统计学和高尔夫行业都有较高造诣的资深顾问。海港沙丘高尔夫球场研究 4 人组在不同收费下选择再玩一局的概率分布，如表 12-7 所示。

表 12-7　要求再玩的组数的概率分布表

项目 1：每人 25 美元 + 小车费用		项目 2：每人 50 美元 + 小车费用	
要求再玩 4 人组数目	概率	要求再玩 4 人组数目	概率
0	0.01	0	0.06
1	0.03	1	0.09
2	0.05	2	0.12
3	0.05	3	0.17
4	0.11	4	0.20
5	0.15	5	0.13
6	0.17	6	0.11
7	0.15	7	0.07
8	0.13	8	0.05
9	0.09		
10	0.06		

提供再玩一局的选择时，海港沙丘高尔夫球场赋予下午预订全票练球的客户第一优先权，如果再玩的需求量超过了下午可以提供的开球时间数，海港沙丘高尔夫球场将贴出布告，通知客户球场已满。在这种

情况下，将不接受任何其他的再玩请求。LO3,4

管理报告

为两个再玩一局项目构建模拟模型。为海港沙丘高尔夫球场准备一份报告，帮助管理层决定在即将来临的春季高尔夫球季中，应该实行哪一个再玩项目。在你准备的报告中，必须包括如下项目。

1. 每个再玩项目预期的营业收入的统计概要（平均值、标准差、最小值、最大值）。

2. 你所推荐的最佳项目。

3. 假设春季高尔夫球季为 90 天，如果使用你推荐的项目，请估计一下项目带来的营业收入增加。

4. 给出一些其他的可能提高收益的建议。

案例问题 12-3

Drive-Thru 饮料公司

Drive-Thru 饮料公司在伊利诺伊州的北部开设了饮料供应连锁店，每个店铺只有一条服务通道。汽车可以从店铺的一端进去，从另一端出来，顾客可以在汽车里挑选饮料、啤酒、快餐和派对用品而无须下车。当一个新顾客到达店铺时，他得等前面一个顾客买完以后才可以开车进商店。

一般在忙的时候每个店铺需要 3 个员工，一个接受订单，一个填写订单，还有一个收银并担任主管。饮料公司正在考虑重新设计店铺，其中由计算机进行订单录入及支付的系统整合进了专门的仓库设备。管理层希望新的设计能允许每个店铺只雇用一个员工。饮料公司为了确定新的设计是否有成效，决定建立一个采用新的设计的店铺。

这个新店铺将坐落在主要的购物中心。根据其他地区店铺的经验，管理层相信，黄昏和晚上的高峰期时间，顾客的到达时间间隔服从指数概率分布，均值为 6 分钟。这些高峰时间对公司来说最为关键，大部分利润都在这个时间段产生。

对一个员工完成订单所需服务时间的全面研究得出下列概率分布。

服务时间（分钟）	概率
2	0.24
3	0.20
4	0.15
5	0.14
6	0.12
7	0.08
8	0.05
9	0.02
	总计：1.00

（续）

为避免只雇用一个员工时顾客等候时间过长，Drive-Thru 公司的管理层考虑两种选择：增加一个员工来帮忙打包，处理订单和相关服务（仍为单服务台系统，一次只为一辆车服务）；或者增加 Drive-Thru 店铺的面积，使得可以同时容纳两辆车（双服务台系统）。对于任何一种选择来说，都必须有两个员工。采用双服务台方案，每个服务台的服务时间是相同的；采用两个员工来处理单服务台系统的话，服务时间减少了。下面这个概率分布描述的是在两个员工单服务台系统下的服务时间概率分布。

服务时间（分钟）	概率
1	0.20
2	0.35
3	0.30
4	0.10
5	0.05
	总计：1.00

Drive-Thru 公司的管理层希望你设计一个新系统的工作表模拟模型，并用它来比较下列三种设计下的系统运作情况。

设计

A：单服务台，一个员工

B：单服务台，两个员工

C：双服务台，每个服务台一个员工

管理层特别关心顾客等候服务的时间，作为指导方针，管理层希望制定标准，使平均等候时间在1.5分钟内。LO2,3,5

管理报告

准备一个报告，讨论一下工作表模拟模型的大致设计，提出你认为的最优店铺设计和人员安排，还要额外考虑的一个问题是在设计双服务台系统时，初始建立时有一个额外的成本投入10 000美元。

1. 建立一个独立的模拟模型来评估每个设计方案的性能。

2. 进行360分钟的模拟（代表下午4点到晚上10点的高峰时间）。你可以假定系统在下午4点开始是空的。你可能想要对每个备选方案进行多次模拟。记录模拟运行的相关汇总统计数据，并使用这些信息来支持你的最终建议。

附录12.1

模拟常用的概率分布

> 模拟软件如Analytic Solver、Crystal Ball和@RISK可以从比Excel更广泛的概率分布选择中自动生成随机值。

在模拟模型中，选择合适的概率分布来描述随机变量可能是一个关键的建模决策。在本附录中，我们将回顾模拟模型中常用的几种概率分布。我们将介绍用于从相应的概率分布中生成随机值的Excel的操作。

连续概率分布

随机变量可以有很多可能的值（即使这些值是离散的），此时通常用连续的概率分布来建模。关于常见的连续型随机变量，我们将首先给出相关概率分布的参数。其次，我们根据最小值和最大值给定随机变量的取值范围。我们还提供对分布整体形状的简短描述，并配以插图。再次，我们给出随机变量的应用实例。最后，我们使用Excel从概率分布中生成随机值。

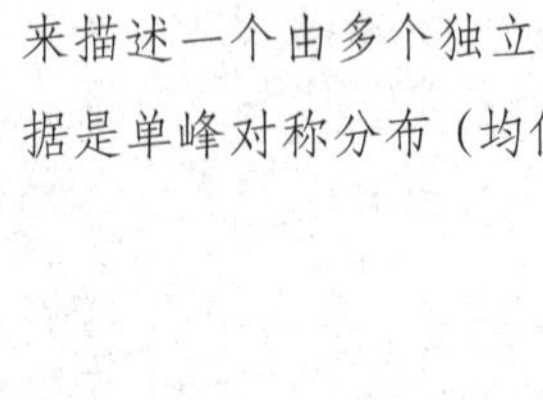

正态分布

参数：均值(m)，标准差(s)

范围：$-\infty$到$+\infty$

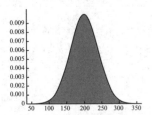

描述：正态分布是一个以均值m为中心的钟形对称分布。正态分布通常用来描述一个由多个独立随机变量之和组成的量。当数据是单峰对称分布（均值、众数和中位数都相等）时，正态分布可能是一个不错的选择。

实例：在人力资源管理中，员工绩效通常用正态分布来表示。通常，68%的员工的绩效在平均绩效的一个标准差内，95%的员工的绩效在两个标准差内。表现很好或表现不佳的员工很少。一个制药公司的销售团队的业绩可以用一个均值为200个客户采用、标准差为40个客户采用的正态分布来很好地描述。

Excel操作：NORM.INV（RAND（），m，s）。当使用正态分布对非负的对象建模时，可以使用Excel函数NORM.DIST（0，m，s，1）检查从正态分布生成负值的可能性。如果生成负值的可能性较大，可以使用Excel函数NORM.INV（NORM.DIST（0，m，s，1）+（1–NORM.DIST（0，m，s，1））*RAND（），m，s），从均值为m、标准差为s的正态分布中生成非负值。

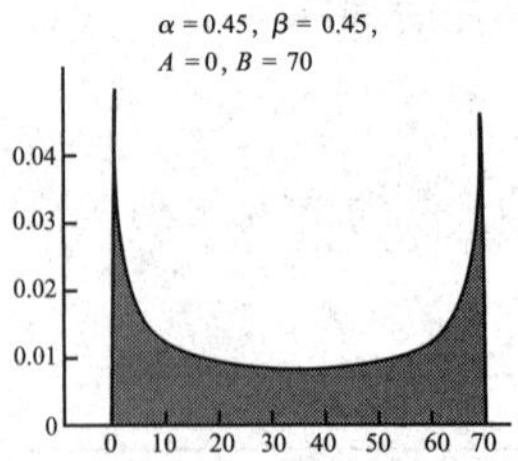

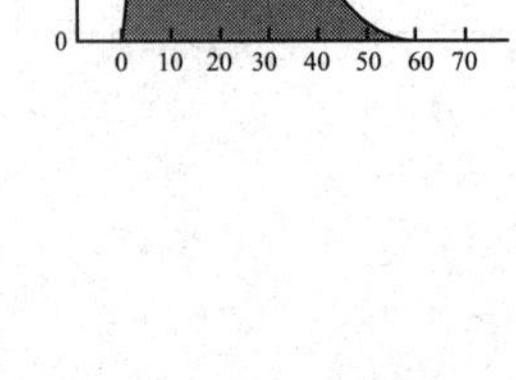

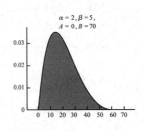

β分布

参数：alpha(α)，beta(β)，最小值(A)，最大值(B)

范围：A到B

描述：在A和B指定的范围内，β分布具有非常灵活的形状，可以通过调整α和β来操纵。β分布在建模具有已知最小值和最大值的不确定量时非常有用。为了从样本数据中估计α和β参数的值，我们使用以下公式：

$$\alpha=\left(\frac{\bar{x}-A}{B-A}\right)\left(\frac{\left(\frac{\bar{x}-A}{B-A}\right)\left(1-\frac{\bar{x}-A}{B-A}\right)}{\frac{s^2}{(B-A)^2}}-1\right)$$

$$\beta=\alpha\times\left(\frac{1-\frac{\bar{x}-A}{B-A}}{\frac{\bar{x}-A}{B-A}}\right)$$

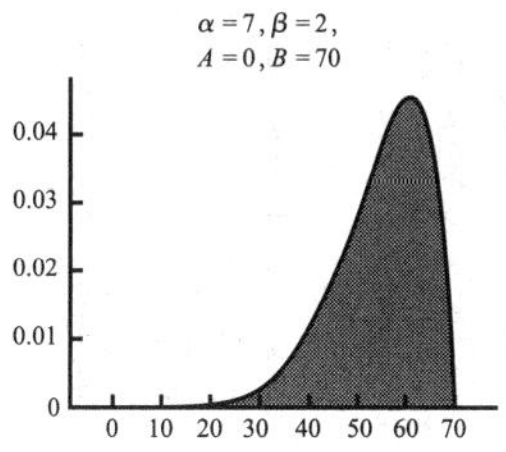

实例：一部由小众导演执导的电影所产生的收入可以用 β 分布来描述。相关的值（单位：百万美元）是 A=0、B=70、α=0.45 和 β=0.45。这种特殊的分布是 u 形的，极值比中等值更有可能出现。左边的三幅图用不同 α 和 β 值的 β 分布来展示它的灵活性。第一幅图描绘了 u 形的 β 分布。第二幅图描述了一个具有正偏态的单峰 β 分布。第三张图描绘了一个具有负偏态的单峰 β 分布。

Excel 操作：BETA.INV（RAND（ ），α，β，A，B）

γ 分布

参数：alpha（α），beta（β）

范围：0 到 + ∞

描述：γ 分布有一个非常灵活的形状，由 α 和 β 的值控制。γ 分布在建模一个不确定的量很有用，可以小到 0，但也可以实现大的值。为了估计给定样本数据的 α 和 β 参数的值，我们使用以下等式：

$$\alpha=\left(\frac{\bar{x}}{s}\right)^2 \qquad \beta=\frac{s^2}{\bar{x}}$$

实例：一个区域内保险索赔的总金额（100 000 美元）可以用 α=2 和 β=0.5 的 γ 分布来描述。

Excel 操作：GAMMA.INV（RAND（ ），α，β）

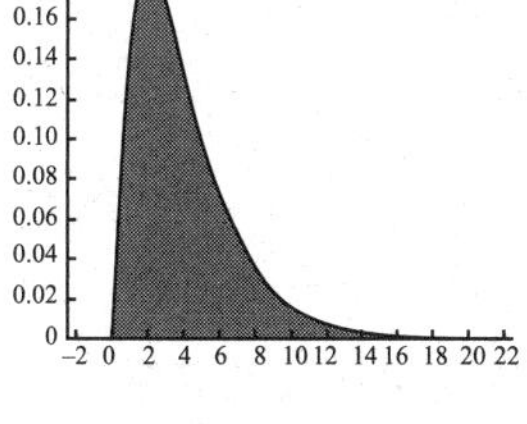

指数分布

参数：均值 (m)

范围：0 到 + ∞

描述：指数分布的特征是均值等于其标准差，长尾从众数值 0 开始延伸。

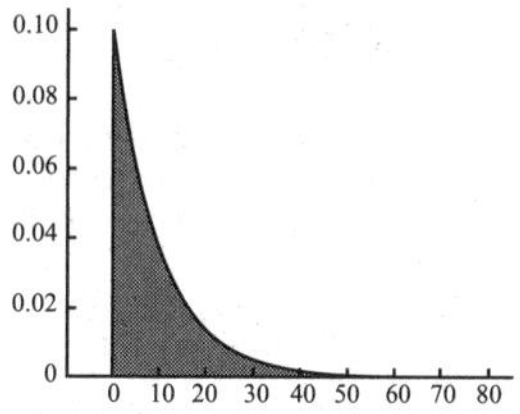

实例：事件之间的时间间隔，比如客户到达或客户拖欠账单通常用指数分布建模。指数型随机变量具有“无记忆”特性：客户在未来 x 分钟内到达的概率与距离上次到达时间的长短无关。例如，假设客户到达之间的平均时间为 10 分钟。如果从上一个客户到达的时间间隔为 10 分钟，那么在客户到达之间间隔 25 分钟或更长时间的概率与下一个客户到达间隔超过 15 分钟的概率相同。

Excel 操作：LN（RAND（ ））*（–m），或者等价于 GAMMA.INV（RAND（ ），1，1/m）

因为指数分布是 γ 分布在 α=1,β=1/m 的一个特例。

三角形分布

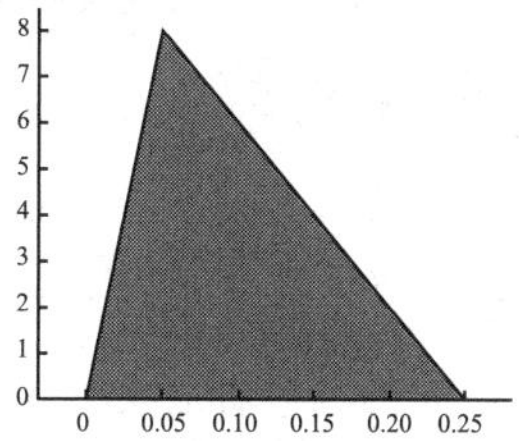

参数：最小值（a），最有可能值（m），最大值（b）

范围：a 到 b

描述：当一个随机变量除了其范围外，对它所知甚少，但被认为具有单一众数时，三角分布常被用来主观地评估其不确定性。分布形状像一个三角形，顶点在 a、m 和 b。

实例：在企业融资中，如果分析人员能够可靠地提供最小、最有可能和最大的增长估计，则三角分布可以用于净现值分析中项目的年度收入增长模型。例如，一个项目在最坏情况下的年收入增长为 0%，最可能的年收入增长为 5%，而在最好情况下的年收入增长为 25%。这些值将作为三角分布的参数。

Excel 操作：IF（random<（m–a）/（b–a),a+SQRT（（b–a）*（m–a）*random），b–SQRT（（b–a）*（b–m）*（1–random））），其中 random 指的是包含 =RAND（ ）的单个独立单元格。

均匀分布

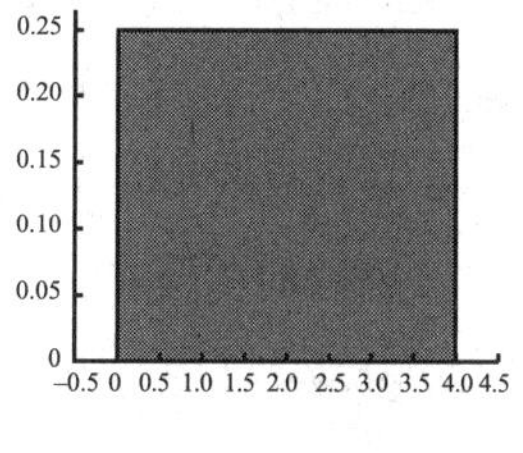

参数：最小值 (a)，最大值（b）

范围：a 到 b

描述：当一个随机变量在 a 和 b 之间的概率相等时，均匀分布是合适的。当对一个对象除了它可能的最小值和最大值之外所知甚少时，均匀分布可能是对一个不确定量建模的保守选择。

实例：一个上门服务技术人员可能会报出一个 4 小时的时间窗口，他会在这段时间内到达。如果技术人员在此时间窗内的任何时间到达的可能性相等，那么技术人员在此时间窗内的到达时间可以用均匀分布来描述。

Excel 操作：a+（b–a）*RAND（）

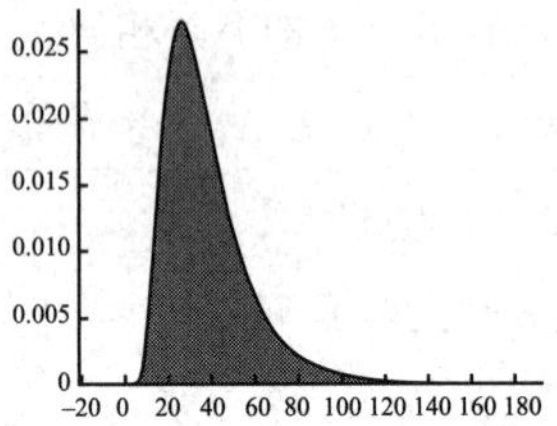

对数正态分布

参数：对数均值，对数标准差

范围：0 到 + ∞

描述：对数正态分布是一个单峰分布（像正态分布一样），最小值为 0，右尾较长（不像正态分布）。对数正态分布通常是描述一个由多个独立的正随机变量的乘积组成的量的好方法。对数正态分布随机变量的自然对数是正态分布的。

实例：低于 99% 的人口的收入分布通常可以用对数正态分布来很好地描述。例如，对于一个地区的人群，其收入观察值的自然对数为正态分布，均值为 3.5，标准差为 0.5，则收入观察值为对数正态分布。

Excel 操作：LOGNORM.INV（RAND（），log_mean，log_stdev），其中 log_mean 和 log_stdev 为对数正态分布随机变量取对数时得到的正态分布随机变量的均值和标准差。

离散概率分布

只有相对少量离散值的随机变量通常最好用离散分布建模。离散分布的选择取决于具体情况。对于常见的离散随机变量，我们提供几条信息。首先，我们列出指定分布所需的参数。其次，我们概述遵循给定分布的随机变量的可能值。我们还提供对分布的简短描述并配以插图。再次，我们给出随机变量的应用实例。最后，我们使用 Excel 从概率分布中生成随机值。

整数均匀分布

参数：下限（l），上限（u）

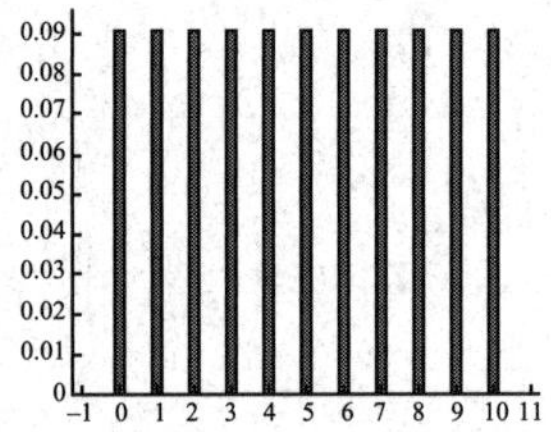

可能取值：l，$l+1$，$l+2,\cdots,u-2,u-1,u$

描述：整数均匀随机变量假设取 l 和 u 之间的整数值是等可能的。

实例：一个 10 人的班级的慈善志愿者的数量可以是一个整数均匀变量，取值为 0, 1, 2, ⋯, 10。

Excel 操作：RANDBETWEEN（1，u）

离散均匀分布

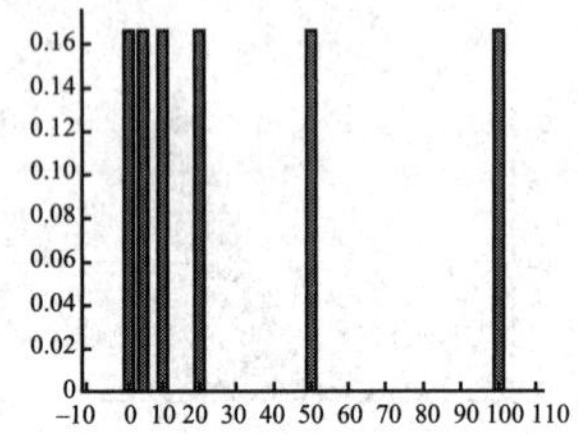

参数：值的集合 { v_1，v_2，⋯，v_k }

可能取值：v_1，v_2，⋯，v_k

描述：一个离散的均匀随机变量等概率成为指定值集合 { v_1，v_2，⋯，v_k }。

实例：假设有一个游戏节目，从 6 个可能的信封中随机选择一个信封，奖励参赛者现金。如果信封分别包含 1 美元、5 美元、10 美元、20 美元、50 美元和 100 美元，那么奖品是一个离散均匀随机变量，其值为 {1，5，10，20，50，100}。

Excel 操作：CHOOSE（RANDBETWEEN（1,k），v_1，v_2，⋯，v_k）

自定义离散分布

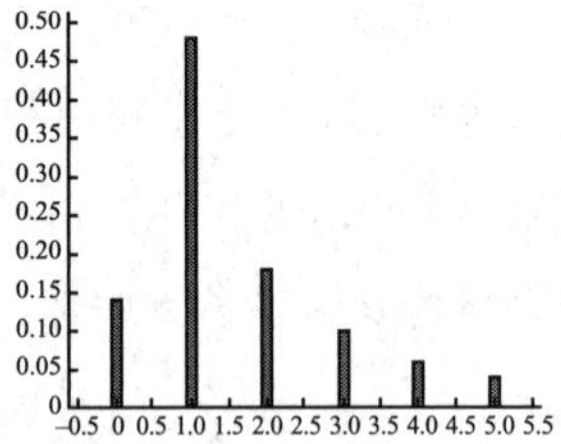

参数：值的集合 { v_1，v_2，⋯，v_k } 和对应权重 { w_1，w_2，⋯，w_k }，并且 $w_1+w_2+\cdots+w_k=1$

可能取值：v_1，v_2，⋯，v_k

描述：自定义离散分布可用于创建符合使用者个性化要求的分布，以对离散的、不确定的量进行建模。自定义离散随机变量的值等于 v_i，概率为 w_i。

实例：对一家汽车经销商过去 50 天的日销量分析显示，7 天没有汽车售出，24 天售出 1 辆汽车，9 天售出 2 辆汽车，5 天售出 3 辆汽车，3 天售出 4 辆汽车，2 天售出 5 辆汽车。我们可以使用相对频率来估计每日销售额的概率分布。估计某一天没有汽车售出的概率为 7/50=0.14，估计一辆汽车售出的概率为 24/50=0.48，依此类推。接下来，每日销售额可以用一个自定义的离散分布来描述，其值为 {0，1，2，3，4，5}，权重为 {0.14，0.48，0.18，0.10，0.06，0.04}。

Excel 操作：将 RAND 函数与 VLOOKUP 函数结合使用，该函数引用一个表，其中每一行列出一个可能的值和区间 [0，1）的一段，表示对应值的可能性。图 12-18 说明了汽车销售示例的实现。

	A	B	C	D
1	汽车销售	=VLOOKUP(RAND(),A4:C9,3,TRUE)		
2				
3	区间下限	区间上限	汽车销售	概率
4	0.00	0.14	0	0.14
5	0.14	0.62	1	0.48
6	0.62	0.80	2	0.18
7	0.80	0.90	3	0.10
8	0.90	0.96	4	0.06
9	0.96	1.00	5	0.04

图 12-18 Excel 操作实现自定义离散分布

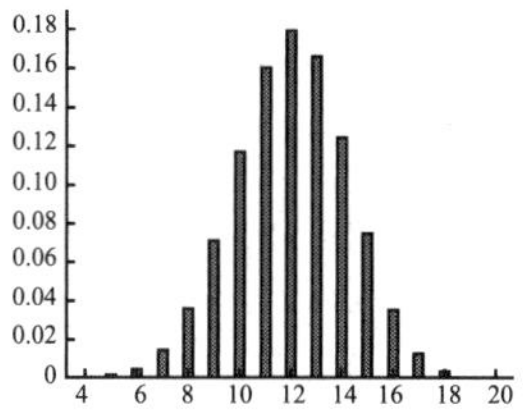

二项分布

参数：试验次数（n），成功概率（p）

可能取值：0, 1, 2, ⋯, n

描述：二项分布的随机变量对应于一个事件在 n 次试验中成功发生的次数，每次试验成功的概率为 p，与其他试验是否成功无关。当 n=1 时，二项分布又被称为伯努利分布。

实例：在一个由 20 只相似股票组成的投资组合中，每只股票的增值概率都是 p=0.6，增值股票的总数可以用参数 n=20 和 p=0.6 的二项分布来描述。

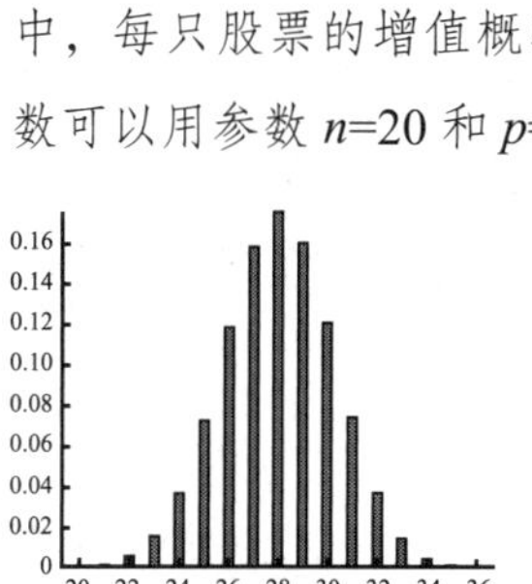

Excel 操作：BINOM.INV（n，p，RAND（））

超几何分布

参数：试验次数（n），种群大小（N），种群中成功数量（s）

可能取值：max{0，n+s–N}，⋯，min{n，s}

描述：超几何随机变量对应的是在 n 个试验中，一个标记为成功的元素被选中的次数。在这种情况下，总共有 n 个元素，其中 s 个元素被标记为成功，一旦选中，就不能再选择。需要注意的是，超几何分布类似于二项分布，只是现在的试验是独立的，因为删除选中的元素会改变在后续试验中选择标记为成功的元素的概率。

实例：某公司生产电路板卖给计算机制造商。据了解，由于制造过程中的质量缺陷，在 100 个电路板中，只有 70 个合格，其余 30 个不合格。如果一家公司从这 100 个电路板中订购了 40 个电路板，那么该公司将从订单中收到的能正常工作的电路板的数量是一个超几何随机变量，n=40，s=70，N=100。注意，在这种情况下，40 个被订购的电路板中的 10（=40+70–100）到 40（=min{40，70}）之间个数的电路板将正常工作。这 40 个电路板中至少有 10 个会正常工作，因为最多有 30（=100–70）个是故障的。

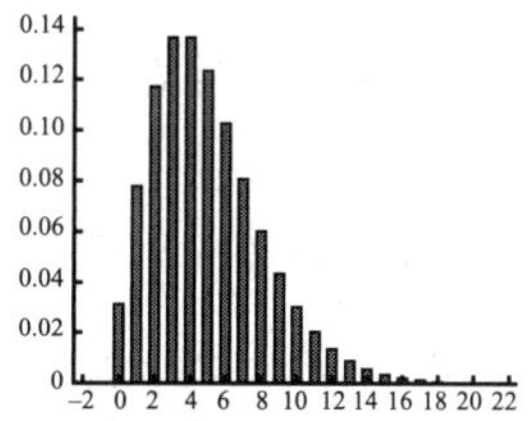

负二项分布

参数：所需成功次数（s），成功概率（p）

可能取值：0，1，2，⋯，+∞

描述：负二项分布随机变量对应于事件成功发生 s 次之前事件失败的次数，假设事件在每次试验中成功发生的概率为 p。当 s=1 时，负二项分布也被称为几何分布。

实例：考虑一家大公司的研发（R&D）部门。一个研发部门可能先投资几个失败的项目，然后再投资 5 个成功的项目。如果每个项目成功的概率为 0.50，那么在 5 个成功项目出现之前失败项目的数量是一个负二项随机变量，参数 s=5，p=0.50。

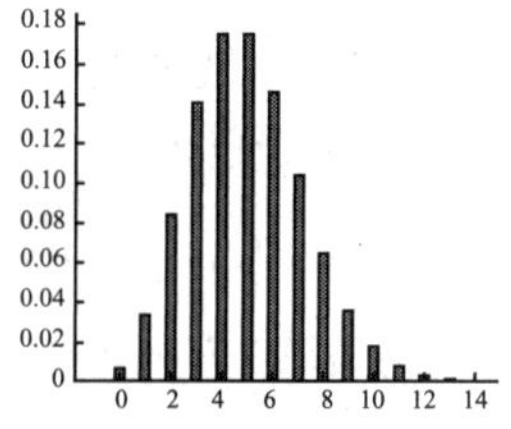

泊松分布

参数：均值（m）

可能取值：0，1，2，⋯

描述：泊松随机变量对应于某一事件在指定时间段内发生的次数，假设 m 为指定时间段内事件的平均次数。

实例：如果平均一小时内有 5 个患者到达诊所，那么一小时内到达诊所的患者数量可以用 m=5 的泊松随机变量来建模。

第13章 决策分析

学习目标

LO1 用支付表来分析决策面临的问题，并用备选方案、随机事件和随机事件所产生的结果描述问题状况。

LO2 根据备选方案、随机事件和随机事件所产生的结果，为问题情境构建决策树。

LO3 构建风险组合并解释其含义。

LO4 使用灵敏度分析来研究问题输入的变化如何影响或改变推荐的决策。

LO5 评估额外信息的潜在价值。

LO6 使用新信息和修正概率的决策分析方法推荐解决问题的方案。

LO7 评估额外决策信息的价值和效率。

LO8 使用贝叶斯定理计算后验概率。

LO9 使用效用理论分析决策者是风险规避者、风险偏好者还是风险中性者。

LO10 将货币支付值转为效用值，会使用指数效用函数。

当决策者面临多个备选方案，且未来事件具有不确定性或充满风险时，决策者可利用决策分析得到一个最优策略。例如，当爱迪生面临有关含硫量限制以及建筑成本等方面的未来不确定性时，他利用决策分析为燃煤发电单位来选择最优类型的颗粒控制设备。北卡罗来纳州在评估是否使用医疗甄别（medical screening）测验来检测婴儿新陈代谢紊乱时也使用了决策分析。专栏 13-1 讨论了决策分析在保护濒危物种备选行动方案的评估中的应用。

即使非常小心地进行决策分析，不确定的未来事件还是会导致最终结果的不确定性。在一些情况下，所选择的决策方案可能会产生较好的或者极好的结果。而在其他情况下，一个相关的、不太可能发生的未来事件也可能会发生，这将使所选择的决策方案产生仅仅合理，甚至坏的结果。任何一个决策方案的风险都是由最终结果的不确定性产生的。一个好的决策分析包含了风险分析。通过风险分析，决策者既能得知好结果出现的概率信息，又能得知坏结果出现的概率信息。

专栏 13-1 实践中的管理科学

自然生态保护决策

我们必须谨慎地选择采取何种措施来保护濒危或已经受到威胁的物种。保守的行动对于物种保护没有明显的效果，但激进的保护措施又会造成严重的经济后果，在很长一段时间内，人们用决策分析来平衡二者之间的关系。然而，近年来，政策分析师开始越来越多地关注另一个问题，即决策给濒危或受到威胁的物种的生态系统带来的长期的不利影响。现在，保守派和政策分析师都开始意识到了生态系统的弹性（在不造成衰退的前提下生态系统对损害的接受程度）是政策制定中的一个重要影响因素。

在由美国地质调查局和鱼类野生生物管理局发起的一项研究中，鱼类野生生物管理局的B. Ken Williams和美国地质调查局的Fred A. Johnson及James D. Nichols开发的对保护濒危物种各类方案的评估系统中，就考虑了生态系统的弹性。尽管生态系统的弹性以及备选方案的环境和社会效益是很难评估的，但这套评估系统还是对上述两者进行了较好的评价。将生态系统的弹性纳入濒危物种的备选方案的决策中，增强了濒危物种的存活率并降低了生态系统所受到的威胁。

资料来源：Fred A. Johnson, B. Ken Williams, and James D. Nichols, "Resilience Thinking and a Decision-Analytic Approach to Conservation: Strange Bedfellows or Essential Partners?" *Ecology and Society* 17, no. 4 (2013): 28.

我们从考虑涉及较少的决策方案和较少的可能的未来事件的问题入手，来开始学习决策分析。我们引入影响图和支付矩阵作为决策问题的分析工具，进而阐明决策分析的基本原理。我们还引入了决策树用于分析更复杂的问题并做出最优决策顺序，即最优决策战略。灵敏度分析显示问题在不同方面的变化如何影响决策方案的选择。

13.1 问题的构建

构建问题是决策分析的第一步。我们先口头描述问题，然后找出**可供选择的决策方案**、未来不确定性事件（被称为**随机事件**），以及每个决策方案和每个随机事件所产生的**结果**。让我们先考虑匹兹堡发展有限公司（Pittsburgh Development Corporation，PDC）的建筑项目。

PDC购买了一块土地用于建造新的豪华公寓楼群。从该地点可以看到匹兹堡市区和金三角的壮观景色，Alleghen和Monongahela两条河流在金三角汇合形成俄亥俄河。PDC计划将每套公寓的价格定在300 000～1 400 000美元。

PDC已委托制定了三个不同项目的建筑草图，这三个项目分别有30栋楼、60栋楼和90栋楼。项目在收入上的成功取决于楼群的大小和与楼房需求相关的随机事件。因而，PDC的决策问题表述为，在给定楼房需求的不确定性的情况下，选定一个能够带来最大利润的新豪华楼群项目规模。

通过给定问题的陈述，我们很清楚这一决策就是要确定楼群的最优规模。PDC有以下三个决策方案：

d_1 = 一个有30栋楼的小型楼群

d_2 = 一个有60栋楼的中型楼群

d_3 = 一个有 90 栋楼的大型楼群

选择最优方案的一个因素是楼房需求这一随机事件的不确定性。当被问到楼房的可能需求时，PDC 的总裁承认楼房的需求有一个很大范围的可能性，但他认为只考虑随机事件的两种可能的结果已经足够了：强需求和弱需求。

在决策分析中，随机事件的可能结果被称为**自然状态**，并且有且仅有一种自然状态会发生。在 PDC 的问题中，楼房需求这一随机事件有两种自然状态：

s_1 = 楼房的强需求

s_2 = 楼房的弱需求

管理者首先选择一个决策方案（楼群规模），然后会有一个自然状态发生（楼房需求），最后会有某种结果出现。在这个问题中，结果就是 PDC 的利润。

13.1.1 影响图

影响图是一种描述决策、随机事件和决策问题的结果之间的关系的图表工具。在影响图中，**节点**被用来表示决策、随机事件和决策结果。矩形或正方形被用来描述**决策节点**，圆形或椭圆被用来描述**机会节点**，菱形被用来描述**结果节点**。连接节点的线路被称作弧，表示节点相互影响的方向。图 13-1 为 PDC 问题的影响图。规模是决策节点，需求是机会节点，利润是结果节点。连接节点的弧表明，规模和需求都对 PDC 的利润产生影响。

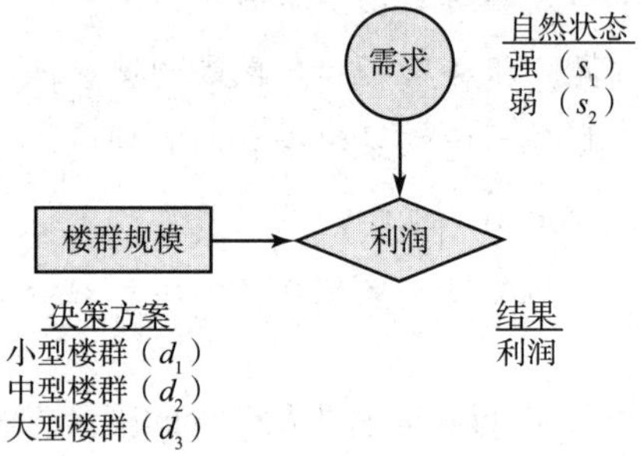

图 13-1 PDC 问题的影响图

13.1.2 支付矩阵

给定三种决策方案和两种自然状态，PDC 应该选择哪种规模的楼群呢？要回答这个问题，PDC 需要了解每个决策方案和自然状态带来的结果。在决策分析中，我们将由某一决策方案和某一自然状态的特定组合产生的结果称为**支付**（payoff）。描述决策方案和自然状态的所有组合的支付的表格就是**支付矩阵**。

> 支付可以用利润、成本、时间、距离或任何其他适合于所分析决策问题的指标来表示。

因为 PDC 想要选择一个能够产生最大利润的楼群规模，所以利润就是结果。表 13-1 是一个以百万美元为单位的显示利润的支付矩阵。注意，如果建造中型楼群，且有强需求，那将会实现 1 400 万美元的利润。我们用符号 V_{ij} 表示与决策方案 i 和自然状态 j 相对的支付。

表 13-1 PDC 楼群项目支付矩阵

（单位：百万美元）

决策方案	自然状态	
	强需求 s_1	弱需求 s_2
小型楼群，d_1	8	7
中型楼群，d_2	14	5
大型楼群，d_3	20	−9

通过表 13-1 可以看出，V_{31} =20 表示如果决策是建造大型楼群（d_3）且自然状态是强需求（s_1），那么将产生 2 000 万美元的利润。同样，V_{32} = −9 表示如果决策是建造大型楼群（d_3）且出现的是弱需求（s_2）的自然状态，那么将损失 900 万美元。

13.1.3 决策树

决策树是决策过程的一种图形表示方法。图 13-2 显示了 PDC 问题的决策树。注意，决策树显示了随着时间的推移而发生的自然或逻辑进程。首先，PDC 必须做一个关于公寓楼群规模（d_1, d_2, d_3）的决策。其次，当决策实施后，自然状态 s_1 或自然状态 s_2 将会发生。决策树上每个终点后面的数字表示特定顺序的支付。例如，顶端的支付 8 表示如果 PDC 建造了一个小型楼群（d_1），且是强需求（s_1），那么将会得到一个 800 万美元的利润。接下来的支付 7 表示如果 PDC 建造了一个小型楼群（d_1），且是弱需求（s_2），那么将会得到一个 700 万美元的利润。因此，决策树以“决策 – 自然状态 – 结果”的顺序显示了 PDC 6 种可能的支付。

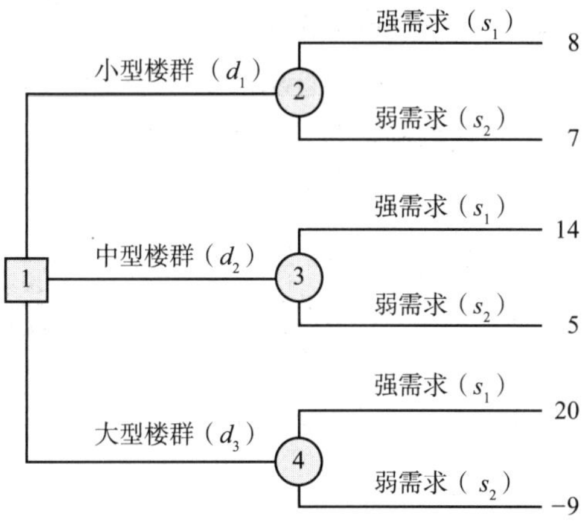

图 13-2 PDC 楼群项目决策树（单位：百万美元）

图 13-2 中的决策树有 4 个节点，分别编为 1、2、3、4。方框用来表示决策节点，圆圈用来表示机会节点。因此，节点 1 是一个决策节点，而节点 2、3 和 4 是机会节点。**分支**连接了不同的节点，从决策节点生出的分支对应于决策方案，即决策支。从每个机会节点生出的分支对应于自然状态，即机会支。支付显示在自然状态支的后面。我们现在回到问题：决策者如何用支付矩阵或决策树中的信息来选择最优的决策方案？这可能会用到几种方法。

> 如果有支付矩阵，就可以构建决策树。

注释与点评

1. 在解决一个复杂问题时要做的第一步就是将这一问题分解成一系列的小问题。决策树为我们提供了一种分解问题，以及描述决策过程的顺序特征的有效方法。

2. 人们经常从不同的角度来看待同一问题。因而，设计决策树过程中的讨论可能会提供一些跟问题相关的额外见解。

13.2 未知概率的决策

在本节中，我们将探讨在不需要知道自然状态概率的情况下的决策方法。这些方法适用于决策者对自己判断的概率没有把握，或者问题本身仅需要考虑最差和最好两种情况时的决策。由于不同的方法有时会导致许多人认为一个好的决策会产生一个好的结果。然而，在某些情况下，一个好的、深思熟虑的决策仍然可能导致一个坏的或预期之外的结果，而一个糟糕的、不明智的决策却可能导致一个好的或期望的结果。

对于最大化问题，乐观法通常被称为最大化最大值法（maximax）；对于最小化问题，相应的术语是最小化最小值法（minimin）。

人们做出不同的决策，因此，决策者应该了解所有可用的方法，并根据判断从中选出一种他认为最合适的方法。

13.2.1 乐观法

乐观法根据决策方案所能带来的最大支付来评价每个决策方案。该决策方法推荐的决策方案也必然是可能带来最大支付的方案。在一个追求最大化利润的问题中（如 PDC 问题），乐观法会使决策者选择最大利润所对应的决策方案。对于最小化问题，乐观法会使决策者选择最小支付所对应的决策方案。

为了解释乐观法，我们用它来为 PDC 问题推荐一个方案。首先，我们确定每一个决策方案的最大支付。其次，我们选择最大支付所对应的决策方案。表 13-2 显示了乐观法的决策步骤，这些步骤帮助决策者系统地分析出可能带来最大利润的决策方案。

表 13-2 所有 PDC 决策方案的最大支付

决策方案	最大支付
小型楼群，d_1	8
中型楼群，d_2	14
大型楼群，d_3	20 ← 最大支付的最大值

由于对应于 d_3 的 20 是最大的支付，因此，使用乐观法建议的决策方案是建造大型楼群。

13.2.2 悲观法

对于最大化问题，悲观法通常被称为最大化最小值法（maximin）；对于最小化问题，相应的术语是最小化最大值法（minimax）。

悲观法根据决策方案产生的最坏支付来评价每一个决策方案。该决策方法推荐的决策方案是能带来最坏支付中最好的支付的那个方案。对于用利润衡量结果的问题（如 PDC 问题），悲观法将使决策者选择能最大化最小利润的决策方案。对于最小化问题，悲观法确认的决策方案是能最小化最大支付的方案。

为了解释悲观法，我们用它来为 PDC 问题推荐一个方案。首先，我们确定每一个决策方案的最小支付。其次，我们选择能最大化最小支付的决策方案。表 13-3 显示了 PDC 问题的这些步骤。

表 13-3 所有 PDC 决策方案的最小支付

决策方案	最小支付
小型楼群，d_1	7 ← 最小支付的最大值
中型楼群，d_2	5
大型楼群，d_3	−9

由于 d_1 对应的 7 是最小支付中的最大值，所以推荐的方案是建造小型楼群。这种决策方法被认为是保守的，因为它首先确定最坏的可能支付，然后从中选择能避免带来“极坏”支付的方案。用悲观法做决策时，我们可以看到 PDC 可以确保获得至少 700 万美元的利润。尽管 PDC 可能获利更多，但可以肯定的是选择方案 d_1 的获利不会低于 700 万美元。

13.2.3 最小化最大后悔值法

在决策分析中，**后悔值**是指在某一自然状态发生的情况下，因为决策者没有选择能带来最大支付的方案而选择了其他方案时产生的损失。这个损失代表了决策者因为选定了某方案而放弃的潜在支付。因此，后悔值常被称为**机会损失**。

顾名思义，**最小化最大后悔值法**是根据若干自然状态的各方案所产生的最大后悔值，选择最小的最大后悔值的方案。最小化最大后悔值法是一种既不纯乐观也不纯悲观的决策方法。我们通过看它如何为 PDC 问题选择决策方案来阐明这种方法。

假设 PDC 建造小型楼群（d_1）且有强需求（s_1）。我们根据表 13-1 得知，PDC 将得到 800 万美元的利润。然而，我们知道，在给定强需求自然状态（s_1）的情况下，建造大型楼群（d_3）的决策方案会产生 2 000 万美元的利润，而这才是最优的决策方案。最优方案带来的支付（2 000 万美元）和建造小型楼群方案带来的支付（800 万美元）之间的差额就是机会损失，或后悔值。这种机会损失或后悔值是当自然状态 s_1 发生时选择了方案 d_1 而没有选择方案 d_3 带来的。因此，这里的机会损失（后悔值）是 2 000 − 800 = 1 200（万美元）。同理，如果 PDC 决定建造中型楼群（d_2）且强需求（s_1）发生的话，那么机会损失或后悔值就是 2 000 − 1 400 = 600（万美元）。

通常，用下面的表达式来表示机会损失或后悔值：

$$R_{ij} = | V_j^* - V_{ij} | \tag{13-1}$$

其中，

R_{ij} = 决策方案 d_i 和自然状态 s_j 所带来的后悔值

V_j^* = 自然状态 s_j 下的最优决策所对应的支付[⊖]

V_{ij} = 决策方案 d_i 和自然状态 s_j 所对应的支付

注意式（13-1）中绝对值的作用。对于最小化问题，最优支付 V_j^* 是第 j 列中最小的一项。因为它的值总是小于或等于 V_{ij}，所以 V_j^* 和 V_{ij} 之差的绝对值保证了后悔值总是等于差值（正数）。

利用式（13-1）和表 13-1 中的支付，我们可以计算出决策方案 d_i 和自然状态 s_j 的每个组合所带来的后悔值。因为 PDC 问题是一个最大化问题，所以 V_j^* 是支付矩阵中第 j 列中最大的一项。因此，要计算后悔值，我们只需简单地用每列中最大的一项减去该列中的每一项。表 13-4 显示了 PDC 问题的机会损失或后悔值。

最小化最大后悔值法的下一步就是列出每一个决策方案的最大后悔值。表 13-5 显示了 PDC 问题的结果。选择产生最大后悔值中最小的决策方案（因此被称作最小化最大后悔值），即产生最小化的最大后悔值的决策方案。对 PDC 问题来说，建造中型楼群的方案会相应地产生一个 600 万美元的最大后悔值，此方案就是最小化最大后悔值法所推荐的方案。

表 13-4　PDC 楼群项目的机会损失或后悔值表

（单位：百万美元）

决策方案	自然状态	
	强需求 s_1	弱需求 s_2
小型楼群，d_1	12	0
中型楼群，d_2	6	2
大型楼群，d_3	0	16

表 13-5　所有 PDC 决策方案的最大后悔值

决策方案	最大后悔值
小型楼群，d_1	12
中型楼群，d_2	6 ←——最大后悔值的最小值
大型楼群，d_3	16

⊖ 在最大化问题中，V_j^* 为支付矩阵 j 列中的最大项；在最小化问题中，V_j^* 为支付矩阵 j 列中的最小项。

注意，本节所讨论的三种方法会推荐不同的决策方案，方法本身并没有不好。它们简要地反映了不同方法的决策哲学的不同。决策者需要根据实际情况选择最合适的方法，从而做出最后的决策。本节讨论的这些方法最大的不足是没有考虑自然状态发生的概率。在下一节中，我们将讨论一种在选择决策方案时利用概率信息的决策方法。

13.3 已知概率的决策

在许多决策情形中，我们能得到自然状态发生的概率。当可以利用这些概率信息的时候，我们可以用**期望值法**确定最优决策方案。首先让我们定义决策方案的期望值，然后将它应用到 PDC 问题中。

设：

$$N = \text{自然状态的个数}$$

$$P(s_j) = \text{自然状态 } s_j \text{ 的概率}$$

因为在 N 种自然状态中有且仅有一种会发生，所以概率必须满足以下两个条件：

$$P(s_j) \geqslant 0 \quad \text{对所有自然状态} \tag{13-2}$$

$$\sum_{j=1}^{N} P(s_j) = P(s_1) + P(s_2) + \cdots + P(s_N) = 1 \tag{13-3}$$

决策方案 d_i 的**期望值**（EV）定义如下：

$$\text{EV}(d_i) = \sum_{j=1}^{N} P(s_j) V_{ij} \tag{13-4}$$

用文字表述，一种决策方案的期望值就是此决策方案的支付的加权和。支付的权重是相关自然状态的概率，也就是这一支付发生的概率。让我们回到 PDC 问题，看看如何运用期望值法。

PDC 十分看好豪华公寓楼群。假设这种乐观因素反映了 PDC 初始的主观概率，认为强需求（s_1）的概率为 0.8，而弱需求（s_2）的概率为 0.2。于是，$P(s_1) = 0.8$，$P(s_2) = 0.2$。利用表 13-1 中所列的支付以及式（13-4），我们可以分别算出这三个决策方案的期望值，如下：

$$\text{EV}(d_1) = 0.8 \times 8 + 0.2 \times 7 = 7.8$$

$$\text{EV}(d_2) = 0.8 \times 14 + 0.2 \times 5 = 12.2$$

$$\text{EV}(d_3) = 0.8 \times 20 + 0.2 \times (-9) = 14.2$$

于是，根据期望值法，我们得出建造大型楼群是所推荐的方案，其期望值为 1 420 万美元。

使用决策树可以很方便地进行期望值计算，并确定具有最优期望值的决策方案。图 13-3 显示了分支上标明有自然状态概率的 PDC 问题的决策树。从决策树上反推，我们可以先计算出每一个机会节点的期望值。即在每一个机会节点上，我们用发生的概率对每一个可能的支付进行加权求和。这样，我们就得到了节点 2、3 和 4 的期望值，如图 13-4 所示。

> 计算机软件包可以帮助构建更复杂的决策树。

因为决策者控制着从决策节点 1 发出的分支，并且希望获得最大的期望利润，因此节点 1 处最优的决策方案是 d_3。这样，决策树分析就产生了一个推荐决策方案 d_3，其期望值为 1 420 万美元。注意，这里我们同样还是使用了期望值法，并且结合了支付矩阵中的数据而得到这一推荐方案。

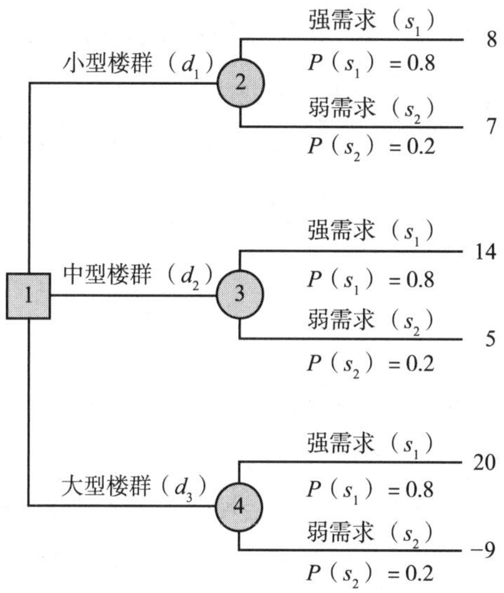

图 13-3　分支标有自然状态概率的 PDC 决策树

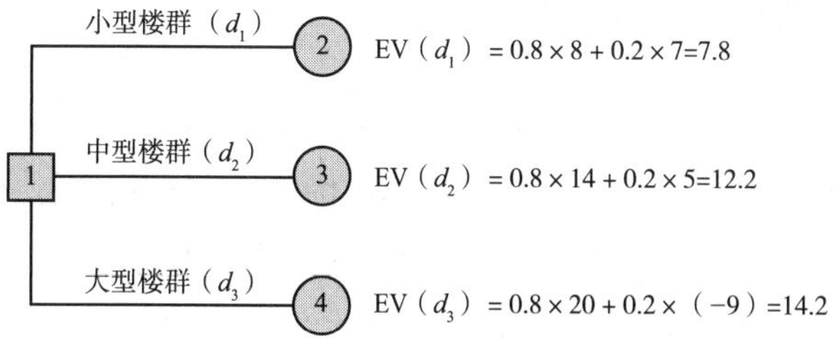

图 13-4　使用决策树来应用期望值法

其他决策问题可能要比 PDC 问题复杂得多，但如果有合适的决策方案和自然状态的信息，你就可以使用这里简要介绍的决策树法。首先，画一个决策树，包括决策节点、机会节点以及描述问题顺序特征的分支。如果你使用期望值法，那么下一步就是确定每个自然状态的概率以及计算每个机会节点上的期望值。其次，选定连接拥有最优期望值的机会节点的决策分支。与这一决策分支相对应的决策方案就是推荐方案。

专栏 13-2 讲述了在石油和天然气产业中利用数据进行决策分析的重要意义，它使得人们可以准确估计不同结果的可能性以及不同结果下的利润，从而做出更明智的决策。

|专栏 13-2|　实践中的管理科学

喷油井、干井与决策分析

石油和天然气行业规模庞大，利润可观，全球《财富》世界 500 强排行榜中的 9/10 都是石油和天然气公司。这些行业的投资回报是非常丰厚的，但风险也是非常高的。石油的价格是每桶 100 美元或以上，这就使有可能存在 100 万桶石油供应量的储油地成为非常诱人的冒险之处。但是就像 Drillinginfo 商业开发部的副总经理 Adam Farris 所解释的，获得这 1 亿美元的收益并不简单。他指出，钻井前为了评估潜在油井，获取、处理、解释对油井十分必要的相关地震数据要花费 3 000 万美元。钻井前典型的交易还包括获取数以千英亩计的土地（一个单独的油井需要 120 英亩的土地），土地每英亩 3 000 美元。在美国，钻井会花费 500 万～1 000 万美元的费用，在海上的油井由于离岸开采将会达到 1 亿美元。生产石油并将它运往市场的花费也是巨大的。如果被开采的油井没有石油，公司将在没有任何经济收益的情况下承担一系列的费用，其中包括获取、处理、解释相关地震数据的费用，购买土地的费用，以及开采的费用。

“如果你是一个专业集成的石油和天然气公司，你的利润将会是 1 亿美元中的 100 万～1 200 万美元，”Adam Farris 说，“许多公司会损失掉所有的钱，可以影响油井发现成功率并降低生产石油天然气费用的决策分析方法，使得能源更加廉价、安全并且环境友好。”

决策分析用系统化的方式为石油探测公司提供了评估复杂数据的方法，并且从数据中提取了最终被用于是否钻井的决策信息。根据期望所得大于钻井风险的原则确定钻井选址对这些公司的成功是至关重要的。

资料来源：Adam Farris, “How Big Data Is Changing the Oil & Gas Industry,” *Analytics* (November/December 2012).

完美信息的期望值

假设 PDC 可以开展一项市场调研，这有助于判断购买者对楼群项目的兴趣，并为管理者提供信息以帮助他们提高估计自然状态概率的准确性。为了确定这种信息的潜在价值，我们首先假设此研究能提供自然状态的完美信息，也就是说，现在我们假定在做出决策之前，PDC 确信哪种自然状态会发生。为了使用这种完美信息，我们将设计一种决策策略，一旦 PDC 得知哪种自然状态会发生，它就会遵循这一策略。决策策略仅仅是一种决策规则，明确指定了获得新信息后应该选取的决策方案。

为了帮助 PDC 制定决策策略，我们重新列出了 PDC 的支付矩阵，如表 13-6 所示。注意，如果 PDC 确定地知道自然状态 s_1 会发生，那么最优的决策方案将会是 d_3，它的支付为 2 000 万美元。同理，如果 PDC 确定地知道自然状态 s_2 会发生，那么最优的决策方案将会是 d_1，它的支付为 700 万美元。因此，当我们可以获得完美信息时，可将 PDC 的最优决策策略表述如下：

表 13-6 PDC 楼群项目支付矩阵

（单位：百万美元）

决策方案	自然状态	
	强需求 s_1	弱需求 s_2
小型楼群，d_1	8	7
中型楼群，d_2	14	5
大型楼群，d_3	20	−9

如果 s_1 发生，选择 d_3，获得 2 000 万美元的支付。

如果 s_2 发生，选择 d_1，获得 700 万美元的支付。

这个决策策略的期望值是多少呢？为了计算完美信息下的期望值，我们回到自然状态的初始概率：$P(s_1)=0.8$ 以及 $P(s_2)=0.2$。那么，完美信息预示自然状态 s_1 会发生的概率为 0.8，从而选择决策方案 d_3，这将创造 2 000 万美元的利润。同理，概率为 0.2 的自然状态 s_2 的最优决策方案 d_1 将带来 700 万美元的利润。因此，根据式（13-4），使用完美信息的决策策略的期望值为：

$$0.8\times 20+0.2\times 7=17.4$$

我们将这个 1 740 万美元的期望值称为有完美信息的期望值（EVwPI）。

在本节的开头，我们使用期望值法得出的推荐方案是 d_3，其期望值为 1 420 万美元。因为这一推荐方案和期望值的计算都没有用到完美信息，所以我们将这 1 420 万美元称为无完美信息的期望值（EVwoPI）。

有完美信息的期望值是 1 740 万美元，而无完美信息的期望值是 1 420 万美元，因此，完美信息的期望值（EVPI）为 1 740 − 1 420 = 320（万美元）。换句话说，320 万美元代表了获知关于自然状态的完美信息后所能增加的额外期望值。

PDC 在选定备选方案之前了解市场接受程度的信息价值 320 万美元。

一般来说，市场调研并不能提供“完美”信息。然而，如果市场调研做得很好，那么所收集信息的价值可能会是 320 万美元中的相当大的部分。在给定完美信息的期望值 320 万美元的情况下，PDC 可能认真地将市场调研作为一种获取更多的自然状态信息的途径。

一般而言，**完美信息的期望值**（EVPI）计算如下：

$$\text{EVPI}=|\text{EVwPI}-\text{EVwoPI}| \tag{13-5}$$

其中：

$$\text{EVPI} = 完美信息的期望值$$
$$\text{EVwPI} = 自然状态有完美信息的期望值$$
$$\text{EVwoPI} = 自然状态无完美信息的期望值$$

注意式（13-5）中绝对值的作用。对于最小化问题来说，有完美信息的期望值总是小于或等于无完美信息的期望值。这样，EVPI 就是 EVwPI 和 EVwoPI 之间的差值（正值），也就是式（13-5）中所显示的差的绝对值。

注释与点评

在右面，我们重新列出了 PDC 问题的机会损失或后悔值矩阵（见表 13-4）。

利用 $P(s_1)$、$P(s_2)$ 和机会损失值，我们可以计算每个决策方案的期望机会损失（EOL）。当 $P(s_1) = 0.8$、$P(s_2) = 0.2$ 时，这三种决策方案的期望机会损失分别为：

决策方案	自然状态	
	强需求 s_1	弱需求 s_2
小型楼群，d_1	12	0
中型楼群，d_2	6	2
大型楼群，d_3	0	16

$$\text{EOL}(d_1) = 0.8 \times 12 + 0.2 \times 0 = 9.6$$
$$\text{EOL}(d_2) = 0.8 \times 6 + 0.2 \times 2 = 5.2$$
$$\text{EOL}(d_3) = 0.8 \times 0 + 0.2 \times 16 = 3.2$$

不管决策分析的是最大化还是最小化问题，最小期望机会损失总是提供了最优的决策方案。因此，$\text{EOL}(d_3) = 3.2$，d_3 为所推荐的决策方案。此外，最小期望机会损失总是等于完美信息的期望值，即 EOL(最优决策)= EVPI。对于 PDC 问题来说，这个值是 320 万美元。

13.4 风险分析与灵敏度分析

风险分析帮助决策者意识到决策方案的期望值与实际可能产生的支付之间存在的差异。**灵敏度分析**对决策者同样有帮助，它可告知决策者自然状态概率的变化和 / 或支付的变化是如何影响所推荐的决策方案的。

13.4.1 风险分析

某种决策方案和某种自然状态组合以产生与该决策相关的支付。决策方案的**风险组合**显示了某决策方案可能的支付以及相关的概率。

让我们回到 PDC 楼群建设项目，阐述风险分析和风险组合的建立。利用期望值法，我们得出大型楼群（d_3）为最优决策方案。方案 d_3 的期望值 1 420 万美元是基于有 0.8 的概率获利 2 000 万美元以及有 0.2 的概率损失 900 万美元而得到的。有 0.8 的概率产生 2 000 万美元的支付和有 0.2 的概率产生 −900 万美元的支付，这就是大型楼群决策方案的风险组合。图 13-5 显示了这一风险组合。

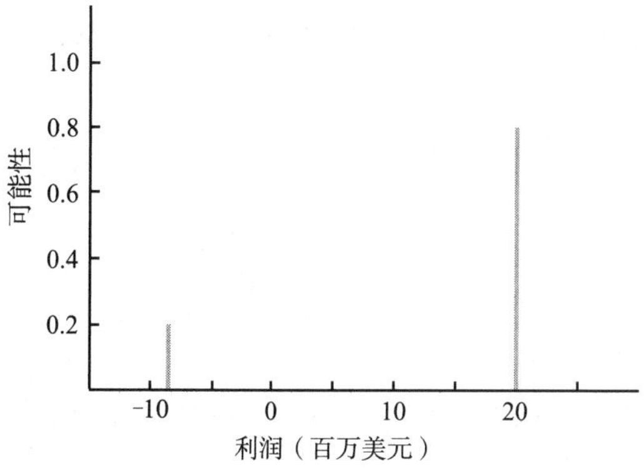

图 13-5 PDC 建设项目中大型楼群决策方案的风险组合

有时候评估与最优决策方案相关的风险组合可能会使决策者选择其他的决策方案，即使那个决策方案的期望值并不十分理想。例如，中型楼群决策方案（d_2）的风险组合是 0.8

的概率产生 1 400 万美元的支付和 0.2 的概率产生 500 万美元的支付。因为决策方案 d_2 没有产生损失的概率，所以决策者判定中型楼群决策方案比大型楼群决策方案的风险要小。最终，决策者可能倾向于采用小风险的中型楼群决策方案，尽管它比大型楼群决策方案的期望值要少 200 万美元。

13.4.2 灵敏度分析

灵敏度分析可用来确定自然状态概率的变化和 / 或支付的变化是如何影响所推荐的决策方案的。在很多情况下，自然状态的概率和支付都是基于主观判断的。灵敏度分析帮助决策者理解这些输入值中有哪些是对选择最优决策方案起关键作用的。如果一个输入值的微小变化都引起了推荐方案的改变，那么这一决策分析问题的解决方案对那个特定的输入值是敏感的。因此，对这个特定的输入值，就需要花费额外的努力和精力来确保它的准确性。另外，如果一个输入值的较大变化都不能对推荐方案产生改变，那么这一决策分析问题的解决方案对那个特定输入值是不敏感的，我们也就不需要花费额外的时间和精力在它上面。

灵敏度分析的一种方法是为自然状态的概率和支付选择不同的值，然后重新求解决策分析问题。如果推荐方案改变了，那么我们就知道解决方案对产生的变化是敏感的。例如，假设在 PDC 问题中强需求的概率改为 0.2，弱需求的概率改为 0.8，那么推荐的决策方案会改变吗？我们利用 $P(s_1)=0.2$、$P(s_2)=0.8$ 和式（13-4），三种决策方案的期望值变化如下：

$$\mathrm{EV}(d_1)=0.2\times8+0.8\times7=7.2$$
$$\mathrm{EV}(d_2)=0.2\times14+0.8\times5=6.8$$
$$\mathrm{EV}(d_3)=0.2\times20+0.8\times(-9)=-3.2$$

在这些概率估计下，推荐的决策方案是建一个小型楼群（d_1），它的期望值为 720 万美元。强需求的概率只有 0.2，所以建造大型楼群（d_3）是最不会推荐的方案，因为它有一个 −320 万美元的期望值（损失）。

因此，当强需求的概率比较大时，PDC 应该建造大型楼群；而当强需求的概率比较小时，PDC 应该建造小型楼群。很明显，我们能继续改变自然状态的概率并从中得到更多关于概率的变化如何影响所推荐的决策方案的信息。这种方法的缺点是我们需要进行大量的计算来评估几种自然状态概率的可能变化所带来的影响。

> 用于决策分析的软件包使计算这些修改后的方案变得很容易。

对于只有两种自然状态的特殊情况，我们可以通过图解法得知自然状态概率的变化如何影响所推荐的决策方案。为了更好地解释这种方法，我们设 p 表示自然状态 s_1 的概率，即 $P(s_1)=p$。因为 PDC 问题中只有两种自然状态，所以自然状态 s_2 的概率为：

$$P(s_2)=1-P(s_1)=1-p$$

利用式（13-4）以及表 13-1 中的支付值，我们可以确定决策方案 d_1 的期望值，如下：

$$\begin{aligned}\mathrm{EV}(d_1)&=P(s_1)\times8+P(s_2)\times7\\&=p(8)+(1-p)\times7\\&=8p+7-7p=p+7\end{aligned}\quad(13\text{-}6)$$

对决策方案 d_2 和 d_3 重复这种期望值的计算，每个决策方案我们都能得到一个期望值，它们都是 p 的函数：

$$\mathrm{EV}(d_2)=9p+5\quad(13\text{-}7)$$
$$\mathrm{EV}(d_3)=29p-9\quad(13\text{-}8)$$

这样，我们建立了三个方程，它们显示出这三个决策方案的期望值是自然状态 s_1 的概率的函数。

接着，我们可以设计一个坐标图，其横轴代表 p 值，纵轴代表相关的 EV。因为式（13-6）、式（13-7）和式（13-8）都是线性方程，所以每一个方程在坐标系上的图形都是一条直线。对于每一个方程，我们可以通过找出满足此方程的两个点，并连接这两个点来得到此方程的直线。例如，如果令式（13-6）中的 $p=0$，那么 $EV(d_1)=7$；然后，再令 $p=1$，得到 $EV(d_1)=8$。连接点（0，7）和点（1，8），我们就得到了 $EV(d_1)$ 的直线，如图 13-6 所示。同理，我们可以得到 $EV(d_2)$ 和 $EV(d_3)$ 的直线，它们分别对应式（13-7）和式（13-8）。

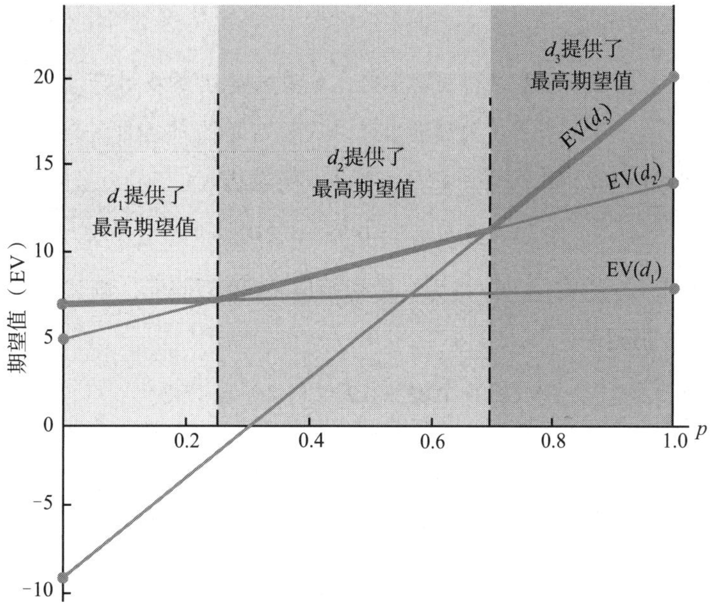

图 13-6　PDC 决策方案的期望值为 p 的函数

图 13-6 给出了推荐的决策如何随着强需求自然状态（s_1）的概率 p 的变化而变化。值得注意的是，当 p 值比较小时，决策方案 d_1（小型楼群）产生了最大的期望值，因而它是推荐的方案；而当 p 值增加至某一点时，决策方案 d_2（中型楼群）产生了最大的期望值，因而它是推荐方案；最后，当 p 值比较大时，决策方案 d_3（大型楼群）就成了推荐方案。

d_1 和 d_2 的期望值相等时的 p 值就是直线 $EV(d_1)$ 和 $EV(d_2)$ 的交点所对应的 p 值。为了确定这个 p 值，我们令 $EV(d_1)=EV(d_2)$，然后求解 p 值：

$$p+7=9p+5$$

$$8p=2$$

$$p=0.25$$

因此，当 $p=0.25$ 时，决策方案 d_1 和 d_2 将带来相同的期望值。对直线 $EV(d_2)$ 和 $EV(d_3)$ 的交点所对应的 p 值做同样的计算，我们得到 $p=0.70$。

灵敏度图解法分析显示了自然状态概率的变化如何影响推荐的决策方案。

根据图 13-6，我们得出如下结论：当 $p \leqslant 0.25$ 时，决策方案 d_1 带来最大期望值；当 $0.25 \leqslant p \leqslant 0.70$ 时，决策方案 d_2 带来最大期望值；当 $p \geqslant 0.70$ 时，决策方案 d_3 带来最大期望值。因为 p 是自然状

态 s_1 的概率，且（$1-p$）是自然状态 s_2 的概率，所以现在我们就得到了灵敏度分析信息，这些信息告诉我们自然状态概率产生的变化是如何影响所推荐的决策方案的。

对于支付的值，我们同样可以用灵敏度分析来计算。在最初的 PDC 问题中，三个决策方案的期望值如下：$EV(d_1)=7.8$、$EV(d_2)=12.2$ 和 $EV(d_3)=14.2$。决策方案 d_3（大型楼群）是推荐的方案。注意，决策方案 d_2 是第二好的选择，$EV(d_2)=12.2$。只要 $EV(d_3)$ 大于或等于第二好的决策方案的期望值，决策方案 d_3 就一直是最优的选择。因此，决策方案 d_3 在满足下式的情况下一直是最优的选择：

$$EV(d_3) \geqslant 12.2 \tag{13-9}$$

设：

$S=$ 当需求为强需求时，决策方案 d_3 的支付

$W=$ 当需求为弱需求时，决策方案 d_3 的支付

利用 $P(s_1)=0.8$ 及 $P(s_2)=0.2$，我们得到 $EV(d_3)$ 的一般表达式：

$$EV(d_3)=0.8S+0.2W \tag{13-10}$$

假设当需求为弱需求时，d_3 的支付仍保持为它的初始值 −900 万美元，则建造大型楼群的决策方案在满足下式的情况下一直是最优的选择：

$$EV(d_3)=0.8S+0.2\times(-9) \geqslant 12.2 \tag{13-11}$$

为了求解 S，我们有：

$$0.8S-1.8 \geqslant 12.2$$
$$0.8S \geqslant 14$$
$$S \geqslant 17.5$$

回想当需求为强需求时，估计决策方案 d_3 将产生 2 000 万美元的支付。前面的计算显示，只要在强需求下，决策方案 d_3 的支付至少为 1 750 万美元，d_3 将一直为最优的选择方案。

假设当需求为强需求时，决策方案 d_3 的支付仍保持为它的初始值（2 000 万美元），我们可以进行类似的计算以确定当需求为弱需求时，最优方案对决策方案 d_3 的支付的敏感程度。回到式（13-10）的期望值的计算，我们知道建造大型楼群的决策方案在满足下式的情况下一直为最优的选择：

$$EV(d_3)=0.8\times 20+0.2W \geqslant 12.2 \tag{13-12}$$

为了求解 W，我们有：

$$16+0.2W \geqslant 12.2$$
$$0.2W \geqslant -3.8$$
$$W \geqslant -19$$

回想当需求为弱需求时，估计决策方案 d_3 将产生 −900 万美元的支付。前面的计算显示，只要在弱需求下决策方案 d_3 的支付至少为 −1 900 万美元，d_3 将一直为最优的选择方案。

> 灵敏度分析可以帮助管理层决定是否应该花费更多的时间和精力来获得更好的对支付和概率的估计。

基于这个灵敏度分析，现总结如下：大型楼群决策方案 d_3 的支付能在较大范围内波动，并且 d_3 将保持为被推荐的决策方案。因此，我们可以说，PDC 决策问题的最优解决方案对大型楼群决策方

案的支付并不是特别敏感。然而，我们注意到，进行这个灵敏度分析是基于一次只有一项发生变动。也就是说，只有一个支付在变动，而自然状态的概率都保持不变，为 $P(s_1)=0.8$ 和 $P(s_2)=0.2$。注意，同样的灵敏度分析计算也能用到小型楼群决策方案 d_1 和中型楼群决策方案 d_2 的支付的灵敏度分析中。然而，在这些情况下，只有当决策方案 d_1 和 d_2 的支付产生的变化满足 $EV(d_1) \leqslant 14.2$ 和 $EV(d_2) \leqslant 14.2$ 时，决策方案 d_3 才依旧是最优选择。

注释与点评

1. 一些决策分析软件可以自动地提供最优决策方案的风险组合，这些软件同时也可以帮助用户得出其他决策方案的风险组合。在比较这些风险组合后，决策者可能会决定选择一个好的风险组合决策方案，尽管这一决策方案的期望值并不如最优决策方案的期望值理想。

2. 当几种输入值共同决定了最优解的值时，一种叫旋风图的图解法是非常有帮助的。通过在允许范围内输入不同的值，我们就可以得到关于每种输入值如何影响最优解的值的信息。为了表述这些信息，我们用条柱表示输入值，条柱的宽表示输入值如何影响最优解的值。最宽的条柱对应最敏感的那个输入值。最宽的条柱位于图形的顶部，这样整个图形就像旋风一样。

13.5 有样本信息的决策分析

在运用期望值法时，我们已经说明了自然状态的概率信息是如何影响期望值的计算以及推荐决策方案的。通常，决策者会对自然状态的概率做出**先验概率估计**，而这种估计在当时是能够获取到的概率信息的最佳值。然而，为了尽可能地做出最优的决策，决策者也许会想搜寻更多关于自然状态的信息。这些新信息能被用来修正或更新先验概率，这样，最终决策的制定就能依赖更准确的自然状态的概率信息。大多数情况下，人们设计试验来获取关于自然状态的**样本信息**，这样试验者能够获得一些额外信息。原料采样、产品测试以及市场调研都是试验实例（或研究），它们可帮助管理者修正或更新自然状态的概率。这些修改后的概率被称为**后验概率**。

让我们回到 PDC 问题，假设管理者正考虑进行一个长达 6 个月的市场调研，这个市场调研是为了深入了解 PDC 楼群项目的潜在市场的接受情况。管理者预料到这个市场调研会产生以下两种结果。

（1）有利报告：被调查的很大一部分人对购买 PDC 楼群感兴趣。

（2）不利报告：在被调查者中，只有很少一部分人表示对 PDC 楼群感兴趣。

13.5.1 影响图

引入市场调研后，PDC 问题变得更加复杂了。扩展后的 PDC 问题的影响图如图 13-7 所示。注意，两个决策节点分别对应于调研以及楼群规模决策。两个机会节点分别对应于调研的结果以及楼群的需求。最后，结果节点是利润。从影响图的弧可以看到，需求影响了调研的结果和利润。尽管对 PDC 来说需求通常是未知的，但是匹兹堡地区对楼群需求的状态是已经存在的。如果现有需求是强需求，那么通过调研就可能发现

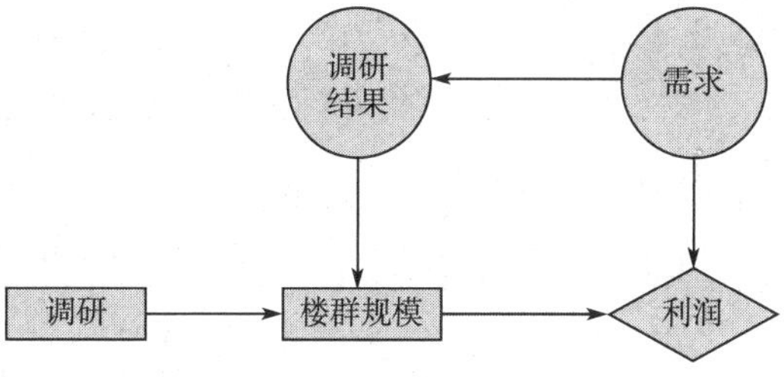

图 13-7 有样本信息的 PDC 问题的影响图

很大一部分人对购买楼房感兴趣。但是，如果现有需求是弱需求，那么通过调研就很可能发现很大一部分人对购买楼房不感兴趣。由此可见，楼房的现有需求将会影响调研的结果，且需求肯定会影响 PDC 的利润。

从调研决策节点到楼群规模决策节点的弧显示，调研决策先于楼群规模决策。从调研决策节点到调研结果节点之间没有弧，那是因为实施调研的决策实际上并不影响调研的结果。实施调研的决策会产生调研的结果，但并不对它产生影响。最后，楼群规模节点和需求节点都影响利润。注意，如果给定了调研的成本，那么实施调研的决策也将影响利润。在这种情况下，我们需要加一条从调研决策节点到利润节点的弧，以显示调研成本会对利润产生影响。

13.5.2 决策树

有样本信息的 PDC 问题决策树显示了决策和随机事件的逻辑顺序，如图 13-8 所示。

PDC 的管理者必须先决定是否开展市场调研。如果决定开展，若市场研究报告是有利的，则 PDC 的管理者必须准备一个关于楼群项目规模的决策；若市场研究报告是不利的，还应再准备一个不同的关于楼群项目规模的决策。在图 13-8 中，正方形表示决策节点，圆形表示机会节点。在每个决策节点上，所画的树的分支是基于所做的决策。在每个机会节点上，所画的树的分支是基于随机事件的自然状态。例如，决策节点 1 显示 PDC 必须首先做出是否开展市场调研的决策。如果开展市场调研，机会节点 2 表示不管是有利报告分支还是不利报告分支都不在 PDC 的控制之中，它们都是随机产生的。节点 3 是一个决策节点，表示在有利报告的情况下，PDC 必须做的一个决策，决定是建造小型、中型还是大型楼群。节点 4 是一个决策节点，它表示如果市场报告不利的话，PDC 必须做的一个决策，决定是建造小型、中型还是大型楼群。节点 5 是一个决策节点，表示在没有开展调研的情况下，PDC 必须做的一个决策，决定是建造小型、中型还是大型楼群。节点 6 ～ 14 是机会节点，表明强需求或弱需求的自然状态分支都将随机决定。

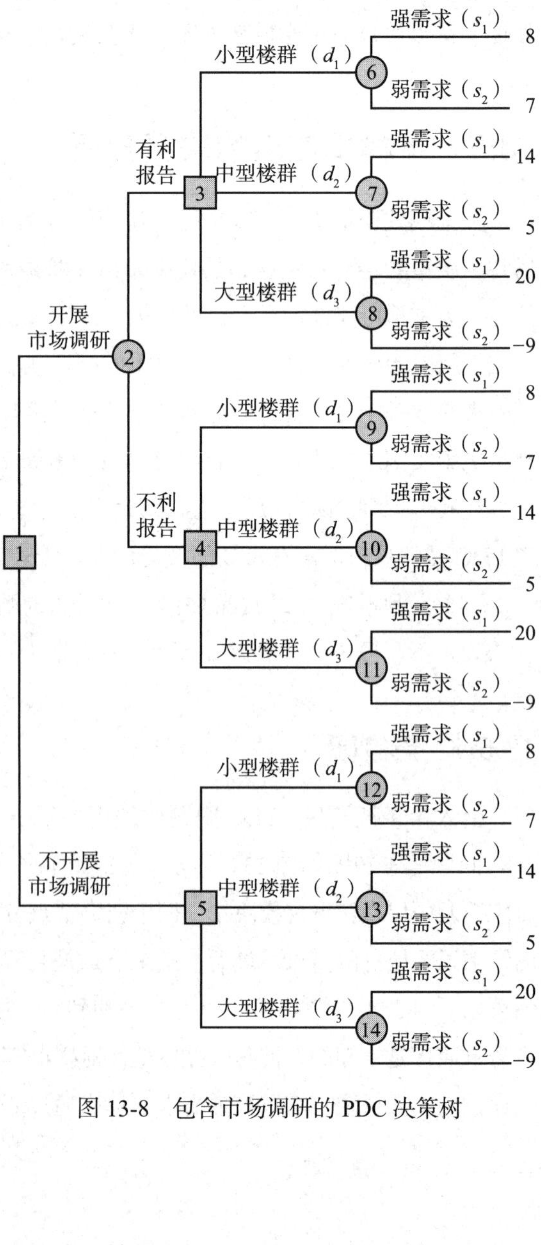

图 13-8 包含市场调研的 PDC 决策树

> 我们将在 13.6 节中解释如何确定 P（有利报告）和 P（不利报告）的分支概率。

决策树的分析和最优战略的选择需要我们知道所有机会节点对应的分支的概率。PDC 已经估计了分支的概率，如下。

如果开展了市场调研：

$$P(\text{有利报告})=0.77$$

$$P(\text{不利报告})=0.23$$

如果市场调研报告是有利的：

P（有利报告情况下需求为强需求的概率）= 0.94

P（有利报告情况下需求为弱需求的概率）= 0.06

如果市场调研报告是不利的：

P（不利报告情况下需求为强需求的概率）= 0.35

P（不利报告情况下需求为弱需求的概率）= 0.65

如果不开展市场调研，则可用先验概率：

P（强需求）= 0.80

P（弱需求）= 0.20

图 13-9 的决策树标出了分支的概率。

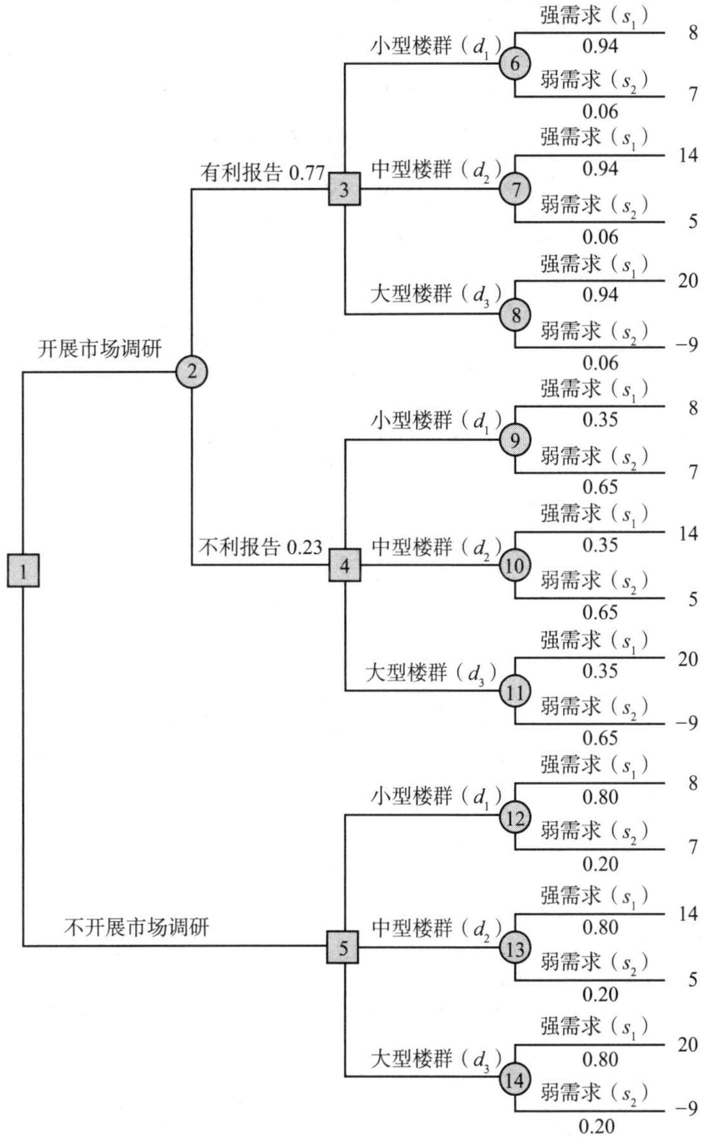

图 13-9　标明分支概率的 PDC 决策树

13.5.3 决策策略

决策策略是一系列的决策以及机会结果，其中选择的决策取决于随机事件的结果。

在决策树中，按照以下步骤，用反推法来确定最优的决策策略。

（1）在机会节点上，将每一分支末端的支付与对应的分支概率相乘再相加得到期望值。

（2）在决策节点上，选择导致最优期望值的决策分支。这个期望值就是决策节点上的期望值。

根据反推法，先计算机会节点 6 ～ 14 的期望值，结果如下：

EV（节点 6）= 0.94 × 8 + 0.06 × 7 = 7.94

EV（节点 7）= 0.94 × 14 + 0.06 × 5 = 13.46

EV（节点 8）= 0.94 × 20 + 0.06 ×（−9）= 18.26

EV（节点 9）= 0.35 × 8 + 0.65 × 7 = 7.35

EV（节点 10）= 0.35 × 14 + 0.65 × 5 = 8.15

EV（节点 11）= 0.35 × 20 + 0.65 ×（−9）= 1.15

EV（节点 12）= 0.80 × 8 + 0.20 × 7 = 7.80

EV（节点 13）= 0.80 × 14 + 0.20 × 5 = 12.20

EV（节点 14）= 0.80 × 20 + 0.20 ×（−9）= 14.20

图 13-10 显示了在计算这些机会节点的期望值后的简化决策树。

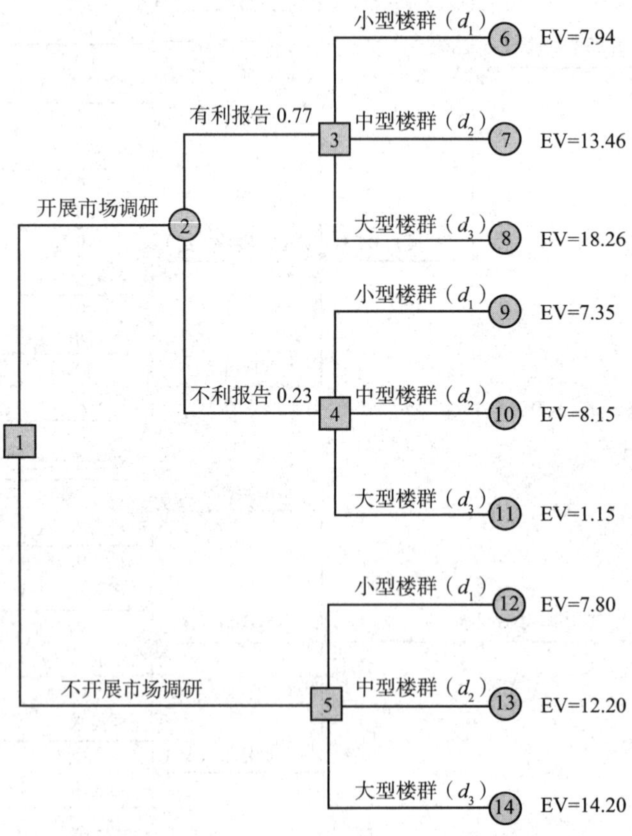

图 13-10 求出机会节点 6 ～ 14 的期望值之后的 PDC 决策树

接下来，我们考虑决策节点 3、4 和 5。对于其中每个节点，我们都选择能产生最优期望值的决策方案分支。例如，在节点 3，我们的选择有：小型楼群分支，其期望值为 EV（节点 6）= 7.94；中型楼群分支，其期望值为 EV（节点 7）= 13.46；大型楼群分支，其期望值为 EV（节点 8）= 18.26。因此，我们选择大型楼群决策方案分支，而节点 3 的期望值为 EV（节点 8）= 18.26。

对于节点 4，我们从节点 9、10 和 11 中选择最优的期望值。最优的决策方案是中型楼群分支，它产生的期望值为 EV（节点 4）= 8.15。对于节点 5，我们从节点 12、13 和 14 中选择最优的期望值。最优的决策方案是大型楼群分支，它产生的期望值为 EV（节点 5）= 14.20。图 13-11 显示了在节点 3、4 和 5 上选择了最优决策后的简化决策树。

现在可以计算机会节点 2 的期望值，如下：

$$\begin{aligned}\text{EV（节点 2）} &= 0.77\times\text{EV（节点 3）}+0.23\times\text{EV（节点 4）}\\ &= 0.77\times 18.26+0.23\times 8.15=15.93\end{aligned}$$

经过计算后将决策树简化为只包含从节点 1 出发的两条决策分支的决策树（见图 13-12）。

最后，我们可以在节点 1 上做决策，即从节点 2 和 5 中选择最优的期望值。这样会导致最终采取的决策方案是开展市场调研，它将产生总额为 15.93 的期望值。

PDC 的最优决策是开展市场调研，然后执行下列决策策略：

如果市场调查报告是有利的，则建造大型楼群。

如果市场调查报告是不利的，则建造中型楼群。

PDC 决策树分析描述了可用来分析更复杂的有序决策问题的方法。首先，画出包含有决策、机会节点以及描述问题的顺序特征的分支的决策树。确定所有机会结果的概率。其次，从决策树上反推，计算所有机会节点的期望值并选择所有决策节点上的最优决策分支。最优决策分支的顺序决定了问题的最优决策策略。

专栏 13-3 描述了在棒球比赛中如何应用决策分析帮助一名棒球打击手在击球时进行战略选择。

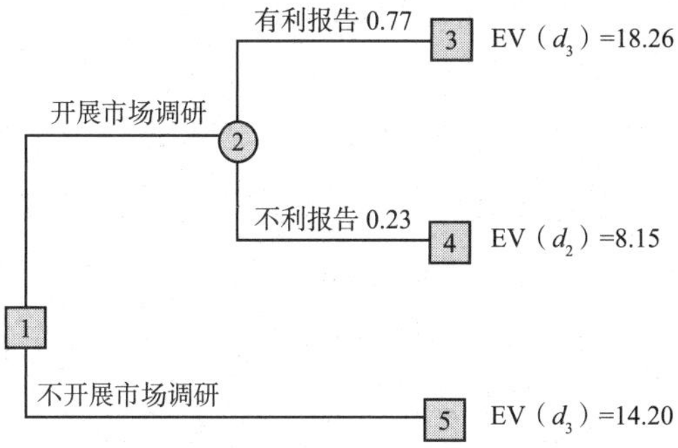

图 13-11 在节点 3、4 和 5 处选择了最优决策后的 PDC 决策树

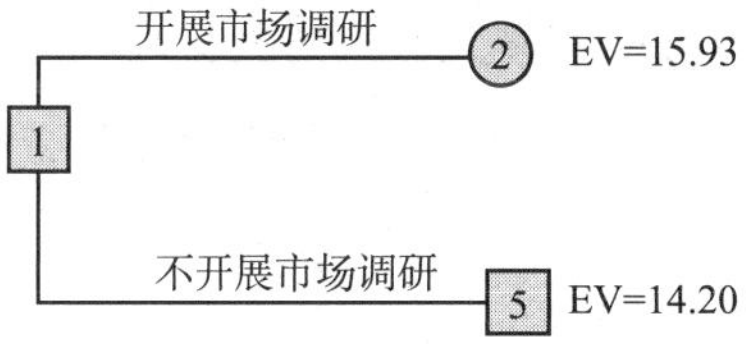

图 13-12 简化为两条决策分支的决策树

| 专栏 13-3 | 实践中的管理科学

棒球比赛的决策分析

埃文·加蒂在成为职业棒球运动员的道路上走了一条不寻常的路。在其职业生涯中，在刚刚成为亚特兰大布雷夫球队中一名 26 岁的新手时，他就已经可以和小说、电影《天生好手》中富有传奇色彩的棒球运动员主人公罗伊霍布斯相媲美了。和罗伊霍布斯的故事一样，加蒂在华丽地回归棒球界之前，有好几年彻底退出了棒球界。在他成为职业球员的第一个月，他打出 6 次全垒打，因此大家称这个月是他具有国家队新手水平的一个月。第二个月，他再次取得荣耀，打出 6 次全

垒打，这个月再一次成为具有国家队新手水平的一个月。对于一位刚刚步入行业的职业棒球运动员来说，加蒂的最不寻常之处是他对管理科学和决策分析的成功运用。

在少年队时，加蒂便开始阅读得克萨斯大学的埃里克·比克尔教授的相关论述。比克尔教授曾利用决策分析得出每回合打击者的最佳决策。比克尔教授说道："我曾经写过一篇有关不同投球回合中如何反应的论文。有时打击者仅仅需要故意放过一球。如果已经投了三个球，并且没有好球，大多数时候教练会说，'不要猛打这球，无所谓'。"

比克尔教授所说的便是大多数人不理解的，为什么打击者在击球中更喜欢出现 3-0 的情况？因为再没有好球便会直接使打击者进入一垒。在这种情况下，投手在下一球通常会向打击区中心投出一个容易击中的快球。比克尔教授的研究论述了在没有出现三个好球的情况下，放过一球比猛击更容易使打击者最终进入垒位。

"大约 38% 的打击者最终会进垒，"比克尔教授说，"在 3-0 情况下，77% 的打击者最终会进入垒位。如果你现在处在 3-0 的情况下，你放过一球，并且投球手投出了好球，你进入垒位的概率降到 63%。如果你以认真的态度来打这球，那么你只有 1/3 的概率进入垒位。你的决定是选择认真打这个球以 1/3 的概率进入垒位，还是选择放过一个好球以 63% 的机会进垒。这就是你这么做的原因。"

比克尔教授利用决策分析得出棒球比赛中每个投掷回合的最佳决策。他的决策分析和他对在好 / 坏球数目不同的回合中最佳策略的清晰阐述帮助加蒂在棒球比赛中形成了处理投球的方法。

资料来源：Joe Lemire, "This Photo Is Just One Good Reason You Need to Know the Story of Evan Gattis," *Sports Illustrated* (June 10, 2013) and " Mastering the Numbers Game—Sports Illustrated Coverage," *Petroleum and Geosystems Engineering News*, University of Texas at Austin, http://www.pge.utexas.edu/news/136-eric-bickel.

13.5.4 风险组合

图 13-13 中的简化决策树仅显示了 PDC 最优决策策略的决策方案和随机事件的顺序。通过实施最优决策策略，PDC 将得到决策树分支末端上显示的四个支付中的一个。之前我们学过，风险组合显示了可能的支付以及相关的概率。因此，要构造最优决策策略的风险组合，我们需要计算这四种支付的概率。

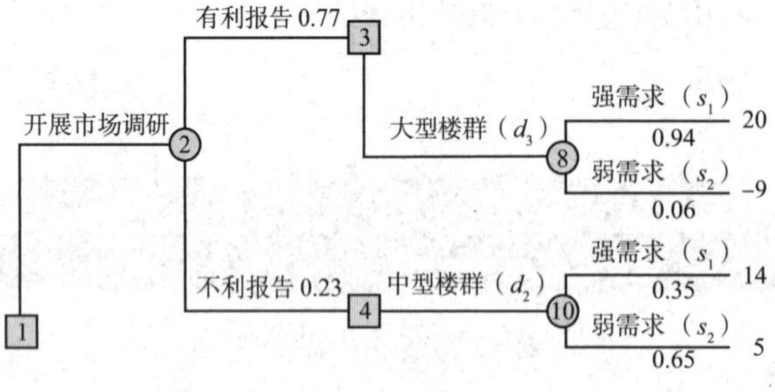

图 13-13 仅显示最优决策策略分支的 PDC 决策树

请注意，每一个支付的计算都取决于从节点 1 到支付的一系列分支。例如，2 000 万美元的支付是按这样的顺序得到的：从节点 1 出发的上分支，从节点 2 出发的上分支，从节点 3 出发的下分支，以及从节点 8 出发的上分支。通过相乘从这一顺序中的机会节点出发的分支概率可以得到遵循这一分支顺序的概率。因此，

2 000 万美元支付的概率是 $0.77\times0.94=0.72$。同理，其他支付的概率都可以通过相乘从产生该支付的机会节点出发的分支的概率而得到。这样，我们得到 −900 万美元的支付的概率是 $0.77\times0.06=0.05$，1 400 万美元的支付的概率是 $0.23\times0.35=0.08$，500 万美元的支付的概率是 $0.23\times0.65=0.15$。下表是 PDC 最优决策策略的风险组合，显示了最优决策策略的支付的概率分布。

支付（百万美元）	概率
−9	0.05
5	0.15
14	0.08
20	0.72
	1.00

图 13-14 为风险组合的图示形式。比较图 13-5 和图 13-14，我们可以看到，开展市场调研的策略改变了 PDC 的风险组合。事实上，开展市场调研使损失 900 万美元的概率由 0.2 降到了 0.05。PDC 管理者很有可能将这一变化看作这一建筑项目风险的极大降低。

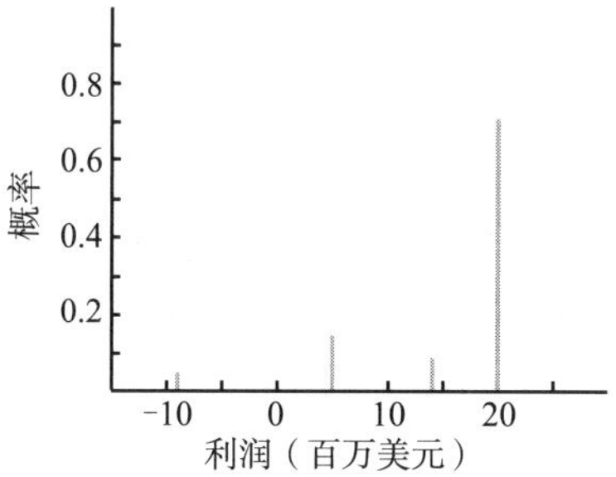

图 13-14 PDC 楼群项目的风险组合，附有显示与最优决策策略相关支付的样本信息

13.5.5 样本信息的期望值

在 PDC 问题中，市场调研用来确定最优决策策略的样本信息。与市场调研相关的期望值是 1 593 万美元。在 13.3 节中，我们得知，如果没有开展市场调研，那么最优的期望值是 1 420 万美元。因此，我们得到一个差额，15.93−14.20 = 1.73（百万美元），这是**样本信息的期望值（EVSI）**。换句话说，开展市场调研给 PDC 增加了 173 万美元的期望值。一般情况下，样本信息的期望值可按下式得到：

$$\text{EVSI}=|\,\text{EVwSI}-\text{EVwoSI}\,| \tag{13-13}$$

其中，

EVSI = 样本信息的期望值

EVwSI = 自然状态有样本信息的期望值

EVwoSI = 自然状态无样本信息的期望值

> 样本信息期望值等于 173 万美元表明 PDC 将愿意花费 173 万美元进行市场调研。

注意式（13-13）中的绝对值的作用。对于最小化问题来说，有样本信息的期望值总是小于或等于无样本信息的期望值。这样，EVSI 就是 EVwSI 和 EVwoSI 之差的值（正值）。因此，通过采用如式（13-13）中所显示的差的绝对值，我们可以都使用该公式来计算最大化问题以及最小化问题。

13.5.6 样本信息的效率

在 13.3 节中我们得知，PDC 问题的完美信息的期望值为 320 万美元。虽然我们知道市场调查报告不可能获得完美信息，但我们可以用**效率值**来表示市场调查信息的价值。如果完美信息的效率值为 100%，那么样本信息的效率值 E 可由如下公式计算：

$$E=\frac{\text{EVSI}}{\text{EVPI}}\times 100 \qquad (13\text{-}14)$$

对于 PDC 问题：

$$E=\frac{1.73}{3.2}\times 100=54.1\%$$

换句话说，从市场调研获取的信息的有效程度为完美信息的 54.1%。

如果样本信息的效率值低，决策者可能会寻求其他形式的信息。另外，高效率值表明样本信息几乎和完美信息一样好，而其他的信息来源并不会产生更令人满意的结果。

13.6 用贝叶斯定理计算分支概率

在 13.5 节中，PDC 问题描述中直接给出了 PDC 决策树机会节点的分支概率。获得这些概率没有经过任何计算。在这一节中，我们将介绍如何用**贝叶斯定理**计算决策树的分支概率。

图 13-15 再次显示了 PDC 决策树。

设：

F = 有利报告

U = 不利报告

s_1 = 强需求（自然状态 1）

s_2 = 弱需求（自然状态 2）

在机会节点 2 上，我们需要知道分支概率 $P(\text{F})$ 和 $P(\text{U})$。在机会节点 6、7 和 8 上，我们需要知道分支概率 $P(s_1\mid\text{F})$，即在自然状态 1 下市场调查结果为有利报告的条件概率，以及分支概率 $P(s_2\mid\text{F})$，即在自然状态 2 下市场调查结果为有利的市场调查报告的条件概率。$P(s_1\mid\text{F})$ 和 $P(s_2\mid\text{F})$ 被称为后验概率，因为它们都是基于样本信息的结果的条件概率。在机会节点 9、10 和 11 上，我们需要知道分支概率 $P(s_1\mid\text{U})$ 和 $P(s_2\mid\text{U})$。需要注意的是，这两个概率同样是后验概率，表示每种自然状态下市场调查结果为不利的市场调查报告的条件概率。最后，在节点 12、13 和 14 上，我们需要知道在没有开展市场调研的情况下对这两种自然状态的估计，即 $P(s_1)$ 和 $P(s_2)$。

在计算这些概率时，我们需要知道 PDC 对这两种自然状态的概率估计，即 $P(s_1)$ 和 $P(s_2)$，也就是我们前面所提到的先验概率。另外，我们还必须知道在每种自然状态下市场调查结果（样本信息）的**条件概率**。例如，我们需要知道当自然状态为强需求时，有利市场调查报告的条件概率。注意，在自然状态 s_1 下，F 的条件概率记为 $P(\text{F}\mid s_1)$。要进行概率计算，我们需要知道，在所有自然状态下，所有样本结果的条件概率，即 $P(\text{F}\mid s_1)$、$P(\text{F}\mid s_2)$、$P(\text{U}\mid s_1)$ 和 $P(\text{U}\mid s_2)$。在 PDC 问题中，我们假设如下表所示的估计值可用于这些条件概率。

自然状态	市场调查	
	有利报告，F	不利报告，U
强需求 s_1	$P(F \mid s_1) = 0.90$	$P(U \mid s_1) = 0.10$
弱需求 s_2	$P(F \mid s_2) = 0.25$	$P(U \mid s_2) = 0.75$

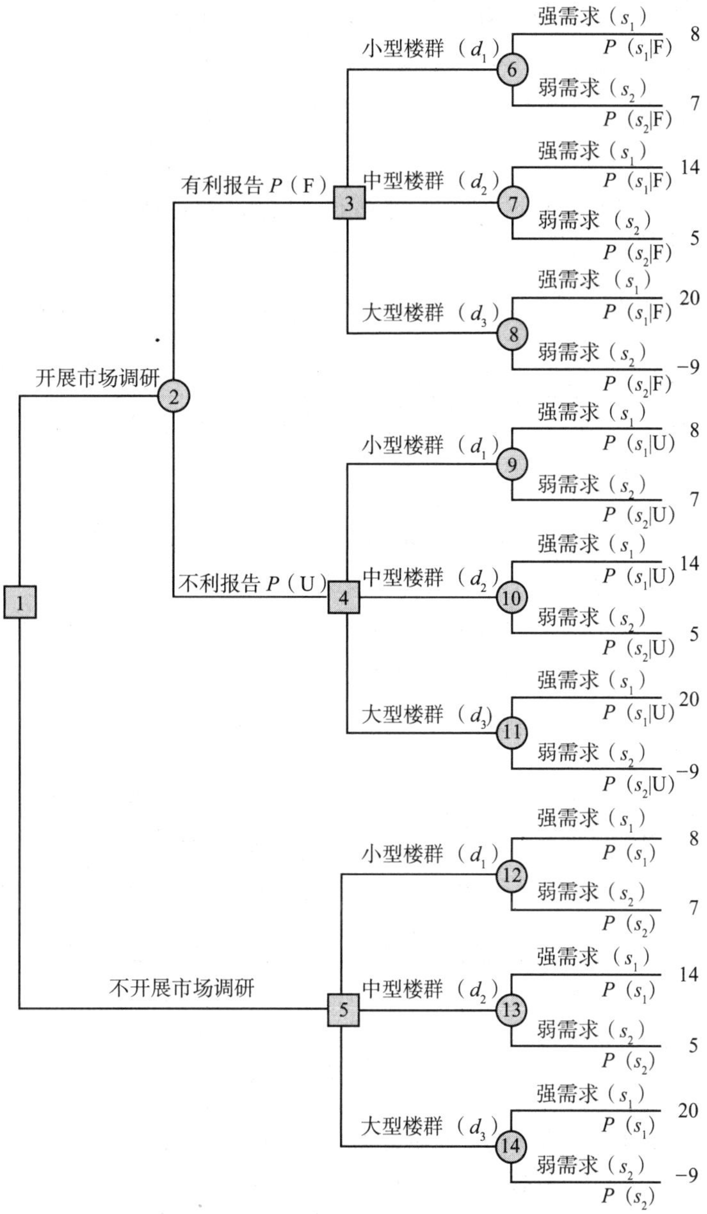

图 13-15　PDC 决策树

需要注意的是，上述的概率估计表明 PDC 对市场调研比较有信心。如果实际的自然状态为 s_1，那么市场调查报告为有利的概率为 0.90，市场调查报告为不利的概率为 0.10。如果实际的自然状态为 s_2，那么市场调查报告为有利的概率为 0.25，市场调查报告为不利的概率为 0.75。在自然状态 s_2 下，仍然有 0.25 的概率可能出现市场调

一份有利的市场调查报告认为自然状态是弱需求，通常被称为“假阳性”；而一份不利的市场调查报告认为自然状况是强需求，通常被称为“假阴性”。

查报告为有利的情况，这是因为当有些潜在的购买者初次听到这一新的楼群项目时，会因为冲动而高估自己的兴趣。但当后来要签署购买合同以及要预付定金时，他们最初的反应很快就会变成“不，谢谢”。

在接下来的讨论中，我们将介绍一种用于概率计算的简易方法，即表格法。根据有利的市场调查报告，表 13-7 列出了 PDC 问题的各种概率值。构建此表的步骤如下。

第一步，在第一列中输入自然状态，在第二列中输入自然状态的先验概率，在第三列中输入每种自然状态下有利的市场调查报告的条件概率。

第二步，在第四列中计算**联合概率**，它是由第二列中的先验概率乘以第三列中对应的条件概率而得到的。

第三步，将第四列中的联合概率相加以得到有利的市场调查报告的概率 $P(\mathrm{F})$。

第四步，将第四列中的每个联合概率都除以 $P(\mathrm{F})=0.77$ 以得到修正概率或后验概率，$P(s_1\mid\mathrm{F})$ 和 $P(s_2\mid\mathrm{F})$。

表 13-7 显示获得有利的市场调查报告的概率为 $P(\mathrm{F})=0.77$。另外，$P(s_1\mid\mathrm{F})=0.94$，$P(s_2\mid\mathrm{F})=0.06$。特别需要注意的是，有利的市场调查报告将揭示市场对楼群的强需求（s_1）的修正概率或后验概率为 0.94。

表 13-7 基于有利的市场调查报告的 PDC 楼群项目的分支概率

自然状态 s_j	先验概率 $P(s_j)$	条件概率 $P(\mathrm{F}\mid s_j)$	联合概率 $P(\mathrm{F}\cap s_j)$	后验概率 $P(s_j\mid\mathrm{F})$
s_1	0.8	0.90	0.72	0.94
s_2	0.2	0.25	0.05	0.06
	1.0		$P(\mathrm{F})=0.77$	1.00

要得到每一种可能的样本信息结果，我们就必须重复这种表格式概率计算步骤。因而，表 13-8 列出了基于不利的市场调查报告的 PDC 问题分支概率的各种计算值。注意，获得不利的市场调查报告的概率是 $P(\mathrm{U})=0.23$。如果已经获得了不利的市场调查报告，那么强需求（s_1）的后验概率为 0.35，弱需求（s_2）的后验概率为 0.65。图 13-9 中的 PDC 决策树显示了表 13-7 和表 13-8 中的分支概率。

表 13-8 基于不利的市场调查报告的 PDC 楼群项目的分支概率

自然状态 s_j	先验概率 $P(s_j)$	条件概率 $P(\mathrm{U}\mid s_j)$	联合概率 $P(\mathrm{U}\cap s_j)$	后验概率 $P(s_j\mid\mathrm{U})$
s_1	0.8	0.10	0.08	0.35
s_2	0.2	0.75	0.15	0.65
	1.0		$P(\mathrm{U})=0.23$	1.00

这种表格计算方法可以直接用来计算决策树中的分支概率式（13-15）是贝叶斯定理计算后验概率的公式：

$$P(A_i|B)=\frac{P(B\mid A_i)\ P(A_i)}{\sum_j P(B\mid A_j)\ P(A_j)} \tag{13-15}$$

应用式（13-15）对 $P(s_1|\mathrm{U})$ 进行计算，我们用 U（不利报告）代替 B，用 s_1 代替 A_i，这样我们就有：

$$P(s_1\mid\mathrm{U})=\frac{P(\mathrm{U}|s_1)\ P(s_1)}{\sum_j P(\mathrm{U}|s_j)\ P(s_j)}=\frac{0.10\times0.80}{(0.10\times0.80)+(0.75\times0.20)}=0.35$$

用公式计算出来的不利的市场调查报告条件下强需求的概率与表 13-8 中得到的结果相同。

这一节的讨论揭示了决策树中不同分支上的概率之间存在的内在联系。仅假设不同的先验概率 $P(s_1)$ 和 $P(s_2)$，而不确认这些变化将如何改变 $P(\mathrm{F})$ 和 $P(\mathrm{U})$，以及后验概率 $P(s_1\mid\mathrm{F})$、$P(s_2\mid\mathrm{F})$、$P(s_1\mid\mathrm{U})$ 和 $P(s_2\mid\mathrm{U})$ 的做法是不恰当的。

专栏 13-4 讨论了医疗学者如何使用后验概率信息和决策分析技术研究筛查、处置和接种的成本与风险，从而做出更好的决策。

|专栏 13-4|　实践中的管理科学

决策分析帮助治疗和预防B型肝炎

B型肝炎是由病毒引起的疾病，不治疗的话将会引起如肝硬化或癌症等致死性肝病。B型肝炎是可以治疗的，并且有针对预防B型肝炎的疫苗。然而，为了谨慎、经济地配置有限的健康关爱预算，公共健康官员需要分析每个潜在健康项目的费用效率（每一美元投资所带来的健康益处）。不幸的是，由于B型肝炎是一种慢性病，B型肝炎患者经常意识不到他们可能存在致命的感染，收集关于某一公共健康政策对防治B型肝炎的益处的数据通常要花费数十年。

一个由管理科学研究者和来自斯坦福大学的肝脏移植专家组成的多学科团队将决策分析技术运用在了决定哪种B型肝炎筛查、处置、疫苗接种的处理组合在美国是适用的。他们的决策树中的决策依次是：①是否对某人进行验血来判定他是否感染了B型肝炎；②是否对感染者进行处置；③是否对未感染者接种疫苗。

对于每一个由筛查、处置、疫苗接种决策组成的政策，研究人员利用现存的感染情况和处理知识对该疾病未来的发展构造了模型。通过在Excel中运用他们的决策模型，研究人员得出结论，筛查亚洲成年人和太平洋岛民中的成年人可以有效地使感染者得到治疗（这些人在基因方面来讲，对于B型肝炎有更高的感染风险）。尽管对所有居住在美国的亚洲成年人和太平洋岛民中的成年人接种疫苗不具有成本效益，但已经被证明的是，接种疫苗对所有和感染者有密切接触的人是有效的。2008年，疾病控制和预防中心在这些发现的影响下更新了相应政策，政策中推荐筛查包括亚洲成年人、太平洋岛民中的成年人以及B型肝炎流行区域（2%～7%患有该病的区域）中的成年人。

资料来源：David W. Hutton, Margaret L. Brandeau, and Samuel K. So, “Doing Good With Good OR: Supporting Cost-Effective Hepatitis B Interventions,” *Interfaces* 41(May/June 2011): 289–300.

13.7　效用理论

本章目前提到的决策分析情境都是以货币价值的形式表示结果（支付）。利用关于机会事件结果的可能性的信息，我们可以将期望值最高的一个方案作为最优选项。然而，在一些情境中，期望值最高的决策方案不一定是最受青睐的一个。一个决策者可能还希望通过考虑一些无形的因素，比如风险或其他非货币性指标，来评估备选方案。这一小节中我们将讨论效用和它在决策分析中的应用。

效用是对特定结果的总价值或喜好程度的一种度量，它反映了决策者对利润、损失和风险等的态度。研究者发现，只要支付的货币价值在决策者可以接受的一定范围之内，由最大期望选出的决策方案通常就是最受青睐的决策。然而，当支付值比较极端时，决策者对于由最大期望值选出的决策方案通常是不满意的。

在下面这个例子的情境中，效用可以帮助我们选出最优决策方案，我们来看位于美国佐治亚州州亚特兰大的一家相对较小的不动产投资公司Swofford所面临的决策问题。Swofford现在有两个投资成本基本相同的投资机会，必要的现金需求使得Swofford在同一时间最多只能做一项投资。那么，有三个可以考虑的可能的决策方案。

设三个备选方案是d_1、d_2、d_3：

d_1= 投资 A 项目

d_2= 投资 B 项目

d_3= 均不投资

与投资机会相关的货币支付依赖于做出的投资决策和接下来 6 个月不动产市场的价格走势（机会事件）。不动产的价格可能会上升、不变或者下降。将自然状态设为 s_1、s_2、s_3：

s_1= 不动产价格上升

s_2= 不动产价格不变

s_3= 不动产价格下降

利用可得到的最优信息，Swofford 估计了每一种决策在不同自然状态下的利润（支付）。支付结果如表 13-9 所示。

表 13-9 Swofford 公司的支付表 （单位：美元）

决策方案	自然状态		
	价格上升 s_1	价格不变 s_2	价格下降 s_3
投资 A 项目，d_1	30 000	20 000	−50 000
投资 B 项目，d_2	50 000	−20 000	−30 000
均不投资，d_3	0	0	0

不动产价格上升的可能性最多是 0.3，价格不变的可能性最多是 0.5，价格下降的可能性最多是 0.2，三个备选决策方案的期望值是：

$$\mathrm{EV}(d_1)=0.3\times 30\,000+0.5\times 20\,000+0.2\times(-50\,000)=9\,000$$

$$\mathrm{EV}(d_2)=0.3\times 50\,000+0.5\times(-20\,000)+0.2\times(-30\,000)=-1\,000$$

$$\mathrm{EV}(d_3)=0.3\times 0+0.5\times 0+0.2\times 0=0$$

利用期望值最大的方法，最优决策是期望值为 9 000 美元的 A 项目。它是真正的最优决策吗？让我们来考虑一下其他的相关因素，关于如果做了决策 A，同时不动产价格下降时 Swofford 对于 50 000 美元损失的接受能力。

实际上，Swofford 现在的财务状况是脆弱的，这样的经济条件体现在 Swofford 的能力只允许它做一项投资项目。然而，更重要的是，公司总经理认为如果下一项投资给公司带来巨大的损失，那么公司将会处于非常危险的境地。尽管最大期望值的方法推荐了决策方案 d_1，但是你认为公司的总经理会更喜欢这个决策吗？我们怀疑公司总经理为了避免一次性损失 50 000 美元而选择方案 d_2 或 d_3。事实上，根据公司现在的财务现状，即使 30 000 美元的损失也会使 Swofford 破产。为此，考虑到项目 A 和项目 B 相对公司现在的财务状况来说风险较大，总经理也许会选择项目 d_3。

我们解决 Swofford 进退两难情况的方法是先确定不同结果对于 Swofford 的效用。回想之前提到的，某一结果的效用是考虑了所有风险和后果情况下的所有结果的总价值。如果不同结果的效用能够被正确地评估，有最大期望效用的决策方案将是更受青睐或者最受青睐的。接下来，我们将描述如何确定不同结果的效用，来选出期望效用最大化的决策方案。

13.7.1 效用和决策分析

我们为 Swofford 每一种支付结果建立效用的过程首先是为最好和最差的支付结果分配一个效用值。分配效用值没有什么特殊要求，只要最好方案的效用值大于最差方案的效用值即可。在这个案例中，50 000 美元是最好的支付结果，−50 000 美元是最差的支付结果，那么我们为两个支付结果分配效用如下：

$$-50\,000 \text{ 美元的效用} = U(-50\,000) = 0$$

$$50\,000 \text{ 美元的效用} = U(50\,000) = 10$$

此处可以选择效用值 0 和 1。我们选择 0 和 10，以避免收益的效用值和概率 p 之间相互混淆。

接下来让我们确定其他支付结果的效用。

考虑为 30 000 美元的支付建立一个效用。首先我们让 Swofford 的总经理在以下两个情境中做一个选择：一个是获得 30 000 美元的支付，另一个是参加概率为 p 的赌博。

赌博事件：Swofford 有 p 的概率获得 50 000 美元的支付，有（$1-p$）的概率获得 −50 000 美元的支付。

p 通常被称为无差异概率。

显然，如果 p 值是非常接近于 1 的数字，相对于获得 30 000 美元的支付，Swofford 的总经理更倾向于赌博，因为公司几乎可以确保获得 50 000 美元的支付；如果 p 值是非常接近于 0 的数字，Swofford 的总经理会毫不犹豫地选择获得 30 000 美元的支付。在任何情况下，当 p 值从 0 到 1 不断增长时，总经理对于获得 30 000 美元的支付的选择意愿在不断降低，并且在某个点时，获得 30 000 美元的支付的选择意愿与选择赌博的意愿是相同的。在这个 p 值上，Swofford 的总经理获得 30 000 美元的支付的选择意愿与选择赌博的意愿是相同的。当 p 值更大的时候，相对于获得 30 000 美元的支付，Swofford 的总经理更倾向于赌博。现在让我们假设当 $p = 0.95$ 时，Swofford 的总经理相对于获得 30 000 美元的支付和赌博的意愿是无差异的。在这个 p 值的条件下，我们计算 30 000 美元支付的效用如下：

$$\begin{aligned} U(30\,000) &= pU(50\,000) + (1-p)U(-50\,000) \\ &= 0.95 \times 10 + 0.05 \times 0 \\ &= 9.5 \end{aligned}$$

很显然，如果我们开始时为 50 000 美元和 −50 000 美元的支付分配不同的效用值，那 30 000 美元支付的效用是会不一样的。比如，如果我们开始时设定 50 000 美元和 −50 000 美元的支付的效用值分别为 100 和 10，那么 30 000 美元支付的效用就是：

$$\begin{aligned} U(30\,000) &= 0.95 \times 100 + 0.05 \times 10 \\ &= 95.0 + 0.5 \\ &= 95.5 \end{aligned}$$

所以，我们的结论是为每一个支付分配的效用值不是唯一的，这个值只依赖于我们为最好和最差支付选择的效用值。

在计算其他支付值的效用之前，让我们看一下为 Swofford 的总经理 30 000 美元支付计算得到的效用值 9.5 的含义。很清楚的是 $p = 0.95$ 时，赌博的期望收益是：

$$\begin{aligned} EV &= 0.95 \times 50\,000 + 0.05 \times (-50\,000) \\ &= 45\,000 \text{（美元）} \end{aligned}$$

赌博事件的期望收益和可以直接获得的支付收益之间的差值可以被视为决策者愿意支付的风险溢价。

尽管在 $p = 0.95$ 时赌博的期望收益是 45 000 美元，但如果 Swofford 公司的总经理对于获得 30 000 美元的支付和赌博（和相关的风险）的选择意愿是无差异的，那么 Swofford 的总经理采取的是保守的或者是风险规避的态度。当赌博有更高期望值时选择直接获得较低收益的决策者是**风险规避者**（或者叫作风险厌恶者）。总经理更愿意选择获得确定的 30 000 美元，而不是冒险使得有多于 5% 的机会遭受 50 000 美元的损失。换句话说，45 000 美元的期望值和直接获得 30 000 美元的差就是 Swofford 的总经理愿意为可以规避 5% 的概率损失 50 000 美元所支付的保险费。

为了计算 −20 000 美元的效用值，我们让 Swofford 的总经理在直接获得 −20 000 美元的支付和可以参加如下赌博的机会之间做一个选择。

赌博事件：Swofford 有 p 的概率获得 50 000 美元的支付，有（$1-p$）的概率获得 −50 000 美元的支付。

注意，这个赌博事件与我们为 30 000 美元建立效用值是一样的（实际上，这个"赌博事件"可以用于评估 Swofford 支付矩阵中任何支付的效用值）。我们需要确定一个 p 值，使得总经理在选择直接获得 −20 000 美元的支付和赌博之间的意愿是无差异的。比如，我们开始的时候会让总经理在直接获得 −20 000 美元的支付和获得 50 000 美元的概率为 $p = 0.9$ 同时获得 −50 000 美元的概率为 $1-p = 0.1$ 的赌博事件中做一个选择。你觉得我们将得到怎样的回答呢？确信的是，有如此高获得 50 000 美元的概率，总经理会选择参与赌博事件。接下来，我们问当 $p = 0.85$ 时，关于二者的选择意愿是否一致，总经理再一次选择了参与赌博事件。假设我们继续，直到 $p = 0.55$，在这个点上，总经理对于二者的选择意愿是无差异的。换句话说，如果 p 值小于 0.55，总经理会选择直接获得 20 000 美元的损失而不是冒险参加有可能有 50 000 美元损失的赌博事件。当 p 值大于 0.55 时，总经理会选择参加赌博事件。所以，−20 000 美元的效用值为：

$$\begin{aligned} U(-20\,000) &= pU(50\,000)+(1-p)U(-50\,000) \\ &= 0.55\times 10 + 0.45\times 0 \\ &= 5.5 \end{aligned}$$

让我们再次通过与期望值比较的方法，来说明一下这个效用值的含义。当 p=0.55 时，赌博事件的期望收益是：

$$\begin{aligned} \text{EV} &= 0.55\times 50\,000 + 0.45\times(-50\,000) \\ &= 5\,000\text{（美元）} \end{aligned}$$

Swofford 的总经理面临赌博事件及其风险的时候会尽可能快地直接接受 20 000 美元的损失，尽管此时赌博事件的期望值是 5 000 美元。这一表现再一次证明了 Swofford 的总经理持有保守、风险规避的态度。

在这两个例子中，我们计算了 30 000 美元和 −20 000 美元的效用。我们可以用相同的方法计算任意一个支付值 M 的效用值。我们先找到概率 p，在这个值上，决策者在直接获得 M 的支付和参与有 p 概率获得 50 000 美元和（$1-p$）概率获得 −50 000 美元的赌博之间的选择意愿是无差异的。然后，利用概率 p，M 的效用计算如下：

$$\begin{aligned} U(M) &= pU(50\,000)+(1-p)U(-50\,000) \\ &= p\times 10+(1-p)0 \\ &= 10p \end{aligned}$$

利用这个方法，我们为剩下的 Swofford 的支付结果计算了效用，结果展示在表 13-10 中。

现在，我们为每一个可能的货币价值计算了效用值，我们可以用效用的形式写出支付表。表 13-11 是 Swofford 不同结果的效用值。在效用表中我们引入符号 U_{ij}，代表 d_i 决策在 s_j 情况下的效用，用这个符号我们可以看到 $U_{23} = 4.0$。

表 13-10 Swofford 的支付效用

货币价值	无差异概率 p	效用
50 000	不适用	10.0
30 000	0.95	9.5
20 000	0.90	9.0
0	0.75	7.5
−20 000	0.55	5.5
−30 000	0.40	4.0
−50 000	不适用	0

表13-11 Swofford的效用表

决策方案	自然状态		
	价格上升 s_1	价格不变 s_2	价格下降 s_3
投资 A 项目	9.5	9.0	0
投资 B 项目	10.0	5.5	4.0
均不投资	7.5	7.5	7.5

使用表 13-11 中的数据，我们就能计算每个方案的**期望效用（EU）**，就像我们在 13.3 节中计算期望值一样。换句话说，为了帮 Swofford 做出最优选择，期望效用值方法需要分析人员计算出每个选项的期望效用值，并选出期望效用值最高的选项。在有 N 种可能的自然情境的情况下，某个决策 d_i 的期望效用值计算如下：

$$\mathrm{EU}(d_i)=\sum_{j=1}^{N}P(s_j)\,U_{ij} \tag{13-16}$$

Swofford 问题每一个决策的期望效用值是：

$$\mathrm{EU}(d_1)=0.3\times9.5+0.5\times9.0+0.2\times0=7.35$$
$$\mathrm{EU}(d_2)=0.3\times10+0.5\times5.5+0.2\times4.0=6.55$$
$$\mathrm{EU}(d_3)=0.3\times7.5+0.5\times7.5+0.2\times7.5=7.50$$

注意，期望效用值方法计算出来的最优选项是 d_3，不投资。总经理的效用值和货币收益期望汇总如右所示。

决策方案排序	期望效用	期望收益
均不投资	7.50	0
投资 A 项目	7.35	9 000
投资 B 项目	6.55	−1 000

注意，尽管投资 A 项目有最高的期望收益 9 000 美元，但分析人员预测 Swofford 会放弃这些投资。不选择投资 A 项目的依据是，50 000 美元的损失对于 Swofford 的总经理来讲是个很大的风险。风险的严重性及其对于公司的影响，在投资 A 项目的期望值中并没有充分地体现出来。我们为每一个支付结果分配了效用值来更充分地评价这种风险。

接下来的步骤，是用于解决类似 Swofford 投资问题的一般办法。

第一步：建立货币支付矩阵。

第二步：找到最高和最低的支付值，并分别分配一个效用值，其中 U(最高支付值) > U(最低支付值)。

第三步：用如下方法为货币支付矩阵中的每一个货币支付值计算效用值。

（1）设计一个赌博事件，其中获得最高支付值的概率为 p，获得最低支付值的概率为 $(1-p)$。

（2）确定一个 p 值，在此时，决策者对于选择直接获得支付 M 还是参与（1）中所设赌博的选择意愿是无差异的。

（3）计算 M 的效用如下。

$$U(M)=pU(\text{最高支付值})+(1-p)U(\text{最低支付值})$$

第四步：将支付矩阵中的货币价值转换成效用值。

第五步：用第四步生成的效用表中的值计算期望效用值，并且选择期望效用值最高的方案。

我们为货币型结果建立的计算效用的方法也可以用在非货币型结果中。设最好的结果效用值为 10，最差的结果效用值为 0。之后建立一个赌博事件，在这个赌博事件中，有 p 的概率获得最好的结果，有（$1-p$）的概率获得最差的结果。对于每一个其他的结果，找到一个概率 p 使得决策者在这个结果和赌博事件中的选择意愿是无差异的，然后计算问题中结果的效用如下：

$$U(\text{某一结果})=pU(\text{最好的结果})+(1-p)U(\text{最差的结果})$$

13.7.2 效用函数

接下来，我们将根据对于效用的估计描述决策者对待风险的态度有何差别。由于 Swofford 现有的财务状况，该公司的经理用保守的、风险规避的态度来评估投资机会。如果公司有富余的现金和稳定的未来，那么 Swofford 的总经理可能会主动寻找投资机会。尽管有可能有风险，但也包含获得更高利润的潜在可能，此时该总经理是个风险偏好者。

风险偏好者是指当赌博的期望值低于可以直接获得的支付结果时，依然选择赌博的决策者。在这一节中，我们将从风险偏好者的角度分析 Swofford 所面临的问题。之后我们会将持有保守观念的 Swofford 的总经理（风险规避者）和作为风险偏好者的 Swofford 的总经理进行比较。

像之前讨论的一样，用一般的方法为 Swofford 所面临的问题建立效用。风险偏好者对于不同支付结果的效用如表 13-12 所示。像之前一样，$U(50\ 000)=10$，$U(-50\ 000)=0$。注意，行为上的区别主要体现在了表 13-12 和表 13-10 间的差异。换句话说，在选定使选择直接获得支付结果 M 和选择获得 50 000 美元的概率为 p 且获得 −50 000 美元的概率为 $1-p$ 的赌博的选择意愿相同的 p 时，风险偏好者为了获得 50 000 美元利润，愿意承担更大的损失为 50 000 美元的风险。

表 13-12 风险偏好情况下 Swofford 的总经理的效用表

货币价值（美元）	无风险概率 p	效用
50 000	不适用	10.0
30 000	0.50	5.0
20 000	0.40	4.0
0	0.25	2.5
−20 000	0.15	1.5
−30 000	0.10	1.0
−50 000	不适用	0

为了建立风险偏好者的效用表格，我们复制了 Swofford 的货币支付表，如表 13-13 所示。利用这些支付结果和表 13-12 中风险偏好者的效用值，我们可以写出如表 13-14 中的风险偏好者效用表。

表 13-13 Swofford 的货币支付表（单位：美元）

决策方案	自然状态		
	价格上升 s_1	价格不变 s_2	价格下降 s_3
投资 A 项目，d_1	30 000	20 000	−50 000
投资 B 项目，d_2	50 000	−20 000	−30 000
均不投资，d_3	0	0	0

表 13-14 Swofford 为风险偏好者时的效用表

决策方案	自然状态		
	价格上升 s_1	价格不变 s_2	价格下降 s_3
投资 A 项目，d_1	5.0	4.0	0
投资 B 项目，d_2	10.0	1.5	1.0
均不投资，d_3	2.5	2.5	2.5

利用不同自然状态发生的概率，$P(s_1)=0.3$，$P(s_2)=0.5$，$P(s_3)=0.2$，每一个决策的期望效用是：

$$EU(d_1)=0.3\times5.0+0.5\times4.0+0.2\times0=3.50$$

$$EU(d_2) = 0.3 \times 10 + 0.5 \times 1.5 + 0.2 \times 1.0 = 3.95$$

$$EU(d_3) = 0.3 \times 2.5 + 0.5 \times 2.5 + 0.2 \times 2.5 = 2.50$$

哪一个是推荐的决策呢？可能你会有些吃惊，分析结果推荐了期望效用最高的B项目。这个投资的期望值是 −1 000 美元，那为什么现在会推荐这个投资项目呢？要记得在这次的问题中，决策者是一个风险偏好者。所以，尽管项目B的期望值是消极的，但效用分析显示决策者是一个风险偏好者，为了获得潜在的 50 000 美元的利润愿意承担风险。

按照期望效用值的顺序排列，以下是风险偏好者的备选方案及其期望值排序。

决策方案排序	期望效用	期望收益（美元）
投资B项目	3.95	−1 000
投资A项目	3.50	9 000
均不投资	2.50	0

比较 Swofford 的风险偏好者和风险规避者，我们可以看出即使是相同的决策问题，对于风险的不同态度会导致不同的决策结果。由 Swofford 的总经理建立的效用显示公司此时不应该投资，然而风险偏好者将投资B项目作为最优决策。需要注意的是，上述两个决策与最大货币期望值所推荐的投资A项目都不一样。

我们根据描述货币价值和效用之间关系的曲线得出关于风险规避者与风险偏好者的区别的另一种观点。图 13-16 中横轴表示货币价值，纵轴表示与每个货币价值相关的效用值。现在回顾表 13-10 中的数据，根据 Swofford 对初始问题生成的货币价值及其效用，可以绘制成图中最上面的曲线。类似这样的曲线是 Swofford 的总经理的**货币效用函数**。这条曲线反映了 Swofford 的总经理保守、风险规避的特质。我们将图 13-16 中最上方的曲线称作风险规避者的效用函数。利用表 13-12 中为风险偏好者建立的数据，我们可以描绘出风险偏好者的效用函数，如图 13-16 最下方的曲线所示。

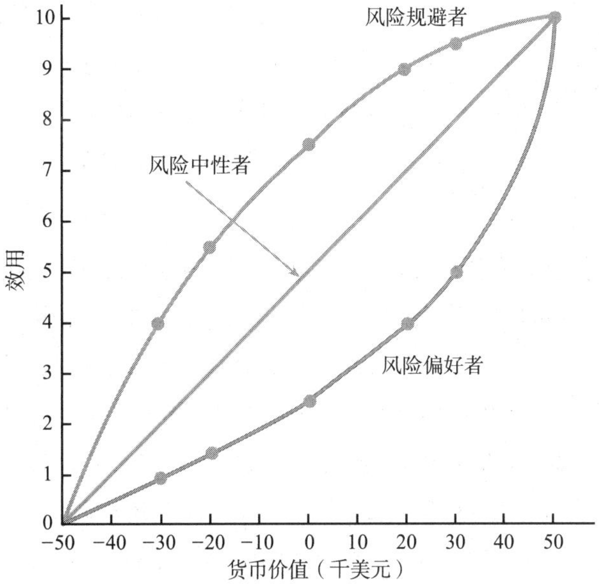

图 13-16　风险规避者、偏好者和中性者的货币效用函数

通过观察图 13-16 中的效用函数，我们具体分析风险规避者和风险偏好者的效用函数。尽管具体的效用

函数形状在不同决策者之间是不一样的，但我们还是可以看到两种效用函数的大体形状。风险规避者的效用函数对于货币的收益是边际递减的。例如，随着货币由 −30 000 美元增加到 0，效用的增加为 7.5−4.0 = 3.5，然而当货币由 0 增加到 30 000 美元时，效用的增加为 9.5−7.5 = 2.0。

对于风险偏好者来讲，效用函数对于货币的收益是边际递增的。在图 13-16 中，随着货币由 −30 000 美元增加到 0，效用的增加为 2.5−1.0 = 1.5，然而当货币由 0 增加到 30 000 美元时，效用的增加为 5.0−2.5 = 2.5。注意，在这两种情况下，效用函数总是递增的，也就是更多的钱带来更多的效用，这是效用函数的一般性质。

我们有如下结论：风险规避者的效用函数是边际效用递减的，同时风险偏好者的效用函数是边际效用递增的，当边际效用持续地既不增加也不减少时，相应的效用函数描述了一个风险中性的决策者。以下是**风险中性**决策者相关的特点。

（1）效用函数是连接结果最好点和结果最差点之间的直线。

（2）期望效用方法和使用货币价值的期望值方法所得出的结果是一致的。

图 13-16 中的斜线就是利用 Swofford 数据画出的风险中性决策者的效用函数。

一般而言，当面对某一特定决策问题的支付在一个合理的范围内时，即最好的结果不是极其好的并且最差的结果也不是极其差的，决策者一般通过期望值最大的方法找到最优决策。所以，我们建议决策者考虑一个问题的最好和最差的支付结果并且评估它们的合理性。如果决策者认为它们是合理的，那么用期望值最大的方法找出的决策方案就是可用的。如果支付结果过大或过小（如一个巨大的损失），并且决策者认为货币价值不能完全反映他对支付结果的真实喜好，那就应该考虑采取效用分析的方式。

13.7.3 指数效用函数

在式（13-17）中，e=2.718 282…，是自然对数的底数。在 Excel 中，可以使用函数 EXP（x）计算幂为 x 的 e^x 的值。

让一个决策者提供足够的无差异值来描绘效用函数是非常费时的。一个替代方法是假设决策者的效用函数是由指数函数确定的。图 13-17 显示了不同的指数效用函数，注意指数效用函数假设决策者是风险厌恶的，指数效用函数的形式如下：

$$U(x)=1-e^{-x/R} \tag{13-17}$$

式（13-17）中的参数 R 代表决策者的风险容忍程度，它控制着指数效用函数的形状。相对大一些的 R 值使指数函数更加平稳，代表着决策者风险厌恶程度小（与风险中性接近）。相对小的 R 值意味着决策者对风险的容忍程度较小（更加厌恶风险）。一个普遍的确定近似风险容忍度的方式是，让决策者考虑一个情境，在这个情境中，决策者有 0.5 的概率赢得 R，有 0.5 的概率损失 $R/2$。式（13-17）中的 R，是决策者同意参与赌博时可以接受的 R 的最大值。例如，如果某决策者乐于接受 50% 可以赢得 2 000 美元、50% 可能失去 1 000 美元的赌博，却不能接受 50% 可以赢得 3 000 美元、50% 可能失去 1 500 美元的赌博，我们就将在公式中使用 R=2 000 美元。确定决策者愿意参与的赌博所对应的最大值并将其运用在公式当中，与生成完整的无差异概率表格的方法相比，可以节省更多的时间。使用指数效用函数时，应该牢记这里的决策者是风险厌恶的，这也符合实际的商业决策的特征。

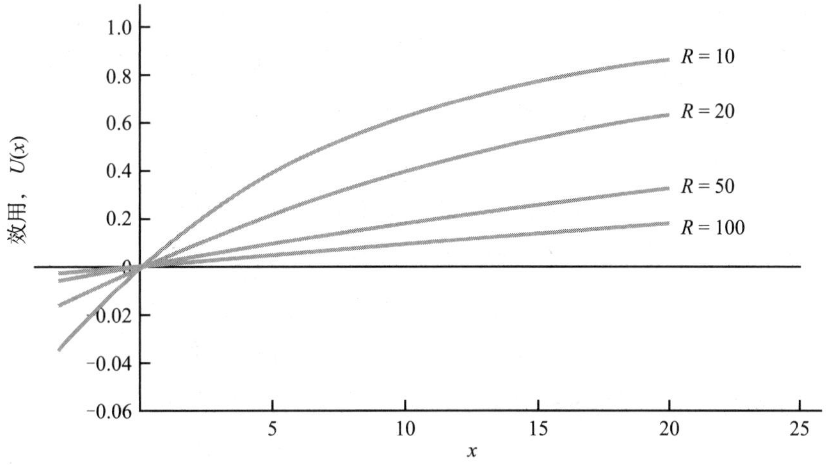

图 13-17 不同风险容忍度下的指数效用函数

注释与点评

1. 在 Swofford 的问题中，我们为最好的支付结果分配了效用 10，为最差的支付结果分配了效用 0。只要最好的支付结果对应的效用比最差的支付结果对应的效用高，我们就可以选择任何值作为它们的效用。或者，我们可以为最好的支付结果分配效用 1，为最差的支付结果分配效用 0。如果我们做出了这样的选择，货币价值为 M 的支付结果对应的效用是 p，在 p 值上，决策者对于直接获得 M 和以 p 概率获得最好的结果、$(1-p)$ 概率获得最差的结果的赌博是无差异的。所以，货币价值的效用和赌博中获得最好结果的概率的值就是一样的了，我们通常会为了计算的简便做出这样的选择。我们之所以不这么做是为了强调效用和赌博事件无差异概率的内涵。

2. 外界环境通常控制着一个人在决策时是风险偏好者还是风险厌恶者。例如，当遇到财产方面的问题时，你将会从风险厌恶的角度出发。但如果你曾经购买过彩票，那时你就是一个风险偏好者。又如，你买了一张价值 1 美元的彩票，彩票规则非常简单，就是从 50 个数字中选出 6 个数字。假设最后的赢家（选对了全部的 6 个数字）会得到 1 000 000 美元，一共有 15 890 700 种可能的数字组合，所以你成为赢家的概率是 1/15 890 700=0.000 000 062 929 889 809 763（这是非常低的），所以你的彩票的期望值是 $\frac{1}{15\,890\,700}\times(1\,000\,000-1)+\left(1-\frac{1}{15\,890\,700}\right)\times(-1)=-0.937\,07$（美元）或者约 –0.94 美元。

如果彩票的期望值是负的，为什么还会有人参与呢？答案就是效用。大多数买彩票的人将效用更多与获得 1 000 000 美元的奖金相联系，而不与较少的买彩票的 1 美元费用相联系，所以彩票的期望效用值是正的，即使彩票的货币期望值是负的。

本章小结

当决策者面临不确定性的或是充满风险的未来事件时，决策者可以使用决策分析来推荐一个决策方案或得出一个最优的决策策略。决策分析的目的就是在给出了关于不确定性事件和可能结果或支付信息的情况下，确定出最优的决策方案或最优的决策策略。不确定性的未来事件被称为随机事件，而随机事件的结果被称为自然状态。“最优决策”应该考虑决策者在评估结果时对风险的偏好。

我们说明了如何用影响图、支付矩阵和决策树来构造一个决策问题，并描述决策、随机事件和结果之间的关系。我们讲述了三种分析无概率问题的方法：乐观法、悲观法以及最小化最大后悔值法。当可获得有关自然状态的概率估计时，我们可以使用期望值法来确定推荐的决策方案或者决策策略。

尽管期望值法可以用来确定推荐的决策方案或最优决策策略，但是实际将产生的支付通常不等于其期望值。风险组合可以表示出可能支付的概率分配，并帮助决策者判断不同的决策方案所伴随的风险。最后，灵敏度分析可用来确定自然状态概率的变化以及支付的变化对所推荐的决策方案的影响。

在随机事件样本信息可得的情况下进行决策分析时，需要确定决策的顺序。我们必须先决定是否获取样本信息。如果获取，就必须提出一个基于特定样本信息的最优的决策策略。在这种情况下，决策树和期望值法可以用来确定最优的决策策略。

贝叶斯定理可以用来计算决策树中各个分支的可能性，贝叶斯定理利用样本信息计算出不同自然状态的后验概率来修订对应的先验概率。

我们展示了当货币价值不能完全衡量支付结果时如何在决策时使用效用。效用是测量某种结果总体价值的一种方式。就这点而论，效用考虑到了决策者对结果的所有方面的评估，比如利润、损失、风险和一些可能的其他非货币性因素。本章的例子展示了利用期望效用得出的决策方案与基于最大期望值方法得出的决策方案的区别。

在建立每个结果的效用时，必须利用决策者的判断力。我们提出了逐步确定不同支付结果对决策者的效用的方法。同时，我们讨论了风险规避者与风险偏好者在评估效用上的区别。

专业术语

贝叶斯定理（Bayes' theorem） 一种能利用样本信息来修正先验概率的法则。

分支（branch） 指明对应决策节点的方案和对应机会节点的状态的路径。

随机事件（chance event） 与一个决策有关的影响结果或支付的不确定性的未来事件。

机会节点（chance node） 表示某一不确定性事件发生的节点。

条件概率（conditional probability） 在某一（可能）相关事件已知的情况下某一事件发生的概率。

结果（consequence） 当选择某一决策方案且某一随机事件发生时产生的结果。结果的测量常常被称为支付。

结果节点（consequence node） 影响图中表示一项支付发生的节点。

悲观法（conservative approach） 一种不使用概率的决策方案选择方法。对于最大化问题，此方法推荐决策者选择将最大化最小支付的决策方案；对于最小化问题，此方法推荐决策者选择将最小化最大支付的决策方案。

决策选择方案（decision alternative） 决策者的备选决策方案。

决策节点（decision node） 表示要做出一项决策的节点。

决策策略（decision strategy） 是一系列的决策和机会结果，它提供了包含了决策问题的最优解。

决策树（decision tree） 表示某一决策问题的决策过程的顺序特征的图形。

效率值（efficiency） EVSI 对 EVPI 的百分比值，完美信息的效率值为 100%。

期望效用（expected utility，EU） 某一备选方案的效用值的加权平均值，权重是每种状态的概率。

期望值（expected value，EV） 对于每一机会节点，期望值是支付的加权平均数。权重是自然状态的概率。

期望值法（expected value approach） 一种基于每一决策方案的期望值来选择决策方案的方法。所推荐的决策方案是能带来最优的期望值的方案。

完美信息的期望值（expected value of perfect information，EVPI） 决策者准确知道哪种自然状态将要发生的信息（即完美信息）条件下的期望值。

样本信息的期望值（expected value of sample information，EVSI） 基于样本信息的最优策略的期望值与无任何样本信息的“最优”期望值之间的差额。

影响图（influence diagram） 一种显示某一决策问题的决策、随机事件以及结果之间的关系的图示工具。

联合概率（joint probability） 样本信息以及某一特定的自然状态同时发生的概率。

最小化最大后悔值法（minimax regret approach） 一种不使用概率的决策方案选择方法。根据此方法，先计算每一决策方案的最大后悔值，然后选择最小化最大后悔值的决策方案。

节点（node） 影响图或决策树的交点或连接点。

机会损失或后悔值（opportunity loss, or regret） 对于每一种自然状态，因没有选择最优方案而产生的损失（减少的利润或增加的成本）。

乐观法（optimistic approach） 一种不使用概率的决策方案选择方法。对于最大化问题，此方法推荐决策者选择对应于最大支付的决策方案；对于最小化问题，此方法推荐决策者选择对应于最小支付的决策方案。

支付（payoff） 对某个方案的结果，如利润、成本或时间的测量。任一决策方案和自然状态的组合都会产生一个相关的支付（结果）。

支付矩阵（payoff table） 一种表示某一决策问题的支付的矩阵。

后验（修正）概率［posterior (revised) probability］ 依据样本信息修正先验概率后的自然状态的概率。

先验概率（prior probability） 在获得样本信息之前自然状态的概率。

风险分析（risk analysis） 对与某个决策方案或决策策略相关的可能支付和概率的研究。

风险规避者（risk avoider） 这类决策者会选择一个有保证的支付而不是一个有更好期望支付的赌博事件。

风险中性者（risk-neutral） 决策者对于风险的态度是中性的。对于这个决策者而言，最高价值的决策与最大效用的决策是等价的。

风险组合（risk profile） 与某个决策方案或决策策略相关的可能的支付的概率分配。

风险偏好者（risk taker） 这类决策者会选择一个赌博事件而不是更好的有保证的支付。

样本信息（sample information） 通过调查或试验所获得的有助于更新或修正自然状态的概率的新信息。

灵敏度分析（sensitivity analysis） 关于自然状态的概率估计的变化或支付的变化将如何影响所推荐的决策方案的研究。

自然状态（states of nature） 影响与决策方案相关的支付的随机事件的可能结果。

效用（utility） 对特定结果总价的一种度量，反映了决策者对于利润、损失、风险的态度。

货币效用函数（utility function for money） 描述货币价值和效用之间关系的曲线。

习题

1. **2 种决策选择和 3 种自然状态**。下面的支付矩阵列出了某一决策分析问题的利润，此问题包含 2 种决策方案以及 3 种自然状态。LO1,2

决策方案	自然状态		
	s_1	s_2	s_3
d_1	250	100	25
d_2	100	100	75

a. 构造此问题的决策树。

b. 如果决策者完全不知道这3种自然状态的概率，请分别用乐观法、悲观法以及最小化最大后悔值法来推荐决策方案。

2. **4种决策选择和4种自然状态**。假设一位决策者面临着一个含有4种决策方案以及4种自然状态的问题，并建立了下面的利润支付矩阵。LO1

决策方案	自然状态			
	s_1	s_2	s_3	s_4
d_1	14	9	10	5
d_2	11	10	8	7
d_3	9	10	10	11
d_4	8	10	11	13

a. 如果决策者完全不知道这4种自然状态的概率，利用乐观法、悲观法和最小化最大后悔值法将分别得到什么样的推荐方案？

b. 你更喜欢使用哪种方法？请解释。在分析问题之前就确定最合适的方法对于决策者来说很重要吗？请解释。

c. 假设这一支付矩阵所列出的是成本而不是利润支付，那么利用乐观法、悲观法以及最小化最大后悔值法将分别得到哪种推荐方案？

3. **工厂规模决策**。穆尼奥斯公司决定推出一条新的娱乐产品，而这种产品的推出需要穆尼奥斯公司新建一个小工厂或是大工厂。工厂规模的最优选择取决于市场对新产品的反应。在进行分析的时候，市场部经理决定将可能的长期需求分为低、中、高三个等级。下面的支付矩阵列出了预计利润（单位：百万美元）。LO1,2

工厂规模	长期需求		
	低	中	高
小	150	200	200
大	50	200	500

a. 对于穆尼奥斯公司的问题，要做出什么决定？随机事件是什么？

b. 画出影响图。

c. 画出决策树。

d. 使用乐观法、悲观法以及最小化最大后悔值法为穆尼奥斯公司推荐一个决策方案。

4. **汽车租赁决策**。爱米·雷德正计划租借一辆新的本田汽车，并与3家汽车经销商联系取得了一些价格信息。每家经销商都愿意为爱米提供连续36个月的租赁服务，且在签约时不用预付定金。每种租约都包括月租费以及上限里程数，超过上限里程的额外里程数要每英里加收附加费。下表显示了月租费、上限里程数以及每超额英里的价格。

经销商	月租费（美元）	上限里程数	每超额英里的价格（美元）
Hepburn Honda	299	36 000	0.15
Midtown Motors	310	45 000	0.20
Hopkins Automotive	325	54 000	0.15

爱米决定选择能最大幅度地降低她在36个月内的总支出的租赁服务。问题是爱米不能确定她在这未来3年里的总行程数为多少。为了能做出这一决定，她认为一种合理的做法是假设她每年将行驶12 000英里、15 000英里或18 000英里。做出这一假设后，爱米就可估计出这3种租赁服务所带来的总支出。例如，她计算出，对于Hepburn Honda租赁服务，如果她每年行驶12 000英里，她需要支付10 764美元；如果她每年行驶15 000英里，她需要支付12 114美元；如果她每年行驶18 000英里，她需要支付13 464美元。LO1,3

a. 决策是什么？随机事件是什么？

b. 构造爱米问题的支付矩阵。

c. 如果爱米不知道这3种里程数假设中哪个是最恰当的，那么使用乐观法、悲观法以及最小化最大后悔值法将分别推荐怎样的决策方案（租赁选择）？

d. 假设爱米每年行驶12 000、15 000和18 000英里的概率分别为0.5、0.4、0.1，那么依据期望值法，爱米应选择哪种方案？

e. 建立d中所选择的决策的风险组合。最有可能的支出是多少，以及其概率为多少？

f. 假设进一步考虑之后，爱米认为她每年行驶

12 000、15 000以及18 000英里的概率应分别为0.3、0.4和0.3，那么使用期望值法，爱米应做出怎样的决策？

5. **最优决策的期望值法**。以下的利润支付矩阵在习题1中已给出。假设决策者已经对概率做出了估测：$P(s_1)=0.65$、$P(s_2)=0.15$以及$P(s_3)=0.20$。运用期望值法确定最优的决策方案。LO1

决策方案	自然状态		
	s_1	s_2	s_3
d_1	250	100	25
d_2	100	100	75

6. **市场板块投资**。投资者拟对股票市场的4个板块进行投资，这4个板块是：计算机、金融、制造和制药。4个板块的年收益率大小取决于未来的经济状况是向好、稳定还是衰退。在每种经济状况条件下，4个板块的年收益率估计如下。LO1,4

市场板块	经济状况		
	向好	稳定	衰退
计算机	10	2	−4
金融	8	5	−3
制造	6	4	−2
制药	6	5	−1

a. 假设投资者要选择一个市场板块进行投资。预测显示3种经济状况的发生概率如下：向好（0.2），稳定（0.5），衰退（0.3）。那么这位投资者应选择哪个板块进行投资？期望的年收益率是多少？

b. 未来向好的概率会更大，因此，修正后的经济状况发生概率如下：向好（0.4），稳定（0.4），衰退（0.2）。新概率下，这位投资者应选择哪个板块进行投资？期望的年收益率是多少？

7. **数据仓库操作系统**。kang公司正在考虑如何管理其数据处理操作系统，有3种选择方案：继续让自己的员工来管理，聘请外部供应商来管理（外包），结合自己的员工和外部供应商来共同管理。管理操作系统的费用取决于将来的需求。每一决策方案的年支出费用（单位：千美元）依赖于如下的需求。LO1,3

操作系统方案	需求		
	高	中	低
自己的员工	650	650	600
外部供应商	900	600	300
两者结合	800	650	500

a. 如果这三种需求的概率分别为0.2、0.5和0.3，哪种决策方案将最小化这一数据处理操作系统的期望费用？这一推荐方案所带来的年支出为多少？

b. 构造a中的最优决策方案的风险组合。费用超过700 000美元的概率为多少？

8. **2种自然状态和2种决策选择**。某一决策问题有2种自然状态和2种决策方案。下面的支付矩阵列出了此问题的利润。LO1,4

决策方案	自然状态	
	s_1	s_2
d_1	10	1
d_2	4	3

a. 运用图解式灵敏度分析来确定每一种决策方案的期望值都为最大时，自然状态s_1的概率范围。

b. 假设$P(s_1)=0.2$，$P(s_2)=0.8$，那么运用期望值法，哪一种方案为最优方案？

c. 对决策方案d_1的支付进行灵敏度分析。假设概率为b中所给出的值，在自然状态s_1和s_2下，确定使b中所确定的解决方案仍保持最优的支付的变化范围。此解决方案对自然状态s_1还是s_2下的支付更敏感？

9. **克利夫兰至默特尔航空服务**。默特尔航空快递公司决定提供从克利夫兰到默特尔的直达服务。管理者有两种服务方式可以选择：第一种是用喷气式飞机组建新的航队，票价是全价；第二种是用运载能力较小的短途飞机组建航队，票价是打折价。很明显，哪种服务最优取决于市场对默特尔航空快递公司提供的服务的反应。市场对默特尔服务的需求可能有两种：强和弱。以此为依据，管理者估计了每种服务对公司的利润额的贡献。下表列出了所估计的季度利润额（单位：千美元）。LO1,4

服务	服务需求	
	强	弱
全价	960	−490
打折价	670	320

a. 要做出什么决策？随机事件是什么？结果是什么？有几种决策方案？随机事件可产生几种结果？

b. 如果管理者对机会结果的概率一无所知，运用乐观法、悲观法以及最小化最大后悔值法将分别推荐怎样的决策方案？

c. 假设默特尔航空快递公司的管理者认为强需求的概率为 0.7，弱需求的概率为 0.3。使用期望值法来得出最优决策。

d. 假设强需求的概率为 0.8，弱需求的概率为 0.2，运用期望值法得到的最优决策是什么？

e. 利用图解式灵敏度分析来确定使每种决策方案都有最大期望值的需求概率的变化范围。

10. **视频游戏推广决策。**Video Tech 公司正准备为即将到来的假期选择营销两种视频游戏中的一种：战争太平洋和太空盗窃。战争太平洋是一种独特的游戏，并且它没有市场竞争。在高、中、低需求下的利润（单位：千美元）估计如下。

战争太平洋	需求		
	高	中	低
利润	1 000	700	300
概率	0.2	0.5	0.3

Video Tech 公司对太空盗窃游戏持乐观的态度。然而，公司担心，公司的收益率将会受到一个竞争对手引入的一种类似于太空盗窃的视频游戏的影响。存在竞争和不存在竞争两种情况下的利润（单位：千美元）估计如下。LO1,2,3,4

存在竞争的太空盗窃	需求		
	高	中	低
利润	800	400	200
概率	0.3	0.4	0.3

不存在竞争的太空盗窃	需求		
	高	中	低
利润	1 600	800	400
概率	0.5	0.3	0.2

a. 设计 Video Tech 公司问题的决策树。

b. 为了做计划，Video Tech 公司相信其竞争者将生产一种类似于太空盗窃的新游戏的概率为 0.6。在给定这个竞争的概率的情况下，计划部主任推荐营销战争太平洋游戏。运用期望值法，你推荐的决策是什么？

c. 说明你所推荐的决策的风险组合。

d. 利用灵敏度分析来确定当太空盗窃的竞争概率必须为多少时，你会改变你所推荐的方案。

11. **楼群建设的灵敏度分析。**对于 13.3 节中所讨论的匹兹堡发展公司的问题，运用期望值法，我们发现建造大型楼群的决策方案为最优。在 13.4 节中，我们对与此决策方案相关的支付进行了灵敏度分析，发现只要强需求的支付大于或等于 1 750 万美元，弱需求的支付大于或等于 −1 900 万美元，则建造大型楼群就为最优方案。LO1

a. 考虑中型楼群决策方案的支付。强需求下的支付要增加多少才能确保决策方案 d_3 为最优解决方案？

b. 考虑小型楼群决策方案的支付。强需求下的支付要增加多少才能确保决策方案 d_3 为最优解决方案？

12. **飞机跑道加长决策。**远离大型市场以及有限的航空服务都阻碍了波茨坦市吸引新型工业。空中快递是一家大型隔夜交货服务公司，正考虑在波茨坦市建一个地区配送中心。但是，空中快递落户波茨坦市的条件是增加当地机场的飞机跑道长度。另一家考虑在波茨坦市发展新业务的是 Diagnostic 研究公司（DRI），它是一家医药检测器材的主要生产商。DRI 正在考虑建立一个新的制造工厂。DRI 不要求增加飞机跑道的长度，但是，计划委员会认为，加长飞机跑道将利于说服 DRI 将其新工厂建在波茨坦市。考虑以下 2 种方案。第一，假设波茨坦市加长了机场的飞机跑道，且波茨坦市计划委员会认为下表中的概率是可以应用的。

	DRI 工厂	无 DRI 工厂
空中快递配送中心	0.30	0.10
无空中快递配送中心	0.40	0.20

例如，空中快递将成立一个配送中心且DRI将建立一个新工厂的概率为0.30。

据估计，在扣除加长飞机跑道的费用后，波茨坦市的年收益如下。

	DRI 工厂（美元）	无 DRI 工厂（美元）
空中快递配送中心	600 000	150 000
无空中快递配送中心	250 000	−200 000

第二，假设没有进行跑道加长工程，计划委员会估计DRI在波茨坦市建立新工厂的概率为0.6；在这种情况下，城市的年收益估计为450 000美元。如果没有进行跑道加长工程，同时DRI也没在波茨坦市建立新工厂，那么年收益为0美元，因为不加长跑道，就不会有任何成本，而不建厂也就没有任何收益。LO1,6

a. 要做出的决策是什么？随机事件是什么？结果是什么？

b. 计算与加长跑道这一决策方案相关的年收益的期望值。

c. 计算与不加长跑道这一决策方案相关的年收益的期望值。

d. 该市应该选择加长跑道吗？说明原因。

e. 假设与加长跑道相关的概率改变为下表的值。

	DRI 工厂	无 DRI 工厂
空中快递配送中心	0.40	0.10
无空中快递配送中心	0.30	0.20

如果有的话，概率的这一变化会对决策产生影响吗？如果会，则影响是什么？

13. **卡得纳和雷斯林葡萄。** Seneca Hill酿酒公司新近购买了一块土地，准备新建一个葡萄园。对于这一新的葡萄园，管理者正在考虑种植两种白葡萄：卡得纳（Chardonnay）和雷斯林（Riesling）。卡得纳葡萄可用于酿造卡得纳干葡萄酒，而雷斯林葡萄可用于酿造雷斯林半干葡萄酒。从种植新葡萄到收割葡萄大概需要4年的时间，而这一时间长度使未来的市场需求有很大的不确定性，同时也使管理者难以选择所要种植的葡萄种类。有三种可能性：仅种植卡得纳葡萄，仅种植雷斯林葡萄，以及两种葡萄都种植。Seneca Hill酿酒公司的管理者认为对于每种酒都只考虑两种可能的需求就已经足够了：强或弱。每种酒有两种可能的需求，这就要求管理者对这4种概率做出判断。通过借鉴一些行业出版物中的预测，管理者得出了如下的概率估计。LO1,2,6

对卡得纳葡萄的需求	对雷斯林葡萄的需求	
	弱	强
弱	0.05	0.50
强	0.25	0.20

收益推算显示，如果Seneca Hill酿酒公司仅种植卡得纳葡萄且市场对卡得纳干葡萄酒的需求为弱，则公司的年利润为20 000美元；而如果公司仅种植卡得纳葡萄且市场对卡得纳干葡萄酒的需求为强，则公司的年利润为70 000美元。如果公司仅种植雷斯林葡萄且市场对雷斯林半干葡萄酒的需求为弱，则公司的年利润将为25 000美元；而如果公司仅种植雷斯林葡萄且市场对雷斯林半干葡萄酒的需求为强，则公司的年利润将为45 000美元。如果Seneca Hill酿酒公司种植这两种葡萄，那么公司的年利润估计值如下表所示。

对卡得纳葡萄的需求	对雷斯林葡萄的需求（美元）	
	弱	强
弱	22 000	40 000
强	26 000	60 000

a. 要做出的决策是什么？随机事件是什么？结果是什么？确定出决策方案以及随机事件的可能结果。

b. 设计出决策树。

c. 运用期望值法来建议Seneca Hill酿酒公司应该采取哪种决策方案才能获得最大的期望年利润。

d. 假设管理者重新考虑了当市场对卡得纳干葡萄酒的需求为强时的概率判断。一些人认为在这种情况下，很有可能市场对雷斯林半干葡萄酒的需求也为强。假设市场对卡得纳干葡萄酒的需求为强且市场对雷斯林半干葡萄酒的需求为弱的概率为0.05，市场对卡得纳干葡萄酒的需求为强且市场对雷斯林半干葡萄酒的需求也为强的概率为0.40。那么，这将如何影响所推荐的决策方案？假设当市场对卡得纳干葡萄酒的需求为弱时的概率仍为0.05和0.50。

e. 管理者中另外一些人预计在将来的某一时期，市场对卡得纳干葡萄酒的需求会饱和，而这将会导致价格下降。假设当市场对卡得纳干葡萄酒的需求为强且公司只种植了卡得纳葡萄时，公司的年利润估计将减少到50 000美元。根据初始的概率估计，确定这一变化将如何影响最优的决策。

14. **完美信息的价值**。以下的利润支付矩阵曾在习题1中出现过。

决策方案	自然状态		
	s_1	s_2	s_3
d_1	250	100	25
d_2	100	100	75

这三种自然状态的概率分别是：$P(s_1)=0.65$，$P(s_2)=0.15$，$P(s_3)=0.20$。LO1,5,6

a. 如果决策者可获得完美信息，那么最优的决策策略将是什么？

b. a中所设计的决策策略的期望值是多少？

c. 运用期望值法，在没有完美信息的情况下，推荐的决策方案会是哪种？其期望值是多少？

d. 完美信息的期望值是多少？

15. **建造社区中心**。普莱西德湖村议会决定新建一个用于集会、音乐会和其他公共活动的社区中心，但是人们对此中心的规模大小有很大的争议。许多有影响力的村民希望建一个大型社区中心作为该地区向外界展示的一个窗口，但是村长认为如果人们对这样一个大型中心的需求不大的话，那么社区将会损失一大笔钱。村议会将此社区中心的建筑方案简化为三种：小、中和大。大家都认为选择最优规模的关键因素在于希望使用这个中心的人数。一位区域规划顾问对以下三种情形下的需求进行了估计：最坏情况、一般情况和最好情况。最坏情况对应的是游客大幅度减少的情形，一般情况对应的是普莱西德湖村在当前水平上继续吸引游客的情形，而最好情况对应的是游客大幅度增加的情形。该顾问对最坏情况、一般情况和最好情况这三种情形的概率估计分别为0.10、0.60和0.30。

村议会建议将五年规划的净现金流作为决定最优规模的准则。以下显示的是对五年规划期内的净现金流的预测（单位：千美元），其中包含了所有的支出（包括支付给顾问的费用）。LO1,3,5,6

中心规模	需求情形		
	最坏情况	一般情况	最好情况
小	400	500	660
中	−250	650	800
大	−400	580	990

a. 运用期望值法，普莱西德湖村将会做出什么样的决策？

b. 设计中型规模方案和大型规模方案的风险组合。若考虑村长对可能带来的损失的担忧以及a中的结果，你将推荐哪种方案？

c. 计算完美信息的期望值。你认为是否值得花时间和金钱获取关于哪种情形将有可能发生的额外信息？

d. 假设最坏情况的概率增加到0.2，一般情况的概率降低到0.5，最好情况的概率维持0.3不变，那么这些概率的变化将对决策建议产生什么影响？

e. 顾问认为如果在规划期内花费150 000美元搞推广活动，最坏情况发生的概率将有效地减至0。如果预计这一推广活动还会将最好情况的概率增加到0.4，那么这项投资是否值得？

16. **开展市场调研**。现在我们对图13-9中所示的PDC决策树做一些变动。公司必须首先决定是否要开展市场调研。如果进行市场调研的话，则市场调研的结果要么是有利的（F），要么是不利的（U）。假设只有两种决策方案 d_1 和 d_2，两种自然状态 s_1 和 s_2，下面的支付矩阵显示了利润。LO1,6

决策方案	自然状态	
	s_1	s_2
d_1	100	300
d_2	400	200

a. 画出决策树。

b. 利用以下概率，你认为最优的决策策略会是什么？

$P(\mathrm{F})=0.56$　　$P(\mathrm{U})=0.44$

$P(s_1\mid \mathrm{F})=0.57$　　$P(s_2\mid \mathrm{F})=0.43$

$P(s_1\mid \mathrm{U})=0.18$　　$P(s_2\mid \mathrm{U})=0.82$

$P(s_1)=0.40$　　$P(s_2)=0.60$

17. **R&D 项目决策。** Sullicooie 公司正在考虑一个 500 万美元的研究开发（R&D）项目。利润预测是可观的，但是由于该研发项目成功的概率只有 0.5，因此 Sullicooie 的总裁忧心忡忡。此外，总裁知道即使这个项目成功了，为了生产该产品，公司将需要花费 2 000 万美元来建设一个新的生产设施。如果生产设施被建立起来了，关于需求的不确定性仍然存在，于是，将来获得的利润也是不确定的。另一个选择是，如果该 R&D 项目成功了，公司可以以 2 500 万美元的估价卖掉产品的专利权。在这种选择下，公司不需要建设 2 000 万美元的生产设施。

决策树如图 13-18 所示。每个结果的利润预测显示在分支的末端。例如，高需求结果的收益预测是 5 900 万美元。然而，考虑到 R&D 项目的成本（500 万美元）以及生产设施的成本（2 000 万美元），这个结果的利润为 3 400 万美元。机会事件的分支概率也显示在图中。LO1,3

a. 分析决策树，确定公司是否应该开展该 R&D 项目。如果它开展了，并且 R&D 项目取得成功，公司应该做什么？你的策略的期望值是多少？

b. 若公司考虑卖掉产品的专利权，那么出售价格必须是多少？

c. 建立最优策略的风险组合。

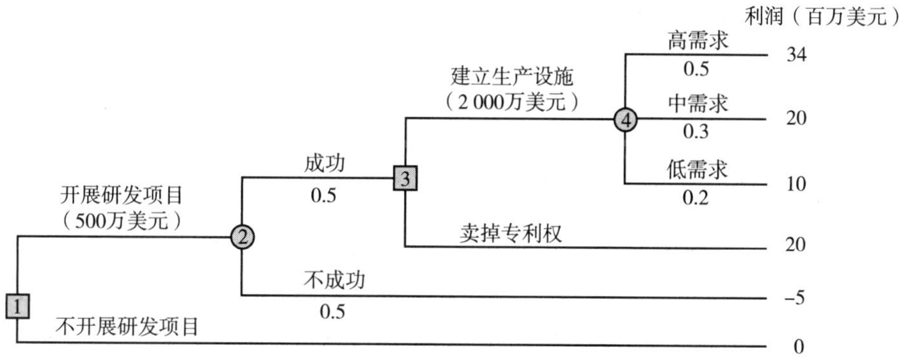

图 13-18　Sullicooie 公司的决策树

18. **建设新办公大楼。** Dante 发展公司正考虑参与一栋新的办公大楼建设合同的竞标。图 13-19 显示了由 Dante 发展公司的一位分析员准备的决策树。在节点 1 上，公司必须决定是否参与竞标。准备竞标的费用是 200 000 美元。从节点 2 生出的上分支显示，如果公司参与竞标，那么它有 0.8 的概率中标。如果公司中标，它将必须花费 2 000 000 美元来开展此项目。节点 3 显示，在开始建设之前，公司考虑将进行一个市场调研来预测办公大楼的需求。这个研究的费用为 150 000 美元。节点 4 是一个显示市场调研的可能结果的机会节点。节点 5、6 和 7 有些类似，因为它们是关于 Dante 发展公司应该建设办公大楼还是应该将项目开发权卖给另一个开发商的决策节点。建设办公大楼的决策在需求高时会带来5 000 000美元的收益，在需求适中时会带来3 000 000美元的收益。如果Dante发展公司选择将开发权卖给另一位开发商，那么收入估计有3 500 000美元。节点4、8和9显示的概率是基于市场调研结果的需求概率。LO1,3,5

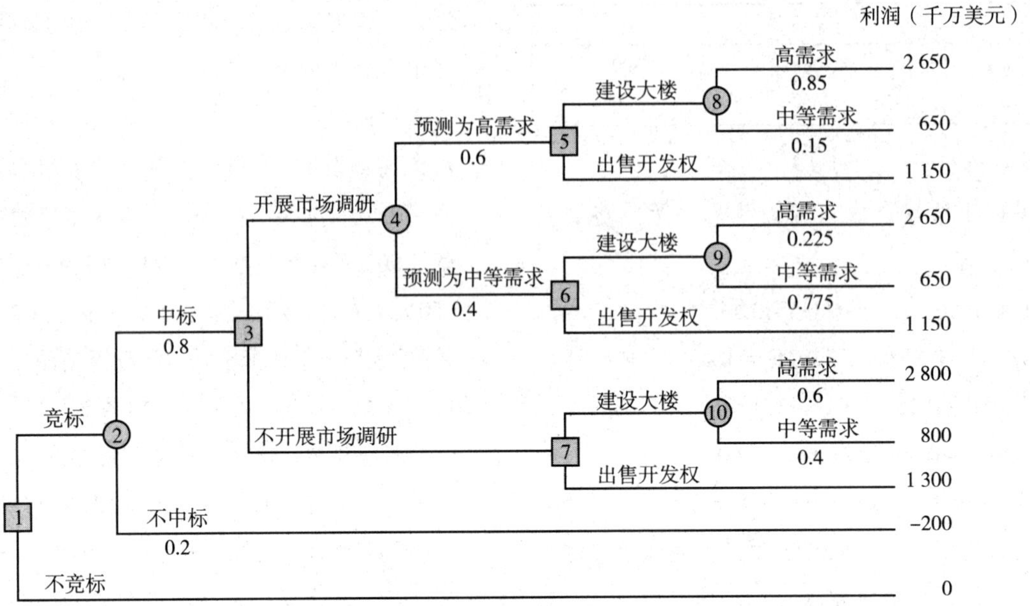

图13-19 Dante发展公司的决策树

a. 通过计算前两个结果的支付2 650 000美元和650 000美元，证明决策树的末端分支显示的是Dante发展公司利润预测值。

b. Dante发展公司的最优决策策略是什么？此项目的期望利润是多少？

c. 进行市场调研的成本必须为多少时，Dante发展公司才会改变其关于市场调研的决策？

d. 建立Dante发展公司的风险组合。

19. 制作喜剧连续剧试映片。Hale's电视制作公司正打算为某一喜剧连续剧制作试映片，并希望能将连续剧卖给一家大型网络电视公司。这家网络电视公司可能会拒绝这个连续剧，但也可能会决定购买连续剧一年或两年的播放权。现在，Hale's公司可以选择制作试映片并等待这家网络电视公司的决定，也可以选择将试映片和连续剧的播放权以100 000美元的价格转让给另一家竞争者。Hale's电视制作公司的决策方案以及利润额（单位：千美元）如下所示。

决策方案	自然状态		
	拒绝 s_1	一年 s_2	两年 s_3
制作试映片，d_1	−100	50	150
卖给另一家竞争者，d_2	100	100	100

自然状态的概率分别为 $P(s_1)=0.20$、$P(s_2)=0.30$ 以及 $P(s_3)=0.50$。如果支付5 000美元的咨询费，某一咨询机构将审查这一喜剧连续剧的计划，并判断这家网络电视公司对连续剧做出有利反应的所有可能性。假设这一机构的审查将导致两种结果——有利反应（F）和不利反应（U），其相关概率如下所示。LO1,2,5,6

$P(F)=0.69$　$P(s_1 \mid F)=0.09$　$P(s_1 \mid U)=0.45$

$P(U)=0.31$　$P(s_2 \mid F)=0.26$　$P(s_2 \mid U)=0.39$

$P(s_3 \mid F)=0.65$　$P(s_3 \mid U)=0.16$

a. 构建此问题的决策树。

b. 如果没有采用咨询机构的意见，你将推荐哪种决策？其期望值是多少？

c. 完美信息的期望值是多少？

d. 假设采用了咨询机构的信息，那么Hale’s电视制作公司的最优决策策略是什么？

e. 咨询机构所提供的信息的期望值是多少？

f. 咨询机构所提供的信息是否值5 000美元？Hale’s电视制作公司愿意为这些信息支付的上限是多少？

g. 推荐的决策策略是什么？

20. 新大学教材出版。 Anand出版公司收到了一份新大学教材的六章手稿。大学分部的编辑对手稿很熟悉并估计教材会有0.65的概率成功。如果成功，将会实现750 000美元的利润。如果公司决定出版教材但教材没有成功，将会损失250 000美元。

在做出接受或拒绝手稿的决策之前，编辑考虑将手稿发出去做一个调查。调查结果将提供对手稿有利（F）或不利（U）的评价。以前的调查经验显示出概率 $P(\mathrm{F})=0.7$，$P(\mathrm{U})=0.3$。设 s_1= 教材成功，s_2= 教材不成功。编辑对 s_1 和 s_2 的初始概率会因报告有利或不利而得到修正。修正后的概率如下。LO1,2,5,6

$P(s_1 \mid \mathrm{F})=0.75$　　$P(s_1 \mid \mathrm{U})=0.417$

$P(s_2 \mid \mathrm{F})=0.25$　　$P(s_2 \mid \mathrm{U})=0.583$

a. 假设公司将首先做出是否将手稿发出去做调查的决策，然后做出是接受还是拒绝手稿的决策，构建决策树。

b. 分析决策树，确定出版公司的最优决策策略。

c. 如果手稿的调查成本为5 000美元，你的推荐方案是什么？

d. 完美信息的期望值是多少？这个EVPI对公司提出了什么建议？

21. 资产购置和重新规划。 一家房地产投资商获得了购买一块新近被划为居民区的土地的机会。如果市议会在下一年批准了将这块土地重新规划为商业区的请求，那么这家投资商就可以把这块土地出租给一家大型折扣公司，这家折扣公司想在这块土地上新开一家商场。然而，如果重新规划的计划没有被批准，这个投资商将不得不低价出售土地。下面的支付矩阵列出了利润额（单位：千美元）。LO1,5,6

决策方案	自然状态	
	批准重新规划 s_1	不批准重新规划 s_2
购买，d_1	600	−200
不购买，d_2	0	0

a. 如果重新规划被批准的概率为0.5，你将推荐哪种决策？其期望的利润是多少？

b. 投资商可以购买土地期权。获得期权后，投资商在更多地了解当地居民对重新规划土地提议的反对程度的同时，享有在未来三个月内的任何时间购买这块土地的权利。可能的概率如下。令：

H = 高度反对重新规划

L = 轻度反对重新规划

$P(\mathrm{H})=0.55$　$P(s_1 \mid \mathrm{H})=0.18$　$P(s_2 \mid \mathrm{H})=0.82$

$P(\mathrm{L})=0.45$　$P(s_1 \mid \mathrm{L})=0.89$　$P(s_2 \mid \mathrm{L})=0.11$

在做出购买决策之前，如果投资商利用期权期限来更多地了解当地居民对重新规划土地提议的反对程度，那么最优的决策策略将是什么？

c. 如果投资商将额外支付10 000美元来购买土地期权，投资商应该购买这一期权吗？为什么应该购买或不应该购买？投资商最高愿意花费多少钱来购买这一期权？

22. 购买季节性产品。 Lawson’s百货商店需要决定是否要购进一种季节性产品，市场对这种产品的需求可能为高、中和低。Lawson’s百货商店的采购员可以在这一季节来临之前订购1、2或3批这种产品，但之后就不能再订购了。预测的利润额（单位：千美元）如下所示。LO1,5,6

决策方案	自然状态		
	高需求 s_1	中需求 s_2	低需求 s_3
订购1批，d_1	60	60	50
订购2批，d_2	80	80	30
订购3批，d_3	100	70	10

a. 如果这三种自然状态的先验概率分别为 0.3、0.3 和 0.4，你建议的订购批量为多少？

b. 在每个季前销售会议上，销售部副经理都会就市场对产品的潜在需求发表个人看法。由于这位副经理总是充满激情并且乐观，所以他对市场的预测总是"优"（E）或"很好"（V），其概率如下。

$P(E)=0.70$ $P(s_1 \mid E)=0.34$ $P(s_1 \mid V)=0.20$

$P(V)=0.30$ $P(s_2 \mid E)=0.32$ $P(s_2 \mid V)=0.26$

$P(s_3 \mid E)=0.34$ $P(s_3 \mid V)=0.54$

最优决策策略是什么？

c. 利用样本信息的效率值，讨论公司是否要咨询一位专家来获取关于此产品市场状况的独立预测。

23. **计算后验概率。**假设现在你要做出一个决策，此决策问题有三种可能的自然状态：s_1、s_2、s_3。先验概率分别为 $P(s_1)=0.2$，$P(s_2)=0.5$，$P(s_3)=0.3$。获得样本信息 I 后，$P(I \mid s_1)=0.1$，$P(I \mid s_2)=0.05$，$P(I \mid s_3)=0.2$。计算修正概率或后验概率 $P(s_1 \mid I)$、$P(s_2 \mid I)$、$P(s_3 \mid I)$。LO8

24. **拼车路线选择。**为了节省开支，罗娜和杰里同意共同使用一辆车来上下班。罗娜比较喜欢走稍微有点长但路况相对稳定的皇后大道。虽然杰里倾向于走更快的高速公路，但他也答应罗娜，当高速公路堵车的时候，他们应该走皇后大道。以下的支付矩阵显示了上班或下班的单程时间估计（单位：分钟）。

决策方案	自然状态	
	高速公路畅通 s_1	高速公路堵塞 s_2
皇后大道，d_1	30	30
高速公路，d_2	25	45

基于罗娜和杰里以往关于交通问题的经验，他们一致认为高速公路堵车的概率为 0.15。

另外，他们还认为天气似乎会影响高速公路上的交通状况。LO2,8

令：

C = 晴天

O = 阴天

R = 雨天

运用以下所示的条件概率：

$P(C \mid s_1)=0.8$ $P(O \mid s_1)=0.2$ $P(R \mid s_1)=0.0$

$P(C \mid s_2)=0.1$ $P(O \mid s_2)=0.3$ $P(R \mid s_2)=0.6$

a. 运用贝叶斯定理的概率修正步骤计算每种天气的概率，以及在每种天气下，高速公路畅通 s_1 或堵塞 s_2 的条件概率。

b. 画出这一问题的决策树。

c. 最优决策策略是什么？上/下班的期望时间为多少？

25. **制造或购买决策。**Tremblay 制造公司必须决定是否要通过在米兰和密西根的工厂生产零件还是从供货商那儿购买零件。从中产生的利润取决于市场对产品的需求。以下的支付矩阵列出了利润估计额（单位：千美元）。

决策方案	自然状态		
	低需求 s_1	中需求 s_2	高需求 s_3
制造 d_1	−20	40	100
购买 d_2	10	45	70

自然状态的概率为 $P(s_1)=0.35$，$P(s_2)=0.35$，$P(s_3)=0.30$。LO1,2,5,6,7,8

a. 利用决策树来推荐决策方案。

b. 利用 EVPI 确定 Tremblay 制造公司是否应该尝试获得关于市场需求方面更准确的估测。

c. 公司估计对产品的潜在需求的市场调研要么是带来有利的报告（F），要么是带来不利的报告（U）。相关的条件概率如下所示：

$P(F \mid s_1)=0.10$ $P(U \mid s_1)=0.90$

$P(F \mid s_2)=0.40$ $P(U \mid s_2)=0.60$

$P(F \mid s_3)=0.60$ $P(U \mid s_3)=0.40$

市场调查报告有利的概率是多少？

d. Tremblay 制造公司的最优决策策略是什么？

e. 市场调查信息的期望值是多少？

f. 信息的效率值是多少？

26. **新办公楼的保险。**亚历山大工业最近正考虑为其位于圣路易斯的新办公大楼购买一份保险。保险年费用是 10 000 美元。如果亚历山大不购买保险，且小型局部的火灾发生，将会损失100 000美元，如果是整体上的损坏，将会损失200 000美元。具体的费用和每种自然状态发生的可能性如下表所示。LO1,7,10

决策	损失（美元）		
	什么都不发生 s_1	小型火灾 s_2	整体损失 s_3
购买保险，d_1	10 000	10 000	10 000
不购买保险，d_2	0	100 000	200 000
可能性	0.96	0.03	0.01

a. 使用期望值最大的方法选出应予推荐的决策。

b. 将用何种赌博事件确定效用（注意，这里说的是费用，所以最好的支付结果是0）？

c. 假设你在b中所设的赌博事件中找出了如下无差异概率，你将推荐何种决策？

费用（美元）	无差异概率
10 000	0.99
100 000	0.60

d. 你更喜欢期望效用最大法还是期望值最大法？

27. **股票购买决策**。在一个确定的彩票事件中，每张彩票花费2美元，为了做出买还是不买的决策，假设支付表如下。LO1,10

决策	自然状态（美元）	
	获奖 s_1	损失 s_2
购买彩票，d_1	300 000	−2
不购买彩票，d_2	0	0

a. 现实中，可以获奖的概率是1/250 000，利用期望值最大法选出决策方案。

b. 如果某个决策者对0的支付结果的无差异概率是0.000 01，那么这个人会不会买彩票呢？利用效用解释你的答案。

28. **决策者的风险组合**。三个决策者根据如下的决策问题评估相关的效用。

决策	自然状态		
	s_1	s_2	s_3
d_1	20	50	−20
d_2	80	100	−100

无差异概率如下表所示。LO9,10

支付	无差异概率 p		
	决策者A	决策者B	决策者C
100	1.00	1.00	1.00
80	0.95	0.70	0.90
50	0.90	0.60	0.75
20	0.70	0.45	0.60
−20	0.50	0.25	0.40
−100	0.00	0.00	0.00

a. 为每一个决策者画出货币效用函数。

b. 判断每一个决策者是风险规避者、风险偏好者还是风险中性者。

c. 当支付是20的时候，风险规避者为避免风险会支付多少保险费？风险偏好者会花费多少保险费来获得高支付的机会？

29. **为不同决策者推荐方案**。在习题28中，如果 $P(s_1)=0.25$，$P(s_2)=0.50$，$P(s_3)=0.25$，为每个决策者推荐决策方案（注意，针对相同的问题，不同的效用值将导致不同的结果）。LO1

30. **效用计算**。若某一决策者的效用函数是指数函数，其中 R=250。帮助决策者将下面的货币形式的支付转换成效用形式：−\$200，−\$100，\$0，\$100，\$200，\$300，\$400，\$500。LO10

31. **指数效用函数**。假设一个决策者可以接受一个投资决策，在这项投资决策中，有50%的概率赢得25 000美元，有50%的概率损失12 500美元，但不能接受更大数额的类似投资项目。LO10

a. 写出近似于决策者效用函数的指数函数。

b. 为决策者画出 x 在 −20 000 ～ 50 000 美元的指数效用函数。决策者是风险偏好者、风险厌恶者还是风险中性者？

c. 假设决策者愿意接受一个投资决策，在这项投资决策中，有50%的概率赢得30 000美元，有50%的概率损失15 000美元。画出近似于效用函数的指数函数，并与b中的图形相比较。决策者的风险厌恶程度是更加高了还是更加低了？

案例问题 13-1

资产购置策略

Nyla Darwish 是 Oceanview 发展公司的总裁，她正考虑投标购买一块土地，这块土地将会在县税务抵押拍卖会上以密封投标的形式出售。Nyla Darwish 最初的判断是提交 500 万美元的标价。根据她以往的经验，Nyla Darwish 估计 500 万美元的标价为最高标价的概率为 0.2，而如果竞标成功，Oceanview 发展公司将获得这块土地的所有权。当时的日期是 6 月 1 日，而这块土地的密封标价必须在 8 月 15 日之前提交，9 月 1 日将宣布获胜的标价。

如果 Oceanview 发展公司投出最高的标价，并获得了这块土地的所有权，公司计划将建设并出售一栋高档公寓楼。然而，使此问题变得复杂的一个因素是这块土地新近被划为仅供单身家庭居民使用。Nyla Darwish 相信，在 11 月选举的时候，居民可能会对此规划进行投票，如果投票通过，则将改变土地的规划计划，并允许在这块土地上盖公寓楼。

密封投标程序要求投标者随标价附上总额为标价的 10% 的保付支票。如果没有中标，支票将会被退回；如果中标了，这笔存款就作为购买这块土地的预付定金。然而，如果中标后中标者在 6 个月内没有完成购买手续或满足财务上的其他要求，那么这笔存款就被没收。在这种情况下，县政府就会把这块土地转给下一个最高标价者。

为了确定 Oceanview 发展公司是否应该投 500 万美元的标价，Nyla Darwish 做了一些初步分析。依据这些准备工作，Nyla Darwish 判断投票通过，即改变土地规划计划的概率为 0.3。建筑公寓楼将带来的支出和收益如下所示。

支出和收益估计（美元）	
公寓销售带来的收益	15 000 000
购买所有权（成本）	5 000 000
建设费用（成本）	8 000 000

如果 Oceanview 发展公司获得了土地所有权，但在 11 月改变规划被否决的话，Nyla Darwish 认为公司最优的选择是不要完成土地所有权的购买手续。在这种情况下，Oceanview 发展公司随标价附上的 10% 的存款就会被没收。

由于规划投票通过的可能性在这一决策过程中起着至关重要的作用，Nyla Darwish 建议公司聘请一个市场调查服务公司对投票者进行调查。这一调查将对改变规划的投票通过的可能性做出更为准确的判断。曾经与 Oceanview 发展公司合作过的市场调查公司同意以 15 000 美元的价格接受这一调查任务。调查结果可在 8 月 1 日出来，所以 Oceanview 发展公司可以在 8 月 15 日投标截止日之前获得这些信息。调查的结果就是预计重新规划投票要么被通过，要么被否决。考虑到此市场调查服务公司在以往为 Oceanview 发展公司所做的几次调查中的表现之后，Nyla Darwish 得出了以下关于市场调查信息的准确度的概率估计。**LO1,2,5,6**

$$P(\mathrm{A}\mid s_1)=0.9 \qquad P(\mathrm{N}\mid s_1)=0.1$$

$$P(\mathrm{A}\mid s_2)=0.2 \qquad P(\mathrm{N}\mid s_2)=0.8$$

其中，

A = 预计重新规划被通过

N = 预计重新规划被否决

s_1 = 投票者赞成重新规划

s_2 = 投票者否决重新规划

管理报告

就 Oceanview 发展公司所面临的问题进行分析，并做出一份报告总结你的想法以及你所推荐的方案。报告中必须含有以下内容。

1. 显示有此决策问题的逻辑顺序的决策树。
2. 如果 Oceanview 发展公司没有获得市场调查信息，你建议 Oceanview 公司应该怎么做？
3. 如果进行了市场调查，Oceanview 发展公司应该采取什么决策策略？

4. 关于 Oceanview 发展公司是否应该聘请市场调查公司的建议，以及由该市场调查公司所提供的信息的价值。

将你分析的详细内容作为附录包含在报告中。

案例问题 13-2

诉讼辩护策略

John Campbell 是查伊建筑公司的一名员工，他声称自己在修葺一栋 Eastview 公寓楼的屋顶时摔倒，导致其背部受伤。为此，他起诉 Eastview 公寓的所有者 Doug Reynolds，索求 150 万美元的受伤赔偿。John Campbell 声称屋顶有好几处已经严重腐朽，而如果 Doug Reynolds 先生将此情况告知查伊建筑公司的话，他那次跌倒可能会避免。Reynolds 先生已经就此诉讼案通知了他的保险公司——Allied 保险公司。Allied 保险公司必须为 Doug Reynolds 先生辩护，并确定就此诉讼应该采取的措施。

就此问题，双方进行了一系列的协商。结果，John Campbell 提出接受 75 万美元来解决此争议。因此，Allied 保险公司的一种选择是支付 75 万美元给 John Campbell 以解决此案。Allied 保险公司也正在考虑向 John Campbell 做出 40 万美元的还价，希望 John Campbell 为了避免庭审的麻烦和费用而接受这一反报价。但是 Allied 保险公司的初步调查显示，John Campbell 赢得官司的可能性比较大。Allied 保险公司担心 John Campbell 会拒绝他们的反报价，并要求陪审团审判。Allied 保险公司的律师已花了一些时间来研究如果他们提出 40 万美元的反报价，John Campbell 会做出的可能反应。

律师得出的结论是，John Campbell 对 40 万美元的还价可能做出以下三种反应：①接受这一还价并结束这一案子；②拒绝这一还价并选择由陪审团决定赔偿额；③再给 Allied 保险公司一个 60 万美元的还价。如果 John Campbell 真的提出一个反报价，Allied 保险公司就决定不再就价格问题进行协商了。他们要么接受 John Campbell 提出的 60 万美元的赔偿款，要么就交由法庭审判。

如果案子交由陪审团审判，Allied 保险公司考虑了三种可能的结果：①陪审团否决 John Campbell 的索赔要求，这样 Allied 保险公司就不用支付任何赔偿费；②陪审团支持 John Campbell 的索赔要求，并判 Allied 保险公司支付给 John Campbell 75 万美元的赔偿费；③陪审团认为，John Campbell 的理由十分充分，并判 Allied 保险公司支付给 John Campbell 所要求的全额赔偿费 150 万美元。

当 Allied 保险公司设计解决此案子的策略时，他们发现需要重点考虑的因素有与 John Campbell 对 Allied 保险公司提出 40 万美元的还价的反应相关的概率，以及与三种可能的审判结果相关的概率。Allied 保险公司的律师认为，John Campbell 接受 40 万美元的还价的概率为 0.10，拒绝 40 万美元的还价的概率为 0.40，而他自己再向 Allied 保险公司提出 60 万美元的还价的概率为 0.50。他们推算，如果案子交由法庭裁决，陪审团判给 John Campbell 150 万美元的赔偿费的概率是 0.30，陪审团判给 John Campbell 75 万美元的赔偿费的概率是 0.50，而陪审团不判给 John Campbell 任何赔偿费的概率是 0.20。LO1,2,3

管理报告

对 Allied 保险公司所面临的问题进行分析，并写出报告总结你的想法以及推荐的方案。报告中必须包括以下内容。

1. 决策树。
2. 关于 Allied 保险公司是否应该接受 John Campbell 最初提出的 75 万美元赔偿费的要求的建议。
3. 如果 Allied 保险公司决定向 John Campbell 提出 40 万美元的反报价，Allied 保险公司应该遵循的决策策略。
4. 你所推荐的决策策略的风险组合。

案例问题 13-3

Rob's Market 连锁超市

Rob's Market（RM）是美国西南部的一家区域性食品连锁超市。RM 商业智能总监大卫·怀特（David White）希望对使用 RM 会员卡（持此卡的顾客在结账时可享受折扣价）的顾客的购买行为进行研究。通过会员卡和 POS 机，RM 可以获取顾客在结账离开超市时实际购买的全部产品情况。大卫认为，深入了解顾客购买产品组合的消费倾向，将会帮助超市更全面地掌握销售情况，并得到不同类型打折券对销售情况的潜在影响，从而帮助超市制定更好的定价和陈列策略。因为这种类型的分析是一种研究顾客在结账离开超市时"购物篮"中有什么，故而被称为购物篮分析。

大卫以顾客对面包、果冻和花生酱的购买情况作为研究消费者购买行为的试验。应大卫的要求，RM 的信息技术小组提供了 1 000 名顾客在一周内的购买数据。数据集包括每个顾客的以下购买数据。

- 面包：全麦、白面（精粉）或者无。
- 果冻：葡萄、草莓或者无。
- 花生酱：奶油、天然或者无。

购买数据在数据集中按从左到右的顺序显示，其中每一行代表 1 个顾客。例如，数据集中的第 1 条记录是：

白面	葡萄	无

这意味着 1 号顾客购买了白面面包、葡萄果冻，没有购买花生酱。数据集中的第 2 条记录是：

白面	草莓	无

这意味着 2 号顾客购买了白面面包、草莓果冻，没有购买花生酱。数据集中的第 6 条记录是：

无	无	无

这意味着 6 号顾客没有购买面包、果冻和花生酱。

其他记录的解释方式类似。

大卫希望你对数据进行初步研究，以更好地了解 RM 顾客在这三种产品方面的购买行为。LO1

管理报告

准备一份报告，深入分析使用 RM 会员卡的顾客的购买行为。你的报告至少应包括以下 10 方面内容。

1. 不购买三种产品（面包、果冻或花生酱）中任何一种的顾客的概率。
2. 购买白面面包的顾客的概率。
3. 购买全麦面包的顾客的概率。
4. 在购买白面面包的顾客中，购买葡萄果冻的顾客的概率。
5. 在购买白面面包的顾客中，购买草莓果冻的顾客的概率。
6. 在购买白面面包的顾客中，购买奶油花生酱的顾客的概率。
7. 在购买白面面包的顾客中，购买天然花生酱的顾客的概率。
8. 在购买全麦面包的顾客中，购买奶油花生酱的顾客的概率。
9. 在购买全麦面包的顾客中，购买天然花生酱的顾客的概率。
10. 同时购买白面面包、葡萄果冻和奶油花生酱的顾客的概率。

案例问题 13-4

大学垒球球员招募

大学垒球项目为有前途的高中毕业生提供的奖学金数量有限，因此该项目在评估这些球员方面投入了大量精力。该项目通常用来评估新成员的一个表现指标是安打率，即球员打出安打次数占击球数的比例（不包括野手选择和守备失误）。例如，一名球员在 150 次击球中打出 50 次安打，安打率为：50/150 =

0.333。

一个大学垒球项目正在考虑两名最近完成了高中四年级学业的球员，他们是Kiara Hayes和Millie Marshall，他们在高中三年级和四年级的统计数据如表13-15所示。LO1

表13-15 Kiara Hayes和Millie Marshall高中三年级和四年级击球成绩的总结

球员	高中三年级		高中四年级	
	击球数	安打数	击球数	安打数
Kiara Hayes	200	70	40	15
Millie Marshall	196	67	205	76

管理报告

一所大型公立大学的女子垒球队的体育总监和教练正在考虑向这两名球员中的一名提供体育奖学金（即参加大学垒球队的比赛以换取免费读大学的机会）。利用表中两年的数据，采取以下步骤来确定哪位球员的安打率更高，并用你得到的结果给体育总监和教练的决定提供建议。

1. 分别计算每个球员在高中三年级的安打率，再分别计算每个球员在高中四年级的安打率。根据计算结果，你将推荐哪一位球员？

2. 计算每个球员在高中三年级到高中四年级这两年期间的安打率。根据计算结果，你将推荐哪一位球员？

3. 综合考虑了1和2后，你会选择哪一位球员？为什么？

4. 为学院项目的体育总监和教练准备一份包含你推荐建议的报告。重点是清楚地解释两种分析中的差异。

第14章

多准则决策

学习目标

LO1 对多准则问题的目标规划模型进行建模并求解。

LO2 使用目标规划模型的图解法求解两个决策变量的目标规划问题。

LO3 解释如何通过改变目标函数中决策变量的权重或系数来反映目标的相对重要性。

LO4 通过求解一系列线性规划问题，得到目标规划模型的解。

LO5 解释什么是计分模型，并使用它来解决多准则决策问题。

LO6 使用层次分析法（AHP）解决多准则决策问题。

通过前几章的学习，我们知道了如何使用各种定量方法来帮助管理者制定更好的决策。但当想得到最优解时，我们只是运用一个单一的标准（如最大化利润、最小化成本、最小化时间）。在这一章中，我们将讨论适用于在求解全局最优解时决策者需要考虑多重标准的情况的方法。例如，一家公司正在为新厂房选择地点。由于不同地点的土地成本和施工费用的差别很大，所以选择最优地点的一个决策标准是与建厂房相关的成本；如果成本是管理者关注的唯一标准，那么管理者就可以简单地通过最小化土地成本和施工费用之和选择地点了。但是，在做任何决定之前，管理者也可能会考虑其他的标准，比如从厂房到公司配送中心的交通是否便利、所选地点在招聘和留住员工方面是否有吸引力、所选地点的能源成本以及国家和当地的税率。在这样的情况下，问题的复杂性就增大了，因为一个地点在某种标准下可能更有优势，但在其他的一种或多种标准方面可能又不是很合适的。

为了介绍多准则决策问题，我们考虑一种被称为**目标规划**的方法。这种方法主要是为了在线性规划框架内解决多准则情形。接下来，我们考虑评分模型，这是一种确定多目标问题最优解相对比较容易的方法。最后，我们介绍层次分析法（AHP），这种方法允许使用者在多种标准中进行两两比较以及在各种决策方案中进行一系列两两比较，以得到各种决策方案的优先级排序。

| 专栏 14-1 | 实践中的管理科学

阿拉伯联合酋长国的能源消耗和排放

政策制定者经常需要考虑多个目标，而且它们往往相互冲突。事实上，政策制定者面临的核心挑战是在多个目标之间找到一个良好的权衡。例如，每个国家的政策必须在满足其人民日益增长的能源需求和保护其自然资源与环境之间取得平衡。决策者发现，这些目标通常相互冲突：达成一个目标的比例越大，达成另一个目标的比例越少。因此，这些政策制定者面临着在这两个相互竞争的目标之间取得平衡的难题。

哈利法大学的 Raja Jayaramana、Tufail Malik、Yanthe Pearson 以及米兰大学的 Davide La Torre 开发了一种方法，可以使用目标规划来平衡阿联酋的两个相互冲突的目标。具体而言，他们考虑了阿联酋的电力消耗和温室气体排放之间的平衡。通过使用目标规划，他们改善了同时实现两个目标的解决方案，并为可持续发展计划的投资提供了理由。

他们的努力为考虑如何系统地解决冲突目标之间的平衡提供了一个框架，并成为目标规划的示范应用。他们的方法为分析其他国家的类似问题以及涉及多个目标的其他问题提供了一个框架。

资料来源：Raja Jayaramana, Davide La Torre, Tufail Malik, and Yanthe E. Pearson, " A Polynomial Goal Programming Model with Application to Energy Consumption and Emissions in United Arab Emirates, " *Proceedings of the 2015 International Conference on Industrial Engineering and Operations Management*, Dubai, United Arab Emirates, March 3–5, 2015.

14.1 目标规划：模型构建和图解法

为了阐明解决多准则决策问题的目标规划法，我们现在以 Nicolo 投资咨询公司所面临的问题为例。有一个客户有 80 000 美元用于投资，他的投资仅限于分配到两种股票上。

股票	价格（股）	期望年收益（股）	风险指数（股）
美国石油	25 美元	3 美元	0.50
Hub 房地产	50 美元	5 美元	0.25

美国石油每股 25 美元，收益为 3 美元，年收益率为 12%，而 Hub 房地产的年收益率为 10%。美国石油的每股风险指数为 0.50，Hub 房地产的每股风险指数为 0.25，这是 Nicolo 投资咨询公司对两种投资项目的相对风险的评估结果。较高的风险指数值意味着较高的风险，因此，Nicolo 投资咨询公司认为投资美国石油的风险相对较高。这样，通过约束投资组合的最大风险指数，Nicolo 投资咨询公司可以避免购买过多的高风险股票。

为了说明如何使用每股的风险指数来测量投资组合的总风险，我们假设 Nicolo 投资咨询公司选择将 80 000 美元全部用于购买美国石油的股票，这是高风险、高收益的投资。Nicolo 投资咨询公司可能购买 80 000/25=3 200（股）美国石油的股票，这个投资组合的风险指数为 3 200 × 0.50=1 600。相反，如果 Nicolo 投资咨询公司不购买任何股票，那么投资组合将没有风险，但是也没有收益。因此，投资组合的风险指数在 0（最小风险）至 1 600（最大风险）之间。

Nicolo 投资咨询公司的客户想避免高风险的投资组合，因此，将所有资金用于购买美国石油是不合适的。然而，客户可接受的风险水平是总风险指数 700，因此，如果仅考虑风险的话，一个目标就是找到一个风险指数为 700 或更小的投资组合。

客户的另外一个目标是获得至少9 000美元的年收益。投资组合只要由2 000股的美国石油［成本为2 000×25=50 000（美元）］和600股的Hub房地产［成本为600×50=30 000（美元）］组成就能达到目标了。这种情况下，年收益额将达到2 000×3+600×5=9 000（美元），但是这个投资策略的风险指数为2 000×0.50+600×0.25=1 150。因此，这个投资组合虽然达到了年收益的目标，但并没有满足组合的风险指数目标。

因此，这种投资组合选择问题是一个多准则决策问题，它包含两个相互冲突的目标：一个是风险，一个是年收益。目标规划方法正好可以解决这类问题。目标规划能确定一个最接近两个目标的投资组合。在应用这种方法之前，客户必须决定如果两个目标不能兼得，哪个目标更重要。

假设客户的最高优先级目标是减少风险，即保持投资组合的风险指数不超过700的这个目标非常重要，客户不会以牺牲这个目标来换取更高的年收益。只要投资组合的风险指数不超过700，客户会寻求可能的最大收益。基于这个优先级，此问题的目标如下。

主要目标（第一优先级）

目标1：找到一个风险指数不超过700的投资组合。

二级目标（第二优先级）

目标2：找到一个年收益至少为9 000美元的投资组合。

在具有优先级的目标规划中，不允许牺牲较高级的目标换取更好的较低级的目标。

主要目标被称为第一优先级目标，二级目标被称为第二优先级目标。在目标规划的专业术语里，这被称为**抢占优先级**，因为决策者不会以牺牲第一优先级目标为代价来达到低层次优先级目标。投资组合风险指数700是第一优先级（主要）目标的**目标值**，而年收益9 000美元是第二优先级（二级）目标的目标值。找到一个满足这些目标的解决方案的困难在于只有80 000美元可供投资。

14.1.1 构建约束条件和目标约束方程

首先，我们定义决策变量：

U= 购买的美国石油股票数

H= 购买的Hub房地产股票数

处理目标规划问题的约束条件的方法与处理一般线性规划问题的约束条件的方法相同。在Nicolo投资咨询公司的问题中，其中的一个约束条件对应于可使用的资金。因为每股美国石油的价值为25美元，同时每股Hub房地产的价值为50美元，所以可使用的资金的约束条件表示为：

$$25U+50H \leqslant 80\ 000$$

要构建完整的模型，我们必须为每个目标创建一个**目标约束条件方程**。首先我们写出主要目标的方程。每股美国石油的风险指数为0.50，而每股Hub房地产的风险指数为0.25，故投资组合的风险指数是$0.50U+0.25H$。根据U和H的值，投资组合的风险指数可能小于、等于或大于目标值700。为了用数学式表示这些可能性，我们创建如下目标约束条件方程：

$$0.50U + 0.25H = 700 + d_1^+ - d_1^-$$

其中，

$$d_1^+ = \text{投资组合的风险指数超过目标值 700 的数量}$$

$$d_1^- = \text{投资组合的风险指数小于目标值 700 的数量}$$

在目标规划中，d_1^+ 和 d_1^- 被称为**偏差变量**。设置偏差变量的目的是允许出现结果不精确等于目标值的可能。例如，考虑一个由 U=2 000 股美国石油和 H=0 股 Hub 房地产组成的投资组合，它的风险指数为 0.50×2 000+0.25×0=1 000。这样，d_1^+=300 反映的情况是投资组合的风险指数超过了目标值 300 个单位。注意，由于 d_1^+ 大于 0，因此 d_1^- 的值必须为 0。如果投资组合由 U=0 股美国石油和 H=1 000 股 Hub 房地产组成，那么它的风险指数为 0.50×0+0.25×1 000=250。在这种情况下，d_1^-=450，d_1^+=0，表明此解提供了一个风险指数比目标值 700 小 450 的投资组合。

为了刚好取得目标值，两个偏差变量必须都等于 0。

通常，字母 d 在目标规划模型中用来代表偏差变量。上标正号（+）或者负号（−）用来表示变量与目标值之差是正数还是负数。如果我们将偏差变量移到等式的左边，则第一优先级目标的目标约束条件方程可以重新写为：

$$0.50U + 0.25H - d_1^+ + d_1^- = 700$$

注意，右边的数值就是目标值。左边包含两部分。

（1）用决策变量来定义目标的完成情况的函数（如，0.50U+0.25H）。

（2）表示目标值和实际完成情况的偏差变量。

我们接下来创建二级目标的目标约束条件方程，首先我们写出投资的年收益的函数表达式：

$$\text{年收益} = 3U + 5H$$

接着，我们定义两个偏差变量来表示超过或小于目标值的数量。这样，我们得到：

$$d_2^+ = \text{投资组合的年收益超过目标值 9 000 美元的数量}$$

$$d_2^- = \text{投资组合的年收益小于目标值 9 000 美元的数量}$$

利用这两个偏差变量，我们可以写出二级目标的目标方程式：

$$3U + 5H = 9\,000 + d_2^+ - d_2^-$$

或是：

$$3U + 5H - d_2^+ + d_2^- = 9\,000$$

到这一步为止，Nicolo 投资咨询公司投资组合问题的目标约束条件方程和约束条件就构建完成了。现在我们准备建立这个问题的目标函数。

14.1.2 建立含有优先级的目标函数

目标规划模型中的目标函数要求最小化偏差变量，即使目标和实际完成的目标之间的偏差最小。在投资组合的选择问题中，第一优先级目标标记为 P_1，是找到一个风险指数等于或小于 700 的投资组合。这个问题只有两个目标，且客户不愿意为了达到第二个年收益的目标而接受一个风险指数大于 700 的投资组合。第二优先级目标标记为 P_2。正如我们前面叙述的那样，这些目标优先级被称为抢占优先级，优先级高的目标的满意度不能与优先级低的目标的满意度相交换。

求解具有抢占优先级的目标规划问题，需要将第一优先级目标（P_1）看作目标函数中的首要目标。具体思路是，首先找到一个最接近于满足第一优先级目标的解。然后，通过求解一个目标函数只包括第二级优先目标（P_2）的问题，来修正刚才得到的解。这些对解的修改都必须满足 P_1 目标的实现不受影响。一般而言，求解具有抢占优先级的目标规划问题，需要求解一系列含有不同目标函数的线性规划问题。首先考虑目标 P_1，其次考虑目标 P_2，再次是目标 P_3，依此类推。在此过程的每一个阶段，允许对解进行修改的前提是这些修改不会影响任一更高优先级目标的实现。

> 对于每一个优先级，我们必须求解一次线性规划。

求解目标规划问题所需依次求解的线性规划的个数由优先级的个数决定。每个优先级都必须求解一个线性规划。我们将第一个求解的线性规划称为第一优先级问题，第二个求解的线性规划称为第二优先级问题，依此类推。每个线性规划都是由更高一级的线性规划通过修改目标函数和增加一个约束条件而来。

我们先建立第一优先级问题的目标函数。客户已经规定投资组合的风险指数不能超过 700。如果低于目标值 700，有没有问题呢？显然，答案为没有，因为投资组合的风险指数小于 700，则对应的风险也小了。如果超过目标值 700，有没有问题呢？答案为有，投资组合的风险指数大于 700 无法满足客户对风险水平的要求。因此，对应于第一优先级线性规划的目标函数应该最小化 d_1^+ 的值。

我们已经列出了目标约束条件方程和可使用资金的约束条件。因此，现在给出第一优先级线性规划。

***P_1* 问题**

$$
\begin{aligned}
\min\quad & d_1^+ \\
\text{s.t.}\quad & \\
& 25U + 50H \leqslant 80\,000 && \text{（可用资金）} \\
& 0.50U + 0.25H - d_1^+ + d_1^- = 700 && \text{（}P_1\text{ 目标）} \\
& 3U + 5H - d_2^+ + d_2^- = 9\,000 && \text{（}P_2\text{ 目标）} \\
& U,\ H,\ d_1^+,\ d_1^-,\ d_2^+,\ d_2^- \geqslant 0
\end{aligned}
$$

14.1.3 图解法

> 通常用来解决难题的一个方法是将问题分成两个或多个更小或更简单的问题。我们解决目标规划问题的线性规划过程就是基于这种方法。

目标规划的图解法类似于第 2 章中介绍的线性规划的图解法。唯一的区别在于目标规划的图解法包含了给每一优先级求一个单独的解。回顾线性规划的图解法，它以图解的形式列出决策变量的值。因为决策变量非负，所以我们只需考虑图中 $U \geqslant 0$ 且 $H \geqslant 0$ 的那部分区域。回顾一下，图上所有的点都被称为解点。

用图解法求解 Nicolo 投资咨询公司投资问题的第一步，是找出所有满足可使用资金的约束条件的解点：

$$25U+50H \leqslant 80\,000$$

图 14-1 中的阴影部分代表可行的投资组合，它包括了满足这个约束条件的所有解点，也就是满足 $25U+50H \leqslant 80\,000$ 的 U 和 H 的值。

第一优先级线性规划的目标就是最小化 d_1^+，也就是投资组合风险指数超过目标值 700 的数量。如前所述，目标 P_1 的目标约束条件为：

$$0.50U+0.25H-d_1^+ +d_1^- =700$$

当 P_1 的目标被精确地满足时，$d_1^+=0$ 且 $d_1^-=0$，此时目标约束条件可简化为 $0.50U+0.25H=700$。图 14-2 显示了这个等式的曲线，图中阴影部分表示所有满足可使用资金约束条件且使得 $d_1^+=0$ 的解点。因此，阴影部分包括了所有达到第一优先级目标的可行解点。

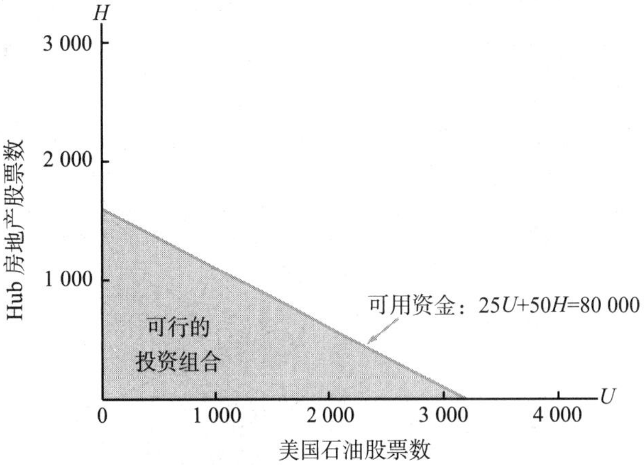

图 14-1　满足可使用资金约束条件的投资组合

到此为止，我们已经解决了第一优先级问题。注意，可能存在无穷多个最优解的情况。事实上，在图 14-2 阴影区域中的所有解点都满足投资组合风险指数小于或等于 700，所以 $d_1^+=0$。

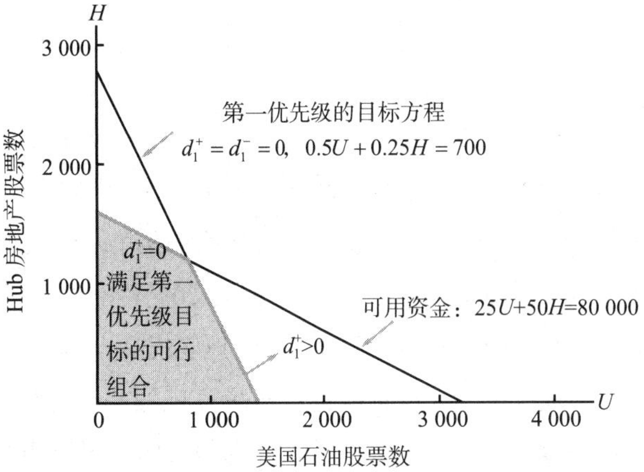

图 14-2　满足 P_1 目标的投资组合

Nicolo 投资咨询公司投资问题第二优先级的目标是找到一个能带来至少 9 000 美元年收益的投资组合。如果超过目标值 9 000 美元，有没有问题呢？显然，答案为没有，因为年收益超过 9 000 美元的投资组合意味着高收益。如果低于目标值 9 000 美元，有没有问题呢？答案为有，因为客户不能接受年收益低于 9 000 美元的投资组合。因此，对应于第二优先级线性规划的目标函数必须最小化 d_2^- 的值。然而，由于目标 2 是第二优先级目标，因此满足第二优先级目标函数的线性规划问题的解必须满足第一优先级目标。这样，第二优先级线性规划可以写作如下。

P_2 问题

$$\begin{aligned}
\min\quad & d_2^- \\
\text{s.t.}\quad & \\
& 25U+50H \leqslant 80\,000 && \text{(可用资金)} \\
& 0.50U+0.25H-d_1^+ + d_1^- = 700 && (P_1\ \text{目标}) \\
& 3U+5H - d_2^+ + d_2^- = 9\,000 && (P_2\ \text{目标}) \\
& d_1^+ = 0 && \text{(满足}\ P_1\ \text{目标)} \\
& U,\ H,\ d_1^+,\ d_1^-,\ d_2^+,\ d_2^- \geqslant 0
\end{aligned}$$

注意，第二优先级线性规划与第一优先级线性规划有两个方面的不同。第二优先级线性规划的目标函数除了要使投资组合的年收益低于第二优先级目标的负偏差变量最小化之外，还增加了一个约束条件，那就是要保证不损害第一优先级目标的实现。

现在，我们接着用图解法解该问题。第二优先级目标的目标约束条件是：

$$3U+5H-d_2^+ +d_2^- =9\ 000$$

当 d_2^+ 和 d_2^- 都等于 0 时，这个等式简化为 $3U+5H=9\ 000$。这个等式的图像如图 14-3 所示。

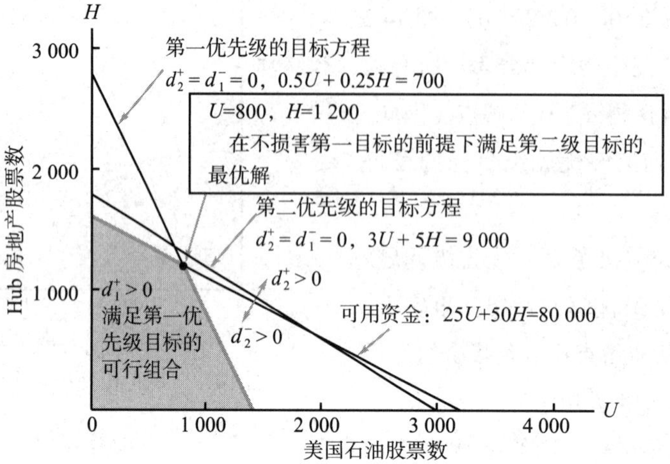

图 14-3 同时满足两个目标的最优解（P_2 问题的解）

在这个阶段，我们不考虑损害第一优先级目标实现的解点。图 14-3 告诉我们，同时满足第二优先级目标和第一优先级目标不变的解点是不存在的。事实上，考虑到第二优先级目标，我们得到的最优解是（U=800，H=1 200）。换句话说，这个点是所有满足第一优先级目标的解中最接近于满足第二优先级目标的点。因为这个解点对应的年收益为 3 × 800+5 × 1 200=8 400（美元），所以同时满足第一优先级和第二优先级目标的投资组合是不存在的。事实上，最优解距离实现第二优先级目标还差 d_2^-=9 000−8 400=600（美元）。

因此，Nicolo 投资咨询公司投资问题的目标规划解是花费 80 000 美元买入 800 股美国石油和 1 200 股 Hub 房地产。第一优先级目标，即投资组合风险指数等于或小于 700 得到了实现。然而，第二优先级目标，即至少 9 000 美元的年收益并没有得到实现。最终推荐的投资组合的年收益为 8 400 美元。

总结一下，图解法求解目标规划问题有以下几个步骤。

步骤 1：找出满足问题约束条件的可行解点。

步骤 2：找出所有满足最高级目标的可行解；如果没有，则找出最接近最高级目标的解。

步骤 3：考虑下一个优先级，在满足上一个优先级目标的前提下，找出“最优”解。

步骤 4：重复步骤 3，直到所有的优先级都考虑到了。

虽然使用图解法求解含有两个决策变量的目标规划问题比较方便，但求解更复杂的问题时，我们需要使用计算机辅助法。在 14.2 节中，我们会介绍如何利用计算机软件解决较复杂的目标规划问题。

14.1.4 目标规划模型

正如我们前面所说的，解决涉及优先级的目标规划问题是通过求解一系列的线性规划来进行的：每个优先级都有一个线性规划。如果把目标规划问题用简明的说法总结一下，对解题是非常有帮助的。

在写出投资组合选择问题的总目标时，我们必须写出能表明目标优先级的目标函数。我们可将目标函数写作：

$$\min \quad P_1(d_1^+)+P_2(d_2^-)$$

优先级 P_1 和 P_2 并不是指偏差变量的数值，只是用来提示我们它们所代表的目标优先级而已。

我们现在写出完整的目标规划模型，如下：

$$\begin{aligned}
&\min \quad P_1(d_1^+)+P_2(d_2^-)\\
&\text{s.t.}\\
&\qquad 25U+50H \qquad\qquad\qquad \leqslant 80\,000 \qquad (\text{可用资金})\\
&\qquad 0.50U+0.25H-d_1^++d_1^- \qquad = 700 \qquad (P_1\ \text{目标})\\
&\qquad 3U+5H \qquad -d_2^++d_2^- = 9\,000 \qquad (P_2\ \text{目标})\\
&\qquad U,\ H,\ d_1^+,\ d_1^-,\ d_2^+,\ d_2^- \geqslant 0
\end{aligned}$$

如果忽略优先级 P_1 和 P_2，这个模型就是一个线性规划模型。解这个线性规划模型时，只需按优先级的顺序求解一系列线性规划。

我们现在总结一下创建目标规划模型的步骤。

步骤 1：找出目标和所有限制目标实现的约束条件，比如资源、能力以及其他约束条件。

步骤 2：确定每个目标的优先级，优先级 P_1 的目标是最重要的，优先级 P_2 的目标次之，依此类推。

步骤 3：定义决策变量。

步骤 4：以一般的线性规划形式建立约束条件。

步骤 5：对每个目标都建立一个目标约束条件，将目标值放在右侧。偏差变量 d_1^+ 和 d_1^- 应包含在所有目标约束条件中，用以反映实际解与目标值之间的偏差。

步骤 6：写出使优先级函数中的偏差变量最小化的目标函数。

注释与点评

1. 普通目标规划的约束条件分为两种：目标方程和一般线性规划。有些分析人员称目标方程为目标约束条件，称一般线性规划约束条件为系统约束条件。

2. 你可能认为一般线性规划模型有“硬”和“软”两种约束条件。硬性约束条件是不可以违背的。软性约束条件是由目标等式产生的约束条件，它可以违背，但这样做会受到一定的惩罚。惩罚体现在目标函数中偏差变量的系数上。在 14.2 节中，我们给出了例证，该问题中一个偏差变量的系数为 2。

3. 注意从一个较高优先级线性规划问题到下一个较低优先级线性规划问题会增加一个硬性约束条件。这个硬性约束条件保证绝不能以牺牲较高优先级目标的实现来达到较低优先级的目标。

14.2　目标规划：较复杂问题的解法

在 14.1 节中，我们创建并求解了包含第一优先级和第二优先级目标的目标规划模型。在这一节中，我们将介绍如何创建并求解同一优先级上有多重目标的目标规划模型。虽然专门开发的计算机程序能够用来处理目标规划模型，但这些程序还没有像一般用途的线性规划软件那么普及。因此，本节所要讲述的计算机求解法还是利用普通的线性规划软件对一系列线性规划模型进行求解，从而得到目标规划的解。

14.2.1 Pérez 办公用品问题

Pérez 办公用品的管理层针对不同类的客户制定了相应的月目标（配额）。在接下来的 4 周里，Pérez 的客户联系策略要求一个由 4 名销售员组成的销售小组去联系 200 位以前曾购买过公司产品的老客户。另外，这个策略还要求与 120 位新客户建立联系，以希望销售小组能继续开拓新的销售市场。

Pérez 为销售员因出差、等候、演示和直接销售的时间提供了津贴。在销售时间分配上，公司希望每次联系老客户要保证 2 小时的销售时间。联系新客户则需更长的时间，每次需 3 小时。通常，每个销售员每周工作 40 小时，即在 4 周的计划期内工作 160 小时。按照正常的工作安排，4 名销售员将有 4 × 160=640（小时）的销售时间可用于联系客户。

如果有必要，管理层愿意使用一些加班时间，也愿意接受一个所用时间少于可用的计划时间（640 小时）的解决方案。但是，管理层希望在 4 周内工作人员的加班时间和未被利用的时间都限制在 40 小时之内。也就是说，如果需要加班，管理层希望总销售时间不超过 640+40=680（小时）；如果要减少销售时间，管理层希望总销售时间不少于 640−40=600（小时）。

除了客户联系这个目标外 Pérez 还制定了销售额目标。基于以往的经验，Pérez 估计每次联系老客户会带来 250 美元的销售额，而每次联系新客户则会带来 125 美元的销售额。管理层希望下个月的销售额至少达到 70 000 美元。

鉴于 Pérez 的销售小组规模很小且销售期较短，管理层决定把加班目标和劳动时间使用目标都作为第一优先级目标，把 70 000 美元的销售额作为第二优先级目标，把联系新老客户作为第三优先级目标。确立了这些优先级后，现在我们总结目标如下。

第一优先级目标

目标 1：销售时间不得超过 680 小时。

目标 2：销售时间不得少于 600 小时。

第二优先级目标

目标 3：产生至少 70 000 美元的销售额。

第三优先级目标

目标 4：联系的老客户不少于 200 位。

目标 5：联系的新客户不少于 120 位。

14.2.2 构建目标约束式

下面，我们定义决策变量，这些变量的值将用来确定我们是否能达到目标。假设：

$$E = \text{联系的老客户数}$$

$$N = \text{联系的新客户数}$$

利用这些决策变量以及合适的偏差变量，我们就能为每个目标建立一个目标方程。所用的步骤与前面小节中介绍的步骤相同。下面我们总结了所得到的每个目标的方程式。

目标 1

$$2E+3N-d_1^+ + d_1^- = 680$$

其中，

d_1^+= 销售小组所用的时间超过目标值 680 小时的数值

d_1^-= 销售小组所用的时间少于目标值 680 小时的数值

目标 2

$$2E+3N-d_2^+ + d_2^- = 600$$

其中，

d_2^+= 销售小组所用的时间超过目标值 600 小时的数值

d_2^-= 销售小组所用的时间少于目标值 600 小时的数值

目标 3

$$250E+125N-d_3^+ + d_3^- = 70\,000$$

其中，

d_3^+= 销售额超过目标值 70 000 美元的数值

d_3^-= 销售额少于目标值 70 000 美元的数值

目标 4

$$E-d_4^+ + d_4^- = 200$$

其中，

d_4^+= 联系的老客户数超过目标值 200 的数值

d_4^-= 联系的老客户数少于目标值 200 的数值

目标 5

$$N-d_5^+ + d_5^- = 120$$

其中，

d_5^+= 联系的新客户数超过目标值 120 的数值

d_5^-= 联系的新客户数少于目标值 120 的数值

14.2.3　构建目标函数

为了构建 Pérez 办公用品问题的目标函数，我们首先考虑第一优先级目标。考虑目标 1 的情况，如果 $d_1^+=0$，这时的解所用的销售时间不超过 680 小时。因为对于 $d_1^+ > 0$ 的解，表示加班时间超出可接受的水平，所以目标函数应该使 d_1^+ 最小化。考虑目标 2 的情况，如果 $d_2^-=0$，这时的解所用的销售时间至少有 600 小时。而如果 $d_2^- > 0$，销售时间达不到可接受的水平。因此，第一优先级目标的目标函数应该最小化 d_2^-。这两个第一优先级目标同等重要，第一优先级问题的目标函数为：

$$\min \quad d_1^+ + d_2^-$$

考虑第二优先级目标时，我们注意到管理层希望达到至少 70 000 美元的销售额。如果 $d_3^-=0$，Pérez 的销售额将至少为 70 000 美元；如果 $d_3^- > 0$，销售额将少于 70 000 美元；因此，第二优先级问题的目标函数为：

$$\min \quad d_3^-$$

接下来我们考虑第三优先级问题的目标函数。考虑目标 4 的情况，如果 $d_4^-=0$，我们得到的解将至少有 200 次与老客户的联系；但是，如果 $d_4^- > 0$，我们将无法达到联系 200 位老客户的目标。于是，目标 4 的目标是最小化 d_4^-。考虑目标 5 的情况，如果 $d_5^-=0$，我们得到的解将至少有 120 次与新客户的联系；但是，如果 $d_5^- > 0$，我们将无法达到联系 120 位新客户的目标。于是，目标 5 的目标是最小化 d_5^-。如果目标 4 和目标 5 同等重要的话，那么第三优先级的目标函数为：

$$\min \quad d_4^- + d_5^-$$

假设管理层认为开拓新客户对于公司的长期发展来说十分重要，并且目标 5 应该比目标 4 更重要。如果管理层认为目标 5 的重要性是目标 4 的两倍，则第三优先级问题的目标函数将为：

$$\min \quad d_4^- + 2d_5^-$$

综合 3 个优先级的目标函数，我们得到 Pérez 办公用品问题的总目标函数：

$$\min \quad P_1(d_1^+) + P_1(d_2^-) + P_2(d_3^-) + P_3(d_4^-) + P_3(2d_5^-)$$

正如我们前面提到的，P_1、P_2 和 P_3 都只是符号，提醒我们目标 1 和目标 2 是第一优先级目标，目标 3 是第二优先级目标，而目标 4 和目标 5 是第三优先级目标。现在我们可以写出 Pérez 办公用品问题的完整的目标规划模型，如下：

$$\begin{aligned}
\min \quad & P_1(d_1^+) + P_1(d_2^-) + P_2(d_3^-) + P_3(d_4^-) + P_3(2d_5^-) \\
\text{s.t.} \quad & \\
& 2E + 3N - d_1^+ + d_1^- = 680 \quad (P_1 \text{ 目标}) \\
& 2E + 3N - d_2^+ + d_2^- = 600 \quad (P_2 \text{ 目标}) \\
& 250E + 125N - d_3^+ + d_3^- = 70\,000 \quad (P_3 \text{ 目标}) \\
& E - d_4^+ + d_4^- = 200 \quad (P_4 \text{ 目标}) \\
& N - d_5^+ + d_5^- = 120 \quad (P_5 \text{ 目标}) \\
& E, N, d_1^+, d_1^-, d_2^+, d_2^-, d_3^+, d_3^-, d_4^+, d_4^-, d_5^+, d_5^- \geqslant 0
\end{aligned}$$

14.2.4 计算机求解

下面介绍的计算机法是通过求解一系列的线性规划问题来求得目标规划模型的解。第一个问题包含所有的约束条件和目标规划模型的所有目标方程，但是这个问题的目标函数只包括 P_1 优先级目标。因此，我们仍把这个问题称为 P_1 问题。

无论 P_1 问题的解是什么，P_2 问题都是在 P_1 模型的基础上增加一个约束条件而形成的，但是这个约束条件的增加不能影响 P_1 问题的解。第二优先级问题的目标函数仅考虑 P_2 目标。我们可以重复这个过程直到考虑了所有的优先级。

为了求解 Pérez 办公用品问题，我们首先解 P_1 问题：

$$\begin{aligned}
\min \quad & d_1^+ + d_2^- \\
\text{s.t.} \quad & \\
& 2E + 3N - d_1^+ + d_1^- = 680 \quad (P_1 \text{ 目标})
\end{aligned}$$

$$
\begin{aligned}
2E+\ 3N \quad -d_2^+ + d_2^- &= 600 \quad (P_2\ 目标)\\
250E+125N \quad - d_3^+ + d_3^- &= 70\ 000 \quad (P_3\ 目标)\\
E \quad - d_4^+ + d_4^- &= 200 \quad (P_4\ 目标)\\
N \quad - d_5^+ + d_5^- &= 120 \quad (P_5\ 目标)\\
E, N, d_1^+, d_1^-, d_2^+, d_2^-, d_3^+, d_3^-, d_4^+, d_4^-, d_5^+, d_5^- &\geqslant 0
\end{aligned}
$$

在图 14-4 中，可以看出这个线性规划的解。注意，D1PLUS 指代 d_1^+，D2MINUS 指代 d_2^-，D1MINUS 指代 d_1^-，依此类推。在这个解中，联系了 E=250 位老客户和 N=60 位新客户。因为 D1PLUS=0 以及 D2MINUS=0，所以这个解同时实现了目标 1 和目标 2。换句话说，目标函数的值为 0，确定第一优先级的两个目标都达到了。接下来，我们考虑目标 3，即第二优先级的目标，它要最小化 D3MINUS。图 14-4 中的解显示 D3MINUS=0。因此，联系 E=250 位老客户和 N=60 位新客户的解也满足目标 3，即第二优先级的目标，这个解产生了至少 70 000 美元的销售额。事实上，D3PLUS=0 表明现有的解刚好满足目标 3，即正好 70 000 美元。最后，图 14-4 中的解显示 D4PLUS=50 以及 D5MINUS=60。这些值告诉我们第三优先级的目标 4 不仅完成了，还超出了 50 位老客户，但目标 5 没有完成目标，差了 60 位新客户。此时，第一和第二优先级的目标都达成了，但是我们还需要求解另外一个线性规划，以确定是否存在一个能满足第三优先级的两个目标的解。因此，我们直接来看 P_3 问题。

最优值 = 0.00000

变量	值	递减成本
D1PLUS	0.00000	1.00000
D2MINUS	0.00000	1.00000
E	250.00000	0.00000
N	60.00000	0.00000
D1MINUS	0.00000	0.00000
D2PLUS	80.00000	0.00000
D3PLUS	0.00000	0.00000
D3MINUS	0.00000	0.00000
D4PLUS	50.00000	0.00000
D4MINUS	0.00000	0.00000
D5PLUS	0.00000	0.00000
D5MINUS	60.00000	0.00000

图 14-4　问题 P_1 的解

问题 P_3 的线性规划模型是在问题 P_1 的线性规划模型的基础上修改得来的。具体而言，问题 P_3 的目标函数是由第三优先级的目标构成的。因此，问题 P_3 的目标函数是最小化 D4MINUS+2D5MINUS。问题 P_1 中原有的 5 个约束条件出现在问题 P_3 中。然而，还需要添加另外两个约束条件以确保问题 P_3 的解仍然满足第一优先级和第二优先级的目标。于是我们添加第一优先级的约束条件 D1PLUS+D2MINUS=0 以及第二优先级的约束条件 D3MINUS=0。在对问题 P_1 进行这些修改之后，我们得到问题 P_3 的解，如图 14-5 所示。

根据图 14-5，我们可以看到，目标函数值为 120，这说明第三优先级的目标没有得到实现。因为 D5MINUS=60，最优解 E=250 和 N=60 使得联系的新客户人数比目标值少 60。但是，我们求解问题 P_3 的事实表明，在第一优先级和第二优先级的目标都被满足了的前提下，得到的目标规划的解已经尽量接近于满足第三优先级的目标。由于考虑了所有的优先级，因此整个求解过程就结束了。Pérez 最优解是联系 250 位老客户和 60 位新客户。虽然这个解没有达到管理层的联系至少 120 位新客户的这一目标，但实现了规定的其他目标。如果管理层不满意这个解，那可以考虑设定另外一套优先级。但是管理层必须记住，在任何一个具有不同优先级的多个目标的情形中，使用现有的资源很少能达成所有的目标。

最优值 = 120.00000

变量	值	递减成本
D1PLUS	0.00000	0.00000
D2MINUS	0.00000	1.00000
E	250.00000	0.00000
N	60.00000	0.00000
D1MINUS	0.00000	1.00000
D1PLUS	80.00000	0.00000
D3PLUS	0.00000	0.08000
D3MINUS	0.00000	0.00000
D4PLUS	50.00000	0.00000
D4MINUS	0.00000	1.00000
D5PLUS	0.00000	2.00000
D5MINUS	60.00000	0.00000

图 14-5 问题 P_3 的解

注释与点评

1. 并非所有的目标规划问题都涉及多重优先级。对于只有一个优先级的问题，只需求解一个线性规划就可以得到目标规划的解。分析人员只需使偏离目标的加权偏差最小化。允许在不同的目标之间进行平衡，因为它们同属一个优先级。

2. 当分析人员遇到一个普通的线性规划无法找到可行解的问题的时候，就可以使用目标规划方法。将一些约束条件重新构建为含有偏差变量的目标方程，可以使偏差变量的加权总和最小化。通常，这个方法往往会得出一个合理的解。

3. 在求解具有多重优先级的目标规划问题时，我们使用的方法是求解一系列的线性规划。这些线性规划互相联系，不需要完全重建，也不要求得出完全的解决方案。只需要改变一下目标函数以及增加一个约束条件，我们就可以从一个线性规划进行到下一个线性规划。

14.3 计分模型

在处理一个多准则决策问题时，如果要找出最佳决策方案，计分模型是一种相对比较快捷、简便的方法。下面我们举一个找工作的例子来演示计分模型的实际运用。

假设一个即将毕业的大学生拥有金融学和会计学双学位，他收到了以下 3 个职位的录取通知。

- 位于芝加哥的一家投资公司的金融分析师。
- 位于丹佛的一家制造公司的会计。
- 位于休斯敦的一家注册会计师事务所的审计师。

当问及他喜欢哪种职业时，这个学生说："芝加哥的金融分析师为我长期的职业生涯提供了最好的发展机会。但是，相对于芝加哥和休斯敦，我更喜欢住在丹佛。另外，我又最喜欢休斯敦注册会计师事务所的管理风格和管理理念。”学生的这番陈述表明，这个例子是一个多准则决策问题。如果仅考虑长期职业生涯发展准则的话，最好的选择是芝加哥的金融分析师职位；如果仅考虑地点准则的话，最好的选择是丹佛的会计职位；如果仅考虑管理风格准则的话，最好的选择是休斯敦的注册会计师事务所的审计师职位。对于大多数人而言，需要在多个标准之间平衡的多重标准决策问题是很难处理的。在这一节中，我们将介绍如何用**计分模型**来分析多准则决策问题，从而找到最佳的决策方案。

创建一个计分模型所需的步骤如下。

计分模型可以帮助决策者识别标准并确定每个标准的权重或重要性。

步骤 1：列出需要考虑的标准清单。标准就是决策者在估量每个决策方案时需要考虑的相关因素。

步骤 2：给每个标准设一个权重，表示标准的相对重要性。设：

$$w_i = \text{标准 } i \text{ 的权重}$$

步骤 3：按各项标准对方案进行打分，表示每个决策方案满足标准的程度。设：

$$r_{ij} = \text{决策方案 } j \text{ 在标准 } i \text{ 下的得分}$$

步骤 4：计算每个决策方案的得分。设：

$$S_j = \text{决策方案 } j \text{ 的得分}$$

计算 S_j 的公式如下所示：

$$S_j = \sum_i w_i r_{ij} \tag{14-1}$$

步骤 5：将决策方案从最高分到最低分按顺序排列，可得到计分模型对决策方案的排列名次。最高分的决策方案即是推荐的决策方案。

让我们回到那个即将毕业的学生面对的找工作多准则决策问题，以此为例来演示计分模型是如何帮助决策的。在执行计分模型的步骤 1 时，这个学生列出了 7 个标准作为决策中的重要因素。这些标准如下所示。

- 职位晋升。
- 工作地点。
- 管理风格。
- 薪水。
- 声望。
- 工作稳定性。
- 工作乐趣。

在步骤 2 中，每个标准都赋一个权重，这个权重表示该标准在决策中的相对重要性。例如，使用 5 分制量表（见右表），给职业晋升这个标准赋权重时所要问的问题是：相对于其他正在考虑的标准，职位晋升有多重要？

重要程度	权重值
十分重要	5
颇为重要	4
一般重要	3
不太重要	2
无关紧要	1

通过对每个标准都重复这个问题，该学生得出如表 14-1 所示的标准的权重。通过这个表，我们看到职位晋升和工作乐趣是最重要的两个标准，每个都达到了 5 分的权重值。管理风格和工作稳定性均被认为颇为重要，每个的权重值都为 4 分。工作地点和薪水是一般重要，每个权重值为 3 分。最后，声望被认为是不太重要的，它的权重值为 2 分。

表 14-1 7个择业标准的权重值

标准	重要程度	权重值（w_i）	标准	重要程度	权重值（w_i）
职位晋升	十分重要	5	声望	不太重要	2
工作地点	一般重要	3	工作稳定性	颇为重要	4
管理风格	颇为重要	4	工作乐趣	十分重要	5
薪水	一般重要	3			

表 14-1 中显示的权重值是该学生自己的主观判断。不同的学生可能对这些标准分配不同的权重值。计分模型的一大优点就是它采用的主观权重值最能够反映决策者的个人喜好。

在步骤 3 中，对每个决策方案按满足每种标准的程度进行排序。例如，使用 9 分制量表（见右表），按职位晋升这个标准，在给"芝加哥的金融分析师"排等级时，所问的问题是：芝加哥的金融分析师职位在多大程度上满足你的职位晋升标准？

满意程度	等级
极高	9
非常高	8
高	7
较高	6
一般	5
较低	4
低	3
很低	2
极低	1

如果这个问题得分为 8，那就表明这个学生相信芝加哥的金融分析师职位在满足职位晋升标准上的等级"非常高"。

对决策方案和决策标准的每一个组合都必须进行这个计分过程。因为需要考虑 7 个决策标准和 3 个决策方案，所以有 7 × 3=21（个）等级要评定。表 14-2 总结了该学生的答案。浏览这个表，我们可以得知该学生如何评定决策标准和决策方案的每个组合。例如，只有管理风格标准和休斯敦的审计师职位得了 9 分，对应一个极高的满意度。因此，考虑所有的组合，在管理风格标准方面，该学生认为休斯敦的审计师职位的满意度最高。表中排名最低的是芝加哥的金融分析师职位在工作地点标准方面的满意度——3 分。这一得分表明在工作地点标准上芝加哥不令人满意。还有其他可能的观察和解释角度，但现在的问题是计分模型如何应用表 14-1 和表 14-2 中的数据找出最佳的总决策方案。

表 14-2 每个决策标准和决策方案组合的得分

标准	决策方案			标准	决策方案		
	金融分析师（芝加哥）	会计（丹佛）	审计师（休斯敦）		金融分析师（芝加哥）	会计（丹佛）	审计师（休斯敦）
职位晋升	8	6	4	声望	7	5	4
工作地点	3	8	7	工作稳定性	4	7	6
管理风格	5	6	9	工作乐趣	8	6	5
薪水	6	7	5				

步骤 4 表明，每个决策方案的得分是运用式（14-1）计算得到的。表 14-1 中的数据为每个标准的权重（w_i），表 14-2 中的数据为每个决策方案在每个标准方面的得分（r_{ij}）。因此，对于决策方案 1 来说，芝加哥的金融分析师职位的分数是：

$$S_1 = \sum_i w_i r_{i1} = 5\times8+3\times3+4\times5+3\times6+2\times7+4\times4+5\times8=157$$

通过比较每个标准的得分，决策者可以了解为什么某个备选方案的分数最高。

而其他决策方案的分数也可以用同样的方式计算。表 14-3 总结了所有的计算结果。

从表 14-3 中，我们可以看到最高分 167 对应于丹佛的会计职位，因此，在丹佛的会计职位是推荐的决策方案；在芝加哥的金融分析师职位得分 157，排名第二；而在休斯敦的审计师职位得分 149，排名第三。

表 14-3 3 个决策方案的得分

标准	权重值 w_i	决策方案					
		金融分析师（芝加哥）		会计（丹佛）		审计师（休斯敦）	
		排名 r_{i1}	分数 w_ir_{i1}	排名 r_{i2}	分数 w_ir_{i2}	排名 r_{i3}	分数 w_ir_{i3}
职位晋升	5	8	40	6	30	4	20
工作地点	3	3	9	8	24	7	21
管理风格	4	5	20	6	24	9	36
薪水	3	6	18	7	21	5	15
声望	2	7	14	5	10	4	8
工作稳定性	4	4	16	7	28	6	24
工作乐趣	5	8	40	6	30	5	25
得分			157		167		149

为了说明计分模型的应用方法，我们举了找工作的例子，其中包括 7 个标准，每个标准所赋的权重值从 1 到 5 不等。在其他应用中，标准的权重值可能是反映每个标准的重要性的百分比。此外，多准则决策问题常常涉及其他子标准，这使得决策者能够将更多的细节结合到决策过程中去。例如，考虑找工作例子中的地点标准。这个标准可以进一步细分为以下 3 个子标准。

- 住房福利。
- 娱乐机会。
- 气候。

在这种情况下，需要对这 3 个子标准赋权重值，并需要计算每个决策方案在不同子标准上的得分。

14.4 层次分析法

层次分析法（AHP）是由托马斯 · L. 萨蒂（Thomas L. Saaty）开发的一种用来解决复杂的多准则决策问题的方法[⊖]。AHP 要求决策者对每个标准的相对重要性做出判断，并利用每个标准评价他对每种决策方案的偏好程度。AHP 的输出就是一个按优先级排列的决策方案列表，它是在决策者的总体评价的基础上形成的。

为了介绍 AHP，我们来看一下黛安 · 佩恩遇到的一个购买汽车的决策问题。在对几辆二手车的样式和配件进行初步分析后，黛安将她的选项削减为 3 辆车：本田雅阁、福特金牛座和雪佛兰骑士。表 14-4 总结了黛安搜集的有关这些车的信息。

表 14-4 选车问题的信息

特征	决策方案		
	雅阁	金牛座	骑士
价格	36 100 美元	34 200 美元	32 500 美元
颜色	黑色	红色	蓝色
每加仑英里数（MPG）	29	33	38
内饰	高档	普通	标准
车型	4 门中型	2 门运动	2 门简洁
娱乐系统	高档	普通	普通

⊖ T. Saaty, Decision Making for Leaders: The Analytic Hierarchy Process for Decision in a Complex World, 3rd rev. ed. RWS, 2012.

黛安认为选车的决策过程与下列标准有关。

- 价格。
- 每加仑英里数（MPG）。
- 舒适性。
- 样式。

有关价格和 MPG 的数据都列示在表 14-4 中。但是，舒适性和样式标准的值不能直接得到。在确定每辆车的舒适性时，黛安要考虑诸如汽车内饰配件、音响类型、上车的便利性、车座的可调整性和司机的视野等因素；而样式标准则需要基于黛安对每辆车的颜色和总体形象的主观评价。

> 在多准则决策问题的各个方面，AHP 都允许决策者表达个人偏好和主观判断。

即使像价格这样容易测定的标准，决策者在基于价格做出他对决策方案的个人偏好时，也难免存在主观性。比如，雅阁的价格（36 100 美元）比骑士的价格（32 500 美元）高出 3 600 美元。3 600 美元的差价可能对一个人来说意味着一大笔钱，但是对另一个人来说可能就算不了什么。雅阁比骑士"贵特别多"，还是"仅贵一点"，这取决于做比较的人的经济状况和主观感受。AHP 的优点在于，当一个决策者的独特的主观判断构成决策过程的重要部分时，它十分有效。

构建层次

AHP 的第一步是以图形的方式来表示一个问题的总体目标、标准和决策方案，描述问题的**层次**。图 14-6 即选车问题的层次结构图。注意，第一层指出总体目标是选出最好的车。在第二层上，4 个标准（价格、MPG、舒适性和样式）中的每个都促成总体目标的实现。最后，在第三层上，每个决策方案（雅阁、金牛座、骑士）以唯一的路径对应着各种标准。

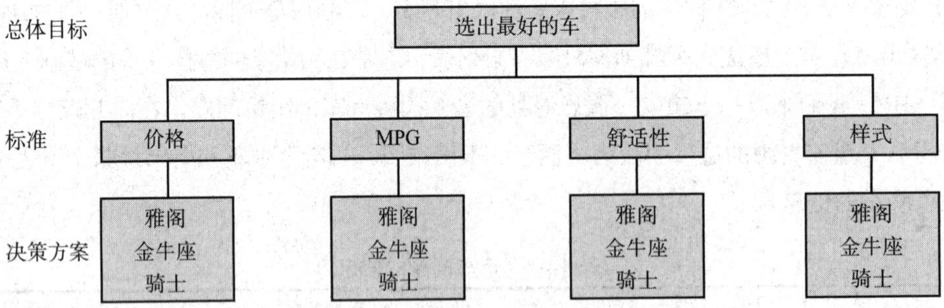

图 14-6 选车问题的层次结构图

运用 AHP，决策者应先具体地评判出 4 个标准对实现总体目标的重要性。接下来，决策者要按各个标准对每个决策方案计算其偏好。为了得到决策方案的优先级综合排序，需要运用数学方法综合出有关标准的相对重要性以及对决策方案偏好的信息。在选车问题中，AHP 将利用黛安的个人喜好，按照每辆车对"选出最好的车"这一总体目标的贡献程度排列出这 3 辆车的优先级。

14.5 运用 AHP 建立优先级

在这一节中，我们将介绍 AHP 如何使用决策者的两两比较矩阵为标准建立优先级，以及按每个标准为决策方案建立优先级。通过选车这个例子，我们来说明 AHP 如何为以下问题建立优先级。

（1） 4 个标准是如何帮助实现“选出最好的车”这一总体目标的。

（2）如何用价格标准比较 3 辆车。

（3）如何用 MPG 标准比较 3 辆车。

（4）如何用舒适性标准比较 3 辆车。

（5）如何用样式标准比较 3 辆车。

在下面的讨论中，我们将介绍如何按照每个标准怎样促进“选出最好的车”这一总体目标的实现这个准则来为 4 个标准建立优先级。同理，可以得到分别以每个标准判定的 3 辆车的优先级。

14.5.1 两两比较

两两比较是 AHP 的基石。在给 4 个标准建立优先级时，AHP 要求黛安一次比较两个标准，得出每个标准相对于其他每一个标准的重要性。也就是说，黛安必须对这 4 个标准（价格、MPG、舒适性和样式）做出以下两两比较：

价格与 MPG 比较

价格与舒适性比较

价格与样式比较

MPG 与舒适性比较

MPG 与样式比较

舒适性与样式比较

在每一次的比较中，黛安必须找出一个相对更重要的标准，并判断所选标准有多么重要。

例如，在价格与 MPG 的比较中，假设黛安认为价格比 MPG 更重要。为了确定价格比 MPG 重要多少，AHP 采用一个 1 ～ 9 的尺度来衡量。表 14-5 显示了如何将决策者对两个标准的相对重要性的语言描述转换成数值等级。在选车问题中，假设黛安认为价格相对于 MPG“较重要”。这样，价格—MPG 的两两比较的数值等级为 3。从表 14-5 中我们可以看到，“很重要”的数值等级为 5，而“非常重要”的数值等级为 7。居中的评判如“重要性在很重要与非常重要之间”的数值等级为 6。

表 14-5　运用 AHP 对各标准重要性的比较尺度

语言判断	数值等级
极重要	9
	8
非常重要	7
	6
很重要	5
	4
较重要	3
	2
同等重要	1

表 14-6 总结出了黛安给选车问题所做的 6 个两两比较。利用这个表中的信息，黛安确定：

价格比 MPG 的重要性为较重要。

价格比舒适性的重要性在同等重要与较重要之间。

价格比样式的重要性在同等重要与较重要之间。

舒适性比 MPG 的重要性在较重要与很重要之间。

样式比 MPG 的重要性在较重要与很重要之间。

样式比舒适性的重要性在同等重要与较重要之间。

决策者使用两两比较过程中的数值等级计算每个标准的优先级或重要性。

如果共有 k 个标准，则会有 $k(k-1)/2$ 个两两比较。

如上所述，AHP 的灵活性能够适应每个单独的决策者的独特偏好。标准的选择在很大程度上取决于决策者。并不是所有的人都认为价格、MPG、舒适性和样式是一个选车问题中仅有的标准。也许换一个人，他会想加入安全性、转手价或其他的标准。AHP 能够适应决策者所确定的任何标准。当然，如果添加了另外的标准，则需要做更多的两两比较。另外，即使另一个人同意黛安的观点，使用价格、MPG、舒适性和样式这 4 个标准，他也很可能会与她在标准的相对重要性上有分歧。使用表 14-6 的格式，决策者可以对每个两两比较的重要性做出自己的判断，同时 AHP 将随之调整数值等级以反映决策者的个人偏好。

表 14-6 选车问题中黛安·佩恩对 4 个标准的两两比较总结

两两比较	更重要的标准	重要程度	数值等级
价格—MPG	价格	较重要	3
价格—舒适性	价格	同等重要至较重要	2
价格—样式	价格	同等重要至较重要	2
舒适性—MPG	舒适性	较重要至很重要	4
样式—MPG	样式	较重要至很重要	4
样式—舒适性	样式	同等重要至较重要	2

14.5.2 两两比较矩阵

为了确定 4 个标准的优先级，我们需要构建一个由表 14-6 提供的两两比较等级构成的矩阵。由于使用了 4 个标准，所以两两比较矩阵将包括 4 行 4 列，如右所示。

	价格	MPG	舒适性	样式
价格				
MPG				
舒适性				
样式				

表 14-6 中每个数值等级都必须被输入到两两比较矩阵中去。我们以数值等级为 3 的价格—MPG 如何转入两两比较矩阵为例演示具体操作。表 14-6 显示了这个比较中价格是最重要的标准。因此，我们在两两比较矩阵中标明价格的那行与标明 MPG 的那列相交的单元格里输入 3。一般来说，表 14-6 中哪个标准更重要，两两比较矩阵对应的那一行就应该输入该标准的数值等级。再举一例，我们来看舒适性—MPG 这一两两比较。表 14-6 表明舒适性是这个比较中最重要的标准，它的数值等级为 4。因此，我们在舒适性那行与 MPG 那列相交的单元格里输入 4。同理，我们处理表 14-6 中其他的两两比较，可以得到下面的两两比较矩阵。

	价格	MPG	舒适性	样式
价格		3	2	2
MPG				
舒适性		4		
样式		4	2	

因为对角线上的单元格表示的是标准与标准自身的比较，所以两两比较矩阵上的对角线部分总是为 1。例如，若价格与价格比较，我们就可以说它们“同等重要”，数值等级为 1。于是，两两比较矩阵中，行数与列数都为价格的那个单元格应输入 1。此时，两两比较矩阵如下所示。

	价格	MPG	舒适性	样式
价格	1	3	2	2
MPG		1		
舒适性		4	1	
样式		4	2	1

剩下的工作就是完成对矩阵中剩余单元格的输入。为了说明如何得到这些值，我们以数值等级为 3 的价格—MPG 两两比较为例。这个数值表明 MPG—价格这一两两比较的数值等级应该为 1/3。也就是说，由于黛安已经确定了价格比 MPG 的重要性是较重要（数值等级为 3），因此我们可以推断 MPG—价格两两比较的数值等级为 1/3。同样地，因为舒适性—MPG 两两比较的数值等级为 4，那么 MPG—舒适性两两比较的数值等级就为 1/4。因此，选车标准的完整的两两比较矩阵如下所示。

	价格	MPG	舒适性	样式
价格	1	3	2	2
MPG	1/3	1	1/4	1/4
舒适性	1/2	4	1	1/2
样式	1/2	4	2	1

14.5.3　综合处理

现在，我们利用两两比较矩阵，按照各个标准对于实现“选出最好的车”这个总体目标的重要性，计算各标准的优先级。AHP 的这一方面的工作被称为**综合处理**。进行综合处理必需的具体数学计算步骤不在本书的讨论范围。但是，以下 3 个步骤提供了综合处理结果的一个比较好的近似值。

（1）计算两两比较矩阵中每一列的值的和。

（2）将两两比较矩阵中的每一项都除以它所在列的总和。得出的矩阵即所谓的**标准两两比较矩阵**。

（3）计算标准两两比较矩阵中每一行的平均数。这些平均数即为这些标准的优先级。

为了演示综合处理的工作流程，我们对上面出现的标准两两比较矩阵按上述 3 个步骤处理。

步骤 1：计算每列值的总和，如下所示。

	价格	MPG	舒适性	样式
价格	1	3	2	2
MPG	1/3	1	1/4	1/4
舒适性	1/2	4	1	1/2
样式	1/2	4	2	1
总和	2.333	12.000	5.250	3.750

步骤 2：将矩阵的每一项都除以它所在列的总和，如下所示。

	价格	MPG	舒适性	样式
价格	0.429	0.250	0.381	0.533
MPG	0.143	0.083	0.048	0.067
舒适性	0.214	0.333	0.190	0.133
样式	0.214	0.333	0.381	0.267

步骤 3：计算每一行的平均数以确定每个标准的优先级，如下所示。

	价格	MPG	舒适性	样式	优先级
价格	0.429	0.250	0.381	0.533	0.398
MPG	0.143	0.083	0.048	0.067	0.085
舒适性	0.214	0.333	0.190	0.133	0.218
样式	0.214	0.333	0.381	0.267	0.299

这样，AHP 的综合处理就按照每个标准对“选出最好的车”这一总体目标的贡献确定了各标准的优先级。因此，运用表 14-6 所示的黛安的两两比较，AHP 得出价格以 0.398 的优先级成为选车问题中最重要的标准；样式以 0.299 的优先级排第二；紧接着的是优先级为 0.218 的舒适性；而优先级为 0.085 的 MPG 是最不重要的标准。

14.5.4 一致性

AHP 的关键步骤是前面介绍的两两比较过程，而这个过程中需要格外注意的是决策者做两两比较判断的**一致性**。例如，如果标准 A 相比标准 B 的数值等级为 3，且标准 B 相比标准 C 的数值等级为 2，若比较完全一致，那么标准 A 相比标准 C 的数值等级就为 $3\times2=6$。如果决策者给 A 相比 C 的数值等级为 4 或 5，那在两两比较中就存在不一致了。

两两比较的次数很多的时候，很难做到完全一致。事实上，几乎所有的两两比较都会存在一定程度上的不一致。为了处理一致性问题，AHP 提供了一种方法来测量决策者做两两比较时的一致性的程度。如果一致性程度达不到要求，决策者应该在实施 AHP 分析前重新审核并修改两两比较。

一致性比率大于 0.1 表明两两比较不一致。在这种情况下，决策者应重新审视两两比较的数值等级。

AHP 测量两两比较一致性的方法是计算**一致性比率**。如果一致性比率大于 0.10，则表明在两两比较判断中存在不一致；如果一致性比率小于或等于 0.10，则说明两两比较的一致性较合理，可以继续做 AHP 的综合计算。

虽然本书不讨论一致性比率的具体计算过程，但是我们不难得到一致性比率的近似值。下面我们就逐步介绍选车问题中一致性比率的计算步骤。

第 1 步：将两两比较矩阵中第一列的每一项都乘以第一个标准的优先级，将两两比较矩阵中第二列的每一项都乘以第二个标准的优先级，对两两比较矩阵中的所有列都进行上述操作。然后计算各行的总和，得到一个“加权和”向量。计算如下[⊖]：

$$0.398\begin{bmatrix}1\\1/3\\1/2\\1/2\end{bmatrix}+0.085\begin{bmatrix}3\\1\\4\\4\end{bmatrix}+0.218\begin{bmatrix}2\\1/4\\1\\2\end{bmatrix}+0.299\begin{bmatrix}2\\1/4\\1/2\\1\end{bmatrix}=\begin{bmatrix}0.398\\0.133\\0.199\\0.199\end{bmatrix}+\begin{bmatrix}0.255\\0.085\\0.340\\0.340\end{bmatrix}+\begin{bmatrix}0.436\\0.054\\0.218\\0.436\end{bmatrix}+\begin{bmatrix}0.598\\0.075\\0.149\\0.299\end{bmatrix}$$

$$=\begin{bmatrix}1.687\\0.347\\0.907\\1.274\end{bmatrix}$$

⊖ 后面的运算结果均采用精确的数字计算得出，而不是用四舍五入数字来计算的。

第 2 步：将第 1 步得到的加权和向量除以对应标准的优先级。

$$\text{价格} \quad \frac{1.687}{0.398} = 4.236$$

$$\text{MPG} \quad \frac{0.347}{0.085} = 4.077$$

$$\text{舒适性} \quad \frac{0.907}{0.218} = 4.163$$

$$\text{样式} \quad \frac{1.274}{0.299} = 4.264$$

第 3 步：计算由第 2 步得到的数值的平均数，此平均数可用 λ_{max} 表示。

$$\lambda_{max} = \frac{4.236 + 4.077 + 4.163 + 4.264}{4} = 4.185$$

第 4 步：计算一致性指标（CI），如下所示：

$$CI = \frac{\lambda_{max} - n}{n - 1}$$

其中 n 为比较项的个数。由此，我们可以得到：

$$CI = \frac{4.185 - 4}{4 - 1} = 0.0616$$

第 5 步：计算一致性比率（CR）。一致性比率定义如下：

$$CR = \frac{CI}{RI}$$

其中 RI 是一个随机生成的两两比较矩阵的一致性比率。RI 值的大小取决于比较项的个数，如右所示。

n	3	4	5	6	7	8
RI	0.58	0.90	1.12	1.24	1.32	1.41

选车问题中有 n=4 个标准，由此可得 RI=0.90，一致性比率为：

$$CR = \frac{0.0616}{0.90} = 0.068$$

如前所述，小于或等于 0.10 的一致性比率是可接受的。因为选车标准的两两比较表明 CR=0.068，我们可以得出结论：这个两两比较的一致性程度达到了要求。

14.5.5　选车问题中的其他两两比较

如果继续用 AHP 来分析选车问题，我们需要使用两两比较法来确定在 4 个标准下 3 辆车的优先级：价格、MPG、舒适性和样式。这些优先级的确定要求黛安一次只用一个标准对车进行两两比较。例如，用价格标准，黛安必须做以下的两两比较：

雅阁与金牛座比

雅阁与骑士比

金牛座与骑士比

在每次比较时，黛安必须选出自己更喜欢的车，并判断出对所选车的偏好程度。

例如，以价格作为比较的基础，假设黛安将雅阁和金牛座做两两比较，并显示她较喜欢不太贵的金牛座。表 14-7 显示了 AHP 是如何根据黛安对雅阁和金牛座之间的偏好的语言描述来确定偏好的数值等级的。例如，假设黛安认为基于价格的考虑，较雅阁而言，她“较喜欢”金牛座，那么按价格标准，两两比较矩阵中金牛座那行与雅阁那列交叉处赋值为 3。

表 14-7 利用 AHP 确定对决策方案的偏好的两两比较尺度

语言描述	数值等级
极喜欢	9
	8
非常喜欢	7
	6
很喜欢	5
	4
较喜欢	3
	2
同等喜欢	1

表 14-8 总结了选车问题中黛安按各标准所做的两两比较。通过这张表和对立的两两比较选项，我们可以看到黛安有如下偏好：

就价格而言，对骑士比对雅阁的偏好程度在较喜欢与很喜欢之间。

就 MPG 而言，对骑士比对金牛座的偏好程度是较喜欢。

就舒适性而言，对雅阁比对骑士的偏好程度在非常喜欢与极喜欢之间。

就样式而言，对金牛座比对雅阁的偏好程度是较喜欢。

表 14-8 各标准下对车的偏好的两两比较矩阵

价格

	雅阁	金牛座	骑士
雅阁	1	1/3	1/4
金牛座	3	1	1/2
骑士	4	2	1

MPG

	雅阁	金牛座	骑士
雅阁	1	1/4	1/6
金牛座	4	1	1/3
骑士	6	3	1

舒适性

雅阁	1	2	8
金牛座	1/2	1	6
骑士	1/8	1/6	1

样式

	雅阁	金牛座	骑士
雅阁	1	1/3	4
金牛座	3	1	7
骑士	1/4	1/7	1

运用表 14-8 中的两两比较矩阵，我们可以得到一些黛安选车的其他偏好信息。此时 AHP 接下来要做的是根据表 14-8 中的 4 个两两比较矩阵，确定各标准下每辆车的优先级。按照前面介绍的对标准两两比较矩阵进行的 3 步综合处理法来对每个两两比较矩阵进行综合处理。表 14-9 中的 4 个优先级即是计算 4 个综合处理的结果。通过这张表我们可以看到，按价格标准，骑士是最优选择（0.557）；按 MPG 标准，骑士也是最优选择（0.639）；按舒适性标准，雅阁是最优选择（0.593）；而按样式标准，金牛座是最优选择（0.656）。此时，没有哪辆车是全方位最优的。下一节中我们将介绍如何结合标准的优先级以及表 14-9 中的优先级以确定 3 辆车的综合优先级排名。

表 14-9 按各个标准对每辆车的优先级进行排名

	标准			
	价格	MPG	舒适性	样式
雅阁	0.123	0.087	0.593	0.265
金牛座	0.320	0.274	0.341	0.656
骑士	0.557	0.639	0.065	0.080

14.6 运用 AHP 建立综合优先级排名

在 14.5 节中，我们根据黛安按 4 个标准对 3 种车做的两两比较，得到了价格的优先级为 0.398，MPG 为 0.085，舒适性为 0.218，样式为 0.299。我们现在用这些优先级以及表 14-9 中的优先级来为这 3 辆车建立综合优先级排名。

综合优先级的计算过程是将表 14-9 中每辆车的优先级乘以对应的标准的优先级。例如，价格标准的优先级为 0.398，雅阁在价格标准上的优先级为 0.123。因此，雅阁基于价格标准的优先级是 0.398 × 0.123=0.049。为了确定雅阁的综合优先级，我们还需要对 MPG、舒适性和样式标准做类似的运算，然后对这些值求和就可以得到综合优先级。计算过程如下。

雅阁的综合优先级：

$$0.398\times0.123+0.085\times0.087+0.218\times0.593+0.299\times0.265=0.265$$

对金牛座和骑士重复这种计算，我们可以得到以下结果。

金牛座的综合优先级：

$$0.398\times0.320+0.085\times0.274+0.218\times0.341+0.299\times0.656=0.421$$

骑士的综合优先级：

$$0.398\times0.557+0.085\times0.639+0.218\times0.065+0.299\times0.080=0.314$$

对上述优先级排序，我们便得到决策方案的 AHP 排名。

车	优先级
1.金牛座	0.421
2.骑士	0.314
3.雅阁	0.265

这些结果为黛安做购车决策提供了依据。只要黛安认为她对标准重要性的判断和她按各个标准对每辆车的偏好是有效的，则 AHP 优先级显示金牛座是最优的选择。除了推荐金牛座为最优车之外，AHP 分析还帮助黛安更好地理解决策过程中的利益权衡。同时，她也更清楚 AHP 推荐金牛座的原因。专栏 14-2 描述了西班牙的两个分销公司和一组科研人员利用 AHP 确立了从西班牙到法国跨越比利牛斯山脉的环境友好型运输路线。这个例子结合污染水平方面的数据和专家对多准则决策标准的意见，确定了最大限度地减少环境破坏的最佳运输路线。

| 专栏 14-2 | 实践中的管理科学

分销公司使用层次分析法开发环境友好的运输路线

许多公司都在努力将环境友好的概念融入自己的业务当中。企业通过减少制造活动产生的污染，在运输系统中减少燃料使用和减少产品包装的方式最小化公司对环境的有害影响。一些欧洲运输公司运用 AHP 帮助它们选择最佳的环境友好路线来减少运输活动对环境造成的污染。

西班牙运输商 Hydro Inasa 和 Gamesa Eólica 用层次分析法确定了从西班牙潘普洛经比利牛斯山脉到法国的环境影响最小路线。为了选择这个运输路线，他们收集了五条备选的路线在不同区域的污染数据，并建立了一个多指标的决策模型来帮助决策者评估这些备选的路线。

他们确定了与被运输影响的特定区域相关的经济、社会、自然区域三大主要指标。每个主要指标中包含子标准来进一步确定被运输影响的特定区域的相关情况。例如，社会指标包含运输路线是否经过市中心、文化遗产或者娱乐区。

在对运输和环境专家进行访谈的基础上，他们对每个主要指标及子标准进行了两两比较。在两两比较中，为了确定五条穿过比利牛斯山脉的路线排名，他们建立了优先级。AHP 的结果显示，有两条路线应该优先考虑，但是这两条路线的得分非常相近。所以，他们对主要指标和子标准的优先级进行了灵敏度分析。灵敏度分析的结果表示，两条路线中的一条在 91% 的情况中是更好的，因此这条路线是最好的选择并且最终被 Hydro Inasa 和 Gamesa Eólica 所用。

资料来源：Javier Faulin, Esteban de Paz, Fernando Lera-López, Ángel Juan, and Israel Gil-Ramírez, " Distribution Companies Use Analytical Hierarchy Process for Environmental Assessment Transportation Routes Crossing Pyrenees in Navarre, Spain," *Interfaces* 43, no. 13 (May–June 2013): 285–287.

注释与点评

1. 14.3 节中的计分模型用下式来计算一个决策方案的总分：

$$S_j = \sum_i w_i r_{ij}$$

其中，

w_i = 标准 i 的权重

r_{ij} = 决策方案 j 在标准 i 下的得分

在 14.5 节中，AHP 使用了同样的计算过程，得到了每个决策方案的综合优先级。这两种方法的区别在于，计分模型要求决策者直接估计 w_i 和 r_{ij} 的值，而 AHP 是使用综合处理的方法来计算标准的优先级 w_i，并依据决策者的两两比较信息来计算决策方案的优先级 r_{ij}。

2. 市场上推广的决策支持软件 Expert Choice® 提供了一套在个人计算机上实现 AHP 的用户友好型程序。Expert Choice 软件将逐步引导决策者进行两两比较。一旦决策人回答了两两比较提示，Expert Choice 就会自动生成两两比较矩阵，进行综合处理的运算，并得出综合优先级排名。当决策者估计需要处理的是多种多准则决策问题时，Expert Choice 是一个值得考虑的软件。

本章小结

在本章中，我们使用目标规划模型在线性规划框架内解决多目标问题。我们认为，目标规划模型包含一个或多个目标方程和一个使目标偏差最小化的目标函数。如果资源或其他限制条件影响目标的实现，那么模型将引入约束条件，就像一般线性规划模型常用的约束条件一样。

在涉及优先级的目标规划问题中，应该先在目标函数中处理第一优先级目标，用以确定一个最能满足这些目标的解，然后考虑一个只包含第二优先级目标的目标函数，并修改上面得到的解。修改解不能影响第一优先级目标的实现。继续这步操作直到考虑了所有的优先级。

我们介绍了线性规划图解法稍加变动后如何用于解决含有两个决策变量的目标规划问题。目前，已有专门的目标规划计算机软件用于求解一般的目标规划问题，但是这类计算机程序并没有像一般用途的线性规划计算机软件那样应用广泛。因此，我们介绍了怎样使用线性规划模型来求解目标规划问题。

接着我们介绍了一种可以快捷、简便地确定多准则决策问题的最佳方案的方法——计分模型。决策者给每个标准都赋予了主观值以区分它们的重要性，然后决策者按照各个标准给每个决策方案打分。结果是每个决策方案都有一个分数来表示决策者综合考虑所有的标准后对该决策方案的偏好程度。

我们还介绍了一种被称为层次分析法（AHP）的多准则决策法。我们指出 AHP 的关键在于对比较对象的相对重要性或优先级做出判断。一致性比率用来确定决策者在进行两两比较时表现出的前后一致性。我们认为一致性比率小于或等于 0.10 的两两比较是有效的。

完成两两比较之后，可以进行综合处理以确定进行比较的对象的优先级。层次分析法的最后一步是将所建立的决策方案关于每个标准的优先级与反映标准本身重要性的优先级相乘，将得到所有标准的乘积相加即可得到每个决策方案的综合优先级。

专业术语

层次分析法（analytic hierarchy process，AHP）　一种基于对同一层元素做两两比较的多准则决策法。

一致性（consistency）　这个概念用于评估在一系列的两两比较中做出的判断的质量。它测量了这些比较中的内部一致性。

一致性比率（consistency ratio）　对一系列的两两比较中的一致性程度的测量值。小于或等于 0.10 的值都是可以接受的。

偏差变量（deviation variables）　目标方程式中允许解偏离目标的目标值的变量。

目标方程（goal equation）　这个等式的右边是目标值，左边包括表示完成程度的函数以及表示目标值和实际完成水平之间的差额的偏差变量。

目标规划（goal programming）　解决多目标决策问题的线性规划方法，目标函数的作用是使结果与目标的偏差最小化。

层次结构图（hierarchy）　一种从总体目标、标准和决策方案多方面展现问题层次的图。

标准两两比较矩阵（normalized pairwise comparison matrix）　通过把两两比较矩阵中的每一项除以该项所在列的总和得到的矩阵。这个矩阵的计算是对优先级综合处理的中间步骤。

两两比较矩阵（pairwise comparison matrix）　一个由一系列两两比较产生的包含偏好或相对重要性、等级的矩阵。

抢占优先级（preemptive priorities）　给目标赋的优先级，用以确保不会牺牲高层次目标去满足低层次目标。

计分模型（scoring model）　一种做多准则决策的方法，要求用户给每个标准赋予描述了标准的相对重要性的权重，并根据每个决策方案满足各个标准的程度对决策方案进行打分。最终结果是每个决策方案的分值。

综合处理（synthesization）　一个利用两两比较矩阵中偏好或相对重要性的值建立优先级的计算过程。

目标值（target value）　目标声明时指定的值。根据问题的背景，管理层希望目标规划问题的解将会产生一个小于、等于或大于目标值的值。

习题

1. **原料混合生产**。Kashif 公司用 3 种原料生产两种产品：燃料添加剂和溶液基。1 吨燃料添加剂由 2/5 吨的原料 1 和 3/5 吨的原料 3 混合而成。1 吨溶液基由 1/2 吨的原料 1、1/5 吨的原料 2 和 3/10 吨的原料 3 混合而成。由于 3 种原料的供应量有限，所以 Kashif 公司的生产受到限制。就目前的生产阶段而言，Kashif 公司持有的这 3 种原料的存货量如下：原料 1，20 吨；原料 2，5 吨；原料 3，21 吨。

管理者希望达到优先级 P_1 的目标。

目标 1：至少生产 30 吨的燃料添加剂。

目标 2：至少生产 15 吨的溶液基。

假设没有其他的目标。LO1,2,3

a. 在给定各种原料可用量的约束条件下，管理者能否达到 P_1 的目标？解释其原因。

b. 将每种原料的可用量看作约束条件，建立目标规划模型以确定最佳产品组合。假设优先级 P_1 的两个目标的重要性对管理者而言相同。

c. 运用目标规划图解法求解 b 中建立的模型。

d. 如果目标 1 的重要性是目标 2 的两倍，那最佳产品组合是什么？

2. 投资策略。Varma 投资服务公司正为一位新客户建立投资组合。在最初的投资策略中，这位客户希望将投资组合限制在两种股票内。

股票	价格（股）	预计每股回报率（%）
AGA 产品	50 美元	6
Key 石油	100 美元	10

此客户拥有的投资资金为 50 000 美元，并依此制定了以下两个投资目标。LO1,2

第一优先级目标

目标 1：年收益率至少达到 9%。

第二优先级目标

目标 2：因为 Key 石油的风险较高，所以在 Key 石油上的投资限制在不超过总投资额的 60%。

a. 为 Varma 投资服务公司的问题建立目标规划模型。

b. 运用目标规划图解法进行求解。

3. 生产安排。L. Young & Sons 制造公司生产两种产品，它们的利润和对资源的要求有如下特点。

特点	产品 1	产品 2
利润（美元）/ 单位	4	2
部门 A 耗时 / 单位	1	1
部门 B 耗时 / 单位	2	5

上个月的生产计划使用了部门 A 350 小时和部门 B 1 000 小时的劳动时间。

由于部门的月工作量的波动，在过去的 6 个月内，管理者发现工人的士气不高，并且存在工会问题。由于公司没有在稳定工作量需求这方面下功夫，所以新员工的招聘、解雇、部门间的人员调动都非常频繁。

管理者想为下一个月制订生产计划，这个计划要达到下面的目标。LO1,2

目标 1：部门 A 的工作时间为 350 小时。

目标 2：部门 B 的工作时间为 1 000 小时。

目标 3：利润不得少于 1 300 美元。

a. 假设目标 1 和目标 2 皆为第一优先级 P_1 的目标，而目标 3 是第二优先级 P_2 的目标，且目标 1 和目标 2 同等重要。为这个问题建立一个目标规划模型。

b. 运用目标规划图解法求解 a 中建立的模型。

c. 假设公司忽略工作量的变化，认为部门 A 的工作时间 350 小时和部门 B 的工作时间 1 000 小时是上限。在上述约束条件下，建立并求解一个以利润最大化为目标的线性规划模型。

d. 比较 b 和 c 中得到的解，讨论你更喜欢哪种方法，并解释其理由。

e. 重新考虑 a，假设第一优先级的目标为目标 3，目标 1 和目标 2 都为第二优先级目标。与先前的假设一样，目标 1 和目标 2 同等重要。用目标规划图解法求解修改后的这个问题，并比较得出的解与先前问题的解。

4. 生产计划。化工公司生产两种飞机制造过程中使用的黏合剂。这两种黏合剂的黏性不同，需要不等量的生产时间：每加仑 IC-100 黏合剂成品所需的生产时间为 20 分钟，而每加仑 IC-200 黏合剂所用的生产时间为 30 分钟。每加仑这两种产品的成品都需要使用 1 磅的一种极易腐蚀的树脂。这种树脂的当前库存持有量为 300 磅，如果需要，可以购买更多的这种树脂。但是，由于原料有保存期限，所以在接下来的两个星期内如果用不完的话，剩余的原料将被丢弃。

公司已经接到了以下订单：100 加仑的 IC-100 黏合剂和 120 加仑的 IC-200 黏合剂。一般情况下，

生产车间每天工作 8 小时，每周工作 5 天。管理者希望安排接下来的两个星期的生产以实现以下目标。LO1,2

第一优先级目标

目标 1：避免生产过程中的资源浪费。

目标 2：避免在两个星期里加班时间超过 20 小时。

第二优先级目标

目标 3：完成 IC-100 的现有订单。也就是说，生产至少 100 加仑的 IC-100 黏合剂。

目标 4：完成 IC-200 的现有订单。也就是说，生产至少 120 加仑的 IC-200 黏合剂。

第三优先级目标

目标 5：用完所有可用的树脂。

a. 为化工公司面临的问题建立目标规划模型。假设第一优先级的两个目标与第二优先级的两个目标的重要性相同。

b. 使用目标规划图解法求解 a 中建立的模型。

5. **月度生产计划**。Standard Pump 公司最近和美国海军签署了一份 1 400 万美元的合同，合同要求该公司在接下来的 4 个月为美国海军提供 2 000 台定制的可在水下工作的抽水机。合同还要求该公司在 5 月末供货 200 台，6 月末供货 600 台，7 月末供货 600 台，8 月末供货 600 台。Standard Pump 公司的生产能力分别是：5 月 500 台，6 月 400 台，7 月 800 台，8 月 500 台。公司的管理者希望得到一个生产计划表，要求月末的库存低，同时使得月与月之间的库存波动达到最低。为了建立问题的目标规划模型，制订生产计划的工作人员用 x_m 来表示在第 m 个月生产的抽水机的数量，用 s_m 来表示在第 m 个月月末抽水机的库存。在这里，m=1 表示 5 月，m=2 表示 6 月，m=3 表示 7 月，m=4 表示 8 月。管理者让你来帮助生产计划制订人员建立目标规划模型。LO1,4

a. 用上述变量为每个月建立约束条件以满足下面的需求约束：

初始库存 + 当月产量 − 月末库存 = 当月需求

b. 分别写出表示 5 月到 6 月、6 月到 7 月、7 月到 8 月的产量波动的目标方程。

c. 库存成本非常大。公司有无可能在 5 月到 8 月期间的每个月月末达到零库存？如无可能，分别建立 5 月、6 月和 7 月的月末库存目标值为零的目标方程。

d. 除了在 b 和 c 中建立的目标方程之外，模型中还需要哪些约束条件？

e. 假设生产波动和库存目标同等重要，建立并求解一个目标规划模型以确定最佳生产计划。

f. 你能不能通过减少目标方程和月末库存水平的偏差变量来减少模型中的变量和约束条件？解释其原因。

6. **邀请函广告**。密歇根汽车公司（MMC）刚引进一种新型的豪华型旅游轿车。作为促销活动的一部分，市场部决定发出个性化的邀请函，让两大目标客户群免费试开新车：①拥有 MMC 豪华汽车的人；②拥有 MMC 竞争厂商生产的豪华汽车的人。给每一个客户发一份邀请函的费用估计为每份 1 美元。基于先前此类广告的经验，MMC 预计联系的第一组客户中有 25% 的客户将试开新车，第二组客户中有 10% 的客户将试开新车。作为广告的一部分，MMC 设立了以下目标。

目标 1：从第一组中至少挑出 10 000 名客户试开新车。

目标 2：从第二组中至少挑出 5 000 名客户试开新车。

目标 3：发送邀请函的费用需控制在 70 000 美元以内。

假设目标 1 和目标 2 为第一优先级 P_1 的目标，目标 3 为第二优先级 P_2 的目标。LO1,3,4

a. 假设目标 1 和目标 2 同等重要，为 MMC 问题建立目标规划模型。

b. 使用 14.2 节中介绍的目标规划计算机法求解 a 中建立的模型。

c. 如果管理者认为联系第二组客户的重要性是联系第一组客户的两倍，那么 MMC 应该怎么做呢？

7. **广告活动策划**。女子职业高尔夫联赛推广委员会正试图确定如何在开赛前两星期最好地宣传此项赛事。这个委员会获得了他们打算考虑使用的 3 种宣传媒体的信息，如下所示。

种类	单位广告受众	单位广告价格（美元）	广告的最大数
电视	200 000	2500	10
广播	50 000	400	15
互联网	100 000	500	20

这张表的最后一列表明了在接下来的两个星期内可能登的最大广告数。这些数据应该看作约束条件。委员会为此次推广活动设立了如下目标。LO1,4

第一优先级目标

目标 1：广告受众人数至少为 400 万。

第二优先级目标

目标 2：电视广告的数量应该至少占广告总数的 30%。

第三优先级目标

目标 3：广播广告的数量不应超过广告总数的 20%。

第四优先级目标

目标 4：广告总费用应控制在 20 000 美元内。

a. 为此问题建立目标规划模型。

b. 使用 14.2 节中介绍的目标规划计算机法求解 a 中建立的模型。

8. **设施布局。** Morley 公司试图在现有 3 台机器位置确定的前提下为一台新机器选择最佳放置位置。现有的机器在车间地板上的位置用坐标（x_1，x_2）表示。LO1,4

机器 1：$x_1=1$，$x_2=7$

机器 2：$x_1=5$，$x_2=9$

机器 3：$x_1=6$，$x_2=2$

a. 建立一个目标规划模型，其目标是使新机器与 3 台现有机器之间的总距离最小。距离按坐标测量。比方说，如果新机器的位置是（$x_1=3$，$x_2=5$），那么它和机器 1 的距离为 $|3-1|+|5-7|=2+2=4$。提示，在目标规划模型中，设：

x_1= 新机器位置的第一个坐标

x_2= 新机器位置的第二个坐标

d_i^+ = 新机器的 x_1 坐标超过机器 i 的 x_1 坐标的值（i=1，2，3）

d_i^- = 机器 i 的 x_1 坐标超过新机器的 x_1 坐标的值（i=1，2，3）

e_i^+ = 新机器的 x_2 坐标超过机器 i 的 x_2 坐标的值（i=1，2，3）

e_i^- = 机器 i 的 x_2 坐标超过新机器的 x_2 坐标的值（i=1，2，3）

b. 新机器的最佳位置是什么？

9. **职业选择。** 本章介绍的多准则决策问题的解法的优点之一是标准的权重和决策方案的排序都可以被修改，用以表现单个决策者的独特兴趣和喜好。例如，假设另一个即将毕业的大学生收到了 14.3 节中所说的 3 个职位的录取通知。这个学生提供了如下所示的计分模型信息。请为这 3 个职位的总偏好程度排序。哪个职位值得推荐呢？ LO5

标准	权重	等级 分析师 芝加哥	会计 丹佛	审计师 休斯敦
职位晋升	5	7	4	4
工作地点	2	5	6	4
管理风格	5	6	5	7
薪水	4	7	8	4
声望	4	8	5	6
工作稳定性	2	4	5	8
工作乐趣	4	7	5	5

10. **工厂选址。** Kenyon 制造公司为一家新工厂选择最佳地点。当仔细勘察过 10 个地点以后，最后剩下的 3 个备选地点分别是肯塔基州的乔治敦、俄亥俄州的马里斯维尔和田纳西州的克拉克斯维尔。Kenyon 制造公司的管理小组为选址标准、标准的重要性和地点的等级提供了下列数据。请用计分模型来为新工厂选择最佳地点。LO5

标准	权重	等级 肯塔基州 乔治敦	俄亥俄州 马里斯维尔	田纳西州 克拉克斯维尔
土地成本	4	7	4	5
劳动力成本	3	6	5	8
劳动力可用性	5	7	8	6
建筑成本	4	6	7	5
运费	3	5	7	4
接近客户	5	6	8	5
长期目标	4	7	6	5

11. **暑期度假**。居住在佐治亚州亚特兰大市的赵先生一家正在计划每年一次的暑期度假。下表列有 3 个度假地点、标准权重和地点等级。你建议赵先生一家去哪里度假呢？ LO5

标准	权重	等级 美特尔海滩 南卡罗来纳	雾云山	布兰森 密苏里州
旅游距离	2	5	7	3
度假费	5	5	6	4
可用的娱乐	3	7	4	8
户外活动	2	9	6	5
独特体验	4	6	7	8
家庭乐趣	5	8	7	7

12. **学校选择**。一个高年级的高中生正在考虑如下 4 所大学或学院中的一个。下面列出了 8 种标准以及标准的权重和学校的等级。你会建议此高中生选择哪所大学或学院呢？ LO5

标准	权重	等级 中西 大学	纽波特州 立学院	汉得鲁 学院	特库姆塞 大学
学校声望	3	8	6	7	5
学生人数	4	3	5	8	7
平均班级规模	5	4	5	8	7
花费	5	5	8	3	6
与家的距离	2	7	8	7	6
体育项目	4	9	5	4	6
住宿条件	4	6	5	7	6
校园环境	3	5	3	8	5

13. **公寓选择**。布尔克莱夫妇计划在佛罗里达州的那不勒斯市购买公寓。下面是 3 所他们比较喜欢的公寓，还有标准的权重和等级信息。哪个公寓更好呢？ LO5

标准	权重	等级 海岸公园	梯田公寓	海湾风景
花费	5	5	6	5
地点	4	7	4	9
外景	5	7	4	7
停车	2	5	8	5
平面规划	4	8	7	5
游泳池	1	7	2	3
景色	3	5	4	9
厨房	4	8	7	6
壁橱空间	3	6	8	4

14. **购买游艇**。克拉克·安德森和卢恰娜·安德森有意购买一艘新船，他们考虑的范围限于 Sea Ray 生产的 3 艘船：型号为 220 的弓骑士、型号为 230 的通宵号和型号为 240 的阳光舞者。弓骑士重 3 100 磅，不能夜宿，售价为 28 500 美元；通宵号重 4 300 磅，夜宿设施设计合理，售价为 37 500 美元；阳光舞者号重 4 500 磅，提供优质的夜宿设施（包括厨房、浴室和床位），售价为 48 200 美元。克拉克和卢恰娜分别提供了有关计分模型的信息，如下所示。LO5

克拉克·安德森

标准	权重	等级 220 弓骑士	230 通宵号	240 阳光舞者
费用	5	8	5	3
夜宿能力	3	2	6	9
厨房 / 浴室条件	2	1	4	7
外观	5	7	7	6
发动机 / 航速	5	6	8	4
牵引 / 操作性	4	8	5	2
持久性	4	7	5	3
转手价格	3	7	5	6

卢恰娜·安德森

标准	权重	等级 220 弓骑士	230 通宵号	240 阳光舞者
费用	3	7	6	5
夜宿能力	5	1	6	8
厨房 / 浴室条件	5	1	3	7
外观	4	5	7	7
发动机 / 航速	2	4	5	3
牵引 / 操作性	2	8	6	2
持久性	1	6	5	4
转手价格	2	5	6	6

a. 克拉克喜欢哪条船？

b. 卢恰娜喜欢哪条船？

15. **价格优先级验证**。利用表 14-8 中关于价格标准的两两比较矩阵来验证：经过综合分析后的优先级变为 0.123、0.320 和 0.557。计算一致性比率并对其可接受性做出评价。LO6

16. **样式优先级验证。**利用表14-8中关于样式标准的两两比较矩阵来验证：经过综合分析后的优先级变为0.265、0.656和0.080。计算一致性比率并对其可接受性做出评价。LO6

17. **MBA项目选择。**丹·约瑟夫正在考虑从两所商业研究生院中选择一所就读以攻读MBA学位。当问及关于学校名声，他如何比较这两所学校时，他回答说相比学校B，他强烈喜欢或非常强烈喜欢学校A。LO6

a. 给这个问题建立两两比较矩阵。

b. 关于此标准，确定这两个学校的优先级。

18. **公司总部搬迁。**一个组织正在调查3座城市，并计划将公司总部搬往其中一座城市。以下的两两比较矩阵表明了总裁对这3座城市的吸引力的评价。LO6

	城市1	城市2	城市3
城市1	1	5	7
城市2	1/5	1	3
城市3	1/7	1/3	1

a. 确定这3座城市的优先级。

b. 总裁的评判前后一致吗？请解释原因。

19. **税款公正性评价。**下列的两两比较模型包含了某人对提议的两种税款方案A和B的公正性的评价。LO6

	A	B
A	1	3
B	1/3	1

a. 确定这两种方案的优先级。

b. 此人的评价前后一致吗？请解释原因。

20. **软饮料对比1。**当某人被要求对3种软饮料的口味进行比较时，他做出如下评判。LO6

他喜欢A的程度相对B而言是较喜欢。

他喜欢A的程度相对C而言是一样喜欢至较喜欢。

他喜欢B的程度相对C而言是很喜欢。

a. 建立这道题的两两比较矩阵。

b. 按口味标准为饮料建立优先级。

c. 计算一致性比率。此人的评判前后一致吗？请解释原因。

21. **软饮料对比2。**参考习题20。假设这个人做出了如下评价，而非习题20给出的评价。LO6

他喜欢A的程度相对C而言是很喜欢。

他喜欢B的程度相对A而言是一样喜欢至较喜欢。

他喜欢B的程度相对C而言是很喜欢。

回答习题20中的a、b和c。

22. **选择会议地点。**琼斯办公用品公司的全国销售主管需要为下一届全国销售会议选择最佳地点。备选地点有3个：达拉斯、旧金山和纽约。决策需要考虑的重要标准是会议地点的餐饮和娱乐设施等是否有优势。就这条标准，全国销售经理做出了以下评判。LO6

他喜欢纽约的程度相对达拉斯而言是非常喜欢。

他喜欢纽约的程度相对旧金山而言是较喜欢。

他喜欢旧金山的程度相对达拉斯而言是较喜欢至很喜欢。

a. 建立这道题的两两比较矩阵。

b. 确定比较判断备选地点的优先级。

c. 计算一致性比率。销售经理的评判前后一致吗？请解释原因。

23. **选择个人计算机。**比较4台个人计算机的研究结果形成了下面的两两比较矩阵，其标准为计算机性能。LO6

	1	2	3	4
1	1	3	7	1/3
2	1/3	1	4	1/4
3	1/7	1/4	1	1/6
4	3	4	6	1

a. 按性能标准为4台计算机建立优先级。

b. 计算一致性比率。关于性能的评判前后一致吗？请解释原因。

24. **选择股票。**一个人正在研究投资以下两种股票中的哪一种：中央计算公司（Central Computing Company，CCC）和软件研究公司（Software Research，Inc.，SRI）。与决策最相关的标准为股票的潜在收益和投

资风险。此问题的两两比较矩阵如下。LO6

	标准	
	收益	风险
收益	1	2
风险	1/2	1

	收益	
	CCC	SRI
CCC	1	3
SRI	1/3	1

	风险	
	CCC	SRI
CCC	1	1/2
SRI	2	1

a. 计算每个两两比较矩阵的优先级。

b. 确定 CCC 和 SRI 两种投资的综合优先级。若考虑收益和风险，哪种股票更好呢？

25. **选择市场部总监。**Harling 设备公司的副总裁需要选择一位新的市场部总监。现有两个候选人：比尔·雅可布和苏·马丁，在挑选过程中最相关的标准为领导能力（L）、个人技能（P）和行政能力（A）。可得到以下两两比较矩阵。LO6

	标准		
	L	P	A
L	1	1/3	1/4
P	3	1	2
A	4	1/2	1

	领导能力	
	雅可布	马丁
雅可布	1	4
马丁	1/4	1

	个人技能	
	雅可布	马丁
雅可布	1	1/3
马丁	3	1

	行政能力	
	雅可布	马丁
雅可布	1	2
马丁	1/2	1

a. 计算每个两两比较矩阵的优先级。

b. 确定两个候选人的综合优先级。哪个候选人更好？

26. **汽车音响定制。**一位女士正在考虑为她的车购买一套定制的音响。她的考虑范围包括 3 种不同音响系统（A、B 和 C），它们在价格、音质和调频接收能力方面各不相同。建立的两两比较矩阵如下。LO6

	标准		
	价格	音质	调频
价格	1	3	4
音质	1/3	1	3
调频	1/4	1/3	1

	价格		
	A	B	C
A	1	4	2
B	1/4	1	1/3
C	1/2	3	1

	音质		
	A	B	C
A	1	1/2	1/4
B	2	1	1/3
C	4	3	1

	调频		
	A	B	C
A	1	4	2
B	1/4	1	1
C	1/2	1	1

a. 计算每个两两比较矩阵的优先级。

b. 确定每种音响系统的综合优先级。哪种音响更好？

案例问题 14-1

Banh 拖船公司

Banh 船用拖车公司生产各种型号的普通拖车，包括一整套船用拖车，其中两种最畅销的船用拖车为 EZ-190 和 EZ-250。EZ-190 适用于长度小于 19 英尺的轮船，而 EZ-250 适用于长度小于 25 英尺的轮船。

Banh 船用拖车公司想为接下来的两个月安排这两种产品的生产计划。每艘 EZ-190 需要花 4 小时的生产时间，而每艘 EZ-250 需要花 6 小时的生产时间。以下是 3 月和 4 月的订单。

型号	3 月	4 月
EZ-190	800	600
EZ-250	1 100	1 200

2 月的结余存货为 200 辆 EZ-190 和 300 辆 EZ-250。2 月用于生产的时间为 6 300 小时。

Banh 船用拖车公司的管理者主要担心能否完成 3 月和 4 月的 EZ-250 的订单。事实上，公司认为这个目标是生产计划必须满足的最重要的目标，其次重要的是完成 EZ-190 的现有订单。此外，管理者希望生产计划不会引起月份之间工作量的过大变动。为此，公司的目标是制订一个生产计划，把月与月之间的工作时间变动控制在 1 000 小时之内。LO1,3,4

管理报告

分析 Banh 船用拖车公司的生产计划问题，把你的研究结果写进递交给 Banh 船用拖车公司总裁的报告里，并在你的报告中包含对下面问题的讨论和分析。

1. 最能满足管理者制定的目标的生产计划。
2. 假设 Banh 船用拖车公司的仓储设施一个月最多只能容纳 300 辆拖车，那么这会对生产安排造成什么影响？
3. 假设 Banh 船用拖车公司一个月至多只能容纳 300 辆拖车，另外假设管理者希望 4 月每种车的结余存货至少有 100 辆，那么这两种变化会对生产安排造成什么影响？
4. 如果劳动时间变动目标是最高优先级目标，那么这会对生产安排造成什么影响？

附录 14.1

使用 Excel 的计分模型

Excel 为分析可用计分模型描述的多准则决策问题提供了一个有效的方法。我们将借用 14.3 节中的找工作问题来演示整个过程。

找工作计分模型的工作表如图 14-7 所示。标准的权重被填入到单元格 B6 ～ B12 中。每个决策方案在不同标准下的得分被输入到单元格 C6 ～ E12 中。

用于计算每个决策方案的分值的计算结果显示在表格的底部。单元格 C18 的计算公式为：

= $B6*C6

把单元格 C18 的这个公式复制到单元格 C18：E24，其结果显示在 18 ～ 24 行中。芝加哥金融分析师的得分是通过在单元格 C26 中使用如下公式得到的：

= SUM(C18:C24)

把单元格 C26 的值复制到单元格 D26：E26 中，可得到丹佛的会计和休斯敦的审计师的得分。

	A	B	C	D	E	F
1	找工作计分模型					
2						
3				等级		
4			分析师	会计	审计师	
5	标准	权重	芝加哥	丹佛	休斯敦	
6	职位晋升	5	8	6	4	
7	工作地点	3	3	8	7	
8	管理风格	4	5	6	9	
9	薪水	3	6	7	5	
10	声望	2	7	5	4	
11	工作稳定性	4	4	7	6	
12	工作乐趣	5	8	6	5	
13						
14						
15	分数计算过程					
16			分析师	会计	审计师	
17	标准		芝加哥	丹佛	休斯敦	
18	职位晋升		40	30	20	
19	工作地点		9	24	21	
20	管理风格		20	24	36	
21	薪水		18	21	15	
22	声望		14	10	8	
23	工作稳定性		16	28	24	
24	工作乐趣		40	30	25	
25						
26	分数		157	167	149	

图 14-7 找工作计分模型的工作表

第15章 时间序列分析与预测

学习目标

LO1 使用平均绝对误差、均方误差和平均绝对百分比误差来衡量预测模型的精确度。

LO2 使用移动平均法描述时间序列数据并提供预测。

LO3 使用指数平滑法描述时间序列数据并提供预测。

LO4 构造和解释时间序列图。

LO5 使用最小二乘回归确定线性趋势并预测时间序列的未来值。

LO6 使用最小二乘回归确定季节性并预测时间序列的未来值。

本章的目的是介绍时间序列与预测。假设我们需要预测公司某种产品来年的季度销售量。由于本预测将影响到生产计划、原材料采购、库存政策以及销售配额等，因此不准确的预测将会导致计划不准确并增加公司的开支。我们应该怎样预测季度销售量呢？良好的判断、直觉以及对经济状况的认识，均可以使管理者对未来会发生什么有一个大致的“想法”或“感觉”。但是，把这种感觉转化为下一年的销售量预测数字是非常困难的。

> 预测只是对未来发生的事情的预测。管理者必须承认，无论使用何种技术，他们都无法做出完美的预测。

预测方法可以分为定性和定量两类。定性预测方法通常使用专家预测法。这种方法适用于有关待测变量的历史数据不适用或不可获得的情况。定量预测方法可用于以下3种情况：①已知待测变量的历史信息；②待测变量的历史信息可定量化；③过去的模式可以持续到未来，并认为这是一个合理的假设。本章我们只关注定量预测方法。

如果历史数据仅仅局限于待测变量的历史值，则该预测方法就被称为时间序列法。历史数据被称为时间序列。时间序列分析的目的就是要发现历史数据或时间序列的变动模式，并把这种模式推广到未来。这种预测方法完全基于待测变量的历史值和（或）历史预测误差。

在15.1节中，我们将讨论预测者在实践中可能遇到的各种时间序列，包括固定或水平模式、趋势模式、季节模式以及周期模式。定量预测模型还要求对预测精确度进行测量。15.2 节讨论预测精确度的不同测量方法以及它们各自的优势和劣势。在 15.3 节中，我们介绍最简单的情况，即水平或固定模式。对于此模式，我们建立经典的移动平均模型、加权移动平均模型和指数平滑模型。我们介绍如何使用最优化模型来选择最优的参数。这是对第 2 ～ 8 章建立的优化工具的很好的应用。许多时间序列具有一种趋势，考虑此趋势是很重要的。在 15.4 节中，如果时间序列存在线性趋势，我们将使用回归模型来找到最符合该趋势的参数。最后，在 15.5 节中，我们介绍如何将趋势性和季节性包含在预测模型中。

|专栏 15-1| 实践中的管理科学

预测公用事业的能源需求

Duke Energy 是一家拥有天然气和电力业务的多元化经营的能源公司，它还有一个附属的房地产公司。2006 年，Duke Energy 并购了俄亥俄州辛辛那提的 Cinergy 公司，以高于 700 亿美元的总资产成为北美最大的能源公司之一。由于这次并购，辛辛那提燃气与电力公司（Cincinnati Gas & Electric，CG&E）成为 Duke Energy 的一部分。如今，Duke Energy 为遍及北卡罗来纳州、南卡罗来纳州、俄亥俄州、肯塔基州、印第安纳州以及加拿大安大略省的顾客提供服务，顾客数量超过 550 万。

电力行业中的预测有其独特性。“电”这种产品既不会以成品的形式出现，也不会以在制品库存的形式出现，因此，发电是必须满足顾客的即时需求。电力短缺造成的结果不仅是销售额损失，还有可能导致限电或停电。这就给能源预测者施加了一个不同寻常的压力。但是，从积极的角度看，能源需求相比其他产品而言更具有可预测性。而且，不像其他多产品经营的公司那样，CG&E 可以在其两大类支柱产品燃气和电力上投入更多的精力和资源来进行预测。

在任一给定周期内，比如 1 小时、1 天、1 个月或者 1 年，观察到的最大电力需求被定义为最高负载。对年电力最高负载的预测有助于未来发电机组的新建时机决策，这一决策对公司的财政影响较大。很明显，新发动机组的建设时机决策是非常关键的，过早或者过晚都会给公司带来重大损失。

电力预测在其他方面也很重要。电厂对用作发电机组燃料的煤炭的采购是基于预测的能源需求水平的。根据预测的销售额可以断定公司的电力运营收益，而这个预测本身也是税率变化和外部财政计划的一部分。这些规划和决策制定过程是公司运营过程中最重要的管理活动。决策者为了获得最佳的预测，必然要有最好的预测信息。

资料来源：由辛辛那提燃气与电力公司的理查德 · 艾文斯博士提供。

15.1 时间序列模式

时间序列是在连续时间点或连续时间段上对于测量到的某一变量的一系列观察值。对变量可以每小时、每天、每周、每月、每年或者每隔固定的一段时间测量一次。[⊖]数据模式是理解时间序列如何遵循以往模式的一个很重要的因素。如果预设这种行为可以继续到未来，我们就可以依此选择适当的预测方法。

[⊖] 我们将讨论限制在时间序列上。在这些时间序列中，序列的值是每隔相等的时间记录下来的。每隔不相等的时间记录序列的观察值的情况不在本章的讨论范围内。

为了识别数据的基本模式，第一步是构建一个时间序列图。**时间序列图**是描述时间与时间序列变量之间的关系的图形，时间在水平轴上，时间序列值在纵轴上。现在，我们回顾一下当检查一个时间序列图时，我们所能识别的几种常见的数据模式类型。

15.1.1　水平模式

水平模式是指数据围绕一个固定的平均数波动的情况。为了阐明含有水平模式的时间序列，考虑表 15-1 中所示的 12 周数据。此时间序列的平均值或平均数为每周 19.25 千加仑或 19 250 加仑。图 15-1 是这些数据的时间序列图。注意数据是如何围绕样本平均值 19 250 加仑波动的。尽管存在随机波动，但仍可以说这些数据遵循水平模式。

静态时间序列[⊖]用来表示统计属性独立于时间的时间序列，它有以下特点。

（1）数据生成过程具有一个固定的平均数。

（2）时间序列随时间的变动性是固定的。

表 15-1　汽油销售量时间序列

周	销售量（千加仑）	周	销售量（千加仑）	周	销售量（千加仑）
1	17	5	18	9	22
2	21	6	16	10	20
3	19	7	20	11	15
4	23	8	18	12	22

静态时间序列的时间序列图总是水平模式，但有水平模式的时间序列不一定是静态的。关于预测的高阶内容讨论了确定一个时间序列是不是静态的步骤，并提供了将一个非静态时间序列转化为静态时间序列的方法。

商业条件的改变经常导致一个有水平模式的时间序列的水平发生改变。例如，假设汽油销售商与佛蒙特州警察局签订了一份合同，由它为佛蒙特州警察局警车提供汽油。销售商期望签订这份合同后能够大大提高自第 13 周开始的周销售量。表 15-2 显示了初始时间序列以及新合同签订后 10 周售出的汽油加仑数。图 15-2 显示了相应的时间序列图。请注意自第 13 周开始时间序列水平的增加情况。时间序列水平的变化增大了选择适当预测方法的难度。选择一个非常适应某时间序列水平变化的预测方法是许多实践应用中需要考虑的一个重要方面。

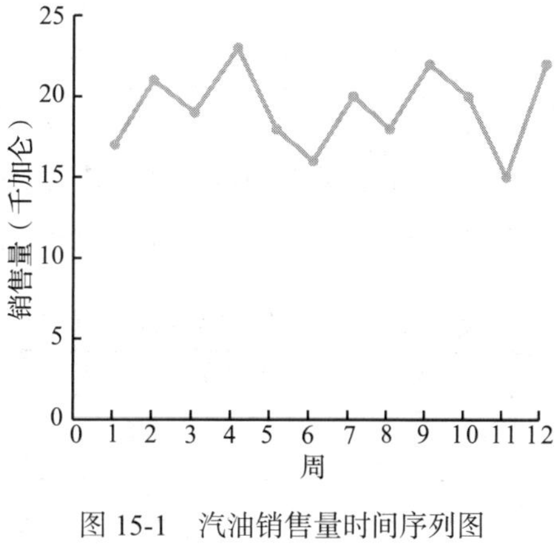

图 15-1　汽油销售量时间序列图

⊖ 对于静态的正式定义参见：K. Ord and R. Fildes (2012), Principles of Business Forecasting. Mason, OH:。Cengage Learning, p. 155。

表 15-2 与佛蒙特州警察局签订合同后的汽油销售量时间序列

周	销售量（千加仑）	周	销售量（千加仑）	周	销售量（千加仑）
1	17	9	22	17	28
2	21	10	20	18	32
3	19	11	15	19	30
4	23	12	22	20	29
5	18	13	31	21	34
6	16	14	34	22	33
7	20	15	31		
8	18	16	33		

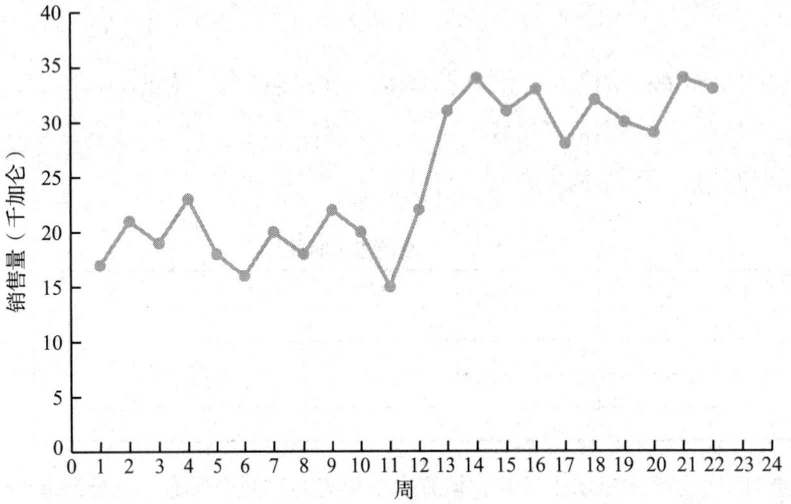

图 15-2 与佛蒙特州警察局签订合同后的汽油销售量时间序列图

15.1.2 趋势模式

尽管时间序列中的数据通常是随机波动的，但是在较长的一段时间内，时间序列仍可能显示出逐步变化或移动到相对更高或更低的值。如果一个时间序列图显示出这种变化，我们就说该时间序列存在**趋势模式**。这种趋势通常是由许多长期因素引起的，比如人口增加或减少、人口的统计特征变化、技术进步和（或）消费者偏好的改变等。

为了说明有趋势模式的时间序列，考虑某一特定的自行车制造商在 10 年期间的销售量的时间序列，如表 15-3 和图 15-3 所示。注意，第 1 年的自行车销售量为 21 600 辆，第 2 年的自行车销售量为 22 900 辆，依此类推。在距离当前最近的第 10 年，自行车销售量为 31 400 辆。通过观察该时间序列图，可以看到在过去 10 年里，自行车的销售量上下波动，但时间序列似乎也有一个系统地增加或向上的趋势。

表 15-3 自行车销售量时间序列

年	销售量（1 000 辆）	年	销售量（1 000 辆）	年	销售量（1 000 辆）
1	21.6	5	23.9	9	28.6
2	22.9	6	27.5	10	31.4
3	25.5	7	31.5		
4	21.9	8	29.7		

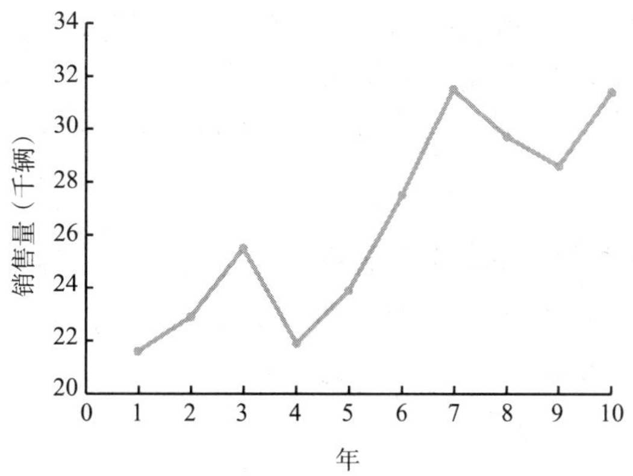

图 15-3　自行车销售量时间序列图

自行车销售量时间序列的趋势看起来是线性的且随着时间的变动逐渐增加，但是有时候趋势可以用其他类型的模式更好地描述。例如，表 15-4 中的数据以及图 15-4 中所示的相应的时间序列图显示了自公司 10 年前赢得 FDA 赞助以后抗胆固醇药物的销售收入。该时间序列以一个非线性的模式递增，即每年的收益变化没有按照一个固定的量递增。事实上，收益看起来是在按照一个指数模式增长。当每周期的变化率相对比较稳定时，就会出现如此类型的指数关系。

表 15-4　抗胆固醇药物销售收入时间序列

年	收入（百万美元）
1	23.1
2	21.3
3	27.4
4	34.6
5	33.8
6	43.2
7	59.5
8	64.4
9	74.2
10	99.3

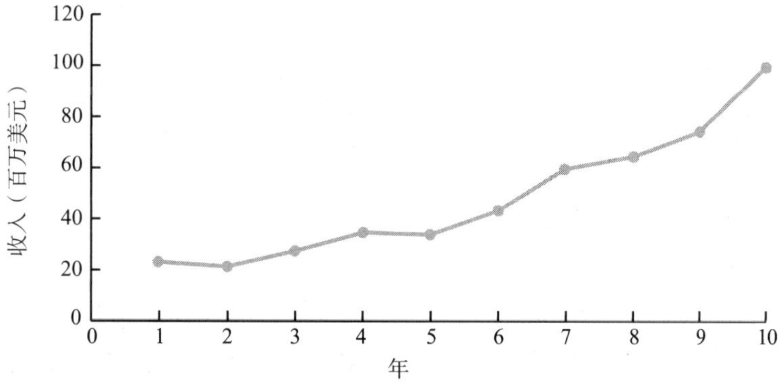

图 15-4　抗胆固醇药物销售收入时间序列图

15.1.3　季节模式

一个时间序列的趋势可以通过分析其多年历史数据的变动来识别。当看到时间序列在连续时段内具有相同的重复模式的时候，我们就认为该时间序列具有**季节模式**。例如，一个游泳池的制造商预期在秋冬季节的月份里销售量较低，在春夏季节的月份里会出现销售高峰。但是，除雪设备制造商和冬装制造商却会预计出相反的年度销售变动模式。时间序列图所显示出的由季节因素引起的以 1 年为周期的重复模式被称为季节模式。尽管我们认为时间序列中的季节性变动通常发生在 1 年内，但是时间序列数据也可能显示持续时间少于 1 年的季节模式。例如，每日的交通量就表现出为期 1 天的“季节性”行为，上、下班时间的交通量达到高峰值，而一天之内的其他时间和傍晚时分的车流量适中，从午夜到次日清晨的车流量最小。另一个在 1 天内表示出明显季节趋势的行业就是餐饮行业。

先来看季节模式的一个例子，考虑服装店在过去 5 年内售出的雨伞数量。表 15-5 显示了时间序列，图 15-5 显示了相应的时间序列图。时间序列图没有销售量的长期趋势。事实上，除非你认真观察这些数据，否则你可能认为这些数据遵循水平模式。但是认真检查时间序列图时，就会发现这些数据具有常规模式。可以发现，第 1 季度和第 3 季度具有适中的销售量，第 2 季度的销售量最高，第 4 季度的销售量往往最低。因此，我们断定该时间序列具有季度季节模式。

表15-5 雨伞销售量时间序列

年	季度	销售量（把）
1	1	125
	2	153
	3	106
	4	88
2	1	118
	2	161
	3	133
	4	102
3	1	138
	2	144
	3	113
	4	80
4	1	109
	2	137
	3	125
	4	109
5	1	130
	2	165
	3	128
	4	96

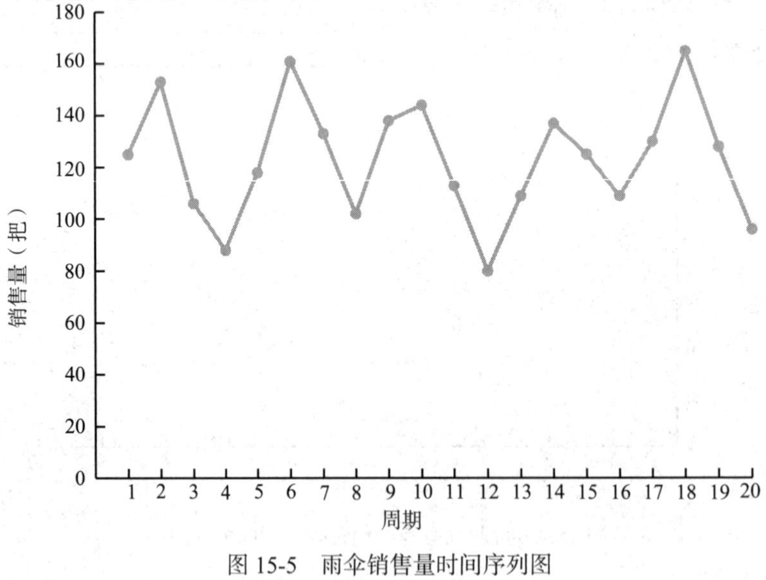

图 15-5 雨伞销售量时间序列图

15.1.4 趋势和季节模式

一些时间序列模式同时结合了趋势和季节两种模式。例如，表 15-6 中的数据及图 15-6 中相应的时间序列图显示了某一特定的制造商在过去 4 年里的智能手机销售量。显然，这一时间序列存在递增趋势。但是，图 15-6 也表明每年第 2 季度的销售量最低，第 3 季度和第 4 季度的销售量会增加。因此，我们断定智能手机销售量也存在季节模式。在这些例子中，我们需要使用一种能同时处理趋势和季节模式的预测法。

表 15-6　智能手机季度销售量时间序列

年	季度	销售量（千部）	年	季度	销售量（千部）
1	1	4.8	3	1	6.0
	2	4.1		2	5.6
	3	6.0		3	7.5
	4	6.5		4	7.8
2	1	5.8	4	1	6.3
	2	5.2		2	5.9
	3	6.8		3	8.0
	4	7.4		4	8.4

15.1.5　周期模式

如果时间序列图显示点在一年以上持续交替出现于趋势线的上方和下方，则该时间序列存在**周期模式**。许多经济时间序列显示出观察值有规则地位于趋势线的上方和下方这一周期性行为。一般来说，时间序列的周期因素是由多年的经济周期造成的。例如，适度通货膨胀时期之后紧接着又是急剧通货膨胀时期，这将会导致许多时间序列呈现出交替出现在一条大致递增的趋势线的上方和下方的情况（例如，住房成本的时间序列）。即使存在可能，经济周期也是极其难以预测的。因此，周期效应通常与长期趋势影响相结合，这被称为趋势—周期效应。在本章中，我们不讨论时间序列可能存在的周期效应。

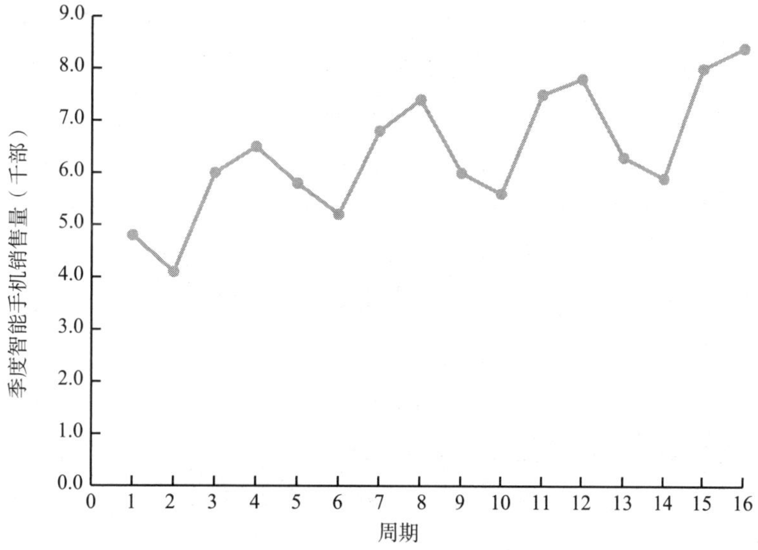

图 15-6　智能手机季度销售量时间序列图

15.1.6　选择预测方法

时间序列的模式是影响选择预测方法的一个重要因素。因此，通过时间序列图决定使用哪种预测方法十分重要。如果观测到水平模式，那么我们就需要选择一个适合于此模式序列的方法。类似地，如果观测到数据中存在某种趋势，那么我们就需要使用一种能有效处理各种趋势的预测方法。在下面的两节中，我们先介绍可用于水平模式的方法。换句话说，该序列不存在趋势或季节影响。接下来，我们再考虑适用于有趋势或季节性的序列的方法。专栏 15-2 描述了 ACCO 品牌在预测客户对办公用品的需求时的考虑。

|专栏 15-2| 实践中的管理科学

基于多品类生产线的办公用品需求预测

ACCO 是世界上最大的办公用品和整体打印解决方案的提供商之一。该公司旗下广为人知的品牌有 AT-A-GLANCE、Day-Timer、Five-Star、GBC、Hilroy、Kensington、Marbig、Mead、NOBO、Quatrtet、Rexel、Swingline、Tilibra、Wilson Jones 等。

因为 ACCO 生产众多的产品并且面对着多样化的需求，所以在生产计划、分销和市场活动方面，ACCO 都非常依赖于销售预测。从供应链来看，ACCO 和它的合作伙伴建立了协作关系并把彼此当作非常有价值的合作伙伴。所以，ACCO 的客户会分享 ACCO 在预测中需要的有价值的信息和数据。

作为 ACCO 的预测经理，Vanessa Baker 非常重视这些额外的信息。“我们会为每一个主要客户做单独的需求预测，” Baker 说，“我们通常用 24 ～ 36 个月的历史数据来预测未来 12 ～ 18 个月的数据。趋势是非常重要的，我们几条主要的生产线，包括学校、规划组织和装饰日历都是非常具有季节性的，季节性销售占据了我们每年销售的一大部分。”

Daniel Marks 是 ACCO 的战略预测核准经理之一，他接着说：

“供应链进程包括提前期，也就是从确定商品的生产需求到商品上架满足消费者需求的时间；这个提前期可能要花费好几个月，所以我们的预测对于供应链上的每一个环节来讲都是至关重要的。陈旧过时的风险也增加了这个任务的挑战性。我们卖的许多东西都是具有即时性的，比如日历等，这些东西本身就有会被废弃的性质。另外，我们许多产品的设计都是具有时尚性或流行文化元素的，这些产品随着大众口味和流行趋势的变化很快就会被遗弃掉。过度积极的预测的代价是非常高的，然而过于悲观的预测又会使我们失去部分潜在销售，给我们的对手抢占市场份额的机会。”

除了关注趋势、季节因素和周期模式之外，Baker 和 Marks 还需要处理其他几个因素。Baker 强调：“我们需要根据客户的升级变化来修正我们的预测。”Marks 表示同意并且说：

“我们也需要在预测客户需求的基础上有所突破。我们需要在订单预测中考虑到零售商的具体需求，比如哪一种类的陈列品将被使用，或者为满足客户提出的需求需要展示多少产品。现有库存是另外一个因素，如果某个客户有过多或过少的库存，那么这将影响他未来的订单。我们需要将这一点反映在我们的预测当中。产品生命周期会因为与流行文化相关而非常短吗？零售商的销售和降价策略是什么？对供应链合作伙伴的竞争大环境的了解会帮助我们更加准确地预测需求，这会减少浪费并且使我们的客户和 ACCO 本身都获得更大的利润。”

15.2 预测精确度

在本节中，我们先使用所有预测方法中最简单的一种，即最近一周的销售量作为下周的销售量预测值，为表 15-1 中所示的汽油时间序列进行预测。例如，销售商在第 1 周销售了 17 000 加仑的汽油，使用此销售量作为第 2 周的预测值。接下来，我们用第 2 周的真实销售量 21 000 加仑作为第 3 周的预测值，依此类推。使用此方法得到的历史数据的预测值在表 15-7 中的预测值一列。由于此方法比较简单，因此这种方法通常被称为单纯预测法。

表 15-7　使用最近一周实际值作为下一周预测值进行的预测和预测误差　（单位：千加仑）

周	时间序列值	预测值	预测误差	预测误差的绝对值	预测误差的平方	误差百分比	误差百分比的绝对值
1	17						
2	21	17	4	4	16	19.05	19.05
3	19	21	−2	2	4	−10.53	10.53
4	23	19	4	4	16	17.39	17.39
5	18	23	−5	5	25	−27.78	27.78
6	16	18	−2	2	4	−12.50	12.50
7	20	16	4	4	16	20.00	20.00
8	18	20	−2	2	4	−11.11	11.11
9	22	18	4	4	16	18.18	18.18
10	20	22	−2	2	4	−10.00	10.00
11	15	20	−5	5	25	−33.33	33.33
12	22	15	7	7	49	31.82	31.82
总计			5	41	179	1.19	211.69

使用这种简单的预测法得到的预测值有多精确呢？为了回答这一问题，我们将介绍几种度量预测精确度的方法。这些度量法可用于确定某特定预测法在多大的程度上能复制现有的时间序列数据。通过选择对于已知数据而言具有最优精确度的方法，我们希望提高未来时间周期的预测值的精确度。

与测量预测精确度相关的主要概念是**预测误差**，如果我们设 Y_t 和 $\hat{Y}_t$ 分别是 t 时期的真实值和预测值，那么对应的 t 时期的预测误差为：

$$e_t = Y_t - \hat{Y}_t \tag{15-1}$$

也就是说，t 时期的预测误差就是 t 时期真实值与预测值的差值。

例如，销售商在第 2 周的实际销售量为 21 000 加仑，使用第 1 周的销售量作为预测值，为 17 000 加仑，则第 2 周的预测误差为：

$$第\ 2\ 周的预测误差 = 21 - 17 = 4$$

预测误差为正，这表明预测方法低估了第 2 周的实际销售量。接下来，我们使用第 2 周的真实销售量 21 作为第 3 周的预测值。第 3 周的真实销售量为 19，因此第 3 周的预测误差是 19−21=−2。此时，负的预测误差表示对第 3 周的预测值高于真实值。因此，预测误差可能为正也可能为负，这取决于预测值是过低还是过高。表 15-7 中标有预测误差的一列计算了单纯预测法的预测误差之和。需要注意的是，我们用了以前的时间序列数据来计算 t 时期的预测值，因此，我们没有足够的数据为时间序列中的第一周计算一个预测值。

一种简单测量预测误差的方法是计算预测误差的平均值或平均数。如果我们的时间序列中一共有 n 个时期，k 是时间序列的开始序数，预测误差的均值是：

$$\text{MFE} = \frac{\sum_{t=k+1}^{n} e_t}{n-k} \tag{15-2}$$

表 15-7 显示了汽油销售量时间序列的预测误差之和为 5，因此，误差中值或平均值是 5/11=0.45。由于我们没有足够的数据对时间序列的第一周进行预测，我们必须在分子和分母上进行相应的修正。在预测中非常普遍是，我们用时间序列中 k 个之前的时期进行预测，所以通常无法预测前 k 个时期。在这些情况中，计算分子之和从开始预测的 t 时期开始（所以我们从 $t=k+1$ 开始计算总和），而分母（分母的数字是我们可以预测的时期的数量和）也一样。注意，尽管汽油时间序列包括 12 个数值，但是为了计算平均误差，我们用预测误差之和除以 11，因为有 11 个预测误差。

在汽油的例子中同样需要注意的是，由于平均误差为正，因此这种预测法得到的预测值偏低（under-forecasting），即观察值往往大于预测值。由于正预测误差和负预测误差相互抵销，因此平均误差可能很小。因此，用平均误差来测量预测精确度不是很有用。

平均绝对误差记为 MAE，它是预测精确度的一种测量指标，这种方法避免了正负预测误差相互抵销的问题。顾名思义，MAE 是平均绝对误差。

$$\text{MAE}=\frac{\sum_{t=k+1}^{n}|e_t|}{n-k} \tag{15-3}$$

表 15-7 表明预测误差绝对值之和为 41。因此：

$$\text{MAE}=\frac{41}{11}=3.73$$

另一个避免正负预测误差相互抵销的测量方法是计算预测误差平方的平均值。这种预测误差的测量值被称为**均方误差**，记为 MSE。

$$\text{MSE}=\frac{\sum_{t=k+1}^{n}e_t^2}{n-k} \tag{15-4}$$

从表 15-7 可知，误差的平方和为 179，因此：

$$\text{MSE}=\frac{179}{11}=16.27$$

MAE 和 MSE 的大小取决于数据的规模。因此，很难比较不同时间间隔的数据，比如比较汽油的月销售量预测方法和周销售量预测方法，或比较不同的时间序列。为了进行类似的比较，我们需要使用相对误差测量值或百分比误差测量值，即**平均绝对百分比误差**，记为 MAPE。为了计算 MAPE，我们必须首先计算每一个预测值的百分比误差：

$$\left(\frac{e_t}{Y_t}\right)\times 100\%$$

例如，要计算第 2 周的预测值 17 的百分比误差，就用第 2 周的预测误差除以第 2 周的真实值，再乘以 100%。第 2 周的百分比误差计算如下：

$$\text{第 2 周的百分比误差}=\left(\frac{e_2}{Y_2}\right)\times 100\%=\frac{4}{21}\times 100\%=19.05\%$$

因此，第 2 周的预测误差占第 2 周的观察值的 19.05%。表 15-7 中标有百分比误差的一列计算了百分比误差之和。在下一列中，我们列出了百分比误差的绝对值。最终，我们得出 MAPE 的计算公式如下：

$$\text{MAPE}=\frac{\sum_{t=k+1}^{n}\left|\left(\frac{e_t}{Y_t}\right)\times 100\%\right|}{n-k} \tag{15-5}$$

表 15-7 表明，百分比误差的绝对值之和为 211.69。因此：

$$\text{MAPE}=\frac{211.69}{11}=19.24\%$$

总之，使用单纯预测法（上期值），我们得到以下预测精确度的测量值：

$$\text{MAE}=3.73$$

$$\text{MSE}=16.27$$

$$\text{MAPE}=19.24\%$$

预测精确度度量了使用某种预测方法得到的历史时段的预测值与历史真实数据的逼近程度。现在，假设我们想预测一个未来时期的销售量，比如第 13 周。这样，第 13 周的预测值为 22，第 12 周的时间序列的真实值为 12。对第 13 周的销售量的预测是否准确呢？不幸的是，没有方法可以解决未来时期的预测值的精确度问题。但是，如果我们选择一种非常逼近历史数据的预测法，并且认为历史模式将继续到未来，那么我们将得到好的预测结果。

在本节结束之前，我们考虑使用另一种方法预测表 15-1 中汽油销售量的时间序列。假设我们使用所有可用历史数据的平均数作为下一期的预测值。我们先为第 2 周建立一个预测值。因为第 2 周之前只有一个历史值可用，第 2 周的预测值恰好是第 1 周的时间序列值，因此第 2 周的预测值为 17 000 加仑的汽油。为了计算第 3 周的预测值，我们取第 1 周和第 2 周的销售量的平均值。于是有：

$$\hat{Y}_3=\frac{17+21}{2}=19$$

类似地，第 4 周的预测值是：

$$\hat{Y}_4=\frac{17+21+19}{3}=19$$

表 15-8 中预测值一列给出了使用这种方法计算得到的汽油时间序列的预测值。使用表 15-8 中所示的结果，我们得到了如下 MAE、MSE 和 MAPE 的值。

$$\text{MAE}=\frac{26.81}{11}=2.44$$

$$\text{MSE}=\frac{89.07}{11}=8.10$$

$$\text{MAPE}=\frac{141.34}{11}=12.85\%$$

表 15-8　计算预测值和预测精确度的测量值，使用所有历史数据的平均值作为下一期的预测值

周	时间序列值	预测值	预测误差	预测误差绝对值	预测误差平方值	误差百分比	误差百分比的绝对值
1	17						
2	21	17.00	4.00	4.00	16.00	19.25	19.05
3	19	19.00	0.00	0.00	0.00	0.00	0.00
4	23	19.00	4.00	4.00	16.00	17.39	17.39

（续）

周	时间序列值	预测值	预测误差	预测误差绝对值	预测误差平方值	误差百分比	误差百分比的绝对值
5	18	20.00	−2.00	2.00	4.00	−11.11	11.11
6	16	19.60	−3.60	3.60	12.96	−22.50	22.50
7	20	19.00	1.00	1.00	1.00	5.00	5.00
8	18	19.14	−1.14	1.14	1.31	−6.35	6.35
9	22	19.00	3.00	3.00	9.00	13.64	13.64
10	20	19.33	0.67	0.67	0.44	3.33	3.33
11	15	19.40	−4.40	4.40	19.36	−29.33	29.33
12	22	19.00	3.00	3.00	9.00	13.64	13.64
总计			4.52	26.81	89.07	2.75	141.34

现在，通过比较每一种方法的 MAE、MSE 和 MAPE 的值，我们就可以比较本节考虑的两种预测方法的精确度。

	单纯法	过去值的平均值
MAE	3.73	2.44
MSE	16.27	8.10
MAPE	19.24%	12.85%

对于每一种预测方法，过去值的平均值比使用上期值作为下一期的预测值提供了更加准确的预测值。一般来说，如果基本时间序列是静态的，所有历史数据的平均值将总能提供最优结果。

基于历史数据计算不同的预测值只在历史趋势延续到未来的情况下才是有帮助的。就像我们认为表 15-1 的 12 个观察值是一个静态的时间序列。在 15.1 节中，我们提到经济条件的变化可能经常导致一个有水平模式的时间序列变动到一个新的水平。我们讨论了汽油销售商与佛蒙特州警察局签订合同，合同要求汽油销售商为佛蒙特州警察局警车提供汽油的情况。表 15-2 列出了初始时间序列以及签订合同后 10 周售出的汽油加仑数。图 15-2 列出了相应的时间序列图。请注意产生的时间序列中第 13 周的水平的变化。当出现序列变动到一个新水平的情况时，使用所有历史数据的平均值的预测方法需要很长一段时间才能适应时间序列的这一新水平。但是，单纯预测法很快就能适应水平的变化，因为此预测法使用上期值作为预测值。

比较不同预测方法的一个重要工具是测量预测精确度，但必须注意不能过度依赖这些测量值。当选择一种预测方法时，我们也必须考虑可能影响预测的相关经济条件的信息和评论。此外，历史预测精确度并不是唯一的考虑因素，尤其是当时间序列可能在未来会发生变化的时候。

下节将介绍几种更高级的方法来为有水平模式的时间序列进行预测。通过使用本节介绍的预测精确度的测量方法，我们能够确定这些方法提供的预测值是否比我们本节使用的简单方法得到的预测值更加准确。我们将介绍的这几种方法也具有这样一个优势，那就是能很好地适应时间序列变动到一个新水平的情况。预测方法是否具有快速适应水平的变化的能力对预测结果影响很大，尤其是在短期预测情况下。

15.3 移动平均法和指数平滑法

在本节中，我们讨论适用于具有水平模式的时间序列的三种预测法：移动平均法、加权移动平均法和指数平滑法。这些方法能很好地预测具有水平模式的时间序列，如我们使用拓展的汽油销售量时间序列时所能看到的那样（表 15-2 和图 15-2）。然而，如果时间序列具有明显的趋势、周期或者季节模式，则还需要进一步修正本节的方法，否则很难有好的预测效果。由于本节涉及的每一种方法的目标都是消除时间序列中的随机波动，因此，这些方法被称为平滑法。平滑法使用起来简便，而且对于短期预测（比如对下一时间周期进行预测），精确度水平往往很高。

15.3.1　移动平均法

移动平均法使用最近 k 个数据的平均数作为下一期的预测值。k 阶**移动平均**预测值的数学公式为：

$$\hat{Y}_{t+1}=\frac{\sum \text{最近的}k\text{个数据值}}{k}=\frac{\sum_{i=t-k+1}^{t} Y_i}{k}=\frac{Y_{t-k+1}+\cdots+Y_{t-1}+Y_t}{k} \tag{15-6}$$

其中，

$\hat{Y}_{t+1}$ = 第 t+1 期的预测值

Y_i= 第 i 期的实际值

k= 生成预测值所用时间序列值的个数

使用术语“移动”是因为每次当时间序列获得一个新观察数据时，将此新数据代入式（15-6）中替换掉原始的观察数据，即可计算出一个新的平均值。因此，只要有新的观察值可供使用，平均值就会发生变化或者移动。

为了说明移动平均法，我们现在回到表 15-1 和图 15-1 中的汽油销售量数据上。图 15-1 表明，汽油销售量的时间序列具有水平模式。因此，可以应用本节的平滑法。

为了使用移动平均来预测时间序列，我们必须首先选择移动平均的阶数 k，即首先选择预测所用的时间序列值的个数。如果认为只有最近的几个时间序列值是相关的，那么 k 应为一个很小的值；如果认为更多的过去值是相关的，那么 k 最好为一个更大的值。正如前面所述，具有水平模式的时间序列可以随着时间的推移变动到一个新的水平。适当地选择移动平均的阶数 k，将能很好地适应序列的新水平，并得到不错的预测效果，因为一个更小的 k 值能更快地跟踪时间序列的变动，而一个更大的 k 值在消除随机波动方面更有效。所以，管理人员对时间序列行为的模式和变动做出的评判有助于选择一个好的 k 值。

为了说明如何使用移动平均数来预测汽油销售量，我们将使用 3 阶（k=3）移动平均数进行预测。首先，我们使用第 1 周至第 3 周的时间序列值的平均数来计算第 4 周的销售量预测值。

$$\hat{Y}_4=\text{第 1 周至第 3 周的平均数}=\frac{17+21+19}{3}=19$$

因此，第 4 周销售量的移动平均数预测值是 19。因为第 4 周的真实观察值是 23，因此第 4 周的预测误差为 23−19=4。

接下来，通过求第 2 周至第 4 周的时间序列值的平均数来计算第 5 周的销售量预测值。

$$\hat{Y}_5=\text{第 2 周至第 4 周的平均数}=\frac{21+19+23}{3}=21$$

因此，第 5 周的销售量预测值是 21，与此预测相关的误差是 18−21=−3。表 15-9 总结了汽油销售量时间序列所有的 3 周移动平均数预测值。图 15-7 显示了初始时间序列图和 3 周移动平均数预测值。这里需要注意移动平均数预测图是如何消除时间序列中的随机波动的。

为了预测下一期，即第 13 周的销售量，我们只需计算第 10 周、第 11 周和第 12 周的时间序列值的平均数。

$$\hat{Y}_{13}=\text{第 10 周至第 12 周的平均数}=\frac{20+15+22}{3}=19$$

因此，第 13 周的预测值是 19。

表 15-9 3 周移动平均数（k=3）计算结果的总结

周	时间序列值	预测值	预测误差	预测误差绝对值	预测误差平方值	误差百分比	误差百分比的绝对值
1	17						
2	21						
3	19						
4	23	19	4	4	16	17.39	17.39
5	18	21	−3	3	9	−16.67	16.67
6	16	20	−4	4	16	−25.00	25.00
7	20	19	1	1	1	5.00	5.00
8	18	18	0	0	0	0.00	0.00
9	22	18	4	4	16	18.18	18.18
10	20	20	0	0	0	0.00	0.00
11	15	20	−5	5	25	−33.33	33.33
12	22	19	3	3	9	13.64	13.64
总计			0	24	92	−20.79	129.21

预测精确度 在 15.2 节中，我们讨论了预测精确度的 3 种度量方法：平均绝对误差（MAE）、均方误差（MSE）和平均绝对百分比误差（MAPE）。使用表 15-9 中的 3 周移动平均数，计算得到这 3 种预测的精确度测量值：

$$\text{MAE}=\frac{24}{9}=2.67$$

$$\text{MSE}=\frac{92}{9}=10.22$$

$$\text{MAPE}=\frac{129.21}{9}=14.36\%$$

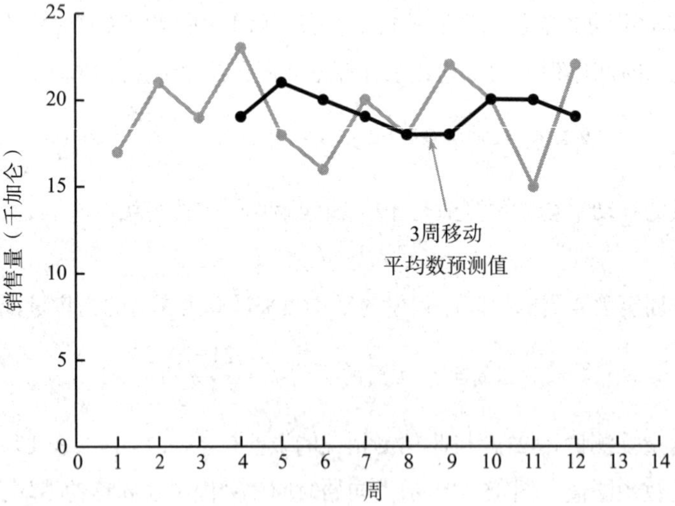

图 15-7 汽油销售量时间序列图和 3 周移动平均数预测值

在需要比较不同时间段的预测方法的情况下，比如将周销售量预测与月销售量预测进行比较时，最好使用 MAPE 等相对指标进行度量。

在 15.2 节中，我们指出使用上期值作为下一周的预测值（k=1 阶的移动平均数）的预测方法的精确度为：MAE=3.73，MSE=16.27，MAPE=19.24%。因此，在每种度量预测精确度的方法中，使用 3 周移动平均法产生的预测值都比只使用上期值作为预测值的方法更加准确。

对于同一组时间序列而言，k 值不同的移动平均法预测的精确度也不同。为了找到精确度最小时的 k 值，我们使用试错法来确定最小化 MSE 的 k 值。汽油销售量时间序列显示，MSE 的最小值对应于 k=6 阶的移动平均数，且 MSE=6.79。如果我们假设对于历史数据而言最佳移动平均数的阶数对于未来的时间序列值也是最佳的，则使用 k=6 阶的移动平均数可以得到最准确的汽油销售量的移动平均预测值。

15.3.2　加权移动平均法

在移动平均法中，计算移动平均数时对每一个观察值都使用相同的权重。改变权重相等的做法，为每一个数据选取不同的权重，进而计算时间序列中最近 k 个值的加权平均值作为预测值，这种方法被称为**加权移动平均法**。

> k 阶移动平均预测只是加权移动平均法的一个特例，其中每个权重等于 $1/k$。例如，k=3 阶的移动平均预测只是加权移动平均法的一个特例，其中每个权重等于 1/3。

$$\hat{Y}_{t+1} = w_t Y_t + w_{t-1} Y_{t-1} + \cdots + w_{t-k+1} Y_{t-k+1} \qquad (15\text{-}7)$$

其中，

$\hat{Y}_{t+1}$ = 第 t+1 期的预测值

Y_t= 第 t 期的实际值

W_t= 第 t 期实际值的权重

k= 生成预测值所用时间序列值的个数

在大多数情况下，最近获得的观察值，其权重也最大；越早获得的观察值，其权重越小。现在我们使用汽油销售量的时间序列来说明如何计算 3 阶加权移动平均值。我们为最近的观察值分配 3/6 的权重，为第二近的观察值分配 2/6 的权重，为第三近的观察值分配 1/6 的权重。使用此权重，我们来对第 4 周进行预测，计算如下：

$$\text{第 4 周的预测值} = \frac{1}{6} \times 17 + \frac{2}{6} \times 21 + \frac{3}{6} \times 19 = 19.33$$

注意，在加权移动平均法中，权重之和等于 1。

预测精确度　要想使用加权移动平均法，我们必须先选择加权移动平均法中所包含的时间序列值的个数，然后为每一个数值选择一个相应的权重。一般而言，如果我们认为最近获得的数据比早期获得的数据更有利于预测未来，那么就应该给越近、越新的观察值赋予越大的权重。但是，当时间序列的变动非常大时，为每一个数值选择大致相等的权重也许是最好的做法。在选择权重时唯一的要求是这些权重不能为负数，并且各权重之和必须等于 1。为了确定 k 值与权重的一个特定的组合是否比另一个组合能提供更准确的预测值，我们建议使用 MSE 来度量预测精确度。也就是说，如果假设对过去来说最优的组合对于未来而言也是最优的，那么我们将使用使历史时间序列中 MSE 最小的一组 k 值与其权重的组合来预测时间序列中的新一期的值。

15.3.3　指数平滑法

指数平滑法也用过去时间序列值的加权平均数作为预测值，它是加权移动平均法的一个特例。在这一方法中，我们仅需选择一个权重——最近观察值的权重。其他数值的权重会自动计算得到，并且这些权重随着观察值推向过去而变小。指数平滑模型为：

$$\hat{Y}_{t+1} = \alpha Y_t + (1-\alpha)\hat{Y}_t \qquad (15\text{-}8)$$

其中，

$$\hat{Y}_{t+1} = \text{第 } t+1 \text{ 期的时间序列预测值}$$

$$Y_t = \text{第 } t \text{ 期的时间序列实际值}$$

$$\hat{Y}_t = \text{第 } t \text{ 期的时间序列预测值}$$

$$\alpha = \text{平滑常数}（0 \leqslant \alpha \leqslant 1）$$

式（15-8）表明第 $t+1$ 期的预测值是第 t 期的实际值和第 t 期的预测值的加权平均值。第 t 期的实际数据的权重 α 是**平滑常数**，而 $1-\alpha$ 是第 t 期的预测值的权重。我们通过处理一个由 3 个数据周期，Y_1、Y_2 以及 Y_3 组成的时间序列可以证明，任何一期的指数平滑预测值实际上是时间序列中的以前所有实际值的加权平均数。

> 指数平滑法有多种。这里提出的方法通常被称为单一指数平滑法，因为它只有一个平滑常数 α。

为了方便计算，我们假设 $\hat{Y}_1$ 等于时间序列第 1 期的实际值，即 $\hat{Y}_1 = Y_1$。因此，第 2 期的预测值为：

$$\begin{aligned}\hat{Y}_2 &= \alpha Y_1 + (1-\alpha)\hat{Y}_1 \\ &= \alpha Y_1 + (1-\alpha)Y_1 \\ &= Y_1\end{aligned}$$

可见，第 2 期的指数平滑预测值等于时间序列第 1 期的实际值。

第 3 周期的预测值为：

$$\hat{Y}_3 = \alpha Y_2 + (1-\alpha)\hat{Y}_2 = \alpha Y_2 + (1-\alpha)Y_1$$

最后，我们将 $\hat{Y}_3$ 的表达式代入 $\hat{Y}_4$ 的表达式中，可以得到：

$$\begin{aligned}\hat{Y}_4 &= \alpha Y_3 + (1-\alpha)\hat{Y}_3 \\ &= \alpha Y_3 + (1-\alpha)[\alpha Y_2 + (1-\alpha)Y_1] \\ &= \alpha Y_3 + \alpha(1-\alpha)Y_2 + (1-\alpha)^2 Y_1\end{aligned}$$

现在，我们可知 $\hat{Y}_4$ 为前 3 个时间序列值的加权平均值。Y_1、Y_2 以及 Y_3 的系数或者权重之和为 1。由此，可得出类似的结论，即一般来讲，$t+1$ 期的预测值 $\hat{Y}_{t+1}$ 都是以前所有的时间序列值的加权平均数。

> 指数平滑这个术语来自历史值加权方案的指数性质。

尽管指数平滑法产生的预测值是过去所有观察值的加权平均数，但是我们并不需要为了计算下一期的预测值而保存所有的历史数据。事实上，式（15-8）表明，一旦选定平滑常数 α，只需给出第 t 期时间序列的实际值 Y_t 和第 t 期时间序列的预测值 $\hat{Y}_t$ 即可计算预测值。

为了说明指数平滑预测法，我们现在再次考虑表 15-1 和图 15-5 中的汽油销售量时间序列。根据前面的结论，为了便于计算，我们设定第 2 期的指数平滑预测值等于第 1 期时间序列的实际值。因此，由于 $Y_1=17$，我们设 $\hat{Y}_2=17$ 以开始进行计算。通过参考表 15-1 中的时间序列数据，我们知道第 2 期的实际时间序列值 $Y_2=21$。因此，第 2 期的预测误差为 $21-17=4$。

我们使用平滑常数 $\alpha=0.2$ 继续进行指数平滑计算，可得第 3 期的预测值：

$$\hat{Y}_3 = 0.2Y_2 + 0.8\hat{Y}_2 = 0.2\times 21 + 0.8\times 17 = 17.8$$

一旦已知第 3 期的实际时间序列值 $Y_3=19$，我们便可以求出第 4 期的预测值，如下：

$$\hat{Y}_4 = 0.2Y_3 + 0.8\hat{Y}_3 = 0.2 \times 19 + 0.8 \times 17.8 = 18.04$$

继续进行指数平滑计算，我们可以求出每期的预测值，计算结果见表 15-10。需要注意的是，我们并没有给出第 1 期的指数平滑预测值或预测误差，因为我们未对第 1 期进行预测。对于第 12 期，我们有 Y_{12}=22 以及 $\hat{Y}_{12} = 18.48$。我们可以使用这一信息来计算第 13 期的预测值。

$$\hat{Y}_{13} = 0.2Y_{12} + 0.8\hat{Y}_{12} = 0.2 \times 22 + 0.8 \times 18.48 = 19.18$$

因此，对第 13 期售出的汽油销售量的指数平滑预测值是 19.18。使用这一预测值，我们可以制订相应的计划和决策。

表 15-10　平滑常数 α=0.2 时的汽油销售量时间序列的平滑指数预测值和预测值误差总结

周	时间序列值	预测值	预测误差	预测误差平方值
1	17			
2	21	17.00	4.00	16.00
3	19	17.80	1.20	1.44
4	23	18.04	4.96	24.60
5	18	19.03	−1.03	1.06
6	16	18.83	−2.83	8.01
7	20	18.26	1.74	3.03
8	18	18.61	−0.61	0.37
9	22	18.49	3.51	12.32
10	20	19.19	0.81	0.66
11	15	19.35	−4.35	18.92
12	22	18.48	3.52	12.39
总计			10.92	98.80

图 15-8 显示了实际的和预测的时间序列图。请格外注意预测值是如何"剔除"时间序列中的不规则或随机波动的。

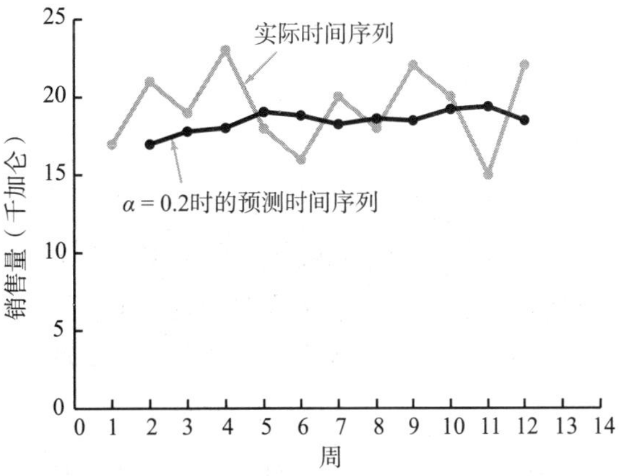

图 15-8　平滑常数 α=0.2 时的实际汽油销售量时间序列图和预测汽油销售量时间序列图

预测精确度　在前面的指数平滑计算中，我们选取平滑常数 α=0.2。尽管 α 可以在 0 ～ 1 任意取值，但是一些 α 值比其他的 α 值可以产生更好的预测值。

下面重新给出基本指数平滑模型，并进一步讲解如何选取合适的 α 值，以获得最佳预测值。

$$\hat{Y}_{t+1} = \alpha Y_t + (1-\alpha)\hat{Y}_t$$
$$\hat{Y}_{t+1} = \alpha Y_t + \hat{Y}_t - \alpha\hat{Y}_t \quad (15\text{-}9)$$
$$\hat{Y}_{t+1} = \hat{Y}_t + \alpha(Y_t - \hat{Y}_t) = \hat{Y}_t + \alpha e_t$$

由此，新一期的预测值 $\hat{Y}_{t+1}$ 等于前一期的预测值 $\hat{Y}_t$ 加上一个调整项，即平滑常数 α 乘以最近的预测误差，$Y_t - \hat{Y}_t$。换句话说，第 t+1 期的预测值是通过用第 t 期的一小部分预测误差修正第 t 期的预测值而得到的。如果时间序列存在巨大的随机变动，则选取较小的平滑常数值就比较合理。其原因在于，如果很大一部分的预测误差是由随机变动造成的，而我们不想矫枉过正，所以不能过快地调整预测值。对于随机变动相对较小的时间序列而言，预测误差更可能代表时间序列水平的变动。因此，选取较大的平滑常数能够快速地调整预测值，这使得预测值能更快地应对条件的不断变化。

我们在确定合适的平滑常数 α 时所使用的标准与前面讲过的移动平均法中 k 值的标准是一样的。也就是，我们选取使均方误差最小的 α 值。表 15-10 给出了当 α=0.2 时计算得到的汽油销售量的指数平滑预测值的均方误差。请注意，所列的误差平方项的数目比时间周期的个数少 1，因为我们没有过去值可用来对第 1 期进行预测。预测误差的平方和是 98.80，因此，MSE=98.80/11=8.98。

其他的 α 值将会使均方误差值更小吗？按照第 8 章所讨论的内容，对使 MSE 最小的 α 值的确定是一个非线性优化问题。这类优化模型常常被称为曲线拟合优化模型。

注释与点评

1. 电子表单软件是应用指数平滑法的一个有效的工具。使用时间序列数据和一个如表 15-10 所示的电子表中的预测公式，你可以用 MAE、MSE 和 MAPE 去评估平滑指数 α 值。

2. 我们介绍了静态时间序列背景下的移动平均法和指数平滑法。这些方法也可用于预测水平会变动，但没有表现出趋势和季节性的非静态时间序列。移动平均法用较小的 k 值时比用较大的 k 值时能更快地适应变化的情况。用接近于 1 的平滑常数的指数平滑模型比用较小的平滑常数的指数平滑模型能更快地适应变化的情况。

15.4 线性趋势预测

本节，我们介绍适用于趋势模式的时间序列的预测方法。在 15.1 节中，我们使用了表 15-3 和图 15-3 中的自行车销售量时间序列来举例说明有趋势模式的时间序列。现在，我们使用此时间序列来说明如何使用曲线拟合法来预测具有线性趋势的时间序列。表 15-11 和图 15-9 重新给出了自行车销售量时间序列的数据。

表 15-11 自行车销售量时间序列

年	销售量（千辆）
1	21.6
2	22.9
3	25.5
4	21.9
5	23.9
6	27.5
7	31.5
8	29.7
9	28.6
10	31.4

虽然图 15-9 中的时间序列图显示这 10 年来自行车的销售量存在一些波动，但是图 15-10 所示的线性趋势线大致合理地描述了该时间序列的长期变动情况。我们可以使用曲线拟合法来建立自行车销售量时间序列的线性趋势线。

在回归分析中，我们用已知数据以估计一个变量（称为**因变量**）与一个或多个变量（称为**自变量**）之间的关系。通常我们使用最小化误差平方和的方法进行估计。利用这种关系，我们可以根据自变量的值去估计相关因变量的值。当我们估计因变量和一个自变量的线性关系的时候，我们称之为**简单的线性回归**。在估计因变量和单个自变量之间关系的时候，我们需要找到直线方程 $y=b_0+b_t t$ 的参数 b_0 和 b_t。

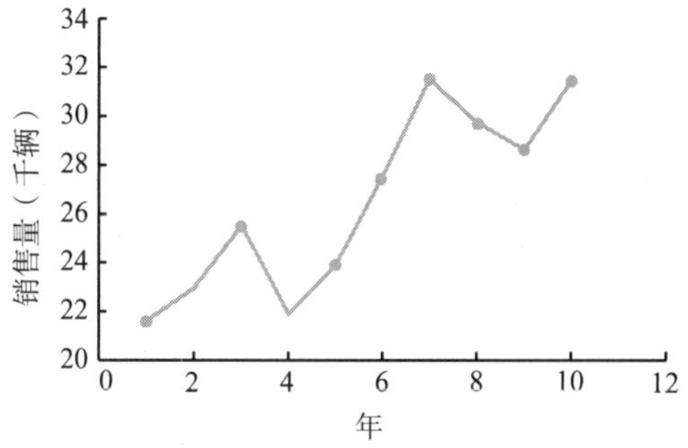

图 15-9　自行车销售量时间序列图

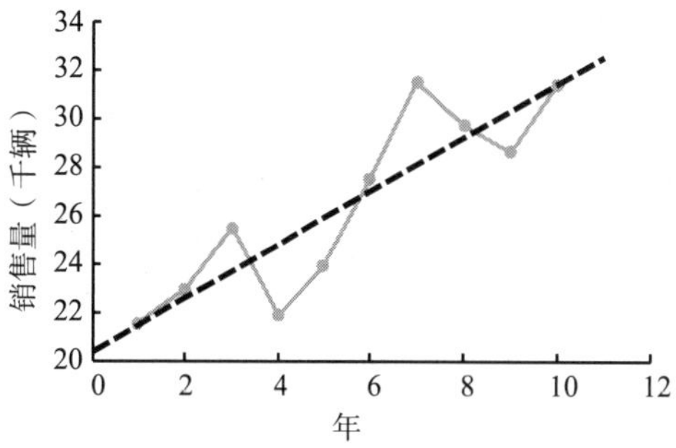

图 15-10　由线性函数重新表示的自行车销售量时间序列的趋势图

用误差平方和最小的线性回归找出了自变量和因变量之间的关系，我们就可以用这种方法为一组数据找到最合适的简单线性趋势。在找寻线性趋势的过程中，需要预测的变量是因变量，趋势变量是自变量，我们使用以下符号来表示线性趋势线：

$$\hat{Y}_t=b_0+b_1 t \tag{15-10}$$

其中，

t= 时间周期

$\hat{Y}_t$= 第 t 期的线性趋势预测值

b_0= 线性趋势线的截距

b_1= 线性趋势线的斜率

在式（15-10）中，时间变量的初始值为 t=1，对应于第一个时间序列观察值（即第 1 年的自行车销售量），并持续直到 $t=n$，对应于最近的时间序列观察值（即第 10 年的自行车销售量）。因此，对于自行车销售量时间序列而言，t=1 对应于最早的时间序列值，t=10 对应于最近一年的时间序列值。通过计算可以验证，下面给出了 MSE 最小时，b_t 和 b_0 的计算公式：

$$b_1=\frac{\sum_{t=1}^{n} tY_t-\left(\frac{\sum_{t=1}^{n} t\sum_{t=1}^{n} Y_t}{n}\right)}{\sum_{t=1}^{n} t^2-\frac{\left(\sum_{t=1}^{n} t\right)^2}{n}} \tag{15-11}$$

$$b_0=\overline{Y}-b_1\overline{t} \tag{15-12}$$

其中，

t= 时间周期

Y_t= 第 t 期的实际值

n= 时间序列的总周期数

$$\overline{Y}= 真实数据的平均值 = \frac{\sum_{t=1}^{n} Y_t}{n}$$

$$\overline{t}= 第\ t\ 期的平均值 = \frac{\sum_{t=1}^{n} t}{n}$$

我们现在为表 15-11 计算 b_0 和 b_1，计算 b_0 和 b_1 所需的必要的中间数据如下：

	t	Y_t	tY_t	t^2
	1	21.6	21.6	1
	2	22.9	45.8	4
	3	25.5	76.5	9
	4	21.9	87.6	16
	5	23.9	119.5	25
	6	27.5	165.0	36
	7	31.5	220.5	49
	8	29.7	237.6	64
	9	28.6	257.4	81
	10	31.4	314.0	100
总计	55	264.5	1 545.5	385

最终 b_0 和 b_1 的计算结果如下：

$$\overline{t} = \frac{55}{10} = 5.5$$

$$\overline{Y} = \frac{264.5}{10} = 26.45$$

$$b_1 = \frac{1\,545.5 - \frac{55 \times 264.5}{10}}{385 - \frac{55^2}{10}} = 1.10$$

$$b_0 = 26.45 - 1.10 \times 5.5 = 20.40$$

所以：

$$\overline{Y}_t = 20.4 + 1.1t \tag{15-13}$$

是自行车销售量时间序列的线性趋势回归模型。

斜率 1.1 表示，在过去的 10 年里，公司的销售量平均每年大约增长 1 100 个单位。我们假设使用过去 10 年的销售量趋势可以很好地预测未来，那么此趋势方程也可以用来预测未来的时间周期的销售量。例如，把 t=11 代入以上方程中可以得到下一年的趋势投影，或预测值 $\hat{Y}_{11}$。

$$\hat{Y}_{11} = 20.4 + 1.1 \times 11 = 32.5$$

因此，使用趋势预测法，我们预测第 11 年的自行车销售量为 32 500 辆。

表 15-12 列出了自行车销售量时间序列的最小误差平方和的计算结果。如前面所述，使误差的平方和最小化也就是使常用的精确度测量值——均方误差最小化。对于自行车销售量时间序列，有：

$$\text{MSE}=\frac{\sum_{t=1}^{n}e_t^2}{n}=\frac{30.7}{10}=3.07$$

表 15-12　自行车销售量时间序列的线性趋势预测值与预测误差总结

周	销售量 Y_t（千辆）	预测值 $\hat{Y}_t$	预测误差	预测误差的平方
1	21.6	21.5	0.1	0.01
2	22.9	22.6	0.3	0.09
3	25.5	23.7	1.8	3.24
4	21.9	24.8	−2.9	8.41
5	23.9	25.9	−2.0	4.00
6	27.5	27.0	0.5	0.25
7	31.5	28.1	3.4	11.56
8	29.7	29.2	0.5	0.25
9	28.6	30.3	−1.7	2.89
10	31.4	31.4	0.0	0.00
总计				30.70

注意，我们并没有用过去时间序列的值进行预测，那么 $k=0$。也就是可以对时间序列中的每个时期进行预测，所以不需要针对 k 对 MAE、MSE 和 MAPE 值进行修正。

我们可以利用线性趋势预测未来的销售值。比如，利用式（15-13），将每年的预测延伸至两年或三年，预测如下：

$$\hat{Y}_{12}=20.4+1.1\times 12=33.6$$
$$\hat{Y}_{13}=20.4+1.1\times 13=34.7$$

需要注意的是，预测值每年增加 1 100 辆自行车。

注释与点评

1. 诸如 Minitab、SAS 和 Excel 等统计软件都有在回归分析下进行曲线拟合的程序。回归分析能解决使误差平方和最小化的曲线拟合问题，也能在某些假设下，允许分析者制定关于参数和预测值的统计报告。

2. 虽然线性方程在预测趋势的时候是较为常用的，但是有些时间序列表现出曲线趋势（非线性）。关于如何使用非线性模型，比如二次模型和指数模型等问题，需要参阅相关文献。

在本节中，我们用简单的线性回归估计了因变量（Y_t，时间序列中第 t 期的实际值）和一个单独自变量（趋势变量 t）之间的关系。然而，一些回归模型中包括了几个自变量。当我们估计因变量和不止一个自变量之间的关系时，这就被称作多元线性回归。在下一节中，我们会将多元线性回归应用在包含季节影响的时间序列中以及同时包含季节影响和线性趋势的时间序列中。

15.5　季节性

在本节中，我们将介绍如何对有季节模式的时间序列进行预测。如果时间序列存在某种程度的季节性，那么我们就需要将这种季节性包含在预测模型当中，以保证预测的准确性。我们首先考虑一个不含趋势的季节性时间序列，接着再来讨论如何模拟含有趋势的季节性时间序列。

15.5.1 不含趋势的季节性

让我们重新回顾表 15-5 中的数据，即过去 5 年服装店的雨伞销售量。我们在表 15-13 中再次展示了相应的数据，图 15-11 显示了相应的时间序列图。此时间序列图没有显示销售量的任何长期趋势。实际上，除非你认真地观察这些数据，否则你将会认为这些数据遵循水平模式，并且可以使用单一指数平滑法来预测雨伞的未来销售量。然而，更仔细地观察时间序列图后，你就会发现数据波动的情况。也就是说，第 1 季度和第 3 季度的销售水平适中，第 2 季度的销售量最大，第 4 季度的销售量最小。因此，我们断定可能存在季度季节模式。

表 15-13 雨伞销售量时间序列

年	季度	销售量	年	季度	销售量
1	1	125	3	3	113
	2	153		4	80
	3	106	4	1	109
	4	88		2	137
2	1	118		3	125
	2	161		4	109
	3	133	5	1	130
	4	102		2	165
3	1	138		3	128
	2	144		4	96

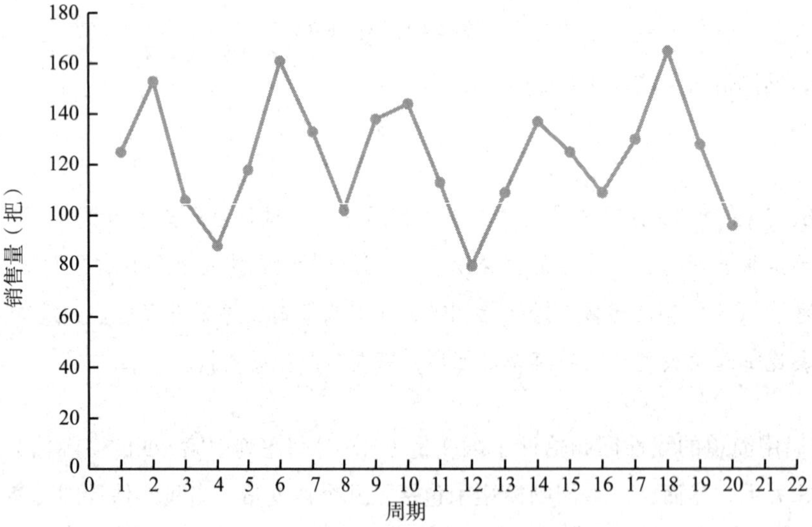

图 15-11 雨伞销售量时间序列图

我们在模拟含有季节模式的时间序列时，把季节看作分类变量。**分类变量**用于将数据观察值分类。当分类变量有 k 个水平时，需要 $k-1$ 个虚拟变量或 0-1 变量。因此，如果有 4 个季度，我们需要 3 个虚拟变量。例如，在雨伞销售量时间序列中，每一个观察值对应的季度被处理为一个变量，它是一个具有 4 个值的分类变量：第 1 季度、第 2 季度、第 3 季度和第 4 季度。因此，为了模拟雨伞销售量时间序列中的季节影响，我们需要 4−1=3（个）虚拟变量。这 3 个虚拟变量可进行如下编码：

$$\text{Qtr1}_t=\begin{cases}1，\text{如果为第1季度}\\0，\text{否则}\end{cases}$$

$$\text{Qtr2}_t=\begin{cases}1，\text{如果为第2季度}\\0，\text{否则}\end{cases}$$

$$\text{Qtr3}_t=\begin{cases}1，\text{如果为第3季度}\\0，\text{否则}\end{cases}$$

我们用 $\hat{Y}_t$ 来表示第 t 期的销售量预测值。使销售的雨伞数量与销售发生的季度相关联的方程的一般形式为：

$$\hat{Y}_t = b_0 + b_1\text{Qtr1}_t + b_2\text{Qtr2}_t + b_3\text{Qtr3}_t \tag{15-14}$$

注意，我们将表 15-14 中的观察值按周期 1 ～ 20 进行编号。例如，第 3 年第 3 季度对应观察值 11。

注意，第 4 个季度将用其他 3 个虚拟变量的值均为 0 的组合表示。表 15-14 显示了虚拟变量的编码值和时间序列中的雨伞销售量。我们可以用使误差平方和最小的多元线性回归的方法计算出 b_0、b_1、b_2 和 b_3 的值。在这个回归模型中，Y_t 是因变量，季节虚拟变量 Qtr1_t、Qtr2_t、Qtr3_t 是自变量。

表 15-14　带虚拟变量的雨伞销售量时间序列

周期	年份	季度	第 1 季度	第 2 季度	第 3 季度	销售量
1	1	1	1	0	0	125
2		2	0	1	0	153
3		3	0	0	1	106
4		4	0	0	0	88
5	2	1	1	0	0	118
6		2	0	1	0	161
7		3	0	0	1	133
8		4	0	0	0	102
9	3	1	1	0	0	138
10		2	0	1	0	144
11		3	0	0	1	113
12		4	0	0	0	80
13	4	1	1	0	0	109
14		2	0	1	0	137
15		3	0	0	1	125
16		4	0	0	0	109
17	5	1	1	0	0	130
18		2	0	1	0	165
19		3	0	0	1	128
20		4	0	0	0	96

运用表 15-14 和回归分析，我们得到以下方程：

$$\hat{Y}_t = 95.0 + 29.0\text{Qtr1}_t + 57.0\text{Qtr2}_t + 26.0\text{Qtr3}_t \tag{15-15}$$

我们可以使用式（15-15）来预测下一年的季度销售量。

第 1 季度：销售量 =95.0+29.0×1+57.0×0+26.0×0=124

第 2 季度：销售量 =95.0+29.0×0+57.0×1+26.0×0=152

第 3 季度：销售量 =95.0+29.0×0+57.0×0+26.0×1=121

第 4 季度：销售量 =95.0+29.0×0+57.0×1+26.0×0=95

值得注意的是，我们可以通过简单计算每一季度销售的平均雨伞数量得到下一年的季度预测值，如下表所示。

年份	第1季度	第2季度	第3季度	第4季度
1	125	153	106	88
2	118	161	133	102
3	138	144	113	80
4	109	137	125	109
5	130	165	128	96
平均值	124	152	121	95

但是，对于更复杂类型的问题，比如处理同时含有趋势和季度影响的时间序列，此简单平均法将不再奏效。

15.5.2 季节性与趋势

现在，我们通过说明如何预测 15.1 节中介绍的智能手机季度销售量时间序列来对曲线拟合法进行拓展，以便利用此法预测同时含有季节模式和线性趋势的时间序列。表 15-15 列出了智能手机销售量时间序列的数据。图 15-12 中的时间序列图表明，每年第 2 季度的销售量最低，第 3 季度和第 4 季度的销售量都会有所增加。因此，我们断定，智能手机销售量存在季节模式。但是，此时间序列也具有一个向上的线性趋势，为了做出准确的季度销售预测，需要考虑这个线性趋势。结合用于处理季节因素的虚拟变量方法和 15.4 节中介绍的用于处理线性趋势的方法，可以很容易预测同时含有季节性和趋势影响的时间序列。

表 15-15 智能手机销售量时间序列

年	季度	销售量（千部）	年	季度	销售量（千部）
1	1	4.8	3	1	6.0
	2	4.1		2	5.6
	3	6.0		3	7.5
	4	6.5		4	7.8
2	1	5.8	4	1	6.3
	2	5.2		2	5.9
	3	6.8		3	8.0
	4	7.4		4	8.4

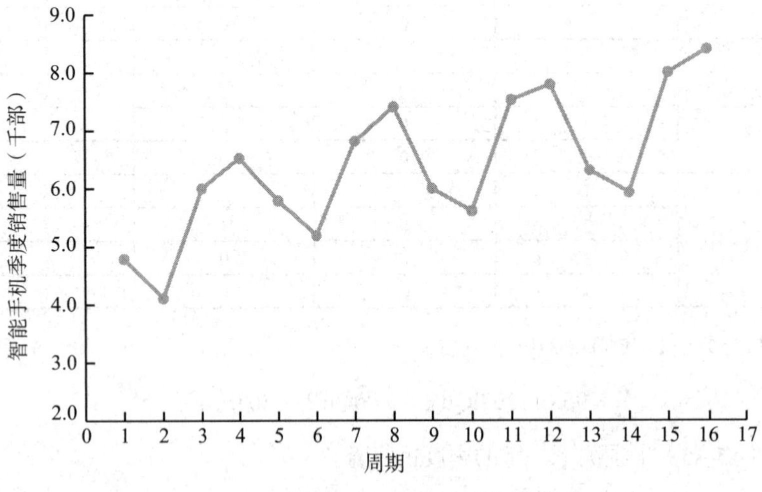

图 15-12 智能手机销售量时间序列图

模拟智能手机销售量时间序列中的季度季节模式和线性趋势的等式的一般形式为：

$$\hat{Y}_t = b_0 + b_1\text{Qtr1}_t + b_2\text{Qtr2}_t + b_3\text{Qtr3}_t + b_4 t \qquad (15\text{-}16)$$

其中，$\hat{Y}_t$ 是第 t 期的销售量预测值。

如果时间周期 t 对应于该年份的第 1 季度，则 $\text{Qtr1}_t=1$；否则，$\text{Qtr1}_t=0$。

如果时间周期 t 对应于该年份的第 2 季度，则 $\text{Qtr2}_t=1$；否则，$\text{Qtr2}_t=0$。

如果时间周期 t 对应于该年份的第 3 季度，则 $\text{Qtr3}_t=1$；否则，$\text{Qtr3}_t=0$。

在这个回归模型中，Y_t 是因变量，季节虚拟变量 Qtr1_t、Qtr2_t、Qtr3_t 和时间 t 是自变量。

表 15-16 是包含了虚拟变量和时间周期 t 的修正后的智能手机销售量时间序列。使用表 15-16 中的数据，以及含有季节和趋势因素的使误差平方和最小化的模型，我们得到以下等式：

$$\hat{Y}_t = 6.07 - 1.36\text{Qtr1}_t - 2.03\text{Qtr2}_t - 0.304\text{Qtr3}_t + 0.146t \tag{15-17}$$

表 15-16　含有虚拟变量和时间周期的智能手机销售量时间序列

周期	年	季度	第 1 季度	第 2 季度	第 3 季度	销售量（千部）
1	1	1	1	0	0	4.8
2		2	0	1	0	4.1
3		3	0	0	1	6.0
4		4	0	0	0	6.5
5	2	1	1	0	0	5.8
6		2	0	1	0	5.2
7		3	0	0	1	6.8
8		4	0	0	0	7.4
9	3	1	1	0	0	6.0
10		2	0	1	0	5.6
11		3	0	0	1	7.5
12		4	0	0	0	7.8
13	4	1	1	0	0	6.3
14		2	0	1	0	5.9
15		3	0	0	1	8.0
16		4	0	0	0	8.4

现在，我们可以使用式（15-17）预测下一年的季度销售量。下一年是智能手机销售量时间序列的第 5 年，也就是第 17 期、第 18 期、第 19 期和第 20 期。

第 17 期的预测值为（第 5 年的第 1 季度）：

$$\hat{Y}_{17} = 6.07 - 1.36\times1 - 2.03\times0 - 0.304\times0 + 0.146\times17 = 7.19$$

第 18 期的预测值为（第 5 年的第 2 季度）：

$$\hat{Y}_{18} = 6.07 - 1.36\times0 - 2.03\times1 - 0.304\times0 + 0.146\times18 = 6.67$$

第 19 期的预测值为（第 5 年的第 3 季度）：

$$\hat{Y}_{19} = 6.07 - 1.36\times0 - 2.03\times0 - 0.304\times1 + 0.146\times19 = 8.54$$

第 20 期的预测值为（第 5 年的第 4 季度）：

$$\hat{Y}_{20} = 6.07 - 1.36\times0 - 2.03\times0 - 0.304\times0 + 0.146\times20 = 8.99$$

因此，考虑了智能手机销售量的季节影响和线性趋势之后，第 5 年的季度销售量估计值为 7 190、6 670、8 540 和 8 990。

等式中的虚拟变量实际上提供了 4 个等式，每个等式对应于一个季度。例如，如果第 t 期对应于第 1 季度，则第 1 季度销售量的估计值为：

$$第1季度销售量 = 6.07-1.36\times 1-2.03\times 0-0.304\times 0+0.146t = 4.71+0.146t$$

类似地，如果第 t 期对应于第 2 季度、第 3 季度、第 4 季度，则相应的季度销售量的估计值为：

$$第2季度销售量 = 6.07-1.36\times 0-2.03\times 1-0.304\times 0+0.146t = 4.04+0.146t$$

$$第3季度销售量 = 6.07-1.36\times 0-2.03\times 0-0.304\times 1+0.146t = 5.77+0.146t$$

$$第4季度销售量 = 6.07-1.36\times 0-2.03\times 0-0.304\times 0+0.146t = 6.07+0.146t$$

每个季度预测方程的趋势线的斜率均为 0.146，这表明每个季度销售量大约都增长 146 台。这 4 个预测方程的唯一不同之处在于它们的截距。

15.5.3 基于月度数据的模型

当一个类别变量（如季节）有 k 个水平时，需要 k−1 个虚拟变量。

在前面的智能手机销售量的例子中，我们介绍了如何使用虚拟变量来解释时间序列中的季度季节趋势。由于分类变量“季节”有 4 个水平，因此需要有 3 个虚拟变量。但是，许多公司使用月度而非季度预测值。对于月度数据，季节是一个含有 12 个水平的分类变量，因此需要 12−1=11（个）虚拟变量。例如，这 11 个虚拟变量可以进行如下编码：

$$\text{Month1}=\begin{cases}1，如果是1月\\0，否则\end{cases}$$

$$\text{Month2}=\begin{cases}1，如果是2月\\0，否则\end{cases}$$

$$\vdots$$

$$\text{Month11}=\begin{cases}1，如果是11月\\0，否则\end{cases}$$

除了这一变化，处理月度数据的方法与前面相同。

本章小结

本章介绍了时间序列分析和预测的基本方法。我们介绍了通过构建时间序列图来识别时间序列基本模式的一般方法。数据模式包括以下几种：水平模式、趋势模式和季节模式。在使用本章的预测方法之前，都要首先对时间序列的模式进行判断。

确定使用哪种预测方法的一个关键因素是预测法的精确度。我们讨论了三种测量预测精确度的方法：平均绝对误差（MAE）、均方误差（MSE）和平均绝对百分比误差（MAPE）。每一种测量方法都是用来确定该种预测方法在多大的程度上逼近时间序列数据。我们希望选择对已知数据来说最精确的方法，以提高获得更好的未来时间周期预测值的概率。

对于含有水平模式的时间序列，我们阐明了如何使用移动平均法、加权移动平均法和指数平滑法来进行预测。使用移动平均法时，需要先计算过去数值的平均值，然后用这个平均值作为下一期的预测值。在使用移动加权平均法和指数平滑法时，使用过去时间序列值的加权平均数来计算预测值。当水平模式变动到一个新的水平但仍在这个新水平上保持水平模式时，这些方法仍旧适用。

对于只含有长期线性趋势的时间序列，我们阐明了如何使用曲线拟合法来进行趋势投影。对于含有季节影响的时间序列，我们介绍了如何使用虚拟变量建立含有季节模式的方程。接着，我们扩展这种方法，将其应用到时间序列包含季节和线性趋势模式的情形中，并说明了如何结合使用处理季节性的虚拟变量方法和处理线性趋势的方法。

专业术语

分类（虚拟）变量［categorical (dummy) variable］ 用于将数据分类的变量。用于带有季节性的时间序列中。

周期模式（cyclical pattern） 如果时间序列图显示在一年以上的时间里数据点交替出现在趋势线的上方和下方，则存在周期模式。

因变量（dependent variable） 在回归分析中被预测或解释的变量。

指数平滑法（exponential smoothing） 一种使用过去的时间序列值的加权平均数作为预测值的预测方法，此预测法是加权移动平均法的一个特例。在指数平滑法中，我们只选择一个权重，即最近的那个观察值的权重。

预测误差（forecast error） 真实时间序列值和时间序列预测值之间的差。

自变量（independent variable） 在回归分析中用来预测或解释因变量的变量。

平均绝对误差（mean absolute error，MAE） 预测误差的绝对值的平均数。

平均绝对百分比误差（mean absolute percentage error，MAPE） 相对百分比预测误差的绝对值的平均数。

均方误差（mean squared error，MSE） 预测误差的平方和的平均数。

移动平均法（moving average） 一种使用时间序列中最近的 k 个数值的平均数作为下一期的预测值的预测方法。

回归分析（regression analysis） 在给定一个或多个自变量时，使得误差平方和最小的估计因变量值的方法。

季节模式（seasonal pattern） 如果时间序列图在连续周期内表现出一个重复的模式，则存在季节模式。

平滑常数（smoothing constant） 指数平滑模型中的一个参数，在计算预测值的过程中，此常数提供了最近时间序列值的权重。

静态时间序列（stationary time series） 统计属性独立于时间的时间序列。静态时间序列的数据产生过程有一个固定的平均数，时间序列的变动性随着时间保持固定不变。

时间序列（time series） 一个变量在连续时点或连续时间段上测得的一组观察值。

时间序列图（time series plot） 一种表示时间和时间序列变量之间的关系的图形。时间显示在水平轴上，时间序列值显示在垂直轴上。

趋势模式（trend pattern） 如果时间序列图在一段较长的时间周期内表现出逐渐变动或移动到相对更高或更低的值，则存在趋势模式。

加权移动平均法（weighted moving average） 一种需要首先为时间序列中最近的 k 个数值分别选择一个不同的权重，然后再计算这 k 个数值的加权平均数的预测方法。这些权重之和必须等于 1。

习题

1. **摩托车头盔销售量的单纯法预测。** Centerville Bikes and Stuff（CBS）销售摩托车和配件。过去 6 周，CBS 每周售出的头盔数量如下。

周	1	2	3	4	5	6
值	18	13	16	11	17	14

使用单纯法（最近值）作为下一周的预测值，

来计算以下数值。LO1

a. MAE。

b. MSE。

c. MAPE。

d. 第 7 周的预测值。

2. **摩托车头盔销售量的历史平均值预测。**请参考习题 1 中的每周摩托车头盔销售量时间序列数据。使用所有历史数据的平均数作为下一周期的预测值，计算以下数值。LO1

a. MAE。

b. MSE。

c. MAPE。

d. 第 7 周的预测值。

3. **比较单纯预测法与历史平均值预测法的预测精度。**习题 1 和习题 2 使用不同的预测方法，哪一种方法看起来提供了更精确的历史数据的预测值？请解释其原因。LO1

4. **测量每月雷击的预测精度。**以下时间序列数据显示了最近 7 个月卡塔胡拉县的雷击次数。LO1

月份	1	2	3	4	5	6	7
值	24	13	20	12	19	23	15

a. 使用最近的值作为下一周期的预测值，请计算 MSE。第 8 个月的预测值为多少？

b. 使用所有可用数据的平均数作为下一周期的预测值，请计算 MSE。第 8 个月的预测值为多少？

c. 哪种方法看起来提供了更好的预测值？

5. **摩托车头盔每周销售量预测。**请参考习题 1 中的每周摩托车头盔销售量时间序列数据。LO1,2,3,4

周	1	2	3	4	5	6
值	18	13	16	11	17	14

a. 建立时间序列图，此数据存在哪种类型的模式？

b. 计算此时间序列的 3 周移动平均数。计算 MSE 和第 7 周的预测值。

c. 使用 α=0.2 计算此时间序列的指数平滑值。计算 MSE 和第 7 周的预测值。

d. 分别使用 α=0.2 的指数平滑预测法和 3 周移动平均法进行预测。根据 MSE，哪种方法看起来提供了更好的预测值？请解释其原因。

e. 使用试错法寻找一个具有比 α=0.2 时更小的 MSE 的平滑常数。

6. **每月雷击次数预测。**请参考问题 4 中的雷击次数时间序列数据。LO1,2,3,4

月份	1	2	3	4	5	6	7
值	24	13	20	12	19	23	15

a. 建立时间序列图。此数据存在哪种模式？

b. 计算此时间序列的 3 周移动平均数。计算 MSE 和第 8 周的预测值。

c. 使用 α=0.2 计算此时间序列的指数平滑值。计算 MSE 和第 8 周的预测值。

d. 分别使用 α=0.2 的指数平滑预测法和 3 周移动法进行预测。根据 MSE，哪种方法看起来提供了更好的预测值？请解释其原因。

e. 使用试错法寻找一个具有比 α=0.2 时更小的 MSE 的平滑常数。

7. **用移动平均预测汽油销售量。**考虑表 15-1 中的数据，该数据显示了佛蒙特州本宁顿市一家汽油经销商在过去 12 周内销售的汽油加仑数（单位：千加仑）。LO1,2

a. 计算 k=4 和 k=5 时，该时间序列的移动平均预测值。

b. 计算 k=4 和 k=5 时，该时间序列的移动平均预测值的 MSE。

8. **用加权移动平均法预测汽油销售量。**参考表 15-1 中的汽油销售量时间序列数据。LO1,2

a. 赋予最近的观察值 1/2 的权重，赋予第二个观察值 1/3 的权重，赋予第三个观察值 1/6 的权重，计算该时间序列的 3 阶加权移动平均数。

b. 计算 a 中加权移动平均数的 MSE。你是否觉得加权移动平均数比无加权移动平均数更好？请注意，无加权移动平均数的 MSE 为 10.22。

c. 假设只要权重之和为 1，你便可以选择任意的权重。你是否总能找到一组权重使加权平均数的

MSE 至少和无加权的移动平均数的 MSE 一样小。为什么能找到或者为什么不能找到？

9. **用指数平滑法预测汽油销售量**。应用表 15-1 中的汽油销售量时间序列数据，使用 α=0.1 演示如何使用指数平滑预测法。LO1,3

   a. 应用 MSE 来度量预测精确度，你认为哪一个平滑常数对于汽油销售量时间序列来说是最佳的，α=0.1 还是 α=0.2？

   b. 如果应用 MSE，则得到的预测精确度测量值是否与应用 MSE 得到的精确度测量值相同？

   c. 如果应用 MAPE，则结果是什么？

10. **指数平滑预测值的扩展表达式**。设指数平滑常数 α=0.2，式（15-8）表明由表 15-1 中的汽油销售量数据得到的第 13 周的预测值可通过 $\hat{Y}_{13}=0.2Y_{12}+0.8\hat{Y}_{12}$ 得到。对第 12 周的预测值可由 $\hat{Y}_{12}=0.2Y_{11}+0.8\hat{Y}_{11}$得到。由此，我们可以结合这两个结果，从而指出第 13 周的预测值可以写成下面的形式。LO3

$$\begin{aligned}\hat{Y}_{13}&=0.2Y_{12}+0.8(0.2Y_{11}+0.8\hat{Y}_{11})\\&=0.2Y_{12}+0.16Y_{11}+0.64\hat{Y}_{11}\end{aligned}$$

   a. 利用 $\hat{Y}_{11}=0.2Y_{10}+0.8\hat{Y}_{10}$（$\hat{Y}_9$、$\hat{Y}_{10}$ 的表达式与此类似），继续展开 $\hat{Y}_{13}$ 的表达式，直到将其表示为一个由过去数据 Y_{12}、Y_{11}、Y_{10}、Y_9、Y_8 以及第 8 周期的预测值表示的式子。

   b. 观察过去数据值 Y_{12}、Y_{11}、Y_{10}、Y_9、Y_8 的系数或者权重，在计算新的预测值时，你在利用指数平滑法对过去数据值进行加权方面可以得出什么发现？将这一加权方式与移动平均法的加权方式进行比较。

11. **按时交货**。对于霍金斯（Hawkins）公司而言，在过去 12 个月中，每月准时收到货物的百分比分别为 80%、82%、84%、83%、83%、84%、85%、84%、82%、83%、84% 和 83%。LO1,2,3

   a. 建立时间序列图。判断此数据序列是哪种类型的模式？

   b. 比较 k=3 的移动平均预测值与 α=0.2 时的指数平滑预测值，使用 MSE 作为模型精确度的测量值，哪一个提供了更好的预测？

   c. 下一个月的预测值是多少？

12. **债券利率**。AAA 公司债券连续 12 个月的利息率如下。LO1,2,4

9.5　9.3　9.4　9.6　9.8　9.7

9.8　10.5　9.9　9.7　9.6　9.6

   a. 建立时间序列图。判断此数据序列是哪种类型的模式。

   b. 计算此时间序列的 3 个月的移动平均数和 4 个月的移动平均数。基于 MSE，是 3 个月的移动平均数还是 4 个月的移动平均数提供了更好的预测？

   c. 下一个月的移动平均预测值是什么？

13. **建筑合同**。亚拉巴马州 12 个月的建筑合同额（单位：百万美元）如下。LO1,2,3

240　350　230　260　280　320

220　310　240　310　240　230

   a. 建立时间序列图。判断此数据序列是哪种类型的模式。

   b. 比较 3 个月的移动平均预测值与 α=0.2 的指数平滑预测值，哪一个提供了更好的预测值？

   c. 下一个月的预测值为多少？

14. **能量饮料销售**。以下时间序列显示了无糖 ZOA 能量饮料过去 12 个月的销售量。LO1,3,4

月份	销售量	月份	销售量
1	105	7	145
2	135	8	140
3	120	9	100
4	105	10	80
5	90	11	100
6	120	12	110

   a. 建立时间序列图。判断此数据序列是哪种类型的模式。

   b. 使用 α=0.3 计算此时间序列的指数平滑值。

   c. 使用试错法寻找一个具有较小的 MSE 的平滑常数。

15. **商品期货指数**。商品期货指数（Commodity Futures

Index）10 周的数据为 7.35、7.40、7.55、7.56、7.60、7.52、7.52、7.70、7.62 和 7.55。LO1,3,4

a. 建立时间序列图。判断此数据序列是哪种类型的模式。

b. 使用试错法寻找一个具有较小的 MSE 的平滑常数。

16. **利用回归预测汽车销售量**。以下时间序列代表了过去 5 个月 South Towne Auto Mall 每月售出的汽车数量。LO4,5。

t	1	2	3	4	5
Y_t	6	11	9	14	15

a. 建立时间序列图。判断此数据序列是哪种类型的模式？

b. 判断此数据序列是哪种类型的模式。

c. t=6 的预测值为多少？

17. **投资组合构成**。下表报告了 2022—2024 年的 9 个季度的投资组合中包含的股票的百分比。LO1,3,4

季度	股票（%）
2022 年第 1 季度	29.8
2022 年第 2 季度	31.0
2022 年第 3 季度	29.9
2022 年第 4 季度	30.1
2023 年第 1 季度	32.2
2023 年第 2 季度	31.5
2023 年第 3 季度	32.0
2023 年第 4 季度	31.9
2024 年第 1 季度	30.0

a. 建立时间序列图。判断此数据序列是哪种类型的模式。

b. 使用试错法寻找一个具有较小的 MSE 的平滑常数。

c. 使用你在 b 中建立的指数平滑模型预测 2024 年第 2 季度的股票在投资组合的百分比。

18. **使用回归预测垃圾邮件数量**。以下时间序列显示了 Ashar Nazir 在最近 7 个月内收到的垃圾邮件数量。LO4,5

t	1	2	3	4	5	6	7
Y_t	120	110	100	96	94	92	88

a. 建立时间序列图。判断此数据序列是哪种类型的模式。

b. 判断此数据序列是哪种类型的模式。

c. t=8 的预测值为多少？

19. **大学入学人数**。由于州立大学或私立大学的学费很高，因此社区学院的入学人数在最近几年大幅上升。以下数据显示了杰斐逊社区学院近 9 年的入学人数（单位：千人）。LO4,5

年份	入学人数
1	6.5
2	8.1
3	8.4
4	10.2
5	12.5
6	13.3
7	13.7
8	17.2
9	18.1

a. 建立时间序列图。判断此数据序列是哪种类型的模式。

b. 使用简单的线性回归，求出使此时间序列的 MSE 最小的直线参数。

c. 第 10 年的预测值是多少？

20. **烟民百分比**。疾病控制中心和吸烟与健康预防办公室（OSH）是主要负责烟草防治与控制的联盟机构。OSH 成立于 1965 年，主要负责降低由接触烟草和二手烟引起的疾病率和死亡率。OSH 的众多任务之一就是收集关于烟草使用情况的数据。下面的数据展示了美国 2001—2011 年的烟民百分比情况。LO4,5

年	成人吸烟百分比（%）
2001	22.8
2002	22.5
2003	21.6
2004	20.9
2005	20.9
2006	20.8
2007	19.8
2008	20.6
2009	20.6

（续）

年	成人吸烟百分比（%）
2010	19.3
2011	18.9

a. 建立时间序列图。判断此数据序列是哪种类型的模式。

b. 使用简单的线性回归，求出使此时间序列的 MSE 最小的直线参数。

c. OSH 的《人类健康 2030 计划》打算在 2030 年将美国成人吸烟百分比降低到 12% 甚至更低，你在 b 中建立的回归模型是否支持这一目标？如不支持，那么相应的目标值应该是多少？

21. **制造成本。**一家小型制造公司的董事长目前正在为过去几年制造成本持续上升的事情而烦恼。以下数字是过去 8 年里该公司主要产品的单位成本的时间序列。LO4,5

年份	单位成本（美元）	年份	单位成本（美元）
1	20.00	5	26.60
2	24.50	6	30.00
3	28.20	7	31.00
4	27.50	8	36.00

a. 建立时间序列图。判断此数据序列是哪种类型的模式。

b. 使用简单线性回归，求出使此时间序列的 MSE 最小的直线参数。

c. 该公司每年平均成本增加多少？

d. 预测公司下一年（第 9 年）的成本。

22. **定期锻炼的成年人的百分比。**医学界一致认为规律的运动对身体健康有好处，但是人们会听取吗？在过去的 15 年中，一个投票组织针对美国人的运动习惯做了调研。在最近的投票中显示，每一个美国人都会锻炼 30 分钟以上，并且每周至少 3 次。下面的数据显示了，过去 15 年中，美国人中会锻炼 30 分钟以上，并且每周至少 3 次的人所占的百分比。LO4,5

年份	百分比（%）
1	41.0
2	44.9
3	47.1
4	45.7
5	46.6
6	44.5
7	47.6
8	49.8
9	48.1
10	48.9
11	49.9
12	52.1
13	50.6
14	54.6
15	52.4

a. 建立时间序列图。判断此数据序列是哪种类型的模式。

b. 使用简单的线性回归，求出使此时间序列的 MSE 最小的直线参数。

c. 使用 b 中的趋势方程预测下一年（第 16 年）的百分比。

d. 使用 b 中的趋势方程预测 3 年后的百分比，你感觉合适吗？

23. **键盘销售的季节性估计。**Wild Willie 电子商城是一家位于怀俄明州首府夏延市的消费电子零售商。接下来的时间序列提供了 Wild Willie 在过去 4 年中每个季度售出的蓝牙键盘数量。LO4,5,6

季度	第1年	第2年	第3年
1	71	68	62
2	49	41	51
3	58	60	53
4	78	81	72

a. 建立时间序列图。判断此数据序列是哪种类型的模式。

b. 使用含有以下虚拟变量的多元线性回归模型建立一个考虑了数据中季节模式的方程：如果是第 1 季度，则 Qtr1=1，否则 Qtr1=0；如果是第 2 季度，则 Qtr2=1，否则 Qtr2=0；如果是第 3 季度，则 Qtr3=1，否则 Qtr3=0。

c. 预测下一年的季度销售量。

24. **商店行窃的趋势和季节性估计。**以下时间序列显示了过去 3 年中每个季度在布兰尼根户外服装店

被捕的商店扒手数量。LO4,5,6

季度	第 1 年	第 2 年	第 3 年
1	4	6	7
2	2	3	6
3	3	5	6
4	5	7	8

a. 建立时间序列图。判断此数据序列是哪种类型的模式。

b. 使用含有以下虚拟变量的多元线性回归模型建立一个考虑了数据中季节影响的方程：如果是第 1 季度，则 Qtr1=1，否则 Qtr1=0；如果是第 2 季度，则 Qtr2=1，否则 Qtr2=0；如果是第 3 季度，则 Qtr3=1，否则 Qtr3=0。

c. 计算下一年的季度预测。

25. **课本销售**。一种大学课本在过去 3 年中的季度销售量数据如下所示（单位：件数）。LO4,5,6

季度	第 1 年	第 2 年	第 3 年
1	1 690	1 800	1 850
2	940	900	1 100
3	2 625	2 900	2 930
4	2 500	2 360	2 615

a. 建立时间序列图。判断此数据序列是哪种类型的模式。

b. 使用含有以下虚拟变量的回归模型建立一个考虑了数据中的季节影响的方程：如果是第 1 季度，则 Qtr1=1，否则 Qtr1=0；如果是第 2 季度，则 Qtr2=1，否则 Qtr2=0；如果是第 3 季度，则 Qtr3=1，否则 Qtr3=0。

c. 计算下一年的季度预测。

d. 令 t=1 表示第 1 年第 1 季度的观察值，令 t=2 表示第 1 年第 2 季度的观察值……令 t=12 表示第 3 年第 4 季度的观察值。使用 b 中定义的虚拟变量和 t，建立一个考虑了时间序列中的季节影响和线性趋势的方程。根据数据中的季节影响和线性趋势，计算下一年的季度预测值。

26. **空气污染**。南加利福尼亚州的空气污染控制专家以每小时为基础监测着空气中臭氧、二氧化碳以及二氧化氮的含量。每小时的时间序列数据表现出季节性特征。污染物的水平在一天中各个小时有变动。在 7 月 15 日、7 月 16 日以及 7 月 17 日的早上 6：00 到下午 6：00 这 12 个小时中，观察到的二氧化氮含量如下。LO4,5,6

7 月 15 日：	25	28	35	50	60	60
	40	35	30	25	25	20
7 月 16 日：	28	30	35	48	60	65
	50	40	35	25	20	20
7 月 17 日：	35	42	45	70	72	75
	60	45	40	25	25	25

a. 建立时间序列图。判断此数据序列是哪种类型的模式。

b. 使用含有以下虚拟变量的多元线性回归模型，建立一个考虑了数据中的季节影响的方程。

如果早上 6：00 和早上 7：00 之间读二氧化氮的含量水平，则 Hour1=1，否则 Hour1=0。

如果早上 7：00 和早上 8：00 之间读二氧化氮的含量水平，则 Hour2=1，否则 Hour2=0。

如果下午 4：00 和下午 5：00 之间读二氧化氮的含量水平，则 Hour11=1，否则 Hour11=0。

注意，当 11 个虚拟变量的值为 0 时，观察值对应于下午 5：00 到下午 6：00 之间的那个小时。

c. 使用 b 中建立的方程，计算 7 月 18 日二氧化氮水平的预测值。

d. 令 t=1 表示 7 月 15 日第 1 个小时的观察值，令 t=2 表示 7 月 15 日第 2 个小时的观察值……令 t=36 表示 7 月 17 日第 12 个小时的观察值。使用 b 中定义的所有的虚拟变量和 t，建立一个考虑了时间序列中的季节影响和线性趋势的方程。根据数据中的季节影响和线性趋势，计算 7 月 18 日的二氧化氮水平的估计值。

27. **船坞和海堤的销售收益**。南海滨建筑公司在纽约的长岛南海岸建造永久船坞和海堤。尽管公司才营业 5 年，但是收益已从营业第 1 年的 308 000 美元增加到了最近一年的 1 084 000 美元。以下数据显示

了季度销售收益（单位：千美元）。LO4,5,6

季度	第 1 年	第 2 年	第 3 年	第 4 年	第 5 年
1	20	37	75	92	176
2	100	136	155	202	282
3	175	245	326	384	445
4	13	26	48	82	181

a. 建立时间序列图。判断此数据序列是哪种类型的模式。

b. 使用含有以下虚拟变量的 Excel Solver 建立一个考虑了数据中的季节影响的方程。如果是第 1 季度，则 Qtr1=1，否则 Qtr1=0；如果是第 2 季度，则 Qtr2=1，否则 Qtr2=0；如果是第 3 季度，则 Qtr3=1，否则 Qtr3=0。

c. 令 Period=1 表示第 1 年第 1 季度的观察值，令 Period=2 表示第 1 年第 2 季度的观察值……令 Period=20 表示第 5 年第 4 季度的观察值。使用 b 中定义的虚拟变量和 Period，建立一个考虑了时间序列中的季节影响和线性趋势的方程。根据数据中的季节影响和线性趋势，计算第 6 年每一季度的销售收益估计值。

案例问题 15-1

预测食品和饮料销售量

Vintage 饭店坐落于佛罗里达州迈尔斯堡（Fort Myers）附近的卡普蒂瓦岛。该饭店由克拉丽塔·基尼奥内斯拥有并经营。该饭店已经营业 3 年。在这一时期，克拉丽塔试图使饭店享有专长于新鲜海味的高质量餐饮店的名声。经过克拉丽塔及其员工的努力，Vintage 饭店已经成为岛上最好并且增长最快的饭店之一。

克拉丽塔认为要想为饭店的未来成长制订更好的计划，她必须开发一套能使她最多提前一年预测出食品和饮料的月度销售额的系统。表 15-17 显示了营业前 3 年的食品和饮料销售额的数据。LO4,5,6

表 15-17　Vintage 饭店的食品和饮料销售额　（单位：千美元）

月份	第 1 年	第 2 年	第 3 年
1 月	242	263	282
2 月	235	238	255
3 月	232	247	265
4 月	178	193	205
5 月	184	193	210
6 月	140	149	160
7 月	145	157	166
8 月	152	161	174
9 月	110	122	126
10 月	130	130	148
11 月	152	167	173
12 月	206	230	235

管理报告

为 Vintage 饭店进行销售数据分析。为克拉丽塔准备一篇报告，总结你的发现、预测以及建议。报告包括如下内容。

1. 一幅时间序列图。对时间序列中的基本模式进行评论。

2. 使用虚拟变量法，预测第 4 年 1 ～ 12 月各月的销售额。

假设第 4 年 1 月的销售额为 295 000 美元。你的预测误差为多少？如果这一误差很大，克拉丽塔或许会因你的预测值与实际销售值之间的差距而困扰。你可以做些什么来消除她对预测过程的怀疑？

案例问题 15-2

预测销售量的损失

8月31日，康百货商店遭受了飓风袭击，损失惨重。百货商店关闭了4个月之久（9～12月）。现在，康百货商店与它的保险公司就百货商店关闭期间销售量的损失发生了争执。有两个重要问题需要解决：①如果飓风没有侵袭的话，康百货商店所能实现的销售量；②康百货商店能否从因风暴过后商业活动增加而产生的额外销售量中得到补偿。超过80亿美元的联邦赈灾基金以及保险补偿金进入了该县，这使得百货商店以及其他许多商号的销售额上升。

表15-18给出了康百货商店在飓风之前48个月的销售额数据。表15-19报告了该县所有百货商店在飓风前48个月的总销售额，以及康百货商店关闭的这4个月期间该县的总销售额。康百货商店的管理者要你分析这些数据并估计康百货商店在9～12月这4个月期间损失的销售额。管理层还需要你判断同期飓风带来的额外销售是否有充分的理由。若可以提出充分的理由，则康百货商店可能赚得超出平常销售的额外销售额，而有权享受补偿。LO4,5,6

表 15-18　康百货商店的销售额

（单位：百万美元）

月份	第1年	第2年	第3年	第4年	第5年
1月		1.45	2.31	2.31	2.56
2月		1.80	1.89	1.99	2.28
3月		2.03	2.02	2.42	2.69
4月		1.99	2.23	2.45	2.48
5月		2.32	2.39	2.57	2.73
6月		2.20	2.14	2.42	2.37
7月		2.13	2.27	2.40	2.31
8月		2.43	2.21	2.50	2.23

（续）

月份	第1年	第2年	第3年	第4年	第5年
9月	1.71	1.90	1.89	2.09	
10月	1.90	2.13	2.29	2.54	
11月	2.74	2.56	2.83	2.97	
12月	4.20	4.16	4.04	4.35	

表 15-19　全县所有百货商店的销售额

（单位：百万美元）

月份	第1年	第2年	第3年	第4年	第5年
1月		46.80	46.80	43.80	48.00
2月		48.00	48.60	45.60	51.60
3月		60.00	59.40	57.60	57.60
4月		57.60	58.20	53.40	58.20
5月		61.80	60.60	56.40	60.00
6月		58.20	55.20	52.80	57.00
7月		56.40	51.00	54.00	57.60
8月		63.00	58.80	60.60	61.80
9月	55.80	57.60	49.80	47.40	69.00
10月	56.40	53.40	54.60	54.60	75.00
11月	71.40	71.40	65.40	67.80	85.20
12月	117.60	114.00	102.00	100.20	121.80

管理报告

为康百货商店的管理者准备一份报告，总结你的发现、预测以及建议。报告需包括如下内容。

1. 无飓风时康百货商店的销售额估计值。
2. 无飓风时全县百货商店的销售额估计值。
3. 康百货商场9～12月损失的销售额估计值。

此外，使用9～12月全县百货商店的实际销售额以及第2问中的估计值，给出赞成或是反对额外销售额与飓风有关的详细理由。

附录 15.1

利用 Excel 数据分析工具进行预测

本附录介绍如何借助Excel用移动平均法、指数平滑法和趋势预测法三种方法进行预测，以及如何利用Excel Solver建立数据的最小二乘拟合模型。

移动平均法

我们对表15-1和图15-1中的汽油销售量时间序列进行预测，以此说明如何借助Excel用移动平均法进行预测。假定已经在工作表 A 列的第 2 ～ 13 行输入了周数 1 ～ 12，在 B 列的第 2 ～ 13 行输入了各周的销售量数据（如图 15-13 所示）。

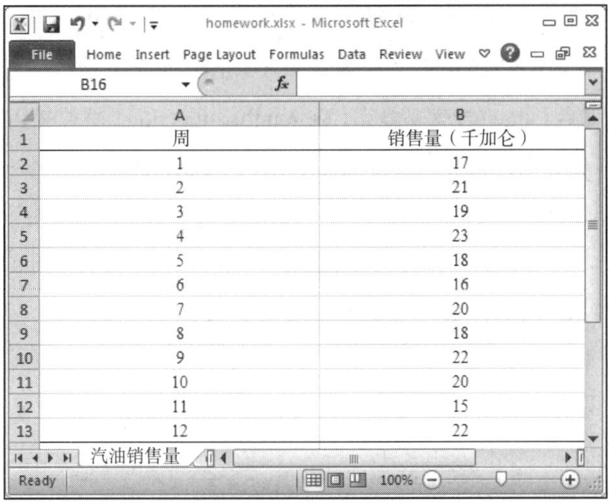

	A	B
1	周	销售量（千加仑）
2	1	17
3	2	21
4	3	19
5	4	23
6	5	18
7	6	16
8	7	20
9	8	18
10	9	22
11	10	20
12	11	15
13	12	22

图 15-13　移动平均法汽油销售量 Excel 数据表

按以下步骤进行 3 周的移动平均。

如果“数据分析”（Data Analysis）选项没有出现在“分析”（Analyze）组中，则必须在 Excel 中找到“加载项”（Add-Ins）。为此，你需要单击“文件”（File）选项卡，然后单击“选项”（Options），再单击“加载项”（Add-Ins）。单击“Excel 加载项”（Excel Add-Ins）下拉框后面的“执行”（Go）。单击“分析工具库”（Analysis ToolPak）旁边的框，然后单击“确定”（OK）。

第 1 步，单击“数据”（Data）选项卡。

第 2 步，单击“分析”（Analysis）选项组中的“数据分析”（Data Analysis）选项。

第 3 步，弹出“数据分析”（Data Analysis）对话框后，选择“移动平均”（Moving Average），单击“确定”（OK）。

第 4 步，弹出“移动平均”（Moving Average）对话框后，在“输入区域”（Input Range）处输入 B2 : B13，在“间隔”（Interval）处输入 3，在“输出区域”（Output Range）中输入 C2，单击“确定”（OK）。

完成第 4 步后（如图 15-14 所示），3 周移动平均预测值将出现在工作表的 C 列，如图 15-15 所示。注意：在“间隔”后的方框中输入不同数值可以进行不同平均时期数的预测。

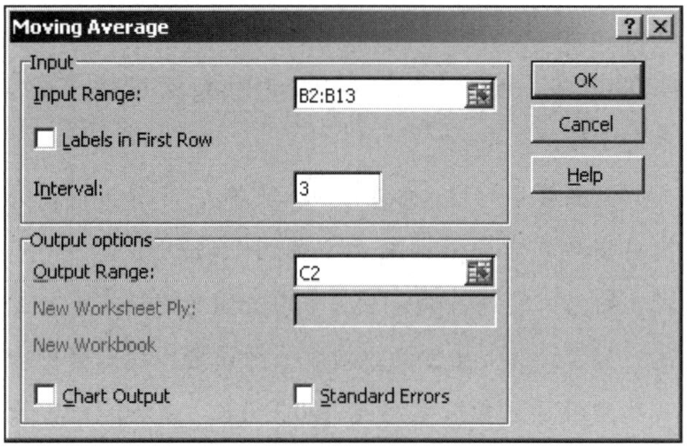

图 15-14　3 期移动平均 Excel 对话框

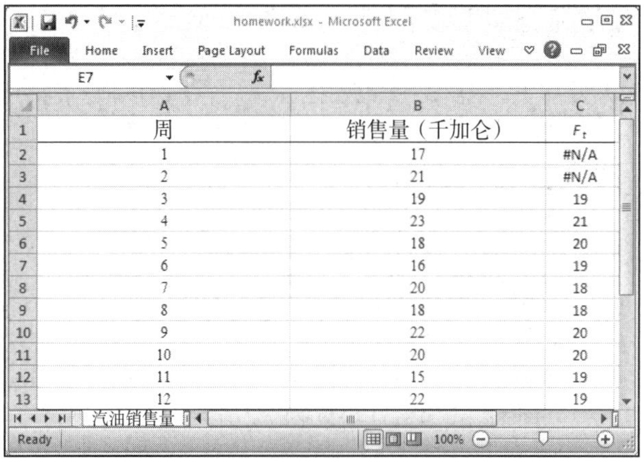

	A	B	C
1	周	销售量（千加仑）	F_t
2	1	17	#N/A
3	2	21	#N/A
4	3	19	19
5	4	23	21
6	5	18	20
7	6	16	19
8	7	20	18
9	8	18	18
10	9	22	20
11	10	20	20
12	11	15	19
13	12	22	19

图 15-15　汽油销售量数据及移动平均法预测输出

指数平滑法

我们再一次对表 15-1 和图 15-1 中的汽油销售量时间序列进行预测，以此说明如何借助 Excel 用指数平滑法进行预测。假定已经在工作表 A 列的第 2 ～ 13 行输入了周数 1 ～ 12，在 B 列的第 2 ～ 13 行输入了各周的销售数据（如图 15-13 所示），且平滑常数 α=0.2。预测的步骤如下。

第 1 步，单击“数据”（Data）选项卡。

第 2 步，单击“分析”（Analysis）选项组中的“数据分析”（Data Analysis）选项。

第 3 步，弹出“数据分析”（Data Analysis）对话框后，选择“指数平滑”(Exponential Smoothing)，单击“确定”(OK)。

第 4 步，弹出“指数平滑”（Exponential Smoothing）对话框后，在“输入区域”(Input Range）处输入 B2：B13，在“阻尼系数”（Damping factor）处输入 0.8，在“输出区域”（Output Range）中输入 C2，单击“确定”(OK)。

完成第 4 步后（如图 15-16 所示），指数平滑预测值将出现在工作表的 C 列，如图 15-17 所示。注意：我们输入“阻尼系数”后方框中的值为 $1-\alpha$，也就是说，为了计算 $\alpha=0.2$ 值的指数平滑预测，我们需要输入的“阻尼系数”的值为 1−0.2=0.8。此外，通过输入不同的 $1-\alpha$ 值可以进行不同平滑常数下的预测。

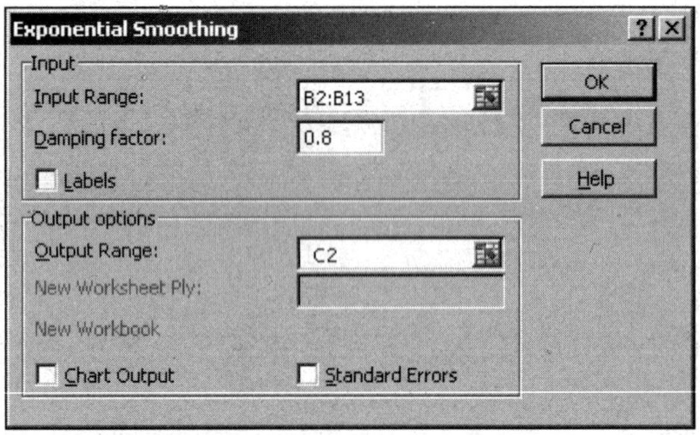

图 15-16　Excel 指数平滑对话框（$\alpha=0.2$）

趋势预测法

我们对表 15-3 和图 15-3 中的自行车销售量时间序列进行预测，以此说明如何借助 Excel 用趋势预测法进行预测。假定已经在工作表 A 列的第 2 ～ 11 行输入了年数 1 ～ 10，在 B 列的第 2 ～ 11 行输入了每年的销售数据，如图 15-18 所示。以下步骤可用于计算线性趋势预测模型 $\widehat{Y}_t=b_0+b_1t$ 的回归系数。随后，我们便可以使用这些系数进行年度趋势预测。

第 1 步，选择单元格 D1（它是包含回归系数 b_1 和 b_0 的输出行阵列中的第一个单元格)。

第 2 步，单击“公式”(Formulas）选项卡。

第 3 步，单击“插入函数”(Insert Function）按钮。

> 在较老版本的 Excel 中，你可能需要在第 5 步中按 Ctrl+Shift+Enter 键来计算单元格 D1：E1 中的回归系数 b_1 和 b_0。

第4步，弹出“插入函数”（Insert Function）对话框后，在“搜索函数”（Search for a function）框中输入 LINEST，在“选择函数”（Select a function）框中选择“LINEST”，点击“确定”(OK)(如图 15-19 所示)。

第 5 步，弹出“函数参数”（Function Arguments）对话框后，在“Known_y's”处输入 B2：B11，在“Known_x's”处输入 A2：A11，单击“确定”(OK)(如图 15-20 所示)。

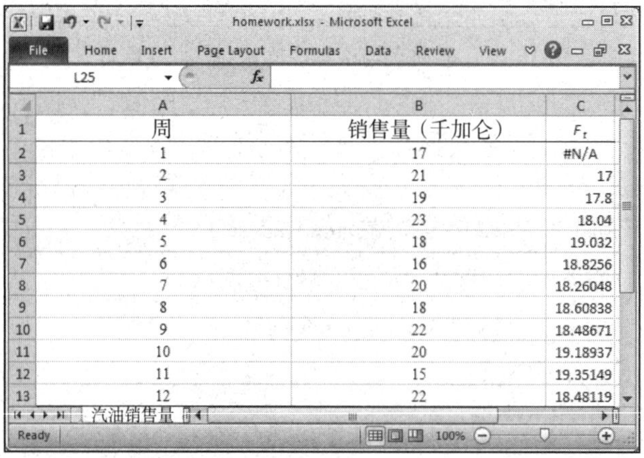

	A	B	C
1	周	销售量（千加仑）	F_t
2	1	17	#N/A
3	2	21	17
4	3	19	17.8
5	4	23	18.04
6	5	18	19.032
7	6	16	18.8256
8	7	20	18.26048
9	8	18	18.60838
10	9	22	18.48671
11	10	20	19.18937
12	11	15	19.35149
13	12	22	18.48119

图 15-17　汽油销售量数据及指数平滑法预测输出

	A	B
1	年	销售量（千辆）
2	1	21.6
3	2	22.9
4	3	25.5
5	4	21.9
6	5	23.9
7	6	27.5
8	7	31.5
9	8	29.7
10	9	28.6
11	10	31.4

图 15-18　用 LINEST 函数寻找线性趋势的自行车销售量 Excel 数据表

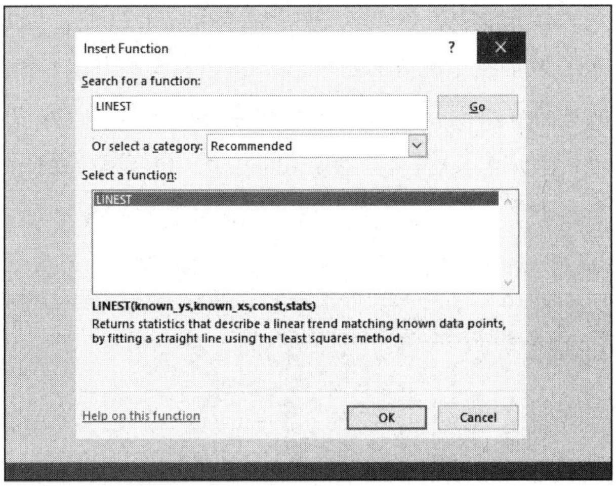

图 15-19 用 LINEST 函数寻找趋势线的 Excel 插入函数对话框

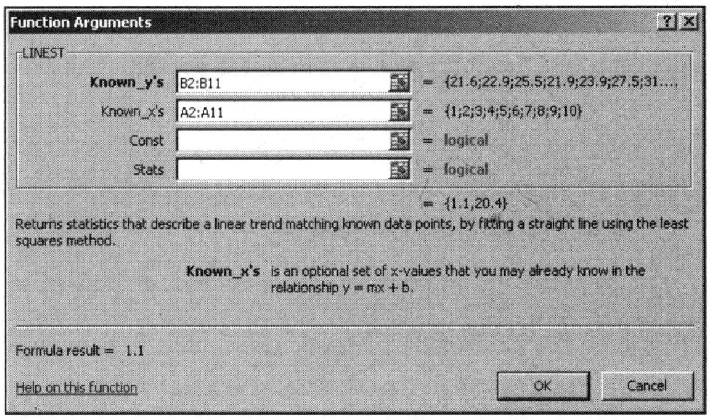

图 15-20 用 LINEST 函数寻找趋势线的 Excel 函数参数对话框

现在，回归系数 b_1 和 b_0 已经出现在了我们第 1 步选中的两个单元格中。注意，单元格 D1 中为 b_1，单元格 E1 中为 b_0。

在空白单元格中将独立变量 t 与 b_1 相乘后加上 b_0，即可进行预测值计算。例如：如果想利用这个线性趋势方程预测第 11 年的销售量，那么在单元格 C12 中输入“=A12*D1+E1”，其中单元格 A12 是 t 的值，单元格 D1 是 b_1 的值，单元格 E1 是 b_0 的值。此例中，单元格 C12 计算的是第 11 年的预测值，结果是 32.5（如图 15-21 所示）。

有季节性无趋势的模型

我们对表 15-13 和图 15-11 中的雨伞销售量时间序列进行预测，以此说明如何借助 Excel 建立具有季节性的拟合模型。假定已经在工作表 A 列的第 3 ～ 22 行输入了年数 1 ～ 5；在 B 列的第 3 ～ 22 行输入了对应的季度数 1 ～ 4；在工作表 C、D、E 列的第 3 ～ 22 行分别输入了季度虚拟变量 Quarter 1，Quarter 2 和 Quarter 3 的值；在 F 列的第 3 ～ 22 行输入了每年的销售量数据（如图 15-22 所示）。对于有季节性无趋势的模型，$\hat{Y}_t = b_0 + b_1\text{Quarter1} + b_2\text{Quarter2} + b_3\text{Quarter3}$，我们可以使用以下步骤得到模型参数。随后，便可以使用这些系数进行季度预测。

	A	B	C	D	E
1	年	销售量（千辆）	预测值	1.1	20.4
2	1	21.6			
3	2	22.9			
4	3	25.5			
5	4	21.9			
6	5	23.9			
7	6	27.5			
8	7	31.5			
9	8	29.7			
10	9	28.6			
11	10	31.4			
12	11		32.5		

图 15-21 用趋势模型预测第 11 年的自行车销售量

homework.xlsx - Microsoft Excel

	A	B	C	D	E	F
1				虚拟变量		
2	年	季度	Quarter1	Quarter2	Quarter3	Y_t
3	1	1	1	0	0	125
4	1	2	0	1	0	153
5	1	3	0	0	1	106
6	1	4	0	0	0	88
7	2	1	1	0	0	118
8	2	2	0	1	0	161
9	2	3	0	0	1	133
10	2	4	0	0	0	102
11	3	1	1	0	0	138
12	3	2	0	1	0	144
13	3	3	0	0	1	113
14	3	4	0	0	0	80
15	4	1	1	0	0	109
16	4	2	0	1	0	137
17	4	3	0	0	1	125
18	4	4	0	0	0	109
19	5	1	1	0	0	130
20	5	2	0	1	0	165
21	5	3	0	0	1	128
22	5	4	0	0	0	96
23						

雨伞销售量（仅季节性）

图 15-22 用 LINEST 函数寻找季节因素的雨伞销售量 Excel 数据表

第 1 步，选择单元格 H1（它是包含回归系数 b_3、b_2、b_1、b_0 的输出行阵列中的第一个单元格）。

第 2 步，单击“公式”(Formulas) 选项卡。

第 3 步，单击“插入函数”(Insert Function) 按钮。

> 在较老版本的 Excel 中，你可能需要在第 5 步中按 Ctrl+Shift+Enter 键来计算单元格 G1：J1 中的回归系数 b_3、b_2、b_1 和 b_0。

第 4 步，弹出“插入函数”(Insert Function) 对话框后，在“搜索函数”(Search for a function) 框中输入 LINEST，在“选择函数”(Select a function) 框中选择“LINEST”，单击“确定”(OK)。

第 5 步，弹出“函数参数”(Function Arguments) 对话框后，在“Known_y's”处输入 F3：F22，在“Known_x's”处输入 C3：E22，单击“确定”(OK)(如图 15-23 所示)。

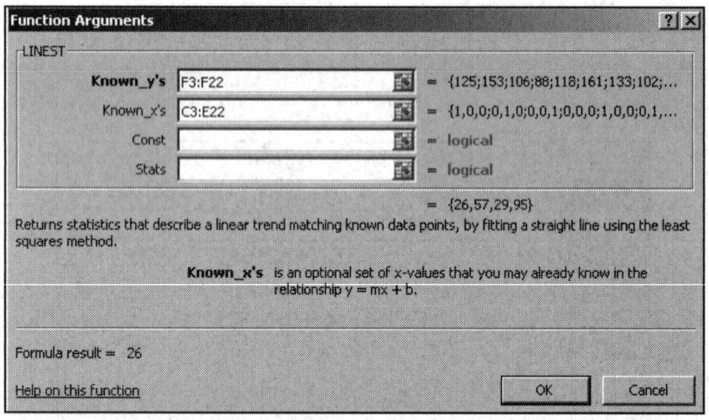

图 15-23 用 LINEST 函数寻找季节因素的 Excel 函数参数对话框

此时，已经在单元格 H1：K1 中生成了回归系数 b_3、b_2、b_1 和 b_0。需要注意的是，b_3 的值位于单元格 H1 中，b_2 的值位于单元格 I1 中，b_1 的值位于单元格 J1 中，b_0 的值位于单元格 K1 中。

在空白单元格中将 Quarter1 与 b_1、Quarter2 与 b_2、Quarter3 与 b_3 的乘积之和再加上 b_0，即可进行预测值计算。例如，如果想利用这个线性趋势方程预测第 6 年第 1 季度的销售量，则在单元格 G23 中输入 =E23*H1+D23*I1+C23*J1+K1，其中第 3 季度的值在单元格 E23 中，第 2 季度的值在单元格 D23 中，第 1 季度的值在单元格 C23 中，b_3 的值在单元格 H1 中，b_2 的值在单元格 I1 中，b_1 的值在单元格 J1 中，b_0 的值在单元格 K1 中（如图 15-24 所示）。单元格 G23 计算的是第 6 年第 1 季度的预测值，结果是 124。

	A	B	C	D	E	F	G	H	I	J	K
1				虚拟变量				26	57	29	95
2	年	季度	Quarter1	Quarter2	Quarter3	销售量	预测值				
3	1	1	1	0	0	125					
4	1	2	0	1	0	153					
5	1	3	0	0	1	106					
6	1	4	0	0	0	88					
7	2	1	1	0	0	118					
8	2	2	0	1	0	161					
9	2	3	0	0	1	133					
10	2	4	0	0	0	102					
11	3	1	1	0	0	138					
12	3	2	0	1	0	144					
13	3	3	0	0	1	113					
14	3	4	0	0	0	80					
15	4	1	1	0	0	109					
16	4	2	0	1	0	137					
17	4	3	0	0	1	125					
18	4	4	0	0	0	109					
19	5	1	1	0	0	130					
20	5	2	0	1	0	165					
21	5	3	0	0	1	128					
22	5	4	0	0	0	96					
23	6	1	1	0	0		124				

图 15-24 使用有季节性无趋势的模型预测下一年第 1 季度雨伞销售量

有季节性和线性趋势的模型

我们对表 15-13 和图 15-11 中的雨伞销售量时间序列进行预测，以此说明如何借助 Excel 建立具有季节性和线性趋势的拟合模型。假定已经在工作表 A 列的第 3 ～ 22 行输入了年数 1 ～ 5；在 B 列的第 3 ～ 22 行输入了对应的季度数 1 ～ 4；在工作表 C、D、E 列的第 3 ～ 22 行分别输入了季度虚拟变量 Quarter1、Quarter2 和 Quarter3 的值；在 F 列的第 3 ～ 22 行输入了时期 1 ～ 20；在 G 列的第 3 ～ 22 行输入了每年的销售数据（如图 15-25 所示）。对于有季节性和线性趋势的模型，$\widehat{Y}_t = b_0 + b_1\text{Quarter1} + b_2\text{Quarter2} + b_3\text{Quarter3} + b_4 t$，我们可以使用以下步骤取得模型参数。随后，便可以使用这些系数进行季度预测。

第 1 步，选择单元格 I1（它是包含回归系数 b_3、b_2、b_1 和 b_0 的输出行阵列中的第一个单元格）。

第 2 步，单击“公式”(Formulas) 选项卡。

第 3 步，单击“插入函数”(Insert Function) 按钮。

第 4 步，弹出“插入函数”(Insert Function) 对话框后，在“搜索函数”(Search for a function) 框中输

> 在较老版本的 Excel 中，您可能需要在第 5 步中按 Ctrl+Shift+Enter 键来计算单元格 H1：L1 中的回归系数 b_4、b_3、b_2、b_1 和 b_0。

入 LINEST，在“选择函数”（Select a function）框中选择“LINEST”，单击“确定”(OK)。

第 5 步，弹出“函数参数”（Function Arguments）对话框后，在“Known_y's”处输入 G3：G22，在“Known_x's”处输入 C3：F22，单击“确定”(OK)。

	A	B	C	D	E	F	G
1			虚拟变量				
2	年	季度	Quarter1	Quarter2	Quarter3	t	Y_t
3	1	1	1	0	0	1	125
4	1	2	0	1	0	2	153
5	1	3	0	0	1	3	106
6	1	4	0	0	0	4	88
7	2	1	1	0	0	5	118
8	2	2	0	1	0	6	161
9	2	3	0	0	1	7	133
10	2	4	0	0	0	8	102
11	3	1	1	0	0	9	138
12	3	2	0	1	0	10	144
13	3	3	0	0	1	11	113
14	3	4	0	0	0	12	80
15	4	1	1	0	0	13	109
16	4	2	0	1	0	14	137
17	4	3	0	0	1	15	125
18	4	4	0	0	0	16	109
19	5	1	1	0	0	17	130
20	5	2	0	1	0	18	165
21	5	3	0	0	1	19	128
22	5	4	0	0	0	20	96
23							

图 15-25　用 LINEST 函数寻找季节因素和趋势因素的雨伞销售量 Excel 数据表

现在，回归系数 b_4、b_3、b_2、b_1 和 b_0 已经出现在了单元格 I1：M1 中。注意，b_4 的值位于单元格 I1 中，b_3 的值位于单元格 J1 中，b_2 的值位于单元格 K1 中，b_1 的值位于单元格 L1 中，b_0 的值在单元格 M1 中。

在空白单元格中将 b_1 与 Quarter1、b_2 与 Quarter2、b_3 与 Quarter3、b_4 与 t 的乘积之和加上 b_0，这样就得到了预测值。例如，如果想利用此线性趋势模型预测第 6 年第 1 季度的销售量，则在单元格 H23 中输入 =F23*I1+E23*J1+D23*K1+C23*L1+M1，其中 t 的值在单元格 F23 中，第 3 季度的值在单元格 E23 中，第 2 季度的值在单元格 D23 中，第 1 季度的值在单元格 C23 中，b_4 的值在单元格 I1 中，b_3 的值在单元格 J1 中，b_2 的值在单元格 K1 中，b_1 的值在单元格 L1 中，b_0 的值在单元格 M1 中（如图 15-26 所示）。单元格 H23 计算的是第 6 年第 1 季度的预测值，结果是 128.5。

	A	B	C	D	E	F	G	H	I	J	K	L	M
1				虚拟变量					0.375	26.375	57.75	30.125	90.5
2	年	季度	Quarter1	Quarter2	Quarter3	周期	销售量	预测值					
3	1	1	1	0	0	1	125						
4	1	2	0	1	0	2	153						
5	1	3	0	0	1	3	106						
6	1	4	0	0	0	4	88						
7	2	1	1	0	0	5	118						
8	2	2	0	1	0	6	161						
9	2	3	0	0	1	7	133						
10	2	4	0	0	0	8	102						
11	3	1	1	0	0	9	138						
12	3	2	0	1	0	10	144						
13	3	3	0	0	1	11	113						
14	3	4	0	0	0	12	80						
15	4	1	1	0	0	13	109						
16	4	2	0	1	0	14	137						
17	4	3	0	0	1	15	125						
18	4	4	0	0	0	16	109						
19	5	1	1	0	0	17	130						
20	5	2	0	1	0	18	165						
21	5	3	0	0	1	19	128						
22	5	4	0	0	0	20	96						
23	6	1	1	0	0	21		128.5					

图 15-26　使用有季节性和线性趋势的模型预测下一年第 1 季度雨伞销售量

附录 15.2

使用 Excel 的预测表

> 预测表在 Excel 2016 以及更新的版本中。以往版本的 Excel 或 Excel Online 中预测表是不可用的。

Excel 中有一个名为预测表的特色工具，它可以使用霍尔特 – 温特（Holt-Winters）加性季节平滑模型自动生成预测。霍尔特 – 温特模型是一种指数平滑方法，用于估计加性线性趋势和季节效应。它还生成了各种用于评估预测模型精确性的参数。

我们将说明表 15-6 中提供的 4 年的智能手机季度销售量预测表。图 15-6 中这些数据的时间序列图可以清楚地证明线性趋势的增加和季节效应（每年第 2 季度的销售量始终最低，而第 3 季度和第 4 季度最

Excel 预测表使用的预测方法即指数平滑（ETS）算法的 AAA 版本，其中 AAA 代表加性误差、加性趋势和加性季节性。

高）。我们在 15.1.4 节中总结到，在为这个时间序列开发预测模型时，需要使用一种既能处理趋势又能处理季节性的预测方法，因此使用预测表对这些数据进行预测是合适的。

我们先将数据放入预测表所需的格式中。时间序列数据必须以一致的间隔（即每年、每季度、每月等）收集，并且数据表必须在连续的列或行中包含两个数据序列，包括：

- 时间序列中包含日期或周期的序列；
- 与时间序列对应的序列值构成的序列。

首先，参见表 15-6 中的数据，在“季度”(Quarter) 和“销售量（千部）”[（Sales（1000s）] 之间插入一列，输入“期数”(Period)，表示数据中周期的值。接下来，在单元格 C2 中输入 1，在单元格 C3 中输入 2，在单元格 C4 中输入 3，依此类推，在单元格 C17 中以 16 结尾，如图 15-27 所示。

	A	B	C	D
1	年	季度	期数	销售量（千部）
2	1	1	1	4.8
3	1	2	2	4.1
4	1	3	3	6.0
5	1	4	4	6.5
6	2	1	5	5.8
7	2	2	6	5.2
8	2	3	7	6.8
9	2	4	8	7.4
10	3	1	9	6.0
11	3	2	10	5.6
12	3	3	11	7.5
13	3	4	12	7.8
14	4	1	13	6.3
15	4	2	14	5.9
16	4	3	15	8.0
17	4	4	16	8.4

图 15-27 为使用预测表单重置的智能手机数据表

现在，数据已正确格式化为预测工作表，以下步骤可用于使用预测工作表生成下一年 4 个季度（第 17 ～ 20 周期）的预测。

第 1 步，突出显示单元格 C1：D17［此部分的 C 列是日程表范围（Timeline Range），D 列是值范围（Values Range）］。

第 2 步，单击功能区中的“数据”(Data) 选项卡。

第 3 步，单击“预测”（Forecast）组中的“预测工作表”（Forecast Sheet）。

预测表要求为“预测开始”(Forecast Start）选择的周期是原始时间序列中的一个周期。

第 4 步，弹出“创建预测工作表”（Create Forecast Worksheet）对话框后（见图 15-28），选择 20 作为“预测结束”(Forecast End)。

第 5 步，单击“选项”（Options）展开“创建预测工作表”（Create Forecast Worksheet）对话框并且显示选项（见图 15-28），选择 16 作为“预测开始”（Forecast Start），选择 95% 作为“置信区间”（Confidence Interval），在“季节性”（Seaonality）下，单击“手动设置”(Set Manually）并选择 4，选中“包含预测统计信息”(Include forecast statistics）复选框。

第 6 步，单击“创建”(Create)。

预测工作表的结果将输出到一个新的工作表中，如图 15-29 所示。预测表的输出包括以下内容。

- A 列中 16 个时间序列观测值和预测时间段的周期。
- B 列中周期 1 ～ 16 的实际时间序列数据。
- C 列第 16 ～ 20 周期的预测值。
- D 列第 16 ～ 20 周期预测的置信下限。
- E 列第 16 ～ 20 周期预测的置信上限。
- 包含时间序列、预测值和预测间隔的折线图。
- 单元格 H2：H4 中霍尔特 – 温特（Holt-Winters）加性季节平滑模型中使用的 3 个参数（α、β 和 γ）的值（这些值由预测表中的算法确定）。
- H5：H8 单元格中是预测精度的指标值，包括：
- 单元格 H5 中的 MASE 或平均绝对比例误差。MASE 定义为：

$$\text{MASE}=\frac{1}{n}\sum_{t=1}^{n}\frac{|e_t|}{\frac{1}{n-1}\sum_{2}^{n}|y_t-y_{t-1}|}$$

MASE 将预测误差 e_t 与由 $|y_t-y_{t-1}|$ 给出的单纯预测误差进行比较。如果 MASE ＞ 1，则该预测被认为不如单纯预测法；如果 MASE ＜ 1，则认为该预测优于单纯预测法。

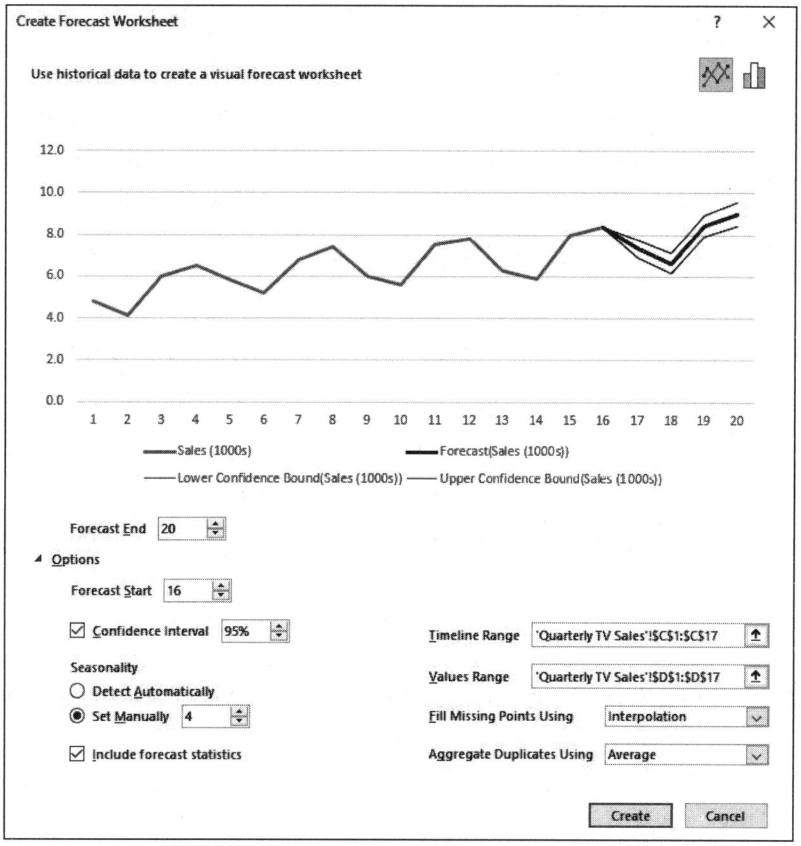

图 15-28　为智能手机销售量时间序列数据创建的预测工作表和相关选项

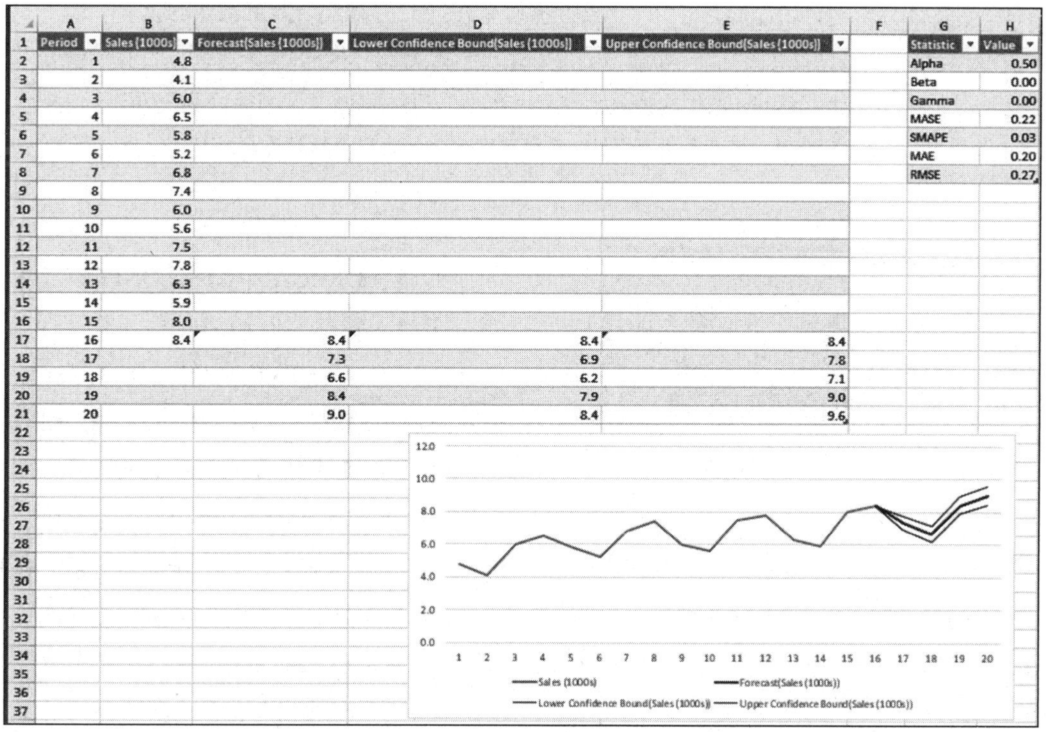

Period	Sales (1000s)	Forecast(Sales (1000s))	Lower Confidence Bound(Sales (1000s))	Upper Confidence Bound(Sales (1000s))
1	4.8			
2	4.1			
3	6.0			
4	6.5			
5	5.8			
6	5.2			
7	6.8			
8	7.4			
9	6.0			
10	5.6			
11	7.5			
12	7.8			
13	6.3			
14	5.9			
15	8.0			
16	8.4	8.4	8.4	8.4
17		7.3	6.9	7.8
18		6.6	6.2	7.1
19		8.4	7.9	9.0
20		9.0	8.4	9.6

Statistic	Value
Alpha	0.50
Beta	0.00
Gamma	0.00
MASE	0.22
SMAPE	0.03
MAE	0.20
RMSE	0.27

图 15-29　智能手机季度销售量预测表结果

- 单元格 H6 中的 SMAPE 或对称平均绝对百分比误差。SMAPE 定义为：

$$\text{SMAPE}=\frac{1}{n}\sum_{t=1}^{n}\frac{|e_t|}{(|y_t|+|\hat{y}|)/2}$$

SMAPE 类似于 15.2 节中讨论的平均绝对百分比误差（MAPE），SMAPE 和 MAPE 都测量相对于实际值的预测误差。

- 单元格 H7 中的 MAE 或平均绝对误差［如式（15-3）中所定义］。
- 单元格 H8 中的 RMSE 或均方根误差［即式（15-4）中定义的 MSE 的平方根］。

图 15-30 和图 15-31 显示了基于预测表的智能手机季度销售量数据预测的公式视图。例如，在单元格 C18 中，第 17 期智能手机销售的预测值由以下公式确定：

=FORECAST.ETS（A18,B2：B17,A2：A17,4,1）

此函数中的第一个参数指定要预测的时段；第二个参数指定预测所基于的时间序列数据；第三个参数列出了与时间序列值关联的日程表；第四个（可选）参数描述季节性，值 4 表示季节性模式的长度，值为 1 意味着 Excel 自动检测数据中的季节性，值为 0 表示数据中没有季节性；第五个（可选）参数处理丢失的数据，值 1 表示任何丢失的观测值都将近似为相邻观测值的平均值，值为 0 意味着 Excel 会将任何缺失的观测值视为 0，上述数据没有缺失的观察结果，因此第五个参数的值无关紧要。

	A	B	C	D	E
1	Period	Sales (1000s)	Forecast(Sales (1000s))	Lower Confidence Bound(Sales (1000s))	Upper Confidence Bound(Sales (1000s))
2	1	4.8			
3	2	4.1			
4	3	6			
5	4	6.5			
6	5	5.8			
7	6	5.2			
8	7	6.8			
9	8	7.4			
10	9	6			
11	10	5.6			
12	11	7.5			
13	12	7.8			
14	13	6.3			
15	14	5.9			
16	15	8			
17	16	8.4	8.4	8.4	8.4
18	17		=FORECAST.ETS(A18,$B$2:$B$17,$A$2:$A$17,4,1)	=C18-FORECAST.ETS.CONFINT(A18,$B$2:$B$17,$A$2:$A$17,0.95,4,1)	=C18+FORECAST.ETS.CONFINT(A18,$B$2:$B$17,$A$2:$A$17,0.95,4,1)
19	18		=FORECAST.ETS(A19,$B$2:$B$17,$A$2:$A$17,4,1)	=C19-FORECAST.ETS.CONFINT(A19,$B$2:$B$17,$A$2:$A$17,0.95,4,1)	=C19+FORECAST.ETS.CONFINT(A19,$B$2:$B$17,$A$2:$A$17,0.95,4,1)
20	19		=FORECAST.ETS(A20,$B$2:$B$17,$A$2:$A$17,4,1)	=C20-FORECAST.ETS.CONFINT(A20,$B$2:$B$17,$A$2:$A$17,0.95,4,1)	=C20+FORECAST.ETS.CONFINT(A20,$B$2:$B$17,$A$2:$A$17,0.95,4,1)
21	20		=FORECAST.ETS(A21,$B$2:$B$17,$A$2:$A$17,4,1)	=C21-FORECAST.ETS.CONFINT(A21,$B$2:$B$17,$A$2:$A$17,0.95,4,1)	=C21+FORECAST.ETS.CONFINT(A21,$B$2:$B$17,$A$2:$A$17,0.95,4,1)

图 15-30 基于预测表的智能手机季度销售量数据预测的公式视图

	F	G	H
1		Statistic	Value
2		Alpha	=FORECAST.ETS.STAT($B$2:$B$17,$A$2:$A$17,1,4,1)
3		Beta	=FORECAST.ETS.STAT($B$2:$B$17,$A$2:$A$17,2,4,1)
4		Gamma	=FORECAST.ETS.STAT($B$2:$B$17,$A$2:$A$17,3,4,1)
5		MASE	=FORECAST.ETS.STAT($B$2:$B$17,$A$2:$A$17,4,4,1)
6		SMAPE	=FORECAST.ETS.STAT($B$2:$B$17,$A$2:$A$17,5,4,1)
7		MAE	=FORECAST.ETS.STAT($B$2:$B$17,$A$2:$A$17,6,4,1)
8		RMSE	=FORECAST.ETS.STAT($B$2:$B$17,$A$2:$A$17,7,4,1)

图 15-31 智能手机预测的统计指标的数据表 Excel 公式

单元格 D18 包含第 17 期智能手机销售量预测的置信下限。该置信下限由以下公式确定：

=C18-FORECAST.ETS.CONFINT（A18，B2：B17，A2：A17，0.95，4，1）

同样，单元格 E18 包含第 17 期智能手机销售量预测的置信上限。该置信上限由以下公式确定：

=C18+FORECAST.ETS.CONFINT（A18，B2：B17，A2：A17，0.95，4，1）

FORECAST.ETS.CONFINT 函数的许多参数与 FORECAST.ETS 函数的相同。FORECAST.ETS.CONFINT 函数中的第一个参数指定要预测的时段；第二个参数指定预测所基于的时间序列数据；第三个参数列出了与时间序列值关联的日程表；第四个（可选）参数指定与计算的置信区间相关的置信水平；第五个（可选）参数涉及季节性，值 4 表示季节模式的长度；第六个（可选）参数处理缺失的数据，值 1 表示任何缺失的观测值都将近似为相邻观测值的平均值，上述数据没有缺失的观察结果，因此这个参数的值无关紧要。

图 15-31 的单元格 H2 : H8 中各自列出了用于计算智能手机销售量预测的统计数据的 Excel 公式。这些公式分别为：

- Alpha
  =FORECAST.ETS.STAT（B2: B17,A2: A17,1, 4,1）
- Beta
  =FORECAST.ETS.STAT（B2: B17,A2: A17,2, 4,1）
- Gamma
  =FORECAST.ETS.STAT（B2: B17,A2: A17,3, 4,1）
- MASE
  =FORECAST.ETS.STAT（B2: B17,A2: A17,4,4,1）
- SMAPE
  =FORECAST.ETS.STAT（B2: B17,A2: A17,5,4,1）
- MAE
  =FORECAST.ETS.STAT（B2: B17,A2: A17,6,4,1）
- RMSE
  =FORECAST.ETS.STAT（B2: B17,A2: A17,7,4,1）

FORECAST.ETS.STAT 函数的许多参数与 FORECAST.ETS 函数的相同。FORECAST.ETS.STAT 函数中的第一个参数指定预测所基于的时间序列数据；第二个参数列出与时间序列值关联的日程表；第三个参数指定统计信息或参数类型，例如值 4 对应于 MASE 统计；第四个（可选）参数处理季节性，值 4 表示季节模式的长度；第五个（可选）参数处理缺失的数据，值 1 表示任何缺失的观测值都将近似为相邻观测值的平均值，上述数据没有缺失的观察结果，因此这个参数的值无关紧要。

在本附录的结尾，我们对预测表的功能做一些解释。预测表包括一种算法，用于自动查找季节性模式重复出现的时间段数。要使用此算法，请在“创建预测工作表”（Create Forecast Worksheet）对话框中单击选择“季节性”（Seasonality）下“自动检测”（Detect Automatically）选项，然后单击“创建”（Create）。我们建议只使用该功能来确认一个可疑的季节模式，因为使用该功能来寻找季节性可能导致识别一个虚假的模式，它实际上并不反映季节性。这将导致模型过度拟合观测到的时间序列数据，并可能产生非常不准确的预测。只有当建模者有理由怀疑特定的季节模式时，这个具有季节性的预测模型才适合此功能。

“创建预测工作表”（Create Forecast Worksheet）对话框中的“预测开始”（Forecast Start）参数控制要预测的第一个时段和用于生成预测模型的最后一个时段。如果选择 15 作为预测开始，将仅根据原始时间序列中的前 15 个数据周期生成智能手机月度销售量数据的预测模型。

预测表可以容纳单个时间序列周期的多个观测值。“创建预测工作表”（Create Forecast Worksheet）对话框中的“使用以下方式聚合重复项”（Aggregate Duplicates Using）选项允许用户从几种处理此问题的方法中进行选择。

预测工作表允许丢失时间序列变量值的 30%。在智能手机季度销售量数据中，16 个周期（或 4 个周期）中多达 30% 的销售值可能缺失，预测表仍将产生预测。使用“创建预测工作表”（Create Forecast Worksheet）对话框中的“使用以下方式填充缺失点”（Fill Missing Points Using）选项，用户可以选择是将缺失值替换为 0，或利用时间序列中的线性插值法填充缺失数据。

第16章 马尔可夫过程

学习目标

LO1 根据场景建立马尔可夫过程模型。

LO2 整合并运用转移概率。

LO3 计算稳态概率。

LO4 求解具有吸收状态的马尔可夫过程模型。

马尔可夫过程模型对于研究系统经过重复试验后的变化非常有效。这里的重复试验通常意味着连续的时段，其中系统在任何特定时段的状态都无法确定。而转移概率用于描述系统从一个时段转移到下一个时段的方式。在此基础上，我们想要知道系统在给定时段处于特定状态的概率。

马尔可夫过程模型可以用来描述在一个周期内运行的机器在下一个周期继续运行或发生故障的概率，也可以用来描述消费者在一个周期内购买品牌 A 而在下一个周期购买品牌 B 的概率。专栏 16-1 描述了如何使用马尔可夫过程模型来确定 65 岁及以上人群两年后处在不同健康状况的概率。这些信息有助于了解未来对卫生保健服务的需求以及扩展当前卫生保健服务计划的好处。

专栏 16-1 实践中的管理科学

卫生保健服务的好处

美国政府问责局（General Accountability Office，GAO）是联邦政府立法部门下属的一个独立的、非政治性的审计组织。GAO 的评估人员获取了 65 岁及以上人群的个人健康状况数据。这些人被认为处于三种可能的身体状态。

最佳：能够在没有帮助的情况下进行日常活动。

次佳：能够在没有帮助的情况下进行部分日常活动。

最差：没有帮助无法进行日常活动。

评估人员用两年的时间对这些人在三个状态之间的转移概率进行了估计。例如，一个处于最佳状态的人在一年后仍处于最佳状态的转移概率为 0.80，而转移到次佳状态的转移概率为 0.10。对全部转移概率的马尔可夫分析确定了个人在每种状态下的稳态概率。因此，对于 65 岁及以上的特定人群，稳态概率将指示未来几年处在每个状态人口的百分比。

GAO 的研究进一步将这些人细分为两组：得到适当医疗保健的人和未得到适当医疗保健的人。对于未得到适当医疗保健的人，GAO 估计了额外医疗的种类和医疗费用。修正后的转移概率显示，在适当的医疗保健条件下，未来几年处于最佳和次佳健康状态的人口比例会更大。这些结果能够证明，通过扩展目前的医疗保健计划可以实现一定的未来效益。

首先，本章将介绍马尔可夫模型在市场份额分析方面的应用，即分析顾客每个周期变更商店选择的行为。其次，本章将讨论模型在会计方面的应用，涉及应收账款在不同账龄类别间的转换。由于对马尔可夫过程的深入讨论超出了本书的范围，因此两个示例中的分析都局限于由有限个状态组成的情况，且转移概率随时间保持不变，以及在任何一个时段处于特定状态的概率仅取决于前一时段的状态。这种马尔可夫过程被称为**具有平稳转移概率的马尔可夫链**。

16.1　市场份额分析

假设我们想要分析墨菲食品店和卡特琳娜超市（小镇上仅有的两家商店）的市场份额和顾客忠诚度。我们关注一位顾客的购物行程，并假设该顾客每周都会去墨菲食品店或卡特琳娜超市购物一次，但不会两个都去。

使用马尔可夫过程的术语，我们将每周的周期或购物行程称为**过程试验**，在每次试验中，顾客都会在墨菲食品店或卡塔琳娜超市购物。顾客在给定的一周内选择的特定商店被称为该周期内的**系统状态**。因为顾客在每次试验时都有两种购物选择，所以系统有两种状态。对于有限数量的状态，我们将系统状态表示如下。

状态 1：顾客在墨菲食品店购物。

状态 2：顾客在卡特琳娜超市购物。

如果我们说系统在试验 3 时处于状态 1，那么就是说顾客在第三周选择在墨菲食品店购物。

随着我们将购物行程延续到未来的周期，我们无法确定顾客在特定的一周或试验期内将在哪里购物。事实上，在任何一周内，顾客可能是墨菲食品店的顾客，也可能是卡特琳娜超市的顾客。

然而，我们使用马尔可夫过程模型将能够计算出顾客在任何周期在每个商店购物的概率。例如，我们可能会发现顾客在特定的一周内在墨菲食品店购物的概率为 0.6，而在卡特琳娜超市购物的概率为 0.4。

为了确定在马尔可夫过程的连续试验中发生的各种状态的概率，我们需要有关顾客在该过程中从一个试验到下一个试验或从一个周期到下一个周期留在同一商店或切换到其竞争商店的概率的相关信息。

假设作为市场研究的一部分，我们在 10 周内收集了 100 名顾客的数据。进一步假设这些数据显示了每个顾客每周的购物行程，即访问墨菲食品店和卡特琳娜超市的顺序。为了建立每周购物行程序列的马尔可夫过程模型，我们需要仅根据上一个周期选择的商店（状态）来表示在给定周期选择每个商店（或状态）的概率。假设我们在分析数据时发现，第一周在墨菲食品店购物的所有顾客中，90% 的人在第二周继续在墨菲食品店购物，而 10% 的人转去了卡特琳娜超市购物；第一周在卡特琳娜超市购物的顾客中，80% 的人在第二周会继续在卡特琳娜超市购物，而 20% 的人选择了去墨菲食品店购物。基于这些数据得出的概率如表 16-1 所示。因为这些概率表示顾客从给定周期的某个状态移动或转移到下一个周期的每个状态的可能性，所以这些概率被称为**转移概率**。

表 16-1 墨菲食品店和卡特琳娜超市的转移概率

本周的购物行程选择	下周的购物行程选择	
	墨菲食品店	卡特琳娜超市
墨菲食品店	0.9	0.1
卡特琳娜超市	0.2	0.8

转移概率表的一个重要性质是每行中的概率之和为 1，表中的每一行都提供了概率分布。例如，本周在墨菲食品店购物的顾客下周必须去墨菲食品店或卡特琳娜超市购物。第 1 行中的数据给出了与每个事件相关的概率。表 16-1 中的概率 0.9 和 0.8 可以解释为对顾客忠诚度的度量，因为它们表示重复访问同一家商店的概率。同样，概率 0.1 和 0.2 是衡量顾客商店切换特征的指标。在为这个问题开发马尔可夫过程模型时，我们假设任何顾客的转移概率都是相同的，并且转移概率不会随着时间而改变。

附录 16.1 包含矩阵表示和计算。

注意，表 16-1 中的单个单元格代表系统的每种可能状态。我们将使用符号 p_{ij} 表示转移概率，使用符号 $\boldsymbol{P}$ 表示转移概率矩阵，也就是说：

$$p_{ij} = \text{从给定周期的状态 } i \text{ 转移到下一个周期状态 } j \text{ 的概率}$$

对于商店问题，我们有：

$$\boldsymbol{P} = \begin{pmatrix} p_{11} & p_{12} \\ p_{21} & p_{22} \end{pmatrix} = \begin{pmatrix} 0.9 & 0.1 \\ 0.2 & 0.8 \end{pmatrix}$$

快速检查转移概率矩阵有效的办法是检查每行中的概率之和是否等于 1。

通过转移概率矩阵，我们现在可以确定顾客在未来某个时段成为墨菲食品店或卡特琳娜超市顾客的概率。让我们先假设一位顾客最近一次是去墨菲食品店购物的。该顾客在下周（第 1 周期）去墨菲食品店购物的概率是多少？换句话说，系统在第一次转移后处于状态 1 的概率是多少？转移概率矩阵表明该概率为 $p_{11} = 0.9$。

现在让我们考虑第 2 周期的系统状态。描述第 2 周期购物行程可能发生的情况的一个有用方法是绘制可能结果的树状图（见图 16-1）。通过此树状图，我们可以看到顾客在第 1 周期和第 2 周期都在墨菲食品店购物的概率为 $0.9 \times 0.9 = 0.81$。注意，顾客在第 1 周期时转移到卡特琳娜超市购物，然后在第 2 周期时再回到墨菲食品店购物的概率为 $0.1 \times 0.2 = 0.02$。由于这些选项是顾客在第 2 周期处于状态 1 的全部方式，所以在第 2 周期系统处于状态 1 的概率为 $0.81 + 0.02 = 0.83$。同样，系统在第 2 周期处于状态 2 的概率为 $0.09 + 0.08 = 0.17$。

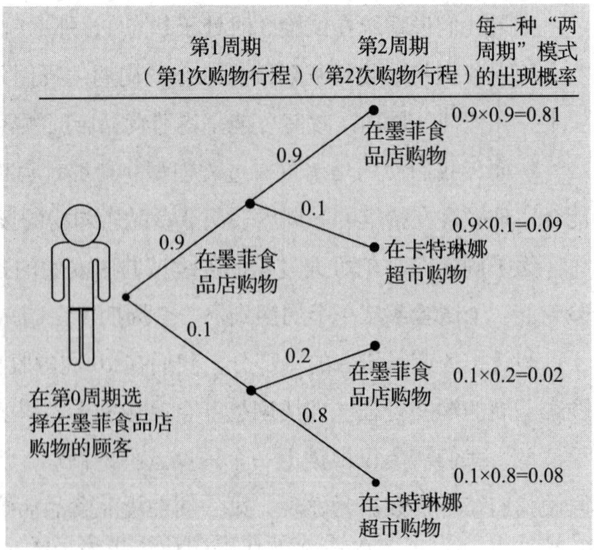

图 16-1 树状图描绘了最近在墨菲食品店购物的顾客未来两个周期的购物行程

虽然从直观的角度来看，树状图方法可能是可取的，但当我们想将分析扩展到三个或更多周期时，它会变得很麻烦。但幸运的是，我们有一种更简单的方法来计算系统在任何后续周期处于状态 1 或状态 2 的概率。我们先引入一个符号，用来表示任何给定周期的状态概率。令：

$$\pi_i(n) = \text{系统在第}n\text{周期处于状态}i\text{的概率}$$

其中，i 为状态，n 为周期。

例如，$\pi_1(1)$ 表示系统在周期 1 处于状态 1 的概率，而 $\pi_2(1)$ 则表示系统在周期 1 处于状态 2 的概率。因为 $\pi_i(n)$ 是系统在周期 n 处于状态 i 的概率，所以该概率被称为**状态概率**。

条件 $\pi_1(0)$ 和 $\pi_2(0)$ 表示系统在某个初始或开始周期处于状态 1 和状态 2 的概率。第 0 周期表示重复试验的初始周期，即马尔可夫分析过程的开始周期。如果设置 $\pi_1(0)=1$ 以及 $\pi_2(0)=0$ 作为初始条件，则表示顾客最近在墨菲食品店购物；如果设置 $\pi_1(0)=0$ 以及 $\pi_2(0)=1$ 作为初始条件，则表示顾客最近在卡特琳娜超市购物。在图 16-1 的树状图中，我们考虑了顾客最近在墨菲食品店购物的情况，即

$$[\pi_1(0) \quad \pi_2(0)] = [1 \quad 0]$$

表示系统初始状态概率的向量。通常，我们使用符号：

$$\boldsymbol{\Pi}(n) = [\pi_1(n) \quad \pi_2(n)]$$

表示周期 n 中系统的状态概率向量。在该示例中，$\boldsymbol{\Pi}(1)$ 表示第 1 周期状态概率的向量，而 $\boldsymbol{\Pi}(2)$ 表示第 2 周期状态概率的向量，依此类推。

附录 16.1 提供了向量和矩阵乘法的步骤。

使用这个符号，我们可以简单地通过将周期 n 的已知状态概率乘以转移概率矩阵来求出周期 $n+1$ 的状态概率。使用状态概率和转移概率矩阵，乘式可以表示为：

$$\boldsymbol{\Pi}(\text{下一个周期}) = \boldsymbol{\Pi}(\text{本周期})P$$

或

$$\boldsymbol{\Pi}(n+1) = \boldsymbol{\Pi}(n)P \tag{16-1}$$

从周期 0 处于状态 1 的系统开始，有 $\boldsymbol{\Pi}(0) = [1 \quad 0]$。我们可以计算周期 1 的状态概率，如下所示：

$$\boldsymbol{\Pi}(1) = \boldsymbol{\Pi}(0)P$$

或

$$[\pi_1(1) \quad \pi_2(1)] = [\pi_1(0) \quad \pi_2(0)]\begin{pmatrix} p_{11} & p_{12} \\ p_{21} & p_{22} \end{pmatrix} = [1 \quad 0]\begin{pmatrix} 0.9 & 0.1 \\ 0.2 & 0.8 \end{pmatrix} = [0.9 \quad 0.1]$$

状态概率 $\pi_1(1)=0.9$ 和 $\pi_2(1)=0.1$ 表示在第 0 周期去墨菲食品店购物的顾客第 1 周期继续去墨菲食品店或转向卡特琳娜超市购物的概率。

使用式（16-1），我们可以计算第 2 周期的状态概率：

$$\boldsymbol{\Pi}(2) = \boldsymbol{\Pi}(1)P$$

或

$$\begin{aligned}[\pi_1(2) \quad \pi_2(2)] &= [\pi_1(1) \quad \pi_2(1)]\begin{pmatrix} p_{11} & p_{12} \\ p_{21} & p_{22} \end{pmatrix} = [0.9 \quad 0.1]\begin{pmatrix} 0.9 & 0.1 \\ 0.2 & 0.8 \end{pmatrix} \\ &= [0.83 \quad 0.17]\end{aligned}$$

我们可以看到，第 2 周期在墨非食品店购物的概率为 0.83，而在卡特琳娜超市购物的概率为 0.17。通过图 16-1 的树状图可以获得与此相同的结果。继续应用式（16-1），我们可以计算未来任何时期的状态概率，也就是：

$$\Pi(3)=\Pi(2)\ P$$
$$\Pi(4)=\Pi(3)\ P$$
$$\vdots$$
$$\Pi(n+1)=\Pi(n)\ P$$

表 16-2 显示了 10 个周期的计算结果。

表 16-2 从墨非食品店开始购物的顾客的未来周期的状态概率

状态概率	周期（n）										
	0	1	2	3	4	5	6	7	8	9	10
π_1（n）	1	0.9	0.83	0.781	0.747	0.723	0.706	0.694	0.686	0.680	0.676
π_2（n）	0	0.1	0.17	0.219	0.253	0.277	0.294	0.306	0.314	0.320	0.324

向量 $\boldsymbol{\Pi}(1)$、$\boldsymbol{\Pi}(2)$、$\boldsymbol{\Pi}(3)$…… 描述了最近选择在墨非食品店购物的顾客在第 1 周期、第 2 周期、第 3 周期处于状态 1 或状态 2 的概率，依此类推。在表 16-2 中，我们可以看到，经过几个周期后，这些概率从一个周期到下一个周期的变化不大。

假定第 0 周期有 1 000 名墨非食品店的顾客（也就是说，第 0 周期在墨非食品店购物的顾客有 1 000 名），经分析表明，在第 5 周期的购物中，723 人仍是墨非食品店的顾客，277 人成为卡特琳娜超市的顾客。此外，在第 10 周期的购物中，676 人依然是墨非食品店的顾客，324 人成为卡特琳娜超市的顾客。

现在让我们重复分析过程，但这次我们将从最近在卡特琳娜超市购物的顾客开始。得到：

$$\Pi(0)=[\pi_1(0)\quad \pi_2(0)]=[0\ \ 1]$$

使用式（16-1），系统在周期 1 中处于状态 1 或状态 2 的概率由下式给出：

$$\boldsymbol{\Pi}(1)=\boldsymbol{\Pi}(0)\ P$$

或

$$[\pi_1(1)\quad \pi_2(1)]=[\pi_1(0)\quad \pi_2(0)]\begin{pmatrix} p_{11} & p_{12} \\ p_{21} & p_{22} \end{pmatrix}=[0\ \ 1]\begin{pmatrix} 0.9 & 0.1 \\ 0.2 & 0.8 \end{pmatrix}=[0.2\ \ 0.8]$$

按照与前面相同的顺序，可以计算随后的状态概率。这样，我们得到了如表 16-3 所示的结果。

表 16-3 从卡特琳娜超市开始购物的顾客的未来周期的状态概率

状态概率	周期（n）										
	0	1	2	3	4	5	6	7	8	9	10
π_1（n）	0	0.2	0.34	0.438	0.507	0.555	0.589	0.612	0.628	0.640	0.648
π_2（n）	1	0.8	0.66	0.562	0.493	0.445	0.411	0.388	0.372	0.360	0.352

在第 5 周期，顾客在墨非食品店购物的概率为 0.555，在卡特琳娜超市购物的概率为 0.445。在第 10 周期，顾客在墨非食品店购物的概率为 0.648，而在卡特琳娜超市购物的概率为 0.352。

当继续马尔可夫过程时，我们发现系统在经过大量周期后处于特定状态的概率与系统的初始状态无关。在大量试验之后接近的概率被称为**稳态概率**。我们用符号 π_1 表示状态 1 的稳态概率，符号 π_2 表示状态 2 的稳态概率。换句话说，在稳态情况下，状态概率不随时间变化而变化，因此我们可以从 $\pi_i(n)$ 中省掉周期指定。

表 16-2 和表 16-3 的分析表明，随着 n 的增大，第 n 周期和第 n+1 周期的状态概率之间的差异越来越小。这一分析使我们得出结论：当 n 变大时，第 n+1 周期的状态概率与第 n 周期的概率非常接近。这一观察结果为计算稳态概率的简单方法提供了基础，从而无须实际进行大量计算。

一般来说，我们由式（16-1）可知：

$$[\pi_1(n+1)\quad \pi_2(n+1)] = [\pi_1(n)\quad \pi_2(n)]\begin{pmatrix} p_{11} & p_{12} \\ p_{21} & p_{22} \end{pmatrix}$$

对于足够大的 n，$\boldsymbol{\Pi}(n+1)$ 和 $\boldsymbol{\Pi}(n)$ 之间的差异可以忽略不计。我们可以知道在稳态下，$\pi_1(n+1)=\pi_1(n)=\pi_1$，$\pi_2(n+1)=\pi_2(n)=\pi_2$。因此，我们有：

$$[\pi_1\quad \pi_2] = [\pi_1\quad \pi_2]\begin{pmatrix} p_{11} & p_{12} \\ p_{21} & p_{22} \end{pmatrix} = [\pi_1\quad \pi_2]\begin{pmatrix} 0.9 & 0.1 \\ 0.2 & 0.8 \end{pmatrix}$$

进行矩阵乘法计算后，我们得到：

$$\pi_1 = 0.9\pi_1 + 0.2\pi_2 \tag{16-2}$$

以及

$$\pi_2 = 0.1\pi_1 + 0.8\pi_2 \tag{16-3}$$

同时，我们还知道稳态概率之和必须为 1，即：

$$\pi_1 + \pi_2 = 1 \tag{16-4}$$

使用式（16-4）求解 π_2 的表达式，并将它代入式（16-2），可得到：

$$\pi_1 = 0.9\pi_1 + 0.2(1-\pi_1)$$
$$\pi_1 = 0.9\pi_1 + 0.2 - 0.2\pi_1$$
$$\pi_1 - 0.7\pi_1 = 0.2$$
$$0.3\pi_1 = 0.2$$
$$\pi_1 = 0.67$$

然后，我们使用式（16-4）可以得出 $\pi_2 = 1-\pi_1 = 0.33$。因此，使用式（16-2）和式（16-4），我们可以直接求解稳态概率。通过检验，使用式（16-3）和式（16-4）得到的结果与上面的结果是相同的。

因此，如果系统中一开始有 1 000 个顾客，马尔可夫过程模型显示：从长期来看，稳态概率为 $\pi_1 = 0.67$ 和 $\pi_2 = 0.33$，即 n 个周期后（n 足够大），将有 0.67×1000 =667（名）顾客去墨菲食品店购物，$0.33\times1000=333$（名）顾客去卡特琳娜超市购物。因此，稳态概率可以解释为这两家商店的市场份额。

市场份额信息通常在决策中很有价值。例如，假设卡特琳娜超市正在考虑开展广告活动，以吸引更多墨菲食品店的顾客光顾。进一步假设，卡特琳娜超市认为这种促销策略会将墨菲食品店的顾客转向卡特琳娜超市的概率从 0.10 增加到 0.15。表 16-4 给出了修正后的转移概率。

表 16-4　墨菲食品店和卡特琳娜超市修正后的转移概率

本周的购物行程选择	下周的购物行程选择	
	墨菲食品店	卡特琳娜超市
墨菲食品店	0.85	0.15
卡特琳娜超市	0.20	0.80

考虑到新的转移概率，我们可以修改式（16-2）和式（16-4），求解新的稳态概率或市场份额。因此，我们得到：

$$\pi_1 = 0.85\pi_1 + 0.20\pi_2$$

对于有三种状态的系统，稳态概率是通过求解有三个未知稳态概率的方程得到的。

将式（16-4）的 $\pi_2 = 1 - \pi_1$ 代入，我们得到：

$$\pi_1 = 0.85\pi_1 + 0.20(1 - \pi_1)$$
$$\pi_1 = 0.85\pi_1 + 0.20 - 0.20\pi_1$$
$$\pi_1 - 0.65\pi_1 = 0.2$$
$$0.35\pi_1 = 0.2$$
$$\pi_1 = 0.57$$

以及：

$$\pi_2 = 1 - 0.57 = 0.43$$

马尔可夫过程的其他例子包括：在一个组织内提拔管理人员到不同的职位、人员进出该国不同地区，以及大学生在大学期间的进步，包括最终辍学或毕业。

我们认为，提议的促销策略将使卡特琳娜超市的市场份额从 $\pi_2 = 0.33$ 增加到 $\pi_2 = 0.43$。假设整个市场每周有 6 000 名顾客，新的促销策略将使每周在卡特琳娜超市购物的顾客数量从 2 000 增加到 2 580。如果每个顾客平均每周带来的利润为 10 美元，那么所提议的促销策略预计将使卡特琳娜超市每周的利润增加 5 800 美元。如果促销活动的成本低于 5 800 美元 / 周，那么卡特琳娜超市应该考虑实施该促销计划。

这个例子说明了市场份额的马尔可夫分析是如何对制定决策产生作用的。假设卡特琳娜超市没有试图吸引墨菲食品店的顾客，而是致力于提高顾客忠诚度。在这种情况下，p_{22} 会增加，p_{21} 会减少。一旦知道变化的数量，我们就可以计算新的稳态概率，并计算对利润的影响。

注释与点评

1. 本节介绍的马尔可夫过程具有所谓的无记忆特性：系统的当前状态和转移概率包含预测系统未来行为需要的所有信息，并不需要考虑系统的先前状态。这种马尔可夫过程被称为一阶马尔可夫过程。高阶马尔可夫过程是指系统的未来状态依赖于两个或多个先前状态的过程。

2. 马尔可夫过程模型的分析并不旨在优化系统的任何特定方面，而是预测或描述系统的未来和稳态行为。例如，在商店的例子中，对稳态行为的分析为这两个竞争对手的市场份额提供了预测。在其他应用中，定量分析专家将马尔可夫过程的研究扩展到了“马尔可夫决策过程”。在这些模型中，每个阶段都可以做出决策，这会影响转移概率，从而影响系统的未来行为。马尔可夫决策过程已用于分析机器故障和维护作业、规划患者在医院的就诊路径、制定检查策略、确定报纸订阅期限以及分析设备更新。

16.2 应收账款分析

马尔可夫过程可以应用在会计方面。例如，估计坏账准备金。该准备金是对最终无法收回的应收账款金额（即坏账）的估计。

让我们先看一下马尔旺百货公司的应收账款情况。马尔旺百货公司的应收账款采用两种账龄分类，即 0 ～ 30 天以及 31 ～ 90 天。如果账户余额的任何一部分超过 90 天，则该部分将作为坏账注销。马尔旺百货公司按照最早的未支付账单对客户账户中的总余额进行账龄分析。例如，假设一位客户在 9 月 30 日的账户余额如下。

购买日期	收取的金额（美元）
8 月 15 日	25
9 月 18 日	10
9 月 28 日	50
总计	85

9 月 30 日的应收账款账龄分析将把总余额 85 美元归入 31 ～ 90 天类别，因为最早的未支付账单（8 月 15 日）是 46 天。让我们假设一周后（10 月 7 日）客户支付了 8 月 15 日的 25 美元账单，则剩余的 60 美元总余额现在将归入 0 ～ 30 天类别，因为 9 月 18 日对应的是最早未支付金额日，不足 31 天。这种应收账款账龄分析方法被称为总余额法，因为总余额被放在对应于最早未支付金额的账龄类别中。

根据账龄分析的总余额法，在某个时间点出现在 31 ～ 90 天类别中的账款可能在稍后的时间点出现在 0 ～ 30 天类别中。在前面的例子中，9 月账单中的 60 美元在账龄类别之间的变动是真实的，在 8 月支付账单后，从 31 ～ 90 天类别转变为 0 ～ 30 天类别。

假设在 12 月 31 日，马尔旺百货公司的账户中有总计 3 000 美元的应收账款，公司管理层希望估计 3 000 美元中有多少最终将被收回，以及有多少最终会导致坏账。预计的坏账金额将在年末财务报表中作为坏账准备金出现。

让我们看看如何将对应收账款的一系列操作转化为马尔可夫过程。首先，专注于当前应收账款中的每一美元会发生什么。随着公司的继续运营，我们可以将每周视为马尔可夫过程的一次试验，其中每一美元存在于系统的以下状态之一。

状态 1：支付类别。

状态 2：坏账类别。

状态 3：0 ～ 30 天类别。

状态 4：31 ～ 90 天类别。

因此，我们可以通过使用马尔可夫分析来确定系统在特定周或周期的状态，从而逐周跟踪账款的状态。

使用具有上述状态的马尔可夫过程模型，我们将转移概率定义如下：

$$p_{ij} = 1\text{ 美元从这周的状态 } i \text{ 转移到下周的状态 } j \text{ 的概率}$$

基于应收账款的历史转移，马尔旺百货公司详尽阐述了以下转移概率矩阵 $\boldsymbol{P}$：

$$\boldsymbol{P}=\begin{pmatrix} p_{11} & p_{12} & p_{13} & p_{14} \\ p_{21} & p_{22} & p_{23} & p_{24} \\ p_{31} & p_{32} & p_{33} & p_{34} \\ p_{41} & p_{42} & p_{43} & p_{44} \end{pmatrix}=\begin{pmatrix} 1.0 & 0.0 & 0.0 & 0.0 \\ 0.0 & 1.0 & 0.0 & 0.0 \\ 0.4 & 0.0 & 0.3 & 0.3 \\ 0.4 & 0.2 & 0.3 & 0.1 \end{pmatrix}$$

请注意，0 ～ 30 天类别（状态 3）中的 1 美元在下周转移到支付类别（状态 1）的概率为 0.4。此外，一周后该美元保持在 0～30 天类别（状态 3）中的概率为 0.3，转移到 31～90 天类别（状态 4）中的概率为 0.3。还要注意，0 ～ 30 天类别账户中的账款不能在一周内转换为坏账（状态 2）。

当存在吸收状态时，对应于吸收状态的转移矩阵的每一行都将有一个1，所有其他概率都将为0。

马尔旺百货公司应收账款情况的马尔可夫过程模型的一个重要性质是存在吸收状态。例如，一旦有1美元转移到状态1，即支付状态，则转移到任何其他状态的概率为0。同样，一旦有1美元转移到状态2，即坏账状态，则转移到任何其他状态的概率为0。因此，一旦账款转移到状态1或状态2，系统将永远保持这种状态。我们可以得出结论，所有应收账款最终将被吸收到已支付或坏账状态，因此被称为**吸收状态**。

16.2.1 基本矩阵和相关计算

当马尔可夫过程具有吸收状态时，我们不计算稳态概率，因为每个单位最终都会处于吸收状态之一的某个状态。有了吸收状态，我们就能计算出一个单位最终处于每个吸收状态的概率。对于马尔旺百货公司的问题，我们想知道目前0～30天类别的每一美元最终被支付的概率（吸收状态1）和最终成为坏账的概率（吸收状态2）。我们还想知道目前处于31～90天类别的每一美元转化为这些吸收状态的概率。

吸收状态概率的计算需要确定和使用所谓的**基本矩阵**。基本矩阵的数学逻辑超出了本书的范围。然而，如我们所示，基本矩阵是从转移概率矩阵推导得出的，对于状态数较少的马尔可夫过程来说，它相对容易计算。在下面的例子中，我们展示了马尔旺百货公司基本矩阵的计算和吸收状态概率的确定。

我们将转移概率矩阵划分为以下四个部分：

吸收状态概率也可以通过重复乘以状态概率向量和转移概率矩阵来进行数值计算，类似于第16.1节中的计算。

$$\boldsymbol{P}=\left(\begin{array}{cc|cc}1.0 & 0.0 & 0.0 & 0.0\\ 0.0 & 1.0 & 0.0 & 0.0\\ \hline 0.4 & 0.0 & 0.3 & 0.3\\ 0.4 & 0.2 & 0.3 & 0.1\end{array}\right)=\left(\begin{array}{cc|cc}1.0 & 0.0 & 0.0 & 0.0\\ 0.0 & 1.0 & 0.0 & 0.0\\ \hline \multicolumn{2}{c|}{\boldsymbol{R}} & \multicolumn{2}{c}{\boldsymbol{Q}}\end{array}\right)$$

此时：

$$\boldsymbol{R}=\begin{pmatrix}0.4 & 0.0\\ 0.4 & 0.2\end{pmatrix}\quad \boldsymbol{Q}=\begin{pmatrix}0.3 & 0.3\\ 0.3 & 0.1\end{pmatrix}$$

矩阵$\boldsymbol{N}$被称为基本矩阵，可使用以下公式计算：

$$\boldsymbol{N}=(\boldsymbol{I}-\boldsymbol{Q})^{-1} \tag{16-5}$$

其中$\boldsymbol{I}$是一个单位矩阵，主对角线上为1，其他地方为0；上标–1表示矩阵$(\boldsymbol{I}–\boldsymbol{Q})$的逆矩阵。在附录16.1中，我们给出了两行两列矩阵求逆的公式。在附录16.2中，我们展示了如何使用Excel的MINVERSE函数计算逆矩阵。

我们注意到要使用式（16-5），必须选择与矩阵$\boldsymbol{Q}$同型的单位矩阵$\boldsymbol{I}$。在我们的示例问题中，$\boldsymbol{Q}$有两行两列，因此我们必须选择：

$$\boldsymbol{I}=\begin{pmatrix}1.0 & 0.0\\ 0.0 & 1.0\end{pmatrix}$$

于是：

$$\boldsymbol{I}-\boldsymbol{Q}=\begin{pmatrix}1.0 & 0.0\\ 0.0 & 1.0\end{pmatrix}-\begin{pmatrix}0.3 & 0.3\\ 0.3 & 0.1\end{pmatrix}=\begin{pmatrix}0.7 & -0.3\\ -0.3 & 0.9\end{pmatrix}$$

因而，本示例的基本矩阵为（见附录 16.1）：

$$\boldsymbol{N}=(\boldsymbol{I}-\boldsymbol{Q})^{-1}=\begin{pmatrix}1.67 & 0.56\\ 0.56 & 1.30\end{pmatrix}$$

将基本矩阵 ***N*** 乘以 ***P*** 矩阵的 ***R*** 部分，我们就可以得到初始状态 3 或 4 的应收账款最终达到每个吸收状态的概率。马尔旺百货公司问题的 ***N*** 乘以 ***R*** 得到了以下结果（同样，关于矩阵乘法的步骤，请参见附录 16.1）：

$$\boldsymbol{NR}=\begin{pmatrix}1.67 & 0.56\\ 0.56 & 1.30\end{pmatrix}\begin{pmatrix}0.4 & 0.0\\ 0.4 & 0.2\end{pmatrix}=\begin{pmatrix}0.89 & 0.11\\ 0.74 & 0.26\end{pmatrix}$$

矩阵 ***NR*** 的第一行是 0 ～ 30 天类别中的每一美元最终处于每个吸收状态的概率。因此，我们认为 0 ～ 30 天类别中的每一美元最终被支付的概率为 0.89，成为坏账的概率为 0.11。同样，第二行显示了 31 ～ 90 天类别中的每一美元处于每个吸收状态的概率：每一美元最终被支付的概率为 0.74，成为坏账的概率为 0.26。利用这些信息，我们可以预测能够被支付的金额以及坏账损失的金额。

16.2.2　建立坏账准备金

用 ***B*** 表示包含 0 ～ 30 天类别和 31 ～ 90 天类别的应收账款的向量：

$$\boldsymbol{B}=[b_1\ \ b_2]$$

其中，b_1 表示处于 0 ～ 30 天类别的账款，b_2 表示处于 31 ～ 90 天类别的账款。

假设马尔旺百货公司 12 月 31 日的应收账款余额在 0 ～ 30 天类别（状态 3）中为 1 000 美元，在 31 ～ 90 天类别中为 2 000 美元（状态 4）。

$$\boldsymbol{B}=[1\,000\ 2\,000]$$

我们可以将 ***B*** 乘以 ***NR***，以确定 3 000 美元中有多少将被收回，以及有多少将会损失，则：

$$\begin{aligned}\boldsymbol{BNR}&=[1\,000\quad 2\,000]\begin{pmatrix}0.89 & 0.11\\ 0.74 & 0.26\end{pmatrix}\\&=[2\,370\quad 630]\end{aligned}$$

据此，我们了解到将收回 2 370 美元的应收账款余额，630 美元将作为坏账注销。根据这一分析，会计部门可将坏账准备金设置为 630 美元。

BNR 的矩阵乘法是计算应收账款最终收回和坏账的简便方法。回想一下，***NR*** 矩阵显示，在 0 ～ 30 天类别中收回账款的概率为 0.89，在 31 ～ 90 天类别中收回账款的概率为 0.74。因此，如 ***BNR*** 计算所示，马尔旺百货公司预计总共会收回 1 000×0.89+2 000×0.74 =2 370（美元）的账款。

假设根据前面的分析，马尔旺百货公司想分析减少坏账金额的可能性。回想一下，分析表明，0 ～ 30 天类别有 0.11 的概率或 11% 的金额将无法收回，31 ～ 90 天类别有 26% 的金额将无法收回。让我们假设马尔旺百货公司正在考虑制定一项涉及即时付款折扣的新信贷政策。

管理层认为，正在考虑的政策将增加从 0 ～ 30 天类别转移到支付类别的可能性，并降低从 0 ～ 30 天类别转移到 31 ～ 90 天类别的可能性。让我们假设，对这项新政策的影响进行仔细研究后，管理层得出以下转移矩阵将适用的结论：

$$P=\begin{pmatrix} 1.0 & 0.0 & | & 0.0 & 0.0 \\ 0.0 & 1.0 & | & 0.0 & 0.0 \\ - & - & - & - & - \\ 0.6 & 0.0 & | & 0.3 & 0.1 \\ 0.4 & 0.2 & | & 0.3 & 0.1 \end{pmatrix}$$

我们发现，0 ～ 30 天类别中的账款在下一时期转移到支付类别的概率增加到 0.6，而转移到 31 ～ 90 天类别的概率将减少到 0.1。为了确定这些变化对坏账准备金的影响，我们必须计算 ***N***、***NR*** 和 ***BNR***。我们首先使用式（16-5）计算基本矩阵 ***N***：

$$\boldsymbol{N}=(\boldsymbol{I}-\boldsymbol{Q})^{-1}=\left\{\begin{pmatrix} 1.0 & 0.0 \\ 0.0 & 1.0 \end{pmatrix}-\begin{pmatrix} 0.3 & 0.1 \\ 0.3 & 0.1 \end{pmatrix}\right\}^{-1}$$

$$=\begin{pmatrix} 0.7 & -0.1 \\ -0.3 & 0.9 \end{pmatrix}^{-1}=\begin{pmatrix} 1.5 & 0.17 \\ 0.5 & 1.17 \end{pmatrix}$$

通过将 ***N*** 乘以 ***R***，我们得到了每个类别的账款最终处于两种吸收状态的新概率：

$$\boldsymbol{NR}=\begin{pmatrix} 1.5 & 0.17 \\ 0.5 & 1.17 \end{pmatrix}\begin{pmatrix} 0.6 & 0.0 \\ 0.4 & 0.2 \end{pmatrix}=\begin{pmatrix} 0.97 & 0.03 \\ 0.77 & 0.23 \end{pmatrix}$$

我们看到，根据新信贷政策，预计只有 3% 的 0 ～ 30 天类别的账款和 23% 的 31 ～ 90 天类别的账款无法收回。如前所述，如果我们假设 0 ～ 30 天类别的当前余额为 1 000 美元，31 ～ 90 天类别为 2 000 美元，我们可以通过将 ***B*** 乘以 ***NR*** 计算出最终处于两种吸收状态的应收账款总额：

$$\boldsymbol{BNR}=[1\,000 \;\; 2\,000]\begin{pmatrix} 0.97 & 0.03 \\ 0.77 & 0.23 \end{pmatrix}=[2\,510 \quad 490]$$

可以得出，新信贷政策下坏账准备金为 490 美元。根据之前的信贷政策，我们知道坏账准备金为 630 美元。因此，新信贷政策预计可节省 630–490=140（美元）。鉴于应收账款余额总计 3 000 美元，这一节省意味着坏账准备金减少了 4.7%。在考虑了所涉及的成本后，管理层可以评估采用新政策的经济性。如果包括折扣在内的成本低于坏账准备金减少的 4.7%，我们预计新政策将增加马尔旺百货公司的利润。

本章小结

在本章中，我们介绍了马尔可夫过程模型及其应用示例。我们发现，马尔可夫分析可以为涉及一系列重复试验的情况提供有用的决策信息，每个试验中可能存在的状态数量有限。主要目标是获得关于在经过长时间转换或多个周期后每个状态的概率的信息。

市场份额分析方面的应用显示了确定稳态概率的计算过程，稳态概率可以解释为处于竞争中的两家商店的市场份额。在应收账款分析方面的应用中，我们引入了吸收状态的概念。对于两种吸收状态，即支付和坏账类别，我们展示了如何确定应收账款余额在这两种状态中的吸收占比。

马尔可夫过程模型也被用于运动决策问题的建模。专栏 16-2 描述了如何使用马尔可夫过程对梦幻橄榄球选秀的过程进行建模，以最大化梦幻球队老板赢得梦幻联赛的机会。

|专栏 16-2| 实践中的管理科学

马尔可夫过程模型与梦幻运动

梦幻运动是一个价值 10 亿美元以上的产业，仅在美国就有 3 000 多万人从事梦幻运动。在梦幻运动中，梦幻球队老板会为球队挑选球员，与其他梦幻球队竞争。梦幻球队的得分是由真实球员在实际比赛中积累的数据决定的。例如，在梦幻橄榄球中，梦幻球队的老板可以通过梦幻球队首发阵容中的球员取得的码数、触地分等获取点数。

梦幻橄榄球是美国最大的梦幻运动，梦幻橄榄球队的老板从美国国家橄榄球联盟（NFL）中为他们的球队挑选球员。大多数梦幻橄榄球联赛都是通过梦幻选秀来选择球队的。梦幻选秀类似于职业体育选秀，每个队轮流为梦幻球队挑选一名球员。NFL 的所有现任球员都有资格被选入，每个梦幻球队都必须为自己的球队制定待选球员名额名册（例如，一支梦幻球队可能需要一名首发四分卫、两名首发跑卫、两名先发外接手等）。

梦幻选秀过程可以建模为马尔可夫过程。状态空间包括：①每个球队的当前队伍需求；②球队还有多少四分卫、跑卫、外接手等需要征召；③所有球员仍可被征召。当每个球队选择了满足其需求的球员后，可选择的球员减少，就会发生状态之间的转换。对方球队的选择是不确定的，但可以根据已经完成的其他梦幻橄榄球选秀以及相关 NFL 球员未来表现的专家意见，对他们的选择进行概率估计。这些估计为马尔可夫过程提供了转移概率。梦幻球队老板的目标是选择能够最大限度地击败对手的球员。

马尔可夫过程模型中产生的状态数和可能的行动选择非常多，但是有一些方法可以降低使用各种启发式算法求解该问题的计算复杂性。DraftOpt 是一个软件应用程序，它建立了表示一个梦幻橄榄球选秀的马尔可夫过程模型。DraftOpt 自动化求解马尔可夫过程模型，并向用户提供建议在下一轮选秀中选择哪个球员。随着梦幻选秀的开展，用户将依据对方梦幻球队的选择不断更新 DraftOpt，由 DraftOpt 重新解析马尔可夫过程模型，并向用户提供更新后的选秀建议。与其他常用的梦幻球队选秀技术的比较表明，DraftOpt 表现不错，能为其所有者选拔出有竞争力的梦幻球队。

专业术语

吸收状态（absorbing state） 如果从该状态跳出的概率为 0，则称该状态为吸收状态。因此，一旦系统转移到吸收状态，它将一直保持在那里。

基本矩阵（fundamental matrix） 计算与马尔可夫过程的吸收状态有关的概率所必需的矩阵。

具有平稳转移概率的马尔可夫链（Markov chain with stationary transition probabilities） 一种马尔可夫过程，其中转移概率随时间保持不变，并且在任何一个周期处于特定状态的概率仅取决于前一个周期状态。

系统状态（state of the system） 系统在任何特定试验或时间段的状态。

状态概率（state probability） 系统处于任何特定状态的概率（即，$\pi_i(n)$ 是周期 n 中系统处于状态 i 的概率）。

稳态概率（steady-state probability） 经过大量转换后，系统处于任何特定状态的概率。一旦达到稳定状态，状态概率不会随时间变化。

转移概率（transition probability） 假设系统在一个周期内处于状态 i，转移概率 p_{ij} 是系统在下一个周期处于状态j的概率。

过程试验（trials of the process） 触发系统从一种状态转换到另一种状态的事件。在许多应用中，连续的周期代表了过程试验。

习题

1. **商店顾客未来周期的状态概率。**在16.1节的市场份额分析中，假设我们要计算与一位顾客的购物行程选择相关的马尔可夫过程，但我们不知道该顾客上周在哪里购物。因此，我们可以假设顾客在第0周期去墨菲食品店购物的概率为0.5，去卡塔琳娜超市购物的概率也为0.5，即$\pi_1(0)=0.5$和$\pi_2(0)=0.5$。给定这些初始状态概率，编制一个类似于表16-2的表格，显示未来周期每个状态的概率。你从对每个状态的长期概率观察中了解到了什么？ LO1

2. **估计软饮料市场份额。**New Fangled软饮料公司的管理层认为，顾客购买红酒或公司的主要竞品——超级可乐的概率基于顾客最近的购买行为。假设以下转移概率是合理的。LO1,2

从	到	
	红酒	超级可乐
红酒	0.9	0.1
超级可乐	0.1	0.9

a. 假设顾客最近购买的是红酒，请画出两个周期的树状图。该顾客在第2次购买时购买红酒的概率是多少？

b. 这两种产品的长期市场份额是多少？

c. 公司正在计划开展一场红酒广告活动，以增加吸引超级可乐顾客购买红酒的概率。管理层认为，新的广告活动将把顾客从超级可乐转向红酒的概率提高到0.15。那么广告活动对市场份额的预期影响是什么？

3. **预测计算机系统状态。**Rockbottom大学的计算机中心一直处于计算机停机状态。让我们假设相关的马尔可夫过程试验的周期被定义为1个小时，并且系统处于运行状态或停机状态的概率基于系统在前一个周期的状态。历史数据总结得出了以下转换概率。LO1,2,3

从	到	
	运行	停机
运行	0.90	0.10
停机	0.30	0.70

a. 如果系统最初正在运行，那么系统在下1个小时停机的概率是多少？

b. 系统处于运行状态和停机状态的稳态概率是多少？

4. **用修正的转换概率预测计算机系统状态。**习题3中停机的一个原因可追溯到特定的计算机硬件。管理层认为，切换不同的硬件组件将修正转换概率。LO1,3

从	到	
	运行	停机
运行	0.95	0.05
停机	0.60	0.40

a. 系统处于运行状态和停机状态的稳态概率是多少？

b. 如果系统在任何1个小时停机的成本估计为500美元（包括停机和维护的利润损失），那么新硬件组件的盈亏平衡成本是多少？

5. **预测交通延误。**辛辛那提地区的一个主要交通问题涉及试图通过75号州际公路穿越俄亥俄河，从辛辛那提到达肯塔基州的车辆。假设在前一个时段没有交通拥堵的情况下，在下一个时段出现交通拥堵的概率为0.85；在前一个时段出现交通拥堵的情况下，在下一个时段出现交通拥堵的概率为0.75。交通状态分为拥堵和无拥堵两种状态，周期为30分钟。LO1,2,3

a. 假设你是一个进入该交通系统的驾驶员，并收到交通拥堵的无线电报告。在接下来的60分钟（两个周期）内，该路段处于拥堵状态的概率是多少？注意，该结果是连续两个周期处于拥堵状态的概率。

b. 从长远来看，交通处于无拥堵状态的概率是多少？

c. 本章提出的马尔可夫过程模型的一个重要假设是系统在未来运行时有恒定或平稳转移概率。你认为对于这个交通拥堵问题，这个假设应该受到质疑吗？请解释。

6. **简单游戏的策略**。石头剪刀布是一个简单的小游戏，两个玩家通过同时选择石头、剪刀或布来决定输赢。根据游戏的经典规则，布胜石头，剪刀胜布，石头胜剪刀。在观看一个特定的玩家在这场游戏中进行多轮比赛后，你会发现他根据之前的选择来选择石头、剪刀或布，转换概率矩阵如下。

上个选择	下个选择		
	石头	布	剪刀
石头	0.27	0.42	0.31
布	0.36	0.15	0.49
剪刀	0.18	0.55	0.27

假设你正在与该玩家竞争，并且你必须立即决定所有未来的选择（在看到对手的任何其他选择之前）。LO2

a. 假设你的对手刚刚选择了石头，你在下一轮比赛中的最佳选择是什么？

b. 假设你的对手刚刚选择了石头，请画出两个周期的树状图。

c. 假设你的对手刚刚选择了石头，计算 $\boldsymbol{\Pi}(2)$，并用它来计算你的对手从现在起两轮选择都出布的概率。

7. **人们将搬到哪里**。从选定的美国东部主要大都市地区收集的数据显示，居住在城市范围内的人中，有 2% 在一年内迁往郊区；而居住在郊区的人中，有 1% 在一年内迁往城市。假设这个过程可由具有两个状态的马尔可夫过程进行建模（城市和郊区），回答以下问题。LO1,2,3

a. 创建转移概率矩阵。

b. 计算稳态概率。

c. 在一个特定的大都市地区，40% 的人口生活在城市，60% 的人口居住在郊区。用你解出的稳态概率预测，该大都市地区的未来人口分布是怎样的？

8. **市场份额分析（再次讨论）**。假设在 16.1 节描述的市场份额和顾客忠诚度的情况下，加入了第三家商店：快停杂货店。快停杂货店所占的市场份额和顾客忠诚度比墨菲食品店和卡特琳娜超市都小。然而，快停杂货店服务更快捷，汽车加油更方便，更具便利性，有望吸引一些目前每周去墨菲食品店或卡塔琳娜超市购物的顾客。假设转移概率如下。LO1,2,3

从	到		
	墨菲食品店	卡特琳娜超市	快停杂货店
墨菲食品店	0.85	0.10	0.05
卡特琳娜超市	0.20	0.75	0.05
快停杂货店	0.15	0.10	0.75

a. 计算这个三状态马尔可夫过程的稳态概率。

b. 快停杂货店将拥有多大的市场份额？

c. 假设现在有 1 000 名顾客，通过 16.1 节中最初的两个状态马尔可夫过程预测，未来每周会有 667 名顾客前往墨菲食品店，而有 333 名顾客前往卡特琳娜超市。快停杂货店的出现将对墨菲食品店和卡塔琳娜超市的顾客量产生什么影响？请解释。

9. **牙膏的顾客忠诚度**。两种品牌牙膏的购买模式可以表示为具有以下转移概率的马尔可夫过程。LO1,2,3

从	到	
	Special B	MDA
Special B	0.90	0.10
MDA	0.05	0.95

a. 哪个品牌拥有最忠诚的顾客？请解释。

b. 这两个品牌的预计市场份额是多少？

10. **牙膏的顾客忠诚度（再讨论）**。假设在习题 9 中，一个新牙膏品牌进入市场，从而存在以下转移概率。LO1,2,3

从	到		
	Special B	MDA	T-White
Special B	0.80	0.10	0.10
MDA	0.05	0.75	0.20
T-White	0.40	0.30	0.30

新品牌进入后的长期市场份额情况如何？新品牌牙膏的推出给哪个品牌带来的影响更大？

11. **美式足球的策略。**在美式足球中，触地得6分。在触地得分后，得分队随后可能会尝试再得一两分。实际上，争取1分附加分是很有把握成功的，而争取2分附加分的概率只有p。考虑下面的游戏场景：Temple Wildcats队在比赛结束前落后Killeen Tigers队14分。Temple Wildcats队赢得（或平局）这场比赛的唯一方法是在不允许Killeen Tigers队再次得分的情况下，获得两次触地得分。Temple Wildcats队的教练必须在每次触地得分后决定是尝试争取1分附加分还是2分附加分。如果比分在规定时间结束时平局，比赛将进入加时赛。Temple Wildcats队的教练认为，如果比赛进入加时赛，Temple Wildcats队有50%的机会获胜。成功争取1分附加分的概率为1.0，而成功争取2分附加分的概率为p。LO1,2
    a. 假设Temple Wildcats队会得两次触地得分，而Killeen Tigers队不会得分。定义一组包括表示分数差异的状态以及游戏最终结果（赢或输）的状态。为Temple Wildcats队的教练在第一次触地得分后尝试争取2分附加分的情况创建一个树状图。如果第一次争取2分附加分成功，Temple Wildcats队将在第二次触地得分后获得1分附加分以赢得比赛。如果第一次争取2分附加分不成功，Temple Wildcats队将在第二次触地得分后尝试获得2分，以争取平局并进入加时赛。
    b. 为a中的决策问题创建转移概率矩阵。
    c. 如果Temple Wildcats队的教练在每次触地得分后都争取1分附加分，那么比赛肯定会进入加时赛，Temple Wildcats队将以0.5的概率获胜。在p值为多少的情况下，a中定义的策略优于每次触地得分后争取1分的策略？

12. **吸收状态。**给定转移矩阵如下，状态1和状态2为吸收状态，处于状态3和状态4的单位最终处于吸收状态的概率分别是多少？LO1,2,3,4

$$\boldsymbol{P}=\begin{pmatrix}1.0 & 0.0 & 0.0 & 0.0\\0.0 & 1.0 & 0.0 & 0.0\\0.2 & 0.1 & 0.4 & 0.3\\0.2 & 0.2 & 0.1 & 0.5\end{pmatrix}$$

13. **应收账款（再讨论）。**在16.2节的马尔旺百货公司的问题中，假设以下转移矩阵是适当的。LO1,2,3,4

$$\boldsymbol{P}=\begin{pmatrix}1.0 & 0.0 & 0.0 & 0.0\\0.0 & 1.0 & 0.0 & 0.0\\0.5 & 0.0 & 0.25 & 0.25\\0.5 & 0.2 & 0.25 & 0.25\end{pmatrix}$$

如果马尔旺百货公司在0～30天的账龄类别中有4 000美元，在31～90天类别中则有5 000美元，你对公司坏账准备金的估计是多少？

14. **估算圣诞树农场的销售量和损失数。**KLM圣诞树农场拥有一块种植了5 000棵常绿树的土地。每年，KLM都允许圣诞树零售商选择并砍伐圣诞树，继而出售给个人客户。KLM保护小树（通常不到4英尺高），以便在未来几年出售它们。目前，有1 500棵树被列为受保护树木，其余3 500棵则可供砍伐。然而，即使一棵树在某一年可以被砍伐，但它可能直到未来几年才会被选择砍伐。大多数在某一年没有被砍伐的树都能活到第二年，而且每年都会有一些患病的树被砍伐。LO1,2,3,4
在将KLM圣诞树农场运营视为具有年度周期的马尔可夫过程时，我们定义了以下四种状态。
状态1：砍伐并出售。
状态2：死于疾病。
状态3：太小，无法砍伐。
状态4：可供砍伐但未选择砍伐并出售。
以下转移矩阵适用：

$$\boldsymbol{P}=\begin{pmatrix}1.0 & 0.0 & 0.0 & 0.0\\0.0 & 1.0 & 0.0 & 0.0\\0.1 & 0.2 & 0.5 & 0.2\\0.4 & 0.1 & 0.0 & 0.5\end{pmatrix}$$

农场的5 000棵树中有多少棵最终会被卖掉，又有多少会损失？

15. **预测人员变动**。一家大公司收集了中层管理人员和高层管理人员离职原因的数据。一些经理最终会在公司退休，但其他人会出于包括去其他公司担任更具吸引力的职位在内的个人原因选择在退休前离开公司。假设如下 1 年期转移概率矩阵适用于马尔可夫过程的四种状态：退休、出于个人原因提前离开、留任中层管理人员和留任高层管理人员经理。LO1,2,3,4

	退休	出于个人原因离开	留任中层管理人员	留任高层管理人员
退休	1.00	0.00	0.00	0.00
出于个人原因离开	0.00	1.00	0.00	0.00
留任中层管理人员	0.03	0.07	0.80	0.10
留任高层管理人员	0.08	0.01	0.03	0.88

a. 哪些状态被认为是吸收状态？为什么？

b. 解释中层管理人员的转移概率。

c. 解释高层管理人员的转移概率。

d. 目前的中层管理人员中最终会从公司退休、出于个人原因离开公司的比例是多少？

e. 该公司目前有 920 名管理人员（640 名中层管理人员和 280 名高层管理人员）。这些管理人员中有多少人最终会从公司退休？有多少人会出于个人原因离开公司？

16. **预测不同类别球员的数量**。特定体育联赛中的球员被根据其替补或首发的时间进行分类。球员可能会因严重受伤或退出比赛。参考以下转移概率矩阵。LO1,2,3,4

	替补	首发	受伤	退赛
替补	0.4	0.4	0.1	0.1
首发	0.1	0.5	0.15	0.25
受伤	0	0	1	0
退赛	0	0	0	1

a. 哪些状态是吸收状态？

b. 目前的首发球员最终会受伤的比例是多少？

c. 目前，一支名为“The Sharks”的球队有 8 名替补队员和 5 名首发队员。你预计会有多少球员受伤？有多少球员会退赛？

案例问题 16-1

21 点中庄家的吸收状态概率

黑杰克游戏（又被称为“21 点”）是一种流行的游戏，它的游戏目标是让一手牌的值为 21 或尽可能接近 21，但不超过 21。玩家和庄家最初各发两张牌。玩家和庄家都可以抽额外的牌（称为“抽牌”）来改善他们的手牌。如果玩家或庄家进行抽牌，并且牌的总值超过 21，则该玩家或庄主被认为破产并输掉了。人头牌和十点牌计为 10，A 牌计为 1 或 11（当手中的 A 可以计为 1 或 11 时，则被称为软牌；而 A 仅可以被计为 1 时，则被称为硬牌），其他牌按其面值计算。庄家的优势是，玩家必须在庄家之前决定是否抽牌，如果玩家抽牌后，手牌值超过了 21，该玩家就会破产并输掉，即使庄家在后续抽牌时手牌值也超过了 21。例如，如果玩家的手牌值为 16，并且抽到任何一张值大于 5 的牌，则该玩家将破产并输掉。出于这个原因，玩家通常会在手牌值大于等于 12 时决定不再抽牌。

庄家的牌是一张牌面上，一张牌面下。因此，玩家决定是否抽牌是基于对庄家的牌的了解。一位专业人士要求你帮助确定庄家手牌的结束值的概率。游戏的规则要求庄家继续抽牌，直到庄家的手牌值达到 17 或更高。在研究了马尔可夫过程之后，你建议将庄家的抽牌过程建模为具有吸收状态的马尔可夫过程。LO1,2,3,4

管理报告

为玩家准备一份报告，总结你的发现，须包括以下内容。

1. 在某些游戏规则中，当庄家的牌达到软牌或硬牌 17 时，庄家必须停止抽牌。软牌 17 的手牌多半包括一张可以被计为 1 或 11 的 A 牌。在所有游戏规则中，庄家都必须停留在软牌 18、19、20 或 21。对于每一张可能的牌，确定庄家手牌的结束值为 17、18、19、20 或 21 的概率。

2. 在其他游戏规则中，要求庄家在软牌 17 时进行抽牌，但必须保持所有其他手牌值为 17、18、19、20 或 21。对于这种情况，确定庄家手牌各结束值的概率。

3. 评论一下软牌 17 和硬牌 17，哪个规则对玩家来说更有利？[⊖]

附录 16.1

矩阵形式和运算

矩阵形式

矩阵是数字的矩形排列。例如，考虑命名为 **D** 的以下矩阵：

$$\boldsymbol{D}=\begin{pmatrix}1 & 3 & 2\\ 0 & 4 & 5\end{pmatrix}$$

矩阵 **D** 由 6 个元素组成，其中的每个元素都是一个数字。要识别矩阵的特定元素，我们必须指定其位置。因此，我们引入行和列的概念。

矩阵中某条水平线上的所有元素都被称为矩阵中的一行。例如，**D** 中的元素 1、3 和 2 位于第一行，元素 0、4 和 5 位于第二行。按照惯例，我们将顶行称为“第一行”，从顶行开始的第二行称为“第二行”，依此类推。

沿着某条垂直线的所有元素都被称为位于矩阵的一列中。**D** 中的元素 1 和 0 是第一列中的元素，元素 3 和 4 是第二列的元素，而元素 2 和 5 是第三列的元素。按照惯例，我们将最左边的列称为“第一列”，右边的下一列称为“第二列”，依此类推。

我们可以通过指定矩阵的行和列位置来识别矩阵中的特定元素。例如，**D** 的一行和第二列中的元素是数字 3：

$$d_{12}=3$$

通常，我们使用以下符号表示 **D** 的特定元素：

d_{ij} = 元素位于 **D** 的第 i 行和第 j 列

我们总是用大写字母表示矩阵，用相应的带两个下角标的小写字母表示元素。

矩阵的大小是矩阵中的行数和列数，写为行数 × 列数。因此，**D** 的大小为 2×3。

我们经常会遇到只有一行或一列的矩阵。例如

$$\boldsymbol{G}=\begin{pmatrix}6\\ 4\\ 2\\ 3\end{pmatrix}$$

是只有一列的矩阵。只要一个矩阵只有一列，我们就称该矩阵为列向量。类似地，任何只有一行的矩阵称为行向量。使用前面矩阵元素的符号，我们可以通过写 g_{ij} 来引用 **G** 中的特定元素。然而，因为 **G** 只有一列，所以列位置并不重要，我们只需要指定感兴趣的元素所在的行。也就是说，我们没有使用 g_{ij} 引用向量中的元素，而是只指定一个下角标，它表示元素在向量中的位置。例如：

$$g_1=6 \quad g_2=4 \quad g_3=2 \quad g_4=3$$

矩阵运算

矩阵转置

矩阵的转置是通过使原始矩阵中的行成为转置矩阵中的列，并使原始矩阵的列成为转置矩阵中的行而形成的。例如，矩阵

$$\boldsymbol{D}=\begin{pmatrix}1 & 3 & 2\\ 0 & 4 & 5\end{pmatrix}$$

[⊖] 在采用软牌 17 规则时，庄家用任何方式得到 17 即可停止抽牌；而在采用硬牌 17 规则时，如果庄家的手牌是软牌 17，那么庄家必须继续抽牌，直到出现硬牌 17 的情况或者手牌值超过 17，才可停止抽牌。——译者注

的转置即

$$D^{T}=\begin{pmatrix}1&0\\3&4\\2&5\end{pmatrix}$$

注意，我们使用上角标 T 表示矩阵的转置。

矩阵乘法

执行矩阵乘法可以采取两个向量相乘或矩阵乘以矩阵的方式。

大小为 $1\times n$ 的行向量与大小为 $n\times 1$ 的列向量的乘积是对行向量中的第一个元素乘以列向量中的第一个元素、行向量中第二个元素乘以列向量中的第二个元素、行向量中的最后一个元素乘以列向量中的最后一个元素得到的数字进行加和。例如，假设我们想将行向量 $\boldsymbol{H}$ 乘以列向量 $\boldsymbol{G}$，其中：

$$\boldsymbol{G}=\begin{pmatrix}6\\4\\2\\3\end{pmatrix}\text{ 以及 }\boldsymbol{H}=\begin{bmatrix}2&1&5&0\end{bmatrix}$$

乘积 $\boldsymbol{HG}$ 称为向量积，由下式得出：

$$\boldsymbol{HG}=2\times6+1\times4+5\times2+0\times3=26$$

大小为 $p\times n$ 的矩阵与大小为 $n\times m$ 的矩阵的乘积是一个新的大小为 $p\times m$ 的矩阵。新矩阵第 i 行和第 j 列中的元素由 $p\times n$ 矩阵第 i 行乘以 $n\times m$ 矩阵第 j 列的向量积给出。例如，假设我们想将 $\boldsymbol{D}$ 乘以 $\boldsymbol{A}$，其中：

$$\boldsymbol{D}=\begin{pmatrix}1&3&2\\0&4&5\end{pmatrix}\quad\boldsymbol{A}=\begin{pmatrix}1&3&5\\2&0&4\\1&5&2\end{pmatrix}$$

让 $\boldsymbol{C}=\boldsymbol{DA}$ 表示 $\boldsymbol{D}$ 乘以 $\boldsymbol{A}$ 的乘积。$\boldsymbol{C}$ 中第一行和第一列中的元素由 $\boldsymbol{D}$ 中第一行乘以 $\boldsymbol{A}$ 中第一列的向量积给出。因此：

$$c_{11}=\begin{bmatrix}1\ 3\ 2\end{bmatrix}\begin{pmatrix}1\\2\\1\end{pmatrix}=1\times1+3\times2+2\times1=9$$

$\boldsymbol{C}$ 中第二行和第一列中的元素由 $\boldsymbol{D}$ 中第二行乘以 $\boldsymbol{A}$ 中第一列的向量积给出。因此：

$$c_{21}=\begin{bmatrix}0\ 4\ 5\end{bmatrix}\begin{pmatrix}1\\2\\1\end{pmatrix}=0\times1+4\times2+5\times1=13$$

以类似的方式计算 $\boldsymbol{C}$ 中其余元素，我们得到：

$$\boldsymbol{C}=\begin{pmatrix}9&13&21\\13&25&26\end{pmatrix}$$

显然，矩阵和向量的乘积只是矩阵乘以矩阵的特例。例如，大小为 $m\times n$ 的矩阵与大小为 $n\times 1$ 的向量的乘积是一个大小为 $m\times 1$ 的新向量。新向量第 i 个位置的元素由 $m\times n$ 矩阵第 i 行的向量乘以 $n\times 1$ 列向量得出。例如，假设我们想将 $\boldsymbol{D}$ 乘以 $\boldsymbol{K}$，其中：

$$\boldsymbol{D}=\begin{pmatrix}1&3&2\\0&4&5\end{pmatrix}\quad\boldsymbol{K}=\begin{pmatrix}1\\4\\2\end{pmatrix}$$

$\boldsymbol{DK}$ 的第一个元素由 $\boldsymbol{D}$ 的第一行乘以 $\boldsymbol{K}$ 的向量积给出。因此：

$$\begin{pmatrix}1&3&2\end{pmatrix}\begin{pmatrix}1\\4\\2\end{pmatrix}=1\times1+3\times4+2\times2=17$$

$\boldsymbol{DK}$ 的第二个元素由 $\boldsymbol{D}$ 的第二行和 $\boldsymbol{K}$ 的向量积给出。因此：

$$\begin{pmatrix}0&4&5\end{pmatrix}\begin{pmatrix}1\\4\\2\end{pmatrix}=0\times1+4\times4+5\times2=26$$

因此，我们可以看到矩阵 $\boldsymbol{D}$ 与向量 $\boldsymbol{K}$ 的乘积等于：

$$\boldsymbol{DK}=\begin{pmatrix}1&3&2\\0&4&5\end{pmatrix}\begin{pmatrix}1\\4\\2\end{pmatrix}=\begin{pmatrix}17\\26\end{pmatrix}$$

任意两个矩阵都可以相乘吗？答案是否定的。如果两个矩阵可以相乘，则第一个矩阵的列数必须等于第二个矩阵的行数。如果满足此属性，则表示矩阵符合乘法要求。因此，在我们的示例中，$\boldsymbol{D}$ 和 $\boldsymbol{K}$ 可以相乘，因为 $\boldsymbol{D}$ 有三列，$\boldsymbol{K}$ 有三行。

矩阵求逆

矩阵 $\boldsymbol{A}$ 的逆矩阵是另一个矩阵，表示为 $\boldsymbol{A}^{-1}$，例如 $\boldsymbol{A}^{-1}\boldsymbol{A}=\boldsymbol{I}$ 和 $\boldsymbol{AA}^{-1}=\boldsymbol{I}$。由两行两列组成的任何矩阵 $\boldsymbol{A}$ 的逆计算如下：

$$\boldsymbol{A}=\begin{pmatrix}a_{11}&a_{12}\\a_{21}&a_{22}\end{pmatrix}$$

$$\boldsymbol{A}^{-1}=\begin{pmatrix}a_{22}/d&-a_{12}/d\\-a_{21}/d&a_{11}/d\end{pmatrix}$$

其中，$d=a_{11}a_{22}-a_{21}a_{12}$ 是矩阵 $\boldsymbol{A}$ 的决定条件。例如，如果：

$$\boldsymbol{A}=\begin{pmatrix} 0.7 & -0.3 \\ -0.3 & 0.9 \end{pmatrix}$$

则：

$$d=0.7\times0.9-(-0.3)\times(-0.3)=0.54$$

从而：

$$\boldsymbol{A}^{-1}=\begin{pmatrix} 0.9/0.54 & 0.3/0.54 \\ 0.3/0.54 & 0.7/0.54 \end{pmatrix}=\begin{pmatrix} 1.67 & 0.56 \\ 0.56 & 1.30 \end{pmatrix}$$

附录 16.2

用 Excel 求逆矩阵

Excel 提供了一个名为 MINVERSE 的函数，可用于计算矩阵的逆矩阵。当需要求大小为 3×3 或更大的矩阵的逆矩阵时，此函数非常有用。为了了解它是如何使用的，假设我们要求以下 3×3 矩阵的逆矩阵：

$$\begin{pmatrix} 3 & 5 & 0 \\ 0 & 1 & 1 \\ 8 & 5 & 0 \end{pmatrix}$$

> 在较老版本的 Excel 中，你可能需要在步骤 3 中按 Ctrl+Shift+Enter 键来计算单元格 B7：D9 中的逆矩阵。

将矩阵输入 Excel 工作表的单元格 B3：D5 中。以下步骤将计算矩阵的逆矩阵，并将其放入单元格 B7：D9：

步骤 1：选择单元格 B7：D9。

步骤 2：输入 MINVERSE（B3：D5）。

步骤 3：按 Enter 键。

逆矩阵随后将出现在单元格 B7：D9 中，如下所示：

$$\begin{pmatrix} -0.20 & 0 & 0.20 \\ 0.32 & 0 & -0.12 \\ -0.32 & 1 & 0.12 \end{pmatrix}$$

附录A

构建电子表格模型

学习目标

LO1 在 Excel 中创建并保存一个电子表格模型。

LO2 创建和复制公式，并在 Excel 中使用绝对引用。

LO3 使用在定量建模中常用的函数，包括 SUMPRODUCT、IF、COUNTIF 和 VLOOKUP。

LO4 学习构建良好电子表格模型的规范。

LO5 检查 Excel 中的电子表格模型，以确保模型无误且准确。

本附录的目的有两个。首先，我们将对 Excel 进行概述，并讨论使用 Excel 工作簿和工作表所需的基本操作。其次，我们将介绍如何使用 Excel 构建数学模型，包括如何查找和使用特定的 Excel 函数、如何设计和构建好的电子表格模型，以及如何确保这些模型没有错误。

A.1 Microsoft Excel 概述

工作簿是包含一个或多个工作表的文件。

在使用 Excel 建模时，数据和模型都显示在工作簿中，每个工作簿中都包含一系列的工作表。图 A-1 显示了每次打开 Excel 创建空白工作簿的页面。工作簿名为 Book2，包含一个名为 Sheet1 的工作表。注意，单元格 A1 最初是被选中的。

位于工作簿顶部的宽条部分被称为功能区。位于功能区顶部的选项卡提供了对相关命令组的快速访问。默认情况下，Excel 功能区有 9 个选项卡：文件、开始、插入、页面布局、公式、数据、审阅、视图和帮助，加载额外的包可能会创建额外的选项卡。每个选项卡包含几组相关的命令。注意，打开 Excel 时选择的是**开始**选项卡。图 A-2 中显示的与开始选项卡相关的 9 个组是：剪贴板、字体、对齐方式、数字、样式、单元格、编辑、分析和敏感度。命令在每个组中。例如，要将选定的文本更改为粗体，请单击**开始**选项卡并单击**字体**中的**粗体**按钮 B 。

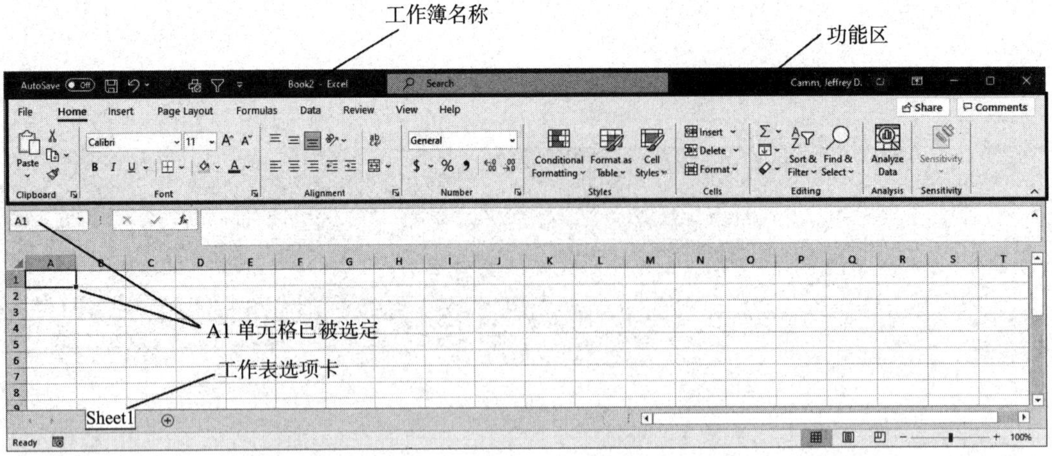

图 A-1　当 Excel 启动时，自动创建空白工作表

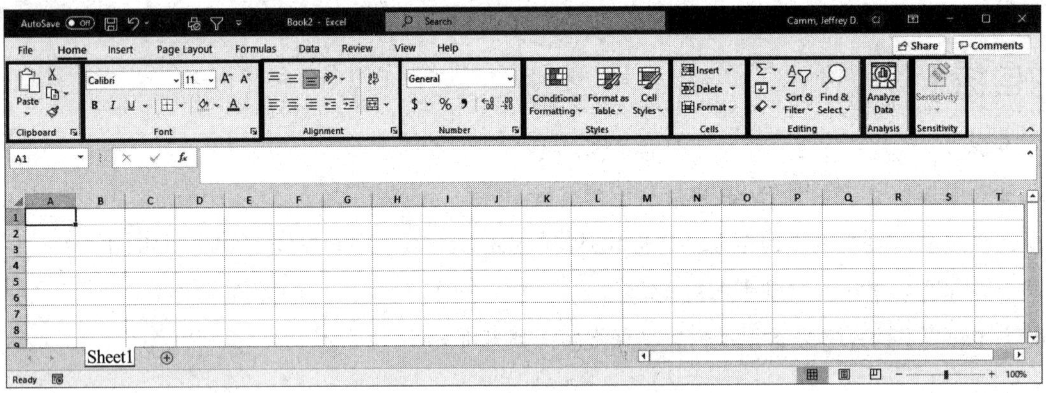

图 A-2　主页选项卡的一部分

图 A-3 说明了文件选项卡、快速访问工具栏和公式栏的位置。当单击**文件**选项卡时，Excel 会提供一个工作簿选项列表，比如打开、保存和打印（工作表）。通过快速访问工具栏可以快速访问这些工作簿选项。例如，图 A-3 所示的**快速访问**工具栏包括一个**保存**按钮，可以用来保存文件，而不必首先单击**文件**选项卡。要添加或删除快速访问工具栏上的功能，单击**快速访问**工具栏上的**自定义快速访问**工具栏按钮。

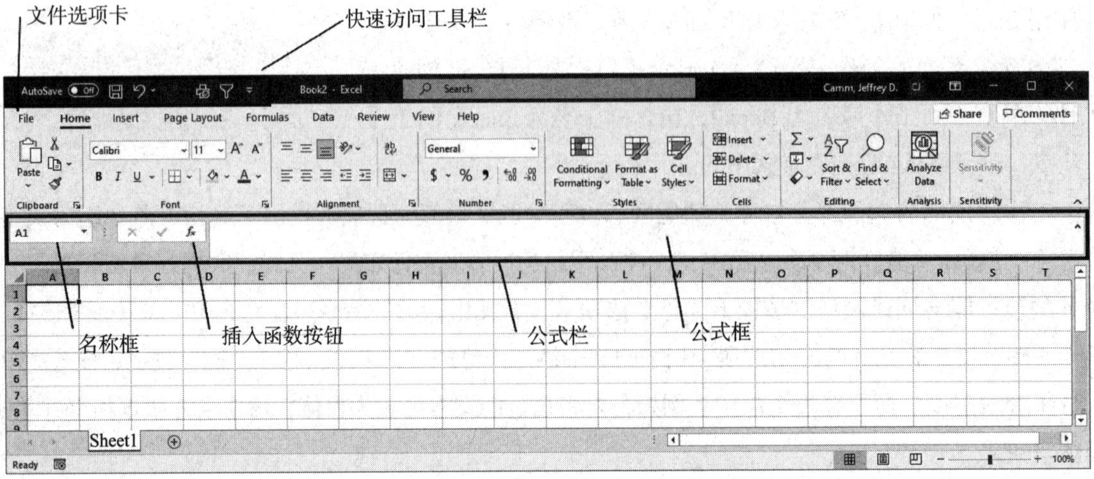

图 A-3　Excel 文件选项卡、快速访问工具栏和公式栏

公式栏包含名称框、插入函数按钮 *fx* 和一个公式框。在图 A-3 中，“ A1”出现在名称框中，因为单元格 A1 被选中了。通过使用鼠标将光标移动到另一个单元格并单击，或者在名称框中键入新单元格位置并按下〈 Enter 〉键，可以选择工作表中的任何其他单元格。公式框用于在当前选定的单元格中显示公式。例如，如果你在单元格 A3 中输入“=A1+A2”，那么无论何时选择单元格 A3，公式“=A1+A2”都会显示在公式框中。这个特性使得在特定单元格中查看和编辑公式非常容易。通过插入函数按钮可以快速访问 Excel 中可用的所有功能。稍后，我们将展示如何查找和使用特定的函数。

A.2　基本工作簿操作

图 A-4 说明了右键单击工作表选项卡后可以执行的工作表选项。

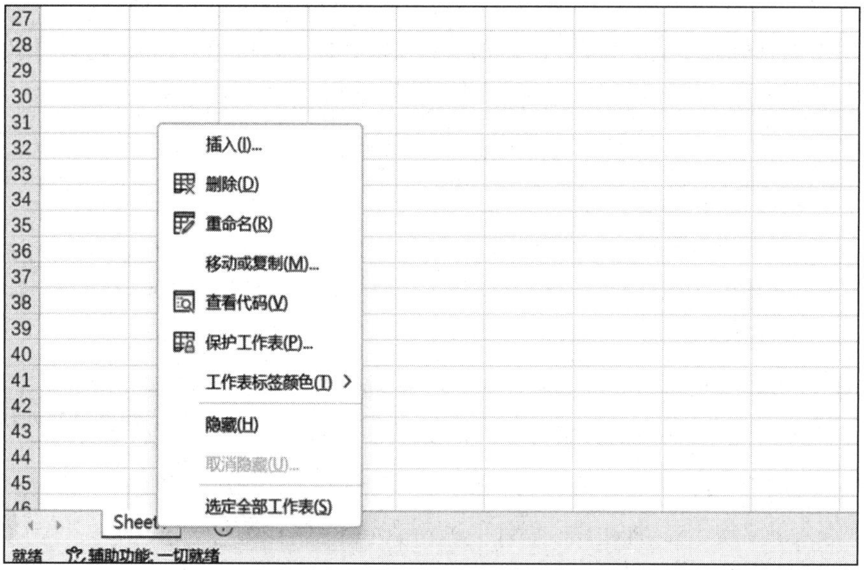

图 A-4　右键单击工作表选项卡后获得的工作表选项

A.2.1　电子表格工作簿基本操作

要更改当前工作表的名称，请执行以下步骤。

步骤 1：右键单击名为 Sheet1 的工作表选项卡。

步骤 2：选择**重命名**选项。

步骤 3：输入“Nowlin”重命名工作表并按〈 Enter 〉键。

我们可以通过以下步骤创建新命名的 Nowlin 工作表的副本。

步骤 1：右键单击名为“Nowlin”的工作表选项卡。

步骤 2：选择**移动或复制**选项。

步骤 3：当出现**移动或复制**对话框时，选中**创建副本**复选框，并单击**确定**。

复制的工作表的名称将显示为“ Nowlin（2）”。如果需要，可以按照前面概述的步骤重新命名，还可以使用**移动或复制**选项将工作表移动到其他工作簿或当前工作簿中的不同位置。

还可以使用屏幕底部的插入工作表按钮⊕创建新的工作表。

按照以下步骤创建其他工作表。

步骤 1： 右键单击任何现有工作表的选项卡。

步骤 2： 选择**插入**。

步骤 3： 出现**插入**对话框时，从**常用**区域选择**工作表**，然后单击**确定**。

右键单击工作表选项卡并选择**删除**可以删除工作表。单击**删除**后，可能会出现一个窗口，提示工作表中的所有数据都将被删除。单击**删除**以确认删除工作表。

A.2.2 创建、保存和打开文件

作为手动输入、保存和打开文件的说明，我们将使用第 1 章中的 Nowlin 塑料制品公司的生产示例。目标是计算产品（Viper 手机保护套）的盈亏平衡点，该产品的固定成本为 3 000 美元，每件的可变成本为 2 美元，每件的售价为 5 美元。我们首先创建一个包含问题数据的工作表。

如果刚打开 Excel，则会显示包含 Sheet1 的空白工作簿。现在可以手动输入 Nowlin 塑料制品公司的数据，只需在其中一个工作表中键入固定成本 3 000 美元、单位可变成本 2 美元和售价 5 美元。如果 Excel 当前正在运行且没有空白工作簿显示，你就可以使用以下步骤创建新的空白工作簿。

步骤 1： 单击功能区上的**文件**选项卡。

步骤 2： 单击选项列表中的**新建**。

步骤 3： 单击**空白工作簿**。

这时将出现一个新的工作簿。

我们将把 Nowlin 塑料制品公司的数据放在新工作簿 Sheet1 的顶部。首先，我们将标签“Nowlin 塑料制品公司”输入单元格 A1。为了识别三个数据值中的每一个，我们将标签“固定成本”输入单元格 A3，将标签“单位可变成本”输入单元格 A5，将标签“售价”输入单元格 A7。接下来，我们将实际成本和价格数据输入到 B 列对应的单元格中：单元格 B3 中的值为 3 000 美元，单元格 B5 中的值为 2 美元，单元格 B7 中的值为 5 美元。最后，我们将使用前面描述的过程将工作表的名称从“Sheet1”更改为 NowlinModel。图 A-5 显示了我们刚刚构建的工作表的一部分。

	A	B
1	**Nowlin塑料制品公司**	
2		
3	**固定成本**	$3,000
4		
5	**单位可变成本**	$2
6		
7	**售价**	$5
8		
9		
10		
11		
12		
13		
14		
15		
16		
17		
18		

图 A-5 Nowlin 塑料制品公司的数据

在开始构建工作表的模型部分之前，我们最好先保存当前文件，这将避免在因发生一些事情导致 Excel 关闭时不得不重新输入数据的情况出现。要使用文件名 Nowlin 保存工作簿，我们执行以下步骤。

步骤 1： 单击功能区上的**文件**选项卡。

步骤 2： 单击选项列表中的**保存**。

步骤 3： 在**另存为**下选择**此 PC** 并单击**浏览**。

步骤 4： 当**另存为**对话框出现时，选择要保存文件的位置，在**文件名**框中输入文件名 Nowlin，单击**保存**。

Excel 的保存命令用来将文件保存为 Excel 工作簿。当我们在 Excel 中使用和构建模型时，最好定期保存文件，这样就不会丢失任何进度。只需按照上面描述的过程执行保存命令即可。

有时我们可能希望创建现有文件的副本。例如，假设我们更改了一个或多个数据值，并希望保存修改后的 Nowlin 文件。下面的步骤展示了如何使用文件名 NowlinMod 保存修改后的工作簿。

> 键盘快捷键：按〈Ctrl+S〉保存文件。

步骤 1：单击功能区中的**文件**选项卡。

步骤 2：单击选项列表中的**另存为**。

步骤 3：在**另存为**下选择**此 PC** 并单击**浏览**。

步骤 4：当**另存为**对话框出现时，选择要保存文件的位置，在**文件名**框中输入文件名 NowlinMod，单击**保存**。

一旦保存了 NowlinMod 工作簿，我们就可以继续使用该文件来执行任何类型的分析。当我们完成文件的工作时，只需单击位于功能区右上角的关闭窗口按钮 ×。

我们可以在另一个时间点轻松地访问已保存的文件。例如，以下步骤显示了如何打开先前保存的 Nowlin 工作簿。

> 文件名 Nowlin 也可能出现在 Excel 中的**最近工作簿**列表下，以便直接打开，而无须浏览我们保存文件的位置。

步骤 1：单击功能区中的**文件**选项卡。

步骤 2：单击**选项**列表中的**打开**。

步骤 3：在**打开**下选择**此 PC** 并单击**浏览**。

步骤 4：当**打开**对话框出现时，找到你以前保存 Nowlin 文件的位置，单击文件名 **Nowlin**，使它出现在**文件名**框中，单击**打开**。

A.3　Excel 中的单元格、引用和公式

假设再次打开 Nowlin 工作簿，我们想要构建一个模型，该模型可用于计算给定生产量情况下相关的利润或损失。我们将使用如图 A-5 所示的工作表的下面部分来构建模型。该模型将包含引用工作表上部数据单元格位置的公式。通过将数据单元格的位置放在公式中，我们将构建一个可以轻松更新数据的模型。这将在 A.7 节中更详细地讨论。

我们将标签“**模型**”输入到单元格 A10 中，以提供一个可视化的提醒，在工作表里，这个标签的下面表示模型。接下来，我们将标签“**产量**”输入到单元格 A12 中，将标签“**总成本**”输入到单元格 A14 中，将标签“**总收入**”输入到单元格 A16 中，将标签“**总利润（亏损）**”输入到单元格 A18 中。单元格 B12 用于放置产量的值。现在，我们将在单元格 B14、B16 和 B18 中输入公式，这些公式使用单元格 B12 中的产量来计算总成本、总收入和总利润（亏损）的值。

> 要显示工作表单元格中的所有公式，请按〈Ctrl+～〉键（～键通常位于〈Tab〉键上方）。

总成本是固定成本（单元格 B3）和总可变成本的总和。总可变成本是单位可变成本（单元格 B5）和产量（单元格 B12）的乘积。因此，总可变成本的公式为 B5*B12，为了计算总成本的值，我们将公式“=B3+B5*B12”输入到单元格 B14 中。接下来，总收入是售价（单元格 B7）和产量（单元格 B12）的乘积，我们在单元格 B16 中输入公式“=B7*B12”。最后，总利润（亏损）是总收入（单元格 B16）和总成本（单元格 B14）之间的差值。因此，我们在单元格 B18 中输入公式 =B16−B14。图 A-6 就是刚才描述的部分公式工作表。

现在，我们可以通过在单元格 B12 中输入产量的值来计算特定产量情况下的总利润（亏损）。图 A-7 是在单元格 B12 中输入值 800 后的结果。我们看到，800 件的产量导致总成本为 4 600 美元，总收入为 4 000 美元，总亏损为 600 美元。

	A	B
1	**Nowlin塑料制品公司**	
2		
3	**固定成本**	$3,000
4		
5	**单位可变成本**	$2
6		
7	**售价**	$5
8		
9		
10	**模型**	
11		
12	**产量**	800
13		
14	**总成本**	=B3+B5*B12
15		
16	**总收入**	=B7*B12
17		
18	**总利润（亏损）**	=B16-B14
19		

图 A-6　Nowlin 塑料制品公司的数据和模型

	A	B
1	**Nowlin塑料制品公司**	
2		
3	**固定成本**	$3,000
4		
5	**单位可变成本**	$2
6		
7	**售价**	$5
8		
9		
10	**模型**	
11		
12	**产量**	800
13		
14	**总成本**	$4,600
15		
16	**总收入**	$4,000
17		
18	**总利润（亏损）**	-$600
19		

图 A-7　Nowlin 塑料制品公司的结果

A.4　假设分析

Excel 提供了许多工具使假设分析更容易。在本节中，我们将介绍两个这样的工具：**模拟运算表**和**单变量求解**。这两种工具的设计目的都是使用户摆脱乏味的手工试错的分析方法。让我们看看这两个工具如何帮助我们分析 1.4 节中讨论的 Nowlin 塑料制品公司的盈亏平衡决策。

A.4.1　模拟运算表

Excel 模拟运算表可以将特定输入对选定输出的影响进行量化。Excel 可以生成单向模拟运算表（汇总单个输入对输出的影响），也可以生成双向模拟运算表（汇总两个输入对输出的影响）。

让我们考虑 Nowlin 塑料制品公司的利润如何随着 Viper 产量的变化而变化。用单向模拟运算表分析不同产量对总利润（亏损）的影响将是非常有用的。我们将使用以前构建的 Nowlin 电子表格进行分析。

创建单向模拟运算表的第一步是构建一个排序表，其中包含我们希望考虑的输入值。让我们以 100 个单位的增量来研究 0 ～ 1 600 的产量。图 A-8 显示我们已经在单元格 D5 ～ D21 中输入了这些数据，D4 是列的标签。这一列数据将是 Excel 用作产量输入的一组值。由于我们感兴趣的输出是总利润（亏损）（位于单元格 B18 中），所以我们在单元格 E4 中输入公式“ =B18”。通常，将标签右侧的单元格设置为选定的输出变量的单元格位置。一旦基本结构就绪，我们就使用以下步骤调用模拟运算表。

步骤 1：选择单元格 D4：E21。

步骤 2：单击功能区中的**数据**选项卡。

步骤 3：在**预测**组中单击**假设分析**，并选择**模拟运算表**。

步骤 4：当出现**模拟运算表**对话框时，在**输入引用列的单元格**框中输入“\$B\$12”，单击**确定**。

> **在输入引用列的单元格**输入框中输入“B12”表示该列数据是单元格 B12 在相应数据下的计算结果。

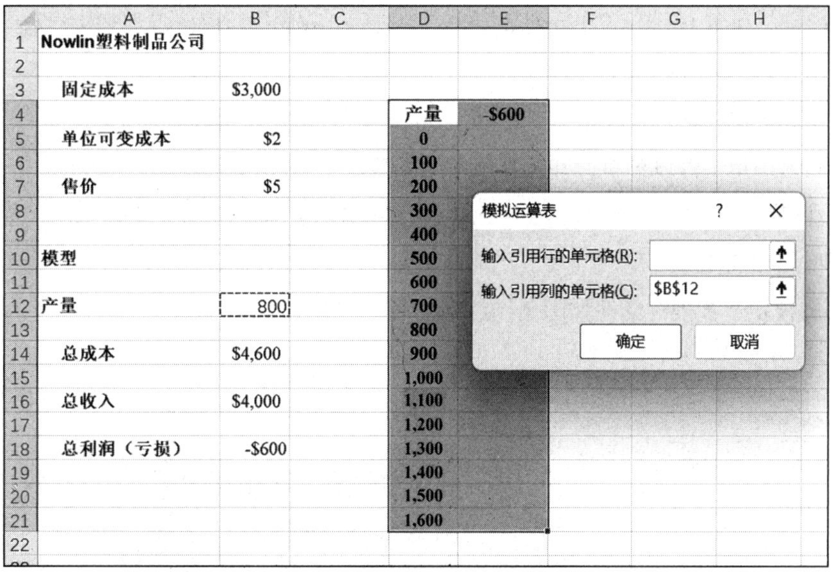

图 A-8　Nowlin 塑料制品公司单向模拟运算表的输入

模拟运算结果如图 A-9 所示，Excel 在表中填充了每个产量的利润（亏损）。例如，当产量 =1 200 时，利润 =600 美元；当产量 =500 时，亏损 =1 500 美元。我们看到，当产量为 1 000 件时，利润 =0。因此，1 000 件是盈亏平衡产量。如果产量超过 1 000 件，就能赢利；如果产量少于 1 000 件，就会亏损。

	A	B	C	D	E
1	Nowlin塑料制品公司				
2					
3	固定成本	$3,000			
4				产量	-$600
5	单位可变成本	$2		0	-$3,000
6				100	-$2,700
7	售价	$5		200	-$2,400
8				300	-$2,100
9				400	-$1,800
10	模型			500	-$1,500
11				600	-$1,200
12	产量	800		700	-$900
13				800	-$600
14	总成本	$4,600		900	-$300
15				1,000	$0
16	总收入	$4,000		1,100	$300
17				1,200	$600
18	总利润（亏损）	-$600		1,300	$900
19				1,400	$1,200
20				1,500	$1,500
21				1,600	$1,800
22					

图 A-9　Nowlin 塑料制品公司单向模拟运算表的结果

假设 Nowlin 塑料制品公司想更好地理解盈亏平衡产量是如何随着销售价格的变化而变化的。一个行对应产量、列对应售价的双向模拟运算表将是有帮助的。

在图 A-10 中，我们在单元格 D5 ～ D21 中输入了产量，就像在单向模拟运算表中一样，这列与单元格 B12 对应。在单元格 E4 ～ L4 中，我们输入的售价范围为 3 ～ 10 美元，每次增加 1 美元，这行与单元格 B7 对应。在单元格 D4 中（位于列输入值的上方和行输入值的左侧），我们输入公式“=B18”，即选定输出的所在的单元格，在本例中选定的输出是总利润（亏损）。在行列数据输入完成后，我们执行以下步骤来构建双向模拟运算表。

步骤 1：选择单元格 D4：L21。

步骤 2：单击功能区中的**数据**选项卡。

步骤 3：在**预测**组中单击**假设分析**，并选择**模拟运算表**。

步骤 4：当出现**模拟运算表**对话框时，在**输入引用行的单元格**框中输入“$B$7”，在**输入引用列的单元格**框中输入“$B$12”，单击**确定**。

选择中单元格和模拟运算表对话框如图 A-10 所示，结果如图 A-11 所示。

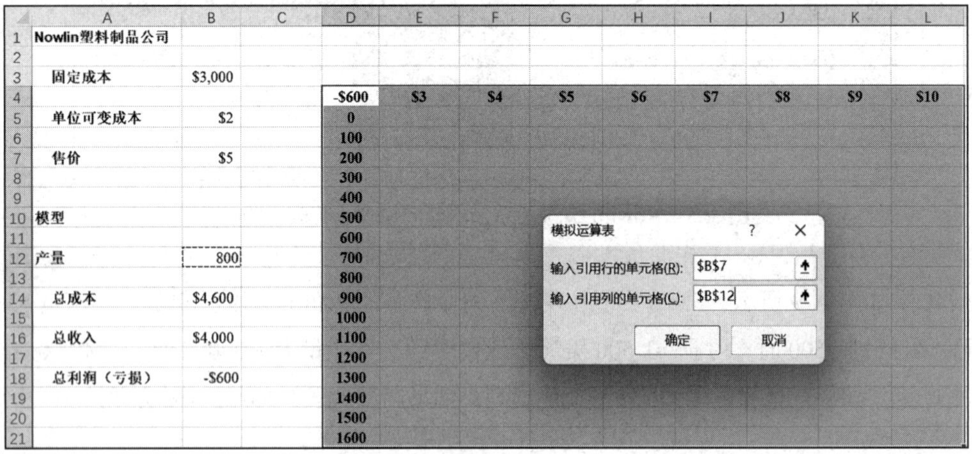

图 A-10 Nowlin 塑料制品公司双向模拟运算表的输入

	A	B	C	D	E	F	G	H	I	J	K	L
1	Nowlin塑料制品公司											
2												
3	固定成本	$3,000										
4				-$600	$3	$4	$5	$6	$7	$8	$9	$10
5	单位可变成本	$2		0	-$3,000	-$3,000	-$3,000	-$3,000	-$3,000	-$3,000	-$3,000	-$3,000
6				100	-$2,900	-$2,800	-$2,700	-$2,600	-$2,500	-$2,400	-$2,300	-$2,200
7	售价	$5		200	-$2,800	-$2,600	-$2,400	-$2,200	-$2,000	-$1,800	-$1,600	-$1,400
8				300	-$2,700	-$2,400	-$2,100	-$1,800	-$1,500	-$1,200	-$900	-$600
9				400	-$2,600	-$2,200	-$1,800	-$1,400	-$1,000	-$600	-$200	$200
10	模型			500	-$2,500	-$2,000	-$1,500	-$1,000	-$500	$0	$500	$1,000
11				600	-$2,400	-$1,800	-$1,200	-$600	$0	$600	$1,200	$1,800
12	产量	800		700	-$2,300	-$1,600	-$900	-$200	$500	$1,200	$1,900	$2,600
13				800	-$2,200	-$1,400	-$600	$200	$1,000	$1,800	$2,600	$3,400
14	总成本	$4,600		900	-$2,100	-$1,200	-$300	$600	$1,500	$2,400	$3,300	$4,200
15				1,000	-$2,000	-$1,000	$0	$1,000	$2,000	$3,000	$4,000	$5,000
16	总收入	$4,000		1,100	-$1,900	-$800	$300	$1,400	$2,500	$3,600	$4,700	$5,800
17				1,200	-$1,800	-$600	$600	$1,800	$3,000	$4,200	$5,400	$6,600
18	总利润（亏损）	-$600		1,300	-$1,700	-$400	$900	$2,200	$3,500	$4,800	$6,100	$7,400
19				1,400	-$1,600	-$200	$1,200	$2,600	$4,000	$5,400	$6,800	$8,200
20				1,500	-$1,500	$0	$1,500	$3,000	$4,500	$6,000	$7,500	$9,000
21				1,600	-$1,400	$200	$1,800	$3,400	$5,000	$6,600	$8,200	$9,800
22												
23												

图 A-11 Nowlin 塑料制品公司双向模拟运算表的结果

从这个双向模拟运算表中，我们可以对各种售价的盈亏平衡产量进行一些观察。例如，考虑售价为 3 美元，由于产量越高，亏损越小，而在 1 600 件时是亏损的，于是我们知道盈亏平衡产量超过了 1 600 件。同样，我们知道 4 美元售价的盈亏平衡产量是 1 500 件（利润为 0）。同样，我们知道 5 美元、7 美元和 8 美元售价的准确的盈亏平衡产量分别是 1 000、600 和 500 件。符号由负变为正，表示从亏损变为赢利，我们可以看到，售价为 6 美元时的盈亏平衡产量为 700 ～ 800 件，售价为 9 美元时的盈亏平衡产量为 400 ～ 500 件，售价为 10 美元时盈亏平衡产量为 300 ～ 400 件。接下来，我们将展示如何使用 Excel 的单变量求解工具为这些售价找到准确的盈亏平衡产量。

A.4.2　单变量求解

Excel 的单变量求解工具是让用户确定输入单元格的值，该值将导致相关输出单元格的值等于某些指定的值（目标）。在 Nowlin 塑料制品公司的例子中，假设我们想知道售价为 6 美元时的准确的盈亏平衡产量。从图 A-11 的双向模拟运算表中我们知道，当售价为 6 美元时，盈亏平衡产量为 700 ～ 800 件（这是利润由负变为正的地方）。在 700 ～ 800 件的范围内，利润等于 0，而发生这种情况的产量就是盈亏平衡点。在将单元格 B7 设置为 6 美元之后，下面的步骤显示了如何使用单变量求解为这个售价找到盈亏平衡点。

步骤 1：单击功能区中的**数据**选项卡。

步骤 2：在**预测**组中单击**假设分析**，并选择**单变量求解**。

步骤 3：当出现**单变量求解**对话框时，在**目标单元格**框中输入“$B$18”，在**目标值**框中输入 0，在**可变单元格**框中输入“$B$12”，单击**确定**。

步骤 4：当出现**单变量求解状态**对话框时，单击**确定**。

输入的单变量求解对话框如图 A-12 所示。

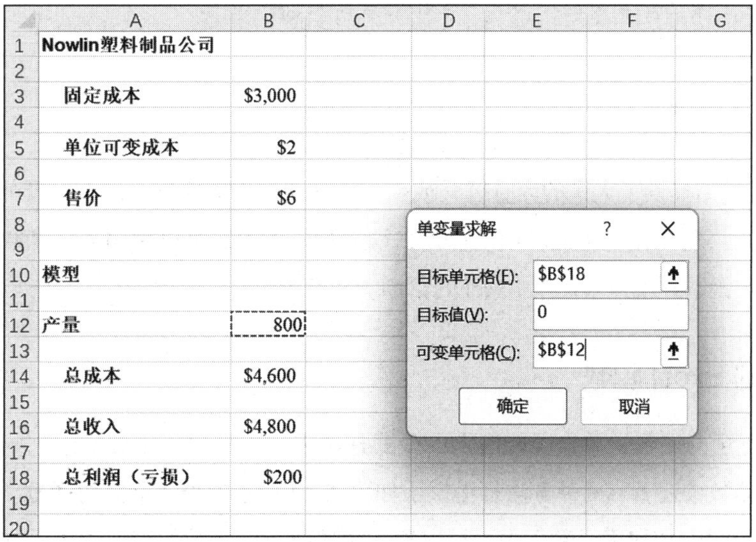

图 A-12　Nowlin 塑料制品公司的单变量求解对话框

单变量求解的结果如图 A-13 所示。我们看到售价为 6 美元的盈亏平衡产量是 750 件。

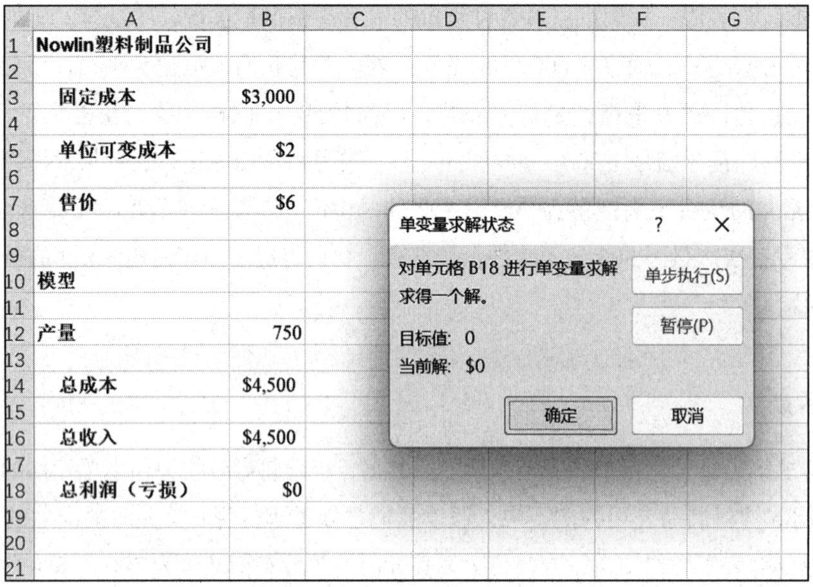

图 A-13　Nowlin 塑料制品公司的单变量求解结果

注释与点评

1. 需要注意在单向模拟运算表和双向模拟运算表中对选定输出的引用的位置。对于单向表，对输出单元格位置的引用放置在输入数据列上方右侧的单元格中，这样它就位于输入数据列标签右侧的单元格中；对于双向表，对输出单元格位置的引用放置在输入数据列的上方和行输入数据的左侧。

2. 注意，在图 A-9 和图 A-11 中，表的格式为货币。这必须在构建表格后，使用功能区中**开始**选项卡下的**数字**组中的选项手动完成。对表的行和列标注标签是一个好办法。

3. 对于非常复杂的函数，单变量求解可能不会收敛到稳定的解。在调用单变量求解时尝试几个不同的初始值（**可变单元格**框中引用的单元格的实际值）可能会有所帮助。

A.5　使用 Excel 函数

Excel 为构建数学模型提供了大量的内置公式或函数。如果知道需要哪个函数以及如何使用，我们就可以简单地将函数输入到适当的工作表单元格中。但是，如果我们不确定可以使用哪些函数来完成一项任务，或者不确定如何使用某个函数，就可以使用 Excel 的帮助。

A.5.1　找到正确的 Excel 函数

要确定 Excel 中可用的函数，单击功能区上的**公式**选项卡，然后单击**函数库**组中的**插入函数**按钮，或者单击公式栏上的**插入函数**按钮 *fx*。两种方法都提供了如图 A-14 所示的**插入函数对话框**。

在**插入函数对话框**顶部的**搜索函数**框中，可以输入想要执行的函数的简要说明。在这样做并单击**转到**之后，Excel 将在**选择函数**框中搜索并显示可能完成任务的函数。然而，在许多情况下，我们可能想要浏览所有的函数，看看哪些是可用的。对于此任务，**选择类别**框很有帮助，它包含 Excel 提供的几个类别函数的下拉列表。图 A-14 显示我们选择了**数学与三角函数**类别。因此，Excel 的**数学与三角函数**在选择函数框中以字母顺序显示。我们看到首先列出了 ABS 函数，然后是 ACOS 函数，等等。

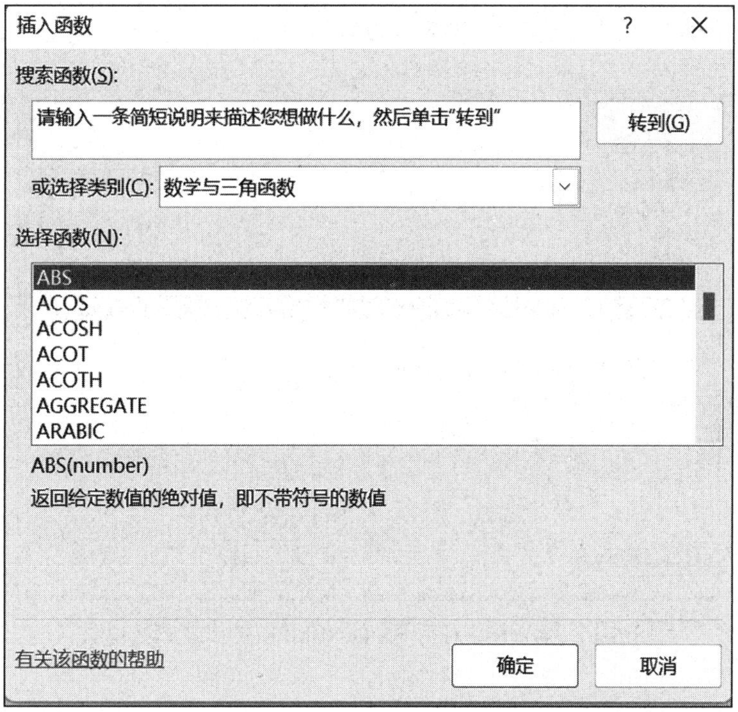

图 A-14　插入函数对话框

A.5.2　冒号标记

尽管许多函数（如 ABS 函数）只有一个参数，但有些 Excel 函数依赖于数组。冒号符号提供了一种向函数传递单元格数组和矩阵的有效方法。例如，B1 ：B5 表示单元格 B1“到”单元格 B5，即存储在位置（B1、B2、B3、B4、B5）中的值的数组。例如，考虑以下函数 =SUM（B1 ：B5）。SUM 函数将函数参数中包含的元素相加。因此，“=SUM（B1:B5）”计算如下公式：

=B1+B2+B3+B4+B5

A.5.3　将函数插入工作表单元格

通过使用示例，我们现在展示如何使用**插入函数**和函数参数对话框来选择函数、写入其参数并将函数插入到工作表单元格中。我们还将演示一个非常有用的函数 SUMPRODUCT 的用法，以及如何在函数的参数中使用冒号符号。

如图 A-15 所示，函数 SUMPRODUCT 在许多求解例子中都会被使用到。注意，SUMPRODUCT 现在被高亮显示。在**选择函数**框的下方，我们看到 SUMPRODUCT（array1，array2，array3，…），这表明 SUMPRODUCT 函数包含数组参数 array1，array2，array3，…此外，我们看到 SUMPRODUCT 函数的描述是“返回相应的数组或区域乘积的和”。例如，函数 =SUMPRODUCT（A1 ：A3，B1 ：B3）计算公式 A1*B1+A2*B2+A3*B3。如下面的例子所示，该函数在计算成本、利润和其他涉及多个数字的数组的函数时非常有用。

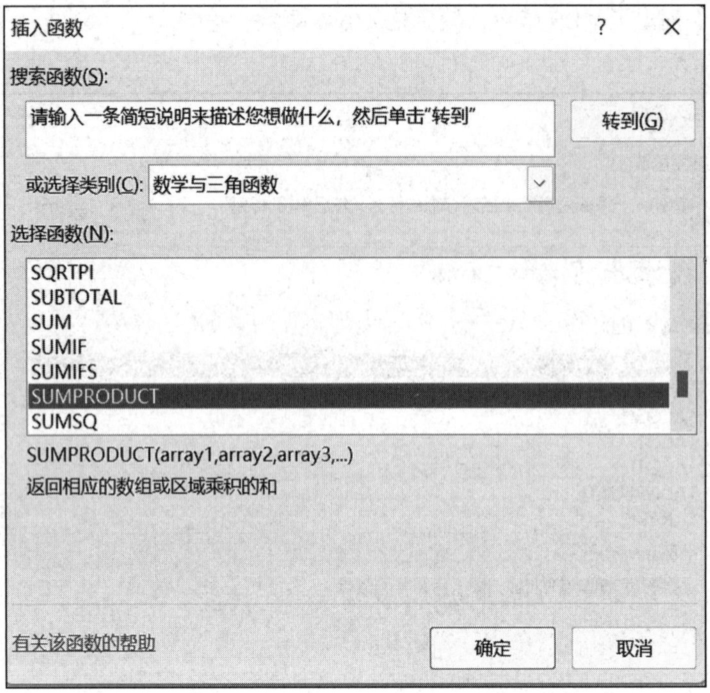

图 A-15 插入函数对话框中的 SUMPRODUCT 函数说明

图 A-16 是第 6 章中的福斯特发电机公司问题的 Excel 工作表。这个问题涉及产品从三个工厂（克利夫兰、贝德福德和约克）到四个配送中心（波士顿、芝加哥、圣路易斯和莱克星顿）的运输。单元 B5 ：E7 显示了从每个工厂运送到每个配送中心的单位运输成本，单元 B17 ：E19 中的值是从每个工厂运送到每个配送中心的运输量。单元 C13 包含与单元 B5：E7 中的运输成本值和单元 B17：E19 中运输量相对应的总运输成本。

	A	B	C	D	E	F	G	H
1	福斯特发电机公司							
2								
3				目的地				
4	起始地	波士顿	芝加哥	圣路易斯	莱克星顿	供应		
5	克利夫兰	3	2	7	6	5000		
6	贝德福德	7	5	2	3	6000		
7	约克	2	5	4	5	2500		
8	需求	6000	4000	2000	1500			
9								
10								
11	模型							
12								
13		最小成本						
14								
15				目的地				
16	起始地	波士顿	芝加哥	圣路易斯	莱克星顿	总计		
17	克利夫兰	3500	1500	0	0	5000	<=	5000
18	贝德福德	0	2500	2000	1500	6000	<=	6000
19	约克	2500	0	0	0	2500	<=	2500
20	总计	6000	4000	2000	1500			
21		=	=	=	=			
22		6000	4000	2000	1500			
23								

图 A-16 Excel 工作表用于计算福斯特发电机公司运输问题的总运输成本

以下步骤显示了如何使用 SUMPRODUCT 函数来计算福斯特发电机公司的总运输成本。

步骤 1： 选择单元格 C13。

步骤 2： 单击编辑栏。

步骤 3： 当插入函数对话框出现时，在**或选择类别**框中选择**数学与三角函数**，在**选择函数**框中选择 SUMPRODUCT（如图 A-15 所示），单击**确定**。

步骤 4： 当**函数参数**框出现时（见图 A-17），在 Array1 框中输入 B5：E7，在 Array2 框中输入 B17：E19，单击**确定**。

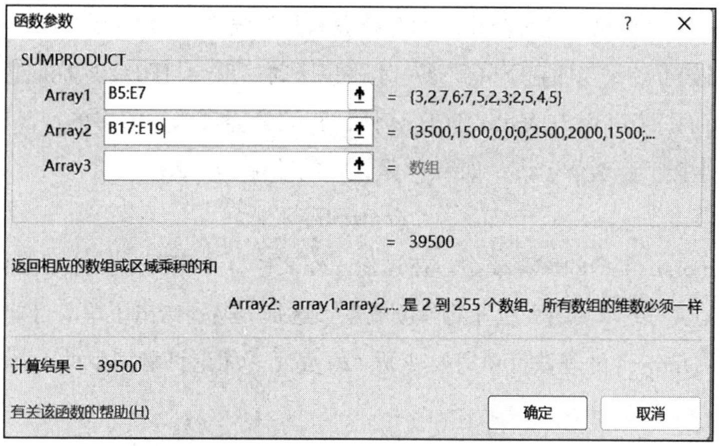

图 A-17 SUMPRODUCT 函数的函数参数对话框

计算结果如图 A-18 所示的工作表。单元 C13 中的总运输成本值为 39 500 美元。

	A	B	C	D	E	F	G	H
1	福斯特发电机公司							
2								
3				目的地				
4	起始地	波士顿	芝加哥	圣路易斯	莱克星顿	供应		
5	克利夫兰	3	2	7	6	5000		
6	贝德福德	7	5	2	3	6000		
7	约克	2	5	4	5	2500		
8	需求	6000	4000	2000	1500			
9								
10								
11	模型							
12								
13		最小成本	$39,500.00					
14								
15				目的地				
16	起始地	波士顿	芝加哥	圣路易斯	莱克星顿	总计		
17	克利夫兰	3500	1500	0	0	5000	<=	5000
18	贝德福德	0	2500	2000	1500	6000	<=	6000
19	约克	2500	0	0	0	2500	<=	2500
20	总计	6000	4000	2000	1500			
21		=	=	=	=			
22		6000	4000	2000	1500			
23								

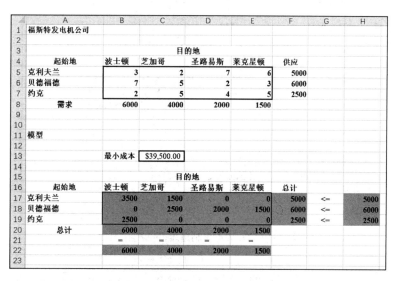

图 A-18 SUMPRODUCT 函数计算的总运输成本

我们演示了如何使用 Excel 的功能来帮助使用 SUMPRODUCT 函数。所有 Excel 函数的使用过程都类似。如果你不知道该使用哪个函数或忘记函数的正确名称或语法，那么此功能特别有帮助。

A.6 用于建模的其他 Excel 函数

在本节中，我们将介绍一些其他的 Excel 函数，这些是在建模决策时常用的函数。

A.6.1 IF 和 COUNTIF 函数

让我们考虑一下 Gambrell 生产的情况。Gambrell 制造生产汽车音响。音响由各种组件组成，公司必须在库存中持有这些组件，以保持生产的平稳运行。然而，由于库存可能是一项成本高昂的投资，Gambrell 通常喜欢将其在制造中使用的组件库存保持在最低水平。为了帮助监控和控制组件的库存，Gambrell 使用了一种被称为"补货量上限"的库存策略。这种类型的库存政策和其他政策在第 10 章中已进行了详细讨论。

"补货量上限"策略如下。每当库存下降到某一水平以下时，就会订购足够多的组件将库存恢复到预定的水平（上限）。如果当前的库存（用 H 表示）低于 M 件，我们就会订购足够多的产品，使库存水平恢复到 M 件。M 就被称为补货量上限。从数学上讲，如果 Q 是订货的数量，那么：

$$Q=M-H$$

图 A-19 显示了 Gambrell 生产的库存模型。在这份工作表中，上半部分标注了组件情况，有组件 ID、现有库存（H）、达到订货点（M）以及四个组件的单位成本。这张表格还给出了单次订购费。单次订购费解释如下：每次订购组件时，Gambrell 处理该订单需要花费 120 美元。无论订购多少件，都要支付 120 美元的固定成本。

	A	B	C	D	E	F
4	组件ID	570	578	741	755	
5	现有库存	5	30	70	17	
6	达到订货点	100	55	70	45	
7	单位成本	$4.50	$12.50	$3.26	$4.15	
8						
9	单次订购费	$120				
10						
11	模型					
12						
13	组件ID	570	578	741	755	
14	订货数量	95	25	0	28	
15	货物成本	$384.75	$312.50	$0.00	$116.20	
16						
17	订单总数	3				
18						
19	总固定成本	$360.00				
20	货物采购成本	$813.45				
21	总成本	$1,173.45				
22						
23						

图 A-19 Gambrell 制造组件的库存模型

工作表的模型部分用来计算每个组件的订货数量。例如，对于组件 570，M=100 和 H=5，所以 $Q=M-H=100-5=95$。对于组件 741，M=70 和 H=70，没有订购，因为现有库存 70 台等于达到订货点 70 台。其他两个组件的计算方法类似。

根据订货数量，Gambrell 将在每件组件的成本上获得折扣。如果订货 50 件或更多，每件有 10% 的数量折扣。例如，对于组件 570，每件的成本是 4.50 美元，订了 95 件。因为 95 件超过 50 件的要求，所以每件有 10% 的折扣，每件的成本降低到 4.50−0.1 × 4.50=4.50−0.45=4.05（美元）。不包括固定成本，商品的订货成本是 4.05 × 95=384.75（美元）。

用于执行这些计算的 Excel 函数如图 A-20 所示。第 15 行使用 IF 函数计算每个组件的商品采购成本。IF 函数的一般形式为

=IF（condition，result if condition is true，result if condition is false）

	A	B	C	D	E
1					
2					
3					
4	组件ID	570	578	741	755
5	现有库存	5	30	70	17
6	达到订货点	100	55	70	45
7	单位成本	4.5	12.5	3.26	4.15
8					
9	单次订购费	120			
10					
11	模型				
12					
13	组件ID	=B4	=C4	=D4	=E4
14	订货数量	=B6-B5	=C6-C5	=D6-D5	=E6-E5
15	货物成本	=IF(B14>=50,0.9*B7,B7)*B14	=IF(C14>=50,0.9*C7,C7)*C14	=IF(D14>=50,0.9*D7,D7)*D14	=IF(E14>=50,0.9*E7,E7)*E14
16					
17	订单总数	=COUNTIF(B14:E14,">0")			
18					
19	总固定成本	=B17*B9			
20	货物采购成本	=SUM(B15:E15)			
21	总成本	=SUM(B19:B20)			
22					

图 A-20 Gamblell 制造组件的公式和函数

例如，在单元格 B15 中，我们有 =IF（B14 > =50，0.9*B7，B7）*B14。该语句表示，如果订购数量（单元格 B14）大于等于 50，则每件成本为 0.9*B7（有 10% 的折扣）；否则，没有折扣，单元格 B7 中给出的金额就是单位成本。其他组件的订货成本以类似方式计算。

单元格 B21 中的总成本为第 15 行订货的采购成本与固定成本之和。因为我们下了三个订单（组件 570、578 和 755 各一个），所以订单的固定成本是 3*120=360（美元）。

单元格 B17 中的 COUNTIF 函数用于计算我们订购了多少次。在这个例子里，它计算订货数量为正的订单总数。COUNTIF 函数的一般形式为

=COUNTIF（range，condition）

其中，range 是搜索条件的范围，condition 是满足条件时计数的条件。注意，使用 COUNTIF 函数的条件需要引号。在图 A-20 的 Gambrell 模型中，单元格 B17 计数的是在单元格 B14：E14 范围内大于 0 的单元格的数量。在模型中，由于只有单元格 B14、C14 和 E14 大于 0，所以单元格 B17 中的 COUNTIF 函数返回值为 3。

正如我们所看到的，IF 和 COUNTIF 是功能强大的函数，允许我们根据满足（或不满足）的条件进行计算。Excel 中还有其他这样的条件函数，另一个在建模中非常有用的条件函数是 VLOOKUP 函数。我们将在 A.6.2 节中通过一个示例讨论 VLOOKUP 函数。

A.6.2 VLOOKUP 函数

接下来，探讨名为 OM455 的工作簿，如图 A-21 所示。工作表名为 Grades，这个工作表计算了课程 OM455 的学生成绩。这门课有 11 个学生，每个学生都有一个期中考试分数和一个期末考试分数，在 D 列中对这些分数取平均值得到的数值，就是课程平均成绩。工作表上半部分的评分标准用来确定每个学生的课程成绩。例如，第 16 行的 Choi 同学，这个学生期中分数 82 分，期末分数 80 分，课程平均成绩 81 分。从评分标准来看，这相当于课程成绩为 B 级。

	A	B	C	D	E
1	OM455				
2	Section 001				
3	基于课程平均成绩的课程评分标准：				
4		区间	区间	课程	
5		下限	上限	等级	
6		0	59	F	
7		60	69	D	
8		70	79	C	
9		80	89	B	
10		90	100	A	
11					
12		期中	期末	课程	课程
13	姓氏	分数	分数	平均成绩	评分
14	Benson	70	56	63.0	D
15	Chin	95	91	93.0	A
16	Choi	82	80	81.0	B
17	Cruz	45	78	61.5	D
18	Doe	68	45	56.5	F
19	Honda	91	98	94.5	A
20	Hume	87	74	80.5	B
21	Jones	60	80	70.0	C
22	Miranda	80	93	86.5	B
23	Murigami	97	98	97.5	A
24	Ruebush	90	91	90.5	A
25					

图 A-21　OM455 的 Grades 电子表格

课程平均成绩只是期中和期末分数的平均分，但我们如何让 Excel 查看评分表，并自动为每个学生分配正确的课程等级呢？ VLOOKUP 函数可以帮我们做到。OM455 中用到的公式和函数如图 A-22 所示。

VLOOKUP 函数允许用户根据某些条件从更大的数据表中提取数据的子集。VLOOKUP 函数的一般形式是：

=VLOOKUP（arg1，arg2，arg3，arg4）

其中 arg1 是要在表的第一列中搜索的值；arg2 是表的位置；arg3 是要返回的表中的列位置；arg4 在查找 arg1 的近似匹配时为 TRUE，在查找 arg1 的精确匹配时为 FALSE。我们稍后将解释近似匹配和精确匹配之间的区别。VLOOKUP 假设表的第一列按升序排序。

单元格 E16 中学生 Choi 的 VLOOKUP 函数如下：

=VLOOKUP（D16，B6：D10，3，TRUE）

这个函数使用单元格 D16 中的课程平均成绩，并搜索 B6 ：D10 定义的表的第 1 列。在表格的第 1 列（B 列）中，Excel 从顶部开始搜索，直到它找到一个严格大于 D16（81）的数字。然后，它返回一行（到第 9 行）。

也就是说，它在上半部分的评分标准表的第 1 列中找到小于或等于 81 的最后一个值。VLOOKUP 函数的第三个参数中有一个 3，它取第 3 列中第 9 行的元素，也就是字母“B”。总之，VLOOKUP 接受第一个参数，并在表的第 1 列中搜索小于或等于第一个参数的最后一行，然后从该行中选择第三个参数的列中的元素。

	A	B	C	D	E
1	**OM455**				
2	**Section 001**				
3	**基于课程平均成绩的课程评分标准：**				
4		**区间**	**区间**	**课程**	
5		**下限**	**上限**	**等级**	
6		**0**	**59**	**F**	
7		**60**	**69**	**D**	
8		**70**	**79**	**C**	
9		**80**	**89**	**B**	
10		**90**	**100**	**A**	
11					
12		**期中**	**期末**	**课程**	**课程**
13	**姓氏**	**分数**	**分数**	**平均成绩**	**评分**
14	**Benson**	**70**	**56**	**=AVERAGE(B14:C14)**	**=VLOOKUP(D14,B6:D10,3,TRUE)**
15	**Chin**	**95**	**91**	**=AVERAGE(B15:C15)**	**=VLOOKUP(D15,B6:D10,3,TRUE)**
16	**Choi**	**82**	**80**	**=AVERAGE(B16:C16)**	**=VLOOKUP(D16,B6:D10,3,TRUE)**
17	**Cruz**	**45**	**78**	**=AVERAGE(B17:C17)**	**=VLOOKUP(D17,B6:D10,3,TRUE)**
18	**Doe**	**68**	**45**	**=AVERAGE(B18:C18)**	**=VLOOKUP(D18,B6:D10,3,TRUE)**
19	**Honda**	**91**	**98**	**=AVERAGE(B19:C19)**	**=VLOOKUP(D19,B6:D10,3,TRUE)**
20	**Hume**	**87**	**74**	**=AVERAGE(B20:C20)**	**=VLOOKUP(D20,B6:D10,3,TRUE)**
21	**Jones**	**60**	**80**	**=AVERAGE(B21:C21)**	**=VLOOKUP(D21,B6:D10,3,TRUE)**
22	**Miranda**	**80**	**93**	**=AVERAGE(B22:C22)**	**=VLOOKUP(D22,B6:D10,3,TRUE)**
23	**Murigami**	**97**	**98**	**=AVERAGE(B23:C23)**	**=VLOOKUP(D23,B6:D10,3,TRUE)**
24	**Ruebush**	**90**	**91**	**=AVERAGE(B24:C24)**	**=VLOOKUP(D24,B6:D10,3,TRUE)**
25					

图 A-22　OM455 中使用的公式和函数

注意：如果 VLOOKUP 函数的最后一个参数是“精确匹配”，那么唯一的变化就是 Excel 搜索数据的第 1 列中第一个参数的精确匹配。当你根据条件查找表的子集时，VLOOKUP 函数非常有用。

A.7　构建好的电子表格模型的规范

我们已经介绍了构建电子表格模型的一些基本原理。关于如何构建电子表格，有一些普遍的指导规范，以便其他人更容易使用，并减少出错的风险。在本节中，我们将讨论其中的一些规范。

A.7.1　从模型中分离数据

良好的建模的首要规范之一是从模型中分离数据。这使用户可以更新模型参数，而不必担心错误地输入公式或函数。出于这个原因，在电子表格的上面部分设置一个数据区域是一个很好的做法，而模型区域是包含所有的计算的区域，通常不应该由用户更新。对于假设分析模型或优化模型，还可能有另外一个单独区域——决策单元格（不是数据或计算的值，而是我们从模型中寻求的输出）。

图 A-6 中的 Nowlin 模型就是一个很好的例子。数据部分位于电子表格的上部，下面是包含计算的模型部分。图 A-19 中的 Gambrell 模型并没有完全采用数据 / 模型分离的规范。一个更好的模型应该将 50 个单位的门槛和 90% 的成本（10% 的折扣）放在上面部分的数据部分，那么第 15 行的公式可以直接引用上面部分的单元格。例如，它可以让用户轻松地更改折扣，而不必更改第 15 行中的所有的四个公式。

A.7.2 做好模型说明

一个好的电子表格模型要有易读的模型说明。清晰的标签、正确的格式和对齐方式会使电子表格更容易浏览和理解，这样新用户就能够容易地理解模型及其计算。例如，如果工作表中的值是成本，则应该使用货币格式。任何单元格都不应是没有标签的。图 A-23 是前面讨论过的福斯特发电机公司模型（图 A-16）的一个更好的版本。表格增加了已知数据的标签，阴影部分也仅限于目标和决策单元格（运输数量）两个区域。单位运输成本数据和总成本（最小）也使用了货币形式的数字格式。

	A	B	C	D	E	F	G	H
1	福斯特发电机公司							
2								
3	起始地到目的地：每单位运输成本							
4			目的地					
5	起始地	波士顿	芝加哥	圣路易斯	莱克星顿	可用数量		
6	克利夫兰	$3.00	$2.00	$7.00	$6.00	5000		
7	贝德福德	$7.00	$5.00	$2.00	$3.00	6000		
8	约克	$2.00	$5.00	$4.00	$5.00	2500		
9	需求	6000	4000	2000	1500			
10								
11								
12	模型							
13								
14		最小成本	$39,500.00					
15								
16	起始地到目的地：运输数量							
17			目的地					
18	起始地	波士顿	芝加哥	圣路易斯	莱克星顿	运输数量		
19	克利夫兰	3500	1500	0	0	5000	<=	5000
20	贝德福德	0	2500	2000	1500	6000	<=	6000
21	约克	2500	0	0	0	2500	<=	2500
22	收到数量	6000	4000	2000	1500			
23		=	=	=	=			
24		6000	4000	2000	1500			
25								

图 A-23 一个更好的福斯特发电机公司模型

A.7.3 使用简单的公式和单元格名称

清晰的公式可以消除不必要的计算、减少错误，还可以更容易地维护电子表格。冗长而复杂的计算应该被划分为几个单元格，这使公式更容易理解和编辑。要避免在公式中使用数字，相反，应将该数字放入工作表的数据部分的单元格中，并引用公式中数据的单元格位置。以这种方式构建公式可以避免为了更改的数据而必须去编辑公式。

使用单元格名称可以使公式更容易理解。要为单元格新建名称，请使用以下步骤。

步骤 1：选择要命名的单元格或单元格范围。

步骤 2：在功能区上，选择**公式**选项卡。

步骤 3：在**定义名称**部分中选择**定义名称**。

步骤 4：将出现**新建名称**对话框，如图 A-24 所示，在对话框的顶部输入要使用的名称，单击**确定**。

按照这个过程命名 Nowlin 电子表格模型中的所有单元格，就会得到如图 A-25 所示的模型。将它与图

A-6 进行比较，可以看出此时模型中的公式就更容易理解了。

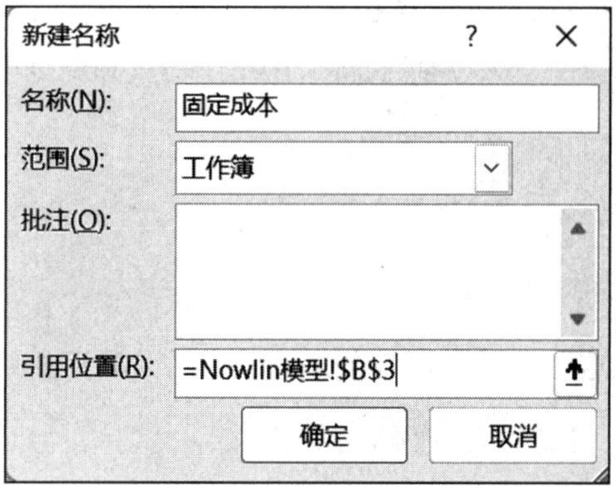

图 A-24　新建名称对话框

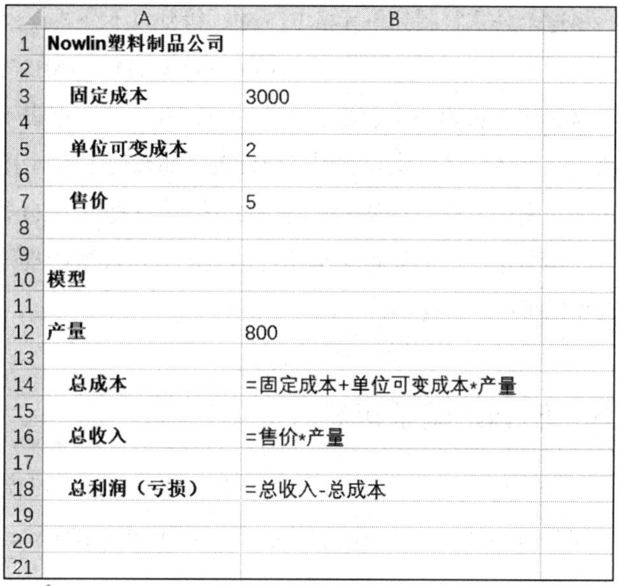

	A	B
1	Nowlin塑料制品公司	
2		
3	固定成本	3000
4		
5	单位可变成本	2
6		
7	售价	5
8		
9		
10	模型	
11		
12	产量	800
13		
14	总成本	=固定成本+单位可变成本*产量
15		
16	总收入	=售价*产量
17		
18	总利润（亏损）	=总收入-总成本
19		
20		
21		

图 A-25　具有命名单元格的 Nowlin 塑料制品公司模型公式

特定区域也可以进行命名，首先选中要命名的区域，然后单击公式栏中的名称框（参见图 A-3），输入该区域的名称。

A.7.4　使用相对和绝对单元格引用

在 Excel 工作表中将公式从一个单元格复制到另一个单元格有多种方法，其中的一种方法如下。

步骤 1：选择要复制的单元格。

步骤 2：右键单击鼠标。

步骤 3：单击**复制**。

步骤 4：选择要放置副本的单元格。

步骤 5：右键单击鼠标。

步骤 6：单击**粘贴**。

在 Excel 中复制时，可以使用相对地址或绝对地址。当复制时，相对地址会随着复制的移动而调整，而绝对地址则保持原始形式。相对地址的形式是 C7，而绝对地址的列和行前面都有 $，比如 $C$7。如何使用相对地址和绝对地址会影响构建模型所需的工作量，以及在构建模型时出现错误的可能性。

让我们重新考虑在本附录中之前讨论的 OM455 电子表格，如图 A-22 所示。回想一下，我们使用 VLOOKUP 函数检索每个学生的平均成绩并给予适当的课程等级。单元格 E14 的公式如下：

=VLOOKUP（D14，B6：D10，3，TRUE）

注意，这个公式只包含相对地址。如果把这个复制到单元格 E15 中，我们会得到以下结果：

=VLOOKUP（D15，B7：D11，3，TRUE）

虽然第一个参数已经正确地更改为 D15（我们希望计算第 15 行学生的课程等级），但函数中的表也已更改为 B7：D11。我们希望这个表的位置保持不变。更好的方法是在单元格 E14 中使用以下公式：

=VLOOKUP（D14，$B$6：$D$10，3，TRUE）

将这个公式复制到单元格 E15 中，得到以下公式：

=VLOOKUP（D15，$B$6：$D$10，3，TRUE）

这正确地将第一个参数更改为 D15，并保持数据表不变。如果函数的引用在应用到另一个单元格时不应更改，并且你要将公式复制到其他位置，那么使用绝对引用非常有用。对于 OM455 工作簿，我们可以在表中使用绝对引用，然后从第 14 行复制到第 15 行直至第 24 行，而不是为每个学生键入 VLOOKUP 函数。

在本节中，我们讨论了构建好的电子表格模型的规范。在下一节中，我们将讨论用于检查和调试电子表格模型的 Excel 工具。

A.8 Excel 模型审核

Excel 包含各种工具，以帮助开发和调试电子表格模型。这些工具可以在**公式**选项卡的**公式审核**组中找到，如图 A-26 所示。让我们回顾一下本组中可用的每个工具。

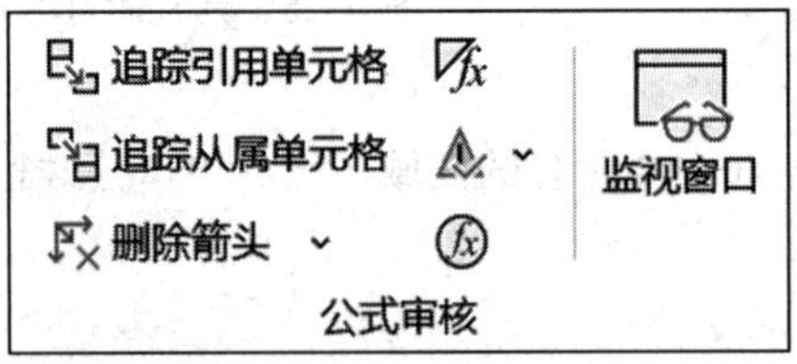

图 A-26　公式选项卡的公式审核组

A.8.1 追踪引用单元格和从属单元格

追踪引用单元格按钮 Trace Precedents 从某存在公式的单元格创建指向所选单元格的箭头，**追踪从属单元格**按钮 Trace Dependents 表明了从所选单元格指向依附于所选单元格的单元格的箭头。这两种工具都非常适合于快速确定模型的各个部分是如何连接的。

追踪引用单元格的一个例子如图 A-27 所示。在这里，我们已经打开福斯特发电机公司的 FosterRev 工作表，选择单元格 C14，并单击**公式审核**组中的**追踪引用单元格**按钮。回想一下，单元格 C14 中的成本是用包含了每单位运输成本和运输数量的 SUMPRODUCT 函数计算的。在图 A-27 中，为了表明这种关系，箭头被画到了电子表格中单元格 C14 的各个区域，可以通过单击**公式审核**组中的**删除箭头**按钮来删除这些箭头。

追踪从属单元格的一个例子如图 A-28 所示。我们已经选择了单元格 E20（从贝德福德运输到莱克星顿的组件数量），并单击**公式审核**组中的**追踪从属单元格**按钮。如图 A-28 所示，单元格 C14 计算总成本时，使用了从贝德福德运输到莱克星顿的运量，单元格 F20 是从贝德福德运出的总量，单元格 E22 是运输到莱克星顿的总组件数。这三个单元格的计算公式均引用了单元格 E20，可以通过单击**公式审核**中的**删除箭头**按钮来删除这些箭头。

追踪引用单元格和追踪从属单元格可以通过显示引用的工作表的错误部分来高亮提示复制和公式构造中的错误。

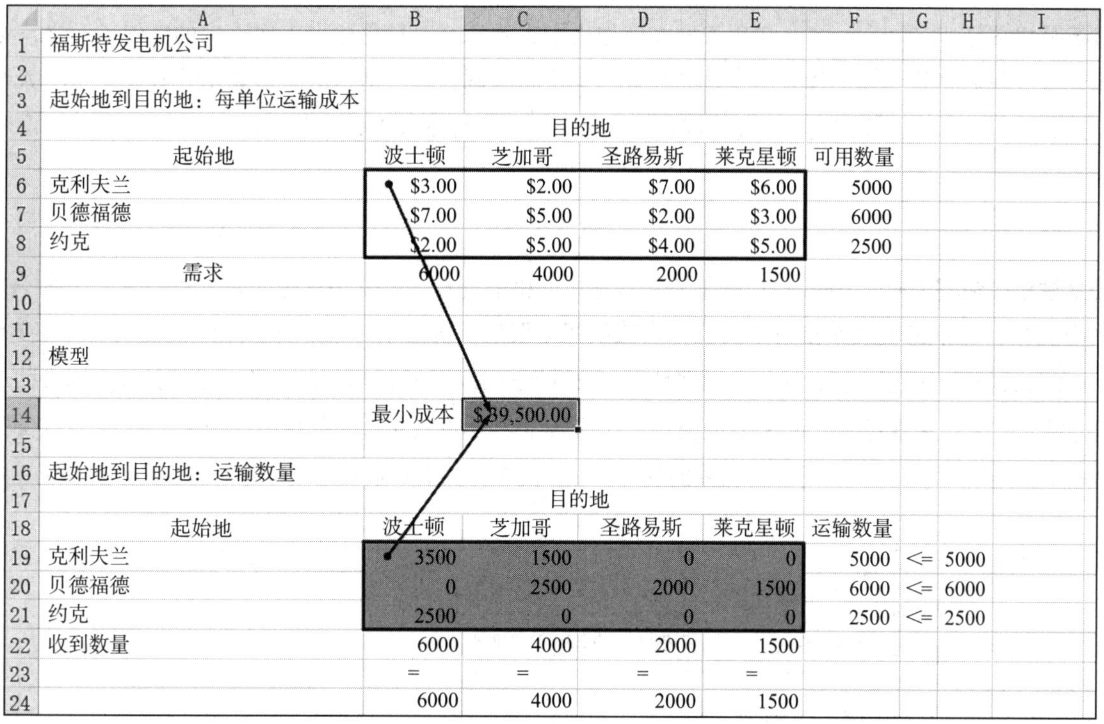

	A	B	C	D	E	F	G	H
1	福斯特发电机公司							
2								
3	起始地到目的地：每单位运输成本							
4			目的地					
5	起始地	波士顿	芝加哥	圣路易斯	莱克星顿	可用数量		
6	克利夫兰	$3.00	$2.00	$7.00	$6.00	5000		
7	贝德福德	$7.00	$5.00	$2.00	$3.00	6000		
8	约克	$2.00	$5.00	$4.00	$5.00	2500		
9	需求	6000	4000	2000	1500			
10								
11								
12	模型							
13								
14		最小成本	$39,500.00					
15								
16	起始地到目的地：运输数量							
17			目的地					
18	起始地	波士顿	芝加哥	圣路易斯	莱克星顿	运输数量		
19	克利夫兰	3500	1500	0	0	5000	<=	5000
20	贝德福德	0	2500	2000	1500	6000	<=	6000
21	约克	2500	0	0	0	2500	<=	2500
22	收到数量	6000	4000	2000	1500			
23		=	=	=	=			
24		6000	4000	2000	1500			

图 A-27　福斯特发电机公司的 FosterRev 模型中单元格 C14（成本）的追踪引用单元格

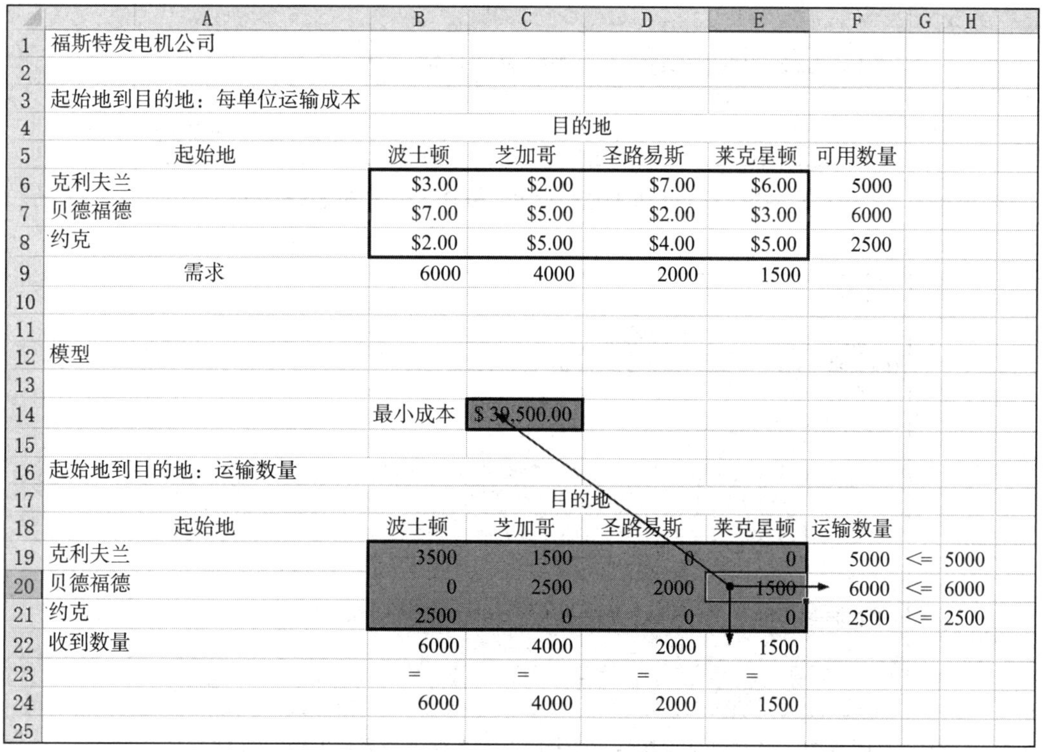

	A	B	C	D	E	F	G	H
1	福斯特发电机公司							
2								
3	起始地到目的地：每单位运输成本							
4			目的地					
5	起始地	波士顿	芝加哥	圣路易斯	莱克星顿	可用数量		
6	克利夫兰	$3.00	$2.00	$7.00	$6.00	5000		
7	贝德福德	$7.00	$5.00	$2.00	$3.00	6000		
8	约克	$2.00	$5.00	$4.00	$5.00	2500		
9	需求	6000	4000	2000	1500			
10								
11								
12	模型							
13								
14		最小成本	$ 39,500.00					
15								
16	起始地到目的地：运输数量							
17			目的地					
18	起始地	波士顿	芝加哥	圣路易斯	莱克星顿	运输数量		
19	克利夫兰	3500	1500	0	0	5000	<=	5000
20	贝德福德	0	2500	2000	1500	6000	<=	6000
21	约克	2500	0	0	0	2500	<=	2500
22	收到数量	6000	4000	2000	1500			
23		=	=	=	=			
24		6000	4000	2000	1500			
25								

图 A-28　福斯特发电机公司的 FosterRev 模型中单元格 C14（成本）的追踪从属单元格

A.8.2 显示公式

显示公式按钮，Show Formulas 仅用于要在工作表中查看公式，只需单击工作表中的任何单元格，然后单击**显示公式**。我们将看到该工作表中存在的公式。要重新隐藏公式，请再次单击**显示公式**按钮。图 A-6 给出了显示公式视图的示例，公式视图下允许我们在各个单元格中详细检查每个公式。

A.8.3 公式求值

公式求值按钮 Evaluate Formula 可以详细研究特定单元格的计算。要调用这个工具，我们只需选择一个含有公式的单元格，并单击**公式审核**组中的**公式求值**按钮。例如，我们选择 Gambrell 生产模型的单元格 B15（见图 A-19 和图 A-20）。回想一下，我们是根据是否有数量折扣来计算商品成本的。单击求值按钮可以直截了当地计算这个公式。**公式求值**对话框如图 A-29 所示。如图 A-30 所示的是单击求值按钮的结果。B14 的值变成了 95。进一步的单击将按从左到右的顺序计算公式的其余部分。读者将在本附录末尾的习题中进一步探索这个工具。

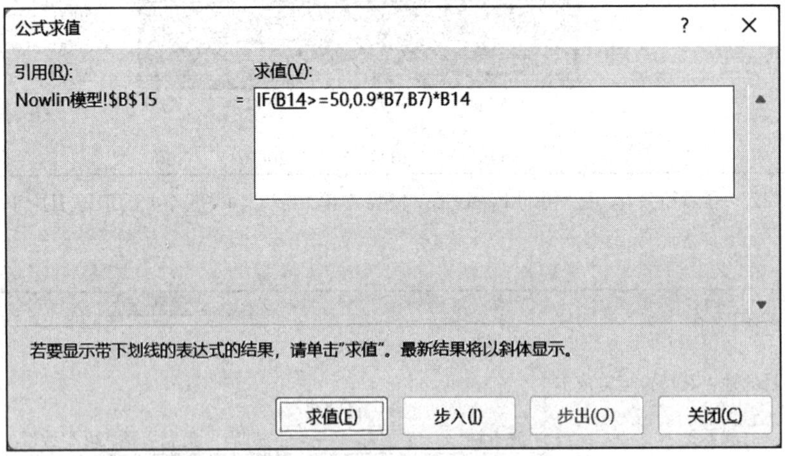

图 A-29 Gambrell 制造模型单元格 B15 的评估公式对话框

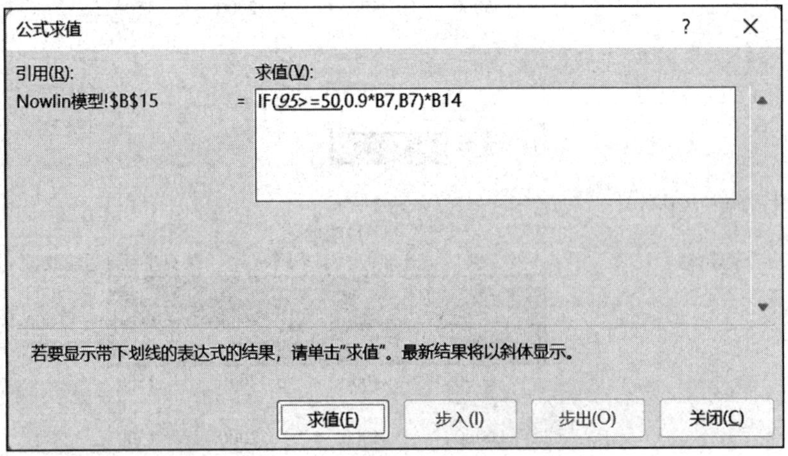

图 A-30 单击评估按钮后，Gambrell 制造模型单元格 B15 的评估公式

公式求值工具提供了一种很好的方法来确定公式中错误的确切位置。

A.8.4 错误检查

错误检查按钮 Error Checking 提供了自动检查工作表公式中的数学错误的方法。点击**错误检查**按钮，Excel 会检查表格中的每个公式的计算错误。如果发现错误，则出现**错误检查**对话框。一个假设的除法除以零的例子如图 A-31 所示。从这个框中，可以编辑公式，也可以观察计算步骤（如前一节的**公式求值**）。

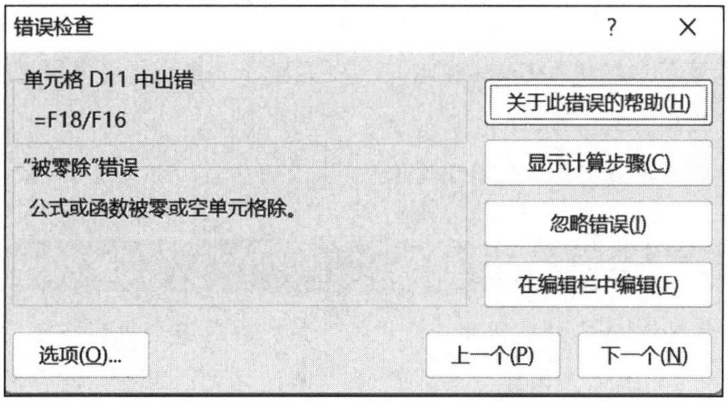

图 A-31 除以零错误的错误检查对话框

A.8.5 监视窗口

位于**公式审核**组中的**监视窗口**允许用户观察**监视窗口**框列表中包含的单元格的值。当并非所有的模型都在屏幕上可见时，或者当使用多个工作表时，监视窗口非常有用，尤其是对于大型模型。用户可以监视列出的单元格如何随着模型中的更改而更改，而无须搜索工作表或从一个工作表更改到另一个工作表。

Gambrell 制造模型的监视窗口如图 A-32 所示。从订单数量工作表中使用以下步骤，将订单数量工作表的单元格 B15 添加到监视列表。

步骤 1：选择**公式**选项卡。

步骤 2：从**公式审核**组中选择**监视窗口**，出现**监视窗口**。

步骤 3：选择**添加监视**。

步骤 4：单击要添加到监视列表的单元格（在本例中为 B15）。

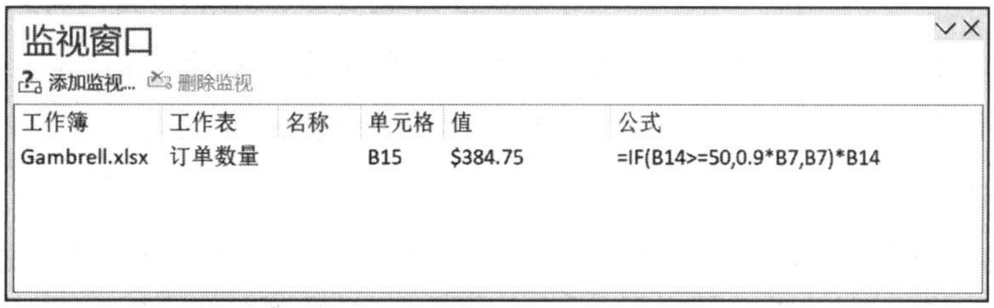

图 A-32 Gambrell 制造模型的监视窗口

如图 A-32 所示，该列表给出了工作簿名称、工作表名称、单元格名称（如果使用）、单元格位置、单元格值和单元格公式。要从监视列表中删除单元格，请从列表中选择条目，然后单击**监视窗口**上部的**删除监视**

按钮。

如图 A-32 所示，当我们在工作表的其他地方进行更改时，监视窗口允许我们监视 B15 的值。此外，如果这个工作簿中有其他工作表，即使在这些其他工作表中，我们也可以监视订单数量工作表 B15 的更改。无论在工作簿的任何工作表中的什么位置，**监视窗口**都是可用的。

本章小结

在本附录中，我们讨论了如何使用 Excel 构建有效的电子表格模型。我们提供了工作簿和工作表的概述，以及有用的 Excel 函数的详细信息。我们还讨论了用电子表格进行建模的规范和用于审核电子表格模型的工具。

习题

1. **多产品赢利模式**。打开 Nowlin 文件。回想一下，我们在这个电子表格中为 CD-50 产品建立了总利润模型。假设有第二个叫作 CD-100 的产品，它具有以下特点：

   固定成本 =2 500 美元

   单位可变成本 =1.67 美元

   每件售价 =4.40 美元

   扩展模型，使 CD-100 的生产量为 1 200，计算每个产品的利润，然后加起来得到两个产品的总利润。将此文件保存为 Nowlin2。提示：将 CD-100 的数据放在 C 列，并将第 14、16 和 18 行中的公式复制到 C 列。LO1,2

2. **复制公式**。假设在一个空的 Excel 工作表中，在单元格 A1 中输入公式 =B1*$F$3。现在将这个公式复制到单元格 E6 中。E6 中出现的修改后的公式是什么？ LO2

3. **单元格命名**。打开 FosterRev 文件，选择单元格 B6：E8 并将这些单元格命名为运输成本。选择单元格 B19：E21 并将这些单元格命名为运输数量。在单元格 C14 的 SUMPRODUCT 函数中使用这些名称来计算成本并验证是否获得了相同的成本（39 500 美元）。LO3

4. **产能约束**。打开 Nowlin 文件。回想一下，我们在这个电子表格中为产品 CD-50 建立了总利润模型。修改电子表格以考虑生产能力和预测的需求。如果预测的需求小于或等于产能，Nowlin 将只生产预测的需求；否则，就会满负荷生产。对于这个例子，使用预测的 1 200 的需求和 1 500 的产能。提示：在模型的数据部分输入需求和产能。然后使用 IF 语句计算产量。LO3

5. **电子元器件制造**。CoxElectric 制造电子器件，并对其产品的新设计进行了以下估计：

   固定成本 =10 000 美元

   每件收益 =0.65 美元

   每件材料成本 =0.15 美元

   每件人工成本 =0.10 美元

   这些数据在电子表格 CoxElectric 中给出。在第 14 行电子表格中还有一个利润模型，它给出了特定数量（单元格 C14）的利润（或亏损）。LO5

   a. 在公式页面的公式审核组中，使用显示公式按钮查看第 14 行中使用的公式和单元格引用。

   b. 使用追踪引用单元格工具查看公式如何依赖于数据段的元素。

   c. 使用试错法，通过在 C14 单元格中尝试不同的值，得到一个盈亏平衡数量。

6. **电子元器件制造（再讨论）**。回到 CoxElectric 电子表格，通过以下操作构建基于不同销售量的利润表：在单元格 C15 中，输入 20 000。查看第 14 行中的每个公式，并决定哪些引用应该是绝对的或相对的，以便将公式复制到第 15 行。对第 14 行进行必要的更改(通过输入 $ 来更改应该是绝对引用的行还是列)。复制单元格 D14 : I14 到第 15 行。继续使用新的行,直到出现正的利润。将文件保存为 CoxBreakeven。LO2

7. **计算成绩**。打开工作簿 OM455,将文件在一个新名称 OM455COUNTIF 下保存。假设我们希望自动统计每个课程等级的数量。LO3

   a. 把字母 A、B、C、D 和 F 放在 C29:C33 单元格中。对单元格 D29:D33 使用 COUNTIF 函数来统计每个课程等级的数量。提示:在单元格 D29 中创建必要的 COUNTIF 函数。在范围($E14 : $E$24)上使用绝对引用,然后将该函数复制到单元格 D30:D33,以统计其他课程等级的数量。

   b. 我们正在考虑一种不同的课程等级标准,如下。

区间下限	区间上限	课程等级
0	69	F
70	76	D
77	84	C
85	92	B
93	100	A

   对于目前的学生名单,利用 COUNTIF 函数,确定在新方式下获得的 A、B、C、D、F 等级的数量。

8. **计算成绩(再讨论)**。打开工作簿 OM455,将文件在一个新名称 OM4555Revised 下保存。假设我们希望使用一个更精确的课程等级方式,如下所示。

区间下限	区间上限	课程等级
0	59	F
60	69	D
70	72	C−
73	76	C
77	79	C+
80	82	B−
83	86	B−
87	89	B+
90	92	A−
93	100	A

   更新文件以使用这个更精细的分级系统。在新方式下,每个等级被分出多少个?提示:构建一个新的评分表,并使用 VLOOKUP 和对该表的绝对引用,然后用 COUNTIF 计算每个课程等级的数量。LO3

附录 B

标准正态分布表

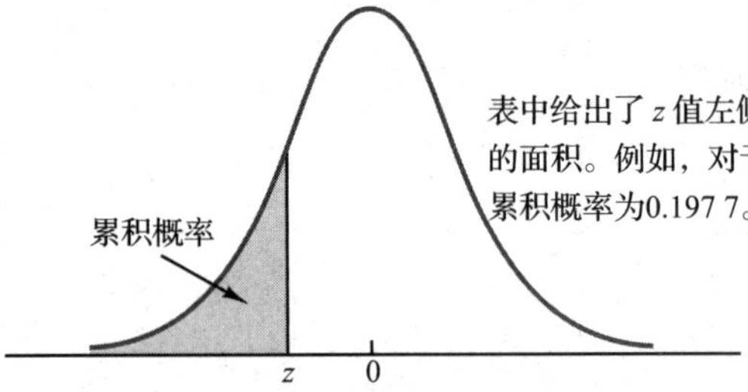

表中给出了 z 值左侧曲线下的面积。例如，对于z=−0.85，累积概率为0.197 7。

z	0.00	0.01	0.02	0.03	0.04	0.05	0.06	0.07	0.08	0.09
−3.0	0.001 3	0.001 3	0.001 3	0.001 2	0.001 2	0.001 1	0.001 1	0.001 1	0.001 0	0.001 0
−2.9	0.001 9	0.001 8	0.001 8	0.001 7	0.001 6	0.001 6	0.001 5	0.001 5	0.001 4	0.001 4
−2.8	0.002 6	0.002 5	0.002 4	0.002 3	0.002 3	0.002 2	0.002 1	0.002 1	0.002 0	0.001 9
−2.7	0.003 5	0.003 4	0.003 3	0.003 2	0.003 1	0.003 0	0.002 9	0.002 8	0.002 7	0.002 6
−2.6	0.004 7	0.004 5	0.004 4	0.004 3	0.004 1	0.004 0	0.003 9	0.003 8	0.003 7	0.003 6
−2.5	0.006 2	0.006 0	0.005 9	0.005 7	0.005 5	0.005 4	0.005 2	0.005 1	0.004 9	0.004 8
−2.4	0.008 2	0.008 0	0.007 8	0.007 5	0.007 3	0.007 1	0.006 9	0.006 8	0.006 6	0.006 4
−2.3	0.010 7	0.010 4	0.010 2	0.009 9	0.009 6	0.009 4	0.009 1	0.008 9	0.008 7	0.008 4
−2.2	0.013 9	0.013 6	0.013 2	0.012 9	0.012 5	0.012 2	0.011 9	0.011 6	0.011 3	0.011 0
−2.1	0.017 9	0.017 4	0.017 0	0.016 6	0.016 2	0.015 8	0.015 4	0.015 0	0.014 6	0.014 3
−2.0	0.022 8	0.022 2	0.021 7	0.021 2	0.020 7	0.020 2	0.019 7	0.019 2	0.018 8	0.018 3
−1.9	0.028 7	0.028 1	0.027 4	0.026 8	0.026 2	0.025 6	0.025 0	0.024 4	0.023 9	0.023 3
−1.8	0.035 9	0.035 1	0.034 4	0.033 6	0.032 9	0.032 2	0.031 4	0.030 7	0.030 1	0.029 4
−1.7	0.044 6	0.043 6	0.042 7	0.041 8	0.040 9	0.040 1	0.039 2	0.038 4	0.037 5	0.036 7
−1.6	0.054 8	0.053 7	0.052 6	0.051 6	0.050 5	0.049 5	0.048 5	0.047 5	0.046 5	0.045 5
−1.5	0.066 8	0.065 5	0.064 3	0.063 0	0.061 8	0.060 6	0.059 4	0.058 2	0.057 1	0.055 9
−1.4	0.080 8	0.079 3	0.077 8	0.076 4	0.074 9	0.073 5	0.072 1	0.070 8	0.069 4	0.068 1
−1.3	0.096 8	0.095 1	0.093 4	0.091 8	0.090 1	0.088 5	0.086 9	0.085 3	0.083 8	0.082 3

（续）

z	0.00	0.01	0.02	0.03	0.04	0.05	0.06	0.07	0.08	0.09
−1.2	0.115 1	0.113 1	0.111 2	0.109 3	0.107 5	0.105 6	0.103 8	0.102 0	0.100 3	0.098 5
−1.1	0.135 7	0.133 5	0.131 4	0.129 2	0.127 1	0.125 1	0.123 0	0.121 0	0.119 0	0.117 0
−1.0	0.158 7	0.156 2	0.153 9	0.151 5	0.149 2	0.146 9	0.144 6	0.142 3	0.140 1	0.137 9
−0.9	0.184 1	0.181 4	0.178 8	0.176 2	0.173 6	0.171 1	0.168 5	0.166 0	0.163 5	0.161 1
−0.8	0.211 9	0.209 0	0.206 1	0.203 3	0.200 5	0.197 7	0.194 9	0.192 2	0.189 4	0.186 7
−0.7	0.242 0	0.238 9	0.235 8	0.232 7	0.229 6	0.226 6	0.223 6	0.220 6	0.217 7	0.214 8
−0.6	0.274 3	0.270 9	0.267 6	0.264 3	0.261 1	0.257 8	0.254 6	0.251 4	0.248 3	0.245 1
−0.5	0.308 5	0.305 0	0.301 5	0.298 1	0.294 6	0.291 2	0.287 7	0.284 3	0.281 0	0.277 6
−0.4	0.344 6	0.340 9	0.337 2	0.333 6	0.330 0	0.326 4	0.322 8	0.319 2	0.315 6	0.312 1
−0.3	0.382 1	0.378 3	0.374 5	0.370 7	0.366 9	0.363 2	0.359 4	0.355 7	0.352 0	0.348 3

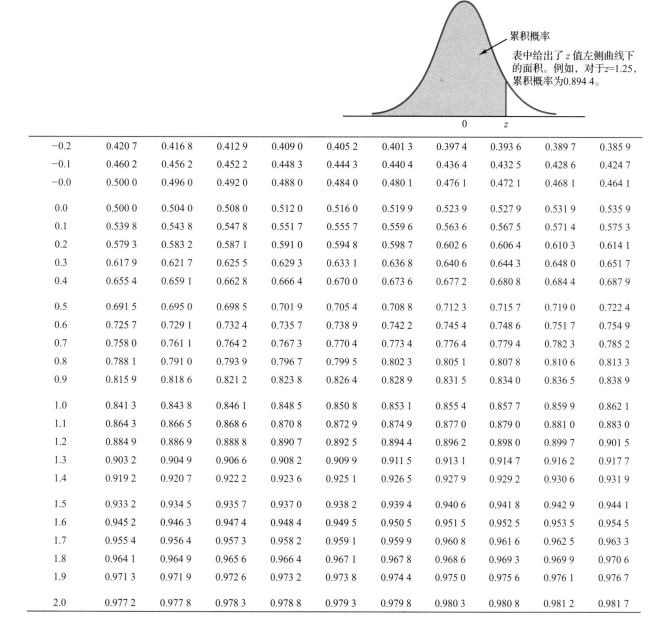

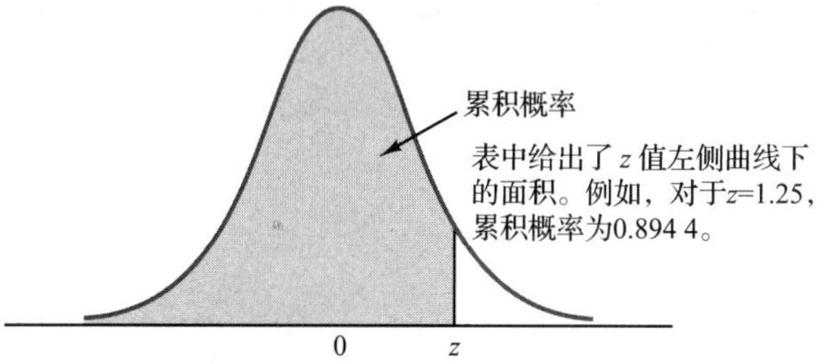
累积概率
表中给出了 z 值左侧曲线下的面积。例如，对于z=1.25，累积概率为0.894 4。
0
z

z	0.00	0.01	0.02	0.03	0.04	0.05	0.06	0.07	0.08	0.09
−0.2	0.420 7	0.416 8	0.412 9	0.409 0	0.405 2	0.401 3	0.397 4	0.393 6	0.389 7	0.385 9
−0.1	0.460 2	0.456 2	0.452 2	0.448 3	0.444 3	0.440 4	0.436 4	0.432 5	0.428 6	0.424 7
−0.0	0.500 0	0.496 0	0.492 0	0.488 0	0.484 0	0.480 1	0.476 1	0.472 1	0.468 1	0.464 1
0.0	0.500 0	0.504 0	0.508 0	0.512 0	0.516 0	0.519 9	0.523 9	0.527 9	0.531 9	0.535 9
0.1	0.539 8	0.543 8	0.547 8	0.551 7	0.555 7	0.559 6	0.563 6	0.567 5	0.571 4	0.575 3
0.2	0.579 3	0.583 2	0.587 1	0.591 0	0.594 8	0.598 7	0.602 6	0.606 4	0.610 3	0.614 1
0.3	0.617 9	0.621 7	0.625 5	0.629 3	0.633 1	0.636 8	0.640 6	0.644 3	0.648 0	0.651 7
0.4	0.655 4	0.659 1	0.662 8	0.666 4	0.670 0	0.673 6	0.677 2	0.680 8	0.684 4	0.687 9
0.5	0.691 5	0.695 0	0.698 5	0.701 9	0.705 4	0.708 8	0.712 3	0.715 7	0.719 0	0.722 4
0.6	0.725 7	0.729 1	0.732 4	0.735 7	0.738 9	0.742 2	0.745 4	0.748 6	0.751 7	0.754 9
0.7	0.758 0	0.761 1	0.764 2	0.767 3	0.770 4	0.773 4	0.776 4	0.779 4	0.782 3	0.785 2
0.8	0.788 1	0.791 0	0.793 9	0.796 7	0.799 5	0.802 3	0.805 1	0.807 8	0.810 6	0.813 3
0.9	0.815 9	0.818 6	0.821 2	0.823 8	0.826 4	0.828 9	0.831 5	0.834 0	0.836 5	0.838 9
1.0	0.841 3	0.843 8	0.846 1	0.848 5	0.850 8	0.853 1	0.855 4	0.857 7	0.859 9	0.862 1
1.1	0.864 3	0.866 5	0.868 6	0.870 8	0.872 9	0.874 9	0.877 0	0.879 0	0.881 0	0.883 0
1.2	0.884 9	0.886 9	0.888 8	0.890 7	0.892 5	0.894 4	0.896 2	0.898 0	0.899 7	0.901 5
1.3	0.903 2	0.904 9	0.906 6	0.908 2	0.909 9	0.911 5	0.913 1	0.914 7	0.916 2	0.917 7
1.4	0.919 2	0.920 7	0.922 2	0.923 6	0.925 1	0.926 5	0.927 9	0.929 2	0.930 6	0.931 9
1.5	0.933 2	0.934 5	0.935 7	0.937 0	0.938 2	0.939 4	0.940 6	0.941 8	0.942 9	0.944 1
1.6	0.945 2	0.946 3	0.947 4	0.948 4	0.949 5	0.950 5	0.951 5	0.952 5	0.953 5	0.954 5
1.7	0.955 4	0.956 4	0.957 3	0.958 2	0.959 1	0.959 9	0.960 8	0.961 6	0.962 5	0.963 3
1.8	0.964 1	0.964 9	0.965 6	0.966 4	0.967 1	0.967 8	0.968 6	0.969 3	0.969 9	0.970 6
1.9	0.971 3	0.971 9	0.972 6	0.973 2	0.973 8	0.974 4	0.975 0	0.975 6	0.976 1	0.976 7
2.0	0.977 2	0.977 8	0.978 3	0.978 8	0.979 3	0.979 8	0.980 3	0.980 8	0.981 2	0.981 7

（续）

z	0.00	0.01	0.02	0.03	0.04	0.05	0.06	0.07	0.08	0.09
2.1	0.982 1	0.982 6	0.983 0	0.983 4	0.983 8	0.984 2	0.984 6	0.985 0	0.985 4	0.985 7
2.2	0.986 1	0.986 4	0.986 8	0.987 1	0.987 5	0.987 8	0.988 1	0.988 4	0.988 7	0.989 0
2.3	0.989 3	0.989 6	0.989 8	0.990 1	0.990 4	0.990 6	0.990 9	0.991 1	0.991 3	0.991 3
2.4	0.991 6	0.992 0	0.992 2	0.992 5	0.992 7	0.992 9	0.993 1	0.993 2	0.993 4	0.993 6
2.5	0.993 8	0.994 0	0.994 1	0.994 3	0.994 5	0.994 6	0.994 8	0.994 9	0.995 1	0.995 2
2.6	0.995 3	0.995 5	0.995 6	0.995 7	0.995 9	0.996 0	0.996 1	0.996 2	0.996 3	0.996 4
2.7	0.996 5	0.996 6	0.996 7	0.996 8	0.996 9	0.997 0	0.997 1	0.997 2	0.997 3	0.997 4
2.8	0.997 4	0.997 5	0.997 6	0.997 7	0.997 7	0.997 8	0.997 9	0.997 9	0.998 0	0.998 1
2.9	0.998 1	0.998 2	0.998 2	0.998 3	0.998 4	0.998 4	0.998 5	0.998 5	0.998 6	0.998 6
3.0	0.998 7	0.998 7	0.998 7	0.998 8	0.998 8	0.998 9	0.998 9	0.998 9	0.999 0	0.999 0

附录 C

$e^{-\lambda}$ 的值

λ	$e^{-\lambda}$	λ	$e^{-\lambda}$	λ	$e^{-\lambda}$
0.05	0.951 2	1.50	0.223 1	2.95	0.052 3
0.10	0.904 8	1.55	0.212 2	3.00	0.049 8
0.15	0.860 7	1.60	0.201 9	3.05	0.047 4
0.20	0.818 7	1.65	0.192 0	3.10	0.045 0
0.25	0.778 8	1.70	0.182 7	3.15	0.042 9
0.30	0.740 8	1.75	0.173 8	3.20	0.040 8
0.35	0.704 7	1.80	0.165 3	3.25	0.038 8
0.40	0.670 3	1.85	0.157 2	3.30	0.036 9
0.45	0.637 6	1.90	0.149 6	3.35	0.035 1
0.50	0.606 5	1.95	0.142 3	3.40	0.033 4
0.55	0.576 9	2.00	0.135 3	3.45	0.031 7
0.60	0.548 8	2.05	0.128 7	3.50	0.030 2
0.65	0.522 0	2.10	0.122 5	3.55	0.028 7
0.70	0.496 6	2.15	0.116 5	3.60	0.027 3
0.75	0.472 4	2.20	0.110 8	3.65	0.026 0
0.80	0.449 3	2.25	0.105 4	3.70	0.024 7
0.85	0.427 4	2.30	0.100 3	3.75	0.023 5
0.90	0.406 6	2.35	0.095 4	3.80	0.022 4
0.95	0.386 7	2.40	0.090 7	3.85	0.021 3
1.00	0.367 9	2.45	0.086 3	3.90	0.020 2
1.05	0.349 9	2.50	0.082 1	3.95	0.019 3
1.10	0.332 9	2.55	0.078 1	4.00	0.018 3
1.15	0.316 6	2.60	0.074 3	4.05	0.017 4
1.20	0.301 2	2.65	0.070 7	4.10	0.016 6
1.25	0.286 5	2.70	0.067 2	4.15	0.015 8
1.30	0.272 5	2.75	0.063 9	4.20	0.015 0
1.35	0.259 2	2.80	0.060 8	4.25	0.014 3
1.40	0.246 6	2.85	0.057 8	4.30	0.013 6
1.45	0.234 6	2.90	0.055 0	4.35	0.012 9

（续）

λ	$e^{-\lambda}$	λ	$e^{-\lambda}$	λ	$e^{-\lambda}$
4.40	0.012 3	5.05	0.006 4	5.70	0.003 3
4.45	0.011 7	5.10	0.006 1	5.75	0.003 2
4.50	0.011 1	5.15	0.005 8	5.80	0.003 0
4.55	0.010 6	5.20	0.005 5	5.85	0.002 9
4.60	0.010 1	5.25	0.005 2	5.90	0.002 7
4.65	0.009 6	5.30	0.005 0	5.95	0.002 6
4.70	0.009 1	5.35	0.004 7	6.00	0.002 5
4.75	0.008 7	5.40	0.004 5	7.00	0.000 9
4.80	0.008 2	5.45	0.004 3	8.00	0.000 335
4.85	0.007 8	5.50	0.004 1	9.00	0.000 123
4.90	0.007 4	5.55	0.003 9	10.00	0.000 045
4.95	0.007 1	5.60	0.003 7		
5.00	0.006 7	5.65	0.003 5		

附录D 参考资料

第1章

Churchman, C. W., R. L. Ackoff, and E. L. Arnoff. *Introduction to Operations Research.* Wiley, 1957.

Horner, Peter. "The Sabre Story," *OR/MS Today* (June 2000).

Leon, Linda, Z. Przasnyski, and K. C. Seal. "Spreadsheets and OR/MS Models: An End-User Perspective," *Interfaces* (March/April 1996).

Powell, S. G. "Innovative Approaches to Management Science," *OR/MS Today* (October 1996).

Savage, S. "Weighing the Pros and Cons of Decision Technology and Spreadsheets," *OR/MS Today* (February 1997).

Winston, W. L. "The Teachers' Forum: Management Science with Spreadsheets for MBAs at Indiana University," *Interfaces* (March/April 1996).

第2～7章

Ahuja, R. K., T. L. Magnanti, and J. B. Orlin. *Network Flows, Theory, Algorithms, and Applications.* Prentice Hall, 1993.

Bazarra, M. S., J. J. Jarvis, and H. D. Sherali. *Linear Programming and Network Flows,* 4th ed. Wiley, 2009.

Carino, H. F., and C. H. Le Noir, Jr. "Optimizing Wood Procurement in Cabinet Manufacturing," *Interfaces* (March/April 1988): 10–19.

Dantzig, G. B. *Linear Programming and Extensions.* Princeton University Press, 1963.

Davis, Morton D. *Game Theory: A Nontechnical Introduction.* Dover, 1997.

Evans, J. R., and E. Minieka. *Optimization Algorithms for Networks and Graphs,* 2d ed. Marcel Dekker, 1992.

Ford, L. R., and D. R. Fulkerson. *Flows and Networks.* Princeton University Press, 1962.

Geoffrion, A., and G. Graves. "Better Distribution Planning with Computer Models," *Harvard Business Review* (July/August 1976).

Greenberg, H. J. "How to Analyze the Results of Linear Programs—Part 1: Preliminaries," *Interfaces* 23, no. 4 (July/August 1993): 56–67.

Greenberg, H. J. "How to Analyze the Results of Linear Programs—Part 2: Price Interpretation," *Interfaces* 23, no. 5 (September/October 1993): 97–114.

Greenberg, H. J. "How to Analyze the Results of Linear Programs—Part 3: Infeasibility Diagnosis," *Interfaces* 23, no. 6 (November/December 1993): 120–139.

Lillien, G., and A. Rangaswamy. *Marketing Engineering: Computer-Assisted Marketing Analysis and Planning.* Addison-Wesley, 1998.

Martin, R. K. *Large Scale Linear and Integer Optimization: A Unified Approach.* Kluwer Academic Publishers, 1999.

McMillian, John. *Games, Strategies, and Managers.* Oxford University Press, 1992.

Myerson, Roger B. *Game Theory: Analysis of Conflict.* Harvard University Press, 1997.

Nemhauser, G. L., and L. A. Wolsey. *Integer and Combinatorial Optimization.* Wiley, 1999.

Osborne, Martin J. *An Introduction to Game Theory.* Oxford University Press, 2004.

Sherman, H. D. "Hospital Efficiency Measurement and Evaluation," *Medical Care* 22, no. 10 (October 1984): 922–938.

Winston, W. L., and S. C. Albright. *Practical Management Science,* 6th ed. Cengage, 2018.

第8章

Bazarra, M. S., H. D. Sherali, and C. M. Shetty. *Nonlinear Programming Theory and Applications.* 3rd ed. Wiley, 2006.

Benninga, Simon. *Financial Modeling.* MIT Press, 2000.

Luenberger, D. *Linear and Nonlinear Programming,* 2d ed. Addison-Wesley, 1984.

Rardin, R. L. *Optimization in Operations Research.* Prentice Hall, 1998.

第9章

Moder, J. J., C. R. Phillips, and E. W. Davis. *Project Manage-*

ment with CPM, PERT and Precedence Diagramming, 3d ed. Blitz, 1995.

Wasil, E. A., and A. A. Assad. "Project Management on the PC: Software, Applications, and Trends," *Interfaces* 18, no. 2 (March/April 1988): 75–84.

Wiest, J., and F. Levy. *Management Guide to PERT-CPM,* 2d ed. Prentice Hall, 1977.

第 10 章

Fogarty, D. W., J. H. Blackstone, and T. R. Hoffman. *Production and Inventory Management,* 2d ed. South-Western, 1990.

Hillier, F., and G. J. Lieberman. *Introduction to Operations Research,* 10th ed. McGraw-Hill, 2014.

Narasimhan, S. L., D. W. McLeavey, and P. B. Lington. *Production Planning and Inventory Control,* 2d ed. Prentice Hall, 1995.

Orlicky, J., and G. W. Plossi. *Orlicky's Material Requirements Planning.* McGraw-Hill, 1994.

Vollmann, T. E., W. L. Berry, and D. C. Whybark. *Manufacturing Planning and Control Systems,* 4th ed. McGraw-Hill, 1997.

Zipkin, P. H. *Foundations of Inventory Management.* McGraw-Hill/Irwin, 2000.

第 11 章

Bunday, B. D. *An Introduction to Queueing Theory.* Wiley, 1996.

Gross, D., and C. M. Harris. *Fundamentals of Queueing Theory,* 3d ed. Wiley, 1997.

Hall, R. W. *Queueing Methods: For Services and Manufacturing.* Prentice Hall, 1997.

Hillier, F., and G. J. Lieberman. *Introduction to Operations Research,* 7th ed. McGraw-Hill, 2000.

Kao, E. P. C. *An Introduction to Stochastic Processes.* Duxbury, 1996.

第 12 章

Banks, J., J. S. Carson, B. L. Nelson, and D. M. Nicol. *Discrete-Event System Simulation,* 5th ed. Pearson, 2009.

Bell, P. *Brent-Harbridge Developments, Inc.* Richard Ivey School of Business, University of Western Ontario, 1998.

Law, A. M. *Simulation Modeling and Analysis,* 5th ed. McGraw-Hill, 2014.

Ross, S. *Simulation.* Academic Press, 2013.

Savage, S. L., *Flaw of Averages.* Wiley, 2012.

Talib, N.N. *Fooled by Randomness.* Random House, 2004.

Wainer, H. *Picturing the Uncertain World.* Princeton University Press, 2009.

Winston, W. *Decision Making Under Uncertainty.* Palisade Corporation, 2007.

第 13 章

Berger, J. O. *Statistical Decision Theory and Bayesian Analysis,* 2d ed. Springer-Verlag, 1985.

Chernoff, H., and L. E. Moses. *Elementary Decision Theory.* Dover, 1987.

Clemen, R. T., and T. Reilly. *Making Hard Decisions with Decision Tools.* Duxbury, 2001.

Goodwin, P., and G. Wright. *Decision Analysis for Management Judgment,* 2d ed. Wiley, 1999.

Gregory, G. *Decision Analysis.* Plenum, 1988.

Pratt, J. W., H. Raiffa, and R. Schlaifer. *Introduction to Statistical Decision Theory.* MIT Press, 1995.

Raiffa, H. *Decision Analysis.* McGraw-Hill, 1997.

Schlaifer, R. *Analysis of Decisions Under Uncertainty.* Krieger, 1978.

第 14 章

Dyer, J. S. "A Clarification of Remarks on the Analytic Hierarchy Process," *Management Science* 36, no. 3 (March 1990): 274–275.

Dyer, J. S. "Remarks on the Analytic Hierarchy Process," *Management Science* 36, no. 3 (March 1990): 249–258.

Harker, P. T., and L. G. Vargas. "Reply to Remarks on the Analytic Hierarchy Process by J. S. Dyer," *Management Science* 36, no. 3 (March 1990): 269–273.

Harker, P. T., and L. G. Vargas. "The Theory of Ratio Scale Estimation: Saaty's Analytic Hierarchy Process," *Management Science* 33, no. 11 (November 1987): 1383–1403.

Ignizio, J. *Introduction to Linear Goal Programming.* Sage, 1986.

Keeney, R. L., and H. Raiffa. *Decisions with Multiple Objectives: Preferences and Value Tradeoffs.* Cambridge, 1993.

Saaty, T. *Decision Making for Leaders: The Analytic Hierarchy Process for Decisions in a Complex World,* 3d ed. RWS, 1999.

Saaty, T. *Multicriteria Decision Making,* 2d ed. RWS, 1996.

Saaty, T. L. "An Exposition of the AHP in Reply to the Paper Remarks on the Analytic Hierarchy Process," *Management Science* 36, no. 3 (March 1990): 259–268.

Saaty, T. L. "Rank Generation, Preservation, and Reversal in the Analytic Hierarchy Decision Process," *Decision Sciences* 18 (1987): 157–177.

Winkler, R. L. "Decision Modeling and Rational Choice: AHP and Utility Theory," *Management Science* 36, no. 3 (March 1990): 247–248.

第 15 章

Bowerman, B. L., and R. T. O'Connell. *Forecasting and Time Series: An Applied Approach,* 4th ed. Cengage, 2005.

Box, G. E. P., G. M. Jenkins, and G. C. Reinsel. *Time Series Analysis: Forecasting and Control,* 5th ed. Wiley, 2005.

Hanke, J. E., and A. G. Reitsch. *Business Forecasting,* 9th ed. Prentice Hall, 2009.

Makridakis, S. G., S. C. Wheelwright, and R. J. Hyndman. *Forecasting: Methods and Applications,* 3d ed. Wiley, 1997.

Wilson, J. H., and B. Keating. *Business Forecasting,* 3d ed. Irwin, 1998.

第 16 章

Bharucha-Reid, A. T. *Elements of the Theory of Markov Processes and Their Applications.* Dover, 1997.

Bhat, U. N. *Elements of Applied Stochastic Processes,* 2d ed. Wiley, 1984.

Filar, J. A., and K. Vrieze. *Competitive Markov Decision Processes.* Springer-Verlag, 1996.

Norris, J. *Markov Chains.* Cambridge, 1997.